신비한 동양철학 99

正本
완벽 만세력

역학계의 대가 김봉준 선생 편저

삼한

우주는 예쁘고 미운 것을 가리지 않고 모두를 위하여 오차없는 질서운동을 해주고 있기에 하늘을 우러러 하느님이라 말하는 것이지 만약 우주도 인간처럼 사욕(私慾)이 있어 시기하고 질투하는 못된 버릇이 있다면 하늘을 우러러 어찌 하느님이라 말할 수 있겠는가. 그러나 우주의 대도공익정신(大道公益精神)은 절대진리가 있기에 춘하추동(春夏秋冬)으로 사변사색(四變四色)하면서 철따라 피고지는 진리를 보여주고 있건만 뭇 인간들은 더더욱 극성만 떨며 만용과 객기만 부리고 있으니 그 모습이 우습게만 보인다.

여기를 보라!

우주의 일기장과 같은 이 성(聖)스러운 경전(經典)속에는 일만것들 모두가 생노병사(生老病死)하고 영고성쇠(榮枯盛衰)하는 이치가 들어있고 비가 많고 적음에 따라 풍년들고 흉년드는 때가 들어있는가 하면 인사(人事)에 길흉화복(吉凶禍福)이 있어 나를 즐겁고 괴롭게 하는 원인과 결과가 낱낱히 기록되어 있거늘 이를 어찌 모른다 외면할소냐.

대자연은 인간의 위대한 스승이다.

스승은 결코 거짓말을 하지 않는다.

스승이 거짓말하는 세상이라면 이 세상은 끝장난 세상과 같거늘 어찌하여 나라에서는 썸머타임이라는 못된 것을 받아들여 너와 나의 운명을 이토록 혼란스럽게 만들어 놓았고 탐욕에만 급급한 장사꾼은 오기(誤記)된 줄도 모른채 우주경전(만세력)을 멋대로 만들어 놓아 너와 나의 운명을 이토록 뒤바뀌게 하였으니 과연 이래도 되는건가 엄숙히 묻지 않을 수 없다.

천기의 흐름을 오도시킨 대벌론(大罰論)을 떠나 이로 인한 피해는 어찌하겠으며 여기에 대한 보상은 어느 누구로부터 받아야 된단 말이냐…….

목 차

머 리 말 씀

하늘이 처음 열리고 땅이 처음 생겨 날 때를 전전차태고시대(前前次太古時代)라고 말한다.

근대 과학문명시대에 살고 있는 우리들로써는 그저 막연하게나마 아득한 먼-옛날로만 알고 있을 뿐 감히 그때의 모습을 상상해 볼 수도 없다.

다만 그때의 모습을 억지로라도 상상해 본다면 '인간도 금수(禽獸)의 무리와 같았을 것이다.'라고 밖에는 더 이상 그려 낼 수가 없다.

필자가 이글 첫머리에 굳이 이말을 하고 싶은 것은 나름대로의 할말이 있고 만감(萬感)이 교차(交叉)하여 하는 말이다. 21세기를 달리고 있는 최첨단 과학문명 시대에 극치의 풍요로움을 만끽하며 살아가고 있으면서도 여기에 걸맞지 않게 원시시대의 썩고 낡은 학문을 한다 하여 주위로부터 받은 멸시와 질타는 무릇 기하(幾何)였고 치욕과 모욕 받기는 얼마였으며 견딜수 없는 수모는 어떠했는가. 그러면서도 고집스럽게 이 학문만을 지키며 외길로만 살아온 나였기에 이 책을 내면서 더더욱 그 감회가 크고 느끼는 감정이 남달랐기에 감사하는 마음으로 이 머리글을 쓴다.

1994년 월 일

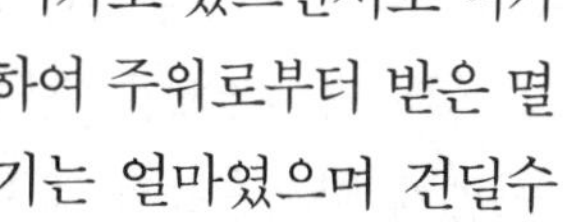

一. 우주경전(宇宙經典)

1. 인간만용(人間蠻勇)인가? 무지(無知)인가?

진리(眞理)와 이치(理致)란 수학의 계산처럼 까다로운 계산에서 나온 답도 아니오, 고차원의 상식과 천재적인 두뇌로만 캐낼 수 있는 답도 아니며 먼-나라 먼-곳에 있는 것을 어렵게 가져오는 것도 결코 아니다.

다만 우리들의 평범한 생활속에 있는 것을 흔히들은 상식을 초월한 먼-곳에 있는 것으로만 알고 이곳에서만 찾으려 하는가 하면 아예 박사나 교수와 같은 전문가들만 논할 수 있는 성역인 줄 알고 포기해 버리는 사람도 있다.

그러나 상식이 법률이라는 말도 있듯 일반적으로 보아 사리(事理)에 맞고 이치(理致)에 맞으면 이것이 곧 진리(眞理)로되 만(萬)에 하나 여기에 맞지않는 것이 있다면 이는 결코 진리가 될 수 없는 것이다.

그러면 여기에서 대우주의 자연을 한번 살펴보자!

지구의 모습이 춘하추동(春夏秋冬)으로 사변사색(四變四色)되는 현상을 쉽게는 우주질서운동에서 비롯된 것이라고 하지만 사실 여기에는 절대진리가 있기에 세세년년월월일일시시(歲歲年年月月日日時時)까지도 오차(誤差)없게 질서운동을 해주고 있으므로 만인(萬人)들은 하늘을 우러러 말하건대 신(神)이라 하고 하느님이라 부르며 경천(敬天)하고 있는 것이다.

그렇지만 만약 우주에도 인간과 같이 사욕(私慾)이란 것이 있어 노(怒)하고 시기하며 질투하는 못된 버릇이 있다고 가상해보자, 그렇다면 아마도 우주에서는 그때 그때의 기분에 따라 여름에서 겨울도 만들고 봄에서 느닷없이 가을도 만들어내는 심술을 부리겠으니 이렇게 되더라도 우주를 우러러 신(神)이라 말할 수 있겠고 하느님이라 말할 수 있겠는가.

지금까지의 말을 참고하면서 이제는 우리들의 가정으로 돌아가 보자.

우리들의 집집마다에는 큰집, 작은집, 부자집, 가난한집을 가리지 않고 모두들의 가정에는 생활 필수품도 아니면서 달력 한장씩은 꼭 걸어놓고 있을 것이다.

달력의 용도는 오로지 날짜 하나만을 알기위해서 일뿐이다. 그러나 멋없게 걸려있는 달력 한장 한장속에는 우주천기(宇宙天機)의 흐름이 일기장처럼 낱낱히 기록되어 있는 우주의 대경전(大經典)이라는 사실을 알고 걸어놓은 사람이 과연 몇몇이나 되겠는가.

현실적으로 보아 우리들은 사실 고학력시대에 살고 있어 배움도 많고 아는 것도 많아졌으며 추리능력도 발달하여 과학도 발달시켰고 인간두뇌도 극(極)에 달하도록까지 발달하여 지금은 인간 최고의 IQ 150이상으로 상상해 볼 수 있는 것이라면 무엇이든지 현실로 만들어 낼 수 있는 단계에까지 이르도록 발달했다.

하지만 앞에서도 잠시 언급했듯 진리가 먼곳에 있는 줄만 알고 먼곳에서만 찾으려 했던 것처럼 눈앞에 걸려있는 달력을 보고도 이것을 활용할 줄 몰랐던 것은 물론 이것이 천기의 흐름이 기록된 하늘의 일기장인줄도 모른채 지나쳐 버리고 있으니 인지(人知)의 발달이 제아무리 최고의 경지에까지 이른들 무엇하겠는가.

인간지능과 과학이 발달하면 발달할수록 점점 인간만용(人間蠻勇)은 심해지고, 객기(客氣)만 부리고 있는 것을…….

너그럽게 보아 그동안은 인간무지(人間無知)에서 비롯된 만용이라 할지라도 필자가 볼 때는 앞으로의 세대들 또한 안타까웁고 염려스러운 마음도 금할 수 없다.

왜냐하면 서구의 실존철학이 동양의 정신철학을 짓밟아 버리면서 학교나 가정교육에서조차도 이를 무시해버리므로써 대우주사상(大宇宙思想)을 배울 수 있는 기회도 없어지고 터전도 잃어가고 있기 때문이다.

이 우주경전(宇宙經典)속에는 일만것들 모두가 생노병사(生老病死)하고 영고성쇠(榮枯盛衰)하는 진리가 들어 있다.

여기에는 뇌성풍우(雷聲風雨)가 있고 한래서왕(寒來署往)이 있으며 비가 많고 적어 풍년들고 흉년드는 것과 초목(草木)들이 때를 찾아 피고지는 것하며 동물들이 털갈이 하는 것도 인사(人事)에 길흉화복(吉凶禍福)이 있어 즐겁고 괴롭게 하는 것들 모두가 이 경전속에 들어있거늘 여기에는 결코 가감(加減)이 있을 수 없다.

그러나 어찌된 일인지 시중에 발간된 만세력마다 오자(誤字)와 오기(誤記) 투성이로 얼룩져 있어 이를 발견할 때마다 "이래도 되겠는가" 하는 자탄과 함께 슬픈마음도 감출 수 없었다. 왜냐하면 다른책 같지 않고 만세력에서의 오자 및 탈자는 좀처럼 발견할 수 없는 특수성이 있기 때문이다. 또한 운명의 감정을 잘하고 잘못하고를 떠나 우선 천죄(天罪)를 짓는것만 같았기에 송구스럽기만 했던 것이 한두번이 아니다. 해를 거듭할수록 잘못된 오기(誤記)는 더더욱 눈에 띄이기에 어느땐가는 이를 바로 잡아야겠다는 사명감을 갖고 틈틈이 MEMO 해둔 것을 정리하여 책으로 펴내게 되었다.

아울러 이 책의 중요 내용은 전문가는 물론 누구라도 알기쉽고 실생활에 필요로하는 내용만을 골라 수록하는데 힘썼으니 다음을 참고해 주시기 바란다.

다음

1) 대한민국정부수립이래 썸머타임(Summer Time)제도가 도입되어 최근 1988년도까지 시행된바 있으나 이는 너무나도 불규칙적으로 시행되었기에 역학도 들에게는 많은 혼란을 주고 있는 것도 사실이지만 무엇보다도 인명감정(人命鑑定)을 하는데 오판(誤判)을 하고 있는 것이 제일 안타깝다.

특히 시중에 판매되고 있는 기존 만세력들 중에는 썸머타임이 언제 있었다는 표기 조차 되어 있지 않은 것이 많아 보는 사람들로 하여금 이를 모른채 무심코 지나치는 경우가 있는 것도 부인 할 수 없는 사실이고 보면 본학문의 권위와 신뢰도는 물론 래객(來客)들이 받는 피해는 또한 얼마나 크겠는가.

그러므로 이러한 누(累)를 범하지 않게 하기 위하여 총무처와 기상대에 문의하여 그동안 썸머타임이 실시되었든 기록을 년도별로 조사도 해 보았으나 정부에서조차 기록관리의 부실로 자료를 수집하는데 많은 어려움이 있었다는 것도 아울러 말씀드린다.

여기에 대한 실시기록은 썸머타임실시 년도 및 기간을 직접 해당년도에 표기해 놓았으므로 감정자의 불찰(不察)로 인한 실수는 없게 만들었으며

2) 남녀 순행운과 역행운에 따른 대운수(大運數)의 오차를 줄이기 위하여 하나하나 필산(筆算)으로 계산하여 삽입시켰고

3) 오늘날 전자과학시대를 맞아 인간도 기계화 되어 가고 있듯 인간 생활과 요일(曜日)의 관계란 기계의 톱니 바퀴처럼 서로 맞물려있어 시간적 공간을 벗어날 수 없는 인간생활이 되고 말았다.

이처럼 오늘의 시대는 날짜와 요일을 중요시하는 시대가 되었기에 양력과 음력 및 요일을 알게 했고

4) 부록편으로는 본학문의 이해를 넓히면서 익히게 하고자 사주명리학(四柱命理學) 및 신살종합해설(神殺綜合解說)편과

5) 일상생활에서 생활철학으로 필요한 결혼 및 이사 택일법을 수록하여 생활에 편익을 주고자 하였고

6) 각장마다 명리학의 숙어처럼 된 필수적 암기 사항까지도 기록되어 있어 본서의 활용도를 더욱 높이게 하였다.

7) 상.중.하원갑자(上.中.下元甲子)의 년대별로 한국의 역사를 수록하여 우주천기의 흐름을 알게 하였다.

2. 만세력 보는 법

"예" 1962년

① 壬寅年 상단우측에

상문(喪門) : 辰 : 용띠생은 상(喪) 당하는 일 있다.

조객(吊客) : 子 : 쥐띠생은 곡(哭)하는 일 있다.

삼살(三殺) : 北
대장군(大將軍) : 北 } 범띠해에 북쪽은 흉방이다.

삼재(三災) : 申子辰 : 원숭이, 쥐, 용띠생은 재난이 있다는 뜻인데 이것을 지면관계상 신살명칭(神殺名稱)으로만 표기했으니 년도마다 이뜻을 참조하기 바란다.

② 월건은 음력을 기준한 것으로 大小는 크고 작은 달을 뜻한 것이며 음력과 양력일을 동시에 알 수 있도록 음력, 양력을 구분하여 한 칸에 넣었다.

③ 대운(순행, 역행)의 숫자는 인간대운의 수를 말한 것이며

④ 일진 밑에 절기시각은 매월 절기(節氣)가 들어 온 절입시각(節入時刻)을 말한 것이오. 또 요일을 표기해 넣었다.

• 傷官運이 되면 관재구설이 발생하고 공연히 불안 초조해진다.

서기 1910년
단기 4243년

庚戌年

상문 : 子 대장군 : 南
조객 : 申 삼 재 : 寅午戌
삼살 : 北

한일합방(경술국치)

1月小(戊寅) 입춘

					경칩2															우수										절기
	29	28	27	26	**25**	24	23	22	21	20	19	18	17	16	15	14	13	12	11	**10**	9	8	7	6	5	4	3	2	1	음력
	9	9	10	10		1	1	1	1	2	2	2	3	3	3	4	4	4	5	5	5	6	6	6	7	7	7	8	8	순행 대운
	1	1	1	1		9	9	9	8	8	8	7	7	7	6	6	6	5	5	5	4	4	4	3	3	3	2	2	2	역행 대운
										3																			2	월 양력
	10	9	8	7	6	5	4	3	2	1	28	27	26	25	24	23	22	21	20	19	18	17	16	15	14	13	12	11	10	일 양력
	甲戌	癸酉	壬申	辛未	庚午	己巳	戊辰	丁卯	丙寅	乙丑	甲子	癸亥	壬戌	辛酉	庚申	己未	戊午	丁巳	丙辰	乙卯	甲寅	癸丑	壬子	辛亥	庚戌	己酉	戊申	丁未	丙午	일진
	목	수	화	월	戌初	토	금	목	수	화	월	일	토	금	목	수	화	월	일	戌正	금	목	수	화	월	일	토	금	목	절기시각

2月大(己卯) 경칩

			청명3																춘분											절기
30	29	28	**27**	26	25	24	23	22	21	20	19	18	17	16	15	14	13	12	**11**	10	9	8	7	6	5	4	3	2	1	음력
9	9	10		1	1	1	1	2	2	2	3	3	3	4	4	4	5	5	5	6	6	6	7	7	7	8	8	8	9	순행 대운
1	1	1		10	10	9	9	9	8	8	8	7	7	7	6	6	6	5	5	5	4	4	4	3	3	3	2	2	2	역행 대운
								4																					3	월 양력
9	8	7	6	5	4	3	2	1	31	30	29	28	27	26	25	24	23	22	21	20	19	18	17	16	15	14	13	12	11	일 양력
甲辰	癸卯	壬寅	辛丑	庚子	己亥	戊戌	丁酉	丙申	乙未	甲午	癸巳	壬辰	辛卯	庚寅	己丑	戊子	丁亥	丙戌	乙酉	甲申	癸未	壬午	辛巳	庚辰	己卯	戊寅	丁丑	丙子	乙亥	일진
토	금	목	子正	화	월	일	토	금	목	수	화	월	일	토	금	목	수	화	戌正	일	토	금	목	수	화	월	일	토	금	절기시각

3月小(庚辰) 청명

			입하4															곡우												절기
	29	28	**27**	26	25	24	23	22	21	20	19	18	17	16	15	14	13	**12**	11	10	9	8	7	6	5	4	3	2	1	음력
	10	10		1	1	1	1	2	2	2	3	3	3	4	4	4	5	5	5	6	6	6	7	7	7	8	8	8	9	순행 대운
	1	1		10	9	9	9	8	8	8	7	7	7	6	6	6	5	5	5	4	4	4	3	3	3	2	2	2	1	역행 대운
								5																					4	월 양력
	8	7	6	5	4	3	2	1	30	29	28	27	26	25	24	23	22	21	20	19	18	17	16	15	14	13	12	11	10	일 양력
	癸酉	壬申	辛未	庚午	己巳	戊辰	丁卯	丙寅	乙丑	甲子	癸亥	壬戌	辛酉	庚申	己未	戊午	丁巳	丙辰	乙卯	甲寅	癸丑	壬子	辛亥	庚戌	己酉	戊申	丁未	丙午	乙巳	일진
	일	토	酉正	목	수	화	월	일	토	금	목	수	화	월	일	토	금	辰正	수	화	월	일	토	금	목	수	화	월	일	절기시각

4月小(辛巳) 입하

	망종5															소만														절기
	29	28	27	26	25	24	23	22	21	20	19	18	17	16	15	**14**	13	12	11	10	9	8	7	6	5	4	3	2	1	음력
		1	1	1	1	2	2	2	3	3	3	4	4	4	5	5	5	6	6	6	7	7	7	8	8	8	9	9	9	순행 대운
		10	10	9	9	9	8	8	8	7	7	7	6	6	6	5	5	5	4	4	4	3	3	3	2	2	2	1	1	역행 대운
						6																							5	월 양력
	6	5	4	3	2	1	31	30	29	28	27	26	25	24	23	22	21	20	19	18	17	16	15	14	13	12	11	10	9	일 양력
	壬寅	辛丑	庚子	己亥	戊戌	丁酉	丙申	乙未	甲午	癸巳	壬辰	辛卯	庚寅	己丑	戊子	丁亥	丙戌	乙酉	甲申	癸未	壬午	辛巳	庚辰	己卯	戊寅	丁丑	丙子	乙亥	甲戌	일진
	子初	일	토	금	목	수	화	월	일	토	금	목	수	화	월	辰正	토	금	목	수	화	월	일	토	금	목	수	화	월	절기시각

5月大(壬午) 망종

														하지																절기
30	29	28	27	26	25	24	23	22	21	20	19	18	17	**16**	15	14	13	12	11	10	9	8	7	6	5	4	3	2	1	음력
1	1	1	2	2	2	3	3	3	4	4	4	5	5	5	6	6	6	7	7	7	8	8	8	9	9	9	10	10	10	순행 대운
10	10	9	9	9	8	8	8	7	7	7	6	6	6	5	5	5	4	4	4	3	3	3	2	2	2	1	1	1	1	역행 대운
					7																								6	월 양력
6	5	4	3	2	1	30	29	28	27	26	25	24	23	22	21	20	19	18	17	16	15	14	13	12	11	10	9	8	7	일 양력
壬申	辛未	庚午	己巳	戊辰	丁卯	丙寅	乙丑	甲子	癸亥	壬戌	辛酉	庚申	己未	戊午	丁巳	丙辰	乙卯	甲寅	癸丑	壬子	辛亥	庚戌	己酉	戊申	丁未	丙午	乙巳	甲辰	癸卯	일진
수	화	월	일	토	금	목	수	화	월	일	토	금	목	수	申正	월	일	토	금	목	수	화	월	일	토	금	목	수	화	절기시각

6月小(癸未) 소서

												대서																소서6		절기
	29	28	27	26	25	24	23	22	21	20	19	**18**	17	16	15	14	13	12	11	10	9	8	7	6	5	4	3	**2**	1	음력
	1	2	2	2	3	3	3	4	4	4	5	5	5	6	6	6	7	7	7	8	8	8	9	9	9	10	10		1	순행 대운
	9	9	8	8	8	7	7	7	6	6	6	5	5	5	4	4	4	3	3	3	2	2	2	1	1	1	1		10	역행 대운
				8																									7	월 양력
	4	3	2	1	31	30	29	28	27	26	25	24	23	22	21	20	19	18	17	16	15	14	13	12	11	10	9	8	7	일 양력
	辛丑	庚子	己亥	戊戌	丁酉	丙申	乙未	甲午	癸巳	壬辰	辛卯	庚寅	己丑	戊子	丁亥	丙戌	乙酉	甲申	癸未	壬午	辛巳	庚辰	己卯	戊寅	丁丑	丙子	乙亥	甲戌	癸酉	일진
	목	수	화	월	일	토	금	목	수	화	월	寅初	토	금	목	수	화	월	일	토	금	목	수	화	월	일	토	巳正	목	절기시각

• 사주에 巳가 있으면 齒牙가 고르지 못하다.

7月大(甲申) 입추

										처서																입추7				절기
30	29	28	27	26	25	24	23	22	21	**20**	19	18	17	16	15	14	13	12	11	10	9	8	7	6	5	**4**	3	2	1	음력
2	2	2	3	3	3	4	4	4	5	5	5	6	6	6	7	7	7	8	8	8	9	9	9	10	10		1	1	1	대운 순행
9	8	8	8	7	7	7	6	6	6	5	5	5	4	4	4	3	3	3	2	2	2	1	1	1	1		10	10	9	대운 역행
		9																											8	양력 월
3	2	1	31	30	29	28	27	26	25	24	23	22	21	20	19	18	17	16	15	14	13	12	11	10	9	8	7	6	5	양력 일
辛未	庚午	己巳	戊辰	丁卯	丙寅	乙丑	甲子	癸亥	壬戌	辛酉	庚申	己未	戊午	丁巳	丙辰	乙卯	甲寅	癸丑	壬子	辛亥	庚戌	己酉	戊申	丁未	丙午	乙巳	甲辰	癸卯	壬寅	일진
토	금	목	수	화	월	일	토	금	목	巳正	화	월	일	토	금	목	수	화	월	일	토	금	목	수	화	戌正	일	토	금	절기시각

8月小(乙酉) 백로

									추분																백로8					절기
	29	28	27	26	25	24	23	22	**21**	20	19	18	17	16	15	14	13	12	11	10	9	8	7	6	**5**	4	3	2	1	음력
	2	3	3	3	4	4	4	5	5	5	6	6	6	7	7	7	8	8	8	9	9	9	10	10		1	1	1	1	대운 순행
	8	8	7	7	7	6	6	6	5	5	5	4	4	4	3	3	3	2	2	2	1	1	1	1		10	10	9	9	대운 역행
		10																											9	양력 월
	2	1	30	29	28	27	26	25	24	23	22	21	20	19	18	17	16	15	14	13	12	11	10	9	8	7	6	5	4	양력 일
	庚子	己亥	戊戌	丁酉	丙申	乙未	甲午	癸巳	壬辰	辛卯	庚寅	己丑	戊子	丁亥	丙戌	乙酉	甲申	癸未	壬午	辛巳	庚辰	己卯	戊寅	丁丑	丙子	乙亥	甲戌	癸酉	壬申	일진
	일	토	금	목	수	화	월	일	辰正	금	목	수	화	월	일	토	금	목	수	화	월	일	토	금	亥正	수	화	월	일	절기시각

9月大(丙戌) 한로

								상강															한로9							절기
30	29	28	27	26	25	24	23	**22**	21	20	19	18	17	16	15	14	13	12	11	10	9	8	**7**	6	5	4	3	2	1	음력
2	3	3	3	4	4	4	5	5	5	6	6	6	7	7	7	8	8	8	9	9	9	10		1	1	1	1	2	2	대운 순행
8	7	7	7	6	6	6	5	5	5	4	4	4	3	3	3	2	2	2	1	1	1	1		10	10	9	9	9	8	대운 역행
11																													10	양력 월
1	31	30	29	28	27	26	25	24	23	22	21	20	19	18	17	16	15	14	13	12	11	10	9	8	7	6	5	4	3	양력 일
庚午	己巳	戊辰	丁卯	丙寅	乙丑	甲子	癸亥	壬戌	辛酉	庚申	己未	戊午	丁巳	丙辰	乙卯	甲寅	癸丑	壬子	辛亥	庚戌	己酉	戊申	丁未	丙午	乙巳	甲辰	癸卯	壬寅	辛丑	일진
화	월	일	토	금	목	수	화	申正	일	토	금	목	수	화	월	일	토	금	목	수	화	월	未正	토	금	목	수	화	월	절기시각

10月大(丁亥) 입동

								소설															입동10							절기
30	29	28	27	26	25	24	23	**22**	21	20	19	18	17	16	15	14	13	12	11	10	9	8	**7**	6	5	4	3	2	1	음력
2	3	3	3	4	4	4	5	5	5	6	6	6	7	7	7	8	8	8	9	9	9	10		1	1	1	1	2	2	대운 순행
8	7	7	7	6	6	6	5	5	5	4	4	4	3	3	3	2	2	2	1	1	1	1		10	9	9	9	8	8	대운 역행
12																													11	양력 월
1	30	29	28	27	26	25	24	23	22	21	20	19	18	17	16	15	14	13	12	11	10	9	8	7	6	5	4	3	2	양력 일
庚子	己亥	戊戌	丁酉	丙申	乙未	甲午	癸巳	壬辰	辛卯	庚寅	己丑	戊子	丁亥	丙戌	乙酉	甲申	癸未	壬午	辛巳	庚辰	己卯	戊寅	丁丑	丙子	乙亥	甲戌	癸酉	壬申	辛未	일진
목	수	화	월	일	토	금	목	未初	화	월	일	토	금	목	수	화	월	일	토	금	목	수	申正	월	일	토	금	목	수	절기시각

11月大(戊子) 대설

								동지															대설11							절기
30	29	28	27	26	25	24	23	**22**	21	20	19	18	17	16	15	14	13	12	11	10	9	8	**7**	6	5	4	3	2	1	음력
2	2	3	3	3	4	4	4	5	5	5	6	6	6	7	7	7	8	8	8	9	9	9		1	1	1	1	2	2	대운 순행
8	7	7	7	6	6	6	5	5	5	4	4	4	3	3	3	2	2	2	1	1	1	1		10	9	9	9	8	8	대운 역행
																													12	양력 월
31	30	29	28	27	26	25	24	23	22	21	20	19	18	17	16	15	14	13	12	11	10	9	8	7	6	5	4	3	2	양력 일
庚午	己巳	戊辰	丁卯	丙寅	乙丑	甲子	癸亥	壬戌	辛酉	庚申	己未	戊午	丁巳	丙辰	乙卯	甲寅	癸丑	壬子	辛亥	庚戌	己酉	戊申	丁未	丙午	乙巳	甲辰	癸卯	壬寅	辛丑	일진
토	금	목	수	화	월	일	토	丑正	목	수	화	월	일	토	금	목	수	화	월	일	토	금	辰正	수	화	월	일	토	금	절기시각

12月小(己丑) 소한

									대한															소한12						절기
	29	28	27	26	25	24	23	22	**21**	20	19	18	17	16	15	14	13	12	11	10	9	8	7	**6**	5	4	3	2	1	음력
	2	3	3	3	4	4	4	5	5	5	6	6	6	7	7	7	8	8	8	9	9	9	10		1	1	1	1	2	대운 순행
	8	7	7	7	6	6	6	5	5	5	4	4	4	3	3	3	2	2	2	1	1	1	1		9	9	9	8	8	대운 역행
																													1	양력 월
	29	28	27	26	25	24	23	22	21	20	19	18	17	16	15	14	13	12	11	10	9	8	7	6	5	4	3	2	1	양력 일
	己亥	戊戌	丁酉	丙申	乙未	甲午	癸巳	壬辰	辛卯	庚寅	己丑	戊子	丁亥	丙戌	乙酉	甲申	癸未	壬午	辛巳	庚辰	己卯	戊寅	丁丑	丙子	乙亥	甲戌	癸酉	壬申	辛未	일진
	일	토	금	목	수	화	월	일	午正	금	목	수	화	월	일	토	금	목	수	화	월	일	토	戌初	목	수	화	월	일	절기시각

• 日柱가 약한데 傷官이 태강하면 허세부리기를 좋아한다.

서기 1911년
단기 4244년

辛亥年

상문 : 丑　대장군 : 西
조객 : 酉　삼　재 : 巳酉丑
삼살 : 西

1月大(庚寅) 입춘

								우수															입춘1							절기
30	29	28	27	26	25	24	23	**22**	21	20	19	18	17	16	15	14	13	12	11	10	9	8	**7**	6	5	4	3	2	1	음력
2	3	3	3	4	4	4	5	5	5	6	6	6	7	7	7	8	8	8	9	9	9	10		1	1	1	1	2	2	대운 순행
8	7	7	7	6	6	6	5	5	5	4	4	4	3	3	3	2	2	2	1	1	1	1		10	9	9	9	8	8	대운 역행
																											2		1	양력 월
28	27	26	25	24	23	22	21	20	19	18	17	16	15	14	13	12	11	10	9	8	7	6	5	4	3	2	1	31	30	양력 일
己巳	戊辰	丁卯	丙寅	乙丑	甲子	癸亥	壬戌	辛酉	庚申	己未	戊午	丁巳	丙辰	乙卯	甲寅	癸丑	壬子	辛亥	庚戌	己酉	戊申	丁未	丙午	乙巳	甲辰	癸卯	壬寅	辛丑	庚子	일진
화	월	일	토	금	목	수	화	丑正	일	토	금	목	수	화	월	일	토	금	목	수	화	월	卯正	토	금	목	수	화	월	절기시각

2月小(辛卯) 경칩

								춘분															경칩2							절기
	29	28	27	26	25	24	23	**22**	21	20	19	18	17	16	15	14	13	12	11	10	9	8	**7**	6	5	4	3	2	1	음력
	3	3	3	4	4	4	5	5	5	6	6	6	7	7	7	8	8	8	9	9	9	10		1	1	1	1	2	2	대운 순행
	7	7	7	6	6	6	5	5	5	4	4	4	3	3	3	2	2	2	1	1	1	1		10	9	9	9	8	8	대운 역행
																													3	양력 월
	29	28	27	26	25	24	23	22	21	20	19	18	17	16	15	14	13	12	11	10	9	8	7	6	5	4	3	2	1	양력 일
	戊戌	丁酉	丙申	乙未	甲午	癸巳	壬辰	辛卯	庚寅	己丑	戊子	丁亥	丙戌	乙酉	甲申	癸未	壬午	辛巳	庚辰	己卯	戊寅	丁丑	丙子	乙亥	甲戌	癸酉	壬申	辛未	庚午	일진
	수	화	월	일	토	금	목	丑正	화	월	일	토	금	목	수	화	월	일	토	금	목	수	丑初	월	일	토	금	목	수	절기시각

3月大(壬辰) 청명

					곡우																	청명3								절기
30	29	28	27	26	**25**	24	23	22	21	20	19	18	17	16	15	14	13	12	11	10	9	**8**	7	6	5	4	3	2	1	음력
3	3	4	4	4	5	5	5	6	6	6	7	7	7	8	8	8	9	9	9	10	10		1	1	1	1	2	2	2	대운 순행
7	7	7	6	6	6	5	5	5	4	4	4	3	3	3	2	2	2	1	1	1	1		10	9	9	9	8	8	8	대운 역행
																											4		3	양력 월
28	27	26	25	24	23	22	21	20	19	18	17	16	15	14	13	12	11	10	9	8	7	6	5	4	3	2	1	31	30	양력 일
戊辰	丁卯	丙寅	乙丑	甲子	癸亥	壬戌	辛酉	庚申	己未	戊午	丁巳	丙辰	乙卯	甲寅	癸丑	壬子	辛亥	庚戌	己酉	戊申	丁未	丙午	乙巳	甲辰	癸卯	壬寅	辛丑	庚子	己亥	일진
금	목	수	화	월	未正	토	금	목	수	화	월	일	토	금	목	수	화	월	일	토	금	卯正	수	화	월	일	토	금	목	절기시각

4月小(癸巳) 입하

						소만															입하4									절기
	29	28	27	26	25	**24**	23	22	21	20	19	18	17	16	15	14	13	12	11	10	**9**	8	7	6	5	4	3	2	1	음력
	4	4	4	5	5	5	6	6	6	7	7	7	8	8	8	9	9	9	10	10		1	1	1	1	2	2	2	3	대운 순행
	7	6	6	6	5	5	5	4	4	4	3	3	3	2	2	2	1	1	1	1		10	10	9	9	9	8	8	8	대운 역행
																											5		4	양력 월
	27	26	25	24	23	22	21	20	19	18	17	16	15	14	13	12	11	10	9	8	7	6	5	4	3	2	1	30	29	양력 일
	丁酉	丙申	乙未	甲午	癸巳	壬辰	辛卯	庚寅	己丑	戊子	丁亥	丙戌	乙酉	甲申	癸未	壬午	辛巳	庚辰	己卯	戊寅	丁丑	丙子	乙亥	甲戌	癸酉	壬申	辛未	庚午	己巳	일진
	토	금	목	수	화	未正	일	토	금	목	수	화	월	일	토	금	목	수	화	월	子正	토	금	목	수	화	월	일	토	절기시각

5月小(甲午) 망종

				하지															망종5											절기
	29	28	27	**26**	25	24	23	22	21	20	19	18	17	16	15	14	13	12	**11**	10	9	8	7	6	5	4	3	2	1	음력
	4	5	5	5	6	6	6	7	7	7	8	8	8	9	9	9	10	10		1	1	1	1	2	2	2	3	3	3	대운 순행
	6	6	5	5	5	4	4	4	3	3	3	2	2	2	1	1	1	1		10	10	9	9	9	8	8	8	7	7	대운 역행
																									6				5	양력 월
	25	24	23	22	21	20	19	18	17	16	15	14	13	12	11	10	9	8	7	6	5	4	3	2	1	31	30	29	28	양력 일
	丙寅	乙丑	甲子	癸亥	壬戌	辛酉	庚申	己未	戊午	丁巳	丙辰	乙卯	甲寅	癸丑	壬子	辛亥	庚戌	己酉	戊申	丁未	丙午	乙巳	甲辰	癸卯	壬寅	辛丑	庚子	己亥	戊戌	일진
	일	토	금	亥正	수	화	월	일	토	금	목	수	화	월	일	토	금	목	卯初	화	월	일	토	금	목	수	화	월	일	절기시각

6月大(乙未) 소서

	대서																소서6													절기
30	**29**	28	27	26	25	24	23	22	21	20	19	18	17	16	15	14	**13**	12	11	10	9	8	7	6	5	4	3	2	1	음력
5	5	6	6	6	7	7	7	8	8	8	9	9	9	10	10	10		1	1	1	1	2	2	2	3	3	3	4	4	대운 순행
6	5	5	5	4	4	4	3	3	3	2	2	2	1	1	1	1		10	10	9	9	9	8	8	8	7	7	7	6	대운 역행
																								7					6	양력 월
25	24	23	22	21	20	19	18	17	16	15	14	13	12	11	10	9	8	7	6	5	4	3	2	1	30	29	28	27	26	양력 일
丙申	乙未	甲午	癸巳	壬辰	辛卯	庚寅	己丑	戊子	丁亥	丙戌	乙酉	甲申	癸未	壬午	辛巳	庚辰	己卯	戊寅	丁丑	丙子	乙亥	甲戌	癸酉	壬申	辛未	庚午	己巳	戊辰	丁卯	일진
화	巳初	일	토	금	목	수	화	월	일	토	금	목	수	화	월	일	申正	금	목	수	화	월	일	토	금	목	수	화	월	절기시각

• 집주위에 더러운 물이 흐르고 있으면 곧 패가(敗家)할 징조다.

윤 6 月 小

															입추7															절기
	29	28	27	26	25	24	23	22	21	20	19	18	17	16	**15**	14	13	12	11	10	9	8	7	6	5	4	3	2	1	음력
	6	6	6	7	7	7	8	8	8	9	9	9	10	10		1	1	1	1	2	2	2	3	3	3	4	4	4	5	대운 순행
	5	4	4	4	3	3	3	2	2	2	1	1	1	1		10	10	10	9	9	9	8	8	8	7	7	7	6	6	대운 역행
																							8						7	양력 월
	23	22	21	20	19	18	17	16	15	14	13	12	11	10	9	8	7	6	5	4	3	2	1	31	30	29	28	27	26	양력 일
	乙丑	甲子	癸亥	壬戌	辛酉	庚申	己未	戊午	丁巳	丙辰	乙卯	甲寅	癸丑	壬子	辛亥	庚戌	己酉	戊申	丁未	丙午	乙巳	甲辰	癸卯	壬寅	辛丑	庚子	己亥	戊戌	丁酉	일진
	수	화	월	일	토	금	목	수	화	월	일	토	금	목	丑初	화	월	일	토	금	목	수	화	월	일	토	금	목	수	절기시각

7月小(丙申) 입추

													백로8																처서	절기
	29	28	27	26	25	24	23	22	21	20	19	18	**17**	16	15	14	13	12	11	10	9	8	7	6	5	4	3	2	**1**	음력
	6	6	7	7	7	8	8	8	9	9	9	10		1	1	1	1	2	2	2	3	3	3	4	4	4	5	5	5	대운 순행
	4	4	3	3	3	2	2	2	1	1	1	1		10	10	9	9	9	8	8	8	7	7	7	6	6	6	5	5	대운 역행
																					9								8	양력 월
	21	20	19	18	17	16	15	14	13	12	11	10	9	8	7	6	5	4	3	2	1	31	30	29	28	27	26	25	24	양력 일
	甲午	癸巳	壬辰	辛卯	庚寅	己丑	戊子	丁亥	丙戌	乙酉	甲申	癸未	壬午	辛巳	庚辰	己卯	戊寅	丁丑	丙子	乙亥	甲戌	癸酉	壬申	辛未	庚午	己巳	戊辰	丁卯	丙寅	일진
	목	수	화	월	일	토	금	목	수	화	월	일	寅正	금	목	수	화	월	일	토	금	목	수	화	월	일	토	금	申正	절기시각

8月大(丁酉) 백로

												한로9															추분			절기
30	29	28	27	26	25	24	23	22	21	20	19	**18**	17	16	15	14	13	12	11	10	9	8	7	6	5	4	**3**	2	1	음력
6	6	7	7	7	8	8	8	9	9	9	10		1	1	1	1	2	2	2	3	3	3	4	4	4	5	5	5	6	대운 순행
4	4	3	3	3	2	2	2	1	1	1	1		10	9	9	9	8	8	8	7	7	7	6	6	6	5	5	5	4	대운 역행
																				10									9	양력 월
21	20	19	18	17	16	15	14	13	12	11	10	9	8	7	6	5	4	3	2	1	30	29	28	27	26	25	24	23	22	양력 일
甲子	癸亥	壬戌	辛酉	庚申	己未	戊午	丁巳	丙辰	乙卯	甲寅	癸丑	壬子	辛亥	庚戌	己酉	戊申	丁未	丙午	乙巳	甲辰	癸卯	壬寅	辛丑	庚子	己亥	戊戌	丁酉	丙申	乙未	일진
토	금	목	수	화	월	일	토	금	목	수	화	戌初	일	토	금	목	수	화	월	일	토	금	목	수	화	월	未初	토	금	절기시각

9月大(戊戌) 한로

												입동10															상강			절기
30	29	28	27	26	25	24	23	22	21	20	19	**18**	17	16	15	14	13	12	11	10	9	8	7	6	5	4	**3**	2	1	음력
6	6	7	7	7	8	8	8	9	9	9	10		1	1	1	1	2	2	2	3	3	3	4	4	4	5	5	5	6	대운 순행
4	4	3	3	3	2	2	2	1	1	1	1		10	9	9	9	8	8	8	7	7	7	6	6	6	5	5	5	4	대운 역행
																			11										10	양력 월
20	19	18	17	16	15	14	13	12	11	10	9	8	7	6	5	4	3	2	1	31	30	29	28	27	26	25	24	23	22	양력 일
甲午	癸巳	壬辰	辛卯	庚寅	己丑	戊子	丁亥	丙戌	乙酉	甲申	癸未	壬午	辛巳	庚辰	己卯	戊寅	丁丑	丙子	乙亥	甲戌	癸酉	壬申	辛未	庚午	己巳	戊辰	丁卯	丙寅	乙丑	일진
월	일	토	금	목	수	화	월	일	토	금	목	亥正	화	월	일	토	금	목	수	화	월	일	토	금	목	수	亥正	월	일	절기시각

10月小(己亥) 입동

												대설11															소설			절기
	29	28	27	26	25	24	23	22	21	20	19	**18**	17	16	15	14	13	12	11	10	9	8	7	6	5	4	**3**	2	1	음력
	6	7	7	7	8	8	8	9	9	9	10		1	1	1	1	2	2	2	3	3	3	4	4	4	5	5	5	6	대운 순행
	4	3	3	3	2	2	2	1	1	1	1		10	9	9	9	8	8	8	7	7	7	6	6	6	5	5	5	4	대운 역행
																			12										11	양력 월
	19	18	17	16	15	14	13	12	11	10	9	8	7	6	5	4	3	2	1	30	29	28	27	26	25	24	23	22	21	양력 일
	癸亥	壬戌	辛酉	庚申	己未	戊午	丁巳	丙辰	乙卯	甲寅	癸丑	壬子	辛亥	庚戌	己酉	戊申	丁未	丙午	乙巳	甲辰	癸卯	壬寅	辛丑	庚子	己亥	戊戌	丁酉	丙申	乙未	일진
	화	월	일	토	금	목	수	화	월	일	토	未正	목	수	화	월	일	토	금	목	수	화	월	일	토	금	戌初	수	화	절기시각

11月大(庚子) 대설

											소한12															동지				절기
30	29	28	27	26	25	24	23	22	21	20	**19**	18	17	16	15	14	13	12	11	10	9	8	7	6	5	**4**	3	2	1	음력
6	6	7	7	7	8	8	8	9	9	9		1	1	1	1	2	2	2	3	3	3	4	4	4	5	5	5	6	6	대운 순행
4	3	3	3	2	2	2	1	1	1	1		10	9	9	9	8	8	8	7	7	7	6	6	6	5	5	5	4	4	대운 역행
																	1												12	양력 월
18	17	16	15	14	13	12	11	10	9	8	7	6	5	4	3	2	1	31	30	29	28	27	26	25	24	23	22	21	20	양력 일
癸巳	壬辰	辛卯	庚寅	己丑	戊子	丁亥	丙戌	乙酉	甲申	癸未	壬午	辛巳	庚辰	己卯	戊寅	丁丑	丙子	乙亥	甲戌	癸酉	壬申	辛未	庚午	己巳	戊辰	丁卯	丙寅	乙丑	甲子	일진
목	수	화	월	일	토	금	목	수	화	월	丑初	토	금	목	수	화	월	일	토	금	목	수	화	월	일	辰正	금	목	수	절기시각

12月大(辛丑) 소한

												입춘1															대한			절기
30	29	28	27	26	25	24	23	22	21	20	19	**18**	17	16	15	14	13	12	11	10	9	8	7	6	5	4	**3**	2	1	음력
6	6	7	7	7	8	8	8	9	9	9	10		1	1	1	1	2	2	2	3	3	3	4	4	4	5	5	5	6	대운 순행
4	4	3	3	3	2	2	2	1	1	1	1		9	9	9	8	8	8	7	7	7	6	6	6	5	5	5	4	4	대운 역행
																2													1	양력 월
17	16	15	14	13	12	11	10	9	8	7	6	5	4	3	2	1	31	30	29	28	27	26	25	24	23	22	21	20	19	양력 일
癸亥	壬戌	辛酉	庚申	己未	戊午	丁巳	丙辰	乙卯	甲寅	癸丑	壬子	辛亥	庚戌	己酉	戊申	丁未	丙午	乙巳	甲辰	癸卯	壬寅	辛丑	庚子	己亥	戊戌	丁酉	丙申	乙未	甲午	일진
토	금	목	수	화	월	일	토	금	목	수	화	午正	일	토	금	목	수	화	월	일	토	금	목	수	화	월	酉正	토	금	절기시각

• 食 · 傷이 官殺을 만나면 낙태 · 유산을 해 본다.

서기 1912년
단기 4245년

壬子年

상문 : 寅 대장군 : 西
조객 : 戌 삼 재 : 巳酉丑
삼살 : 南

1月大(壬寅) 입춘

절기												경칩2															우수			
음력	30	29	28	27	26	25	24	23	22	21	20	19	18	17	16	15	14	13	12	11	10	9	8	7	6	5	4	3	2	1
대운 순행	6	6	7	7	7	8	8	8	9	9	9	10		1	1	1	1	2	2	2	3	3	3	4	4	4	5	5	5	6
대운 역행	4	4	3	3	3	2	2	2	1	1	1	1		10	9	9	9	8	8	8	7	7	7	6	6	6	5	5	5	4
양력 월																		3												2
양력 일	18	17	16	15	14	13	12	11	10	9	8	7	6	5	4	3	2	1	29	28	27	26	25	24	23	22	21	20	19	18
일진	癸巳	壬辰	辛卯	庚寅	己丑	戊子	丁亥	丙戌	乙酉	甲申	癸未	壬午	辛巳	庚辰	己卯	戊寅	丁丑	丙子	乙亥	甲戌	癸酉	壬申	辛未	庚午	己巳	戊辰	丁卯	丙寅	乙丑	甲子
절기시각	월	일	토	금	목	수	화	월	일	토	금	목	卯正	화	월	일	토	금	목	수	화	월	일	토	금	목	수	辰正	월	일

2月小(癸卯) 경칩

절기												청명3															춘분			
음력		29	28	27	26	25	24	23	22	21	20	19	18	17	16	15	14	13	12	11	10	9	8	7	6	5	4	3	2	1
대운 순행		7	7	7	8	8	8	9	9	9	10	10		1	1	1	1	2	2	2	3	3	3	4	4	4	5	5	5	6
대운 역행		4	3	3	3	2	2	2	1	1	1	1		10	9	9	9	8	8	8	7	7	7	6	6	6	5	5	5	4
양력 월																	4													3
양력 일		16	15	14	13	12	11	10	9	8	7	6	5	4	3	2	1	31	30	29	28	27	26	25	24	23	22	21	20	19
일진		壬戌	辛酉	庚申	己未	戊午	丁巳	丙辰	乙卯	甲寅	癸丑	壬子	辛亥	庚戌	己酉	戊申	丁未	丙午	乙巳	甲辰	癸卯	壬寅	辛丑	庚子	己亥	戊戌	丁酉	丙申	乙未	甲午
절기시각		화	월	일	토	금	목	수	화	월	일	토	午正	목	수	화	월	일	토	금	목	수	화	월	일	토	금	辰正	수	화

3月大(甲辰) 청명

절기										입하4																곡우				
음력	30	29	28	27	26	25	24	23	22	21	20	19	18	17	16	15	14	13	12	11	10	9	8	7	6	5	4	3	2	1
대운 순행	7	7	8	8	8	9	9	9	10	10		1	1	1	1	2	2	2	3	3	3	4	4	4	5	5	5	6	6	6
대운 역행	3	3	3	2	2	2	1	1	1	1		10	10	9	9	9	8	8	8	7	7	7	6	6	6	5	5	5	4	4
양력 월																5														4
양력 일	16	15	14	13	12	11	10	9	8	7	6	5	4	3	2	1	30	29	28	27	26	25	24	23	22	21	20	19	18	17
일진	壬辰	辛卯	庚寅	己丑	戊子	丁亥	丙戌	乙酉	甲申	癸未	壬午	辛巳	庚辰	己卯	戊寅	丁丑	丙子	乙亥	甲戌	癸酉	壬申	辛未	庚午	己巳	戊辰	丁卯	丙寅	乙丑	甲子	癸亥
절기시각	목	수	화	월	일	토	금	목	수	화	卯正	일	토	금	목	수	화	월	일	토	금	목	수	화	월	일	戌正	금	목	수

4月小(乙巳) 입하

절기									망종5																소만					
음력		29	28	27	26	25	24	23	22	21	20	19	18	17	16	15	14	13	12	11	10	9	8	7	6	5	4	3	2	1
대운 순행		8	8	8	9	9	9	10	10		1	1	1	1	2	2	2	3	3	3	4	4	4	5	5	5	6	6	6	7
대운 역행		3	2	2	2	1	1	1	1		10	10	9	9	9	8	8	8	7	7	7	6	6	6	5	5	5	4	4	4
양력 월															6															5
양력 일		14	13	12	11	10	9	8	7	6	5	4	3	2	1	31	30	29	28	27	26	25	24	23	22	21	20	19	18	17
일진		辛酉	庚申	己未	戊午	丁巳	丙辰	乙卯	甲寅	癸丑	壬子	辛亥	庚戌	己酉	戊申	丁未	丙午	乙巳	甲辰	癸卯	壬寅	辛丑	庚子	己亥	戊戌	丁酉	丙申	乙未	甲午	癸巳
절기시각		금	목	수	화	월	일	토	금	午初	수	화	월	일	토	금	목	수	화	월	일	토	금	목	수	戌初	월	일	토	금

5月小(丙午) 망종

절기								소서6															하지							
음력		29	28	27	26	25	24	23	22	21	20	19	18	17	16	15	14	13	12	11	10	9	8	7	6	5	4	3	2	1
대운 순행		9	9	9	10	10	10		1	1	1	1	2	2	2	3	3	3	4	4	4	5	5	5	6	6	6	7	7	7
대운 역행		2	2	1	1	1	1		10	10	9	9	9	8	8	8	7	7	7	6	6	6	5	5	5	4	4	4	3	3
양력 월														7																6
양력 일		13	12	11	10	9	8	7	6	5	4	3	2	1	30	29	28	27	26	25	24	23	22	21	20	19	18	17	16	15
일진		庚寅	己丑	戊子	丁亥	丙戌	乙酉	甲申	癸未	壬午	辛巳	庚辰	己卯	戊寅	丁丑	丙子	乙亥	甲戌	癸酉	壬申	辛未	庚午	己巳	戊辰	丁卯	丙寅	乙丑	甲子	癸亥	壬戌
절기시각		토	금	목	수	화	월	亥初	토	금	목	수	화	월	일	토	금	목	수	화	월	일	寅正	금	목	수	화	월	일	토

6月大(丁未) 소서

절기					입추7																대서									
음력	30	29	28	27	26	25	24	23	22	21	20	19	18	17	16	15	14	13	12	11	10	9	8	7	6	5	4	3	2	1
대운 순행	9	9	10	10		1	1	1	1	2	2	2	3	3	3	4	4	4	5	5	5	6	6	6	7	7	7	8	8	8
대운 역행	1	1	1	1		10	10	10	9	9	9	8	8	8	7	7	7	6	6	6	5	5	5	4	4	4	3	3	3	2
양력 월												8																		7
양력 일	12	11	10	9	8	7	6	5	4	3	2	1	31	30	29	28	27	26	25	24	23	22	21	20	19	18	17	16	15	14
일진	庚申	己未	戊午	丁巳	丙辰	乙卯	甲寅	癸丑	壬子	辛亥	庚戌	己酉	戊申	丁未	丙午	乙巳	甲辰	癸卯	壬寅	辛丑	庚子	己亥	戊戌	丁酉	丙申	乙未	甲午	癸巳	壬辰	辛卯
절기시각	월	일	토	금	辰初	수	화	월	일	토	금	목	수	화	월	일	토	금	목	수	申正	월	일	토	금	목	수	화	월	일

• 막다른 골목집은 바람과 물이 막힌 것과 같아 매사에 막힘이 많다.

7月小(戊申) 입추

			백로8																처서											절기
	29	28	**27**	26	25	24	23	22	21	20	19	18	17	16	15	14	13	12	**11**	10	9	8	7	6	5	4	3	2	1	음력
	10	10		1	1	1	1	2	2	2	3	3	3	4	4	4	5	5	5	6	6	6	7	7	7	8	8	8	9	대운 순행
	1	1		10	10	9	9	9	8	8	8	7	7	7	6	6	6	5	5	5	4	4	4	3	3	3	2	2	2	대운 역행
										9																			8	양력 월
	10	9	8	7	6	5	4	3	2	1	31	30	29	28	27	26	25	24	23	22	21	20	19	18	17	16	15	14	13	양력 일
	己丑	戊子	丁亥	丙戌	乙酉	甲申	癸未	壬午	辛巳	庚辰	己卯	戊寅	丁丑	丙子	乙亥	甲戌	癸酉	壬申	辛未	庚午	己巳	戊辰	丁卯	丙寅	乙丑	甲子	癸亥	壬戌	辛酉	일진
	화	월	巳正	토	금	목	수	화	월	일	토	금	목	수	화	월	일	토	亥正	목	수	화	월	일	토	금	목	수	화	절기시각

8月小(己酉) 백로

	한로9																추분													절기
	29	28	27	26	25	24	23	22	21	20	19	18	17	16	15	14	**13**	12	11	10	9	8	7	6	5	4	3	2	1	음력
		1	1	1	1	2	2	2	3	3	3	4	4	4	5	5	5	6	6	6	7	7	7	8	8	8	9	9	9	대운 순행
		10	10	9	9	9	8	8	8	7	7	7	6	6	6	5	5	5	4	4	4	3	3	3	2	2	2	1	1	대운 역행
									10																				9	양력 월
	9	8	7	6	5	4	3	2	1	30	29	28	27	26	25	24	23	22	21	20	19	18	17	16	15	14	13	12	11	양력 일
	戊午	丁巳	丙辰	乙卯	甲寅	癸丑	壬子	辛亥	庚戌	己酉	戊申	丁未	丙午	乙巳	甲辰	癸卯	壬寅	辛丑	庚子	己亥	戊戌	丁酉	丙申	乙未	甲午	癸巳	壬辰	辛卯	庚寅	일진
	丑初	화	월	일	토	금	목	수	화	월	일	토	금	목	수	화	戌初	일	토	금	목	수	화	월	일	토	금	목	수	절기시각

9月大(庚戌) 한로

입동10															상강															절기
30	29	28	27	26	25	24	23	22	21	20	19	18	17	16	**15**	14	13	12	11	10	9	8	7	6	5	4	3	2	1	음력
	1	1	1	1	2	2	2	3	3	3	4	4	4	5	5	5	6	6	6	7	7	7	8	8	8	9	9	9	10	대운 순행
	10	9	9	9	8	8	8	7	7	7	6	6	6	5	5	5	4	4	4	3	3	3	2	2	2	1	1	1	1	대운 역행
							11																						10	양력 월
8	7	6	5	4	3	2	1	31	30	29	28	27	26	25	24	23	22	21	20	19	18	17	16	15	14	13	12	11	10	양력 일
戊子	丁亥	丙戌	乙酉	甲申	癸未	壬午	辛巳	庚辰	己卯	戊寅	丁丑	丙子	乙亥	甲戌	癸酉	壬申	辛未	庚午	己巳	戊辰	丁卯	丙寅	乙丑	甲子	癸亥	壬戌	辛酉	庚申	己未	일진
寅正	목	수	화	월	일	토	금	목	수	화	월	일	토	금	寅正	수	화	월	일	토	금	목	수	화	월	일	토	금	목	절기시각

10月大(辛亥) 입동

	대설11														소설															절기
30	**29**	28	27	26	25	24	23	22	21	20	19	18	17	16	**15**	14	13	12	11	10	9	8	7	6	5	4	3	2	1	음력
10		1	1	1	1	2	2	2	3	3	3	4	4	4	5	5	5	6	6	6	7	7	7	8	8	8	9	9	9	대운 순행
1		9	9	9	8	8	8	7	7	7	6	6	6	5	5	5	4	4	4	3	3	3	2	2	2	1	1	1	1	대운 역행
							12																						11	양력 월
8	7	6	5	4	3	2	1	30	29	28	27	26	25	24	23	22	21	20	19	18	17	16	15	14	13	12	11	10	9	양력 일
戊午	丁巳	丙辰	乙卯	甲寅	癸丑	壬子	辛亥	庚戌	己酉	戊申	丁未	丙午	乙巳	甲辰	癸卯	壬寅	辛丑	庚子	己亥	戊戌	丁酉	丙申	乙未	甲午	癸巳	壬辰	辛卯	庚寅	己丑	일진
일	戌正	금	목	수	화	월	일	토	금	목	수	화	월	일	丑初	금	목	수	화	월	일	토	금	목	수	화	월	일	토	절기시각

11月小(壬子) 대설

	소한12															동지														절기
	29	28	27	26	25	24	23	22	21	20	19	18	17	16	15	**14**	13	12	11	10	9	8	7	6	5	4	3	2	1	음력
		1	1	1	1	2	2	2	3	3	3	4	4	4	5	5	5	6	6	6	7	7	7	8	8	8	9	9	9	대운 순행
		10	9	9	9	8	8	8	7	7	7	6	6	6	5	5	5	4	4	4	3	3	3	2	2	2	1	1	1	대운 역행
						1																							12	양력 월
	6	5	4	3	2	1	31	30	29	28	27	26	25	24	23	22	21	20	19	18	17	16	15	14	13	12	11	10	9	양력 일
	丁亥	丙戌	乙酉	甲申	癸未	壬午	辛巳	庚辰	己卯	戊寅	丁丑	丙子	乙亥	甲戌	癸酉	壬申	辛未	庚午	己巳	戊辰	丁卯	丙寅	乙丑	甲子	癸亥	壬戌	辛酉	庚申	己未	일진
	卯正	일	토	금	목	수	화	월	일	토	금	목	수	화	월	未初	토	금	목	수	화	월	일	토	금	목	수	화	월	절기시각

12月大(癸丑) 소한

	입춘1														대한															절기
30	**29**	28	27	26	25	24	23	22	21	20	19	18	17	16	**15**	14	13	12	11	10	9	8	7	6	5	4	3	2	1	음력
10		1	1	1	1	2	2	2	3	3	3	4	4	4	5	5	5	6	6	6	7	7	7	8	8	8	9	9	9	대운 순행
1		9	9	9	8	8	8	7	7	7	6	6	6	5	5	5	4	4	4	3	3	3	2	2	2	1	1	1	1	대운 역행
				2																									1	양력 월
5	4	3	2	1	31	30	29	28	27	26	25	24	23	22	21	20	19	18	17	16	15	14	13	12	11	10	9	8	7	양력 일
丁巳	丙辰	乙卯	甲寅	癸丑	壬子	辛亥	庚戌	己酉	戊申	丁未	丙午	乙巳	甲辰	癸卯	壬寅	辛丑	庚子	己亥	戊戌	丁酉	丙申	乙未	甲午	癸巳	壬辰	辛卯	庚寅	己丑	戊子	일진
수	酉正	월	일	토	금	목	수	화	월	일	토	금	목	수	子正	월	일	토	금	목	수	화	월	일	토	금	목	수	화	절기시각

• 母衰子旺 사주는 자식을 크게(몸무게) 낳는다.

서기 1913년
단기 4246년

癸丑年

상문 : 卯　대장군 : 西
조객 : 亥　삼　재 : 巳酉丑
삼살 : 東

1月大(甲寅) 입춘

경칩2																우수														절기
30	**29**	28	27	26	25	24	23	22	21	20	19	18	17	16	15	**14**	13	12	11	10	9	8	7	6	5	4	3	2	1	음력
10		1	1	1	1	2	2	2	3	3	3	4	4	4	5	5	5	6	6	6	7	7	7	8	8	8	9	9	9	대운 순행
1		10	9	9	9	8	8	8	7	7	7	6	6	6	5	5	5	4	4	4	3	3	3	2	2	2	1	1	1	대운 역행
						3																							2	양력 월
7	6	5	4	3	2	1	28	27	26	25	24	23	22	21	20	19	18	17	16	15	14	13	12	11	10	9	8	7	6	양력 일
丁亥	丙戌	乙酉	甲申	癸未	壬午	辛巳	庚辰	己卯	戊寅	丁丑	丙子	乙亥	甲戌	癸酉	壬申	辛未	庚午	己巳	戊辰	丁卯	丙寅	乙丑	甲子	癸亥	壬戌	辛酉	庚申	己未	戊午	일진
금	未初	수	화	월	일	토	금	목	수	화	월	일	토	금	목	未正	화	월	일	토	금	목	수	화	월	일	토	금	목	절기시각

2月大(乙卯) 경칩

청명3																춘분														절기
30	**29**	28	27	26	25	24	23	22	21	20	19	18	17	16	15	**14**	13	12	11	10	9	8	7	6	5	4	3	2	1	음력
10		1	1	1	1	2	2	2	3	3	3	4	4	4	5	5	5	6	6	6	7	7	7	8	8	8	9	9	9	대운 순행
1		10	9	9	9	8	8	8	7	7	7	6	6	6	5	5	5	4	4	4	3	3	3	2	2	2	1	1	1	대운 역행
					4																								3	양력 월
6	5	4	3	2	1	31	30	29	28	27	26	25	24	23	22	21	20	19	18	17	16	15	14	13	12	11	10	9	8	양력 일
丁巳	丙辰	乙卯	甲寅	癸丑	壬子	辛亥	庚戌	己酉	戊申	丁未	丙午	乙巳	甲辰	癸卯	壬寅	辛丑	庚子	己亥	戊戌	丁酉	丙申	乙未	甲午	癸巳	壬辰	辛卯	庚寅	己丑	戊子	일진
일	酉正	금	목	수	화	월	일	토	금	목	수	화	월	일	토	未正	목	수	화	월	일	토	금	목	수	화	월	일	토	절기시각

3月小(丙辰) 청명

															곡우															절기
	29	28	27	26	25	24	23	22	21	20	19	18	17	16	**15**	14	13	12	11	10	9	8	7	6	5	4	3	2	1	음력
	1	1	1	1	2	2	2	3	3	3	4	4	4	5	5	5	6	6	6	7	7	7	8	8	8	9	9	9	10	대운 순행
	10	10	9	9	9	8	8	8	7	7	7	6	6	6	5	5	5	4	4	4	3	3	3	2	2	2	1	1	1	대운 역행
					5																								4	양력 월
	5	4	3	2	1	30	29	28	27	26	25	24	23	22	21	20	19	18	17	16	15	14	13	12	11	10	9	8	7	양력 일
	丙戌	乙酉	甲申	癸未	壬午	辛巳	庚辰	己卯	戊寅	丁丑	丙子	乙亥	甲戌	癸酉	壬申	辛未	庚午	己巳	戊辰	丁卯	丙寅	乙丑	甲子	癸亥	壬戌	辛酉	庚申	己未	戊午	일진
	월	일	토	금	목	수	화	월	일	토	금	목	수	화	丑正	일	토	금	목	수	화	월	일	토	금	목	수	화	월	절기시각

4月大(丁巳) 입하

													소만															입하4		절기
30	29	28	27	26	25	24	23	22	21	20	19	18	**17**	16	15	14	13	12	11	10	9	8	7	6	5	4	3	2	**1**	음력
1	1	1	2	2	2	3	3	3	4	4	4	5	5	5	6	6	6	7	7	7	8	8	8	9	9	9	10	10		대운 순행
10	9	9	9	8	8	8	7	7	7	6	6	6	5	5	5	4	4	4	3	3	3	2	2	2	1	1	1	1		대운 역행
		6																											5	양력 월
4	3	2	1	31	30	29	28	27	26	25	24	23	22	21	20	19	18	17	16	15	14	13	12	11	10	9	8	7	6	양력 일
丙辰	乙卯	甲寅	癸丑	壬子	辛亥	庚戌	己酉	戊申	丁未	丙午	乙巳	甲辰	癸卯	壬寅	辛丑	庚子	己亥	戊戌	丁酉	丙申	乙未	甲午	癸巳	壬辰	辛卯	庚寅	己丑	戊子	丁亥	일진
수	화	월	일	토	금	목	수	화	월	일	토	금	丑初	수	화	월	일	토	금	목	수	화	월	일	토	금	목	수	午正	절기시각

5月小(戊午) 망종

												하지																망종5		절기
	29	28	27	26	25	24	23	22	21	20	19	**18**	17	16	15	14	13	12	11	10	9	8	7	6	5	4	3	**2**	1	음력
	2	2	2	3	3	3	4	4	4	5	5	5	6	6	6	7	7	7	8	8	8	9	9	9	10	10	10		1	대운 순행
	9	9	8	8	8	7	7	7	6	6	6	5	5	5	4	4	4	3	3	3	2	2	2	1	1	1	1		10	대운 역행
			7																										6	양력 월
	3	2	1	30	29	28	27	26	25	24	23	22	21	20	19	18	17	16	15	14	13	12	11	10	9	8	7	6	5	양력 일
	乙酉	甲申	癸未	壬午	辛巳	庚辰	己卯	戊寅	丁丑	丙子	乙亥	甲戌	癸酉	壬申	辛未	庚午	己巳	戊辰	丁卯	丙寅	乙丑	甲子	癸亥	壬戌	辛酉	庚申	己未	戊午	丁巳	일진
	목	수	화	월	일	토	금	목	수	화	월	巳正	토	금	목	수	화	월	일	토	금	목	수	화	월	일	토	酉初	목	절기시각

6月小(己未) 소서

										대서															소서6					절기
	29	28	27	26	25	24	23	22	21	**20**	19	18	17	16	15	14	13	12	11	10	9	8	7	6	**5**	4	3	2	1	음력
	2	3	3	3	4	4	4	5	5	5	6	6	6	7	7	7	8	8	8	9	9	9	10	10		1	1	1	1	대운 순행
	8	8	7	7	7	6	6	6	5	5	5	4	4	4	3	3	3	2	2	2	1	1	1	1		10	10	10	9	대운 역행
	8																												7	양력 월
	1	31	30	29	28	27	26	25	24	23	22	21	20	19	18	17	16	15	14	13	12	11	10	9	8	7	6	5	4	양력 일
	甲寅	癸丑	壬子	辛亥	庚戌	己酉	戊申	丁未	丙午	乙巳	甲辰	癸卯	壬寅	辛丑	庚子	己亥	戊戌	丁酉	丙申	乙未	甲午	癸巳	壬辰	辛卯	庚寅	己丑	戊子	丁亥	丙戌	일진
	금	목	수	화	월	일	토	금	목	亥初	화	월	일	토	금	목	수	화	월	일	토	금	목	수	寅正	월	일	토	금	절기시각

• 쓰레기장을 매립하여 지은 집에서는 우환이 계속 일어난다.

							처서																입추7							절기	7月大(庚申) 입추
30	29	28	27	26	25	24	23	22	21	20	19	18	17	16	15	14	13	12	11	10	9	8	7	6	5	4	3	2	1	음력	
3	3	3	4	4	4	5	5	5	6	6	6	7	7	7	8	8	8	9	9	9	10	10		1	1	1	1	2	2	대운 순행	
8	7	7	7	6	6	6	5	5	5	4	4	4	3	3	3	2	2	2	1	1	1	1		10	10	9	9	9	8	대운 역행	
																													8	양력 월	
31	30	29	28	27	26	25	24	23	22	21	20	19	18	17	16	15	14	13	12	11	10	9	8	7	6	5	4	3	2	양력 일	
甲申	癸未	壬午	辛巳	庚辰	己卯	戊寅	丁丑	丙子	乙亥	甲戌	癸酉	壬申	辛未	庚午	己巳	戊辰	丁卯	丙寅	乙丑	甲子	癸亥	壬戌	辛酉	庚申	己未	戊午	丁巳	丙辰	乙卯	일진	
일	토	금	목	수	화	월	寅初	토	금	목	수	화	월	일	토	금	목	수	화	월	일	토	未初	목	수	화	월	일	토	절기시각	

						추분																백로8								절기	8月小(辛酉) 백로
	29	28	27	26	25	24	23	22	21	20	19	18	17	16	15	14	13	12	11	10	9	8	7	6	5	4	3	2	1	음력	
	3	4	4	4	5	5	5	6	6	6	7	7	7	8	8	8	9	9	9	10	10		1	1	1	1	2	2	2	대운 순행	
	7	7	6	6	6	5	5	5	4	4	4	3	3	3	2	2	2	1	1	1	1		10	10	9	9	9	8	8	대운 역행	
																													9	양력 월	
	29	28	27	26	25	24	23	22	21	20	19	18	17	16	15	14	13	12	11	10	9	8	7	6	5	4	3	2	1	양력 일	
	癸丑	壬子	辛亥	庚戌	己酉	戊申	丁未	丙午	乙巳	甲辰	癸卯	壬寅	辛丑	庚子	己亥	戊戌	丁酉	丙申	乙未	甲午	癸巳	壬辰	辛卯	庚寅	己丑	戊子	丁亥	丙戌	乙酉	일진	
	월	일	토	금	목	子正	화	월	일	토	금	목	수	화	월	일	토	금	목	수	화	申初	일	토	금	목	수	화	월	절기시각	

					상강															한로9										절기	9月小(壬戌) 한로
	29	28	27	26	25	24	23	22	21	20	19	18	17	16	15	14	13	12	11	10	9	8	7	6	5	4	3	2	1	음력	
	4	4	4	5	5	5	6	6	6	7	7	7	8	8	8	9	9	9	10		1	1	1	1	2	2	2	3	3	대운 순행	
	6	6	6	5	5	5	4	4	4	3	3	3	2	2	2	1	1	1	1		10	10	9	9	9	8	8	8	7	대운 역행	
																												10	9	양력 월	
	28	27	26	25	24	23	22	21	20	19	18	17	16	15	14	13	12	11	10	9	8	7	6	5	4	3	2	1	30	양력 일	
	壬午	辛巳	庚辰	己卯	戊寅	丁丑	丙子	乙亥	甲戌	癸酉	壬申	辛未	庚午	己巳	戊辰	丁卯	丙寅	乙丑	甲子	癸亥	壬戌	辛酉	庚申	己未	戊午	丁巳	丙辰	乙卯	甲寅	일진	
	화	월	일	토	巳初	목	수	화	월	일	토	금	목	수	화	월	일	토	금	卯正	수	화	월	일	토	금	목	수	화	절기시각	

				소설															입동10											절기	10月大(癸亥) 입동
30	29	28	27	26	25	24	23	22	21	20	19	18	17	16	15	14	13	12	11	10	9	8	7	6	5	4	3	2	1	음력	
4	4	4	5	5	5	6	6	6	7	7	7	8	8	8	9	9	9	10		1	1	1	1	2	2	2	3	3	3	대운 순행	
6	6	6	5	5	5	4	4	4	3	3	3	2	2	2	1	1	1	1		10	9	9	9	8	8	8	7	7	7	대운 역행	
																										11			10	양력 월	
27	26	25	24	23	22	21	20	19	18	17	16	15	14	13	12	11	10	9	8	7	6	5	4	3	2	1	31	30	29	양력 일	
壬子	辛亥	庚戌	己酉	戊申	丁未	丙午	乙巳	甲辰	癸卯	壬寅	辛丑	庚子	己亥	戊戌	丁酉	丙申	乙未	甲午	癸巳	壬辰	辛卯	庚寅	己丑	戊子	丁亥	丙戌	乙酉	甲申	癸未	일진	
목	수	화	월	卯正	토	금	목	수	화	월	일	토	금	목	수	화	월	일	巳初	금	목	수	화	월	일	토	금	목	수	절기시각	

					동지														대설11											절기	11月小(甲子) 대설
	29	28	27	26	25	24	23	22	21	20	19	18	17	16	15	14	13	12	11	10	9	8	7	6	5	4	3	2	1	음력	
	4	4	4	5	5	5	6	6	6	7	7	7	8	8	8	9	9	9		1	1	1	1	2	2	2	3	3	3	대운 순행	
	6	6	5	5	5	4	4	4	3	3	3	2	2	2	1	1	1	1		10	9	9	9	8	8	8	7	7	7	대운 역행	
																										12			11	양력 월	
	26	25	24	23	22	21	20	19	18	17	16	15	14	13	12	11	10	9	8	7	6	5	4	3	2	1	30	29	28	양력 일	
	辛巳	庚辰	己卯	戊寅	丁丑	丙子	乙亥	甲戌	癸酉	壬申	辛未	庚午	己巳	戊辰	丁卯	丙寅	乙丑	甲子	癸亥	壬戌	辛酉	庚申	己未	戊午	丁巳	丙辰	乙卯	甲寅	癸丑	일진	
	금	목	수	화	戌初	일	토	금	목	수	화	월	일	토	금	목	수	화	丑初	일	토	금	목	수	화	월	일	토	금	절기시각	

				대한															소한12											절기	12月大(乙丑) 소한
30	29	28	27	26	25	24	23	22	21	20	19	18	17	16	15	14	13	12	11	10	9	8	7	6	5	4	3	2	1	음력	
4	4	4	5	5	5	6	6	6	7	7	7	8	8	8	9	9	9	10		1	1	1	1	2	2	2	3	3	3	대운 순행	
6	6	6	5	5	5	4	4	4	3	3	3	2	2	2	1	1	1	1		9	9	9	8	8	8	7	7	7	6	대운 역행	
																								1					12	양력 월	
25	24	23	22	21	20	19	18	17	16	15	14	13	12	11	10	9	8	7	6	5	4	3	2	1	31	30	29	28	27	양력 일	
辛亥	庚戌	己酉	戊申	丁未	丙午	乙巳	甲辰	癸卯	壬寅	辛丑	庚子	己亥	戊戌	丁酉	丙申	乙未	甲午	癸巳	壬辰	辛卯	庚寅	己丑	戊子	丁亥	丙戌	乙酉	甲申	癸未	壬午	일진	
일	토	금	목	卯正	화	월	일	토	금	목	수	화	월	일	토	금	목	수	午正	월	일	토	금	목	수	화	월	일	토	절기시각	

• 남녀 부부가 너무 예쁘면 무자식이다.

서기 1914년
단기 4247년

甲寅年

상문 : 辰 대장군 : 北
조객 : 子 삼 재 : 申子辰
삼살 : 北

1月大(丙寅) 입춘

					우수														입춘1											절기
30	29	28	27	26	**25**	24	23	22	21	20	19	18	17	16	15	14	13	12	**11**	10	9	8	7	6	5	4	3	2	1	음력
3	4	4	4	5	5	5	6	6	6	7	7	7	8	8	8	9	9	9		1	1	1	1	2	2	2	3	3	3	대운 순행
6	6	6	5	5	5	4	4	4	3	3	3	2	2	2	1	1	1	1		10	9	9	9	8	8	8	7	7	7	대운 역행
																							2						1	양력 월
24	23	22	21	20	19	18	17	16	15	14	13	12	11	10	9	8	7	6	5	4	3	2	1	31	30	29	28	27	26	양력 일
辛巳	庚辰	己卯	戊寅	丁丑	丙子	乙亥	甲戌	癸酉	壬申	辛未	庚午	己巳	戊辰	丁卯	丙寅	乙丑	甲子	癸亥	壬戌	辛酉	庚申	己未	戊午	丁巳	丙辰	乙卯	甲寅	癸丑	壬子	일진
화	월	일	토	금	戌正	수	화	월	일	토	금	목	수	화	월	일	토	금	子正	수	화	월	일	토	금	목	수	화	월	절기시각

2月大(丁卯) 경칩

					춘분															경칩2										절기
30	29	28	27	26	**25**	24	23	22	21	20	19	18	17	16	15	14	13	12	11	**10**	9	8	7	6	5	4	3	2	1	음력
4	4	4	5	5	5	6	6	6	7	7	7	8	8	8	9	9	9	10	10		1	1	1	1	2	2	2	3	3	대운 순행
7	6	6	6	5	5	5	4	4	4	3	3	3	2	2	2	1	1	1	1		9	9	9	8	8	8	7	7	7	대운 역행
																									3				2	양력 월
26	25	24	23	22	21	20	19	18	17	16	15	14	13	12	11	10	9	8	7	6	5	4	3	2	1	28	27	26	25	양력 일
辛亥	庚戌	己酉	戊申	丁未	丙午	乙巳	甲辰	癸卯	壬寅	辛丑	庚子	己亥	戊戌	丁酉	丙申	乙未	甲午	癸巳	壬辰	辛卯	庚寅	己丑	戊子	丁亥	丙戌	乙酉	甲申	癸未	壬午	일진
목	수	화	월	일	戌正	금	목	수	화	월	일	토	금	목	수	화	월	일	토	酉正	목	수	화	월	일	토	금	목	수	절기시각

3月小(戊辰) 청명

				곡우															청명3											절기
	29	28	27	**26**	25	24	23	22	21	20	19	18	17	16	15	14	13	12	**11**	10	9	8	7	6	5	4	3	2	1	음력
	4	4	5	5	5	6	6	6	7	7	7	8	8	8	9	9	9	10		1	1	1	1	2	2	2	3	3	3	대운 순행
	6	6	5	5	5	4	4	4	3	3	3	2	2	2	1	1	1	1		10	10	9	9	9	8	8	8	7	7	대운 역행
																								4					3	양력 월
	24	23	22	21	20	19	18	17	16	15	14	13	12	11	10	9	8	7	6	5	4	3	2	1	31	30	29	28	27	양력 일
	庚辰	己卯	戊寅	丁丑	丙子	乙亥	甲戌	癸酉	壬申	辛未	庚午	己巳	戊辰	丁卯	丙寅	乙丑	甲子	癸亥	壬戌	辛酉	庚申	己未	戊午	丁巳	丙辰	乙卯	甲寅	癸丑	壬子	일진
	금	목	수	辰初	월	일	토	금	목	수	화	월	일	토	금	목	수	화	子正	일	토	금	목	수	화	월	일	토	금	절기시각

4月大(己巳) 입하

		소만																입하4												절기
30	29	**28**	27	26	25	24	23	22	21	20	19	18	17	16	15	14	13	**12**	11	10	9	8	7	6	5	4	3	2	1	음력
4	5	5	5	6	6	6	7	7	7	8	8	8	9	9	9	10	10		1	1	1	1	2	2	2	3	3	3	4	대운 순행
6	6	5	5	5	4	4	4	3	3	3	2	2	2	1	1	1	1		10	9	9	9	8	8	8	7	7	7	6	대운 역행
																							5						4	양력 월
24	23	22	21	20	19	18	17	16	15	14	13	12	11	10	9	8	7	6	5	4	3	2	1	30	29	28	27	26	25	양력 일
庚戌	己酉	戊申	丁未	丙午	乙巳	甲辰	癸卯	壬寅	辛丑	庚子	己亥	戊戌	丁酉	丙申	乙未	甲午	癸巳	壬辰	辛卯	庚寅	己丑	戊子	丁亥	丙戌	乙酉	甲申	癸未	壬午	辛巳	일진
일	토	辰初	목	수	화	월	일	토	금	목	수	화	월	일	토	금	목	酉正	화	월	일	토	금	목	수	화	월	일	토	절기시각

5月大(庚午) 망종

	하지																망종5													절기
30	**29**	28	27	26	25	24	23	22	21	20	19	18	17	16	15	14	**13**	12	11	10	9	8	7	6	5	4	3	2	1	음력
5	5	6	6	6	7	7	7	8	8	8	9	9	9	10	10	10		1	1	1	1	2	2	2	3	3	3	4	4	대운 순행
6	5	5	5	4	4	4	3	3	3	2	2	2	1	1	1	1		10	10	9	9	9	8	8	8	7	7	7	6	대운 역행
																						6							5	양력 월
23	22	21	20	19	18	17	16	15	14	13	12	11	10	9	8	7	6	5	4	3	2	1	31	30	29	28	27	26	25	양력 일
庚辰	己卯	戊寅	丁丑	丙子	乙亥	甲戌	癸酉	壬申	辛未	庚午	己巳	戊辰	丁卯	丙寅	乙丑	甲子	癸亥	壬戌	辛酉	庚申	己未	戊午	丁巳	丙辰	乙卯	甲寅	癸丑	壬子	辛亥	일진
화	申初	일	토	금	목	수	화	월	일	토	금	목	수	화	월	일	子初	금	목	수	화	월	일	토	금	목	수	화	월	절기시각

윤5月小

															소서6															절기
	29	28	27	26	25	24	23	22	21	20	19	18	17	16	**15**	14	13	12	11	10	9	8	7	6	5	4	3	2	1	음력
	6	6	6	7	7	7	8	8	8	9	9	9	10	10		1	1	1	1	2	2	2	3	3	3	4	4	4	5	대운 순행
	5	4	4	4	3	3	3	2	2	2	1	1	1	1		10	10	10	9	9	9	8	8	8	7	7	7	6	6	대운 역행
																						7							6	양력 월
	22	21	20	19	18	17	16	15	14	13	12	11	10	9	8	7	6	5	4	3	2	1	30	29	28	27	26	25	24	양력 일
	己酉	戊申	丁未	丙午	乙巳	甲辰	癸卯	壬寅	辛丑	庚子	己亥	戊戌	丁酉	丙申	乙未	甲午	癸巳	壬辰	辛卯	庚寅	己丑	戊子	丁亥	丙戌	乙酉	甲申	癸未	壬午	辛巳	일진
	수	화	월	일	토	금	목	수	화	월	일	토	금	목	巳初	화	월	일	토	금	목	수	화	월	일	토	금	목	수	절기시각

• 집터의 석질(石質)이 부스러지는 땅이라면 이 집에 사는 주인은 직업운이 나쁘다.

6月小(辛未)소서

													입추7																대서		절기	
	29	28	27	26	25	24	23	22	21	20	19	18	17	16	15	14	13	12	11	10	9	8	7	6	5	4	3	2	1	음력	
	6	7	7	7	8	8	8	9	9	9	10	10		1	1	1	1	2	2	2	3	3	3	4	4	4	5	5	5	순행	대운
	4	4	3	3	3	2	2	2	1	1	1	1		10	10	9	9	9	8	8	8	7	7	7	6	6	6	5	5	역행	
																				8									7	월	양력
	20	19	18	17	16	15	14	13	12	11	10	9	8	7	6	5	4	3	2	1	31	30	29	28	27	26	25	24	23	일	
	戊寅	丁丑	丙子	乙亥	甲戌	癸酉	壬申	辛未	庚午	己巳	戊辰	丁卯	丙寅	乙丑	甲子	癸亥	壬戌	辛酉	庚申	己未	戊午	丁巳	丙辰	乙卯	甲寅	癸丑	壬子	辛亥	庚戌	일진	
	목	수	화	월	일	토	금	목	수	화	월	일	戌初	금	목	수	화	월	일	토	금	목	수	화	월	일	토	丑正	목	절기시각	

7月大(壬申)입추

											백로8															처서				절기	
30	29	28	27	26	25	24	23	22	21	20	19	18	17	16	15	14	13	12	11	10	9	8	7	6	5	4	3	2	1	음력	
7	7	7	8	8	8	9	9	9	10	10		1	1	1	1	2	2	2	3	3	3	4	4	4	5	5	5	6	6	순행	대운
4	3	3	3	2	2	2	1	1	1	1		10	10	9	9	9	8	8	8	7	7	7	6	6	6	5	5	5	4	역행	
																		9											8	월	양력
19	18	17	16	15	14	13	12	11	10	9	8	7	6	5	4	3	2	1	31	30	29	28	27	26	25	24	23	22	21	일	
戊申	丁未	丙午	乙巳	甲辰	癸卯	壬寅	辛丑	庚子	己亥	戊戌	丁酉	丙申	乙未	甲午	癸巳	壬辰	辛卯	庚寅	己丑	戊子	丁亥	丙戌	乙酉	甲申	癸未	壬午	辛巳	庚辰	己卯	일진	
토	금	목	수	화	월	일	토	금	목	수	亥初	월	일	토	금	목	수	화	월	일	토	금	목	수	화	巳初	일	토	금	절기시각	

8月小(癸酉)백로

										한로9															추분					절기	
	29	28	27	26	25	24	23	22	21	20	19	18	17	16	15	14	13	12	11	10	9	8	7	6	5	4	3	2	1	음력	
	7	7	8	8	8	9	9	9	10		1	1	1	1	2	2	2	3	3	3	4	4	4	5	5	5	6	6	6	순행	대운
	3	3	2	2	2	1	1	1	1		10	10	9	9	9	8	8	8	7	7	7	6	6	6	5	5	5	4	4	역행	
																		10											9	월	양력
	18	17	16	15	14	13	12	11	10	9	8	7	6	5	4	3	2	1	30	29	28	27	26	25	24	23	22	21	20	일	
	丁丑	丙子	乙亥	甲戌	癸酉	壬申	辛未	庚午	己巳	戊辰	丁卯	丙寅	乙丑	甲子	癸亥	壬戌	辛酉	庚申	己未	戊午	丁巳	丙辰	乙卯	甲寅	癸丑	壬子	辛亥	庚戌	己酉	일진	
	일	토	금	목	수	화	월	일	토	午正	목	수	화	월	일	토	금	목	수	화	월	일	토	금	卯正	수	화	월	일	절기시각	

9月大(甲戌)한로

									입동10															상강						절기	
30	29	28	27	26	25	24	23	22	21	20	19	18	17	16	15	14	13	12	11	10	9	8	7	6	5	4	3	2	1	음력	
7	7	8	8	8	9	9	9	10		1	1	1	1	2	2	2	3	3	3	4	4	4	5	5	5	6	6	6	7	순행	대운
3	3	2	2	2	1	1	1	1		10	9	9	9	8	8	8	7	7	7	6	6	6	5	5	5	4	4	4	3	역행	
																11													10	월	양력
17	16	15	14	13	12	11	10	9	8	7	6	5	4	3	2	1	31	30	29	28	27	26	25	24	23	22	21	20	19	일	
丁未	丙午	乙巳	甲辰	癸卯	壬寅	辛丑	庚子	己亥	戊戌	丁酉	丙申	乙未	甲午	癸巳	壬辰	辛卯	庚寅	己丑	戊子	丁亥	丙戌	乙酉	甲申	癸未	壬午	辛巳	庚辰	己卯	戊寅	일진	
화	월	일	토	금	목	수	화	월	申初	토	금	목	수	화	월	일	토	금	목	수	화	월	일	申初	금	목	수	화	월	절기시각	

10月小(乙亥)입동

									대설11															소설						절기	
	29	28	27	26	25	24	23	22	21	20	19	18	17	16	15	14	13	12	11	10	9	8	7	6	5	4	3	2	1	음력	
	7	7	8	8	8	9	9	9		1	1	1	1	2	2	2	3	3	3	4	4	4	5	5	5	6	6	6	7	순행	대운
	3	2	2	2	1	1	1	1		10	9	9	9	8	8	8	7	7	7	6	6	6	5	5	5	4	4	4	3	역행	
																12													11	월	양력
	16	15	14	13	12	11	10	9	8	7	6	5	4	3	2	1	30	29	28	27	26	25	24	23	22	21	20	19	18	일	
	丙子	乙亥	甲戌	癸酉	壬申	辛未	庚午	己巳	戊辰	丁卯	丙寅	乙丑	甲子	癸亥	壬戌	辛酉	庚申	己未	戊午	丁巳	丙辰	乙卯	甲寅	癸丑	壬子	辛亥	庚戌	己酉	戊申	일진	
	수	화	월	일	토	금	목	수	辰初	월	일	토	금	목	수	화	월	일	토	금	목	수	화	午正	일	토	금	목	수	절기시각	

11月小(丙子)대설

									소한12														동지							절기	
	29	28	27	26	25	24	23	22	21	20	19	18	17	16	15	14	13	12	11	10	9	8	7	6	5	4	3	2	1	음력	
	7	8	8	8	9	9	9	10		1	1	1	1	2	2	2	3	3	3	4	4	4	5	5	5	6	6	6	7	순행	대운
	3	2	2	2	1	1	1	1		9	9	9	8	8	8	7	7	7	6	6	6	5	5	5	4	4	4	3	3	역행	
														1															12	월	양력
	14	13	12	11	10	9	8	7	6	5	4	3	2	1	31	30	29	28	27	26	25	24	23	22	21	20	19	18	17	일	
	乙巳	甲辰	癸卯	壬寅	辛丑	庚子	己亥	戊戌	丁酉	丙申	乙未	甲午	癸巳	壬辰	辛卯	庚寅	己丑	戊子	丁亥	丙戌	乙酉	甲申	癸未	壬午	辛巳	庚辰	己卯	戊寅	丁丑	일진	
	목	수	화	월	일	토	금	목	酉正	화	월	일	토	금	목	수	화	월	일	토	금	목	丑初	화	월	일	토	금	목	절기시각	

12月大(丁丑)소한

								입춘1															대한							절기	
30	29	28	27	26	25	24	23	22	21	20	19	18	17	16	15	14	13	12	11	10	9	8	7	6	5	4	3	2	1	음력	
7	8	8	8	9	9	9	10		1	1	1	1	2	2	2	3	3	3	4	4	4	5	5	5	6	6	6	7	7	순행	대운
3	2	2	2	1	1	1	1		10	9	9	9	8	8	8	7	7	7	6	6	6	5	5	5	4	4	4	3	3	역행	
												2																	1	월	양력
13	12	11	10	9	8	7	6	5	4	3	2	1	31	30	29	28	27	26	25	24	23	22	21	20	19	18	17	16	15	일	
乙亥	甲戌	癸酉	壬申	辛未	庚午	己巳	戊辰	丁卯	丙寅	乙丑	甲子	癸亥	壬戌	辛酉	庚申	己未	戊午	丁巳	丙辰	乙卯	甲寅	癸丑	壬子	辛亥	庚戌	己酉	戊申	丁未	丙午	일진	
토	금	목	수	화	월	일	토	卯正	목	수	화	월	일	토	금	목	수	화	월	일	토	금	午正	수	화	월	일	토	금	절기시각	

• 乙木일주 바람 잘 피우고 노래 잘 한다.

서기 1915년
단기 4248년

乙卯年

상문 : 巳　대장군 : 北
조객 : 丑　삼　재 : 申子辰
삼살 : 酉

1月大(戊寅) 입춘

								경칩2															우수							절기
30	29	28	27	26	25	24	23	22	21	20	19	18	17	16	15	14	13	12	11	10	9	8	7	6	5	4	3	2	1	음력
7	8	8	8	9	9	9	10		1	1	1	1	2	2	2	3	3	3	4	4	4	5	5	5	6	6	6	7	7	대운 순행
3	2	2	2	1	1	1	1		10	9	9	9	8	8	8	7	7	7	6	6	6	5	5	5	4	4	4	3	3	대운 역행
														3															2	양력 월
15	14	13	12	11	10	9	8	7	6	5	4	3	2	1	28	27	26	25	24	23	22	21	20	19	18	17	16	15	14	양력 일
乙巳	甲辰	癸卯	壬寅	辛丑	庚子	己亥	戊戌	丁酉	丙申	乙未	甲午	癸巳	壬辰	辛卯	庚寅	己丑	戊子	丁亥	丙戌	乙酉	甲申	癸未	壬午	辛巳	庚辰	己卯	戊寅	丁丑	丙子	일진
월	일	토	금	목	수	화	월	子正	토	금	목	수	화	월	일	토	금	목	수	화	월	일	丑正	금	목	수	화	월	일	절기시각

2月小(己卯) 경칩

								청명3															춘분							절기
	29	28	27	26	25	24	23	22	21	20	19	18	17	16	15	14	13	12	11	10	9	8	7	6	5	4	3	2	1	음력
	8	8	9	9	9	10	10		1	1	1	1	2	2	2	3	3	3	4	4	4	5	5	5	6	6	6	7	7	대운 순행
	2	2	2	1	1	1	1		10	9	9	9	8	8	8	7	7	7	6	6	6	5	5	5	4	4	4	3	3	대운 역행
													4																3	양력 월
	13	12	11	10	9	8	7	6	5	4	3	2	1	31	30	29	28	27	26	25	24	23	22	21	20	19	18	17	16	양력 일
	甲戌	癸酉	壬申	辛未	庚午	己巳	戊辰	丁卯	丙寅	乙丑	甲子	癸亥	壬戌	辛酉	庚申	己未	戊午	丁巳	丙辰	乙卯	甲寅	癸丑	壬子	辛亥	庚戌	己酉	戊申	丁未	丙午	일진
	화	월	일	토	금	목	수	卯正	월	일	토	금	목	수	화	월	일	토	금	목	수	화	丑正	일	토	금	목	수	화	절기시각

3月大(庚辰) 청명

						입하4																곡우								절기
30	29	28	27	26	25	24	23	22	21	20	19	18	17	16	15	14	13	12	11	10	9	8	7	6	5	4	3	2	1	음력
8	9	9	9	10	10		1	1	1	1	2	2	2	3	3	3	4	4	4	5	5	5	6	6	6	7	7	7	8	대운 순행
2	2	1	1	1	1		10	10	9	9	9	8	8	8	7	7	7	6	6	6	5	5	5	4	4	4	3	3	3	대운 역행
												5																	4	양력 월
13	12	11	10	9	8	7	6	5	4	3	2	1	30	29	28	27	26	25	24	23	22	21	20	19	18	17	16	15	14	양력 일
甲辰	癸卯	壬寅	辛丑	庚子	己亥	戊戌	丁酉	丙申	乙未	甲午	癸巳	壬辰	辛卯	庚寅	己丑	戊子	丁亥	丙戌	乙酉	甲申	癸未	壬午	辛巳	庚辰	己卯	戊寅	丁丑	丙子	乙亥	일진
목	수	화	월	일	토	子正	목	수	화	월	일	토	금	목	수	화	월	일	토	금	목	未初	화	월	일	토	금	목	수	절기시각

4月大(辛巳) 입하

					망종5																소만									절기
30	29	28	27	26	25	24	23	22	21	20	19	18	17	16	15	14	13	12	11	10	9	8	7	6	5	4	3	2	1	음력
9	9	9	10	10		1	1	1	1	2	2	2	3	3	3	4	4	4	5	5	5	6	6	6	7	7	7	8	8	대운 순행
2	1	1	1	1		10	10	9	9	9	8	8	8	7	7	7	6	6	6	5	5	5	4	4	4	3	3	3	2	대운 역행
											6																		5	양력 월
12	11	10	9	8	7	6	5	4	3	2	1	31	30	29	28	27	26	25	24	23	22	21	20	19	18	17	16	15	14	양력 일
甲戌	癸酉	壬申	辛未	庚午	己巳	戊辰	丁卯	丙寅	乙丑	甲子	癸亥	壬戌	辛酉	庚申	己未	戊午	丁巳	丙辰	乙卯	甲寅	癸丑	壬子	辛亥	庚戌	己酉	戊申	丁未	丙午	乙巳	일진
토	금	목	수	화	寅正	일	토	금	목	수	화	월	일	토	금	목	수	화	월	일	未初	금	목	수	화	월	일	토	금	절기시각

5月小(壬午) 망종

				소서6																하지										절기
	29	28	27	26	25	24	23	22	21	20	19	18	17	16	15	14	13	12	11	10	9	8	7	6	5	4	3	2	1	음력
	10	10	10		1	1	1	1	2	2	2	3	3	3	4	4	4	5	5	5	6	6	6	7	7	7	8	8	8	대운 순행
	1	1	1		10	10	9	9	9	8	8	8	7	7	7	6	6	6	5	5	5	4	4	4	3	3	3	2	2	대운 역행
											7																		6	양력 월
	11	10	9	8	7	6	5	4	3	2	1	30	29	28	27	26	25	24	23	22	21	20	19	18	17	16	15	14	13	양력 일
	癸卯	壬寅	辛丑	庚子	己亥	戊戌	丁酉	丙申	乙未	甲午	癸巳	壬辰	辛卯	庚寅	己丑	戊子	丁亥	丙戌	乙酉	甲申	癸未	壬午	辛巳	庚辰	己卯	戊寅	丁丑	丙子	乙亥	일진
	일	토	금	申初	수	화	월	일	토	금	목	수	화	월	일	토	금	목	수	未初	월	일	토	금	목	수	화	월	일	절기시각

6月大(癸未) 소서

	입추7																대서													절기
30	29	28	27	26	25	24	23	22	21	20	19	18	17	16	15	14	13	12	11	10	9	8	7	6	5	4	3	2	1	음력
10		1	1	1	1	2	2	2	3	3	3	4	4	4	5	5	5	6	6	6	7	7	7	8	8	8	9	9	9	대운 순행
1		10	10	10	9	9	9	8	8	8	7	7	7	6	6	6	5	5	5	4	4	4	3	3	3	2	2	2	1	대운 역행
									8																				7	양력 월
10	9	8	7	6	5	4	3	2	1	31	30	29	28	27	26	25	24	23	22	21	20	19	18	17	16	15	14	13	12	양력 일
癸酉	壬申	辛未	庚午	己巳	戊辰	丁卯	丙寅	乙丑	甲子	癸亥	壬戌	辛酉	庚申	己未	戊午	丁巳	丙辰	乙卯	甲寅	癸丑	壬子	辛亥	庚戌	己酉	戊申	丁未	丙午	乙巳	甲辰	일진
화	子正	일	토	금	목	수	화	월	일	토	금	목	수	화	월	일	辰正	금	목	수	화	월	일	토	금	목	수	화	월	절기시각

• 높은 곳에 우뚝솟은 집은 자손이 절손된다든가 또는 엉뚱한 짓을 하게 된다.

7月小(甲申) 입추

																처서														절기
	29	28	27	26	25	24	23	22	21	20	19	18	17	16	15	**14**	13	12	11	10	9	8	7	6	5	4	3	2	1	음력
	1	1	1	1	2	2	2	3	3	3	4	4	4	5	5	5	6	6	6	7	7	7	8	8	8	9	9	9	10	대운 순행
	10	10	9	9	9	8	8	8	7	7	7	6	6	6	5	5	5	4	4	4	3	3	3	2	2	2	1	1	1	대운 역행
								9																					8	양력 월
	8	7	6	5	4	3	2	1	31	30	29	28	27	26	25	24	23	22	21	20	19	18	17	16	15	14	13	12	11	양력 일
	壬寅	辛丑	庚子	己亥	戊戌	丁酉	丙申	乙未	甲午	癸巳	壬辰	辛卯	庚寅	己丑	戊子	丁亥	丙戌	乙酉	甲申	癸未	壬午	辛巳	庚辰	己卯	戊寅	丁丑	丙子	乙亥	甲戌	일진
	수	화	월	일	토	금	목	수	화	월	일	토	금	목	수	申初	월	일	토	금	목	수	화	월	일	토	금	목	수	절기시각

8月大(乙酉) 백로

														추분															백로8	절기
30	29	28	27	26	25	24	23	22	21	20	19	18	17	**16**	15	14	13	12	11	10	9	8	7	6	5	4	3	2	**1**	음력
1	1	1	1	2	2	2	3	3	3	4	4	4	5	5	5	6	6	6	7	7	7	8	8	8	9	9	9	10		대운 순행
10	9	9	9	8	8	8	7	7	7	6	6	6	5	5	5	4	4	4	3	3	3	2	2	2	1	1	1	1		대운 역행
							10																						9	양력 월
8	7	6	5	4	3	2	1	30	29	28	27	26	25	24	23	22	21	20	19	18	17	16	15	14	13	12	11	10	9	양력 일
壬申	辛未	庚午	己巳	戊辰	丁卯	丙寅	乙丑	甲子	癸亥	壬戌	辛酉	庚申	己未	戊午	丁巳	丙辰	乙卯	甲寅	癸丑	壬子	辛亥	庚戌	己酉	戊申	丁未	丙午	乙巳	甲辰	癸卯	일진
금	목	수	화	월	일	토	금	목	수	화	월	일	토	午正	목	수	화	월	일	토	금	목	수	화	월	일	토	금	寅初	절기시각

9月小(丙戌) 한로

														상강															한로9	절기
	29	28	27	26	25	24	23	22	21	20	19	18	17	**16**	15	14	13	12	11	10	9	8	7	6	5	4	3	2	**1**	음력
	1	1	1	2	2	2	3	3	3	4	4	4	5	5	5	6	6	6	7	7	7	8	8	8	9	9	9	10		대운 순행
	9	9	9	8	8	8	7	7	7	6	6	6	5	5	5	4	4	4	3	3	3	2	2	2	1	1	1	1		대운 역행
						11																							10	양력 월
	6	5	4	3	2	1	31	30	29	28	27	26	25	24	23	22	21	20	19	18	17	16	15	14	13	12	11	10	9	양력 일
	辛丑	庚子	己亥	戊戌	丁酉	丙申	乙未	甲午	癸巳	壬辰	辛卯	庚寅	己丑	戊子	丁亥	丙戌	乙酉	甲申	癸未	壬午	辛巳	庚辰	己卯	戊寅	丁丑	丙子	乙亥	甲戌	癸酉	일진
	토	금	목	수	화	월	일	토	금	목	수	화	월	亥初	토	금	목	수	화	월	일	토	금	목	수	화	월	일	酉正	절기시각

10月大(丁亥) 입동

													소설															입동10		절기
30	29	28	27	26	25	24	23	22	21	20	19	18	**17**	16	15	14	13	12	11	10	9	8	7	6	5	4	3	**2**	1	음력
1	1	1	2	2	2	3	3	3	4	4	4	5	5	5	6	6	6	7	7	7	8	8	8	9	9	9	10		1	대운 순행
9	9	9	8	8	8	7	7	7	6	6	6	5	5	5	4	4	4	3	3	3	2	2	2	1	1	1	1		10	대운 역행
					12																								11	양력 월
6	5	4	3	2	1	30	29	28	27	26	25	24	23	22	21	20	19	18	17	16	15	14	13	12	11	10	9	8	7	양력 일
辛未	庚午	己巳	戊辰	丁卯	丙寅	乙丑	甲子	癸亥	壬戌	辛酉	庚申	己未	戊午	丁巳	丙辰	乙卯	甲寅	癸丑	壬子	辛亥	庚戌	己酉	戊申	丁未	丙午	乙巳	甲辰	癸卯	壬寅	일진
월	일	토	금	목	수	화	월	일	토	금	목	수	酉正	월	일	토	금	목	수	화	월	일	토	금	목	수	화	戌正	일	절기시각

11月小(戊子) 대설

													동지															대설11		절기
	29	28	27	26	25	24	23	22	21	20	19	18	**17**	16	15	14	13	12	11	10	9	8	7	6	5	4	3	**2**	1	음력
	1	1	2	2	2	3	3	3	4	4	4	5	5	5	6	6	6	7	7	7	8	8	8	9	9	9	10		1	대운 순행
	9	9	8	8	8	7	7	7	6	6	6	5	5	5	4	4	4	3	3	3	2	2	2	1	1	1	1		10	대운 역행
				1																									12	양력 월
	4	3	2	1	31	30	29	28	27	26	25	24	23	22	21	20	19	18	17	16	15	14	13	12	11	10	9	8	7	양력 일
	庚子	己亥	戊戌	丁酉	丙申	乙未	甲午	癸巳	壬辰	辛卯	庚寅	己丑	戊子	丁亥	丙戌	乙酉	甲申	癸未	壬午	辛巳	庚辰	己卯	戊寅	丁丑	丙子	乙亥	甲戌	癸酉	壬申	일진
	화	월	일	토	금	목	수	화	월	일	토	금	辰初	수	화	월	일	토	금	목	수	화	월	일	토	금	목	未初	화	절기시각

12月大(己丑) 소한

													대한														소한12			절기
30	29	28	27	26	25	24	23	22	21	20	19	18	**17**	16	15	14	13	12	11	10	9	8	7	6	5	4	**3**	2	1	음력
1	1	1	2	2	2	3	3	3	4	4	4	5	5	5	6	6	6	7	7	7	8	8	8	9	9	9		1	1	대운 순행
9	9	8	8	8	7	7	7	6	6	6	5	5	5	4	4	4	3	3	3	2	2	2	1	1	1	1		10	9	대운 역행
		2																											1	양력 월
3	2	1	31	30	29	28	27	26	25	24	23	22	21	20	19	18	17	16	15	14	13	12	11	10	9	8	7	6	5	양력 일
庚午	己巳	戊辰	丁卯	丙寅	乙丑	甲子	癸亥	壬戌	辛酉	庚申	己未	戊午	丁巳	丙辰	乙卯	甲寅	癸丑	壬子	辛亥	庚戌	己酉	戊申	丁未	丙午	乙巳	甲辰	癸卯	壬寅	辛丑	일진
목	수	화	월	일	토	금	목	수	화	월	일	토	酉初	목	수	화	월	일	토	금	목	수	화	월	일	토	子正	목	수	절기시각

• 日柱가 丙, 丁日生이고 辰戌丑未가 왕하면 자궁외 임신을 한다.

서기 1916년
단기 4249년

丙辰年

상문 : 午 대장군 : 北
조객 : 寅 삼 재 : 申子辰
삼살 : 南

1月小(庚寅) 입춘

													우수															입춘1		절기
	29	28	27	26	25	24	23	22	21	20	19	18	17	16	15	14	13	12	11	10	9	8	7	6	5	4	3	2	1	음력
	1	1	2	2	2	3	3	3	4	4	4	5	5	5	6	6	6	7	7	7	8	8	8	9	9	9	10		1	대운 순행
	9	9	8	8	8	7	7	7	6	6	6	5	5	5	4	4	4	3	3	3	2	2	2	1	1	1	1		9	대운 역행
			3																										2	양력 월
	3	2	1	29	28	27	26	25	24	23	22	21	20	19	18	17	16	15	14	13	12	11	10	9	8	7	6	5	4	양력 일
	己亥	戊戌	丁酉	丙申	乙未	甲午	癸巳	壬辰	辛卯	庚寅	己丑	戊子	丁亥	丙戌	乙酉	甲申	癸未	壬午	辛巳	庚辰	己卯	戊寅	丁丑	丙子	乙亥	甲戌	癸酉	壬申	辛未	일진
	금	목	수	화	월	일	토	금	목	수	화	월	辰正	토	금	목	수	화	월	일	토	금	목	수	화	월	일	午正	금	절기시각

2月大(辛卯) 경칩

												춘분															경칩2			절기
30	29	28	27	26	25	24	23	22	21	20	19	18	17	16	15	14	13	12	11	10	9	8	7	6	5	4	3	2	1	음력
1	1	2	2	2	3	3	3	4	4	4	5	5	5	6	6	6	7	7	7	8	8	8	9	9	9	10		1	1	대운 순행
9	9	8	8	8	7	7	7	6	6	6	5	5	5	4	4	4	3	3	3	2	2	2	1	1	1	1		10	9	대운 역행
	4																												3	양력 월
2	1	31	30	29	28	27	26	25	24	23	22	21	20	19	18	17	16	15	14	13	12	11	10	9	8	7	6	5	4	양력 일
己巳	戊辰	丁卯	丙寅	乙丑	甲子	癸亥	壬戌	辛酉	庚申	己未	戊午	丁巳	丙辰	乙卯	甲寅	癸丑	壬子	辛亥	庚戌	己酉	戊申	丁未	丙午	乙巳	甲辰	癸卯	壬寅	辛丑	庚子	일진
일	토	금	목	수	화	월	일	토	금	목	수	辰初	월	일	토	금	목	수	화	월	일	토	금	목	수	화	卯正	일	토	절기시각

3月小(壬辰) 청명

												곡우															청명3			절기
	29	28	27	26	25	24	23	22	21	20	19	18	17	16	15	14	13	12	11	10	9	8	7	6	5	4	3	2	1	음력
	2	2	2	3	3	3	4	4	4	5	5	5	6	6	6	7	7	7	8	8	8	9	9	9	10	10		1	1	대운 순행
	9	8	8	8	7	7	7	6	6	6	5	5	5	4	4	4	3	3	3	2	2	2	1	1	1	1		10	9	대운 역행
	5																												4	양력 월
	1	30	29	28	27	26	25	24	23	22	21	20	19	18	17	16	15	14	13	12	11	10	9	8	7	6	5	4	3	양력 일
	戊戌	丁酉	丙申	乙未	甲午	癸巳	壬辰	辛卯	庚寅	己丑	戊子	丁亥	丙戌	乙酉	甲申	癸未	壬午	辛巳	庚辰	己卯	戊寅	丁丑	丙子	乙亥	甲戌	癸酉	壬申	辛未	庚午	일진
	월	일	토	금	목	수	화	월	일	토	금	戌初	수	화	월	일	토	금	목	수	화	월	일	토	금	목	午初	화	월	절기시각

4月大(癸巳) 입하

										소만															입하4					절기
30	29	28	27	26	25	24	23	22	21	20	19	18	17	16	15	14	13	12	11	10	9	8	7	6	5	4	3	2	1	음력
2	2	3	3	3	4	4	4	5	5	5	6	6	6	7	7	7	8	8	8	9	9	9	10	10		1	1	1	1	대운 순행
8	8	8	7	7	7	6	6	6	5	5	5	4	4	4	3	3	3	2	2	2	1	1	1	1		10	10	9	9	대운 역행
																													5	양력 월
31	30	29	28	27	26	25	24	23	22	21	20	19	18	17	16	15	14	13	12	11	10	9	8	7	6	5	4	3	2	양력 일
戊辰	丁卯	丙寅	乙丑	甲子	癸亥	壬戌	辛酉	庚申	己未	戊午	丁巳	丙辰	乙卯	甲寅	癸丑	壬子	辛亥	庚戌	己酉	戊申	丁未	丙午	乙巳	甲辰	癸卯	壬寅	辛丑	庚子	己亥	일진
수	화	월	일	토	금	목	수	화	월	戌初	토	금	목	수	화	월	일	토	금	목	수	화	월	일	卯初	금	목	수	화	절기시각

5月小(甲午) 망종

								하지																망종5						절기
	29	28	27	26	25	24	23	22	21	20	19	18	17	16	15	14	13	12	11	10	9	8	7	6	5	4	3	2	1	음력
	3	3	3	4	4	4	5	5	5	6	6	6	7	7	7	8	8	8	9	9	9	10	10		1	1	1	1	2	대운 순행
	8	7	7	7	6	6	6	5	5	5	4	4	4	3	3	3	2	2	2	1	1	1	1		10	10	9	9	9	대운 역행
																													6	양력 월
	29	28	27	26	25	24	23	22	21	20	19	18	17	16	15	14	13	12	11	10	9	8	7	6	5	4	3	2	1	양력 일
	丁酉	丙申	乙未	甲午	癸巳	壬辰	辛卯	庚寅	己丑	戊子	丁亥	丙戌	乙酉	甲申	癸未	壬午	辛巳	庚辰	己卯	戊寅	丁丑	丙子	乙亥	甲戌	癸酉	壬申	辛未	庚午	己巳	일진
	목	수	화	월	일	토	금	寅初	수	화	월	일	토	금	목	수	화	월	일	토	금	목	수	巳正	월	일	토	금	목	절기시각

6月大(乙未) 소서

						대서																소서6								절기
30	29	28	27	26	25	24	23	22	21	20	19	18	17	16	15	14	13	12	11	10	9	8	7	6	5	4	3	2	1	음력
3	4	4	4	5	5	5	6	6	6	7	7	7	8	8	8	9	9	9	10	10	10		1	1	1	1	2	2	2	대운 순행
7	7	7	6	6	6	5	5	5	4	4	4	3	3	3	2	2	2	1	1	1	1		10	10	9	9	9	8	8	대운 역행
																												7	6	양력 월
29	28	27	26	25	24	23	22	21	20	19	18	17	16	15	14	13	12	11	10	9	8	7	6	5	4	3	2	1	30	양력 일
丁卯	丙寅	乙丑	甲子	癸亥	壬戌	辛酉	庚申	己未	戊午	丁巳	丙辰	乙卯	甲寅	癸丑	壬子	辛亥	庚戌	己酉	戊申	丁未	丙午	乙巳	甲辰	癸卯	壬寅	辛丑	庚子	己亥	戊戌	일진
토	금	목	수	화	월	未正	토	금	목	수	화	월	일	토	금	목	수	화	월	일	토	戌正	목	수	화	월	일	토	금	절기시각

• 움푹들어간 집은 재물이 따르지를 않고 불과 물의 재난을 당하기 쉽다.

7月大(丙申) 입추

					처서															입추7										절기
30	29	28	27	26	**25**	24	23	22	21	20	19	18	17	16	15	14	13	12	11	**10**	9	8	7	6	5	4	3	2	1	음력
4	4	4	5	5	5	6	6	6	7	7	7	8	8	8	9	9	9	10	10		1	1	1	1	2	2	2	3	3	대운 순행
7	6	6	6	5	5	5	4	4	4	3	3	3	2	2	2	1	1	1	1		10	10	10	9	9	9	8	8	8	대운 역행
																											8		7	양력 월
28	27	26	25	24	23	22	21	20	19	18	17	16	15	14	13	12	11	10	9	8	7	6	5	4	3	2	1	31	30	양력 일
丁酉	丙申	乙未	甲午	癸巳	壬辰	辛卯	庚寅	己丑	戊子	丁亥	丙戌	乙酉	甲申	癸未	壬午	辛巳	庚辰	己卯	戊寅	丁丑	丙子	乙亥	甲戌	癸酉	壬申	辛未	庚午	己巳	戊辰	일진
월	일	토	금	목	亥初	화	월	일	토	금	목	수	화	월	일	토	금	목	수	卯正	월	일	토	금	목	수	화	월	일	절기시각

8月小(丁酉) 백로

				추분															백로8											절기
	29	28	27	**26**	25	24	23	22	21	20	19	18	17	16	15	14	13	12	**11**	10	9	8	7	6	5	4	3	2	1	음력
	4	5	5	5	6	6	6	7	7	7	8	8	8	9	9	9	10	10		1	1	1	1	2	2	2	3	3	3	대운 순행
	6	6	5	5	5	4	4	4	3	3	3	2	2	2	1	1	1	1		10	10	9	9	9	8	8	8	7	7	대운 역행
																										9			8	양력 월
	26	25	24	23	22	21	20	19	18	17	16	15	14	13	12	11	10	9	8	7	6	5	4	3	2	1	31	30	29	양력 일
	丙寅	乙丑	甲子	癸亥	壬戌	辛酉	庚申	己未	戊午	丁巳	丙辰	乙卯	甲寅	癸丑	壬子	辛亥	庚戌	己酉	戊申	丁未	丙午	乙巳	甲辰	癸卯	壬寅	辛丑	庚子	己亥	戊戌	일진
	화	월	일	酉正	금	목	수	화	월	일	토	금	목	수	화	월	일	토	巳初	목	수	화	월	일	토	금	목	수	화	절기시각

9月大(戊戌) 한로

		상강															한로9													절기
30	29	**28**	27	26	25	24	23	22	21	20	19	18	17	16	15	14	**13**	12	11	10	9	8	7	6	5	4	3	2	1	음력
4	5	5	5	6	6	6	7	7	7	8	8	8	9	9	9	10		1	1	1	1	2	2	2	3	3	3	4	4	대운 순행
6	5	5	5	4	4	4	3	3	3	2	2	2	1	1	1	1		10	10	9	9	9	8	8	8	7	7	7	6	대운 역행
																									10				9	양력 월
26	25	24	23	22	21	20	19	18	17	16	15	14	13	12	11	10	9	8	7	6	5	4	3	2	1	30	29	28	27	양력 일
丙申	乙未	甲午	癸巳	壬辰	辛卯	庚寅	己丑	戊子	丁亥	丙戌	乙酉	甲申	癸未	壬午	辛巳	庚辰	己卯	戊寅	丁丑	丙子	乙亥	甲戌	癸酉	壬申	辛未	庚午	己巳	戊辰	丁卯	일진
목	수	丑正	월	일	토	금	목	수	화	월	일	토	금	목	수	화	子正	일	토	금	목	수	화	월	일	토	금	목	수	절기시각

10月小(己亥) 입동

			소설														입동10													절기
	29	28	**27**	26	25	24	23	22	21	20	19	18	17	16	15	14	**13**	12	11	10	9	8	7	6	5	4	3	2	1	음력
	4	5	5	5	6	6	6	7	7	7	8	8	8	9	9	9		1	1	1	1	2	2	2	3	3	3	4	4	대운 순행
	5	5	5	4	4	4	3	3	3	2	2	2	1	1	1	1		10	9	9	9	8	8	8	7	7	7	6	6	대운 역행
																								11					10	양력 월
	24	23	22	21	20	19	18	17	16	15	14	13	12	11	10	9	8	7	6	5	4	3	2	1	31	30	29	28	27	양력 일
	乙丑	甲子	癸亥	壬戌	辛酉	庚申	己未	戊午	丁巳	丙辰	乙卯	甲寅	癸丑	壬子	辛亥	庚戌	己酉	戊申	丁未	丙午	乙巳	甲辰	癸卯	壬寅	辛丑	庚子	己亥	戊戌	丁酉	일진
	금	목	子初	화	월	일	토	금	목	수	화	월	일	토	금	목	丑正	화	월	일	토	금	목	수	화	월	일	토	금	절기시각

11月大(庚子) 대설

		동지															대설11													절기
30	29	**28**	27	26	25	24	23	22	21	20	19	18	17	16	15	14	**13**	12	11	10	9	8	7	6	5	4	3	2	1	음력
4	5	5	5	6	6	6	7	7	7	8	8	8	9	9	9	10		1	1	1	1	2	2	2	3	3	3	4	4	대운 순행
6	5	5	5	4	4	4	3	3	3	2	2	2	1	1	1	1		9	9	9	8	8	8	7	7	7	6	6	6	대운 역행
																							12						11	양력 월
24	23	22	21	20	19	18	17	16	15	14	13	12	11	10	9	8	7	6	5	4	3	2	1	30	29	28	27	26	25	양력 일
乙未	甲午	癸巳	壬辰	辛卯	庚寅	己丑	戊子	丁亥	丙戌	乙酉	甲申	癸未	壬午	辛巳	庚辰	己卯	戊寅	丁丑	丙子	乙亥	甲戌	癸酉	壬申	辛未	庚午	己巳	戊辰	丁卯	丙寅	일진
일	토	午正	목	수	화	월	일	토	금	목	수	화	월	일	토	금	戌初	수	화	월	일	토	금	목	수	화	월	일	토	절기시각

12月小(辛丑) 소한

			대한														소한12													절기
	29	28	**27**	26	25	24	23	22	21	20	19	18	17	16	15	14	**13**	12	11	10	9	8	7	6	5	4	3	2	1	음력
	4	5	5	5	6	6	6	7	7	7	8	8	8	9	9	9		1	1	1	1	2	2	2	3	3	3	4	4	대운 순행
	5	5	5	4	4	4	3	3	3	2	2	2	1	1	1	1		10	9	9	9	8	8	8	7	7	7	6	6	대운 역행
																						1							12	양력 월
	22	21	20	19	18	17	16	15	14	13	12	11	10	9	8	7	6	5	4	3	2	1	31	30	29	28	27	26	25	양력 일
	甲子	癸亥	壬戌	辛酉	庚申	己未	戊午	丁巳	丙辰	乙卯	甲寅	癸丑	壬子	辛亥	庚戌	己酉	戊申	丁未	丙午	乙巳	甲辰	癸卯	壬寅	辛丑	庚子	己亥	戊戌	丁酉	丙申	일진
	월	일	子初	금	목	수	화	월	일	토	금	목	수	화	월	일	卯正	금	목	수	화	월	일	토	금	목	수	화	월	절기시각

• 재다신약 사주 돈 들어오면 몸 아프고, 돈 나가면 좋아진다.

서기 1917년
단기 4250년

丁巳年

상문 : 未　대장군 : 東
조객 : 卯　삼　재 : 亥卯未
삼살 : 東

		우수															입춘1													절기	1月大(壬寅)입춘
30	29	28	27	26	25	24	23	22	21	20	19	18	17	16	15	14	13	12	11	10	9	8	7	6	5	4	3	2	1	음력	
4	5	5	5	6	6	6	7	7	7	8	8	8	9	9	9	10		1	1	1	1	2	2	2	3	3	3	4	4	대운 순행	
6	5	5	5	4	4	4	3	3	3	2	2	2	1	1	1	1		9	9	9	8	8	8	7	7	7	6	6	6	대운 역행	
																				2									1	양력 월	
21	20	19	18	17	16	15	14	13	12	11	10	9	8	7	6	5	4	3	2	1	31	30	29	28	27	26	25	24	23	양력 일	
甲午	癸巳	壬辰	辛卯	庚寅	己丑	戊子	丁亥	丙戌	乙酉	甲申	癸未	壬午	辛巳	庚辰	己卯	戊寅	丁丑	丙子	乙亥	甲戌	癸酉	壬申	辛未	庚午	己巳	戊辰	丁卯	丙寅	乙丑	일진	
수	화	未正	일	토	금	목	수	화	월	일	토	금	목	수	화	월	酉初	토	금	목	수	화	월	일	토	금	목	수	화	절기시각	

		춘분															경칩2													절기	2月小(癸卯)경칩
	29	28	27	26	25	24	23	22	21	20	19	18	17	16	15	14	13	12	11	10	9	8	7	6	5	4	3	2	1	음력	
	5	5	5	6	6	6	7	7	7	8	8	8	9	9	9	10		1	1	1	1	2	2	2	3	3	3	4	4	대운 순행	
	5	5	5	4	4	4	3	3	3	2	2	2	1	1	1	1		10	9	9	9	8	8	8	7	7	7	6	6	대운 역행	
																						3							2	양력 월	
	22	21	20	19	18	17	16	15	14	13	12	11	10	9	8	7	6	5	4	3	2	1	28	27	26	25	24	23	22	양력 일	
	癸亥	壬戌	辛酉	庚申	己未	戊午	丁巳	丙辰	乙卯	甲寅	癸丑	壬子	辛亥	庚戌	己酉	戊申	丁未	丙午	乙巳	甲辰	癸卯	壬寅	辛丑	庚子	己亥	戊戌	丁酉	丙申	乙未	일진	
	목	未初	화	월	일	토	금	목	수	화	월	일	토	금	목	수	午正	월	일	토	금	목	수	화	월	일	토	금	목	절기시각	

																청명3														절기	윤2月小
	29	28	27	26	25	24	23	22	21	20	19	18	17	16	15	14	13	12	11	10	9	8	7	6	5	4	3	2	1	음력	
	5	6	6	6	7	7	7	8	8	8	9	9	9	10	10		1	1	1	1	2	2	2	3	3	3	4	4	4	대운 순행	
	5	5	4	4	4	3	3	3	2	2	2	1	1	1	1		10	9	9	9	8	8	8	7	7	7	6	6	6	대운 역행	
																				4									3	양력 월	
	20	19	18	17	16	15	14	13	12	11	10	9	8	7	6	5	4	3	2	1	31	30	29	28	27	26	25	24	23	양력 일	
	壬辰	辛卯	庚寅	己丑	戊子	丁亥	丙戌	乙酉	甲申	癸未	壬午	辛巳	庚辰	己卯	戊寅	丁丑	丙子	乙亥	甲戌	癸酉	壬申	辛未	庚午	己巳	戊辰	丁卯	丙寅	乙丑	甲子	일진	
	금	목	수	화	월	일	토	금	목	수	화	월	일	토	금	酉初	수	화	월	일	토	금	목	수	화	월	일	토	금	절기시각	

														입하4															곡우	절기	3月大(甲辰)청명
30	29	28	27	26	25	24	23	22	21	20	19	18	17	16	15	14	13	12	11	10	9	8	7	6	5	4	3	2	1	음력	
6	6	6	7	7	7	8	8	8	9	9	9	10	10		1	1	1	1	2	2	2	3	3	3	4	4	4	5	5	대운 순행	
5	4	4	4	3	3	3	2	2	2	1	1	1	1		10	10	9	9	9	8	8	8	7	7	7	6	6	6	5	대운 역행	
																			5										4	양력 월	
20	19	18	17	16	15	14	13	12	11	10	9	8	7	6	5	4	3	2	1	30	29	28	27	26	25	24	23	22	21	양력 일	
壬戌	辛酉	庚申	己未	戊午	丁巳	丙辰	乙卯	甲寅	癸丑	壬子	辛亥	庚戌	己酉	戊申	丁未	丙午	乙巳	甲辰	癸卯	壬寅	辛丑	庚子	己亥	戊戌	丁酉	丙申	乙未	甲午	癸巳	일진	
일	토	금	목	수	화	월	일	토	금	목	수	화	월	午初	토	금	목	수	화	월	일	토	금	목	수	화	월	일	丑初	절기시각	

													망종5															소만		절기	4月小(乙巳)입하
	29	28	27	26	25	24	23	22	21	20	19	18	17	16	15	14	13	12	11	10	9	8	7	6	5	4	3	2	1	음력	
	7	7	7	8	8	8	9	9	9	10	10	10		1	1	1	1	2	2	2	3	3	3	4	4	4	5	5	5	대운 순행	
	4	4	3	3	3	2	2	2	1	1	1	1		10	10	9	9	9	8	8	8	7	7	7	6	6	6	5	5	대운 역행	
																		6											5	양력 월	
	18	17	16	15	14	13	12	11	10	9	8	7	6	5	4	3	2	1	31	30	29	28	27	26	25	24	23	22	21	양력 일	
	辛卯	庚寅	己丑	戊子	丁亥	丙戌	乙酉	甲申	癸未	壬午	辛巳	庚辰	己卯	戊寅	丁丑	丙子	乙亥	甲戌	癸酉	壬申	辛未	庚午	己巳	戊辰	丁卯	丙寅	乙丑	甲子	癸亥	일진	
	월	일	토	금	목	수	화	월	일	토	금	목	辰正	화	월	일	토	금	목	수	화	월	일	토	금	목	수	子正	월	절기시각	

										소서6																하지				절기	5月大(丙午)망종
30	29	28	27	26	25	24	23	22	21	20	19	18	17	16	15	14	13	12	11	10	9	8	7	6	5	4	3	2	1	음력	
7	7	8	8	8	9	9	9	10	10		1	1	1	1	2	2	2	3	3	3	4	4	4	5	5	5	6	6	6	대운 순행	
3	3	3	2	2	2	1	1	1	1		10	10	10	9	9	9	8	8	8	7	7	7	6	6	6	5	5	5	4	대운 역행	
																	7												6	양력 월	
18	17	16	15	14	13	12	11	10	9	8	7	6	5	4	3	2	1	30	29	28	27	26	25	24	23	22	21	20	19	양력 일	
辛酉	庚申	己未	戊午	丁巳	丙辰	乙卯	甲寅	癸丑	壬子	辛亥	庚戌	己酉	戊申	丁未	丙午	乙巳	甲辰	癸卯	壬寅	辛丑	庚子	己亥	戊戌	丁酉	丙申	乙未	甲午	癸巳	壬辰	일진	
수	화	월	일	토	금	목	수	화	월	丑正	토	금	목	수	화	월	일	토	금	목	수	화	월	일	토	巳初	목	수	화	절기시각	

• 자기 집 앞에 자기 집보다 높은 집이 가로 막고 있으면 매사에 막힘이 많다.

									입추7																대서					절기		6月大(丁未)소서
30	29	28	27	26	25	24	23	22	**21**	20	19	18	17	16	15	14	13	12	11	10	9	8	7	6	**5**	4	3	2	1	음력		
7	8	8	8	9	9	9	10	10		1	1	1	1	2	2	2	3	3	3	4	4	4	5	5	5	6	6	6	7	순행	대	
3	3	2	2	2	1	1	1	1		10	10	9	9	9	8	8	8	7	7	7	6	6	6	5	5	5	4	4	4	역행	운	
																8													7	월	양	
17	16	15	14	13	12	11	10	9	8	7	6	5	4	3	2	1	31	30	29	28	27	26	25	24	23	22	21	20	19	일	력	
辛卯	庚寅	己丑	戊子	丁亥	丙戌	乙酉	甲申	癸未	壬午	辛巳	庚辰	己卯	戊寅	丁丑	丙子	乙亥	甲戌	癸酉	壬申	辛未	庚午	己巳	戊辰	丁卯	丙寅	乙丑	甲子	癸亥	壬戌	일진		
금	목	수	화	월	일	토	금	목	午正	화	월	일	토	금	목	수	화	월	일	토	금	목	수	화	戌正	일	토	금	목	절기시각		

								백로8															처서							절기		7月小(戊申)입추
	29	28	27	26	25	24	23	**22**	21	20	19	18	17	16	15	14	13	12	11	10	9	8	**7**	6	5	4	3	2	1	음력		
	8	8	9	9	9	10	10		1	1	1	1	2	2	2	3	3	3	4	4	4	5	5	5	6	6	6	7	7	순행	대	
	2	2	2	1	1	1	1		10	10	9	9	9	8	8	8	7	7	7	6	6	6	5	5	5	4	4	4	3	역행	운	
															9														8	월	양	
	15	14	13	12	11	10	9	8	7	6	5	4	3	2	1	31	30	29	28	27	26	25	24	23	22	21	20	19	18	일	력	
	庚申	己未	戊午	丁巳	丙辰	乙卯	甲寅	癸丑	壬子	辛亥	庚戌	己酉	戊申	丁未	丙午	乙巳	甲辰	癸卯	壬寅	辛丑	庚子	己亥	戊戌	丁酉	丙申	乙未	甲午	癸巳	壬辰	일진		
	토	금	목	수	화	월	일	申初	금	목	수	화	월	일	토	금	목	수	화	월	일	토	丑正	목	수	화	월	일	토	절기시각		

						한로9															추분									절기		8月大(己酉)백로
30	29	28	27	26	25	**24**	23	22	21	20	19	18	17	16	15	14	13	12	11	10	**9**	8	7	6	5	4	3	2	1	음력		
8	8	9	9	9	10		1	1	1	1	2	2	2	3	3	3	4	4	4	5	5	5	6	6	6	7	7	7	8	순행	대	
2	2	1	1	1	1		10	10	9	9	9	8	8	8	7	7	7	6	6	6	5	5	5	4	4	4	3	3	3	역행	운	
														10															9	월	양	
15	14	13	12	11	10	9	8	7	6	5	4	3	2	1	30	29	28	27	26	25	24	23	22	21	20	19	18	17	16	일	력	
庚寅	己丑	戊子	丁亥	丙戌	乙酉	甲申	癸未	壬午	辛巳	庚辰	己卯	戊寅	丁丑	丙子	乙亥	甲戌	癸酉	壬申	辛未	庚午	己巳	戊辰	丁卯	丙寅	乙丑	甲子	癸亥	壬戌	辛酉	일진		
월	일	토	금	목	수	卯正	월	일	토	금	목	수	화	월	일	토	금	목	수	화	子正	일	토	금	목	수	화	월	일	절기시각		

						입동10															상강									절기		9月大(庚戌)한로
30	29	28	27	26	25	**24**	23	22	21	20	19	18	17	16	15	14	13	12	11	10	**9**	8	7	6	5	4	3	2	1	음력		
8	8	9	9	9	10		1	1	1	1	2	2	2	3	3	3	4	4	4	5	5	5	6	6	6	7	7	7	8	순행	대	
2	2	1	1	1	1		10	9	9	9	8	8	8	7	7	7	6	6	6	5	5	5	4	4	4	3	3	3	2	역행	운	
													11																10	월	양	
14	13	12	11	10	9	8	7	6	5	4	3	2	1	31	30	29	28	27	26	25	24	23	22	21	20	19	18	17	16	일	력	
庚申	己未	戊午	丁巳	丙辰	乙卯	甲寅	癸丑	壬子	辛亥	庚戌	己酉	戊申	丁未	丙午	乙巳	甲辰	癸卯	壬寅	辛丑	庚子	己亥	戊戌	丁酉	丙申	乙未	甲午	癸巳	壬辰	辛卯	일진		
수	화	월	일	토	금	辰正	수	화	월	일	토	금	목	수	화	월	일	토	금	목	辰正	화	월	일	토	금	목	수	화	절기시각		

						대설11															소설									절기		10月小(辛亥)입동
	29	28	27	26	25	**24**	23	22	21	20	19	18	17	16	15	14	13	12	11	10	**9**	8	7	6	5	4	3	2	1	음력		
	8	8	9	9	9		1	1	1	1	2	2	2	3	3	3	4	4	4	5	5	5	6	6	6	7	7	7	8	순행	대	
	2	1	1	1	1		10	9	9	9	8	8	8	7	7	7	6	6	6	5	5	5	4	4	4	3	3	3	2	역행	운	
													12																11	월	양	
	13	12	11	10	9	8	7	6	5	4	3	2	1	30	29	28	27	26	25	24	23	22	21	20	19	18	17	16	15	일	력	
	己丑	戊子	丁亥	丙戌	乙酉	甲申	癸未	壬午	辛巳	庚辰	己卯	戊寅	丁丑	丙子	乙亥	甲戌	癸酉	壬申	辛未	庚午	己巳	戊辰	丁卯	丙寅	乙丑	甲子	癸亥	壬戌	辛酉	일진		
	목	수	화	월	일	丑初	금	목	수	화	월	일	토	금	목	수	화	월	일	토	卯初	목	수	화	월	일	토	금	목	절기시각		

						소한12															동지									절기		11月大(壬子)대설
30	29	28	27	26	25	**24**	23	22	21	20	19	18	17	16	15	14	13	12	11	10	**9**	8	7	6	5	4	3	2	1	음력		
8	8	8	9	9	9		1	1	1	1	2	2	2	3	3	3	4	4	4	5	5	5	6	6	6	7	7	7	8	순행	대	
2	2	1	1	1	1		9	9	9	8	8	8	7	7	7	6	6	6	5	5	5	4	4	4	3	3	3	2	2	역행	운	
											1																		12	월	양	
12	11	10	9	8	7	6	5	4	3	2	1	31	30	29	28	27	26	25	24	23	22	21	20	19	18	17	16	15	14	일	력	
己未	戊午	丁巳	丙辰	乙卯	甲寅	癸丑	壬子	辛亥	庚戌	己酉	戊申	丁未	丙午	乙巳	甲辰	癸卯	壬寅	辛丑	庚子	己亥	戊戌	丁酉	丙申	乙未	甲午	癸巳	壬辰	辛卯	庚寅	일진		
토	금	목	수	화	월	午正	토	금	목	수	화	월	일	토	금	목	수	화	월	일	酉正	금	목	수	화	월	일	토	금	절기시각		

							입춘1														대한									절기		12月小(癸丑)소한
	29	28	27	26	25	24	**23**	22	21	20	19	18	17	16	15	14	13	12	11	10	**9**	8	7	6	5	4	3	2	1	음력		
	8	8	9	9	9	10		1	1	1	1	2	2	2	3	3	3	4	4	4	5	5	5	6	6	6	7	7	7	순행	대	
	2	2	1	1	1	1		9	9	9	8	8	8	7	7	7	6	6	6	5	5	5	4	4	4	3	3	3	2	역행	운	
										2																			1	월	양	
	10	9	8	7	6	5	4	3	2	1	31	30	29	28	27	26	25	24	23	22	21	20	19	18	17	16	15	14	13	일	력	
	戊子	丁亥	丙戌	乙酉	甲申	癸未	壬午	辛巳	庚辰	己卯	戊寅	丁丑	丙子	乙亥	甲戌	癸酉	壬申	辛未	庚午	己巳	戊辰	丁卯	丙寅	乙丑	甲子	癸亥	壬戌	辛酉	庚申	일진		
	일	토	금	목	수	화	子初	일	토	금	목	수	화	월	일	토	금	목	수	화	卯初	일	토	금	목	수	화	월	일	절기시각		

• 사주에 인수만 있고 官이 없으면 춤추고 노래하는 것을 좋아한다.

서기 1918년
단기 4251년

戊午年

상문 : 申 대장군 : 東
조객 : 辰 삼 재 : 亥卯未
삼살 : 北

1月大(甲寅) 입춘

						경칩2															우수									절기
30	29	28	27	26	25	24	23	22	21	20	19	18	17	16	15	14	13	12	11	10	9	8	7	6	5	4	3	2	1	음력
8	8	9	9	9	10		1	1	1	1	2	2	2	3	3	3	4	4	4	5	5	5	6	6	6	7	7	7	8	순행 대
2	2	1	1	1	1		10	9	9	9	8	8	8	7	7	7	6	6	6	5	5	5	4	4	4	3	3	3	2	역행 운
											3																		2	월 양
12	11	10	9	8	7	6	5	4	3	2	1	28	27	26	25	24	23	22	21	20	19	18	17	16	15	14	13	12	11	일 력
戊午	丁巳	丙辰	乙卯	甲寅	癸丑	壬子	辛亥	庚戌	己酉	戊申	丁未	丙午	乙巳	甲辰	癸卯	壬寅	辛丑	庚子	己亥	戊戌	丁酉	丙申	乙未	甲午	癸巳	壬辰	辛卯	庚寅	己丑	일진
화	월	일	토	금	목	酉正	화	월	일	토	금	목	수	화	월	일	토	금	목	수	戌初	월	일	토	금	목	수	화	월	절기시각

2月小(乙卯) 경칩

						청명3															춘분									절기
	29	28	27	26	25	24	23	22	21	20	19	18	17	16	15	14	13	12	11	10	9	8	7	6	5	4	3	2	1	음력
	9	9	9	10	10		1	1	1	1	2	2	2	3	3	3	4	4	4	5	5	5	6	6	6	7	7	7	8	순행 대
	2	1	1	1	1		10	9	9	9	8	8	8	7	7	7	6	6	6	5	5	5	4	4	4	3	3	3	2	역행 운
										4																			3	월 양
	10	9	8	7	6	5	4	3	2	1	31	30	29	28	27	26	25	24	23	22	21	20	19	18	17	16	15	14	13	일 력
	丁亥	丙戌	乙酉	甲申	癸未	壬午	辛巳	庚辰	己卯	戊寅	丁丑	丙子	乙亥	甲戌	癸酉	壬申	辛未	庚午	己巳	戊辰	丁卯	丙寅	乙丑	甲子	癸亥	壬戌	辛酉	庚申	己未	일진
	수	화	월	일	토	子初	목	수	화	월	일	토	금	목	수	화	월	일	토	금	戌初	수	화	월	일	토	금	목	수	절기시각

3月小(丙辰) 청명

				입하4															곡우											절기
	29	28	27	26	25	24	23	22	21	20	19	18	17	16	15	14	13	12	11	10	9	8	7	6	5	4	3	2	1	음력
	9	10	10		1	1	1	1	2	2	2	3	3	3	4	4	4	5	5	5	6	6	6	7	7	7	8	8	8	순행 대
	1	1	1		10	10	9	9	9	8	8	8	7	7	7	6	6	6	5	5	5	4	4	4	3	3	3	2	2	역행 운
									5																				4	월 양
	9	8	7	6	5	4	3	2	1	30	29	28	27	26	25	24	23	22	21	20	19	18	17	16	15	14	13	12	11	일 력
	丙辰	乙卯	甲寅	癸丑	壬子	辛亥	庚戌	己酉	戊申	丁未	丙午	乙巳	甲辰	癸卯	壬寅	辛丑	庚子	己亥	戊戌	丁酉	丙申	乙未	甲午	癸巳	壬辰	辛卯	庚寅	己丑	戊子	일진
	목	수	화	酉初	일	토	금	목	수	화	월	일	토	금	목	수	화	월	辰初	토	금	목	수	화	월	일	토	금	목	절기시각

4月大(丁巳) 입하

		망종5															소만													절기
30	29	28	27	26	25	24	23	22	21	20	19	18	17	16	15	14	13	12	11	10	9	8	7	6	5	4	3	2	1	음력
10	10		1	1	1	1	2	2	2	3	3	3	4	4	4	5	5	5	6	6	6	7	7	7	8	8	8	9	9	순행 대
1	1		10	10	9	9	9	8	8	8	7	7	7	6	6	6	5	5	5	4	4	4	3	3	3	2	2	2	1	역행 운
							6																						5	월 양
8	7	6	5	4	3	2	1	31	30	29	28	27	26	25	24	23	22	21	20	19	18	17	16	15	14	13	12	11	10	일 력
丙戌	乙酉	甲申	癸未	壬午	辛巳	庚辰	己卯	戊寅	丁丑	丙子	乙亥	甲戌	癸酉	壬申	辛未	庚午	己巳	戊辰	丁卯	丙寅	乙丑	甲子	癸亥	壬戌	辛酉	庚申	己未	戊午	丁巳	일진
토	금	亥正	수	화	월	일	토	금	목	수	화	월	일	토	금	목	卯正	화	월	일	토	금	목	수	화	월	일	토	금	절기시각

5月小(戊午) 망종

																하지														절기
	29	28	27	26	25	24	23	22	21	20	19	18	17	16	15	14	13	12	11	10	9	8	7	6	5	4	3	2	1	음력
	1	1	1	1	2	2	2	3	3	3	4	4	4	5	5	5	6	6	6	7	7	7	8	8	8	9	9	9	10	순행 대
	10	10	10	9	9	9	8	8	8	7	7	7	6	6	6	5	5	5	4	4	4	3	3	3	2	2	2	1	1	역행 운
							7																						6	월 양
	7	6	5	4	3	2	1	30	29	28	27	26	25	24	23	22	21	20	19	18	17	16	15	14	13	12	11	10	9	일 력
	乙卯	甲寅	癸丑	壬子	辛亥	庚戌	己酉	戊申	丁未	丙午	乙巳	甲辰	癸卯	壬寅	辛丑	庚子	己亥	戊戌	丁酉	丙申	乙未	甲午	癸巳	壬辰	辛卯	庚寅	己丑	戊子	丁亥	일진
	일	토	금	목	수	화	월	일	토	금	목	수	화	월	일	申初	금	목	수	화	월	일	토	금	목	수	화	월	일	절기시각

6月大(己未) 소서

													대서																소서6	절기
30	29	28	27	26	25	24	23	22	21	20	19	18	17	16	15	14	13	12	11	10	9	8	7	6	5	4	3	2	1	음력
1	1	1	2	2	2	3	3	3	4	4	4	5	5	5	6	6	6	7	7	7	8	8	8	9	9	9	10	10		순행 대
10	9	9	9	8	8	8	7	7	7	6	6	6	5	5	5	4	4	4	3	3	3	2	2	2	1	1	1	1		역행 운
					8																								7	월 양
6	5	4	3	2	1	31	30	29	28	27	26	25	24	23	22	21	20	19	18	17	16	15	14	13	12	11	10	9	8	일 력
乙酉	甲申	癸未	壬午	辛巳	庚辰	己卯	戊寅	丁丑	丙子	乙亥	甲戌	癸酉	壬申	辛未	庚午	己巳	戊辰	丁卯	丙寅	乙丑	甲子	癸亥	壬戌	辛酉	庚申	己未	戊午	丁巳	丙辰	일진
화	월	일	토	금	목	수	화	월	일	토	금	목	丑初	화	월	일	토	금	목	수	화	월	일	토	금	목	수	화	辰正	절기시각

• 남쪽이 높고 북쪽이 낮은 집에서는 부인병 환자가 많다.

7月小(庚申) 입추

												처서																입추7		절기	
	29	28	27	26	25	24	23	22	21	20	19	18	17	16	15	14	13	12	11	10	9	8	7	6	5	4	3	2	1	음력	
	1	2	2	2	3	3	3	4	4	4	5	5	5	6	6	6	7	7	7	8	8	8	9	9	9	10	10		1	순행	대운
	9	9	8	8	8	7	7	7	6	6	6	5	5	5	4	4	4	3	3	3	2	2	2	1	1	1	1		10	역행	대운
				9																									8	월	양력
	4	3	2	1	31	30	29	28	27	26	25	24	23	22	21	20	19	18	17	16	15	14	13	12	11	10	9	8	7	일	양력
	甲寅	癸丑	壬子	辛亥	庚戌	己酉	戊申	丁未	丙午	乙巳	甲辰	癸卯	壬寅	辛丑	庚子	己亥	戊戌	丁酉	丙申	乙未	甲午	癸巳	壬辰	辛卯	庚寅	己丑	戊子	丁亥	丙戌	일진	
	수	화	월	일	토	금	목	수	화	월	일	辰正	금	목	수	화	월	일	토	금	목	수	화	월	일	토	금	酉正	수	절기시각	

8月大(辛酉) 백로

										추분															백로8					절기	
30	29	28	27	26	25	24	23	22	21	20	19	18	17	16	15	14	13	12	11	10	9	8	7	6	5	4	3	2	1	음력	
2	2	2	3	3	3	4	4	4	5	5	5	6	6	6	7	7	7	8	8	8	9	9	9	10	10		1	1	1	순행	대운
9	8	8	8	7	7	7	6	6	6	5	5	5	4	4	4	3	3	3	2	2	2	1	1	1	1		10	10	9	역행	대운
			10																										9	월	양력
4	3	2	1	30	29	28	27	26	25	24	23	22	21	20	19	18	17	16	15	14	13	12	11	10	9	8	7	6	5	일	양력
甲申	癸未	壬午	辛巳	庚辰	己卯	戊寅	丁丑	丙子	乙亥	甲戌	癸酉	壬申	辛未	庚午	己巳	戊辰	丁卯	丙寅	乙丑	甲子	癸亥	壬戌	辛酉	庚申	己未	戊午	丁巳	丙辰	乙卯	일진	
금	목	수	화	월	일	토	금	목	수	卯初	월	일	토	금	목	수	화	월	일	토	금	목	수	화	월	戌正	토	금	목	절기시각	

9月大(壬戌) 한로

										상강															한로9					절기	
30	29	28	27	26	25	24	23	22	21	20	19	18	17	16	15	14	13	12	11	10	9	8	7	6	5	4	3	2	1	음력	
2	2	2	3	3	3	4	4	4	5	5	5	6	6	6	7	7	7	8	8	8	9	9	9	10		1	1	1	1	순행	대운
8	8	8	7	7	7	6	6	6	5	5	5	4	4	4	3	3	3	2	2	2	1	1	1	1		10	10	9	9	역행	대운
		11																											10	월	양력
3	2	1	31	30	29	28	27	26	25	24	23	22	21	20	19	18	17	16	15	14	13	12	11	10	9	8	7	6	5	일	양력
甲寅	癸丑	壬子	辛亥	庚戌	己酉	戊申	丁未	丙午	乙巳	甲辰	癸卯	壬寅	辛丑	庚子	己亥	戊戌	丁酉	丙申	乙未	甲午	癸巳	壬辰	辛卯	庚寅	己丑	戊子	丁亥	丙戌	乙酉	일진	
일	토	금	목	수	화	월	일	토	금	未正	수	화	월	일	토	금	목	수	화	월	일	토	금	목	午初	화	월	일	토	절기시각	

10月大(癸亥) 입동

										소설															입동10					절기	
30	29	28	27	26	25	24	23	22	21	20	19	18	17	16	15	14	13	12	11	10	9	8	7	6	5	4	3	2	1	음력	
2	2	2	3	3	3	4	4	4	5	5	5	6	6	6	7	7	7	8	8	8	9	9	9	10		1	1	1	1	순행	대운
8	8	8	7	7	7	6	6	6	5	5	5	4	4	4	3	3	3	2	2	2	1	1	1	1		10	9	9	9	역행	대운
		12																											11	월	양력
3	2	1	30	29	28	27	26	25	24	23	22	21	20	19	18	17	16	15	14	13	12	11	10	9	8	7	6	5	4	일	양력
甲申	癸未	壬午	辛巳	庚辰	己卯	戊寅	丁丑	丙子	乙亥	甲戌	癸酉	壬申	辛未	庚午	己巳	戊辰	丁卯	丙寅	乙丑	甲子	癸亥	壬戌	辛酉	庚申	己未	戊午	丁巳	丙辰	乙卯	일진	
화	월	일	토	금	목	수	화	월	일	午初	금	목	수	화	월	일	토	금	목	수	화	월	일	토	未正	목	수	화	월	절기시각	

11月小(甲子) 대설

										동지															대설11					절기	
	29	28	27	26	25	24	23	22	21	20	19	18	17	16	15	14	13	12	11	10	9	8	7	6	5	4	3	2	1	음력	
	2	2	2	3	3	3	4	4	4	5	5	5	6	6	6	7	7	7	8	8	8	9	9	9		1	1	1	1	순행	대운
	8	8	7	7	7	6	6	6	5	5	5	4	4	4	3	3	3	2	2	2	1	1	1	1		10	9	9	9	역행	대운
	1																												12	월	양력
	1	31	30	29	28	27	26	25	24	23	22	21	20	19	18	17	16	15	14	13	12	11	10	9	8	7	6	5	4	일	양력
	癸丑	壬子	辛亥	庚戌	己酉	戊申	丁未	丙午	乙巳	甲辰	癸卯	壬寅	辛丑	庚子	己亥	戊戌	丁酉	丙申	乙未	甲午	癸巳	壬辰	辛卯	庚寅	己丑	戊子	丁亥	丙戌	乙酉	일진	
	수	화	월	일	토	금	목	수	화	子正	일	토	금	목	수	화	월	일	토	금	목	수	화	월	卯正	토	금	목	수	절기시각	

12月大(乙丑) 소한

										대한															소한12					절기	
30	29	28	27	26	25	24	23	22	21	20	19	18	17	16	15	14	13	12	11	10	9	8	7	6	5	4	3	2	1	음력	
2	2	2	3	3	3	4	4	4	5	5	5	6	6	6	7	7	7	8	8	8	9	9	9	10		1	1	1	1	순행	대운
8	8	8	7	7	7	6	6	6	5	5	5	4	4	4	3	3	3	2	2	2	1	1	1	1		9	9	9	8	역행	대운
																													1	월	양력
31	30	29	28	27	26	25	24	23	22	21	20	19	18	17	16	15	14	13	12	11	10	9	8	7	6	5	4	3	2	일	양력
癸未	壬午	辛巳	庚辰	己卯	戊寅	丁丑	丙子	乙亥	甲戌	癸酉	壬申	辛未	庚午	己巳	戊辰	丁卯	丙寅	乙丑	甲子	癸亥	壬戌	辛酉	庚申	己未	戊午	丁巳	丙辰	乙卯	甲寅	일진	
금	목	수	화	월	일	토	금	목	수	午初	월	일	토	금	목	수	화	월	일	토	금	목	수	화	申初	일	토	금	목	절기시각	

• 인수와 偏財가 암합하고 있으면 나의 父母는 不正하게 나를 포태시켰다.

서기 1919년
단기 4252년

己未年

상문 : 酉　대장군 : 東
조객 : 巳　삼　재 : 亥卯未
삼살 : 酉

										우수															입춘1					절기	1月小(丙寅) 입춘
	29	28	27	26	25	24	23	22	21	20	19	18	17	16	15	14	13	12	11	10	9	8	7	6	5	4	3	2	1	음력	
	2	2	3	3	3	4	4	4	5	5	5	6	6	6	7	7	7	8	8	8	9	9	9	10		1	1	1	1	대운 순행	
	8	8	7	7	7	6	6	6	5	5	5	4	4	4	3	3	3	2	2	2	1	1	1	1		10	9	9	9	대운 역행	
	3																												2	양력 월	
	1	28	27	26	25	24	23	22	21	20	19	18	17	16	15	14	13	12	11	10	9	8	7	6	5	4	3	2	1	양력 일	
	壬子	辛亥	庚戌	己酉	戊申	丁未	丙午	乙巳	甲辰	癸卯	壬寅	辛丑	庚子	己亥	戊戌	丁酉	丙申	乙未	甲午	癸巳	壬辰	辛卯	庚寅	己丑	戊子	丁亥	丙戌	乙酉	甲申	일진	
	토	금	목	수	화	월	일	토	금	丑初	수	화	월	일	토	금	목	수	화	월	일	토	금	목	卯初	화	월	일	토	절기시각	

									춘분															경칩2						절기	2月大(丁卯) 경칩
30	29	28	27	26	25	24	23	22	21	20	19	18	17	16	15	14	13	12	11	10	9	8	7	6	5	4	3	2	1	음력	
2	2	3	3	3	4	4	4	5	5	5	6	6	6	7	7	7	8	8	8	9	9	9	10		1	1	1	1	2	대운 순행	
8	8	7	7	7	6	6	6	5	5	5	4	4	4	3	3	3	2	2	2	1	1	1	1		10	9	9	9	8	대운 역행	
																													3	양력 월	
31	30	29	28	27	26	25	24	23	22	21	20	19	18	17	16	15	14	13	12	11	10	9	8	7	6	5	4	3	2	양력 일	
壬午	辛巳	庚辰	己卯	戊寅	丁丑	丙子	乙亥	甲戌	癸酉	壬申	辛未	庚午	己巳	戊辰	丁卯	丙寅	乙丑	甲子	癸亥	壬戌	辛酉	庚申	己未	戊午	丁巳	丙辰	乙卯	甲寅	癸丑	일진	
월	일	토	금	목	수	화	월	일	丑初	금	목	수	화	월	일	토	금	목	수	화	월	일	토	子正	목	수	화	월	일	절기시각	

									곡우															청명3						절기	3月小(戊辰) 청명
	29	28	27	26	25	24	23	22	21	20	19	18	17	16	15	14	13	12	11	10	9	8	7	6	5	4	3	2	1	음력	
	2	3	3	3	4	4	4	5	5	5	6	6	6	7	7	7	8	8	8	9	9	9	10		1	1	1	1	2	대운 순행	
	8	7	7	7	6	6	6	5	5	5	4	4	4	3	3	3	2	2	2	1	1	1	1		10	9	9	9	8	대운 역행	
																													4	양력 월	
	29	28	27	26	25	24	23	22	21	20	19	18	17	16	15	14	13	12	11	10	9	8	7	6	5	4	3	2	1	양력 일	
	辛亥	庚戌	己酉	戊申	丁未	丙午	乙巳	甲辰	癸卯	壬寅	辛丑	庚子	己亥	戊戌	丁酉	丙申	乙未	甲午	癸巳	壬辰	辛卯	庚寅	己丑	戊子	丁亥	丙戌	乙酉	甲申	癸未	일진	
	화	월	일	토	금	목	수	화	午正	일	토	금	목	수	화	월	일	토	금	목	수	화	월	卯初	토	금	목	수	화	절기시각	

							소만																입하4							절기	4月小(己巳) 입하
	29	28	27	26	25	24	23	22	21	20	19	18	17	16	15	14	13	12	11	10	9	8	7	6	5	4	3	2	1	음력	
	3	4	4	4	5	5	5	6	6	6	7	7	7	8	8	8	9	9	9	10	10	10		1	1	1	1	2	2	대운 순행	
	7	7	7	6	6	6	5	5	5	4	4	4	3	3	3	2	2	2	1	1	1	1		10	9	9	9	8	8	대운 역행	
																												5	4	양력 월	
	28	27	26	25	24	23	22	21	20	19	18	17	16	15	14	13	12	11	10	9	8	7	6	5	4	3	2	1	30	양력 일	
	庚辰	己卯	戊寅	丁丑	丙子	乙亥	甲戌	癸酉	壬申	辛未	庚午	己巳	戊辰	丁卯	丙寅	乙丑	甲子	癸亥	壬戌	辛酉	庚申	己未	戊午	丁巳	丙辰	乙卯	甲寅	癸丑	壬子	일진	
	수	화	월	일	토	금	午正	수	화	월	일	토	금	목	수	화	월	일	토	금	목	수	子初	월	일	토	금	목	수	절기시각	

					하지															망종5										절기	5月大(庚午) 망종
30	29	28	27	26	25	24	23	22	21	20	19	18	17	16	15	14	13	12	11	10	9	8	7	6	5	4	3	2	1	음력	
4	4	4	5	5	5	6	6	6	7	7	7	8	8	8	9	9	9	10	10		1	1	1	1	2	2	2	3	3	대운 순행	
7	6	6	6	5	5	5	4	4	4	3	3	3	2	2	2	1	1	1	1		10	10	10	9	9	9	8	8	8	대운 역행	
																										6			5	양력 월	
27	26	25	24	23	22	21	20	19	18	17	16	15	14	13	12	11	10	9	8	7	6	5	4	3	2	1	31	30	29	양력 일	
庚戌	己酉	戊申	丁未	丙午	乙巳	甲辰	癸卯	壬寅	辛丑	庚子	己亥	戊戌	丁酉	丙申	乙未	甲午	癸巳	壬辰	辛卯	庚寅	己丑	戊子	丁亥	丙戌	乙酉	甲申	癸未	壬午	辛巳	일진	
금	목	수	화	월	戌正	토	금	목	수	화	월	일	토	금	목	수	화	월	일	寅初	금	목	수	화	월	일	토	금	목	절기시각	

			대서																소서6											절기	6月小(辛未) 소서
	29	28	27	26	25	24	23	22	21	20	19	18	17	16	15	14	13	12	11	10	9	8	7	6	5	4	3	2	1	음력	
	4	5	5	5	6	6	6	7	7	7	8	8	8	9	9	9	10	10		1	1	1	1	2	2	2	3	3	3	대운 순행	
	6	6	5	5	5	4	4	4	3	3	3	2	2	2	1	1	1	1		10	10	9	9	9	8	8	8	7	7	대운 역행	
																										7			6	양력 월	
	26	25	24	23	22	21	20	19	18	17	16	15	14	13	12	11	10	9	8	7	6	5	4	3	2	1	30	29	28	양력 일	
	己卯	戊寅	丁丑	丙子	乙亥	甲戌	癸酉	壬申	辛未	庚午	己巳	戊辰	丁卯	丙寅	乙丑	甲子	癸亥	壬戌	辛酉	庚申	己未	戊午	丁巳	丙辰	乙卯	甲寅	癸丑	壬子	辛亥	일진	
	토	금	辰初	수	화	월	일	토	금	목	수	화	월	일	토	금	목	수	未正	월	일	토	금	목	수	화	월	일	토	절기시각	

• 땅이나 집터의 최고 길지로는 바람결에 출렁이는 보리밭처럼 구릉(丘陵)과 같아야 한다.

7月大(壬申) 입추

	처서																입추7													절기
30	29	28	27	26	25	24	23	22	21	20	19	18	17	16	15	14	13	12	11	10	9	8	7	6	5	4	3	2	1	음력
5	5	6	6	6	7	7	7	8	8	8	9	9	9	10	10	10		1	1	1	1	2	2	2	3	3	3	4	4	대운 순행
6	5	5	5	4	4	4	3	3	3	2	2	2	1	1	1	1		10	10	9	9	9	8	8	8	7	7	7	6	대운 역행
																								8					7	양력 월
25	24	23	22	21	20	19	18	17	16	15	14	13	12	11	10	9	8	7	6	5	4	3	2	1	31	30	29	28	27	양력 일
己酉	戊申	丁未	丙午	乙巳	甲辰	癸卯	壬寅	辛丑	庚子	己亥	戊戌	丁酉	丙申	乙未	甲午	癸巳	壬辰	辛卯	庚寅	己丑	戊子	丁亥	丙戌	乙酉	甲申	癸未	壬午	辛巳	庚辰	일진
월	未正	토	금	목	수	화	월	일	토	금	목	수	화	월	일	토	子初	목	수	화	월	일	토	금	목	수	화	월	일	절기시각

윤7月小

															백로8															절기
	29	28	27	26	25	24	23	22	21	20	19	18	17	16	15	14	13	12	11	10	9	8	7	6	5	4	3	2	1	음력
	5	6	6	6	7	7	7	8	8	8	9	9	9	10		1	1	1	1	2	2	2	3	3	3	4	4	4	5	대운 순행
	5	4	4	4	3	3	3	2	2	2	1	1	1	1		10	10	10	9	9	9	8	8	8	7	7	7	6	6	대운 역행
																							9						8	양력 월
	23	22	21	20	19	18	17	16	15	14	13	12	11	10	9	8	7	6	5	4	3	2	1	31	30	29	28	27	26	양력 일
	戊寅	丁丑	丙子	乙亥	甲戌	癸酉	壬申	辛未	庚午	己巳	戊辰	丁卯	丙寅	乙丑	甲子	癸亥	壬戌	辛酉	庚申	己未	戊午	丁巳	丙辰	乙卯	甲寅	癸丑	壬子	辛亥	庚戌	일진
	화	월	일	토	금	목	수	화	월	일	토	금	목	수	丑正	월	일	토	금	목	수	화	월	일	토	금	목	수	화	절기시각

8月大(癸酉) 백로

														한로9															추분	절기
30	29	28	27	26	25	24	23	22	21	20	19	18	17	16	15	14	13	12	11	10	9	8	7	6	5	4	3	2	1	음력
5	6	6	6	7	7	7	8	8	8	9	9	9	10		1	1	1	1	2	2	2	3	3	3	4	4	4	5	5	대운 순행
5	4	4	4	3	3	3	2	2	2	1	1	1	1		10	9	9	9	8	8	8	7	7	7	6	6	6	5	5	대운 역행
																						10							9	양력 월
23	22	21	20	19	18	17	16	15	14	13	12	11	10	9	8	7	6	5	4	3	2	1	30	29	28	27	26	25	24	양력 일
戊申	丁未	丙午	乙巳	甲辰	癸卯	壬寅	辛丑	庚子	己亥	戊戌	丁酉	丙申	乙未	甲午	癸巳	壬辰	辛卯	庚寅	己丑	戊子	丁亥	丙戌	乙酉	甲申	癸未	壬午	辛巳	庚辰	己卯	일진
목	수	화	월	일	토	금	목	수	화	월	일	토	금	酉初	수	화	월	일	토	금	목	수	화	월	일	토	금	목	午初	절기시각

9月大(甲戌) 한로

														입동10															상강	절기
30	29	28	27	26	25	24	23	22	21	20	19	18	17	16	15	14	13	12	11	10	9	8	7	6	5	4	3	2	1	음력
5	6	6	6	7	7	7	8	8	8	9	9	9	10		1	1	1	1	2	2	2	3	3	3	4	4	4	5	5	대운 순행
5	4	4	4	3	3	3	2	2	2	1	1	1	1		10	9	9	9	8	8	8	7	7	7	6	6	6	5	5	대운 역행
																					11								10	양력 월
22	21	20	19	18	17	16	15	14	13	12	11	10	9	8	7	6	5	4	3	2	1	31	30	29	28	27	26	25	24	양력 일
戊寅	丁丑	丙子	乙亥	甲戌	癸酉	壬申	辛未	庚午	己巳	戊辰	丁卯	丙寅	乙丑	甲子	癸亥	壬戌	辛酉	庚申	己未	戊午	丁巳	丙辰	乙卯	甲寅	癸丑	壬子	辛亥	庚戌	己酉	일진
토	금	목	수	화	월	일	토	금	목	수	화	월	일	戌正	금	목	수	화	월	일	토	금	목	수	화	월	일	토	戌正	절기시각

10月小(乙亥) 입동

														대설11															소설	절기
	29	28	27	26	25	24	23	22	21	20	19	18	17	16	15	14	13	12	11	10	9	8	7	6	5	4	3	2	1	음력
	5	6	6	6	7	7	7	8	8	8	9	9	9		1	1	1	1	2	2	2	3	3	3	4	4	4	5	5	대운 순행
	4	4	4	3	3	3	2	2	2	1	1	1	1		10	9	9	9	8	8	8	7	7	7	6	6	6	5	5	대운 역행
																					12								11	양력 월
	21	20	19	18	17	16	15	14	13	12	11	10	9	8	7	6	5	4	3	2	1	30	29	28	27	26	25	24	23	양력 일
	丁未	丙午	乙巳	甲辰	癸卯	壬寅	辛丑	庚子	己亥	戊戌	丁酉	丙申	乙未	甲午	癸巳	壬辰	辛卯	庚寅	己丑	戊子	丁亥	丙戌	乙酉	甲申	癸未	壬午	辛巳	庚辰	己卯	일진
	일	토	금	목	수	화	월	일	토	금	목	수	화	午初	일	토	금	목	수	화	월	일	토	금	목	수	화	월	酉初	절기시각

11月大(丙子) 대설

														소한12														동지		절기
30	29	28	27	26	25	24	23	22	21	20	19	18	17	16	15	14	13	12	11	10	9	8	7	6	5	4	3	2	1	음력
5	6	6	6	7	7	7	8	8	8	9	9	9	10		1	1	1	1	2	2	2	3	3	3	4	4	4	5	5	대운 순행
5	4	4	4	3	3	3	2	2	2	1	1	1	1		9	9	9	8	8	8	7	7	7	6	6	6	5	5	5	대운 역행
																			1										12	양력 월
20	19	18	17	16	15	14	13	12	11	10	9	8	7	6	5	4	3	2	1	31	30	29	28	27	26	25	24	23	22	양력 일
丁丑	丙子	乙亥	甲戌	癸酉	壬申	辛未	庚午	己巳	戊辰	丁卯	丙寅	乙丑	甲子	癸亥	壬戌	辛酉	庚申	己未	戊午	丁巳	丙辰	乙卯	甲寅	癸丑	壬子	辛亥	庚戌	己酉	戊申	일진
화	월	일	토	금	목	수	화	월	일	토	금	목	수	子初	월	일	토	금	목	수	화	월	일	토	금	목	수	卯正	월	절기시각

12月大(丁丑) 소한

														입춘1															대한	절기
30	29	28	27	26	25	24	23	22	21	20	19	18	17	16	15	14	13	12	11	10	9	8	7	6	5	4	3	2	1	음력
5	6	6	6	7	7	7	8	8	8	9	9	9	10		1	1	1	1	2	2	2	3	3	3	4	4	4	5	5	대운 순행
5	4	4	4	3	3	3	2	2	2	1	1	1	1		10	9	9	9	8	8	8	7	7	7	6	6	6	5	5	대운 역행
																		2											1	양력 월
19	18	17	16	15	14	13	12	11	10	9	8	7	6	5	4	3	2	1	31	30	29	28	27	26	25	24	23	22	21	양력 일
丁未	丙午	乙巳	甲辰	癸卯	壬寅	辛丑	庚子	己亥	戊戌	丁酉	丙申	乙未	甲午	癸巳	壬辰	辛卯	庚寅	己丑	戊子	丁亥	丙戌	乙酉	甲申	癸未	壬午	辛巳	庚辰	己卯	戊寅	일진
목	수	화	월	일	토	금	목	수	화	월	일	토	금	午初	수	화	월	일	토	금	목	수	화	월	일	토	금	목	酉初	절기시각

서기 1920년
단기 4253년

庚申年

상문 : 戌 대장군 : 南
조객 : 午 삼 재 : 寅午戌
삼살 : 南

1月小(戊寅) 입춘

														경칩2															우수	절기
	29	28	27	26	25	24	23	22	21	20	19	18	17	16	15	14	13	12	11	10	9	8	7	6	5	4	3	2	1	음력
	6	6	6	7	7	7	8	8	8	9	9	9	10		1	1	1	1	2	2	2	3	3	3	4	4	4	5	5	대운 순행
	4	4	4	3	3	3	2	2	2	1	1	1	1		10	9	9	9	8	8	8	7	7	7	6	6	6	5	5	대운 역행
																			3										2	양력 월
	19	18	17	16	15	14	13	12	11	10	9	8	7	6	5	4	3	2	1	29	28	27	26	25	24	23	22	21	20	양력 일
	丙子	乙亥	甲戌	癸酉	壬申	辛未	庚午	己巳	戊辰	丁卯	丙寅	乙丑	甲子	癸亥	壬戌	辛酉	庚申	己未	戊午	丁巳	丙辰	乙卯	甲寅	癸丑	壬子	辛亥	庚戌	己酉	戊申	일진
	금	목	수	화	월	일	토	금	목	수	화	월	일	卯初	금	목	수	화	월	일	토	금	목	수	화	월	일	토	辰初	절기시각

2月大(己卯) 경칩

													청명3															춘분		절기
30	29	28	27	26	25	24	23	22	21	20	19	18	17	16	15	14	13	12	11	10	9	8	7	6	5	4	3	2	1	음력
6	6	7	7	7	8	8	8	9	9	9	10	10		1	1	1	1	2	2	2	3	3	3	4	4	4	5	5	5	대운 순행
4	4	4	3	3	3	2	2	2	1	1	1	1		10	9	9	9	8	8	8	7	7	7	6	6	6	5	5	5	대운 역행
																	4												3	양력 월
18	17	16	15	14	13	12	11	10	9	8	7	6	5	4	3	2	1	31	30	29	28	27	26	25	24	23	22	21	20	양력 일
丙午	乙巳	甲辰	癸卯	壬寅	辛丑	庚子	己亥	戊戌	丁酉	丙申	乙未	甲午	癸巳	壬辰	辛卯	庚寅	己丑	戊子	丁亥	丙戌	乙酉	甲申	癸未	壬午	辛巳	庚辰	己卯	戊寅	丁丑	일진
일	토	금	목	수	화	월	일	토	금	목	수	화	午初	일	토	금	목	수	화	월	일	토	금	목	수	화	월	辰初	토	절기시각

3月小(庚辰) 청명

												입하4																곡우		절기
	29	28	27	26	25	24	23	22	21	20	19	18	17	16	15	14	13	12	11	10	9	8	7	6	5	4	3	2	1	음력
	7	7	7	8	8	8	9	9	9	10	10		1	1	1	1	2	2	2	3	3	3	4	4	4	5	5	5	6	대운 순행
	4	3	3	3	2	2	2	1	1	1	1		10	10	9	9	9	8	8	8	7	7	7	6	6	6	5	5	5	대운 역행
																	5												4	양력 월
	17	16	15	14	13	12	11	10	9	8	7	6	5	4	3	2	1	30	29	28	27	26	25	24	23	22	21	20	19	양력 일
	乙亥	甲戌	癸酉	壬申	辛未	庚午	己巳	戊辰	丁卯	丙寅	乙丑	甲子	癸亥	壬戌	辛酉	庚申	己未	戊午	丁巳	丙辰	乙卯	甲寅	癸丑	壬子	辛亥	庚戌	己酉	戊申	丁未	일진
	월	일	토	금	목	수	화	월	일	토	금	卯初	수	화	월	일	토	금	목	수	화	월	일	토	금	목	수	酉正	월	절기시각

4月小(辛巳) 입하

										망종5																소만				절기
	29	28	27	26	25	24	23	22	21	20	19	18	17	16	15	14	13	12	11	10	9	8	7	6	5	4	3	2	1	음력
	7	8	8	8	9	9	9	10	10		1	1	1	1	2	2	2	3	3	3	4	4	4	5	5	5	6	6	6	대운 순행
	3	3	2	2	2	1	1	1	1		10	10	9	9	9	8	8	8	7	7	7	6	6	6	5	5	5	4	4	대운 역행
															6														5	양력 월
	15	14	13	12	11	10	9	8	7	6	5	4	3	2	1	31	30	29	28	27	26	25	24	23	22	21	20	19	18	양력 일
	甲辰	癸卯	壬寅	辛丑	庚子	己亥	戊戌	丁酉	丙申	乙未	甲午	癸巳	壬辰	辛卯	庚寅	己丑	戊子	丁亥	丙戌	乙酉	甲申	癸未	壬午	辛巳	庚辰	己卯	戊寅	丁丑	丙子	일진
	화	월	일	토	금	목	수	화	월	巳初	토	금	목	수	화	월	일	토	금	목	수	화	월	일	토	酉正	목	수	화	절기시각

5月大(壬午) 망종

								소서6															하지							절기
30	29	28	27	26	25	24	23	22	21	20	19	18	17	16	15	14	13	12	11	10	9	8	7	6	5	4	3	2	1	음력
8	8	9	9	9	10	10	10		1	1	1	1	2	2	2	3	3	3	4	4	4	5	5	5	6	6	6	7	7	대운 순행
3	2	2	2	1	1	1	1		10	10	9	9	9	8	8	8	7	7	7	6	6	6	5	5	5	4	4	4	3	대운 역행
														7															6	양력 월
15	14	13	12	11	10	9	8	7	6	5	4	3	2	1	30	29	28	27	26	25	24	23	22	21	20	19	18	17	16	양력 일
甲戌	癸酉	壬申	辛未	庚午	己巳	戊辰	丁卯	丙寅	乙丑	甲子	癸亥	壬戌	辛酉	庚申	己未	戊午	丁巳	丙辰	乙卯	甲寅	癸丑	壬子	辛亥	庚戌	己酉	戊申	丁未	丙午	乙巳	일진
목	수	화	월	일	토	금	목	戌正	화	월	일	토	금	목	수	화	월	일	토	금	목	수	丑正	월	일	토	금	목	수	절기시각

6月小(癸未) 소서

						입추7																대서								절기
	29	28	27	26	25	24	23	22	21	20	19	18	17	16	15	14	13	12	11	10	9	8	7	6	5	4	3	2	1	음력
	9	9	9	10	10		1	1	1	1	2	2	2	3	3	3	4	4	4	5	5	5	6	6	6	7	7	7	8	대운 순행
	2	1	1	1	1		10	10	10	9	9	9	8	8	8	7	7	7	6	6	6	5	5	5	4	4	4	3	3	대운 역행
													8																7	양력 월
	13	12	11	10	9	8	7	6	5	4	3	2	1	31	30	29	28	27	26	25	24	23	22	21	20	19	18	17	16	양력 일
	癸卯	壬寅	辛丑	庚子	己亥	戊戌	丁酉	丙申	乙未	甲午	癸巳	壬辰	辛卯	庚寅	己丑	戊子	丁亥	丙戌	乙酉	甲申	癸未	壬午	辛巳	庚辰	己卯	戊寅	丁丑	丙子	乙亥	일진
	금	목	수	화	월	卯初	토	금	목	수	화	월	일	토	금	목	수	화	월	일	토	未初	목	수	화	월	일	토	금	절기시각

• 북쪽이 높고 남쪽이 낮은 집은 자손이 번창하고 부귀장수의 터로 손꼽힌다.

7月小(甲申) 입추

				백로8																처서										절기	
	29	28	27	**26**	25	24	23	22	21	20	19	18	17	16	15	14	13	12	11	**10**	9	8	7	6	5	4	3	2	1	음력	
	9	9	10		1	1	1	1	2	2	2	3	3	3	4	4	4	5	5	5	6	6	6	7	7	7	8	8	8	순행	대운
	1	1	1		10	10	9	9	9	8	8	8	7	7	7	6	6	6	5	5	5	4	4	4	3	3	3	2	2	역행	
											9																		8	월	양력
	11	10	9	8	7	6	5	4	3	2	1	31	30	29	28	27	26	25	24	23	22	21	20	19	18	17	16	15	14	일	
	壬申	辛未	庚午	己巳	戊辰	丁卯	丙寅	乙丑	甲子	癸亥	壬戌	辛酉	庚申	己未	戊午	丁巳	丙辰	乙卯	甲寅	癸丑	壬子	辛亥	庚戌	己酉	戊申	丁未	丙午	乙巳	甲辰	일진	
	토	금	목	辰正	화	월	일	토	금	목	수	화	월	일	토	금	목	수	화	戌正	일	토	금	목	수	화	월	일	토	절기시각	

8月大(乙酉) 백로

			한로9															추분												절기	
30	29	28	**27**	26	25	24	23	22	21	20	19	18	17	16	15	14	13	**12**	11	10	9	8	7	6	5	4	3	2	1	음력	
9	10	10		1	1	1	1	2	2	2	3	3	3	4	4	4	5	5	5	6	6	6	7	7	7	8	8	8	9	순행	대운
1	1	1		10	9	9	9	8	8	8	7	7	7	6	6	6	5	5	5	4	4	4	3	3	3	2	2	2	1	역행	
										10																			9	월	양력
11	10	9	8	7	6	5	4	3	2	1	30	29	28	27	26	25	24	23	22	21	20	19	18	17	16	15	14	13	12	일	
壬寅	辛丑	庚子	己亥	戊戌	丁酉	丙申	乙未	甲午	癸巳	壬辰	辛卯	庚寅	己丑	戊子	丁亥	丙戌	乙酉	甲申	癸未	壬午	辛巳	庚辰	己卯	戊寅	丁丑	丙子	乙亥	甲戌	癸酉	일진	
월	일	토	子初	목	수	화	월	일	토	금	목	수	화	월	일	토	금	酉初	수	화	월	일	토	금	목	수	화	월	일	절기시각	

9月大(丙戌) 한로

		입동10															상강													절기	
30	29	**28**	27	26	25	24	23	22	21	20	19	18	17	16	15	14	**13**	12	11	10	9	8	7	6	5	4	3	2	1	음력	
9	9		1	1	1	1	2	2	2	3	3	3	4	4	4	5	5	5	6	6	6	7	7	7	8	8	8	9	9	순행	대운
1	1		10	10	9	9	9	8	8	8	7	7	7	6	6	6	5	5	5	4	4	4	3	3	3	2	2	2	1	역행	
									11																				10	월	양력
10	9	8	7	6	5	4	3	2	1	31	30	29	28	27	26	25	24	23	22	21	20	19	18	17	16	15	14	13	12	일	
壬申	辛未	庚午	己巳	戊辰	丁卯	丙寅	乙丑	甲子	癸亥	壬戌	辛酉	庚申	己未	戊午	丁巳	丙辰	乙卯	甲寅	癸丑	壬子	辛亥	庚戌	己酉	戊申	丁未	丙午	乙巳	甲辰	癸卯	일진	
수	화	丑正	일	토	금	목	수	화	월	일	토	금	목	수	화	월	丑正	토	금	목	수	화	월	일	토	금	목	수	화	절기시각	

10月小(丁亥) 입동

			대설11															소설												절기	
	29	28	**27**	26	25	24	23	22	21	20	19	18	17	16	15	14	13	**12**	11	10	9	8	7	6	5	4	3	2	1	음력	
	9	10		1	1	1	1	2	2	2	3	3	3	4	4	4	5	5	5	6	6	6	7	7	7	8	8	8	9	순행	대운
	1	1		9	9	9	8	8	8	7	7	7	6	6	6	5	5	5	4	4	4	3	3	3	2	2	2	1	1	역행	
									12																				11	월	양력
	9	8	7	6	5	4	3	2	1	30	29	28	27	26	25	24	23	22	21	20	19	18	17	16	15	14	13	12	11	일	
	辛丑	庚子	己亥	戊戌	丁酉	丙申	乙未	甲午	癸巳	壬辰	辛卯	庚寅	己丑	戊子	丁亥	丙戌	乙酉	甲申	癸未	壬午	辛巳	庚辰	己卯	戊寅	丁丑	丙子	乙亥	甲戌	癸酉	일진	
	목	수	酉正	월	일	토	금	목	수	화	월	일	토	금	목	수	화	子初	일	토	금	목	수	화	월	일	토	금	목	절기시각	

11月大(戊子) 대설

		소한12															동지													절기	
30	29	**28**	27	26	25	24	23	22	21	20	19	18	17	16	15	14	**13**	12	11	10	9	8	7	6	5	4	3	2	1	음력	
9	9		1	1	1	1	2	2	2	3	3	3	4	4	4	5	5	5	6	6	6	7	7	7	8	8	8	9	9	순행	대운
1	1		10	9	9	9	8	8	8	7	7	7	6	6	6	5	5	5	4	4	4	3	3	3	2	2	2	1	1	역행	
							1																						12	월	양력
8	7	6	5	4	3	2	1	31	30	29	28	27	26	25	24	23	22	21	20	19	18	17	16	15	14	13	12	11	10	일	
辛未	庚午	己巳	戊辰	丁卯	丙寅	乙丑	甲子	癸亥	壬戌	辛酉	庚申	己未	戊午	丁巳	丙辰	乙卯	甲寅	癸丑	壬子	辛亥	庚戌	己酉	戊申	丁未	丙午	乙巳	甲辰	癸卯	壬寅	일진	
토	금	卯初	수	화	월	일	토	금	목	수	화	월	일	토	금	목	午正	화	월	일	토	금	목	수	화	월	일	토	금	절기시각	

12月大(己丑) 소한

			입춘1															대한												절기	
30	29	28	**27**	26	25	24	23	22	21	20	19	18	17	16	15	14	13	**12**	11	10	9	8	7	6	5	4	3	2	1	음력	
9	9	10		1	1	1	1	2	2	2	3	3	3	4	4	4	5	5	5	6	6	6	7	7	7	8	8	8	9	순행	대운
1	1	1		9	9	9	8	8	8	7	7	7	6	6	6	5	5	5	4	4	4	3	3	3	2	2	2	1	1	역행	
						2																							1	월	양력
7	6	5	4	3	2	1	31	30	29	28	27	26	25	24	23	22	21	20	19	18	17	16	15	14	13	12	11	10	9	일	
辛丑	庚子	己亥	戊戌	丁酉	丙申	乙未	甲午	癸巳	壬辰	辛卯	庚寅	己丑	戊子	丁亥	丙戌	乙酉	甲申	癸未	壬午	辛巳	庚辰	己卯	戊寅	丁丑	丙子	乙亥	甲戌	癸酉	壬申	일진	
월	일	토	酉初	목	수	화	월	일	토	금	목	수	화	월	일	토	금	亥正	수	화	월	일	토	금	목	수	화	월	일	절기시각	

• 子午沖 사주에 말더듬이 많다.

서기 1921년
단기 4254년

辛酉年

상문 : 亥 대장군 : 南
조객 : 未 삼 재 : 寅午戌
삼살 : 東

1月大(庚寅) 입춘

음력	30	29	28	**27**	26	25	24	23	22	21	20	19	18	17	16	15	14	13	**12**	11	10	9	8	7	6	5	4	3	2	1
절기				경칩2															우수											
대운 순행	9	9	10		1	1	1	1	2	2	2	3	3	3	4	4	4	5	5	5	6	6	6	7	7	7	8	8	8	9
대운 역행	1	1	1		10	9	9	9	8	8	8	7	7	7	6	6	6	5	5	5	4	4	4	3	3	3	2	2	2	1
양력 월									3																					2
양력 일	9	8	7	6	5	4	3	2	1	28	27	26	25	24	23	22	21	20	19	18	17	16	15	14	13	12	11	10	9	8
일진	辛未	庚午	己巳	戊辰	丁卯	丙寅	乙丑	甲子	癸亥	壬戌	辛酉	庚申	己未	戊午	丁巳	丙辰	乙卯	甲寅	癸丑	壬子	辛亥	庚戌	己酉	戊申	丁未	丙午	乙巳	甲辰	癸卯	壬寅
절기시각	수	화	월	午初	토	금	목	수	화	월	일	토	금	목	수	화	월	일	未初	금	목	수	화	월	일	토	금	목	수	화

2月小(辛卯) 경칩

음력		29	28	**27**	26	25	24	23	22	21	20	19	18	17	16	15	14	13	**12**	11	10	9	8	7	6	5	4	3	2	1
절기				청명3															춘분											
대운 순행		10	10		1	1	1	1	2	2	2	3	3	3	4	4	4	5	5	5	6	6	6	7	7	7	8	8	8	9
대운 역행		1	1		10	9	9	9	8	8	8	7	7	7	6	6	6	5	5	5	4	4	4	3	3	3	2	2	2	1
양력 월								4																						3
양력 일		7	6	5	4	3	2	1	31	30	29	28	27	26	25	24	23	22	21	20	19	18	17	16	15	14	13	12	11	10
일진		庚子	己亥	戊戌	丁酉	丙申	乙未	甲午	癸巳	壬辰	辛卯	庚寅	己丑	戊子	丁亥	丙戌	乙酉	甲申	癸未	壬午	辛巳	庚辰	己卯	戊寅	丁丑	丙子	乙亥	甲戌	癸酉	壬申
절기시각		목	수	酉初	월	일	토	금	목	수	화	월	일	토	금	목	수	화	午正	일	토	금	목	수	화	월	일	토	금	목

3月大(壬辰) 청명

음력	30	**29**	28	27	26	25	24	23	22	21	20	19	18	17	16	15	**14**	13	12	11	10	9	8	7	6	5	4	3	2	1
절기		입하4															곡우													
대운 순행	10		1	1	1	1	2	2	2	3	3	3	4	4	4	5	5	5	6	6	6	7	7	7	8	8	8	9	9	9
대운 역행	1		10	10	9	9	9	8	8	8	7	7	7	6	6	6	5	5	5	4	4	4	3	3	3	2	2	2	1	1
양력 월							5																							4
양력 일	7	6	5	4	3	2	1	30	29	28	27	26	25	24	23	22	21	20	19	18	17	16	15	14	13	12	11	10	9	8
일진	庚午	己巳	戊辰	丁卯	丙寅	乙丑	甲子	癸亥	壬戌	辛酉	庚申	己未	戊午	丁巳	丙辰	乙卯	甲寅	癸丑	壬子	辛亥	庚戌	己酉	戊申	丁未	丙午	乙巳	甲辰	癸卯	壬寅	辛丑
절기시각	토	午初	목	수	화	월	일	토	금	목	수	화	월	일	토	금	子正	수	화	월	일	토	금	목	수	화	월	일	토	금

4月小(癸巳) 입하

음력		29	28	27	26	25	24	23	22	21	20	19	18	17	16	**15**	14	13	12	11	10	9	8	7	6	5	4	3	2	1
절기																소만														
대운 순행		1	1	1	1	2	2	2	3	3	3	4	4	4	5	5	5	6	6	6	7	7	7	8	8	8	9	9	9	10
대운 역행		10	10	9	9	9	8	8	8	7	7	7	6	6	6	5	5	5	4	4	4	3	3	3	2	2	2	1	1	1
양력 월						6																								5
양력 일		5	4	3	2	1	31	30	29	28	27	26	25	24	23	22	21	20	19	18	17	16	15	14	13	12	11	10	9	8
일진		己亥	戊戌	丁酉	丙申	乙未	甲午	癸巳	壬辰	辛卯	庚寅	己丑	戊子	丁亥	丙戌	乙酉	甲申	癸未	壬午	辛巳	庚辰	己卯	戊寅	丁丑	丙子	乙亥	甲戌	癸酉	壬申	辛未
절기시각		일	토	금	목	수	화	월	일	토	금	목	수	화	월	子正	토	금	목	수	화	월	일	토	금	목	수	화	월	일

5月小(甲午) 망종

음력		29	28	27	26	25	24	23	22	21	20	19	18	**17**	16	15	14	13	12	11	10	9	8	7	6	5	4	3	2	**1**
절기														하지																망종5
대운 순행		1	2	2	2	3	3	3	4	4	4	5	5	5	6	6	6	7	7	7	8	8	8	9	9	9	10	10	10	
대운 역행		9	9	9	8	8	8	7	7	7	6	6	6	5	5	5	4	4	4	3	3	3	2	2	2	1	1	1	1	
양력 월					7																									6
양력 일		4	3	2	1	30	29	28	27	26	25	24	23	22	21	20	19	18	17	16	15	14	13	12	11	10	9	8	7	6
일진		戊辰	丁卯	丙寅	乙丑	甲子	癸亥	壬戌	辛酉	庚申	己未	戊午	丁巳	丙辰	乙卯	甲寅	癸丑	壬子	辛亥	庚戌	己酉	戊申	丁未	丙午	乙巳	甲辰	癸卯	壬寅	辛丑	庚子
절기시각		월	일	토	금	목	수	화	월	일	토	금	목	辰正	화	월	일	토	금	목	수	화	월	일	토	금	목	수	화	申初

6月大(乙未) 소서

음력	30	29	28	27	26	25	24	23	22	21	20	**19**	18	17	16	15	14	13	12	11	10	9	8	7	6	5	**4**	3	2	1
절기												대서															소서6			
대운 순행	2	2	2	3	3	3	4	4	4	5	5	5	6	6	6	7	7	7	8	8	8	9	9	9	10	10		1	1	1
대운 역행	9	8	8	8	7	7	7	6	6	6	5	5	5	4	4	4	3	3	3	2	2	2	1	1	1	1		10	10	10
양력 월			8																											7
양력 일	3	2	1	31	30	29	28	27	26	25	24	23	22	21	20	19	18	17	16	15	14	13	12	11	10	9	8	7	6	5
일진	戊戌	丁酉	丙申	乙未	甲午	癸巳	壬辰	辛卯	庚寅	己丑	戊子	丁亥	丙戌	乙酉	甲申	癸未	壬午	辛巳	庚辰	己卯	戊寅	丁丑	丙子	乙亥	甲戌	癸酉	壬申	辛未	庚午	己巳
절기시각	수	화	월	일	토	금	목	수	화	월	일	戌初	금	목	수	화	월	일	토	금	목	수	화	월	일	토	丑正	목	수	화

• 북서쪽이 낮고 남동쪽이 높은 땅과 터는 아무리 싼땅이라도 매입을 삼가해야 한다.

7月小(丙申) 입추

								처서																입추7					절기
	29	28	27	26	25	24	23	22	**21**	20	19	18	17	16	15	14	13	12	11	10	9	8	7	6	**5**	4	3	2	1	음력
	2	3	3	3	4	4	4	5	5	5	6	6	6	7	7	7	8	8	8	9	9	9	10	10		1	1	1	1	대운 순행
	8	8	7	7	7	6	6	6	5	5	5	4	4	4	3	3	3	2	2	2	1	1	1	1		10	10	9	9	대운 역행
	9																												8	양력 월
	1	31	30	29	28	27	26	25	24	23	22	21	20	19	18	17	16	15	14	13	12	11	10	9	8	7	6	5	4	양력 일
	丁卯	丙寅	乙丑	甲子	癸亥	壬戌	辛酉	庚申	己未	戊午	丁巳	丙辰	乙卯	甲寅	癸丑	壬子	辛亥	庚戌	己酉	戊申	丁未	丙午	乙巳	甲辰	癸卯	壬寅	辛丑	庚子	己亥	일진
	목	수	화	월	일	토	금	목	丑初	화	월	일	토	금	목	수	화	월	일	토	금	목	수	화	午初	일	토	금	목	절기시각

8月小(丁酉) 백로

								추분															백로8							절기
	29	28	27	26	25	24	23	**22**	21	20	19	18	17	16	15	14	13	12	11	10	9	8	**7**	6	5	4	3	2	1	음력
	3	3	4	4	4	5	5	5	6	6	6	7	7	7	8	8	8	9	9	9	10	10		1	1	1	1	2	2	대운 순행
	7	7	7	6	6	6	5	5	5	4	4	4	3	3	3	2	2	2	1	1	1	1		10	10	9	9	9	8	대운 역행
																													9	양력 월
	30	29	28	27	26	25	24	23	22	21	20	19	18	17	16	15	14	13	12	11	10	9	8	7	6	5	4	3	2	양력 일
	丙申	乙未	甲午	癸巳	壬辰	辛卯	庚寅	己丑	戊子	丁亥	丙戌	乙酉	甲申	癸未	壬午	辛巳	庚辰	己卯	戊寅	丁丑	丙子	乙亥	甲戌	癸酉	壬申	辛未	庚午	己巳	戊辰	일진
	금	목	수	화	월	일	토	子初	목	수	화	월	일	토	금	목	수	화	월	일	토	금	未正	수	화	월	일	토	금	절기시각

9月大(戊戌) 한로

						상강															한로9									절기
30	29	28	27	26	25	**24**	23	22	21	20	19	18	17	16	15	14	13	12	11	10	**9**	8	7	6	5	4	3	2	1	음력
3	3	4	4	4	5	5	5	6	6	6	7	7	7	8	8	8	9	9	9	10		1	1	1	1	2	2	2	3	대운 순행
7	7	6	6	6	5	5	5	4	4	4	3	3	3	2	2	2	1	1	1	1		10	10	9	9	9	8	8	8	대운 역행
																													10	양력 월
30	29	28	27	26	25	24	23	22	21	20	19	18	17	16	15	14	13	12	11	10	9	8	7	6	5	4	3	2	1	양력 일
丙寅	乙丑	甲子	癸亥	壬戌	辛酉	庚申	己未	戊午	丁巳	丙辰	乙卯	甲寅	癸丑	壬子	辛亥	庚戌	己酉	戊申	丁未	丙午	乙巳	甲辰	癸卯	壬寅	辛丑	庚子	己亥	戊戌	丁酉	일진
일	토	금	목	수	화	辰正	일	토	금	목	수	화	월	일	토	금	목	수	화	월	卯初	토	금	목	수	화	월	일	토	절기시각

10月小(己亥) 입동

						소설															입동10									절기
	29	28	27	26	25	**24**	23	22	21	20	19	18	17	16	15	14	13	12	11	10	**9**	8	7	6	5	4	3	2	1	음력
	3	4	4	4	5	5	5	6	6	6	7	7	7	8	8	8	9	9	9	10		1	1	1	1	2	2	2	3	대운 순행
	7	6	6	6	5	5	5	4	4	4	3	3	3	2	2	2	1	1	1	1		10	9	9	9	8	8	8	7	대운 역행
																												11	10	양력 월
	28	27	26	25	24	23	22	21	20	19	18	17	16	15	14	13	12	11	10	9	8	7	6	5	4	3	2	1	31	양력 일
	乙未	甲午	癸巳	壬辰	辛卯	庚寅	己丑	戊子	丁亥	丙戌	乙酉	甲申	癸未	壬午	辛巳	庚辰	己卯	戊寅	丁丑	丙子	乙亥	甲戌	癸酉	壬申	辛未	庚午	己巳	戊辰	丁卯	일진
	월	일	토	금	목	卯初	화	월	일	토	금	목	수	화	월	일	토	금	목	수	辰初	월	일	토	금	목	수	화	월	절기시각

11月大(庚子) 대설

						동지														대설11										절기
30	29	28	27	26	25	**24**	23	22	21	20	19	18	17	16	15	14	13	12	11	**10**	9	8	7	6	5	4	3	2	1	음력
3	3	4	4	4	5	5	5	6	6	6	7	7	7	8	8	8	9	9	9		1	1	1	1	2	2	2	3	3	대운 순행
7	6	6	6	5	5	5	4	4	4	3	3	3	2	2	2	1	1	1	1		10	9	9	9	8	8	8	7	7	대운 역행
																											12		11	양력 월
28	27	26	25	24	23	22	21	20	19	18	17	16	15	14	13	12	11	10	9	8	7	6	5	4	3	2	1	30	29	양력 일
乙丑	甲子	癸亥	壬戌	辛酉	庚申	己未	戊午	丁巳	丙辰	乙卯	甲寅	癸丑	壬子	辛亥	庚戌	己酉	戊申	丁未	丙午	乙巳	甲辰	癸卯	壬寅	辛丑	庚子	己亥	戊戌	丁酉	丙申	일진
수	화	월	일	토	금	酉正	수	화	월	일	토	금	목	수	화	월	일	토	금	子正	수	화	월	일	토	금	목	수	화	절기시각

12月大(辛丑) 소한

						대한															소한12									절기
30	29	28	27	26	25	**24**	23	22	21	20	19	18	17	16	15	14	13	12	11	10	**9**	8	7	6	5	4	3	2	1	음력
3	3	3	4	4	4	5	5	5	6	6	6	7	7	7	8	8	8	9	9	9		1	1	1	1	2	2	2	3	대운 순행
7	7	6	6	6	5	5	5	4	4	4	3	3	3	2	2	2	1	1	1	1		9	9	9	8	8	8	7	7	대운 역행
																										1			12	양력 월
27	26	25	24	23	22	21	20	19	18	17	16	15	14	13	12	11	10	9	8	7	6	5	4	3	2	1	31	30	29	양력 일
乙未	甲午	癸巳	壬辰	辛卯	庚寅	己丑	戊子	丁亥	丙戌	乙酉	甲申	癸未	壬午	辛巳	庚辰	己卯	戊寅	丁丑	丙子	乙亥	甲戌	癸酉	壬申	辛未	庚午	己巳	戊辰	丁卯	丙寅	일진
금	목	수	화	월	일	寅正	금	목	수	화	월	일	토	금	목	수	화	월	일	토	午初	목	수	화	월	일	토	금	목	절기시각

• 日柱가 壬戌이면 남자는 무관직업이 좋고, 여자는 남편이 위태로우며 고집쟁이다.

서기 1922년
단기 4255년

壬戌年

상문 : 子 대장군 : 南
조객 : 申 삼 재 : 寅午戌
삼살 : 北

							우수															입춘1								절기	1月大(壬寅) 입춘
30	29	28	27	26	25	24	**23**	22	21	20	19	18	17	16	15	14	13	12	11	10	9	**8**	7	6	5	4	3	2	1	음력	
3	3	3	4	4	4	5	5	5	6	6	6	7	7	7	8	8	8	9	9	9	10		1	1	1	1	2	2	2	순행 대운	
7	7	7	6	6	6	5	5	5	4	4	4	3	3	3	2	2	2	1	1	1	1		9	9	9	8	8	8	7	역행 대운	
																									2				1	월 양력	
26	25	24	23	22	21	20	19	18	17	16	15	14	13	12	11	10	9	8	7	6	5	4	3	2	1	31	30	29	28	일 양력	
乙丑	甲子	癸亥	壬戌	辛酉	庚申	己未	戊午	丁巳	丙辰	乙卯	甲寅	癸丑	壬子	辛亥	庚戌	己酉	戊申	丁未	丙午	乙巳	甲辰	癸卯	壬寅	辛丑	庚子	己亥	戊戌	丁酉	丙申	일진	
일	토	금	목	수	화	월	戌初	토	금	목	수	화	월	일	토	금	목	수	화	월	일	子初	금	목	수	화	월	일	토	절기시각	

						춘분															경칩2								절기	2月小(癸卯) 경칩
29	28	27	26	25	24	**23**	22	21	20	19	18	17	16	15	14	13	12	11	10	9	**8**	7	6	5	4	3	2	1	음력	
3	3	4	4	4	5	5	5	6	6	6	7	7	7	8	8	8	9	9	9	10		1	1	1	1	2	2	2	순행 대운	
7	7	6	6	6	5	5	5	4	4	4	3	3	3	2	2	2	1	1	1	1		10	9	9	9	8	8	8	역행 대운	
																										3		2	월 양력	
27	26	25	24	23	22	21	20	19	18	17	16	15	14	13	12	11	10	9	8	7	6	5	4	3	2	1	28	27	일 양력	
甲午	癸巳	壬辰	辛卯	庚寅	己丑	戊子	丁亥	丙戌	乙酉	甲申	癸未	壬午	辛巳	庚辰	己卯	戊寅	丁丑	丙子	乙亥	甲戌	癸酉	壬申	辛未	庚午	己巳	戊辰	丁卯	丙寅	일진	
월	일	토	금	목	수	酉正	월	일	토	금	목	수	화	월	일	토	금	목	수	화	酉初	일	토	금	목	수	화	월	절기시각	

					곡우																청명3									절기	3月大(甲辰) 청명
30	29	28	27	26	**25**	24	23	22	21	20	19	18	17	16	15	14	13	12	11	10	**9**	8	7	6	5	4	3	2	1	음력	
3	4	4	4	5	5	5	6	6	6	7	7	7	8	8	8	9	9	9	10	10		1	1	1	1	2	2	2	3	순행 대운	
7	7	6	6	6	5	5	5	4	4	4	3	3	3	2	2	2	1	1	1	1		10	9	9	9	8	8	8	7	역행 대운	
																									4				3	월 양력	
26	25	24	23	22	21	20	19	18	17	16	15	14	13	12	11	10	9	8	7	6	5	4	3	2	1	31	30	29	28	일 양력	
甲子	癸亥	壬戌	辛酉	庚申	己未	戊午	丁巳	丙辰	乙卯	甲寅	癸丑	壬子	辛亥	庚戌	己酉	戊申	丁未	丙午	乙巳	甲辰	癸卯	壬寅	辛丑	庚子	己亥	戊戌	丁酉	丙申	乙未	일진	
수	화	월	일	토	卯正	목	수	화	월	일	토	금	목	수	화	월	일	토	금	목	亥正	화	월	일	토	금	목	수	화	절기시각	

				소만																입하4										절기	4月大(乙巳) 입하
30	29	28	27	**26**	25	24	23	22	21	20	19	18	17	16	15	14	13	12	11	**10**	9	8	7	6	5	4	3	2	1	음력	
4	4	4	5	5	5	6	6	6	7	7	7	8	8	8	9	9	9	10	10		1	1	1	1	2	2	2	3	3	순행 대운	
7	6	6	6	5	5	5	4	4	4	3	3	3	2	2	2	1	1	1	1		10	10	9	9	9	8	8	8	7	역행 대운	
																									5				4	월 양력	
26	25	24	23	22	21	20	19	18	17	16	15	14	13	12	11	10	9	8	7	6	5	4	3	2	1	30	29	28	27	일 양력	
甲午	癸巳	壬辰	辛卯	庚寅	己丑	戊子	丁亥	丙戌	乙酉	甲申	癸未	壬午	辛巳	庚辰	己卯	戊寅	丁丑	丙子	乙亥	甲戌	癸酉	壬申	辛未	庚午	己巳	戊辰	丁卯	丙寅	乙丑	일진	
금	목	수	화	卯正	일	토	금	목	수	화	월	일	토	금	목	수	화	월	일	巳正	금	목	수	화	월	일	토	금	목	절기시각	

		하지																망종5											절기	5月小(丙午) 망종
29	28	**27**	26	25	24	23	22	21	20	19	18	17	16	15	14	13	12	**11**	10	9	8	7	6	5	4	3	2	1	음력	
5	5	5	6	6	6	7	7	7	8	8	8	9	9	9	10	10	10		1	1	1	1	2	2	2	3	3	3	순행 대운	
6	6	5	5	5	4	4	4	3	3	3	2	2	2	1	1	1	1		10	10	9	9	9	8	8	8	7	7	역행 대운	
																							6					5	월 양력	
24	23	22	21	20	19	18	17	16	15	14	13	12	11	10	9	8	7	6	5	4	3	2	1	31	30	29	28	27	일 양력	
癸亥	壬戌	辛酉	庚申	己未	戊午	丁巳	丙辰	乙卯	甲寅	癸丑	壬子	辛亥	庚戌	己酉	戊申	丁未	丙午	乙巳	甲辰	癸卯	壬寅	辛丑	庚子	己亥	戊戌	丁酉	丙申	乙未	일진	
토	금	未正	수	화	월	일	토	금	목	수	화	월	일	토	금	목	수	亥初	월	일	토	금	목	수	화	월	일	토	절기시각	

															소서6														절기	윤6月小
29	28	27	26	25	24	23	22	21	20	19	18	17	16	15	**14**	13	12	11	10	9	8	7	6	5	4	3	2	1	음력	
5	6	6	6	7	7	7	8	8	8	9	9	9	10	10		1	1	1	1	2	2	2	3	3	3	4	4	4	순행 대운	
5	5	4	4	4	3	3	3	2	2	2	1	1	1	1		10	10	10	9	9	9	8	8	8	7	7	7	6	역행 대운	
																						7						6	월 양력	
23	22	21	20	19	18	17	16	15	14	13	12	11	10	9	8	7	6	5	4	3	2	1	30	29	28	27	26	25	일 양력	
壬辰	辛卯	庚寅	己丑	戊子	丁亥	丙戌	乙酉	甲申	癸未	壬午	辛巳	庚辰	己卯	戊寅	丁丑	丙子	乙亥	甲戌	癸酉	壬申	辛未	庚午	己巳	戊辰	丁卯	丙寅	乙丑	甲子	일진	
일	토	금	목	수	화	월	일	토	금	목	수	화	월	일	辰初	금	목	수	화	월	일	토	금	목	수	화	월	일	절기시각	

• 정사각형의 집은 젊은 부부가 살기에는 좋지 않은데 이것은 발전을 저해하는 형으로 보기 때문이다.

6月大(丁未)소서

														입추7															대서	절기	
30	29	28	27	26	25	24	23	22	21	20	19	18	17	16	15	14	13	12	11	10	9	8	7	6	5	4	3	2	1	음력	
6	6	6	7	7	7	8	8	8	9	9	9	10	10		1	1	1	1	2	2	2	3	3	3	4	4	4	5	5	순행	대운
5	4	4	4	3	3	3	2	2	2	1	1	1	1		10	10	9	9	9	8	8	8	7	7	7	6	6	6	5	역행	대운
																					8								7	월	양력
22	21	20	19	18	17	16	15	14	13	12	11	10	9	8	7	6	5	4	3	2	1	31	30	29	28	27	26	25	24	일	양력
壬戌	辛酉	庚申	己未	戊午	丁巳	丙辰	乙卯	甲寅	癸丑	壬子	辛亥	庚戌	己酉	戊申	丁未	丙午	乙巳	甲辰	癸卯	壬寅	辛丑	庚子	己亥	戊戌	丁酉	丙申	乙未	甲午	癸巳	일진	
화	월	일	토	금	목	수	화	월	일	토	금	목	수	酉初	월	일	토	금	목	수	화	월	일	토	금	목	수	화	丑初	절기시각	

7月小(戊申)입추

													백로8															처서		절기	
	29	28	27	26	25	24	23	22	21	20	19	18	17	16	15	14	13	12	11	10	9	8	7	6	5	4	3	2	1	음력	
	6	7	7	7	8	8	8	9	9	9	10	10		1	1	1	1	2	2	2	3	3	3	4	4	4	5	5	5	순행	대운
	4	4	3	3	3	2	2	2	1	1	1	1		10	10	9	9	9	8	8	8	7	7	7	6	6	6	5	5	역행	대운
																				9									8	월	양력
	20	19	18	17	16	15	14	13	12	11	10	9	8	7	6	5	4	3	2	1	31	30	29	28	27	26	25	24	23	일	양력
	辛卯	庚寅	己丑	戊子	丁亥	丙戌	乙酉	甲申	癸未	壬午	辛巳	庚辰	己卯	戊寅	丁丑	丙子	乙亥	甲戌	癸酉	壬申	辛未	庚午	己巳	戊辰	丁卯	丙寅	乙丑	甲子	癸亥	일진	
	수	화	월	일	토	금	목	수	화	월	일	토	戌正	목	수	화	월	일	토	금	목	수	화	월	일	토	금	辰正	수	절기시각	

8月小(己酉)백로

											한로9															추분				절기	
	29	28	27	26	25	24	23	22	21	20	19	18	17	16	15	14	13	12	11	10	9	8	7	6	5	4	3	2	1	음력	
	7	7	7	8	8	8	9	9	9	10		1	1	1	1	2	2	2	3	3	3	4	4	4	5	5	5	6	6	순행	대운
	3	3	3	2	2	2	1	1	1	1		10	10	9	9	9	8	8	8	7	7	7	6	6	6	5	5	5	4	역행	대운
																			10										9	월	양력
	19	18	17	16	15	14	13	12	11	10	9	8	7	6	5	4	3	2	1	30	29	28	27	26	25	24	23	22	21	일	양력
	庚申	己未	戊午	丁巳	丙辰	乙卯	甲寅	癸丑	壬子	辛亥	庚戌	己酉	戊申	丁未	丙午	乙巳	甲辰	癸卯	壬寅	辛丑	庚子	己亥	戊戌	丁酉	丙申	乙未	甲午	癸巳	壬辰	일진	
	목	수	화	월	일	토	금	목	수	화	午初	일	토	금	목	수	화	월	일	토	금	목	수	화	월	酉初	토	금	목	절기시각	

9月大(庚戌)한로

										입동10															상강					절기	
30	29	28	27	26	25	24	23	22	21	20	19	18	17	16	15	14	13	12	11	10	9	8	7	6	5	4	3	2	1	음력	
7	7	7	8	8	8	9	9	9	10		1	1	1	1	2	2	2	3	3	3	4	4	4	5	5	5	6	6	6	순행	대운
3	3	3	2	2	2	1	1	1	1		10	9	9	9	8	8	8	7	7	7	6	6	6	5	5	5	4	4	4	역행	대운
																	11												10	월	양력
18	17	16	15	14	13	12	11	10	9	8	7	6	5	4	3	2	1	31	30	29	28	27	26	25	24	23	22	21	20	일	양력
庚寅	己丑	戊子	丁亥	丙戌	乙酉	甲申	癸未	壬午	辛巳	庚辰	己卯	戊寅	丁丑	丙子	乙亥	甲戌	癸酉	壬申	辛未	庚午	己巳	戊辰	丁卯	丙寅	乙丑	甲子	癸亥	壬戌	辛酉	일진	
토	금	목	수	화	월	일	토	금	목	未初	화	월	일	토	금	목	수	화	월	일	토	금	목	수	未初	월	일	토	금	절기시각	

10月小(辛亥)입동

										대설11															소설					절기	
	29	28	27	26	25	24	23	22	21	20	19	18	17	16	15	14	13	12	11	10	9	8	7	6	5	4	3	2	1	음력	
	7	7	7	8	8	8	9	9	9		1	1	1	1	2	2	2	3	3	3	4	4	4	5	5	5	6	6	6	순행	대운
	3	3	2	2	2	1	1	1	1		10	9	9	9	8	8	8	7	7	7	6	6	6	5	5	5	4	4	4	역행	대운
																	12												11	월	양력
	17	16	15	14	13	12	11	10	9	8	7	6	5	4	3	2	1	30	29	28	27	26	25	24	23	22	21	20	19	일	양력
	己未	戊午	丁巳	丙辰	乙卯	甲寅	癸丑	壬子	辛亥	庚戌	己酉	戊申	丁未	丙午	乙巳	甲辰	癸卯	壬寅	辛丑	庚子	己亥	戊戌	丁酉	丙申	乙未	甲午	癸巳	壬辰	辛卯	일진	
	일	토	금	목	수	화	월	일	토	卯正	목	수	화	월	일	토	금	목	수	화	월	일	토	금	巳正	수	화	월	일	절기시각	

11月大(壬子)대설

										소한12															동지					절기	
30	29	28	27	26	25	24	23	22	21	20	19	18	17	16	15	14	13	12	11	10	9	8	7	6	5	4	3	2	1	음력	
7	7	7	8	8	8	9	9	9	10		1	1	1	1	2	2	2	3	3	3	4	4	4	5	5	5	6	6	6	순행	대운
3	3	3	2	2	2	1	1	1	1		9	9	9	8	8	8	7	7	7	6	6	6	5	5	5	4	4	4	3	역행	대운
															1														12	월	양력
16	15	14	13	12	11	10	9	8	7	6	5	4	3	2	1	31	30	29	28	27	26	25	24	23	22	21	20	19	18	일	양력
己丑	戊子	丁亥	丙戌	乙酉	甲申	癸未	壬午	辛巳	庚辰	己卯	戊寅	丁丑	丙子	乙亥	甲戌	癸酉	壬申	辛未	庚午	己巳	戊辰	丁卯	丙寅	乙丑	甲子	癸亥	壬戌	辛酉	庚申	일진	
화	월	일	토	금	목	수	화	월	일	酉初	금	목	수	화	월	일	토	금	목	수	화	월	일	토	子初	목	수	화	월	절기시각	

12月大(癸丑)소한

										입춘1															대한					절기	
30	29	28	27	26	25	24	23	22	21	20	19	18	17	16	15	14	13	12	11	10	9	8	7	6	5	4	3	2	1	음력	
6	7	7	7	8	8	8	9	9	9		1	1	1	1	2	2	2	3	3	3	4	4	4	5	5	5	6	6	6	순행	대운
3	3	3	2	2	2	1	1	1	1		10	9	9	9	8	8	8	7	7	7	6	6	6	5	5	5	4	4	4	역행	대운
														2															1	월	양력
15	14	13	12	11	10	9	8	7	6	5	4	3	2	1	31	30	29	28	27	26	25	24	23	22	21	20	19	18	17	일	양력
己未	戊午	丁巳	丙辰	乙卯	甲寅	癸丑	壬子	辛亥	庚戌	己酉	戊申	丁未	丙午	乙巳	甲辰	癸卯	壬寅	辛丑	庚子	己亥	戊戌	丁酉	丙申	乙未	甲午	癸巳	壬辰	辛卯	庚寅	일진	
목	수	화	월	일	토	금	목	수	화	丑初	일	토	금	목	수	화	월	일	토	금	목	수	화	월	巳正	토	금	목	수	절기시각	

• 財多身弱 사주는 처에게 꼭 쥐어사는 공처가 팔자다.

서기 1923년
단기 4256년

癸亥年

상문 : 丑 대장군 : 西
조객 : 酉 삼 재 : 巳酉丑
삼살 : 西

											경칩2														우수					절기	1月小(甲寅) 입춘
	29	28	27	26	25	24	23	22	21	20	**19**	18	17	16	15	14	13	12	11	10	9	8	7	6	**5**	4	3	2	1	음력	
	7	7	8	8	8	9	9	9	10	10		1	1	1	1	2	2	2	3	3	3	4	4	4	5	5	5	6	6	대운 순행	
	3	3	3	2	2	2	1	1	1	1		9	9	9	8	8	8	7	7	7	6	6	6	5	5	5	4	4	4	대운 역행	
																3													2	양력 월	
	16	15	14	13	12	11	10	9	8	7	6	5	4	3	2	1	28	27	26	25	24	23	22	21	20	19	18	17	16	양력 일	
	戊子	丁亥	丙戌	乙酉	甲申	癸未	壬午	辛巳	庚辰	己卯	戊寅	丁丑	丙子	乙亥	甲戌	癸酉	壬申	辛未	庚午	己巳	戊辰	丁卯	丙寅	乙丑	甲子	癸亥	壬戌	辛酉	庚申	일진	
	금	목	수	화	월	일	토	금	목	수	子初	월	일	토	금	목	수	화	월	일	토	금	목	수	丑初	월	일	토	금	절기시각	
										청명3															춘분					절기	2月大(乙卯) 경칩
30	29	28	27	26	25	24	23	22	**21**	20	19	18	17	16	15	14	13	12	11	10	9	8	7	**6**	5	4	3	2	1	음력	
7	7	8	8	8	9	9	9	10		1	1	1	1	2	2	2	3	3	3	4	4	4	5	5	5	6	6	6	7	대운 순행	
3	3	2	2	2	1	1	1	1		10	10	9	9	9	8	8	8	7	7	7	6	6	6	5	5	5	4	4	4	대운 역행	
														4															3	양력 월	
15	14	13	12	11	10	9	8	7	6	5	4	3	2	1	31	30	29	28	27	26	25	24	23	22	21	20	19	18	17	양력 일	
戊午	丁巳	丙辰	乙卯	甲寅	癸丑	壬子	辛亥	庚戌	己酉	戊申	丁未	丙午	乙巳	甲辰	癸卯	壬寅	辛丑	庚子	己亥	戊戌	丁酉	丙申	乙未	甲午	癸巳	壬辰	辛卯	庚寅	己丑	일진	
일	토	금	목	수	화	월	일	토	寅正	목	수	화	월	일	토	금	목	수	화	월	일	토	금	子正	수	화	월	일	토	절기시각	
									입하4															곡우						절기	3月大(丙辰) 청명
30	29	28	27	26	25	24	23	22	**21**	20	19	18	17	16	15	14	13	12	11	10	9	8	7	**6**	5	4	3	2	1	음력	
8	8	8	9	9	9	10	10	10		1	1	1	1	2	2	2	3	3	3	4	4	4	5	5	5	6	6	6	7	대운 순행	
3	3	2	2	2	1	1	1	1		10	9	9	9	8	8	8	7	7	7	6	6	6	5	5	5	4	4	4	3	대운 역행	
														5															4	양력 월	
15	14	13	12	11	10	9	8	7	6	5	4	3	2	1	30	29	28	27	26	25	24	23	22	21	20	19	18	17	16	양력 일	
戊子	丁亥	丙戌	乙酉	甲申	癸未	壬午	辛巳	庚辰	己卯	戊寅	丁丑	丙子	乙亥	甲戌	癸酉	壬申	辛未	庚午	己巳	戊辰	丁卯	丙寅	乙丑	甲子	癸亥	壬戌	辛酉	庚申	己未	일진	
화	월	일	토	금	목	수	화	월	亥正	토	금	목	수	화	월	일	토	금	목	수	화	월	일	午正	금	목	수	화	월	절기시각	
							망종5																소만							절기	4月小(丁巳) 입하
	29	28	27	26	25	24	**23**	22	21	20	19	18	17	16	15	14	13	12	11	10	9	8	**7**	6	5	4	3	2	1	음력	
	8	9	9	9	10	10		1	1	1	1	2	2	2	3	3	3	4	4	4	5	5	5	6	6	6	7	7	7	대운 순행	
	2	2	1	1	1	1		10	10	10	9	9	9	8	8	8	7	7	7	6	6	6	5	5	5	4	4	4	3	대운 역행	
													6																5	양력 월	
	13	12	11	10	9	8	7	6	5	4	3	2	1	31	30	29	28	27	26	25	24	23	22	21	20	19	18	17	16	양력 일	
	丁巳	丙辰	乙卯	甲寅	癸丑	壬子	辛亥	庚戌	己酉	戊申	丁未	丙午	乙巳	甲辰	癸卯	壬寅	辛丑	庚子	己亥	戊戌	丁酉	丙申	乙未	甲午	癸巳	壬辰	辛卯	庚寅	己丑	일진	
	수	화	월	일	토	금	寅初	수	화	월	일	토	금	목	수	화	월	일	토	금	목	수	午初	월	일	토	금	목	수	절기시각	
						소서6															하지									절기	5月大(戊午) 망종
30	29	28	27	26	**25**	24	23	22	21	20	19	18	17	16	15	14	13	12	11	10	**9**	8	7	6	5	4	3	2	1	음력	
9	9	9	10	10		1	1	1	1	2	2	2	3	3	3	4	4	4	5	5	5	6	6	6	7	7	7	8	8	대운 순행	
2	1	1	1	1		10	10	9	9	9	8	8	8	7	7	7	6	6	6	5	5	5	4	4	4	3	3	3	2	대운 역행	
												7																	6	양력 월	
13	12	11	10	9	8	7	6	5	4	3	2	1	30	29	28	27	26	25	24	23	22	21	20	19	18	17	16	15	14	양력 일	
丁亥	丙戌	乙酉	甲申	癸未	壬午	辛巳	庚辰	己卯	戊寅	丁丑	丙子	乙亥	甲戌	癸酉	壬申	辛未	庚午	己巳	戊辰	丁卯	丙寅	乙丑	甲子	癸亥	壬戌	辛酉	庚申	己未	戊午	일진	
금	목	수	화	월	未初	토	금	목	수	화	월	일	토	금	목	수	화	월	일	토	戌正	목	수	화	월	일	토	금	목	절기시각	
				입추7															대서											절기	6月小(己未) 소서
	29	28	27	**26**	25	24	23	22	21	20	19	18	17	16	15	14	13	12	**11**	10	9	8	7	6	5	4	3	2	1	음력	
	10	10	10		1	1	1	1	2	2	2	3	3	3	4	4	4	5	5	5	6	6	6	7	7	7	8	8	8	대운 순행	
	1	1	1		10	10	9	9	9	8	8	8	7	7	7	6	6	6	5	5	5	4	4	4	3	3	3	2	2	대운 역행	
											8																		7	양력 월	
	11	10	9	8	7	6	5	4	3	2	1	31	30	29	28	27	26	25	24	23	22	21	20	19	18	17	16	15	14	양력 일	
	丙辰	乙卯	甲寅	癸丑	壬子	辛亥	庚戌	己酉	戊申	丁未	丙午	乙巳	甲辰	癸卯	壬寅	辛丑	庚子	己亥	戊戌	丁酉	丙申	乙未	甲午	癸巳	壬辰	辛卯	庚寅	己丑	戊子	일진	
	토	금	목	子初	화	월	일	토	금	목	수	화	월	일	토	금	목	수	辰初	월	일	토	금	목	수	화	월	일	토	절기시각	

• 요철(凹凸)이 심한 택지에서는 재난이 많고 급사(急死)하는 경우도 있다.

백로8																	처서													절기	7月大(庚申) 입추
30	29	28	27	26	25	24	23	22	21	20	19	18	17	16	15	14	13	12	11	10	9	8	7	6	5	4	3	2	1	음력	
10		1	1	1	1	2	2	2	3	3	3	4	4	4	5	5	5	6	6	6	7	7	7	8	8	8	9	9	9	대운 순행	
1		10	10	10	9	9	9	8	8	8	7	7	7	6	6	6	5	5	5	4	4	4	3	3	3	2	2	2	1	대운 역행	
									9																				8	양력 월	
10	9	8	7	6	5	4	3	2	1	31	30	29	28	27	26	25	24	23	22	21	20	19	18	17	16	15	14	13	12	양력 일	
丙戌	乙酉	甲申	癸未	壬午	辛巳	庚辰	己卯	戊寅	丁丑	丙子	乙亥	甲戌	癸酉	壬申	辛未	庚午	己巳	戊辰	丁卯	丙寅	乙丑	甲子	癸亥	壬戌	辛酉	庚申	己未	戊午	丁巳	일진	
월	丑初	토	금	목	수	화	월	일	토	금	목	수	화	월	일	토	未初	목	수	화	월	일	토	금	목	수	화	월	일	절기시각	

한로9																추분														절기	8月小(辛酉) 백로
	29	28	27	26	25	24	23	22	21	20	19	18	17	16	15	14	13	12	11	10	9	8	7	6	5	4	3	2	1	음력	
		1	1	1	1	2	2	2	3	3	3	4	4	4	5	5	5	6	6	6	7	7	7	8	8	8	9	9	9	대운 순행	
		10	9	9	9	8	8	8	7	7	7	6	6	6	5	5	5	4	4	4	3	3	3	2	2	2	1	1	1	대운 역행	
									10																				9	양력 월	
	9	8	7	6	5	4	3	2	1	30	29	28	27	26	25	24	23	22	21	20	19	18	17	16	15	14	13	12	11	양력 일	
	乙卯	甲寅	癸丑	壬子	辛亥	庚戌	己酉	戊申	丁未	丙午	乙巳	甲辰	癸卯	壬寅	辛丑	庚子	己亥	戊戌	丁酉	丙申	乙未	甲午	癸巳	壬辰	辛卯	庚寅	己丑	戊子	丁亥	일진	
	酉初	월	일	토	금	목	수	화	월	일	토	금	목	수	화	午初	일	토	금	목	수	화	월	일	토	금	목	수	화	절기시각	

입동10															상강															절기	9月大(壬戌) 한로
30	29	28	27	26	25	24	23	22	21	20	19	18	17	16	15	14	13	12	11	10	9	8	7	6	5	4	3	2	1	음력	
	1	1	1	1	2	2	2	3	3	3	4	4	4	5	5	5	6	6	6	7	7	7	8	8	8	9	9	9	10	대운 순행	
	10	9	9	9	8	8	8	7	7	7	6	6	6	5	5	5	4	4	4	3	3	3	2	2	2	1	1	1	1	대운 역행	
							11																						10	양력 월	
8	7	6	5	4	3	2	1	31	30	29	28	27	26	25	24	23	22	21	20	19	18	17	16	15	14	13	12	11	10	양력 일	
乙酉	甲申	癸未	壬午	辛巳	庚辰	己卯	戊寅	丁丑	丙子	乙亥	甲戌	癸酉	壬申	辛未	庚午	己巳	戊辰	丁卯	丙寅	乙丑	甲子	癸亥	壬戌	辛酉	庚申	己未	戊午	丁巳	丙辰	일진	
戌初	수	화	월	일	토	금	목	수	화	월	일	토	금	목	戌初	화	월	일	토	금	목	수	화	월	일	토	금	목	수	절기시각	

															소설															절기	10月小(癸亥) 입동
	29	28	27	26	25	24	23	22	21	20	19	18	17	16	15	14	13	12	11	10	9	8	7	6	5	4	3	2	1	음력	
	1	1	1	1	2	2	2	3	3	3	4	4	4	5	5	5	6	6	6	7	7	7	8	8	8	9	9	9	10	대운 순행	
	10	9	9	9	8	8	8	7	7	7	6	6	6	5	5	5	4	4	4	3	3	3	2	2	2	1	1	1	1	대운 역행	
							12																						11	양력 월	
	7	6	5	4	3	2	1	30	29	28	27	26	25	24	23	22	21	20	19	18	17	16	15	14	13	12	11	10	9	양력 일	
	甲寅	癸丑	壬子	辛亥	庚戌	己酉	戊申	丁未	丙午	乙巳	甲辰	癸卯	壬寅	辛丑	庚子	己亥	戊戌	丁酉	丙申	乙未	甲午	癸巳	壬辰	辛卯	庚寅	己丑	戊子	丁亥	丙戌	일진	
	금	목	수	화	월	일	토	금	목	수	화	월	일	토	申正	목	수	화	월	일	토	금	목	수	화	월	일	토	금	절기시각	

														동지															대설11	절기	11月小(甲子) 대설
	29	28	27	26	25	24	23	22	21	20	19	18	17	16	15	14	13	12	11	10	9	8	7	6	5	4	3	2	1	음력	
	1	1	1	1	2	2	2	3	3	3	4	4	4	5	5	5	6	6	6	7	7	7	8	8	8	9	9	9		대운 순행	
	9	9	9	8	8	8	7	7	7	6	6	6	5	5	5	4	4	4	3	3	3	2	2	2	1	1	1	1		대운 역행	
					1																								12	양력 월	
	5	4	3	2	1	31	30	29	28	27	26	25	24	23	22	21	20	19	18	17	16	15	14	13	12	11	10	9	8	양력 일	
	癸未	壬午	辛巳	庚辰	己卯	戊寅	丁丑	丙子	乙亥	甲戌	癸酉	壬申	辛未	庚午	己巳	戊辰	丁卯	丙寅	乙丑	甲子	癸亥	壬戌	辛酉	庚申	己未	戊午	丁巳	丙辰	乙卯	일진	
	토	금	목	수	화	월	일	토	금	목	수	화	월	卯初	토	금	목	수	화	월	일	토	금	목	수	화	월	일	午正	절기시각	

														대한															소한12	절기	12月大(乙丑) 소한
30	29	28	27	26	25	24	23	22	21	20	19	18	17	16	15	14	13	12	11	10	9	8	7	6	5	4	3	2	1	음력	
1	1	1	1	2	2	2	3	3	3	4	4	4	5	5	5	6	6	6	7	7	7	8	8	8	9	9	9	10		대운 순행	
10	9	9	9	8	8	8	7	7	7	6	6	6	5	5	5	4	4	4	3	3	3	2	2	2	1	1	1	1		대운 역행	
			2																										1	양력 월	
4	3	2	1	31	30	29	28	27	26	25	24	23	22	21	20	19	18	17	16	15	14	13	12	11	10	9	8	7	6	양력 일	
癸丑	壬子	辛亥	庚戌	己酉	戊申	丁未	丙午	乙巳	甲辰	癸卯	壬寅	辛丑	庚子	己亥	戊戌	丁酉	丙申	乙未	甲午	癸巳	壬辰	辛卯	庚寅	己丑	戊子	丁亥	丙戌	乙酉	甲申	일진	
월	일	토	금	목	수	화	월	일	토	금	목	수	화	申正	일	토	금	목	수	화	월	일	토	금	목	수	화	월	子初	절기시각	

• 남자 사주에 正 · 偏官이 혼잡되어 있으면 外房子가 있을 수 있다.

서기 1924년
단기 4257년

甲子年

상문 : 寅 대장군 : 西
조객 : 戌 삼 재 : 巳酉丑
삼살 : 南

														우수															입춘1	절기	1月大(丙寅) 입춘
30	29	28	27	26	25	24	23	22	21	20	19	18	17	16	15	14	13	12	11	10	9	8	7	6	5	4	3	2	1	음력	
1	1	1	1	2	2	2	3	3	3	4	4	4	5	5	5	6	6	6	7	7	7	8	8	8	9	9	9	10		순행	대운
10	9	9	9	8	8	8	7	7	7	6	6	6	5	5	5	4	4	4	3	3	3	2	2	2	1	1	1	1		역행	대운
				3																									2	월	양력
5	4	3	2	1	29	28	27	26	25	24	23	22	21	20	19	18	17	16	15	14	13	12	11	10	9	8	7	6	5	일	양력
癸	壬	辛	庚	己	戊	丁	丙	乙	甲	癸	壬	辛	庚	己	戊	丁	丙	乙	甲	癸	壬	辛	庚	己	戊	丁	丙	乙	甲	일진	
未	午	巳	辰	卯	寅	丑	子	亥	戌	酉	申	未	午	巳	辰	卯	寅	丑	子	亥	戌	酉	申	未	午	巳	辰	卯	寅		
수	화	월	일	토	금	목	수	화	월	일	토	금	목	卯正	화	월	일	토	금	목	수	화	월	일	토	금	목	수	巳正	절기시각	

														춘분															경칩2	절기	2月小(丁卯) 경칩
	29	28	27	26	25	24	23	22	21	20	19	18	17	16	15	14	13	12	11	10	9	8	7	6	5	4	3	2	1	음력	
	1	1	1	2	2	2	3	3	3	4	4	4	5	5	5	6	6	6	7	7	7	8	8	8	9	9	9	10		순행	대운
	9	9	9	8	8	8	7	7	7	6	6	6	5	5	5	4	4	4	3	3	3	2	2	2	1	1	1	1		역행	대운
			4																										3	월	양력
	3	2	1	31	30	29	28	27	26	25	24	23	22	21	20	19	18	17	16	15	14	13	12	11	10	9	8	7	6	일	양력
	壬	辛	庚	己	戊	丁	丙	乙	甲	癸	壬	辛	庚	己	戊	丁	丙	乙	甲	癸	壬	辛	庚	己	戊	丁	丙	乙	甲	일진	
	子	亥	戌	酉	申	未	午	巳	辰	卯	寅	丑	子	亥	戌	酉	申	未	午	巳	辰	卯	寅	丑	子	亥	戌	酉	申		
	목	수	화	월	일	토	금	목	수	화	월	일	토	卯正	목	수	화	월	일	토	금	목	수	화	월	일	토	금	卯初	절기시각	

													곡우															청명3		절기	3月大(戊辰) 청명
30	29	28	27	26	25	24	23	22	21	20	19	18	17	16	15	14	13	12	11	10	9	8	7	6	5	4	3	2	1	음력	
1	1	2	2	2	3	3	3	4	4	4	5	5	5	6	6	6	7	7	7	8	8	8	9	9	9	10	10		1	순행	대운
9	9	9	8	8	8	7	7	7	6	6	6	5	5	5	4	4	4	3	3	3	2	2	2	1	1	1	1		10	역행	대운
		5																											4	월	양력
3	2	1	30	29	28	27	26	25	24	23	22	21	20	19	18	17	16	15	14	13	12	11	10	9	8	7	6	5	4	일	양력
壬	辛	庚	己	戊	丁	丙	乙	甲	癸	壬	辛	庚	己	戊	丁	丙	乙	甲	癸	壬	辛	庚	己	戊	丁	丙	乙	甲	癸	일진	
午	巳	辰	卯	寅	丑	子	亥	戌	酉	申	未	午	巳	辰	卯	寅	丑	子	亥	戌	酉	申	未	午	巳	辰	卯	寅	丑		
토	금	목	수	화	월	일	토	금	목	수	화	월	酉初	토	금	목	수	화	월	일	토	금	목	수	화	월	일	巳正	금	절기시각	

												소만															입하4			절기	4月小(己巳) 입하
	29	28	27	26	25	24	23	22	21	20	19	18	17	16	15	14	13	12	11	10	9	8	7	6	5	4	3	2	1	음력	
	2	2	2	3	3	3	4	4	4	5	5	5	6	6	6	7	7	7	8	8	8	9	9	9	10	10		1	1	순행	대운
	9	8	8	8	7	7	7	6	6	6	5	5	5	4	4	4	3	3	3	2	2	2	1	1	1	1		10	10	역행	대운
	6																												5	월	양력
	1	31	30	29	28	27	26	25	24	23	22	21	20	19	18	17	16	15	14	13	12	11	10	9	8	7	6	5	4	일	양력
	辛	庚	己	戊	丁	丙	乙	甲	癸	壬	辛	庚	己	戊	丁	丙	乙	甲	癸	壬	辛	庚	己	戊	丁	丙	乙	甲	癸	일진	
	亥	戌	酉	申	未	午	巳	辰	卯	寅	丑	子	亥	戌	酉	申	未	午	巳	辰	卯	寅	丑	子	亥	戌	酉	申	未		
	일	토	금	목	수	화	월	일	토	금	목	酉初	화	월	일	토	금	목	수	화	월	일	토	금	목	수	寅正	월	일	절기시각	

									하지																망종5					절기	5月大(庚午) 망종
30	29	28	27	26	25	24	23	22	21	20	19	18	17	16	15	14	13	12	11	10	9	8	7	6	5	4	3	2	1	음력	
2	2	3	3	3	4	4	4	5	5	5	6	6	6	7	7	7	8	8	8	9	9	9	10	10		1	1	1	1	순행	대운
8	8	8	7	7	7	6	6	6	5	5	5	4	4	4	3	3	3	2	2	2	1	1	1	1		10	10	9	9	역행	대운
7																													6	월	양력
1	30	29	28	27	26	25	24	23	22	21	20	19	18	17	16	15	14	13	12	11	10	9	8	7	6	5	4	3	2	일	양력
辛	庚	己	戊	丁	丙	乙	甲	癸	壬	辛	庚	己	戊	丁	丙	乙	甲	癸	壬	辛	庚	己	戊	丁	丙	乙	甲	癸	壬	일진	
巳	辰	卯	寅	丑	子	亥	戌	酉	申	未	午	巳	辰	卯	寅	丑	子	亥	戌	酉	申	未	午	巳	辰	卯	寅	丑	子		
화	월	일	토	금	목	수	화	월	丑初	토	금	목	수	화	월	일	토	금	목	수	화	월	일	토	巳初	목	수	화	월	절기시각	

								대서																소서6						절기	6月大(辛未) 소서
30	29	28	27	26	25	24	23	22	21	20	19	18	17	16	15	14	13	12	11	10	9	8	7	6	5	4	3	2	1	음력	
3	3	3	4	4	4	5	5	5	6	6	6	7	7	7	8	8	8	9	9	9	10	10	10		1	1	1	1	2	순행	대운
8	8	7	7	7	6	6	6	5	5	5	4	4	4	3	3	3	2	2	2	1	1	1	1		10	10	9	9	9	역행	대운
																													7	월	양력
31	30	29	28	27	26	25	24	23	22	21	20	19	18	17	16	15	14	13	12	11	10	9	8	7	6	5	4	3	2	일	양력
辛	庚	己	戊	丁	丙	乙	甲	癸	壬	辛	庚	己	戊	丁	丙	乙	甲	癸	壬	辛	庚	己	戊	丁	丙	乙	甲	癸	壬	일진	
亥	戌	酉	申	未	午	巳	辰	卯	寅	丑	子	亥	戌	酉	申	未	午	巳	辰	卯	寅	丑	子	亥	戌	酉	申	未	午		
목	수	화	월	일	토	금	목	午正	화	월	일	토	금	목	수	화	월	일	토	금	목	수	화	戌初	일	토	금	목	수	절기시각	

• 요철(凹凸)이 심한 택지에서는 가정 불화가 많아 3년을 넘기기 어렵다고 본다.

							처서															입추7								절기		7月小(壬申)입추
	29	28	27	26	25	24	23	22	21	20	19	18	17	16	15	14	13	12	11	10	9	8	7	6	5	4	3	2	1	음력		
	3	4	4	4	5	5	5	6	6	6	7	7	7	8	8	8	9	9	9	10	10		1	1	1	1	2	2	2	순행	대운	
	7	7	6	6	6	5	5	5	4	4	4	3	3	3	2	2	2	1	1	1	1		10	10	10	9	9	9	8	역행	대운	
																													8	월	양력	
	29	28	27	26	25	24	23	22	21	20	19	18	17	16	15	14	13	12	11	10	9	8	7	6	5	4	3	2	1	일	양력	
	庚辰	己卯	戊寅	丁丑	丙子	乙亥	甲戌	癸酉	壬申	辛未	庚午	己巳	戊辰	丁卯	丙寅	乙丑	甲子	癸亥	壬戌	辛酉	庚申	己未	戊午	丁巳	丙辰	乙卯	甲寅	癸丑	壬子	일진		
	금	목	수	화	월	일	戌初	금	목	수	화	월	일	토	금	목	수	화	월	일	토	卯初	목	수	화	월	일	토	금	절기시각		

					추분															백로8										절기		8月大(癸酉)백로
30	29	28	27	26	25	24	23	22	21	20	19	18	17	16	15	14	13	12	11	10	9	8	7	6	5	4	3	2	1	음력		
3	4	4	4	5	5	5	6	6	6	7	7	7	8	8	8	9	9	9	10		1	1	1	1	2	2	2	3	3	순행	대운	
7	6	6	6	5	5	5	4	4	4	3	3	3	2	2	2	1	1	1	1		10	10	9	9	9	8	8	8	7	역행	대운	
																											9		8	월	양력	
28	27	26	25	24	23	22	21	20	19	18	17	16	15	14	13	12	11	10	9	8	7	6	5	4	3	2	1	31	30	일	양력	
庚戌	己酉	戊申	丁未	丙午	乙巳	甲辰	癸卯	壬寅	辛丑	庚子	己亥	戊戌	丁酉	丙申	乙未	甲午	癸巳	壬辰	辛卯	庚寅	己丑	戊子	丁亥	丙戌	乙酉	甲申	癸未	壬午	辛巳	일진		
일	토	금	목	수	申正	월	일	토	금	목	수	화	월	일	토	금	목	수	화	辰初	일	토	금	목	수	화	월	일	토	절기시각		

				상강																한로9										절기		9月小(甲戌)한로
	29	28	27	26	25	24	23	22	21	20	19	18	17	16	15	14	13	12	11	10	9	8	7	6	5	4	3	2	1	음력		
	4	4	5	5	5	6	6	6	7	7	7	8	8	8	9	9	9	10	10		1	1	1	1	2	2	2	3	3	순행	대운	
	6	6	6	5	5	5	4	4	4	3	3	3	2	2	2	1	1	1	1		10	9	9	9	8	8	8	7	7	역행	대운	
																											10		9	월	양력	
	27	26	25	24	23	22	21	20	19	18	17	16	15	14	13	12	11	10	9	8	7	6	5	4	3	2	1	30	29	일	양력	
	己卯	戊寅	丁丑	丙子	乙亥	甲戌	癸酉	壬申	辛未	庚午	己巳	戊辰	丁卯	丙寅	乙丑	甲子	癸亥	壬戌	辛酉	庚申	己未	戊午	丁巳	丙辰	乙卯	甲寅	癸丑	壬子	辛亥	일진		
	월	일	토	丑初	목	수	화	월	일	토	금	목	수	화	월	일	토	금	목	亥正	화	월	일	토	금	목	수	화	월	절기시각		

				소설														입동10												절기		10月大(乙亥)입동
30	29	28	27	26	25	24	23	22	21	20	19	18	17	16	15	14	13	12	11	10	9	8	7	6	5	4	3	2	1	음력		
4	4	4	5	5	5	6	6	6	7	7	7	8	8	8	9	9	9		1	1	1	1	2	2	2	3	3	3	4	순행	대운	
6	6	5	5	5	4	4	4	3	3	3	2	2	2	1	1	1	1		10	10	9	9	9	8	8	8	7	7	7	역행	대운	
																									11				10	월	양력	
26	25	24	23	22	21	20	19	18	17	16	15	14	13	12	11	10	9	8	7	6	5	4	3	2	1	31	30	29	28	일	양력	
己酉	戊申	丁未	丙午	乙巳	甲辰	癸卯	壬寅	辛丑	庚子	己亥	戊戌	丁酉	丙申	乙未	甲午	癸巳	壬辰	辛卯	庚寅	己丑	戊子	丁亥	丙戌	乙酉	甲申	癸未	壬午	辛巳	庚辰	일진		
수	화	월	일	亥正	금	목	수	화	월	일	토	금	목	수	화	월	일	丑初	금	목	수	화	월	일	토	금	목	수	화	절기시각		

				동지															대설11											절기		11月小(丙子)대설
	29	28	27	26	25	24	23	22	21	20	19	18	17	16	15	14	13	12	11	10	9	8	7	6	5	4	3	2	1	음력		
	4	4	5	5	5	6	6	6	7	7	7	8	8	8	9	9	9	10		1	1	1	1	2	2	2	3	3	3	순행	대운	
	6	6	5	5	5	4	4	4	3	3	3	2	2	2	1	1	1	1		9	9	9	8	8	8	7	7	7	6	역행	대운	
																									12				11	월	양력	
	25	24	23	22	21	20	19	18	17	16	15	14	13	12	11	10	9	8	7	6	5	4	3	2	1	30	29	28	27	일	양력	
	戊寅	丁丑	丙子	乙亥	甲戌	癸酉	壬申	辛未	庚午	己巳	戊辰	丁卯	丙寅	乙丑	甲子	癸亥	壬戌	辛酉	庚申	己未	戊午	丁巳	丙辰	乙卯	甲寅	癸丑	壬子	辛亥	庚戌	일진		
	목	수	화	午初	일	토	금	목	수	화	월	일	토	금	목	수	화	월	酉初	토	금	목	수	화	월	일	토	금	목	절기시각		

				대한														소한12												절기		12月小(丁丑)소한
	29	28	27	26	25	24	23	22	21	20	19	18	17	16	15	14	13	12	11	10	9	8	7	6	5	4	3	2	1	음력		
	4	4	5	5	5	6	6	6	7	7	7	8	8	8	9	9	9		1	1	1	1	2	2	2	3	3	3	4	순행	대운	
	6	5	5	5	4	4	4	3	3	3	2	2	2	1	1	1	1		10	9	9	9	8	8	8	7	7	7	6	역행	대운	
																							1						12	월	양력	
	23	22	21	20	19	18	17	16	15	14	13	12	11	10	9	8	7	6	5	4	3	2	1	31	30	29	28	27	26	일	양력	
	丁未	丙午	乙巳	甲辰	癸卯	壬寅	辛丑	庚子	己亥	戊戌	丁酉	丙申	乙未	甲午	癸巳	壬辰	辛卯	庚寅	己丑	戊子	丁亥	丙戌	乙酉	甲申	癸未	壬午	辛巳	庚辰	己卯	일진		
	금	목	수	亥正	월	일	토	금	목	수	화	월	일	토	금	목	수	寅正	월	일	토	금	목	수	화	월	일	토	금	절기시각		

• 단교관살은 풍치, 급각살은 충치로 고생한다.

서기 1925년
단기 4258년

乙丑年

상문 : 卯 대장군 : 西
조객 : 亥 삼 재 : 巳酉丑
삼살 : 東

1月大(戊寅) 입춘

			우수															입춘1												절기
30	29	28	27	26	25	24	23	22	21	20	19	18	17	16	15	14	13	12	11	10	9	8	7	6	5	4	3	2	1	음력
4	4	5	5	5	6	6	6	7	7	7	8	8	8	9	9	9	10		1	1	1	1	2	2	2	3	3	3	4	대운 순행
6	6	5	5	5	4	4	4	3	3	3	2	2	2	1	1	1	1		9	9	9	8	8	8	7	7	7	6	6	대운 역행
																					2								1	양력 월
22	21	20	19	18	17	16	15	14	13	12	11	10	9	8	7	6	5	4	3	2	1	31	30	29	28	27	26	25	24	양력 일
丁丑	丙子	乙亥	甲戌	癸酉	壬申	辛未	庚午	己巳	戊辰	丁卯	丙寅	乙丑	甲子	癸亥	壬戌	辛酉	庚申	己未	戊午	丁巳	丙辰	乙卯	甲寅	癸丑	壬子	辛亥	庚戌	己酉	戊申	일진
일	토	금	午正	수	화	월	일	토	금	목	수	화	월	일	토	금	목	申正	화	월	일	토	금	목	수	화	월	일	토	절기시각

2月小(己卯) 경칩

			춘분															경칩2												절기
	29	28	27	26	25	24	23	22	21	20	19	18	17	16	15	14	13	12	11	10	9	8	7	6	5	4	3	2	1	음력
	4	5	5	5	6	6	6	7	7	7	8	8	8	9	9	9	10		1	1	1	1	2	2	2	3	3	3	4	대운 순행
	6	5	5	5	4	4	4	3	3	3	2	2	2	1	1	1	1		10	9	9	9	8	8	8	7	7	7	6	대운 역행
																							3						2	양력 월
	23	22	21	20	19	18	17	16	15	14	13	12	11	10	9	8	7	6	5	4	3	2	1	28	27	26	25	24	23	양력 일
	丙午	乙巳	甲辰	癸卯	壬寅	辛丑	庚子	己亥	戊戌	丁酉	丙申	乙未	甲午	癸巳	壬辰	辛卯	庚寅	己丑	戊子	丁亥	丙戌	乙酉	甲申	癸未	壬午	辛巳	庚辰	己卯	戊寅	일진
	월	일	午正	금	목	수	화	월	일	토	금	목	수	화	월	일	토	午初	목	수	화	월	일	토	금	목	수	화	월	절기시각

3月大(庚辰) 청명

		곡우															청명3													절기
30	29	28	27	26	25	24	23	22	21	20	19	18	17	16	15	14	13	12	11	10	9	8	7	6	5	4	3	2	1	음력
5	5	5	6	6	6	7	7	7	8	8	8	9	9	9	10	10		1	1	1	1	2	2	2	3	3	3	4	4	대운 순행
6	5	5	5	4	4	4	3	3	3	2	2	2	1	1	1	1		10	9	9	9	8	8	8	7	7	7	6	6	대운 역행
																					4								3	양력 월
22	21	20	19	18	17	16	15	14	13	12	11	10	9	8	7	6	5	4	3	2	1	31	30	29	28	27	26	25	24	양력 일
丙子	乙亥	甲戌	癸酉	壬申	辛未	庚午	己巳	戊辰	丁卯	丙寅	乙丑	甲子	癸亥	壬戌	辛酉	庚申	己未	戊午	丁巳	丙辰	乙卯	甲寅	癸丑	壬子	辛亥	庚戌	己酉	戊申	丁未	일진
수	화	子初	일	토	금	목	수	화	월	일	토	금	목	수	화	월	申正	토	금	목	수	화	월	일	토	금	목	수	화	절기시각

4月大(辛巳) 입하

	소만															입하4														절기
30	29	28	27	26	25	24	23	22	21	20	19	18	17	16	15	14	13	12	11	10	9	8	7	6	5	4	3	2	1	음력
5	5	6	6	6	7	7	7	8	8	8	9	9	9	10	10		1	1	1	1	2	2	2	3	3	3	4	4	4	대운 순행
5	5	5	4	4	4	3	3	3	2	2	2	1	1	1	1		10	10	9	9	9	8	8	8	7	7	7	6	6	대운 역행
																					5								4	양력 월
22	21	20	19	18	17	16	15	14	13	12	11	10	9	8	7	6	5	4	3	2	1	30	29	28	27	26	25	24	23	양력 일
丙午	乙巳	甲辰	癸卯	壬寅	辛丑	庚子	己亥	戊戌	丁酉	丙申	乙未	甲午	癸巳	壬辰	辛卯	庚寅	己丑	戊子	丁亥	丙戌	乙酉	甲申	癸未	壬午	辛巳	庚辰	己卯	戊寅	丁丑	일진
금	子初	수	화	월	일	토	금	목	수	화	월	일	토	금	목	巳正	화	월	일	토	금	목	수	화	월	일	토	금	목	절기시각

윤 4月 小

															망종5															절기
	29	28	27	26	25	24	23	22	21	20	19	18	17	16	15	14	13	12	11	10	9	8	7	6	5	4	3	2	1	음력
	6	6	7	7	7	8	8	8	9	9	9	10	10	10		1	1	1	1	2	2	2	3	3	3	4	4	4	5	대운 순행
	5	4	4	4	3	3	3	2	2	2	1	1	1	1		10	10	9	9	9	8	8	8	7	7	7	6	6	6	대운 역행
																				6									5	양력 월
	20	19	18	17	16	15	14	13	12	11	10	9	8	7	6	5	4	3	2	1	31	30	29	28	27	26	25	24	23	양력 일
	乙亥	甲戌	癸酉	壬申	辛未	庚午	己巳	戊辰	丁卯	丙寅	乙丑	甲子	癸亥	壬戌	辛酉	庚申	己未	戊午	丁巳	丙辰	乙卯	甲寅	癸丑	壬子	辛亥	庚戌	己酉	戊申	丁未	일진
	토	금	목	수	화	월	일	토	금	목	수	화	월	일	未正	금	목	수	화	월	일	토	금	목	수	화	월	일	토	절기시각

5月大(壬午) 망종

												소서6																하지		절기
30	29	28	27	26	25	24	23	22	21	20	19	18	17	16	15	14	13	12	11	10	9	8	7	6	5	4	3	2	1	음력
6	7	7	7	8	8	8	9	9	9	10	10		1	1	1	1	2	2	2	3	3	3	4	4	4	5	5	5	6	대운 순행
4	4	3	3	3	2	2	2	1	1	1	1		10	10	10	9	9	9	8	8	8	7	7	7	6	6	6	5	5	대운 역행
																			7										6	양력 월
20	19	18	17	16	15	14	13	12	11	10	9	8	7	6	5	4	3	2	1	30	29	28	27	26	25	24	23	22	21	양력 일
乙巳	甲辰	癸卯	壬寅	辛丑	庚子	己亥	戊戌	丁酉	丙申	乙未	甲午	癸巳	壬辰	辛卯	庚寅	己丑	戊子	丁亥	丙戌	乙酉	甲申	癸未	壬午	辛巳	庚辰	己卯	戊寅	丁丑	丙子	일진
월	일	토	금	목	수	화	월	일	토	금	목	丑初	화	월	일	토	금	목	수	화	월	일	토	금	목	수	화	辰初	일	절기시각

• 득지득궁(得地得宮) 하면 세귀명웅(世貴名雄)이라 집터를 잘 만나면 귀와 명예를 얻는다.

											입추7																대서			절	기	6月小(癸未)소서
	29	28	27	26	25	24	23	22	21	20	**19**	18	17	16	15	14	13	12	11	10	9	8	7	6	5	4	**3**	2	1	음	력	
	7	7	8	8	8	9	9	9	10	10		1	1	1	1	2	2	2	3	3	3	4	4	4	5	5	5	6	6	순행	대	
	3	3	3	2	2	2	1	1	1	1		10	10	9	9	9	8	8	8	7	7	7	6	6	6	5	5	5	4	역행	운	
																		8											7	월	양	
	18	17	16	15	14	13	12	11	10	9	8	7	6	5	4	3	2	1	31	30	29	28	27	26	25	24	23	22	21	일	력	
	甲戌	癸酉	壬申	辛未	庚午	己巳	戊辰	丁卯	丙寅	乙丑	甲子	癸亥	壬戌	辛酉	庚申	己未	戊午	丁巳	丙辰	乙卯	甲寅	癸丑	壬子	辛亥	庚戌	己酉	戊申	丁未	丙午	일	진	
	화	월	일	토	금	목	수	화	월	일	午初	금	목	수	화	월	일	토	금	목	수	화	월	일	토	금	酉正	수	화	절기시각		

									백로8															처서						절	기	7月大(甲申)입추
30	29	28	27	26	25	24	23	22	**21**	20	19	18	17	16	15	14	13	12	11	10	9	8	7	**6**	5	4	3	2	1	음	력	
7	8	8	8	9	9	9	10	10		1	1	1	1	2	2	2	3	3	3	4	4	4	5	5	5	6	6	6	7	순행	대	
3	3	2	2	2	1	1	1	1		10	10	9	9	9	8	8	8	7	7	7	6	6	6	5	5	5	4	4	4	역행	운	
																9													8	월	양	
17	16	15	14	13	12	11	10	9	8	7	6	5	4	3	2	1	31	30	29	28	27	26	25	24	23	22	21	20	19	일	력	
甲辰	癸卯	壬寅	辛丑	庚子	己亥	戊戌	丁酉	丙申	乙未	甲午	癸巳	壬辰	辛卯	庚寅	己丑	戊子	丁亥	丙戌	乙酉	甲申	癸未	壬午	辛巳	庚辰	己卯	戊寅	丁丑	丙子	乙亥	일	진	
목	수	화	월	일	토	금	목	수	未初	월	일	토	금	목	수	화	월	일	토	금	목	수	화	丑初	일	토	금	목	수	절기시각		

								한로9																추분						절	기	8月大(乙酉)백로
30	29	28	27	26	25	24	23	**22**	21	20	19	18	17	16	15	14	13	12	11	10	9	8	7	**6**	5	4	3	2	1	음	력	
7	8	8	8	9	9	9	10		1	1	1	1	2	2	2	3	3	3	4	4	4	5	5	5	6	6	6	7	7	순행	대	
3	2	2	2	1	1	1	1		10	10	9	9	9	8	8	8	7	7	7	6	6	6	5	5	5	4	4	4	3	역행	운	
																10													9	월	양	
17	16	15	14	13	12	11	10	9	8	7	6	5	4	3	2	1	30	29	28	27	26	25	24	23	22	21	20	19	18	일	력	
甲戌	癸酉	壬申	辛未	庚午	己巳	戊辰	丁卯	丙寅	乙丑	甲子	癸亥	壬戌	辛酉	庚申	己未	戊午	丁巳	丙辰	乙卯	甲寅	癸丑	壬子	辛亥	庚戌	己酉	戊申	丁未	丙午	乙巳	일	진	
토	금	목	수	화	월	일	토	寅正	목	수	화	월	일	토	금	목	수	화	월	일	토	금	목	亥正	화	월	일	토	금	절기시각		

								입동10															상강							절	기	9月小(丙戌)한로
	29	28	27	26	25	24	23	**22**	21	20	19	18	17	16	15	14	13	12	11	10	9	8	**7**	6	5	4	3	2	1	음	력	
	7	8	8	8	9	9	9		1	1	1	1	2	2	2	3	3	3	4	4	4	5	5	5	6	6	6	7	7	순행	대	
	2	2	2	1	1	1	1		10	9	9	9	8	8	8	7	7	7	6	6	6	5	5	5	4	4	4	3	3	역행	운	
															11														10	월	양	
	15	14	13	12	11	10	9	8	7	6	5	4	3	2	1	31	30	29	28	27	26	25	24	23	22	21	20	19	18	일	력	
	癸卯	壬寅	辛丑	庚子	己亥	戊戌	丁酉	丙申	乙未	甲午	癸巳	壬辰	辛卯	庚寅	己丑	戊子	丁亥	丙戌	乙酉	甲申	癸未	壬午	辛巳	庚辰	己卯	戊寅	丁丑	丙子	乙亥	일	진	
	일	토	금	목	수	화	월	辰初	토	금	목	수	화	월	일	토	금	목	수	화	월	일	辰初	금	목	수	화	월	일	절기시각		

								대설11														소설								절	기	10月大(丁亥)입동
30	29	28	27	26	25	24	23	**22**	21	20	19	18	17	16	15	14	13	12	11	10	9	**8**	7	6	5	4	3	2	1	음	력	
7	8	8	8	9	9	9	10		1	1	1	1	2	2	2	3	3	3	4	4	4	5	5	5	6	6	6	7	7	순행	대	
3	2	2	2	1	1	1	1		9	9	9	8	8	8	7	7	7	6	6	6	5	5	5	4	4	4	3	3	3	역행	운	
														12															11	월	양	
15	14	13	12	11	10	9	8	7	6	5	4	3	2	1	30	29	28	27	26	25	24	23	22	21	20	19	18	17	16	일	력	
癸酉	壬申	辛未	庚午	己巳	戊辰	丁卯	丙寅	乙丑	甲子	癸亥	壬戌	辛酉	庚申	己未	戊午	丁巳	丙辰	乙卯	甲寅	癸丑	壬子	辛亥	庚戌	己酉	戊申	丁未	丙午	乙巳	甲辰	일	진	
화	월	일	토	금	목	수	화	子初	일	토	금	목	수	화	월	일	토	금	목	수	화	寅正	일	토	금	목	수	화	월	절기시각		

								소한12															동지							절	기	11月小(戊子)대설
	29	28	27	26	25	24	23	**22**	21	20	19	18	17	16	15	14	13	12	11	10	9	8	**7**	6	5	4	3	2	1	음	력	
	7	8	8	8	9	9	9		1	1	1	1	2	2	2	3	3	3	4	4	4	5	5	5	6	6	6	7	7	순행	대	
	2	2	2	1	1	1	1		10	9	9	9	8	8	8	7	7	7	6	6	6	5	5	5	4	4	4	3	3	역행	운	
													1																12	월	양	
	13	12	11	10	9	8	7	6	5	4	3	2	1	31	30	29	28	27	26	25	24	23	22	21	20	19	18	17	16	일	력	
	壬寅	辛丑	庚子	己亥	戊戌	丁酉	丙申	乙未	甲午	癸巳	壬辰	辛卯	庚寅	己丑	戊子	丁亥	丙戌	乙酉	甲申	癸未	壬午	辛巳	庚辰	己卯	戊寅	丁丑	丙子	乙亥	甲戌	일	진	
	수	화	월	일	토	금	목	巳正	화	월	일	토	금	목	수	화	월	일	토	금	목	수	酉初	월	일	토	금	목	수	절기시각		

								입춘1														대한								절	기	12月大(己丑)소한
30	29	28	27	26	25	24	23	**22**	21	20	19	18	17	16	15	14	13	12	11	10	9	**8**	7	6	5	4	3	2	1	음	력	
7	8	8	8	9	9	9	10		1	1	1	1	2	2	2	3	3	3	4	4	4	5	5	5	6	6	6	7	7	순행	대	
3	2	2	2	1	1	1	1		9	9	9	8	8	8	7	7	7	6	6	6	5	5	5	4	4	4	3	3	3	역행	운	
											2																		1	월	양	
12	11	10	9	8	7	6	5	4	3	2	1	31	30	29	28	27	26	25	24	23	22	21	20	19	18	17	16	15	14	일	력	
壬申	辛未	庚午	己巳	戊辰	丁卯	丙寅	乙丑	甲子	癸亥	壬戌	辛酉	庚申	己未	戊午	丁巳	丙辰	乙卯	甲寅	癸丑	壬子	辛亥	庚戌	己酉	戊申	丁未	丙午	乙巳	甲辰	癸卯	일	진	
금	목	수	화	월	일	토	금	亥正	수	화	월	일	토	금	목	수	화	월	일	토	금	寅正	수	화	월	일	토	금	목	절기시각		

• 土日柱가 약하면 헛배부른 증세가 있다.

서기 1926년
단기 4259년

丙寅年

상문 : 辰 대장군 : 北
조객 : 子 삼 재 : 申子辰
삼살 : 北

1月小(庚寅) 입춘

								경칩2																우수						절기	
	29	28	27	26	25	24	23	22	21	20	19	18	17	16	15	14	13	12	11	10	9	8	7	6	5	4	3	2	1	음력	
	8	8	8	9	9	9	10		1	1	1	1	2	2	2	3	3	3	4	4	4	5	5	5	6	6	6	7	7	순행	대운
	2	2	2	1	1	1	1		10	9	9	9	8	8	8	7	7	7	6	6	6	5	5	5	4	4	4	3	3	역행	대운
													3																2	월	양력
	13	12	11	10	9	8	7	6	5	4	3	2	1	28	27	26	25	24	23	22	21	20	19	18	17	16	15	14	13	일	양력
	辛丑	庚子	己亥	戊戌	丁酉	丙申	乙未	甲午	癸巳	壬辰	辛卯	庚寅	己丑	戊子	丁亥	丙戌	乙酉	甲申	癸未	壬午	辛巳	庚辰	己卯	戊寅	丁丑	丙子	乙亥	甲戌	癸酉	일진	
	토	금	목	수	화	월	일	酉初	금	목	수	화	월	일	토	금	목	수	화	월	일	토	酉初	목	수	화	월	일	토	절기시각	

2月小(辛卯) 경칩

							청명3																춘분							절기	
	29	28	27	26	25	24	23	22	21	20	19	18	17	16	15	14	13	12	11	10	9	8	7	6	5	4	3	2	1	음력	
	8	9	9	9	10	10		1	1	1	1	2	2	2	3	3	3	4	4	4	5	5	5	6	6	6	7	7	7	순행	대운
	2	2	1	1	1	1		10	9	9	9	8	8	8	7	7	7	6	6	6	5	5	5	4	4	4	3	3	3	역행	대운
											4																		3	월	양력
	11	10	9	8	7	6	5	4	3	2	1	31	30	29	28	27	26	25	24	23	22	21	20	19	18	17	16	15	14	일	양력
	庚午	己巳	戊辰	丁卯	丙寅	乙丑	甲子	癸亥	壬戌	辛酉	庚申	己未	戊午	丁巳	丙辰	乙卯	甲寅	癸丑	壬子	辛亥	庚戌	己酉	戊申	丁未	丙午	乙巳	甲辰	癸卯	壬寅	일진	
	일	토	금	목	수	화	亥正	일	토	금	목	수	화	월	일	토	금	목	수	화	월	酉正	토	금	목	수	화	월	일	절기시각	

3月大(壬辰) 청명

					입하4															곡우										절기	
30	29	28	27	26	25	24	23	22	21	20	19	18	17	16	15	14	13	12	11	10	9	8	7	6	5	4	3	2	1	음력	
9	9	9	10	10		1	1	1	1	2	2	2	3	3	3	4	4	4	5	5	5	6	6	6	7	7	7	8	8	순행	대운
2	1	1	1	1		10	10	9	9	9	8	8	8	7	7	7	6	6	6	5	5	5	4	4	4	3	3	3	2	역행	대운
										5																			4	월	양력
11	10	9	8	7	6	5	4	3	2	1	30	29	28	27	26	25	24	23	22	21	20	19	18	17	16	15	14	13	12	일	양력
庚子	己亥	戊戌	丁酉	丙申	乙未	甲午	癸巳	壬辰	辛卯	庚寅	己丑	戊子	丁亥	丙戌	乙酉	甲申	癸未	壬午	辛巳	庚辰	己卯	戊寅	丁丑	丙子	乙亥	甲戌	癸酉	壬申	辛未	일진	
화	월	일	토	금	申正	수	화	월	일	토	금	목	수	화	월	일	토	금	목	卯初	화	월	일	토	금	목	수	화	월	절기시각	

4月小(癸巳) 입하

				망종5															소만											절기	
	29	28	27	26	25	24	23	22	21	20	19	18	17	16	15	14	13	12	11	10	9	8	7	6	5	4	3	2	1	음력	
	10	10	10		1	1	1	1	2	2	2	3	3	3	4	4	4	5	5	5	6	6	6	7	7	7	8	8	8	순행	대운
	1	1	1		10	10	9	9	9	8	8	8	7	7	7	6	6	6	5	5	5	4	4	4	3	3	3	2	2	역행	대운
									6																				5	월	양력
	9	8	7	6	5	4	3	2	1	31	30	29	28	27	26	25	24	23	22	21	20	19	18	17	16	15	14	13	12	일	양력
	己巳	戊辰	丁卯	丙寅	乙丑	甲子	癸亥	壬戌	辛酉	庚申	己未	戊午	丁巳	丙辰	乙卯	甲寅	癸丑	壬子	辛亥	庚戌	己酉	戊申	丁未	丙午	乙巳	甲辰	癸卯	壬寅	辛丑	일진	
	수	화	월	戌正	토	금	목	수	화	월	일	토	금	목	수	화	월	일	卯初	금	목	수	화	월	일	토	금	목	수	절기시각	

5月大(甲午) 망종

	소서6																하지													절기	
30	29	28	27	26	25	24	23	22	21	20	19	18	17	16	15	14	13	12	11	10	9	8	7	6	5	4	3	2	1	음력	
10		1	1	1	1	2	2	2	3	3	3	4	4	4	5	5	5	6	6	6	7	7	7	8	8	8	9	9	9	순행	대운
1		10	10	10	9	9	9	8	8	8	7	7	7	6	6	6	5	5	5	4	4	4	3	3	3	2	2	2	1	역행	대운
								7																					6	월	양력
9	8	7	6	5	4	3	2	1	30	29	28	27	26	25	24	23	22	21	20	19	18	17	16	15	14	13	12	11	10	일	양력
己亥	戊戌	丁酉	丙申	乙未	甲午	癸巳	壬辰	辛卯	庚寅	己丑	戊子	丁亥	丙戌	乙酉	甲申	癸未	壬午	辛巳	庚辰	己卯	戊寅	丁丑	丙子	乙亥	甲戌	癸酉	壬申	辛未	庚午	일진	
금	辰初	수	화	월	일	토	금	목	수	화	월	일	토	금	목	수	未初	월	일	토	금	목	수	화	월	일	토	금	목	절기시각	

6月小(乙未) 소서

															대서															절기	
	29	28	27	26	25	24	23	22	21	20	19	18	17	16	15	14	13	12	11	10	9	8	7	6	5	4	3	2	1	음력	
	1	1	1	1	2	2	2	3	3	3	4	4	4	5	5	5	6	6	6	7	7	7	8	8	8	9	9	9	10	순행	대운
	10	10	9	9	9	8	8	8	7	7	7	6	6	6	5	5	5	4	4	4	3	3	3	2	2	2	1	1	1	역행	대운
							8																						7	월	양력
	7	6	5	4	3	2	1	31	30	29	28	27	26	25	24	23	22	21	20	19	18	17	16	15	14	13	12	11	10	일	양력
	戊辰	丁卯	丙寅	乙丑	甲子	癸亥	壬戌	辛酉	庚申	己未	戊午	丁巳	丙辰	乙卯	甲寅	癸丑	壬子	辛亥	庚戌	己酉	戊申	丁未	丙午	乙巳	甲辰	癸卯	壬寅	辛丑	庚子	일진	
	토	금	목	수	화	월	일	토	금	목	수	화	월	일	子正	금	목	수	화	월	일	토	금	목	수	화	월	일	토	절기시각	

• 통풍이 안 되는 담장 속의 집에서는 말썽부리는 자식이 있게 된다.

													처서																입추7	절 기		7月大(丙申) 입추
30	29	28	27	26	25	24	23	22	21	20	19	18	**17**	16	15	14	13	12	11	10	9	8	7	6	5	4	3	2	**1**	음 력		
1	1	1	2	2	2	3	3	3	4	4	4	5	5	5	6	6	6	7	7	7	8	8	8	9	9	9	10	10		순행	대운	
10	9	9	9	8	8	8	7	7	7	6	6	6	5	5	5	4	4	4	3	3	3	2	2	2	1	1	1	1		역행		
					9																								8	월	양력	
6	5	4	3	2	1	31	30	29	28	27	26	25	24	23	22	21	20	19	18	17	16	15	14	13	12	11	10	9	8	일		
戊戌	丁酉	丙申	乙未	甲午	癸巳	壬辰	辛卯	庚寅	己丑	戊子	丁亥	丙戌	乙酉	甲申	癸未	壬午	辛巳	庚辰	己卯	戊寅	丁丑	丙子	乙亥	甲戌	癸酉	壬申	辛未	庚午	己巳	일 진		
월	일	토	금	목	수	화	월	일	토	금	목	수	辰初	월	일	토	금	목	수	화	월	일	토	금	목	수	화	월	申正	절기시각		

												추분																백로8		절 기		8月大(丁酉) 백로
30	29	28	27	26	25	24	23	22	21	20	19	**18**	17	16	15	14	13	12	11	10	9	8	7	6	5	4	3	**2**	1	음 력		
1	1	2	2	2	3	3	3	4	4	4	5	5	5	6	6	6	7	7	7	8	8	8	9	9	9	10	10		1	순행	대운	
9	9	9	8	8	8	7	7	7	6	6	6	5	5	5	4	4	4	3	3	3	2	2	2	1	1	1	1		10	역행		
					10																								9	월	양력	
6	5	4	3	2	1	30	29	28	27	26	25	24	23	22	21	20	19	18	17	16	15	14	13	12	11	10	9	8	7	일		
戊辰	丁卯	丙寅	乙丑	甲子	癸亥	壬戌	辛酉	庚申	己未	戊午	丁巳	丙辰	乙卯	甲寅	癸丑	壬子	辛亥	庚戌	己酉	戊申	丁未	丙午	乙巳	甲辰	癸卯	壬寅	辛丑	庚子	己亥	일 진		
수	화	월	일	토	금	목	수	화	월	일	토	寅正	목	수	화	월	일	토	금	목	수	화	월	일	토	금	목	戌初	화	절기시각		

												상강															한로9			절 기		9月小(戊戌) 한로
	29	28	27	26	25	24	23	22	21	20	19	**18**	17	16	15	14	13	12	11	10	9	8	7	6	5	4	**3**	2	1	음 력		
	1	2	2	2	3	3	3	4	4	4	5	5	5	6	6	6	7	7	7	8	8	8	9	9	9	10		1	1	순행	대운	
	9	8	8	8	7	7	7	6	6	6	5	5	5	4	4	4	3	3	3	2	2	2	1	1	1	1		10	10	역행		
				11																									10	월	양력	
	4	3	2	1	31	30	29	28	27	26	25	24	23	22	21	20	19	18	17	16	15	14	13	12	11	10	9	8	7	일		
	丁酉	丙申	乙未	甲午	癸巳	壬辰	辛卯	庚寅	己丑	戊子	丁亥	丙戌	乙酉	甲申	癸未	壬午	辛巳	庚辰	己卯	戊寅	丁丑	丙子	乙亥	甲戌	癸酉	壬申	辛未	庚午	己巳	일 진		
	목	수	화	월	일	토	금	목	수	화	월	未初	토	금	목	수	화	월	일	토	금	목	수	화	월	일	巳正	금	목	절기시각		

											소설															입동10				절 기		10月大(己亥) 입동
30	29	28	27	26	25	24	23	22	21	20	**19**	18	17	16	15	14	13	12	11	10	9	8	7	6	5	**4**	3	2	1	음 력		
1	2	2	2	3	3	3	4	4	4	5	5	5	6	6	6	7	7	7	8	8	8	9	9	9	10		1	1	1	순행	대운	
9	8	8	8	7	7	7	6	6	6	5	5	5	4	4	4	3	3	3	2	2	2	1	1	1	1		10	9	9	역행		
			12																										11	월	양력	
4	3	2	1	30	29	28	27	26	25	24	23	22	21	20	19	18	17	16	15	14	13	12	11	10	9	8	7	6	5	일		
丁卯	丙寅	乙丑	甲子	癸亥	壬戌	辛酉	庚申	己未	戊午	丁巳	丙辰	乙卯	甲寅	癸丑	壬子	辛亥	庚戌	己酉	戊申	丁未	丙午	乙巳	甲辰	癸卯	壬寅	辛丑	庚子	己亥	戊戌	일 진		
토	금	목	수	화	월	일	토	금	목	수	巳正	월	일	토	금	목	수	화	월	일	토	금	목	수	화	未初	일	토	금	절기시각		

												동지														대설11				절 기		11月大(庚子) 대설
30	29	28	27	26	25	24	23	22	21	20	19	**18**	17	16	15	14	13	12	11	10	9	8	7	6	5	**4**	3	2	1	음 력		
1	1	2	2	2	3	3	3	4	4	4	5	5	5	6	6	6	7	7	7	8	8	8	9	9	9		1	1	1	순행	대운	
9	8	8	8	7	7	7	6	6	6	5	5	5	4	4	4	3	3	3	2	2	2	1	1	1	1		10	9	9	역행		
		1																											12	월	양력	
3	2	1	31	30	29	28	27	26	25	24	23	22	21	20	19	18	17	16	15	14	13	12	11	10	9	8	7	6	5	일		
丁酉	丙申	乙未	甲午	癸巳	壬辰	辛卯	庚寅	己丑	戊子	丁亥	丙戌	乙酉	甲申	癸未	壬午	辛巳	庚辰	己卯	戊寅	丁丑	丙子	乙亥	甲戌	癸酉	壬申	辛未	庚午	己巳	戊辰	일 진		
월	일	토	금	목	수	화	월	일	토	금	목	巳初	화	월	일	토	금	목	수	화	월	일	토	금	목	卯初	화	월	일	절기시각		

												대한															소한12			절 기		12月小(辛丑) 소한
	29	28	27	26	25	24	23	22	21	20	19	**18**	17	16	15	14	13	12	11	10	9	8	7	6	5	4	**3**	2	1	음 력		
	1	2	2	2	3	3	3	4	4	4	5	5	5	6	6	6	7	7	7	8	8	8	9	9	9	10		1	1	순행	대운	
	9	8	8	8	7	7	7	6	6	6	5	5	5	4	4	4	3	3	3	2	2	2	1	1	1	1		9	9	역행		
	2																												1	월	양력	
	1	31	30	29	28	27	26	25	24	23	22	21	20	19	18	17	16	15	14	13	12	11	10	9	8	7	6	5	4	일		
	丙寅	乙丑	甲子	癸亥	壬戌	辛酉	庚申	己未	戊午	丁巳	丙辰	乙卯	甲寅	癸丑	壬子	辛亥	庚戌	己酉	戊申	丁未	丙午	乙巳	甲辰	癸卯	壬寅	辛丑	庚子	己亥	戊戌	일 진		
	화	월	일	토	금	목	수	화	월	일	토	巳正	목	수	화	월	일	토	금	목	수	화	월	일	토	금	申正	수	화	절기시각		

• 여자 사주에 時上傷官은 남편과 해로하기 어렵다.

서기 1927년
단기 4260년

丁卯年

상문 : 巳　대장군 : 北
조객 : 丑　삼　재 : 申子辰
삼살 : 西

											우수															입춘1				절기	1月大(壬寅) 입춘
30	29	28	27	26	25	24	23	22	21	20	**19**	18	17	16	15	14	13	12	11	10	9	8	7	6	5	**4**	3	2	1	음력	
1	1	2	2	2	3	3	3	4	4	4	5	5	5	6	6	6	7	7	7	8	8	8	9	9	9		1	1	1	대운 순행	
9	8	8	8	7	7	7	6	6	6	5	5	5	4	4	4	3	3	3	2	2	2	1	1	1	1		10	9	9	대운 역행	
		3																											2	양력 월	
3	2	1	28	27	26	25	24	23	22	21	20	19	18	17	16	15	14	13	12	11	10	9	8	7	6	5	4	3	2	양력 일	
丙申	乙未	甲午	癸巳	壬辰	辛卯	庚寅	己丑	戊子	丁亥	丙戌	乙酉	甲申	癸未	壬午	辛巳	庚辰	己卯	戊寅	丁丑	丙子	乙亥	甲戌	癸酉	壬申	辛未	庚午	己巳	戊辰	丁卯	일진	
목	수	화	월	일	토	금	목	수	화	월	子正	토	금	목	수	화	월	일	토	금	목	수	화	월	일	寅正	금	목	수	절기시각	
												춘분															경칩2			절기	2月小(癸卯) 경칩
	29	28	27	26	25	24	23	22	21	20	19	**18**	17	16	15	14	13	12	11	10	9	8	7	6	5	4	**3**	2	1	음력	
	2	2	2	3	3	3	4	4	4	5	5	5	6	6	6	7	7	7	8	8	8	9	9	9	10	10		1	1	대운 순행	
	9	8	8	8	7	7	7	6	6	6	5	5	5	4	4	4	3	3	3	2	2	2	1	1	1	1		9	9	대운 역행	
	4																												3	양력 월	
	1	31	30	29	28	27	26	25	24	23	22	21	20	19	18	17	16	15	14	13	12	11	10	9	8	7	6	5	4	양력 일	
	乙丑	甲子	癸亥	壬戌	辛酉	庚申	己未	戊午	丁巳	丙辰	乙卯	甲寅	癸丑	壬子	辛亥	庚戌	己酉	戊申	丁未	丙午	乙巳	甲辰	癸卯	壬寅	辛丑	庚子	己亥	戊戌	丁酉	일진	
	금	목	수	화	월	일	토	금	목	수	화	子初	일	토	금	목	수	화	월	일	토	금	목	수	화	월	亥正	토	금	절기시각	
										곡우															청명3					절기	3月小(甲辰) 청명
	29	28	27	26	25	24	23	22	21	**20**	19	18	17	16	15	14	13	12	11	10	9	8	7	6	**5**	4	3	2	1	음력	
	2	2	3	3	3	4	4	4	5	5	5	6	6	6	7	7	7	8	8	8	9	9	9	10		1	1	1	1	대운 순행	
	8	8	7	7	7	6	6	6	5	5	5	4	4	4	3	3	3	2	2	2	1	1	1	1		10	10	9	9	대운 역행	
																													4	양력 월	
	30	29	28	27	26	25	24	23	22	21	20	19	18	17	16	15	14	13	12	11	10	9	8	7	6	5	4	3	2	양력 일	
	甲午	癸巳	壬辰	辛卯	庚寅	己丑	戊子	丁亥	丙戌	乙酉	甲申	癸未	壬午	辛巳	庚辰	己卯	戊寅	丁丑	丙子	乙亥	甲戌	癸酉	壬申	辛未	庚午	己巳	戊辰	丁卯	丙寅	일진	
	토	금	목	수	화	월	일	토	금	午初	수	화	월	일	토	금	목	수	화	월	일	토	금	목	寅正	화	월	일	토	절기시각	
								소만																입하4						절기	4月大(乙巳) 입하
30	29	28	27	26	25	24	23	**22**	21	20	19	18	17	16	15	14	13	12	11	10	9	8	7	**6**	5	4	3	2	1	음력	
3	3	3	4	4	4	5	5	5	6	6	6	7	7	7	8	8	8	9	9	9	10	10	10		1	1	1	1	2	대운 순행	
8	8	7	7	7	6	6	6	5	5	5	4	4	4	3	3	3	2	2	2	1	1	1	1		10	9	9	9	8	대운 역행	
																													5	양력 월	
30	29	28	27	26	25	24	23	22	21	20	19	18	17	16	15	14	13	12	11	10	9	8	7	6	5	4	3	2	1	양력 일	
甲子	癸亥	壬戌	辛酉	庚申	己未	戊午	丁巳	丙辰	乙卯	甲寅	癸丑	壬子	辛亥	庚戌	己酉	戊申	丁未	丙午	乙巳	甲辰	癸卯	壬寅	辛丑	庚子	己亥	戊戌	丁酉	丙申	乙未	일진	
월	일	토	금	목	수	화	월	午初	토	금	목	수	화	월	일	토	금	목	수	화	월	일	토	亥初	목	수	화	월	일	절기시각	
							하지															망종5								절기	5月小(丙午) 망종
	29	28	27	26	25	24	**23**	22	21	20	19	18	17	16	15	14	13	12	11	10	9	**8**	7	6	5	4	3	2	1	음력	
	3	4	4	4	5	5	5	6	6	6	7	7	7	8	8	8	9	9	9	10	10		1	1	1	1	2	2	2	대운 순행	
	7	7	6	6	6	5	5	5	4	4	4	3	3	3	2	2	2	1	1	1	1		10	10	10	9	9	9	8	대운 역행	
																												6	5	양력 월	
	28	27	26	25	24	23	22	21	20	19	18	17	16	15	14	13	12	11	10	9	8	7	6	5	4	3	2	1	31	양력 일	
	癸巳	壬辰	辛卯	庚寅	己丑	戊子	丁亥	丙戌	乙酉	甲申	癸未	壬午	辛巳	庚辰	己卯	戊寅	丁丑	丙子	乙亥	甲戌	癸酉	壬申	辛未	庚午	己巳	戊辰	丁卯	丙寅	乙丑	일진	
	화	월	일	토	금	목	戌初	화	월	일	토	금	목	수	화	월	일	토	금	목	수	丑正	월	일	토	금	목	수	화	절기시각	
				대서																소서6										절기	6月大(丁未) 소서
30	29	28	27	**26**	25	24	23	22	21	20	19	18	17	16	15	14	13	12	11	**10**	9	8	7	6	5	4	3	2	1	음력	
4	4	4	5	5	5	6	6	6	7	7	7	8	8	8	9	9	9	10	10		1	1	1	1	2	2	2	3	3	대운 순행	
7	6	6	6	5	5	5	4	4	4	3	3	3	2	2	2	1	1	1	1		10	10	9	9	9	8	8	8	7	대운 역행	
																											7		6	양력 월	
28	27	26	25	24	23	22	21	20	19	18	17	16	15	14	13	12	11	10	9	8	7	6	5	4	3	2	1	30	29	양력 일	
癸亥	壬戌	辛酉	庚申	己未	戊午	丁巳	丙辰	乙卯	甲寅	癸丑	壬子	辛亥	庚戌	己酉	戊申	丁未	丙午	乙巳	甲辰	癸卯	壬寅	辛丑	庚子	己亥	戊戌	丁酉	丙申	乙未	甲午	일진	
목	수	화	월	卯正	토	금	목	수	화	월	일	토	금	목	수	화	월	일	토	午正	목	수	화	월	일	토	금	목	수	절기시각	

• 정사각형의 집에 높은 담을 쌓게 되면 출세길이 막힌다.

		처서																입추7												절기	7月小(戊申) 입추
	29	28	**27**	26	25	24	23	22	21	20	19	18	17	16	15	14	13	12	**11**	10	9	8	7	6	5	4	3	2	1	음력	
	5	5	5	6	6	6	7	7	7	8	8	8	9	9	9	10	10	10		1	1	1	1	2	2	2	3	3	3	대운 순행	
	6	6	5	5	5	4	4	4	3	3	3	2	2	2	1	1	1	1		10	10	9	9	9	8	8	8	7	7	대운 역행	
																										8			7	양력 월	
	26	25	24	23	22	21	20	19	18	17	16	15	14	13	12	11	10	9	8	7	6	5	4	3	2	1	31	30	29	양력 일	
	壬辰	辛卯	庚寅	己丑	戊子	丁亥	丙戌	乙酉	甲申	癸未	壬午	辛巳	庚辰	己卯	戊寅	丁丑	丙子	乙亥	甲戌	癸酉	壬申	辛未	庚午	己巳	戊辰	丁卯	丙寅	乙丑	甲子	일진	
	금	목	未初	화	월	일	토	금	목	수	화	월	일	토	금	목	수	화	亥正	일	토	금	목	수	화	월	일	토	금	절기시각	

	추분															백로8														절기	8月大(己酉) 백로
30	**29**	28	27	26	25	24	23	22	21	20	19	18	17	16	15	**14**	13	12	11	10	9	8	7	6	5	4	3	2	1	음력	
5	5	5	6	6	6	7	7	7	8	8	8	9	9	9	10		1	1	1	1	2	2	2	3	3	3	4	4	4	대운 순행	
5	5	5	4	4	4	3	3	3	2	2	2	1	1	1	1		10	10	10	9	9	9	8	8	8	7	7	7	6	대운 역행	
																								9					8	양력 월	
25	24	23	22	21	20	19	18	17	16	15	14	13	12	11	10	9	8	7	6	5	4	3	2	1	31	30	29	28	27	양력 일	
壬戌	辛酉	庚申	己未	戊午	丁巳	丙辰	乙卯	甲寅	癸丑	壬子	辛亥	庚戌	己酉	戊申	丁未	丙午	乙巳	甲辰	癸卯	壬寅	辛丑	庚子	己亥	戊戌	丁酉	丙申	乙未	甲午	癸巳	일진	
일	巳正	금	목	수	화	월	일	토	금	목	수	화	월	일	토	丑正	목	수	화	월	일	토	금	목	수	화	월	일	토	절기시각	

	상강															한로9														절기	9月大(庚戌) 한로
30	**29**	28	27	26	25	24	23	22	21	20	19	18	17	16	15	**14**	13	12	11	10	9	8	7	6	5	4	3	2	1	음력	
5	5	5	6	6	6	7	7	7	8	8	8	9	9	9	10		1	1	1	1	2	2	2	3	3	3	4	4	4	대운 순행	
5	5	5	4	4	4	3	3	3	2	2	2	1	1	1	1		10	9	9	9	8	8	8	7	7	7	6	6	6	대운 역행	
																								10					9	양력 월	
25	24	23	22	21	20	19	18	17	16	15	14	13	12	11	10	9	8	7	6	5	4	3	2	1	30	29	28	27	26	양력 일	
壬辰	辛卯	庚寅	己丑	戊子	丁亥	丙戌	乙酉	甲申	癸未	壬午	辛巳	庚辰	己卯	戊寅	丁丑	丙子	乙亥	甲戌	癸酉	壬申	辛未	庚午	己巳	戊辰	丁卯	丙寅	乙丑	甲子	癸亥	일진	
화	巳正	일	토	금	목	수	화	월	일	토	금	목	수	화	월	丑初	토	금	목	수	화	월	일	토	금	목	수	화	월	절기시각	

	소설															입동10														절기	10月小(辛亥) 입동
	29	28	27	26	25	24	23	22	21	20	19	18	17	16	15	**14**	13	12	11	10	9	8	7	6	5	4	3	2	1	음력	
	5	5	6	6	6	7	7	7	8	8	8	9	9	9	10		1	1	1	1	2	2	2	3	3	3	4	4	4	대운 순행	
	5	5	4	4	4	3	3	3	2	2	2	1	1	1	1		10	9	9	9	8	8	8	7	7	7	6	6	6	대운 역행	
																						11							10	양력 월	
	23	22	21	20	19	18	17	16	15	14	13	12	11	10	9	8	7	6	5	4	3	2	1	31	30	29	28	27	26	양력 일	
	辛酉	庚申	己未	戊午	丁巳	丙辰	乙卯	甲寅	癸丑	壬子	辛亥	庚戌	己酉	戊申	丁未	丙午	乙巳	甲辰	癸卯	壬寅	辛丑	庚子	己亥	戊戌	丁酉	丙申	乙未	甲午	癸巳	일진	
	申正	화	월	일	토	금	목	수	화	월	일	토	금	목	수	酉正	월	일	토	금	목	수	화	월	일	토	금	목	수	절기시각	

동지															대설11															절기	11月大(壬子) 대설
30	29	28	27	26	25	24	23	22	21	20	19	18	17	16	**15**	14	13	12	11	10	9	8	7	6	5	4	3	2	1	음력	
5	5	5	6	6	6	7	7	7	8	8	8	9	9	9		1	1	1	1	2	2	2	3	3	3	4	4	4	5	대운 순행	
5	5	4	4	4	3	3	3	2	2	2	1	1	1	1		10	9	9	9	8	8	8	7	7	7	6	6	6	5	대운 역행	
																						12							11	양력 월	
23	22	21	20	19	18	17	16	15	14	13	12	11	10	9	8	7	6	5	4	3	2	1	30	29	28	27	26	25	24	양력 일	
辛卯	庚寅	己丑	戊子	丁亥	丙戌	乙酉	甲申	癸未	壬午	辛巳	庚辰	己卯	戊寅	丁丑	丙子	乙亥	甲戌	癸酉	壬申	辛未	庚午	己巳	戊辰	丁卯	丙寅	乙丑	甲子	癸亥	壬戌	일진	
卯初	목	수	화	월	일	토	금	목	수	화	월	일	토	금	午初	수	화	월	일	토	금	목	수	화	월	일	토	금	목	절기시각	

	대한															소한12														절기	12月大(癸丑) 소한
30	**29**	28	27	26	25	24	23	22	21	20	19	18	17	16	15	**14**	13	12	11	10	9	8	7	6	5	4	3	2	1	음력	
5	5	5	6	6	6	7	7	7	8	8	8	9	9	9	10		1	1	1	1	2	2	2	3	3	3	4	4	4	대운 순행	
5	5	5	4	4	4	3	3	3	2	2	2	1	1	1	1		9	9	9	8	8	8	7	7	7	6	6	6	5	대운 역행	
																					1								12	양력 월	
22	21	20	19	18	17	16	15	14	13	12	11	10	9	8	7	6	5	4	3	2	1	31	30	29	28	27	26	25	24	양력 일	
辛酉	庚申	己未	戊午	丁巳	丙辰	乙卯	甲寅	癸丑	壬子	辛亥	庚戌	己酉	戊申	丁未	丙午	乙巳	甲辰	癸卯	壬寅	辛丑	庚子	己亥	戊戌	丁酉	丙申	乙未	甲午	癸巳	壬辰	일진	
일	申初	금	목	수	화	월	일	토	금	목	수	화	월	일	토	亥正	목	수	화	월	일	토	금	목	수	화	월	일	토	절기시각	

• 食神을 壽星이라고도 하는데 나를 극하는 七殺을 막아주어 생명을 보호해 주기 때문이다.

서기 1928년
단기 4261년

戊辰年

상문 : 午　대장군 : 北
조객 : 寅　삼　재 : 申子辰
삼살 : 南

1月小(甲寅) 입춘

30	29	28	27	26	25	24	23	22	21	20	19	18	17	16	15	14	13	12	11	10	9	8	7	6	5	4	3	2	1		
	우수															입춘1														절기	
	29	28	27	26	25	24	23	22	21	20	19	18	17	16	15	14	13	12	11	10	9	8	7	6	5	4	3	2	1	음력	
	5	5	6	6	6	7	7	7	8	8	8	9	9	9	10		1	1	1	1	2	2	2	3	3	3	4	4	4	순행	대운
	5	5	4	4	4	3	3	3	2	2	2	1	1	1	1		10	9	9	9	8	8	8	7	7	7	6	6	6	역행	
																				2									1	월	양력
	20	19	18	17	16	15	14	13	12	11	10	9	8	7	6	5	4	3	2	1	31	30	29	28	27	26	25	24	23	일	
	庚寅	己丑	戊子	丁亥	丙戌	乙酉	甲申	癸未	壬午	辛巳	庚辰	己卯	戊寅	丁丑	丙子	乙亥	甲戌	癸酉	壬申	辛未	庚午	己巳	戊辰	丁卯	丙寅	乙丑	甲子	癸亥	壬戌	일진	
	卯正	일	토	금	목	수	화	월	일	토	금	목	수	화	월	巳正	토	금	목	수	화	월	일	토	금	목	수	화	월	절기시각	

2月大(乙卯) 경칩

30	29	28	27	26	25	24	23	22	21	20	19	18	17	16	15	14	13	12	11	10	9	8	7	6	5	4	3	2	1		
춘분															경칩2															절기	
30	29	28	27	26	25	24	23	22	21	20	19	18	17	16	15	14	13	12	11	10	9	8	7	6	5	4	3	2	1	음력	
5	5	6	6	6	7	7	7	8	8	8	9	9	9	10		1	1	1	1	2	2	2	3	3	3	4	4	4	5	순행	대운
5	5	4	4	4	3	3	3	2	2	2	1	1	1	1		10	9	9	9	8	8	8	7	7	7	6	6	6	5	역행	
																				3									2	월	양력
21	20	19	18	17	16	15	14	13	12	11	10	9	8	7	6	5	4	3	2	1	29	28	27	26	25	24	23	22	21	일	
庚申	己未	戊午	丁巳	丙辰	乙卯	甲寅	癸丑	壬子	辛亥	庚戌	己酉	戊申	丁未	丙午	乙巳	甲辰	癸卯	壬寅	辛丑	庚子	己亥	戊戌	丁酉	丙申	乙未	甲午	癸巳	壬辰	辛卯	일진	
酉初	화	월	일	토	금	목	수	화	월	일	토	금	목	수	寅正	월	일	토	금	목	수	화	월	일	토	금	목	수	화	절기시각	

윤2月小

30	29	28	27	26	25	24	23	22	21	20	19	18	17	16	15	14	13	12	11	10	9	8	7	6	5	4	3	2	1		
															청명3															절기	
	29	28	27	26	25	24	23	22	21	20	19	18	17	16	15	14	13	12	11	10	9	8	7	6	5	4	3	2	1	음력	
	6	6	6	7	7	7	8	8	8	9	9	9	10	10		1	1	1	1	2	2	2	3	3	3	4	4	4	5	순행	대운
	5	4	4	4	3	3	3	2	2	2	1	1	1	1		10	9	9	9	8	8	8	7	7	7	6	6	6	5	역행	
																			4										3	월	양력
	19	18	17	16	15	14	13	12	11	10	9	8	7	6	5	4	3	2	1	31	30	29	28	27	26	25	24	23	22	일	
	己丑	戊子	丁亥	丙戌	乙酉	甲申	癸未	壬午	辛巳	庚辰	己卯	戊寅	丁丑	丙子	乙亥	甲戌	癸酉	壬申	辛未	庚午	己巳	戊辰	丁卯	丙寅	乙丑	甲子	癸亥	壬戌	辛酉	일진	
	목	수	화	월	일	토	금	목	수	화	월	일	토	금	巳初	수	화	월	일	토	금	목	수	화	월	일	토	금	목	절기시각	

3月小(丙辰) 청명

30	29	28	27	26	25	24	23	22	21	20	19	18	17	16	15	14	13	12	11	10	9	8	7	6	5	4	3	2	1		
													입하4																곡우	절기	
	29	28	27	26	25	24	23	22	21	20	19	18	17	16	15	14	13	12	11	10	9	8	7	6	5	4	3	2	1	음력	
	6	7	7	7	8	8	8	9	9	9	10	10		1	1	1	1	2	2	2	3	3	3	4	4	4	5	5	5	순행	대운
	4	4	3	3	3	2	2	2	1	1	1	1		10	10	9	9	9	8	8	8	7	7	7	6	6	6	5	5	역행	
																		5											4	월	양력
	18	17	16	15	14	13	12	11	10	9	8	7	6	5	4	3	2	1	30	29	28	27	26	25	24	23	22	21	20	일	
	戊午	丁巳	丙辰	乙卯	甲寅	癸丑	壬子	辛亥	庚戌	己酉	戊申	丁未	丙午	乙巳	甲辰	癸卯	壬寅	辛丑	庚子	己亥	戊戌	丁酉	丙申	乙未	甲午	癸巳	壬辰	辛卯	庚寅	일진	
	금	목	수	화	월	일	토	금	목	수	화	월	寅初	토	금	목	수	화	월	일	토	금	목	수	화	월	일	토	酉初	절기시각	

4月大(丁巳) 입하

30	29	28	27	26	25	24	23	22	21	20	19	18	17	16	15	14	13	12	11	10	9	8	7	6	5	4	3	2	1		
											망종5																소만			절기	
30	29	28	27	26	25	24	23	22	21	20	19	18	17	16	15	14	13	12	11	10	9	8	7	6	5	4	3	2	1	음력	
7	7	7	8	8	8	9	9	9	10	10		1	1	1	1	2	2	2	3	3	3	4	4	4	5	5	5	6	6	순행	대운
4	3	3	3	2	2	2	1	1	1	1		10	10	9	9	9	8	8	8	7	7	7	6	6	6	5	5	5	4	역행	
																6													5	월	양력
17	16	15	14	13	12	11	10	9	8	7	6	5	4	3	2	1	31	30	29	28	27	26	25	24	23	22	21	20	19	일	
戊子	丁亥	丙戌	乙酉	甲申	癸未	壬午	辛巳	庚辰	己卯	戊寅	丁丑	丙子	乙亥	甲戌	癸酉	壬申	辛未	庚午	己巳	戊辰	丁卯	丙寅	乙丑	甲子	癸亥	壬戌	辛酉	庚申	己未	일진	
일	토	금	목	수	화	월	일	토	금	목	辰正	화	월	일	토	금	목	수	화	월	일	토	금	목	수	화	申正	일	토	절기시각	

5月小(戊午) 망종

30	29	28	27	26	25	24	23	22	21	20	19	18	17	16	15	14	13	12	11	10	9	8	7	6	5	4	3	2	1		
										소서6															하지					절기	
	29	28	27	26	25	24	23	22	21	20	19	18	17	16	15	14	13	12	11	10	9	8	7	6	5	4	3	2	1	음력	
	8	8	8	9	9	9	10	10	10		1	1	1	1	2	2	2	3	3	3	4	4	4	5	5	5	6	6	6	순행	대운
	3	3	2	2	2	1	1	1	1		10	10	9	9	9	8	8	8	7	7	7	6	6	6	5	5	5	4	4	역행	
																7													6	월	양력
	16	15	14	13	12	11	10	9	8	7	6	5	4	3	2	1	30	29	28	27	26	25	24	23	22	21	20	19	18	일	
	丁巳	丙辰	乙卯	甲寅	癸丑	壬子	辛亥	庚戌	己酉	戊申	丁未	丙午	乙巳	甲辰	癸卯	壬寅	辛丑	庚子	己亥	戊戌	丁酉	丙申	乙未	甲午	癸巳	壬辰	辛卯	庚寅	己丑	일진	
	월	일	토	금	목	수	화	월	일	酉正	금	목	수	화	월	일	토	금	목	수	화	월	일	토	丑初	목	수	화	월	절기시각	

• 구멍 뚫린 시멘트 벽돌의 담장은 조금 높아도 흉상은 아니다.

6月小(己未) 소서

							입추7															대서							절기
	29	28	27	26	25	24	23	22	21	20	19	18	17	16	15	14	13	12	11	10	9	8	7	6	5	4	3	2	1	음력
	8	9	9	9	10	10		1	1	1	1	2	2	2	3	3	3	4	4	4	5	5	5	6	6	6	7	7	7	순행 대운
	2	2	1	1	1	1		10	10	10	9	9	9	8	8	8	7	7	7	6	6	6	5	5	5	4	4	4	3	역행 대운
														8															7	월 양력
	14	13	12	11	10	9	8	7	6	5	4	3	2	1	31	30	29	28	27	26	25	24	23	22	21	20	19	18	17	일 양력
	丙戌	乙酉	甲申	癸未	壬午	辛巳	庚辰	己卯	戊寅	丁丑	丙子	乙亥	甲戌	癸酉	壬申	辛未	庚午	己巳	戊辰	丁卯	丙寅	乙丑	甲子	癸亥	壬戌	辛酉	庚申	己未	戊午	일진
	화	월	일	토	금	목	寅正	화	월	일	토	금	목	수	화	월	일	토	금	목	수	화	午正	일	토	금	목	수	화	절기시각

7月大(庚申) 입추

					백로8																처서									절기
30	29	28	27	26	25	24	23	22	21	20	19	18	17	16	15	14	13	12	11	10	9	8	7	6	5	4	3	2	1	음력
8	9	9	9	10		1	1	1	1	2	2	2	3	3	3	4	4	4	5	5	5	6	6	6	7	7	7	8	8	순행 대운
2	1	1	1	1		10	10	9	9	9	8	8	8	7	7	7	6	6	6	5	5	5	4	4	4	3	3	3	2	역행 대운
												9																	8	월 양력
13	12	11	10	9	8	7	6	5	4	3	2	1	31	30	29	28	27	26	25	24	23	22	21	20	19	18	17	16	15	일 양력
丙辰	乙卯	甲寅	癸丑	壬子	辛亥	庚戌	己酉	戊申	丁未	丙午	乙巳	甲辰	癸卯	壬寅	辛丑	庚子	己亥	戊戌	丁酉	丙申	乙未	甲午	癸巳	壬辰	辛卯	庚寅	己丑	戊子	丁亥	일진
목	수	화	월	일	辰初	금	목	수	화	월	일	토	금	목	수	화	월	일	토	금	酉正	수	화	월	일	토	금	목	수	절기시각

8月大(辛酉) 백로

					한로9															추분										절기
30	29	28	27	26	25	24	23	22	21	20	19	18	17	16	15	14	13	12	11	10	9	8	7	6	5	4	3	2	1	음력
9	9	9	10	10		1	1	1	1	2	2	2	3	3	3	4	4	4	5	5	5	6	6	6	7	7	7	8	8	순행 대운
2	1	1	1	1		10	9	9	9	8	8	8	7	7	7	6	6	6	5	5	5	4	4	4	3	3	3	2	2	역행 대운
												10																	9	월 양력
13	12	11	10	9	8	7	6	5	4	3	2	1	30	29	28	27	26	25	24	23	22	21	20	19	18	17	16	15	14	일 양력
丙戌	乙酉	甲申	癸未	壬午	辛巳	庚辰	己卯	戊寅	丁丑	丙子	乙亥	甲戌	癸酉	壬申	辛未	庚午	己巳	戊辰	丁卯	丙寅	乙丑	甲子	癸亥	壬戌	辛酉	庚申	己未	戊午	丁巳	일진
토	금	목	수	화	亥正	일	토	금	목	수	화	월	일	토	금	목	수	화	월	卯正	토	금	목	수	화	월	일	토	금	절기시각

9月小(壬戌) 한로

				입동10															상강											절기
	29	28	27	26	25	24	23	22	21	20	19	18	17	16	15	14	13	12	11	10	9	8	7	6	5	4	3	2	1	음력
	9	9	9		1	1	1	1	2	2	2	3	3	3	4	4	4	5	5	5	6	6	6	7	7	7	8	8	8	순행 대운
	1	1	1		10	10	9	9	9	8	8	8	7	7	7	6	6	6	5	5	5	4	4	4	3	3	3	2	2	역행 대운
											11																		10	월 양력
	11	10	9	8	7	6	5	4	3	2	1	31	30	29	28	27	26	25	24	23	22	21	20	19	18	17	16	15	14	일 양력
	乙卯	甲寅	癸丑	壬子	辛亥	庚戌	己酉	戊申	丁未	丙午	乙巳	甲辰	癸卯	壬寅	辛丑	庚子	己亥	戊戌	丁酉	丙申	乙未	甲午	癸巳	壬辰	辛卯	庚寅	己丑	戊子	丁亥	일진
	일	토	금	子正	수	화	월	일	토	금	목	수	화	월	일	토	금	목	子正	화	월	일	토	금	목	수	화	월	일	절기시각

10月大(癸亥) 입동

				대설11															소설											절기
30	29	28	27	26	25	24	23	22	21	20	19	18	17	16	15	14	13	12	11	10	9	8	7	6	5	4	3	2	1	음력
9	9	9	10		1	1	1	1	2	2	2	3	3	3	4	4	4	5	5	5	6	6	6	7	7	7	8	8	8	순행 대운
1	1	1	1		9	9	9	8	8	8	7	7	7	6	6	6	5	5	5	4	4	4	3	3	3	2	2	2	1	역행 대운
										12																			11	월 양력
11	10	9	8	7	6	5	4	3	2	1	30	29	28	27	26	25	24	23	22	21	20	19	18	17	16	15	14	13	12	일 양력
乙酉	甲申	癸未	壬午	辛巳	庚辰	己卯	戊寅	丁丑	丙子	乙亥	甲戌	癸酉	壬申	辛未	庚午	己巳	戊辰	丁卯	丙寅	乙丑	甲子	癸亥	壬戌	辛酉	庚申	己未	戊午	丁巳	丙辰	일진
화	월	일	토	酉初	목	수	화	월	일	토	금	목	수	화	월	일	토	금	亥正	수	화	월	일	토	금	목	수	화	월	절기시각

11月大(甲子) 대설

				소한12															동지											절기
30	29	28	27	26	25	24	23	22	21	20	19	18	17	16	15	14	13	12	11	10	9	8	7	6	5	4	3	2	1	음력
8	9	9	9		1	1	1	1	2	2	2	3	3	3	4	4	4	5	5	5	6	6	6	7	7	7	8	8	8	순행 대운
1	1	1	1		10	9	9	9	8	8	8	7	7	7	6	6	6	5	5	5	4	4	4	3	3	3	2	2	2	역행 대운
									1																				12	월 양력
10	9	8	7	6	5	4	3	2	1	31	30	29	28	27	26	25	24	23	22	21	20	19	18	17	16	15	14	13	12	일 양력
乙卯	甲寅	癸丑	壬子	辛亥	庚戌	己酉	戊申	丁未	丙午	乙巳	甲辰	癸卯	壬寅	辛丑	庚子	己亥	戊戌	丁酉	丙申	乙未	甲午	癸巳	壬辰	辛卯	庚寅	己丑	戊子	丁亥	丙戌	일진
목	수	화	월	寅正	토	금	목	수	화	월	일	토	금	목	수	화	월	일	午初	금	목	수	화	월	일	토	금	목	수	절기시각

12月大(乙丑) 소한

					입춘1															대한										절기
30	29	28	27	26	25	24	23	22	21	20	19	18	17	16	15	14	13	12	11	10	9	8	7	6	5	4	3	2	1	음력
8	9	9	9	10		1	1	1	1	2	2	2	3	3	3	4	4	4	5	5	5	6	6	6	7	7	7	8	8	순행 대운
2	1	1	1	1		9	9	9	8	8	8	7	7	7	6	6	6	5	5	5	4	4	4	3	3	3	2	2	2	역행 대운
								2																					1	월 양력
9	8	7	6	5	4	3	2	1	31	30	29	28	27	26	25	24	23	22	21	20	19	18	17	16	15	14	13	12	11	일 양력
乙酉	甲申	癸未	壬午	辛巳	庚辰	己卯	戊寅	丁丑	丙子	乙亥	甲戌	癸酉	壬申	辛未	庚午	己巳	戊辰	丁卯	丙寅	乙丑	甲子	癸亥	壬戌	辛酉	庚申	己未	戊午	丁巳	丙辰	일진
토	금	목	수	화	辰正	일	토	금	목	수	화	월	일	토	금	목	수	화	월	亥初	토	금	목	수	화	월	일	토	금	절기시각

• 일주에 편관이 있으면 남녀간에 변덕스러운 이성관계를 즐긴다.

서기 1929년
단기 4262년

己巳年

상문：未 대장군：東
조객：卯 삼 재：亥卯未
삼살：東

1月小(丙寅)입춘

					경칩2															우수										절기
	29	28	27	26	**25**	24	23	22	21	20	19	18	17	16	15	14	13	12	11	**10**	9	8	7	6	5	4	3	2	1	음력
	9	9	9	10		1	1	1	1	2	2	2	3	3	3	4	4	4	5	5	5	6	6	6	7	7	7	8	8	대운 순행
	1	1	1	1		10	9	9	9	8	8	8	7	7	7	6	6	6	5	5	5	4	4	4	3	3	3	2	2	대운 역행
										3																			2	양력 월
	10	9	8	7	6	5	4	3	2	1	28	27	26	25	24	23	22	21	20	19	18	17	16	15	14	13	12	11	10	양력 일
	甲寅	癸丑	壬子	辛亥	庚戌	己酉	戊申	丁未	丙午	乙巳	甲辰	癸卯	壬寅	辛丑	庚子	己亥	戊戌	丁酉	丙申	乙未	甲午	癸巳	壬辰	辛卯	庚寅	己丑	戊子	丁亥	丙戌	일진
	일	토	금	목	巳正	화	월	일	토	금	목	수	화	월	일	토	금	목	수	午正	월	일	토	금	목	수	화	월	일	절기시각

2月大(丁卯)경칩

				청명3															춘분											절기
30	29	28	27	**26**	25	24	23	22	21	20	19	18	17	16	15	14	13	12	**11**	10	9	8	7	6	5	4	3	2	1	음력
9	9	10	10		1	1	1	1	2	2	2	3	3	3	4	4	4	5	5	5	6	6	6	7	7	7	8	8	8	대운 순행
1	1	1	1		10	9	9	9	8	8	8	7	7	7	6	6	6	5	5	5	4	4	4	3	3	3	2	2	2	대운 역행
								4																					3	양력 월
9	8	7	6	5	4	3	2	1	31	30	29	28	27	26	25	24	23	22	21	20	19	18	17	16	15	14	13	12	11	양력 일
甲申	癸未	壬午	辛巳	庚辰	己卯	戊寅	丁丑	丙子	乙亥	甲戌	癸酉	壬申	辛未	庚午	己巳	戊辰	丁卯	丙寅	乙丑	甲子	癸亥	壬戌	辛酉	庚申	己未	戊午	丁巳	丙辰	乙卯	일진
화	월	일	토	申初	목	수	화	월	일	토	금	목	수	화	월	일	토	금	午初	수	화	월	일	토	금	목	수	화	월	절기시각

3月小(戊辰)청명

			입하4																곡우											절기
	29	28	**27**	26	25	24	23	22	21	20	19	18	17	16	15	14	13	12	**11**	10	9	8	7	6	5	4	3	2	1	음력
	10	10		1	1	1	1	2	2	2	3	3	3	4	4	4	5	5	5	6	6	6	7	7	7	8	8	8	9	대운 순행
	1	1		10	10	9	9	9	8	8	8	7	7	7	6	6	6	5	5	5	4	4	4	3	3	3	2	2	2	대운 역행
								5																					4	양력 월
	8	7	6	5	4	3	2	1	30	29	28	27	26	25	24	23	22	21	20	19	18	17	16	15	14	13	12	11	10	양력 일
	癸丑	壬子	辛亥	庚戌	己酉	戊申	丁未	丙午	乙巳	甲辰	癸卯	壬寅	辛丑	庚子	己亥	戊戌	丁酉	丙申	乙未	甲午	癸巳	壬辰	辛卯	庚寅	己丑	戊子	丁亥	丙戌	乙酉	일진
	수	화	巳初	일	토	금	목	수	화	월	일	토	금	목	수	화	월	일	子初	금	목	수	화	월	일	토	금	목	수	절기시각

4月小(己巳)입하

	망종5																소만													절기
	29	28	27	26	25	24	23	22	21	20	19	18	17	16	15	14	**13**	12	11	10	9	8	7	6	5	4	3	2	1	음력
		1	1	1	1	2	2	2	3	3	3	4	4	4	5	5	5	6	6	6	7	7	7	8	8	8	9	9	9	대운 순행
		10	10	9	9	9	8	8	8	7	7	7	6	6	6	5	5	5	4	4	4	3	3	3	2	2	2	1	1	대운 역행
						6																							5	양력 월
	6	5	4	3	2	1	31	30	29	28	27	26	25	24	23	22	21	20	19	18	17	16	15	14	13	12	11	10	9	양력 일
	壬午	辛巳	庚辰	己卯	戊寅	丁丑	丙子	乙亥	甲戌	癸酉	壬申	辛未	庚午	己巳	戊辰	丁卯	丙寅	乙丑	甲子	癸亥	壬戌	辛酉	庚申	己未	戊午	丁巳	丙辰	乙卯	甲寅	일진
	未正	수	화	월	일	토	금	목	수	화	월	일	토	금	목	수	亥正	월	일	토	금	목	수	화	월	일	토	금	목	절기시각

5月大(庚午)망종

														하지																절기
30	29	28	27	26	25	24	23	22	21	20	19	18	17	**16**	15	14	13	12	11	10	9	8	7	6	5	4	3	2	1	음력
1	1	1	2	2	2	3	3	3	4	4	4	5	5	5	6	6	6	7	7	7	8	8	8	9	9	9	10	10	10	대운 순행
10	10	9	9	9	8	8	8	7	7	7	6	6	6	5	5	5	4	4	4	3	3	3	2	2	2	1	1	1	1	대운 역행
					7																								6	양력 월
6	5	4	3	2	1	30	29	28	27	26	25	24	23	22	21	20	19	18	17	16	15	14	13	12	11	10	9	8	7	양력 일
壬子	辛亥	庚戌	己酉	戊申	丁未	丙午	乙巳	甲辰	癸卯	壬寅	辛丑	庚子	己亥	戊戌	丁酉	丙申	乙未	甲午	癸巳	壬辰	辛卯	庚寅	己丑	戊子	丁亥	丙戌	乙酉	甲申	癸未	일진
토	금	목	수	화	월	일	토	금	목	수	화	월	일	辰初	금	목	수	화	월	일	토	금	목	수	화	월	일	토	금	절기시각

6月小(辛未)소서

													대서															소서6		절기
	29	28	27	26	25	24	23	22	21	20	19	18	**17**	16	15	14	13	12	11	10	9	8	7	6	5	4	3	**2**	1	음력
	1	2	2	2	3	3	3	4	4	4	5	5	5	6	6	6	7	7	7	8	8	8	9	9	9	10	10		1	대운 순행
	9	9	8	8	8	7	7	7	6	6	6	5	5	5	4	4	4	3	3	3	2	2	2	1	1	1	1		10	대운 역행
				8																									7	양력 월
	4	3	2	1	31	30	29	28	27	26	25	24	23	22	21	20	19	18	17	16	15	14	13	12	11	10	9	8	7	양력 일
	辛巳	庚辰	己卯	戊寅	丁丑	丙子	乙亥	甲戌	癸酉	壬申	辛未	庚午	己巳	戊辰	丁卯	丙寅	乙丑	甲子	癸亥	壬戌	辛酉	庚申	己未	戊午	丁巳	丙辰	乙卯	甲寅	癸丑	일진
	일	토	금	목	수	화	월	일	토	금	목	수	酉初	월	일	토	금	목	수	화	월	일	토	금	목	수	화	子正	일	절기시각

7月小(壬申)입추

										처서																입추7				절기
	29	28	27	26	25	24	23	22	21	20	19	18	17	16	15	14	13	12	11	10	9	8	7	6	5	4	3	2	1	음력
	2	2	3	3	3	4	4	4	5	5	5	6	6	6	7	7	7	8	8	8	9	9	9	10	10		1	1	1	대운 순행
	8	8	8	7	7	7	6	6	6	5	5	5	4	4	4	3	3	3	2	2	2	1	1	1	1		10	10	9	대운 역행
		9																											8	양력 월
	2	1	31	30	29	28	27	26	25	24	23	22	21	20	19	18	17	16	15	14	13	12	11	10	9	8	7	6	5	양력 일
	庚戌	己酉	戊申	丁未	丙午	乙巳	甲辰	癸卯	壬寅	辛丑	庚子	己亥	戊戌	丁酉	丙申	乙未	甲午	癸巳	壬辰	辛卯	庚寅	己丑	戊子	丁亥	丙戌	乙酉	甲申	癸未	壬午	일진
	월	일	토	금	목	수	화	월	일	子正	금	목	수	화	월	일	토	금	목	수	화	월	일	토	금	巳正	수	화	월	절기시각

8月大(癸酉)백로

									추분															백로8						절기
30	29	28	27	26	25	24	23	22	21	20	19	18	17	16	15	14	13	12	11	10	9	8	7	6	5	4	3	2	1	음력
2	3	3	3	4	4	4	5	5	5	6	6	6	7	7	7	8	8	8	9	9	9	10	10		1	1	1	1	2	대운 순행
8	8	7	7	7	6	6	6	5	5	5	4	4	4	3	3	3	2	2	2	1	1	1	1		10	10	9	9	9	대운 역행
	10																												9	양력 월
2	1	30	29	28	27	26	25	24	23	22	21	20	19	18	17	16	15	14	13	12	11	10	9	8	7	6	5	4	3	양력 일
庚辰	己卯	戊寅	丁丑	丙子	乙亥	甲戌	癸酉	壬申	辛未	庚午	己巳	戊辰	丁卯	丙寅	乙丑	甲子	癸亥	壬戌	辛酉	庚申	己未	戊午	丁巳	丙辰	乙卯	甲寅	癸丑	壬子	辛亥	일진
수	화	월	일	토	금	목	수	화	亥初	일	토	금	목	수	화	월	일	토	금	목	수	화	월	午正	토	금	목	수	화	절기시각

9月小(甲戌)한로

								상강															한로9							절기
	29	28	27	26	25	24	23	22	21	20	19	18	17	16	15	14	13	12	11	10	9	8	7	6	5	4	3	2	1	음력
	3	3	3	4	4	4	5	5	5	6	6	6	7	7	7	8	8	8	9	9	9	10		1	1	1	1	2	2	대운 순행
	7	7	7	6	6	6	5	5	5	4	4	4	3	3	3	2	2	2	1	1	1	1		10	10	9	9	9	8	대운 역행
																													10	양력 월
	31	30	29	28	27	26	25	24	23	22	21	20	19	18	17	16	15	14	13	12	11	10	9	8	7	6	5	4	3	양력 일
	己酉	戊申	丁未	丙午	乙巳	甲辰	癸卯	壬寅	辛丑	庚子	己亥	戊戌	丁酉	丙申	乙未	甲午	癸巳	壬辰	辛卯	庚寅	己丑	戊子	丁亥	丙戌	乙酉	甲申	癸未	壬午	辛巳	일진
	목	수	화	월	일	토	금	卯正	수	화	월	일	토	금	목	수	화	월	일	토	금	목	寅初	화	월	일	토	금	목	절기시각

10月大(乙亥)입동

							소설															입동10								절기
30	29	28	27	26	25	24	23	22	21	20	19	18	17	16	15	14	13	12	11	10	9	8	7	6	5	4	3	2	1	음력
2	3	3	3	4	4	4	5	5	5	6	6	6	7	7	7	8	8	8	9	9	9		1	1	1	1	2	2	2	대운 순행
7	7	7	6	6	6	5	5	5	4	4	4	3	3	3	2	2	2	1	1	1	1		10	9	9	9	8	8	8	대운 역행
																													11	양력 월
30	29	28	27	26	25	24	23	22	21	20	19	18	17	16	15	14	13	12	11	10	9	8	7	6	5	4	3	2	1	양력 일
己卯	戊寅	丁丑	丙子	乙亥	甲戌	癸酉	壬申	辛未	庚午	己巳	戊辰	丁卯	丙寅	乙丑	甲子	癸亥	壬戌	辛酉	庚申	己未	戊午	丁巳	丙辰	乙卯	甲寅	癸丑	壬子	辛亥	庚戌	일진
토	금	목	수	화	월	일	寅初	금	목	수	화	월	일	토	금	목	수	화	월	일	토	卯正	목	수	화	월	일	토	금	절기시각

11月大(丙子)대설

								동지															대설11							절기
30	29	28	27	26	25	24	23	22	21	20	19	18	17	16	15	14	13	12	11	10	9	8	7	6	5	4	3	2	1	음력
2	3	3	3	4	4	4	5	5	5	6	6	6	7	7	7	8	8	8	9	9	9	10		1	1	1	1	2	2	대운 순행
8	7	7	7	6	6	6	5	5	5	4	4	4	3	3	3	2	2	2	1	1	1	1		9	9	9	8	8	8	대운 역행
																													12	양력 월
30	29	28	27	26	25	24	23	22	21	20	19	18	17	16	15	14	13	12	11	10	9	8	7	6	5	4	3	2	1	양력 일
己酉	戊申	丁未	丙午	乙巳	甲辰	癸卯	壬寅	辛丑	庚子	己亥	戊戌	丁酉	丙申	乙未	甲午	癸巳	壬辰	辛卯	庚寅	己丑	戊子	丁亥	丙戌	乙酉	甲申	癸未	壬午	辛巳	庚辰	일진
월	일	토	금	목	수	화	월	申正	토	금	목	수	화	월	일	토	금	목	수	화	월	일	亥正	금	목	수	화	월	일	절기시각

12月大(丁丑)소한

								대한															소한12							절기
30	29	28	27	26	25	24	23	22	21	20	19	18	17	16	15	14	13	12	11	10	9	8	7	6	5	4	3	2	1	음력
2	2	3	3	3	4	4	4	5	5	5	6	6	6	7	7	7	8	8	8	9	9	9		1	1	1	1	2	2	대운 순행
8	7	7	7	6	6	6	5	5	5	4	4	4	3	3	3	2	2	2	1	1	1	1		10	9	9	9	8	8	대운 역행
																												1	12	양력 월
29	28	27	26	25	24	23	22	21	20	19	18	17	16	15	14	13	12	11	10	9	8	7	6	5	4	3	2	1	31	양력 일
己卯	戊寅	丁丑	丙子	乙亥	甲戌	癸酉	壬申	辛未	庚午	己巳	戊辰	丁卯	丙寅	乙丑	甲子	癸亥	壬戌	辛酉	庚申	己未	戊午	丁巳	丙辰	乙卯	甲寅	癸丑	壬子	辛亥	庚戌	일진
수	화	월	일	토	금	목	수	寅初	월	일	토	금	목	수	화	월	일	토	금	목	수	화	巳正	일	토	금	목	수	화	절기시각

庚午年

서기 1930년
단기 4263년

상문 : 申　대장군 : 東
조객 : 辰　삼 재 : 亥卯未
삼살 : 北

1月小(戊寅) 입춘

									우수															입춘1						절기	
	29	28	27	26	25	24	23	22	21	20	19	18	17	16	15	14	13	12	11	10	9	8	7	6	5	4	3	2	1	음력	
	2	3	3	3	4	4	4	5	5	5	6	6	6	7	7	7	8	8	8	9	9	9	10		1	1	1	1	2	순행	대운
	8	7	7	7	6	6	6	5	5	5	4	4	4	3	3	3	2	2	2	1	1	1	1		9	9	9	8	8	역행	대운
																											2		1	월	양력
	27	26	25	24	23	22	21	20	19	18	17	16	15	14	13	12	11	10	9	8	7	6	5	4	3	2	1	31	30	일	양력
	戊申	丁未	丙午	乙巳	甲辰	癸卯	壬寅	辛丑	庚子	己亥	戊戌	丁酉	丙申	乙未	甲午	癸巳	壬辰	辛卯	庚寅	己丑	戊子	丁亥	丙戌	乙酉	甲申	癸未	壬午	辛巳	庚辰	일진	
	목	수	화	월	일	토	금	목	酉正	화	월	일	토	금	목	수	화	월	일	토	금	목	수	亥初	월	일	토	금	목	절기시각	

2月大(己卯) 경칩

								춘분															경칩2							절기	
30	29	28	27	26	25	24	23	22	21	20	19	18	17	16	15	14	13	12	11	10	9	8	7	6	5	4	3	2	1	음력	
2	3	3	3	4	4	4	5	5	5	6	6	6	7	7	7	8	8	8	9	9	9	10		1	1	1	1	2	2	순행	대운
8	7	7	7	6	6	6	5	5	5	4	4	4	3	3	3	2	2	2	1	1	1	1		10	9	9	9	8	8	역행	대운
																												3	2	월	양력
29	28	27	26	25	24	23	22	21	20	19	18	17	16	15	14	13	12	11	10	9	8	7	6	5	4	3	2	1	28	일	양력
戊寅	丁丑	丙子	乙亥	甲戌	癸酉	壬申	辛未	庚午	己巳	戊辰	丁卯	丙寅	乙丑	甲子	癸亥	壬戌	辛酉	庚申	己未	戊午	丁巳	丙辰	乙卯	甲寅	癸丑	壬子	辛亥	庚戌	己酉	일진	
토	금	목	수	화	월	일	토	酉初	목	수	화	월	일	토	금	목	수	화	월	일	토	금	卯正	수	화	월	일	토	금	절기시각	

3月大(庚辰) 청명

							곡우																청명3							절기	
30	29	28	27	26	25	24	23	22	21	20	19	18	17	16	15	14	13	12	11	10	9	8	7	6	5	4	3	2	1	음력	
3	3	3	4	4	4	5	5	5	6	6	6	7	7	7	8	8	8	9	9	9	10	10		1	1	1	1	2	2	순행	대운
8	7	7	7	6	6	6	5	5	5	4	4	4	3	3	3	2	2	2	1	1	1	1		10	9	9	9	8	8	역행	대운
																											4		3	월	양력
28	27	26	25	24	23	22	21	20	19	18	17	16	15	14	13	12	11	10	9	8	7	6	5	4	3	2	1	31	30	일	양력
戊申	丁未	丙午	乙巳	甲辰	癸卯	壬寅	辛丑	庚子	己亥	戊戌	丁酉	丙申	乙未	甲午	癸巳	壬辰	辛卯	庚寅	己丑	戊子	丁亥	丙戌	乙酉	甲申	癸未	壬午	辛巳	庚辰	己卯	일진	
월	일	토	금	목	수	화	卯初	일	토	금	목	수	화	월	일	토	금	목	수	화	월	일	亥初	금	목	수	화	월	일	절기시각	

4月小(辛巳) 입하

						소만																입하4								절기	
	29	28	27	26	25	24	23	22	21	20	19	18	17	16	15	14	13	12	11	10	9	8	7	6	5	4	3	2	1	음력	
	3	4	4	4	5	5	5	6	6	6	7	7	7	8	8	8	9	9	9	10	10		1	1	1	1	2	2	2	순행	대운
	7	7	6	6	6	5	5	5	4	4	4	3	3	3	2	2	2	1	1	1	1		10	10	9	9	9	8	8	역행	대운
																											5		4	월	양력
	27	26	25	24	23	22	21	20	19	18	17	16	15	14	13	12	11	10	9	8	7	6	5	4	3	2	1	30	29	일	양력
	丁丑	丙子	乙亥	甲戌	癸酉	壬申	辛未	庚午	己巳	戊辰	丁卯	丙寅	乙丑	甲子	癸亥	壬戌	辛酉	庚申	己未	戊午	丁巳	丙辰	乙卯	甲寅	癸丑	壬子	辛亥	庚戌	己酉	일진	
	화	월	일	토	금	寅正	수	화	월	일	토	금	목	수	화	월	일	토	금	목	수	申初	월	일	토	금	목	수	화	절기시각	

5月小(壬午) 망종

				하지																망종5										절기	
	29	28	27	26	25	24	23	22	21	20	19	18	17	16	15	14	13	12	11	10	9	8	7	6	5	4	3	2	1	음력	
	4	5	5	5	6	6	6	7	7	7	8	8	8	9	9	9	10	10	10		1	1	1	1	2	2	2	3	3	순행	대운
	6	6	6	5	5	5	4	4	4	3	3	3	2	2	2	1	1	1	1		10	10	9	9	9	8	8	8	7	역행	대운
																									6				5	월	양력
	25	24	23	22	21	20	19	18	17	16	15	14	13	12	11	10	9	8	7	6	5	4	3	2	1	31	30	29	28	일	양력
	丙午	乙巳	甲辰	癸卯	壬寅	辛丑	庚子	己亥	戊戌	丁酉	丙申	乙未	甲午	癸巳	壬辰	辛卯	庚寅	己丑	戊子	丁亥	丙戌	乙酉	甲申	癸未	壬午	辛巳	庚辰	己卯	戊寅	일진	
	수	화	월	午正	토	금	목	수	화	월	일	토	금	목	수	화	월	일	토	戌初	목	수	화	월	일	토	금	목	수	절기시각	

6月大(癸未) 소서

		대서															소서6													절기	
30	29	28	27	26	25	24	23	22	21	20	19	18	17	16	15	14	13	12	11	10	9	8	7	6	5	4	3	2	1	음력	
5	5	5	6	6	6	7	7	7	8	8	8	9	9	9	10	10		1	1	1	1	2	2	2	3	3	3	4	4	순행	대운
6	5	5	5	4	4	4	3	3	3	2	2	2	1	1	1	1		10	10	10	9	9	9	8	8	8	7	7	7	역행	대운
																								7					6	월	양력
25	24	23	22	21	20	19	18	17	16	15	14	13	12	11	10	9	8	7	6	5	4	3	2	1	30	29	28	27	26	일	양력
丙子	乙亥	甲戌	癸酉	壬申	辛未	庚午	己巳	戊辰	丁卯	丙寅	乙丑	甲子	癸亥	壬戌	辛酉	庚申	己未	戊午	丁巳	丙辰	乙卯	甲寅	癸丑	壬子	辛亥	庚戌	己酉	戊申	丁未	일진	
금	목	子初	화	월	일	토	금	목	수	화	월	일	토	금	목	수	卯正	월	일	토	금	목	수	화	월	일	토	금	목	절기시각	

• 집이 작으면서 대문이 큰 집은 감당하기 어려운 일이 자주 생긴다.

																입추7														절기	윤6月小
	29	28	27	26	25	24	23	22	21	20	19	18	17	16	15	**14**	13	12	11	10	9	8	7	6	5	4	3	2	1	음력	
	5	6	6	6	7	7	7	8	8	8	9	9	9	10	10		1	1	1	1	2	2	2	3	3	3	4	4	4	대운 순행	
	5	5	4	4	4	3	3	3	2	2	2	1	1	1	1		10	10	9	9	9	8	8	8	7	7	7	6	6	대운 역행	
																							8						7	양력 월	
	23	22	21	20	19	18	17	16	15	14	13	12	11	10	9	8	7	6	5	4	3	2	1	31	30	29	28	27	26	양력 일	
	乙巳	甲辰	癸卯	壬寅	辛丑	庚子	己亥	戊戌	丁酉	丙申	乙未	甲午	癸巳	壬辰	辛卯	庚寅	己丑	戊子	丁亥	丙戌	乙酉	甲申	癸未	壬午	辛巳	庚辰	己卯	戊寅	丁丑	일진	
	토	금	목	수	화	월	일	토	금	목	수	화	월	일	토	申初	목	수	화	월	일	토	금	목	수	화	월	일	토	절기시각	

															백로8														처서	절기	7月小(甲申)입추
	29	28	27	26	25	24	23	22	21	20	19	18	17	**16**	15	14	13	12	11	10	9	8	7	6	5	4	3	2	**1**	음력	
	6	6	7	7	7	8	8	8	9	9	9	10	10		1	1	1	1	2	2	2	3	3	3	4	4	4	5	5	대운 순행	
	4	4	4	3	3	3	2	2	2	1	1	1	1		10	10	9	9	9	8	8	8	7	7	7	6	6	6	5	대운 역행	
																					9								8	양력 월	
	21	20	19	18	17	16	15	14	13	12	11	10	9	8	7	6	5	4	3	2	1	31	30	29	28	27	26	25	24	양력 일	
	甲戌	癸酉	壬申	辛未	庚午	己巳	戊辰	丁卯	丙寅	乙丑	甲子	癸亥	壬戌	辛酉	庚申	己未	戊午	丁巳	丙辰	乙卯	甲寅	癸丑	壬子	辛亥	庚戌	己酉	戊申	丁未	丙午	일진	
	일	토	금	목	수	화	월	일	토	금	목	수	화	酉正	일	토	금	목	수	화	월	일	토	금	목	수	화	월	卯正	절기시각	

												한로9															추분			절기	8月大(乙酉)백로
30	29	28	27	26	25	24	23	22	21	20	19	**18**	17	16	15	14	13	12	11	10	9	8	7	6	5	4	**3**	2	1	음력	
6	6	7	7	7	8	8	8	9	9	9	10		1	1	1	1	2	2	2	3	3	3	4	4	4	5	5	5	6	대운 순행	
4	4	3	3	3	2	2	2	1	1	1	1		10	10	9	9	9	8	8	8	7	7	7	6	6	6	5	5	5	대운 역행	
																				10									9	양력 월	
21	20	19	18	17	16	15	14	13	12	11	10	9	8	7	6	5	4	3	2	1	30	29	28	27	26	25	24	23	22	양력 일	
甲辰	癸卯	壬寅	辛丑	庚子	己亥	戊戌	丁酉	丙申	乙未	甲午	癸巳	壬辰	辛卯	庚寅	己丑	戊子	丁亥	丙戌	乙酉	甲申	癸未	壬午	辛巳	庚辰	己卯	戊寅	丁丑	丙子	乙亥	일진	
화	월	일	토	금	목	수	화	월	일	토	금	巳初	수	화	월	일	토	금	목	수	화	월	일	토	금	목	寅初	화	월	절기시각	

												입동10															상강			절기	9月小(丙戌)한로
	29	28	27	26	25	24	23	22	21	20	19	**18**	17	16	15	14	13	12	11	10	9	8	7	6	5	4	**3**	2	1	음력	
	6	7	7	7	8	8	8	9	9	9	10		1	1	1	1	2	2	2	3	3	3	4	4	4	5	5	5	6	대운 순행	
	4	3	3	3	2	2	2	1	1	1	1		10	9	9	9	8	8	8	7	7	7	6	6	6	5	5	5	4	대운 역행	
																			11										10	양력 월	
	19	18	17	16	15	14	13	12	11	10	9	8	7	6	5	4	3	2	1	31	30	29	28	27	26	25	24	23	22	양력 일	
	癸酉	壬申	辛未	庚午	己巳	戊辰	丁卯	丙寅	乙丑	甲子	癸亥	壬戌	辛酉	庚申	己未	戊午	丁巳	丙辰	乙卯	甲寅	癸丑	壬子	辛亥	庚戌	己酉	戊申	丁未	丙午	乙巳	일진	
	수	화	월	일	토	금	목	수	화	월	일	午正	금	목	수	화	월	일	토	금	목	수	화	월	일	토	午正	목	수	절기시각	

											대설11															소설				절기	10月大(丁亥)입동
30	29	28	27	26	25	24	23	22	21	20	**19**	18	17	16	15	14	13	12	11	10	9	8	7	6	5	**4**	3	2	1	음력	
6	6	7	7	7	8	8	8	9	9	9		1	1	1	1	2	2	2	3	3	3	4	4	4	5	5	5	6	6	대운 순행	
4	3	3	3	2	2	2	1	1	1	1		10	9	9	9	8	8	8	7	7	7	6	6	6	5	5	5	4	4	대운 역행	
																		12											11	양력 월	
19	18	17	16	15	14	13	12	11	10	9	8	7	6	5	4	3	2	1	30	29	28	27	26	25	24	23	22	21	20	양력 일	
癸卯	壬寅	辛丑	庚子	己亥	戊戌	丁酉	丙申	乙未	甲午	癸巳	壬辰	辛卯	庚寅	己丑	戊子	丁亥	丙戌	乙酉	甲申	癸未	壬午	辛巳	庚辰	己卯	戊寅	丁丑	丙子	乙亥	甲戌	일진	
금	목	수	화	월	일	토	금	목	수	화	寅正	일	토	금	목	수	화	월	일	토	금	목	수	화	월	巳初	토	금	목	절기시각	

												소한12															동지			절기	11月大(戊子)대설
30	29	28	27	26	25	24	23	22	21	20	19	**18**	17	16	15	14	13	12	11	10	9	8	7	6	5	4	**3**	2	1	음력	
6	6	7	7	7	8	8	8	9	9	9	10		1	1	1	1	2	2	2	3	3	3	4	4	4	5	5	5	6	대운 순행	
4	4	3	3	3	2	2	2	1	1	1	1		9	9	9	8	8	8	7	7	7	6	6	6	5	5	5	4	4	대운 역행	
																	1												12	양력 월	
18	17	16	15	14	13	12	11	10	9	8	7	6	5	4	3	2	1	31	30	29	28	27	26	25	24	23	22	21	20	양력 일	
癸酉	壬申	辛未	庚午	己巳	戊辰	丁卯	丙寅	乙丑	甲子	癸亥	壬戌	辛酉	庚申	己未	戊午	丁巳	丙辰	乙卯	甲寅	癸丑	壬子	辛亥	庚戌	己酉	戊申	丁未	丙午	乙巳	甲辰	일진	
일	토	금	목	수	화	월	일	토	금	목	수	申初	월	일	토	금	목	수	화	월	일	토	금	목	수	화	亥正	일	토	절기시각	

												입춘1															대한			절기	12月小(己丑)소한
	29	28	27	26	25	24	23	22	21	20	19	**18**	17	16	15	14	13	12	11	10	9	8	7	6	5	4	**3**	2	1	음력	
	6	6	7	7	7	8	8	8	9	9	9		1	1	1	1	2	2	2	3	3	3	4	4	4	5	5	5	6	대운 순행	
	4	3	3	3	2	2	2	1	1	1	1		10	9	9	9	8	8	8	7	7	7	6	6	6	5	5	5	4	대운 역행	
																2													1	양력 월	
	16	15	14	13	12	11	10	9	8	7	6	5	4	3	2	1	31	30	29	28	27	26	25	24	23	22	21	20	19	양력 일	
	壬寅	辛丑	庚子	己亥	戊戌	丁酉	丙申	乙未	甲午	癸巳	壬辰	辛卯	庚寅	己丑	戊子	丁亥	丙戌	乙酉	甲申	癸未	壬午	辛巳	庚辰	己卯	戊寅	丁丑	丙子	乙亥	甲戌	일진	
	월	일	토	금	목	수	화	월	일	토	금	寅初	수	화	월	일	토	금	목	수	화	월	일	토	금	목	巳初	화	월	절기시각	

• 비견 · 겁재가 養이면 형제들이 온순하다.

서기 1931년
단기 4264년

辛未年

상문 : 酉　대장군 : 東
조객 : 巳　삼　재 : 亥卯未
삼살 : 西

1月大(庚寅) 입춘

												경칩2															우수			절기
30	29	28	27	26	25	24	23	22	21	20	19	18	17	16	15	14	13	12	11	10	9	8	7	6	5	4	3	2	1	음력
6	7	7	7	8	8	8	9	9	9	10	10		1	1	1	1	2	2	2	3	3	3	4	4	4	5	5	5	6	대운 순행
4	4	3	3	3	2	2	2	1	1	1	1		9	9	9	8	8	8	7	7	7	6	6	6	5	5	5	4	4	대운 역행
																	3												2	양력 월
18	17	16	15	14	13	12	11	10	9	8	7	6	5	4	3	2	1	28	27	26	25	24	23	22	21	20	19	18	17	양력 일
壬申	辛未	庚午	己巳	戊辰	丁卯	丙寅	乙丑	甲子	癸亥	壬戌	辛酉	庚申	己未	戊午	丁巳	丙辰	乙卯	甲寅	癸丑	壬子	辛亥	庚戌	己酉	戊申	丁未	丙午	乙巳	甲辰	癸卯	일진
수	화	월	일	토	금	목	수	화	월	일	토	亥正	목	수	화	월	일	토	금	목	수	화	월	일	토	금	子初	수	화	절기시각

2月大(辛卯) 경칩

											청명3																춘분			절기
30	29	28	27	26	25	24	23	22	21	20	19	18	17	16	15	14	13	12	11	10	9	8	7	6	5	4	3	2	1	음력
6	7	7	7	8	8	8	9	9	9	10		1	1	1	1	2	2	2	3	3	3	4	4	4	5	5	5	6	6	대운 순행
4	3	3	3	2	2	2	1	1	1	1		10	10	9	9	9	8	8	8	7	7	7	6	6	6	5	5	5	4	대운 역행
																4													3	양력 월
17	16	15	14	13	12	11	10	9	8	7	6	5	4	3	2	1	31	30	29	28	27	26	25	24	23	22	21	20	19	양력 일
壬寅	辛丑	庚子	己亥	戊戌	丁酉	丙申	乙未	甲午	癸巳	壬辰	辛卯	庚寅	己丑	戊子	丁亥	丙戌	乙酉	甲申	癸未	壬午	辛巳	庚辰	己卯	戊寅	丁丑	丙子	乙亥	甲戌	癸酉	일진
금	목	수	화	월	일	토	금	목	수	화	寅初	일	토	금	목	수	화	월	일	토	금	목	수	화	월	일	子初	금	목	절기시각

3月大(壬辰) 청명

											입하4															곡우				절기
30	29	28	27	26	25	24	23	22	21	20	19	18	17	16	15	14	13	12	11	10	9	8	7	6	5	4	3	2	1	음력
7	7	8	8	8	9	9	9	10	10	10		1	1	1	1	2	2	2	3	3	3	4	4	4	5	5	5	6	6	대운 순행
4	3	3	3	2	2	2	1	1	1	1		10	9	9	9	8	8	8	7	7	7	6	6	6	5	5	5	4	4	대운 역행
																5													4	양력 월
17	16	15	14	13	12	11	10	9	8	7	6	5	4	3	2	1	30	29	28	27	26	25	24	23	22	21	20	19	18	양력 일
壬申	辛未	庚午	己巳	戊辰	丁卯	丙寅	乙丑	甲子	癸亥	壬戌	辛酉	庚申	己未	戊午	丁巳	丙辰	乙卯	甲寅	癸丑	壬子	辛亥	庚戌	己酉	戊申	丁未	丙午	乙巳	甲辰	癸卯	일진
일	토	금	목	수	화	월	일	토	금	목	亥初	화	월	일	토	금	목	수	화	월	일	토	금	목	수	巳正	월	일	토	절기시각

4月小(癸巳) 입하

									망종5																소만					절기
	29	28	27	26	25	24	23	22	21	20	19	18	17	16	15	14	13	12	11	10	9	8	7	6	5	4	3	2	1	음력
	8	8	8	9	9	9	10	10		1	1	1	1	2	2	2	3	3	3	4	4	4	5	5	5	6	6	6	7	대운 순행
	3	2	2	2	1	1	1	1		10	10	10	9	9	9	8	8	8	7	7	7	6	6	6	5	5	5	4	4	대운 역행
															6														5	양력 월
	15	14	13	12	11	10	9	8	7	6	5	4	3	2	1	31	30	29	28	27	26	25	24	23	22	21	20	19	18	양력 일
	辛丑	庚子	己亥	戊戌	丁酉	丙申	乙未	甲午	癸巳	壬辰	辛卯	庚寅	己丑	戊子	丁亥	丙戌	乙酉	甲申	癸未	壬午	辛巳	庚辰	己卯	戊寅	丁丑	丙子	乙亥	甲戌	癸酉	일진
	월	일	토	금	목	수	화	월	丑初	토	금	목	수	화	월	일	토	금	목	수	화	월	일	토	巳正	목	수	화	월	절기시각

5月小(甲午) 망종

							소서6																하지							절기
	29	28	27	26	25	24	23	22	21	20	19	18	17	16	15	14	13	12	11	10	9	8	7	6	5	4	3	2	1	음력
	8	9	9	9	10	10		1	1	1	1	2	2	2	3	3	3	4	4	4	5	5	5	6	6	6	7	7	7	대운 순행
	2	2	1	1	1	1		10	10	9	9	9	8	8	8	7	7	7	6	6	6	5	5	5	4	4	4	3	3	대운 역행
														7															6	양력 월
	14	13	12	11	10	9	8	7	6	5	4	3	2	1	30	29	28	27	26	25	24	23	22	21	20	19	18	17	16	양력 일
	庚午	己巳	戊辰	丁卯	丙寅	乙丑	甲子	癸亥	壬戌	辛酉	庚申	己未	戊午	丁巳	丙辰	乙卯	甲寅	癸丑	壬子	辛亥	庚戌	己酉	戊申	丁未	丙午	乙巳	甲辰	癸卯	壬寅	일진
	화	월	일	토	금	목	午正	화	월	일	토	금	목	수	화	월	일	토	금	목	수	화	酉正	일	토	금	목	수	화	절기시각

6月大(乙未) 소서

					입추7															대서										절기
30	29	28	27	26	25	24	23	22	21	20	19	18	17	16	15	14	13	12	11	10	9	8	7	6	5	4	3	2	1	음력
9	9	10	10	10		1	1	1	1	2	2	2	3	3	3	4	4	4	5	5	5	6	6	6	7	7	7	8	8	대운 순행
2	1	1	1	1		10	10	9	9	9	8	8	8	7	7	7	6	6	6	5	5	5	4	4	4	3	3	3	2	대운 역행
												8																	7	양력 월
13	12	11	10	9	8	7	6	5	4	3	2	1	31	30	29	28	27	26	25	24	23	22	21	20	19	18	17	16	15	양력 일
庚子	己亥	戊戌	丁酉	丙申	乙未	甲午	癸巳	壬辰	辛卯	庚寅	己丑	戊子	丁亥	丙戌	乙酉	甲申	癸未	壬午	辛巳	庚辰	己卯	戊寅	丁丑	丙子	乙亥	甲戌	癸酉	壬申	辛未	일진
목	수	화	월	일	亥初	금	목	수	화	월	일	토	금	목	수	화	월	일	토	卯初	목	수	화	월	일	토	금	목	수	절기시각

• 집이 크면서 대문이 작으면 그 집 주인은 소심한 사람이오, 음흉한 사람이다.

7月小(丙申) 입추

			백로8																처서											절기
	29	28	**27**	26	25	24	23	22	21	20	19	18	17	16	15	14	13	12	**11**	10	9	8	7	6	5	4	3	2	1	음력
	9	10		1	1	1	1	2	2	2	3	3	3	4	4	4	5	5	5	6	6	6	7	7	7	8	8	8	9	대운 순행
	1	1		10	10	10	9	9	9	8	8	8	7	7	7	6	6	6	5	5	5	4	4	4	3	3	3	2	2	대운 역행
											9																		8	양력 월
	11	10	9	8	7	6	5	4	3	2	1	31	30	29	28	27	26	25	24	23	22	21	20	19	18	17	16	15	14	양력 일
	己巳	戊辰	丁卯	丙寅	乙丑	甲子	癸亥	壬戌	辛酉	庚申	己未	戊午	丁巳	丙辰	乙卯	甲寅	癸丑	壬子	辛亥	庚戌	己酉	戊申	丁未	丙午	乙巳	甲辰	癸卯	壬寅	辛丑	일진
	금	목	子正	화	월	일	토	금	목	수	화	월	일	토	금	목	수	화	午正	일	토	금	목	수	화	월	일	토	금	절기시각

8月小(丁酉) 백로

		한로9															추분													절기
	29	**28**	27	26	25	24	23	22	21	20	19	18	17	16	15	14	**13**	12	11	10	9	8	7	6	5	4	3	2	1	음력
	10		1	1	1	1	2	2	2	3	3	3	4	4	4	5	5	5	6	6	6	7	7	7	8	8	8	9	9	대운 순행
	1		10	9	9	9	8	8	8	7	7	7	6	6	6	5	5	5	4	4	4	3	3	3	2	2	2	1	1	대운 역행
										10																			9	양력 월
	10	9	8	7	6	5	4	3	2	1	30	29	28	27	26	25	24	23	22	21	20	19	18	17	16	15	14	13	12	양력 일
	戊戌	丁酉	丙申	乙未	甲午	癸巳	壬辰	辛卯	庚寅	己丑	戊子	丁亥	丙戌	乙酉	甲申	癸未	壬午	辛巳	庚辰	己卯	戊寅	丁丑	丙子	乙亥	甲戌	癸酉	壬申	辛未	庚午	일진
	토	申初	목	수	화	월	일	토	금	목	수	화	월	일	토	금	巳初	수	화	월	일	토	금	목	수	화	월	일	토	절기시각

9月大(戊戌) 한로

	입동10															상강														절기
30	**29**	28	27	26	25	24	23	22	21	20	19	18	17	16	15	**14**	13	12	11	10	9	8	7	6	5	4	3	2	1	음력
10		1	1	1	1	2	2	2	3	3	3	4	4	4	5	5	5	6	6	6	7	7	7	8	8	8	9	9	9	대운 순행
1		10	9	9	9	8	8	8	7	7	7	6	6	6	5	5	5	4	4	4	3	3	3	2	2	2	1	1	1	대운 역행
								11																					10	양력 월
9	8	7	6	5	4	3	2	1	31	30	29	28	27	26	25	24	23	22	21	20	19	18	17	16	15	14	13	12	11	양력 일
戊辰	丁卯	丙寅	乙丑	甲子	癸亥	壬戌	辛酉	庚申	己未	戊午	丁巳	丙辰	乙卯	甲寅	癸丑	壬子	辛亥	庚戌	己酉	戊申	丁未	丙午	乙巳	甲辰	癸卯	壬寅	辛丑	庚子	己亥	일진
월	酉正	토	금	목	수	화	월	일	토	금	목	수	화	월	일	酉正	금	목	수	화	월	일	토	금	목	수	화	월	일	절기시각

10月小(己亥) 입동

	대설11															소설														절기
	29	28	27	26	25	24	23	22	21	20	19	18	17	16	15	**14**	13	12	11	10	9	8	7	6	5	4	3	2	1	음력
		1	1	1	1	2	2	2	3	3	3	4	4	4	5	5	5	6	6	6	7	7	7	8	8	8	9	9	9	대운 순행
		10	9	9	9	8	8	8	7	7	7	6	6	6	5	5	5	4	4	4	3	3	3	2	2	2	1	1	1	대운 역행
								12																					11	양력 월
	8	7	6	5	4	3	2	1	30	29	28	27	26	25	24	23	22	21	20	19	18	17	16	15	14	13	12	11	10	양력 일
	丁酉	丙申	乙未	甲午	癸巳	壬辰	辛卯	庚寅	己丑	戊子	丁亥	丙戌	乙酉	甲申	癸未	壬午	辛巳	庚辰	己卯	戊寅	丁丑	丙子	乙亥	甲戌	癸酉	壬申	辛未	庚午	己巳	일진
	巳正	월	일	토	금	목	수	화	월	일	토	금	목	수	화	申初	일	토	금	목	수	화	월	일	토	금	목	수	화	절기시각

11月大(庚子) 대설

	소한12														동지															절기
30	**29**	28	27	26	25	24	23	22	21	20	19	18	17	16	**15**	14	13	12	11	10	9	8	7	6	5	4	3	2	1	음력
10		1	1	1	1	2	2	2	3	3	3	4	4	4	5	5	5	6	6	6	7	7	7	8	8	8	9	9	9	대운 순행
1		9	9	9	8	8	8	7	7	7	6	6	6	5	5	5	4	4	4	3	3	3	2	2	2	1	1	1	1	대운 역행
						1																							12	양력 월
7	6	5	4	3	2	1	31	30	29	28	27	26	25	24	23	22	21	20	19	18	17	16	15	14	13	12	11	10	9	양력 일
丁卯	丙寅	乙丑	甲子	癸亥	壬戌	辛酉	庚申	己未	戊午	丁巳	丙辰	乙卯	甲寅	癸丑	壬子	辛亥	庚戌	己酉	戊申	丁未	丙午	乙巳	甲辰	癸卯	壬寅	辛丑	庚子	己亥	戊戌	일진
목	亥初	화	월	일	토	금	목	수	화	월	일	토	금	목	寅正	화	월	일	토	금	목	수	화	월	일	토	금	목	수	절기시각

12月小(辛丑) 소한

	입춘1															대한														절기
	29	28	27	26	25	24	23	22	21	20	19	18	17	16	15	**14**	13	12	11	10	9	8	7	6	5	4	3	2	1	음력
		1	1	1	1	2	2	2	3	3	3	4	4	4	5	5	5	6	6	6	7	7	7	8	8	8	9	9	9	대운 순행
		10	9	9	9	8	8	8	7	7	7	6	6	6	5	5	5	4	4	4	3	3	3	2	2	2	1	1	1	대운 역행
					2																								1	양력 월
	5	4	3	2	1	31	30	29	28	27	26	25	24	23	22	21	20	19	18	17	16	15	14	13	12	11	10	9	8	양력 일
	丙申	乙未	甲午	癸巳	壬辰	辛卯	庚寅	己丑	戊子	丁亥	丙戌	乙酉	甲申	癸未	壬午	辛巳	庚辰	己卯	戊寅	丁丑	丙子	乙亥	甲戌	癸酉	壬申	辛未	庚午	己巳	戊辰	일진
	巳初	목	수	화	월	일	토	금	목	수	화	월	일	토	금	申初	수	화	월	일	토	금	목	수	화	월	일	토	금	절기시각

• 식신이 長生이면 의식주가 풍부하다.

서기 1932년
단기 4265년

壬申年

상문 : 戌　대장군 : 南
조객 : 午　삼　재 : 寅午戌
삼살 : 南

30	29	28	27	26	25	24	23	22	21	20	19	18	17	16	15	14	13	12	11	10	9	8	7	6	5	4	3	2	1	구분	月
경칩2															우수															절기	1月大(壬寅) 입춘
30	29	28	27	26	25	24	23	22	21	20	19	18	17	16	**15**	14	13	12	11	10	9	8	7	6	5	4	3	2	1	음력	
	1	1	1	1	2	2	2	3	3	3	4	4	4	5	5	5	6	6	6	7	7	7	8	8	8	9	9	9	10	대운 순행	
	10	9	9	9	8	8	8	7	7	7	6	6	6	5	5	5	4	4	4	3	3	3	2	2	2	1	1	1	1	대운 역행	
					3																								2	양력 월	
6	5	4	3	2	1	29	28	27	26	25	24	23	22	21	20	19	18	17	16	15	14	13	12	11	10	9	8	7	6	양력 일	
丙寅	乙丑	甲子	癸亥	壬戌	辛酉	庚申	己未	戊午	丁巳	丙辰	乙卯	甲寅	癸丑	壬子	辛亥	庚戌	己酉	戊申	丁未	丙午	乙巳	甲辰	癸卯	壬寅	辛丑	庚子	己亥	戊戌	丁酉	일진	
寅初	토	금	목	수	화	월	일	토	금	목	수	화	월	일	卯初	금	목	수	화	월	일	토	금	목	수	화	월	일	토	절기시각	

30	29	28	27	26	25	24	23	22	21	20	19	18	17	16	15	14	13	12	11	10	9	8	7	6	5	4	3	2	1	구분	月
청명3															춘분															절기	2月大(癸卯) 경칩
30	29	28	27	26	25	24	23	22	21	20	19	18	17	16	**15**	14	13	12	11	10	9	8	7	6	5	4	3	2	1	음력	
	1	1	1	1	2	2	2	3	3	3	4	4	4	5	5	5	6	6	6	7	7	7	8	8	8	9	9	9	10	대운 순행	
	10	9	9	9	8	8	8	7	7	7	6	6	6	5	5	5	4	4	4	3	3	3	2	2	2	1	1	1	1	대운 역행	
				4																									3	양력 월	
5	4	3	2	1	31	30	29	28	27	26	25	24	23	22	21	20	19	18	17	16	15	14	13	12	11	10	9	8	7	양력 일	
丙申	乙未	甲午	癸巳	壬辰	辛卯	庚寅	己丑	戊子	丁亥	丙戌	乙酉	甲申	癸未	壬午	辛巳	庚辰	己卯	戊寅	丁丑	丙子	乙亥	甲戌	癸酉	壬申	辛未	庚午	己巳	戊辰	丁卯	일진	
巳初	월	일	토	금	목	수	화	월	일	토	금	목	수	화	寅正	일	토	금	목	수	화	월	일	토	금	목	수	화	월	절기시각	

30	29	28	27	26	25	24	23	22	21	20	19	18	17	16	15	14	13	12	11	10	9	8	7	6	5	4	3	2	1	구분	月
															곡우															절기	3月大(甲辰) 청명
30	29	28	27	26	25	24	23	22	21	20	19	18	17	16	**15**	14	13	12	11	10	9	8	7	6	5	4	3	2	1	음력	
1	1	1	1	2	2	2	3	3	3	4	4	4	5	5	5	6	6	6	7	7	7	8	8	8	9	9	9	10	10	대운 순행	
10	10	9	9	9	8	8	8	7	7	7	6	6	6	5	5	5	4	4	4	3	3	3	2	2	2	1	1	1	1	대운 역행	
				5																									4	양력 월	
5	4	3	2	1	30	29	28	27	26	25	24	23	22	21	20	19	18	17	16	15	14	13	12	11	10	9	8	7	6	양력 일	
丙寅	乙丑	甲子	癸亥	壬戌	辛酉	庚申	己未	戊午	丁巳	丙辰	乙卯	甲寅	癸丑	壬子	辛亥	庚戌	己酉	戊申	丁未	丙午	乙巳	甲辰	癸卯	壬寅	辛丑	庚子	己亥	戊戌	丁酉	일진	
목	수	화	월	일	토	금	목	수	화	월	일	토	금	목	申正	화	월	일	토	금	목	수	화	월	일	토	금	목	수	절기시각	

30	29	28	27	26	25	24	23	22	21	20	19	18	17	16	15	14	13	12	11	10	9	8	7	6	5	4	3	2	1	구분	月
														소만														입하4		절기	4月小(乙巳) 입하
	29	28	27	26	25	24	23	22	21	20	19	18	17	**16**	15	14	13	12	11	10	9	8	7	6	5	4	3	2	**1**	음력	
	1	1	2	2	2	3	3	3	4	4	4	5	5	5	6	6	6	7	7	7	8	8	8	9	9	9	10	10		대운 순행	
	9	9	9	8	8	8	7	7	7	6	6	6	5	5	5	4	4	4	3	3	3	2	2	2	1	1	1	1		대운 역행	
			6																										5	양력 월	
	3	2	1	31	30	29	28	27	26	25	24	23	22	21	20	19	18	17	16	15	14	13	12	11	10	9	8	7	6	양력 일	
	乙未	甲午	癸巳	壬辰	辛卯	庚寅	己丑	戊子	丁亥	丙戌	乙酉	甲申	癸未	壬午	辛巳	庚辰	己卯	戊寅	丁丑	丙子	乙亥	甲戌	癸酉	壬申	辛未	庚午	己巳	戊辰	丁卯	일진	
	금	목	수	화	월	일	토	금	목	수	화	월	일	申正	금	목	수	화	월	일	토	금	목	수	화	월	일	토	丑正	절기시각	

30	29	28	27	26	25	24	23	22	21	20	19	18	17	16	15	14	13	12	11	10	9	8	7	6	5	4	3	2	1	구분	月
											하지																망종5			절기	5月大(丙午) 망종
30	29	28	27	26	25	24	23	22	21	20	**19**	18	17	16	15	14	13	12	11	10	9	8	7	6	5	4	**3**	2	1	음력	
1	2	2	2	3	3	3	4	4	4	5	5	5	6	6	6	7	7	7	8	8	8	9	9	9	10	10		1	1	대운 순행	
9	9	8	8	8	7	7	7	6	6	6	5	5	5	4	4	4	3	3	3	2	2	2	1	1	1	1		10	10	대운 역행	
		7																											6	양력 월	
3	2	1	30	29	28	27	26	25	24	23	22	21	20	19	18	17	16	15	14	13	12	11	10	9	8	7	6	5	4	양력 일	
乙丑	甲子	癸亥	壬戌	辛酉	庚申	己未	戊午	丁巳	丙辰	乙卯	甲寅	癸丑	壬子	辛亥	庚戌	己酉	戊申	丁未	丙午	乙巳	甲辰	癸卯	壬寅	辛丑	庚子	己亥	戊戌	丁酉	丙申	일진	
일	토	금	목	수	화	월	일	토	금	목	子正	화	월	일	토	금	목	수	화	월	일	토	금	목	수	화	辰初	일	토	절기시각	

30	29	28	27	26	25	24	23	22	21	20	19	18	17	16	15	14	13	12	11	10	9	8	7	6	5	4	3	2	1	구분	月
										대서															소서6					절기	6月小(丁未) 소서
	29	28	27	26	25	24	23	22	21	**20**	19	18	17	16	15	14	13	12	11	10	9	8	7	6	5	**4**	3	2	1	음력	
	2	3	3	3	4	4	4	5	5	5	6	6	6	7	7	7	8	8	8	9	9	9	10	10	10		1	1	1	대운 순행	
	8	8	8	7	7	7	6	6	6	5	5	5	4	4	4	3	3	3	2	2	2	1	1	1	1		10	10	9	대운 역행	
	8																												7	양력 월	
	1	31	30	29	28	27	26	25	24	23	22	21	20	19	18	17	16	15	14	13	12	11	10	9	8	7	6	5	4	양력 일	
	甲午	癸巳	壬辰	辛卯	庚寅	己丑	戊子	丁亥	丙戌	乙酉	甲申	癸未	壬午	辛巳	庚辰	己卯	戊寅	丁丑	丙子	乙亥	甲戌	癸酉	壬申	辛未	庚午	己巳	戊辰	丁卯	丙寅	일진	
	월	일	토	금	목	수	화	월	일	午初	금	목	수	화	월	일	토	금	목	수	화	월	일	토	금	酉初	수	화	월	절기시각	

• 우리집과 앞집 대문이 서로 마주보고 있으면 어느 한쪽 집은 패가 한다.(단 아파트는 예외다)

								처서															입추7							절 기	7月大(戊申) 입추
30	29	28	27	26	25	24	23	**22**	21	20	19	18	17	16	15	14	13	12	11	10	9	8	**7**	6	5	4	3	2	1	음 력	
3	3	3	4	4	4	5	5	5	6	6	6	7	7	7	8	8	8	9	9	9	10	10		1	1	1	1	2	2	대운 순행	
8	7	7	7	6	6	6	5	5	5	4	4	4	3	3	3	2	2	2	1	1	1	1		10	10	10	9	9	9	대운 역행	
																													8	양력 월	
31	30	29	28	27	26	25	24	23	22	21	20	19	18	17	16	15	14	13	12	11	10	9	8	7	6	5	4	3	2	양력 일	
甲子	癸亥	壬戌	辛酉	庚申	己未	戊午	丁巳	丙辰	乙卯	甲寅	癸丑	壬子	辛亥	庚戌	己酉	戊申	丁未	丙午	乙巳	甲辰	癸卯	壬寅	辛丑	庚子	己亥	戊戌	丁酉	丙申	乙未	일 진	
수	화	월	일	토	금	목	수	酉正	월	일	토	금	목	수	화	월	일	토	금	목	수	화	寅初	일	토	금	목	수	화	절기시각	

							추분															백로8								절 기	8月小(己酉) 백로
	29	28	27	26	25	24	**23**	22	21	20	19	18	17	16	15	14	13	12	11	10	9	**8**	7	6	5	4	3	2	1	음 력	
	3	3	4	4	4	5	5	5	6	6	6	7	7	7	8	8	8	9	9	9	10		1	1	1	1	2	2	2	대운 순행	
	7	7	6	6	6	5	5	5	4	4	4	3	3	3	2	2	2	1	1	1	1		10	10	9	9	9	8	8	대운 역행	
																													9	양력 월	
	29	28	27	26	25	24	23	22	21	20	19	18	17	16	15	14	13	12	11	10	9	8	7	6	5	4	3	2	1	양력 일	
	癸巳	壬辰	辛卯	庚寅	己丑	戊子	丁亥	丙戌	乙酉	甲申	癸未	壬午	辛巳	庚辰	己卯	戊寅	丁丑	丙子	乙亥	甲戌	癸酉	壬申	辛未	庚午	己巳	戊辰	丁卯	丙寅	乙丑	일 진	
	목	수	화	월	일	토	申初	목	수	화	월	일	토	금	목	수	화	월	일	토	금	卯正	수	화	월	일	토	금	목	절기시각	

					상강																한로9									절 기	9月小(庚戌) 한로
	29	28	27	26	**25**	24	23	22	21	20	19	18	17	16	15	14	13	12	11	10	**9**	8	7	6	5	4	3	2	1	음 력	
	3	4	4	4	5	5	5	6	6	6	7	7	7	8	8	8	9	9	9	10		1	1	1	1	2	2	2	3	대운 순행	
	7	6	6	6	5	5	5	4	4	4	3	3	3	2	2	2	1	1	1	1		10	9	9	9	8	8	8	7	대운 역행	
																												10	9	양력 월	
	28	27	26	25	24	23	22	21	20	19	18	17	16	15	14	13	12	11	10	9	8	7	6	5	4	3	2	1	30	양력 일	
	壬戌	辛酉	庚申	己未	戊午	丁巳	丙辰	乙卯	甲寅	癸丑	壬子	辛亥	庚戌	己酉	戊申	丁未	丙午	乙巳	甲辰	癸卯	壬寅	辛丑	庚子	己亥	戊戌	丁酉	丙申	乙未	甲午	일 진	
	금	목	수	화	子正	일	토	금	목	수	화	월	일	토	금	목	수	화	월	일	亥初	금	목	수	화	월	일	토	금	절기시각	

					소설															입동10										절 기	10月大(辛亥) 입동
30	29	28	27	26	**25**	24	23	22	21	20	19	18	17	16	15	14	13	12	11	**10**	9	8	7	6	5	4	3	2	1	음 력	
3	4	4	4	5	5	5	6	6	6	7	7	7	8	8	8	9	9	9	10		1	1	1	1	2	2	2	3	3	대운 순행	
7	6	6	6	5	5	5	4	4	4	3	3	3	2	2	2	1	1	1	1		10	9	9	9	8	8	8	7	7	대운 역행	
																										11			10	양력 월	
27	26	25	24	23	22	21	20	19	18	17	16	15	14	13	12	11	10	9	8	7	6	5	4	3	2	1	31	30	29	양력 일	
壬辰	辛卯	庚寅	己丑	戊子	丁亥	丙戌	乙酉	甲申	癸未	壬午	辛巳	庚辰	己卯	戊寅	丁丑	丙子	乙亥	甲戌	癸酉	壬申	辛未	庚午	己巳	戊辰	丁卯	丙寅	乙丑	甲子	癸亥	일 진	
일	토	금	목	수	亥初	월	일	토	금	목	수	화	월	일	토	금	목	수	화	子初	일	토	금	목	수	화	월	일	토	절기시각	

					동지															대설11										절 기	11月小(壬子) 대설
	29	28	27	26	**25**	24	23	22	21	20	19	18	17	16	15	14	13	12	11	**10**	9	8	7	6	5	4	3	2	1	음 력	
	4	4	4	5	5	5	6	6	6	7	7	7	8	8	8	9	9	9	10		1	1	1	1	2	2	2	3	3	대운 순행	
	6	6	6	5	5	5	4	4	4	3	3	3	2	2	2	1	1	1	1		10	9	9	9	8	8	8	7	7	대운 역행	
																										12			11	양력 월	
	26	25	24	23	22	21	20	19	18	17	16	15	14	13	12	11	10	9	8	7	6	5	4	3	2	1	30	29	28	양력 일	
	辛酉	庚申	己未	戊午	丁巳	丙辰	乙卯	甲寅	癸丑	壬子	辛亥	庚戌	己酉	戊申	丁未	丙午	乙巳	甲辰	癸卯	壬寅	辛丑	庚子	己亥	戊戌	丁酉	丙申	乙未	甲午	癸巳	일 진	
	월	일	토	금	巳正	수	화	월	일	토	금	목	수	화	월	일	토	금	목	卯正	화	월	일	토	금	목	수	화	월	절기시각	

					대한														소한12											절 기	12月大(癸丑) 소한
30	29	28	27	26	**25**	24	23	22	21	20	19	18	17	16	15	14	13	12	**11**	10	9	8	7	6	5	4	3	2	1	음 력	
3	4	4	4	5	5	5	6	6	6	7	7	7	8	8	8	9	9	9		1	1	1	1	2	2	2	3	3	3	대운 순행	
6	6	6	5	5	5	4	4	4	3	3	3	2	2	2	1	1	1	1		10	9	9	9	8	8	8	7	7	7	대운 역행	
																								1					12	양력 월	
25	24	23	22	21	20	19	18	17	16	15	14	13	12	11	10	9	8	7	6	5	4	3	2	1	31	30	29	28	27	양력 일	
辛卯	庚寅	己丑	戊子	丁亥	丙戌	乙酉	甲申	癸未	壬午	辛巳	庚辰	己卯	戊寅	丁丑	丙子	乙亥	甲戌	癸酉	壬申	辛未	庚午	己巳	戊辰	丁卯	丙寅	乙丑	甲子	癸亥	壬戌	일 진	
수	화	월	일	토	戌正	목	수	화	월	일	토	금	목	수	화	월	일	토	寅正	목	수	화	월	일	토	금	목	수	화	절기시각	

• 官이 長生이면 직위가 높고 직업운이 좋다.

서기 1933년
단기 4266년

癸酉年

상문 : 亥　대장군 : 南
조객 : 未　삼　재 : 寅午戌
삼살 : 東

					우수															입춘1										절기		1月小(甲寅)입춘
	29	28	27	26	**25**	24	23	22	21	20	19	18	17	16	15	14	13	12	11	**10**	9	8	7	6	5	4	3	2	1	음력		
	4	4	4	5	5	5	6	6	6	7	7	7	8	8	8	9	9	9	10		1	1	1	1	2	2	2	3	3	순행	대운	
	6	6	6	5	5	5	4	4	4	3	3	3	2	2	2	1	1	1	1		9	9	9	8	8	8	7	7	7	역행		
																							2						1	월	양력	
	23	22	21	20	19	18	17	16	15	14	13	12	11	10	9	8	7	6	5	4	3	2	1	31	30	29	28	27	26	일		
	庚申	己未	戊午	丁巳	丙辰	乙卯	甲寅	癸丑	壬子	辛亥	庚戌	己酉	戊申	丁未	丙午	乙巳	甲辰	癸卯	壬寅	辛丑	庚子	己亥	戊戌	丁酉	丙申	乙未	甲午	癸巳	壬辰	일진		
	목	수	화	월	午初	토	금	목	수	화	월	일	토	금	목	수	화	월	일	申初	금	목	수	화	월	일	토	금	목	절기시각		

				춘분															경칩2											절기		2月大(乙卯)경칩
30	29	28	27	**26**	25	24	23	22	21	20	19	18	17	16	15	14	13	12	**11**	10	9	8	7	6	5	4	3	2	1	음력		
4	4	4	5	5	5	6	6	6	7	7	7	8	8	8	9	9	9	10		1	1	1	1	2	2	2	3	3	3	순행	대운	
6	6	6	5	5	5	4	4	4	3	3	3	2	2	2	1	1	1	1		10	9	9	9	8	8	8	7	7	7	역행		
																								3					2	월	양력	
25	24	23	22	21	20	19	18	17	16	15	14	13	12	11	10	9	8	7	6	5	4	3	2	1	28	27	26	25	24	일		
庚寅	己丑	戊子	丁亥	丙戌	乙酉	甲申	癸未	壬午	辛巳	庚辰	己卯	戊寅	丁丑	丙子	乙亥	甲戌	癸酉	壬申	辛未	庚午	己巳	戊辰	丁卯	丙寅	乙丑	甲子	癸亥	壬戌	辛酉	일진		
토	금	목	수	巳正	월	일	토	금	목	수	화	월	일	토	금	목	수	화	巳初	일	토	금	목	수	화	월	일	토	금	절기시각		

				곡우															청명3											절기		3月大(丙辰)청명
30	29	28	27	**26**	25	24	23	22	21	20	19	18	17	16	15	14	13	12	**11**	10	9	8	7	6	5	4	3	2	1	음력		
4	4	5	5	5	6	6	6	7	7	7	8	8	8	9	9	9	10	10		1	1	1	1	2	2	2	3	3	3	순행	대운	
6	6	6	5	5	5	4	4	4	3	3	3	2	2	2	1	1	1	1		10	9	9	9	8	8	8	7	7	7	역행		
																							4						3	월	양력	
24	23	22	21	20	19	18	17	16	15	14	13	12	11	10	9	8	7	6	5	4	3	2	1	31	30	29	28	27	26	일		
庚申	己未	戊午	丁巳	丙辰	乙卯	甲寅	癸丑	壬子	辛亥	庚戌	己酉	戊申	丁未	丙午	乙巳	甲辰	癸卯	壬寅	辛丑	庚子	己亥	戊戌	丁酉	丙申	乙未	甲午	癸巳	壬辰	辛卯	일진		
월	일	토	금	亥正	수	화	월	일	토	금	목	수	화	월	일	토	금	목	未正	화	월	일	토	금	목	수	화	월	일	절기시각		

			소만															입하4												절기		4月小(丁巳)입하
	29	28	**27**	26	25	24	23	22	21	20	19	18	17	16	15	14	13	**12**	11	10	9	8	7	6	5	4	3	2	1	음력		
	5	5	5	6	6	6	7	7	7	8	8	8	9	9	9	10	10		1	1	1	1	2	2	2	3	3	3	4	순행	대운	
	6	5	5	5	4	4	4	3	3	3	2	2	2	1	1	1	1		10	10	9	9	9	8	8	8	7	7	7	역행		
																							5						4	월	양력	
	23	22	21	20	19	18	17	16	15	14	13	12	11	10	9	8	7	6	5	4	3	2	1	30	29	28	27	26	25	일		
	己丑	戊子	丁亥	丙戌	乙酉	甲申	癸未	壬午	辛巳	庚辰	己卯	戊寅	丁丑	丙子	乙亥	甲戌	癸酉	壬申	辛未	庚午	己巳	戊辰	丁卯	丙寅	乙丑	甲子	癸亥	壬戌	辛酉	일진		
	화	월	亥初	토	금	목	수	화	월	일	토	금	목	수	화	월	일	辰正	금	목	수	화	월	일	토	금	목	수	화	절기시각		

하지																망종5														절기		5月大(戊午)망종
30	29	28	27	26	25	24	23	22	21	20	19	18	17	16	15	**14**	13	12	11	10	9	8	7	6	5	4	3	2	1	음력		
5	5	6	6	6	7	7	7	8	8	8	9	9	9	10	10		1	1	1	1	2	2	2	3	3	3	4	4	4	순행	대운	
5	5	5	4	4	4	3	3	3	2	2	2	1	1	1	1		10	10	9	9	9	8	8	8	7	7	7	6	6	역행		
																					6								5	월	양력	
22	21	20	19	18	17	16	15	14	13	12	11	10	9	8	7	6	5	4	3	2	1	31	30	29	28	27	26	25	24	일		
己未	戊午	丁巳	丙辰	乙卯	甲寅	癸丑	壬子	辛亥	庚戌	己酉	戊申	丁未	丙午	乙巳	甲辰	癸卯	壬寅	辛丑	庚子	己亥	戊戌	丁酉	丙申	乙未	甲午	癸巳	壬辰	辛卯	庚寅	일진		
卯正	수	화	월	일	토	금	목	수	화	월	일	토	금	목	수	未初	월	일	토	금	목	수	화	월	일	토	금	목	수	절기시각		

															소서6															절기		윤5月大
30	29	28	27	26	25	24	23	22	21	20	19	18	17	16	**15**	14	13	12	11	10	9	8	7	6	5	4	3	2	1	음력		
6	6	6	7	7	7	8	8	8	9	9	9	10	10	10		1	1	1	1	2	2	2	3	3	3	4	4	4	5	순행	대운	
5	5	4	4	4	3	3	3	2	2	2	1	1	1	1		10	10	9	9	9	8	8	8	7	7	7	6	6	6	역행		
																					7								6	월	양력	
22	21	20	19	18	17	16	15	14	13	12	11	10	9	8	7	6	5	4	3	2	1	30	29	28	27	26	25	24	23	일		
己丑	戊子	丁亥	丙戌	乙酉	甲申	癸未	壬午	辛巳	庚辰	己卯	戊寅	丁丑	丙子	乙亥	甲戌	癸酉	壬申	辛未	庚午	己巳	戊辰	丁卯	丙寅	乙丑	甲子	癸亥	壬戌	辛酉	庚申	일진		
토	금	목	수	화	월	일	토	금	목	수	화	월	일	토	子初	목	수	화	월	일	토	금	목	수	화	월	일	토	금	절기시각		

• 문패에 못을 박으면 횡사할 염려가 있다. 구멍을 뚫어 걸어라.

6月小(己未) 소서

													입추7																대서	절 기	
	29	28	27	26	25	24	23	22	21	20	19	18	**17**	16	15	14	13	12	11	10	9	8	7	6	5	4	3	2	**1**	음 력	
	6	7	7	7	8	8	8	9	9	9	10	10		1	1	1	1	2	2	2	3	3	3	4	4	4	5	5	5	순행	대운
	4	4	3	3	3	2	2	2	1	1	1	1		10	10	10	9	9	9	8	8	8	7	7	7	6	6	6	5	역행	
																				8									7	월	양력
	20	19	18	17	16	15	14	13	12	11	10	9	8	7	6	5	4	3	2	1	31	30	29	28	27	26	25	24	23	일	
	戊午	丁巳	丙辰	乙卯	甲寅	癸丑	壬子	辛亥	庚戌	己酉	戊申	丁未	丙午	乙巳	甲辰	癸卯	壬寅	辛丑	庚子	己亥	戊戌	丁酉	丙申	乙未	甲午	癸巳	壬辰	辛卯	庚寅	일 진	
	일	토	금	목	수	화	월	일	토	금	목	수	巳初	월	일	토	금	목	수	화	월	일	토	금	목	수	화	월	酉初	절기시각	

7月大(庚申) 입추

											백로8																처서			절 기	
30	29	28	27	26	25	24	23	22	21	20	**19**	18	17	16	15	14	13	12	11	10	9	8	7	6	5	4	**3**	2	1	음 력	
7	7	7	8	8	8	9	9	9	10	10		1	1	1	1	2	2	2	3	3	3	4	4	4	5	5	5	6	6	순행	대운
4	3	3	3	2	2	2	1	1	1	1		10	10	9	9	9	8	8	8	7	7	7	6	6	6	5	5	5	4	역행	
																		9											8	월	양력
19	18	17	16	15	14	13	12	11	10	9	8	7	6	5	4	3	2	1	31	30	29	28	27	26	25	24	23	22	21	일	
戊子	丁亥	丙戌	乙酉	甲申	癸未	壬午	辛巳	庚辰	己卯	戊寅	丁丑	丙子	乙亥	甲戌	癸酉	壬申	辛未	庚午	己巳	戊辰	丁卯	丙寅	乙丑	甲子	癸亥	壬戌	辛酉	庚申	己未	일 진	
화	월	일	토	금	목	수	화	월	일	토	午初	목	수	화	월	일	토	금	목	수	화	월	일	토	금	목	子初	화	월	절기시각	

8月小(辛酉) 백로

										한로9																추분				절 기	
	29	28	27	26	25	24	23	22	21	**20**	19	18	17	16	15	14	13	12	11	10	9	8	7	6	5	**4**	3	2	1	음 력	
	7	7	8	8	8	9	9	9	10		1	1	1	1	2	2	2	3	3	3	4	4	4	5	5	5	6	6	6	순행	대운
	3	3	2	2	2	1	1	1	1		10	10	9	9	9	8	8	8	7	7	7	6	6	6	5	5	5	4	4	역행	
																		10											9	월	양력
	18	17	16	15	14	13	12	11	10	9	8	7	6	5	4	3	2	1	30	29	28	27	26	25	24	23	22	21	20	일	
	丁巳	丙辰	乙卯	甲寅	癸丑	壬子	辛亥	庚戌	己酉	戊申	丁未	丙午	乙巳	甲辰	癸卯	壬寅	辛丑	庚子	己亥	戊戌	丁酉	丙申	乙未	甲午	癸巳	壬辰	辛卯	庚寅	己丑	일 진	
	수	화	월	일	토	금	목	수	화	寅初	일	토	금	목	수	화	월	일	토	금	목	수	화	월	일	亥初	금	목	수	절기시각	

9月大(壬戌) 한로

									입동10															상강						절 기	
30	29	28	27	26	25	24	23	22	**21**	20	19	18	17	16	15	14	13	12	11	10	9	8	7	**6**	5	4	3	2	1	음 력	
7	7	7	8	8	8	9	9	9		1	1	1	1	2	2	2	3	3	3	4	4	4	5	5	5	6	6	6	7	순행	대운
3	3	2	2	2	1	1	1	1		10	9	9	9	8	8	8	7	7	7	6	6	6	5	5	5	4	4	4	3	역행	
																11													10	월	양력
17	16	15	14	13	12	11	10	9	8	7	6	5	4	3	2	1	31	30	29	28	27	26	25	24	23	22	21	20	19	일	
丁亥	丙戌	乙酉	甲申	癸未	壬午	辛巳	庚辰	己卯	戊寅	丁丑	丙子	乙亥	甲戌	癸酉	壬申	辛未	庚午	己巳	戊辰	丁卯	丙寅	乙丑	甲子	癸亥	壬戌	辛酉	庚申	己未	戊午	일 진	
금	목	수	화	월	일	토	금	목	卯初	화	월	일	토	금	목	수	화	월	일	토	금	목	수	卯初	월	일	토	금	목	절기시각	

10月小(癸亥) 입동

										대설11														소설						절 기	
	29	28	27	26	25	24	23	22	21	**20**	19	18	17	16	15	14	13	12	11	10	9	8	7	**6**	5	4	3	2	1	음 력	
	7	7	8	8	8	9	9	9	10		1	1	1	1	2	2	2	3	3	3	4	4	4	5	5	5	6	6	6	순행	대운
	3	3	2	2	2	1	1	1	1		9	9	9	8	8	8	7	7	7	6	6	6	5	5	5	4	4	4	3	역행	
																12													11	월	양력
	16	15	14	13	12	11	10	9	8	7	6	5	4	3	2	1	30	29	28	27	26	25	24	23	22	21	20	19	18	일	
	丙辰	乙卯	甲寅	癸丑	壬子	辛亥	庚戌	己酉	戊申	丁未	丙午	乙巳	甲辰	癸卯	壬寅	辛丑	庚子	己亥	戊戌	丁酉	丙申	乙未	甲午	癸巳	壬辰	辛卯	庚寅	己丑	戊子	일 진	
	토	금	목	수	화	월	일	토	금	亥正	수	화	월	일	토	금	목	수	화	월	일	토	금	丑正	수	화	월	일	토	절기시각	

11月小(甲子) 대설

									소한12															동지						절 기	
	29	28	27	26	25	24	23	22	**21**	20	19	18	17	16	15	14	13	12	11	10	9	8	7	**6**	5	4	3	2	1	음 력	
	7	7	8	8	8	9	9	9		1	1	1	1	2	2	2	3	3	3	4	4	4	5	5	5	6	6	6	7	순행	대운
	3	2	2	2	1	1	1	1		10	9	9	9	8	8	8	7	7	7	6	6	6	5	5	5	4	4	4	3	역행	
														1															12	월	양력
	14	13	12	11	10	9	8	7	6	5	4	3	2	1	31	30	29	28	27	26	25	24	23	22	21	20	19	18	17	일	
	乙酉	甲申	癸未	壬午	辛巳	庚辰	己卯	戊寅	丁丑	丙子	乙亥	甲戌	癸酉	壬申	辛未	庚午	己巳	戊辰	丁卯	丙寅	乙丑	甲子	癸亥	壬戌	辛酉	庚申	己未	戊午	丁巳	일 진	
	일	토	금	목	수	화	월	일	巳初	금	목	수	화	월	일	토	금	목	수	화	월	일	토	申初	목	수	화	월	일	절기시각	

12月大(乙丑) 소한

									입춘1														대한							절 기	
30	29	28	27	26	25	24	23	22	**21**	20	19	18	17	16	15	14	13	12	11	10	9	8	**7**	6	5	4	3	2	1	음 력	
7	7	8	8	8	9	9	9	10		1	1	1	1	2	2	2	3	3	3	4	4	4	5	5	5	6	6	6	7	순행	대운
3	3	2	2	2	1	1	1	1		9	9	9	8	8	8	7	7	7	6	6	6	5	5	5	4	4	4	3	3	역행	
												2																	1	월	양력
13	12	11	10	9	8	7	6	5	4	3	2	1	31	30	29	28	27	26	25	24	23	22	21	20	19	18	17	16	15	일	
乙卯	甲寅	癸丑	壬子	辛亥	庚戌	己酉	戊申	丁未	丙午	乙巳	甲辰	癸卯	壬寅	辛丑	庚子	己亥	戊戌	丁酉	丙申	乙未	甲午	癸巳	壬辰	辛卯	庚寅	己丑	戊子	丁亥	丙戌	일 진	
화	월	일	토	금	목	수	화	월	亥初	토	금	목	수	화	월	일	토	금	목	수	화	월	丑正	토	금	목	수	화	월	절기시각	

• 편인이 長生이면 예술가로 명성을 떨친다.

서기 1934년
단기 4267년

甲戌年

상문 : 子 대장군 : 南
조객 : 申 삼 재 : 寅午戌
삼살 : 北

1月小(丙寅) 입춘

									경칩2															우수						절기
	29	28	27	26	25	24	23	22	21	20	19	18	17	16	15	14	13	12	11	10	9	8	7	6	5	4	3	2	1	음력
	7	8	8	8	9	9	9	10		1	1	1	1	2	2	2	3	3	3	4	4	4	5	5	5	6	6	6	7	대운 순행
	3	2	2	2	1	1	1	1		10	9	9	9	8	8	8	7	7	7	6	6	6	5	5	5	4	4	4	3	대운 역행
														3															2	양력 월
	14	13	12	11	10	9	8	7	6	5	4	3	2	1	28	27	26	25	24	23	22	21	20	19	18	17	16	15	14	양력 일
	甲申	癸未	壬午	辛巳	庚辰	己卯	戊寅	丁丑	丙子	乙亥	甲戌	癸酉	壬申	辛未	庚午	己巳	戊辰	丁卯	丙寅	乙丑	甲子	癸亥	壬戌	辛酉	庚申	己未	戊午	丁巳	丙辰	일진
	수	화	월	일	토	금	목	수	戌正	월	일	토	금	목	수	화	월	일	토	금	목	수	화	酉初	일	토	금	목	수	절기시각

2月大(丁卯) 경칩

								청명3															춘분							절기
30	29	28	27	26	25	24	23	22	21	20	19	18	17	16	15	14	13	12	11	10	9	8	7	6	5	4	3	2	1	음력
8	8	8	9	9	9	10	10		1	1	1	1	2	2	2	3	3	3	4	4	4	5	5	5	6	6	6	7	7	대운 순행
3	2	2	2	1	1	1	1		10	9	9	9	8	8	8	7	7	7	6	6	6	5	5	5	4	4	4	3	3	대운 역행
												4																	3	양력 월
13	12	11	10	9	8	7	6	5	4	3	2	1	31	30	29	28	27	26	25	24	23	22	21	20	19	18	17	16	15	양력 일
甲寅	癸丑	壬子	辛亥	庚戌	己酉	戊申	丁未	丙午	乙巳	甲辰	癸卯	壬寅	辛丑	庚子	己亥	戊戌	丁酉	丙申	乙未	甲午	癸巳	壬辰	辛卯	庚寅	己丑	戊子	丁亥	丙戌	乙酉	일진
금	목	수	화	월	일	토	금	戌正	수	화	월	일	토	금	목	수	화	월	일	토	금	목	申正	화	월	일	토	금	목	절기시각

3月小(戊辰) 청명

							입하4															곡우								절기
	29	28	27	26	25	24	23	22	21	20	19	18	17	16	15	14	13	12	11	10	9	8	7	6	5	4	3	2	1	음력
	8	9	9	9	10	10		1	1	1	1	2	2	2	3	3	3	4	4	4	5	5	5	6	6	6	7	7	7	대운 순행
	2	2	1	1	1	1		10	10	9	9	9	8	8	8	7	7	7	6	6	6	5	5	5	4	4	4	3	3	대운 역행
												5																	4	양력 월
	12	11	10	9	8	7	6	5	4	3	2	1	30	29	28	27	26	25	24	23	22	21	20	19	18	17	16	15	14	양력 일
	癸未	壬午	辛巳	庚辰	己卯	戊寅	丁丑	丙子	乙亥	甲戌	癸酉	壬申	辛未	庚午	己巳	戊辰	丁卯	丙寅	乙丑	甲子	癸亥	壬戌	辛酉	庚申	己未	戊午	丁巳	丙辰	乙卯	일진
	토	금	목	수	화	월	未正	토	금	목	수	화	월	일	토	금	목	수	화	월	일	寅正	금	목	수	화	월	일	토	절기시각

4月大(己巳) 입하

					망종5															소만										절기
30	29	28	27	26	25	24	23	22	21	20	19	18	17	16	15	14	13	12	11	10	9	8	7	6	5	4	3	2	1	음력
9	9	10	10	10		1	1	1	1	2	2	2	3	3	3	4	4	4	5	5	5	6	6	6	7	7	7	8	8	대운 순행
2	1	1	1	1		10	10	9	9	9	8	8	8	7	7	7	6	6	6	5	5	5	4	4	4	3	3	3	2	대운 역행
										6																			5	양력 월
11	10	9	8	7	6	5	4	3	2	1	31	30	29	28	27	26	25	24	23	22	21	20	19	18	17	16	15	14	13	양력 일
癸丑	壬子	辛亥	庚戌	己酉	戊申	丁未	丙午	乙巳	甲辰	癸卯	壬寅	辛丑	庚子	己亥	戊戌	丁酉	丙申	乙未	甲午	癸巳	壬辰	辛卯	庚寅	己丑	戊子	丁亥	丙戌	乙酉	甲申	일진
월	일	토	금	목	戌初	화	월	일	토	금	목	수	화	월	일	토	금	목	수	寅初	월	일	토	금	목	수	화	월	일	절기시각

5月大(庚午) 망종

			소서6																하지											절기
30	29	28	27	26	25	24	23	22	21	20	19	18	17	16	15	14	13	12	11	10	9	8	7	6	5	4	3	2	1	음력
9	10	10		1	1	1	1	2	2	2	3	3	3	4	4	4	5	5	5	6	6	6	7	7	7	8	8	8	9	대운 순행
1	1	1		10	10	10	9	9	9	8	8	8	7	7	7	6	6	6	5	5	5	4	4	4	3	3	3	2	2	대운 역행
										7																			6	양력 월
11	10	9	8	7	6	5	4	3	2	1	30	29	28	27	26	25	24	23	22	21	20	19	18	17	16	15	14	13	12	양력 일
癸未	壬午	辛巳	庚辰	己卯	戊寅	丁丑	丙子	乙亥	甲戌	癸酉	壬申	辛未	庚午	己巳	戊辰	丁卯	丙寅	乙丑	甲子	癸亥	壬戌	辛酉	庚申	己未	戊午	丁巳	丙辰	乙卯	甲寅	일진
수	화	월	卯初	토	금	목	수	화	월	일	토	금	목	수	화	월	일	토	午初	목	수	화	월	일	토	금	목	수	화	절기시각

6月小(辛未) 소서

		입추7																대서												절기
	29	28	27	26	25	24	23	22	21	20	19	18	17	16	15	14	13	12	11	10	9	8	7	6	5	4	3	2	1	음력
	10		1	1	1	1	2	2	2	3	3	3	4	4	4	5	5	5	6	6	6	7	7	7	8	8	8	9	9	대운 순행
	1		10	10	9	9	9	8	8	8	7	7	7	6	6	6	5	5	5	4	4	4	3	3	3	2	2	2	1	대운 역행
									8																				7	양력 월
	9	8	7	6	5	4	3	2	1	31	30	29	28	27	26	25	24	23	22	21	20	19	18	17	16	15	14	13	12	양력 일
	壬子	辛亥	庚戌	己酉	戊申	丁未	丙午	乙巳	甲辰	癸卯	壬寅	辛丑	庚子	己亥	戊戌	丁酉	丙申	乙未	甲午	癸巳	壬辰	辛卯	庚寅	己丑	戊子	丁亥	丙戌	乙酉	甲申	일진
	목	申初	화	월	일	토	금	목	수	화	월	일	토	금	목	수	화	亥正	일	토	금	목	수	화	월	일	토	금	목	절기시각

• 문패에 때나 먼지가 많이 묻어 있으면 재물이 들어오다가도 나간다.

7月大(壬申) 입추

백로8															처서															절기
30	29	28	27	26	25	24	23	22	21	20	19	18	17	16	**15**	14	13	12	11	10	9	8	7	6	5	4	3	2	1	음력
	1	1	1	1	2	2	2	3	3	3	4	4	4	5	5	5	6	6	6	7	7	7	8	8	8	9	9	9	10	대운 순행
	10	10	9	9	9	8	8	8	7	7	7	6	6	6	5	5	5	4	4	4	3	3	3	2	2	2	1	1	1	대운 역행
							9																						8	양력 월
8	7	6	5	4	3	2	1	31	30	29	28	27	26	25	24	23	22	21	20	19	18	17	16	15	14	13	12	11	10	양력 일
壬午	辛巳	庚辰	己卯	戊寅	丁丑	丙子	乙亥	甲戌	癸酉	壬申	辛未	庚午	己巳	戊辰	丁卯	丙寅	乙丑	甲子	癸亥	壬戌	辛酉	庚申	己未	戊午	丁巳	丙辰	乙卯	甲寅	癸丑	일진
酉初	금	목	수	화	월	일	토	금	목	수	화	월	일	토	卯初	목	수	화	월	일	토	금	목	수	화	월	일	토	금	절기시각

8月大(癸酉) 백로

														추분																절기
30	29	28	27	26	25	24	23	22	21	20	19	18	17	**16**	15	14	13	12	11	10	9	8	7	6	5	4	3	2	1	음력
1	1	1	1	2	2	2	3	3	3	4	4	4	5	5	5	6	6	6	7	7	7	8	8	8	9	9	9	10	10	대운 순행
10	10	9	9	9	8	8	8	7	7	7	6	6	6	5	5	5	4	4	4	3	3	3	2	2	2	1	1	1	1	대운 역행
							10																						9	양력 월
8	7	6	5	4	3	2	1	30	29	28	27	26	25	24	23	22	21	20	19	18	17	16	15	14	13	12	11	10	9	양력 일
壬子	辛亥	庚戌	己酉	戊申	丁未	丙午	乙巳	甲辰	癸卯	壬寅	辛丑	庚子	己亥	戊戌	丁酉	丙申	乙未	甲午	癸巳	壬辰	辛卯	庚寅	己丑	戊子	丁亥	丙戌	乙酉	甲申	癸未	일진
월	일	토	금	목	수	화	월	일	토	금	목	수	화	丑正	일	토	금	목	수	화	월	일	토	금	목	수	화	월	일	절기시각

9月小(甲戌) 한로

														상강															한로9	절기
	29	28	27	26	25	24	23	22	21	20	19	18	17	**16**	15	14	13	12	11	10	9	8	7	6	5	4	3	2	**1**	음력
	1	1	1	2	2	2	3	3	3	4	4	4	5	5	5	6	6	6	7	7	7	8	8	8	9	9	9	10		대운 순행
	9	9	9	8	8	8	7	7	7	6	6	6	5	5	5	4	4	4	3	3	3	2	2	2	1	1	1	1		대운 역행
						11																							10	양력 월
	6	5	4	3	2	1	31	30	29	28	27	26	25	24	23	22	21	20	19	18	17	16	15	14	13	12	11	10	9	양력 일
	辛巳	庚辰	己卯	戊寅	丁丑	丙子	乙亥	甲戌	癸酉	壬申	辛未	庚午	己巳	戊辰	丁卯	丙寅	乙丑	甲子	癸亥	壬戌	辛酉	庚申	己未	戊午	丁巳	丙辰	乙卯	甲寅	癸丑	일진
	화	월	일	토	금	목	수	화	월	일	토	금	목	午初	화	월	일	토	금	목	수	화	월	일	토	금	목	수	辰正	절기시각

10月大(乙亥) 입동

													소설															입동10		절기
30	29	28	27	26	25	24	23	22	21	20	19	18	**17**	16	15	14	13	12	11	10	9	8	7	6	5	4	3	**2**	1	음력
1	1	1	2	2	2	3	3	3	4	4	4	5	5	5	6	6	6	7	7	7	8	8	8	9	9	9	10		1	대운 순행
9	9	9	8	8	8	7	7	7	6	6	6	5	5	5	4	4	4	3	3	3	2	2	2	1	1	1	1		10	대운 역행
					12																								11	양력 월
6	5	4	3	2	1	30	29	28	27	26	25	24	23	22	21	20	19	18	17	16	15	14	13	12	11	10	9	8	7	양력 일
辛亥	庚戌	己酉	戊申	丁未	丙午	乙巳	甲辰	癸卯	壬寅	辛丑	庚子	己亥	戊戌	丁酉	丙申	乙未	甲午	癸巳	壬辰	辛卯	庚寅	己丑	戊子	丁亥	丙戌	乙酉	甲申	癸未	壬午	일진
목	수	화	월	일	토	금	목	수	화	월	일	토	辰正	목	수	화	월	일	토	금	목	수	화	월	일	토	금	午初	수	절기시각

11月小(丙子) 대설

														동지														대설11		절기
	29	28	27	26	25	24	23	22	21	20	19	18	17	**16**	15	14	13	12	11	10	9	8	7	6	5	4	3	**2**	1	음력
	1	1	1	2	2	2	3	3	3	4	4	4	5	5	5	6	6	6	7	7	7	8	8	8	9	9	9		1	대운 순행
	9	9	8	8	8	7	7	7	6	6	6	5	5	5	4	4	4	3	3	3	2	2	2	1	1	1	1		10	대운 역행
				1																									12	양력 월
	4	3	2	1	31	30	29	28	27	26	25	24	23	22	21	20	19	18	17	16	15	14	13	12	11	10	9	8	7	양력 일
	庚辰	己卯	戊寅	丁丑	丙子	乙亥	甲戌	癸酉	壬申	辛未	庚午	己巳	戊辰	丁卯	丙寅	乙丑	甲子	癸亥	壬戌	辛酉	庚申	己未	戊午	丁巳	丙辰	乙卯	甲寅	癸丑	壬子	일진
	금	목	수	화	월	일	토	금	목	수	화	월	일	亥初	금	목	수	화	월	일	토	금	목	수	화	월	일	寅初	금	절기시각

12月大(丁丑) 소한

													대한															소한12		절기
30	29	28	27	26	25	24	23	22	21	20	19	18	**17**	16	15	14	13	12	11	10	9	8	7	6	5	4	3	**2**	1	음력
1	1	1	2	2	2	3	3	3	4	4	4	5	5	5	6	6	6	7	7	7	8	8	8	9	9	9	10		1	대운 순행
9	9	9	8	8	8	7	7	7	6	6	6	5	5	5	4	4	4	3	3	3	2	2	2	1	1	1	1		9	대운 역행
		2																											1	양력 월
3	2	1	31	30	29	28	27	26	25	24	23	22	21	20	19	18	17	16	15	14	13	12	11	10	9	8	7	6	5	양력 일
庚戌	己酉	戊申	丁未	丙午	乙巳	甲辰	癸卯	壬寅	辛丑	庚子	己亥	戊戌	丁酉	丙申	乙未	甲午	癸巳	壬辰	辛卯	庚寅	己丑	戊子	丁亥	丙戌	乙酉	甲申	癸未	壬午	辛巳	일진
일	토	금	목	수	화	월	일	토	금	목	수	화	辰正	일	토	금	목	수	화	월	일	토	금	목	수	화	월	申初	토	절기시각

• 인수가 長生이면 문필가로 명성을 떨친다.

서기 1935년
단기 4268년

乙亥年

상문 : 丑 대장군 : 西
조객 : 酉 삼 재 : 巳酉丑
삼살 : 西

1月小(戊寅) 입춘

															우수														입춘1	절기
	29	28	27	26	25	24	23	22	21	20	19	18	17	**16**	15	14	13	12	11	10	9	8	7	6	5	4	3	**2**	1	음력
	1	1	1	2	2	2	3	3	3	4	4	4	5	5	5	6	6	6	7	7	7	8	8	8	9	9	9		1	대운 순행
	9	9	8	8	8	7	7	7	6	6	6	5	5	5	4	4	4	3	3	3	2	2	2	1	1	1	1		10	대운 역행
				3																									2	양력 월
	4	3	2	1	28	27	26	25	24	23	22	21	20	19	18	17	16	15	14	13	12	11	10	9	8	7	6	5	4	양력 일
	己卯	戊寅	丁丑	丙子	乙亥	甲戌	癸酉	壬申	辛未	庚午	己巳	戊辰	丁卯	丙寅	乙丑	甲子	癸亥	壬戌	辛酉	庚申	己未	戊午	丁巳	丙辰	乙卯	甲寅	癸丑	壬子	辛亥	일진
	월	일	토	금	목	수	화	월	일	토	금	목	수	亥正	월	일	토	금	목	수	화	월	일	토	금	목	수	丑正	월	절기시각

2月小(己卯) 경칩

														춘분															경칩2	절기
	29	28	27	26	25	24	23	22	21	20	19	18	**17**	16	15	14	13	12	11	10	9	8	7	6	5	4	3	**2**	1	음력
	1	2	2	2	3	3	3	4	4	4	5	5	5	6	6	6	7	7	7	8	8	8	9	9	9	10	10		1	대운 순행
	9	9	8	8	8	7	7	7	6	6	6	5	5	5	4	4	4	3	3	3	2	2	2	1	1	1	1		9	대운 역행
		4																											3	양력 월
	2	1	31	30	29	28	27	26	25	24	23	22	21	20	19	18	17	16	15	14	13	12	11	10	9	8	7	6	5	양력 일
	戊申	丁未	丙午	乙巳	甲辰	癸卯	壬寅	辛丑	庚子	己亥	戊戌	丁酉	丙申	乙未	甲午	癸巳	壬辰	辛卯	庚寅	己丑	戊子	丁亥	丙戌	乙酉	甲申	癸未	壬午	辛巳	庚辰	일진
	화	월	일	토	금	목	수	화	월	일	토	금	亥正	수	화	월	일	토	금	목	수	화	월	일	토	금	목	亥初	화	절기시각

3月大(庚辰) 청명

											곡우															청명3				절기
30	29	28	27	26	25	24	23	22	21	20	**19**	18	17	16	15	14	13	12	11	10	9	8	7	6	5	**4**	3	2	1	음력
1	2	2	2	3	3	3	4	4	4	5	5	5	6	6	6	7	7	7	8	8	8	9	9	9	10		1	1	1	대운 순행
9	8	8	8	7	7	7	6	6	6	5	5	5	4	4	4	3	3	3	2	2	2	1	1	1	1		10	10	9	대운 역행
	5																												4	양력 월
2	1	30	29	28	27	26	25	24	23	22	21	20	19	18	17	16	15	14	13	12	11	10	9	8	7	6	5	4	3	양력 일
戊寅	丁丑	丙子	乙亥	甲戌	癸酉	壬申	辛未	庚午	己巳	戊辰	丁卯	丙寅	乙丑	甲子	癸亥	壬戌	辛酉	庚申	己未	戊午	丁巳	丙辰	乙卯	甲寅	癸丑	壬子	辛亥	庚戌	己酉	일진
목	수	화	월	일	토	금	목	수	화	월	巳初	토	금	목	수	화	월	일	토	금	목	수	화	월	일	丑正	금	목	수	절기시각

4月小(辛巳) 입하

										소만																입하4				절기
	29	28	27	26	25	24	23	22	21	**20**	19	18	17	16	15	14	13	12	11	10	9	8	7	6	5	**4**	3	2	1	음력
	2	3	3	3	4	4	4	5	5	5	6	6	6	7	7	7	8	8	8	9	9	9	10	10	10		1	1	1	대운 순행
	8	8	8	7	7	7	6	6	6	5	5	5	4	4	4	3	3	3	2	2	2	1	1	1	1		10	9	9	대운 역행
																													5	양력 월
	31	30	29	28	27	26	25	24	23	22	21	20	19	18	17	16	15	14	13	12	11	10	9	8	7	6	5	4	3	양력 일
	丁未	丙午	乙巳	甲辰	癸卯	壬寅	辛丑	庚子	己亥	戊戌	丁酉	丙申	乙未	甲午	癸巳	壬辰	辛卯	庚寅	己丑	戊子	丁亥	丙戌	乙酉	甲申	癸未	壬午	辛巳	庚辰	己卯	일진
	금	목	수	화	월	일	토	금	목	巳初	화	월	일	토	금	목	수	화	월	일	토	금	목	수	화	戌正	일	토	금	절기시각

5月大(壬午) 망종

								하지															망종5							절기
30	29	28	27	26	25	24	23	**22**	21	20	19	18	17	16	15	14	13	12	11	10	9	8	**7**	6	5	4	3	2	1	음력
3	3	3	4	4	4	5	5	5	6	6	6	7	7	7	8	8	8	9	9	9	10	10		1	1	1	1	2	2	대운 순행
8	7	7	7	6	6	6	5	5	5	4	4	4	3	3	3	2	2	2	1	1	1	1		10	10	10	9	9	9	대운 역행
																													6	양력 월
30	29	28	27	26	25	24	23	22	21	20	19	18	17	16	15	14	13	12	11	10	9	8	7	6	5	4	3	2	1	양력 일
丁丑	丙子	乙亥	甲戌	癸酉	壬申	辛未	庚午	己巳	戊辰	丁卯	丙寅	乙丑	甲子	癸亥	壬戌	辛酉	庚申	己未	戊午	丁巳	丙辰	乙卯	甲寅	癸丑	壬子	辛亥	庚戌	己酉	戊申	일진
일	토	금	목	수	화	월	일	酉初	금	목	수	화	월	일	토	금	목	수	화	월	일	토	子正	목	수	화	월	일	토	절기시각

6月小(癸未) 소서

							대서																소서6							절기
	29	28	27	26	25	**24**	23	22	21	20	19	18	17	16	15	14	13	12	11	10	9	**8**	7	6	5	4	3	2	1	음력
	3	4	4	4	5	5	5	6	6	6	7	7	7	8	8	8	9	9	9	10	10		1	1	1	1	2	2	2	대운 순행
	7	7	6	6	6	5	5	5	4	4	4	3	3	3	2	2	2	1	1	1	1		10	10	9	9	9	8	8	대운 역행
																													7	양력 월
	29	28	27	26	25	24	23	22	21	20	19	18	17	16	15	14	13	12	11	10	9	8	7	6	5	4	3	2	1	양력 일
	丙午	乙巳	甲辰	癸卯	壬寅	辛丑	庚子	己亥	戊戌	丁酉	丙申	乙未	甲午	癸巳	壬辰	辛卯	庚寅	己丑	戊子	丁亥	丙戌	乙酉	甲申	癸未	壬午	辛巳	庚辰	己卯	戊寅	일진
	월	일	토	금	목	寅正	화	월	일	토	금	목	수	화	월	일	토	금	목	수	화	午初	일	토	금	목	수	화	월	절기시각

• 집에 창문이 많으면 그집 부부는 밖으로 나가 돌아다니기를 좋아한다.

7月大(甲申)입추

				처서																입추7										절기	
30	29	28	27	**26**	25	24	23	22	21	20	19	18	17	16	15	14	13	12	11	**10**	9	8	7	6	5	4	3	2	1	음력	
4	4	4	5	5	5	6	6	6	7	7	7	8	8	8	9	9	9	10	10		1	1	1	1	2	2	2	3	3	순행	대운
7	6	6	6	5	5	5	4	4	4	3	3	3	2	2	2	1	1	1	1		10	10	9	9	9	8	8	8	7	역행	대운
																											8		7	월	양력
28	27	26	25	24	23	22	21	20	19	18	17	16	15	14	13	12	11	10	9	8	7	6	5	4	3	2	1	31	30	일	양력
丙子	乙亥	甲戌	癸酉	壬申	辛未	庚午	己巳	戊辰	丁卯	丙寅	乙丑	甲子	癸亥	壬戌	辛酉	庚申	己未	戊午	丁巳	丙辰	乙卯	甲寅	癸丑	壬子	辛亥	庚戌	己酉	戊申	丁未	일진	
수	화	월	일	午初	금	목	수	화	월	일	토	금	목	수	화	월	일	토	금	戌正	수	화	월	일	토	금	목	수	화	절기시각	

8月大(乙酉)백로

			추분																백로8											절기	
30	29	28	**27**	26	25	24	23	22	21	20	19	18	17	16	15	14	13	12	**11**	10	9	8	7	6	5	4	3	2	1	음력	
4	4	5	5	5	6	6	6	7	7	7	8	8	8	9	9	9	10	10		1	1	1	1	2	2	2	3	3	3	순행	대운
6	6	6	5	5	5	4	4	4	3	3	3	2	2	2	1	1	1	1		10	10	9	9	9	8	8	8	7	7	역행	대운
																										9			8	월	양력
27	26	25	24	23	22	21	20	19	18	17	16	15	14	13	12	11	10	9	8	7	6	5	4	3	2	1	31	30	29	일	양력
丙午	乙巳	甲辰	癸卯	壬寅	辛丑	庚子	己亥	戊戌	丁酉	丙申	乙未	甲午	癸巳	壬辰	辛卯	庚寅	己丑	戊子	丁亥	丙戌	乙酉	甲申	癸未	壬午	辛巳	庚辰	己卯	戊寅	丁丑	일진	
금	목	수	辰正	월	일	토	금	목	수	화	월	일	토	금	목	수	화	월	子初	토	금	목	수	화	월	일	토	금	목	절기시각	

9月小(丙戌)한로

			상강															한로9												절기	
	29	28	**27**	26	25	24	23	22	21	20	19	18	17	16	15	14	13	**12**	11	10	9	8	7	6	5	4	3	2	1	음력	
	4	5	5	5	6	6	6	7	7	7	8	8	8	9	9	9	10		1	1	1	1	2	2	2	3	3	3	4	순행	대운
	6	5	5	5	4	4	4	3	3	3	2	2	2	1	1	1	1		10	10	9	9	9	8	8	8	7	7	7	역행	대운
																										10			9	월	양력
	26	25	24	23	22	21	20	19	18	17	16	15	14	13	12	11	10	9	8	7	6	5	4	3	2	1	30	29	28	일	양력
	乙亥	甲戌	癸酉	壬申	辛未	庚午	己巳	戊辰	丁卯	丙寅	乙丑	甲子	癸亥	壬戌	辛酉	庚申	己未	戊午	丁巳	丙辰	乙卯	甲寅	癸丑	壬子	辛亥	庚戌	己酉	戊申	丁未	일진	
	토	금	酉初	수	화	월	일	토	금	목	수	화	월	일	토	금	목	未正	화	월	일	토	금	목	수	화	월	일	토	절기시각	

10月大(丁亥)입동

		소설															입동10													절기	
30	29	**28**	27	26	25	24	23	22	21	20	19	18	17	16	15	14	**13**	12	11	10	9	8	7	6	5	4	3	2	1	음력	
4	5	5	5	6	6	6	7	7	7	8	8	8	9	9	9	10		1	1	1	1	2	2	2	3	3	3	4	4	순행	대운
6	5	5	5	4	4	4	3	3	3	2	2	2	1	1	1	1		10	9	9	9	8	8	8	7	7	7	6	6	역행	대운
																								11					10	월	양력
25	24	23	22	21	20	19	18	17	16	15	14	13	12	11	10	9	8	7	6	5	4	3	2	1	31	30	29	28	27	일	양력
乙巳	甲辰	癸卯	壬寅	辛丑	庚子	己亥	戊戌	丁酉	丙申	乙未	甲午	癸巳	壬辰	辛卯	庚寅	己丑	戊子	丁亥	丙戌	乙酉	甲申	癸未	壬午	辛巳	庚辰	己卯	戊寅	丁丑	丙子	일진	
월	일	未正	금	목	수	화	월	일	토	금	목	수	화	월	일	토	酉初	목	수	화	월	일	토	금	목	수	화	월	일	절기시각	

11月大(戊子)대설

		동지															대설11													절기	
30	29	**28**	27	26	25	24	23	22	21	20	19	18	17	16	15	14	**13**	12	11	10	9	8	7	6	5	4	3	2	1	음력	
4	4	5	5	5	6	6	6	7	7	7	8	8	8	9	9	9		1	1	1	1	2	2	2	3	3	3	4	4	순행	대운
6	5	5	5	4	4	4	3	3	3	2	2	2	1	1	1	1		10	9	9	9	8	8	8	7	7	7	6	6	역행	대운
																								12					11	월	양력
25	24	23	22	21	20	19	18	17	16	15	14	13	12	11	10	9	8	7	6	5	4	3	2	1	30	29	28	27	26	일	양력
乙亥	甲戌	癸酉	壬申	辛未	庚午	己巳	戊辰	丁卯	丙寅	乙丑	甲子	癸亥	壬戌	辛酉	庚申	己未	戊午	丁巳	丙辰	乙卯	甲寅	癸丑	壬子	辛亥	庚戌	己酉	戊申	丁未	丙午	일진	
수	화	寅初	일	토	금	목	수	화	월	일	토	금	목	수	화	월	巳初	토	금	목	수	화	월	일	토	금	목	수	화	절기시각	

12月小(己丑)소한

			대한															소한12												절기	
	29	28	**27**	26	25	24	23	22	21	20	19	18	17	16	15	14	13	**12**	11	10	9	8	7	6	5	4	3	2	1	음력	
	4	5	5	5	6	6	6	7	7	7	8	8	8	9	9	9	10		1	1	1	1	2	2	2	3	3	3	4	순행	대운
	6	5	5	5	4	4	4	3	3	3	2	2	2	1	1	1	1		9	9	9	8	8	8	7	7	7	6	6	역행	대운
																							1						12	월	양력
	23	22	21	20	19	18	17	16	15	14	13	12	11	10	9	8	7	6	5	4	3	2	1	31	30	29	28	27	26	일	양력
	甲辰	癸卯	壬寅	辛丑	庚子	己亥	戊戌	丁酉	丙申	乙未	甲午	癸巳	壬辰	辛卯	庚寅	己丑	戊子	丁亥	丙戌	乙酉	甲申	癸未	壬午	辛巳	庚辰	己卯	戊寅	丁丑	丙子	일진	
	목	수	未正	월	일	토	금	목	수	화	월	일	토	금	목	수	화	戌正	일	토	금	목	수	화	월	일	토	금	목	절기시각	

• 편인이 사주에 많으면 낙태를 자주한다.

서기 1936년
단기 4269년

丙子年

상문 : 寅 대장군 : 西
조객 : 戌 삼 재 : 巳酉丑
삼살 : 南

1月大(庚寅) 입춘

		우수															입춘1													절기	
30	29	**28**	27	26	25	24	23	22	21	20	19	18	17	16	15	14	**13**	12	11	10	9	8	7	6	5	4	3	2	1	음력	
4	5	5	5	6	6	6	7	7	7	8	8	8	9	9	9	10		1	1	1	1	2	2	2	3	3	3	4	4	순행	대운
6	5	5	5	4	4	4	3	3	3	2	2	2	1	1	1	1		10	9	9	9	8	8	8	7	7	7	6	6	역행	대운
																					2								1	월	양력
22	21	20	19	18	17	16	15	14	13	12	11	10	9	8	7	6	5	4	3	2	1	31	30	29	28	27	26	25	24	일	양력
甲戌	癸酉	壬申	辛未	庚午	己巳	戊辰	丁卯	丙寅	乙丑	甲子	癸亥	壬戌	辛酉	庚申	己未	戊午	丁巳	丙辰	乙卯	甲寅	癸丑	壬子	辛亥	庚戌	己酉	戊申	丁未	丙午	乙巳	일진	
토	금	寅正	수	화	월	일	토	금	목	수	화	월	일	토	금	목	辰正	화	월	일	토	금	목	수	화	월	일	토	금	절기시각	

2月小(辛卯) 경칩

		춘분															경칩2													절기	
	29	**28**	27	26	25	24	23	22	21	20	19	18	17	16	15	14	**13**	12	11	10	9	8	7	6	5	4	3	2	1	음력	
	5	5	5	6	6	6	7	7	7	8	8	8	9	9	9	10		1	1	1	1	2	2	2	3	3	3	4	4	순행	대운
	5	5	5	4	4	4	3	3	3	2	2	2	1	1	1	1		10	9	9	9	8	8	8	7	7	7	6	6	역행	대운
																						3							2	월	양력
	22	21	20	19	18	17	16	15	14	13	12	11	10	9	8	7	6	5	4	3	2	1	29	28	27	26	25	24	23	일	양력
	癸卯	壬寅	辛丑	庚子	己亥	戊戌	丁酉	丙申	乙未	甲午	癸巳	壬辰	辛卯	庚寅	己丑	戊子	丁亥	丙戌	乙酉	甲申	癸未	壬午	辛巳	庚辰	己卯	戊寅	丁丑	丙子	乙亥	일진	
	일	寅初	금	목	수	화	월	일	토	금	목	수	화	월	일	토	辰正	목	수	화	월	일	토	금	목	수	화	월	일	절기시각	

3月小(壬辰) 청명

	곡우															청명3														절기	
	29	28	27	26	25	24	23	22	21	20	19	18	17	16	15	**14**	13	12	11	10	9	8	7	6	5	4	3	2	1	음력	
	5	6	6	6	7	7	7	8	8	8	9	9	9	10	10		1	1	1	1	2	2	2	3	3	3	4	4	4	순행	대운
	5	5	4	4	4	3	3	3	2	2	2	1	1	1	1		10	9	9	9	8	8	8	7	7	7	6	6	6	역행	대운
																				4									3	월	양력
	20	19	18	17	16	15	14	13	12	11	10	9	8	7	6	5	4	3	2	1	31	30	29	28	27	26	25	24	23	일	양력
	壬申	辛未	庚午	己巳	戊辰	丁卯	丙寅	乙丑	甲子	癸亥	壬戌	辛酉	庚申	己未	戊午	丁巳	丙辰	乙卯	甲寅	癸丑	壬子	辛亥	庚戌	己酉	戊申	丁未	丙午	乙巳	甲辰	일진	
	申初	일	토	금	목	수	화	월	일	토	금	목	수	화	월	辰正	토	금	목	수	화	월	일	토	금	목	수	화	월	절기시각	

윤3月大

														입하4																절기	
30	29	28	27	26	25	24	23	22	21	20	19	18	17	**16**	15	14	13	12	11	10	9	8	7	6	5	4	3	2	1	음력	
6	6	6	7	7	7	8	8	8	9	9	9	10	10		1	1	1	1	2	2	2	3	3	3	4	4	4	5	5	순행	대운
5	4	4	4	3	3	3	2	2	2	1	1	1	1		10	10	9	9	9	8	8	8	7	7	7	6	6	6	5	역행	대운
																			5										4	월	양력
20	19	18	17	16	15	14	13	12	11	10	9	8	7	6	5	4	3	2	1	30	29	28	27	26	25	24	23	22	21	일	양력
壬寅	辛丑	庚子	己亥	戊戌	丁酉	丙申	乙未	甲午	癸巳	壬辰	辛卯	庚寅	己丑	戊子	丁亥	丙戌	乙酉	甲申	癸未	壬午	辛巳	庚辰	己卯	戊寅	丁丑	丙子	乙亥	甲戌	癸酉	일진	
수	화	월	일	토	금	목	수	화	월	일	토	금	목	丑初	화	월	일	토	금	목	수	화	월	일	토	금	목	수	화	절기시각	

4月小(癸巳) 입하

													망종5																소만	절기	
	29	28	27	26	25	24	23	22	21	20	19	18	**17**	16	15	14	13	12	11	10	9	8	7	6	5	4	3	2	**1**	음력	
	6	7	7	7	8	8	8	9	9	9	10	10		1	1	1	1	2	2	2	3	3	3	4	4	4	5	5	5	순행	대운
	4	4	3	3	3	2	2	2	1	1	1	1		10	10	9	9	9	8	8	8	7	7	7	6	6	6	5	5	역행	대운
																		6											5	월	양력
	18	17	16	15	14	13	12	11	10	9	8	7	6	5	4	3	2	1	31	30	29	28	27	26	25	24	23	22	21	일	양력
	辛未	庚午	己巳	戊辰	丁卯	丙寅	乙丑	甲子	癸亥	壬戌	辛酉	庚申	己未	戊午	丁巳	丙辰	乙卯	甲寅	癸丑	壬子	辛亥	庚戌	己酉	戊申	丁未	丙午	乙巳	甲辰	癸卯	일진	
	목	수	화	월	일	토	금	목	수	화	월	일	卯正	금	목	수	화	월	일	토	금	목	수	화	월	일	토	금	申初	절기시각	

5月大(甲午) 망종

											소서6																하지			절기	
30	29	28	27	26	25	24	23	22	21	20	**19**	18	17	16	15	14	13	12	11	10	9	8	7	6	5	4	**3**	2	1	음력	
7	7	8	8	8	9	9	9	10	10	10		1	1	1	1	2	2	2	3	3	3	4	4	4	5	5	5	6	6	순행	대운
4	3	3	3	2	2	2	1	1	1	1		10	10	9	9	9	8	8	8	7	7	7	6	6	6	5	5	5	4	역행	대운
																	7												6	월	양력
18	17	16	15	14	13	12	11	10	9	8	7	6	5	4	3	2	1	30	29	28	27	26	25	24	23	22	21	20	19	일	양력
辛丑	庚子	己亥	戊戌	丁酉	丙申	乙未	甲午	癸巳	壬辰	辛卯	庚寅	己丑	戊子	丁亥	丙戌	乙酉	甲申	癸未	壬午	辛巳	庚辰	己卯	戊寅	丁丑	丙子	乙亥	甲戌	癸酉	壬申	일진	
토	금	목	수	화	월	일	토	금	목	수	巳正	월	일	토	금	목	수	화	월	일	토	금	목	수	화	월	子初	토	금	절기시각	

• 재래식 주택보다 양옥집에서 사는 여성일수록 외출이 많은데 집에 창문이 많기 때문이다.

6月小(乙未) 소서

									입추7																대서					절기
	29	28	27	26	25	24	23	22	**21**	20	19	18	17	16	15	14	13	12	11	10	9	8	7	6	**5**	4	3	2	1	음력
	8	8	8	9	9	9	10	10		1	1	1	1	2	2	2	3	3	3	4	4	4	5	5	5	6	6	6	7	대운 순행
	3	2	2	2	1	1	1	1		10	10	10	9	9	9	8	8	8	7	7	7	6	6	6	5	5	5	4	4	대운 역행
																8													7	양력 월
	16	15	14	13	12	11	10	9	8	7	6	5	4	3	2	1	31	30	29	28	27	26	25	24	23	22	21	20	19	양력 일
	庚午	己巳	戊辰	丁卯	丙寅	乙丑	甲子	癸亥	壬戌	辛酉	庚申	己未	戊午	丁巳	丙辰	乙卯	甲寅	癸丑	壬子	辛亥	庚戌	己酉	戊申	丁未	丙午	乙巳	甲辰	癸卯	壬寅	일진
	일	토	금	목	수	화	월	일	丑正	금	목	수	화	월	일	토	금	목	수	화	월	일	토	금	巳正	수	화	월	일	절기시각

7月大(丙申) 입추

							백로8																처서							절기
30	29	28	27	26	25	24	**23**	22	21	20	19	18	17	16	15	14	13	12	11	10	9	8	**7**	6	5	4	3	2	1	음력
8	8	8	9	9	9	10		1	1	1	1	2	2	2	3	3	3	4	4	4	5	5	5	6	6	6	7	7	7	대운 순행
2	2	2	1	1	1	1		10	10	9	9	9	8	8	8	7	7	7	6	6	6	5	5	5	4	4	4	3	3	대운 역행
														9															8	양력 월
15	14	13	12	11	10	9	8	7	6	5	4	3	2	1	31	30	29	28	27	26	25	24	23	22	21	20	19	18	17	양력 일
庚子	己亥	戊戌	丁酉	丙申	乙未	甲午	癸巳	壬辰	辛卯	庚寅	己丑	戊子	丁亥	丙戌	乙酉	甲申	癸未	壬午	辛巳	庚辰	己卯	戊寅	丁丑	丙子	乙亥	甲戌	癸酉	壬申	辛未	일진
화	월	일	토	금	목	수	卯初	월	일	토	금	목	수	화	월	일	토	금	목	수	화	월	酉初	토	금	목	수	화	월	절기시각

8月小(丁酉) 백로

							한로9															추분								절기
	29	28	27	26	25	24	**23**	22	21	20	19	18	17	16	15	14	13	12	11	10	9	**8**	7	6	5	4	3	2	1	음력
	8	8	9	9	9	10		1	1	1	1	2	2	2	3	3	3	4	4	4	5	5	5	6	6	6	7	7	7	대운 순행
	2	2	1	1	1	1		10	9	9	9	8	8	8	7	7	7	6	6	6	5	5	5	4	4	4	3	3	3	대운 역행
														10															9	양력 월
	14	13	12	11	10	9	8	7	6	5	4	3	2	1	30	29	28	27	26	25	24	23	22	21	20	19	18	17	16	양력 일
	己巳	戊辰	丁卯	丙寅	乙丑	甲子	癸亥	壬戌	辛酉	庚申	己未	戊午	丁巳	丙辰	乙卯	甲寅	癸丑	壬子	辛亥	庚戌	己酉	戊申	丁未	丙午	乙巳	甲辰	癸卯	壬寅	辛丑	일진
	수	화	월	일	토	금	戌正	수	화	월	일	토	금	목	수	화	월	일	토	금	목	未正	화	월	일	토	금	목	수	절기시각

9月大(戊戌) 한로

						입동10															상강									절기
30	29	28	27	26	25	**24**	23	22	21	20	19	18	17	16	15	14	13	12	11	10	**9**	8	7	6	5	4	3	2	1	음력
8	8	9	9	9	10		1	1	1	1	2	2	2	3	3	3	4	4	4	5	5	5	6	6	6	7	7	7	8	대운 순행
2	2	1	1	1	1		10	9	9	9	8	8	8	7	7	7	6	6	6	5	5	5	4	4	4	3	3	3	2	대운 역행
												11																	10	양력 월
13	12	11	10	9	8	7	6	5	4	3	2	1	31	30	29	28	27	26	25	24	23	22	21	20	19	18	17	16	15	양력 일
己亥	戊戌	丁酉	丙申	乙未	甲午	癸巳	壬辰	辛卯	庚寅	己丑	戊子	丁亥	丙戌	乙酉	甲申	癸未	壬午	辛巳	庚辰	己卯	戊寅	丁丑	丙子	乙亥	甲戌	癸酉	壬申	辛未	庚午	일진
금	목	수	화	월	일	子初	금	목	수	화	월	일	토	금	목	수	화	월	일	토	子初	목	수	화	월	일	토	금	목	절기시각

10月大(己亥) 입동

						대설11															소설									절기
30	29	28	27	26	25	**24**	23	22	21	20	19	18	17	16	15	14	13	12	11	10	**9**	8	7	6	5	4	3	2	1	음력
8	8	9	9	9	10		1	1	1	1	2	2	2	3	3	3	4	4	4	5	5	5	6	6	6	7	7	7	8	대운 순행
2	2	1	1	1	1		10	9	9	9	8	8	8	7	7	7	6	6	6	5	5	5	4	4	4	3	3	3	2	대운 역행
												12																	11	양력 월
13	12	11	10	9	8	7	6	5	4	3	2	1	30	29	28	27	26	25	24	23	22	21	20	19	18	17	16	15	14	양력 일
己巳	戊辰	丁卯	丙寅	乙丑	甲子	癸亥	壬戌	辛酉	庚申	己未	戊午	丁巳	丙辰	乙卯	甲寅	癸丑	壬子	辛亥	庚戌	己酉	戊申	丁未	丙午	乙巳	甲辰	癸卯	壬寅	辛丑	庚子	일진
일	토	금	목	수	화	申初	일	토	금	목	수	화	월	일	토	금	목	수	화	월	戌正	토	금	목	수	화	월	일	토	절기시각

11月大(庚子) 대설

						소한12															동지									절기
30	29	28	27	26	25	**24**	23	22	21	20	19	18	17	16	15	14	13	12	11	10	**9**	8	7	6	5	4	3	2	1	음력
8	8	8	9	9	9		1	1	1	1	2	2	2	3	3	3	4	4	4	5	5	5	6	6	6	7	7	7	8	대운 순행
2	2	1	1	1	1		10	9	9	9	8	8	8	7	7	7	6	6	6	5	5	5	4	4	4	3	3	3	2	대운 역행
											1																		12	양력 월
12	11	10	9	8	7	6	5	4	3	2	1	31	30	29	28	27	26	25	24	23	22	21	20	19	18	17	16	15	14	양력 일
己亥	戊戌	丁酉	丙申	乙未	甲午	癸巳	壬辰	辛卯	庚寅	己丑	戊子	丁亥	丙戌	乙酉	甲申	癸未	壬午	辛巳	庚辰	己卯	戊寅	丁丑	丙子	乙亥	甲戌	癸酉	壬申	辛未	庚午	일진
화	월	일	토	금	목	丑正	화	월	일	토	금	목	수	화	월	일	토	금	목	수	巳初	월	일	토	금	목	수	화	월	절기시각

12月小(辛丑) 소한

							입춘1															대한								절기
	29	28	27	26	25	24	**23**	22	21	20	19	18	17	16	15	14	13	12	11	10	9	**8**	7	6	5	4	3	2	1	음력
	8	8	9	9	9	10		1	1	1	1	2	2	2	3	3	3	4	4	4	5	5	5	6	6	6	7	7	7	대운 순행
	2	2	1	1	1	1		9	9	9	8	8	8	7	7	7	6	6	6	5	5	5	4	4	4	3	3	3	2	대운 역행
										2																			1	양력 월
	10	9	8	7	6	5	4	3	2	1	31	30	29	28	27	26	25	24	23	22	21	20	19	18	17	16	15	14	13	양력 일
	戊辰	丁卯	丙寅	乙丑	甲子	癸亥	壬戌	辛酉	庚申	己未	戊午	丁巳	丙辰	乙卯	甲寅	癸丑	壬子	辛亥	庚戌	己酉	戊申	丁未	丙午	乙巳	甲辰	癸卯	壬寅	辛丑	庚子	일진
	수	화	월	일	토	금	未正	수	화	월	일	토	금	목	수	화	월	일	토	금	목	戌正	화	월	일	토	금	목	수	절기시각

서기 1937년
단기 4270년

丁丑年

상문 : 卯 대장군 : 西
조객 : 亥 삼 재 : 巳酉丑
삼살 : 東

1月大(壬寅) 입춘

						경칩2															우수									절기
30	29	28	27	26	25	24	23	22	21	20	19	18	17	16	15	14	13	12	11	10	9	8	7	6	5	4	3	2	1	음력
8	8	9	9	9	10		1	1	1	1	2	2	2	3	3	3	4	4	4	5	5	5	6	6	6	7	7	7	8	대운 순행
2	2	1	1	1	1		10	9	9	9	8	8	8	7	7	7	6	6	6	5	5	5	4	4	4	3	3	3	2	대운 역행
											3																		2	양력 월
12	11	10	9	8	7	6	5	4	3	2	1	28	27	26	25	24	23	22	21	20	19	18	17	16	15	14	13	12	11	양력 일
戊戌	丁酉	丙申	乙未	甲午	癸巳	壬辰	辛卯	庚寅	己丑	戊子	丁亥	丙戌	乙酉	甲申	癸未	壬午	辛巳	庚辰	己卯	戊寅	丁丑	丙子	乙亥	甲戌	癸酉	壬申	辛未	庚午	己巳	일진
금	목	수	화	월	일	辰正	금	목	수	화	월	일	토	금	목	수	화	월	일	토	巳正	목	수	화	월	일	토	금	목	절기시각

2月小(癸卯) 경칩

						청명3															춘분									절기
	29	28	27	26	25	24	23	22	21	20	19	18	17	16	15	14	13	12	11	10	9	8	7	6	5	4	3	2	1	음력
	9	9	9	10	10		1	1	1	1	2	2	2	3	3	3	4	4	4	5	5	5	6	6	6	7	7	7	8	대운 순행
	2	1	1	1	1		10	9	9	9	8	8	8	7	7	7	6	6	6	5	5	5	4	4	4	3	3	3	2	대운 역행
										4																			3	양력 월
	10	9	8	7	6	5	4	3	2	1	31	30	29	28	27	26	25	24	23	22	21	20	19	18	17	16	15	14	13	양력 일
	丁卯	丙寅	乙丑	甲子	癸亥	壬戌	辛酉	庚申	己未	戊午	丁巳	丙辰	乙卯	甲寅	癸丑	壬子	辛亥	庚戌	己酉	戊申	丁未	丙午	乙巳	甲辰	癸卯	壬寅	辛丑	庚子	己亥	일진
	토	금	목	수	화	未正	일	토	금	목	수	화	월	일	토	금	목	수	화	월	巳初	토	금	목	수	화	월	일	토	절기시각

3月小(甲辰) 청명

				입하4																곡우										절기
	29	28	27	26	25	24	23	22	21	20	19	18	17	16	15	14	13	12	11	10	9	8	7	6	5	4	3	2	1	음력
	9	10	10		1	1	1	1	2	2	2	3	3	3	4	4	4	5	5	5	6	6	6	7	7	7	8	8	8	대운 순행
	1	1	1		10	10	9	9	9	8	8	8	7	7	7	6	6	6	5	5	5	4	4	4	3	3	3	2	2	대운 역행
									5																				4	양력 월
	9	8	7	6	5	4	3	2	1	30	29	28	27	26	25	24	23	22	21	20	19	18	17	16	15	14	13	12	11	양력 일
	丙申	乙未	甲午	癸巳	壬辰	辛卯	庚寅	己丑	戊子	丁亥	丙戌	乙酉	甲申	癸未	壬午	辛巳	庚辰	己卯	戊寅	丁丑	丙子	乙亥	甲戌	癸酉	壬申	辛未	庚午	己巳	戊辰	일진
	일	토	금	辰初	수	화	월	일	토	금	목	수	화	월	일	토	금	목	수	亥初	월	일	토	금	목	수	화	월	일	절기시각

4月大(乙巳) 입하

		망종5																소만												절기
30	29	28	27	26	25	24	23	22	21	20	19	18	17	16	15	14	13	12	11	10	9	8	7	6	5	4	3	2	1	음력
10	10		1	1	1	1	2	2	2	3	3	3	4	4	4	5	5	5	6	6	6	7	7	7	8	8	8	9	9	대운 순행
1	1		10	10	9	9	9	8	8	8	7	7	7	6	6	6	5	5	5	4	4	4	3	3	3	2	2	2	1	대운 역행
							6																						5	양력 월
8	7	6	5	4	3	2	1	31	30	29	28	27	26	25	24	23	22	21	20	19	18	17	16	15	14	13	12	11	10	양력 일
丙寅	乙丑	甲子	癸亥	壬戌	辛酉	庚申	己未	戊午	丁巳	丙辰	乙卯	甲寅	癸丑	壬子	辛亥	庚戌	己酉	戊申	丁未	丙午	乙巳	甲辰	癸卯	壬寅	辛丑	庚子	己亥	戊戌	丁酉	일진
화	월	午正	토	금	목	수	화	월	일	토	금	목	수	화	월	일	토	戌正	목	수	화	월	일	토	금	목	수	화	월	절기시각

5月小(丙午) 망종

	소서6															하지														절기
	29	28	27	26	25	24	23	22	21	20	19	18	17	16	15	14	13	12	11	10	9	8	7	6	5	4	3	2	1	음력
		1	1	1	1	2	2	2	3	3	3	4	4	4	5	5	5	6	6	6	7	7	7	8	8	8	9	9	9	대운 순행
		10	10	9	9	9	8	8	8	7	7	7	6	6	6	5	5	5	4	4	4	3	3	3	2	2	2	1	1	대운 역행
							7																						6	양력 월
	7	6	5	4	3	2	1	30	29	28	27	26	25	24	23	22	21	20	19	18	17	16	15	14	13	12	11	10	9	양력 일
	乙未	甲午	癸巳	壬辰	辛卯	庚寅	己丑	戊子	丁亥	丙戌	乙酉	甲申	癸未	壬午	辛巳	庚辰	己卯	戊寅	丁丑	丙子	乙亥	甲戌	癸酉	壬申	辛未	庚午	己巳	戊辰	丁卯	일진
	亥正	화	월	일	토	금	목	수	화	월	일	토	금	목	수	卯初	월	일	토	금	목	수	화	월	일	토	금	목	수	절기시각

6月小(丁未) 소서

															대서															절기
	29	28	27	26	25	24	23	22	21	20	19	18	17	16	15	14	13	12	11	10	9	8	7	6	5	4	3	2	1	음력
	1	1	2	2	2	3	3	3	4	4	4	5	5	5	6	6	6	7	7	7	8	8	8	9	9	9	10	10	10	대운 순행
	10	9	9	9	8	8	8	7	7	7	6	6	6	5	5	5	4	4	4	3	3	3	2	2	2	1	1	1	1	대운 역행
					8																								7	양력 월
	5	4	3	2	1	31	30	29	28	27	26	25	24	23	22	21	20	19	18	17	16	15	14	13	12	11	10	9	8	양력 일
	甲子	癸亥	壬戌	辛酉	庚申	己未	戊午	丁巳	丙辰	乙卯	甲寅	癸丑	壬子	辛亥	庚戌	己酉	戊申	丁未	丙午	乙巳	甲辰	癸卯	壬寅	辛丑	庚子	己亥	戊戌	丁酉	丙申	일진
	목	수	화	월	일	토	금	목	수	화	월	일	토	申正	목	수	화	월	일	토	금	목	수	화	월	일	토	금	목	절기시각

• 밝은 방을 쓰는 학생은 성적이 오르지 않는다. 커텐으로 밝음을 차단하라.

7月大(戊申) 입추

												처서															입추7			절기	
30	29	28	27	26	25	24	23	22	21	20	19	18	17	16	15	14	13	12	11	10	9	8	7	6	5	4	3	2	1	음력	
1	2	2	2	3	3	3	4	4	4	5	5	5	6	6	6	7	7	7	8	8	8	9	9	9	10	10		1	1	순행	대운
9	9	8	8	8	7	7	7	6	6	6	5	5	5	4	4	4	3	3	3	2	2	2	1	1	1	1		10	10	역행	대운
			9																										8	월	양력
4	3	2	1	31	30	29	28	27	26	25	24	23	22	21	20	19	18	17	16	15	14	13	12	11	10	9	8	7	6	일	양력
甲午	癸巳	壬辰	辛卯	庚寅	己丑	戊子	丁亥	丙戌	乙酉	甲申	癸未	壬午	辛巳	庚辰	己卯	戊寅	丁丑	丙子	乙亥	甲戌	癸酉	壬申	辛未	庚午	己巳	戊辰	丁卯	丙寅	乙丑	일진	
토	금	목	수	화	월	일	토	금	목	수	화	亥正	일	토	금	목	수	화	월	일	토	금	목	수	화	월	辰正	토	금	절기시각	

8月小(己酉) 백로

											추분															백로8				절기	
	29	28	27	26	25	24	23	22	21	20	19	18	17	16	15	14	13	12	11	10	9	8	7	6	5	4	3	2	1	음력	
	2	2	3	3	3	4	4	4	5	5	5	6	6	6	7	7	7	8	8	8	9	9	9	10	10		1	1	1	순행	대운
	8	8	8	7	7	7	6	6	6	5	5	5	4	4	4	3	3	3	2	2	2	1	1	1	1		10	10	9	역행	대운
			10																										9	월	양력
	3	2	1	30	29	28	27	26	25	24	23	22	21	20	19	18	17	16	15	14	13	12	11	10	9	8	7	6	5	일	양력
	癸亥	壬戌	辛酉	庚申	己未	戊午	丁巳	丙辰	乙卯	甲寅	癸丑	壬子	辛亥	庚戌	己酉	戊申	丁未	丙午	乙巳	甲辰	癸卯	壬寅	辛丑	庚子	己亥	戊戌	丁酉	丙申	乙未	일진	
	일	토	금	목	수	화	월	일	토	금	戌正	수	화	월	일	토	금	목	수	화	월	일	토	금	목	午初	화	월	일	절기시각	

9月大(庚戌) 한로

									상강															한로9						절기	
30	29	28	27	26	25	24	23	22	21	20	19	18	17	16	15	14	13	12	11	10	9	8	7	6	5	4	3	2	1	음력	
2	2	3	3	3	4	4	4	5	5	5	6	6	6	7	7	7	8	8	8	9	9	9	10		1	1	1	1	2	순행	대운
8	8	7	7	7	6	6	6	5	5	5	4	4	4	3	3	3	2	2	2	1	1	1	1		10	10	9	9	9	역행	대운
	11																												10	월	양력
2	1	31	30	29	28	27	26	25	24	23	22	21	20	19	18	17	16	15	14	13	12	11	10	9	8	7	6	5	4	일	양력
癸巳	壬辰	辛卯	庚寅	己丑	戊子	丁亥	丙戌	乙酉	甲申	癸未	壬午	辛巳	庚辰	己卯	戊寅	丁丑	丙子	乙亥	甲戌	癸酉	壬申	辛未	庚午	己巳	戊辰	丁卯	丙寅	乙丑	甲子	일진	
화	월	일	토	금	목	수	화	월	卯初	토	금	목	수	화	월	일	토	금	목	수	화	월	일	丑正	금	목	수	화	월	절기시각	

10月大(辛亥) 입동

									소설															입동10						절기	
30	29	28	27	26	25	24	23	22	21	20	19	18	17	16	15	14	13	12	11	10	9	8	7	6	5	4	3	2	1	음력	
2	2	2	3	3	3	4	4	4	5	5	5	6	6	6	7	7	7	8	8	8	9	9	9		1	1	1	1	2	순행	대운
8	8	7	7	7	6	6	6	5	5	5	4	4	4	3	3	3	2	2	2	1	1	1	1		10	9	9	9	8	역행	대운
	12																												11	월	양력
2	1	30	29	28	27	26	25	24	23	22	21	20	19	18	17	16	15	14	13	12	11	10	9	8	7	6	5	4	3	일	양력
癸亥	壬戌	辛酉	庚申	己未	戊午	丁巳	丙辰	乙卯	甲寅	癸丑	壬子	辛亥	庚戌	己酉	戊申	丁未	丙午	乙巳	甲辰	癸卯	壬寅	辛丑	庚子	己亥	戊戌	丁酉	丙申	乙未	甲午	일진	
목	수	화	월	일	토	금	목	수	丑正	월	일	토	금	목	수	화	월	일	토	금	목	수	화	寅正	일	토	금	목	수	절기시각	

11月大(壬子) 대설

										동지															대설11					절기	
30	29	28	27	26	25	24	23	22	21	20	19	18	17	16	15	14	13	12	11	10	9	8	7	6	5	4	3	2	1	음력	
2	2	2	3	3	3	4	4	4	5	5	5	6	6	6	7	7	7	8	8	8	9	9	9	10		1	1	1	1	순행	대운
8	8	8	7	7	7	6	6	6	5	5	5	4	4	4	3	3	3	2	2	2	1	1	1	1		9	9	9	8	역행	대운
1																													12	월	양력
1	31	30	29	28	27	26	25	24	23	22	21	20	19	18	17	16	15	14	13	12	11	10	9	8	7	6	5	4	3	일	양력
癸巳	壬辰	辛卯	庚寅	己丑	戊子	丁亥	丙戌	乙酉	甲申	癸未	壬午	辛巳	庚辰	己卯	戊寅	丁丑	丙子	乙亥	甲戌	癸酉	壬申	辛未	庚午	己巳	戊辰	丁卯	丙寅	乙丑	甲子	일진	
토	금	목	수	화	월	일	토	금	목	申初	화	월	일	토	금	목	수	화	월	일	토	금	목	수	亥初	월	일	토	금	절기시각	

12月小(癸丑) 소한

										대한															소한12					절기	
	29	28	27	26	25	24	23	22	21	20	19	18	17	16	15	14	13	12	11	10	9	8	7	6	5	4	3	2	1	음력	
	2	2	2	3	3	3	4	4	4	5	5	5	6	6	6	7	7	7	8	8	8	9	9	9		1	1	1	1	순행	대운
	8	8	7	7	7	6	6	6	5	5	5	4	4	4	3	3	3	2	2	2	1	1	1	1		10	9	9	9	역행	대운
																													1	월	양력
	30	29	28	27	26	25	24	23	22	21	20	19	18	17	16	15	14	13	12	11	10	9	8	7	6	5	4	3	2	일	양력
	壬戌	辛酉	庚申	己未	戊午	丁巳	丙辰	乙卯	甲寅	癸丑	壬子	辛亥	庚戌	己酉	戊申	丁未	丙午	乙巳	甲辰	癸卯	壬寅	辛丑	庚子	己亥	戊戌	丁酉	丙申	乙未	甲午	일진	
	일	토	금	목	수	화	월	일	토	丑初	목	수	화	월	일	토	금	목	수	화	월	일	토	금	辰正	수	화	월	일	절기시각	

• 남자 사주에 財가 많고 合이 많으면 여자에게 정이 헤프다.

서기 1938년
단기 4271년

戊寅年

상문 : 辰 대장군 : 北
조객 : 子 삼 재 : 申子辰
삼살 : 北

										우수															입춘1					절기		1月大(甲寅) 입춘
30	29	28	27	26	25	24	23	22	21	**20**	19	18	17	16	15	14	13	12	11	10	9	8	7	6	**5**	4	3	2	1	음력		
2	2	2	3	3	3	4	4	4	5	5	5	6	6	6	7	7	7	8	8	8	9	9	9	10		1	1	1	1	순행	대	
8	8	8	7	7	7	6	6	6	5	5	5	4	4	4	3	3	3	2	2	2	1	1	1	1		9	9	9	8	역행	운	
3																												2	1	월	양	
1	28	27	26	25	24	23	22	21	20	19	18	17	16	15	14	13	12	11	10	9	8	7	6	5	4	3	2	1	31	일	력	
壬辰	辛卯	庚寅	己丑	戊子	丁亥	丙戌	乙酉	甲申	癸未	壬午	辛巳	庚辰	己卯	戊寅	丁丑	丙子	乙亥	甲戌	癸酉	壬申	辛未	庚午	己巳	戊辰	丁卯	丙寅	乙丑	甲子	癸亥	일진		
화	월	일	토	금	목	수	화	월	일	申正	금	목	수	화	월	일	토	금	목	수	화	월	일	토	戌正	목	수	화	월	절기시각		
										춘분															경칩2					절기		2月大(乙卯) 경칩
30	29	28	27	26	25	24	23	22	21	**20**	19	18	17	16	15	14	13	12	11	10	9	8	7	6	**5**	4	3	2	1	음력		
2	2	2	3	3	3	4	4	4	5	5	5	6	6	6	7	7	7	8	8	8	9	9	9	10		1	1	1	1	순행	대	
8	8	8	7	7	7	6	6	6	5	5	5	4	4	4	3	3	3	2	2	2	1	1	1	1		10	9	9	9	역행	운	
																													3	월	양	
31	30	29	28	27	26	25	24	23	22	21	20	19	18	17	16	15	14	13	12	11	10	9	8	7	6	5	4	3	2	일	력	
壬戌	辛酉	庚申	己未	戊午	丁巳	丙辰	乙卯	甲寅	癸丑	壬子	辛亥	庚戌	己酉	戊申	丁未	丙午	乙巳	甲辰	癸卯	壬寅	辛丑	庚子	己亥	戊戌	丁酉	丙申	乙未	甲午	癸巳	일진		
목	수	화	월	일	토	금	목	수	화	申初	일	토	금	목	수	화	월	일	토	금	목	수	화	월	戌正	토	금	목	수	절기시각		
									곡우																청명3					절기		3月小(丙辰) 청명
	29	28	27	26	25	24	23	22	**21**	20	19	18	17	16	15	14	13	12	11	10	9	8	7	6	**5**	4	3	2	1	음력		
	2	3	3	3	4	4	4	5	5	5	6	6	6	7	7	7	8	8	8	9	9	9	10	10		1	1	1	1	순행	대	
	8	8	7	7	7	6	6	6	5	5	5	4	4	4	3	3	3	2	2	2	1	1	1	1		10	9	9	9	역행	운	
																													4	월	양	
	29	28	27	26	25	24	23	22	21	20	19	18	17	16	15	14	13	12	11	10	9	8	7	6	5	4	3	2	1	일	력	
	辛卯	庚寅	己丑	戊子	丁亥	丙戌	乙酉	甲申	癸未	壬午	辛巳	庚辰	己卯	戊寅	丁丑	丙子	乙亥	甲戌	癸酉	壬申	辛未	庚午	己巳	戊辰	丁卯	丙寅	乙丑	甲子	癸亥	일진		
	금	목	수	화	월	일	토	금	寅初	수	화	월	일	토	금	목	수	화	월	일	토	금	목	수	戌初	월	일	토	금	절기시각		
							소만																입하4							절기		4月小(丁巳) 입하
	29	28	27	26	25	24	**23**	22	21	20	19	18	17	16	15	14	13	12	11	10	9	8	**7**	6	5	4	3	2	1	음력		
	3	3	4	4	4	5	5	5	6	6	6	7	7	7	8	8	8	9	9	9	10	10		1	1	1	1	2	2	순행	대	
	7	7	7	6	6	6	5	5	5	4	4	4	3	3	3	2	2	2	1	1	1	1		10	10	9	9	9	8	역행	운	
																												5	4	월	양	
	28	27	26	25	24	23	22	21	20	19	18	17	16	15	14	13	12	11	10	9	8	7	6	5	4	3	2	1	30	일	력	
	庚申	己未	戊午	丁巳	丙辰	乙卯	甲寅	癸丑	壬子	辛亥	庚戌	己酉	戊申	丁未	丙午	乙巳	甲辰	癸卯	壬寅	辛丑	庚子	己亥	戊戌	丁酉	丙申	乙未	甲午	癸巳	壬辰	일진		
	토	금	목	수	화	월	丑初	토	금	목	수	화	월	일	토	금	목	수	화	월	일	토	未正	목	수	화	월	일	토	절기시각		
					하지																망종5									절기		5月大(戊午) 망종
30	29	28	27	26	**25**	24	23	22	21	20	19	18	17	16	15	14	13	12	11	10	**9**	8	7	6	5	4	3	2	1	음력		
4	4	4	5	5	5	6	6	6	7	7	7	8	8	8	9	9	9	10	10	10		1	1	1	1	2	2	2	3	순행	대	
7	7	6	6	6	5	5	5	4	4	4	3	3	3	2	2	2	1	1	1	1		10	10	9	9	9	8	8	8	역행	운	
																										6			5	월	양	
27	26	25	24	23	22	21	20	19	18	17	16	15	14	13	12	11	10	9	8	7	6	5	4	3	2	1	31	30	29	일	력	
庚寅	己丑	戊子	丁亥	丙戌	乙酉	甲申	癸未	壬午	辛巳	庚辰	己卯	戊寅	丁丑	丙子	乙亥	甲戌	癸酉	壬申	辛未	庚午	己巳	戊辰	丁卯	丙寅	乙丑	甲子	癸亥	壬戌	辛酉	일진		
월	일	토	금	목	午初	화	월	일	토	금	목	수	화	월	일	토	금	목	수	화	酉正	일	토	금	목	수	화	월	일	절기시각		
				대서															소서6											절기		6月小(己未) 소서
	29	28	27	**26**	25	24	23	22	21	20	19	18	17	16	15	14	13	12	**11**	10	9	8	7	6	5	4	3	2	1	음력		
	4	5	5	5	6	6	6	7	7	7	8	8	8	9	9	9	10	10		1	1	1	1	2	2	2	3	3	3	순행	대	
	6	6	5	5	5	4	4	4	3	3	3	2	2	2	1	1	1	1		10	10	10	9	9	9	8	8	8	7	역행	운	
																										7			6	월	양	
	26	25	24	23	22	21	20	19	18	17	16	15	14	13	12	11	10	9	8	7	6	5	4	3	2	1	30	29	28	일	력	
	己未	戊午	丁巳	丙辰	乙卯	甲寅	癸丑	壬子	辛亥	庚戌	己酉	戊申	丁未	丙午	乙巳	甲辰	癸卯	壬寅	辛丑	庚子	己亥	戊戌	丁酉	丙申	乙未	甲午	癸巳	壬辰	辛卯	일진		
	화	월	일	亥初	금	목	수	화	월	일	토	금	목	수	화	월	일	토	寅正	목	수	화	월	일	토	금	목	수	화	절기시각		

• 어두컴컴한 방을 쓰는 학생은 정서가 안정되고 성적이 향상된다.

	처서															입추7														절기	7月小(庚申) 입추
	29	28	27	26	25	24	23	22	21	20	19	18	17	16	15	14	13	12	11	10	9	8	7	6	5	4	3	2	1	음력	
	5	5	6	6	6	7	7	7	8	8	8	9	9	9	10	10		1	1	1	1	2	2	2	3	3	3	4	4	대운 순행	
	5	5	5	4	4	4	3	3	3	2	2	2	1	1	1	1		10	10	9	9	9	8	8	8	7	7	7	6	대운 역행	
																								8					7	양력 월	
	24	23	22	21	20	19	18	17	16	15	14	13	12	11	10	9	8	7	6	5	4	3	2	1	31	30	29	28	27	양력 일	
	戊子	丁亥	丙戌	乙酉	甲申	癸未	壬午	辛巳	庚辰	己卯	戊寅	丁丑	丙子	乙亥	甲戌	癸酉	壬申	辛未	庚午	己巳	戊辰	丁卯	丙寅	乙丑	甲子	癸亥	壬戌	辛酉	庚申	일진	
	寅正	화	월	일	토	금	목	수	화	월	일	토	금	목	수	화	未正	일	토	금	목	수	화	월	일	토	금	목	수	절기시각	

															백로8															절기	윤7月大
30	29	28	27	26	25	24	23	22	21	20	19	18	17	16	15	14	13	12	11	10	9	8	7	6	5	4	3	2	1	음력	
5	6	6	6	7	7	7	8	8	8	9	9	9	10	10		1	1	1	1	2	2	2	3	3	3	4	4	4	5	대운 순행	
5	5	4	4	4	3	3	3	2	2	2	1	1	1	1		10	10	9	9	9	8	8	8	7	7	7	6	6	6	대운 역행	
																						9							8	양력 월	
23	22	21	20	19	18	17	16	15	14	13	12	11	10	9	8	7	6	5	4	3	2	1	31	30	29	28	27	26	25	양력 일	
戊午	丁巳	丙辰	乙卯	甲寅	癸丑	壬子	辛亥	庚戌	己酉	戊申	丁未	丙午	乙巳	甲辰	癸卯	壬寅	辛丑	庚子	己亥	戊戌	丁酉	丙申	乙未	甲午	癸巳	壬辰	辛卯	庚寅	己丑	일진	
금	목	수	화	월	일	토	금	목	수	화	월	일	토	금	申正	수	화	월	일	토	금	목	수	화	월	일	토	금	목	절기시각	

														한로9															추분	절기	8月小(辛酉) 백로
	29	28	27	26	25	24	23	22	21	20	19	18	17	16	15	14	13	12	11	10	9	8	7	6	5	4	3	2	1	음력	
	6	6	6	7	7	7	8	8	8	9	9	9	10		1	1	1	1	2	2	2	3	3	3	4	4	4	5	5	대운 순행	
	4	4	4	3	3	3	2	2	2	1	1	1	1		10	10	9	9	9	8	8	8	7	7	7	6	6	6	5	대운 역행	
																						10							9	양력 월	
	22	21	20	19	18	17	16	15	14	13	12	11	10	9	8	7	6	5	4	3	2	1	30	29	28	27	26	25	24	양력 일	
	丁亥	丙戌	乙酉	甲申	癸未	壬午	辛巳	庚辰	己卯	戊寅	丁丑	丙子	乙亥	甲戌	癸酉	壬申	辛未	庚午	己巳	戊辰	丁卯	丙寅	乙丑	甲子	癸亥	壬戌	辛酉	庚申	己未	일진	
	토	금	목	수	화	월	일	토	금	목	수	화	월	辰正	토	금	목	수	화	월	일	토	금	목	수	화	월	일	丑正	절기시각	

													입동10															상강		절기	9月大(壬戌) 한로
30	29	28	27	26	25	24	23	22	21	20	19	18	17	16	15	14	13	12	11	10	9	8	7	6	5	4	3	2	1	음력	
6	6	6	7	7	7	8	8	8	9	9	9	10		1	1	1	1	2	2	2	3	3	3	4	4	4	5	5	5	대운 순행	
4	4	4	3	3	3	2	2	2	1	1	1	1		10	9	9	9	8	8	8	7	7	7	6	6	6	5	5	5	대운 역행	
																				11									10	양력 월	
21	20	19	18	17	16	15	14	13	12	11	10	9	8	7	6	5	4	3	2	1	31	30	29	28	27	26	25	24	23	양력 일	
丁巳	丙辰	乙卯	甲寅	癸丑	壬子	辛亥	庚戌	己酉	戊申	丁未	丙午	乙巳	甲辰	癸卯	壬寅	辛丑	庚子	己亥	戊戌	丁酉	丙申	乙未	甲午	癸巳	壬辰	辛卯	庚寅	己丑	戊子	일진	
월	일	토	금	목	수	화	월	일	토	금	목	수	巳正	월	일	토	금	목	수	화	월	일	토	금	목	수	화	巳正	일	절기시각	

													대설11															소설		절기	10月大(癸亥) 입동
30	29	28	27	26	25	24	23	22	21	20	19	18	17	16	15	14	13	12	11	10	9	8	7	6	5	4	3	2	1	음력	
5	6	6	6	7	7	7	8	8	8	9	9	9		1	1	1	1	2	2	2	3	3	3	4	4	4	5	5	5	대운 순행	
4	4	4	3	3	3	2	2	2	1	1	1	1		10	9	9	9	8	8	8	7	7	7	6	6	6	5	5	5	대운 역행	
																				12									11	양력 월	
21	20	19	18	17	16	15	14	13	12	11	10	9	8	7	6	5	4	3	2	1	30	29	28	27	26	25	24	23	22	양력 일	
丁亥	丙戌	乙酉	甲申	癸未	壬午	辛巳	庚辰	己卯	戊寅	丁丑	丙子	乙亥	甲戌	癸酉	壬申	辛未	庚午	己巳	戊辰	丁卯	丙寅	乙丑	甲子	癸亥	壬戌	辛酉	庚申	己未	戊午	일진	
수	화	월	일	토	금	목	수	화	월	일	토	금	寅初	수	화	월	일	토	금	목	수	화	월	일	토	금	목	辰正	화	절기시각	

														소한12															동지	절기	11月小(甲子) 대설
	29	28	27	26	25	24	23	22	21	20	19	18	17	16	15	14	13	12	11	10	9	8	7	6	5	4	3	2	1	음력	
	6	6	6	7	7	7	8	8	8	9	9	9	10		1	1	1	1	2	2	2	3	3	3	4	4	4	5	5	대운 순행	
	4	4	4	3	3	3	2	2	2	1	1	1	1		9	9	9	8	8	8	7	7	7	6	6	6	5	5	5	대운 역행	
																			1										12	양력 월	
	19	18	17	16	15	14	13	12	11	10	9	8	7	6	5	4	3	2	1	31	30	29	28	27	26	25	24	23	22	양력 일	
	丙辰	乙卯	甲寅	癸丑	壬子	辛亥	庚戌	己酉	戊申	丁未	丙午	乙巳	甲辰	癸卯	壬寅	辛丑	庚子	己亥	戊戌	丁酉	丙申	乙未	甲午	癸巳	壬辰	辛卯	庚寅	己丑	戊子	일진	
	목	수	화	월	일	토	금	목	수	화	월	일	토	未正	목	수	화	월	일	토	금	목	수	화	월	일	토	금	亥初	절기시각	

													입춘1															대한		절기	12月大(乙丑) 소한
30	29	28	27	26	25	24	23	22	21	20	19	18	17	16	15	14	13	12	11	10	9	8	7	6	5	4	3	2	1	음력	
5	6	6	6	7	7	7	8	8	8	9	9	9		1	1	1	1	2	2	2	3	3	3	4	4	4	5	5	5	대운 순행	
4	4	4	3	3	3	2	2	2	1	1	1	1		10	9	9	9	8	8	8	7	7	7	6	6	6	5	5	5	대운 역행	
																	2												1	양력 월	
18	17	16	15	14	13	12	11	10	9	8	7	6	5	4	3	2	1	31	30	29	28	27	26	25	24	23	22	21	20	양력 일	
丙戌	乙酉	甲申	癸未	壬午	辛巳	庚辰	己卯	戊寅	丁丑	丙子	乙亥	甲戌	癸酉	壬申	辛未	庚午	己巳	戊辰	丁卯	丙寅	乙丑	甲子	癸亥	壬戌	辛酉	庚申	己未	戊午	丁巳	일진	
토	금	목	수	화	월	일	토	금	목	수	화	월	丑正	토	금	목	수	화	월	일	토	금	목	수	화	월	일	辰初	금	절기시각	

• 일지역마에 財가 있으면 그의 처는 게으르고 공상가다.

서기 1939년
단기 4272년

己卯年

상문 : 巳　대장군 : 北
조객 : 丑　삼　재 : 申子辰
삼살 : 酉

1月大(丙寅) 입춘

														경칩2															우수	절기
30	29	28	27	26	25	24	23	22	21	20	19	18	17	**16**	15	14	13	12	11	10	9	8	7	6	5	4	3	2	**1**	음력
6	6	6	7	7	7	8	8	8	9	9	9	10	10		1	1	1	1	2	2	2	3	3	3	4	4	4	5	5	대운 순행
5	4	4	4	3	3	3	2	2	2	1	1	1	1		9	9	9	8	8	8	7	7	7	6	6	6	5	5	5	대운 역행
																			3										2	양력 월
20	19	18	17	16	15	14	13	12	11	10	9	8	7	6	5	4	3	2	1	28	27	26	25	24	23	22	21	20	19	양력 일
丙辰	乙卯	甲寅	癸丑	壬子	辛亥	庚戌	己酉	戊申	丁未	丙午	乙巳	甲辰	癸卯	壬寅	辛丑	庚子	己亥	戊戌	丁酉	丙申	乙未	甲午	癸巳	壬辰	辛卯	庚寅	己丑	戊子	丁亥	일진
월	일	토	금	목	수	화	월	일	토	금	목	수	화	戌正	일	토	금	목	수	화	월	일	토	금	목	수	화	월	亥正	절기시각

2月大(丁卯) 경칩

													청명3																춘분	절기
30	29	28	27	26	25	24	23	22	21	20	19	18	**17**	16	15	14	13	12	11	10	9	8	7	6	5	4	3	2	**1**	음력
6	6	6	7	7	7	8	8	8	9	9	9	10		1	1	1	1	2	2	2	3	3	3	4	4	4	5	5	5	대운 순행
4	4	4	3	3	3	2	2	2	1	1	1	1		10	10	9	9	9	8	8	8	7	7	7	6	6	6	5	5	대운 역행
																		4											3	양력 월
19	18	17	16	15	14	13	12	11	10	9	8	7	6	5	4	3	2	1	31	30	29	28	27	26	25	24	23	22	21	양력 일
丙戌	乙酉	甲申	癸未	壬午	辛巳	庚辰	己卯	戊寅	丁丑	丙子	乙亥	甲戌	癸酉	壬申	辛未	庚午	己巳	戊辰	丁卯	丙寅	乙丑	甲子	癸亥	壬戌	辛酉	庚申	己未	戊午	丁巳	일진
수	화	월	일	토	금	목	수	화	월	일	토	금	丑初	수	화	월	일	토	금	목	수	화	월	일	토	금	목	수	亥初	절기시각

3月小(戊辰) 청명

													입하4															곡우		절기
	29	28	27	26	25	24	23	22	21	20	19	18	**17**	16	15	14	13	12	11	10	9	8	7	6	5	4	3	**2**	1	음력
	6	7	7	7	8	8	8	9	9	9	10	10		1	1	1	1	2	2	2	3	3	3	4	4	4	5	5	5	대운 순행
	4	4	3	3	3	2	2	2	1	1	1	1		10	9	9	9	8	8	8	7	7	7	6	6	6	5	5	5	대운 역행
																		5											4	양력 월
	18	17	16	15	14	13	12	11	10	9	8	7	6	5	4	3	2	1	30	29	28	27	26	25	24	23	22	21	20	양력 일
	乙卯	甲寅	癸丑	壬子	辛亥	庚戌	己酉	戊申	丁未	丙午	乙巳	甲辰	癸卯	壬寅	辛丑	庚子	己亥	戊戌	丁酉	丙申	乙未	甲午	癸巳	壬辰	辛卯	庚寅	己丑	戊子	丁亥	일진
	목	수	화	월	일	토	금	목	수	화	월	일	戌初	금	목	수	화	월	일	토	금	목	수	화	월	일	토	辰正	목	절기시각

4月小(己巳) 입하

											망종5															소만				절기
	29	28	27	26	25	24	23	22	21	20	**19**	18	17	16	15	14	13	12	11	10	9	8	7	6	5	**4**	3	2	1	음력
	7	8	8	8	9	9	9	10	10	10		1	1	1	1	2	2	2	3	3	3	4	4	4	5	5	5	6	6	대운 순행
	3	3	3	2	2	2	1	1	1	1		10	10	9	9	9	8	8	8	7	7	7	6	6	6	5	5	5	4	대운 역행
																6													5	양력 월
	16	15	14	13	12	11	10	9	8	7	6	5	4	3	2	1	31	30	29	28	27	26	25	24	23	22	21	20	19	양력 일
	甲申	癸未	壬午	辛巳	庚辰	己卯	戊寅	丁丑	丙子	乙亥	甲戌	癸酉	壬申	辛未	庚午	己巳	戊辰	丁卯	丙寅	乙丑	甲子	癸亥	壬戌	辛酉	庚申	己未	戊午	丁巳	丙辰	일진
	금	목	수	화	월	일	토	금	목	수	子初	월	일	토	금	목	수	화	월	일	토	금	목	수	화	辰正	일	토	금	절기시각

5月大(庚午) 망종

								소서6																하지						절기
30	29	28	27	26	25	24	23	**22**	21	20	19	18	17	16	15	14	13	12	11	10	9	8	7	**6**	5	4	3	2	1	음력
8	8	8	9	9	9	10	10		1	1	1	1	2	2	2	3	3	3	4	4	4	5	5	5	6	6	6	7	7	대운 순행
3	2	2	2	1	1	1	1		10	10	10	9	9	9	8	8	8	7	7	7	6	6	6	5	5	5	4	4	4	대운 역행
															7														6	양력 월
16	15	14	13	12	11	10	9	8	7	6	5	4	3	2	1	30	29	28	27	26	25	24	23	22	21	20	19	18	17	양력 일
甲寅	癸丑	壬子	辛亥	庚戌	己酉	戊申	丁未	丙午	乙巳	甲辰	癸卯	壬寅	辛丑	庚子	己亥	戊戌	丁酉	丙申	乙未	甲午	癸巳	壬辰	辛卯	庚寅	己丑	戊子	丁亥	丙戌	乙酉	일진
일	토	금	목	수	화	월	일	巳正	금	목	수	화	월	일	토	금	목	수	화	월	일	토	금	辰正	수	화	월	일	토	절기시각

6月小(辛未) 소서

							입추7															대서								절기
	29	28	27	26	25	24	**23**	22	21	20	19	18	17	16	15	14	13	12	11	10	9	**8**	7	6	5	4	3	2	1	음력
	8	9	9	9	10	10		1	1	1	1	2	2	2	3	3	3	4	4	4	5	5	5	6	6	6	7	7	7	대운 순행
	2	2	1	1	1	1		10	10	9	9	9	8	8	8	7	7	7	6	6	6	5	5	5	4	4	4	3	3	대운 역행
														8															7	양력 월
	14	13	12	11	10	9	8	7	6	5	4	3	2	1	31	30	29	28	27	26	25	24	23	22	21	20	19	18	17	양력 일
	癸未	壬午	辛巳	庚辰	己卯	戊寅	丁丑	丙子	乙亥	甲戌	癸酉	壬申	辛未	庚午	己巳	戊辰	丁卯	丙寅	乙丑	甲子	癸亥	壬戌	辛酉	庚申	己未	戊午	丁巳	丙辰	乙卯	일진
	월	일	토	금	목	수	戌正	월	일	토	금	목	수	화	월	일	토	금	목	수	화	寅初	일	토	금	목	수	화	월	절기시각

• 마당에 있는 우물 및 수도는 부인병을 초래하는 질병의 원인이 된다.

7月小(壬申) 입추

				백로8															처서											절기
	29	28	27	26	25	24	23	22	21	20	19	18	17	16	15	14	13	12	11	10	9	8	7	6	5	4	3	2	1	음력
	9	9	10	10		1	1	1	1	2	2	2	3	3	3	4	4	4	5	5	5	6	6	6	7	7	7	8	8	대운 순행
	1	1	1	1		10	10	9	9	9	8	8	8	7	7	7	6	6	6	5	5	5	4	4	4	3	3	3	2	대운 역행
												9																	8	양력 월
	12	11	10	9	8	7	6	5	4	3	2	1	31	30	29	28	27	26	25	24	23	22	21	20	19	18	17	16	15	양력 일
	壬子	辛亥	庚戌	己酉	戊申	丁未	丙午	乙巳	甲辰	癸卯	壬寅	辛丑	庚子	己亥	戊戌	丁酉	丙申	乙未	甲午	癸巳	壬辰	辛卯	庚寅	己丑	戊子	丁亥	丙戌	乙酉	甲申	일진
	화	월	일	토	亥正	목	수	화	월	일	토	금	목	수	화	월	일	토	금	巳正	수	화	월	일	토	금	목	수	화	절기시각

8月大(癸酉) 백로

			한로9															추분												절기
30	29	28	27	26	25	24	23	22	21	20	19	18	17	16	15	14	13	12	11	10	9	8	7	6	5	4	3	2	1	음력
9	9	10		1	1	1	1	2	2	2	3	3	3	4	4	4	5	5	5	6	6	6	7	7	7	8	8	8	9	대운 순행
1	1	1		10	10	9	9	9	8	8	8	7	7	7	6	6	6	5	5	5	4	4	4	3	3	3	2	2	2	대운 역행
											10																		9	양력 월
12	11	10	9	8	7	6	5	4	3	2	1	30	29	28	27	26	25	24	23	22	21	20	19	18	17	16	15	14	13	양력 일
壬午	辛巳	庚辰	己卯	戊寅	丁丑	丙子	乙亥	甲戌	癸酉	壬申	辛未	庚午	己巳	戊辰	丁卯	丙寅	乙丑	甲子	癸亥	壬戌	辛酉	庚申	己未	戊午	丁巳	丙辰	乙卯	甲寅	癸丑	일진
목	수	화	未正	일	토	금	목	수	화	월	일	토	금	목	수	화	월	辰初	토	금	목	수	화	월	일	토	금	목	수	절기시각

9月小(甲戌) 한로

			입동10															상강												절기
	29	28	27	26	25	24	23	22	21	20	19	18	17	16	15	14	13	12	11	10	9	8	7	6	5	4	3	2	1	음력
	9	10		1	1	1	1	2	2	2	3	3	3	4	4	4	5	5	5	6	6	6	7	7	7	8	8	8	9	대운 순행
	1	1		10	9	9	9	8	8	8	7	7	7	6	6	6	5	5	5	4	4	4	3	3	3	2	2	2	1	대운 역행
										11																			10	양력 월
	10	9	8	7	6	5	4	3	2	1	31	30	29	28	27	26	25	24	23	22	21	20	19	18	17	16	15	14	13	양력 일
	辛亥	庚戌	己酉	戊申	丁未	丙午	乙巳	甲辰	癸卯	壬寅	辛丑	庚子	己亥	戊戌	丁酉	丙申	乙未	甲午	癸巳	壬辰	辛卯	庚寅	己丑	戊子	丁亥	丙戌	乙酉	甲申	癸未	일진
	금	목	申正	화	월	일	토	금	목	수	화	월	일	토	금	목	수	申正	월	일	토	금	목	수	화	월	일	토	금	절기시각

10月大(乙亥) 입동

		대설11															소설													절기
30	29	28	27	26	25	24	23	22	21	20	19	18	17	16	15	14	13	12	11	10	9	8	7	6	5	4	3	2	1	음력
9	9		1	1	1	1	2	2	2	3	3	3	4	4	4	5	5	5	6	6	6	7	7	7	8	8	8	9	9	대운 순행
1	1		10	9	9	9	8	8	8	7	7	7	6	6	6	5	5	5	4	4	4	3	3	3	2	2	2	1	1	대운 역행
									12																				11	양력 월
10	9	8	7	6	5	4	3	2	1	30	29	28	27	26	25	24	23	22	21	20	19	18	17	16	15	14	13	12	11	양력 일
辛巳	庚辰	己卯	戊寅	丁丑	丙子	乙亥	甲戌	癸酉	壬申	辛未	庚午	己巳	戊辰	丁卯	丙寅	乙丑	甲子	癸亥	壬戌	辛酉	庚申	己未	戊午	丁巳	丙辰	乙卯	甲寅	癸丑	壬子	일진
일	토	巳初	목	수	화	월	일	토	금	목	수	화	월	일	토	금	未初	수	화	월	일	토	금	목	수	화	월	일	토	절기시각

11月小(丙子) 대설

			소한12														동지													절기
	29	28	27	26	25	24	23	22	21	20	19	18	17	16	15	14	13	12	11	10	9	8	7	6	5	4	3	2	1	음력
	9	10		1	1	1	1	2	2	2	3	3	3	4	4	4	5	5	5	6	6	6	7	7	7	8	8	8	9	대운 순행
	1	1		9	9	9	8	8	8	7	7	7	6	6	6	5	5	5	4	4	4	3	3	3	2	2	2	1	1	대운 역행
								1																					12	양력 월
	8	7	6	5	4	3	2	1	31	30	29	28	27	26	25	24	23	22	21	20	19	18	17	16	15	14	13	12	11	양력 일
	庚戌	己酉	戊申	丁未	丙午	乙巳	甲辰	癸卯	壬寅	辛丑	庚子	己亥	戊戌	丁酉	丙申	乙未	甲午	癸巳	壬辰	辛卯	庚寅	己丑	戊子	丁亥	丙戌	乙酉	甲申	癸未	壬午	일진
	월	일	戌正	금	목	수	화	월	일	토	금	목	수	화	월	일	寅初	금	목	수	화	월	일	토	금	목	수	화	월	절기시각

12月大(丁丑) 소한

		입춘1															대한													절기
30	29	28	27	26	25	24	23	22	21	20	19	18	17	16	15	14	13	12	11	10	9	8	7	6	5	4	3	2	1	음력
9	10		1	1	1	1	2	2	2	3	3	3	4	4	4	5	5	5	6	6	6	7	7	7	8	8	8	9	9	대운 순행
1	1		10	9	9	9	8	8	8	7	7	7	6	6	6	5	5	5	4	4	4	3	3	3	2	2	2	1	1	대운 역행
						2																							1	양력 월
7	6	5	4	3	2	1	31	30	29	28	27	26	25	24	23	22	21	20	19	18	17	16	15	14	13	12	11	10	9	양력 일
庚辰	己卯	戊寅	丁丑	丙子	乙亥	甲戌	癸酉	壬申	辛未	庚午	己巳	戊辰	丁卯	丙寅	乙丑	甲子	癸亥	壬戌	辛酉	庚申	己未	戊午	丁巳	丙辰	乙卯	甲寅	癸丑	壬子	辛亥	일진
수	화	辰正	일	토	금	목	수	화	월	일	토	금	목	수	화	월	未初	토	금	목	수	화	월	일	토	금	목	수	화	절기시각

• 겁재도 있고 財도 왕하면 그의 처는 욕심쟁이다.

서기 1940년
단기 4273년

庚辰年

상문 : 午　대장군 : 北
조객 : 寅　삼　재 : 申子辰
삼살 : 南

1月大(戊寅) 입춘

		경칩2															우수													절기
30	29	**28**	27	26	25	24	23	22	21	20	19	18	17	16	15	14	**13**	12	11	10	9	8	7	6	5	4	3	2	1	음력
9	10		1	1	1	1	2	2	2	3	3	3	4	4	4	5	5	5	6	6	6	7	7	7	8	8	8	9	9	순행 대운
1	1		10	9	9	9	8	8	8	7	7	7	6	6	6	5	5	5	4	4	4	3	3	3	2	2	2	1	1	역행 대운
							3																						2	월 양력
8	7	6	5	4	3	2	1	29	28	27	26	25	24	23	22	21	20	19	18	17	16	15	14	13	12	11	10	9	8	일 양력
庚戌	己酉	戊申	丁未	丙午	乙巳	甲辰	癸卯	壬寅	辛丑	庚子	己亥	戊戌	丁酉	丙申	乙未	甲午	癸巳	壬辰	辛卯	庚寅	己丑	戊子	丁亥	丙戌	乙酉	甲申	癸未	壬午	辛巳	일진
금	목	丑正	화	월	일	토	금	목	수	화	월	일	토	금	목	수	寅正	월	일	토	금	목	수	화	월	일	토	금	목	절기시각

2月大(己卯) 경칩

		청명3															춘분													절기
30	29	**28**	27	26	25	24	23	22	21	20	19	18	17	16	15	14	**13**	12	11	10	9	8	7	6	5	4	3	2	1	음력
10	10		1	1	1	1	2	2	2	3	3	3	4	4	4	5	5	5	6	6	6	7	7	7	8	8	8	9	9	순행 대운
1	1		10	9	9	9	8	8	8	7	7	7	6	6	6	5	5	5	4	4	4	3	3	3	2	2	2	1	1	역행 대운
						4																							3	월 양력
7	6	5	4	3	2	1	31	30	29	28	27	26	25	24	23	22	21	20	19	18	17	16	15	14	13	12	11	10	9	일 양력
庚辰	己卯	戊寅	丁丑	丙子	乙亥	甲戌	癸酉	壬申	辛未	庚午	己巳	戊辰	丁卯	丙寅	乙丑	甲子	癸亥	壬戌	辛酉	庚申	己未	戊午	丁巳	丙辰	乙卯	甲寅	癸丑	壬子	辛亥	일진
일	토	辰初	목	수	화	월	일	토	금	목	수	화	월	일	토	금	寅初	수	화	월	일	토	금	목	수	화	월	일	토	절기시각

3月小(庚辰) 청명

입하4																	곡우													절기
	29	28	27	26	25	24	23	22	21	20	19	18	17	16	15	14	**13**	12	11	10	9	8	7	6	5	4	3	2	1	음력
		1	1	1	1	2	2	2	3	3	3	4	4	4	5	5	5	6	6	6	7	7	7	8	8	8	9	9	9	순행 대운
		10	10	9	9	9	8	8	8	7	7	7	6	6	6	5	5	5	4	4	4	3	3	3	2	2	2	1	1	역행 대운
						5																							4	월 양력
	6	5	4	3	2	1	30	29	28	27	26	25	24	23	22	21	20	19	18	17	16	15	14	13	12	11	10	9	8	일 양력
	己酉	戊申	丁未	丙午	乙巳	甲辰	癸卯	壬寅	辛丑	庚子	己亥	戊戌	丁酉	丙申	乙未	甲午	癸巳	壬辰	辛卯	庚寅	己丑	戊子	丁亥	丙戌	乙酉	甲申	癸未	壬午	辛巳	일진
	丑正	일	토	금	목	수	화	월	일	토	금	목	수	화	월	일	未正	금	목	수	화	월	일	토	금	목	수	화	월	절기시각

4月大(辛巳) 입하

															소만															절기
30	29	28	27	26	25	24	23	22	21	20	19	18	17	16	**15**	14	13	12	11	10	9	8	7	6	5	4	3	2	1	음력
1	1	1	1	2	2	2	3	3	3	4	4	4	5	5	5	6	6	6	7	7	7	8	8	8	9	9	9	10	10	순행 대운
10	10	9	9	9	8	8	8	7	7	7	6	6	6	5	5	5	4	4	4	3	3	3	2	2	2	1	1	1	1	역행 대운
				6																									5	월 양력
5	4	3	2	1	31	30	29	28	27	26	25	24	23	22	21	20	19	18	17	16	15	14	13	12	11	10	9	8	7	일 양력
己卯	戊寅	丁丑	丙子	乙亥	甲戌	癸酉	壬申	辛未	庚午	己巳	戊辰	丁卯	丙寅	乙丑	甲子	癸亥	壬戌	辛酉	庚申	己未	戊午	丁巳	丙辰	乙卯	甲寅	癸丑	壬子	辛亥	庚戌	일진
수	화	월	일	토	금	목	수	화	월	일	토	금	목	수	未正	월	일	토	금	목	수	화	월	일	토	금	목	수	화	절기시각

5月小(壬午) 망종

														하지															망종5	절기
	29	28	27	26	25	24	23	22	21	20	19	18	17	**16**	15	14	13	12	11	10	9	8	7	6	5	4	3	2	**1**	음력
	1	1	2	2	2	3	3	3	4	4	4	5	5	5	6	6	6	7	7	7	8	8	8	9	9	9	10	10		순행 대운
	9	9	9	8	8	8	7	7	7	6	6	6	5	5	5	4	4	4	3	3	3	2	2	2	1	1	1	1		역행 대운
				7																									6	월 양력
	4	3	2	1	30	29	28	27	26	25	24	23	22	21	20	19	18	17	16	15	14	13	12	11	10	9	8	7	6	일 양력
	戊申	丁未	丙午	乙巳	甲辰	癸卯	壬寅	辛丑	庚子	己亥	戊戌	丁酉	丙申	乙未	甲午	癸巳	壬辰	辛卯	庚寅	己丑	戊子	丁亥	丙戌	乙酉	甲申	癸未	壬午	辛巳	庚辰	일진
	목	수	화	월	일	토	금	목	수	화	월	일	토	亥正	목	수	화	월	일	토	금	목	수	화	월	일	토	금	卯初	절기시각

6月大(癸未) 소서

											대서																소서6			절기
30	29	28	27	26	25	24	23	22	21	20	**19**	18	17	16	15	14	13	12	11	10	9	8	7	6	5	4	**3**	2	1	음력
2	2	2	3	3	3	4	4	4	5	5	5	6	6	6	7	7	7	8	8	8	9	9	9	10	10	10		1	1	순행 대운
9	9	8	8	8	7	7	7	6	6	6	5	5	5	4	4	4	3	3	3	2	2	2	1	1	1	1		10	10	역행 대운
		8																											7	월 양력
3	2	1	31	30	29	28	27	26	25	24	23	22	21	20	19	18	17	16	15	14	13	12	11	10	9	8	7	6	5	일 양력
戊寅	丁丑	丙子	乙亥	甲戌	癸酉	壬申	辛未	庚午	己巳	戊辰	丁卯	丙寅	乙丑	甲子	癸亥	壬戌	辛酉	庚申	己未	戊午	丁巳	丙辰	乙卯	甲寅	癸丑	壬子	辛亥	庚戌	己酉	일진
토	금	목	수	화	월	일	토	금	목	수	巳初	월	일	토	금	목	수	화	월	일	토	금	목	수	화	월	申正	토	금	절기시각

• 마당에 있는 수도 꼭지에서 물이 똑똑 떨어져 습기에 차있으면 시력이 나빠진다.

7月小(甲申)입추

										처서															입추7					절기
	29	28	27	26	25	24	23	22	21	20	19	18	17	16	15	14	13	12	11	10	9	8	7	6	5	4	3	2	1	음력
	2	3	3	3	4	4	4	5	5	5	6	6	6	7	7	7	8	8	8	9	9	9	10	10		1	1	1	1	대운 순행
	8	8	7	7	7	6	6	6	5	5	5	4	4	4	3	3	3	2	2	2	1	1	1	1		10	10	10	9	대운 역행
	9																												8	양력 월
	1	31	30	29	28	27	26	25	24	23	22	21	20	19	18	17	16	15	14	13	12	11	10	9	8	7	6	5	4	양력 일
	丁未	丙午	乙巳	甲辰	癸卯	壬寅	辛丑	庚子	己亥	戊戌	丁酉	丙申	乙未	甲午	癸巳	壬辰	辛卯	庚寅	己丑	戊子	丁亥	丙戌	乙酉	甲申	癸未	壬午	辛巳	庚辰	己卯	일진
	일	토	금	목	수	화	월	일	토	申正	목	수	화	월	일	토	금	목	수	화	월	일	토	금	丑正	수	화	월	일	절기시각

8月小(乙酉)백로

								추분															백로8							절기
	29	28	27	26	25	24	23	22	21	20	19	18	17	16	15	14	13	12	11	10	9	8	7	6	5	4	3	2	1	음력
	3	3	3	4	4	4	5	5	5	6	6	6	7	7	7	8	8	8	9	9	9	10		1	1	1	1	2	2	대운 순행
	7	7	7	6	6	6	5	5	5	4	4	4	3	3	3	2	2	2	1	1	1	1		10	10	9	9	9	8	대운 역행
																													9	양력 월
	30	29	28	27	26	25	24	23	22	21	20	19	18	17	16	15	14	13	12	11	10	9	8	7	6	5	4	3	2	양력 일
	丙子	乙亥	甲戌	癸酉	壬申	辛未	庚午	己巳	戊辰	丁卯	丙寅	乙丑	甲子	癸亥	壬戌	辛酉	庚申	己未	戊午	丁巳	丙辰	乙卯	甲寅	癸丑	壬子	辛亥	庚戌	己酉	戊申	일진
	월	일	토	금	목	수	화	未初	일	토	금	목	수	화	월	일	토	금	목	수	화	월	寅正	토	금	목	수	화	월	절기시각

9月大(丙戌)한로

							상강															한로9								절기
30	29	28	27	26	25	24	23	22	21	20	19	18	17	16	15	14	13	12	11	10	9	8	7	6	5	4	3	2	1	음력
3	3	3	4	4	4	5	5	5	6	6	6	7	7	7	8	8	8	9	9	9	10		1	1	1	1	2	2	2	대운 순행
7	7	7	6	6	6	5	5	5	4	4	4	3	3	3	2	2	2	1	1	1	1		10	9	9	9	8	8	8	대운 역행
																													10	양력 월
30	29	28	27	26	25	24	23	22	21	20	19	18	17	16	15	14	13	12	11	10	9	8	7	6	5	4	3	2	1	양력 일
丙午	乙巳	甲辰	癸卯	壬寅	辛丑	庚子	己亥	戊戌	丁酉	丙申	乙未	甲午	癸巳	壬辰	辛卯	庚寅	己丑	戊子	丁亥	丙戌	乙酉	甲申	癸未	壬午	辛巳	庚辰	己卯	戊寅	丁丑	일진
수	화	월	일	토	금	목	亥正	화	월	일	토	금	목	수	화	월	일	토	금	목	수	戌正	월	일	토	금	목	수	화	절기시각

10月小(丁亥)입동

							소설															입동10								절기
	29	28	27	26	25	24	23	22	21	20	19	18	17	16	15	14	13	12	11	10	9	8	7	6	5	4	3	2	1	음력
	3	3	4	4	4	5	5	5	6	6	6	7	7	7	8	8	8	9	9	9	10		1	1	1	1	2	2	2	대운 순행
	7	7	6	6	6	5	5	5	4	4	4	3	3	3	2	2	2	1	1	1	1		10	9	9	9	8	8	8	대운 역행
																												11	10	양력 월
	28	27	26	25	24	23	22	21	20	19	18	17	16	15	14	13	12	11	10	9	8	7	6	5	4	3	2	1	31	양력 일
	乙亥	甲戌	癸酉	壬申	辛未	庚午	己巳	戊辰	丁卯	丙寅	乙丑	甲子	癸亥	壬戌	辛酉	庚申	己未	戊午	丁巳	丙辰	乙卯	甲寅	癸丑	壬子	辛亥	庚戌	己酉	戊申	丁未	일진
	목	수	화	월	일	토	戌初	목	수	화	월	일	토	금	목	수	화	월	일	토	금	亥正	수	화	월	일	토	금	목	절기시각

11月大(戊子)대설

						동지															대설11									절기
30	29	28	27	26	25	24	23	22	21	20	19	18	17	16	15	14	13	12	11	10	9	8	7	6	5	4	3	2	1	음력
3	3	4	4	4	5	5	5	6	6	6	7	7	7	8	8	8	9	9	9	10		1	1	1	1	2	2	2	3	대운 순행
7	7	6	6	6	5	5	5	4	4	4	3	3	3	2	2	2	1	1	1	1		10	9	9	9	8	8	8	7	대운 역행
																											12		11	양력 월
28	27	26	25	24	23	22	21	20	19	18	17	16	15	14	13	12	11	10	9	8	7	6	5	4	3	2	1	30	29	양력 일
乙巳	甲辰	癸卯	壬寅	辛丑	庚子	己亥	戊戌	丁酉	丙申	乙未	甲午	癸巳	壬辰	辛卯	庚寅	己丑	戊子	丁亥	丙戌	乙酉	甲申	癸未	壬午	辛巳	庚辰	己卯	戊寅	丁丑	丙子	일진
토	금	목	수	화	월	辰正	토	금	목	수	화	월	일	토	금	목	수	화	월	일	未正	금	목	수	화	월	일	토	금	절기시각

12月小(己丑)소한

							대한														소한12									절기
	29	28	27	26	25	24	23	22	21	20	19	18	17	16	15	14	13	12	11	10	9	8	7	6	5	4	3	2	1	음력
	3	3	4	4	4	5	5	5	6	6	6	7	7	7	8	8	8	9	9	9		1	1	1	1	2	2	2	3	대운 순행
	7	6	6	6	5	5	5	4	4	4	3	3	3	2	2	2	1	1	1	1		10	9	9	9	8	8	8	7	대운 역행
																										1			12	양력 월
	26	25	24	23	22	21	20	19	18	17	16	15	14	13	12	11	10	9	8	7	6	5	4	3	2	1	31	30	29	양력 일
	甲戌	癸酉	壬申	辛未	庚午	己巳	戊辰	丁卯	丙寅	乙丑	甲子	癸亥	壬戌	辛酉	庚申	己未	戊午	丁巳	丙辰	乙卯	甲寅	癸丑	壬子	辛亥	庚戌	己酉	戊申	丁未	丙午	일진
	일	토	금	목	수	화	戌初	일	토	금	목	수	화	월	일	토	금	목	수	화	丑正	일	토	금	목	수	화	월	일	절기시각

• 재가 沐浴에 앉으면 그의 처는 색욕이 강하다.

서기 1941년
단기 4274년

辛巳年

상문 : 未 대장군 : 東
조객 : 卯 삼 재 : 亥卯未
삼살 : 東

1月大(庚寅) 입춘

						우수															입춘1									절기
30	29	28	27	26	25	24	23	22	21	20	19	18	17	16	15	14	13	12	11	10	9	8	7	6	5	4	3	2	1	음력
3	3	4	4	4	5	5	5	6	6	6	7	7	7	8	8	8	9	9	9	10		1	1	1	1	2	2	2	3	대운 순행
7	7	6	6	6	5	5	5	4	4	4	3	3	3	2	2	2	1	1	1	1		9	9	9	8	8	8	7	7	대운 역행
																								2					1	양력 월
25	24	23	22	21	20	19	18	17	16	15	14	13	12	11	10	9	8	7	6	5	4	3	2	1	31	30	29	28	27	양력 일
甲辰	癸卯	壬寅	辛丑	庚子	己亥	戊戌	丁酉	丙申	乙未	甲午	癸巳	壬辰	辛卯	庚寅	己丑	戊子	丁亥	丙戌	乙酉	甲申	癸未	壬午	辛巳	庚辰	己卯	戊寅	丁丑	丙子	乙亥	일진
화	월	일	토	금	목	巳正	화	월	일	토	금	목	수	화	월	일	토	금	목	수	未初	월	일	토	금	목	수	화	월	절기시각

2月大(辛卯) 경칩

						춘분															경칩2									절기
30	29	28	27	26	25	24	23	22	21	20	19	18	17	16	15	14	13	12	11	10	9	8	7	6	5	4	3	2	1	음력
3	3	4	4	4	5	5	5	6	6	6	7	7	7	8	8	8	9	9	9	10		1	1	1	1	2	2	2	3	대운 순행
7	7	6	6	6	5	5	5	4	4	4	3	3	3	2	2	2	1	1	1	1		10	9	9	9	8	8	8	7	대운 역행
																										3			2	양력 월
27	26	25	24	23	22	21	20	19	18	17	16	15	14	13	12	11	10	9	8	7	6	5	4	3	2	1	28	27	26	양력 일
甲戌	癸酉	壬申	辛未	庚午	己巳	戊辰	丁卯	丙寅	乙丑	甲子	癸亥	壬戌	辛酉	庚申	己未	戊午	丁巳	丙辰	乙卯	甲寅	癸丑	壬子	辛亥	庚戌	己酉	戊申	丁未	丙午	乙巳	일진
목	수	화	월	일	토	巳初	목	수	화	월	일	토	금	목	수	화	월	일	토	금	辰正	수	화	월	일	토	금	목	수	절기시각

3月小(壬辰) 청명

						곡우															청명3									절기
	29	28	27	26	25	24	23	22	21	20	19	18	17	16	15	14	13	12	11	10	9	8	7	6	5	4	3	2	1	음력
	4	4	4	5	5	5	6	6	6	7	7	7	8	8	8	9	9	9	10	10		1	1	1	1	2	2	2	3	대운 순행
	7	6	6	6	5	5	5	4	4	4	3	3	3	2	2	2	1	1	1	1		10	9	9	9	8	8	8	7	대운 역행
																									4				3	양력 월
	25	24	23	22	21	20	19	18	17	16	15	14	13	12	11	10	9	8	7	6	5	4	3	2	1	31	30	29	28	양력 일
	癸卯	壬寅	辛丑	庚子	己亥	戊戌	丁酉	丙申	乙未	甲午	癸巳	壬辰	辛卯	庚寅	己丑	戊子	丁亥	丙戌	乙酉	甲申	癸未	壬午	辛巳	庚辰	己卯	戊寅	丁丑	丙子	乙亥	일진
	금	목	수	화	월	戌正	토	금	목	수	화	월	일	토	금	목	수	화	월	일	未初	금	목	수	화	월	일	토	금	절기시각

4月大(癸巳) 입하

				소만															입하4											절기
30	29	28	27	26	25	24	23	22	21	20	19	18	17	16	15	14	13	12	11	10	9	8	7	6	5	4	3	2	1	음력
4	4	5	5	5	6	6	6	7	7	7	8	8	8	9	9	9	10	10		1	1	1	1	2	2	2	3	3	3	대운 순행
6	6	6	5	5	5	4	4	4	3	3	3	2	2	2	1	1	1	1		10	10	9	9	9	8	8	8	7	7	대운 역행
																								5					4	양력 월
25	24	23	22	21	20	19	18	17	16	15	14	13	12	11	10	9	8	7	6	5	4	3	2	1	30	29	28	27	26	양력 일
癸酉	壬申	辛未	庚午	己巳	戊辰	丁卯	丙寅	乙丑	甲子	癸亥	壬戌	辛酉	庚申	己未	戊午	丁巳	丙辰	乙卯	甲寅	癸丑	壬子	辛亥	庚戌	己酉	戊申	丁未	丙午	乙巳	甲辰	일진
일	토	금	목	戌正	화	월	일	토	금	목	수	화	월	일	토	금	목	수	辰初	월	일	토	금	목	수	화	월	일	토	절기시각

5月大(甲午) 망종

		하지																망종5												절기
30	29	28	27	26	25	24	23	22	21	20	19	18	17	16	15	14	13	12	11	10	9	8	7	6	5	4	3	2	1	음력
4	5	5	5	6	6	6	7	7	7	8	8	8	9	9	9	10	10		1	1	1	1	2	2	2	3	3	3	4	대운 순행
6	6	5	5	5	4	4	4	3	3	3	2	2	2	1	1	1	1		10	10	9	9	9	8	8	8	7	7	7	대운 역행
																							6						5	양력 월
24	23	22	21	20	19	18	17	16	15	14	13	12	11	10	9	8	7	6	5	4	3	2	1	31	30	29	28	27	26	양력 일
癸卯	壬寅	辛丑	庚子	己亥	戊戌	丁酉	丙申	乙未	甲午	癸巳	壬辰	辛卯	庚寅	己丑	戊子	丁亥	丙戌	乙酉	甲申	癸未	壬午	辛巳	庚辰	己卯	戊寅	丁丑	丙子	乙亥	甲戌	일진
화	월	寅正	토	금	목	수	화	월	일	토	금	목	수	화	월	일	토	午初	목	수	화	월	일	토	금	목	수	화	월	절기시각

6月小(乙未) 소서

	대서																소서6													절기
	29	28	27	26	25	24	23	22	21	20	19	18	17	16	15	14	13	12	11	10	9	8	7	6	5	4	3	2	1	음력
	5	6	6	6	7	7	7	8	8	8	9	9	9	10	10	10		1	1	1	1	2	2	2	3	3	3	4	4	대운 순행
	5	5	5	4	4	4	3	3	3	2	2	2	1	1	1	1		10	10	9	9	9	8	8	8	7	7	7	6	대운 역행
																							7						6	양력 월
	23	22	21	20	19	18	17	16	15	14	13	12	11	10	9	8	7	6	5	4	3	2	1	30	29	28	27	26	25	양력 일
	壬申	辛未	庚午	己巳	戊辰	丁卯	丙寅	乙丑	甲子	癸亥	壬戌	辛酉	庚申	己未	戊午	丁巳	丙辰	乙卯	甲寅	癸丑	壬子	辛亥	庚戌	己酉	戊申	丁未	丙午	乙巳	甲辰	일진
	申初	화	월	일	토	금	목	수	화	월	일	토	금	목	수	화	亥正	일	토	금	목	수	화	월	일	토	금	목	수	절기시각

• 안마당이 우물이나 수도로 인하여 습기에 차있으면 식구중 누군가는 불행하게 된다.

														입추7																절기		윤6月大
30	29	28	27	26	25	24	23	22	21	20	19	18	17	16	15	14	13	12	11	10	9	8	7	6	5	4	3	2	1	음력		
6	6	6	7	7	7	8	8	8	9	9	9	10	10		1	1	1	1	2	2	2	3	3	3	4	4	4	5	5	순행	대운	
5	4	4	4	3	3	3	2	2	2	1	1	1	1		10	10	10	9	9	9	8	8	8	7	7	7	6	6	6	역행		
																					8								7	월	양력	
22	21	20	19	18	17	16	15	14	13	12	11	10	9	8	7	6	5	4	3	2	1	31	30	29	28	27	26	25	24	일		
壬寅	辛丑	庚子	己亥	戊戌	丁酉	丙申	乙未	甲午	癸巳	壬辰	辛卯	庚寅	己丑	戊子	丁亥	丙戌	乙酉	甲申	癸未	壬午	辛巳	庚辰	己卯	戊寅	丁丑	丙子	乙亥	甲戌	癸酉	일진		
금	목	수	화	월	일	토	금	목	수	화	월	일	토	辰初	목	수	화	월	일	토	금	목	수	화	월	일	토	금	목	절기시각		

														백로8															처서	절기		7月小(丙申) 입추
	29	28	27	26	25	24	23	22	21	20	19	18	17	16	15	14	13	12	11	10	9	8	7	6	5	4	3	2	1	음력		
	6	7	7	7	8	8	8	9	9	9	10	10		1	1	1	1	2	2	2	3	3	3	4	4	4	5	5	5	순행	대운	
	4	4	3	3	3	2	2	2	1	1	1	1		10	10	9	9	9	8	8	8	7	7	7	6	6	6	5	5	역행		
																				9									8	월	양력	
	20	19	18	17	16	15	14	13	12	11	10	9	8	7	6	5	4	3	2	1	31	30	29	28	27	26	25	24	23	일		
	辛未	庚午	己巳	戊辰	丁卯	丙寅	乙丑	甲子	癸亥	壬戌	辛酉	庚申	己未	戊午	丁巳	丙辰	乙卯	甲寅	癸丑	壬子	辛亥	庚戌	己酉	戊申	丁未	丙午	乙巳	甲辰	癸卯	일진		
	토	금	목	수	화	월	일	토	금	목	수	화	巳正	일	토	금	목	수	화	월	일	토	금	목	수	화	월	일	亥正	절기시각		

											한로9																추분			절기		8月小(丁酉) 백로
	29	28	27	26	25	24	23	22	21	20	19	18	17	16	15	14	13	12	11	10	9	8	7	6	5	4	3	2	1	음력		
	7	7	7	8	8	8	9	9	9	10		1	1	1	1	2	2	2	3	3	3	4	4	4	5	5	5	6	6	순행	대운	
	3	3	3	2	2	2	1	1	1	1		10	10	9	9	9	8	8	8	7	7	7	6	6	6	5	5	5	4	역행		
																			10										9	월	양력	
	19	18	17	16	15	14	13	12	11	10	9	8	7	6	5	4	3	2	1	30	29	28	27	26	25	24	23	22	21	일		
	庚子	己亥	戊戌	丁酉	丙申	乙未	甲午	癸巳	壬辰	辛卯	庚寅	己丑	戊子	丁亥	丙戌	乙酉	甲申	癸未	壬午	辛巳	庚辰	己卯	戊寅	丁丑	丙子	乙亥	甲戌	癸酉	壬申	일진		
	일	토	금	목	수	화	월	일	토	금	丑初	수	화	월	일	토	금	목	수	화	월	일	토	금	목	수	戌初	월	일	절기시각		

										입동10															상강					절기		9月大(戊戌) 한로
30	29	28	27	26	25	24	23	22	21	20	19	18	17	16	15	14	13	12	11	10	9	8	7	6	5	4	3	2	1	음력		
6	7	7	7	8	8	8	9	9	9		1	1	1	1	2	2	2	3	3	3	4	4	4	5	5	5	6	6	6	순행	대운	
3	3	3	2	2	2	1	1	1	1		10	9	9	9	8	8	8	7	7	7	6	6	6	5	5	5	4	4	4	역행		
																	11												10	월	양력	
18	17	16	15	14	13	12	11	10	9	8	7	6	5	4	3	2	1	31	30	29	28	27	26	25	24	23	22	21	20	일		
庚午	己巳	戊辰	丁卯	丙寅	乙丑	甲子	癸亥	壬戌	辛酉	庚申	己未	戊午	丁巳	丙辰	乙卯	甲寅	癸丑	壬子	辛亥	庚戌	己酉	戊申	丁未	丙午	乙巳	甲辰	癸卯	壬寅	辛丑	일진		
화	월	일	토	금	목	수	화	월	일	寅正	금	목	수	화	월	일	토	금	목	수	화	월	일	토	寅正	목	수	화	월	절기시각		

											대설11														소설					절기		10月小(己亥) 입동
	29	28	27	26	25	24	23	22	21	20	19	18	17	16	15	14	13	12	11	10	9	8	7	6	5	4	3	2	1	음력		
	7	7	7	8	8	8	9	9	9	10		1	1	1	1	2	2	2	3	3	3	4	4	4	5	5	5	6	6	순행	대운	
	3	3	3	2	2	2	1	1	1	1		9	9	9	8	8	8	7	7	7	6	6	6	5	5	5	4	4	4	역행		
																	12												11	월	양력	
	17	16	15	14	13	12	11	10	9	8	7	6	5	4	3	2	1	30	29	28	27	26	25	24	23	22	21	20	19	일		
	己亥	戊戌	丁酉	丙申	乙未	甲午	癸巳	壬辰	辛卯	庚寅	己丑	戊子	丁亥	丙戌	乙酉	甲申	癸未	壬午	辛巳	庚辰	己卯	戊寅	丁丑	丙子	乙亥	甲戌	癸酉	壬申	辛未	일진		
	수	화	월	일	토	금	목	수	화	월	戌正	토	금	목	수	화	월	일	토	금	목	수	화	월	丑初	토	금	목	수	절기시각		

										소한12															동지					절기		11月大(庚子) 대설
30	29	28	27	26	25	24	23	22	21	20	19	18	17	16	15	14	13	12	11	10	9	8	7	6	5	4	3	2	1	음력		
6	7	7	7	8	8	8	9	9	9		1	1	1	1	2	2	2	3	3	3	4	4	4	5	5	5	6	6	6	순행	대운	
3	3	3	2	2	2	1	1	1	1		10	9	9	9	8	8	8	7	7	7	6	6	6	5	5	5	4	4	4	역행		
															1														12	월	양력	
16	15	14	13	12	11	10	9	8	7	6	5	4	3	2	1	31	30	29	28	27	26	25	24	23	22	21	20	19	18	일		
己巳	戊辰	丁卯	丙寅	乙丑	甲子	癸亥	壬戌	辛酉	庚申	己未	戊午	丁巳	丙辰	乙卯	甲寅	癸丑	壬子	辛亥	庚戌	己酉	戊申	丁未	丙午	乙巳	甲辰	癸卯	壬寅	辛丑	庚子	일진		
금	목	수	화	월	일	토	금	목	수	辰正	월	일	토	금	목	수	화	월	일	토	금	목	수	화	未正	일	토	금	목	절기시각		

											입춘1														대한					절기		12月小(辛丑) 소한
	29	28	27	26	25	24	23	22	21	20	19	18	17	16	15	14	13	12	11	10	9	8	7	6	5	4	3	2	1	음력		
	7	7	7	8	8	8	9	9	9	10		1	1	1	1	2	2	2	3	3	3	4	4	4	5	5	5	6	6	순행	대운	
	3	3	3	2	2	2	1	1	1	1		9	9	9	8	8	8	7	7	7	6	6	6	5	5	5	4	4	4	역행		
														2															1	월	양력	
	14	13	12	11	10	9	8	7	6	5	4	3	2	1	31	30	29	28	27	26	25	24	23	22	21	20	19	18	17	일		
	戊戌	丁酉	丙申	乙未	甲午	癸巳	壬辰	辛卯	庚寅	己丑	戊子	丁亥	丙戌	乙酉	甲申	癸未	壬午	辛巳	庚辰	己卯	戊寅	丁丑	丙子	乙亥	甲戌	癸酉	壬申	辛未	庚午	일진		
	토	금	목	수	화	월	일	토	금	목	戌正	화	월	일	토	금	목	수	화	월	일	토	금	목	丑初	화	월	일	토	절기시각		

• 공망이 동일하면 그 사람과 친하고 의견일치를 잘 본다.

서기 1942년 단기 4275년 壬午年

상문 : 申　대장군 : 東
조객 : 辰　삼　재 : 亥卯未
삼살 : 北

1月大(壬寅) 입춘

										경칩2															우수					절기
30	29	28	27	26	25	24	23	22	21	**20**	19	18	17	16	15	14	13	12	11	10	9	8	7	6	**5**	4	3	2	1	음력
7	7	7	8	8	8	9	9	9	10		1	1	1	1	2	2	2	3	3	3	4	4	4	5	5	5	6	6	6	대운 순행
3	3	3	2	2	2	1	1	1	1		10	9	9	9	8	8	8	7	7	7	6	6	6	5	5	5	4	4	4	대운 역행
															3														2	양력 월
16	15	14	13	12	11	10	9	8	7	6	5	4	3	2	1	28	27	26	25	24	23	22	21	20	19	18	17	16	15	양력 일
戊辰	丁卯	丙寅	乙丑	甲子	癸亥	壬戌	辛酉	庚申	己未	戊午	丁巳	丙辰	乙卯	甲寅	癸丑	壬子	辛亥	庚戌	己酉	戊申	丁未	丙午	乙巳	甲辰	癸卯	壬寅	辛丑	庚子	己亥	일진
월	일	토	금	목	수	화	월	일	토	未正	목	수	화	월	일	토	금	목	수	화	월	일	토	금	申正	수	화	월	일	절기시각

2月小(癸卯) 경칩

										청명3															춘분					절기
	29	28	27	26	25	24	23	22	21	**20**	19	18	17	16	15	14	13	12	11	10	9	8	7	6	**5**	4	3	2	1	음력
	7	8	8	8	9	9	9	10	10		1	1	1	1	2	2	2	3	3	3	4	4	4	5	5	5	6	6	6	대운 순행
	3	3	2	2	2	1	1	1	1		10	9	9	9	8	8	8	7	7	7	6	6	6	5	5	5	4	4	4	대운 역행
														4															3	양력 월
	14	13	12	11	10	9	8	7	6	5	4	3	2	1	31	30	29	28	27	26	25	24	23	22	21	20	19	18	17	양력 일
	丁酉	丙申	乙未	甲午	癸巳	壬辰	辛卯	庚寅	己丑	戊子	丁亥	丙戌	乙酉	甲申	癸未	壬午	辛巳	庚辰	己卯	戊寅	丁丑	丙子	乙亥	甲戌	癸酉	壬申	辛未	庚午	己巳	일진
	화	월	일	토	금	목	수	화	월	戌初	토	금	목	수	화	월	일	토	금	목	수	화	월	일	申初	금	목	수	화	절기시각

3月大(甲辰) 청명

								입하4															곡우							절기
30	29	28	27	26	25	24	23	**22**	21	20	19	18	17	16	15	14	13	12	11	10	9	8	**7**	6	5	4	3	2	1	음력
8	8	8	9	9	9	10	10		1	1	1	1	2	2	2	3	3	3	4	4	4	5	5	5	6	6	6	7	7	대운 순행
3	2	2	2	1	1	1	1		10	10	9	9	9	8	8	8	7	7	7	6	6	6	5	5	5	4	4	4	3	대운 역행
													5																4	양력 월
14	13	12	11	10	9	8	7	6	5	4	3	2	1	30	29	28	27	26	25	24	23	22	21	20	19	18	17	16	15	양력 일
丁卯	丙寅	乙丑	甲子	癸亥	壬戌	辛酉	庚申	己未	戊午	丁巳	丙辰	乙卯	甲寅	癸丑	壬子	辛亥	庚戌	己酉	戊申	丁未	丙午	乙巳	甲辰	癸卯	壬寅	辛丑	庚子	己亥	戊戌	일진
목	수	화	월	일	토	금	목	未初	화	월	일	토	금	목	수	화	월	일	토	금	목	수	丑正	월	일	토	금	목	수	절기시각

4月大(乙巳) 입하

							망종5															소만								절기
30	29	28	27	26	25	24	**23**	22	21	20	19	18	17	16	15	14	13	12	11	10	9	**8**	7	6	5	4	3	2	1	음력
8	9	9	9	10	10	10		1	1	1	1	2	2	2	3	3	3	4	4	4	5	5	5	6	6	6	7	7	7	대운 순행
2	2	2	1	1	1	1		10	10	9	9	9	8	8	8	7	7	7	6	6	6	5	5	5	4	4	4	3	3	대운 역행
												6																	5	양력 월
13	12	11	10	9	8	7	6	5	4	3	2	1	31	30	29	28	27	26	25	24	23	22	21	20	19	18	17	16	15	양력 일
丁酉	丙申	乙未	甲午	癸巳	壬辰	辛卯	庚寅	己丑	戊子	丁亥	丙戌	乙酉	甲申	癸未	壬午	辛巳	庚辰	己卯	戊寅	丁丑	丙子	乙亥	甲戌	癸酉	壬申	辛未	庚午	己巳	戊辰	일진
토	금	목	수	화	월	일	酉初	금	목	수	화	월	일	토	금	목	수	화	월	일	토	丑正	목	수	화	월	일	토	금	절기시각

5月小(丙午) 망종

					소서6																하지									절기
	29	28	27	26	**25**	24	23	22	21	20	19	18	17	16	15	14	13	12	11	10	**9**	8	7	6	5	4	3	2	1	음력
	9	9	10	10		1	1	1	1	2	2	2	3	3	3	4	4	4	5	5	5	6	6	6	7	7	7	8	8	대운 순행
	1	1	1	1		10	10	10	9	9	9	8	8	8	7	7	7	6	6	6	5	5	5	4	4	4	3	3	3	대운 역행
												7																	6	양력 월
	12	11	10	9	8	7	6	5	4	3	2	1	30	29	28	27	26	25	24	23	22	21	20	19	18	17	16	15	14	양력 일
	丙寅	乙丑	甲子	癸亥	壬戌	辛酉	庚申	己未	戊午	丁巳	丙辰	乙卯	甲寅	癸丑	壬子	辛亥	庚戌	己酉	戊申	丁未	丙午	乙巳	甲辰	癸卯	壬寅	辛丑	庚子	己亥	戊戌	일진
	일	토	금	목	寅初	화	월	일	토	금	목	수	화	월	일	토	금	목	수	화	巳正	일	토	금	목	수	화	월	일	절기시각

6月大(丁未) 소서

			입추7																대서											절기
30	29	28	**27**	26	25	24	23	22	21	20	19	18	17	16	15	14	13	12	**11**	10	9	8	7	6	5	4	3	2	1	음력
9	10	10		1	1	1	1	2	2	2	3	3	3	4	4	4	5	5	5	6	6	6	7	7	7	8	8	8	9	대운 순행
1	1	1		10	10	9	9	9	8	8	8	7	7	7	6	6	6	5	5	5	4	4	4	3	3	3	2	2	2	대운 역행
										8																			7	양력 월
11	10	9	8	7	6	5	4	3	2	1	31	30	29	28	27	26	25	24	23	22	21	20	19	18	17	16	15	14	13	양력 일
丙申	乙未	甲午	癸巳	壬辰	辛卯	庚寅	己丑	戊子	丁亥	丙戌	乙酉	甲申	癸未	壬午	辛巳	庚辰	己卯	戊寅	丁丑	丙子	乙亥	甲戌	癸酉	壬申	辛未	庚午	己巳	戊辰	丁卯	일진
화	월	일	未初	금	목	수	화	월	일	토	금	목	수	화	월	일	토	금	亥初	수	화	월	일	토	금	목	수	화	월	절기시각

• 쓰지 않는 우물이나 양어장이 집안에 있으면 그집 식구들은 병약 질병자가 많다.

7月大(戊申) 입추

		백로8															처서													절 기
30	29	28	27	26	25	24	23	22	21	20	19	18	17	16	15	14	13	12	11	10	9	8	7	6	5	4	3	2	1	음 력
10	10		1	1	1	1	2	2	2	3	3	3	4	4	4	5	5	5	6	6	6	7	7	7	8	8	8	9	9	대운 순행
1	1		10	10	9	9	9	8	8	8	7	7	7	6	6	6	5	5	5	4	4	4	3	3	3	2	2	2	1	대운 역행
									9																				8	양력 월
10	9	8	7	6	5	4	3	2	1	31	30	29	28	27	26	25	24	23	22	21	20	19	18	17	16	15	14	13	12	양력 일
丙寅	乙丑	甲子	癸亥	壬戌	辛酉	庚申	己未	戊午	丁巳	丙辰	乙卯	甲寅	癸丑	壬子	辛亥	庚戌	己酉	戊申	丁未	丙午	乙巳	甲辰	癸卯	壬寅	辛丑	庚子	己亥	戊戌	丁酉	일 진
목	수	申正	월	일	토	금	목	수	화	월	일	토	금	목	수	화	寅初	일	토	금	목	수	화	월	일	토	금	목	수	절기시각

8月小(己酉) 백로

	한로9															추분														절 기
	29	28	27	26	25	24	23	22	21	20	19	18	17	16	15	14	13	12	11	10	9	8	7	6	5	4	3	2	1	음 력
		1	1	1	1	2	2	2	3	3	3	4	4	4	5	5	5	6	6	6	7	7	7	8	8	8	9	9	9	대운 순행
		10	10	9	9	9	8	8	8	7	7	7	6	6	6	5	5	5	4	4	4	3	3	3	2	2	2	1	1	대운 역행
									10																				9	양력 월
	9	8	7	6	5	4	3	2	1	30	29	28	27	26	25	24	23	22	21	20	19	18	17	16	15	14	13	12	11	양력 일
	乙未	甲午	癸巳	壬辰	辛卯	庚寅	己丑	戊子	丁亥	丙戌	乙酉	甲申	癸未	壬午	辛巳	庚辰	己卯	戊寅	丁丑	丙子	乙亥	甲戌	癸酉	壬申	辛未	庚午	己巳	戊辰	丁卯	일 진
	辰初	목	수	화	월	일	토	금	목	수	화	월	일	토	금	丑初	수	화	월	일	토	금	목	수	화	월	일	토	금	절기시각

9月大(庚戌) 한로

입동10															상강															절 기
30	29	28	27	26	25	24	23	22	21	20	19	18	17	16	15	14	13	12	11	10	9	8	7	6	5	4	3	2	1	음 력
	1	1	1	1	2	2	2	3	3	3	4	4	4	5	5	5	6	6	6	7	7	7	8	8	8	9	9	9	10	대운 순행
	10	9	9	9	8	8	8	7	7	7	6	6	6	5	5	5	4	4	4	3	3	3	2	2	2	1	1	1	1	대운 역행
							11																						10	양력 월
8	7	6	5	4	3	2	1	31	30	29	28	27	26	25	24	23	22	21	20	19	18	17	16	15	14	13	12	11	10	양력 일
乙丑	甲子	癸亥	壬戌	辛酉	庚申	己未	戊午	丁巳	丙辰	乙卯	甲寅	癸丑	壬子	辛亥	庚戌	己酉	戊申	丁未	丙午	乙巳	甲辰	癸卯	壬寅	辛丑	庚子	己亥	戊戌	丁酉	丙申	일 진
巳正	토	금	목	수	화	월	일	토	금	목	수	화	월	일	巳正	금	목	수	화	월	일	토	금	목	수	화	월	일	토	절기시각

10月小(辛亥) 입동

															소설															절 기
	29	28	27	26	25	24	23	22	21	20	19	18	17	16	15	14	13	12	11	10	9	8	7	6	5	4	3	2	1	음 력
	1	1	1	1	2	2	2	3	3	3	4	4	4	5	5	5	6	6	6	7	7	7	8	8	8	9	9	9	10	대운 순행
	10	9	9	9	8	8	8	7	7	7	6	6	6	5	5	5	4	4	4	3	3	3	2	2	2	1	1	1	1	대운 역행
							12																						11	양력 월
	7	6	5	4	3	2	1	30	29	28	27	26	25	24	23	22	21	20	19	18	17	16	15	14	13	12	11	10	9	양력 일
	甲午	癸巳	壬辰	辛卯	庚寅	己丑	戊子	丁亥	丙戌	乙酉	甲申	癸未	壬午	辛巳	庚辰	己卯	戊寅	丁丑	丙子	乙亥	甲戌	癸酉	壬申	辛未	庚午	己巳	戊辰	丁卯	丙寅	일 진
	월	일	토	금	목	수	화	월	일	토	금	목	수	화	辰初	일	토	금	목	수	화	월	일	토	금	목	수	화	월	절기시각

11月小(壬子) 대설

															동지														대설11	절 기
	29	28	27	26	25	24	23	22	21	20	19	18	17	16	15	14	13	12	11	10	9	8	7	6	5	4	3	2	1	음 력
	1	1	1	1	2	2	2	3	3	3	4	4	4	5	5	5	6	6	6	7	7	7	8	8	8	9	9	9		대운 순행
	9	9	9	8	8	8	7	7	7	6	6	6	5	5	5	4	4	4	3	3	3	2	2	2	1	1	1	1		대운 역행
						1																							12	양력 월
	5	4	3	2	1	31	30	29	28	27	26	25	24	23	22	21	20	19	18	17	16	15	14	13	12	11	10	9	8	양력 일
	癸亥	壬戌	辛酉	庚申	己未	戊午	丁巳	丙辰	乙卯	甲寅	癸丑	壬子	辛亥	庚戌	己酉	戊申	丁未	丙午	乙巳	甲辰	癸卯	壬寅	辛丑	庚子	己亥	戊戌	丁酉	丙申	乙未	일 진
	화	월	일	토	금	목	수	화	월	일	토	금	목	수	戌正	월	일	토	금	목	수	화	월	일	토	금	목	수	丑正	절기시각

12月大(癸丑) 소한

														대한															소한12	절 기
30	29	28	27	26	25	24	23	22	21	20	19	18	17	16	15	14	13	12	11	10	9	8	7	6	5	4	3	2	1	음 력
1	1	1	1	2	2	2	3	3	3	4	4	4	5	5	5	6	6	6	7	7	7	8	8	8	9	9	9	10		대운 순행
10	9	9	9	8	8	8	7	7	7	6	6	6	5	5	5	4	4	4	3	3	3	2	2	2	1	1	1	1		대운 역행
			2																										1	양력 월
4	3	2	1	31	30	29	28	27	26	25	24	23	22	21	20	19	18	17	16	15	14	13	12	11	10	9	8	7	6	양력 일
癸巳	壬辰	辛卯	庚寅	己丑	戊子	丁亥	丙戌	乙酉	甲申	癸未	壬午	辛巳	庚辰	己卯	戊寅	丁丑	丙子	乙亥	甲戌	癸酉	壬申	辛未	庚午	己巳	戊辰	丁卯	丙寅	乙丑	甲子	일 진
목	수	화	월	일	토	금	목	수	화	월	일	토	금	辰初	수	화	월	일	토	금	목	수	화	월	일	토	금	목	未初	절기시각

• 사주에 子午卯酉가 있고 合이 많으면 천한 여자다.

서기 1943년
단기 4276년

癸未年

상문 : 西　대장군 : 東
조객 : 巳　삼　재 : 亥卯未
삼살 : 西

1月小(甲寅) 입춘

															우수														입춘1	절기
	29	28	27	26	25	24	23	22	21	20	19	18	17	16	15	14	13	12	11	10	9	8	7	6	5	4	3	2	1	음력
	1	1	1	1	2	2	2	3	3	3	4	4	4	5	5	5	6	6	6	7	7	7	8	8	8	9	9	9		대운 순행
	9	9	9	8	8	8	7	7	7	6	6	6	5	5	5	4	4	4	3	3	3	2	2	2	1	1	1	1		대운 역행
					3																								2	양력 월
	5	4	3	2	1	28	27	26	25	24	23	22	21	20	19	18	17	16	15	14	13	12	11	10	9	8	7	6	5	양력 일
	壬	辛	庚	己	戊	丁	丙	乙	甲	癸	壬	辛	庚	己	戊	丁	丙	乙	甲	癸	壬	辛	庚	己	戊	丁	丙	乙	甲	일진
	戌	酉	申	未	午	巳	辰	卯	寅	丑	子	亥	戌	酉	申	未	午	巳	辰	卯	寅	丑	子	亥	戌	酉	申	未	午	일진
	금	목	수	화	월	일	토	금	목	수	화	월	일	토	亥初	목	수	화	월	일	토	금	목	수	화	월	일	토	丑初	절기시각

2月大(乙卯) 경칩

														춘분															경칩2	절기
30	29	28	27	26	25	24	23	22	21	20	19	18	17	16	15	14	13	12	11	10	9	8	7	6	5	4	3	2	1	음력
1	1	1	2	2	2	3	3	3	4	4	4	5	5	5	6	6	6	7	7	7	8	8	8	9	9	9	10	10		대운 순행
10	9	9	9	8	8	8	7	7	7	6	6	6	5	5	5	4	4	4	3	3	3	2	2	2	1	1	1	1		대운 역행
			4																										3	양력 월
4	3	2	1	31	30	29	28	27	26	25	24	23	22	21	20	19	18	17	16	15	14	13	12	11	10	9	8	7	6	양력 일
壬	辛	庚	己	戊	丁	丙	乙	甲	癸	壬	辛	庚	己	戊	丁	丙	乙	甲	癸	壬	辛	庚	己	戊	丁	丙	乙	甲	癸	일진
辰	卯	寅	丑	子	亥	戌	酉	申	未	午	巳	辰	卯	寅	丑	子	亥	戌	酉	申	未	午	巳	辰	卯	寅	丑	子	亥	일진
일	토	금	목	수	화	월	일	토	금	목	수	화	월	亥初	토	금	목	수	화	월	일	토	금	목	수	화	월	일	戌初	절기시각

3月小(丙辰) 청명

													곡우															청명3		절기
	29	28	27	26	25	24	23	22	21	20	19	18	17	16	15	14	13	12	11	10	9	8	7	6	5	4	3	2	1	음력
	1	1	2	2	2	3	3	3	4	4	4	5	5	5	6	6	6	7	7	7	8	8	8	9	9	9	10		1	대운 순행
	9	9	8	8	8	7	7	7	6	6	6	5	5	5	4	4	4	3	3	3	2	2	2	1	1	1	1		10	대운 역행
			5																										4	양력 월
	3	2	1	30	29	28	27	26	25	24	23	22	21	20	19	18	17	16	15	14	13	12	11	10	9	8	7	6	5	양력 일
	辛	庚	己	戊	丁	丙	乙	甲	癸	壬	辛	庚	己	戊	丁	丙	乙	甲	癸	壬	辛	庚	己	戊	丁	丙	乙	甲	癸	일진
	酉	申	未	午	巳	辰	卯	寅	丑	子	亥	戌	酉	申	未	午	巳	辰	卯	寅	丑	子	亥	戌	酉	申	未	午	巳	일진
	월	일	토	금	목	수	화	월	일	토	금	목	辰正	화	월	일	토	금	목	수	화	월	일	토	금	목	수	丑初	월	절기시각

4月大(丁巳) 입하

											소만																입하4			절기
30	29	28	27	26	25	24	23	22	21	20	19	18	17	16	15	14	13	12	11	10	9	8	7	6	5	4	3	2	1	음력
1	2	2	2	3	3	3	4	4	4	5	5	5	6	6	6	7	7	7	8	8	8	9	9	9	10	10		1	1	대운 순행
9	9	8	8	8	7	7	7	6	6	6	5	5	5	4	4	4	3	3	3	2	2	2	1	1	1	1		10	9	대운 역행
	6																												5	양력 월
2	1	31	30	29	28	27	26	25	24	23	22	21	20	19	18	17	16	15	14	13	12	11	10	9	8	7	6	5	4	양력 일
辛	庚	己	戊	丁	丙	乙	甲	癸	壬	辛	庚	己	戊	丁	丙	乙	甲	癸	壬	辛	庚	己	戊	丁	丙	乙	甲	癸	壬	일진
卯	寅	丑	子	亥	戌	酉	申	未	午	巳	辰	卯	寅	丑	子	亥	戌	酉	申	未	午	巳	辰	卯	寅	丑	子	亥	戌	일진
수	화	월	일	토	금	목	수	화	월	일	辰正	금	목	수	화	월	일	토	금	목	수	화	월	일	토	금	酉正	수	화	절기시각

5月小(戊午) 망종

										하지																망종5				절기
	29	28	27	26	25	24	23	22	21	20	19	18	17	16	15	14	13	12	11	10	9	8	7	6	5	4	3	2	1	음력
	2	3	3	3	4	4	4	5	5	5	6	6	6	7	7	7	8	8	8	9	9	9	10	10	10		1	1	1	대운 순행
	8	8	8	7	7	7	6	6	6	5	5	5	4	4	4	3	3	3	2	2	2	1	1	1	1		10	10	9	대운 역행
	7																												6	양력 월
	1	30	29	28	27	26	25	24	23	22	21	20	19	18	17	16	15	14	13	12	11	10	9	8	7	6	5	4	3	양력 일
	庚	己	戊	丁	丙	乙	甲	癸	壬	辛	庚	己	戊	丁	丙	乙	甲	癸	壬	辛	庚	己	戊	丁	丙	乙	甲	癸	壬	일진
	申	未	午	巳	辰	卯	寅	丑	子	亥	戌	酉	申	未	午	巳	辰	卯	寅	丑	子	亥	戌	酉	申	未	午	巳	辰	일진
	목	수	화	월	일	토	금	목	수	申正	월	일	토	금	목	수	화	월	일	토	금	목	수	화	월	子初	토	금	목	절기시각

6月大(己未) 소서

							대서																소서6							절기
30	29	28	27	26	25	24	23	22	21	20	19	18	17	16	15	14	13	12	11	10	9	8	7	6	5	4	3	2	1	음력
3	3	3	4	4	4	5	5	5	6	6	6	7	7	7	8	8	8	9	9	9	10	10		1	1	1	1	2	2	대운 순행
8	7	7	7	6	6	6	5	5	5	4	4	4	3	3	3	2	2	2	1	1	1	1		10	10	10	9	9	9	대운 역행
																													7	양력 월
31	30	29	28	27	26	25	24	23	22	21	20	19	18	17	16	15	14	13	12	11	10	9	8	7	6	5	4	3	2	양력 일
庚	己	戊	丁	丙	乙	甲	癸	壬	辛	庚	己	戊	丁	丙	乙	甲	癸	壬	辛	庚	己	戊	丁	丙	乙	甲	癸	壬	辛	일진
寅	丑	子	亥	戌	酉	申	未	午	巳	辰	卯	寅	丑	子	亥	戌	酉	申	未	午	巳	辰	卯	寅	丑	子	亥	戌	酉	일진
토	금	목	수	화	월	일	寅初	금	목	수	화	월	일	토	금	목	수	화	월	일	토	금	巳初	수	화	월	일	토	금	절기시각

• 집안에 쓰지 않는 우물이 있으면 재난이 많고 심하면 패가 하는 경우도 있다.

7月大(庚申) 입추

						처서																	입추7							절기
30	29	28	27	26	25	24	23	22	21	20	19	18	17	16	15	14	13	12	11	10	9	8	7	6	5	4	3	2	1	음력
3	3	4	4	4	5	5	5	6	6	6	7	7	7	8	8	8	9	9	9	10	10		1	1	1	1	2	2	2	대운 순행
7	7	7	6	6	6	5	5	5	4	4	4	3	3	3	2	2	2	1	1	1	1		10	10	9	9	9	8	8	대운 역행
																													8	양력 월
30	29	28	27	26	25	24	23	22	21	20	19	18	17	16	15	14	13	12	11	10	9	8	7	6	5	4	3	2	1	양력 일
庚申	己未	戊午	丁巳	丙辰	乙卯	甲寅	癸丑	壬子	辛亥	庚戌	己酉	戊申	丁未	丙午	乙巳	甲辰	癸卯	壬寅	辛丑	庚子	己亥	戊戌	丁酉	丙申	乙未	甲午	癸巳	壬辰	辛卯	일진
월	일	토	금	목	수	巳初	월	일	토	금	목	수	화	월	일	토	금	목	수	화	월	戌初	토	금	목	수	화	월	일	절기시각

8月小(辛酉) 백로

					추분																백로8									절기
	29	28	27	26	25	24	23	22	21	20	19	18	17	16	15	14	13	12	11	10	9	8	7	6	5	4	3	2	1	음력
	4	4	4	5	5	5	6	6	6	7	7	7	8	8	8	9	9	9	10	10		1	1	1	1	2	2	2	3	대운 순행
	7	6	6	6	5	5	5	4	4	4	3	3	3	2	2	2	1	1	1	1		10	10	9	9	9	8	8	8	대운 역행
																												9	8	양력 월
	28	27	26	25	24	23	22	21	20	19	18	17	16	15	14	13	12	11	10	9	8	7	6	5	4	3	2	1	31	양력 일
	己丑	戊子	丁亥	丙戌	乙酉	甲申	癸未	壬午	辛巳	庚辰	己卯	戊寅	丁丑	丙子	乙亥	甲戌	癸酉	壬申	辛未	庚午	己巳	戊辰	丁卯	丙寅	乙丑	甲子	癸亥	壬戌	辛酉	일진
	화	월	일	토	辰初	목	수	화	월	일	토	금	목	수	화	월	일	토	금	목	亥初	화	월	일	토	금	목	수	화	절기시각

9月大(壬戌) 한로

				상강															한로9											절기
30	29	28	27	26	25	24	23	22	21	20	19	18	17	16	15	14	13	12	11	10	9	8	7	6	5	4	3	2	1	음력
4	4	4	5	5	5	6	6	6	7	7	7	8	8	8	9	9	9	10		1	1	1	1	2	2	2	3	3	3	대운 순행
6	6	6	5	5	5	4	4	4	3	3	3	2	2	2	1	1	1	1		10	10	9	9	9	8	8	8	7	7	대운 역행
																											10		9	양력 월
28	27	26	25	24	23	22	21	20	19	18	17	16	15	14	13	12	11	10	9	8	7	6	5	4	3	2	1	30	29	양력 일
己未	戊午	丁巳	丙辰	乙卯	甲寅	癸丑	壬子	辛亥	庚戌	己酉	戊申	丁未	丙午	乙巳	甲辰	癸卯	壬寅	辛丑	庚子	己亥	戊戌	丁酉	丙申	乙未	甲午	癸巳	壬辰	辛卯	庚寅	일진
목	수	화	월	申正	토	금	목	수	화	월	일	토	금	목	수	화	월	일	未初	금	목	수	화	월	일	토	금	목	수	절기시각

10月大(癸亥) 입동

				소설															입동10											절기
30	29	28	27	26	25	24	23	22	21	20	19	18	17	16	15	14	13	12	11	10	9	8	7	6	5	4	3	2	1	음력
4	4	4	5	5	5	6	6	6	7	7	7	8	8	8	9	9	9	10		1	1	1	1	2	2	2	3	3	3	대운 순행
6	6	6	5	5	5	4	4	4	3	3	3	2	2	2	1	1	1	1		10	9	9	9	8	8	8	7	7	7	대운 역행
																										11			10	양력 월
27	26	25	24	23	22	21	20	19	18	17	16	15	14	13	12	11	10	9	8	7	6	5	4	3	2	1	31	30	29	양력 일
己丑	戊子	丁亥	丙戌	乙酉	甲申	癸未	壬午	辛巳	庚辰	己卯	戊寅	丁丑	丙子	乙亥	甲戌	癸酉	壬申	辛未	庚午	己巳	戊辰	丁卯	丙寅	乙丑	甲子	癸亥	壬戌	辛酉	庚申	일진
토	금	목	수	未初	월	일	토	금	목	수	화	월	일	토	금	목	수	화	申初	일	토	금	목	수	화	월	일	토	금	절기시각

11月小(甲子) 대설

				동지															대설11											절기
	29	28	27	26	25	24	23	22	21	20	19	18	17	16	15	14	13	12	11	10	9	8	7	6	5	4	3	2	1	음력
	4	4	4	5	5	5	6	6	6	7	7	7	8	8	8	9	9	9		1	1	1	1	2	2	2	3	3	3	대운 순행
	6	6	5	5	5	4	4	4	3	3	3	2	2	2	1	1	1	1		10	9	9	9	8	8	8	7	7	7	대운 역행
																										12			11	양력 월
	26	25	24	23	22	21	20	19	18	17	16	15	14	13	12	11	10	9	8	7	6	5	4	3	2	1	30	29	28	양력 일
	戊午	丁巳	丙辰	乙卯	甲寅	癸丑	壬子	辛亥	庚戌	己酉	戊申	丁未	丙午	乙巳	甲辰	癸卯	壬寅	辛丑	庚子	己亥	戊戌	丁酉	丙申	乙未	甲午	癸巳	壬辰	辛卯	庚寅	일진
	일	토	금	丑正	수	화	월	일	토	금	목	수	화	월	일	토	금	목	辰正	화	월	일	토	금	목	수	화	월	일	절기시각

12月大(乙丑) 소한

				대한															소한12											절기
30	29	28	27	26	25	24	23	22	21	20	19	18	17	16	15	14	13	12	11	10	9	8	7	6	5	4	3	2	1	음력
4	4	4	5	5	5	6	6	6	7	7	7	8	8	8	9	9	9	10		1	1	1	1	2	2	2	3	3	3	대운 순행
6	6	6	5	5	5	4	4	4	3	3	3	2	2	2	1	1	1	1		9	9	9	8	8	8	7	7	7	6	대운 역행
																								1					12	양력 월
25	24	23	22	21	20	19	18	17	16	15	14	13	12	11	10	9	8	7	6	5	4	3	2	1	31	30	29	28	27	양력 일
戊子	丁亥	丙戌	乙酉	甲申	癸未	壬午	辛巳	庚辰	己卯	戊寅	丁丑	丙子	乙亥	甲戌	癸酉	壬申	辛未	庚午	己巳	戊辰	丁卯	丙寅	乙丑	甲子	癸亥	壬戌	辛酉	庚申	己未	일진
화	월	일	토	未初	목	수	화	월	일	토	금	목	수	화	월	일	토	금	戌初	수	화	월	일	토	금	목	수	화	월	절기시각

• 여자 사주에 偏官이 암합하고 있으면 사통할 염려가 많다.

서기 1944년
단기 4277년

甲申年

상문 : 戌 대장군 : 南
조객 : 午 삼 재 : 寅午戌
삼살 : 南

1月小(丙寅) 입춘

				우수																입춘1										절기
	29	28	27	**26**	25	24	23	22	21	20	19	18	17	16	15	14	13	12	**11**	10	9	8	7	6	5	4	3	2	1	음력
	4	4	5	5	5	6	6	6	7	7	7	8	8	8	9	9	9	10		1	1	1	1	2	2	2	3	3	3	대운 순행
	6	6	5	5	5	4	4	4	3	3	3	2	2	2	1	1	1	1		10	9	9	9	8	8	8	7	7	7	대운 역행
																							2						1	양력 월
	23	22	21	20	19	18	17	16	15	14	13	12	11	10	9	8	7	6	5	4	3	2	1	31	30	29	28	27	26	양력 일
	丁巳	丙辰	乙卯	甲寅	癸丑	壬子	辛亥	庚戌	己酉	戊申	丁未	丙午	乙巳	甲辰	癸卯	壬寅	辛丑	庚子	己亥	戊戌	丁酉	丙申	乙未	甲午	癸巳	壬辰	辛卯	庚寅	己丑	일진
	수	화	월	寅初	토	금	목	수	화	월	일	토	금	목	수	화	월	일	辰初	금	목	수	화	월	일	토	금	목	수	절기시각

2月小(丁卯) 경칩

			춘분															경칩2												절기
	29	28	**27**	26	25	24	23	22	21	20	19	18	17	16	15	14	13	**12**	11	10	9	8	7	6	5	4	3	2	1	음력
	4	5	5	5	6	6	6	7	7	7	8	8	8	9	9	9	10		1	1	1	1	2	2	2	3	3	3	4	대운 순행
	6	5	5	5	4	4	4	3	3	3	2	2	2	1	1	1	1		10	9	9	9	8	8	8	7	7	7	6	대운 역행
																							3						2	양력 월
	23	22	21	20	19	18	17	16	15	14	13	12	11	10	9	8	7	6	5	4	3	2	1	29	28	27	26	25	24	양력 일
	丙戌	乙酉	甲申	癸未	壬午	辛巳	庚辰	己卯	戊寅	丁丑	丙子	乙亥	甲戌	癸酉	壬申	辛未	庚午	己巳	戊辰	丁卯	丙寅	乙丑	甲子	癸亥	壬戌	辛酉	庚申	己未	戊午	일진
	목	수	丑正	월	일	토	금	목	수	화	월	일	토	금	목	수	화	丑初	일	토	금	목	수	화	월	일	토	금	목	절기시각

3月大(戊辰) 청명

		곡우															청명3													절기
30	29	**28**	27	26	25	24	23	22	21	20	19	18	17	16	15	14	**13**	12	11	10	9	8	7	6	5	4	3	2	1	음력
5	5	5	6	6	6	7	7	7	8	8	8	9	9	9	10	10		1	1	1	1	2	2	2	3	3	3	4	4	대운 순행
6	5	5	5	4	4	4	3	3	3	2	2	2	1	1	1	1		10	9	9	9	8	8	8	7	7	7	6	6	대운 역행
																					4								3	양력 월
22	21	20	19	18	17	16	15	14	13	12	11	10	9	8	7	6	5	4	3	2	1	31	30	29	28	27	26	25	24	양력 일
丙辰	乙卯	甲寅	癸丑	壬子	辛亥	庚戌	己酉	戊申	丁未	丙午	乙巳	甲辰	癸卯	壬寅	辛丑	庚子	己亥	戊戌	丁酉	丙申	乙未	甲午	癸巳	壬辰	辛卯	庚寅	己丑	戊子	丁亥	일진
토	금	未正	수	화	월	일	토	금	목	수	화	월	일	토	금	목	卯正	화	월	일	토	금	목	수	화	월	일	토	금	절기시각

4月小(己巳) 입하

	소만															입하4														절기
	29	28	27	26	25	24	23	22	21	20	19	18	17	16	15	**14**	13	12	11	10	9	8	7	6	5	4	3	2	1	음력
	5	6	6	6	7	7	7	8	8	8	9	9	9	10	10		1	1	1	1	2	2	2	3	3	3	4	4	4	대운 순행
	5	5	4	4	4	3	3	3	2	2	2	1	1	1	1		10	10	9	9	9	8	8	8	7	7	7	6	6	대운 역행
																					5								4	양력 월
	21	20	19	18	17	16	15	14	13	12	11	10	9	8	7	6	5	4	3	2	1	30	29	28	27	26	25	24	23	양력 일
	乙酉	甲申	癸未	壬午	辛巳	庚辰	己卯	戊寅	丁丑	丙子	乙亥	甲戌	癸酉	壬申	辛未	庚午	己巳	戊辰	丁卯	丙寅	乙丑	甲子	癸亥	壬戌	辛酉	庚申	己未	戊午	丁巳	일진
	未初	토	금	목	수	화	월	일	토	금	목	수	화	월	일	子正	금	목	수	화	월	일	토	금	목	수	화	월	일	절기시각

윤4月大

															망종5															절기
30	29	28	27	26	25	24	23	22	21	20	19	18	17	**16**	15	14	13	12	11	10	9	8	7	6	5	4	3	2	1	음력
6	6	6	7	7	7	8	8	8	9	9	9	10	10		1	1	1	1	2	2	2	3	3	3	4	4	4	5	5	대운 순행
5	4	4	4	3	3	3	2	2	2	1	1	1	1		10	10	9	9	9	8	8	8	7	7	7	6	6	6	5	대운 역행
																			6										5	양력 월
20	19	18	17	16	15	14	13	12	11	10	9	8	7	6	5	4	3	2	1	31	30	29	28	27	26	25	24	23	22	양력 일
乙卯	甲寅	癸丑	壬子	辛亥	庚戌	己酉	戊申	丁未	丙午	乙巳	甲辰	癸卯	壬寅	辛丑	庚子	己亥	戊戌	丁酉	丙申	乙未	甲午	癸巳	壬辰	辛卯	庚寅	己丑	戊子	丁亥	丙戌	일진
화	월	일	토	금	목	수	화	월	일	토	금	목	수	卯初	월	일	토	금	목	수	화	월	일	토	금	목	수	화	월	절기시각

5月小(庚午) 망종

														소서6															하지	절기
	29	28	27	26	25	24	23	22	21	20	19	18	**17**	16	15	14	13	12	11	10	9	8	7	6	5	4	3	2	**1**	음력
	7	7	7	8	8	8	9	9	9	10	10	10		1	1	1	1	2	2	2	3	3	3	4	4	4	5	5	5	대운 순행
	4	4	3	3	3	2	2	2	1	1	1	1		10	10	9	9	9	8	8	8	7	7	7	6	6	6	5	5	대운 역행
																			7										6	양력 월
	19	18	17	16	15	14	13	12	11	10	9	8	7	6	5	4	3	2	1	30	29	28	27	26	25	24	23	22	21	양력 일
	甲申	癸未	壬午	辛巳	庚辰	己卯	戊寅	丁丑	丙子	乙亥	甲戌	癸酉	壬申	辛未	庚午	己巳	戊辰	丁卯	丙寅	乙丑	甲子	癸亥	壬戌	辛酉	庚申	己未	戊午	丁巳	丙辰	일진
	수	화	월	일	토	금	목	수	화	월	일	토	申初	목	수	화	월	일	토	금	목	수	화	월	일	토	금	목	亥正	절기시각

• 집에서 보아 북쪽에 우물이 있으면 남편은 바람나고 집을 돌보지 않는 사람으로 변한다.

6月大(辛未) 소서

										입추7																대서				절기
30	29	28	27	26	25	24	23	22	21	20	19	18	17	16	15	14	13	12	11	10	9	8	7	6	5	4	3	2	1	음력
7	7	8	8	8	9	9	9	10	10		1	1	1	1	2	2	2	3	3	3	4	4	4	5	5	5	6	6	6	대운 순행
3	3	3	2	2	2	1	1	1	1		10	10	10	9	9	9	8	8	8	7	7	7	6	6	6	5	5	5	4	대운 역행
																	8												7	양력 월
18	17	16	15	14	13	12	11	10	9	8	7	6	5	4	3	2	1	31	30	29	28	27	26	25	24	23	22	21	20	양력 일
甲寅	癸丑	壬子	辛亥	庚戌	己酉	戊申	丁未	丙午	乙巳	甲辰	癸卯	壬寅	辛丑	庚子	己亥	戊戌	丁酉	丙申	乙未	甲午	癸巳	壬辰	辛卯	庚寅	己丑	戊子	丁亥	丙戌	乙酉	일진
금	목	수	화	월	일	토	금	목	수	丑初	월	일	토	금	목	수	화	월	일	토	금	목	수	화	월	辰正	토	금	목	절기시각

7月小(壬申) 입추

									백로8																처서					절기
	29	28	27	26	25	24	23	22	21	20	19	18	17	16	15	14	13	12	11	10	9	8	7	6	5	4	3	2	1	음력
	7	8	8	8	9	9	9	10		1	1	1	1	2	2	2	3	3	3	4	4	4	5	5	5	6	6	6	7	대운 순행
	3	2	2	2	1	1	1	1		10	10	9	9	9	8	8	8	7	7	7	6	6	6	5	5	5	4	4	4	대운 역행
																9													8	양력 월
	16	15	14	13	12	11	10	9	8	7	6	5	4	3	2	1	31	30	29	28	27	26	25	24	23	22	21	20	19	양력 일
	癸未	壬午	辛巳	庚辰	己卯	戊寅	丁丑	丙子	乙亥	甲戌	癸酉	壬申	辛未	庚午	己巳	戊辰	丁卯	丙寅	乙丑	甲子	癸亥	壬戌	辛酉	庚申	己未	戊午	丁巳	丙辰	乙卯	일진
	토	금	목	수	화	월	일	토	寅初	목	수	화	월	일	토	금	목	수	화	월	일	토	금	목	申初	화	월	일	토	절기시각

8月大(癸酉) 백로

								한로9																추분						절기
30	29	28	27	26	25	24	23	22	21	20	19	18	17	16	15	14	13	12	11	10	9	8	7	6	5	4	3	2	1	음력
7	8	8	8	9	9	9	10		1	1	1	1	2	2	2	3	3	3	4	4	4	5	5	5	6	6	6	7	7	대운 순행
3	2	2	2	1	1	1	1		10	9	9	9	8	8	8	7	7	7	6	6	6	5	5	5	4	4	4	3	3	대운 역행
															10														9	양력 월
16	15	14	13	12	11	10	9	8	7	6	5	4	3	2	1	30	29	28	27	26	25	24	23	22	21	20	19	18	17	양력 일
癸丑	壬子	辛亥	庚戌	己酉	戊申	丁未	丙午	乙巳	甲辰	癸卯	壬寅	辛丑	庚子	己亥	戊戌	丁酉	丙申	乙未	甲午	癸巳	壬辰	辛卯	庚寅	己丑	戊子	丁亥	丙戌	乙酉	甲申	일진
월	일	토	금	목	수	화	월	戌初	토	금	목	수	화	월	일	토	금	목	수	화	월	일	未初	금	목	수	화	월	일	절기시각

9月大(甲戌) 한로

								입동10																상강						절기
30	29	28	27	26	25	24	23	22	21	20	19	18	17	16	15	14	13	12	11	10	9	8	7	6	5	4	3	2	1	음력
7	8	8	8	9	9	9	10		1	1	1	1	2	2	2	3	3	3	4	4	4	5	5	5	6	6	6	7	7	대운 순행
3	2	2	2	1	1	1	1		10	9	9	9	8	8	8	7	7	7	6	6	6	5	5	5	4	4	4	3	3	대운 역행
														11															10	양력 월
15	14	13	12	11	10	9	8	7	6	5	4	3	2	1	31	30	29	28	27	26	25	24	23	22	21	20	19	18	17	양력 일
癸未	壬午	辛巳	庚辰	己卯	戊寅	丁丑	丙子	乙亥	甲戌	癸酉	壬申	辛未	庚午	己巳	戊辰	丁卯	丙寅	乙丑	甲子	癸亥	壬戌	辛酉	庚申	己未	戊午	丁巳	丙辰	乙卯	甲寅	일진
수	화	월	일	토	금	목	수	亥初	월	일	토	금	목	수	화	월	일	토	금	목	수	화	亥初	일	토	금	목	수	화	절기시각

10月小(乙亥) 입동

								대설11																소설						절기
	29	28	27	26	25	24	23	22	21	20	19	18	17	16	15	14	13	12	11	10	9	8	7	6	5	4	3	2	1	음력
	8	8	8	9	9	9	10		1	1	1	1	2	2	2	3	3	3	4	4	4	5	5	5	6	6	6	7	7	대운 순행
	2	2	2	1	1	1	1		10	9	9	9	8	8	8	7	7	7	6	6	6	5	5	5	4	4	4	3	3	대운 역행
														12															11	양력 월
	14	13	12	11	10	9	8	7	6	5	4	3	2	1	30	29	28	27	26	25	24	23	22	21	20	19	18	17	16	양력 일
	壬子	辛亥	庚戌	己酉	戊申	丁未	丙午	乙巳	甲辰	癸卯	壬寅	辛丑	庚子	己亥	戊戌	丁酉	丙申	乙未	甲午	癸巳	壬辰	辛卯	庚寅	己丑	戊子	丁亥	丙戌	乙酉	甲申	일진
	목	수	화	월	일	토	금	未正	수	화	월	일	토	금	목	수	화	월	일	토	금	목	戌初	화	월	일	토	금	목	절기시각

11月大(丙子) 대설

							소한12															동지								절기
30	29	28	27	26	25	24	23	22	21	20	19	18	17	16	15	14	13	12	11	10	9	8	7	6	5	4	3	2	1	음력
7	8	8	8	9	9	9		1	1	1	1	2	2	2	3	3	3	4	4	4	5	5	5	6	6	6	7	7	7	대운 순행
2	2	2	1	1	1	1		10	9	9	9	8	8	8	7	7	7	6	6	6	5	5	5	4	4	4	3	3	3	대운 역행
												1																	12	양력 월
13	12	11	10	9	8	7	6	5	4	3	2	1	31	30	29	28	27	26	25	24	23	22	21	20	19	18	17	16	15	양력 일
壬午	辛巳	庚辰	己卯	戊寅	丁丑	丙子	乙亥	甲戌	癸酉	壬申	辛未	庚午	己巳	戊辰	丁卯	丙寅	乙丑	甲子	癸亥	壬戌	辛酉	庚申	己未	戊午	丁巳	丙辰	乙卯	甲寅	癸丑	일진
토	금	목	수	화	월	일	丑初	금	목	수	화	월	일	토	금	목	수	화	월	일	토	辰正	목	수	화	월	일	토	금	절기시각

12月大(丁丑) 소한

								입춘1																대한						절기
30	29	28	27	26	25	24	23	22	21	20	19	18	17	16	15	14	13	12	11	10	9	8	7	6	5	4	3	2	1	음력
7	8	8	8	9	9	9	10		1	1	1	1	2	2	2	3	3	3	4	4	4	5	5	5	6	6	6	7	7	대운 순행
3	2	2	2	1	1	1	1		9	9	9	8	8	8	7	7	7	6	6	6	5	5	5	4	4	4	3	3	3	대운 역행
											2																		1	양력 월
12	11	10	9	8	7	6	5	4	3	2	1	31	30	29	28	27	26	25	24	23	22	21	20	19	18	17	16	15	14	양력 일
壬子	辛亥	庚戌	己酉	戊申	丁未	丙午	乙巳	甲辰	癸卯	壬寅	辛丑	庚子	己亥	戊戌	丁酉	丙申	乙未	甲午	癸巳	壬辰	辛卯	庚寅	己丑	戊子	丁亥	丙戌	乙酉	甲申	癸未	일진
월	일	토	금	목	수	화	월	未初	토	금	목	수	화	월	일	토	금	목	수	화	월	일	酉正	금	목	수	화	월	일	절기시각

• 財가 용신이면 그의 처는 예쁘고 처로 인하여 출세한다.

서기 1945년
단기 4278년

乙酉年

상문 : 亥　대장군 : 南
조객 : 未　삼 재 : 寅午戌
삼살 : 西

8·15 해방

1月小(戊寅) 입춘

								경칩2																우수						절	기
	29	28	27	26	25	24	23	**22**	21	20	19	18	17	16	15	14	13	12	11	10	9	8	**7**	6	5	4	3	2	1	음	력
	8	8	8	9	9	9	10		1	1	1	1	2	2	2	3	3	3	4	4	4	5	5	5	6	6	6	7	7	순행	대
	2	2	2	1	1	1	1		10	9	9	9	8	8	8	7	7	7	6	6	6	5	5	5	4	4	4	3	3	역행	운
													3																2	월	양
	13	12	11	10	9	8	7	6	5	4	3	2	1	28	27	26	25	24	23	22	21	20	19	18	17	16	15	14	13	일	력
	辛巳	庚辰	己卯	戊寅	丁丑	丙子	乙亥	甲戌	癸酉	壬申	辛未	庚午	己巳	戊辰	丁卯	丙寅	乙丑	甲子	癸亥	壬戌	辛酉	庚申	己未	戊午	丁巳	丙辰	乙卯	甲寅	癸丑	일	진
	화	월	일	토	금	목	수	辰初	월	일	토	금	목	수	화	월	일	토	금	목	수	화	巳初	일	토	금	목	수	화	절기시각	

2月小(己卯) 경칩

							청명3																춘분							절	기
	29	28	27	26	25	24	**23**	22	21	20	19	18	17	16	15	14	13	12	11	10	9	**8**	7	6	5	4	3	2	1	음	력
	8	9	9	9	10	10		1	1	1	1	2	2	2	3	3	3	4	4	4	5	5	5	6	6	6	7	7	7	순행	대
	2	2	1	1	1	1		10	9	9	9	8	8	8	7	7	7	6	6	6	5	5	5	4	4	4	3	3	3	역행	운
											4																		3	월	양
	11	10	9	8	7	6	5	4	3	2	1	31	30	29	28	27	26	25	24	23	22	21	20	19	18	17	16	15	14	일	력
	庚戌	己酉	戊申	丁未	丙午	乙巳	甲辰	癸卯	壬寅	辛丑	庚子	己亥	戊戌	丁酉	丙申	乙未	甲午	癸巳	壬辰	辛卯	庚寅	己丑	戊子	丁亥	丙戌	乙酉	甲申	癸未	壬午	일	진
	수	화	월	일	토	금	午正	수	화	월	일	토	금	목	수	화	월	일	토	금	목	辰初	화	월	일	토	금	목	수	절기시각	

3月大(庚辰) 청명

					입하4																곡우									절	기
30	29	28	27	26	**25**	24	23	22	21	20	19	18	17	16	15	14	13	12	11	10	**9**	8	7	6	5	4	3	2	1	음	력
9	9	9	10	10		1	1	1	1	2	2	2	3	3	3	4	4	4	5	5	5	6	6	6	7	7	7	8	8	순행	대
2	1	1	1	1		10	10	9	9	9	8	8	8	7	7	7	6	6	6	5	5	5	4	4	4	3	3	3	2	역행	운
										5																			4	월	양
11	10	9	8	7	6	5	4	3	2	1	30	29	28	27	26	25	24	23	22	21	20	19	18	17	16	15	14	13	12	일	력
庚辰	己卯	戊寅	丁丑	丙子	乙亥	甲戌	癸酉	壬申	辛未	庚午	己巳	戊辰	丁卯	丙寅	乙丑	甲子	癸亥	壬戌	辛酉	庚申	己未	戊午	丁巳	丙辰	乙卯	甲寅	癸丑	壬子	辛亥	일	진
금	목	수	화	월	卯正	토	금	목	수	화	월	일	토	금	목	수	화	월	일	토	戌正	목	수	화	월	일	토	금	목	절기시각	

4月小(辛巳) 입하

				망종5																소만										절	기
	29	28	27	**26**	25	24	23	22	21	20	19	18	17	16	15	14	13	12	11	**10**	9	8	7	6	5	4	3	2	1	음	력
	9	10	10		1	1	1	1	2	2	2	3	3	3	4	4	4	5	5	5	6	6	6	7	7	7	8	8	8	순행	대
	1	1	1		10	10	9	9	9	8	8	8	7	7	7	6	6	6	5	5	5	4	4	4	3	3	3	2	2	역행	운
									6																				5	월	양
	9	8	7	6	5	4	3	2	1	31	30	29	28	27	26	25	24	23	22	21	20	19	18	17	16	15	14	13	12	일	력
	己酉	戊申	丁未	丙午	乙巳	甲辰	癸卯	壬寅	辛丑	庚子	己亥	戊戌	丁酉	丙申	乙未	甲午	癸巳	壬辰	辛卯	庚寅	己丑	戊子	丁亥	丙戌	乙酉	甲申	癸未	壬午	辛巳	일	진
	토	금	목	午初	화	월	일	토	금	목	수	화	월	일	토	금	목	수	화	戌初	일	토	금	목	수	화	월	일	토	절기시각	

5月小(壬午) 망종

		소서6															하지													절	기
	29	**28**	27	26	25	24	23	22	21	20	19	18	17	16	15	14	**13**	12	11	10	9	8	7	6	5	4	3	2	1	음	력
	10		1	1	1	1	2	2	2	3	3	3	4	4	4	5	5	5	6	6	6	7	7	7	8	8	8	9	9	순행	대
	1		10	10	9	9	9	8	8	8	7	7	7	6	6	6	5	5	5	4	4	4	3	3	3	2	2	2	1	역행	운
								7																					6	월	양
	8	7	6	5	4	3	2	1	30	29	28	27	26	25	24	23	22	21	20	19	18	17	16	15	14	13	12	11	10	일	력
	戊寅	丁丑	丙子	乙亥	甲戌	癸酉	壬申	辛未	庚午	己巳	戊辰	丁卯	丙寅	乙丑	甲子	癸亥	壬戌	辛酉	庚申	己未	戊午	丁巳	丙辰	乙卯	甲寅	癸丑	壬子	辛亥	庚戌	일	진
	일	亥初	금	목	수	화	월	일	토	금	목	수	화	월	일	토	寅初	목	수	화	월	일	토	금	목	수	화	월	일	절기시각	

6月大(癸未) 소서

															대서															절	기
30	29	28	27	26	25	24	23	22	21	20	19	18	17	16	**15**	14	13	12	11	10	9	8	7	6	5	4	3	2	1	음	력
1	1	1	1	2	2	2	3	3	3	4	4	4	5	5	5	6	6	6	7	7	7	8	8	8	9	9	9	10	10	순행	대
10	10	10	9	9	9	8	8	8	7	7	7	6	6	6	5	5	5	4	4	4	3	3	3	2	2	2	1	1	1	역행	운
						8																							7	월	양
7	6	5	4	3	2	1	31	30	29	28	27	26	25	24	23	22	21	20	19	18	17	16	15	14	13	12	11	10	9	일	력
戊申	丁未	丙午	乙巳	甲辰	癸卯	壬寅	辛丑	庚子	己亥	戊戌	丁酉	丙申	乙未	甲午	癸巳	壬辰	辛卯	庚寅	己丑	戊子	丁亥	丙戌	乙酉	甲申	癸未	壬午	辛巳	庚辰	己卯	일	진
화	월	일	토	금	목	수	화	월	일	토	금	목	수	화	未正	일	토	금	목	수	화	월	일	토	금	목	수	화	월	절기시각	

• 집의 위치에서 북쪽에 우물이 있으면 신장 · 비뇨 · 당뇨 등의 질환이 있게 된다.

														처서															입추7	절기		7月小(甲申) 입추
	29	28	27	26	25	24	23	22	21	20	19	18	17	16	15	14	13	12	11	10	9	8	7	6	5	4	3	2	1	음력		
	1	1	2	2	2	3	3	3	4	4	4	5	5	5	6	6	6	7	7	7	8	8	8	9	9	9	10	10		순행	대운	
	9	9	9	8	8	8	7	7	7	6	6	6	5	5	5	4	4	4	3	3	3	2	2	2	1	1	1	1		역행	대운	
					9																								8	월	양력	
	5	4	3	2	1	31	30	29	28	27	26	25	24	23	22	21	20	19	18	17	16	15	14	13	12	11	10	9	8	일	양력	
	丁丑	丙子	乙亥	甲戌	癸酉	壬申	辛未	庚午	己巳	戊辰	丁卯	丙寅	乙丑	甲子	癸亥	壬戌	辛酉	庚申	己未	戊午	丁巳	丙辰	乙卯	甲寅	癸丑	壬子	辛亥	庚戌	己酉	일진		
	수	화	월	일	토	금	목	수	화	월	일	토	금	亥初	수	화	월	일	토	금	목	수	화	월	일	토	금	목	辰初	절기시각		

												추분															백로8			절기		8月大(乙酉) 백로
30	29	28	27	26	25	24	23	22	21	20	19	18	17	16	15	14	13	12	11	10	9	8	7	6	5	4	3	2	1	음력		
1	2	2	2	3	3	3	4	4	4	5	5	5	6	6	6	7	7	7	8	8	8	9	9	9	10	10		1	1	순행	대운	
9	9	8	8	8	7	7	7	6	6	6	5	5	5	4	4	4	3	3	3	2	2	2	1	1	1	1		10	10	역행	대운	
				10																									9	월	양력	
5	4	3	2	1	30	29	28	27	26	25	24	23	22	21	20	19	18	17	16	15	14	13	12	11	10	9	8	7	6	일	양력	
丁未	丙午	乙巳	甲辰	癸卯	壬寅	辛丑	庚子	己亥	戊戌	丁酉	丙申	乙未	甲午	癸巳	壬辰	辛卯	庚寅	己丑	戊子	丁亥	丙戌	乙酉	甲申	癸未	壬午	辛巳	庚辰	己卯	戊寅	일진		
금	목	수	화	월	일	토	금	목	수	화	월	酉正	토	금	목	수	화	월	일	토	금	목	수	화	월	일	巳初	금	목	절기시각		

											상강															한로9				절기		9月大(丙戌) 한로
30	29	28	27	26	25	24	23	22	21	20	19	18	17	16	15	14	13	12	11	10	9	8	7	6	5	4	3	2	1	음력		
1	2	2	2	3	3	3	4	4	4	5	5	5	6	6	6	7	7	7	8	8	8	9	9	9	10		1	1	1	순행	대운	
9	8	8	8	7	7	7	6	6	6	5	5	5	4	4	4	3	3	3	2	2	2	1	1	1	1		10	10	9	역행	대운	
			11																										10	월	양력	
4	3	2	1	31	30	29	28	27	26	25	24	23	22	21	20	19	18	17	16	15	14	13	12	11	10	9	8	7	6	일	양력	
丁丑	丙子	乙亥	甲戌	癸酉	壬申	辛未	庚午	己巳	戊辰	丁卯	丙寅	乙丑	甲子	癸亥	壬戌	辛酉	庚申	己未	戊午	丁巳	丙辰	乙卯	甲寅	癸丑	壬子	辛亥	庚戌	己酉	戊申	일진		
일	토	금	목	수	화	월	일	토	금	목	寅初	화	월	일	토	금	목	수	화	월	일	토	금	목	수	子正	월	일	토	절기시각		

											소설															입동10				절기		10月大(丁亥) 입동
30	29	28	27	26	25	24	23	22	21	20	19	18	17	16	15	14	13	12	11	10	9	8	7	6	5	4	3	2	1	음력		
1	1	2	2	2	3	3	3	4	4	4	5	5	5	6	6	6	7	7	7	8	8	8	9	9	9		1	1	1	순행	대운	
9	8	8	8	7	7	7	6	6	6	5	5	5	4	4	4	3	3	3	2	2	2	1	1	1	1		10	9	9	역행	대운	
			12																										11	월	양력	
4	3	2	1	30	29	28	27	26	25	24	23	22	21	20	19	18	17	16	15	14	13	12	11	10	9	8	7	6	5	일	양력	
丁未	丙午	乙巳	甲辰	癸卯	壬寅	辛丑	庚子	己亥	戊戌	丁酉	丙申	乙未	甲午	癸巳	壬辰	辛卯	庚寅	己丑	戊子	丁亥	丙戌	乙酉	甲申	癸未	壬午	辛巳	庚辰	己卯	戊寅	일진		
화	월	일	토	금	목	수	화	월	일	토	子正	목	수	화	월	일	토	금	목	수	화	월	일	토	금	寅初	수	화	월	절기시각		

												동지															대설11			절기		11月小(戊子) 대설
	29	28	27	26	25	24	23	22	21	20	19	18	17	16	15	14	13	12	11	10	9	8	7	6	5	4	3	2	1	음력		
	1	2	2	2	3	3	3	4	4	4	5	5	5	6	6	6	7	7	7	8	8	8	9	9	9	10		1	1	순행	대운	
	9	8	8	8	7	7	7	6	6	6	5	5	5	4	4	4	3	3	3	2	2	2	1	1	1	1		9	9	역행	대운	
		1																											12	월	양력	
	2	1	31	30	29	28	27	26	25	24	23	22	21	20	19	18	17	16	15	14	13	12	11	10	9	8	7	6	5	일	양력	
	丙子	乙亥	甲戌	癸酉	壬申	辛未	庚午	己巳	戊辰	丁卯	丙寅	乙丑	甲子	癸亥	壬戌	辛酉	庚申	己未	戊午	丁巳	丙辰	乙卯	甲寅	癸丑	壬子	辛亥	庚戌	己酉	戊申	일진		
	수	화	월	일	토	금	목	수	화	월	일	未正	금	목	수	화	월	일	토	금	목	수	화	월	일	토	戌正	목	수	절기시각		

											대한															소한12				절기		12月大(己丑) 소한
30	29	28	27	26	25	24	23	22	21	20	19	18	17	16	15	14	13	12	11	10	9	8	7	6	5	4	3	2	1	음력		
1	1	2	2	2	3	3	3	4	4	4	5	5	5	6	6	6	7	7	7	8	8	8	9	9	9		1	1	1	순행	대운	
9	8	8	8	7	7	7	6	6	6	5	5	5	4	4	4	3	3	3	2	2	2	1	1	1	1		10	9	9	역행	대운	
2																													1	월	양력	
1	31	30	29	28	27	26	25	24	23	22	21	20	19	18	17	16	15	14	13	12	11	10	9	8	7	6	5	4	3	일	양력	
丙午	乙巳	甲辰	癸卯	壬寅	辛丑	庚子	己亥	戊戌	丁酉	丙申	乙未	甲午	癸巳	壬辰	辛卯	庚寅	己丑	戊子	丁亥	丙戌	乙酉	甲申	癸未	壬午	辛巳	庚辰	己卯	戊寅	丁丑	일진		
금	목	수	화	월	일	토	금	목	수	화	子正	일	토	금	목	수	화	월	일	토	금	목	수	화	월	辰初	토	금	목	절기시각		

• 여자 사주에서 일지에 희신이나 용신이 있으면 남편의 사랑이 지극하다.

서기 1946년
단기 4279년

丙戌年

상문 : 子 대장군 : 南
조객 : 申 삼 재 : 寅午戌
삼살 : 北

												우수															입춘1			절기	1月大(庚寅) 입춘
30	29	28	27	26	25	24	23	22	21	20	19	**18**	17	16	15	14	13	12	11	10	9	8	7	6	5	4	**3**	2	1	음력	
1	1	2	2	2	3	3	3	4	4	4	5	5	5	6	6	6	7	7	7	8	8	8	9	9	9	10		1	1	대운 순행	
9	9	8	8	8	7	7	7	6	6	6	5	5	5	4	4	4	3	3	3	2	2	2	1	1	1	1		9	9	대운 역행	
		3																											2	양력 월	
3	2	1	28	27	26	25	24	23	22	21	20	19	18	17	16	15	14	13	12	11	10	9	8	7	6	5	4	3	2	양력 일	
丙子	乙亥	甲戌	癸酉	壬申	辛未	庚午	己巳	戊辰	丁卯	丙寅	乙丑	甲子	癸亥	壬戌	辛酉	庚申	己未	戊午	丁巳	丙辰	乙卯	甲寅	癸丑	壬子	辛亥	庚戌	己酉	戊申	丁未	일진	
일	토	금	목	수	화	월	일	토	금	목	수	申初	월	일	토	금	목	수	화	월	일	토	금	목	수	화	戌初	일	토	절기시각	

												춘분															경칩2			절기	2月小(辛卯) 경칩
	29	28	27	26	25	24	23	22	21	20	19	**18**	17	16	15	14	13	12	11	10	9	8	7	6	5	4	**3**	2	1	음력	
	1	2	2	2	3	3	3	4	4	4	5	5	5	6	6	6	7	7	7	8	8	8	9	9	9	10		1	1	대운 순행	
	9	8	8	8	7	7	7	6	6	6	5	5	5	4	4	4	3	3	3	2	2	2	1	1	1	1		10	9	대운 역행	
	4																												3	양력 월	
	1	31	30	29	28	27	26	25	24	23	22	21	20	19	18	17	16	15	14	13	12	11	10	9	8	7	6	5	4	양력 일	
	乙巳	甲辰	癸卯	壬寅	辛丑	庚子	己亥	戊戌	丁酉	丙申	乙未	甲午	癸巳	壬辰	辛卯	庚寅	己丑	戊子	丁亥	丙戌	乙酉	甲申	癸未	壬午	辛巳	庚辰	己卯	戊寅	丁丑	일진	
	월	일	토	금	목	수	화	월	일	토	금	未正	수	화	월	일	토	금	목	수	화	월	일	토	금	목	未初	화	월	절기시각	

										곡우																청명3				절기	3月小(壬辰) 청명
	29	28	27	26	25	24	23	22	21	**20**	19	18	17	16	15	14	13	12	11	10	9	8	7	6	5	**4**	3	2	1	음력	
	2	2	3	3	3	4	4	4	5	5	5	6	6	6	7	7	7	8	8	8	9	9	9	10	10		1	1	1	대운 순행	
	8	8	8	7	7	7	6	6	6	5	5	5	4	4	4	3	3	3	2	2	2	1	1	1	1		10	9	9	대운 역행	
																													4	양력 월	
	30	29	28	27	26	25	24	23	22	21	20	19	18	17	16	15	14	13	12	11	10	9	8	7	6	5	4	3	2	양력 일	
	甲戌	癸酉	壬申	辛未	庚午	己巳	戊辰	丁卯	丙寅	乙丑	甲子	癸亥	壬戌	辛酉	庚申	己未	戊午	丁巳	丙辰	乙卯	甲寅	癸丑	壬子	辛亥	庚戌	己酉	戊申	丁未	丙午	일진	
	화	월	일	토	금	목	수	화	월	丑正	토	금	목	수	화	월	일	토	금	목	수	화	월	일	토	酉正	목	수	화	절기시각	

								소만																입하4						절기	4月大(癸巳) 입하
30	29	28	27	26	25	24	23	**22**	21	20	19	18	17	16	15	14	13	12	11	10	9	8	7	**6**	5	4	3	2	1	음력	
2	3	3	3	4	4	4	5	5	5	6	6	6	7	7	7	8	8	8	9	9	9	10	10		1	1	1	1	2	대운 순행	
8	8	7	7	7	6	6	6	5	5	5	4	4	4	3	3	3	2	2	2	1	1	1	1		10	10	9	9	9	대운 역행	
																													5	양력 월	
30	29	28	27	26	25	24	23	22	21	20	19	18	17	16	15	14	13	12	11	10	9	8	7	6	5	4	3	2	1	양력 일	
甲辰	癸卯	壬寅	辛丑	庚子	己亥	戊戌	丁酉	丙申	乙未	甲午	癸巳	壬辰	辛卯	庚寅	己丑	戊子	丁亥	丙戌	乙酉	甲申	癸未	壬午	辛巳	庚辰	己卯	戊寅	丁丑	丙子	乙亥	일진	
목	수	화	월	일	토	금	목	丑初	화	월	일	토	금	목	수	화	월	일	토	금	목	수	화	午初	일	토	금	목	수	절기시각	

							하지																망종5							절기	5月小(甲午) 망종
	29	28	27	26	25	24	**23**	22	21	20	19	18	17	16	15	14	13	12	11	10	9	8	**7**	6	5	4	3	2	1	음력	
	3	4	4	4	5	5	5	6	6	6	7	7	7	8	8	8	9	9	9	10	10	10		1	1	1	1	2	2	대운 순행	
	7	7	7	6	6	6	5	5	5	4	4	4	3	3	3	2	2	2	1	1	1	1		10	10	9	9	9	8	대운 역행	
																												6	5	양력 월	
	28	27	26	25	24	23	22	21	20	19	18	17	16	15	14	13	12	11	10	9	8	7	6	5	4	3	2	1	31	양력 일	
	癸酉	壬申	辛未	庚午	己巳	戊辰	丁卯	丙寅	乙丑	甲子	癸亥	壬戌	辛酉	庚申	己未	戊午	丁巳	丙辰	乙卯	甲寅	癸丑	壬子	辛亥	庚戌	己酉	戊申	丁未	丙午	乙巳	일진	
	금	목	수	화	월	일	巳初	금	목	수	화	월	일	토	금	목	수	화	월	일	토	금	申正	수	화	월	일	토	금	절기시각	

					대서															소서6										절기	6月小(乙未) 소서
	29	28	27	26	**25**	24	23	22	21	20	19	18	17	16	15	14	13	12	11	**10**	9	8	7	6	5	4	3	2	1	음력	
	4	4	5	5	5	6	6	6	7	7	7	8	8	8	9	9	9	10	10		1	1	1	1	2	2	2	3	3	대운 순행	
	6	6	6	5	5	5	4	4	4	3	3	3	2	2	2	1	1	1	1		10	10	10	9	9	9	8	8	8	대운 역행	
																											7		6	양력 월	
	27	26	25	24	23	22	21	20	19	18	17	16	15	14	13	12	11	10	9	8	7	6	5	4	3	2	1	30	29	양력 일	
	壬寅	辛丑	庚子	己亥	戊戌	丁酉	丙申	乙未	甲午	癸巳	壬辰	辛卯	庚寅	己丑	戊子	丁亥	丙戌	乙酉	甲申	癸未	壬午	辛巳	庚辰	己卯	戊寅	丁丑	丙子	乙亥	甲戌	일진	
	토	금	목	수	戌正	월	일	토	금	목	수	화	월	일	토	금	목	수	화	寅初	일	토	금	목	수	화	월	일	토	절기시각	

• 집의 위치에서 보아 동북쪽에 있는 우물을 단명수(短命水)라고 한다.

		처서															입추7													절기	7月大(丙申) 입추
30	29	**28**	27	26	25	24	23	22	21	20	19	18	17	16	15	14	13	**12**	11	10	9	8	7	6	5	4	3	2	1	음력	
4	5	5	5	6	6	6	7	7	7	8	8	8	9	9	9	10	10		1	1	1	1	2	2	2	3	3	3	4	대운 순행	
6	6	5	5	5	4	4	4	3	3	3	2	2	2	1	1	1	1		10	10	9	9	9	8	8	8	7	7	7	대운 역행	
																									8				7	양력 월	
26	25	24	23	22	21	20	19	18	17	16	15	14	13	12	11	10	9	8	7	6	5	4	3	2	1	31	30	29	28	양력 일	
壬申	辛未	庚午	己巳	戊辰	丁卯	丙寅	乙丑	甲子	癸亥	壬戌	辛酉	庚申	己未	戊午	丁巳	丙辰	乙卯	甲寅	癸丑	壬子	辛亥	庚戌	己酉	戊申	丁未	丙午	乙巳	甲辰	癸卯	일진	
월	일	寅初	금	목	수	화	월	일	토	금	목	수	화	월	일	토	금	午初	수	화	월	일	토	금	목	수	화	월	일	절기시각	

	추분																백로8													절기	8月小(丁酉) 백로
	29	28	27	26	25	24	23	22	21	20	19	18	17	16	15	14	**13**	12	11	10	9	8	7	6	5	4	3	2	1	음력	
	5	5	6	6	6	7	7	7	8	8	8	9	9	9	10	10		1	1	1	1	2	2	2	3	3	3	4	4	대운 순행	
	5	5	5	4	4	4	3	3	3	2	2	2	1	1	1	1		10	10	9	9	9	8	8	8	7	7	7	6	대운 역행	
																								9					8	양력 월	
	24	23	22	21	20	19	18	17	16	15	14	13	12	11	10	9	8	7	6	5	4	3	2	1	31	30	29	28	27	양력 일	
	辛丑	庚子	己亥	戊戌	丁酉	丙申	乙未	甲午	癸巳	壬辰	辛卯	庚寅	己丑	戊子	丁亥	丙戌	乙酉	甲申	癸未	壬午	辛巳	庚辰	己卯	戊寅	丁丑	丙子	乙亥	甲戌	癸酉	일진	
	子正	월	일	토	금	목	수	화	월	일	토	금	목	수	화	월	申初	토	금	목	수	화	월	일	토	금	목	수	화	절기시각	

상강															한로9															절기	9月大(戊戌) 한로
30	29	28	27	26	25	24	23	22	21	20	19	18	17	16	**15**	14	13	12	11	10	9	8	7	6	5	4	3	2	1	음력	
5	5	6	6	6	7	7	7	8	8	8	9	9	9	10		1	1	1	1	2	2	2	3	3	3	4	4	4	5	대운 순행	
5	5	4	4	4	3	3	3	2	2	2	1	1	1	1		10	10	9	9	9	8	8	8	7	7	7	6	6	6	대운 역행	
																							10						9	양력 월	
24	23	22	21	20	19	18	17	16	15	14	13	12	11	10	9	8	7	6	5	4	3	2	1	30	29	28	27	26	25	양력 일	
辛未	庚午	己巳	戊辰	丁卯	丙寅	乙丑	甲子	癸亥	壬戌	辛酉	庚申	己未	戊午	丁巳	丙辰	乙卯	甲寅	癸丑	壬子	辛亥	庚戌	己酉	戊申	丁未	丙午	乙巳	甲辰	癸卯	壬寅	일진	
巳初	수	화	월	일	토	금	목	수	화	월	일	토	금	목	卯正	화	월	일	토	금	목	수	화	월	일	토	금	목	수	절기시각	

소설															입동10															절기	10月大(己亥) 입동
30	29	28	27	26	25	24	23	22	21	20	19	18	17	16	**15**	14	13	12	11	10	9	8	7	6	5	4	3	2	1	음력	
5	5	6	6	6	7	7	7	8	8	8	9	9	9	10		1	1	1	1	2	2	2	3	3	3	4	4	4	5	대운 순행	
5	5	4	4	4	3	3	3	2	2	2	1	1	1	1		10	9	9	9	8	8	8	7	7	7	6	6	6	5	대운 역행	
																						11							10	양력 월	
23	22	21	20	19	18	17	16	15	14	13	12	11	10	9	8	7	6	5	4	3	2	1	31	30	29	28	27	26	25	양력 일	
辛丑	庚子	己亥	戊戌	丁酉	丙申	乙未	甲午	癸巳	壬辰	辛卯	庚寅	己丑	戊子	丁亥	丙戌	乙酉	甲申	癸未	壬午	辛巳	庚辰	己卯	戊寅	丁丑	丙子	乙亥	甲戌	癸酉	壬申	일진	
卯正	금	목	수	화	월	일	토	금	목	수	화	월	일	토	巳初	목	수	화	월	일	토	금	목	수	화	월	일	토	금	절기시각	

	동지														대설11															절기	11月小(庚子) 대설
	29	28	27	26	25	24	23	22	21	20	19	18	17	16	**15**	14	13	12	11	10	9	8	7	6	5	4	3	2	1	음력	
	5	5	6	6	6	7	7	7	8	8	8	9	9	9		1	1	1	1	2	2	2	3	3	3	4	4	4	5	대운 순행	
	5	4	4	4	3	3	3	2	2	2	1	1	1	1		10	9	9	9	8	8	8	7	7	7	6	6	6	5	대운 역행	
																						12							11	양력 월	
	22	21	20	19	18	17	16	15	14	13	12	11	10	9	8	7	6	5	4	3	2	1	30	29	28	27	26	25	24	양력 일	
	庚午	己巳	戊辰	丁卯	丙寅	乙丑	甲子	癸亥	壬戌	辛酉	庚申	己未	戊午	丁巳	丙辰	乙卯	甲寅	癸丑	壬子	辛亥	庚戌	己酉	戊申	丁未	丙午	乙巳	甲辰	癸卯	壬寅	일진	
	戌初	토	금	목	수	화	월	일	토	금	목	수	화	월	丑初	토	금	목	수	화	월	일	토	금	목	수	화	월	일	절기시각	

대한															소한12															절기	12月大(辛丑) 소한
30	29	28	27	26	25	24	23	22	21	20	19	18	17	16	**15**	14	13	12	11	10	9	8	7	6	5	4	3	2	1	음력	
5	5	6	6	6	7	7	7	8	8	8	9	9	9	10		1	1	1	1	2	2	2	3	3	3	4	4	4	5	대운 순행	
5	5	4	4	4	3	3	3	2	2	2	1	1	1	1		9	9	9	8	8	8	7	7	7	6	6	6	5	5	대운 역행	
																				1									12	양력 월	
21	20	19	18	17	16	15	14	13	12	11	10	9	8	7	6	5	4	3	2	1	31	30	29	28	27	26	25	24	23	양력 일	
庚子	己亥	戊戌	丁酉	丙申	乙未	甲午	癸巳	壬辰	辛卯	庚寅	己丑	戊子	丁亥	丙戌	乙酉	甲申	癸未	壬午	辛巳	庚辰	己卯	戊寅	丁丑	丙子	乙亥	甲戌	癸酉	壬申	辛未	일진	
卯正	월	일	토	금	목	수	화	월	일	토	금	목	수	화	未正	일	토	금	목	수	화	월	일	토	금	목	수	화	월	절기시각	

• 여자 사주에 官이 형충파해를 맞으면 남편 덕이 없다.

서기 1947년
단기 4280년

丁亥年

상문 : 丑　대장군 : 西
조객 : 酉　삼　재 : 巳酉丑
삼살 : 西

	우수														입춘1															절기	1月大(壬寅) 입춘
30	29	28	27	26	25	24	23	22	21	20	19	18	17	16	15	14	13	12	11	10	9	8	7	6	5	4	3	2	1	음력	
5	5	5	6	6	6	7	7	7	8	8	8	9	9	9		1	1	1	1	2	2	2	3	3	3	4	4	4	5	순행 대운	
5	5	4	4	4	3	3	3	2	2	2	1	1	1	1		10	9	9	9	8	8	8	7	7	7	6	6	6	5	역행 대운	
																			2										1	월 양력	
20	19	18	17	16	15	14	13	12	11	10	9	8	7	6	5	4	3	2	1	31	30	29	28	27	26	25	24	23	22	일 양력	
庚午	己巳	戊辰	丁卯	丙寅	乙丑	甲子	癸亥	壬戌	辛酉	庚申	己未	戊午	丁巳	丙辰	乙卯	甲寅	癸丑	壬子	辛亥	庚戌	己酉	戊申	丁未	丙午	乙巳	甲辰	癸卯	壬寅	辛丑	일진	
목	戌正	화	월	일	토	금	목	수	화	월	일	토	금	목	子正	화	월	일	토	금	목	수	화	월	일	토	금	목	수	절기시각	

	춘분															경칩2														절기	2月大(癸卯) 경칩
30	29	28	27	26	25	24	23	22	21	20	19	18	17	16	15	14	13	12	11	10	9	8	7	6	5	4	3	2	1	음력	
5	5	6	6	6	7	7	7	8	8	8	9	9	9	10	10		1	1	1	1	2	2	2	3	3	3	4	4	4	순행 대운	
5	5	5	4	4	4	3	3	3	2	2	2	1	1	1	1		9	9	9	8	8	8	7	7	7	6	6	6	5	역행 대운	
																					3								2	월 양력	
22	21	20	19	18	17	16	15	14	13	12	11	10	9	8	7	6	5	4	3	2	1	28	27	26	25	24	23	22	21	일 양력	
庚子	己亥	戊戌	丁酉	丙申	乙未	甲午	癸巳	壬辰	辛卯	庚寅	己丑	戊子	丁亥	丙戌	乙酉	甲申	癸未	壬午	辛巳	庚辰	己卯	戊寅	丁丑	丙子	乙亥	甲戌	癸酉	壬申	辛未	일진	
토	戌正	목	수	화	월	일	토	금	목	수	화	월	일	토	금	戌初	수	화	월	일	토	금	목	수	화	월	일	토	금	절기시각	

															청명3															절기	윤2月小
	29	28	27	26	25	24	23	22	21	20	19	18	17	16	15	14	13	12	11	10	9	8	7	6	5	4	3	2	1	음력	
	5	6	6	6	7	7	7	8	8	8	9	9	9	10		1	1	1	1	2	2	2	3	3	3	4	4	4	5	순행 대운	
	5	4	4	4	3	3	3	2	2	2	1	1	1	1		10	10	9	9	9	8	8	8	7	7	7	6	6	6	역행 대운	
																				4									3	월 양력	
	20	19	18	17	16	15	14	13	12	11	10	9	8	7	6	5	4	3	2	1	31	30	29	28	27	26	25	24	23	일 양력	
	己巳	戊辰	丁卯	丙寅	乙丑	甲子	癸亥	壬戌	辛酉	庚申	己未	戊午	丁巳	丙辰	乙卯	甲寅	癸丑	壬子	辛亥	庚戌	己酉	戊申	丁未	丙午	乙巳	甲辰	癸卯	壬寅	辛丑	일진	
	일	토	금	목	수	화	월	일	토	금	목	수	화	월	子正	토	금	목	수	화	월	일	토	금	목	수	화	월	일	절기시각	

														입하4															곡우	절기	3月小(甲辰) 청명
	29	28	27	26	25	24	23	22	21	20	19	18	17	16	15	14	13	12	11	10	9	8	7	6	5	4	3	2	1	음력	
	6	6	7	7	7	8	8	8	9	9	9	10	10		1	1	1	1	2	2	2	3	3	3	4	4	4	5	5	순행 대운	
	4	4	4	3	3	3	2	2	2	1	1	1	1		10	9	9	9	8	8	8	7	7	7	6	6	6	5	5	역행 대운	
																			5										4	월 양력	
	19	18	17	16	15	14	13	12	11	10	9	8	7	6	5	4	3	2	1	30	29	28	27	26	25	24	23	22	21	일 양력	
	戊戌	丁酉	丙申	乙未	甲午	癸巳	壬辰	辛卯	庚寅	己丑	戊子	丁亥	丙戌	乙酉	甲申	癸未	壬午	辛巳	庚辰	己卯	戊寅	丁丑	丙子	乙亥	甲戌	癸酉	壬申	辛未	庚午	일진	
	월	일	토	금	목	수	화	월	일	토	금	목	수	酉正	월	일	토	금	목	수	화	월	일	토	금	목	수	화	辰初	절기시각	

												망종5															소만			절기	4月大(乙巳) 입하
30	29	28	27	26	25	24	23	22	21	20	19	18	17	16	15	14	13	12	11	10	9	8	7	6	5	4	3	2	1	음력	
7	7	7	8	8	8	9	9	9	10	10	10		1	1	1	1	2	2	2	3	3	3	4	4	4	5	5	5	6	순행 대운	
4	4	3	3	3	2	2	2	1	1	1	1		10	10	9	9	9	8	8	8	7	7	7	6	6	6	5	5	5	역행 대운	
																	6												5	월 양력	
18	17	16	15	14	13	12	11	10	9	8	7	6	5	4	3	2	1	31	30	29	28	27	26	25	24	23	22	21	20	일 양력	
戊辰	丁卯	丙寅	乙丑	甲子	癸亥	壬戌	辛酉	庚申	己未	戊午	丁巳	丙辰	乙卯	甲寅	癸丑	壬子	辛亥	庚戌	己酉	戊申	丁未	丙午	乙巳	甲辰	癸卯	壬寅	辛丑	庚子	己亥	일진	
수	화	월	일	토	금	목	수	화	월	일	토	亥正	목	수	화	월	일	토	금	목	수	화	월	일	토	금	辰初	수	화	절기시각	

										소서6																하지				절기	5月小(丙午) 망종
	29	28	27	26	25	24	23	22	21	20	19	18	17	16	15	14	13	12	11	10	9	8	7	6	5	4	3	2	1	음력	
	7	8	8	8	9	9	9	10	10		1	1	1	1	2	2	2	3	3	3	4	4	4	5	5	5	6	6	6	순행 대운	
	3	3	2	2	2	1	1	1	1		10	10	10	9	9	9	8	8	8	7	7	7	6	6	6	5	5	5	4	역행 대운	
																	7												6	월 양력	
	17	16	15	14	13	12	11	10	9	8	7	6	5	4	3	2	1	30	29	28	27	26	25	24	23	22	21	20	19	일 양력	
	丁酉	丙申	乙未	甲午	癸巳	壬辰	辛卯	庚寅	己丑	戊子	丁亥	丙戌	乙酉	甲申	癸未	壬午	辛巳	庚辰	己卯	戊寅	丁丑	丙子	乙亥	甲戌	癸酉	壬申	辛未	庚午	己巳	일진	
	목	수	화	월	일	토	금	목	수	辰正	월	일	토	금	목	수	화	월	일	토	금	목	수	화	월	申初	토	금	목	절기시각	

• 집의 위치에서 보아 동쪽에 우물이 있으면 장남이 출세하고 부귀하게 된다.

6月小(丁未) 소서

								입추7															대서							절기
	29	28	27	26	25	24	23	**22**	21	20	19	18	17	16	15	14	13	12	11	10	9	8	**7**	6	5	4	3	2	1	음력
	8	8	9	9	9	10	10		1	1	1	1	2	2	2	3	3	3	4	4	4	5	5	5	6	6	6	7	7	대운 순행
	2	2	2	1	1	1	1		10	10	9	9	9	8	8	8	7	7	7	6	6	6	5	5	5	4	4	4	3	대운 역행
															8														7	양력 월
	15	14	13	12	11	10	9	8	7	6	5	4	3	2	1	31	30	29	28	27	26	25	24	23	22	21	20	19	18	양력 일
	丙寅	乙丑	甲子	癸亥	壬戌	辛酉	庚申	己未	戊午	丁巳	丙辰	乙卯	甲寅	癸丑	壬子	辛亥	庚戌	己酉	戊申	丁未	丙午	乙巳	甲辰	癸卯	壬寅	辛丑	庚子	己亥	戊戌	일진
	금	목	수	화	월	일	토	酉正	목	수	화	월	일	토	금	목	수	화	월	일	토	금	丑正	수	화	월	일	토	금	절기시각

7月大(戊申) 입추

						백로8															처서									절기
30	29	28	27	26	25	**24**	23	22	21	20	19	18	17	16	15	14	13	12	11	10	**9**	8	7	6	5	4	3	2	1	음력
8	9	9	9	10	10		1	1	1	1	2	2	2	3	3	3	4	4	4	5	5	5	6	6	6	7	7	7	8	대운 순행
2	2	1	1	1	1		10	10	9	9	9	8	8	8	7	7	7	6	6	6	5	5	5	4	4	4	3	3	3	대운 역행
													9																8	양력 월
14	13	12	11	10	9	8	7	6	5	4	3	2	1	31	30	29	28	27	26	25	24	23	22	21	20	19	18	17	16	양력 일
丙申	乙未	甲午	癸巳	壬辰	辛卯	庚寅	己丑	戊子	丁亥	丙戌	乙酉	甲申	癸未	壬午	辛巳	庚辰	己卯	戊寅	丁丑	丙子	乙亥	甲戌	癸酉	壬申	辛未	庚午	己巳	戊辰	丁卯	일진
일	토	금	목	수	화	亥初	일	토	금	목	수	화	월	일	토	금	목	수	화	월	巳初	토	금	목	수	화	월	일	토	절기시각

8月小(己酉) 백로

					한로9															추분										절기
	29	28	27	26	**25**	24	23	22	21	20	19	18	17	16	15	14	13	12	11	**10**	9	8	7	6	5	4	3	2	1	음력
	9	9	9	10		1	1	1	1	2	2	2	3	3	3	4	4	4	5	5	5	6	6	6	7	7	7	8	8	대운 순행
	1	1	1	1		10	10	9	9	9	8	8	8	7	7	7	6	6	6	5	5	5	4	4	4	3	3	3	2	대운 역행
													10																9	양력 월
	13	12	11	10	9	8	7	6	5	4	3	2	1	30	29	28	27	26	25	24	23	22	21	20	19	18	17	16	15	양력 일
	乙丑	甲子	癸亥	壬戌	辛酉	庚申	己未	戊午	丁巳	丙辰	乙卯	甲寅	癸丑	壬子	辛亥	庚戌	己酉	戊申	丁未	丙午	乙巳	甲辰	癸卯	壬寅	辛丑	庚子	己亥	戊戌	丁酉	일진
	월	일	토	금	午正	수	화	월	일	토	금	목	수	화	월	일	토	금	목	卯正	화	월	일	토	금	목	수	화	월	절기시각

9月大(庚戌) 한로

				입동10															상강											절기
30	29	28	27	**26**	25	24	23	22	21	20	19	18	17	16	15	14	13	12	**11**	10	9	8	7	6	5	4	3	2	1	음력
9	9	9	10		1	1	1	1	2	2	2	3	3	3	4	4	4	5	5	5	6	6	6	7	7	7	8	8	8	대운 순행
1	1	1	1		10	9	9	9	8	8	8	7	7	7	6	6	6	5	5	5	4	4	4	3	3	3	2	2	2	대운 역행
											11																		10	양력 월
12	11	10	9	8	7	6	5	4	3	2	1	31	30	29	28	27	26	25	24	23	22	21	20	19	18	17	16	15	14	양력 일
乙未	甲午	癸巳	壬辰	辛卯	庚寅	己丑	戊子	丁亥	丙戌	乙酉	甲申	癸未	壬午	辛巳	庚辰	己卯	戊寅	丁丑	丙子	乙亥	甲戌	癸酉	壬申	辛未	庚午	己巳	戊辰	丁卯	丙寅	일진
수	화	월	일	申初	금	목	수	화	월	일	토	금	목	수	화	월	일	토	申初	목	수	화	월	일	토	금	목	수	화	절기시각

10月小(辛亥) 입동

				대설11															소설											절기
	29	28	27	**26**	25	24	23	22	21	20	19	18	17	16	15	14	13	12	**11**	10	9	8	7	6	5	4	3	2	1	음력
	9	9	9		1	1	1	1	2	2	2	3	3	3	4	4	4	5	5	5	6	6	6	7	7	7	8	8	8	대운 순행
	1	1	1		10	9	9	9	8	8	8	7	7	7	6	6	6	5	5	5	4	4	4	3	3	3	2	2	2	대운 역행
											12																		11	양력 월
	11	10	9	8	7	6	5	4	3	2	1	30	29	28	27	26	25	24	23	22	21	20	19	18	17	16	15	14	13	양력 일
	甲子	癸亥	壬戌	辛酉	庚申	己未	戊午	丁巳	丙辰	乙卯	甲寅	癸丑	壬子	辛亥	庚戌	己酉	戊申	丁未	丙午	乙巳	甲辰	癸卯	壬寅	辛丑	庚子	己亥	戊戌	丁酉	丙申	일진
	목	수	화	辰初	일	토	금	목	수	화	월	일	토	금	목	수	화	월	午正	토	금	목	수	화	월	일	토	금	목	절기시각

11月大(壬子) 대설

				소한12														동지												절기
30	29	28	27	**26**	25	24	23	22	21	20	19	18	17	16	15	14	13	**12**	11	10	9	8	7	6	5	4	3	2	1	음력
9	9	9	10		1	1	1	1	2	2	2	3	3	3	4	4	4	5	5	5	6	6	6	7	7	7	8	8	8	대운 순행
1	1	1	1		9	9	9	8	8	8	7	7	7	6	6	6	5	5	5	4	4	4	3	3	3	2	2	2	1	대운 역행
									1																				12	양력 월
10	9	8	7	6	5	4	3	2	1	31	30	29	28	27	26	25	24	23	22	21	20	19	18	17	16	15	14	13	12	양력 일
甲午	癸巳	壬辰	辛卯	庚寅	己丑	戊子	丁亥	丙戌	乙酉	甲申	癸未	壬午	辛巳	庚辰	己卯	戊寅	丁丑	丙子	乙亥	甲戌	癸酉	壬申	辛未	庚午	己巳	戊辰	丁卯	丙寅	乙丑	일진
토	금	목	수	戌初	월	일	토	금	목	수	화	월	일	토	금	목	수	丑初	월	일	토	금	목	수	화	월	일	토	금	절기시각

12月大(癸丑) 소한

				입춘1															대한											절기
30	29	28	27	**26**	25	24	23	22	21	20	19	18	17	16	15	14	13	12	**11**	10	9	8	7	6	5	4	3	2	1	음력
9	9	9	10		1	1	1	1	2	2	2	3	3	3	4	4	4	5	5	5	6	6	6	7	7	7	8	8	8	대운 순행
1	1	1	1		10	9	9	9	8	8	8	7	7	7	6	6	6	5	5	5	4	4	4	3	3	3	2	2	2	대운 역행
								2																					1	양력 월
9	8	7	6	5	4	3	2	1	31	30	29	28	27	26	25	24	23	22	21	20	19	18	17	16	15	14	13	12	11	양력 일
甲子	癸亥	壬戌	辛酉	庚申	己未	戊午	丁巳	丙辰	乙卯	甲寅	癸丑	壬子	辛亥	庚戌	己酉	戊申	丁未	丙午	乙巳	甲辰	癸卯	壬寅	辛丑	庚子	己亥	戊戌	丁酉	丙申	乙未	일진
월	일	토	금	卯正	수	화	월	일	토	금	목	수	화	월	일	토	금	목	午正	화	월	일	토	금	목	수	화	월	일	절기시각

• 일지에 상관이 있고 타주에 상관이 또 있으면 틀림없는 과부다.

서기 1948년
단기 4281년

戊子年

상문 : 寅　대장군 : 西
조객 : 戌　삼　재 : 巳酉丑
삼살 : 南

(썸머타임 양 5. 31 자정－양 9. 12 자정)
제1공화국(정부수립), 7. 17 제헌공포, 초대 이승만대통령 선출(7. 20)

1月大(甲寅) 입춘

				경칩2															우수											절기
30	29	28	27	**26**	25	24	23	22	21	20	19	18	17	16	15	14	13	12	**11**	10	9	8	7	6	5	4	3	2	1	음력
9	9	9	10		1	1	1	1	2	2	2	3	3	3	4	4	4	5	5	5	6	6	6	7	7	7	8	8	8	대운 순행
1	1	1	1		10	9	9	9	8	8	8	7	7	7	6	6	6	5	5	5	4	4	4	3	3	3	2	2	2	대운 역행
									3																				2	양력 월
10	9	8	7	6	5	4	3	2	1	29	28	27	26	25	24	23	22	21	20	19	18	17	16	15	14	13	12	11	10	양력 일
甲午	癸巳	壬辰	辛卯	庚寅	己丑	戊子	丁亥	丙戌	乙酉	甲申	癸未	壬午	辛巳	庚辰	己卯	戊寅	丁丑	丙子	乙亥	甲戌	癸酉	壬申	辛未	庚午	己巳	戊辰	丁卯	丙寅	乙丑	일진
수	화	월	일	子正	금	목	수	화	월	일	토	금	목	수	화	월	일	토	丑正	목	수	화	월	일	토	금	목	수	화	절기시각

2月小(乙卯) 경칩

				청명3															춘분											절기
	29	28	27	**26**	25	24	23	22	21	20	19	18	17	16	15	14	13	12	**11**	10	9	8	7	6	5	4	3	2	1	음력
	9	9	10		1	1	1	1	2	2	2	3	3	3	4	4	4	5	5	5	6	6	6	7	7	7	8	8	8	대운 순행
	1	1	1		10	9	9	9	8	8	8	7	7	7	6	6	6	5	5	5	4	4	4	3	3	3	2	2	2	대운 역행
								4																					3	양력 월
	8	7	6	5	4	3	2	1	31	30	29	28	27	26	25	24	23	22	21	20	19	18	17	16	15	14	13	12	11	양력 일
	癸亥	壬戌	辛酉	庚申	己未	戊午	丁巳	丙辰	乙卯	甲寅	癸丑	壬子	辛亥	庚戌	己酉	戊申	丁未	丙午	乙巳	甲辰	癸卯	壬寅	辛丑	庚子	己亥	戊戌	丁酉	丙申	乙未	일진
	목	수	화	卯正	일	토	금	목	수	화	월	일	토	금	목	수	화	월	丑正	토	금	목	수	화	월	일	토	금	목	절기시각

3月大(丙辰) 청명

			입하4															곡우												절기
30	29	28	**27**	26	25	24	23	22	21	20	19	18	17	16	15	14	13	**12**	11	10	9	8	7	6	5	4	3	2	1	음력
10	10	10		1	1	1	1	2	2	2	3	3	3	4	4	4	5	5	5	6	6	6	7	7	7	8	8	8	9	대운 순행
1	1	1		10	9	9	9	8	8	8	7	7	7	6	6	6	5	5	5	4	4	4	3	3	3	2	2	2	1	대운 역행
							5																						4	양력 월
8	7	6	5	4	3	2	1	30	29	28	27	26	25	24	23	22	21	20	19	18	17	16	15	14	13	12	11	10	9	양력 일
癸巳	壬辰	辛卯	庚寅	己丑	戊子	丁亥	丙戌	乙酉	甲申	癸未	壬午	辛巳	庚辰	己卯	戊寅	丁丑	丙子	乙亥	甲戌	癸酉	壬申	辛未	庚午	己巳	戊辰	丁卯	丙寅	乙丑	甲子	일진
토	금	목	子初	화	월	일	토	금	목	수	화	월	일	토	금	목	수	未初	월	일	토	금	목	수	화	월	일	토	금	절기시각

4月小(丁巳) 입하

	망종5																소만													절기
	29	28	27	26	25	24	23	22	21	20	19	18	17	16	15	14	**13**	12	11	10	9	8	7	6	5	4	3	2	1	음력
		1	1	1	1	2	2	2	3	3	3	4	4	4	5	5	5	6	6	6	7	7	7	8	8	8	9	9	9	대운 순행
		10	10	10	9	9	9	8	8	8	7	7	7	6	6	6	5	5	5	4	4	4	3	3	3	2	2	2	1	대운 역행
						6																							5	양력 월
	6	5	4	3	2	1	31	30	29	28	27	26	25	24	23	22	21	20	19	18	17	16	15	14	13	12	11	10	9	양력 일
	壬戌	辛酉	庚申	己未	戊午	丁巳	丙辰	乙卯	甲寅	癸丑	壬子	辛亥	庚戌	己酉	戊申	丁未	丙午	乙巳	甲辰	癸卯	壬寅	辛丑	庚子	己亥	戊戌	丁酉	丙申	乙未	甲午	일진
	寅正	토	금	목	수	화	월	일	토	금	목	수	화	월	일	토	午正	목	수	화	월	일	토	금	목	수	화	월	일	절기시각

5月大(戊午) 망종

															하지															절기
30	29	28	27	26	25	24	23	22	21	20	19	18	17	16	**15**	14	13	12	11	10	9	8	7	6	5	4	3	2	1	음력
1	1	1	1	2	2	2	3	3	3	4	4	4	5	5	5	6	6	6	7	7	7	8	8	8	9	9	9	10	10	대운 순행
10	10	9	9	9	8	8	8	7	7	7	6	6	6	5	5	5	4	4	4	3	3	3	2	2	2	1	1	1	1	대운 역행
					7																								6	양력 월
6	5	4	3	2	1	30	29	28	27	26	25	24	23	22	21	20	19	18	17	16	15	14	13	12	11	10	9	8	7	양력 일
壬辰	辛卯	庚寅	己丑	戊子	丁亥	丙戌	乙酉	甲申	癸未	壬午	辛巳	庚辰	己卯	戊寅	丁丑	丙子	乙亥	甲戌	癸酉	壬申	辛未	庚午	己巳	戊辰	丁卯	丙寅	乙丑	甲子	癸亥	일진
화	월	일	토	금	목	수	화	월	일	토	금	목	수	화	亥初	일	토	금	목	수	화	월	일	토	금	목	수	화	월	절기시각

6月小(己未) 소서

													대서																소서6	절기
	29	28	27	26	25	24	23	22	21	20	19	18	**17**	16	15	14	13	12	11	10	9	8	7	6	5	4	3	2	**1**	음력
	1	2	2	2	3	3	3	4	4	4	5	5	5	6	6	6	7	7	7	8	8	8	9	9	9	10	10	10		대운 순행
	9	9	9	8	8	8	7	7	7	6	6	6	5	5	5	4	4	4	3	3	3	2	2	2	1	1	1	1		대운 역행
				8																									7	양력 월
	4	3	2	1	31	30	29	28	27	26	25	24	23	22	21	20	19	18	17	16	15	14	13	12	11	10	9	8	7	양력 일
	辛酉	庚申	己未	戊午	丁巳	丙辰	乙卯	甲寅	癸丑	壬子	辛亥	庚戌	己酉	戊申	丁未	丙午	乙巳	甲辰	癸卯	壬寅	辛丑	庚子	己亥	戊戌	丁酉	丙申	乙未	甲午	癸巳	일진
	수	화	월	일	토	금	목	수	화	월	일	토	辰正	목	수	화	월	일	토	금	목	수	화	월	일	토	금	목	未正	절기시각

• 서북쪽에 있는 우물은 화재를 막아주는 영수(靈水)라고 한다.

											처서															입추7				절기	7月小(庚申) 입추
	29	28	27	26	25	24	23	22	21	20	**19**	18	17	16	15	14	13	12	11	10	9	8	7	6	5	**4**	3	2	1	음력	
	2	2	3	3	3	4	4	4	5	5	5	6	6	6	7	7	7	8	8	8	9	9	9	10	10		1	1	1	대운 순행	
	8	8	8	7	7	7	6	6	6	5	5	5	4	4	4	3	3	3	2	2	2	1	1	1	1		10	10	10	대운 역행	
		9																											8	양력 월	
	2	1	31	30	29	28	27	26	25	24	23	22	21	20	19	18	17	16	15	14	13	12	11	10	9	8	7	6	5	양력 일	
	庚寅	己丑	戊子	丁亥	丙戌	乙酉	甲申	癸未	壬午	辛巳	庚辰	己卯	戊寅	丁丑	丙子	乙亥	甲戌	癸酉	壬申	辛未	庚午	己巳	戊辰	丁卯	丙寅	乙丑	甲子	癸亥	壬戌	일진	
	목	수	화	월	일	토	금	목	수	화	申初	일	토	금	목	수	화	월	일	토	금	목	수	화	월	子正	토	금	목	절기시각	

									추분															백로8						절기	8月大(辛酉) 백로
30	29	28	27	26	25	24	23	22	**21**	20	19	18	17	16	15	14	13	12	11	10	9	8	7	**6**	5	4	3	2	1	음력	
2	2	3	3	3	4	4	4	5	5	5	6	6	6	7	7	7	8	8	8	9	9	9	10		1	1	1	1	2	대운 순행	
8	8	7	7	7	6	6	6	5	5	5	4	4	4	3	3	3	2	2	2	1	1	1	1		10	10	9	9	9	대운 역행	
	10																												9	양력 월	
2	1	30	29	28	27	26	25	24	23	22	21	20	19	18	17	16	15	14	13	12	11	10	9	8	7	6	5	4	3	양력 일	
庚申	己未	戊午	丁巳	丙辰	乙卯	甲寅	癸丑	壬子	辛亥	庚戌	己酉	戊申	丁未	丙午	乙巳	甲辰	癸卯	壬寅	辛丑	庚子	己亥	戊戌	丁酉	丙申	乙未	甲午	癸巳	壬辰	辛卯	일진	
토	금	목	수	화	월	일	토	금	午正	수	화	월	일	토	금	목	수	화	월	일	토	금	목	寅初	화	월	일	토	금	절기시각	

									상강															한로9						절기	9月小(壬戌) 한로
	29	28	27	26	25	24	23	22	**21**	20	19	18	17	16	15	14	13	12	11	10	9	8	7	**6**	5	4	3	2	1	음력	
	2	3	3	3	4	4	4	5	5	5	6	6	6	7	7	7	8	8	8	9	9	9	10		1	1	1	1	2	대운 순행	
	8	7	7	7	6	6	6	5	5	5	4	4	4	3	3	3	2	2	2	1	1	1	1		10	9	9	9	8	대운 역행	
																													10	양력 월	
	31	30	29	28	27	26	25	24	23	22	21	20	19	18	17	16	15	14	13	12	11	10	9	8	7	6	5	4	3	양력 일	
	己丑	戊子	丁亥	丙戌	乙酉	甲申	癸未	壬午	辛巳	庚辰	己卯	戊寅	丁丑	丙子	乙亥	甲戌	癸酉	壬申	辛未	庚午	己巳	戊辰	丁卯	丙寅	乙丑	甲子	癸亥	壬戌	辛酉	일진	
	일	토	금	목	수	화	월	일	亥初	금	목	수	화	월	일	토	금	목	수	화	월	일	토	酉正	목	수	화	월	일	절기시각	

								소설															입동10							절기	10月大(癸亥) 입동
30	29	28	27	26	25	24	23	**22**	21	20	19	18	17	16	15	14	13	12	11	10	9	8	**7**	6	5	4	3	2	1	음력	
2	3	3	3	4	4	4	5	5	5	6	6	6	7	7	7	8	8	8	9	9	9	10		1	1	1	1	2	2	대운 순행	
8	7	7	7	6	6	6	5	5	5	4	4	4	3	3	3	2	2	2	1	1	1	1		10	9	9	9	8	8	대운 역행	
																													11	양력 월	
30	29	28	27	26	25	24	23	22	21	20	19	18	17	16	15	14	13	12	11	10	9	8	7	6	5	4	3	2	1	양력 일	
己未	戊午	丁巳	丙辰	乙卯	甲寅	癸丑	壬子	辛亥	庚戌	己酉	戊申	丁未	丙午	乙巳	甲辰	癸卯	壬寅	辛丑	庚子	己亥	戊戌	丁酉	丙申	乙未	甲午	癸巳	壬辰	辛卯	庚寅	일진	
화	월	일	토	금	목	수	화	酉正	일	토	금	목	수	화	월	일	토	금	목	수	화	월	亥初	토	금	목	수	화	월	절기시각	

								동지															대설11							절기	11月小(甲子) 대설
	29	28	27	26	25	24	23	**22**	21	20	19	18	17	16	15	14	13	12	11	10	9	8	**7**	6	5	4	3	2	1	음력	
	3	3	3	4	4	4	5	5	5	6	6	6	7	7	7	8	8	8	9	9	9	10		1	1	1	1	2	2	대운 순행	
	7	7	7	6	6	6	5	5	5	4	4	4	3	3	3	2	2	2	1	1	1	1		10	9	9	9	8	8	대운 역행	
																													12	양력 월	
	29	28	27	26	25	24	23	22	21	20	19	18	17	16	15	14	13	12	11	10	9	8	7	6	5	4	3	2	1	양력 일	
	戊子	丁亥	丙戌	乙酉	甲申	癸未	壬午	辛巳	庚辰	己卯	戊寅	丁丑	丙子	乙亥	甲戌	癸酉	壬申	辛未	庚午	己巳	戊辰	丁卯	丙寅	乙丑	甲子	癸亥	壬戌	辛酉	庚申	일진	
	수	화	월	일	토	금	목	辰初	화	월	일	토	금	목	수	화	월	일	토	금	목	수	未初	월	일	토	금	목	수	절기시각	

								대한														소한12								절기	12月大(乙丑) 소한
30	29	28	27	26	25	24	23	**22**	21	20	19	18	17	16	15	14	13	12	11	10	9	**8**	7	6	5	4	3	2	1	음력	
2	3	3	3	4	4	4	5	5	5	6	6	6	7	7	7	8	8	8	9	9	9		1	1	1	1	2	2	2	대운 순행	
7	7	7	6	6	6	5	5	5	4	4	4	3	3	3	2	2	2	1	1	1	1		10	9	9	9	8	8	8	대운 역행	
																											1		12	양력 월	
28	27	26	25	24	23	22	21	20	19	18	17	16	15	14	13	12	11	10	9	8	7	6	5	4	3	2	1	31	30	양력 일	
戊午	丁巳	丙辰	乙卯	甲寅	癸丑	壬子	辛亥	庚戌	己酉	戊申	丁未	丙午	乙巳	甲辰	癸卯	壬寅	辛丑	庚子	己亥	戊戌	丁酉	丙申	乙未	甲午	癸巳	壬辰	辛卯	庚寅	己丑	일진	
금	목	수	화	월	일	토	금	酉正	수	화	월	일	토	금	목	수	화	월	일	토	금	子正	수	화	월	일	토	금	목	절기시각	

• 여자 사주가 너무 약하면 자신이 무능하고 남편덕도 없다.

己丑年

서기 1949년
단기 4282년

상문 : 卯　대장군 : 西
조객 : 亥　삼　재 : 巳酉丑
삼살 : 東

(썸머타임 양 4. 1 자정 ~ 양 9. 23 자정)

1月大(丙寅) 입춘

절기									우수															입춘1						
음력	30	29	28	27	26	25	24	23	22	21	20	19	18	17	16	15	14	13	12	11	10	9	8	7	6	5	4	3	2	1
대운 순행	2	3	3	3	4	4	4	5	5	5	6	6	6	7	7	7	8	8	8	9	9	9	10		1	1	1	1	2	2
대운 역행	8	7	7	7	6	6	6	5	5	5	4	4	4	3	3	3	2	2	2	1	1	1	1		9	9	9	8	8	8
양력 월																											2			1
양력 일	27	26	25	24	23	22	21	20	19	18	17	16	15	14	13	12	11	10	9	8	7	6	5	4	3	2	1	31	30	29
일진	戊子	丁亥	丙戌	乙酉	甲申	癸未	壬午	辛巳	庚辰	己卯	戊寅	丁丑	丙子	乙亥	甲戌	癸酉	壬申	辛未	庚午	己巳	戊辰	丁卯	丙寅	乙丑	甲子	癸亥	壬戌	辛酉	庚申	己未
절기시각	일	토	금	목	수	화	월	일	辰正	금	목	수	화	월	일	토	금	목	수	화	월	일	토	午正	목	수	화	월	일	토

2月大(丁卯) 경칩

절기									춘분															경칩2						
음력	30	29	28	27	26	25	24	23	22	21	20	19	18	17	16	15	14	13	12	11	10	9	8	7	6	5	4	3	2	1
대운 순행	2	3	3	3	4	4	4	5	5	5	6	6	6	7	7	7	8	8	8	9	9	9	10		1	1	1	1	2	2
대운 역행	8	7	7	7	6	6	6	5	5	5	4	4	4	3	3	3	2	2	2	1	1	1	1		10	9	9	9	8	8
양력 월																													3	2
양력 일	29	28	27	26	25	24	23	22	21	20	19	18	17	16	15	14	13	12	11	10	9	8	7	6	5	4	3	2	1	28
일진	戊午	丁巳	丙辰	乙卯	甲寅	癸丑	壬子	辛亥	庚戌	己酉	戊申	丁未	丙午	乙巳	甲辰	癸卯	壬寅	辛丑	庚子	己亥	戊戌	丁酉	丙申	乙未	甲午	癸巳	壬辰	辛卯	庚寅	己丑
절기시각	화	월	일	토	금	목	수	화	辰初	일	토	금	목	수	화	월	일	토	금	목	수	화	월	卯正	토	금	목	수	화	월

3月小(戊辰) 청명

절기									곡우															청명3						
음력		29	28	27	26	25	24	23	22	21	20	19	18	17	16	15	14	13	12	11	10	9	8	7	6	5	4	3	2	1
대운 순행		3	3	4	4	4	5	5	5	6	6	6	7	7	7	8	8	8	9	9	9	10	10		1	1	1	1	2	2
대운 역행		7	7	7	6	6	6	5	5	5	4	4	4	3	3	3	2	2	2	1	1	1	1		10	9	9	9	8	8
양력 월																											4			3
양력 일		27	26	25	24	23	22	21	20	19	18	17	16	15	14	13	12	11	10	9	8	7	6	5	4	3	2	1	31	30
일진		丁亥	丙戌	乙酉	甲申	癸未	壬午	辛巳	庚辰	己卯	戊寅	丁丑	丙子	乙亥	甲戌	癸酉	壬申	辛未	庚午	己巳	戊辰	丁卯	丙寅	乙丑	甲子	癸亥	壬戌	辛酉	庚申	己未
절기시각		수	화	월	일	토	금	목	戌初	화	월	일	토	금	목	수	화	월	일	토	금	목	수	午初	월	일	토	금	목	수

4月大(己巳) 입하

절기							소만															입하4								
음력	30	29	28	27	26	25	24	23	22	21	20	19	18	17	16	15	14	13	12	11	10	9	8	7	6	5	4	3	2	1
대운 순행	3	4	4	4	5	5	5	6	6	6	7	7	7	8	8	8	9	9	9	10	10		1	1	1	1	2	2	2	3
대운 역행	7	7	6	6	6	5	5	5	4	4	4	3	3	3	2	2	2	1	1	1	1		10	10	9	9	9	8	8	8
양력 월																											5			4
양력 일	27	26	25	24	23	22	21	20	19	18	17	16	15	14	13	12	11	10	9	8	7	6	5	4	3	2	1	30	29	28
일진	丁巳	丙辰	乙卯	甲寅	癸丑	壬子	辛亥	庚戌	己酉	戊申	丁未	丙午	乙巳	甲辰	癸卯	壬寅	辛丑	庚子	己亥	戊戌	丁酉	丙申	乙未	甲午	癸巳	壬辰	辛卯	庚寅	己丑	戊子
절기시각	금	목	수	화	월	일	酉正	금	목	수	화	월	일	토	금	목	수	화	월	일	토	卯初	목	수	화	월	일	토	금	목

5月小(庚午) 망종

절기					하지																망종5									
음력		29	28	27	26	25	24	23	22	21	20	19	18	17	16	15	14	13	12	11	10	9	8	7	6	5	4	3	2	1
대운 순행		4	4	5	5	5	6	6	6	7	7	7	8	8	8	9	9	9	10	10		1	1	1	1	2	2	2	3	3
대운 역행		6	6	6	5	5	5	4	4	4	3	3	3	2	2	2	1	1	1	1		10	10	9	9	9	8	8	8	7
양력 월																										6				5
양력 일		25	24	23	22	21	20	19	18	17	16	15	14	13	12	11	10	9	8	7	6	5	4	3	2	1	31	30	29	28
일진		丙戌	乙酉	甲申	癸未	壬午	辛巳	庚辰	己卯	戊寅	丁丑	丙子	乙亥	甲戌	癸酉	壬申	辛未	庚午	己巳	戊辰	丁卯	丙寅	乙丑	甲子	癸亥	壬戌	辛酉	庚申	己未	戊午
절기시각		토	금	목	寅初	화	월	일	토	금	목	수	화	월	일	토	금	목	수	화	巳正	일	토	금	목	수	화	월	일	토

6月大(辛未) 소서

절기			대서																소서6											
음력	30	29	28	27	26	25	24	23	22	21	20	19	18	17	16	15	14	13	12	11	10	9	8	7	6	5	4	3	2	1
대운 순행	5	5	5	6	6	6	7	7	7	8	8	8	9	9	9	10	10	10		1	1	1	1	2	2	2	3	3	3	4
대운 역행	6	6	5	5	5	4	4	4	3	3	3	2	2	2	1	1	1	1		10	10	9	9	9	8	8	8	7	7	7
양력 월																									7					6
양력 일	25	24	23	22	21	20	19	18	17	16	15	14	13	12	11	10	9	8	7	6	5	4	3	2	1	30	29	28	27	26
일진	丙辰	乙卯	甲寅	癸丑	壬子	辛亥	庚戌	己酉	戊申	丁未	丙午	乙巳	甲辰	癸卯	壬寅	辛丑	庚子	己亥	戊戌	丁酉	丙申	乙未	甲午	癸巳	壬辰	辛卯	庚寅	己丑	戊子	丁亥
절기시각	월	일	未初	금	목	수	화	월	일	토	금	목	수	화	월	일	토	금	戌正	수	화	월	일	토	금	목	수	화	월	일

• 서북쪽에 있는 우물은 윗사람의 은덕을 받는다는 길수(吉水)다.

7月小(壬申) 입추

	처서															입추7															절기
	29	28	27	26	25	24	23	22	21	20	19	18	17	16	15	14	13	12	11	10	9	8	7	6	5	4	3	2	1	음력
	5	6	6	6	7	7	7	8	8	8	9	9	9	10	10		1	1	1	1	2	2	2	3	3	3	4	4	4	대운 순행
	5	5	4	4	4	3	3	3	2	2	2	1	1	1	1		10	10	10	9	9	9	8	8	8	7	7	7	6	대운 역행
																							8						7	양력 월
	23	22	21	20	19	18	17	16	15	14	13	12	11	10	9	8	7	6	5	4	3	2	1	31	30	29	28	27	26	양력 일
	乙酉	甲申	癸未	壬午	辛巳	庚辰	己卯	戊寅	丁丑	丙子	乙亥	甲戌	癸酉	壬申	辛未	庚午	己巳	戊辰	丁卯	丙寅	乙丑	甲子	癸亥	壬戌	辛酉	庚申	己未	戊午	丁巳	일진
	戌正	월	일	토	금	목	수	화	월	일	토	금	목	수	화	卯正	일	토	금	목	수	화	월	일	토	금	목	수	화	절기시각

윤7月小

														백로8																	절기
	29	28	27	26	25	24	23	22	21	20	19	18	17	16	15	14	13	12	11	10	9	8	7	6	5	4	3	2	1	음력
	6	6	7	7	7	8	8	8	9	9	9	10	10		1	1	1	1	2	2	2	3	3	3	4	4	4	5	5	대운 순행
	4	4	4	3	3	3	2	2	2	1	1	1	1		10	10	9	9	9	8	8	8	7	7	7	6	6	6	5	대운 역행
																					9								8	양력 월
	21	20	19	18	17	16	15	14	13	12	11	10	9	8	7	6	5	4	3	2	1	31	30	29	28	27	26	25	24	양력 일
	甲寅	癸丑	壬子	辛亥	庚戌	己酉	戊申	丁未	丙午	乙巳	甲辰	癸卯	壬寅	辛丑	庚子	己亥	戊戌	丁酉	丙申	乙未	甲午	癸巳	壬辰	辛卯	庚寅	己丑	戊子	丁亥	丙戌	일진
	수	화	월	일	토	금	목	수	화	월	일	토	금	辰正	수	화	월	일	토	금	목	수	화	월	일	토	금	목	수	절기시각

8月大(癸酉) 백로

												한로9																추분		절기
30	29	28	27	26	25	24	23	22	21	20	19	18	17	16	15	14	13	12	11	10	9	8	7	6	5	4	3	2	1	음력
6	6	7	7	7	8	8	8	9	9	9	10		1	1	1	1	2	2	2	3	3	3	4	4	4	5	5	5	6	대운 순행
4	4	3	3	3	2	2	2	1	1	1	1		10	10	9	9	9	8	8	8	7	7	7	6	6	6	5	5	5	대운 역행
																				10									9	양력 월
21	20	19	18	17	16	15	14	13	12	11	10	9	8	7	6	5	4	3	2	1	30	29	28	27	26	25	24	23	22	양력 일
甲申	癸未	壬午	辛巳	庚辰	己卯	戊寅	丁丑	丙子	乙亥	甲戌	癸酉	壬申	辛未	庚午	己巳	戊辰	丁卯	丙寅	乙丑	甲子	癸亥	壬戌	辛酉	庚申	己未	戊午	丁巳	丙辰	乙卯	일진
금	목	수	화	월	일	토	금	목	수	화	월	子正	토	금	목	수	화	월	일	토	금	목	수	화	월	일	토	酉正	목	절기시각

9月小(甲戌) 한로

												입동10															상강			절기
	29	28	27	26	25	24	23	22	21	20	19	18	17	16	15	14	13	12	11	10	9	8	7	6	5	4	3	2	1	음력
	6	6	7	7	7	8	8	8	9	9	9		1	1	1	1	2	2	2	3	3	3	4	4	4	5	5	5	6	대운 순행
	4	3	3	3	2	2	2	1	1	1	1		10	9	9	9	8	8	8	7	7	7	6	6	6	5	5	5	4	대운 역행
																			11										10	양력 월
	19	18	17	16	15	14	13	12	11	10	9	8	7	6	5	4	3	2	1	31	30	29	28	27	26	25	24	23	22	양력 일
	癸丑	壬子	辛亥	庚戌	己酉	戊申	丁未	丙午	乙巳	甲辰	癸卯	壬寅	辛丑	庚子	己亥	戊戌	丁酉	丙申	乙未	甲午	癸巳	壬辰	辛卯	庚寅	己丑	戊子	丁亥	丙戌	乙酉	일진
	토	금	목	수	화	월	일	토	금	목	수	寅初	월	일	토	금	목	수	화	월	일	토	금	목	수	화	寅初	일	토	절기시각

10月大(乙亥) 입동

												대설11														소설				절기
30	29	28	27	26	25	24	23	22	21	20	19	18	17	16	15	14	13	12	11	10	9	8	7	6	5	4	3	2	1	음력
6	6	7	7	7	8	8	8	9	9	9	10		1	1	1	1	2	2	2	3	3	3	4	4	4	5	5	5	6	대운 순행
4	4	3	3	3	2	2	2	1	1	1	1		9	9	9	8	8	8	7	7	7	6	6	6	5	5	5	4	4	대운 역행
																		12											11	양력 월
19	18	17	16	15	14	13	12	11	10	9	8	7	6	5	4	3	2	1	30	29	28	27	26	25	24	23	22	21	20	양력 일
癸未	壬午	辛巳	庚辰	己卯	戊寅	丁丑	丙子	乙亥	甲戌	癸酉	壬申	辛未	庚午	己巳	戊辰	丁卯	丙寅	乙丑	甲子	癸亥	壬戌	辛酉	庚申	己未	戊午	丁巳	丙辰	乙卯	甲寅	일진
월	일	토	금	목	수	화	월	일	토	금	목	戌初	화	월	일	토	금	목	수	화	월	일	토	금	목	子正	화	월	일	절기시각

11月小(丙子) 대설

												소한12															동지			절기
	29	28	27	26	25	24	23	22	21	20	19	18	17	16	15	14	13	12	11	10	9	8	7	6	5	4	3	2	1	음력
	6	6	7	7	7	8	8	8	9	9	9		1	1	1	1	2	2	2	3	3	3	4	4	4	5	5	5	6	대운 순행
	4	3	3	3	2	2	2	1	1	1	1		10	9	9	9	8	8	8	7	7	7	6	6	6	5	5	5	4	대운 역행
																	1												12	양력 월
	17	16	15	14	13	12	11	10	9	8	7	6	5	4	3	2	1	31	30	29	28	27	26	25	24	23	22	21	20	양력 일
	壬子	辛亥	庚戌	己酉	戊申	丁未	丙午	乙巳	甲辰	癸卯	壬寅	辛丑	庚子	己亥	戊戌	丁酉	丙申	乙未	甲午	癸巳	壬辰	辛卯	庚寅	己丑	戊子	丁亥	丙戌	乙酉	甲申	일진
	화	월	일	토	금	목	수	화	월	일	토	卯正	목	수	화	월	일	토	금	목	수	화	월	일	토	금	未正	수	화	절기시각

12月大(丁丑) 소한

												입춘1															대한			절기
30	29	28	27	26	25	24	23	22	21	20	19	18	17	16	15	14	13	12	11	10	9	8	7	6	5	4	3	2	1	음력
6	6	7	7	7	8	8	8	9	9	9	10		1	1	1	1	2	2	2	3	3	3	4	4	4	5	5	5	6	대운 순행
4	4	3	3	3	2	2	2	1	1	1	1		9	9	9	8	8	8	7	7	7	6	6	6	5	5	5	4	4	대운 역행
															2														1	양력 월
16	15	14	13	12	11	10	9	8	7	6	5	4	3	2	1	31	30	29	28	27	26	25	24	23	22	21	20	19	18	양력 일
壬午	辛巳	庚辰	己卯	戊寅	丁丑	丙子	乙亥	甲戌	癸酉	壬申	辛未	庚午	己巳	戊辰	丁卯	丙寅	乙丑	甲子	癸亥	壬戌	辛酉	庚申	己未	戊午	丁巳	丙辰	乙卯	甲寅	癸丑	일진
목	수	화	월	일	토	금	목	수	화	월	일	酉正	금	목	수	화	월	일	토	금	목	수	화	월	일	토	子初	목	수	절기시각

• 여자 사주에 상관과 도화가 같이 있으면 기생팔자다.

서기 1950년
단기 4283년

庚寅年

상문 : 辰 대장군 : 北
조객 : 子 삼 재 : 申子辰
삼살 : 北

(썸머타임 양 4. 1 자정 ~ 양 9. 23 자정)
6·25 사변(새벽 3시)

												경칩2															우수			절기		1月大(戊寅) 입춘
30	29	28	27	26	25	24	23	22	21	20	19	**18**	17	16	15	14	13	12	11	10	9	8	7	6	5	4	**3**	2	1	음력		
6	6	7	7	7	8	8	8	9	9	9	10		1	1	1	1	2	2	2	3	3	3	4	4	4	5	5	5	6	순행	대운	
4	4	3	3	3	2	2	2	1	1	1	1		10	9	9	9	8	8	8	7	7	7	6	6	6	5	5	5	4	역행		
																	3												2	월	양력	
18	17	16	15	14	13	12	11	10	9	8	7	6	5	4	3	2	1	28	27	26	25	24	23	22	21	20	19	18	17	일		
壬子	辛亥	庚戌	己酉	戊申	丁未	丙午	乙巳	甲辰	癸卯	壬寅	辛丑	庚子	己亥	戊戌	丁酉	丙申	乙未	甲午	癸巳	壬辰	辛卯	庚寅	己丑	戊子	丁亥	丙戌	乙酉	甲申	癸未	일진		
토	금	목	수	화	월	일	토	금	목	수	화	午正	일	토	금	목	수	화	월	일	토	금	목	수	화	월	未正	토	금	절기시각		

												청명3															춘분			절기		2月小(己卯) 경칩
	29	28	27	26	25	24	23	22	21	20	19	**18**	17	16	15	14	13	12	11	10	9	8	7	6	5	4	**3**	2	1	음력		
	7	7	7	8	8	8	9	9	9	10	10		1	1	1	1	2	2	2	3	3	3	4	4	4	5	5	5	6	순행	대운	
	4	3	3	3	2	2	2	1	1	1	1		10	9	9	9	8	8	8	7	7	7	6	6	6	5	5	5	4	역행		
																4													3	월	양력	
	16	15	14	13	12	11	10	9	8	7	6	5	4	3	2	1	31	30	29	28	27	26	25	24	23	22	21	20	19	일		
	辛巳	庚辰	己卯	戊寅	丁丑	丙子	乙亥	甲戌	癸酉	壬申	辛未	庚午	己巳	戊辰	丁卯	丙寅	乙丑	甲子	癸亥	壬戌	辛酉	庚申	己未	戊午	丁巳	丙辰	乙卯	甲寅	癸丑	일진		
	일	토	금	목	수	화	월	일	토	금	목	酉初	화	월	일	토	금	목	수	화	월	일	토	금	목	수	未初	월	일	절기시각		

										입하4															곡우					절기		3月大(庚辰) 청명
30	29	28	27	26	25	24	23	22	21	**20**	19	18	17	16	15	14	13	12	11	10	9	8	7	6	**5**	4	3	2	1	음력		
7	7	8	8	8	9	9	9	10	10		1	1	1	1	2	2	2	3	3	3	4	4	4	5	5	5	6	6	6	순행	대운	
3	3	3	2	2	2	1	1	1	1		10	10	9	9	9	8	8	8	7	7	7	6	6	6	5	5	5	4	4	역행		
															5														4	월	양력	
16	15	14	13	12	11	10	9	8	7	6	5	4	3	2	1	30	29	28	27	26	25	24	23	22	21	20	19	18	17	일		
辛亥	庚戌	己酉	戊申	丁未	丙午	乙巳	甲辰	癸卯	壬寅	辛丑	庚子	己亥	戊戌	丁酉	丙申	乙未	甲午	癸巳	壬辰	辛卯	庚寅	己丑	戊子	丁亥	丙戌	乙酉	甲申	癸未	壬午	일진		
화	월	일	토	금	목	수	화	월	일	午初	금	목	수	화	월	일	토	금	목	수	화	월	일	토	丑初	목	수	화	월	절기시각		

									망종5															소만						절기		4月大(辛巳) 입하
30	29	28	27	26	25	24	23	22	**21**	20	19	18	17	16	15	14	13	12	11	10	9	8	7	**6**	5	4	3	2	1	음력		
8	8	8	9	9	9	10	10	10		1	1	1	1	2	2	2	3	3	3	4	4	4	5	5	5	6	6	6	7	순행	대운	
3	3	2	2	2	1	1	1	1		10	10	9	9	9	8	8	8	7	7	7	6	6	6	5	5	5	4	4	4	역행		
														6															5	월	양력	
15	14	13	12	11	10	9	8	7	6	5	4	3	2	1	31	30	29	28	27	26	25	24	23	22	21	20	19	18	17	일		
辛巳	庚辰	己卯	戊寅	丁丑	丙子	乙亥	甲戌	癸酉	壬申	辛未	庚午	己巳	戊辰	丁卯	丙寅	乙丑	甲子	癸亥	壬戌	辛酉	庚申	己未	戊午	丁巳	丙辰	乙卯	甲寅	癸丑	壬子	일진		
목	수	화	월	일	토	금	목	수	申初	월	일	토	금	목	수	화	월	일	토	금	목	수	화	子正	일	토	금	목	수	절기시각		

							소서6																하지							절기		5月小(壬午) 망종
	29	28	27	26	25	24	**23**	22	21	20	19	18	17	16	15	14	13	12	11	10	9	8	**7**	6	5	4	3	2	1	음력		
	8	9	9	9	10	10		1	1	1	1	2	2	2	3	3	3	4	4	4	5	5	5	6	6	6	7	7	7	순행	대운	
	2	2	1	1	1	1		10	10	10	9	9	9	8	8	8	7	7	7	6	6	6	5	5	5	4	4	4	3	역행		
														7															6	월	양력	
	14	13	12	11	10	9	8	7	6	5	4	3	2	1	30	29	28	27	26	25	24	23	22	21	20	19	18	17	16	일		
	庚戌	己酉	戊申	丁未	丙午	乙巳	甲辰	癸卯	壬寅	辛丑	庚子	己亥	戊戌	丁酉	丙申	乙未	甲午	癸巳	壬辰	辛卯	庚寅	己丑	戊子	丁亥	丙戌	乙酉	甲申	癸未	壬午	일진		
	금	목	수	화	월	일	丑正	금	목	수	화	월	일	토	금	목	수	화	월	일	토	금	辰正	수	화	월	일	토	금	절기시각		

					입추7																대서									절기		6月大(癸未) 소서
30	29	28	27	26	**25**	24	23	22	21	20	19	18	17	16	15	14	13	12	11	10	**9**	8	7	6	5	4	3	2	1	음력		
9	9	9	10	10		1	1	1	1	2	2	2	3	3	3	4	4	4	5	5	5	6	6	6	7	7	7	8	8	순행	대운	
2	1	1	1	1		10	10	9	9	9	8	8	8	7	7	7	6	6	6	5	5	5	4	4	4	3	3	3	2	역행		
												8																	7	월	양력	
13	12	11	10	9	8	7	6	5	4	3	2	1	31	30	29	28	27	26	25	24	23	22	21	20	19	18	17	16	15	일		
庚辰	己卯	戊寅	丁丑	丙子	乙亥	甲戌	癸酉	壬申	辛未	庚午	己巳	戊辰	丁卯	丙寅	乙丑	甲子	癸亥	壬戌	辛酉	庚申	己未	戊午	丁巳	丙辰	乙卯	甲寅	癸丑	壬子	辛亥	일진		
일	토	금	목	수	午初	월	일	토	금	목	수	화	월	일	토	금	목	수	화	월	戌初	토	금	목	수	화	월	일	토	절기시각		

• 남서쪽에 있는 우물은 주부들의 소화기계를 나쁘게 하는 흉수(凶水)이다.

7月小(甲申) 입추

				백로8															처서											절기
	29	28	27	**26**	25	24	23	22	21	20	19	18	17	16	15	14	13	12	**11**	10	9	8	7	6	5	4	3	2	1	음력
	9	10	10		1	1	1	1	2	2	2	3	3	3	4	4	4	5	5	5	6	6	6	7	7	7	8	8	8	대운 순행
	1	1	1		10	10	9	9	9	8	8	8	7	7	7	6	6	6	5	5	5	4	4	4	3	3	3	2	2	대운 역행
											9																		8	양력 월
	11	10	9	8	7	6	5	4	3	2	1	31	30	29	28	27	26	25	24	23	22	21	20	19	18	17	16	15	14	양력 일
	己酉	戊申	丁未	丙午	乙巳	甲辰	癸卯	壬寅	辛丑	庚子	己亥	戊戌	丁酉	丙申	乙未	甲午	癸巳	壬辰	辛卯	庚寅	己丑	戊子	丁亥	丙戌	乙酉	甲申	癸未	壬午	辛巳	일진
	월	일	토	未正	목	수	화	월	일	토	금	목	수	화	월	일	토	금	丑正	수	화	월	일	토	금	목	수	화	월	절기시각

8月小(乙酉) 백로

		한로9																추분												절기
	29	**28**	27	26	25	24	23	22	21	20	19	18	17	16	15	14	13	**12**	11	10	9	8	7	6	5	4	3	2	1	음력
	10		1	1	1	1	2	2	2	3	3	3	4	4	4	5	5	5	6	6	6	7	7	7	8	8	8	9	9	대운 순행
	1		10	10	9	9	9	8	8	8	7	7	7	6	6	6	5	5	5	4	4	4	3	3	3	2	2	2	1	대운 역행
										10																			9	양력 월
	10	9	8	7	6	5	4	3	2	1	30	29	28	27	26	25	24	23	22	21	20	19	18	17	16	15	14	13	12	양력 일
	戊寅	丁丑	丙子	乙亥	甲戌	癸酉	壬申	辛未	庚午	己巳	戊辰	丁卯	丙寅	乙丑	甲子	癸亥	壬戌	辛酉	庚申	己未	戊午	丁巳	丙辰	乙卯	甲寅	癸丑	壬子	辛亥	庚戌	일진
	화	卯初	일	토	금	목	수	화	월	일	토	금	목	수	화	월	일	子初	금	목	수	화	월	일	토	금	목	수	화	절기시각

9月大(丙戌) 한로

	입동10															상강														절기
30	**29**	28	27	26	25	24	23	22	21	20	19	18	17	16	15	**14**	13	12	11	10	9	8	7	6	5	4	3	2	1	음력
10		1	1	1	1	2	2	2	3	3	3	4	4	4	5	5	5	6	6	6	7	7	7	8	8	8	9	9	9	대운 순행
1		10	9	9	9	8	8	8	7	7	7	6	6	6	5	5	5	4	4	4	3	3	3	2	2	2	1	1	1	대운 역행
								11																					10	양력 월
9	8	7	6	5	4	3	2	1	31	30	29	28	27	26	25	24	23	22	21	20	19	18	17	16	15	14	13	12	11	양력 일
戊申	丁未	丙午	乙巳	甲辰	癸卯	壬寅	辛丑	庚子	己亥	戊戌	丁酉	丙申	乙未	甲午	癸巳	壬辰	辛卯	庚寅	己丑	戊子	丁亥	丙戌	乙酉	甲申	癸未	壬午	辛巳	庚辰	己卯	일진
목	辰正	화	월	일	토	금	목	수	화	월	일	토	금	목	수	辰正	월	일	토	금	목	수	화	월	일	토	금	목	수	절기시각

10月小(丁亥) 입동

	대설11															소설														절기
	29	28	27	26	25	24	23	22	21	20	19	18	17	16	15	**14**	13	12	11	10	9	8	7	6	5	4	3	2	1	음력
		1	1	1	1	2	2	2	3	3	3	4	4	4	5	5	5	6	6	6	7	7	7	8	8	8	9	9	9	대운 순행
		10	9	9	9	8	8	8	7	7	7	6	6	6	5	5	5	4	4	4	3	3	3	2	2	2	1	1	1	대운 역행
								12																					11	양력 월
	8	7	6	5	4	3	2	1	30	29	28	27	26	25	24	23	22	21	20	19	18	17	16	15	14	13	12	11	10	양력 일
	丁丑	丙子	乙亥	甲戌	癸酉	壬申	辛未	庚午	己巳	戊辰	丁卯	丙寅	乙丑	甲子	癸亥	壬戌	辛酉	庚申	己未	戊午	丁巳	丙辰	乙卯	甲寅	癸丑	壬子	辛亥	庚戌	己酉	일진
	丑初	목	수	화	월	일	토	금	목	수	화	월	일	토	금	卯正	수	화	월	일	토	금	목	수	화	월	일	토	금	절기시각

11月大(戊子) 대설

	소한12															동지														절기
30	**29**	28	27	26	25	24	23	22	21	20	19	18	17	16	15	**14**	13	12	11	10	9	8	7	6	5	4	3	2	1	음력
10		1	1	1	1	2	2	2	3	3	3	4	4	4	5	5	5	6	6	6	7	7	7	8	8	8	9	9	9	대운 순행
1		9	9	9	8	8	8	7	7	7	6	6	6	5	5	5	4	4	4	3	3	3	2	2	2	1	1	1	1	대운 역행
						1																							12	양력 월
7	6	5	4	3	2	1	31	30	29	28	27	26	25	24	23	22	21	20	19	18	17	16	15	14	13	12	11	10	9	양력 일
丁未	丙午	乙巳	甲辰	癸卯	壬寅	辛丑	庚子	己亥	戊戌	丁酉	丙申	乙未	甲午	癸巳	壬辰	辛卯	庚寅	己丑	戊子	丁亥	丙戌	乙酉	甲申	癸未	壬午	辛巳	庚辰	己卯	戊寅	일진
일	午正	금	목	수	화	월	일	토	금	목	수	화	월	일	토	戌初	목	수	화	월	일	토	금	목	수	화	월	일	토	절기시각

12月小(己丑) 소한

	입춘1															대한														절기
	29	28	27	26	25	24	23	22	21	20	19	18	17	16	15	**14**	13	12	11	10	9	8	7	6	5	4	3	2	1	음력
		1	1	1	1	2	2	2	3	3	3	4	4	4	5	5	5	6	6	6	7	7	7	8	8	8	9	9	9	대운 순행
		10	9	9	9	8	8	8	7	7	7	6	6	6	5	5	5	4	4	4	3	3	3	2	2	2	1	1	1	대운 역행
					2																								1	양력 월
	5	4	3	2	1	31	30	29	28	27	26	25	24	23	22	21	20	19	18	17	16	15	14	13	12	11	10	9	8	양력 일
	丙子	乙亥	甲戌	癸酉	壬申	辛未	庚午	己巳	戊辰	丁卯	丙寅	乙丑	甲子	癸亥	壬戌	辛酉	庚申	己未	戊午	丁巳	丙辰	乙卯	甲寅	癸丑	壬子	辛亥	庚戌	己酉	戊申	일진
	子正	일	토	금	목	수	화	월	일	토	금	목	수	화	월	卯初	토	금	목	수	화	월	일	토	금	목	수	화	월	절기시각

• 사주에 子午卯酉가 모두 있으면 간부와 눈이 맞아 가출도 해본다.

서기 1951년
단기 4284년

辛卯年

상문 : 巳　대장군 : 北
조객 : 丑　삼　재 : 申子辰
삼살 : 酉

(썸머타임 양 5. 6 자정 ~ 양 9. 8 자정)

1月大(庚寅) 입춘

경칩2																우수														절기	
30	29	28	27	26	25	24	23	22	21	20	19	18	17	16	15	14	13	12	11	10	9	8	7	6	5	4	3	2	1	음력	
10		1	1	1	1	2	2	2	3	3	3	4	4	4	5	5	5	6	6	6	7	7	7	8	8	8	9	9	9	순행	대운
1		9	9	9	8	8	8	7	7	7	6	6	6	5	5	5	4	4	4	3	3	3	2	2	2	1	1	1	1	역행	대운
						3																							2	월	양력
7	6	5	4	3	2	1	28	27	26	25	24	23	22	21	20	19	18	17	16	15	14	13	12	11	10	9	8	7	6	일	양력
丙午	乙巳	甲辰	癸卯	壬寅	辛丑	庚子	己亥	戊戌	丁酉	丙申	乙未	甲午	癸巳	壬辰	辛卯	庚寅	己丑	戊子	丁亥	丙戌	乙酉	甲申	癸未	壬午	辛巳	庚辰	己卯	戊寅	丁丑	일진	
수	酉正	월	일	토	금	목	수	화	월	일	토	금	목	수	화	戌正	일	토	금	목	수	화	월	일	토	금	목	수	화	절기시각	

2月小(辛卯) 경칩

청명3																춘분														절기	
	29	28	27	26	25	24	23	22	21	20	19	18	17	16	15	14	13	12	11	10	9	8	7	6	5	4	3	2	1	음력	
		1	1	1	1	2	2	2	3	3	3	4	4	4	5	5	5	6	6	6	7	7	7	8	8	8	9	9	9	순행	대운
		10	9	9	9	8	8	8	7	7	7	6	6	6	5	5	5	4	4	4	3	3	3	2	2	2	1	1	1	역행	대운
					4																								3	월	양력
	5	4	3	2	1	31	30	29	28	27	26	25	24	23	22	21	20	19	18	17	16	15	14	13	12	11	10	9	8	일	양력
	乙亥	甲戌	癸酉	壬申	辛未	庚午	己巳	戊辰	丁卯	丙寅	乙丑	甲子	癸亥	壬戌	辛酉	庚申	己未	戊午	丁巳	丙辰	乙卯	甲寅	癸丑	壬子	辛亥	庚戌	己酉	戊申	丁未	일진	
	子初	수	화	월	일	토	금	목	수	화	월	일	토	금	목	戌初	화	월	일	토	금	목	수	화	월	일	토	금	목	절기시각	

3月大(壬辰) 청명

														곡우																절기	
30	29	28	27	26	25	24	23	22	21	20	19	18	17	16	15	14	13	12	11	10	9	8	7	6	5	4	3	2	1	음력	
1	1	1	1	2	2	2	3	3	3	4	4	4	5	5	5	6	6	6	7	7	7	8	8	8	9	9	9	10	10	순행	대운
10	10	9	9	9	8	8	8	7	7	7	6	6	6	5	5	5	4	4	4	3	3	3	2	2	2	1	1	1	1	역행	대운
				5																									4	월	양력
5	4	3	2	1	30	29	28	27	26	25	24	23	22	21	20	19	18	17	16	15	14	13	12	11	10	9	8	7	6	일	양력
乙巳	甲辰	癸卯	壬寅	辛丑	庚子	己亥	戊戌	丁酉	丙申	乙未	甲午	癸巳	壬辰	辛卯	庚寅	己丑	戊子	丁亥	丙戌	乙酉	甲申	癸未	壬午	辛巳	庚辰	己卯	戊寅	丁丑	丙子	일진	
토	금	목	수	화	월	일	토	금	목	수	화	월	일	卯正	금	목	수	화	월	일	토	금	목	수	화	월	일	토	금	절기시각	

4月大(癸巳) 입하

													소만															입하4		절기	
30	29	28	27	26	25	24	23	22	21	20	19	18	17	16	15	14	13	12	11	10	9	8	7	6	5	4	3	2	1	음력	
1	1	1	2	2	2	3	3	3	4	4	4	5	5	5	6	6	6	7	7	7	8	8	8	9	9	9	10	10		순행	대운
10	9	9	9	8	8	8	7	7	7	6	6	6	5	5	5	4	4	4	3	3	3	2	2	2	1	1	1	1		역행	대운
			6																										5	월	양력
4	3	2	1	31	30	29	28	27	26	25	24	23	22	21	20	19	18	17	16	15	14	13	12	11	10	9	8	7	6	일	양력
乙亥	甲戌	癸酉	壬申	辛未	庚午	己巳	戊辰	丁卯	丙寅	乙丑	甲子	癸亥	壬戌	辛酉	庚申	己未	戊午	丁巳	丙辰	乙卯	甲寅	癸丑	壬子	辛亥	庚戌	己酉	戊申	丁未	丙午	일진	
월	일	토	금	목	수	화	월	일	토	금	목	수	酉正	월	일	토	금	목	수	화	월	일	토	금	목	수	화	월	酉初	절기시각	

5月小(甲午) 망종

												하지															망종5			절기	
	29	28	27	26	25	24	23	22	21	20	19	18	17	16	15	14	13	12	11	10	9	8	7	6	5	4	3	2	1	음력	
	2	2	2	3	3	3	4	4	4	5	5	5	6	6	6	7	7	7	8	8	8	9	9	9	10	10	10		1	순행	대운
	9	9	8	8	8	7	7	7	6	6	6	5	5	5	4	4	4	3	3	3	2	2	2	1	1	1	1		10	역행	대운
			7																										6	월	양력
	3	2	1	30	29	28	27	26	25	24	23	22	21	20	19	18	17	16	15	14	13	12	11	10	9	8	7	6	5	일	양력
	甲辰	癸卯	壬寅	辛丑	庚子	己亥	戊戌	丁酉	丙申	乙未	甲午	癸巳	壬辰	辛卯	庚寅	己丑	戊子	丁亥	丙戌	乙酉	甲申	癸未	壬午	辛巳	庚辰	己卯	戊寅	丁丑	丙子	일진	
	화	월	일	토	금	목	수	화	월	일	토	未正	목	수	화	월	일	토	금	목	수	화	월	일	토	금	목	亥初	화	절기시각	

6月大(乙未) 소서

								대서																소서6						절기	
30	29	28	27	26	25	24	23	22	21	20	19	18	17	16	15	14	13	12	11	10	9	8	7	6	5	4	3	2	1	음력	
2	2	3	3	3	4	4	4	5	5	5	6	6	6	7	7	7	8	8	8	9	9	9	10	10		1	1	1	1	순행	대운
8	8	8	7	7	7	6	6	6	5	5	5	4	4	4	3	3	3	2	2	2	1	1	1	1		10	10	10	9	역행	대운
	8																												7	월	양력
2	1	31	30	29	28	27	26	25	24	23	22	21	20	19	18	17	16	15	14	13	12	11	10	9	8	7	6	5	4	일	양력
甲戌	癸酉	壬申	辛未	庚午	己巳	戊辰	丁卯	丙寅	乙丑	甲子	癸亥	壬戌	辛酉	庚申	己未	戊午	丁巳	丙辰	乙卯	甲寅	癸丑	壬子	辛亥	庚戌	己酉	戊申	丁未	丙午	乙巳	일진	
목	수	화	월	일	토	금	목	수	丑初	월	일	토	금	목	수	화	월	일	토	금	목	수	화	월	辰初	토	금	목	수	절기시각	

• 지붕은 사람의 머리털과 같아 정결하고 단정하게 해야한다.

								처서																입추7						절기	7月小(丙申)입추
	29	28	27	26	25	24	23	**22**	21	20	19	18	17	16	15	14	13	12	11	10	9	8	7	**6**	5	4	3	2	1	음력	
	3	3	3	4	4	4	5	5	5	6	6	6	7	7	7	8	8	8	9	9	9	10	10		1	1	1	1	2	대운 순행	
	8	7	7	7	6	6	6	5	5	5	4	4	4	3	3	3	2	2	2	1	1	1	1		10	10	9	9	9	대운 역행	
																													8	양력 월	
	31	30	29	28	27	26	25	24	23	22	21	20	19	18	17	16	15	14	13	12	11	10	9	8	7	6	5	4	3	양력 일	
	癸卯	壬寅	辛丑	庚子	己亥	戊戌	丁酉	丙申	乙未	甲午	癸巳	壬辰	辛卯	庚寅	己丑	戊子	丁亥	丙戌	乙酉	甲申	癸未	壬午	辛巳	庚辰	己卯	戊寅	丁丑	丙子	乙亥	일진	
	금	목	수	화	월	일	토	辰正	목	수	화	월	일	토	금	목	수	화	월	일	토	금	목	酉初	화	월	일	토	금	절기시각	

						추분																백로8								절기	8月大(丁酉)백로
30	29	28	27	26	25	**24**	23	22	21	20	19	18	17	16	15	14	13	12	11	10	9	**8**	7	6	5	4	3	2	1	음력	
3	3	4	4	4	5	5	5	6	6	6	7	7	7	8	8	8	9	9	9	10	10		1	1	1	1	2	2	2	대운 순행	
7	7	7	6	6	6	5	5	5	4	4	4	3	3	3	2	2	2	1	1	1	1		10	10	9	9	9	8	8	대운 역행	
																													9	양력 월	
30	29	28	27	26	25	24	23	22	21	20	19	18	17	16	15	14	13	12	11	10	9	8	7	6	5	4	3	2	1	양력 일	
癸酉	壬申	辛未	庚午	己巳	戊辰	丁卯	丙寅	乙丑	甲子	癸亥	壬戌	辛酉	庚申	己未	戊午	丁巳	丙辰	乙卯	甲寅	癸丑	壬子	辛亥	庚戌	己酉	戊申	丁未	丙午	乙巳	甲辰	일진	
일	토	금	목	수	화	卯初	일	토	금	목	수	화	월	일	토	금	목	수	화	월	일	戌正	금	목	수	화	월	일	토	절기시각	

						상강															한로9									절기	9月小(戊戌)한로
	29	28	27	26	25	**24**	23	22	21	20	19	18	17	16	15	14	13	12	11	10	**9**	8	7	6	5	4	3	2	1	음력	
	3	4	4	4	5	5	5	6	6	6	7	7	7	8	8	8	9	9	9	10		1	1	1	1	2	2	2	3	대운 순행	
	7	6	6	6	5	5	5	4	4	4	3	3	3	2	2	2	1	1	1	1		10	10	9	9	9	8	8	8	대운 역행	
																													10	양력 월	
	29	28	27	26	25	24	23	22	21	20	19	18	17	16	15	14	13	12	11	10	9	8	7	6	5	4	3	2	1	양력 일	
	壬寅	辛丑	庚子	己亥	戊戌	丁酉	丙申	乙未	甲午	癸巳	壬辰	辛卯	庚寅	己丑	戊子	丁亥	丙戌	乙酉	甲申	癸未	壬午	辛巳	庚辰	己卯	戊寅	丁丑	丙子	乙亥	甲戌	일진	
	월	일	토	금	목	未正	화	월	일	토	금	목	수	화	월	일	토	금	목	수	午初	월	일	토	금	목	수	화	월	절기시각	

					소설															입동10										절기	10月大(己亥)입동
30	29	28	27	26	**25**	24	23	22	21	20	19	18	17	16	15	14	13	12	11	**10**	9	8	7	6	5	4	3	2	1	음력	
3	4	4	4	5	5	5	6	6	6	7	7	7	8	8	8	9	9	9	10		1	1	1	1	2	2	2	3	3	대운 순행	
7	6	6	6	5	5	5	4	4	4	3	3	3	2	2	2	1	1	1	1		10	9	9	9	8	8	8	7	7	대운 역행	
																											11		10	양력 월	
28	27	26	25	24	23	22	21	20	19	18	17	16	15	14	13	12	11	10	9	8	7	6	5	4	3	2	1	31	30	양력 일	
壬申	辛未	庚午	己巳	戊辰	丁卯	丙寅	乙丑	甲子	癸亥	壬戌	辛酉	庚申	己未	戊午	丁巳	丙辰	乙卯	甲寅	癸丑	壬子	辛亥	庚戌	己酉	戊申	丁未	丙午	乙巳	甲辰	癸卯	일진	
수	화	월	일	토	午初	목	수	화	월	일	토	금	목	수	화	월	일	토	금	未正	수	화	월	일	토	금	목	수	화	절기시각	

					동지															대설11										절기	11月小(庚子)대설
	29	28	27	26	**25**	24	23	22	21	20	19	18	17	16	15	14	13	12	11	**10**	9	8	7	6	5	4	3	2	1	음력	
	3	4	4	4	5	5	5	6	6	6	7	7	7	8	8	8	9	9	9		1	1	1	1	2	2	2	3	3	대운 순행	
	6	6	6	5	5	5	4	4	4	3	3	3	2	2	2	1	1	1	1		10	9	9	9	8	8	8	7	7	대운 역행	
																											12		11	양력 월	
	27	26	25	24	23	22	21	20	19	18	17	16	15	14	13	12	11	10	9	8	7	6	5	4	3	2	1	30	29	양력 일	
	辛丑	庚子	己亥	戊戌	丁酉	丙申	乙未	甲午	癸巳	壬辰	辛卯	庚寅	己丑	戊子	丁亥	丙戌	乙酉	甲申	癸未	壬午	辛巳	庚辰	己卯	戊寅	丁丑	丙子	乙亥	甲戌	癸酉	일진	
	목	수	화	월	丑初	토	금	목	수	화	월	일	토	금	목	수	화	월	일	辰初	금	목	수	화	월	일	토	금	목	절기시각	

					대한															소한12										절기	12月大(辛丑)소한
30	29	28	27	26	**25**	24	23	22	21	20	19	18	17	16	15	14	13	12	11	**10**	9	8	7	6	5	4	3	2	1	음력	
3	4	4	4	5	5	5	6	6	6	7	7	7	8	8	8	9	9	9	10		1	1	1	1	2	2	2	3	3	대운 순행	
7	6	6	6	5	5	5	4	4	4	3	3	3	2	2	2	1	1	1	1		9	9	9	8	8	8	7	7	7	대운 역행	
																									1				12	양력 월	
26	25	24	23	22	21	20	19	18	17	16	15	14	13	12	11	10	9	8	7	6	5	4	3	2	1	31	30	29	28	양력 일	
辛未	庚午	己巳	戊辰	丁卯	丙寅	乙丑	甲子	癸亥	壬戌	辛酉	庚申	己未	戊午	丁巳	丙辰	乙卯	甲寅	癸丑	壬子	辛亥	庚戌	己酉	戊申	丁未	丙午	乙巳	甲辰	癸卯	壬寅	일진	
토	금	목	수	화	午初	일	토	금	목	수	화	월	일	토	금	목	수	화	월	酉正	토	금	목	수	화	월	일	토	금	절기시각	

• 사주에 辰戌丑未가 모두 있으면 부부싸움이 많다.

서기 1952년
단기 4285년

壬辰年

상문 : 午　대장군 : 北
조객 : 寅　삼　재 : 申子辰
삼살 : 南

					우수															입춘1										절기	1月小(壬寅) 입춘
	29	28	27	26	**25**	24	23	22	21	20	19	18	17	16	15	14	13	12	11	**10**	9	8	7	6	5	4	3	2	1	음력	
	4	4	4	5	5	5	6	6	6	7	7	7	8	8	8	9	9	9	10		1	1	1	1	2	2	2	3	3	대운 순행	
	6	6	6	5	5	5	4	4	4	3	3	3	2	2	2	1	1	1	1		10	9	9	9	8	8	8	7	7	대운 역행	
																								2					1	양력 월	
	24	23	22	21	20	19	18	17	16	15	14	13	12	11	10	9	8	7	6	5	4	3	2	1	31	30	29	28	27	양력 일	
	庚子	己亥	戊戌	丁酉	丙申	乙未	甲午	癸巳	壬辰	辛卯	庚寅	己丑	戊子	丁亥	丙戌	乙酉	甲申	癸未	壬午	辛巳	庚辰	己卯	戊寅	丁丑	丙子	乙亥	甲戌	癸酉	壬申	일진	
	일	토	금	목	丑初	화	월	일	토	금	목	수	화	월	일	토	금	목	수	子正	월	일	토	금	목	수	화	월	일	절기시각	
				춘분															경칩2											절기	2月大(癸卯) 경칩
30	29	28	27	**26**	25	24	23	22	21	20	19	18	17	16	15	14	13	12	**11**	10	9	8	7	6	5	4	3	2	1	음력	
4	4	4	5	5	5	6	6	6	7	7	7	8	8	8	9	9	9	10		1	1	1	1	2	2	2	3	3	3	대운 순행	
6	6	6	5	5	5	4	4	4	3	3	3	2	2	2	1	1	1	1		10	9	9	9	8	8	8	7	7	7	대운 역행	
																								3					2	양력 월	
25	24	23	22	21	20	19	18	17	16	15	14	13	12	11	10	9	8	7	6	5	4	3	2	1	29	28	27	26	25	양력 일	
庚午	己巳	戊辰	丁卯	丙寅	乙丑	甲子	癸亥	壬戌	辛酉	庚申	己未	戊午	丁巳	丙辰	乙卯	甲寅	癸丑	壬子	辛亥	庚戌	己酉	戊申	丁未	丙午	乙巳	甲辰	癸卯	壬寅	辛丑	일진	
화	월	일	토	丑初	목	수	화	월	일	토	금	목	수	화	월	일	토	금	子正	수	화	월	일	토	금	목	수	화	월	절기시각	
				곡우															청명3											절기	3月小(甲辰) 청명
	29	28	27	**26**	25	24	23	22	21	20	19	18	17	16	15	14	13	12	**11**	10	9	8	7	6	5	4	3	2	1	음력	
	4	4	5	5	5	6	6	6	7	7	7	8	8	8	9	9	9	10		1	1	1	1	2	2	2	3	3	3	대운 순행	
	6	6	5	5	5	4	4	4	3	3	3	2	2	2	1	1	1	1		10	9	9	9	8	8	8	7	7	7	대운 역행	
																							4						3	양력 월	
	23	22	21	20	19	18	17	16	15	14	13	12	11	10	9	8	7	6	5	4	3	2	1	31	30	29	28	27	26	양력 일	
	己亥	戊戌	丁酉	丙申	乙未	甲午	癸巳	壬辰	辛卯	庚寅	己丑	戊子	丁亥	丙戌	乙酉	甲申	癸未	壬午	辛巳	庚辰	己卯	戊寅	丁丑	丙子	乙亥	甲戌	癸酉	壬申	辛未	일진	
	수	화	월	午正	토	금	목	수	화	월	일	토	금	목	수	화	월	일	卯初	금	목	수	화	월	일	토	금	목	수	절기시각	
		소만																입하4												절기	4月大(乙巳) 입하
30	29	**28**	27	26	25	24	23	22	21	20	19	18	17	16	15	14	13	**12**	11	10	9	8	7	6	5	4	3	2	1	음력	
5	5	5	6	6	6	7	7	7	8	8	8	9	9	9	10	10	10		1	1	1	1	2	2	2	3	3	3	4	대운 순행	
6	6	5	5	5	4	4	4	3	3	3	2	2	2	1	1	1	1		10	9	9	9	8	8	8	7	7	7	6	대운 역행	
																						5							4	양력 월	
23	22	21	20	19	18	17	16	15	14	13	12	11	10	9	8	7	6	5	4	3	2	1	30	29	28	27	26	25	24	양력 일	
己巳	戊辰	丁卯	丙寅	乙丑	甲子	癸亥	壬戌	辛酉	庚申	己未	戊午	丁巳	丙辰	乙卯	甲寅	癸丑	壬子	辛亥	庚戌	己酉	戊申	丁未	丙午	乙巳	甲辰	癸卯	壬寅	辛丑	庚子	일진	
금	목	午正	화	월	일	토	금	목	수	화	월	일	토	금	목	수	화	亥正	일	토	금	목	수	화	월	일	토	금	목	절기시각	
	하지															망종5														절기	5月小(丙午) 망종
	29	28	27	26	25	24	23	22	21	20	19	18	17	16	15	**14**	13	12	11	10	9	8	7	6	5	4	3	2	1	음력	
	5	6	6	6	7	7	7	8	8	8	9	9	9	10	10		1	1	1	1	2	2	2	3	3	3	4	4	4	대운 순행	
	5	5	4	4	4	3	3	3	2	2	2	1	1	1	1		10	10	10	9	9	9	8	8	8	7	7	7	6	대운 역행	
																					6								5	양력 월	
	21	20	19	18	17	16	15	14	13	12	11	10	9	8	7	6	5	4	3	2	1	31	30	29	28	27	26	25	24	양력 일	
	戊戌	丁酉	丙申	乙未	甲午	癸巳	壬辰	辛卯	庚寅	己丑	戊子	丁亥	丙戌	乙酉	甲申	癸未	壬午	辛巳	庚辰	己卯	戊寅	丁丑	丙子	乙亥	甲戌	癸酉	壬申	辛未	庚午	일진	
	戌正	금	목	수	화	월	일	토	금	목	수	화	월	일	토	寅初	목	수	화	월	일	토	금	목	수	화	월	일	토	절기시각	
														소서6																절기	윤5月大
30	29	28	27	26	25	24	23	22	21	20	19	18	17	**16**	15	14	13	12	11	10	9	8	7	6	5	4	3	2	1	음력	
6	6	6	7	7	7	8	8	8	9	9	9	10	10		1	1	1	1	2	2	2	3	3	3	4	4	4	5	5	대운 순행	
5	4	4	4	3	3	3	2	2	2	1	1	1	1		10	10	9	9	9	8	8	8	7	7	7	6	6	6	5	대운 역행	
																				7									6	양력 월	
21	20	19	18	17	16	15	14	13	12	11	10	9	8	7	6	5	4	3	2	1	30	29	28	27	26	25	24	23	22	양력 일	
戊辰	丁卯	丙寅	乙丑	甲子	癸亥	壬戌	辛酉	庚申	己未	戊午	丁巳	丙辰	乙卯	甲寅	癸丑	壬子	辛亥	庚戌	己酉	戊申	丁未	丙午	乙巳	甲辰	癸卯	壬寅	辛丑	庚子	己亥	일진	
월	일	토	금	목	수	화	월	일	토	금	목	수	화	未初	일	토	금	목	수	화	월	일	토	금	목	수	화	월	일	절기시각	

• 지붕의 모양이 복잡하고 다채로우면 그 집에서는 갈등, 이견, 마찰, 쟁투가 많이 생긴다.

													입추7															대서		절기	6月大(丁未) 소서
30	29	28	27	26	25	24	23	22	21	20	19	18	17	16	15	14	13	12	11	10	9	8	7	6	5	4	3	2	1	음력	
6	7	7	7	8	8	8	9	9	9	10	10	10		1	1	1	1	2	2	2	3	3	3	4	4	4	5	5	5	대운 순행	
4	4	4	3	3	3	2	2	2	1	1	1	1		10	10	9	9	9	8	8	8	7	7	7	6	6	6	5	5	대운 역행	
																			8										7	양력 월	
20	19	18	17	16	15	14	13	12	11	10	9	8	7	6	5	4	3	2	1	31	30	29	28	27	26	25	24	23	22	양력 일	
戊戌	丁酉	丙申	乙未	甲午	癸巳	壬辰	辛卯	庚寅	己丑	戊子	丁亥	丙戌	乙酉	甲申	癸未	壬午	辛巳	庚辰	己卯	戊寅	丁丑	丙子	乙亥	甲戌	癸酉	壬申	辛未	庚午	己巳	일진	
수	화	월	일	토	금	목	수	화	월	일	토	금	子初	수	화	월	일	토	금	목	수	화	월	일	토	금	목	辰初	화	절기시각	

											백로8																처서			절기	7月小(戊申) 입추
	29	28	27	26	25	24	23	22	21	20	19	18	17	16	15	14	13	12	11	10	9	8	7	6	5	4	3	2	1	음력	
	7	7	7	8	8	8	9	9	9	10		1	1	1	1	2	2	2	3	3	3	4	4	4	5	5	5	6	6	대운 순행	
	3	3	3	2	2	2	1	1	1	1		10	10	10	9	9	9	8	8	8	7	7	7	6	6	6	5	5	5	대운 역행	
																		9											8	양력 월	
	18	17	16	15	14	13	12	11	10	9	8	7	6	5	4	3	2	1	31	30	29	28	27	26	25	24	23	22	21	양력 일	
	丁卯	丙寅	乙丑	甲子	癸亥	壬戌	辛酉	庚申	己未	戊午	丁巳	丙辰	乙卯	甲寅	癸丑	壬子	辛亥	庚戌	己酉	戊申	丁未	丙午	乙巳	甲辰	癸卯	壬寅	辛丑	庚子	己亥	일진	
	목	수	화	월	일	토	금	목	수	화	丑正	일	토	금	목	수	화	월	일	토	금	목	수	화	월	일	未正	금	목	절기시각	

										한로9															추분					절기	8月大(己酉) 백로
30	29	28	27	26	25	24	23	22	21	20	19	18	17	16	15	14	13	12	11	10	9	8	7	6	5	4	3	2	1	음력	
7	7	7	8	8	8	9	9	9	10		1	1	1	1	2	2	2	3	3	3	4	4	4	5	5	5	6	6	6	대운 순행	
3	3	3	2	2	2	1	1	1	1		10	9	9	9	8	8	8	7	7	7	6	6	6	5	5	5	4	4	4	대운 역행	
																	10												9	양력 월	
18	17	16	15	14	13	12	11	10	9	8	7	6	5	4	3	2	1	30	29	28	27	26	25	24	23	22	21	20	19	양력 일	
丁酉	丙申	乙未	甲午	癸巳	壬辰	辛卯	庚寅	己丑	戊子	丁亥	丙戌	乙酉	甲申	癸未	壬午	辛巳	庚辰	己卯	戊寅	丁丑	丙子	乙亥	甲戌	癸酉	壬申	辛未	庚午	己巳	戊辰	일진	
토	금	목	수	화	월	일	토	금	목	酉初	화	월	일	토	금	목	수	화	월	일	토	금	목	수	午初	월	일	토	금	절기시각	

										입동10															상강					절기	9月小(庚戌) 한로
	29	28	27	26	25	24	23	22	21	20	19	18	17	16	15	14	13	12	11	10	9	8	7	6	5	4	3	2	1	음력	
	7	7	8	8	8	9	9	9	10		1	1	1	1	2	2	2	3	3	3	4	4	4	5	5	5	6	6	6	대운 순행	
	3	3	2	2	2	1	1	1	1		10	9	9	9	8	8	8	7	7	7	6	6	6	5	5	5	4	4	4	대운 역행	
																11													10	양력 월	
	16	15	14	13	12	11	10	9	8	7	6	5	4	3	2	1	31	30	29	28	27	26	25	24	23	22	21	20	19	양력 일	
	丙寅	乙丑	甲子	癸亥	壬戌	辛酉	庚申	己未	戊午	丁巳	丙辰	乙卯	甲寅	癸丑	壬子	辛亥	庚戌	己酉	戊申	丁未	丙午	乙巳	甲辰	癸卯	壬寅	辛丑	庚子	己亥	戊戌	일진	
	일	토	금	목	수	화	월	일	토	戌正	목	수	화	월	일	토	금	목	수	화	월	일	토	금	戌正	수	화	월	일	절기시각	

									대설11															소설						절기	10月大(辛亥) 입동
30	29	28	27	26	25	24	23	22	21	20	19	18	17	16	15	14	13	12	11	10	9	8	7	6	5	4	3	2	1	음력	
7	7	8	8	8	9	9	9	10		1	1	1	1	2	2	2	3	3	3	4	4	4	5	5	5	6	6	6	7	대운 순행	
3	3	2	2	2	1	1	1	1		10	9	9	9	8	8	8	7	7	7	6	6	6	5	5	5	4	4	4	3	대운 역행	
															12														11	양력 월	
16	15	14	13	12	11	10	9	8	7	6	5	4	3	2	1	30	29	28	27	26	25	24	23	22	21	20	19	18	17	양력 일	
丙申	乙未	甲午	癸巳	壬辰	辛卯	庚寅	己丑	戊子	丁亥	丙戌	乙酉	甲申	癸未	壬午	辛巳	庚辰	己卯	戊寅	丁丑	丙子	乙亥	甲戌	癸酉	壬申	辛未	庚午	己巳	戊辰	丁卯	일진	
화	월	일	토	금	목	수	화	월	午正	토	금	목	수	화	월	일	토	금	목	수	화	월	일	酉初	금	목	수	화	월	절기시각	

									소한12															동지						절기	11月小(壬子) 대설
	29	28	27	26	25	24	23	22	21	20	19	18	17	16	15	14	13	12	11	10	9	8	7	6	5	4	3	2	1	음력	
	7	7	8	8	8	9	9	9		1	1	1	1	2	2	2	3	3	3	4	4	4	5	5	5	6	6	6	7	대운 순행	
	3	2	2	2	1	1	1	1		10	9	9	9	8	8	8	7	7	7	6	6	6	5	5	5	4	4	4	3	대운 역행	
														1															12	양력 월	
	14	13	12	11	10	9	8	7	6	5	4	3	2	1	31	30	29	28	27	26	25	24	23	22	21	20	19	18	17	양력 일	
	乙丑	甲子	癸亥	壬戌	辛酉	庚申	己未	戊午	丁巳	丙辰	乙卯	甲寅	癸丑	壬子	辛亥	庚戌	己酉	戊申	丁未	丙午	乙巳	甲辰	癸卯	壬寅	辛丑	庚子	己亥	戊戌	丁酉	일진	
	수	화	월	일	토	금	목	수	子正	월	일	토	금	목	수	화	월	일	토	금	목	수	화	卯正	일	토	금	목	수	절기시각	

									입춘1															대한						절기	12月大(癸丑) 소한
30	29	28	27	26	25	24	23	22	21	20	19	18	17	16	15	14	13	12	11	10	9	8	7	6	5	4	3	2	1	음력	
7	7	8	8	8	9	9	9	10		1	1	1	1	2	2	2	3	3	3	4	4	4	5	5	5	6	6	6	7	대운 순행	
3	3	2	2	2	1	1	1	1		9	9	9	8	8	8	7	7	7	6	6	6	5	5	5	4	4	4	3	3	대운 역행	
												2																	1	양력 월	
13	12	11	10	9	8	7	6	5	4	3	2	1	31	30	29	28	27	26	25	24	23	22	21	20	19	18	17	16	15	양력 일	
乙未	甲午	癸巳	壬辰	辛卯	庚寅	己丑	戊子	丁亥	丙戌	乙酉	甲申	癸未	壬午	辛巳	庚辰	己卯	戊寅	丁丑	丙子	乙亥	甲戌	癸酉	壬申	辛未	庚午	己巳	戊辰	丁卯	丙寅	일진	
금	목	수	화	월	일	토	금	목	午初	화	월	일	토	금	목	수	화	월	일	토	금	목	수	酉初	월	일	토	금	목	절기시각	

• 여자 사주에 寅申巳亥가 모두 있으면 음란하다.

서기 1953년
단기 4286년

癸巳年

상문 : 未　대장군 : 東
조객 : 卯　삼　재 : 亥卯未
삼살 : 東

휴전협정(남북분단)

									경칩2															우수						절기	1月小(甲寅) 입춘
	29	28	27	26	25	24	23	22	21	20	19	18	17	16	15	14	13	12	11	10	9	8	7	6	5	4	3	2	1	음력	
	7	8	8	8	9	9	9	10		1	1	1	1	2	2	2	3	3	3	4	4	4	5	5	5	6	6	6	7	대운 순행	
	3	2	2	2	1	1	1	1		10	9	9	9	8	8	8	7	7	7	6	6	6	5	5	5	4	4	4	3	대운 역행	
														3															2	양력 월	
	14	13	12	11	10	9	8	7	6	5	4	3	2	1	28	27	26	25	24	23	22	21	20	19	18	17	16	15	14	양력 일	
	甲子	癸亥	壬戌	辛酉	庚申	己未	戊午	丁巳	丙辰	乙卯	甲寅	癸丑	壬子	辛亥	庚戌	己酉	戊申	丁未	丙午	乙巳	甲辰	癸卯	壬寅	辛丑	庚子	己亥	戊戌	丁酉	丙申	일진	
	토	금	목	수	화	월	일	토	卯正	목	수	화	월	일	토	금	목	수	화	월	일	토	금	辰初	수	화	월	일	토	절기시각	

								청명3															춘분							절기	2月大(乙卯) 경칩
30	29	28	27	26	25	24	23	22	21	20	19	18	17	16	15	14	13	12	11	10	9	8	7	6	5	4	3	2	1	음력	
8	8	8	9	9	9	10	10		1	1	1	1	2	2	2	3	3	3	4	4	4	5	5	5	6	6	6	7	7	대운 순행	
3	2	2	2	1	1	1	1		10	9	9	9	8	8	8	7	7	7	6	6	6	5	5	5	4	4	4	3	3	대운 역행	
												4																	3	양력 월	
13	12	11	10	9	8	7	6	5	4	3	2	1	31	30	29	28	27	26	25	24	23	22	21	20	19	18	17	16	15	양력 일	
甲午	癸巳	壬辰	辛卯	庚寅	己丑	戊子	丁亥	丙戌	乙酉	甲申	癸未	壬午	辛巳	庚辰	己卯	戊寅	丁丑	丙子	乙亥	甲戌	癸酉	壬申	辛未	庚午	己巳	戊辰	丁卯	丙寅	乙丑	일진	
월	일	토	금	목	수	화	월	午初	토	금	목	수	화	월	일	토	금	목	수	화	월	일	辰初	금	목	수	화	월	일	절기시각	

							입하4																곡우							절기	3月小(丙辰) 청명
	29	28	27	26	25	24	23	22	21	20	19	18	17	16	15	14	13	12	11	10	9	8	7	6	5	4	3	2	1	음력	
	8	9	9	9	10	10		1	1	1	1	2	2	2	3	3	3	4	4	4	5	5	5	6	6	6	7	7	7	대운 순행	
	2	2	1	1	1	1		10	10	9	9	9	8	8	8	7	7	7	6	6	6	5	5	5	4	4	4	3	3	대운 역행	
												5																	4	양력 월	
	12	11	10	9	8	7	6	5	4	3	2	1	30	29	28	27	26	25	24	23	22	21	20	19	18	17	16	15	14	양력 일	
	癸亥	壬戌	辛酉	庚申	己未	戊午	丁巳	丙辰	乙卯	甲寅	癸丑	壬子	辛亥	庚戌	己酉	戊申	丁未	丙午	乙巳	甲辰	癸卯	壬寅	辛丑	庚子	己亥	戊戌	丁酉	丙申	乙未	일진	
	화	월	일	토	금	목	寅正	화	월	일	토	금	목	수	화	월	일	토	금	목	수	화	酉正	일	토	금	목	수	화	절기시각	

					망종5																소만									절기	4月小(丁巳) 입하
	29	28	27	26	25	24	23	22	21	20	19	18	17	16	15	14	13	12	11	10	9	8	7	6	5	4	3	2	1	음력	
	9	9	10	10		1	1	1	1	2	2	2	3	3	3	4	4	4	5	5	5	6	6	6	7	7	7	8	8	대운 순행	
	1	1	1	1		10	10	9	9	9	8	8	8	7	7	7	6	6	6	5	5	5	4	4	4	3	3	3	2	대운 역행	
										6																			5	양력 월	
	10	9	8	7	6	5	4	3	2	1	31	30	29	28	27	26	25	24	23	22	21	20	19	18	17	16	15	14	13	양력 일	
	壬辰	辛卯	庚寅	己丑	戊子	丁亥	丙戌	乙酉	甲申	癸未	壬午	辛巳	庚辰	己卯	戊寅	丁丑	丙子	乙亥	甲戌	癸酉	壬申	辛未	庚午	己巳	戊辰	丁卯	丙寅	乙丑	甲子	일진	
	수	화	월	일	巳初	금	목	수	화	월	일	토	금	목	수	화	월	일	토	금	酉初	수	화	월	일	토	금	목	수	절기시각	

			소서6															하지												절기	5月大(戊午) 망종
30	29	28	27	26	25	24	23	22	21	20	19	18	17	16	15	14	13	12	11	10	9	8	7	6	5	4	3	2	1	음력	
10	10	10		1	1	1	1	2	2	2	3	3	3	4	4	4	5	5	5	6	6	6	7	7	7	8	8	8	9	대운 순행	
1	1	1		10	10	9	9	9	8	8	8	7	7	7	6	6	6	5	5	5	4	4	4	3	3	3	2	2	2	대운 역행	
									7																				6	양력 월	
10	9	8	7	6	5	4	3	2	1	30	29	28	27	26	25	24	23	22	21	20	19	18	17	16	15	14	13	12	11	양력 일	
壬戌	辛酉	庚申	己未	戊午	丁巳	丙辰	乙卯	甲寅	癸丑	壬子	辛亥	庚戌	己酉	戊申	丁未	丙午	乙巳	甲辰	癸卯	壬寅	辛丑	庚子	己亥	戊戌	丁酉	丙申	乙未	甲午	癸巳	일진	
금	목	수	戌初	월	일	토	금	목	수	화	월	일	토	금	목	수	화	丑正	일	토	금	목	수	화	월	일	토	금	목	절기시각	

	입추7																대서													절기	6月大(己未) 소서
30	29	28	27	26	25	24	23	22	21	20	19	18	17	16	15	14	13	12	11	10	9	8	7	6	5	4	3	2	1	음력	
10		1	1	1	1	2	2	2	3	3	3	4	4	4	5	5	5	6	6	6	7	7	7	8	8	8	9	9	9	대운 순행	
1		10	10	10	9	9	9	8	8	8	7	7	7	6	6	6	5	5	5	4	4	4	3	3	3	2	2	2	1	대운 역행	
								8																					7	양력 월	
9	8	7	6	5	4	3	2	1	31	30	29	28	27	26	25	24	23	22	21	20	19	18	17	16	15	14	13	12	11	양력 일	
壬辰	辛卯	庚寅	己丑	戊子	丁亥	丙戌	乙酉	甲申	癸未	壬午	辛巳	庚辰	己卯	戊寅	丁丑	丙子	乙亥	甲戌	癸酉	壬申	辛未	庚午	己巳	戊辰	丁卯	丙寅	乙丑	甲子	癸亥	일진	
일	卯初	금	목	수	화	월	일	토	금	목	수	화	월	일	토	금	午正	수	화	월	일	토	금	목	수	화	월	일	토	절기시각	

7月小(庚申) 입추

																처서														절기
	29	28	27	26	25	24	23	22	21	20	19	18	17	16	15	14	13	12	11	10	9	8	7	6	5	4	3	2	1	음력
	1	1	1	1	2	2	2	3	3	3	4	4	4	5	5	5	6	6	6	7	7	7	8	8	8	9	9	9	10	대운 순행
	10	10	9	9	9	8	8	8	7	7	7	6	6	6	5	5	5	4	4	4	3	3	3	2	2	2	1	1	1	대운 역행
							9																						8	양력 월
	7	6	5	4	3	2	1	31	30	29	28	27	26	25	24	23	22	21	20	19	18	17	16	15	14	13	12	11	10	양력 일
	辛酉	庚申	己未	戊午	丁巳	丙辰	乙卯	甲寅	癸丑	壬子	辛亥	庚戌	己酉	戊申	丁未	丙午	乙巳	甲辰	癸卯	壬寅	辛丑	庚子	己亥	戊戌	丁酉	丙申	乙未	甲午	癸巳	일진
	월	일	토	금	목	수	화	월	일	토	금	목	수	화	월	戌初	토	금	목	수	화	월	일	토	금	목	수	화	월	절기시각

8月大(辛酉) 백로

														추분															백로8	절기
30	29	28	27	26	25	24	23	22	21	20	19	18	17	16	15	14	13	12	11	10	9	8	7	6	5	4	3	2	1	음력
1	1	1	1	2	2	2	3	3	3	4	4	4	5	5	5	6	6	6	7	7	7	8	8	8	9	9	9	10		대운 순행
10	9	9	9	8	8	8	7	7	7	6	6	6	5	5	5	4	4	4	3	3	3	2	2	2	1	1	1	1		대운 역행
						10																							9	양력 월
7	6	5	4	3	2	1	30	29	28	27	26	25	24	23	22	21	20	19	18	17	16	15	14	13	12	11	10	9	8	양력 일
辛卯	庚寅	己丑	戊子	丁亥	丙戌	乙酉	甲申	癸未	壬午	辛巳	庚辰	己卯	戊寅	丁丑	丙子	乙亥	甲戌	癸酉	壬申	辛未	庚午	己巳	戊辰	丁卯	丙寅	乙丑	甲子	癸亥	壬戌	일진
수	화	월	일	토	금	목	수	화	월	일	토	금	목	酉初	화	월	일	토	금	목	수	화	월	일	토	금	목	수	辰初	절기시각

9月大(壬戌) 한로

													상강																한로9	절기
30	29	28	27	26	25	24	23	22	21	20	19	18	17	16	15	14	13	12	11	10	9	8	7	6	5	4	3	2	1	음력
1	1	1	2	2	2	3	3	3	4	4	4	5	5	5	6	6	6	7	7	7	8	8	8	9	9	9	10	10		대운 순행
10	9	9	9	8	8	8	7	7	7	6	6	6	5	5	5	4	4	4	3	3	3	2	2	2	1	1	1	1		대운 역행
					11																								10	양력 월
6	5	4	3	2	1	31	30	29	28	27	26	25	24	23	22	21	20	19	18	17	16	15	14	13	12	11	10	9	8	양력 일
辛酉	庚申	己未	戊午	丁巳	丙辰	乙卯	甲寅	癸丑	壬子	辛亥	庚戌	己酉	戊申	丁未	丙午	乙巳	甲辰	癸卯	壬寅	辛丑	庚子	己亥	戊戌	丁酉	丙申	乙未	甲午	癸巳	壬辰	일진
금	목	수	화	월	일	토	금	목	수	화	월	일	丑正	금	목	수	화	월	일	토	금	목	수	화	월	일	토	금	子初	절기시각

10月小(癸亥) 입동

														소설														입동10		절기
	29	28	27	26	25	24	23	22	21	20	19	18	17	16	15	14	13	12	11	10	9	8	7	6	5	4	3	2	1	음력
	1	1	1	2	2	2	3	3	3	4	4	4	5	5	5	6	6	6	7	7	7	8	8	8	9	9	9		1	대운 순행
	9	9	8	8	8	7	7	7	6	6	6	5	5	5	4	4	4	3	3	3	2	2	2	1	1	1	1		10	대운 역행
					12																								11	양력 월
	5	4	3	2	1	30	29	28	27	26	25	24	23	22	21	20	19	18	17	16	15	14	13	12	11	10	9	8	7	양력 일
	庚寅	己丑	戊子	丁亥	丙戌	乙酉	甲申	癸未	壬午	辛巳	庚辰	己卯	戊寅	丁丑	丙子	乙亥	甲戌	癸酉	壬申	辛未	庚午	己巳	戊辰	丁卯	丙寅	乙丑	甲子	癸亥	壬戌	일진
	토	금	목	수	화	월	일	토	금	목	수	화	월	子初	토	금	목	수	화	월	일	토	금	목	수	화	월	丑正	토	절기시각

11月大(甲子) 대설

													동지															대설11		절기
30	29	28	27	26	25	24	23	22	21	20	19	18	17	16	15	14	13	12	11	10	9	8	7	6	5	4	3	2	1	음력
1	1	1	2	2	2	3	3	3	4	4	4	5	5	5	6	6	6	7	7	7	8	8	8	9	9	9	10		1	대운 순행
9	9	9	8	8	8	7	7	7	6	6	6	5	5	5	4	4	4	3	3	3	2	2	2	1	1	1	1		9	대운 역행
			1																										12	양력 월
4	3	2	1	31	30	29	28	27	26	25	24	23	22	21	20	19	18	17	16	15	14	13	12	11	10	9	8	7	6	양력 일
庚申	己未	戊午	丁巳	丙辰	乙卯	甲寅	癸丑	壬子	辛亥	庚戌	己酉	戊申	丁未	丙午	乙巳	甲辰	癸卯	壬寅	辛丑	庚子	己亥	戊戌	丁酉	丙申	乙未	甲午	癸巳	壬辰	辛卯	일진
월	일	토	금	목	수	화	월	일	토	금	목	수	午正	월	일	토	금	목	수	화	월	일	토	금	목	수	화	酉正	일	절기시각

12月大(乙丑) 소한

														대한														소한12		절기
30	29	28	27	26	25	24	23	22	21	20	19	18	17	16	15	14	13	12	11	10	9	8	7	6	5	4	3	2	1	음력
1	1	1	1	2	2	2	3	3	3	4	4	4	5	5	5	6	6	6	7	7	7	8	8	8	9	9	9		1	대운 순행
9	9	9	8	8	8	7	7	7	6	6	6	5	5	5	4	4	4	3	3	3	2	2	2	1	1	1	1		10	대운 역행
		2																											1	양력 월
3	2	1	31	30	29	28	27	26	25	24	23	22	21	20	19	18	17	16	15	14	13	12	11	10	9	8	7	6	5	양력 일
庚寅	己丑	戊子	丁亥	丙戌	乙酉	甲申	癸未	壬午	辛巳	庚辰	己卯	戊寅	丁丑	丙子	乙亥	甲戌	癸酉	壬申	辛未	庚午	己巳	戊辰	丁卯	丙寅	乙丑	甲子	癸亥	壬戌	辛酉	일진
수	화	월	일	토	금	목	수	화	월	일	토	금	목	子初	화	월	일	토	금	목	수	화	월	일	토	금	목	卯初	화	절기시각

• 官과 財가 약하고 비견 · 겁재가 많으면 남편을 속이는 기질이 있다.

서기 1954년
단기 4287년

甲午年

상문 : 申 대장군 : 東
조객 : 辰 삼 재 : 亥卯未
삼살 : 北

														우수															입춘1	절기	1月小(丙寅)입춘
	29	28	27	26	25	24	23	22	21	20	19	18	17	**16**	15	14	13	12	11	10	9	8	7	6	5	4	3	2	**1**	음력	
	1	1	1	2	2	2	3	3	3	4	4	4	5	5	5	6	6	6	7	7	7	8	8	8	9	9	9	10		대운 순행	
	9	9	9	8	8	8	7	7	7	6	6	6	5	5	5	4	4	4	3	3	3	2	2	2	1	1	1	1		대운 역행	
				3																									2	양력 월	
	4	3	2	1	28	27	26	25	24	23	22	21	20	19	18	17	16	15	14	13	12	11	10	9	8	7	6	5	4	양력 일	
	己未	戊午	丁巳	丙辰	乙卯	甲寅	癸丑	壬子	辛亥	庚戌	己酉	戊申	丁未	丙午	乙巳	甲辰	癸卯	壬寅	辛丑	庚子	己亥	戊戌	丁酉	丙申	乙未	甲午	癸巳	壬辰	辛卯	일진	
	목	수	화	월	일	토	금	목	수	화	월	일	토	未初	목	수	화	월	일	토	금	목	수	화	월	일	토	금	酉初	절기시각	

													춘분															경칩2		절기	2月小(丁卯)경칩
	29	28	27	26	25	24	23	22	21	20	19	18	**17**	16	15	14	13	12	11	10	9	8	7	6	5	4	3	**2**	1	음력	
	1	1	2	2	2	3	3	3	4	4	4	5	5	5	6	6	6	7	7	7	8	8	8	9	9	9	10		1	대운 순행	
	9	9	8	8	8	7	7	7	6	6	6	5	5	5	4	4	4	3	3	3	2	2	2	1	1	1	1		10	대운 역행	
		4																											3	양력 월	
	2	1	31	30	29	28	27	26	25	24	23	22	21	20	19	18	17	16	15	14	13	12	11	10	9	8	7	6	5	양력 일	
	戊子	丁亥	丙戌	乙酉	甲申	癸未	壬午	辛巳	庚辰	己卯	戊寅	丁丑	丙子	乙亥	甲戌	癸酉	壬申	辛未	庚午	己巳	戊辰	丁卯	丙寅	乙丑	甲子	癸亥	壬戌	辛酉	庚申	일진	
	금	목	수	화	월	일	토	금	목	수	화	월	午正	토	금	목	수	화	월	일	토	금	목	수	화	월	일	午初	금	절기시각	

											곡우																청명3			절기	3月大(戊辰)청명
30	29	28	27	26	25	24	23	22	21	20	**19**	18	17	16	15	14	13	12	11	10	9	8	7	6	5	4	**3**	2	1	음력	
1	2	2	2	3	3	3	4	4	4	5	5	5	6	6	6	7	7	7	8	8	8	9	9	9	10	10		1	1	대운 순행	
9	9	8	8	8	7	7	7	6	6	6	5	5	5	4	4	4	3	3	3	2	2	2	1	1	1	1		10	9	대운 역행	
	5																												4	양력 월	
2	1	30	29	28	27	26	25	24	23	22	21	20	19	18	17	16	15	14	13	12	11	10	9	8	7	6	5	4	3	양력 일	
戊午	丁巳	丙辰	乙卯	甲寅	癸丑	壬子	辛亥	庚戌	己酉	戊申	丁未	丙午	乙巳	甲辰	癸卯	壬寅	辛丑	庚子	己亥	戊戌	丁酉	丙申	乙未	甲午	癸巳	壬辰	辛卯	庚寅	己丑	일진	
일	토	금	목	수	화	월	일	토	금	목	子正	화	월	일	토	금	목	수	화	월	일	토	금	목	수	화	酉初	일	토	절기시각	

											소만															입하4				절기	4月小(己巳)입하
	29	28	27	26	25	24	23	22	21	20	**19**	18	17	16	15	14	13	12	11	10	9	8	7	6	5	**4**	3	2	1	음력	
	2	2	3	3	3	4	4	4	5	5	5	6	6	6	7	7	7	8	8	8	9	9	9	10	10		1	1	1	대운 순행	
	8	8	8	7	7	7	6	6	6	5	5	5	4	4	4	3	3	3	2	2	2	1	1	1	1		10	10	9	대운 역행	
																													5	양력 월	
	31	30	29	28	27	26	25	24	23	22	21	20	19	18	17	16	15	14	13	12	11	10	9	8	7	6	5	4	3	양력 일	
	丁亥	丙戌	乙酉	甲申	癸未	壬午	辛巳	庚辰	己卯	戊寅	丁丑	丙子	乙亥	甲戌	癸酉	壬申	辛未	庚午	己巳	戊辰	丁卯	丙寅	乙丑	甲子	癸亥	壬戌	辛酉	庚申	己未	일진	
	월	일	토	금	목	수	화	월	일	토	子初	목	수	화	월	일	토	금	목	수	화	월	일	토	금	巳正	수	화	월	절기시각	

								하지																망종5						절기	5月小(庚午)망종
	29	28	27	26	25	24	23	**22**	21	20	19	18	17	16	15	14	13	12	11	10	9	8	7	**6**	5	4	3	2	1	음력	
	3	3	4	4	4	5	5	5	6	6	6	7	7	7	8	8	8	9	9	9	10	10	10		1	1	1	1	2	대운 순행	
	8	7	7	7	6	6	6	5	5	5	4	4	4	3	3	3	2	2	2	1	1	1	1		10	10	9	9	9	대운 역행	
																													6	양력 월	
	29	28	27	26	25	24	23	22	21	20	19	18	17	16	15	14	13	12	11	10	9	8	7	6	5	4	3	2	1	양력 일	
	丙辰	乙卯	甲寅	癸丑	壬子	辛亥	庚戌	己酉	戊申	丁未	丙午	乙巳	甲辰	癸卯	壬寅	辛丑	庚子	己亥	戊戌	丁酉	丙申	乙未	甲午	癸巳	壬辰	辛卯	庚寅	己丑	戊子	일진	
	화	월	일	토	금	목	수	辰初	월	일	토	금	목	수	화	월	일	토	금	목	수	화	월	申初	토	금	목	수	화	절기시각	

						대서															소서6									절기	6月大(辛未)소서
30	29	28	27	26	25	**24**	23	22	21	20	19	18	17	16	15	14	13	12	11	10	**9**	8	7	6	5	4	3	2	1	음력	
3	4	4	4	5	5	5	6	6	6	7	7	7	8	8	8	9	9	9	10	10		1	1	1	1	2	2	2	3	대운 순행	
7	7	6	6	6	5	5	5	4	4	4	3	3	3	2	2	2	1	1	1	1		10	10	10	9	9	9	8	8	대운 역행	
																												7	6	양력 월	
29	28	27	26	25	24	23	22	21	20	19	18	17	16	15	14	13	12	11	10	9	8	7	6	5	4	3	2	1	30	양력 일	
丙戌	乙酉	甲申	癸未	壬午	辛巳	庚辰	己卯	戊寅	丁丑	丙子	乙亥	甲戌	癸酉	壬申	辛未	庚午	己巳	戊辰	丁卯	丙寅	乙丑	甲子	癸亥	壬戌	辛酉	庚申	己未	戊午	丁巳	일진	
목	수	화	월	일	토	酉正	목	수	화	월	일	토	금	목	수	화	월	일	토	금	丑初	수	화	월	일	토	금	목	수	절기시각	

• 집에 큰 나무가 많으면 가족 중 만성병 환자가 있게 된다.

7月小(壬申) 입추

			처서																입추7											절기
	29	28	27	**26**	25	24	23	22	21	20	19	18	17	16	15	14	13	12	11	**10**	9	8	7	6	5	4	3	2	1	음력
	4	4	5	5	5	6	6	6	7	7	7	8	8	8	9	9	9	10	10		1	1	1	1	2	2	2	3	3	대운 순행
	6	6	6	5	5	5	4	4	4	3	3	3	2	2	2	1	1	1	1		10	10	9	9	9	8	8	8	7	대운 역행
																											8		7	양력 월
	27	26	25	24	23	22	21	20	19	18	17	16	15	14	13	12	11	10	9	8	7	6	5	4	3	2	1	31	30	양력 일
	乙卯	甲寅	癸丑	壬子	辛亥	庚戌	己酉	戊申	丁未	丙午	乙巳	甲辰	癸卯	壬寅	辛丑	庚子	己亥	戊戌	丁酉	丙申	乙未	甲午	癸巳	壬辰	辛卯	庚寅	己丑	戊子	丁亥	일진
	금	목	수	丑初	월	일	토	금	목	수	화	월	일	토	금	목	수	화	월	午初	토	금	목	수	화	월	일	토	금	절기시각

8月大(癸酉) 백로

			추분															백로8												절기
30	29	28	**27**	26	25	24	23	22	21	20	19	18	17	16	15	14	13	**12**	11	10	9	8	7	6	5	4	3	2	1	음력
4	5	5	5	6	6	6	7	7	7	8	8	8	9	9	9	10	10		1	1	1	1	2	2	2	3	3	3	4	대운 순행
6	6	5	5	5	4	4	4	3	3	3	2	2	2	1	1	1	1		10	10	9	9	9	8	8	8	7	7	7	대운 역행
																									9				8	양력 월
26	25	24	23	22	21	20	19	18	17	16	15	14	13	12	11	10	9	8	7	6	5	4	3	2	1	31	30	29	28	양력 일
乙酉	甲申	癸未	壬午	辛巳	庚辰	己卯	戊寅	丁丑	丙子	乙亥	甲戌	癸酉	壬申	辛未	庚午	己巳	戊辰	丁卯	丙寅	乙丑	甲子	癸亥	壬戌	辛酉	庚申	己未	戊午	丁巳	丙辰	일진
일	토	금	亥正	수	화	월	일	토	금	목	수	화	월	일	토	금	목	卯初	화	월	일	토	금	목	수	화	월	일	토	절기시각

9月大(甲戌) 한로

		상강															한로9													절기
30	29	**28**	27	26	25	24	23	22	21	20	19	18	17	16	15	14	**13**	12	11	10	9	8	7	6	5	4	3	2	1	음력
4	5	5	5	6	6	6	7	7	7	8	8	8	9	9	9	10		1	1	1	1	2	2	2	3	3	3	4	4	대운 순행
6	5	5	5	4	4	4	3	3	3	2	2	2	1	1	1	1		10	10	9	9	9	8	8	8	7	7	7	6	대운 역행
																									10				9	양력 월
26	25	24	23	22	21	20	19	18	17	16	15	14	13	12	11	10	9	8	7	6	5	4	3	2	1	30	29	28	27	양력 일
乙卯	甲寅	癸丑	壬子	辛亥	庚戌	己酉	戊申	丁未	丙午	乙巳	甲辰	癸卯	壬寅	辛丑	庚子	己亥	戊戌	丁酉	丙申	乙未	甲午	癸巳	壬辰	辛卯	庚寅	己丑	戊子	丁亥	丙戌	일진
화	월	辰初	토	금	목	수	화	월	일	토	금	목	수	화	월	일	寅正	금	목	수	화	월	일	토	금	목	수	화	월	절기시각

10月小(乙亥) 입동

		소설															입동10													절기
	29	**28**	27	26	25	24	23	22	21	20	19	18	17	16	15	14	**13**	12	11	10	9	8	7	6	5	4	3	2	1	음력
	5	5	5	6	6	6	7	7	7	8	8	8	9	9	9	10		1	1	1	1	2	2	2	3	3	3	4	4	대운 순행
	5	5	5	4	4	4	3	3	3	2	2	2	1	1	1	1		10	9	9	9	8	8	8	7	7	7	6	6	대운 역행
																								11					10	양력 월
	24	23	22	21	20	19	18	17	16	15	14	13	12	11	10	9	8	7	6	5	4	3	2	1	31	30	29	28	27	양력 일
	甲申	癸未	壬午	辛巳	庚辰	己卯	戊寅	丁丑	丙子	乙亥	甲戌	癸酉	壬申	辛未	庚午	己巳	戊辰	丁卯	丙寅	乙丑	甲子	癸亥	壬戌	辛酉	庚申	己未	戊午	丁巳	丙辰	일진
	수	卯初	월	일	토	금	목	수	화	월	일	토	금	목	수	화	辰初	일	토	금	목	수	화	월	일	토	금	목	수	절기시각

11月大(丙子) 대설

		동지														대설11														절기
30	29	**28**	27	26	25	24	23	22	21	20	19	18	17	16	15	**14**	13	12	11	10	9	8	7	6	5	4	3	2	1	음력
4	5	5	5	6	6	6	7	7	7	8	8	8	9	9	9		1	1	1	1	2	2	2	3	3	3	4	4	4	대운 순행
5	5	5	4	4	4	3	3	3	2	2	2	1	1	1	1		10	9	9	9	8	8	8	7	7	7	6	6	6	대운 역행
																							12						11	양력 월
24	23	22	21	20	19	18	17	16	15	14	13	12	11	10	9	8	7	6	5	4	3	2	1	30	29	28	27	26	25	양력 일
甲寅	癸丑	壬子	辛亥	庚戌	己酉	戊申	丁未	丙午	乙巳	甲辰	癸卯	壬寅	辛丑	庚子	己亥	戊戌	丁酉	丙申	乙未	甲午	癸巳	壬辰	辛卯	庚寅	己丑	戊子	丁亥	丙戌	乙酉	일진
금	목	酉正	화	월	일	토	금	목	수	화	월	일	토	금	목	子正	화	월	일	토	금	목	수	화	월	일	토	금	목	절기시각

12月大(丁丑) 소한

		대한															소한12													절기
30	29	**28**	27	26	25	24	23	22	21	20	19	18	17	16	15	14	**13**	12	11	10	9	8	7	6	5	4	3	2	1	음력
4	4	5	5	5	6	6	6	7	7	7	8	8	8	9	9	9		1	1	1	1	2	2	2	3	3	3	4	4	대운 순행
6	5	5	5	4	4	4	3	3	3	2	2	2	1	1	1	1		9	9	9	8	8	8	7	7	7	6	6	6	대운 역행
																						1							12	양력 월
23	22	21	20	19	18	17	16	15	14	13	12	11	10	9	8	7	6	5	4	3	2	1	31	30	29	28	27	26	25	양력 일
甲申	癸未	壬午	辛巳	庚辰	己卯	戊寅	丁丑	丙子	乙亥	甲戌	癸酉	壬申	辛未	庚午	己巳	戊辰	丁卯	丙寅	乙丑	甲子	癸亥	壬戌	辛酉	庚申	己未	戊午	丁巳	丙辰	乙卯	일진
일	토	卯初	목	수	화	월	일	토	금	목	수	화	월	일	토	금	午初	수	화	월	일	토	금	목	수	화	월	일	토	절기시각

서기 1955년
단기 4288년

乙未年

상문 : 酉　대장군 : 東
조객 : 巳　삼　재 : 亥卯未
삼살 : 酉

(썸머타임 양 5. 2 자정 ~ 양 9. 21 자정)

1月大(戊寅) 입춘

			우수															입춘1												절기
30	29	28	**27**	26	25	24	23	22	21	20	19	18	17	16	15	14	13	**12**	11	10	9	8	7	6	5	4	3	2	1	음력
4	4	5	5	5	6	6	6	7	7	7	8	8	8	9	9	9	10		1	1	1	1	2	2	2	3	3	3	4	대운 순행
6	6	5	5	5	4	4	4	3	3	3	2	2	2	1	1	1	1		9	9	9	8	8	8	7	7	7	6	6	대운 역행
																					2								1	양력 월
22	21	20	19	18	17	16	15	14	13	12	11	10	9	8	7	6	5	4	3	2	1	31	30	29	28	27	26	25	24	양력 일
甲寅	癸丑	壬子	辛亥	庚戌	己酉	戊申	丁未	丙午	乙巳	甲辰	癸卯	壬寅	辛丑	庚子	己亥	戊戌	丁酉	丙申	乙未	甲午	癸巳	壬辰	辛卯	庚寅	己丑	戊子	丁亥	丙戌	乙酉	일진
화	월	일	戌初	금	목	수	화	월	일	토	금	목	수	화	월	일	토	子初	목	수	화	월	일	토	금	목	수	화	월	절기시각

2月小(己卯) 경칩

			춘분															경칩2												절기
	29	28	**27**	26	25	24	23	22	21	20	19	18	17	16	15	14	13	**12**	11	10	9	8	7	6	5	4	3	2	1	음력
	4	5	5	5	6	6	6	7	7	7	8	8	8	9	9	9	10		1	1	1	1	2	2	2	3	3	3	4	대운 순행
	6	5	5	5	4	4	4	3	3	3	2	2	2	1	1	1	1		10	9	9	9	8	8	8	7	7	7	6	대운 역행
																							3						2	양력 월
	23	22	21	20	19	18	17	16	15	14	13	12	11	10	9	8	7	6	5	4	3	2	1	28	27	26	25	24	23	양력 일
	癸未	壬午	辛巳	庚辰	己卯	戊寅	丁丑	丙子	乙亥	甲戌	癸酉	壬申	辛未	庚午	己巳	戊辰	丁卯	丙寅	乙丑	甲子	癸亥	壬戌	辛酉	庚申	己未	戊午	丁巳	丙辰	乙卯	일진
	수	화	酉正	일	토	금	목	수	화	월	일	토	금	목	수	화	월	酉初	토	금	목	수	화	월	일	토	금	목	수	절기시각

3月小(庚辰) 청명

	곡우																청명3													절기
	29	28	27	26	25	24	23	22	21	20	19	18	17	16	15	14	**13**	12	11	10	9	8	7	6	5	4	3	2	1	음력
	5	5	6	6	6	7	7	7	8	8	8	9	9	9	10	10		1	1	1	1	2	2	2	3	3	3	4	4	대운 순행
	5	5	5	4	4	4	3	3	3	2	2	2	1	1	1	1		10	9	9	9	8	8	8	7	7	7	6	6	대운 역행
																					4								3	양력 월
	21	20	19	18	17	16	15	14	13	12	11	10	9	8	7	6	5	4	3	2	1	31	30	29	28	27	26	25	24	양력 일
	壬子	辛亥	庚戌	己酉	戊申	丁未	丙午	乙巳	甲辰	癸卯	壬寅	辛丑	庚子	己亥	戊戌	丁酉	丙申	乙未	甲午	癸巳	壬辰	辛卯	庚寅	己丑	戊子	丁亥	丙戌	乙酉	甲申	일진
	卯初	수	화	월	일	토	금	목	수	화	월	일	토	금	목	수	亥正	월	일	토	금	목	수	화	월	일	토	금	목	절기시각

윤 3 月 大

															입하4															절기
30	29	28	27	26	25	24	23	22	21	20	19	18	17	16	**15**	14	13	12	11	10	9	8	7	6	5	4	3	2	1	음력
5	6	6	6	7	7	7	8	8	8	9	9	9	10	10		1	1	1	1	2	2	2	3	3	3	4	4	4	5	대운 순행
5	5	4	4	4	3	3	3	2	2	2	1	1	1	1		10	10	9	9	9	8	8	8	7	7	7	6	6	6	대운 역행
																				5									4	양력 월
21	20	19	18	17	16	15	14	13	12	11	10	9	8	7	6	5	4	3	2	1	30	29	28	27	26	25	24	23	22	양력 일
壬午	辛巳	庚辰	己卯	戊寅	丁丑	丙子	乙亥	甲戌	癸酉	壬申	辛未	庚午	己巳	戊辰	丁卯	丙寅	乙丑	甲子	癸亥	壬戌	辛酉	庚申	己未	戊午	丁巳	丙辰	乙卯	甲寅	癸丑	일진
토	금	목	수	화	월	일	토	금	목	수	화	월	일	토	申正	목	수	화	월	일	토	금	목	수	화	월	일	토	금	절기시각

4月小(辛巳) 입하

														망종5															소만	절기
	29	28	27	26	25	24	23	22	21	20	19	18	17	**16**	15	14	13	12	11	10	9	8	7	6	5	4	3	2	**1**	음력
	6	7	7	7	8	8	8	9	9	9	10	10	10		1	1	1	1	2	2	2	3	3	3	4	4	4	5	5	대운 순행
	4	4	4	3	3	3	2	2	2	1	1	1	1		10	10	9	9	9	8	8	8	7	7	7	6	6	6	5	대운 역행
																			6										5	양력 월
	19	18	17	16	15	14	13	12	11	10	9	8	7	6	5	4	3	2	1	31	30	29	28	27	26	25	24	23	22	양력 일
	辛亥	庚戌	己酉	戊申	丁未	丙午	乙巳	甲辰	癸卯	壬寅	辛丑	庚子	己亥	戊戌	丁酉	丙申	乙未	甲午	癸巳	壬辰	辛卯	庚寅	己丑	戊子	丁亥	丙戌	乙酉	甲申	癸未	일진
	일	토	금	목	수	화	월	일	토	금	목	수	화	戌正	일	토	금	목	수	화	월	일	토	금	목	수	화	월	卯初	절기시각

5月小(壬午) 망종

											소서6																하지			절기
	29	28	27	26	25	24	23	22	21	20	**19**	18	17	16	15	14	13	12	11	10	9	8	7	6	5	4	**3**	2	1	음력
	7	7	8	8	8	9	9	9	10	10		1	1	1	1	2	2	2	3	3	3	4	4	4	5	5	5	6	6	대운 순행
	3	3	3	2	2	2	1	1	1	1		10	10	10	9	9	9	8	8	8	7	7	7	6	6	6	5	5	5	대운 역행
																		7											6	양력 월
	18	17	16	15	14	13	12	11	10	9	8	7	6	5	4	3	2	1	30	29	28	27	26	25	24	23	22	21	20	양력 일
	庚辰	己卯	戊寅	丁丑	丙子	乙亥	甲戌	癸酉	壬申	辛未	庚午	己巳	戊辰	丁卯	丙寅	乙丑	甲子	癸亥	壬戌	辛酉	庚申	己未	戊午	丁巳	丙辰	乙卯	甲寅	癸丑	壬子	일진
	월	일	토	금	목	수	화	월	일	토	辰初	목	수	화	월	일	토	금	목	수	화	월	일	토	금	목	未初	화	월	절기시각

• 우물가에 오동나무는 흉하고 구기자 나무는 길하다.

									입추7															대서						절기		6月大(癸未) 소서
30	29	28	27	26	25	24	23	22	21	20	19	18	17	16	15	14	13	12	11	10	9	8	7	6	5	4	3	2	1	음력		
7	8	8	8	9	9	9	10	10		1	1	1	1	2	2	2	3	3	3	4	4	4	5	5	5	6	6	6	7	순행	대운	
3	3	2	2	2	1	1	1	1		10	10	9	9	9	8	8	8	7	7	7	6	6	6	5	5	5	4	4	4	역행	운	
																8													7	월	양력	
17	16	15	14	13	12	11	10	9	8	7	6	5	4	3	2	1	31	30	29	28	27	26	25	24	23	22	21	20	19	일		
庚戌	己酉	戊申	丁未	丙午	乙巳	甲辰	癸卯	壬寅	辛丑	庚子	己亥	戊戌	丁酉	丙申	乙未	甲午	癸巳	壬辰	辛卯	庚寅	己丑	戊子	丁亥	丙戌	乙酉	甲申	癸未	壬午	辛巳	일진		
수	화	월	일	토	금	목	수	화	申正	일	토	금	목	수	화	월	일	토	금	목	수	화	월	子正	토	금	목	수	화	절기시각		

								백로8															처서							절기		7月小(甲申) 입추
	29	28	27	26	25	24	23	22	21	20	19	18	17	16	15	14	13	12	11	10	9	8	7	6	5	4	3	2	1	음력		
	8	8	9	9	9	10	10		1	1	1	1	2	2	2	3	3	3	4	4	4	5	5	5	6	6	6	7	7	순행	대운	
	2	2	2	1	1	1	1		10	10	9	9	9	8	8	8	7	7	7	6	6	6	5	5	5	4	4	4	3	역행	운	
															9														8	월	양력	
	15	14	13	12	11	10	9	8	7	6	5	4	3	2	1	31	30	29	28	27	26	25	24	23	22	21	20	19	18	일		
	己卯	戊寅	丁丑	丙子	乙亥	甲戌	癸酉	壬申	辛未	庚午	己巳	戊辰	丁卯	丙寅	乙丑	甲子	癸亥	壬戌	辛酉	庚申	己未	戊午	丁巳	丙辰	乙卯	甲寅	癸丑	壬子	辛亥	일진		
	목	수	화	월	일	토	금	戌初	수	화	월	일	토	금	목	수	화	월	일	토	금	목	辰初	화	월	일	토	금	목	절기시각		

						한로9															추분									절기		8月大(乙酉) 백로
30	29	28	27	26	25	24	23	22	21	20	19	18	17	16	15	14	13	12	11	10	9	8	7	6	5	4	3	2	1	음력		
8	8	9	9	9	10		1	1	1	1	2	2	2	3	3	3	4	4	4	5	5	5	6	6	6	7	7	7	8	순행	대운	
2	2	1	1	1	1		10	10	9	9	9	8	8	8	7	7	7	6	6	6	5	5	5	4	4	4	3	3	3	역행	운	
														10															9	월	양력	
15	14	13	12	11	10	9	8	7	6	5	4	3	2	1	30	29	28	27	26	25	24	23	22	21	20	19	18	17	16	일		
己酉	戊申	丁未	丙午	乙巳	甲辰	癸卯	壬寅	辛丑	庚子	己亥	戊戌	丁酉	丙申	乙未	甲午	癸巳	壬辰	辛卯	庚寅	己丑	戊子	丁亥	丙戌	乙酉	甲申	癸未	壬午	辛巳	庚辰	일진		
토	금	목	수	화	월	巳正	토	금	목	수	화	월	일	토	금	목	수	화	월	일	寅正	금	목	수	화	월	일	토	금	절기시각		

						입동10															상강									절기		9月小(丙戌) 한로
	29	28	27	26	25	24	23	22	21	20	19	18	17	16	15	14	13	12	11	10	9	8	7	6	5	4	3	2	1	음력		
	8	9	9	9	10		1	1	1	1	2	2	2	3	3	3	4	4	4	5	5	5	6	6	6	7	7	7	8	순행	대운	
	2	1	1	1	1		10	9	9	9	8	8	8	7	7	7	6	6	6	5	5	5	4	4	4	3	3	3	2	역행	운	
													11																10	월	양력	
	13	12	11	10	9	8	7	6	5	4	3	2	1	31	30	29	28	27	26	25	24	23	22	21	20	19	18	17	16	일		
	戊寅	丁丑	丙子	乙亥	甲戌	癸酉	壬申	辛未	庚午	己巳	戊辰	丁卯	丙寅	乙丑	甲子	癸亥	壬戌	辛酉	庚申	己未	戊午	丁巳	丙辰	乙卯	甲寅	癸丑	壬子	辛亥	庚戌	일진		
	일	토	금	목	수	未初	월	일	토	금	목	수	화	월	일	토	금	목	수	화	未初	일	토	금	목	수	화	월	일	절기시각		

					대설11															소설										절기		10月大(丁亥) 입동
30	29	28	27	26	25	24	23	22	21	20	19	18	17	16	15	14	13	12	11	10	9	8	7	6	5	4	3	2	1	음력		
8	8	9	9	9		1	1	1	1	2	2	2	3	3	3	4	4	4	5	5	5	6	6	6	7	7	7	8	8	순행	대운	
2	1	1	1	1		10	9	9	9	8	8	8	7	7	7	6	6	6	5	5	5	4	4	4	3	3	3	2	2	역행	운	
												12																	11	월	양력	
13	12	11	10	9	8	7	6	5	4	3	2	1	30	29	28	27	26	25	24	23	22	21	20	19	18	17	16	15	14	일		
戊申	丁未	丙午	乙巳	甲辰	癸卯	壬寅	辛丑	庚子	己亥	戊戌	丁酉	丙申	乙未	甲午	癸巳	壬辰	辛卯	庚寅	己丑	戊子	丁亥	丙戌	乙酉	甲申	癸未	壬午	辛巳	庚辰	己卯	일진		
화	월	일	토	금	卯正	수	화	월	일	토	금	목	수	화	월	일	토	금	목	午初	화	월	일	토	금	목	수	화	월	절기시각		

						소한12														동지										절기		11月大(戊子) 대설
30	29	28	27	26	25	24	23	22	21	20	19	18	17	16	15	14	13	12	11	10	9	8	7	6	5	4	3	2	1	음력		
8	8	9	9	9	10		1	1	1	1	2	2	2	3	3	3	4	4	4	5	5	5	6	6	6	7	7	7	8	순행	대운	
2	2	1	1	1	1		9	9	9	8	8	8	7	7	7	6	6	6	5	5	5	4	4	4	3	3	3	2	2	역행	운	
											1																		12	월	양력	
12	11	10	9	8	7	6	5	4	3	2	1	31	30	29	28	27	26	25	24	23	22	21	20	19	18	17	16	15	14	일		
戊寅	丁丑	丙子	乙亥	甲戌	癸酉	壬申	辛未	庚午	己巳	戊辰	丁卯	丙寅	乙丑	甲子	癸亥	壬戌	辛酉	庚申	己未	戊午	丁巳	丙辰	乙卯	甲寅	癸丑	壬子	辛亥	庚戌	己酉	일진		
목	수	화	월	일	토	酉初	목	수	화	월	일	토	금	목	수	화	월	일	토	子正	목	수	화	월	일	토	금	목	수	절기시각		

						입춘1															대한									절기		12月大(己丑) 소한
30	29	28	27	26	25	24	23	22	21	20	19	18	17	16	15	14	13	12	11	10	9	8	7	6	5	4	3	2	1	음력		
8	8	8	9	9	9		1	1	1	1	2	2	2	3	3	3	4	4	4	5	5	5	6	6	6	7	7	7	8	순행	대운	
2	2	1	1	1	1		10	9	9	9	8	8	8	7	7	7	6	6	6	5	5	5	4	4	4	3	3	3	2	역행	운	
										2																			1	월	양력	
11	10	9	8	7	6	5	4	3	2	1	31	30	29	28	27	26	25	24	23	22	21	20	19	18	17	16	15	14	13	일		
戊申	丁未	丙午	乙巳	甲辰	癸卯	壬寅	辛丑	庚子	己亥	戊戌	丁酉	丙申	乙未	甲午	癸巳	壬辰	辛卯	庚寅	己丑	戊子	丁亥	丙戌	乙酉	甲申	癸未	壬午	辛巳	庚辰	己卯	일진		
토	금	목	수	화	월	卯初	토	금	목	수	화	월	일	토	금	목	수	화	월	일	巳正	금	목	수	화	월	일	토	금	절기시각		

• 일주왕에 상관이 많고 인수가 없으면 자식 두기가 어렵다.

서기 1956년
단기 4289년

丙申年

상문 : 戌 대장군 : 南
조객 : 午 삼 재 : 寅午戌
삼살 : 南

(썸머타임 양 5. 20 자정 ~ 양 9. 29 자정)

1月小(庚寅) 입춘

							경칩2														우수									절기
	29	28	27	26	25	24	**23**	22	21	20	19	18	17	16	15	14	13	12	11	10	**9**	8	7	6	5	4	3	2	1	음력
	8	9	9	9	10	10		1	1	1	1	2	2	2	3	3	3	4	4	4	5	5	5	6	6	6	7	7	7	대운 순행
	2	2	1	1	1	1		9	9	9	8	8	8	7	7	7	6	6	6	5	5	5	4	4	4	3	3	3	2	대운 역행
											3																		2	양력 월
	11	10	9	8	7	6	5	4	3	2	1	29	28	27	26	25	24	23	22	21	20	19	18	17	16	15	14	13	12	양력 일
	丁丑	丙子	乙亥	甲戌	癸酉	壬申	辛未	庚午	己巳	戊辰	丁卯	丙寅	乙丑	甲子	癸亥	壬戌	辛酉	庚申	己未	戊午	丁巳	丙辰	乙卯	甲寅	癸丑	壬子	辛亥	庚戌	己酉	일진
	일	토	금	목	수	화	子初	일	토	금	목	수	화	월	일	토	금	목	수	화	丑初	일	토	금	목	수	화	월	일	절기시각

2月大(辛卯) 경칩

					청명3															춘분										절기
30	29	28	27	26	**25**	24	23	22	21	20	19	18	17	16	15	14	13	12	11	**10**	9	8	7	6	5	4	3	2	1	음력
8	9	9	9	10		1	1	1	1	2	2	2	3	3	3	4	4	4	5	5	5	6	6	6	7	7	7	8	8	대운 순행
2	1	1	1	1		10	10	9	9	9	8	8	8	7	7	7	6	6	6	5	5	5	4	4	4	3	3	3	2	대운 역행
									4																				3	양력 월
10	9	8	7	6	5	4	3	2	1	31	30	29	28	27	26	25	24	23	22	21	20	19	18	17	16	15	14	13	12	양력 일
丁未	丙午	乙巳	甲辰	癸卯	壬寅	辛丑	庚子	己亥	戊戌	丁酉	丙申	乙未	甲午	癸巳	壬辰	辛卯	庚寅	己丑	戊子	丁亥	丙戌	乙酉	甲申	癸未	壬午	辛巳	庚辰	己卯	戊寅	일진
화	월	일	토	금	寅正	수	화	월	일	토	금	목	수	화	월	일	토	금	목	子初	화	월	일	토	금	목	수	화	월	절기시각

3月小(壬辰) 청명

					입하4															곡우										절기
	29	28	27	26	**25**	24	23	22	21	20	19	18	17	16	15	14	13	12	11	**10**	9	8	7	6	5	4	3	2	1	음력
	9	10	10	10		1	1	1	1	2	2	2	3	3	3	4	4	4	5	5	5	6	6	6	7	7	7	8	8	대운 순행
	1	1	1	1		10	9	9	9	8	8	8	7	7	7	6	6	6	5	5	5	4	4	4	3	3	3	2	2	대운 역행
									5																				4	양력 월
	9	8	7	6	5	4	3	2	1	30	29	28	27	26	25	24	23	22	21	20	19	18	17	16	15	14	13	12	11	양력 일
	丙子	乙亥	甲戌	癸酉	壬申	辛未	庚午	己巳	戊辰	丁卯	丙寅	乙丑	甲子	癸亥	壬戌	辛酉	庚申	己未	戊午	丁巳	丙辰	乙卯	甲寅	癸丑	壬子	辛亥	庚戌	己酉	戊申	일진
	수	화	월	일	亥正	금	목	수	화	월	일	토	금	목	수	화	월	일	토	午初	목	수	화	월	일	토	금	목	수	절기시각

4月大(癸巳) 입하

		망종5																소만												절기
30	29	**28**	27	26	25	24	23	22	21	20	19	18	17	16	15	14	13	**12**	11	10	9	8	7	6	5	4	3	2	1	음력
10	10		1	1	1	1	2	2	2	3	3	3	4	4	4	5	5	5	6	6	6	7	7	7	8	8	8	9	9	대운 순행
1	1		10	10	10	9	9	9	8	8	8	7	7	7	6	6	6	5	5	5	4	4	4	3	3	3	2	2	2	대운 역행
							6																						5	양력 월
8	7	6	5	4	3	2	1	31	30	29	28	27	26	25	24	23	22	21	20	19	18	17	16	15	14	13	12	11	10	양력 일
丙午	乙巳	甲辰	癸卯	壬寅	辛丑	庚子	己亥	戊戌	丁酉	丙申	乙未	甲午	癸巳	壬辰	辛卯	庚寅	己丑	戊子	丁亥	丙戌	乙酉	甲申	癸未	壬午	辛巳	庚辰	己卯	戊寅	丁丑	일진
금	목	丑初	화	월	일	토	금	목	수	화	월	일	토	금	목	수	화	午初	일	토	금	목	수	화	월	일	토	금	목	절기시각

5月小(甲午) 망종

	소서6																하지													절기
	29	28	27	26	25	24	23	22	21	20	19	18	17	16	15	14	**13**	12	11	10	9	8	7	6	5	4	3	2	1	음력
		1	1	1	1	2	2	2	3	3	3	4	4	4	5	5	5	6	6	6	7	7	7	8	8	8	9	9	9	대운 순행
		10	10	9	9	9	8	8	8	7	7	7	6	6	6	5	5	5	4	4	4	3	3	3	2	2	2	1	1	대운 역행
							7																						6	양력 월
	7	6	5	4	3	2	1	30	29	28	27	26	25	24	23	22	21	20	19	18	17	16	15	14	13	12	11	10	9	양력 일
	乙亥	甲戌	癸酉	壬申	辛未	庚午	己巳	戊辰	丁卯	丙寅	乙丑	甲子	癸亥	壬戌	辛酉	庚申	己未	戊午	丁巳	丙辰	乙卯	甲寅	癸丑	壬子	辛亥	庚戌	己酉	戊申	丁未	일진
	午正	금	목	수	화	월	일	토	금	목	수	화	월	일	토	금	戌初	수	화	월	일	토	금	목	수	화	월	일	토	절기시각

6月小(乙未) 소서

														대서																절기
	29	28	27	26	25	24	23	22	21	20	19	18	17	**16**	15	14	13	12	11	10	9	8	7	6	5	4	3	2	1	음력
	1	1	1	2	2	2	3	3	3	4	4	4	5	5	5	6	6	6	7	7	7	8	8	8	9	9	9	10	10	대운 순행
	10	9	9	9	8	8	8	7	7	7	6	6	6	5	5	5	4	4	4	3	3	3	2	2	2	1	1	1	1	대운 역행
					8																								7	양력 월
	5	4	3	2	1	31	30	29	28	27	26	25	24	23	22	21	20	19	18	17	16	15	14	13	12	11	10	9	8	양력 일
	甲辰	癸卯	壬寅	辛丑	庚子	己亥	戊戌	丁酉	丙申	乙未	甲午	癸巳	壬辰	辛卯	庚寅	己丑	戊子	丁亥	丙戌	乙酉	甲申	癸未	壬午	辛巳	庚辰	己卯	戊寅	丁丑	丙子	일진
	일	토	금	목	수	화	월	일	토	금	목	수	화	卯正	일	토	금	목	수	화	월	일	토	금	목	수	화	월	일	절기시각

• 파초, 소철 등과 같은 음성 식물은 가족들의 신경을 날카롭게 만든다.

7月大(丙申) 입추

													처서																입추7		절기
30	29	28	27	26	25	24	23	22	21	20	19	**18**	17	16	15	14	13	12	11	10	9	8	7	6	5	4	3	**2**	1	음력
1	2	2	2	3	3	3	4	4	4	5	5	5	6	6	6	7	7	7	8	8	8	9	9	9	10	10	10		1	대운 순행
9	9	9	8	8	8	7	7	7	6	6	6	5	5	5	4	4	4	3	3	3	2	2	2	1	1	1	1		10	대운 역행
			9																										8	양력 월
4	3	2	1	31	30	29	28	27	26	25	24	23	22	21	20	19	18	17	16	15	14	13	12	11	10	9	8	7	6	양력 일
甲戌	癸酉	壬申	辛未	庚午	己巳	戊辰	丁卯	丙寅	乙丑	甲子	癸亥	壬戌	辛酉	庚申	己未	戊午	丁巳	丙辰	乙卯	甲寅	癸丑	壬子	辛亥	庚戌	己酉	戊申	丁未	丙午	乙巳	일진
화	월	일	토	금	목	수	화	월	일	토	금	未初	수	화	월	일	토	금	목	수	화	월	일	토	금	목	수	亥正	월	절기시각

8月小(丁酉) 백로

											추분															백로8				절기
	29	28	27	26	25	24	23	22	21	20	**19**	18	17	16	15	14	13	12	11	10	9	8	7	6	5	**4**	3	2	1	음력
	2	2	2	3	3	3	4	4	4	5	5	5	6	6	6	7	7	7	8	8	8	9	9	9	10		1	1	1	대운 순행
	8	8	8	7	7	7	6	6	6	5	5	5	4	4	4	3	3	3	2	2	2	1	1	1	1		10	10	10	대운 역행
			10																										9	양력 월
	3	2	1	30	29	28	27	26	25	24	23	22	21	20	19	18	17	16	15	14	13	12	11	10	9	8	7	6	5	양력 일
	癸卯	壬寅	辛丑	庚子	己亥	戊戌	丁酉	丙申	乙未	甲午	癸巳	壬辰	辛卯	庚寅	己丑	戊子	丁亥	丙戌	乙酉	甲申	癸未	壬午	辛巳	庚辰	己卯	戊寅	丁丑	丙子	乙亥	일진
	수	화	월	일	토	금	목	수	화	월	巳正	토	금	목	수	화	월	일	토	금	목	수	화	월	일	丑初	금	목	수	절기시각

9月大(戊戌) 한로

										상강															한로9					절기
30	29	28	27	26	25	24	23	22	21	**20**	19	18	17	16	15	14	13	12	11	10	9	8	7	6	**5**	4	3	2	1	음력
2	2	2	3	3	3	4	4	4	5	5	5	6	6	6	7	7	7	8	8	8	9	9	9	10		1	1	1	1	대운 순행
8	8	8	7	7	7	6	6	6	5	5	5	4	4	4	3	3	3	2	2	2	1	1	1	1		10	9	9	9	대운 역행
	11																												10	양력 월
2	1	31	30	29	28	27	26	25	24	23	22	21	20	19	18	17	16	15	14	13	12	11	10	9	8	7	6	5	4	양력 일
癸酉	壬申	辛未	庚午	己巳	戊辰	丁卯	丙寅	乙丑	甲子	癸亥	壬戌	辛酉	庚申	己未	戊午	丁巳	丙辰	乙卯	甲寅	癸丑	壬子	辛亥	庚戌	己酉	戊申	丁未	丙午	乙巳	甲辰	일진
금	목	수	화	월	일	토	금	목	수	戌初	월	일	토	금	목	수	화	월	일	토	금	목	수	화	申正	일	토	금	목	절기시각

10月小(己亥) 입동

										소설															입동10					절기
	29	28	27	26	25	24	23	22	21	**20**	19	18	17	16	15	14	13	12	11	10	9	8	7	6	**5**	4	3	2	1	음력
	2	2	3	3	3	4	4	4	5	5	5	6	6	6	7	7	7	8	8	8	9	9	9	10		1	1	1	1	대운 순행
	8	8	7	7	7	6	6	6	5	5	5	4	4	4	3	3	3	2	2	2	1	1	1	1		10	9	9	9	대운 역행
	12																												11	양력 월
	1	30	29	28	27	26	25	24	23	22	21	20	19	18	17	16	15	14	13	12	11	10	9	8	7	6	5	4	3	양력 일
	壬寅	辛丑	庚子	己亥	戊戌	丁酉	丙申	乙未	甲午	癸巳	壬辰	辛卯	庚寅	己丑	戊子	丁亥	丙戌	乙酉	甲申	癸未	壬午	辛巳	庚辰	己卯	戊寅	丁丑	丙子	乙亥	甲戌	일진
	토	금	목	수	화	월	일	토	금	申正	수	화	월	일	토	금	목	수	화	월	일	토	금	목	戌初	화	월	일	토	절기시각

11月大(庚子) 대설

									동지															대설11						절기
30	29	28	27	26	25	24	23	22	**21**	20	19	18	17	16	15	14	13	12	11	10	9	8	7	**6**	5	4	3	2	1	음력
2	2	2	3	3	3	4	4	4	5	5	5	6	6	6	7	7	7	8	8	8	9	9	9		1	1	1	1	2	대운 순행
8	8	7	7	7	6	6	6	5	5	5	4	4	4	3	3	3	2	2	2	1	1	1	1		10	9	9	9	8	대운 역행
																													12	양력 월
31	30	29	28	27	26	25	24	23	22	21	20	19	18	17	16	15	14	13	12	11	10	9	8	7	6	5	4	3	2	양력 일
壬申	辛未	庚午	己巳	戊辰	丁卯	丙寅	乙丑	甲子	癸亥	壬戌	辛酉	庚申	己未	戊午	丁巳	丙辰	乙卯	甲寅	癸丑	壬子	辛亥	庚戌	己酉	戊申	丁未	丙午	乙巳	甲辰	癸卯	일진
월	일	토	금	목	수	화	월	일	卯正	금	목	수	화	월	일	토	금	목	수	화	월	일	토	午正	목	수	화	월	일	절기시각

12月大(辛丑) 소한

										대한															소한12					절기
30	29	28	27	26	25	24	23	22	21	**20**	19	18	17	16	15	14	13	12	11	10	9	8	7	6	**5**	4	3	2	1	음력
2	2	2	3	3	3	4	4	4	5	5	5	6	6	6	7	7	7	8	8	8	9	9	9	10		1	1	1	1	대운 순행
8	8	8	7	7	7	6	6	6	5	5	5	4	4	4	3	3	3	2	2	2	1	1	1	1		9	9	9	8	대운 역행
																													1	양력 월
30	29	28	27	26	25	24	23	22	21	20	19	18	17	16	15	14	13	12	11	10	9	8	7	6	5	4	3	2	1	양력 일
壬寅	辛丑	庚子	己亥	戊戌	丁酉	丙申	乙未	甲午	癸巳	壬辰	辛卯	庚寅	己丑	戊子	丁亥	丙戌	乙酉	甲申	癸未	壬午	辛巳	庚辰	己卯	戊寅	丁丑	丙子	乙亥	甲戌	癸酉	일진
수	화	월	일	토	금	목	수	화	월	辰正	토	금	목	수	화	월	일	토	금	목	수	화	월	일	子初	금	목	수	화	절기시각

• 일주가 약하고 관이 많아도 자식이 없다.

서기 1957년
단기 4290년

丁酉年

상문 : 亥　대장군 : 南
조객 : 未　삼　재 : 寅午戌
삼살 : 東

(썸머타임 양 5.5 자정~양 9.21 자정)

1月大(壬寅) 입춘

절기: **우수** (음력20)　　**입춘1** (음력5)

30	29	28	27	26	25	24	23	22	21	20	19	18	17	16	15	14	13	12	11	10	9	8	7	6	5	4	3	2	1	음력
										우수															입춘1					절기
2	2	2	3	3	3	4	4	4	5	5	5	6	6	6	7	7	7	8	8	8	9	9	9	10		1	1	1	1	대운 순행
8	8	8	7	7	7	6	6	6	5	5	5	4	4	4	3	3	3	2	2	2	1	1	1	1		10	9	9	9	대운 역행
3																												2	1	양력 월
1	28	27	26	25	24	23	22	21	20	19	18	17	16	15	14	13	12	11	10	9	8	7	6	5	4	3	2	1	31	양력 일
壬申	辛未	庚午	己巳	戊辰	丁卯	丙寅	乙丑	甲子	癸亥	壬戌	辛酉	庚申	己未	戊午	丁巳	丙辰	乙卯	甲寅	癸丑	壬子	辛亥	庚戌	己酉	戊申	丁未	丙午	乙巳	甲辰	癸卯	일진
금	목	수	화	월	일	토	금	목	수	亥正	월	일	토	금	목	수	화	월	일	토	금	목	수	화	巳正	일	토	금	목	절기시각

2月小(癸卯) 경칩

절기: **춘분** (음력20)　　**경칩2** (음력5)

	29	28	27	26	25	24	23	22	21	20	19	18	17	16	15	14	13	12	11	10	9	8	7	6	5	4	3	2	1	음력
										춘분															경칩2					절기
	2	2	3	3	3	4	4	4	5	5	5	6	6	6	7	7	7	8	8	8	9	9	9	10		1	1	1	1	대운 순행
	8	8	7	7	7	6	6	6	5	5	5	4	4	4	3	3	3	2	2	2	1	1	1	1		10	9	9	9	대운 역행
																													3	양력 월
	30	29	28	27	26	25	24	23	22	21	20	19	18	17	16	15	14	13	12	11	10	9	8	7	6	5	4	3	2	양력 일
	辛丑	庚子	己亥	戊戌	丁酉	丙申	乙未	甲午	癸巳	壬辰	辛卯	庚寅	己丑	戊子	丁亥	丙戌	乙酉	甲申	癸未	壬午	辛巳	庚辰	己卯	戊寅	丁丑	丙子	乙亥	甲戌	癸酉	일진
	토	금	목	수	화	월	일	토	금	卯正	수	화	월	일	토	금	목	수	화	월	일	토	금	목	卯初	화	월	일	토	절기시각

3月大(甲辰) 청명

절기: **곡우** (음력21)　　**청명3** (음력6)

30	29	28	27	26	25	24	23	22	21	20	19	18	17	16	15	14	13	12	11	10	9	8	7	6	5	4	3	2	1	음력
									곡우															청명3						절기
2	3	3	3	4	4	4	5	5	5	6	6	6	7	7	7	8	8	8	9	9	9	10	10		1	1	1	1	2	대운 순행
8	8	7	7	7	6	6	6	5	5	5	4	4	4	3	3	3	2	2	2	1	1	1	1		10	9	9	9	8	대운 역행
																												4	3	양력 월
29	28	27	26	25	24	23	22	21	20	19	18	17	16	15	14	13	12	11	10	9	8	7	6	5	4	3	2	1	31	양력 일
辛未	庚午	己巳	戊辰	丁卯	丙寅	乙丑	甲子	癸亥	壬戌	辛酉	庚申	己未	戊午	丁巳	丙辰	乙卯	甲寅	癸丑	壬子	辛亥	庚戌	己酉	戊申	丁未	丙午	乙巳	甲辰	癸卯	壬寅	일진
월	일	토	금	목	수	화	월	일	酉初	금	목	수	화	월	일	토	금	목	수	화	월	일	토	巳正	목	수	화	월	일	절기시각

4月小(乙巳) 입하

절기: **소만** (음력22)　　**입하4** (음력7)

	29	28	27	26	25	24	23	22	21	20	19	18	17	16	15	14	13	12	11	10	9	8	7	6	5	4	3	2	1	음력
								소만															입하4							절기
	3	3	4	4	4	5	5	5	6	6	6	7	7	7	8	8	8	9	9	9	10	10		1	1	1	1	2	2	대운 순행
	7	7	7	6	6	6	5	5	5	4	4	4	3	3	3	2	2	2	1	1	1	1		10	10	9	9	9	8	대운 역행
																												5	4	양력 월
	28	27	26	25	24	23	22	21	20	19	18	17	16	15	14	13	12	11	10	9	8	7	6	5	4	3	2	1	30	양력 일
	庚子	己亥	戊戌	丁酉	丙申	乙未	甲午	癸巳	壬辰	辛卯	庚寅	己丑	戊子	丁亥	丙戌	乙酉	甲申	癸未	壬午	辛巳	庚辰	己卯	戊寅	丁丑	丙子	乙亥	甲戌	癸酉	壬申	일진
	화	월	일	토	금	목	수	酉初	월	일	토	금	목	수	화	월	일	토	금	목	수	화	寅初	일	토	금	목	수	화	절기시각

절기: **대서** (음력26)　　**소서6** (음력10)

5月大(丙午) 망종

30	29	28	27	26	25	24	23	22	21	20	19	18	17	16	15	14	13	12	11	10	9	8	7	6	5	4	3	2	1	음력
					하지																망종5									절기
3	4	4	4	5	5	5	6	6	6	7	7	7	8	8	8	9	9	9	10	10		1	1	1	1	2	2	2	3	대운 순행
7	7	6	6	6	5	5	5	4	4	4	3	3	3	2	2	2	1	1	1	1		10	10	9	9	9	8	8	8	대운 역행
																										6			5	양력 월
27	26	25	24	23	22	21	20	19	18	17	16	15	14	13	12	11	10	9	8	7	6	5	4	3	2	1	31	30	29	양력 일
庚午	己巳	戊辰	丁卯	丙寅	乙丑	甲子	癸亥	壬戌	辛酉	庚申	己未	戊午	丁巳	丙辰	乙卯	甲寅	癸丑	壬子	辛亥	庚戌	己酉	戊申	丁未	丙午	乙巳	甲辰	癸卯	壬寅	辛丑	일진
목	수	화	월	일	丑初	금	목	수	화	월	일	토	금	목	수	화	월	일	토	금	辰正	수	화	월	일	토	금	목	수	절기시각

6月小(丁未) 소서

	29	28	27	26	25	24	23	22	21	20	19	18	17	16	15	14	13	12	11	10	9	8	7	6	5	4	3	2	1	음력
				대서																소서6										절기
	4	5	5	5	6	6	6	7	7	7	8	8	8	9	9	9	10	10	10		1	1	1	1	2	2	2	3	3	대운 순행
	6	6	6	5	5	5	4	4	4	3	3	3	2	2	2	1	1	1	1		10	10	9	9	9	8	8	8	7	대운 역행
																										7			6	양력 월
	26	25	24	23	22	21	20	19	18	17	16	15	14	13	12	11	10	9	8	7	6	5	4	3	2	1	30	29	28	양력 일
	己亥	戊戌	丁酉	丙申	乙未	甲午	癸巳	壬辰	辛卯	庚寅	己丑	戊子	丁亥	丙戌	乙酉	甲申	癸未	壬午	辛巳	庚辰	己卯	戊寅	丁丑	丙子	乙亥	甲戌	癸酉	壬申	辛未	일진
	금	목	수	午正	월	일	토	금	목	수	화	월	일	토	금	목	수	화	월	酉正	토	금	목	수	화	월	일	토	금	절기시각

• 집안에 있는 방향성(芳香性) 식물은 가족들의 성격을 명랑하게 만든다.

		처서															입추7													절기	7月小(戊申)입추
	29	28	27	26	25	24	23	22	21	20	19	18	17	16	15	14	13	12	11	10	9	8	7	6	5	4	3	2	1	음력	
	5	5	6	6	6	7	7	7	8	8	8	9	9	9	10	10		1	1	1	1	2	2	2	3	3	3	4	4	대운 순행	
	5	5	5	4	4	4	3	3	3	2	2	2	1	1	1	1		10	10	10	9	9	9	8	8	8	7	7	7	대운 역행	
																								8					7	양력 월	
	24	23	22	21	20	19	18	17	16	15	14	13	12	11	10	9	8	7	6	5	4	3	2	1	31	30	29	28	27	양력 일	
	戊	丁	丙	乙	甲	癸	壬	辛	庚	己	戊	丁	丙	乙	甲	癸	壬	辛	庚	己	戊	丁	丙	乙	甲	癸	壬	辛	庚	일진	
	辰	卯	寅	丑	子	亥	戌	酉	申	未	午	巳	辰	卯	寅	丑	子	亥	戌	酉	申	未	午	巳	辰	卯	寅	丑	子		
	토	戌初	목	수	화	월	일	토	금	목	수	화	월	일	토	금	寅正	수	화	월	일	토	금	목	수	화	월	일	토	절기시각	

추분															백로8															절기	8月大(己酉)백로
30	29	28	27	26	25	24	23	22	21	20	19	18	17	16	15	14	13	12	11	10	9	8	7	6	5	4	3	2	1	음력	
5	5	6	6	6	7	7	7	8	8	8	9	9	9	10		1	1	1	1	2	2	2	3	3	3	4	4	4	5	대운 순행	
5	5	4	4	4	3	3	3	2	2	2	1	1	1	1		10	10	9	9	9	8	8	8	7	7	7	6	6	6	대운 역행	
																						9							8	양력 월	
23	22	21	20	19	18	17	16	15	14	13	12	11	10	9	8	7	6	5	4	3	2	1	31	30	29	28	27	26	25	양력 일	
戊	丁	丙	乙	甲	癸	壬	辛	庚	己	戊	丁	丙	乙	甲	癸	壬	辛	庚	己	戊	丁	丙	乙	甲	癸	壬	辛	庚	己	일진	
戌	酉	申	未	午	巳	辰	卯	寅	丑	子	亥	戌	酉	申	未	午	巳	辰	卯	寅	丑	子	亥	戌	酉	申	未	午	巳		
申正	일	토	금	목	수	화	월	일	토	금	목	수	화	월	辰初	토	금	목	수	화	월	일	토	금	목	수	화	월	일	절기시각	

															한로9															절기	윤8月小
	29	28	27	26	25	24	23	22	21	20	19	18	17	16	15	14	13	12	11	10	9	8	7	6	5	4	3	2	1	음력	
	6	6	6	7	7	7	8	8	8	9	9	9	10	10		1	1	1	1	2	2	2	3	3	3	4	4	4	5	대운 순행	
	5	4	4	4	3	3	3	2	2	2	1	1	1	1		10	9	9	9	8	8	8	7	7	7	6	6	6	5	대운 역행	
																						10							9	양력 월	
	22	21	20	19	18	17	16	15	14	13	12	11	10	9	8	7	6	5	4	3	2	1	30	29	28	27	26	25	24	양력 일	
	丁	丙	乙	甲	癸	壬	辛	庚	己	戊	丁	丙	乙	甲	癸	壬	辛	庚	己	戊	丁	丙	乙	甲	癸	壬	辛	庚	己	일진	
	卯	寅	丑	子	亥	戌	酉	申	未	午	巳	辰	卯	寅	丑	子	亥	戌	酉	申	未	午	巳	辰	卯	寅	丑	子	亥		
	화	월	일	토	금	목	수	화	월	일	토	금	목	수	亥正	월	일	토	금	목	수	화	월	일	토	금	목	수	화	절기시각	

													입동10															상강		절기	9月大(庚戌)한로
30	29	28	27	26	25	24	23	22	21	20	19	18	17	16	15	14	13	12	11	10	9	8	7	6	5	4	3	2	1	음력	
5	6	6	6	7	7	7	8	8	8	9	9	9		1	1	1	1	2	2	2	3	3	3	4	4	4	5	5	5	대운 순행	
4	4	4	3	3	3	2	2	2	1	1	1	1		10	10	9	9	9	8	8	8	7	7	7	6	6	6	5	5	대운 역행	
																				11									10	양력 월	
21	20	19	18	17	16	15	14	13	12	11	10	9	8	7	6	5	4	3	2	1	31	30	29	28	27	26	25	24	23	양력 일	
丁	丙	乙	甲	癸	壬	辛	庚	己	戊	丁	丙	乙	甲	癸	壬	辛	庚	己	戊	丁	丙	乙	甲	癸	壬	辛	庚	己	戊	일진	
酉	申	未	午	巳	辰	卯	寅	丑	子	亥	戌	酉	申	未	午	巳	辰	卯	寅	丑	子	亥	戌	酉	申	未	午	巳	辰		
목	수	화	월	일	토	금	목	수	화	월	일	토	丑初	목	수	화	월	일	토	금	목	수	화	월	일	토	금	丑初	수	절기시각	

														대설11															소설	절기	10月小(辛亥)입동
	29	28	27	26	25	24	23	22	21	20	19	18	17	16	15	14	13	12	11	10	9	8	7	6	5	4	3	2	1	음력	
	6	6	6	7	7	7	8	8	8	9	9	9	10		1	1	1	1	2	2	2	3	3	3	4	4	4	5	5	대운 순행	
	4	4	4	3	3	3	2	2	2	1	1	1	1		9	9	9	8	8	8	7	7	7	6	6	6	5	5	5	대운 역행	
																				12									11	양력 월	
	20	19	18	17	16	15	14	13	12	11	10	9	8	7	6	5	4	3	2	1	30	29	28	27	26	25	24	23	22	양력 일	
	丙	乙	甲	癸	壬	辛	庚	己	戊	丁	丙	乙	甲	癸	壬	辛	庚	己	戊	丁	丙	乙	甲	癸	壬	辛	庚	己	戊	일진	
	寅	丑	子	亥	戌	酉	申	未	午	巳	辰	卯	寅	丑	子	亥	戌	酉	申	未	午	巳	辰	卯	寅	丑	子	亥	戌		
	금	목	수	화	월	일	토	금	목	수	화	월	일	酉初	금	목	수	화	월	일	토	금	목	수	화	월	일	토	亥正	절기시각	

													소한12															동지		절기	11月大(壬子)대설
30	29	28	27	26	25	24	23	22	21	20	19	18	17	16	15	14	13	12	11	10	9	8	7	6	5	4	3	2	1	음력	
5	6	6	6	7	7	7	8	8	8	9	9	9		1	1	1	1	2	2	2	3	3	3	4	4	4	5	5	5	대운 순행	
4	4	4	3	3	3	2	2	2	1	1	1	1		10	9	9	9	8	8	8	7	7	7	6	6	6	5	5	5	대운 역행	
																		1											12	양력 월	
19	18	17	16	15	14	13	12	11	10	9	8	7	6	5	4	3	2	1	31	30	29	28	27	26	25	24	23	22	21	양력 일	
丙	乙	甲	癸	壬	辛	庚	己	戊	丁	丙	乙	甲	癸	壬	辛	庚	己	戊	丁	丙	乙	甲	癸	壬	辛	庚	己	戊	丁	일진	
申	未	午	巳	辰	卯	寅	丑	子	亥	戌	酉	申	未	午	巳	辰	卯	寅	丑	子	亥	戌	酉	申	未	午	巳	辰	卯		
일	토	금	목	수	화	월	일	토	금	목	수	화	卯初	일	토	금	목	수	화	월	일	토	금	목	수	화	월	午初	토	절기시각	

														입춘1															대한	절기	12月大(癸丑)소한
30	29	28	27	26	25	24	23	22	21	20	19	18	17	16	15	14	13	12	11	10	9	8	7	6	5	4	3	2	1	음력	
5	6	6	6	7	7	7	8	8	8	9	9	9	10		1	1	1	1	2	2	2	3	3	3	4	4	4	5	5	대운 순행	
5	4	4	4	3	3	3	2	2	2	1	1	1	1		9	9	9	8	8	8	7	7	7	6	6	6	5	5	5	대운 역행	
																	2												1	양력 월	
18	17	16	15	14	13	12	11	10	9	8	7	6	5	4	3	2	1	31	30	29	28	27	26	25	24	23	22	21	20	양력 일	
丙	乙	甲	癸	壬	辛	庚	己	戊	丁	丙	乙	甲	癸	壬	辛	庚	己	戊	丁	丙	乙	甲	癸	壬	辛	庚	己	戊	丁	일진	
寅	丑	子	亥	戌	酉	申	未	午	巳	辰	卯	寅	丑	子	亥	戌	酉	申	未	午	巳	辰	卯	寅	丑	子	亥	戌	酉		
화	월	일	토	금	목	수	화	월	일	토	금	목	수	申正	월	일	토	금	목	수	화	월	일	토	금	목	수	화	亥正	절기시각	

• 남자 사주에 官이 왕하면 똑똑한 자식을 둔다.

서기 1958년
단기 4291년

戊戌年

상문 : 子　대장군 : 南
조객 : 申　삼　재 : 寅午戌
삼살 : 北

(썸머타임 양 5. 4 자정 ~ 양 9. 20 자정)

1月小(甲寅) 입춘

														경칩2															우수	절기
	29	28	27	26	25	24	23	22	21	20	19	18	17	16	15	14	13	12	11	10	9	8	7	6	5	4	3	2	1	음력
	6	6	6	7	7	7	8	8	8	9	9	9	10		1	1	1	1	2	2	2	3	3	3	4	4	4	5	5	대운 순행
	4	4	4	3	3	3	2	2	2	1	1	1	1		10	9	9	9	8	8	8	7	7	7	6	6	6	5	5	대운 역행
																			3										2	양력 월
	19	18	17	16	15	14	13	12	11	10	9	8	7	6	5	4	3	2	1	28	27	26	25	24	23	22	21	20	19	양력 일
	乙未	甲午	癸巳	壬辰	辛卯	庚寅	己丑	戊子	丁亥	丙戌	乙酉	甲申	癸未	壬午	辛巳	庚辰	己卯	戊寅	丁丑	丙子	乙亥	甲戌	癸酉	壬申	辛未	庚午	己巳	戊辰	丁卯	일진
	수	화	월	일	토	금	목	수	화	월	일	토	금	午初	수	화	월	일	토	금	목	수	화	월	일	토	금	목	午正	절기시각

2月大(乙卯) 경칩

													청명3															춘분		절기
30	29	28	27	26	25	24	23	22	21	20	19	18	17	16	15	14	13	12	11	10	9	8	7	6	5	4	3	2	1	음력
6	6	7	7	7	8	8	8	9	9	9	10	10		1	1	1	1	2	2	2	3	3	3	4	4	4	5	5	5	대운 순행
4	4	4	3	3	3	2	2	2	1	1	1	1		10	9	9	9	8	8	8	7	7	7	6	6	6	5	5	5	대운 역행
																	4												3	양력 월
18	17	16	15	14	13	12	11	10	9	8	7	6	5	4	3	2	1	31	30	29	28	27	26	25	24	23	22	21	20	양력 일
乙丑	甲子	癸亥	壬戌	辛酉	庚申	己未	戊午	丁巳	丙辰	乙卯	甲寅	癸丑	壬子	辛亥	庚戌	己酉	戊申	丁未	丙午	乙巳	甲辰	癸卯	壬寅	辛丑	庚子	己亥	戊戌	丁酉	丙申	일진
금	목	수	화	월	일	토	금	목	수	화	월	일	申正	금	목	수	화	월	일	토	금	목	수	화	월	일	토	午正	목	절기시각

3月大(丙辰) 청명

												입하4																곡우		절기
30	29	28	27	26	25	24	23	22	21	20	19	18	17	16	15	14	13	12	11	10	9	8	7	6	5	4	3	2	1	음력
6	7	7	7	8	8	8	9	9	9	10	10		1	1	1	1	2	2	2	3	3	3	4	4	4	5	5	5	6	대운 순행
4	4	3	3	3	2	2	2	1	1	1	1		10	10	9	9	9	8	8	8	7	7	7	6	6	6	5	5	5	대운 역행
																	5												4	양력 월
18	17	16	15	14	13	12	11	10	9	8	7	6	5	4	3	2	1	30	29	28	27	26	25	24	23	22	21	20	19	양력 일
乙未	甲午	癸巳	壬辰	辛卯	庚寅	己丑	戊子	丁亥	丙戌	乙酉	甲申	癸未	壬午	辛巳	庚辰	己卯	戊寅	丁丑	丙子	乙亥	甲戌	癸酉	壬申	辛未	庚午	己巳	戊辰	丁卯	丙寅	일진
일	토	금	목	수	화	월	일	토	금	목	수	午初	월	일	토	금	목	수	화	월	일	토	금	목	수	화	월	子初	토	절기시각

4月小(丁巳) 입하

											망종5																소만			절기
	29	28	27	26	25	24	23	22	21	20	19	18	17	16	15	14	13	12	11	10	9	8	7	6	5	4	3	2	1	음력
	7	8	8	8	9	9	9	10	10	10		1	1	1	1	2	2	2	3	3	3	4	4	4	5	5	5	6	6	대운 순행
	3	3	3	2	2	2	1	1	1	1		10	10	9	9	9	8	8	8	7	7	7	6	6	6	5	5	5	4	대운 역행
																6													5	양력 월
	16	15	14	13	12	11	10	9	8	7	6	5	4	3	2	1	31	30	29	28	27	26	25	24	23	22	21	20	19	양력 일
	甲子	癸亥	壬戌	辛酉	庚申	己未	戊午	丁巳	丙辰	乙卯	甲寅	癸丑	壬子	辛亥	庚戌	己酉	戊申	丁未	丙午	乙巳	甲辰	癸卯	壬寅	辛丑	庚子	己亥	戊戌	丁酉	丙申	일진
	월	일	토	금	목	수	화	월	일	토	未正	목	수	화	월	일	토	금	목	수	화	월	일	토	금	목	亥正	화	월	절기시각

5月大(戊午) 망종

								소서6																하지						절기
30	29	28	27	26	25	24	23	22	21	20	19	18	17	16	15	14	13	12	11	10	9	8	7	6	5	4	3	2	1	음력
8	8	8	9	9	9	10	10		1	1	1	1	2	2	2	3	3	3	4	4	4	5	5	5	6	6	6	7	7	대운 순행
3	2	2	2	1	1	1	1		10	10	10	9	9	9	8	8	8	7	7	7	6	6	6	5	5	5	4	4	4	대운 역행
															7														6	양력 월
16	15	14	13	12	11	10	9	8	7	6	5	4	3	2	1	30	29	28	27	26	25	24	23	22	21	20	19	18	17	양력 일
甲午	癸巳	壬辰	辛卯	庚寅	己丑	戊子	丁亥	丙戌	乙酉	甲申	癸未	壬午	辛巳	庚辰	己卯	戊寅	丁丑	丙子	乙亥	甲戌	癸酉	壬申	辛未	庚午	己巳	戊辰	丁卯	丙寅	乙丑	일진
수	화	월	일	토	금	목	수	子正	월	일	토	금	목	수	화	월	일	토	금	목	수	화	월	卯正	토	금	목	수	화	절기시각

6月小(己未) 소서

							입추7																대서							절기
	29	28	27	26	25	24	23	22	21	20	19	18	17	16	15	14	13	12	11	10	9	8	7	6	5	4	3	2	1	음력
	8	9	9	9	10	10		1	1	1	1	2	2	2	3	3	3	4	4	4	5	5	5	6	6	6	7	7	7	대운 순행
	2	2	1	1	1	1		10	10	9	9	9	8	8	8	7	7	7	6	6	6	5	5	5	4	4	4	3	3	대운 역행
														8															7	양력 월
	14	13	12	11	10	9	8	7	6	5	4	3	2	1	31	30	29	28	27	26	25	24	23	22	21	20	19	18	17	양력 일
	癸亥	壬戌	辛酉	庚申	己未	戊午	丁巳	丙辰	乙卯	甲寅	癸丑	壬子	辛亥	庚戌	己酉	戊申	丁未	丙午	乙巳	甲辰	癸卯	壬寅	辛丑	庚子	己亥	戊戌	丁酉	丙申	乙未	일진
	목	수	화	월	일	토	巳正	목	수	화	월	일	토	금	목	수	화	월	일	토	금	목	酉初	화	월	일	토	금	목	절기시각

• 북동쪽에 매화(梅花)를 심으면 문필가가 나온다.

					백로8															처서										절기	7月小(庚申)입추
	29	28	27	26	25	24	23	22	21	20	19	18	17	16	15	14	13	12	11	10	9	8	7	6	5	4	3	2	1	음력	
	9	9	10	10		1	1	1	1	2	2	2	3	3	3	4	4	4	5	5	5	6	6	6	7	7	7	8	8	대운 순행	
	1	1	1	1		10	10	9	9	9	8	8	8	7	7	7	6	6	6	5	5	5	4	4	4	3	3	3	2	대운 역행	
												9																	8	양력 월	
	12	11	10	9	8	7	6	5	4	3	2	1	31	30	29	28	27	26	25	24	23	22	21	20	19	18	17	16	15	양력 일	
	壬辰	辛卯	庚寅	己丑	戊子	丁亥	丙戌	乙酉	甲申	癸未	壬午	辛巳	庚辰	己卯	戊寅	丁丑	丙子	乙亥	甲戌	癸酉	壬申	辛未	庚午	己巳	戊辰	丁卯	丙寅	乙丑	甲子	일진	
	금	목	수	화	未初	일	토	금	목	수	화	월	일	토	금	목	수	화	월	子初	토	금	목	수	화	월	일	토	금	절기시각	

			한로9																추분											절기	8月大(辛酉)백로
30	29	28	27	26	25	24	23	22	21	20	19	18	17	16	15	14	13	12	11	10	9	8	7	6	5	4	3	2	1	음력	
9	9	10		1	1	1	1	2	2	2	3	3	3	4	4	4	5	5	5	6	6	6	7	7	7	8	8	8	9	대운 순행	
1	1	1		10	10	9	9	9	8	8	8	7	7	7	6	6	6	5	5	5	4	4	4	3	3	3	2	2	2	대운 역행	
											10																		9	양력 월	
12	11	10	9	8	7	6	5	4	3	2	1	30	29	28	27	26	25	24	23	22	21	20	19	18	17	16	15	14	13	양력 일	
壬戌	辛酉	庚申	己未	戊午	丁巳	丙辰	乙卯	甲寅	癸丑	壬子	辛亥	庚戌	己酉	戊申	丁未	丙午	乙巳	甲辰	癸卯	壬寅	辛丑	庚子	己亥	戊戌	丁酉	丙申	乙未	甲午	癸巳	일진	
일	토	금	寅正	수	화	월	일	토	금	목	수	화	월	일	토	금	목	수	亥正	월	일	토	금	목	수	화	월	일	토	절기시각	

			입동10															상강												절기	9月小(壬戌)한로
	29	28	27	26	25	24	23	22	21	20	19	18	17	16	15	14	13	12	11	10	9	8	7	6	5	4	3	2	1	음력	
	9	9		1	1	1	1	2	2	2	3	3	3	4	4	4	5	5	5	6	6	6	7	7	7	8	8	8	9	대운 순행	
	1	1		10	9	9	9	8	8	8	7	7	7	6	6	6	5	5	5	4	4	4	3	3	3	2	2	2	1	대운 역행	
										11																			10	양력 월	
	10	9	8	7	6	5	4	3	2	1	31	30	29	28	27	26	25	24	23	22	21	20	19	18	17	16	15	14	13	양력 일	
	辛卯	庚寅	己丑	戊子	丁亥	丙戌	乙酉	甲申	癸未	壬午	辛巳	庚辰	己卯	戊寅	丁丑	丙子	乙亥	甲戌	癸酉	壬申	辛未	庚午	己巳	戊辰	丁卯	丙寅	乙丑	甲子	癸亥	일진	
	월	일	辰初	금	목	수	화	월	일	토	금	목	수	화	월	일	토	辰初	목	수	화	월	일	토	금	목	수	화	월	절기시각	

			대설11														소설													절기	10月大(癸亥)입동
30	29	28	27	26	25	24	23	22	21	20	19	18	17	16	15	14	13	12	11	10	9	8	7	6	5	4	3	2	1	음력	
9	9	10		1	1	1	1	2	2	2	3	3	3	4	4	4	5	5	5	6	6	6	7	7	7	8	8	8	9	대운 순행	
1	1	1		9	9	9	8	8	8	7	7	7	6	6	6	5	5	5	4	4	4	3	3	3	2	2	2	1	1	대운 역행	
									12																				11	양력 월	
10	9	8	7	6	5	4	3	2	1	30	29	28	27	26	25	24	23	22	21	20	19	18	17	16	15	14	13	12	11	양력 일	
辛酉	庚申	己未	戊午	丁巳	丙辰	乙卯	甲寅	癸丑	壬子	辛亥	庚戌	己酉	戊申	丁未	丙午	乙巳	甲辰	癸卯	壬寅	辛丑	庚子	己亥	戊戌	丁酉	丙申	乙未	甲午	癸巳	壬辰	일진	
수	화	월	子初	토	금	목	수	화	월	일	토	금	목	수	화	월	寅正	토	금	목	수	화	월	일	토	금	목	수	화	절기시각	

			소한12															동지												절기	11月小(甲子)대설
	29	28	27	26	25	24	23	22	21	20	19	18	17	16	15	14	13	12	11	10	9	8	7	6	5	4	3	2	1	음력	
	9	9		1	1	1	1	2	2	2	3	3	3	4	4	4	5	5	5	6	6	6	7	7	7	8	8	8	9	대운 순행	
	1	1		10	9	9	9	8	8	8	7	7	7	6	6	6	5	5	5	4	4	4	3	3	3	2	2	2	1	대운 역행	
								1																					12	양력 월	
	8	7	6	5	4	3	2	1	31	30	29	28	27	26	25	24	23	22	21	20	19	18	17	16	15	14	13	12	11	양력 일	
	庚寅	己丑	戊子	丁亥	丙戌	乙酉	甲申	癸未	壬午	辛巳	庚辰	己卯	戊寅	丁丑	丙子	乙亥	甲戌	癸酉	壬申	辛未	庚午	己巳	戊辰	丁卯	丙寅	乙丑	甲子	癸亥	壬戌	일진	
	목	수	巳正	월	일	토	금	목	수	화	월	일	토	금	목	수	화	酉初	일	토	금	목	수	화	월	일	토	금	목	절기시각	

			입춘1														대한													절기	12月大(乙丑)소한
30	29	28	27	26	25	24	23	22	21	20	19	18	17	16	15	14	13	12	11	10	9	8	7	6	5	4	3	2	1	음력	
9	9	10		1	1	1	1	2	2	2	3	3	3	4	4	4	5	5	5	6	6	6	7	7	7	8	8	8	9	대운 순행	
1	1	1		9	9	9	8	8	8	7	7	7	6	6	6	5	5	5	4	4	4	3	3	3	2	2	2	1	1	대운 역행	
						2																							1	양력 월	
7	6	5	4	3	2	1	31	30	29	28	27	26	25	24	23	22	21	20	19	18	17	16	15	14	13	12	11	10	9	양력 일	
庚申	己未	戊午	丁巳	丙辰	乙卯	甲寅	癸丑	壬子	辛亥	庚戌	己酉	戊申	丁未	丙午	乙巳	甲辰	癸卯	壬寅	辛丑	庚子	己亥	戊戌	丁酉	丙申	乙未	甲午	癸巳	壬辰	辛卯	일진	
토	금	목	亥正	화	월	일	토	금	목	수	화	월	일	토	금	목	寅正	화	월	일	토	금	목	수	화	월	일	토	금	절기시각	

서기 1959년
단기 4292년

己亥年

상문 : 丑 대장군 : 西
조객 : 酉 삼 재 : 巳酉丑
삼살 : 西

(썸머타임 양 4. 24 자정 ~ 양 9. 19 자정)

1月小(丙寅) 입춘

			경칩2															우수												절기
	29	28	**27**	26	25	24	23	22	21	20	19	18	17	16	15	14	13	**12**	11	10	9	8	7	6	5	4	3	2	1	음력
	9	10		1	1	1	1	2	2	2	3	3	3	4	4	4	5	5	5	6	6	6	7	7	7	8	8	8	9	대운 순행
	1	1		10	9	9	9	8	8	8	7	7	7	6	6	6	5	5	5	4	4	4	3	3	3	2	2	2	1	대운 역행
								3																					2	양력 월
	8	7	6	5	4	3	2	1	28	27	26	25	24	23	22	21	20	19	18	17	16	15	14	13	12	11	10	9	8	양력 일
	己丑	戊子	丁亥	丙戌	乙酉	甲申	癸未	壬午	辛巳	庚辰	己卯	戊寅	丁丑	丙子	乙亥	甲戌	癸酉	壬申	辛未	庚午	己巳	戊辰	丁卯	丙寅	乙丑	甲子	癸亥	壬戌	辛酉	일진
	일	토	申正	목	수	화	월	일	토	금	목	수	화	월	일	토	금	酉正	수	화	월	일	토	금	목	수	화	월	일	절기시각

2月大(丁卯) 경칩

		청명3															춘분													절기
30	29	**28**	27	26	25	24	23	22	21	20	19	18	17	16	15	14	**13**	12	11	10	9	8	7	6	5	4	3	2	1	음력
10	10		1	1	1	1	2	2	2	3	3	3	4	4	4	5	5	5	6	6	6	7	7	7	8	8	8	9	9	대운 순행
1	1		10	9	9	9	8	8	8	7	7	7	6	6	6	5	5	5	4	4	4	3	3	3	2	2	2	1	1	대운 역행
						4																							3	양력 월
7	6	5	4	3	2	1	31	30	29	28	27	26	25	24	23	22	21	20	19	18	17	16	15	14	13	12	11	10	9	양력 일
己未	戊午	丁巳	丙辰	乙卯	甲寅	癸丑	壬子	辛亥	庚戌	己酉	戊申	丁未	丙午	乙巳	甲辰	癸卯	壬寅	辛丑	庚子	己亥	戊戌	丁酉	丙申	乙未	甲午	癸巳	壬辰	辛卯	庚寅	일진
화	월	亥正	토	금	목	수	화	월	일	토	금	목	수	화	월	일	酉初	금	목	수	화	월	일	토	금	목	수	화	월	절기시각

3月大(戊辰) 청명

	입하4															곡우														절기
30	**29**	28	27	26	25	24	23	22	21	20	19	18	17	16	15	**14**	13	12	11	10	9	8	7	6	5	4	3	2	1	음력
10		1	1	1	1	2	2	2	3	3	3	4	4	4	5	5	5	6	6	6	7	7	7	8	8	8	9	9	9	대운 순행
1		10	10	9	9	9	8	8	8	7	7	7	6	6	6	5	5	5	4	4	4	3	3	3	2	2	2	1	1	대운 역행
						5																							4	양력 월
7	6	5	4	3	2	1	30	29	28	27	26	25	24	23	22	21	20	19	18	17	16	15	14	13	12	11	10	9	8	양력 일
己丑	戊子	丁亥	丙戌	乙酉	甲申	癸未	壬午	辛巳	庚辰	己卯	戊寅	丁丑	丙子	乙亥	甲戌	癸酉	壬申	辛未	庚午	己巳	戊辰	丁卯	丙寅	乙丑	甲子	癸亥	壬戌	辛酉	庚申	일진
목	申初	화	월	일	토	금	목	수	화	월	일	토	금	목	수	卯初	월	일	토	금	목	수	화	월	일	토	금	목	수	절기시각

4月小(己巳) 입하

															소만															절기
	29	28	27	26	25	24	23	22	21	20	19	18	17	16	**15**	14	13	12	11	10	9	8	7	6	5	4	3	2	1	음력
	1	1	1	1	2	2	2	3	3	3	4	4	4	5	5	5	6	6	6	7	7	7	8	8	8	9	9	9	10	대운 순행
	10	10	9	9	9	8	8	8	7	7	7	6	6	6	5	5	5	4	4	4	3	3	3	2	2	2	1	1	1	대운 역행
					6																								5	양력 월
	5	4	3	2	1	31	30	29	28	27	26	25	24	23	22	21	20	19	18	17	16	15	14	13	12	11	10	9	8	양력 일
	戊午	丁巳	丙辰	乙卯	甲寅	癸丑	壬子	辛亥	庚戌	己酉	戊申	丁未	丙午	乙巳	甲辰	癸卯	壬寅	辛丑	庚子	己亥	戊戌	丁酉	丙申	乙未	甲午	癸巳	壬辰	辛卯	庚寅	일진
	금	목	수	화	월	일	토	금	목	수	화	월	일	토	寅正	목	수	화	월	일	토	금	목	수	화	월	일	토	금	절기시각

5月大(庚午) 망종

													하지																망종5	절기
30	29	28	27	26	25	24	23	22	21	20	19	18	**17**	16	15	14	13	12	11	10	9	8	7	6	5	4	3	2	**1**	음력
1	1	2	2	2	3	3	3	4	4	4	5	5	5	6	6	6	7	7	7	8	8	8	9	9	9	10	10	10		대운 순행
10	9	9	9	8	8	8	7	7	7	6	6	6	5	5	5	4	4	4	3	3	3	2	2	2	1	1	1	1		대운 역행
				7																									6	양력 월
5	4	3	2	1	30	29	28	27	26	25	24	23	22	21	20	19	18	17	16	15	14	13	12	11	10	9	8	7	6	양력 일
戊子	丁亥	丙戌	乙酉	甲申	癸未	壬午	辛巳	庚辰	己卯	戊寅	丁丑	丙子	乙亥	甲戌	癸酉	壬申	辛未	庚午	己巳	戊辰	丁卯	丙寅	乙丑	甲子	癸亥	壬戌	辛酉	庚申	己未	일진
일	토	금	목	수	화	월	일	토	금	목	수	화	午正	일	토	금	목	수	화	월	일	토	금	목	수	화	월	일	戌正	절기시각

6月小(辛未) 소서

												대서															소서6			절기
	29	28	27	26	25	24	23	22	21	20	19	**18**	17	16	15	14	13	12	11	10	9	8	7	6	5	4	**3**	2	1	음력
	2	2	2	3	3	3	4	4	4	5	5	5	6	6	6	7	7	7	8	8	8	9	9	9	10	10		1	1	대운 순행
	9	8	8	8	7	7	7	6	6	6	5	5	5	4	4	4	3	3	3	2	2	2	1	1	1	1		10	10	대운 역행
			8																										7	양력 월
	3	2	1	31	30	29	28	27	26	25	24	23	22	21	20	19	18	17	16	15	14	13	12	11	10	9	8	7	6	양력 일
	丁巳	丙辰	乙卯	甲寅	癸丑	壬子	辛亥	庚戌	己酉	戊申	丁未	丙午	乙巳	甲辰	癸卯	壬寅	辛丑	庚子	己亥	戊戌	丁酉	丙申	乙未	甲午	癸巳	壬辰	辛卯	庚寅	己丑	일진
	월	일	토	금	목	수	화	월	일	토	금	子初	수	화	월	일	토	금	목	수	화	월	일	토	금	목	卯正	화	월	절기시각

• 집 북쪽에 큰나무를 심으면 재산이 늘고 부귀해진다.

									처서																입추7					절기	7月大(壬申) 입추
30	29	28	27	26	25	24	23	22	21	20	19	18	17	16	15	14	13	12	11	10	9	8	7	6	5	4	3	2	1	음력	
2	2	3	3	3	4	4	4	5	5	5	6	6	6	7	7	7	8	8	8	9	9	9	10	10		1	1	1	1	대운 순행	
8	8	8	7	7	7	6	6	6	5	5	5	4	4	4	3	3	3	2	2	2	1	1	1	1		10	10	9	9	대운 역행	
	9																												8	양력 월	
2	1	31	30	29	28	27	26	25	24	23	22	21	20	19	18	17	16	15	14	13	12	11	10	9	8	7	6	5	4	양력 일	
丁亥	丙戌	乙酉	甲申	癸未	壬午	辛巳	庚辰	己卯	戊寅	丁丑	丙子	乙亥	甲戌	癸酉	壬申	辛未	庚午	己巳	戊辰	丁卯	丙寅	乙丑	甲子	癸亥	壬戌	辛酉	庚申	己未	戊午	일진	
수	화	월	일	토	금	목	수	화	卯正	일	토	금	목	수	화	월	일	토	금	목	수	화	월	일	申正	금	목	수	화	절기시각	

								추분																백로8						절기	8月小(癸酉) 백로
	29	28	27	26	25	24	23	22	21	20	19	18	17	16	15	14	13	12	11	10	9	8	7	6	5	4	3	2	1	음력	
	3	3	3	4	4	4	5	5	5	6	6	6	7	7	7	8	8	8	9	9	9	10	10		1	1	1	1	2	대운 순행	
	8	7	7	7	6	6	6	5	5	5	4	4	4	3	3	3	2	2	2	1	1	1	1		10	10	9	9	9	대운 역행	
	10																												9	양력 월	
	1	30	29	28	27	26	25	24	23	22	21	20	19	18	17	16	15	14	13	12	11	10	9	8	7	6	5	4	3	양력 일	
	丙辰	乙卯	甲寅	癸丑	壬子	辛亥	庚戌	己酉	戊申	丁未	丙午	乙巳	甲辰	癸卯	壬寅	辛丑	庚子	己亥	戊戌	丁酉	丙申	乙未	甲午	癸巳	壬辰	辛卯	庚寅	己丑	戊子	일진	
	목	수	화	월	일	토	금	寅正	수	화	월	일	토	금	목	수	화	월	일	토	금	목	수	酉正	월	일	토	금	목	절기시각	

							상강															한로9								절기	9月大(甲戌) 한로
30	29	28	27	26	25	24	23	22	21	20	19	18	17	16	15	14	13	12	11	10	9	8	7	6	5	4	3	2	1	음력	
3	3	3	4	4	4	5	5	5	6	6	6	7	7	7	8	8	8	9	9	9	10		1	1	1	1	2	2	2	대운 순행	
7	7	7	6	6	6	5	5	5	4	4	4	3	3	3	2	2	2	1	1	1	1		10	10	9	9	9	8	8	대운 역행	
																													10	양력 월	
31	30	29	28	27	26	25	24	23	22	21	20	19	18	17	16	15	14	13	12	11	10	9	8	7	6	5	4	3	2	양력 일	
丙戌	乙酉	甲申	癸未	壬午	辛巳	庚辰	己卯	戊寅	丁丑	丙子	乙亥	甲戌	癸酉	壬申	辛未	庚午	己巳	戊辰	丁卯	丙寅	乙丑	甲子	癸亥	壬戌	辛酉	庚申	己未	戊午	丁巳	일진	
토	금	목	수	화	월	일	未初	금	목	수	화	월	일	토	금	목	수	화	월	일	토	巳正	목	수	화	월	일	토	금	절기시각	

							소설															입동10								절기	10月小(乙亥) 입동
	29	28	27	26	25	24	23	22	21	20	19	18	17	16	15	14	13	12	11	10	9	8	7	6	5	4	3	2	1	음력	
	3	3	4	4	4	5	5	5	6	6	6	7	7	7	8	8	8	9	9	9	10		1	1	1	1	2	2	2	대운 순행	
	7	7	6	6	6	5	5	5	4	4	4	3	3	3	2	2	2	1	1	1	1		10	9	9	9	8	8	8	대운 역행	
																													11	양력 월	
	29	28	27	26	25	24	23	22	21	20	19	18	17	16	15	14	13	12	11	10	9	8	7	6	5	4	3	2	1	양력 일	
	乙卯	甲寅	癸丑	壬子	辛亥	庚戌	己酉	戊申	丁未	丙午	乙巳	甲辰	癸卯	壬寅	辛丑	庚子	己亥	戊戌	丁酉	丙申	乙未	甲午	癸巳	壬辰	辛卯	庚寅	己丑	戊子	丁亥	일진	
	일	토	금	목	수	화	巳正	일	토	금	목	수	화	월	일	토	금	목	수	화	월	未初	토	금	목	수	화	월	일	절기시각	

							동지														대설11									절기	11月大(丙子) 대설
30	29	28	27	26	25	24	23	22	21	20	19	18	17	16	15	14	13	12	11	10	9	8	7	6	5	4	3	2	1	음력	
3	3	3	4	4	4	5	5	5	6	6	6	7	7	7	8	8	8	9	9	9		1	1	1	1	2	2	2	3	대운 순행	
7	7	6	6	6	5	5	5	4	4	4	3	3	3	2	2	2	1	1	1	1		10	9	9	9	8	8	8	7	대운 역행	
																												12	11	양력 월	
29	28	27	26	25	24	23	22	21	20	19	18	17	16	15	14	13	12	11	10	9	8	7	6	5	4	3	2	1	30	양력 일	
乙酉	甲申	癸未	壬午	辛巳	庚辰	己卯	戊寅	丁丑	丙子	乙亥	甲戌	癸酉	壬申	辛未	庚午	己巳	戊辰	丁卯	丙寅	乙丑	甲子	癸亥	壬戌	辛酉	庚申	己未	戊午	丁巳	丙辰	일진	
화	월	일	토	금	목	수	子初	월	일	토	금	목	수	화	월	일	토	금	목	수	卯初	월	일	토	금	목	수	화	월	절기시각	

							대한															소한12								절기	12月小(丁丑) 소한
	29	28	27	26	25	24	23	22	21	20	19	18	17	16	15	14	13	12	11	10	9	8	7	6	5	4	3	2	1	음력	
	3	3	4	4	4	5	5	5	6	6	6	7	7	7	8	8	8	9	9	9	10		1	1	1	1	2	2	2	대운 순행	
	7	7	6	6	6	5	5	5	4	4	4	3	3	3	2	2	2	1	1	1	1		9	9	9	8	8	8	7	대운 역행	
																											1		12	양력 월	
	27	26	25	24	23	22	21	20	19	18	17	16	15	14	13	12	11	10	9	8	7	6	5	4	3	2	1	31	30	양력 일	
	甲寅	癸丑	壬子	辛亥	庚戌	己酉	戊申	丁未	丙午	乙巳	甲辰	癸卯	壬寅	辛丑	庚子	己亥	戊戌	丁酉	丙申	乙未	甲午	癸巳	壬辰	辛卯	庚寅	己丑	戊子	丁亥	丙戌	일진	
	수	화	월	일	토	금	巳正	수	화	월	일	토	금	목	수	화	월	일	토	금	목	申正	화	월	일	토	금	목	수	절기시각	

• 여자 사주에 관이 약하고 비견 · 겁재가 많으면 남편말을 거역하고 속이는 기질이 있다.

서기 1960년
단기 4293년

庚子年

상문 : 寅　대장군 : 西
조객 : 戌　삼　재 : 巳酉丑
삼살 : 南

(썸머타임 양 5. 1 자정～양 9. 17일 자정)
제2공화국 4·19 학생혁명, 이승만대통령 하야(4. 29), 윤보선대통령 취임(7. 29)

1月大(戊寅) 입춘

						우수															입춘1									절기
30	29	28	27	26	25	**24**	23	22	21	20	19	18	17	16	15	14	13	12	11	10	**9**	8	7	6	5	4	3	2	1	음력
3	3	3	4	4	4	5	5	5	6	6	6	7	7	7	8	8	8	9	9	9		1	1	1	1	2	2	2	3	대운 순행
7	7	6	6	6	5	5	5	4	4	4	3	3	3	2	2	2	1	1	1	1		10	9	9	9	8	8	8	7	대운 역행
																									2				1	양력 월
26	25	24	23	22	21	20	19	18	17	16	15	14	13	12	11	10	9	8	7	6	5	4	3	2	1	31	30	29	28	양력 일
甲申	癸未	壬午	辛巳	庚辰	己卯	戊寅	丁丑	丙子	乙亥	甲戌	癸酉	壬申	辛未	庚午	己巳	戊辰	丁卯	丙寅	乙丑	甲子	癸亥	壬戌	辛酉	庚申	己未	戊午	丁巳	丙辰	乙卯	일진
금	목	수	화	월	일	子正	금	목	수	화	월	일	토	금	목	수	화	월	일	토	寅正	목	수	화	월	일	토	금	목	절기시각

2月小(己卯) 경칩

							춘분															경칩2								절기
	29	28	27	26	25	24	**23**	22	21	20	19	18	17	16	15	14	13	12	11	10	9	**8**	7	6	5	4	3	2	1	음력
	3	4	4	4	5	5	5	6	6	6	7	7	7	8	8	8	9	9	9	10	10		1	1	1	1	2	2	2	대운 순행
	7	7	6	6	6	5	5	5	4	4	4	3	3	3	2	2	2	1	1	1	1		9	9	9	8	8	8	7	대운 역행
																										3			2	양력 월
	26	25	24	23	22	21	20	19	18	17	16	15	14	13	12	11	10	9	8	7	6	5	4	3	2	1	29	28	27	양력 일
	癸丑	壬子	辛亥	庚戌	己酉	戊申	丁未	丙午	乙巳	甲辰	癸卯	壬寅	辛丑	庚子	己亥	戊戌	丁酉	丙申	乙未	甲午	癸巳	壬辰	辛卯	庚寅	己丑	戊子	丁亥	丙戌	乙酉	일진
	토	금	목	수	화	월	午初	토	금	목	수	화	월	일	토	금	목	수	화	월	일	亥正	금	목	수	화	월	일	토	절기시각

3月大(庚辰) 청명

					곡우															청명3										절기
30	29	28	27	26	**25**	24	23	22	21	20	19	18	17	16	15	14	13	12	11	**10**	9	8	7	6	5	4	3	2	1	음력
3	4	4	4	5	5	5	6	6	6	7	7	7	8	8	8	9	9	9	10		1	1	1	1	2	2	2	3	3	대운 순행
7	6	6	6	5	5	5	4	4	4	3	3	3	2	2	2	1	1	1	1		10	10	9	9	9	8	8	8	7	대운 역행
																									4				3	양력 월
25	24	23	22	21	20	19	18	17	16	15	14	13	12	11	10	9	8	7	6	5	4	3	2	1	31	30	29	28	27	양력 일
癸未	壬午	辛巳	庚辰	己卯	戊寅	丁丑	丙子	乙亥	甲戌	癸酉	壬申	辛未	庚午	己巳	戊辰	丁卯	丙寅	乙丑	甲子	癸亥	壬戌	辛酉	庚申	己未	戊午	丁巳	丙辰	乙卯	甲寅	일진
월	일	토	금	목	巳正	화	월	일	토	금	목	수	화	월	일	토	금	목	수	寅初	월	일	토	금	목	수	화	월	일	절기시각

4月小(辛巳) 입하

				소만																입하4										절기
	29	28	27	**26**	25	24	23	22	21	20	19	18	17	16	15	14	13	12	11	**10**	9	8	7	6	5	4	3	2	1	음력
	4	5	5	5	6	6	6	7	7	7	8	8	8	9	9	9	10	10	10		1	1	1	1	2	2	2	3	3	대운 순행
	6	6	6	5	5	5	4	4	4	3	3	3	2	2	2	1	1	1	1		10	9	9	9	8	8	8	7	7	대운 역행
																									5				4	양력 월
	24	23	22	21	20	19	18	17	16	15	14	13	12	11	10	9	8	7	6	5	4	3	2	1	30	29	28	27	26	양력 일
	壬子	辛亥	庚戌	己酉	戊申	丁未	丙午	乙巳	甲辰	癸卯	壬寅	辛丑	庚子	己亥	戊戌	丁酉	丙申	乙未	甲午	癸巳	壬辰	辛卯	庚寅	己丑	戊子	丁亥	丙戌	乙酉	甲申	일진
	화	월	일	巳正	금	목	수	화	월	일	토	금	목	수	화	월	일	토	금	亥初	수	화	월	일	토	금	목	수	화	절기시각

5月大(壬午) 망종

		하지															망종5													절기
30	29	**28**	27	26	25	24	23	22	21	20	19	18	17	16	15	14	**13**	12	11	10	9	8	7	6	5	4	3	2	1	음력
5	5	5	6	6	6	7	7	7	8	8	8	9	9	9	10	10		1	1	1	1	2	2	2	3	3	3	4	4	대운 순행
6	5	5	5	4	4	4	3	3	3	2	2	2	1	1	1	1		10	10	10	9	9	9	8	8	8	7	7	7	대운 역행
																						6							5	양력 월
23	22	21	20	19	18	17	16	15	14	13	12	11	10	9	8	7	6	5	4	3	2	1	31	30	29	28	27	26	25	양력 일
壬午	辛巳	庚辰	己卯	戊寅	丁丑	丙子	乙亥	甲戌	癸酉	壬申	辛未	庚午	己巳	戊辰	丁卯	丙寅	乙丑	甲子	癸亥	壬戌	辛酉	庚申	己未	戊午	丁巳	丙辰	乙卯	甲寅	癸丑	일진
목	수	酉正	월	일	토	금	목	수	화	월	일	토	금	목	수	화	丑初	일	토	금	목	수	화	월	일	토	금	목	수	절기시각

6月大(癸未) 소서

대서																소서6														절기
30	29	28	27	26	25	24	23	22	21	20	19	18	17	16	15	**14**	13	12	11	10	9	8	7	6	5	4	3	2	1	음력
5	5	6	6	6	7	7	7	8	8	8	9	9	9	10	10		1	1	1	1	2	2	2	3	3	3	4	4	4	대운 순행
5	5	5	4	4	4	3	3	3	2	2	2	1	1	1	1		10	10	9	9	9	8	8	8	7	7	7	6	6	대운 역행
																						7							6	양력 월
23	22	21	20	19	18	17	16	15	14	13	12	11	10	9	8	7	6	5	4	3	2	1	30	29	28	27	26	25	24	양력 일
壬子	辛亥	庚戌	己酉	戊申	丁未	丙午	乙巳	甲辰	癸卯	壬寅	辛丑	庚子	己亥	戊戌	丁酉	丙申	乙未	甲午	癸巳	壬辰	辛卯	庚寅	己丑	戊子	丁亥	丙戌	乙酉	甲申	癸未	일진
卯初	금	목	수	화	월	일	토	금	목	수	화	월	일	토	금	午正	수	화	월	일	토	금	목	수	화	월	일	토	금	절기시각

윤6月小

															입추7															절기
	29	28	27	26	25	24	23	22	21	20	19	18	17	16	15	14	13	12	11	10	9	8	7	6	5	4	3	2	1	음력
	6	6	7	7	7	8	8	8	9	9	9	10	10	10		1	1	1	1	2	2	2	3	3	3	4	4	4	5	대운 순행
	5	4	4	4	3	3	3	2	2	2	1	1	1	1		10	10	9	9	9	8	8	8	7	7	7	6	6	6	대운 역행
																					8								7	양력 월
	21	20	19	18	17	16	15	14	13	12	11	10	9	8	7	6	5	4	3	2	1	31	30	29	28	27	26	25	24	양력 일
	辛巳	庚辰	己卯	戊寅	丁丑	丙子	乙亥	甲戌	癸酉	壬申	辛未	庚午	己巳	戊辰	丁卯	丙寅	乙丑	甲子	癸亥	壬戌	辛酉	庚申	己未	戊午	丁巳	丙辰	乙卯	甲寅	癸丑	일진
	일	토	금	목	수	화	월	일	토	금	목	수	화	월	亥正	토	금	목	수	화	월	일	토	금	목	수	화	월	일	절기시각

7月大(甲申) 입추

											백로8																	처서		절기
30	29	28	27	26	25	24	23	22	21	20	19	18	17	16	15	14	13	12	11	10	9	8	7	6	5	4	3	2	1	음력
6	6	7	7	7	8	8	8	9	9	9	10		1	1	1	1	2	2	2	3	3	3	4	4	4	5	5	5	6	대운 순행
4	4	3	3	3	2	2	2	1	1	1	1		10	10	10	9	9	9	8	8	8	7	7	7	6	6	6	5	5	대운 역행
																			9										8	양력 월
20	19	18	17	16	15	14	13	12	11	10	9	8	7	6	5	4	3	2	1	31	30	29	28	27	26	25	24	23	22	양력 일
辛亥	庚戌	己酉	戊申	丁未	丙午	乙巳	甲辰	癸卯	壬寅	辛丑	庚子	己亥	戊戌	丁酉	丙申	乙未	甲午	癸巳	壬辰	辛卯	庚寅	己丑	戊子	丁亥	丙戌	乙酉	甲申	癸未	壬午	일진
화	월	일	토	금	목	수	화	월	일	토	금	子正	수	화	월	일	토	금	목	수	화	월	일	토	금	목	수	午正	월	절기시각

8月小(乙酉) 백로

											한로9																추분			절기
	29	28	27	26	25	24	23	22	21	20	19	18	17	16	15	14	13	12	11	10	9	8	7	6	5	4	3	2	1	음력
	6	7	7	7	8	8	8	9	9	9	10		1	1	1	1	2	2	2	3	3	3	4	4	4	5	5	5	6	대운 순행
	4	3	3	3	2	2	2	1	1	1	1		10	9	9	9	8	8	8	7	7	7	6	6	6	5	5	5	4	대운 역행
																			10										9	양력 월
	19	18	17	16	15	14	13	12	11	10	9	8	7	6	5	4	3	2	1	30	29	28	27	26	25	24	23	22	21	양력 일
	庚辰	己卯	戊寅	丁丑	丙子	乙亥	甲戌	癸酉	壬申	辛未	庚午	己巳	戊辰	丁卯	丙寅	乙丑	甲子	癸亥	壬戌	辛酉	庚申	己未	戊午	丁巳	丙辰	乙卯	甲寅	癸丑	壬子	일진
	수	화	월	일	토	금	목	수	화	월	일	申正	금	목	수	화	월	일	토	금	목	수	화	월	일	토	巳正	목	수	절기시각

9月大(丙戌) 한로

											입동10															상강				절기
30	29	28	27	26	25	24	23	22	21	20	19	18	17	16	15	14	13	12	11	10	9	8	7	6	5	4	3	2	1	음력
6	7	7	7	8	8	8	9	9	9	10		1	1	1	1	2	2	2	3	3	3	4	4	4	5	5	5	6	6	대운 순행
4	3	3	3	2	2	2	1	1	1	1		10	9	9	9	8	8	8	7	7	7	6	6	6	5	5	5	4	4	대운 역행
																	11												10	양력 월
18	17	16	15	14	13	12	11	10	9	8	7	6	5	4	3	2	1	31	30	29	28	27	26	25	24	23	22	21	20	양력 일
庚戌	己酉	戊申	丁未	丙午	乙巳	甲辰	癸卯	壬寅	辛丑	庚子	己亥	戊戌	丁酉	丙申	乙未	甲午	癸巳	壬辰	辛卯	庚寅	己丑	戊子	丁亥	丙戌	乙酉	甲申	癸未	壬午	辛巳	일진
금	목	수	화	월	일	토	금	목	수	화	戌初	일	토	금	목	수	화	월	일	토	금	목	수	화	월	戌初	토	금	목	절기시각

10月小(丁亥) 입동

											대설11															소설				절기
	29	28	27	26	25	24	23	22	21	20	19	18	17	16	15	14	13	12	11	10	9	8	7	6	5	4	3	2	1	음력
	6	7	7	7	8	8	8	9	9	9		1	1	1	1	2	2	2	3	3	3	4	4	4	5	5	5	6	6	대운 순행
	3	3	3	2	2	2	1	1	1	1		10	9	9	9	8	8	8	7	7	7	6	6	6	5	5	5	4	4	대운 역행
																	12												11	양력 월
	17	16	15	14	13	12	11	10	9	8	7	6	5	4	3	2	1	30	29	28	27	26	25	24	23	22	21	20	19	양력 일
	己卯	戊寅	丁丑	丙子	乙亥	甲戌	癸酉	壬申	辛未	庚午	己巳	戊辰	丁卯	丙寅	乙丑	甲子	癸亥	壬戌	辛酉	庚申	己未	戊午	丁巳	丙辰	乙卯	甲寅	癸丑	壬子	辛亥	일진
	토	금	목	수	화	월	일	토	금	목	午初	화	월	일	토	금	목	수	화	월	일	토	금	목	수	申正	월	일	토	절기시각

11月大(戊子) 대설

											소한12														동지					절기
30	29	28	27	26	25	24	23	22	21	20	19	18	17	16	15	14	13	12	11	10	9	8	7	6	5	4	3	2	1	음력
6	7	7	7	8	8	8	9	9	9	10		1	1	1	1	2	2	2	3	3	3	4	4	4	5	5	5	6	6	대운 순행
4	3	3	3	2	2	2	1	1	1	1		9	9	9	8	8	8	7	7	7	6	6	6	5	5	5	4	4	4	대운 역행
															1														12	양력 월
16	15	14	13	12	11	10	9	8	7	6	5	4	3	2	1	31	30	29	28	27	26	25	24	23	22	21	20	19	18	양력 일
己酉	戊申	丁未	丙午	乙巳	甲辰	癸卯	壬寅	辛丑	庚子	己亥	戊戌	丁酉	丙申	乙未	甲午	癸巳	壬辰	辛卯	庚寅	己丑	戊子	丁亥	丙戌	乙酉	甲申	癸未	壬午	辛巳	庚辰	일진
월	일	토	금	목	수	화	월	일	토	금	亥正	수	화	월	일	토	금	목	수	화	월	일	토	금	卯初	수	화	월	일	절기시각

12月小(己丑) 소한

											입춘1															대한				절기
	29	28	27	26	25	24	23	22	21	20	19	18	17	16	15	14	13	12	11	10	9	8	7	6	5	4	3	2	1	음력
	7	7	7	8	8	8	9	9	9	10		1	1	1	1	2	2	2	3	3	3	4	4	4	5	5	5	6	6	대운 순행
	3	3	3	2	2	2	1	1	1	1		10	9	9	9	8	8	8	7	7	7	6	6	6	5	5	5	4	4	대운 역행
														2															1	양력 월
	14	13	12	11	10	9	8	7	6	5	4	3	2	1	31	30	29	28	27	26	25	24	23	22	21	20	19	18	17	양력 일
	戊寅	丁丑	丙子	乙亥	甲戌	癸酉	壬申	辛未	庚午	己巳	戊辰	丁卯	丙寅	乙丑	甲子	癸亥	壬戌	辛酉	庚申	己未	戊午	丁巳	丙辰	乙卯	甲寅	癸丑	壬子	辛亥	庚戌	일진
	화	월	일	토	금	목	수	화	월	일	巳正	금	목	수	화	월	일	토	금	목	수	화	월	일	토	申初	목	수	화	절기시각

• 흔히 종아격 사주에 자식없는 경우가 많다.

서기 1961년
단기 4294년

辛丑年

상문 : 卯 대장군 : 西
조객 : 亥 삼 재 : 巳酉丑
삼살 : 東

제3공화국 5·16 군사혁명 : 박정희대통령

1月大(庚寅) 입춘

										경칩2															우수					절기
30	29	28	27	26	25	24	23	22	21	20	19	18	17	16	15	14	13	12	11	10	9	8	7	6	5	4	3	2	1	음력
7	7	7	8	8	8	9	9	9	10		1	1	1	1	2	2	2	3	3	3	4	4	4	5	5	5	6	6	6	대운 순행
3	3	3	2	2	2	1	1	1	1		10	9	9	9	8	8	8	7	7	7	6	6	6	5	5	5	4	4	4	대운 역행
															3														2	양력 월
16	15	14	13	12	11	10	9	8	7	6	5	4	3	2	1	28	27	26	25	24	23	22	21	20	19	18	17	16	15	양력 일
戊	丁	丙	乙	甲	癸	壬	辛	庚	己	戊	丁	丙	乙	甲	癸	壬	辛	庚	己	戊	丁	丙	乙	甲	癸	壬	辛	庚	己	일진
申	未	午	巳	辰	卯	寅	丑	子	亥	戌	酉	申	未	午	巳	辰	卯	寅	丑	子	亥	戌	酉	申	未	午	巳	辰	卯	
목	수	화	월	일	토	금	목	수	화	寅正	일	토	금	목	수	화	월	일	토	금	목	수	화	월	卯正	토	금	목	수	절기시각

2月小(辛卯) 경칩

										청명3															춘분					절기
	29	28	27	26	25	24	23	22	21	20	19	18	17	16	15	14	13	12	11	10	9	8	7	6	5	4	3	2	1	음력
	7	8	8	8	9	9	9	10	10		1	1	1	1	2	2	2	3	3	3	4	4	4	5	5	5	6	6	6	대운 순행
	3	3	2	2	2	1	1	1	1		10	9	9	9	8	8	8	7	7	7	6	6	6	5	5	5	4	4	4	대운 역행
														4															3	양력 월
	14	13	12	11	10	9	8	7	6	5	4	3	2	1	31	30	29	28	27	26	25	24	23	22	21	20	19	18	17	양력 일
	丁	丙	乙	甲	癸	壬	辛	庚	己	戊	丁	丙	乙	甲	癸	壬	辛	庚	己	戊	丁	丙	乙	甲	癸	壬	辛	庚	己	일진
	丑	子	亥	戌	酉	申	未	午	巳	辰	卯	寅	丑	子	亥	戌	酉	申	未	午	巳	辰	卯	寅	丑	子	亥	戌	酉	
	금	목	수	화	월	일	토	금	목	巳初	화	월	일	토	금	목	수	화	월	일	토	금	목	수	卯初	월	일	토	금	절기시각

3月大(壬辰) 청명

								입하4																곡우						절기
30	29	28	27	26	25	24	23	22	21	20	19	18	17	16	15	14	13	12	11	10	9	8	7	6	5	4	3	2	1	음력
8	8	8	9	9	9	10	10		1	1	1	1	2	2	2	3	3	3	4	4	4	5	5	5	6	6	6	7	7	대운 순행
3	2	2	2	1	1	1	1		10	10	9	9	9	8	8	8	7	7	7	6	6	6	5	5	5	4	4	4	3	대운 역행
													5																4	양력 월
14	13	12	11	10	9	8	7	6	5	4	3	2	1	30	29	28	27	26	25	24	23	22	21	20	19	18	17	16	15	양력 일
丁	丙	乙	甲	癸	壬	辛	庚	己	戊	丁	丙	乙	甲	癸	壬	辛	庚	己	戊	丁	丙	乙	甲	癸	壬	辛	庚	己	戊	일진
未	午	巳	辰	卯	寅	丑	子	亥	戌	酉	申	未	午	巳	辰	卯	寅	丑	子	亥	戌	酉	申	未	午	巳	辰	卯	寅	
일	토	금	목	수	화	월	일	巳初	금	목	수	화	월	일	토	금	목	수	화	월	일	토	금	申正	수	화	월	일	토	절기시각

4月小(癸巳) 입하

							망종5																소만							절기
	29	28	27	26	25	24	23	22	21	20	19	18	17	16	15	14	13	12	11	10	9	8	7	6	5	4	3	2	1	음력
	8	9	9	9	10	10		1	1	1	1	2	2	2	3	3	3	4	4	4	5	5	5	6	6	6	7	7	7	대운 순행
	2	2	1	1	1	1		10	10	9	9	9	8	8	8	7	7	7	6	6	6	5	5	5	4	4	4	3	3	대운 역행
												6																	5	양력 월
	12	11	10	9	8	7	6	5	4	3	2	1	31	30	29	28	27	26	25	24	23	22	21	20	19	18	17	16	15	양력 일
	丙	乙	甲	癸	壬	辛	庚	己	戊	丁	丙	乙	甲	癸	壬	辛	庚	己	戊	丁	丙	乙	甲	癸	壬	辛	庚	己	戊	일진
	子	亥	戌	酉	申	未	午	巳	辰	卯	寅	丑	子	亥	戌	酉	申	未	午	巳	辰	卯	寅	丑	子	亥	戌	酉	申	
	월	일	토	금	목	수	辰初	월	일	토	금	목	수	화	월	일	토	금	목	수	화	월	申正	토	금	목	수	화	월	절기시각

5月大(甲午) 망종

					소서6															하지										절기
30	29	28	27	26	25	24	23	22	21	20	19	18	17	16	15	14	13	12	11	10	9	8	7	6	5	4	3	2	1	음력
9	9	10	10	10		1	1	1	1	2	2	2	3	3	3	4	4	4	5	5	5	6	6	6	7	7	7	8	8	대운 순행
2	1	1	1	1		10	10	9	9	9	8	8	8	7	7	7	6	6	6	5	5	5	4	4	4	3	3	3	2	대운 역행
											7																		6	양력 월
12	11	10	9	8	7	6	5	4	3	2	1	30	29	28	27	26	25	24	23	22	21	20	19	18	17	16	15	14	13	양력 일
丙	乙	甲	癸	壬	辛	庚	己	戊	丁	丙	乙	甲	癸	壬	辛	庚	己	戊	丁	丙	乙	甲	癸	壬	辛	庚	己	戊	丁	일진
午	巳	辰	卯	寅	丑	子	亥	戌	酉	申	未	午	巳	辰	卯	寅	丑	子	亥	戌	酉	申	未	午	巳	辰	卯	寅	丑	
수	화	월	일	토	酉正	목	수	화	월	일	토	금	목	수	화	월	일	토	금	子正	수	화	월	일	토	금	목	수	화	절기시각

6月小(乙未) 소서

			입추7																대서											절기
	29	28	27	26	25	24	23	22	21	20	19	18	17	16	15	14	13	12	11	10	9	8	7	6	5	4	3	2	1	음력
	10	10		1	1	1	1	2	2	2	3	3	3	4	4	4	5	5	5	6	6	6	7	7	7	8	8	8	9	대운 순행
	1	1		10	10	10	9	9	9	8	8	8	7	7	7	6	6	6	5	5	5	4	4	4	3	3	3	2	2	대운 역행
										8																			7	양력 월
	10	9	8	7	6	5	4	3	2	1	31	30	29	28	27	26	25	24	23	22	21	20	19	18	17	16	15	14	13	양력 일
	乙	甲	癸	壬	辛	庚	己	戊	丁	丙	乙	甲	癸	壬	辛	庚	己	戊	丁	丙	乙	甲	癸	壬	辛	庚	己	戊	丁	일진
	亥	戌	酉	申	未	午	巳	辰	卯	寅	丑	子	亥	戌	酉	申	未	午	巳	辰	卯	寅	丑	子	亥	戌	酉	申	未	
	목	수	寅初	월	일	토	금	목	수	화	월	일	토	금	목	수	화	월	午初	토	금	목	수	화	월	일	토	금	목	절기시각

• 집 동남쪽에 대추나무 · 매화 등을 심으면 자손이 잘 된다.

7月大(丙申) 입추

백로8																	처서														절기
30	29	28	27	26	25	24	23	22	21	20	19	18	17	16	15	14	13	12	11	10	9	8	7	6	5	4	3	2	1	음력	
10		1	1	1	1	2	2	2	3	3	3	4	4	4	5	5	5	6	6	6	7	7	7	8	8	8	9	9	9	순행	대운
1		10	10	9	9	9	8	8	8	7	7	7	6	6	6	5	5	5	4	4	4	3	3	3	2	2	2	1	1	역행	대운
								9																					8	월	양력
9	8	7	6	5	4	3	2	1	31	30	29	28	27	26	25	24	23	22	21	20	19	18	17	16	15	14	13	12	11	일	양력
乙巳	甲辰	癸卯	壬寅	辛丑	庚子	己亥	戊戌	丁酉	丙申	乙未	甲午	癸巳	壬辰	辛卯	庚寅	己丑	戊子	丁亥	丙戌	乙酉	甲申	癸未	壬午	辛巳	庚辰	己卯	戊寅	丁丑	丙子	일진	
토	卯正	목	수	화	월	일	토	금	목	수	화	월	일	토	금	목	酉正	화	월	일	토	금	목	수	화	월	일	토	금	절기시각	

8月大(丁酉) 백로

한로9																추분														절기	
30	29	28	27	26	25	24	23	22	21	20	19	18	17	16	15	14	13	12	11	10	9	8	7	6	5	4	3	2	1	음력	
10		1	1	1	1	2	2	2	3	3	3	4	4	4	5	5	5	6	6	6	7	7	7	8	8	8	9	9	9	순행	대운
1		10	9	9	9	8	8	8	7	7	7	6	6	6	5	5	5	4	4	4	3	3	3	2	2	2	1	1	1	역행	대운
								10																					9	월	양력
9	8	7	6	5	4	3	2	1	30	29	28	27	26	25	24	23	22	21	20	19	18	17	16	15	14	13	12	11	10	일	양력
乙亥	甲戌	癸酉	壬申	辛未	庚午	己巳	戊辰	丁卯	丙寅	乙丑	甲子	癸亥	壬戌	辛酉	庚申	己未	戊午	丁巳	丙辰	乙卯	甲寅	癸丑	壬子	辛亥	庚戌	己酉	戊申	丁未	丙午	일진	
월	亥初	토	금	목	수	화	월	일	토	금	목	수	화	월	일	申初	금	목	수	화	월	일	토	금	목	수	화	월	일	절기시각	

9月小(戊戌) 한로

															상강															절기	
	29	28	27	26	25	24	23	22	21	20	19	18	17	16	15	14	13	12	11	10	9	8	7	6	5	4	3	2	1	음력	
	1	1	1	1	2	2	2	3	3	3	4	4	4	5	5	5	6	6	6	7	7	7	8	8	8	9	9	9	10	순행	대운
	10	10	9	9	9	8	8	8	7	7	7	6	6	6	5	5	5	4	4	4	3	3	3	2	2	2	1	1	1	역행	대운
							11																						10	월	양력
	7	6	5	4	3	2	1	31	30	29	28	27	26	25	24	23	22	21	20	19	18	17	16	15	14	13	12	11	10	일	양력
	甲辰	癸卯	壬寅	辛丑	庚子	己亥	戊戌	丁酉	丙申	乙未	甲午	癸巳	壬辰	辛卯	庚寅	己丑	戊子	丁亥	丙戌	乙酉	甲申	癸未	壬午	辛巳	庚辰	己卯	戊寅	丁丑	丙子	일진	
	화	월	일	토	금	목	수	화	월	일	토	금	목	수	子正	월	일	토	금	목	수	화	월	일	토	금	목	수	화	절기시각	

10月大(己亥) 입동

대설11															소설														입동10	절기	
30	29	28	27	26	25	24	23	22	21	20	19	18	17	16	15	14	13	12	11	10	9	8	7	6	5	4	3	2	1	음력	
	1	1	1	1	2	2	2	3	3	3	4	4	4	5	5	5	6	6	6	7	7	7	8	8	8	9	9	9		순행	대운
	9	9	9	8	8	8	7	7	7	6	6	6	5	5	5	4	4	4	3	3	3	2	2	2	1	1	1	1		역행	대운
						12																							11	월	양력
7	6	5	4	3	2	1	30	29	28	27	26	25	24	23	22	21	20	19	18	17	16	15	14	13	12	11	10	9	8	일	양력
甲戌	癸酉	壬申	辛未	庚午	己巳	戊辰	丁卯	丙寅	乙丑	甲子	癸亥	壬戌	辛酉	庚申	己未	戊午	丁巳	丙辰	乙卯	甲寅	癸丑	壬子	辛亥	庚戌	己酉	戊申	丁未	丙午	乙巳	일진	
酉初	수	화	월	일	토	금	목	수	화	월	일	토	금	목	亥正	화	월	일	토	금	목	수	화	월	일	토	금	목	子正	절기시각	

11月小(庚子) 대설

															동지															절기	
	29	28	27	26	25	24	23	22	21	20	19	18	17	16	15	14	13	12	11	10	9	8	7	6	5	4	3	2	1	음력	
	1	1	1	1	2	2	2	3	3	3	4	4	4	5	5	5	6	6	6	7	7	7	8	8	8	9	9	9	10	순행	대운
	10	9	9	9	8	8	8	7	7	7	6	6	6	5	5	5	4	4	4	3	3	3	2	2	2	1	1	1	1	역행	대운
					1																								12	월	양력
	5	4	3	2	1	31	30	29	28	27	26	25	24	23	22	21	20	19	18	17	16	15	14	13	12	11	10	9	8	일	양력
	癸卯	壬寅	辛丑	庚子	己亥	戊戌	丁酉	丙申	乙未	甲午	癸巳	壬辰	辛卯	庚寅	己丑	戊子	丁亥	丙戌	乙酉	甲申	癸未	壬午	辛巳	庚辰	己卯	戊寅	丁丑	丙子	乙亥	일진	
	금	목	수	화	월	일	토	금	목	수	화	월	일	토	午初	목	수	화	월	일	토	금	목	수	화	월	일	토	금	절기시각	

12月大(辛丑) 소한

입춘1															대한														소한12	절기	
30	29	28	27	26	25	24	23	22	21	20	19	18	17	16	15	14	13	12	11	10	9	8	7	6	5	4	3	2	1	음력	
	1	1	1	1	2	2	2	3	3	3	4	4	4	5	5	5	6	6	6	7	7	7	8	8	8	9	9	9		순행	대운
	9	9	9	8	8	8	7	7	7	6	6	6	5	5	5	4	4	4	3	3	3	2	2	2	1	1	1	1		역행	대운
			2																										1	월	양력
4	3	2	1	31	30	29	28	27	26	25	24	23	22	21	20	19	18	17	16	15	14	13	12	11	10	9	8	7	6	일	양력
癸酉	壬申	辛未	庚午	己巳	戊辰	丁卯	丙寅	乙丑	甲子	癸亥	壬戌	辛酉	庚申	己未	戊午	丁巳	丙辰	乙卯	甲寅	癸丑	壬子	辛亥	庚戌	己酉	戊申	丁未	丙午	乙巳	甲辰	일진	
申正	토	금	목	수	화	월	일	토	금	목	수	화	월	일	亥初	금	목	수	화	월	일	토	금	목	수	화	월	일	寅正	절기시각	

서기 1962년
단기 4295년

壬寅年

상문 : 辰　대장군 : 北
조객 : 子　삼　재 : 申子辰
삼살 : 北

1月小 (壬寅) 입춘

															우수															절 기	
	29	28	27	26	25	24	23	22	21	20	19	18	17	16	15	14	13	12	11	10	9	8	7	6	5	4	3	2	1	음 력	
	1	1	1	1	2	2	2	3	3	3	4	4	4	5	5	5	6	6	6	7	7	7	8	8	8	9	9	9	10	순행	대
	10	9	9	9	8	8	8	7	7	7	6	6	6	5	5	5	4	4	4	3	3	3	2	2	2	1	1	1	1	역행	운
					3																								2	월	양
	5	4	3	2	1	28	27	26	25	24	23	22	21	20	19	18	17	16	15	14	13	12	11	10	9	8	7	6	5	일	력
	壬寅	辛丑	庚子	己亥	戊戌	丁酉	丙申	乙未	甲午	癸巳	壬辰	辛卯	庚寅	己丑	戊子	丁亥	丙戌	乙酉	甲申	癸未	壬午	辛巳	庚辰	己卯	戊寅	丁丑	丙子	乙亥	甲戌	일 진	
	월	일	토	금	목	수	화	월	일	토	금	목	수	화	午正	일	토	금	목	수	화	월	일	토	금	목	수	화	월	절기시각	

2月大 (癸卯) 경칩

														춘분															경칩2	절 기	
30	29	28	27	26	25	24	23	22	21	20	19	18	17	16	15	14	13	12	11	10	9	8	7	6	5	4	3	2	1	음 력	
1	1	1	1	2	2	2	3	3	3	4	4	4	5	5	5	6	6	6	7	7	7	8	8	8	9	9	9	10		순행	대
10	9	9	9	8	8	8	7	7	7	6	6	6	5	5	5	4	4	4	3	3	3	2	2	2	1	1	1	1		역행	운
			4																										3	월	양
4	3	2	1	31	30	29	28	27	26	25	24	23	22	21	20	19	18	17	16	15	14	13	12	11	10	9	8	7	6	일	력
壬申	辛未	庚午	己巳	戊辰	丁卯	丙寅	乙丑	甲子	癸亥	壬戌	辛酉	庚申	己未	戊午	丁巳	丙辰	乙卯	甲寅	癸丑	壬子	辛亥	庚戌	己酉	戊申	丁未	丙午	乙巳	甲辰	癸卯	일 진	
수	화	월	일	토	금	목	수	화	월	일	토	금	목	午初	화	월	일	토	금	목	수	화	월	일	토	금	목	수	巳正	절기시각	

3月小 (甲辰) 청명

														곡우															청명3	절 기	
	29	28	27	26	25	24	23	22	21	20	19	18	17	16	15	14	13	12	11	10	9	8	7	6	5	4	3	2	1	음 력	
	1	1	2	2	2	3	3	3	4	4	4	5	5	5	6	6	6	7	7	7	8	8	8	9	9	9	10	10		순행	대
	9	9	9	8	8	8	7	7	7	6	6	6	5	5	5	4	4	4	3	3	3	2	2	2	1	1	1	1		역행	운
			5																										4	월	양
	3	2	1	30	29	28	27	26	25	24	23	22	21	20	19	18	17	16	15	14	13	12	11	10	9	8	7	6	5	일	력
	辛丑	庚子	己亥	戊戌	丁酉	丙申	乙未	甲午	癸巳	壬辰	辛卯	庚寅	己丑	戊子	丁亥	丙戌	乙酉	甲申	癸未	壬午	辛巳	庚辰	己卯	戊寅	丁丑	丙子	乙亥	甲戌	癸酉	일 진	
	목	수	화	월	일	토	금	목	수	화	월	일	토	亥正	목	수	화	월	일	토	금	목	수	화	월	일	토	금	申初	절기시각	

4月小 (乙巳) 입하

												소만															입하4			절 기	
	29	28	27	26	25	24	23	22	21	20	19	18	17	16	15	14	13	12	11	10	9	8	7	6	5	4	3	2	1	음 력	
	2	2	2	3	3	3	4	4	4	5	5	5	6	6	6	7	7	7	8	8	8	9	9	9	10	10		1	1	순행	대
	9	8	8	8	7	7	7	6	6	6	5	5	5	4	4	4	3	3	3	2	2	2	1	1	1	1		10	10	역행	운
	6																												5	월	양
	1	31	30	29	28	27	26	25	24	23	22	21	20	19	18	17	16	15	14	13	12	11	10	9	8	7	6	5	4	일	력
	庚午	己巳	戊辰	丁卯	丙寅	乙丑	甲子	癸亥	壬戌	辛酉	庚申	己未	戊午	丁巳	丙辰	乙卯	甲寅	癸丑	壬子	辛亥	庚戌	己酉	戊申	丁未	丙午	乙巳	甲辰	癸卯	壬寅	일 진	
	금	목	수	화	월	일	토	금	목	수	화	亥正	일	토	금	목	수	화	월	일	토	금	목	수	화	월	巳初	토	금	절기시각	

5月大 (丙午) 망종

									하지																망종5					절 기	
30	29	28	27	26	25	24	23	22	21	20	19	18	17	16	15	14	13	12	11	10	9	8	7	6	5	4	3	2	1	음 력	
2	2	3	3	3	4	4	4	5	5	5	6	6	6	7	7	7	8	8	8	9	9	9	10	10		1	1	1	1	순행	대
8	8	8	7	7	7	6	6	6	5	5	5	4	4	4	3	3	3	2	2	2	1	1	1	1		10	10	9	9	역행	운
7																													6	월	양
1	30	29	28	27	26	25	24	23	22	21	20	19	18	17	16	15	14	13	12	11	10	9	8	7	6	5	4	3	2	일	력
庚子	己亥	戊戌	丁酉	丙申	乙未	甲午	癸巳	壬辰	辛卯	庚寅	己丑	戊子	丁亥	丙戌	乙酉	甲申	癸未	壬午	辛巳	庚辰	己卯	戊寅	丁丑	丙子	乙亥	甲戌	癸酉	壬申	辛未	일 진	
일	토	금	목	수	화	월	일	토	卯正	목	수	화	월	일	토	금	목	수	화	월	일	토	금	목	未初	화	월	일	토	절기시각	

6月小 (丁未) 소서

								대서																	소서6					절 기	
	29	28	27	26	25	24	23	22	21	20	19	18	17	16	15	14	13	12	11	10	9	8	7	6	5	4	3	2	1	음 력	
	3	3	4	4	4	5	5	5	6	6	6	7	7	7	8	8	8	9	9	9	10	10	10		1	1	1	1	2	순행	대
	8	7	7	7	6	6	6	5	5	5	4	4	4	3	3	3	2	2	2	1	1	1	1		10	10	9	9	9	역행	운
																													7	월	양
	30	29	28	27	26	25	24	23	22	21	20	19	18	17	16	15	14	13	12	11	10	9	8	7	6	5	4	3	2	일	력
	己巳	戊辰	丁卯	丙寅	乙丑	甲子	癸亥	壬戌	辛酉	庚申	己未	戊午	丁巳	丙辰	乙卯	甲寅	癸丑	壬子	辛亥	庚戌	己酉	戊申	丁未	丙午	乙巳	甲辰	癸卯	壬寅	辛丑	일 진	
	월	일	토	금	목	수	화	酉初	일	토	금	목	수	화	월	일	토	금	목	수	화	월	일	子初	금	목	수	화	월	절기시각	

• 집 남서쪽에 구기자 · 대추나무는 길하나 큰 나무는 흉하다.

7月大(戊申) 입추

					처서																입추7									절기
30	29	28	27	26	25	24	23	22	21	20	19	18	17	16	15	14	13	12	11	10	9	8	7	6	5	4	3	2	1	음력
3	4	4	4	5	5	5	6	6	6	7	7	7	8	8	8	9	9	9	10	10		1	1	1	1	2	2	2	3	대운 순행
7	7	6	6	6	5	5	5	4	4	4	3	3	3	2	2	2	1	1	1	1		10	10	10	9	9	9	8	8	대운 역행
																												8	7	양력 월
29	28	27	26	25	24	23	22	21	20	19	18	17	16	15	14	13	12	11	10	9	8	7	6	5	4	3	2	1	31	양력 일
己亥	戊戌	丁酉	丙申	乙未	甲午	癸巳	壬辰	辛卯	庚寅	己丑	戊子	丁亥	丙戌	乙酉	甲申	癸未	壬午	辛巳	庚辰	己卯	戊寅	丁丑	丙子	乙亥	甲戌	癸酉	壬申	辛未	庚午	일진
수	화	월	일	토	子正	목	수	화	월	일	토	금	목	수	화	월	일	토	금	목	巳初	화	월	일	토	금	목	수	화	절기시각

8月大(己酉) 백로

					추분															백로8										절기
30	29	28	27	26	25	24	23	22	21	20	19	18	17	16	15	14	13	12	11	10	9	8	7	6	5	4	3	2	1	음력
4	4	4	5	5	5	6	6	6	7	7	7	8	8	8	9	9	9	10	10		1	1	1	1	2	2	2	3	3	대운 순행
7	6	6	6	5	5	5	4	4	4	3	3	3	2	2	2	1	1	1	1		10	10	9	9	9	8	8	8	7	대운 역행
																											9		8	양력 월
28	27	26	25	24	23	22	21	20	19	18	17	16	15	14	13	12	11	10	9	8	7	6	5	4	3	2	1	31	30	양력 일
己巳	戊辰	丁卯	丙寅	乙丑	甲子	癸亥	壬戌	辛酉	庚申	己未	戊午	丁巳	丙辰	乙卯	甲寅	癸丑	壬子	辛亥	庚戌	己酉	戊申	丁未	丙午	乙巳	甲辰	癸卯	壬寅	辛丑	庚子	일진
금	목	수	화	월	亥初	토	금	목	수	화	월	일	토	금	목	수	화	월	일	午正	금	목	수	화	월	일	토	금	목	절기시각

9月小(庚戌) 한로

				상강															한로9											절기
	29	28	27	26	25	24	23	22	21	20	19	18	17	16	15	14	13	12	11	10	9	8	7	6	5	4	3	2	1	음력
	4	4	5	5	5	6	6	6	7	7	7	8	8	8	9	9	9	10		1	1	1	1	2	2	2	3	3	3	대운 순행
	6	6	5	5	5	4	4	4	3	3	3	2	2	2	1	1	1	1		10	10	9	9	9	8	8	8	7	7	대운 역행
																											10		9	양력 월
	27	26	25	24	23	22	21	20	19	18	17	16	15	14	13	12	11	10	9	8	7	6	5	4	3	2	1	30	29	양력 일
	戊戌	丁酉	丙申	乙未	甲午	癸巳	壬辰	辛卯	庚寅	己丑	戊子	丁亥	丙戌	乙酉	甲申	癸未	壬午	辛巳	庚辰	己卯	戊寅	丁丑	丙子	乙亥	甲戌	癸酉	壬申	辛未	庚午	일진
	토	금	목	卯正	화	월	일	토	금	목	수	화	월	일	토	금	목	수	寅初	월	일	토	금	목	수	화	월	일	토	절기시각

10月大(辛亥) 입동

			소설															입동10												절기
30	29	28	27	26	25	24	23	22	21	20	19	18	17	16	15	14	13	12	11	10	9	8	7	6	5	4	3	2	1	음력
4	4	4	5	5	5	6	6	6	7	7	7	8	8	8	9	9	9		1	1	1	1	2	2	2	3	3	3	4	대운 순행
6	6	5	5	5	4	4	4	3	3	3	2	2	2	1	1	1	1		10	9	9	9	8	8	8	7	7	7	6	대운 역행
																									11				10	양력 월
26	25	24	23	22	21	20	19	18	17	16	15	14	13	12	11	10	9	8	7	6	5	4	3	2	1	31	30	29	28	양력 일
戊辰	丁卯	丙寅	乙丑	甲子	癸亥	壬戌	辛酉	庚申	己未	戊午	丁巳	丙辰	乙卯	甲寅	癸丑	壬子	辛亥	庚戌	己酉	戊申	丁未	丙午	乙巳	甲辰	癸卯	壬寅	辛丑	庚子	己亥	일진
월	일	토	寅正	목	수	화	월	일	토	금	목	수	화	월	일	토	금	卯正	수	화	월	일	토	금	목	수	화	월	일	절기시각

11月大(壬子) 대설

				동지															대설11											절기
30	29	28	27	26	25	24	23	22	21	20	19	18	17	16	15	14	13	12	11	10	9	8	7	6	5	4	3	2	1	음력
4	4	4	5	5	5	6	6	6	7	7	7	8	8	8	9	9	9	10		1	1	1	1	2	2	2	3	3	3	대운 순행
6	6	6	5	5	5	4	4	4	3	3	3	2	2	2	1	1	1	1		9	9	9	8	8	8	7	7	7	6	대운 역행
																									12				11	양력 월
26	25	24	23	22	21	20	19	18	17	16	15	14	13	12	11	10	9	8	7	6	5	4	3	2	1	30	29	28	27	양력 일
戊戌	丁酉	丙申	乙未	甲午	癸巳	壬辰	辛卯	庚寅	己丑	戊子	丁亥	丙戌	乙酉	甲申	癸未	壬午	辛巳	庚辰	己卯	戊寅	丁丑	丙子	乙亥	甲戌	癸酉	壬申	辛未	庚午	己巳	일진
수	화	월	일	酉初	금	목	수	화	월	일	토	금	목	수	화	월	일	토	子初	목	수	화	월	일	토	금	목	수	화	절기시각

12月小(癸丑) 소한

				대한															소한12											절기
	29	28	27	26	25	24	23	22	21	20	19	18	17	16	15	14	13	12	11	10	9	8	7	6	5	4	3	2	1	음력
	4	4	4	5	5	5	6	6	6	7	7	7	8	8	8	9	9	9		1	1	1	1	2	2	2	3	3	3	대운 순행
	6	6	5	5	5	4	4	4	3	3	3	2	2	2	1	1	1	1		10	9	9	9	8	8	8	7	7	7	대운 역행
																								1					12	양력 월
	24	23	22	21	20	19	18	17	16	15	14	13	12	11	10	9	8	7	6	5	4	3	2	1	31	30	29	28	27	양력 일
	丁卯	丙寅	乙丑	甲子	癸亥	壬戌	辛酉	庚申	己未	戊午	丁巳	丙辰	乙卯	甲寅	癸丑	壬子	辛亥	庚戌	己酉	戊申	丁未	丙午	乙巳	甲辰	癸卯	壬寅	辛丑	庚子	己亥	일진
	목	수	화	寅初	일	토	금	목	수	화	월	일	토	금	목	수	화	월	巳正	토	금	목	수	화	월	일	토	금	목	절기시각

• 상관이 있고 財와 암합하고 있으면 남편을 내집으로 데리고 와서 산다.

서기 1963년
단기 4296년

癸卯年

상문 : 巳 대장군 : 北
조객 : 丑 삼 재 : 申子辰
삼살 : 西

1月大(甲寅) 입춘

구분	30	29	28	27	26	25	24	23	22	21	20	19	18	17	16	15	14	13	12	11	10	9	8	7	6	5	4	3	2	1
절기					우수															입춘1										
음력	30	29	28	27	**26**	25	24	23	22	21	20	19	18	17	16	15	14	13	12	**11**	10	9	8	7	6	5	4	3	2	1
대운 순행	4	4	4	5	5	5	6	6	6	7	7	7	8	8	8	9	9	9	10		1	1	1	1	2	2	2	3	3	3
대운 역행	6	6	6	5	5	5	4	4	4	3	3	3	2	2	2	1	1	1	1		9	9	9	8	8	8	7	7	7	6
양력 월																							2							1
양력 일	23	22	21	20	19	18	17	16	15	14	13	12	11	10	9	8	7	6	5	4	3	2	1	31	30	29	28	27	26	25
일진	丁酉	丙申	乙未	甲午	癸巳	壬辰	辛卯	庚寅	己丑	戊子	丁亥	丙戌	乙酉	甲申	癸未	壬午	辛巳	庚辰	己卯	戊寅	丁丑	丙子	乙亥	甲戌	癸酉	壬申	辛未	庚午	己巳	戊辰
절기시각	토	금	목	수	酉正	월	일	토	금	목	수	화	월	일	토	금	목	수	화	亥正	일	토	금	목	수	화	월	일	토	금

2月小(乙卯) 경칩

구분	30	29	28	27	26	25	24	23	22	21	20	19	18	17	16	15	14	13	12	11	10	9	8	7	6	5	4	3	2	1
절기					춘분															경칩2										
음력		29	28	27	**26**	25	24	23	22	21	20	19	18	17	16	15	14	13	12	**11**	10	9	8	7	6	5	4	3	2	1
대운 순행		4	4	5	5	5	6	6	6	7	7	7	8	8	8	9	9	9	10		1	1	1	1	2	2	2	3	3	3
대운 역행		6	6	5	5	5	4	4	4	3	3	3	2	2	2	1	1	1	1		10	9	9	9	8	8	8	7	7	7
양력 월																									3					2
양력 일		24	23	22	21	20	19	18	17	16	15	14	13	12	11	10	9	8	7	6	5	4	3	2	1	28	27	26	25	24
일진		丙寅	乙丑	甲子	癸亥	壬戌	辛酉	庚申	己未	戊午	丁巳	丙辰	乙卯	甲寅	癸丑	壬子	辛亥	庚戌	己酉	戊申	丁未	丙午	乙巳	甲辰	癸卯	壬寅	辛丑	庚子	己亥	戊戌
절기시각		일	토	금	酉初	수	화	월	일	토	금	목	수	화	월	일	토	금	목	申正	화	월	일	토	금	목	수	화	월	일

3月大(丙辰) 청명

구분	30	29	28	27	26	25	24	23	22	21	20	19	18	17	16	15	14	13	12	11	10	9	8	7	6	5	4	3	2	1
절기			곡우																청명3											
음력	30	29	**28**	27	26	25	24	23	22	21	20	19	18	17	16	15	14	13	**12**	11	10	9	8	7	6	5	4	3	2	1
대운 순행	4	5	5	5	6	6	6	7	7	7	8	8	8	9	9	9	10	10		1	1	1	1	2	2	2	3	3	3	4
대운 역행	6	6	5	5	5	4	4	4	3	3	3	2	2	2	1	1	1	1		10	9	9	9	8	8	8	7	7	7	6
양력 월																							4							3
양력 일	23	22	21	20	19	18	17	16	15	14	13	12	11	10	9	8	7	6	5	4	3	2	1	31	30	29	28	27	26	25
일진	丙申	乙未	甲午	癸巳	壬辰	辛卯	庚寅	己丑	戊子	丁亥	丙戌	乙酉	甲申	癸未	壬午	辛巳	庚辰	己卯	戊寅	丁丑	丙子	乙亥	甲戌	癸酉	壬申	辛未	庚午	己巳	戊辰	丁卯
절기시각	화	월	寅正	토	금	목	수	화	월	일	토	금	목	수	화	월	일	토	亥初	목	수	화	월	일	토	금	목	수	화	월

4月小(丁巳) 입하

구분	30	29	28	27	26	25	24	23	22	21	20	19	18	17	16	15	14	13	12	11	10	9	8	7	6	5	4	3	2	1
절기		소만																입하4												
음력		**29**	28	27	26	25	24	23	22	21	20	19	18	17	16	15	14	**13**	12	11	10	9	8	7	6	5	4	3	2	1
대운 순행		5	5	6	6	6	7	7	7	8	8	8	9	9	9	10	10		1	1	1	1	2	2	2	3	3	3	4	4
대운 역행		5	5	5	4	4	4	3	3	3	2	2	2	1	1	1	1		10	10	9	9	9	8	8	8	7	7	7	6
양력 월																							5							4
양력 일		22	21	20	19	18	17	16	15	14	13	12	11	10	9	8	7	6	5	4	3	2	1	30	29	28	27	26	25	24
일진		乙丑	甲子	癸亥	壬戌	辛酉	庚申	己未	戊午	丁巳	丙辰	乙卯	甲寅	癸丑	壬子	辛亥	庚戌	己酉	戊申	丁未	丙午	乙巳	甲辰	癸卯	壬寅	辛丑	庚子	己亥	戊戌	丁酉
절기시각		寅初	화	월	일	토	금	목	수	화	월	일	토	금	목	수	화	未正	일	토	금	목	수	화	월	일	토	금	목	수

윤 4月 小

구분	30	29	28	27	26	25	24	23	22	21	20	19	18	17	16	15	14	13	12	11	10	9	8	7	6	5	4	3	2	1
절기																망종5														
음력		29	28	27	26	25	24	23	22	21	20	19	18	17	16	**15**	14	13	12	11	10	9	8	7	6	5	4	3	2	1
대운 순행		6	6	7	7	7	8	8	8	9	9	9	10	10	10		1	1	1	1	2	2	2	3	3	3	4	4	4	5
대운 역행		5	4	4	4	3	3	3	2	2	2	1	1	1	1		10	10	9	9	9	8	8	8	7	7	7	6	6	6
양력 월																					6									5
양력 일		20	19	18	17	16	15	14	13	12	11	10	9	8	7	6	5	4	3	2	1	31	30	29	28	27	26	25	24	23
일진		甲午	癸巳	壬辰	辛卯	庚寅	己丑	戊子	丁亥	丙戌	乙酉	甲申	癸未	壬午	辛巳	庚辰	己卯	戊寅	丁丑	丙子	乙亥	甲戌	癸酉	壬申	辛未	庚午	己巳	戊辰	丁卯	丙寅
절기시각		목	수	화	월	일	토	금	목	수	화	월	일	토	금	戌初	수	화	월	일	토	금	목	수	화	월	일	토	금	목

5月大(戊午) 망종

구분	30	29	28	27	26	25	24	23	22	21	20	19	18	17	16	15	14	13	12	11	10	9	8	7	6	5	4	3	2	1
절기													소서6																하지	
음력	30	29	28	27	26	25	24	23	22	21	20	19	**18**	17	16	15	14	13	12	11	10	9	8	7	6	5	4	3	**2**	1
대운 순행	6	7	7	7	8	8	8	9	9	9	10	10		1	1	1	1	2	2	2	3	3	3	4	4	4	5	5	5	6
대운 역행	4	4	3	3	3	2	2	2	1	1	1	1		10	10	10	9	9	9	8	8	8	7	7	7	6	6	6	5	5
양력 월																				7										6
양력 일	20	19	18	17	16	15	14	13	12	11	10	9	8	7	6	5	4	3	2	1	30	29	28	27	26	25	24	23	22	21
일진	甲子	癸亥	壬戌	辛酉	庚申	己未	戊午	丁巳	丙辰	乙卯	甲寅	癸丑	壬子	辛亥	庚戌	己酉	戊申	丁未	丙午	乙巳	甲辰	癸卯	壬寅	辛丑	庚子	己亥	戊戌	丁酉	丙申	乙未
절기시각	토	금	목	수	화	월	일	토	금	목	수	화	卯初	일	토	금	목	수	화	월	일	토	금	목	수	화	월	일	午正	금

• 집 서쪽에 소나무가 있으면 부귀공명할 귀목이다.

											입추7																대서			절기		6月小(己未) 소서
	29	28	27	26	25	24	23	22	21	20	**19**	18	17	16	15	14	13	12	11	10	9	8	7	6	5	4	**3**	2	1	음력		
	7	7	8	8	8	9	9	9	10	10		1	1	1	1	2	2	2	3	3	3	4	4	4	5	5	5	6	6	순행	대운	
	3	3	3	2	2	2	1	1	1	1		10	10	9	9	9	8	8	8	7	7	7	6	6	6	5	5	5	4	역행		
																		8											7	월	양력	
	18	17	16	15	14	13	12	11	10	9	8	7	6	5	4	3	2	1	31	30	29	28	27	26	25	24	23	22	21	일		
	癸	壬	辛	庚	己	戊	丁	丙	乙	甲	癸	壬	辛	庚	己	戊	丁	丙	乙	甲	癸	壬	辛	庚	己	戊	丁	丙	乙	일진		
	巳	辰	卯	寅	丑	子	亥	戌	酉	申	未	午	巳	辰	卯	寅	丑	子	亥	戌	酉	申	未	午	巳	辰	卯	寅	丑			
	일	토	금	목	수	화	월	일	토	금	申初	수	화	월	일	토	금	목	수	화	월	일	토	금	목	수	亥正	월	일	절기시각		
									백로8															처서						절기		7月大(庚申) 입추
30	29	28	27	26	25	24	23	22	**21**	20	19	18	17	16	15	14	13	12	11	10	9	8	7	**6**	5	4	3	2	1	음력		
7	8	8	8	9	9	9	10	10		1	1	1	1	2	2	2	3	3	3	4	4	4	5	5	5	6	6	6	7	순행	대운	
3	3	2	2	2	1	1	1	1		10	10	9	9	9	8	8	8	7	7	7	6	6	6	5	5	5	4	4	4	역행		
																9													8	월	양력	
17	16	15	14	13	12	11	10	9	8	7	6	5	4	3	2	1	31	30	29	28	27	26	25	24	23	22	21	20	19	일		
癸	壬	辛	庚	己	戊	丁	丙	乙	甲	癸	壬	辛	庚	己	戊	丁	丙	乙	甲	癸	壬	辛	庚	己	戊	丁	丙	乙	甲	일진		
亥	戌	酉	申	未	午	巳	辰	卯	寅	丑	子	亥	戌	酉	申	未	午	巳	辰	卯	寅	丑	子	亥	戌	酉	申	未	午			
화	월	일	토	금	목	수	화	월	酉正	토	금	목	수	화	월	일	토	금	목	수	화	월	일	卯初	금	목	수	화	월	절기시각		
								한로9															추분							절기		8月小(辛酉) 백로
	29	28	27	26	25	24	23	**22**	21	20	19	18	17	16	15	14	13	12	11	10	9	8	**7**	6	5	4	3	2	1	음력		
	8	8	8	9	9	9	10		1	1	1	1	2	2	2	3	3	3	4	4	4	5	5	5	6	6	6	7	7	순행	대운	
	2	2	2	1	1	1	1		10	10	9	9	9	8	8	8	7	7	7	6	6	6	5	5	5	4	4	4	3	역행		
																10													9	월	양력	
	16	15	14	13	12	11	10	9	8	7	6	5	4	3	2	1	30	29	28	27	26	25	24	23	22	21	20	19	18	일		
	壬	辛	庚	己	戊	丁	丙	乙	甲	癸	壬	辛	庚	己	戊	丁	丙	乙	甲	癸	壬	辛	庚	己	戊	丁	丙	乙	甲	일진		
	辰	卯	寅	丑	子	亥	戌	酉	申	未	午	巳	辰	卯	寅	丑	子	亥	戌	酉	申	未	午	巳	辰	卯	寅	丑	子			
	수	화	월	일	토	금	목	巳初	화	월	일	토	금	목	수	화	월	일	토	금	목	수	寅初	월	일	토	금	목	수	절기시각		
							입동10															상강								절기		9月大(壬戌) 한로
30	29	28	27	26	25	24	**23**	22	21	20	19	18	17	16	15	14	13	12	11	10	9	**8**	7	6	5	4	3	2	1	음력		
8	8	8	9	9	9	10		1	1	1	1	2	2	2	3	3	3	4	4	4	5	5	5	6	6	6	7	7	7	순행	대운	
2	2	2	1	1	1	1		10	9	9	9	8	8	8	7	7	7	6	6	6	5	5	5	4	4	4	3	3	3	역행		
														11															10	월	양력	
15	14	13	12	11	10	9	8	7	6	5	4	3	2	1	31	30	29	28	27	26	25	24	23	22	21	20	19	18	17	일		
壬	辛	庚	己	戊	丁	丙	乙	甲	癸	壬	辛	庚	己	戊	丁	丙	乙	甲	癸	壬	辛	庚	己	戊	丁	丙	乙	甲	癸	일진		
戌	酉	申	未	午	巳	辰	卯	寅	丑	子	亥	戌	酉	申	未	午	巳	辰	卯	寅	丑	子	亥	戌	酉	申	未	午	巳			
금	목	수	화	월	일	토	午正	목	수	화	월	일	토	금	목	수	화	월	일	토	금	午正	수	화	월	일	토	금	목	절기시각		
							대설11															소설								절기		10月大(癸亥) 입동
30	29	28	27	26	25	24	**23**	22	21	20	19	18	17	16	15	14	13	12	11	10	9	**8**	7	6	5	4	3	2	1	음력		
7	8	8	8	9	9	9		1	1	1	1	2	2	2	3	3	3	4	4	4	5	5	5	6	6	6	7	7	7	순행	대운	
2	2	2	1	1	1	1		10	9	9	9	8	8	8	7	7	7	6	6	6	5	5	5	4	4	4	3	3	3	역행		
														12															11	월	양력	
15	14	13	12	11	10	9	8	7	6	5	4	3	2	1	30	29	28	27	26	25	24	23	22	21	20	19	18	17	16	일		
壬	辛	庚	己	戊	丁	丙	乙	甲	癸	壬	辛	庚	己	戊	丁	丙	乙	甲	癸	壬	辛	庚	己	戊	丁	丙	乙	甲	癸	일진		
辰	卯	寅	丑	子	亥	戌	酉	申	未	午	巳	辰	卯	寅	丑	子	亥	戌	酉	申	未	午	巳	辰	卯	寅	丑	子	亥			
일	토	금	목	수	화	월	卯初	토	금	목	수	화	월	일	토	금	목	수	화	월	일	巳初	금	목	수	화	월	일	토	절기시각		
								소한12															동지							절기		11月大(甲子) 대설
30	29	28	27	26	25	24	23	**22**	21	20	19	18	17	16	15	14	13	12	11	10	9	8	**7**	6	5	4	3	2	1	음력		
7	8	8	8	9	9	9	10		1	1	1	1	2	2	2	3	3	3	4	4	4	5	5	5	6	6	6	7	7	순행	대운	
3	2	2	2	1	1	1	1		9	9	9	8	8	8	7	7	7	6	6	6	5	5	5	4	4	4	3	3	3	역행		
													1																12	월	양력	
14	13	12	11	10	9	8	7	6	5	4	3	2	1	31	30	29	28	27	26	25	24	23	22	21	20	19	18	17	16	일		
壬	辛	庚	己	戊	丁	丙	乙	甲	癸	壬	辛	庚	己	戊	丁	丙	乙	甲	癸	壬	辛	庚	己	戊	丁	丙	乙	甲	癸	일진		
戌	酉	申	未	午	巳	辰	卯	寅	丑	子	亥	戌	酉	申	未	午	巳	辰	卯	寅	丑	子	亥	戌	酉	申	未	午	巳			
화	월	일	토	금	목	수	화	丑正	일	토	금	목	수	화	월	일	토	금	목	수	화	월	子初	토	금	목	수	화	월	절기시각		
								입춘1															대한							절기		12月小(乙丑) 소한
	29	28	27	26	25	24	23	**22**	21	20	19	18	17	16	15	14	13	12	11	10	9	8	**7**	6	5	4	3	2	1	음력		
	7	8	8	8	9	9	9		1	1	1	1	2	2	2	3	3	3	4	4	4	5	5	5	6	6	6	7	7	순행	대운	
	2	2	2	1	1	1	1		10	9	9	9	8	8	8	7	7	7	6	6	6	5	5	5	4	4	4	3	3	역행		
												2																	1	월	양력	
	12	11	10	9	8	7	6	5	4	3	2	1	31	30	29	28	27	26	25	24	23	22	21	20	19	18	17	16	15	일		
	辛	庚	己	戊	丁	丙	乙	甲	癸	壬	辛	庚	己	戊	丁	丙	乙	甲	癸	壬	辛	庚	己	戊	丁	丙	乙	甲	癸	일진		
	卯	寅	丑	子	亥	戌	酉	申	未	午	巳	辰	卯	寅	丑	子	亥	戌	酉	申	未	午	巳	辰	卯	寅	丑	子	亥			
	수	화	월	일	토	금	목	寅正	화	월	일	토	금	목	수	화	월	일	토	금	목	수	巳初	월	일	토	금	목	수	절기시각		

• 자식 자리에 형충이나 공망을 맞으면 자식때문에 속썩는 일이 많다.

서기 1964년
단기 4297년

甲辰年

상문 : 午 대장군 : 北
조객 : 寅 삼 재 : 申子辰
삼살 : 南

1月大(丙寅) 입춘

								경칩2															우수							절기
30	29	28	27	26	25	24	23	22	21	20	19	18	17	16	15	14	13	12	11	10	9	8	7	6	5	4	3	2	1	음력
8	8	8	9	9	9	10	10		1	1	1	1	2	2	2	3	3	3	4	4	4	5	5	5	6	6	6	7	7	순행 대운
3	2	2	2	1	1	1	1		9	9	9	8	8	8	7	7	7	6	6	6	5	5	5	4	4	4	3	3	3	역행 대운
												3																	2	월 양력
13	12	11	10	9	8	7	6	5	4	3	2	1	29	28	27	26	25	24	23	22	21	20	19	18	17	16	15	14	13	일 양력
辛酉	庚申	己未	戊午	丁巳	丙辰	乙卯	甲寅	癸丑	壬子	辛亥	庚戌	己酉	戊申	丁未	丙午	乙巳	甲辰	癸卯	壬寅	辛丑	庚子	己亥	戊戌	丁酉	丙申	乙未	甲午	癸巳	壬辰	일진
금	목	수	화	월	일	토	금	亥正	수	화	월	일	토	금	목	수	화	월	일	토	금	목	子初	화	월	일	토	금	목	절기시각

2月小(丁卯) 경칩

							청명3																춘분							절기
	29	28	27	26	25	24	23	22	21	20	19	18	17	16	15	14	13	12	11	10	9	8	7	6	5	4	3	2	1	음력
	8	8	9	9	9	10		1	1	1	1	2	2	2	3	3	3	4	4	4	5	5	5	6	6	6	7	7	7	순행 대운
	2	2	1	1	1	1		10	10	9	9	9	8	8	8	7	7	7	6	6	6	5	5	5	4	4	4	3	3	역행 대운
											4																		3	월 양력
	11	10	9	8	7	6	5	4	3	2	1	31	30	29	28	27	26	25	24	23	22	21	20	19	18	17	16	15	14	일 양력
	庚寅	己丑	戊子	丁亥	丙戌	乙酉	甲申	癸未	壬午	辛巳	庚辰	己卯	戊寅	丁丑	丙子	乙亥	甲戌	癸酉	壬申	辛未	庚午	己巳	戊辰	丁卯	丙寅	乙丑	甲子	癸亥	壬戌	일진
	토	금	목	수	화	월	寅初	토	금	목	수	화	월	일	토	금	목	수	화	월	일	토	子初	목	수	화	월	일	토	절기시각

3月大(戊辰) 청명

						입하4															곡우									절기
30	29	28	27	26	25	24	23	22	21	20	19	18	17	16	15	14	13	12	11	10	9	8	7	6	5	4	3	2	1	음력
9	9	9	10	10	10		1	1	1	1	2	2	2	3	3	3	4	4	4	5	5	5	6	6	6	7	7	7	8	순행 대운
2	2	1	1	1	1		10	9	9	9	8	8	8	7	7	7	6	6	6	5	5	5	4	4	4	3	3	3	2	역행 대운
										5																			4	월 양력
11	10	9	8	7	6	5	4	3	2	1	30	29	28	27	26	25	24	23	22	21	20	19	18	17	16	15	14	13	12	일 양력
庚申	己未	戊午	丁巳	丙辰	乙卯	甲寅	癸丑	壬子	辛亥	庚戌	己酉	戊申	丁未	丙午	乙巳	甲辰	癸卯	壬寅	辛丑	庚子	己亥	戊戌	丁酉	丙申	乙未	甲午	癸巳	壬辰	辛卯	일진
월	일	토	금	목	수	戌正	월	일	토	금	목	수	화	월	일	토	금	목	수	화	巳正	일	토	금	목	수	화	월	일	절기시각

4月小(己巳) 입하

				망종5																소만										절기
	29	28	27	26	25	24	23	22	21	20	19	18	17	16	15	14	13	12	11	10	9	8	7	6	5	4	3	2	1	음력
	9	10	10		1	1	1	1	2	2	2	3	3	3	4	4	4	5	5	5	6	6	6	7	7	7	8	8	8	순행 대운
	1	1	1		10	10	10	9	9	9	8	8	8	7	7	7	6	6	6	5	5	5	4	4	4	3	3	3	2	역행 대운
									6																				5	월 양력
	9	8	7	6	5	4	3	2	1	31	30	29	28	27	26	25	24	23	22	21	20	19	18	17	16	15	14	13	12	일 양력
	己丑	戊子	丁亥	丙戌	乙酉	甲申	癸未	壬午	辛巳	庚辰	己卯	戊寅	丁丑	丙子	乙亥	甲戌	癸酉	壬申	辛未	庚午	己巳	戊辰	丁卯	丙寅	乙丑	甲子	癸亥	壬戌	辛酉	일진
	화	월	일	丑初	금	목	수	화	월	일	토	금	목	수	화	월	일	토	금	巳初	수	화	월	일	토	금	목	수	화	절기시각

5月小(庚午) 망종

		소서6																하지												절기
	29	28	27	26	25	24	23	22	21	20	19	18	17	16	15	14	13	12	11	10	9	8	7	6	5	4	3	2	1	음력
	10		1	1	1	1	2	2	2	3	3	3	4	4	4	5	5	5	6	6	6	7	7	7	8	8	8	9	9	순행 대운
	1		10	10	9	9	9	8	8	8	7	7	7	6	6	6	5	5	5	4	4	4	3	3	3	2	2	2	1	역행 대운
								7																					6	월 양력
	8	7	6	5	4	3	2	1	30	29	28	27	26	25	24	23	22	21	20	19	18	17	16	15	14	13	12	11	10	일 양력
	戊午	丁巳	丙辰	乙卯	甲寅	癸丑	壬子	辛亥	庚戌	己酉	戊申	丁未	丙午	乙巳	甲辰	癸卯	壬寅	辛丑	庚子	己亥	戊戌	丁酉	丙申	乙未	甲午	癸巳	壬辰	辛卯	庚寅	일진
	수	午初	월	일	토	금	목	수	화	월	일	토	금	목	수	화	월	酉初	토	금	목	수	화	월	일	토	금	목	수	절기시각

6月大(辛未) 소서

입추7															대서															절기
30	29	28	27	26	25	24	23	22	21	20	19	18	17	16	15	14	13	12	11	10	9	8	7	6	5	4	3	2	1	음력
	1	1	1	1	2	2	2	3	3	3	4	4	4	5	5	5	6	6	6	7	7	7	8	8	8	9	9	9	10	순행 대운
	10	10	9	9	9	8	8	8	7	7	7	6	6	6	5	5	5	4	4	4	3	3	3	2	2	2	1	1	1	역행 대운
						8																							7	월 양력
7	6	5	4	3	2	1	31	30	29	28	27	26	25	24	23	22	21	20	19	18	17	16	15	14	13	12	11	10	9	일 양력
戊子	丁亥	丙戌	乙酉	甲申	癸未	壬午	辛巳	庚辰	己卯	戊寅	丁丑	丙子	乙亥	甲戌	癸酉	壬申	辛未	庚午	己巳	戊辰	丁卯	丙寅	乙丑	甲子	癸亥	壬戌	辛酉	庚申	己未	일진
亥初	목	수	화	월	일	토	금	목	수	화	월	일	토	금	寅正	수	화	월	일	토	금	목	수	화	월	일	토	금	목	절기시각

• 집 북서쪽에 은행나무 · 소나무와 같은 거목이 있으면 대길하다.

7月小(壬申) 입추

														처서																절기
	29	28	27	26	25	24	23	22	21	20	19	18	17	**16**	15	14	13	12	11	10	9	8	7	6	5	4	3	2	1	음력
	1	1	1	2	2	2	3	3	3	4	4	4	5	5	5	6	6	6	7	7	7	8	8	8	9	9	9	10	10	대운 순행
	10	9	9	9	8	8	8	7	7	7	6	6	6	5	5	5	4	4	4	3	3	3	2	2	2	1	1	1	1	대운 역행
					9																								8	양력 월
	5	4	3	2	1	31	30	29	28	27	26	25	24	23	22	21	20	19	18	17	16	15	14	13	12	11	10	9	8	양력 일
	丁巳	丙辰	乙卯	甲寅	癸丑	壬子	辛亥	庚戌	己酉	戊申	丁未	丙午	乙巳	甲辰	癸卯	壬寅	辛丑	庚子	己亥	戊戌	丁酉	丙申	乙未	甲午	癸巳	壬辰	辛卯	庚寅	己丑	일진
	토	금	목	수	화	월	일	토	금	목	수	화	월	午初	토	금	목	수	화	월	일	토	금	목	수	화	월	일	토	절기시각

8月大(癸酉) 백로

												추분																백로8		절기
30	29	28	27	26	25	24	23	22	21	20	19	**18**	17	16	15	14	13	12	11	10	9	8	7	6	5	4	3	**2**	1	음력
1	1	2	2	2	3	3	3	4	4	4	5	5	5	6	6	6	7	7	7	8	8	8	9	9	9	10	10		1	대운 순행
9	9	9	8	8	8	7	7	7	6	6	6	5	5	5	4	4	4	3	3	3	2	2	2	1	1	1	1		10	대운 역행
				10																									9	양력 월
5	4	3	2	1	30	29	28	27	26	25	24	23	22	21	20	19	18	17	16	15	14	13	12	11	10	9	8	7	6	양력 일
丁亥	丙戌	乙酉	甲申	癸未	壬午	辛巳	庚辰	己卯	戊寅	丁丑	丙子	乙亥	甲戌	癸酉	壬申	辛未	庚午	己巳	戊辰	丁卯	丙寅	乙丑	甲子	癸亥	壬戌	辛酉	庚申	己未	戊午	일진
월	일	토	금	목	수	화	월	일	토	금	목	巳初	화	월	일	토	금	목	수	화	월	일	토	금	목	수	화	子初	일	절기시각

9月小(甲戌) 한로

												상강															한로9			절기
	29	28	27	26	25	24	23	22	21	20	19	**18**	17	16	15	14	13	12	11	10	9	8	7	6	5	4	**3**	2	1	음력
	1	2	2	2	3	3	3	4	4	4	5	5	5	6	6	6	7	7	7	8	8	8	9	9	9	10		1	1	대운 순행
	9	8	8	8	7	7	7	6	6	6	5	5	5	4	4	4	3	3	3	2	2	2	1	1	1	1		10	10	대운 역행
			11																										10	양력 월
	3	2	1	31	30	29	28	27	26	25	24	23	22	21	20	19	18	17	16	15	14	13	12	11	10	9	8	7	6	양력 일
	丙辰	乙卯	甲寅	癸丑	壬子	辛亥	庚戌	己酉	戊申	丁未	丙午	乙巳	甲辰	癸卯	壬寅	辛丑	庚子	己亥	戊戌	丁酉	丙申	乙未	甲午	癸巳	壬辰	辛卯	庚寅	己丑	戊子	일진
	화	월	일	토	금	목	수	화	월	일	토	酉正	목	수	화	월	일	토	금	목	수	화	월	일	토	금	申初	수	화	절기시각

10月大(乙亥) 입동

											소설															입동10				절기
30	29	28	27	26	25	24	23	22	21	20	**19**	18	17	16	15	14	13	12	11	10	9	8	7	6	5	**4**	3	2	1	음력
1	2	2	2	3	3	3	4	4	4	5	5	5	6	6	6	7	7	7	8	8	8	9	9	9	10		1	1	1	대운 순행
9	8	8	8	7	7	7	6	6	6	5	5	5	4	4	4	3	3	3	2	2	2	1	1	1	1		10	9	9	대운 역행
		12																											11	양력 월
3	2	1	30	29	28	27	26	25	24	23	22	21	20	19	18	17	16	15	14	13	12	11	10	9	8	7	6	5	4	양력 일
丙戌	乙酉	甲申	癸未	壬午	辛巳	庚辰	己卯	戊寅	丁丑	丙子	乙亥	甲戌	癸酉	壬申	辛未	庚午	己巳	戊辰	丁卯	丙寅	乙丑	甲子	癸亥	壬戌	辛酉	庚申	己未	戊午	丁巳	일진
목	수	화	월	일	토	금	목	수	화	월	申初	토	금	목	수	화	월	일	토	금	목	수	화	월	일	酉正	금	목	수	절기시각

11月大(丙子) 대설

											동지															대설11				절기
30	29	28	27	26	25	24	23	22	21	20	**19**	18	17	16	15	14	13	12	11	10	9	8	7	6	5	**4**	3	2	1	음력
1	1	2	2	2	3	3	3	4	4	4	5	5	5	6	6	6	7	7	7	8	8	8	9	9	9		1	1	1	대운 순행
9	8	8	8	7	7	7	6	6	6	5	5	5	4	4	4	3	3	3	2	2	2	1	1	1	1		10	9	9	대운 역행
	1																												12	양력 월
2	1	31	30	29	28	27	26	25	24	23	22	21	20	19	18	17	16	15	14	13	12	11	10	9	8	7	6	5	4	양력 일
丙辰	乙卯	甲寅	癸丑	壬子	辛亥	庚戌	己酉	戊申	丁未	丙午	乙巳	甲辰	癸卯	壬寅	辛丑	庚子	己亥	戊戌	丁酉	丙申	乙未	甲午	癸巳	壬辰	辛卯	庚寅	己丑	戊子	丁亥	일진
토	금	목	수	화	월	일	토	금	목	수	寅正	월	일	토	금	목	수	화	월	일	토	금	목	수	화	巳正	일	토	금	절기시각

12月大(丁丑) 소한

												대한															소한12			절기
30	29	28	27	26	25	24	23	22	21	20	19	**18**	17	16	15	14	13	12	11	10	9	8	7	6	5	4	**3**	2	1	음력
1	1	2	2	2	3	3	3	4	4	4	5	5	5	6	6	6	7	7	7	8	8	8	9	9	9	10		1	1	대운 순행
9	9	8	8	8	7	7	7	6	6	6	5	5	5	4	4	4	3	3	3	2	2	2	1	1	1	1		9	9	대운 역행
2																													1	양력 월
1	31	30	29	28	27	26	25	24	23	22	21	20	19	18	17	16	15	14	13	12	11	10	9	8	7	6	5	4	3	양력 일
丙戌	乙酉	甲申	癸未	壬午	辛巳	庚辰	己卯	戊寅	丁丑	丙子	乙亥	甲戌	癸酉	壬申	辛未	庚午	己巳	戊辰	丁卯	丙寅	乙丑	甲子	癸亥	壬戌	辛酉	庚申	己未	戊午	丁巳	일진
월	일	토	금	목	수	화	월	일	토	금	목	申初	화	월	일	토	금	목	수	화	월	일	토	금	목	수	亥正	월	일	절기시각

• 여자 사주에 陽이 많으면 아들, 陰이 많으면 딸이 많다.

서기 1965년
단기 4298년

乙巳年

상문 : 未 대장군 : 東
조객 : 卯 삼 재 : 亥卯未
삼살 : 東

1月小(戊寅) 입춘

												우수															입춘1			절기
	29	28	27	26	25	24	23	22	21	20	19	**18**	17	16	15	14	13	12	11	10	9	8	7	6	5	4	**3**	2	1	음력
	1	2	2	2	3	3	3	4	4	4	5	5	5	6	6	6	7	7	7	8	8	8	9	9	9	10		1	1	순행 대운
	9	8	8	8	7	7	7	6	6	6	5	5	5	4	4	4	3	3	3	2	2	2	1	1	1	1		10	9	역행
		3																											2	월 양력
	2	1	28	27	26	25	24	23	22	21	20	19	18	17	16	15	14	13	12	11	10	9	8	7	6	5	4	3	2	일
	乙卯	甲寅	癸丑	壬子	辛亥	庚戌	己酉	戊申	丁未	丙午	乙巳	甲辰	癸卯	壬寅	辛丑	庚子	己亥	戊戌	丁酉	丙申	乙未	甲午	癸巳	壬辰	辛卯	庚寅	己丑	戊子	丁亥	일진
	화	월	일	토	금	목	수	화	월	일	토	卯初	목	수	화	월	일	토	금	목	수	화	월	일	토	금	巳初	수	화	절기시각

2月大(己卯) 경칩

											춘분															경칩2				절기
30	29	28	27	26	25	24	23	22	21	20	**19**	18	17	16	15	14	13	12	11	10	9	8	7	6	5	**4**	3	2	1	음력
1	2	2	2	3	3	3	4	4	4	5	5	5	6	6	6	7	7	7	8	8	8	9	9	9	10		1	1	1	순행 대운
9	8	8	8	7	7	7	6	6	6	5	5	5	4	4	4	3	3	3	2	2	2	1	1	1	1		10	9	9	역행
4																													3	월 양력
1	31	30	29	28	27	26	25	24	23	22	21	20	19	18	17	16	15	14	13	12	11	10	9	8	7	6	5	4	3	일
乙酉	甲申	癸未	壬午	辛巳	庚辰	己卯	戊寅	丁丑	丙子	乙亥	甲戌	癸酉	壬申	辛未	庚午	己巳	戊辰	丁卯	丙寅	乙丑	甲子	癸亥	壬戌	辛酉	庚申	己未	戊午	丁巳	丙辰	일진
목	수	화	월	일	토	금	목	수	화	월	卯初	토	금	목	수	화	월	일	토	금	목	수	화	월	일	寅正	금	목	수	절기시각

3月小(庚辰) 청명

											곡우															청명3				절기
	29	28	27	26	25	24	23	22	21	20	**19**	18	17	16	15	14	13	12	11	10	9	8	7	6	5	**4**	3	2	1	음력
	2	2	3	3	3	4	4	4	5	5	5	6	6	6	7	7	7	8	8	8	9	9	9	10	10		1	1	1	순행 대운
	8	8	8	7	7	7	6	6	6	5	5	5	4	4	4	3	3	3	2	2	2	1	1	1	1		10	9	9	역행
																													4	월 양력
	30	29	28	27	26	25	24	23	22	21	20	19	18	17	16	15	14	13	12	11	10	9	8	7	6	5	4	3	2	일
	甲寅	癸丑	壬子	辛亥	庚戌	己酉	戊申	丁未	丙午	乙巳	甲辰	癸卯	壬寅	辛丑	庚子	己亥	戊戌	丁酉	丙申	乙未	甲午	癸巳	壬辰	辛卯	庚寅	己丑	戊子	丁亥	丙戌	일진
	금	목	수	화	월	일	토	금	목	수	申正	월	일	토	금	목	수	화	월	일	토	금	목	수	화	巳初	일	토	금	절기시각

4月大(辛巳) 입하

									소만															입하4						절기
30	29	28	27	26	25	24	23	22	**21**	20	19	18	17	16	15	14	13	12	11	10	9	8	7	**6**	5	4	3	2	1	음력
2	3	3	3	4	4	4	5	5	5	6	6	6	7	7	7	8	8	8	9	9	9	10	10		1	1	1	1	2	순행 대운
8	8	7	7	7	6	6	6	5	5	5	4	4	4	3	3	3	2	2	2	1	1	1	1		10	10	9	9	9	역행
																													5	월 양력
30	29	28	27	26	25	24	23	22	21	20	19	18	17	16	15	14	13	12	11	10	9	8	7	6	5	4	3	2	1	일
甲申	癸未	壬午	辛巳	庚辰	己卯	戊寅	丁丑	丙子	乙亥	甲戌	癸酉	壬申	辛未	庚午	己巳	戊辰	丁卯	丙寅	乙丑	甲子	癸亥	壬戌	辛酉	庚申	己未	戊午	丁巳	丙辰	乙卯	일진
일	토	금	목	수	화	월	일	토	申初	목	수	화	월	일	토	금	목	수	화	월	일	토	금	丑正	수	화	월	일	토	절기시각

5月小(壬午) 망종

								하지															망종5							절기
	29	28	27	26	25	24	23	**22**	21	20	19	18	17	16	15	14	13	12	11	10	9	8	**7**	6	5	4	3	2	1	음력
	3	3	4	4	4	5	5	5	6	6	6	7	7	7	8	8	8	9	9	9	10	10		1	1	1	1	2	2	순행 대운
	7	7	7	6	6	6	5	5	5	4	4	4	3	3	3	2	2	2	1	1	1	1		10	10	9	9	9	8	역행
																												6	5	월 양력
	28	27	26	25	24	23	22	21	20	19	18	17	16	15	14	13	12	11	10	9	8	7	6	5	4	3	2	1	31	일
	癸丑	壬子	辛亥	庚戌	己酉	戊申	丁未	丙午	乙巳	甲辰	癸卯	壬寅	辛丑	庚子	己亥	戊戌	丁酉	丙申	乙未	甲午	癸巳	壬辰	辛卯	庚寅	己丑	戊子	丁亥	丙戌	乙酉	일진
	월	일	토	금	목	수	화	子初	일	토	금	목	수	화	월	일	토	금	목	수	화	월	辰初	토	금	목	수	화	월	절기시각

6月小(癸未) 소서

					대서																소서6									절기
	29	28	27	26	**25**	24	23	22	21	20	19	18	17	16	15	14	13	12	11	10	**9**	8	7	6	5	4	3	2	1	음력
	4	4	5	5	5	6	6	6	7	7	7	8	8	8	9	9	9	10	10	10		1	1	1	1	2	2	2	3	순행 대운
	7	6	6	6	5	5	5	4	4	4	3	3	3	2	2	2	1	1	1	1		10	10	9	9	9	8	8	8	역행
																											7		6	월 양력
	27	26	25	24	23	22	21	20	19	18	17	16	15	14	13	12	11	10	9	8	7	6	5	4	3	2	1	30	29	일
	壬午	辛巳	庚辰	己卯	戊寅	丁丑	丙子	乙亥	甲戌	癸酉	壬申	辛未	庚午	己巳	戊辰	丁卯	丙寅	乙丑	甲子	癸亥	壬戌	辛酉	庚申	己未	戊午	丁巳	丙辰	乙卯	甲寅	일진
	화	월	일	토	巳正	목	수	화	월	일	토	금	목	수	화	월	일	토	금	목	酉初	화	월	일	토	금	목	수	화	절기시각

• 방의 높이가 이방 · 저방 모두 다르면 크게 실패한다. 평탄하게 고쳐라.

			처서															입추7												절기	7月大(甲申) 입추
30	29	28	**27**	26	25	24	23	22	21	20	19	18	17	16	15	14	13	**12**	11	10	9	8	7	6	5	4	3	2	1	음력	
4	5	5	5	6	6	6	7	7	7	8	8	8	9	9	9	10	10		1	1	1	1	2	2	2	3	3	3	4	대운 순행	
6	6	5	5	5	4	4	4	3	3	3	2	2	2	1	1	1	1		10	10	10	9	9	9	8	8	8	7	7	대운 역행	
																									8				7	양력 월	
26	25	24	23	22	21	20	19	18	17	16	15	14	13	12	11	10	9	8	7	6	5	4	3	2	1	31	30	29	28	양력 일	
壬子	辛亥	庚戌	己酉	戊申	丁未	丙午	乙巳	甲辰	癸卯	壬寅	辛丑	庚子	己亥	戊戌	丁酉	丙申	乙未	甲午	癸巳	壬辰	辛卯	庚寅	己丑	戊子	丁亥	丙戌	乙酉	甲申	癸未	일진	
목	수	화	酉初	일	토	금	목	수	화	월	일	토	금	목	수	화	월	寅初	토	금	목	수	화	월	일	토	금	목	수	절기시각	

		추분															백로8													절기	8月小(乙酉) 백로
	29	**28**	27	26	25	24	23	22	21	20	19	18	17	16	15	14	**13**	12	11	10	9	8	7	6	5	4	3	2	1	음력	
	5	5	5	6	6	6	7	7	7	8	8	8	9	9	9	10		1	1	1	1	2	2	2	3	3	3	4	4	대운 순행	
	5	5	5	4	4	4	3	3	3	2	2	2	1	1	1	1		10	10	9	9	9	8	8	8	7	7	7	6	대운 역행	
																								9					8	양력 월	
	24	23	22	21	20	19	18	17	16	15	14	13	12	11	10	9	8	7	6	5	4	3	2	1	31	30	29	28	27	양력 일	
	辛巳	庚辰	己卯	戊寅	丁丑	丙子	乙亥	甲戌	癸酉	壬申	辛未	庚午	己巳	戊辰	丁卯	丙寅	乙丑	甲子	癸亥	壬戌	辛酉	庚申	己未	戊午	丁巳	丙辰	乙卯	甲寅	癸丑	일진	
	금	辰正	수	화	월	일	토	금	목	수	화	월	일	토	금	목	卯初	화	월	일	토	금	목	수	화	월	일	토	금	절기시각	

																한로9														절기	9月小(丙戌) 한로
	29	28	27	26	25	24	23	22	21	20	19	18	17	16	15	**14**	13	12	11	10	9	8	7	6	5	4	3	2	1	음력	
	5	6	6	6	7	7	7	8	8	8	9	9	9	10	10		1	1	1	1	2	2	2	3	3	3	4	4	4	대운 순행	
	5	5	4	4	4	3	3	3	2	2	2	1	1	1	1		10	9	9	9	8	8	8	7	7	7	6	6	6	대운 역행	
																							10						9	양력 월	
	23	22	21	20	19	18	17	16	15	14	13	12	11	10	9	8	7	6	5	4	3	2	1	30	29	28	27	26	25	양력 일	
	庚戌	己酉	戊申	丁未	丙午	乙巳	甲辰	癸卯	壬寅	辛丑	庚子	己亥	戊戌	丁酉	丙申	乙未	甲午	癸巳	壬辰	辛卯	庚寅	己丑	戊子	丁亥	丙戌	乙酉	甲申	癸未	壬午	일진	
	토	금	목	수	화	월	일	토	금	목	수	화	월	일	토	亥初	목	수	화	월	일	토	금	목	수	화	월	일	토	절기시각	

소설														입동10															상강	절기	10月大(丁亥) 입동
30	29	28	27	26	25	24	23	22	21	20	19	18	17	**16**	15	14	13	12	11	10	9	8	7	6	5	4	3	2	**1**	음력	
5	5	6	6	6	7	7	7	8	8	8	9	9	9		1	1	1	1	2	2	2	3	3	3	4	4	4	5	5	대운 순행	
5	4	4	4	3	3	3	2	2	2	1	1	1	1		10	10	9	9	9	8	8	8	7	7	7	6	6	6	5	대운 역행	
																					11								10	양력 월	
22	21	20	19	18	17	16	15	14	13	12	11	10	9	8	7	6	5	4	3	2	1	31	30	29	28	27	26	25	24	양력 일	
庚辰	己卯	戊寅	丁丑	丙子	乙亥	甲戌	癸酉	壬申	辛未	庚午	己巳	戊辰	丁卯	丙寅	乙丑	甲子	癸亥	壬戌	辛酉	庚申	己未	戊午	丁巳	丙辰	乙卯	甲寅	癸丑	壬子	辛亥	일진	
亥初	일	토	금	목	수	화	월	일	토	금	목	수	화	子正	일	토	금	목	수	화	월	일	토	금	목	수	화	월	子正	절기시각	

동지															대설11															절기	11月大(戊子) 대설
30	29	28	27	26	25	24	23	22	21	20	19	18	17	16	**15**	14	13	12	11	10	9	8	7	6	5	4	3	2	1	음력	
5	5	6	6	6	7	7	7	8	8	8	9	9	9	10		1	1	1	1	2	2	2	3	3	3	4	4	4	5	대운 순행	
5	5	4	4	4	3	3	3	2	2	2	1	1	1	1		9	9	9	8	8	8	7	7	7	6	6	6	5	5	대운 역행	
																					12								11	양력 월	
22	21	20	19	18	17	16	15	14	13	12	11	10	9	8	7	6	5	4	3	2	1	30	29	28	27	26	25	24	23	양력 일	
庚戌	己酉	戊申	丁未	丙午	乙巳	甲辰	癸卯	壬寅	辛丑	庚子	己亥	戊戌	丁酉	丙申	乙未	甲午	癸巳	壬辰	辛卯	庚寅	己丑	戊子	丁亥	丙戌	乙酉	甲申	癸未	壬午	辛巳	일진	
巳正	화	월	일	토	금	목	수	화	월	일	토	금	목	수	辰正	월	일	토	금	목	수	화	월	일	토	금	목	수	화	절기시각	

	대한														소한12															절기	12月大(己丑) 소한
30	**29**	28	27	26	25	24	23	22	21	20	19	18	17	16	**15**	14	13	12	11	10	9	8	7	6	5	4	3	2	1	음력	
5	5	5	6	6	6	7	7	7	8	8	8	9	9	9		1	1	1	1	2	2	2	3	3	3	4	4	4	5	대운 순행	
5	5	4	4	4	3	3	3	2	2	2	1	1	1	1		10	9	9	9	8	8	8	7	7	7	6	6	6	5	대운 역행	
																				1									12	양력 월	
21	20	19	18	17	16	15	14	13	12	11	10	9	8	7	6	5	4	3	2	1	31	30	29	28	27	26	25	24	23	양력 일	
庚辰	己卯	戊寅	丁丑	丙子	乙亥	甲戌	癸酉	壬申	辛未	庚午	己巳	戊辰	丁卯	丙寅	乙丑	甲子	癸亥	壬戌	辛酉	庚申	己未	戊午	丁巳	丙辰	乙卯	甲寅	癸丑	壬子	辛亥	일진	
금	亥初	수	화	월	일	토	금	목	수	화	월	일	토	금	寅初	수	화	월	일	토	금	목	수	화	월	일	토	금	목	절기시각	

• 時支가 일지를 충하면 불효자식을 둔다.

서기 1966년
단기 4299년

丙午年

상문 : 申　대장군 : 東
조객 : 辰　삼　재 : 亥卯未
삼살 : 北

1月小(庚寅) 입춘

	우수														입춘1															절기
	29	28	27	26	25	24	23	22	21	20	19	18	17	16	15	14	13	12	11	10	9	8	7	6	5	4	3	2	1	음력
	5	5	6	6	6	7	7	7	8	8	8	9	9	9	10		1	1	1	1	2	2	2	3	3	3	4	4	4	대운 순행
	5	5	4	4	4	3	3	3	2	2	2	1	1	1	1		9	9	9	8	8	8	7	7	7	6	6	6	5	대운 역행
																			2										1	양력 월
	19	18	17	16	15	14	13	12	11	10	9	8	7	6	5	4	3	2	1	31	30	29	28	27	26	25	24	23	22	양력 일
	己酉	戊申	丁未	丙午	乙巳	甲辰	癸卯	壬寅	辛丑	庚子	己亥	戊戌	丁酉	丙申	乙未	甲午	癸巳	壬辰	辛卯	庚寅	己丑	戊子	丁亥	丙戌	乙酉	甲申	癸未	壬午	辛巳	일진
	午初	금	목	수	화	월	일	토	금	목	수	화	월	일	토	申初	목	수	화	월	일	토	금	목	수	화	월	일	토	절기시각

2月大(辛卯) 경칩

춘분															경칩2															절기
30	29	28	27	26	25	24	23	22	21	20	19	18	17	16	15	14	13	12	11	10	9	8	7	6	5	4	3	2	1	음력
5	5	6	6	6	7	7	7	8	8	8	9	9	9	10		1	1	1	1	2	2	2	3	3	3	4	4	4	5	대운 순행
5	5	4	4	4	3	3	3	2	2	2	1	1	1	1		10	9	9	9	8	8	8	7	7	7	6	6	6	5	대운 역행
																				3									2	양력 월
21	20	19	18	17	16	15	14	13	12	11	10	9	8	7	6	5	4	3	2	1	28	27	26	25	24	23	22	21	20	양력 일
己卯	戊寅	丁丑	丙子	乙亥	甲戌	癸酉	壬申	辛未	庚午	己巳	戊辰	丁卯	丙寅	乙丑	甲子	癸亥	壬戌	辛酉	庚申	己未	戊午	丁巳	丙辰	乙卯	甲寅	癸丑	壬子	辛亥	庚戌	일진
巳正	일	토	금	목	수	화	월	일	토	금	목	수	화	월	巳初	토	금	목	수	화	월	일	토	금	목	수	화	월	일	절기시각

3月大(壬辰) 청명

곡우															청명3															절기
30	29	28	27	26	25	24	23	22	21	20	19	18	17	16	15	14	13	12	11	10	9	8	7	6	5	4	3	2	1	음력
5	6	6	6	7	7	7	8	8	8	9	9	9	10	10		1	1	1	1	2	2	2	3	3	3	4	4	4	5	대운 순행
5	5	4	4	4	3	3	3	2	2	2	1	1	1	1		10	9	9	9	8	8	8	7	7	7	6	6	6	5	대운 역행
																			4										3	양력 월
20	19	18	17	16	15	14	13	12	11	10	9	8	7	6	5	4	3	2	1	31	30	29	28	27	26	25	24	23	22	양력 일
己酉	戊申	丁未	丙午	乙巳	甲辰	癸卯	壬寅	辛丑	庚子	己亥	戊戌	丁酉	丙申	乙未	甲午	癸巳	壬辰	辛卯	庚寅	己丑	戊子	丁亥	丙戌	乙酉	甲申	癸未	壬午	辛巳	庚辰	일진
亥正	화	월	일	토	금	목	수	화	월	일	토	금	목	수	未正	월	일	토	금	목	수	화	월	일	토	금	목	수	화	절기시각

윤3月小

														입하4																절기
	29	28	27	26	25	24	23	22	21	20	19	18	17	16	15	14	13	12	11	10	9	8	7	6	5	4	3	2	1	음력
	6	6	7	7	7	8	8	8	9	9	9	10	10		1	1	1	1	2	2	2	3	3	3	4	4	4	5	5	대운 순행
	4	4	4	3	3	3	2	2	2	1	1	1	1		10	10	9	9	9	8	8	8	7	7	7	6	6	6	5	대운 역행
																			5										4	양력 월
	19	18	17	16	15	14	13	12	11	10	9	8	7	6	5	4	3	2	1	30	29	28	27	26	25	24	23	22	21	양력 일
	戊寅	丁丑	丙子	乙亥	甲戌	癸酉	壬申	辛未	庚午	己巳	戊辰	丁卯	丙寅	乙丑	甲子	癸亥	壬戌	辛酉	庚申	己未	戊午	丁巳	丙辰	乙卯	甲寅	癸丑	壬子	辛亥	庚戌	일진
	목	수	화	월	일	토	금	목	수	화	월	일	토	辰正	목	수	화	월	일	토	금	목	수	화	월	일	토	금	목	절기시각

4月大(癸巳) 입하

												망종5																소만		절기
30	29	28	27	26	25	24	23	22	21	20	19	18	17	16	15	14	13	12	11	10	9	8	7	6	5	4	3	2	1	음력
6	7	7	7	8	8	8	9	9	9	10	10		1	1	1	1	2	2	2	3	3	3	4	4	4	5	5	5	6	대운 순행
4	4	3	3	3	2	2	2	1	1	1	1		10	10	9	9	9	8	8	8	7	7	7	6	6	6	5	5	5	대운 역행
																	6												5	양력 월
18	17	16	15	14	13	12	11	10	9	8	7	6	5	4	3	2	1	31	30	29	28	27	26	25	24	23	22	21	20	양력 일
戊申	丁未	丙午	乙巳	甲辰	癸卯	壬寅	辛丑	庚子	己亥	戊戌	丁酉	丙申	乙未	甲午	癸巳	壬辰	辛卯	庚寅	己丑	戊子	丁亥	丙戌	乙酉	甲申	癸未	壬午	辛巳	庚辰	己卯	일진
토	금	목	수	화	월	일	토	금	목	수	화	午正	일	토	금	목	수	화	월	일	토	금	목	수	화	월	일	亥初	금	절기시각

5月小(甲午) 망종

											소서6															하지				절기
	29	28	27	26	25	24	23	22	21	20	19	18	17	16	15	14	13	12	11	10	9	8	7	6	5	4	3	2	1	음력
	7	8	8	8	9	9	9	10	10	10		1	1	1	1	2	2	2	3	3	3	4	4	4	5	5	5	6	6	대운 순행
	3	3	3	2	2	2	1	1	1	1		10	10	9	9	9	8	8	8	7	7	7	6	6	6	5	5	5	4	대운 역행
																	7												6	양력 월
	17	16	15	14	13	12	11	10	9	8	7	6	5	4	3	2	1	30	29	28	27	26	25	24	23	22	21	20	19	양력 일
	丁丑	丙子	乙亥	甲戌	癸酉	壬申	辛未	庚午	己巳	戊辰	丁卯	丙寅	乙丑	甲子	癸亥	壬戌	辛酉	庚申	己未	戊午	丁巳	丙辰	乙卯	甲寅	癸丑	壬子	辛亥	庚戌	己酉	일진
	일	토	금	목	수	화	월	일	토	금	子初	수	화	월	일	토	금	목	수	화	월	일	토	금	목	卯初	화	월	일	절기시각

• 방안이나 거실의 색상이 흰색이면 가족중에는 소심하고 신경질이 많은 사람이 있게 된다.

								입추7																대서						절기	6月小(乙未)소서
	29	28	27	26	25	24	23	22	21	20	19	18	17	16	15	14	13	12	11	10	9	8	7	6	5	4	3	2	1	음력	
	8	8	9	9	9	10	10		1	1	1	1	2	2	2	3	3	3	4	4	4	5	5	5	6	6	6	7	7	대운 순행	
	2	2	2	1	1	1	1		10	10	10	9	9	9	8	8	8	7	7	7	6	6	6	5	5	5	4	4	4	대운 역행	
															8														7	양력 월	
	15	14	13	12	11	10	9	8	7	6	5	4	3	2	1	31	30	29	28	27	26	25	24	23	22	21	20	19	18	양력 일	
	丙午	乙巳	甲辰	癸卯	壬寅	辛丑	庚子	己亥	戊戌	丁酉	丙申	乙未	甲午	癸巳	壬辰	辛卯	庚寅	己丑	戊子	丁亥	丙戌	乙酉	甲申	癸未	壬午	辛巳	庚辰	己卯	戊寅	일진	
	월	일	토	금	목	수	화	辰正	일	토	금	목	수	화	월	일	토	금	목	수	화	월	일	申正	금	목	수	화	월	절기시각	

						백로8																처서								절기	7月大(丙申)입추
30	29	28	27	26	25	24	23	22	21	20	19	18	17	16	15	14	13	12	11	10	9	8	7	6	5	4	3	2	1	음력	
8	9	9	9	10	10		1	1	1	1	2	2	2	3	3	3	4	4	4	5	5	5	6	6	6	7	7	7	8	대운 순행	
2	2	1	1	1	1		10	10	9	9	9	8	8	8	7	7	7	6	6	6	5	5	5	4	4	4	3	3	3	대운 역행	
													9																8	양력 월	
14	13	12	11	10	9	8	7	6	5	4	3	2	1	31	30	29	28	27	26	25	24	23	22	21	20	19	18	17	16	양력 일	
丙子	乙亥	甲戌	癸酉	壬申	辛未	庚午	己巳	戊辰	丁卯	丙寅	乙丑	甲子	癸亥	壬戌	辛酉	庚申	己未	戊午	丁巳	丙辰	乙卯	甲寅	癸丑	壬子	辛亥	庚戌	己酉	戊申	丁未	일진	
수	화	월	일	토	금	午初	수	화	월	일	토	금	목	수	화	월	일	토	금	목	수	子初	월	일	토	금	목	수	화	절기시각	

					한로9																추분									절기	8月小(丁酉)백로
	29	28	27	26	25	24	23	22	21	20	19	18	17	16	15	14	13	12	11	10	9	8	7	6	5	4	3	2	1	음력	
	9	9	9	10		1	1	1	1	2	2	2	3	3	3	4	4	4	5	5	5	6	6	6	7	7	7	8	8	대운 순행	
	1	1	1	1		10	10	9	9	9	8	8	8	7	7	7	6	6	6	5	5	5	4	4	4	3	3	3	2	대운 역행	
													10																9	양력 월	
	13	12	11	10	9	8	7	6	5	4	3	2	1	30	29	28	27	26	25	24	23	22	21	20	19	18	17	16	15	양력 일	
	乙巳	甲辰	癸卯	壬寅	辛丑	庚子	己亥	戊戌	丁酉	丙申	乙未	甲午	癸巳	壬辰	辛卯	庚寅	己丑	戊子	丁亥	丙戌	乙酉	甲申	癸未	壬午	辛巳	庚辰	己卯	戊寅	丁丑	일진	
	목	수	화	월	丑正	토	금	목	수	화	월	일	토	금	목	수	화	월	일	토	戌正	목	수	화	월	일	토	금	목	절기시각	

				입동10															상강											절기	9月小(戊戌)한로
	29	28	27	26	25	24	23	22	21	20	19	18	17	16	15	14	13	12	11	10	9	8	7	6	5	4	3	2	1	음력	
	9	9	9		1	1	1	1	2	2	2	3	3	3	4	4	4	5	5	5	6	6	6	7	7	7	8	8	8	대운 순행	
	1	1	1		10	9	9	9	8	8	8	7	7	7	6	6	6	5	5	5	4	4	4	3	3	3	2	2	2	대운 역행	
											11																		10	양력 월	
	11	10	9	8	7	6	5	4	3	2	1	31	30	29	28	27	26	25	24	23	22	21	20	19	18	17	16	15	14	양력 일	
	甲戌	癸酉	壬申	辛未	庚午	己巳	戊辰	丁卯	丙寅	乙丑	甲子	癸亥	壬戌	辛酉	庚申	己未	戊午	丁巳	丙辰	乙卯	甲寅	癸丑	壬子	辛亥	庚戌	己酉	戊申	丁未	丙午	일진	
	금	목	수	丑初	월	일	토	금	목	수	화	월	일	토	금	목	수	화	卯初	일	토	금	목	수	화	월	일	토	금	절기시각	

				대설11														소설												절기	10月大(己亥)입동
30	29	28	27	26	25	24	23	22	21	20	19	18	17	16	15	14	13	12	11	10	9	8	7	6	5	4	3	2	1	음력	
9	9	9	10		1	1	1	1	2	2	2	3	3	3	4	4	4	5	5	5	6	6	6	7	7	7	8	8	8	대운 순행	
1	1	1	1		9	9	9	8	8	8	7	7	7	6	6	6	5	5	5	4	4	4	3	3	3	2	2	2	1	대운 역행	
									12																				11	양력 월	
11	10	9	8	7	6	5	4	3	2	1	30	29	28	27	26	25	24	23	22	21	20	19	18	17	16	15	14	13	12	양력 일	
甲辰	癸卯	壬寅	辛丑	庚子	己亥	戊戌	丁酉	丙申	乙未	甲午	癸巳	壬辰	辛卯	庚寅	己丑	戊子	丁亥	丙戌	乙酉	甲申	癸未	壬午	辛巳	庚辰	己卯	戊寅	丁丑	丙子	乙亥	일진	
일	토	금	목	戌正	화	월	일	토	금	목	수	화	월	일	토	금	목	寅初	화	월	일	토	금	목	수	화	월	일	토	절기시각	

				소한12															동지											절기	11月大(庚子)대설
30	29	28	27	26	25	24	23	22	21	20	19	18	17	16	15	14	13	12	11	10	9	8	7	6	5	4	3	2	1	음력	
8	9	9	9		1	1	1	1	2	2	2	3	3	3	4	4	4	5	5	5	6	6	6	7	7	7	8	8	8	대운 순행	
1	1	1	1		10	9	9	9	8	8	8	7	7	7	6	6	6	5	5	5	4	4	4	3	3	3	2	2	2	대운 역행	
									1																				12	양력 월	
10	9	8	7	6	5	4	3	2	1	31	30	29	28	27	26	25	24	23	22	21	20	19	18	17	16	15	14	13	12	양력 일	
甲戌	癸酉	壬申	辛未	庚午	己巳	戊辰	丁卯	丙寅	乙丑	甲子	癸亥	壬戌	辛酉	庚申	己未	戊午	丁巳	丙辰	乙卯	甲寅	癸丑	壬子	辛亥	庚戌	己酉	戊申	丁未	丙午	乙巳	일진	
화	월	일	토	巳初	목	수	화	월	일	토	금	목	수	화	월	일	토	금	申正	수	화	월	일	토	금	목	수	화	월	절기시각	

					입춘1														대한											절기	12月小(辛丑)소한
	29	28	27	26	25	24	23	22	21	20	19	18	17	16	15	14	13	12	11	10	9	8	7	6	5	4	3	2	1	음력	
	9	9	9	10		1	1	1	1	2	2	2	3	3	3	4	4	4	5	5	5	6	6	6	7	7	7	8	8	대운 순행	
	1	1	1	1		9	9	9	8	8	8	7	7	7	6	6	6	5	5	5	4	4	4	3	3	3	2	2	2	대운 역행	
								2																					1	양력 월	
	8	7	6	5	4	3	2	1	31	30	29	28	27	26	25	24	23	22	21	20	19	18	17	16	15	14	13	12	11	양력 일	
	癸卯	壬寅	辛丑	庚子	己亥	戊戌	丁酉	丙申	乙未	甲午	癸巳	壬辰	辛卯	庚寅	己丑	戊子	丁亥	丙戌	乙酉	甲申	癸未	壬午	辛巳	庚辰	己卯	戊寅	丁丑	丙子	乙亥	일진	
	수	화	월	일	亥初	금	목	수	화	월	일	토	금	목	수	화	월	일	寅初	금	목	수	화	월	일	토	금	목	수	절기시각	

• 日支에서 時支를 충하면 부자지간에 싸움이 많다.

서기 1967년
단기 4300년

丁未年

상문 : 酉　대장군 : 東
조객 : 巳　삼　재 : 亥卯未
삼살 : 酉

				경칩2															우수											절기	1月大(壬寅) 입춘
30	29	28	27	26	25	24	23	22	21	20	19	18	17	16	15	14	13	12	11	10	9	8	7	6	5	4	3	2	1	음력	
9	9	9	10		1	1	1	1	2	2	2	3	3	3	4	4	4	5	5	5	6	6	6	7	7	7	8	8	8	순행 대운	
1	1	1	1		10	9	9	9	8	8	8	7	7	7	6	6	6	5	5	5	4	4	4	3	3	3	2	2	2	역행 대운	
									3																				2	월 양력	
10	9	8	7	6	5	4	3	2	1	28	27	26	25	24	23	22	21	20	19	18	17	16	15	14	13	12	11	10	9	일 양력	
癸酉	壬申	辛未	庚午	己巳	戊辰	丁卯	丙寅	乙丑	甲子	癸亥	壬戌	辛酉	庚申	己未	戊午	丁巳	丙辰	乙卯	甲寅	癸丑	壬子	辛亥	庚戌	己酉	戊申	丁未	丙午	乙巳	甲辰	일진	
금	목	수	화	申初	일	토	금	목	수	화	월	일	토	금	목	수	화	월	酉初	토	금	목	수	화	월	일	토	금	목	절기시각	

				청명3															춘분											절기	2月大(癸卯) 경칩
30	29	28	27	26	25	24	23	22	21	20	19	18	17	16	15	14	13	12	11	10	9	8	7	6	5	4	3	2	1	음력	
9	9	10	10		1	1	1	1	2	2	2	3	3	3	4	4	4	5	5	5	6	6	6	7	7	7	8	8	8	순행 대운	
1	1	1	1		10	9	9	9	8	8	8	7	7	7	6	6	6	5	5	5	4	4	4	3	3	3	2	2	2	역행 대운	
								4																					3	월 양력	
9	8	7	6	5	4	3	2	1	31	30	29	28	27	26	25	24	23	22	21	20	19	18	17	16	15	14	13	12	11	일 양력	
癸卯	壬寅	辛丑	庚子	己亥	戊戌	丁酉	丙申	乙未	甲午	癸巳	壬辰	辛卯	庚寅	己丑	戊子	丁亥	丙戌	乙酉	甲申	癸未	壬午	辛巳	庚辰	己卯	戊寅	丁丑	丙子	乙亥	甲戌	일진	
일	토	금	목	戌正	화	월	일	토	금	목	수	화	월	일	토	금	목	수	申正	월	일	토	금	목	수	화	월	일	토	절기시각	

			입하4															곡우												절기	3月小(甲辰) 청명
	29	28	27	26	25	24	23	22	21	20	19	18	17	16	15	14	13	12	11	10	9	8	7	6	5	4	3	2	1	음력	
	10	10		1	1	1	1	2	2	2	3	3	3	4	4	4	5	5	5	6	6	6	7	7	7	8	8	8	9	순행 대운	
	1	1		10	10	9	9	9	8	8	8	7	7	7	6	6	6	5	5	5	4	4	4	3	3	3	2	2	2	역행 대운	
								5																					4	월 양력	
	8	7	6	5	4	3	2	1	30	29	28	27	26	25	24	23	22	21	20	19	18	17	16	15	14	13	12	11	10	일 양력	
	壬申	辛未	庚午	己巳	戊辰	丁卯	丙寅	乙丑	甲子	癸亥	壬戌	辛酉	庚申	己未	戊午	丁巳	丙辰	乙卯	甲寅	癸丑	壬子	辛亥	庚戌	己酉	戊申	丁未	丙午	乙巳	甲辰	일진	
	월	일	未正	금	목	수	화	월	일	토	금	목	수	화	월	일	토	寅初	목	수	화	월	일	토	금	목	수	화	월	절기시각	

	망종5															소만														절기	4月大(乙巳) 입하
30	29	28	27	26	25	24	23	22	21	20	19	18	17	16	15	14	13	12	11	10	9	8	7	6	5	4	3	2	1	음력	
10		1	1	1	1	2	2	2	3	3	3	4	4	4	5	5	5	6	6	6	7	7	7	8	8	8	9	9	9	순행 대운	
1		10	10	9	9	9	8	8	8	7	7	7	6	6	6	5	5	5	4	4	4	3	3	3	2	2	2	1	1	역행 대운	
						6																							5	월 양력	
7	6	5	4	3	2	1	31	30	29	28	27	26	25	24	23	22	21	20	19	18	17	16	15	14	13	12	11	10	9	일 양력	
壬寅	辛丑	庚子	己亥	戊戌	丁酉	丙申	乙未	甲午	癸巳	壬辰	辛卯	庚寅	己丑	戊子	丁亥	丙戌	乙酉	甲申	癸未	壬午	辛巳	庚辰	己卯	戊寅	丁丑	丙子	乙亥	甲戌	癸酉	일진	
수	酉正	월	일	토	금	목	수	화	월	일	토	금	목	수	화	寅初	일	토	금	목	수	화	월	일	토	금	목	수	화	절기시각	

															하지															절기	5月大(丙午) 망종
30	29	28	27	26	25	24	23	22	21	20	19	18	17	16	15	14	13	12	11	10	9	8	7	6	5	4	3	2	1	음력	
1	1	1	1	2	2	2	3	3	3	4	4	4	5	5	5	6	6	6	7	7	7	8	8	8	9	9	9	10	10	순행 대운	
10	10	10	9	9	9	8	8	8	7	7	7	6	6	6	5	5	5	4	4	4	3	3	3	2	2	2	1	1	1	역행 대운	
						7																							6	월 양력	
7	6	5	4	3	2	1	30	29	28	27	26	25	24	23	22	21	20	19	18	17	16	15	14	13	12	11	10	9	8	일 양력	
壬申	辛未	庚午	己巳	戊辰	丁卯	丙寅	乙丑	甲子	癸亥	壬戌	辛酉	庚申	己未	戊午	丁巳	丙辰	乙卯	甲寅	癸丑	壬子	辛亥	庚戌	己酉	戊申	丁未	丙午	乙巳	甲辰	癸卯	일진	
금	목	수	화	월	일	토	금	목	수	화	월	일	토	금	午初	수	화	월	일	토	금	목	수	화	월	일	토	금	목	절기시각	

														대서															소서6	절기	6月小(丁未) 소서
	29	28	27	26	25	24	23	22	21	20	19	18	17	16	15	14	13	12	11	10	9	8	7	6	5	4	3	2	1	음력	
	1	1	2	2	2	3	3	3	4	4	4	5	5	5	6	6	6	7	7	7	8	8	8	9	9	9	10	10		순행 대운	
	9	9	9	8	8	8	7	7	7	6	6	6	5	5	5	4	4	4	3	3	3	2	2	2	1	1	1	1		역행 대운	
					8																								7	월 양력	
	5	4	3	2	1	31	30	29	28	27	26	25	24	23	22	21	20	19	18	17	16	15	14	13	12	11	10	9	8	일 양력	
	辛丑	庚子	己亥	戊戌	丁酉	丙申	乙未	甲午	癸巳	壬辰	辛卯	庚寅	己丑	戊子	丁亥	丙戌	乙酉	甲申	癸未	壬午	辛巳	庚辰	己卯	戊寅	丁丑	丙子	乙亥	甲戌	癸酉	일진	
	토	금	목	수	화	월	일	토	금	목	수	화	월	亥正	토	금	목	수	화	월	일	토	금	목	수	화	월	일	寅正	절기시각	

• 방이나 거실의 색상이 적황색이면 큰 소리만 텅텅치는 성격을 조장한다.

											처서																입추7			절기	7月小(戊申)입추
	29	28	27	26	25	24	23	22	21	20	19	18	17	16	15	14	13	12	11	10	9	8	7	6	5	4	3	2	1	음력	
	2	2	2	3	3	3	4	4	4	5	5	5	6	6	6	7	7	7	8	8	8	9	9	9	10	10		1	1	대운 순행	
	9	8	8	8	7	7	7	6	6	6	5	5	5	4	4	4	3	3	3	2	2	2	1	1	1	1		10	10	대운 역행	
			9																										8	양력 월	
	3	2	1	31	30	29	28	27	26	25	24	23	22	21	20	19	18	17	16	15	14	13	12	11	10	9	8	7	6	양력 일	
	庚午	己巳	戊辰	丁卯	丙寅	乙丑	甲子	癸亥	壬戌	辛酉	庚申	己未	戊午	丁巳	丙辰	乙卯	甲寅	癸丑	壬子	辛亥	庚戌	己酉	戊申	丁未	丙午	乙巳	甲辰	癸卯	壬寅	일진	
	일	토	금	목	수	화	월	일	토	금	卯初	수	화	월	일	토	금	목	수	화	월	일	토	금	목	수	未正	월	일	절기시각	

									추분															백로8						절기	8月大(己酉)백로
30	29	28	27	26	25	24	23	22	21	20	19	18	17	16	15	14	13	12	11	10	9	8	7	6	5	4	3	2	1	음력	
2	2	3	3	3	4	4	4	5	5	5	6	6	6	7	7	7	8	8	8	9	9	9	10	10		1	1	1	1	대운 순행	
8	8	8	7	7	7	6	6	6	5	5	5	4	4	4	3	3	3	2	2	2	1	1	1	1		10	10	9	9	대운 역행	
		10																											9	양력 월	
3	2	1	30	29	28	27	26	25	24	23	22	21	20	19	18	17	16	15	14	13	12	11	10	9	8	7	6	5	4	양력 일	
庚子	己亥	戊戌	丁酉	丙申	乙未	甲午	癸巳	壬辰	辛卯	庚寅	己丑	戊子	丁亥	丙戌	乙酉	甲申	癸未	壬午	辛巳	庚辰	己卯	戊寅	丁丑	丙子	乙亥	甲戌	癸酉	壬申	辛未	일진	
화	월	일	토	금	목	수	화	월	丑正	토	금	목	수	화	월	일	토	금	목	수	화	월	일	토	酉初	목	수	화	월	절기시각	

									상강															한로9						절기	9月小(庚戌)한로
	29	28	27	26	25	24	23	22	21	20	19	18	17	16	15	14	13	12	11	10	9	8	7	6	5	4	3	2	1	음력	
	2	3	3	3	4	4	4	5	5	5	6	6	6	7	7	7	8	8	8	9	9	9	10		1	1	1	1	2	대운 순행	
	8	7	7	7	6	6	6	5	5	5	4	4	4	3	3	3	2	2	2	1	1	1	1		10	10	9	9	9	대운 역행	
	11																												10	양력 월	
	1	31	30	29	28	27	26	25	24	23	22	21	20	19	18	17	16	15	14	13	12	11	10	9	8	7	6	5	4	양력 일	
	己巳	戊辰	丁卯	丙寅	乙丑	甲子	癸亥	壬戌	辛酉	庚申	己未	戊午	丁巳	丙辰	乙卯	甲寅	癸丑	壬子	辛亥	庚戌	己酉	戊申	丁未	丙午	乙巳	甲辰	癸卯	壬寅	辛丑	일진	
	수	화	월	일	토	금	목	수	午初	월	일	토	금	목	수	화	월	일	토	금	목	수	화	辰正	일	토	금	목	수	절기시각	

								소설															입동10							절기	10月大(辛亥)입동
30	29	28	27	26	25	24	23	22	21	20	19	18	17	16	15	14	13	12	11	10	9	8	7	6	5	4	3	2	1	음력	
2	3	3	3	4	4	4	5	5	5	6	6	6	7	7	7	8	8	8	9	9	9	10		1	1	1	1	2	2	대운 순행	
8	7	7	7	6	6	6	5	5	5	4	4	4	3	3	3	2	2	2	1	1	1	1		10	9	9	9	8	8	대운 역행	
12																													11	양력 월	
1	30	29	28	27	26	25	24	23	22	21	20	19	18	17	16	15	14	13	12	11	10	9	8	7	6	5	4	3	2	양력 일	
己亥	戊戌	丁酉	丙申	乙未	甲午	癸巳	壬辰	辛卯	庚寅	己丑	戊子	丁亥	丙戌	乙酉	甲申	癸未	壬午	辛巳	庚辰	己卯	戊寅	丁丑	丙子	乙亥	甲戌	癸酉	壬申	辛未	庚午	일진	
금	목	수	화	월	일	토	금	巳初	수	화	월	일	토	금	목	수	화	월	일	토	금	목	午初	화	월	일	토	금	목	절기시각	

									동지														대설11							절기	11月小(壬子)대설
	29	28	27	26	25	24	23	22	21	20	19	18	17	16	15	14	13	12	11	10	9	8	7	6	5	4	3	2	1	음력	
	2	3	3	3	4	4	4	5	5	5	6	6	6	7	7	7	8	8	8	9	9	9		1	1	1	1	2	2	대운 순행	
	7	7	7	6	6	6	5	5	5	4	4	4	3	3	3	2	2	2	1	1	1	1		10	9	9	9	8	8	대운 역행	
																													12	양력 월	
	30	29	28	27	26	25	24	23	22	21	20	19	18	17	16	15	14	13	12	11	10	9	8	7	6	5	4	3	2	양력 일	
	戊辰	丁卯	丙寅	乙丑	甲子	癸亥	壬戌	辛酉	庚申	己未	戊午	丁巳	丙辰	乙卯	甲寅	癸丑	壬子	辛亥	庚戌	己酉	戊申	丁未	丙午	乙巳	甲辰	癸卯	壬寅	辛丑	庚子	일진	
	토	금	목	수	화	월	일	토	亥正	목	수	화	월	일	토	금	목	수	화	월	일	토	寅正	목	수	화	월	일	토	절기시각	

								대한															소한12							절기	12月大(癸丑)소한
30	29	28	27	26	25	24	23	22	21	20	19	18	17	16	15	14	13	12	11	10	9	8	7	6	5	4	3	2	1	음력	
2	3	3	3	4	4	4	5	5	5	6	6	6	7	7	7	8	8	8	9	9	9	10		1	1	1	1	2	2	대운 순행	
8	7	7	7	6	6	6	5	5	5	4	4	4	3	3	3	2	2	2	1	1	1	1		9	9	9	8	8	8	대운 역행	
																												1	12	양력 월	
29	28	27	26	25	24	23	22	21	20	19	18	17	16	15	14	13	12	11	10	9	8	7	6	5	4	3	2	1	31	양력 일	
戊戌	丁酉	丙申	乙未	甲午	癸巳	壬辰	辛卯	庚寅	己丑	戊子	丁亥	丙戌	乙酉	甲申	癸未	壬午	辛巳	庚辰	己卯	戊寅	丁丑	丙子	乙亥	甲戌	癸酉	壬申	辛未	庚午	己巳	일진	
월	일	토	금	목	수	화	월	辰正	토	금	목	수	화	월	일	토	금	목	수	화	월	일	申初	금	목	수	화	월	일	절기시각	

• 사주에 상관이 많으면 반드시 첫자식을 잃는다.

서기 1968년
단기 4301년

戊申年

상문 : 戊　대장군 : 南
조객 : 午　삼　재 : 寅午戌
삼살 : 南

									우수														입춘1							절기		1月小(甲寅) 입춘
	29	28	27	26	25	24	23	22	21	20	19	18	17	16	15	14	13	12	11	10	9	8	7	6	5	4	3	2	1	음력		
	2	3	3	3	4	4	4	5	5	5	6	6	6	7	7	7	8	8	8	9	9	9		1	1	1	1	2	2	순행	대운	
	7	7	7	6	6	6	5	5	5	4	4	4	3	3	3	2	2	2	1	1	1	1		10	9	9	9	8	8	역행	대운	
																											2		1	월	양력	
	27	26	25	24	23	22	21	20	19	18	17	16	15	14	13	12	11	10	9	8	7	6	5	4	3	2	1	31	30	일	양력	
	丁卯	丙寅	乙丑	甲子	癸亥	壬戌	辛酉	庚申	己未	戊午	丁巳	丙辰	乙卯	甲寅	癸丑	壬子	辛亥	庚戌	己酉	戊申	丁未	丙午	乙巳	甲辰	癸卯	壬寅	辛丑	庚子	己亥	일진		
	화	월	일	토	금	목	수	화	子初	일	토	금	목	수	화	월	일	토	금	목	수	화	寅初	일	토	금	목	수	화	절기시각		

								춘분															경칩2							절기		2月大(乙卯) 경칩
30	29	28	27	26	25	24	23	22	21	20	19	18	17	16	15	14	13	12	11	10	9	8	7	6	5	4	3	2	1	음력		
3	3	3	4	4	4	5	5	5	6	6	6	7	7	7	8	8	8	9	9	9	10	10		1	1	1	1	2	2	순행	대운	
8	7	7	7	6	6	6	5	5	5	4	4	4	3	3	3	2	2	2	1	1	1	1		9	9	9	8	8	8	역행	대운	
																											3		2	월	양력	
28	27	26	25	24	23	22	21	20	19	18	17	16	15	14	13	12	11	10	9	8	7	6	5	4	3	2	1	29	28	일	양력	
丁酉	丙申	乙未	甲午	癸巳	壬辰	辛卯	庚寅	己丑	戊子	丁亥	丙戌	乙酉	甲申	癸未	壬午	辛巳	庚辰	己卯	戊寅	丁丑	丙子	乙亥	甲戌	癸酉	壬申	辛未	庚午	己巳	戊辰	일진		
목	수	화	월	일	토	금	목	亥正	화	월	일	토	금	목	수	화	월	일	토	금	목	수	亥初	월	일	토	금	목	수	절기시각		

							곡우															청명3								절기		3月大(丙辰) 청명
30	29	28	27	26	25	24	23	22	21	20	19	18	17	16	15	14	13	12	11	10	9	8	7	6	5	4	3	2	1	음력		
3	3	3	4	4	4	5	5	5	6	6	6	7	7	7	8	8	8	9	9	9	10		1	1	1	1	2	2	2	순행	대운	
7	7	7	6	6	6	5	5	5	4	4	4	3	3	3	2	2	2	1	1	1	1		10	10	9	9	9	8	8	역행	대운	
																										4			3	월	양력	
27	26	25	24	23	22	21	20	19	18	17	16	15	14	13	12	11	10	9	8	7	6	5	4	3	2	1	31	30	29	일	양력	
丁卯	丙寅	乙丑	甲子	癸亥	壬戌	辛酉	庚申	己未	戊午	丁巳	丙辰	乙卯	甲寅	癸丑	壬子	辛亥	庚戌	己酉	戊申	丁未	丙午	乙巳	甲辰	癸卯	壬寅	辛丑	庚子	己亥	戊戌	일진		
토	금	목	수	화	월	일	巳初	금	목	수	화	월	일	토	금	목	수	화	월	일	토	丑正	목	수	화	월	일	토	금	절기시각		

						소만																입하4								절기		4月小(丁巳) 입하
	29	28	27	26	25	24	23	22	21	20	19	18	17	16	15	14	13	12	11	10	9	8	7	6	5	4	3	2	1	음력		
	4	4	4	5	5	5	6	6	6	7	7	7	8	8	8	9	9	9	10	10	10		1	1	1	1	2	2	2	순행	대운	
	7	7	6	6	6	5	5	5	4	4	4	3	3	3	2	2	2	1	1	1	1		10	9	9	9	8	8	8	역행	대운	
																										5			4	월	양력	
	26	25	24	23	22	21	20	19	18	17	16	15	14	13	12	11	10	9	8	7	6	5	4	3	2	1	30	29	28	일	양력	
	丙申	乙未	甲午	癸巳	壬辰	辛卯	庚寅	己丑	戊子	丁亥	丙戌	乙酉	甲申	癸未	壬午	辛巳	庚辰	己卯	戊寅	丁丑	丙子	乙亥	甲戌	癸酉	壬申	辛未	庚午	己巳	戊辰	일진		
	일	토	금	목	수	巳初	월	일	토	금	목	수	화	월	일	토	금	목	수	화	월	戌初	토	금	목	수	화	월	일	절기시각		

				하지															망종5											절기		5月大(戊午) 망종
30	29	28	27	26	25	24	23	22	21	20	19	18	17	16	15	14	13	12	11	10	9	8	7	6	5	4	3	2	1	음력		
4	4	5	5	5	6	6	6	7	7	7	8	8	8	9	9	9	10	10		1	1	1	1	2	2	2	3	3	3	순행	대운	
6	6	6	5	5	5	4	4	4	3	3	3	2	2	2	1	1	1	1		10	10	10	9	9	9	8	8	8	7	역행	대운	
																								6					5	월	양력	
25	24	23	22	21	20	19	18	17	16	15	14	13	12	11	10	9	8	7	6	5	4	3	2	1	31	30	29	28	27	일	양력	
丙寅	乙丑	甲子	癸亥	壬戌	辛酉	庚申	己未	戊午	丁巳	丙辰	乙卯	甲寅	癸丑	壬子	辛亥	庚戌	己酉	戊申	丁未	丙午	乙巳	甲辰	癸卯	壬寅	辛丑	庚子	己亥	戊戌	丁酉	일진		
화	월	일	토	酉初	목	수	화	월	일	토	금	목	수	화	월	일	토	금	子正	수	화	월	일	토	금	목	수	화	월	절기시각		

		대서																소서6												절기		6月小(己未) 소서
	29	28	27	26	25	24	23	22	21	20	19	18	17	16	15	14	13	12	11	10	9	8	7	6	5	4	3	2	1	음력		
	5	5	5	6	6	6	7	7	7	8	8	8	9	9	9	10	10		1	1	1	1	2	2	2	3	3	3	4	순행	대운	
	6	5	5	5	4	4	4	3	3	3	2	2	2	1	1	1	1		10	10	9	9	9	8	8	8	7	7	7	역행	대운	
																								7					6	월	양력	
	24	23	22	21	20	19	18	17	16	15	14	13	12	11	10	9	8	7	6	5	4	3	2	1	30	29	28	27	26	일	양력	
	乙未	甲午	癸巳	壬辰	辛卯	庚寅	己丑	戊子	丁亥	丙戌	乙酉	甲申	癸未	壬午	辛巳	庚辰	己卯	戊寅	丁丑	丙子	乙亥	甲戌	癸酉	壬申	辛未	庚午	己巳	戊辰	丁卯	일진		
	수	寅正	월	일	토	금	목	수	화	월	일	토	금	목	수	화	월	巳正	토	금	목	수	화	월	일	토	금	목	수	절기시각		

• 방이나 거실의 색상이 흰색이면 성격이 음흉해지고 매사에 자신을 없게 만든다.

처서																입추7														절기	7月大(庚申) 입추
30	29	28	27	26	25	24	23	22	21	20	19	18	17	16	15	14	13	12	11	10	9	8	7	6	5	4	3	2	1	음력	
5	5	6	6	6	7	7	7	8	8	8	9	9	9	10	10		1	1	1	1	2	2	2	3	3	3	4	4	4	대운 순행	
5	5	5	4	4	4	3	3	3	2	2	2	1	1	1	1		10	10	9	9	9	8	8	8	7	7	7	6	6	대운 역행	
																						8							7	양력 월	
23	22	21	20	19	18	17	16	15	14	13	12	11	10	9	8	7	6	5	4	3	2	1	31	30	29	28	27	26	25	양력 일	
乙丑	甲子	癸亥	壬戌	辛酉	庚申	己未	戊午	丁巳	丙辰	乙卯	甲寅	癸丑	壬子	辛亥	庚戌	己酉	戊申	丁未	丙午	乙巳	甲辰	癸卯	壬寅	辛丑	庚子	己亥	戊戌	丁酉	丙申	일진	
午初	목	수	화	월	일	토	금	목	수	화	월	일	토	금	목	戌正	화	월	일	토	금	목	수	화	월	일	토	금	목	절기시각	

															백로8															절기	윤7月小
	29	28	27	26	25	24	23	22	21	20	19	18	17	16	15	14	13	12	11	10	9	8	7	6	5	4	3	2	1	음력	
	6	6	6	7	7	7	8	8	8	9	9	9	10	10		1	1	1	1	2	2	2	3	3	3	4	4	4	5	대운 순행	
	5	4	4	4	3	3	3	2	2	2	1	1	1	1		10	10	9	9	9	8	8	8	7	7	7	6	6	6	대운 역행	
																					9								8	양력 월	
	21	20	19	18	17	16	15	14	13	12	11	10	9	8	7	6	5	4	3	2	1	31	30	29	28	27	26	25	24	양력 일	
	甲午	癸巳	壬辰	辛卯	庚寅	己丑	戊子	丁亥	丙戌	乙酉	甲申	癸未	壬午	辛巳	庚辰	己卯	戊寅	丁丑	丙子	乙亥	甲戌	癸酉	壬申	辛未	庚午	己巳	戊辰	丁卯	丙寅	일진	
	토	금	목	수	화	월	일	토	금	목	수	화	월	일	子初	금	목	수	화	월	일	토	금	목	수	화	월	일	토	절기시각	

													한로9															추분		절기	8月大(辛酉) 백로
30	29	28	27	26	25	24	23	22	21	20	19	18	17	16	15	14	13	12	11	10	9	8	7	6	5	4	3	2	1	음력	
6	6	6	7	7	7	8	8	8	9	9	9	10		1	1	1	1	2	2	2	3	3	3	4	4	4	5	5	5	대운 순행	
4	4	4	3	3	3	2	2	2	1	1	1	1		10	10	9	9	9	8	8	8	7	7	7	6	6	6	5	5	대운 역행	
																				10									9	양력 월	
21	20	19	18	17	16	15	14	13	12	11	10	9	8	7	6	5	4	3	2	1	30	29	28	27	26	25	24	23	22	양력 일	
甲子	癸亥	壬戌	辛酉	庚申	己未	戊午	丁巳	丙辰	乙卯	甲寅	癸丑	壬子	辛亥	庚戌	己酉	戊申	丁未	丙午	乙巳	甲辰	癸卯	壬寅	辛丑	庚子	己亥	戊戌	丁酉	丙申	乙未	일진	
월	일	토	금	목	수	화	월	일	토	금	목	수	未正	월	일	토	금	목	수	화	월	일	토	금	목	수	화	辰正	일	절기시각	

													입동10															상강		절기	9月小(壬戌) 한로
	29	28	27	26	25	24	23	22	21	20	19	18	17	16	15	14	13	12	11	10	9	8	7	6	5	4	3	2	1	음력	
	6	6	7	7	7	8	8	8	9	9	9	10		1	1	1	1	2	2	2	3	3	3	4	4	4	5	5	5	대운 순행	
	4	4	3	3	3	2	2	2	1	1	1	1		10	9	9	9	8	8	8	7	7	7	6	6	6	5	5	5	대운 역행	
																			11										10	양력 월	
	19	18	17	16	15	14	13	12	11	10	9	8	7	6	5	4	3	2	1	31	30	29	28	27	26	25	24	23	22	양력 일	
	癸巳	壬辰	辛卯	庚寅	己丑	戊子	丁亥	丙戌	乙酉	甲申	癸未	壬午	辛巳	庚辰	己卯	戊寅	丁丑	丙子	乙亥	甲戌	癸酉	壬申	辛未	庚午	己巳	戊辰	丁卯	丙寅	乙丑	일진	
	화	월	일	토	금	목	수	화	월	일	토	금	酉初	수	화	월	일	토	금	목	수	화	월	일	토	금	목	酉初	화	절기시각	

												대설11															소설			절기	10月大(癸亥) 입동
30	29	28	27	26	25	24	23	22	21	20	19	18	17	16	15	14	13	12	11	10	9	8	7	6	5	4	3	2	1	음력	
6	6	6	7	7	7	8	8	8	9	9	9		1	1	1	1	2	2	2	3	3	3	4	4	4	5	5	5	6	대운 순행	
4	4	3	3	3	2	2	2	1	1	1	1		10	9	9	9	8	8	8	7	7	7	6	6	6	5	5	5	4	대운 역행	
																		12											11	양력 월	
19	18	17	16	15	14	13	12	11	10	9	8	7	6	5	4	3	2	1	30	29	28	27	26	25	24	23	22	21	20	양력 일	
癸亥	壬戌	辛酉	庚申	己未	戊午	丁巳	丙辰	乙卯	甲寅	癸丑	壬子	辛亥	庚戌	己酉	戊申	丁未	丙午	乙巳	甲辰	癸卯	壬寅	辛丑	庚子	己亥	戊戌	丁酉	丙申	乙未	甲午	일진	
목	수	화	월	일	토	금	목	수	화	월	일	巳正	금	목	수	화	월	일	토	금	목	수	화	월	일	토	未正	목	수	절기시각	

													소한12														동지			절기	11月小(甲子) 대설
	29	28	27	26	25	24	23	22	21	20	19	18	17	16	15	14	13	12	11	10	9	8	7	6	5	4	3	2	1	음력	
	6	6	7	7	7	8	8	8	9	9	9	10		1	1	1	1	2	2	2	3	3	3	4	4	4	5	5	5	대운 순행	
	4	4	3	3	3	2	2	2	1	1	1	1		9	9	9	8	8	8	7	7	7	6	6	6	5	5	5	4	대운 역행	
																	1												12	양력 월	
	17	16	15	14	13	12	11	10	9	8	7	6	5	4	3	2	1	31	30	29	28	27	26	25	24	23	22	21	20	양력 일	
	壬辰	辛卯	庚寅	己丑	戊子	丁亥	丙戌	乙酉	甲申	癸未	壬午	辛巳	庚辰	己卯	戊寅	丁丑	丙子	乙亥	甲戌	癸酉	壬申	辛未	庚午	己巳	戊辰	丁卯	丙寅	乙丑	甲子	일진	
	금	목	수	화	월	일	토	금	목	수	화	월	亥初	토	금	목	수	화	월	일	토	금	목	수	화	월	寅正	토	금	절기시각	

												입춘1															대한			절기	12月大(乙丑) 소한
30	29	28	27	26	25	24	23	22	21	20	19	18	17	16	15	14	13	12	11	10	9	8	7	6	5	4	3	2	1	음력	
6	6	7	7	7	8	8	8	9	9	9	10		1	1	1	1	2	2	2	3	3	3	4	4	4	5	5	5	6	대운 순행	
4	4	3	3	3	2	2	2	1	1	1	1		10	9	9	9	8	8	8	7	7	7	6	6	6	5	5	5	4	대운 역행	
															2														1	양력 월	
16	15	14	13	12	11	10	9	8	7	6	5	4	3	2	1	31	30	29	28	27	26	25	24	23	22	21	20	19	18	양력 일	
壬戌	辛酉	庚申	己未	戊午	丁巳	丙辰	乙卯	甲寅	癸丑	壬子	辛亥	庚戌	己酉	戊申	丁未	丙午	乙巳	甲辰	癸卯	壬寅	辛丑	庚子	己亥	戊戌	丁酉	丙申	乙未	甲午	癸巳	일진	
일	토	금	목	수	화	월	일	토	금	목	수	辰正	월	일	토	금	목	수	화	월	일	토	금	목	수	화	未正	일	토	절기시각	

• 從財格 사주가 傷하지만 않으면 큰부자가 된다.

서기 1969년
단기 4302년

己酉年

상문 : 亥 대장군 : 南
조객 : 未 삼 재 : 寅午戌
삼살 : 東

1月小(丙寅) 입춘

												경칩2															우수			절기	
	29	28	27	26	25	24	23	22	21	20	19	**18**	17	16	15	14	13	12	11	10	9	8	7	6	5	4	**3**	2	1	음력	
	6	7	7	7	8	8	8	9	9	9	10		1	1	1	1	2	2	2	3	3	3	4	4	4	5	5	5	6	순행	대
	4	3	3	3	2	2	2	1	1	1	1		10	9	9	9	8	8	8	7	7	7	6	6	6	5	5	5	4	역행	운
																	3												2	월	양
	17	16	15	14	13	12	11	10	9	8	7	6	5	4	3	2	1	28	27	26	25	24	23	22	21	20	19	18	17	일	력
	辛卯	庚寅	己丑	戊子	丁亥	丙戌	乙酉	甲申	癸未	壬午	辛巳	庚辰	己卯	戊寅	丁丑	丙子	乙亥	甲戌	癸酉	壬申	辛未	庚午	己巳	戊辰	丁卯	丙寅	乙丑	甲子	癸亥	일진	
	월	일	토	금	목	수	화	월	일	토	금	寅初	수	화	월	일	토	금	목	수	화	월	일	토	금	목	寅正	화	월	절기시각	

2月大(丁卯) 경칩

											청명3															춘분				절기	
30	29	28	27	26	25	24	23	22	21	20	**19**	18	17	16	15	14	13	12	11	10	9	8	7	6	5	**4**	3	2	1	음력	
7	7	7	8	8	8	9	9	9	10	10		1	1	1	1	2	2	2	3	3	3	4	4	4	5	5	5	6	6	순행	대
4	3	3	3	2	2	2	1	1	1	1		10	9	9	9	8	8	8	7	7	7	6	6	6	5	5	5	4	4	역행	운
															4														3	월	양
16	15	14	13	12	11	10	9	8	7	6	5	4	3	2	1	31	30	29	28	27	26	25	24	23	22	21	20	19	18	일	력
辛酉	庚申	己未	戊午	丁巳	丙辰	乙卯	甲寅	癸丑	壬子	辛亥	庚戌	己酉	戊申	丁未	丙午	乙巳	甲辰	癸卯	壬寅	辛丑	庚子	己亥	戊戌	丁酉	丙申	乙未	甲午	癸巳	壬辰	일진	
수	화	월	일	토	금	목	수	화	월	일	辰正	금	목	수	화	월	일	토	금	목	수	화	월	일	토	寅正	목	수	화	절기시각	

3月小(戊辰) 청명

										입하4																곡우				절기	
	29	28	27	26	25	24	23	22	21	**20**	19	18	17	16	15	14	13	12	11	10	9	8	7	6	5	**4**	3	2	1	음력	
	7	8	8	8	9	9	9	10	10		1	1	1	1	2	2	2	3	3	3	4	4	4	5	5	5	6	6	6	순행	대
	3	3	2	2	2	1	1	1	1		10	10	9	9	9	8	8	8	7	7	7	6	6	6	5	5	5	4	4	역행	운
															5														4	월	양
	15	14	13	12	11	10	9	8	7	6	5	4	3	2	1	30	29	28	27	26	25	24	23	22	21	20	19	18	17	일	력
	庚寅	己丑	戊子	丁亥	丙戌	乙酉	甲申	癸未	壬午	辛巳	庚辰	己卯	戊寅	丁丑	丙子	乙亥	甲戌	癸酉	壬申	辛未	庚午	己巳	戊辰	丁卯	丙寅	乙丑	甲子	癸亥	壬戌	일진	
	목	수	화	월	일	토	금	목	수	丑初	월	일	토	금	목	수	화	월	일	토	금	목	수	화	월	申初	토	금	목	절기시각	

4月大(己巳) 입하

								망종5																소만						절기	
30	29	28	27	26	25	24	23	**22**	21	20	19	18	17	16	15	14	13	12	11	10	9	8	7	**6**	5	4	3	2	1	음력	
8	8	8	9	9	9	10	10		1	1	1	1	2	2	2	3	3	3	4	4	4	5	5	5	6	6	6	7	7	순행	대
3	2	2	2	1	1	1	1		10	10	9	9	9	8	8	8	7	7	7	6	6	6	5	5	5	4	4	4	3	역행	운
													6																5	월	양
14	13	12	11	10	9	8	7	6	5	4	3	2	1	31	30	29	28	27	26	25	24	23	22	21	20	19	18	17	16	일	력
庚申	己未	戊午	丁巳	丙辰	乙卯	甲寅	癸丑	壬子	辛亥	庚戌	己酉	戊申	丁未	丙午	乙巳	甲辰	癸卯	壬寅	辛丑	庚子	己亥	戊戌	丁酉	丙申	乙未	甲午	癸巳	壬辰	辛卯	일진	
토	금	목	수	화	월	일	토	卯正	목	수	화	월	일	토	금	목	수	화	월	일	토	금	목	未正	화	월	일	토	금	절기시각	

5月小(庚午) 망종

							소서6																하지							절기	
	29	28	27	26	25	24	**23**	22	21	20	19	18	17	16	15	14	13	12	11	10	9	8	**7**	6	5	4	3	2	1	음력	
	9	9	9	10	10	10		1	1	1	1	2	2	2	3	3	3	4	4	4	5	5	5	6	6	6	7	7	7	순행	대
	2	2	1	1	1	1		10	10	9	9	9	8	8	8	7	7	7	6	6	6	5	5	5	4	4	4	3	3	역행	운
													7																6	월	양
	13	12	11	10	9	8	7	6	5	4	3	2	1	30	29	28	27	26	25	24	23	22	21	20	19	18	17	16	15	일	력
	己丑	戊子	丁亥	丙戌	乙酉	甲申	癸未	壬午	辛巳	庚辰	己卯	戊寅	丁丑	丙子	乙亥	甲戌	癸酉	壬申	辛未	庚午	己巳	戊辰	丁卯	丙寅	乙丑	甲子	癸亥	壬戌	辛酉	일진	
	일	토	금	목	수	화	申正	일	토	금	목	수	화	월	일	토	금	목	수	화	월	일	亥正	금	목	수	화	월	일	절기시각	

6月大(辛未) 소서

				입추7																대서										절기	
30	29	28	27	**26**	25	24	23	22	21	20	19	18	17	16	15	14	13	12	11	**10**	9	8	7	6	5	4	3	2	1	음력	
9	9	10	10		1	1	1	1	2	2	2	3	3	3	4	4	4	5	5	5	6	6	6	7	7	7	8	8	8	순행	대
1	1	1	1		10	10	10	9	9	9	8	8	8	7	7	7	6	6	6	5	5	5	4	4	4	3	3	3	2	역행	운
											8																		7	월	양
12	11	10	9	8	7	6	5	4	3	2	1	31	30	29	28	27	26	25	24	23	22	21	20	19	18	17	16	15	14	일	력
己未	戊午	丁巳	丙辰	乙卯	甲寅	癸丑	壬子	辛亥	庚戌	己酉	戊申	丁未	丙午	乙巳	甲辰	癸卯	壬寅	辛丑	庚子	己亥	戊戌	丁酉	丙申	乙未	甲午	癸巳	壬辰	辛卯	庚寅	일진	
화	월	일	토	丑正	목	수	화	월	일	토	금	목	수	화	월	일	토	금	목	巳初	화	월	일	토	금	목	수	화	월	절기시각	

• 방의 천정이 낮으면 소심 · 비굴 · 편협해지는 성격을 만든다.

7月大(壬申)입추

			백로8																처서											절 기
30	29	28	**27**	26	25	24	23	22	21	20	19	18	17	16	15	14	13	12	**11**	10	9	8	7	6	5	4	3	2	1	음 력
9	9	10		1	1	1	1	2	2	2	3	3	3	4	4	4	5	5	5	6	6	6	7	7	7	8	8	8	9	대운 순행
1	1	1		10	10	9	9	9	8	8	8	7	7	7	6	6	6	5	5	5	4	4	4	3	3	3	2	2	2	대운 역행
										9																			8	양력 월
11	10	9	8	7	6	5	4	3	2	1	31	30	29	28	27	26	25	24	23	22	21	20	19	18	17	16	15	14	13	양력 일
己丑	戊子	丁亥	丙戌	乙酉	甲申	癸未	壬午	辛巳	庚辰	己卯	戊寅	丁丑	丙子	乙亥	甲戌	癸酉	壬申	辛未	庚午	己巳	戊辰	丁卯	丙寅	乙丑	甲子	癸亥	壬戌	辛酉	庚申	일 진
목	수	화	寅正	일	토	금	목	수	화	월	일	토	금	목	수	화	월	일	申正	금	목	수	화	월	일	토	금	목	수	절기시각

8月小(癸酉)백로

			한로9															추분												절 기
	29	28	**27**	26	25	24	23	22	21	20	19	18	17	16	15	14	13	**12**	11	10	9	8	7	6	5	4	3	2	1	음 력
	9	10		1	1	1	1	2	2	2	3	3	3	4	4	4	5	5	5	6	6	6	7	7	7	8	8	8	9	대운 순행
	1	1		10	9	9	9	8	8	8	7	7	7	6	6	6	5	5	5	4	4	4	3	3	3	2	2	2	1	대운 역행
										10																			9	양력 월
	10	9	8	7	6	5	4	3	2	1	30	29	28	27	26	25	24	23	22	21	20	19	18	17	16	15	14	13	12	양력 일
	戊午	丁巳	丙辰	乙卯	甲寅	癸丑	壬子	辛亥	庚戌	己酉	戊申	丁未	丙午	乙巳	甲辰	癸卯	壬寅	辛丑	庚子	己亥	戊戌	丁酉	丙申	乙未	甲午	癸巳	壬辰	辛卯	庚寅	일 진
	금	목	戌正	화	월	일	토	금	목	수	화	월	일	토	금	목	수	未正	월	일	토	금	목	수	화	월	일	토	금	절기시각

9月大(甲戌)한로

		입동10															상강													절 기
30	29	**28**	27	26	25	24	23	22	21	20	19	18	17	16	15	14	**13**	12	11	10	9	8	7	6	5	4	3	2	1	음 력
9	10		1	1	1	1	2	2	2	3	3	3	4	4	4	5	5	5	6	6	6	7	7	7	8	8	8	9	9	대운 순행
1	1		10	9	9	9	8	8	8	7	7	7	6	6	6	5	5	5	4	4	4	3	3	3	2	2	2	1	1	대운 역행
								11																					10	양력 월
9	8	7	6	5	4	3	2	1	31	30	29	28	27	26	25	24	23	22	21	20	19	18	17	16	15	14	13	12	11	양력 일
戊子	丁亥	丙戌	乙酉	甲申	癸未	壬午	辛巳	庚辰	己卯	戊寅	丁丑	丙子	乙亥	甲戌	癸酉	壬申	辛未	庚午	己巳	戊辰	丁卯	丙寅	乙丑	甲子	癸亥	壬戌	辛酉	庚申	己未	일 진
일	토	子初	목	수	화	월	일	토	금	목	수	화	월	일	토	금	子初	수	화	월	일	토	금	목	수	화	월	일	토	절기시각

10月小(乙亥)입동

		대설11															소설													절 기
	29	**28**	27	26	25	24	23	22	21	20	19	18	17	16	15	14	**13**	12	11	10	9	8	7	6	5	4	3	2	1	음 력
	10		1	1	1	1	2	2	2	3	3	3	4	4	4	5	5	5	6	6	6	7	7	7	8	8	8	9	9	대운 순행
	1		10	9	9	9	8	8	8	7	7	7	6	6	6	5	5	5	4	4	4	3	3	3	2	2	2	1	1	대운 역행
								12																					11	양력 월
	8	7	6	5	4	3	2	1	30	29	28	27	26	25	24	23	22	21	20	19	18	17	16	15	14	13	12	11	10	양력 일
	丁巳	丙辰	乙卯	甲寅	癸丑	壬子	辛亥	庚戌	己酉	戊申	丁未	丙午	乙巳	甲辰	癸卯	壬寅	辛丑	庚子	己亥	戊戌	丁酉	丙申	乙未	甲午	癸巳	壬辰	辛卯	庚寅	己丑	일 진
	월	申初	토	금	목	수	화	월	일	토	금	목	수	화	월	일	戌正	금	목	수	화	월	일	토	금	목	수	화	월	절기시각

11月大(丙子)대설

	소한12															동지														절 기
30	**29**	28	27	26	25	24	23	22	21	20	19	18	17	16	15	**14**	13	12	11	10	9	8	7	6	5	4	3	2	1	음 력
9		1	1	1	1	2	2	2	3	3	3	4	4	4	5	5	5	6	6	6	7	7	7	8	8	8	9	9	9	대운 순행
1		10	9	9	9	8	8	8	7	7	7	6	6	6	5	5	5	4	4	4	3	3	3	2	2	2	1	1	1	대운 역행
						1																							12	양력 월
7	6	5	4	3	2	1	31	30	29	28	27	26	25	24	23	22	21	20	19	18	17	16	15	14	13	12	11	10	9	양력 일
丁亥	丙戌	乙酉	甲申	癸未	壬午	辛巳	庚辰	己卯	戊寅	丁丑	丙子	乙亥	甲戌	癸酉	壬申	辛未	庚午	己巳	戊辰	丁卯	丙寅	乙丑	甲子	癸亥	壬戌	辛酉	庚申	己未	戊午	일 진
수	寅初	월	일	토	금	목	수	화	월	일	토	금	목	수	화	巳初	일	토	금	목	수	화	월	일	토	금	목	수	화	절기시각

12月小(丁丑)소한

		입춘1															대한													절 기
	29	**28**	27	26	25	24	23	22	21	20	19	18	17	16	15	14	**13**	12	11	10	9	8	7	6	5	4	3	2	1	음 력
	10		1	1	1	1	2	2	2	3	3	3	4	4	4	5	5	5	6	6	6	7	7	7	8	8	8	9	9	대운 순행
	1		9	9	9	8	8	8	7	7	7	6	6	6	5	5	5	4	4	4	3	3	3	2	2	2	1	1	1	대운 역행
					2																								1	양력 월
	5	4	3	2	1	31	30	29	28	27	26	25	24	23	22	21	20	19	18	17	16	15	14	13	12	11	10	9	8	양력 일
	丙辰	乙卯	甲寅	癸丑	壬子	辛亥	庚戌	己酉	戊申	丁未	丙午	乙巳	甲辰	癸卯	壬寅	辛丑	庚子	己亥	戊戌	丁酉	丙申	乙未	甲午	癸巳	壬辰	辛卯	庚寅	己丑	戊子	일 진
	목	未正	화	월	일	토	금	목	수	화	월	일	토	금	목	수	戌正	월	일	토	금	목	수	화	월	일	토	금	목	절기시각

• 공망이 사절되면 일생을 허송세월한다.

庚戌年

서기 1970년
단기 4303년

상문 : 子　대장군 : 南
조객 : 申　삼　재 : 寅午戌
삼살 : 北

1月大(戊寅) 입춘

	경칩2															우수														절기
30	29	28	27	26	25	24	23	22	21	20	19	18	17	16	15	14	13	12	11	10	9	8	7	6	5	4	3	2	1	음력
10		1	1	1	1	2	2	2	3	3	3	4	4	4	5	5	5	6	6	6	7	7	7	8	8	8	9	9	9	대운 순행
1		10	9	9	9	8	8	8	7	7	7	6	6	6	5	5	5	4	4	4	3	3	3	2	2	2	1	1	1	대운 역행
						3																							2	양력 월
7	6	5	4	3	2	1	28	27	26	25	24	23	22	21	20	19	18	17	16	15	14	13	12	11	10	9	8	7	6	양력 일
丙戌	乙酉	甲申	癸未	壬午	辛巳	庚辰	己卯	戊寅	丁丑	丙子	乙亥	甲戌	癸酉	壬申	辛未	庚午	己巳	戊辰	丁卯	丙寅	乙丑	甲子	癸亥	壬戌	辛酉	庚申	己未	戊午	丁巳	일진
토	辰正	목	수	화	월	일	토	금	목	수	화	월	일	토	금	巳正	수	화	월	일	토	금	목	수	화	월	일	토	금	절기시각

2月小(己卯) 경칩

	청명3															춘분														절기
	29	28	27	26	25	24	23	22	21	20	19	18	17	16	15	14	13	12	11	10	9	8	7	6	5	4	3	2	1	음력
		1	1	1	1	2	2	2	3	3	3	4	4	4	5	5	5	6	6	6	7	7	7	8	8	8	9	9	9	대운 순행
		10	9	9	9	8	8	8	7	7	7	6	6	6	5	5	5	4	4	4	3	3	3	2	2	2	1	1	1	대운 역행
					4																								3	양력 월
	5	4	3	2	1	31	30	29	28	27	26	25	24	23	22	21	20	19	18	17	16	15	14	13	12	11	10	9	8	양력 일
	乙卯	甲寅	癸丑	壬子	辛亥	庚戌	己酉	戊申	丁未	丙午	乙巳	甲辰	癸卯	壬寅	辛丑	庚子	己亥	戊戌	丁酉	丙申	乙未	甲午	癸巳	壬辰	辛卯	庚寅	己丑	戊子	丁亥	일진
	未正	토	금	목	수	화	월	일	토	금	목	수	화	월	일	巳初	금	목	수	화	월	일	토	금	목	수	화	월	일	절기시각

3月小(庚辰) 청명

															곡우															절기
	29	28	27	26	25	24	23	22	21	20	19	18	17	16	15	14	13	12	11	10	9	8	7	6	5	4	3	2	1	음력
	1	1	1	2	2	2	3	3	3	4	4	4	5	5	5	6	6	6	7	7	7	8	8	8	9	9	9	10	10	대운 순행
	10	9	9	9	8	8	8	7	7	7	6	6	6	5	5	5	4	4	4	3	3	3	2	2	2	1	1	1	1	대운 역행
				5																									4	양력 월
	4	3	2	1	30	29	28	27	26	25	24	23	22	21	20	19	18	17	16	15	14	13	12	11	10	9	8	7	6	양력 일
	甲申	癸未	壬午	辛巳	庚辰	己卯	戊寅	丁丑	丙子	乙亥	甲戌	癸酉	壬申	辛未	庚午	己巳	戊辰	丁卯	丙寅	乙丑	甲子	癸亥	壬戌	辛酉	庚申	己未	戊午	丁巳	丙辰	일진
	월	일	토	금	목	수	화	월	일	토	금	목	수	화	亥初	일	토	금	목	수	화	월	일	토	금	목	수	화	월	절기시각

4月大(辛巳) 입하

													소만															입하4		절기
30	29	28	27	26	25	24	23	22	21	20	19	18	17	16	15	14	13	12	11	10	9	8	7	6	5	4	3	2	1	음력
1	1	2	2	2	3	3	3	4	4	4	5	5	5	6	6	6	7	7	7	8	8	8	9	9	9	10	10		1	대운 순행
9	9	9	8	8	8	7	7	7	6	6	6	5	5	5	4	4	4	3	3	3	2	2	2	1	1	1	1		10	대운 역행
		6																											5	양력 월
3	2	1	31	30	29	28	27	26	25	24	23	22	21	20	19	18	17	16	15	14	13	12	11	10	9	8	7	6	5	양력 일
甲寅	癸丑	壬子	辛亥	庚戌	己酉	戊申	丁未	丙午	乙巳	甲辰	癸卯	壬寅	辛丑	庚子	己亥	戊戌	丁酉	丙申	乙未	甲午	癸巳	壬辰	辛卯	庚寅	己丑	戊子	丁亥	丙戌	乙酉	일진
수	화	월	일	토	금	목	수	화	월	일	토	금	戌正	수	화	월	일	토	금	목	수	화	월	일	토	금	목	辰初	화	절기시각

5月大(壬午) 망종

											하지																망종5			절기
30	29	28	27	26	25	24	23	22	21	20	19	18	17	16	15	14	13	12	11	10	9	8	7	6	5	4	3	2	1	음력
1	2	2	2	3	3	3	4	4	4	5	5	5	6	6	6	7	7	7	8	8	8	9	9	9	10	10		1	1	대운 순행
9	9	8	8	8	7	7	7	6	6	6	5	5	5	4	4	4	3	3	3	2	2	2	1	1	1	1		10	10	대운 역행
		7																											6	양력 월
3	2	1	30	29	28	27	26	25	24	23	22	21	20	19	18	17	16	15	14	13	12	11	10	9	8	7	6	5	4	양력 일
甲申	癸未	壬午	辛巳	庚辰	己卯	戊寅	丁丑	丙子	乙亥	甲戌	癸酉	壬申	辛未	庚午	己巳	戊辰	丁卯	丙寅	乙丑	甲子	癸亥	壬戌	辛酉	庚申	己未	戊午	丁巳	丙辰	乙卯	일진
금	목	수	화	월	일	토	금	목	수	화	寅正	일	토	금	목	수	화	월	일	토	금	목	수	화	월	일	午初	금	목	절기시각

6月小(癸未) 소서

										대서																소서6				절기
	29	28	27	26	25	24	23	22	21	20	19	18	17	16	15	14	13	12	11	10	9	8	7	6	5	4	3	2	1	음력
	2	3	3	3	4	4	4	5	5	5	6	6	6	7	7	7	8	8	8	9	9	9	10	10	10		1	1	1	대운 순행
	8	8	8	7	7	7	6	6	6	5	5	5	4	4	4	3	3	3	2	2	2	1	1	1	1		10	10	9	대운 역행
	8																												7	양력 월
	1	31	30	29	28	27	26	25	24	23	22	21	20	19	18	17	16	15	14	13	12	11	10	9	8	7	6	5	4	양력 일
	癸丑	壬子	辛亥	庚戌	己酉	戊申	丁未	丙午	乙巳	甲辰	癸卯	壬寅	辛丑	庚子	己亥	戊戌	丁酉	丙申	乙未	甲午	癸巳	壬辰	辛卯	庚寅	己丑	戊子	丁亥	丙戌	乙酉	일진
	토	금	목	수	화	월	일	토	금	申初	수	화	월	일	토	금	목	수	화	월	일	토	금	목	수	亥正	월	일	토	절기시각

• 방의 천정이 너무 높으면 허세부리기를 좋아한다.

								처서															입추7							절기	7月大(甲申)입추
30	29	28	27	26	25	24	23	22	21	20	19	18	17	16	15	14	13	12	11	10	9	8	7	6	5	4	3	2	1	음력	
3	3	3	4	4	4	5	5	5	6	6	6	7	7	7	8	8	8	9	9	9	10	10		1	1	1	1	2	2	대운 순행	
8	7	7	7	6	6	6	5	5	5	4	4	4	3	3	3	2	2	2	1	1	1	1		10	10	10	9	9	9	대운 역행	
																													8	양력 월	
31	30	29	28	27	26	25	24	23	22	21	20	19	18	17	16	15	14	13	12	11	10	9	8	7	6	5	4	3	2	양력 일	
癸未	壬午	辛巳	庚辰	己卯	戊寅	丁丑	丙子	乙亥	甲戌	癸酉	壬申	辛未	庚午	己巳	戊辰	丁卯	丙寅	乙丑	甲子	癸亥	壬戌	辛酉	庚申	己未	戊午	丁巳	丙辰	乙卯	甲寅	일진	
월	일	토	금	목	수	화	월	亥正	토	금	목	수	화	월	일	토	금	목	수	화	월	일	辰初	금	목	수	화	월	일	절기시각	

							추분															백로8								절기	8月小(乙酉)백로
	29	28	27	26	25	24	23	22	21	20	19	18	17	16	15	14	13	12	11	10	9	8	7	6	5	4	3	2	1	음력	
	3	4	4	4	5	5	5	6	6	6	7	7	7	8	8	8	9	9	9	10	10		1	1	1	1	2	2	2	대운 순행	
	7	7	6	6	6	5	5	5	4	4	4	3	3	3	2	2	2	1	1	1	1		10	10	9	9	9	8	8	대운 역행	
																													9	양력 월	
	29	28	27	26	25	24	23	22	21	20	19	18	17	16	15	14	13	12	11	10	9	8	7	6	5	4	3	2	1	양력 일	
	壬子	辛亥	庚戌	己酉	戊申	丁未	丙午	乙巳	甲辰	癸卯	壬寅	辛丑	庚子	己亥	戊戌	丁酉	丙申	乙未	甲午	癸巳	壬辰	辛卯	庚寅	己丑	戊子	丁亥	丙戌	乙酉	甲申	일진	
	화	월	일	토	금	목	戌初	화	월	일	토	금	목	수	화	월	일	토	금	목	수	巳正	월	일	토	금	목	수	화	절기시각	

					상강															한로9										절기	9月大(丙戌)한로
30	29	28	27	26	25	24	23	22	21	20	19	18	17	16	15	14	13	12	11	10	9	8	7	6	5	4	3	2	1	음력	
3	4	4	4	5	5	5	6	6	6	7	7	7	8	8	8	9	9	9	10		1	1	1	1	2	2	2	3	3	대운 순행	
7	6	6	6	5	5	5	4	4	4	3	3	3	2	2	2	1	1	1	1		10	10	9	9	9	8	8	8	7	대운 역행	
																												10	9	양력 월	
29	28	27	26	25	24	23	22	21	20	19	18	17	16	15	14	13	12	11	10	9	8	7	6	5	4	3	2	1	30	양력 일	
壬午	辛巳	庚辰	己卯	戊寅	丁丑	丙子	乙亥	甲戌	癸酉	壬申	辛未	庚午	己巳	戊辰	丁卯	丙寅	乙丑	甲子	癸亥	壬戌	辛酉	庚申	己未	戊午	丁巳	丙辰	乙卯	甲寅	癸丑	일진	
목	수	화	월	일	卯初	금	목	수	화	월	일	토	금	목	수	화	월	일	토	丑正	목	수	화	월	일	토	금	목	수	절기시각	

					소설															입동10										절기	10月大(丁亥)입동
30	29	28	27	26	25	24	23	22	21	20	19	18	17	16	15	14	13	12	11	10	9	8	7	6	5	4	3	2	1	음력	
3	3	4	4	4	5	5	5	6	6	6	7	7	7	8	8	8	9	9	9		1	1	1	1	2	2	2	3	3	대운 순행	
7	6	6	6	5	5	5	4	4	4	3	3	3	2	2	2	1	1	1	1		10	9	9	9	8	8	8	7	7	대운 역행	
																											11		10	양력 월	
28	27	26	25	24	23	22	21	20	19	18	17	16	15	14	13	12	11	10	9	8	7	6	5	4	3	2	1	31	30	양력 일	
壬子	辛亥	庚戌	己酉	戊申	丁未	丙午	乙巳	甲辰	癸卯	壬寅	辛丑	庚子	己亥	戊戌	丁酉	丙申	乙未	甲午	癸巳	壬辰	辛卯	庚寅	己丑	戊子	丁亥	丙戌	乙酉	甲申	癸未	일진	
토	금	목	수	화	丑正	일	토	금	목	수	화	월	일	토	금	목	수	화	월	寅正	토	금	목	수	화	월	일	토	금	절기시각	

						동지															대설11									절기	11月小(戊子)대설
	29	28	27	26	25	24	23	22	21	20	19	18	17	16	15	14	13	12	11	10	9	8	7	6	5	4	3	2	1	음력	
	3	4	4	4	5	5	5	6	6	6	7	7	7	8	8	8	9	9	9	10		1	1	1	1	2	2	2	3	대운 순행	
	7	6	6	6	5	5	5	4	4	4	3	3	3	2	2	2	1	1	1	1		9	9	9	8	8	8	7	7	대운 역행	
																											12		11	양력 월	
	27	26	25	24	23	22	21	20	19	18	17	16	15	14	13	12	11	10	9	8	7	6	5	4	3	2	1	30	29	양력 일	
	辛巳	庚辰	己卯	戊寅	丁丑	丙子	乙亥	甲戌	癸酉	壬申	辛未	庚午	己巳	戊辰	丁卯	丙寅	乙丑	甲子	癸亥	壬戌	辛酉	庚申	己未	戊午	丁巳	丙辰	乙卯	甲寅	癸丑	일진	
	일	토	금	목	수	申初	월	일	토	금	목	수	화	월	일	토	금	목	수	화	亥初	일	토	금	목	수	화	월	일	절기시각	

					대한															소한12										절기	12月大(己丑)소한
30	29	28	27	26	25	24	23	22	21	20	19	18	17	16	15	14	13	12	11	10	9	8	7	6	5	4	3	2	1	음력	
3	3	4	4	4	5	5	5	6	6	6	7	7	7	8	8	8	9	9	9		1	1	1	1	2	2	2	3	3	대운 순행	
7	6	6	6	5	5	5	4	4	4	3	3	3	2	2	2	1	1	1	1		10	9	9	9	8	8	8	7	7	대운 역행	
																									1				12	양력 월	
26	25	24	23	22	21	20	19	18	17	16	15	14	13	12	11	10	9	8	7	6	5	4	3	2	1	31	30	29	28	양력 일	
辛亥	庚戌	己酉	戊申	丁未	丙午	乙巳	甲辰	癸卯	壬寅	辛丑	庚子	己亥	戊戌	丁酉	丙申	乙未	甲午	癸巳	壬辰	辛卯	庚寅	己丑	戊子	丁亥	丙戌	乙酉	甲申	癸未	壬午	일진	
화	월	일	토	금	丑正	수	화	월	일	토	금	목	수	화	월	일	토	금	목	辰正	화	월	일	토	금	목	수	화	월	절기시각	

• 신왕사주에 財가 없어도 식신 · 상관운을 만나면 큰 부자가 된다.

서기 1971년 단기 4304년 辛亥年

상문 : 丑 대장군 : 西
조객 : 酉 삼 재 : 巳酉丑
삼살 : 西

1月小(庚寅) 입춘

						우수																입춘1									절기
	29	28	27	26	25	**24**	23	22	21	20	19	18	17	16	15	14	13	12	11	10	**9**	8	7	6	5	4	3	2	1	음력	
	3	4	4	4	5	5	5	6	6	6	7	7	7	8	8	8	9	9	9	10		1	1	1	1	2	2	2	3	순행	대운
	7	6	6	6	5	5	5	4	4	4	3	3	3	2	2	2	1	1	1	1		9	9	9	8	8	8	7	7	역행	
																								2					1	월	양력
	24	23	22	21	20	19	18	17	16	15	14	13	12	11	10	9	8	7	6	5	4	3	2	1	31	30	29	28	27	일	
	庚辰	己卯	戊寅	丁丑	丙子	乙亥	甲戌	癸酉	壬申	辛未	庚午	己巳	戊辰	丁卯	丙寅	乙丑	甲子	癸亥	壬戌	辛酉	庚申	己未	戊午	丁巳	丙辰	乙卯	甲寅	癸丑	壬子	일진	
	수	화	월	일	토	申正	목	수	화	월	일	토	금	목	수	화	월	일	토	금	戌正	수	화	월	일	토	금	목	수	절기시각	

2月大(辛卯) 경칩

					춘분															경칩2										절기	
30	29	28	27	26	**25**	24	23	22	21	20	19	18	17	16	15	14	13	12	11	**10**	9	8	7	6	5	4	3	2	1	음력	
3	4	4	4	5	5	5	6	6	6	7	7	7	8	8	8	9	9	9	10		1	1	1	1	2	2	2	3	3	순행	대운
7	6	6	6	5	5	5	4	4	4	3	3	3	2	2	2	1	1	1	1		10	9	9	9	8	8	8	7	7	역행	
																									3				2	월	양력
26	25	24	23	22	21	20	19	18	17	16	15	14	13	12	11	10	9	8	7	6	5	4	3	2	1	28	27	26	25	일	
庚戌	己酉	戊申	丁未	丙午	乙巳	甲辰	癸卯	壬寅	辛丑	庚子	己亥	戊戌	丁酉	丙申	乙未	甲午	癸巳	壬辰	辛卯	庚寅	己丑	戊子	丁亥	丙戌	乙酉	甲申	癸未	壬午	辛巳	일진	
금	목	수	화	월	申初	토	금	목	수	화	월	일	토	금	목	수	화	월	일	未正	금	목	수	화	월	일	토	금	목	절기시각	

3月小(壬辰) 청명

				곡우																청명3										절기	
	29	28	27	**26**	25	24	23	22	21	20	19	18	17	16	15	14	13	12	11	**10**	9	8	7	6	5	4	3	2	1	음력	
	4	4	5	5	5	6	6	6	7	7	7	8	8	8	9	9	9	10	10		1	1	1	1	2	2	2	3	3	순행	대운
	6	6	6	5	5	5	4	4	4	3	3	3	2	2	2	1	1	1	1		10	9	9	9	8	8	8	7	7	역행	
																									4				3	월	양력
	24	23	22	21	20	19	18	17	16	15	14	13	12	11	10	9	8	7	6	5	4	3	2	1	31	30	29	28	27	일	
	己卯	戊寅	丁丑	丙子	乙亥	甲戌	癸酉	壬申	辛未	庚午	己巳	戊辰	丁卯	丙寅	乙丑	甲子	癸亥	壬戌	辛酉	庚申	己未	戊午	丁巳	丙辰	乙卯	甲寅	癸丑	壬子	辛亥	일진	
	토	금	목	丑正	화	월	일	토	금	목	수	화	월	일	토	금	목	수	화	戌初	일	토	금	목	수	화	월	일	토	절기시각	

4月小(癸巳) 입하

		소만																입하4											절기	
	29	**28**	27	26	25	24	23	22	21	20	19	18	17	16	15	14	13	**12**	11	10	9	8	7	6	5	4	3	2	1	음력	
	5	5	5	6	6	6	7	7	7	8	8	8	9	9	9	10	10		1	1	1	1	2	2	2	3	3	3	4	순행	대운
	6	5	5	5	4	4	4	3	3	3	2	2	2	1	1	1	1		10	10	9	9	9	8	8	8	7	7	7	역행	
																							5						4	월	양력
	23	22	21	20	19	18	17	16	15	14	13	12	11	10	9	8	7	6	5	4	3	2	1	30	29	28	27	26	25	일	
	戊申	丁未	丙午	乙巳	甲辰	癸卯	壬寅	辛丑	庚子	己亥	戊戌	丁酉	丙申	乙未	甲午	癸巳	壬辰	辛卯	庚寅	己丑	戊子	丁亥	丙戌	乙酉	甲申	癸未	壬午	辛巳	庚辰	일진	
	일	丑正	금	목	수	화	월	일	토	금	목	수	화	월	일	토	금	未初	수	화	월	일	토	금	목	수	화	월	일	절기시각	

5月大(甲午) 망종

하지																망종5														절기	
30	29	28	27	26	25	24	23	22	21	20	19	18	17	16	15	**14**	13	12	11	10	9	8	7	6	5	4	3	2	1	음력	
5	6	6	6	7	7	7	8	8	8	9	9	9	10	10	10		1	1	1	1	2	2	2	3	3	3	4	4	4	순행	대운
5	5	5	4	4	4	3	3	3	2	2	2	1	1	1	1		10	10	9	9	9	8	8	8	7	7	7	6	6	역행	
																					6								5	월	양력
22	21	20	19	18	17	16	15	14	13	12	11	10	9	8	7	6	5	4	3	2	1	31	30	29	28	27	26	25	24	일	
戊寅	丁丑	丙子	乙亥	甲戌	癸酉	壬申	辛未	庚午	己巳	戊辰	丁卯	丙寅	乙丑	甲子	癸亥	壬戌	辛酉	庚申	己未	戊午	丁巳	丙辰	乙卯	甲寅	癸丑	壬子	辛亥	庚戌	己酉	일진	
巳正	월	일	토	금	목	수	화	월	일	토	금	목	수	화	월	酉初	토	금	목	수	화	월	일	토	금	목	수	화	월	절기시각	

윤5月小

														소서6																절기	
	29	28	27	26	25	24	23	22	21	20	19	18	17	**16**	15	14	13	12	11	10	9	8	7	6	5	4	3	2	1	음력	
	6	6	7	7	7	8	8	8	9	9	9	10	10		1	1	1	1	2	2	2	3	3	3	4	4	4	5	5	순행	대운
	4	4	4	3	3	3	2	2	2	1	1	1	1		10	10	10	9	9	9	8	8	8	7	7	7	6	6	6	역행	
																					7								6	월	양력
	21	20	19	18	17	16	15	14	13	12	11	10	9	8	7	6	5	4	3	2	1	30	29	28	27	26	25	24	23	일	
	丁未	丙午	乙巳	甲辰	癸卯	壬寅	辛丑	庚子	己亥	戊戌	丁酉	丙申	乙未	甲午	癸巳	壬辰	辛卯	庚寅	己丑	戊子	丁亥	丙戌	乙酉	甲申	癸未	壬午	辛巳	庚辰	己卯	일진	
	수	화	월	일	토	금	목	수	화	월	일	토	금	寅初	수	화	월	일	토	금	목	수	화	월	일	토	금	목	수	절기시각	

6月大(乙未) 소서

												입추7																대서		절기
30	29	28	27	26	25	24	23	22	21	20	19	18	17	16	15	14	13	12	11	10	9	8	7	6	5	4	3	2	1	음력
6	7	7	7	8	8	8	9	9	9	10	10		1	1	1	1	2	2	2	3	3	3	4	4	4	5	5	5	6	대운 순행
4	4	3	3	3	2	2	2	1	1	1	1		10	10	9	9	9	8	8	8	7	7	7	6	6	6	5	5	5	대운 역행
																			8										7	양력 월
20	19	18	17	16	15	14	13	12	11	10	9	8	7	6	5	4	3	2	1	31	30	29	28	27	26	25	24	23	22	양력 일
丁丑	丙子	乙亥	甲戌	癸酉	壬申	辛未	庚午	己巳	戊辰	丁卯	丙寅	乙丑	甲子	癸亥	壬戌	辛酉	庚申	己未	戊午	丁巳	丙辰	乙卯	甲寅	癸丑	壬子	辛亥	庚戌	己酉	戊申	일진
금	목	수	화	월	일	토	금	목	수	화	월	未初	토	금	목	수	화	월	일	토	금	목	수	화	월	일	토	亥初	목	절기시각

7月小(丙申) 입추

											백로8														처서					절기
	29	28	27	26	25	24	23	22	21	20	19	18	17	16	15	14	13	12	11	10	9	8	7	6	5	4	3	2	1	음력
	7	7	8	8	8	9	9	9	10	10		1	1	1	1	2	2	2	3	3	3	4	4	4	5	5	5	6	6	대운 순행
	3	3	3	2	2	2	1	1	1	1		10	10	9	9	9	8	8	8	7	7	7	6	6	6	5	5	5	4	대운 역행
																		9											8	양력 월
	18	17	16	15	14	13	12	11	10	9	8	7	6	5	4	3	2	1	31	30	29	28	27	26	25	24	23	22	21	양력 일
	丙午	乙巳	甲辰	癸卯	壬寅	辛丑	庚子	己亥	戊戌	丁酉	丙申	乙未	甲午	癸巳	壬辰	辛卯	庚寅	己丑	戊子	丁亥	丙戌	乙酉	甲申	癸未	壬午	辛巳	庚辰	己卯	戊寅	일진
	토	금	목	수	화	월	일	토	금	목	申正	화	월	일	토	금	목	수	화	월	일	토	금	목	수	寅正	월	일	토	절기시각

8月大(丁酉) 백로

									한로9															추분						절기
30	29	28	27	26	25	24	23	22	21	20	19	18	17	16	15	14	13	12	11	10	9	8	7	6	5	4	3	2	1	음력
7	7	8	8	8	9	9	9	10		1	1	1	1	2	2	2	3	3	3	4	4	4	5	5	5	6	6	6	7	대운 순행
3	3	2	2	2	1	1	1	1		10	10	9	9	9	8	8	8	7	7	7	6	6	6	5	5	5	4	4	4	대운 역행
																	10												9	양력 월
18	17	16	15	14	13	12	11	10	9	8	7	6	5	4	3	2	1	30	29	28	27	26	25	24	23	22	21	20	19	양력 일
丙子	乙亥	甲戌	癸酉	壬申	辛未	庚午	己巳	戊辰	丁卯	丙寅	乙丑	甲子	癸亥	壬戌	辛酉	庚申	己未	戊午	丁巳	丙辰	乙卯	甲寅	癸丑	壬子	辛亥	庚戌	己酉	戊申	丁未	일진
월	일	토	금	목	수	화	월	일	辰初	금	목	수	화	월	일	토	금	목	수	화	월	일	토	丑初	목	수	화	월	일	절기시각

9月大(戊戌) 한로

									입동10															상강						절기
30	29	28	27	26	25	24	23	22	21	20	19	18	17	16	15	14	13	12	11	10	9	8	7	6	5	4	3	2	1	음력
7	7	8	8	8	9	9	9	10		1	1	1	1	2	2	2	3	3	3	4	4	4	5	5	5	6	6	6	7	대운 순행
3	3	2	2	2	1	1	1	1		10	9	9	9	8	8	8	7	7	7	6	6	6	5	5	5	4	4	4	3	대운 역행
																11													10	양력 월
17	16	15	14	13	12	11	10	9	8	7	6	5	4	3	2	1	31	30	29	28	27	26	25	24	23	22	21	20	19	양력 일
丙午	乙巳	甲辰	癸卯	壬寅	辛丑	庚子	己亥	戊戌	丁酉	丙申	乙未	甲午	癸巳	壬辰	辛卯	庚寅	己丑	戊子	丁亥	丙戌	乙酉	甲申	癸未	壬午	辛巳	庚辰	己卯	戊寅	丁丑	일진
수	화	월	일	토	금	목	수	화	巳正	일	토	금	목	수	화	월	일	토	금	목	수	화	월	巳正	토	금	목	수	화	절기시각

10月大(己亥) 입동

									대설11															소설						절기
30	29	28	27	26	25	24	23	22	21	20	19	18	17	16	15	14	13	12	11	10	9	8	7	6	5	4	3	2	1	음력
7	7	7	8	8	8	9	9	9		1	1	1	1	2	2	2	3	3	3	4	4	4	5	5	5	6	6	6	7	대운 순행
3	3	2	2	2	1	1	1	1		10	9	9	9	8	8	8	7	7	7	6	6	6	5	5	5	4	4	4	3	대운 역행
																12													11	양력 월
17	16	15	14	13	12	11	10	9	8	7	6	5	4	3	2	1	30	29	28	27	26	25	24	23	22	21	20	19	18	양력 일
丙子	乙亥	甲戌	癸酉	壬申	辛未	庚午	己巳	戊辰	丁卯	丙寅	乙丑	甲子	癸亥	壬戌	辛酉	庚申	己未	戊午	丁巳	丙辰	乙卯	甲寅	癸丑	壬子	辛亥	庚戌	己酉	戊申	丁未	일진
금	목	수	화	월	일	토	금	목	寅初	화	월	일	토	금	목	수	화	월	일	토	금	목	수	辰正	월	일	토	금	목	절기시각

11月小(庚子) 대설

										소한12															동지					절기
	29	28	27	26	25	24	23	22	21	20	19	18	17	16	15	14	13	12	11	10	9	8	7	6	5	4	3	2	1	음력
	7	7	8	8	8	9	9	9	10		1	1	1	1	2	2	2	3	3	3	4	4	4	5	5	5	6	6	6	대운 순행
	3	3	2	2	2	1	1	1	1		9	9	9	8	8	8	7	7	7	6	6	6	5	5	5	4	4	4	3	대운 역행
															1														12	양력 월
	15	14	13	12	11	10	9	8	7	6	5	4	3	2	1	31	30	29	28	27	26	25	24	23	22	21	20	19	18	양력 일
	乙巳	甲辰	癸卯	壬寅	辛丑	庚子	己亥	戊戌	丁酉	丙申	乙未	甲午	癸巳	壬辰	辛卯	庚寅	己丑	戊子	丁亥	丙戌	乙酉	甲申	癸未	壬午	辛巳	庚辰	己卯	戊寅	丁丑	일진
	토	금	목	수	화	월	일	토	금	未正	수	화	월	일	토	금	목	수	화	월	일	토	금	목	亥初	화	월	일	토	절기시각

12月大(辛丑) 소한

									입춘1															대한						절기
30	29	28	27	26	25	24	23	22	21	20	19	18	17	16	15	14	13	12	11	10	9	8	7	6	5	4	3	2	1	음력
7	7	7	8	8	8	9	9	9		1	1	1	1	2	2	2	3	3	3	4	4	4	5	5	5	6	6	6	7	대운 순행
3	3	2	2	2	1	1	1	1		10	9	9	9	8	8	8	7	7	7	6	6	6	5	5	5	4	4	4	3	대운 역행
													2																1	양력 월
14	13	12	11	10	9	8	7	6	5	4	3	2	1	31	30	29	28	27	26	25	24	23	22	21	20	19	18	17	16	양력 일
乙亥	甲戌	癸酉	壬申	辛未	庚午	己巳	戊辰	丁卯	丙寅	乙丑	甲子	癸亥	壬戌	辛酉	庚申	己未	戊午	丁巳	丙辰	乙卯	甲寅	癸丑	壬子	辛亥	庚戌	己酉	戊申	丁未	丙午	일진
월	일	토	금	목	수	화	월	일	丑正	금	목	수	화	월	일	토	금	목	수	화	월	일	토	辰初	목	수	화	월	일	절기시각

• 신왕사주에 재가 암장되어 있으면 지독한 노랭이 알부자다.

서기 1972년
단기 4305년

壬子年

상문 : 寅 대장군 : 西
조객 : 戌 삼 재 : 巳酉丑
삼살 : 南

1月小(壬寅) 입춘

										경칩2															우수					절기
	29	28	27	26	25	24	23	22	21	20	19	18	17	16	15	14	13	12	11	10	9	8	7	6	5	4	3	2	1	음력
	7	8	8	8	9	9	9	10	10		1	1	1	1	2	2	2	3	3	3	4	4	4	5	5	5	6	6	6	대운 순행
	3	3	2	2	2	1	1	1	1		9	9	9	8	8	8	7	7	7	6	6	6	5	5	5	4	4	4	3	대운 역행
														3															2	양력 월
	14	13	12	11	10	9	8	7	6	5	4	3	2	1	29	28	27	26	25	24	23	22	21	20	19	18	17	16	15	양력 일
	甲辰	癸卯	壬寅	辛丑	庚子	己亥	戊戌	丁酉	丙申	乙未	甲午	癸巳	壬辰	辛卯	庚寅	己丑	戊子	丁亥	丙戌	乙酉	甲申	癸未	壬午	辛巳	庚辰	己卯	戊寅	丁丑	丙子	일진
	화	월	일	토	금	목	수	화	월	戌正	토	금	목	수	화	월	일	토	금	목	수	화	월	일	亥正	금	목	수	화	절기시각

2月大(癸卯) 경칩

								청명3																춘분						절기
30	29	28	27	26	25	24	23	22	21	20	19	18	17	16	15	14	13	12	11	10	9	8	7	6	5	4	3	2	1	음력
7	8	8	8	9	9	9	10		1	1	1	1	2	2	2	3	3	3	4	4	4	5	5	5	6	6	6	7	7	대운 순행
3	2	2	2	1	1	1	1		10	10	9	9	9	8	8	8	7	7	7	6	6	6	5	5	5	4	4	4	3	대운 역행
												4																	3	양력 월
13	12	11	10	9	8	7	6	5	4	3	2	1	31	30	29	28	27	26	25	24	23	22	21	20	19	18	17	16	15	양력 일
甲戌	癸酉	壬申	辛未	庚午	己巳	戊辰	丁卯	丙寅	乙丑	甲子	癸亥	壬戌	辛酉	庚申	己未	戊午	丁巳	丙辰	乙卯	甲寅	癸丑	壬子	辛亥	庚戌	己酉	戊申	丁未	丙午	乙巳	일진
목	수	화	월	일	토	금	목	丑初	화	월	일	토	금	목	수	화	월	일	토	금	목	수	화	亥初	일	토	금	목	수	절기시각

3月小(甲辰) 청명

								입하4															곡우							절기
	29	28	27	26	25	24	23	22	21	20	19	18	17	16	15	14	13	12	11	10	9	8	7	6	5	4	3	2	1	음력
	8	8	9	9	9	10	10		1	1	1	1	2	2	2	3	3	3	4	4	4	5	5	5	6	6	6	7	7	대운 순행
	2	2	2	1	1	1	1		10	9	9	9	8	8	8	7	7	7	6	6	6	5	5	5	4	4	4	3	3	대운 역행
												5																	4	양력 월
	12	11	10	9	8	7	6	5	4	3	2	1	30	29	28	27	26	25	24	23	22	21	20	19	18	17	16	15	14	양력 일
	癸卯	壬寅	辛丑	庚子	己亥	戊戌	丁酉	丙申	乙未	甲午	癸巳	壬辰	辛卯	庚寅	己丑	戊子	丁亥	丙戌	乙酉	甲申	癸未	壬午	辛巳	庚辰	己卯	戊寅	丁丑	丙子	乙亥	일진
	금	목	수	화	월	일	토	戌初	목	수	화	월	일	토	금	목	수	화	월	일	토	금	辰正	수	화	월	일	토	금	절기시각

4月小(乙巳) 입하

						망종5															소만									절기
	29	28	27	26	25	24	23	22	21	20	19	18	17	16	15	14	13	12	11	10	9	8	7	6	5	4	3	2	1	음력
	9	9	10	10	10		1	1	1	1	2	2	2	3	3	3	4	4	4	5	5	5	6	6	6	7	7	7	8	대운 순행
	2	1	1	1	1		10	10	9	9	9	8	8	8	7	7	7	6	6	6	5	5	5	4	4	4	3	3	3	대운 역행
										6																			5	양력 월
	10	9	8	7	6	5	4	3	2	1	31	30	29	28	27	26	25	24	23	22	21	20	19	18	17	16	15	14	13	양력 일
	壬申	辛未	庚午	己巳	戊辰	丁卯	丙寅	乙丑	甲子	癸亥	壬戌	辛酉	庚申	己未	戊午	丁巳	丙辰	乙卯	甲寅	癸丑	壬子	辛亥	庚戌	己酉	戊申	丁未	丙午	乙巳	甲辰	일진
	토	금	목	수	화	子初	일	토	금	목	수	화	월	일	토	금	목	수	화	월	辰初	토	금	목	수	화	월	일	토	절기시각

5月大(丙午) 망종

			소서6																하지											절기
30	29	28	27	26	25	24	23	22	21	20	19	18	17	16	15	14	13	12	11	10	9	8	7	6	5	4	3	2	1	음력
9	10	10		1	1	1	1	2	2	2	3	3	3	4	4	4	5	5	5	6	6	6	7	7	7	8	8	8	9	대운 순행
1	1	1		10	10	10	9	9	9	8	8	8	7	7	7	6	6	6	5	5	5	4	4	4	3	3	3	2	2	대운 역행
									7																				6	양력 월
10	9	8	7	6	5	4	3	2	1	30	29	28	27	26	25	24	23	22	21	20	19	18	17	16	15	14	13	12	11	양력 일
壬寅	辛丑	庚子	己亥	戊戌	丁酉	丙申	乙未	甲午	癸巳	壬辰	辛卯	庚寅	己丑	戊子	丁亥	丙戌	乙酉	甲申	癸未	壬午	辛巳	庚辰	己卯	戊寅	丁丑	丙子	乙亥	甲戌	癸酉	일진
월	일	토	巳初	목	수	화	월	일	토	금	목	수	화	월	일	토	금	목	申正	화	월	일	토	금	목	수	화	월	일	절기시각

6月小(丁未) 소서

		입추7															대서													절기
	29	28	27	26	25	24	23	22	21	20	19	18	17	16	15	14	13	12	11	10	9	8	7	6	5	4	3	2	1	음력
	10		1	1	1	1	2	2	2	3	3	3	4	4	4	5	5	5	6	6	6	7	7	7	8	8	8	9	9	대운 순행
	1		10	10	9	9	9	8	8	8	7	7	7	6	6	6	5	5	5	4	4	4	3	3	3	2	2	2	1	대운 역행
								8																					7	양력 월
	8	7	6	5	4	3	2	1	31	30	29	28	27	26	25	24	23	22	21	20	19	18	17	16	15	14	13	12	11	양력 일
	辛未	庚午	己巳	戊辰	丁卯	丙寅	乙丑	甲子	癸亥	壬戌	辛酉	庚申	己未	戊午	丁巳	丙辰	乙卯	甲寅	癸丑	壬子	辛亥	庚戌	己酉	戊申	丁未	丙午	乙巳	甲辰	癸卯	일진
	화	戌初	일	토	금	목	수	화	월	일	토	금	목	수	화	월	寅初	토	금	목	수	화	월	일	토	금	목	수	화	절기시각

백로8															처서															절기	7月大(戊申) 입추
30	29	28	27	26	25	24	23	22	21	20	19	18	17	16	15	14	13	12	11	10	9	8	7	6	5	4	3	2	1	음력	
	1	1	1	1	2	2	2	3	3	3	4	4	4	5	5	5	6	6	6	7	7	7	8	8	8	9	9	9	10	대운 순행	
	10	10	9	9	9	8	8	8	7	7	7	6	6	6	5	5	5	4	4	4	3	3	3	2	2	2	1	1	1	대운 역행	
						9																							8	양력 월	
7	6	5	4	3	2	1	31	30	29	28	27	26	25	24	23	22	21	20	19	18	17	16	15	14	13	12	11	10	9	양력 일	
辛丑	庚子	己亥	戊戌	丁酉	丙申	乙未	甲午	癸巳	壬辰	辛卯	庚寅	己丑	戊子	丁亥	丙戌	乙酉	甲申	癸未	壬午	辛巳	庚辰	己卯	戊寅	丁丑	丙子	乙亥	甲戌	癸酉	壬申	일진	
亥正	수	화	월	일	토	금	목	수	화	월	일	토	금	목	巳正	화	월	일	토	금	목	수	화	월	일	토	금	목	수	절기시각	
														추분																절기	8月小(己酉) 백로
	29	28	27	26	25	24	23	22	21	20	19	18	17	16	15	14	13	12	11	10	9	8	7	6	5	4	3	2	1	음력	
	1	1	1	2	2	2	3	3	3	4	4	4	5	5	5	6	6	6	7	7	7	8	8	8	9	9	9	10	10	대운 순행	
	10	9	9	9	8	8	8	7	7	7	6	6	6	5	5	5	4	4	4	3	3	3	2	2	2	1	1	1	1	대운 역행	
						10																							9	양력 월	
	6	5	4	3	2	1	30	29	28	27	26	25	24	23	22	21	20	19	18	17	16	15	14	13	12	11	10	9	8	양력 일	
	庚午	己巳	戊辰	丁卯	丙寅	乙丑	甲子	癸亥	壬戌	辛酉	庚申	己未	戊午	丁巳	丙辰	乙卯	甲寅	癸丑	壬子	辛亥	庚戌	己酉	戊申	丁未	丙午	乙巳	甲辰	癸卯	壬寅	일진	
	금	목	수	화	월	일	토	금	목	수	화	월	일	辰初	금	목	수	화	월	일	토	금	목	수	화	월	일	토	금	절기시각	
													상강															한로9		절기	9月大(庚戌) 한로
30	29	28	27	26	25	24	23	22	21	20	19	18	17	16	15	14	13	12	11	10	9	8	7	6	5	4	3	2	1	음력	
1	1	1	2	2	2	3	3	3	4	4	4	5	5	5	6	6	6	7	7	7	8	8	8	9	9	9	10		1	대운 순행	
9	9	9	8	8	8	7	7	7	6	6	6	5	5	5	4	4	4	3	3	3	2	2	2	1	1	1	1		10	대운 역행	
				11																									10	양력 월	
5	4	3	2	1	31	30	29	28	27	26	25	24	23	22	21	20	19	18	17	16	15	14	13	12	11	10	9	8	7	양력 일	
庚子	己亥	戊戌	丁酉	丙申	乙未	甲午	癸巳	壬辰	辛卯	庚寅	己丑	戊子	丁亥	丙戌	乙酉	甲申	癸未	壬午	辛巳	庚辰	己卯	戊寅	丁丑	丙子	乙亥	甲戌	癸酉	壬申	辛未	일진	
일	토	금	목	수	화	월	일	토	금	목	수	화	申正	일	토	금	목	수	화	월	일	토	금	목	수	화	월	未初	토	절기시각	
													소설															입동10		절기	10月大(辛亥) 입동
30	29	28	27	26	25	24	23	22	21	20	19	18	17	16	15	14	13	12	11	10	9	8	7	6	5	4	3	2	1	음력	
1	1	1	2	2	2	3	3	3	4	4	4	5	5	5	6	6	6	7	7	7	8	8	8	9	9	9	10		1	대운 순행	
9	9	9	8	8	8	7	7	7	6	6	6	5	5	5	4	4	4	3	3	3	2	2	2	1	1	1	1		10	대운 역행	
				12																									11	양력 월	
5	4	3	2	1	30	29	28	27	26	25	24	23	22	21	20	19	18	17	16	15	14	13	12	11	10	9	8	7	6	양력 일	
庚午	己巳	戊辰	丁卯	丙寅	乙丑	甲子	癸亥	壬戌	辛酉	庚申	己未	戊午	丁巳	丙辰	乙卯	甲寅	癸丑	壬子	辛亥	庚戌	己酉	戊申	丁未	丙午	乙巳	甲辰	癸卯	壬寅	辛丑	일진	
화	월	일	토	금	목	수	화	월	일	토	금	목	未正	화	월	일	토	금	목	수	화	월	일	토	금	목	수	申初	월	절기시각	
													동지															대설11		절기	11月大(壬子) 대설
30	29	28	27	26	25	24	23	22	21	20	19	18	17	16	15	14	13	12	11	10	9	8	7	6	5	4	3	2	1	음력	
1	1	1	1	2	2	2	3	3	3	4	4	4	5	5	5	6	6	6	7	7	7	8	8	8	9	9	9		1	대운 순행	
9	9	9	8	8	8	7	7	7	6	6	6	5	5	5	4	4	4	3	3	3	2	2	2	1	1	1	1		10	대운 역행	
			1																										12	양력 월	
4	3	2	1	31	30	29	28	27	26	25	24	23	22	21	20	19	18	17	16	15	14	13	12	11	10	9	8	7	6	양력 일	
庚子	己亥	戊戌	丁酉	丙申	乙未	甲午	癸巳	壬辰	辛卯	庚寅	己丑	戊子	丁亥	丙戌	乙酉	甲申	癸未	壬午	辛巳	庚辰	己卯	戊寅	丁丑	丙子	乙亥	甲戌	癸酉	壬申	辛未	일진	
목	수	화	월	일	토	금	목	수	화	월	일	토	寅初	목	수	화	월	일	토	금	목	수	화	월	일	토	금	巳初	수	절기시각	
														대한															소한12	절기	12月小(癸丑) 소한
	29	28	27	26	25	24	23	22	21	20	19	18	17	16	15	14	13	12	11	10	9	8	7	6	5	4	3	2	1	음력	
	1	1	1	2	2	2	3	3	3	4	4	4	5	5	5	6	6	6	7	7	7	8	8	8	9	9	9	10		대운 순행	
	9	9	9	8	8	8	7	7	7	6	6	6	5	5	5	4	4	4	3	3	3	2	2	2	1	1	1	1		대운 역행	
		2																											1	양력 월	
	2	1	31	30	29	28	27	26	25	24	23	22	21	20	19	18	17	16	15	14	13	12	11	10	9	8	7	6	5	양력 일	
	己巳	戊辰	丁卯	丙寅	乙丑	甲子	癸亥	壬戌	辛酉	庚申	己未	戊午	丁巳	丙辰	乙卯	甲寅	癸丑	壬子	辛亥	庚戌	己酉	戊申	丁未	丙午	乙巳	甲辰	癸卯	壬寅	辛丑	일진	
	금	목	수	화	월	일	토	금	목	수	화	월	일	未初	금	목	수	화	월	일	토	금	목	수	화	월	일	토	戌正	절기시각	

서기 1973년
단기 4306년

癸丑年

상문 : 卯　대장군 : 西
조객 : 亥　삼　재 : 巳酉丑
삼살 : 東

1月大(甲寅) 입춘

													우수															입춘1		절기
30	29	28	27	26	25	24	23	22	21	20	19	18	**17**	16	15	14	13	12	11	10	9	8	7	6	5	4	3	**2**	1	음력
1	1	1	2	2	2	3	3	3	4	4	4	5	5	5	6	6	6	7	7	7	8	8	8	9	9	9	10		1	대운 순행
9	9	9	8	8	8	7	7	7	6	6	6	5	5	5	4	4	4	3	3	3	2	2	2	1	1	1	1		10	대운 역행
			3																										2	양력 월
4	3	2	1	28	27	26	25	24	23	22	21	20	19	18	17	16	15	14	13	12	11	10	9	8	7	6	5	4	3	양력 일
己亥	戊戌	丁酉	丙申	乙未	甲午	癸巳	壬辰	辛卯	庚寅	己丑	戊子	丁亥	丙戌	乙酉	甲申	癸未	壬午	辛巳	庚辰	己卯	戊寅	丁丑	丙子	乙亥	甲戌	癸酉	壬申	辛未	庚午	일진
일	토	금	목	수	화	월	일	토	금	목	수	화	寅正	일	토	금	목	수	화	월	일	토	금	목	수	화	월	辰正	토	절기시각

2月小(乙卯) 경칩

													춘분															경칩2		절기
	29	28	27	26	25	24	23	22	21	20	19	18	**17**	16	15	14	13	12	11	10	9	8	7	6	5	4	3	**2**	1	음력
	1	1	2	2	2	3	3	3	4	4	4	5	5	5	6	6	6	7	7	7	8	8	8	9	9	9	10		1	대운 순행
	9	9	8	8	8	7	7	7	6	6	6	5	5	5	4	4	4	3	3	3	2	2	2	1	1	1	1		10	대운 역행
		4																											3	양력 월
	2	1	31	30	29	28	27	26	25	24	23	22	21	20	19	18	17	16	15	14	13	12	11	10	9	8	7	6	5	양력 일
	戊辰	丁卯	丙寅	乙丑	甲子	癸亥	壬戌	辛酉	庚申	己未	戊午	丁巳	丙辰	乙卯	甲寅	癸丑	壬子	辛亥	庚戌	己酉	戊申	丁未	丙午	乙巳	甲辰	癸卯	壬寅	辛丑	庚子	일진
	월	일	토	금	목	수	화	월	일	토	금	목	寅初	화	월	일	토	금	목	수	화	월	일	토	금	목	수	丑正	월	절기시각

3月大(丙辰) 청명

												곡우															청명3			절기
30	29	28	27	26	25	24	23	22	21	20	19	**18**	17	16	15	14	13	12	11	10	9	8	7	6	5	4	**3**	2	1	음력
1	2	2	2	3	3	3	4	4	4	5	5	5	6	6	6	7	7	7	8	8	8	9	9	9	10	10		1	1	대운 순행
9	9	8	8	8	7	7	7	6	6	6	5	5	5	4	4	4	3	3	3	2	2	2	1	1	1	1		10	9	대운 역행
	5																												4	양력 월
2	1	30	29	28	27	26	25	24	23	22	21	20	19	18	17	16	15	14	13	12	11	10	9	8	7	6	5	4	3	양력 일
戊戌	丁酉	丙申	乙未	甲午	癸巳	壬辰	辛卯	庚寅	己丑	戊子	丁亥	丙戌	乙酉	甲申	癸未	壬午	辛巳	庚辰	己卯	戊寅	丁丑	丙子	乙亥	甲戌	癸酉	壬申	辛未	庚午	己巳	일진
수	화	월	일	토	금	목	수	화	월	일	토	未正	목	수	화	월	일	토	금	목	수	화	월	일	토	금	辰初	수	화	절기시각

4月小(丁巳) 입하

											소만															입하4				절기
	29	28	27	26	25	24	23	22	21	20	**19**	18	17	16	15	14	13	12	11	10	9	8	7	6	5	**4**	3	2	1	음력
	2	2	3	3	3	4	4	4	5	5	5	6	6	6	7	7	7	8	8	8	9	9	9	10	10		1	1	1	대운 순행
	8	8	8	7	7	7	6	6	6	5	5	5	4	4	4	3	3	3	2	2	2	1	1	1	1		10	10	9	대운 역행
																													5	양력 월
	31	30	29	28	27	26	25	24	23	22	21	20	19	18	17	16	15	14	13	12	11	10	9	8	7	6	5	4	3	양력 일
	丁卯	丙寅	乙丑	甲子	癸亥	壬戌	辛酉	庚申	己未	戊午	丁巳	丙辰	乙卯	甲寅	癸丑	壬子	辛亥	庚戌	己酉	戊申	丁未	丙午	乙巳	甲辰	癸卯	壬寅	辛丑	庚子	己亥	일진
	목	수	화	월	일	토	금	목	수	화	未初	일	토	금	목	수	화	월	일	토	금	목	수	화	월	子正	토	금	목	절기시각

5月小(戊午) 망종

									하지															망종5						절기
	29	28	27	26	25	24	23	22	**21**	20	19	18	17	16	15	14	13	12	11	10	9	8	7	**6**	5	4	3	2	1	음력
	3	3	3	4	4	4	5	5	5	6	6	6	7	7	7	8	8	8	9	9	9	10	10		1	1	1	1	2	대운 순행
	8	7	7	7	6	6	6	5	5	5	4	4	4	3	3	3	2	2	2	1	1	1	1		10	10	9	9	9	대운 역행
																													6	양력 월
	29	28	27	26	25	24	23	22	21	20	19	18	17	16	15	14	13	12	11	10	9	8	7	6	5	4	3	2	1	양력 일
	丙申	乙未	甲午	癸巳	壬辰	辛卯	庚寅	己丑	戊子	丁亥	丙戌	乙酉	甲申	癸未	壬午	辛巳	庚辰	己卯	戊寅	丁丑	丙子	乙亥	甲戌	癸酉	壬申	辛未	庚午	己巳	戊辰	일진
	금	목	수	화	월	일	토	금	亥正	수	화	월	일	토	금	목	수	화	월	일	토	금	목	卯初	화	월	일	토	금	절기시각

6月大(己未) 소서

						대서																소서6								절기
30	29	28	27	26	25	**24**	23	22	21	20	19	18	17	16	15	14	13	12	11	10	9	**8**	7	6	5	4	3	2	1	음력
3	4	4	4	5	5	5	6	6	6	7	7	7	8	8	8	9	9	9	10	10	10		1	1	1	1	2	2	2	대운 순행
7	7	7	6	6	6	5	5	5	4	4	4	3	3	3	2	2	2	1	1	1	1		10	10	9	9	9	8	8	대운 역행
																												7	6	양력 월
29	28	27	26	25	24	23	22	21	20	19	18	17	16	15	14	13	12	11	10	9	8	7	6	5	4	3	2	1	30	양력 일
丙寅	乙丑	甲子	癸亥	壬戌	辛酉	庚申	己未	戊午	丁巳	丙辰	乙卯	甲寅	癸丑	壬子	辛亥	庚戌	己酉	戊申	丁未	丙午	乙巳	甲辰	癸卯	壬寅	辛丑	庚子	己亥	戊戌	丁酉	일진
일	토	금	목	수	화	辰正	일	토	금	목	수	화	월	일	토	금	목	수	화	월	일	申初	금	목	수	화	월	일	토	절기시각

• 새집 짓고는 탈이 없으나 집 고치고 3년을 주의하라. 재난이 두렵다.

7月小(庚申)입추

					처서															입추7										절기
	29	28	27	26	25	24	23	22	21	20	19	18	17	16	15	14	13	12	11	10	9	8	7	6	5	4	3	2	1	음력
	4	4	5	5	5	6	6	6	7	7	7	8	8	8	9	9	9	10	10		1	1	1	1	2	2	2	3	3	대운 순행
	6	6	6	5	5	5	4	4	4	3	3	3	2	2	2	1	1	1	1		10	10	10	9	9	9	8	8	8	대운 역행
																											8		7	양력 월
	27	26	25	24	23	22	21	20	19	18	17	16	15	14	13	12	11	10	9	8	7	6	5	4	3	2	1	31	30	양력 일
	乙未	甲午	癸巳	壬辰	辛卯	庚寅	己丑	戊子	丁亥	丙戌	乙酉	甲申	癸未	壬午	辛巳	庚辰	己卯	戊寅	丁丑	丙子	乙亥	甲戌	癸酉	壬申	辛未	庚午	己巳	戊辰	丁卯	일진
	월	일	토	금	申初	수	화	월	일	토	금	목	수	화	월	일	토	금	목	丑初	화	월	일	토	금	목	수	화	월	절기시각

8月小(辛酉)백로

			추분															백로8												절기
	29	28	27	26	25	24	23	22	21	20	19	18	17	16	15	14	13	12	11	10	9	8	7	6	5	4	3	2	1	음력
	4	5	5	5	6	6	6	7	7	7	8	8	8	9	9	9	10		1	1	1	1	2	2	2	3	3	3	4	대운 순행
	6	5	5	5	4	4	4	3	3	3	2	2	2	1	1	1	1		10	10	9	9	9	8	8	8	7	7	7	대운 역행
																									9				8	양력 월
	25	24	23	22	21	20	19	18	17	16	15	14	13	12	11	10	9	8	7	6	5	4	3	2	1	31	30	29	28	양력 일
	甲子	癸亥	壬戌	辛酉	庚申	己未	戊午	丁巳	丙辰	乙卯	甲寅	癸丑	壬子	辛亥	庚戌	己酉	戊申	丁未	丙午	乙巳	甲辰	癸卯	壬寅	辛丑	庚子	己亥	戊戌	丁酉	丙申	일진
	화	월	未初	토	금	목	수	화	월	일	토	금	목	수	화	월	일	寅正	금	목	수	화	월	일	토	금	목	수	화	절기시각

9月大(壬戌)한로

		상강															한로9													절기
30	29	28	27	26	25	24	23	22	21	20	19	18	17	16	15	14	13	12	11	10	9	8	7	6	5	4	3	2	1	음력
4	5	5	5	6	6	6	7	7	7	8	8	8	9	9	9	10		1	1	1	1	2	2	2	3	3	3	4	4	대운 순행
6	5	5	5	4	4	4	3	3	3	2	2	2	1	1	1	1		10	9	9	9	8	8	8	7	7	7	6	6	대운 역행
																								10					9	양력 월
25	24	23	22	21	20	19	18	17	16	15	14	13	12	11	10	9	8	7	6	5	4	3	2	1	30	29	28	27	26	양력 일
甲午	癸巳	壬辰	辛卯	庚寅	己丑	戊子	丁亥	丙戌	乙酉	甲申	癸未	壬午	辛巳	庚辰	己卯	戊寅	丁丑	丙子	乙亥	甲戌	癸酉	壬申	辛未	庚午	己巳	戊辰	丁卯	丙寅	乙丑	일진
목	수	亥正	월	일	토	금	목	수	화	월	일	토	금	목	수	화	戌初	일	토	금	목	수	화	월	일	토	금	목	수	절기시각

10月大(癸亥)입동

		소설															입동10													절기
30	29	28	27	26	25	24	23	22	21	20	19	18	17	16	15	14	13	12	11	10	9	8	7	6	5	4	3	2	1	음력
4	5	5	5	6	6	6	7	7	7	8	8	8	9	9	9	10		1	1	1	1	2	2	2	3	3	3	4	4	대운 순행
6	5	5	5	4	4	4	3	3	3	2	2	2	1	1	1	1		10	9	9	9	8	8	8	7	7	7	6	6	대운 역행
																						11							10	양력 월
24	23	22	21	20	19	18	17	16	15	14	13	12	11	10	9	8	7	6	5	4	3	2	1	31	30	29	28	27	26	양력 일
甲子	癸亥	壬戌	辛酉	庚申	己未	戊午	丁巳	丙辰	乙卯	甲寅	癸丑	壬子	辛亥	庚戌	己酉	戊申	丁未	丙午	乙巳	甲辰	癸卯	壬寅	辛丑	庚子	己亥	戊戌	丁酉	丙申	乙未	일진
토	금	戌初	수	화	월	일	토	금	목	수	화	월	일	토	금	목	亥正	화	월	일	토	금	목	수	화	월	일	토	금	절기시각

11月大(甲子)대설

		동지															대설11													절기
30	29	28	27	26	25	24	23	22	21	20	19	18	17	16	15	14	13	12	11	10	9	8	7	6	5	4	3	2	1	음력
4	5	5	5	6	6	6	7	7	7	8	8	8	9	9	9	10		1	1	1	1	2	2	2	3	3	3	4	4	대운 순행
6	5	5	5	4	4	4	3	3	3	2	2	2	1	1	1	1		10	9	9	9	8	8	8	7	7	7	6	6	대운 역행
																							12						11	양력 월
24	23	22	21	20	19	18	17	16	15	14	13	12	11	10	9	8	7	6	5	4	3	2	1	30	29	28	27	26	25	양력 일
甲午	癸巳	壬辰	辛卯	庚寅	己丑	戊子	丁亥	丙戌	乙酉	甲申	癸未	壬午	辛巳	庚辰	己卯	戊寅	丁丑	丙子	乙亥	甲戌	癸酉	壬申	辛未	庚午	己巳	戊辰	丁卯	丙寅	乙丑	일진
월	일	丑初	금	목	수	화	월	일	토	금	목	수	화	월	일	토	申初	목	수	화	월	일	토	금	목	수	화	월	일	절기시각

12月小(乙丑)소한

			대한														소한12													절기
	29	28	27	26	25	24	23	22	21	20	19	18	17	16	15	14	13	12	11	10	9	8	7	6	5	4	3	2	1	음력
	4	5	5	5	6	6	6	7	7	7	8	8	8	9	9	9		1	1	1	1	2	2	2	3	3	3	4	4	대운 순행
	5	5	5	4	4	4	3	3	3	2	2	2	1	1	1	1		10	9	9	9	8	8	8	7	7	7	6	6	대운 역행
																						1							12	양력 월
	22	21	20	19	18	17	16	15	14	13	12	11	10	9	8	7	6	5	4	3	2	1	31	30	29	28	27	26	25	양력 일
	癸亥	壬戌	辛酉	庚申	己未	戊午	丁巳	丙辰	乙卯	甲寅	癸丑	壬子	辛亥	庚戌	己酉	戊申	丁未	丙午	乙巳	甲辰	癸卯	壬寅	辛丑	庚子	己亥	戊戌	丁酉	丙申	乙未	일진
	화	월	戌初	토	금	목	수	화	월	일	토	금	목	수	화	월	丑正	토	금	목	수	화	월	일	토	금	목	수	화	절기시각

• 일간이 너무 약하면 단명할 팔자다.

서기 1974년
단기 4307년

甲寅年

상문 : 辰 대장군 : 北
조객 : 子 삼 재 : 申子辰
삼살 : 北

1月大(丙寅) 입춘

		우수															입춘1													절기
30	29	**28**	27	26	25	24	23	22	21	20	19	18	17	16	15	14	**13**	12	11	10	9	8	7	6	5	4	3	2	1	음력
4	5	5	5	6	6	6	7	7	7	8	8	8	9	9	9	10		1	1	1	1	2	2	2	3	3	3	4	4	대운 순행
6	5	5	5	4	4	4	3	3	3	2	2	2	1	1	1	1		9	9	9	8	8	8	7	7	7	6	6	6	대운 역행
																				2									1	양력 월
21	20	19	18	17	16	15	14	13	12	11	10	9	8	7	6	5	4	3	2	1	31	30	29	28	27	26	25	24	23	양력 일
癸巳	壬辰	辛卯	庚寅	己丑	戊子	丁亥	丙戌	乙酉	甲申	癸未	壬午	辛巳	庚辰	己卯	戊寅	丁丑	丙子	乙亥	甲戌	癸酉	壬申	辛未	庚午	己巳	戊辰	丁卯	丙寅	乙丑	甲子	일진
목	수	巳初	월	일	토	금	목	수	화	월	일	토	금	목	수	화	未正	일	토	금	목	수	화	월	일	토	금	목	수	절기시각

2月大(丁卯) 경칩

		춘분															경칩2													절기
30	29	**28**	27	26	25	24	23	22	21	20	19	18	17	16	15	14	**13**	12	11	10	9	8	7	6	5	4	3	2	1	음력
4	5	5	5	6	6	6	7	7	7	8	8	8	9	9	9	10		1	1	1	1	2	2	2	3	3	3	4	4	대운 순행
6	5	5	5	4	4	4	3	3	3	2	2	2	1	1	1	1		10	9	9	9	8	8	8	7	7	7	6	6	대운 역행
																						3							2	양력 월
23	22	21	20	19	18	17	16	15	14	13	12	11	10	9	8	7	6	5	4	3	2	1	28	27	26	25	24	23	22	양력 일
癸亥	壬戌	辛酉	庚申	己未	戊午	丁巳	丙辰	乙卯	甲寅	癸丑	壬子	辛亥	庚戌	己酉	戊申	丁未	丙午	乙巳	甲辰	癸卯	壬寅	辛丑	庚子	己亥	戊戌	丁酉	丙申	乙未	甲午	일진
토	금	巳初	수	화	월	일	토	금	목	수	화	월	일	토	금	목	辰正	화	월	일	토	금	목	수	화	월	일	토	금	절기시각

3月小(戊辰) 청명

		곡우															청명3													절기
	29	**28**	27	26	25	24	23	22	21	20	19	18	17	16	15	14	**13**	12	11	10	9	8	7	6	5	4	3	2	1	음력
	5	5	6	6	6	7	7	7	8	8	8	9	9	9	10	10		1	1	1	1	2	2	2	3	3	3	4	4	대운 순행
	5	5	5	4	4	4	3	3	3	2	2	2	1	1	1	1		10	9	9	9	8	8	8	7	7	7	6	6	대운 역행
																					4								3	양력 월
	21	20	19	18	17	16	15	14	13	12	11	10	9	8	7	6	5	4	3	2	1	31	30	29	28	27	26	25	24	양력 일
	壬辰	辛卯	庚寅	己丑	戊子	丁亥	丙戌	乙酉	甲申	癸未	壬午	辛巳	庚辰	己卯	戊寅	丁丑	丙子	乙亥	甲戌	癸酉	壬申	辛未	庚午	己巳	戊辰	丁卯	丙寅	乙丑	甲子	일진
	일	戌正	금	목	수	화	월	일	토	금	목	수	화	월	일	토	未初	목	수	화	월	일	토	금	목	수	화	월	일	절기시각

4月大(己巳) 입하

소만															입하4															절기
30	29	28	27	26	25	24	23	22	21	20	19	18	17	16	**15**	14	13	12	11	10	9	8	7	6	5	4	3	2	1	음력
5	6	6	6	7	7	7	8	8	8	9	9	9	10	10		1	1	1	1	2	2	2	3	3	3	4	4	4	5	대운 순행
5	5	4	4	4	3	3	3	2	2	2	1	1	1	1		10	10	9	9	9	8	8	8	7	7	7	6	6	6	대운 역행
																				5									4	양력 월
21	20	19	18	17	16	15	14	13	12	11	10	9	8	7	6	5	4	3	2	1	30	29	28	27	26	25	24	23	22	양력 일
壬戌	辛酉	庚申	己未	戊午	丁巳	丙辰	乙卯	甲寅	癸丑	壬子	辛亥	庚戌	己酉	戊申	丁未	丙午	乙巳	甲辰	癸卯	壬寅	辛丑	庚子	己亥	戊戌	丁酉	丙申	乙未	甲午	癸巳	일진
戌初	월	일	토	금	목	수	화	월	일	토	금	목	수	화	卯正	일	토	금	목	수	화	월	일	토	금	목	수	화	월	절기시각

윤4月小

														망종5																절기
	29	28	27	26	25	24	23	22	21	20	19	18	17	**16**	15	14	13	12	11	10	9	8	7	6	5	4	3	2	1	음력
	6	6	7	7	7	8	8	8	9	9	9	10	10		1	1	1	1	2	2	2	3	3	3	4	4	4	5	5	대운 순행
	4	4	4	3	3	3	2	2	2	1	1	1	1		10	10	9	9	9	8	8	8	7	7	7	6	6	6	5	대운 역행
																			6										5	양력 월
	19	18	17	16	15	14	13	12	11	10	9	8	7	6	5	4	3	2	1	31	30	29	28	27	26	25	24	23	22	양력 일
	辛卯	庚寅	己丑	戊子	丁亥	丙戌	乙酉	甲申	癸未	壬午	辛巳	庚辰	己卯	戊寅	丁丑	丙子	乙亥	甲戌	癸酉	壬申	辛未	庚午	己巳	戊辰	丁卯	丙寅	乙丑	甲子	癸亥	일진
	수	화	월	일	토	금	목	수	화	월	일	토	금	巳初	수	화	월	일	토	금	목	수	화	월	일	토	금	목	수	절기시각

5月小(庚午) 망종

												소서6															하지			절기
	29	28	27	26	25	24	23	22	21	20	19	**18**	17	16	15	14	13	12	11	10	9	8	7	6	5	4	**3**	2	1	음력
	7	7	8	8	8	9	9	9	10	10	10		1	1	1	1	2	2	2	3	3	3	4	4	4	5	5	5	6	대운 순행
	4	3	3	3	2	2	2	1	1	1	1		10	10	9	9	9	8	8	8	7	7	7	6	6	6	5	5	5	대운 역행
																		7											6	양력 월
	18	17	16	15	14	13	12	11	10	9	8	7	6	5	4	3	2	1	30	29	28	27	26	25	24	23	22	21	20	양력 일
	庚申	己未	戊午	丁巳	丙辰	乙卯	甲寅	癸丑	壬子	辛亥	庚戌	己酉	戊申	丁未	丙午	乙巳	甲辰	癸卯	壬寅	辛丑	庚子	己亥	戊戌	丁酉	丙申	乙未	甲午	癸巳	壬辰	일진
	목	수	화	월	일	토	금	목	수	화	월	亥正	토	금	목	수	화	월	일	토	금	목	수	화	월	일	寅初	금	목	절기시각

• 살고 있으면서 집을 고치는 것은 탈이 많고 수리후 입주하는 것은 무방하다.

									입추7																대서					절기	6月大(辛未) 소서
30	29	28	27	26	25	24	23	22	21	20	19	18	17	16	15	14	13	12	11	10	9	8	7	6	5	4	3	2	1	음력	
7	8	8	8	9	9	9	10	10		1	1	1	1	2	2	2	3	3	3	4	4	4	5	5	5	6	6	6	7	대운 순행	
3	3	2	2	2	1	1	1	1		10	10	10	9	9	9	8	8	8	7	7	7	6	6	6	5	5	5	4	4	대운 역행	
																8													7	양력 월	
17	16	15	14	13	12	11	10	9	8	7	6	5	4	3	2	1	31	30	29	28	27	26	25	24	23	22	21	20	19	양력 일	
庚	己	戊	丁	丙	乙	甲	癸	壬	辛	庚	己	戊	丁	丙	乙	甲	癸	壬	辛	庚	己	戊	丁	丙	乙	甲	癸	壬	辛	일진	
寅	丑	子	亥	戌	酉	申	未	午	巳	辰	卯	寅	丑	子	亥	戌	酉	申	未	午	巳	辰	卯	寅	丑	子	亥	戌	酉		
토	금	목	수	화	월	일	토	금	卯正	수	화	월	일	토	금	목	수	화	월	일	토	금	목	수	丑正	월	일	토	금	절기시각	

								백로8																처서						절기	7月小(壬申) 입추
	29	28	27	26	25	24	23	22	21	20	19	18	17	16	15	14	13	12	11	10	9	8	7	6	5	4	3	2	1	음력	
	8	8	9	9	9	10	10		1	1	1	1	2	2	2	3	3	3	4	4	4	5	5	5	6	6	6	7	7	대운 순행	
	2	2	2	1	1	1	1		10	10	9	9	9	8	8	8	7	7	7	6	6	6	5	5	5	4	4	4	3	대운 역행	
															9														8	양력 월	
	15	14	13	12	11	10	9	8	7	6	5	4	3	2	1	31	30	29	28	27	26	25	24	23	22	21	20	19	18	양력 일	
	己	戊	丁	丙	乙	甲	癸	壬	辛	庚	己	戊	丁	丙	乙	甲	癸	壬	辛	庚	己	戊	丁	丙	乙	甲	癸	壬	辛	일진	
	未	午	巳	辰	卯	寅	丑	子	亥	戌	酉	申	未	午	巳	辰	卯	寅	丑	子	亥	戌	酉	申	未	午	巳	辰	卯		
	일	토	금	목	수	화	월	巳初	토	금	목	수	화	월	일	토	금	목	수	화	월	일	토	亥初	목	수	화	월	일	절기시각	

						한로9																추분								절기	8月小(癸酉) 백로
	29	28	27	26	25	24	23	22	21	20	19	18	17	16	15	14	13	12	11	10	9	8	7	6	5	4	3	2	1	음력	
	8	9	9	9	10		1	1	1	1	2	2	2	3	3	3	4	4	4	5	5	5	6	6	6	7	7	7	8	대운 순행	
	2	1	1	1	1		10	10	9	9	9	8	8	8	7	7	7	6	6	6	5	5	5	4	4	4	3	3	3	대운 역행	
														10															9	양력 월	
	14	13	12	11	10	9	8	7	6	5	4	3	2	1	30	29	28	27	26	25	24	23	22	21	20	19	18	17	16	양력 일	
	戊	丁	丙	乙	甲	癸	壬	辛	庚	己	戊	丁	丙	乙	甲	癸	壬	辛	庚	己	戊	丁	丙	乙	甲	癸	壬	辛	庚	일진	
	子	亥	戌	酉	申	未	午	巳	辰	卯	寅	丑	子	亥	戌	酉	申	未	午	巳	辰	卯	寅	丑	子	亥	戌	酉	申		
	월	일	토	금	목	丑正	화	월	일	토	금	목	수	화	월	일	토	금	목	수	화	酉初	일	토	금	목	수	화	월	절기시각	

					입동10															상강										절기	9月大(甲戌) 한로
30	29	28	27	26	25	24	23	22	21	20	19	18	17	16	15	14	13	12	11	10	9	8	7	6	5	4	3	2	1	음력	
8	8	9	9	9		1	1	1	1	2	2	2	3	3	3	4	4	4	5	5	5	6	6	6	7	7	7	8	8	대운 순행	
2	1	1	1	1		10	9	9	9	8	8	8	7	7	7	6	6	6	5	5	5	4	4	4	3	3	3	2	2	대운 역행	
												11																	10	양력 월	
13	12	11	10	9	8	7	6	5	4	3	2	1	31	30	29	28	27	26	25	24	23	22	21	20	19	18	17	16	15	양력 일	
戊	丁	丙	乙	甲	癸	壬	辛	庚	己	戊	丁	丙	乙	甲	癸	壬	辛	庚	己	戊	丁	丙	乙	甲	癸	壬	辛	庚	己	일진	
午	巳	辰	卯	寅	丑	子	亥	戌	酉	申	未	午	巳	辰	卯	寅	丑	子	亥	戌	酉	申	未	午	巳	辰	卯	寅	丑		
수	화	월	일	토	寅正	목	수	화	월	일	토	금	목	수	화	월	일	토	금	寅正	수	화	월	일	토	금	목	수	화	절기시각	

						대설11														소설										절기	10月大(乙亥) 입동
30	29	28	27	26	25	24	23	22	21	20	19	18	17	16	15	14	13	12	11	10	9	8	7	6	5	4	3	2	1	음력	
8	8	9	9	9	10		1	1	1	1	2	2	2	3	3	3	4	4	4	5	5	5	6	6	6	7	7	7	8	대운 순행	
2	2	1	1	1	1		9	9	9	8	8	8	7	7	7	6	6	6	5	5	5	4	4	4	3	3	3	2	2	대운 역행	
												12																	11	양력 월	
13	12	11	10	9	8	7	6	5	4	3	2	1	30	29	28	27	26	25	24	23	22	21	20	19	18	17	16	15	14	양력 일	
戊	丁	丙	乙	甲	癸	壬	辛	庚	己	戊	丁	丙	乙	甲	癸	壬	辛	庚	己	戊	丁	丙	乙	甲	癸	壬	辛	庚	己	일진	
子	亥	戌	酉	申	未	午	巳	辰	卯	寅	丑	子	亥	戌	酉	申	未	午	巳	辰	卯	寅	丑	子	亥	戌	酉	申	未		
금	목	수	화	월	일	亥初	금	목	수	화	월	일	토	금	목	수	화	월	일	丑初	금	목	수	화	월	일	토	금	목	절기시각	

						소한12															동지									절기	11月小(丙子) 대설
	29	28	27	26	25	24	23	22	21	20	19	18	17	16	15	14	13	12	11	10	9	8	7	6	5	4	3	2	1	음력	
	8	8	9	9	9		1	1	1	1	2	2	2	3	3	3	4	4	4	5	5	5	6	6	6	7	7	7	8	대운 순행	
	2	1	1	1	1		10	9	9	9	8	8	8	7	7	7	6	6	6	5	5	5	4	4	4	3	3	3	2	대운 역행	
											1																		12	양력 월	
	11	10	9	8	7	6	5	4	3	2	1	31	30	29	28	27	26	25	24	23	22	21	20	19	18	17	16	15	14	양력 일	
	丁	丙	乙	甲	癸	壬	辛	庚	己	戊	丁	丙	乙	甲	癸	壬	辛	庚	己	戊	丁	丙	乙	甲	癸	壬	辛	庚	己	일진	
	巳	辰	卯	寅	丑	子	亥	戌	酉	申	未	午	巳	辰	卯	寅	丑	子	亥	戌	酉	申	未	午	巳	辰	卯	寅	丑		
	토	금	목	수	화	辰正	일	토	금	목	수	화	월	일	토	금	목	수	화	월	未正	토	금	목	수	화	월	일	토	절기시각	

						입춘1														대한										절기	12月大(丁丑) 소한
30	29	28	27	26	25	24	23	22	21	20	19	18	17	16	15	14	13	12	11	10	9	8	7	6	5	4	3	2	1	음력	
8	8	9	9	9	10		1	1	1	1	2	2	2	3	3	3	4	4	4	5	5	5	6	6	6	7	7	7	8	대운 순행	
2	2	1	1	1	1		9	9	9	8	8	8	7	7	7	6	6	6	5	5	5	4	4	4	3	3	3	2	2	대운 역행	
									2																				1	양력 월	
10	9	8	7	6	5	4	3	2	1	31	30	29	28	27	26	25	24	23	22	21	20	19	18	17	16	15	14	13	12	양력 일	
丁	丙	乙	甲	癸	壬	辛	庚	己	戊	丁	丙	乙	甲	癸	壬	辛	庚	己	戊	丁	丙	乙	甲	癸	壬	辛	庚	己	戊	일진	
亥	戌	酉	申	未	午	巳	辰	卯	寅	丑	子	亥	戌	酉	申	未	午	巳	辰	卯	寅	丑	子	亥	戌	酉	申	未	午		
월	일	토	금	목	수	戌初	월	일	토	금	목	수	화	월	일	토	금	목	수	丑初	월	일	토	금	목	수	화	월	일	절기시각	

• 사주에 재가 많고 인수가 약하면 시어머니를 못살게 들볶는다.

서기 1975년
단기 4308년

乙卯年

상문 : 巳　대장군 : 北
조객 : 丑　삼　재 : 申子辰
삼살 : 西

						경칩2															우수									절기	1月大(戊寅) 입춘
30	29	28	27	26	25	**24**	23	22	21	20	19	18	17	16	15	14	13	12	11	10	**9**	8	7	6	5	4	3	2	1	음력	
8	8	9	9	9	10		1	1	1	1	2	2	2	3	3	3	4	4	4	5	5	5	6	6	6	7	7	7	8	대운 순행	
2	2	1	1	1	1		10	9	9	9	8	8	8	7	7	7	6	6	6	5	5	5	4	4	4	3	3	3	2	대운 역행	
											3																		2	양력 월	
12	11	10	9	8	7	6	5	4	3	2	1	28	27	26	25	24	23	22	21	20	19	18	17	16	15	14	13	12	11	양력 일	
丁巳	丙辰	乙卯	甲寅	癸丑	壬子	辛亥	庚戌	己酉	戊申	丁未	丙午	乙巳	甲辰	癸卯	壬寅	辛丑	庚子	己亥	戊戌	丁酉	丙申	乙未	甲午	癸巳	壬辰	辛卯	庚寅	己丑	戊子	일진	
수	화	월	일	토	금	未正	수	화	월	일	토	금	목	수	화	월	일	토	금	목	申初	화	월	일	토	금	목	수	화	절기시각	

						청명3															춘분									절기	2月大(己卯) 경칩
30	29	28	27	26	25	**24**	23	22	21	20	19	18	17	16	15	14	13	12	11	10	**9**	8	7	6	5	4	3	2	1	음력	
8	9	9	9	10	10		1	1	1	1	2	2	2	3	3	3	4	4	4	5	5	5	6	6	6	7	7	7	8	대운 순행	
2	2	1	1	1	1		10	9	9	9	8	8	8	7	7	7	6	6	6	5	5	5	4	4	4	3	3	3	2	대운 역행	
										4																			3	양력 월	
11	10	9	8	7	6	5	4	3	2	1	31	30	29	28	27	26	25	24	23	22	21	20	19	18	17	16	15	14	13	양력 일	
丁亥	丙戌	乙酉	甲申	癸未	壬午	辛巳	庚辰	己卯	戊寅	丁丑	丙子	乙亥	甲戌	癸酉	壬申	辛未	庚午	己巳	戊辰	丁卯	丙寅	乙丑	甲子	癸亥	壬戌	辛酉	庚申	己未	戊午	일진	
금	목	수	화	월	일	戌初	금	목	수	화	월	일	토	금	목	수	화	월	일	토	未正	목	수	화	월	일	토	금	목	절기시각	

					입하4															곡우										절기	3月小(庚辰) 청명
	29	28	27	26	**25**	24	23	22	21	20	19	18	17	16	15	14	13	12	11	**10**	9	8	7	6	5	4	3	2	1	음력	
	9	9	10	10		1	1	1	1	2	2	2	3	3	3	4	4	4	5	5	5	6	6	6	7	7	7	8	8	대운 순행	
	1	1	1	1		10	10	9	9	9	8	8	8	7	7	7	6	6	6	5	5	5	4	4	4	3	3	3	2	대운 역행	
										5																			4	양력 월	
	10	9	8	7	6	5	4	3	2	1	30	29	28	27	26	25	24	23	22	21	20	19	18	17	16	15	14	13	12	양력 일	
	丙辰	乙卯	甲寅	癸丑	壬子	辛亥	庚戌	己酉	戊申	丁未	丙午	乙巳	甲辰	癸卯	壬寅	辛丑	庚子	己亥	戊戌	丁酉	丙申	乙未	甲午	癸巳	壬辰	辛卯	庚寅	己丑	戊子	일진	
	토	금	목	수	午正	월	일	토	금	목	수	화	월	일	토	금	목	수	화	丑正	일	토	금	목	수	화	월	일	토	절기시각	

			망종5															소만												절기	4月大(辛巳) 입하
30	29	28	**27**	26	25	24	23	22	21	20	19	18	17	16	15	14	13	**12**	11	10	9	8	7	6	5	4	3	2	1	음력	
10	10	10		1	1	1	1	2	2	2	3	3	3	4	4	4	5	5	5	6	6	6	7	7	7	8	8	8	9	대운 순행	
1	1	1		10	10	9	9	9	8	8	8	7	7	7	6	6	6	5	5	5	4	4	4	3	3	3	2	2	2	대운 역행	
								6																					5	양력 월	
9	8	7	6	5	4	3	2	1	31	30	29	28	27	26	25	24	23	22	21	20	19	18	17	16	15	14	13	12	11	양력 일	
丙戌	乙酉	甲申	癸未	壬午	辛巳	庚辰	己卯	戊寅	丁丑	丙子	乙亥	甲戌	癸酉	壬申	辛未	庚午	己巳	戊辰	丁卯	丙寅	乙丑	甲子	癸亥	壬戌	辛酉	庚申	己未	戊午	丁巳	일진	
월	일	토	申正	목	수	화	월	일	토	금	목	수	화	월	일	토	금	丑初	수	화	월	일	토	금	목	수	화	월	일	절기시각	

	소서6																하지													절기	5月小(壬午) 망종
	29	28	27	26	25	24	23	22	21	20	19	18	17	16	15	14	**13**	12	11	10	9	8	7	6	5	4	3	2	1	음력	
		1	1	1	1	2	2	2	3	3	3	4	4	4	5	5	5	6	6	6	7	7	7	8	8	8	9	9	9	대운 순행	
		10	10	10	9	9	9	8	8	8	7	7	7	6	6	6	5	5	5	4	4	4	3	3	3	2	2	2	1	대운 역행	
								7																					6	양력 월	
	8	7	6	5	4	3	2	1	30	29	28	27	26	25	24	23	22	21	20	19	18	17	16	15	14	13	12	11	10	양력 일	
	乙卯	甲寅	癸丑	壬子	辛亥	庚戌	己酉	戊申	丁未	丙午	乙巳	甲辰	癸卯	壬寅	辛丑	庚子	己亥	戊戌	丁酉	丙申	乙未	甲午	癸巳	壬辰	辛卯	庚寅	己丑	戊子	丁亥	일진	
	丑正	월	일	토	금	목	수	화	월	일	토	금	목	수	화	월	巳初	토	금	목	수	화	월	일	토	금	목	수	화	절기시각	

															대서															절기	6月小(癸未) 소서
	29	28	27	26	25	24	23	22	21	20	19	18	17	16	**15**	14	13	12	11	10	9	8	7	6	5	4	3	2	1	음력	
	1	1	1	2	2	2	3	3	3	4	4	4	5	5	5	6	6	6	7	7	7	8	8	8	9	9	9	10	10	대운 순행	
	10	9	9	9	8	8	8	7	7	7	6	6	6	5	5	5	4	4	4	3	3	3	2	2	2	1	1	1	1	대운 역행	
						8																							7	양력 월	
	6	5	4	3	2	1	31	30	29	28	27	26	25	24	23	22	21	20	19	18	17	16	15	14	13	12	11	10	9	양력 일	
	甲申	癸未	壬午	辛巳	庚辰	己卯	戊寅	丁丑	丙子	乙亥	甲戌	癸酉	壬申	辛未	庚午	己巳	戊辰	丁卯	丙寅	乙丑	甲子	癸亥	壬戌	辛酉	庚申	己未	戊午	丁巳	丙辰	일진	
	수	화	월	일	토	금	목	수	화	월	일	토	금	목	戌正	화	월	일	토	금	목	수	화	월	일	토	금	목	수	절기시각	

• 집 내부수리를 하는데 기둥과 벽을 뜯어 고치는 것은 탈이 많다.

7月大(甲申) 입추

												처서																입추7		절기
30	29	28	27	26	25	24	23	22	21	20	19	18	17	16	15	14	13	12	11	10	9	8	7	6	5	4	3	2	1	음력
1	1	2	2	2	3	3	3	4	4	4	5	5	5	6	6	6	7	7	7	8	8	8	9	9	9	10	10		1	대운 순행
9	9	9	8	8	8	7	7	7	6	6	6	5	5	5	4	4	4	3	3	3	2	2	2	1	1	1	1		10	대운 역행
				9																									8	양력 월
5	4	3	2	1	31	30	29	28	27	26	25	24	23	22	21	20	19	18	17	16	15	14	13	12	11	10	9	8	7	양력 일
甲寅	癸丑	壬子	辛亥	庚戌	己酉	戊申	丁未	丙午	乙巳	甲辰	癸卯	壬寅	辛丑	庚子	己亥	戊戌	丁酉	丙申	乙未	甲午	癸巳	壬辰	辛卯	庚寅	己丑	戊子	丁亥	丙戌	乙酉	일진
금	목	수	화	월	일	토	금	목	수	화	월	寅初	토	금	목	수	화	월	일	토	금	목	수	화	월	일	토	午初	목	절기시각

8月小(乙酉) 백로

											추분																백로8			절기
	29	28	27	26	25	24	23	22	21	20	19	18	17	16	15	14	13	12	11	10	9	8	7	6	5	4	3	2	1	음력
	2	2	2	3	3	3	4	4	4	5	5	5	6	6	6	7	7	7	8	8	8	9	9	9	10	10		1	1	대운 순행
	9	8	8	8	7	7	7	6	6	6	5	5	5	4	4	4	3	3	3	2	2	2	1	1	1	1		10	10	대운 역행
				10																									9	양력 월
	4	3	2	1	30	29	28	27	26	25	24	23	22	21	20	19	18	17	16	15	14	13	12	11	10	9	8	7	6	양력 일
	癸未	壬午	辛巳	庚辰	己卯	戊寅	丁丑	丙子	乙亥	甲戌	癸酉	壬申	辛未	庚午	己巳	戊辰	丁卯	丙寅	乙丑	甲子	癸亥	壬戌	辛酉	庚申	己未	戊午	丁巳	丙辰	乙卯	일진
	토	금	목	수	화	월	일	토	금	목	子正	화	월	일	토	금	목	수	화	월	일	토	금	목	수	화	申初	일	토	절기시각

9月小(丙戌) 한로

										상강															한로9					절기
	29	28	27	26	25	24	23	22	21	20	19	18	17	16	15	14	13	12	11	10	9	8	7	6	5	4	3	2	1	음력
	2	2	3	3	3	4	4	4	5	5	5	6	6	6	7	7	7	8	8	8	9	9	9	10		1	1	1	1	대운 순행
	8	8	7	7	7	6	6	6	5	5	5	4	4	4	3	3	3	2	2	2	1	1	1	1		10	10	9	9	대운 역행
		11																											10	양력 월
	2	1	31	30	29	28	27	26	25	24	23	22	21	20	19	18	17	16	15	14	13	12	11	10	9	8	7	6	5	양력 일
	壬子	辛亥	庚戌	己酉	戊申	丁未	丙午	乙巳	甲辰	癸卯	壬寅	辛丑	庚子	己亥	戊戌	丁酉	丙申	乙未	甲午	癸巳	壬辰	辛卯	庚寅	己丑	戊子	丁亥	丙戌	乙酉	甲申	일진
	일	토	금	목	수	화	월	일	토	巳正	목	수	화	월	일	토	금	목	수	화	월	일	토	금	辰初	수	화	월	일	절기시각

10月大(丁亥) 입동

									소설															입동10						절기
30	29	28	27	26	25	24	23	22	21	20	19	18	17	16	15	14	13	12	11	10	9	8	7	6	5	4	3	2	1	음력
2	2	3	3	3	4	4	4	5	5	5	6	6	6	7	7	7	8	8	8	9	9	9	10		1	1	1	1	2	대운 순행
8	8	7	7	7	6	6	6	5	5	5	4	4	4	3	3	3	2	2	2	1	1	1	1		10	9	9	9	8	대운 역행
	12																												11	양력 월
2	1	30	29	28	27	26	25	24	23	22	21	20	19	18	17	16	15	14	13	12	11	10	9	8	7	6	5	4	3	양력 일
壬午	辛巳	庚辰	己卯	戊寅	丁丑	丙子	乙亥	甲戌	癸酉	壬申	辛未	庚午	己巳	戊辰	丁卯	丙寅	乙丑	甲子	癸亥	壬戌	辛酉	庚申	己未	戊午	丁巳	丙辰	乙卯	甲寅	癸丑	일진
화	월	일	토	금	목	수	화	월	辰初	토	금	목	수	화	월	일	토	금	목	수	화	월	일	巳正	금	목	수	화	월	절기시각

11月小(戊子) 대설

								동지																대설11						절기
	29	28	27	26	25	24	23	22	21	20	19	18	17	16	15	14	13	12	11	10	9	8	7	6	5	4	3	2	1	음력
	2	2	3	3	3	4	4	4	5	5	5	6	6	6	7	7	7	8	8	8	9	9	9		1	1	1	1	2	대운 순행
	8	7	7	7	6	6	6	5	5	5	4	4	4	3	3	3	2	2	2	1	1	1	1		10	9	9	9	8	대운 역행
																													12	양력 월
	31	30	29	28	27	26	25	24	23	22	21	20	19	18	17	16	15	14	13	12	11	10	9	8	7	6	5	4	3	양력 일
	辛亥	庚戌	己酉	戊申	丁未	丙午	乙巳	甲辰	癸卯	壬寅	辛丑	庚子	己亥	戊戌	丁酉	丙申	乙未	甲午	癸巳	壬辰	辛卯	庚寅	己丑	戊子	丁亥	丙戌	乙酉	甲申	癸未	일진
	수	화	월	일	토	금	목	戌正	화	월	일	토	금	목	수	화	월	일	토	금	목	수	화	丑正	일	토	금	목	수	절기시각

12月大(己丑) 소한

									대한															소한12						절기
30	29	28	27	26	25	24	23	22	21	20	19	18	17	16	15	14	13	12	11	10	9	8	7	6	5	4	3	2	1	음력
2	2	3	3	3	4	4	4	5	5	5	6	6	6	7	7	7	8	8	8	9	9	9	10		1	1	1	1	2	대운 순행
8	8	7	7	7	6	6	6	5	5	5	4	4	4	3	3	3	2	2	2	1	1	1	1		9	9	9	8	8	대운 역행
																													1	양력 월
30	29	28	27	26	25	24	23	22	21	20	19	18	17	16	15	14	13	12	11	10	9	8	7	6	5	4	3	2	1	양력 일
辛巳	庚辰	己卯	戊寅	丁丑	丙子	乙亥	甲戌	癸酉	壬申	辛未	庚午	己巳	戊辰	丁卯	丙寅	乙丑	甲子	癸亥	壬戌	辛酉	庚申	己未	戊午	丁巳	丙辰	乙卯	甲寅	癸丑	壬子	일진
금	목	수	화	월	일	토	금	목	辰初	화	월	일	토	금	목	수	화	월	일	토	금	목	수	未初	월	일	토	금	목	절기시각

• 사주에 재가 약하고 인수가 강하면 며느리를 못살게 볶는다.

서기 1976년
단기 4309년

丙辰年

상문 : 午　대장군 : 北
조객 : 寅　삼　재 : 申子辰
삼살 : 南

1月大(庚寅) 입춘

										우수														입춘1						절기
30	29	28	27	26	25	24	23	22	21	20	19	18	17	16	15	14	13	12	11	10	9	8	7	6	5	4	3	2	1	음력
2	2	2	3	3	3	4	4	4	5	5	5	6	6	6	7	7	7	8	8	8	9	9	9		1	1	1	1	2	대운 순행
8	8	7	7	7	6	6	6	5	5	5	4	4	4	3	3	3	2	2	2	1	1	1	1		10	9	9	9	8	대운 역행
																												2	1	양력 월
29	28	27	26	25	24	23	22	21	20	19	18	17	16	15	14	13	12	11	10	9	8	7	6	5	4	3	2	1	31	양력 일
辛亥	庚戌	己酉	戊申	丁未	丙午	乙巳	甲辰	癸卯	壬寅	辛丑	庚子	己亥	戊戌	丁酉	丙申	乙未	甲午	癸巳	壬辰	辛卯	庚寅	己丑	戊子	丁亥	丙戌	乙酉	甲申	癸未	壬午	일진
일	토	금	목	수	화	월	일	토	금	亥初	수	화	월	일	토	금	목	수	화	월	일	토	금	丑初	수	화	월	일	토	절기시각

2月大(辛卯) 경칩

										춘분															경칩2					절기
30	29	28	27	26	25	24	23	22	21	20	19	18	17	16	15	14	13	12	11	10	9	8	7	6	5	4	3	2	1	음력
2	2	3	3	3	4	4	4	5	5	5	6	6	6	7	7	7	8	8	8	9	9	9	10	10		1	1	1	1	대운 순행
8	8	8	7	7	7	6	6	6	5	5	5	4	4	4	3	3	3	2	2	2	1	1	1	1		9	9	9	8	대운 역행
																													3	양력 월
30	29	28	27	26	25	24	23	22	21	20	19	18	17	16	15	14	13	12	11	10	9	8	7	6	5	4	3	2	1	양력 일
辛巳	庚辰	己卯	戊寅	丁丑	丙子	乙亥	甲戌	癸酉	壬申	辛未	庚午	己巳	戊辰	丁卯	丙寅	乙丑	甲子	癸亥	壬戌	辛酉	庚申	己未	戊午	丁巳	丙辰	乙卯	甲寅	癸丑	壬子	일진
화	월	일	토	금	목	수	화	월	일	戌正	금	목	수	화	월	일	토	금	목	수	화	월	일	토	戌初	목	수	화	월	절기시각

3月小(壬辰) 청명

									곡우															청명3						절기
	29	28	27	26	25	24	23	22	21	20	19	18	17	16	15	14	13	12	11	10	9	8	7	6	5	4	3	2	1	음력
	2	3	3	3	4	4	4	5	5	5	6	6	6	7	7	7	8	8	8	9	9	9	10		1	1	1	1	2	대운 순행
	8	7	7	7	6	6	6	5	5	5	4	4	4	3	3	3	2	2	2	1	1	1	1		10	10	9	9	9	대운 역행
																												4	3	양력 월
	28	27	26	25	24	23	22	21	20	19	18	17	16	15	14	13	12	11	10	9	8	7	6	5	4	3	2	1	31	양력 일
	庚戌	己酉	戊申	丁未	丙午	乙巳	甲辰	癸卯	壬寅	辛丑	庚子	己亥	戊戌	丁酉	丙申	乙未	甲午	癸巳	壬辰	辛卯	庚寅	己丑	戊子	丁亥	丙戌	乙酉	甲申	癸未	壬午	일진
	수	화	월	일	토	금	목	수	辰正	월	일	토	금	목	수	화	월	일	토	금	목	수	화	子正	일	토	금	목	수	절기시각

4月大(癸巳) 입하

							소만																입하4							절기
30	29	28	27	26	25	24	23	22	21	20	19	18	17	16	15	14	13	12	11	10	9	8	7	6	5	4	3	2	1	음력
3	3	3	4	4	4	5	5	5	6	6	6	7	7	7	8	8	8	9	9	9	10	10		1	1	1	1	2	2	대운 순행
8	7	7	7	6	6	6	5	5	5	4	4	4	3	3	3	2	2	2	1	1	1	1		10	9	9	9	8	8	대운 역행
																											5		4	양력 월
28	27	26	25	24	23	22	21	20	19	18	17	16	15	14	13	12	11	10	9	8	7	6	5	4	3	2	1	30	29	양력 일
庚辰	己卯	戊寅	丁丑	丙子	乙亥	甲戌	癸酉	壬申	辛未	庚午	己巳	戊辰	丁卯	丙寅	乙丑	甲子	癸亥	壬戌	辛酉	庚申	己未	戊午	丁巳	丙辰	乙卯	甲寅	癸丑	壬子	辛亥	일진
금	목	수	화	월	일	토	辰初	목	수	화	월	일	토	금	목	수	화	월	일	토	금	목	酉正	화	월	일	토	금	목	절기시각

5月小(甲午) 망종

						하지																망종5								절기
	29	28	27	26	25	24	23	22	21	20	19	18	17	16	15	14	13	12	11	10	9	8	7	6	5	4	3	2	1	음력
	4	4	4	5	5	5	6	6	6	7	7	7	8	8	8	9	9	9	10	10	10		1	1	1	1	2	2	2	대운 순행
	7	7	6	6	6	5	5	5	4	4	4	3	3	3	2	2	2	1	1	1	1		10	10	9	9	9	8	8	대운 역행
																										6			5	양력 월
	26	25	24	23	22	21	20	19	18	17	16	15	14	13	12	11	10	9	8	7	6	5	4	3	2	1	31	30	29	양력 일
	己酉	戊申	丁未	丙午	乙巳	甲辰	癸卯	壬寅	辛丑	庚子	己亥	戊戌	丁酉	丙申	乙未	甲午	癸巳	壬辰	辛卯	庚寅	己丑	戊子	丁亥	丙戌	乙酉	甲申	癸未	壬午	辛巳	일진
	토	금	목	수	화	申初	일	토	금	목	수	화	월	일	토	금	목	수	화	월	일	亥正	금	목	수	화	월	일	토	절기시각

6月大(乙未) 소서

			대서																소서6											절기
30	29	28	27	26	25	24	23	22	21	20	19	18	17	16	15	14	13	12	11	10	9	8	7	6	5	4	3	2	1	음력
4	4	5	5	5	6	6	6	7	7	7	8	8	8	9	9	9	10	10		1	1	1	1	2	2	2	3	3	3	대운 순행
6	6	6	5	5	5	4	4	4	3	3	3	2	2	2	1	1	1	1		10	10	10	9	9	9	8	8	8	7	대운 역행
																									7				6	양력 월
26	25	24	23	22	21	20	19	18	17	16	15	14	13	12	11	10	9	8	7	6	5	4	3	2	1	30	29	28	27	양력 일
己卯	戊寅	丁丑	丙子	乙亥	甲戌	癸酉	壬申	辛未	庚午	己巳	戊辰	丁卯	丙寅	乙丑	甲子	癸亥	壬戌	辛酉	庚申	己未	戊午	丁巳	丙辰	乙卯	甲寅	癸丑	壬子	辛亥	庚戌	일진
월	일	토	丑正	목	수	화	월	일	토	금	목	수	화	월	일	토	금	목	辰正	화	월	일	토	금	목	수	화	월	일	절기시각

• 집대문을 옮기면 큰변동이 생긴다.

		처서																입추7												절기		7月小(丙甲) 입추
	29	28	27	26	25	24	23	22	21	20	19	18	17	16	15	14	13	12	11	10	9	8	7	6	5	4	3	2	1	음력		
	5	5	5	6	6	6	7	7	7	8	8	8	9	9	9	10	10		1	1	1	1	2	2	2	3	3	3	4	순행	대운	
	6	5	5	5	4	4	4	3	3	3	2	2	2	1	1	1	1		10	10	9	9	9	8	8	8	7	7	7	역행		
																								8					7	월	양력	
	24	23	22	21	20	19	18	17	16	15	14	13	12	11	10	9	8	7	6	5	4	3	2	1	31	30	29	28	27	일		
	戊	丁	丙	乙	甲	癸	壬	辛	庚	己	戊	丁	丙	乙	甲	癸	壬	辛	庚	己	戊	丁	丙	乙	甲	癸	壬	辛	庚	일진		
	申	未	午	巳	辰	卯	寅	丑	子	亥	戌	酉	申	未	午	巳	辰	卯	寅	丑	子	亥	戌	酉	申	未	午	巳	辰			
	화	巳初	일	토	금	목	수	화	월	일	토	금	목	수	화	월	일	酉正	금	목	수	화	월	일	토	금	목	수	화	절기시각		

추분																백로8														절기		8月大(丁酉) 백로
30	29	28	27	26	25	24	23	22	21	20	19	18	17	16	15	14	13	12	11	10	9	8	7	6	5	4	3	2	1	음력		
5	5	6	6	6	7	7	7	8	8	8	9	9	9	10	10		1	1	1	1	2	2	2	3	3	3	4	4	4	순행	대운	
5	5	5	4	4	4	3	3	3	2	2	2	1	1	1	1		10	10	9	9	9	8	8	8	7	7	7	6	6	역행		
																						9							8	월	양력	
23	22	21	20	19	18	17	16	15	14	13	12	11	10	9	8	7	6	5	4	3	2	1	31	30	29	28	27	26	25	일		
戊	丁	丙	乙	甲	癸	壬	辛	庚	己	戊	丁	丙	乙	甲	癸	壬	辛	庚	己	戊	丁	丙	乙	甲	癸	壬	辛	庚	己	일진		
寅	丑	子	亥	戌	酉	申	未	午	巳	辰	卯	寅	丑	子	亥	戌	酉	申	未	午	巳	辰	卯	寅	丑	子	亥	戌	酉			
卯正	수	화	월	일	토	금	목	수	화	월	일	토	금	목	수	亥初	월	일	토	금	목	수	화	월	일	토	금	목	수	절기시각		

															한로9															절기		윤 8月 小
	29	28	27	26	25	24	23	22	21	20	19	18	17	16	15	14	13	12	11	10	9	8	7	6	5	4	3	2	1	음력		
	5	6	6	6	7	7	7	8	8	8	9	9	9	10		1	1	1	1	2	2	2	3	3	3	4	4	4	5	순행	대운	
	5	4	4	4	3	3	3	2	2	2	1	1	1	1		10	10	9	9	9	8	8	8	7	7	7	6	6	6	역행		
																						10							9	월	양력	
	22	21	20	19	18	17	16	15	14	13	12	11	10	9	8	7	6	5	4	3	2	1	30	29	28	27	26	25	24	일		
	丁	丙	乙	甲	癸	壬	辛	庚	己	戊	丁	丙	乙	甲	癸	壬	辛	庚	己	戊	丁	丙	乙	甲	癸	壬	辛	庚	己	일진		
	未	午	巳	辰	卯	寅	丑	子	亥	戌	酉	申	未	午	巳	辰	卯	寅	丑	子	亥	戌	酉	申	未	午	巳	辰	卯			
	금	목	수	화	월	일	토	금	목	수	화	월	일	토	午正	목	수	화	월	일	토	금	목	수	화	월	일	토	금	절기시각		

														입동10															상강	절기		9月大(戊戌) 한로
30	29	28	27	26	25	24	23	22	21	20	19	18	17	16	15	14	13	12	11	10	9	8	7	6	5	4	3	2	1	음력		
5	6	6	6	7	7	7	8	8	8	9	9	9	10		1	1	1	1	2	2	2	3	3	3	4	4	4	5	5	순행	대운	
5	4	4	4	3	3	3	2	2	2	1	1	1	1		10	9	9	9	8	8	8	7	7	7	6	6	6	5	5	역행		
																				11									10	월	양력	
21	20	19	18	17	16	15	14	13	12	11	10	9	8	7	6	5	4	3	2	1	31	30	29	28	27	26	25	24	23	일		
丁	丙	乙	甲	癸	壬	辛	庚	己	戊	丁	丙	乙	甲	癸	壬	辛	庚	己	戊	丁	丙	乙	甲	癸	壬	辛	庚	己	戊	일진		
丑	子	亥	戌	酉	申	未	午	巳	辰	卯	寅	丑	子	亥	戌	酉	申	未	午	巳	辰	卯	寅	丑	子	亥	戌	酉	申			
일	토	금	목	수	화	월	일	토	금	목	수	화	월	申正	토	금	목	수	화	월	일	토	금	목	수	화	월	일	申初	절기시각		

														대설11															소설	절기		10月小(己亥) 입동
	29	28	27	26	25	24	23	22	21	20	19	18	17	16	15	14	13	12	11	10	9	8	7	6	5	4	3	2	1	음력		
	5	6	6	6	7	7	7	8	8	8	9	9	9		1	1	1	1	2	2	2	3	3	3	4	4	4	5	5	순행	대운	
	4	4	4	3	3	3	2	2	2	1	1	1	1		10	9	9	9	8	8	8	7	7	7	6	6	6	5	5	역행		
																				12									11	월	양력	
	20	19	18	17	16	15	14	13	12	11	10	9	8	7	6	5	4	3	2	1	30	29	28	27	26	25	24	23	22	일		
	丙	乙	甲	癸	壬	辛	庚	己	戊	丁	丙	乙	甲	癸	壬	辛	庚	己	戊	丁	丙	乙	甲	癸	壬	辛	庚	己	戊	일진		
	午	巳	辰	卯	寅	丑	子	亥	戌	酉	申	未	午	巳	辰	卯	寅	丑	子	亥	戌	酉	申	未	午	巳	辰	卯	寅			
	월	일	토	금	목	수	화	월	일	토	금	목	수	辰正	월	일	토	금	목	수	화	월	일	토	금	목	수	화	未初	절기시각		

														소한12														동지		절기		11月小(庚子) 대설
	29	28	27	26	25	24	23	22	21	20	19	18	17	16	15	14	13	12	11	10	9	8	7	6	5	4	3	2	1	음력		
	6	6	6	7	7	7	8	8	8	9	9	9	10		1	1	1	1	2	2	2	3	3	3	4	4	4	5	5	순행	대운	
	4	4	4	3	3	3	2	2	2	1	1	1	1		9	9	9	8	8	8	7	7	7	6	6	6	5	5	5	역행		
																		1											12	월	양력	
	18	17	16	15	14	13	12	11	10	9	8	7	6	5	4	3	2	1	31	30	29	28	27	26	25	24	23	22	21	일		
	乙	甲	癸	壬	辛	庚	己	戊	丁	丙	乙	甲	癸	壬	辛	庚	己	戊	丁	丙	乙	甲	癸	壬	辛	庚	己	戊	丁	일진		
	亥	戌	酉	申	未	午	巳	辰	卯	寅	丑	子	亥	戌	酉	申	未	午	巳	辰	卯	寅	丑	子	亥	戌	酉	申	未			
	화	월	일	토	금	목	수	화	월	일	토	금	목	戌初	화	월	일	토	금	목	수	화	월	일	토	금	목	丑正	화	절기시각		

													입춘1															대한		절기		12月大(辛丑) 소한
30	29	28	27	26	25	24	23	22	21	20	19	18	17	16	15	14	13	12	11	10	9	8	7	6	5	4	3	2	1	음력		
6	6	6	7	7	7	8	8	8	9	9	9	10		1	1	1	1	2	2	2	3	3	3	4	4	4	5	5	5	순행	대운	
4	4	4	3	3	3	2	2	2	1	1	1	1		10	9	9	9	8	8	8	7	7	7	6	6	6	5	5	5	역행		
																2													1	월	양력	
17	16	15	14	13	12	11	10	9	8	7	6	5	4	3	2	1	31	30	29	28	27	26	25	24	23	22	21	20	19	일		
乙	甲	癸	壬	辛	庚	己	戊	丁	丙	乙	甲	癸	壬	辛	庚	己	戊	丁	丙	乙	甲	癸	壬	辛	庚	己	戊	丁	丙	일진		
巳	辰	卯	寅	丑	子	亥	戌	酉	申	未	午	巳	辰	卯	寅	丑	子	亥	戌	酉	申	未	午	巳	辰	卯	寅	丑	子			
목	수	화	월	일	토	금	목	수	화	월	일	토	辰初	목	수	화	월	일	토	금	목	수	화	월	일	토	금	未初	수	절기시각		

• 재와 인수가 충 또는 원진되면 시어머니와 며느리는 만나기만 하면 싸운다.

서기 1977년
단기 4310년

丁巳年

상문 : 未　대장군 : 東
조객 : 卯　삼　재 : 亥卯未
삼살 : 東

1月大(壬寅) 입춘

													경칩2															우수		절 기	
30	29	28	27	26	25	24	23	22	21	20	19	18	**17**	16	15	14	13	12	11	10	9	8	7	6	5	4	3	**2**	1	음 력	
6	6	6	7	7	7	8	8	8	9	9	9	10		1	1	1	1	2	2	2	3	3	3	4	4	4	5	5	5	순행	대
4	4	4	3	3	3	2	2	2	1	1	1	1		10	9	9	9	8	8	8	7	7	7	6	6	6	5	5	5	역행	운
																		3											2	월	양
19	18	17	16	15	14	13	12	11	10	9	8	7	6	5	4	3	2	1	28	27	26	25	24	23	22	21	20	19	18	일	력
乙亥	甲戌	癸酉	壬申	辛未	庚午	己巳	戊辰	丁卯	丙寅	乙丑	甲子	癸亥	壬戌	辛酉	庚申	己未	戊午	丁巳	丙辰	乙卯	甲寅	癸丑	壬子	辛亥	庚戌	己酉	戊申	丁未	丙午	일 진	
토	금	목	수	화	월	일	토	금	목	수	화	월	丑初	토	금	목	수	화	월	일	토	금	목	수	화	월	일	寅初	금	절기시각	

2月小(癸卯) 경칩

													청명3															춘분		절 기	
	29	28	27	26	25	24	23	22	21	20	19	18	**17**	16	15	14	13	12	11	10	9	8	7	6	5	4	3	**2**	1	음 력	
	6	7	7	7	8	8	8	9	9	9	10	10		1	1	1	1	2	2	2	3	3	3	4	4	4	5	5	5	순행	대
	4	4	3	3	3	2	2	2	1	1	1	1		10	9	9	9	8	8	8	7	7	7	6	6	6	5	5	5	역행	운
																	4												3	월	양
	17	16	15	14	13	12	11	10	9	8	7	6	5	4	3	2	1	31	30	29	28	27	26	25	24	23	22	21	20	일	력
	甲辰	癸卯	壬寅	辛丑	庚子	己亥	戊戌	丁酉	丙申	乙未	甲午	癸巳	壬辰	辛卯	庚寅	己丑	戊子	丁亥	丙戌	乙酉	甲申	癸未	壬午	辛巳	庚辰	己卯	戊寅	丁丑	丙子	일 진	
	일	토	금	목	수	화	월	일	토	금	목	수	卯正	월	일	토	금	목	수	화	월	일	토	금	목	수	화	丑正	일	절기시각	

3月大(甲辰) 청명

											입하4																곡우			절 기	
30	29	28	27	26	25	24	23	22	21	20	**19**	18	17	16	15	14	13	12	11	10	9	8	7	6	5	4	**3**	2	1	음 력	
7	7	7	8	8	8	9	9	9	10	10		1	1	1	1	2	2	2	3	3	3	4	4	4	5	5	5	6	6	순행	대
4	3	3	3	2	2	2	1	1	1	1		10	10	9	9	9	8	8	8	7	7	7	6	6	6	5	5	5	4	역행	운
																5													4	월	양
17	16	15	14	13	12	11	10	9	8	7	6	5	4	3	2	1	30	29	28	27	26	25	24	23	22	21	20	19	18	일	력
甲戌	癸酉	壬申	辛未	庚午	己巳	戊辰	丁卯	丙寅	乙丑	甲子	癸亥	壬戌	辛酉	庚申	己未	戊午	丁巳	丙辰	乙卯	甲寅	癸丑	壬子	辛亥	庚戌	己酉	戊申	丁未	丙午	乙巳	일 진	
화	월	일	토	금	목	수	화	월	일	토	子初	목	수	화	월	일	토	금	목	수	화	월	일	토	금	목	未初	화	월	절기시각	

4月大(乙巳) 입하

										망종5																소만				절 기	
30	29	28	27	26	25	24	23	22	21	**20**	19	18	17	16	15	14	13	12	11	10	9	8	7	6	5	**4**	3	2	1	음 력	
7	7	8	8	8	9	9	9	10	10		1	1	1	1	2	2	2	3	3	3	4	4	4	5	5	5	6	6	6	순행	대
3	3	3	2	2	2	1	1	1	1		10	10	9	9	9	8	8	8	7	7	7	6	6	6	5	5	5	4	4	역행	운
															6														5	월	양
16	15	14	13	12	11	10	9	8	7	6	5	4	3	2	1	31	30	29	28	27	26	25	24	23	22	21	20	19	18	일	력
甲辰	癸卯	壬寅	辛丑	庚子	己亥	戊戌	丁酉	丙申	乙未	甲午	癸巳	壬辰	辛卯	庚寅	己丑	戊子	丁亥	丙戌	乙酉	甲申	癸未	壬午	辛巳	庚辰	己卯	戊寅	丁丑	丙子	乙亥	일 진	
목	수	화	월	일	토	금	목	수	화	寅正	일	토	금	목	수	화	월	일	토	금	목	수	화	월	일	未初	금	목	수	절기시각	

5月小(丙午) 망종

									소서6																하지					절 기	
	29	28	27	26	25	24	23	22	**21**	20	19	18	17	16	15	14	13	12	11	10	9	8	7	6	**5**	4	3	2	1	음 력	
	8	8	9	9	9	10	10	10		1	1	1	1	2	2	2	3	3	3	4	4	4	5	5	5	6	6	6	7	순행	대
	3	2	2	2	1	1	1	1		10	10	9	9	9	8	8	8	7	7	7	6	6	6	5	5	5	4	4	4	역행	운
															7														6	월	양
	15	14	13	12	11	10	9	8	7	6	5	4	3	2	1	30	29	28	27	26	25	24	23	22	21	20	19	18	17	일	력
	癸酉	壬申	辛未	庚午	己巳	戊辰	丁卯	丙寅	乙丑	甲子	癸亥	壬戌	辛酉	庚申	己未	戊午	丁巳	丙辰	乙卯	甲寅	癸丑	壬子	辛亥	庚戌	己酉	戊申	丁未	丙午	乙巳	일 진	
	금	목	수	화	월	일	토	금	未正	수	화	월	일	토	금	목	수	화	월	일	토	금	목	수	亥初	월	일	토	금	절기시각	

6月大(丁未) 소서

						입추7																대서								절 기	
30	29	28	27	26	25	**24**	23	22	21	20	19	18	17	16	15	14	13	12	11	10	9	**8**	7	6	5	4	3	2	1	음 력	
8	9	9	9	10	10		1	1	1	1	2	2	2	3	3	3	4	4	4	5	5	5	6	6	6	7	7	7	8	순행	대
2	2	1	1	1	1		10	10	10	9	9	9	8	8	8	7	7	7	6	6	6	5	5	5	4	4	4	3	3	역행	운
													8																7	월	양
14	13	12	11	10	9	8	7	6	5	4	3	2	1	31	30	29	28	27	26	25	24	23	22	21	20	19	18	17	16	일	력
癸卯	壬寅	辛丑	庚子	己亥	戊戌	丁酉	丙申	乙未	甲午	癸巳	壬辰	辛卯	庚寅	己丑	戊子	丁亥	丙戌	乙酉	甲申	癸未	壬午	辛巳	庚辰	己卯	戊寅	丁丑	丙子	乙亥	甲戌	일 진	
일	토	금	목	수	화	子正	일	토	금	목	수	화	월	일	토	금	목	수	화	월	일	辰正	금	목	수	화	월	일	토	절기시각	

• 대문을 고치면 그의 길흉에 대한 영향이 가장 빠르게 나타난다.

7月小(戊申) 입추

					백로8																처서									절기
	29	28	27	26	**25**	24	23	22	21	20	19	18	17	16	15	14	13	12	11	10	**9**	8	7	6	5	4	3	2	1	음력
	9	9	9	10		1	1	1	1	2	2	2	3	3	3	4	4	4	5	5	5	6	6	6	7	7	7	8	8	대운 순행
	1	1	1	1		10	10	9	9	9	8	8	8	7	7	7	6	6	6	5	5	5	4	4	4	3	3	3	2	대운 역행
												9																	8	양력 월
	12	11	10	9	8	7	6	5	4	3	2	1	31	30	29	28	27	26	25	24	23	22	21	20	19	18	17	16	15	양력 일
	壬申	辛未	庚午	己巳	戊辰	丁卯	丙寅	乙丑	甲子	癸亥	壬戌	辛酉	庚申	己未	戊午	丁巳	丙辰	乙卯	甲寅	癸丑	壬子	辛亥	庚戌	己酉	戊申	丁未	丙午	乙巳	甲辰	일진
	월	일	토	금	寅初	수	화	월	일	토	금	목	수	화	월	일	토	금	목	수	申初	월	일	토	금	목	수	화	월	절기시각

8月大(己酉) 백로

				한로9															추분											절기
30	29	28	27	**26**	25	24	23	22	21	20	19	18	17	16	15	14	13	12	**11**	10	9	8	7	6	5	4	3	2	1	음력
9	9	9	10		1	1	1	1	2	2	2	3	3	3	4	4	4	5	5	5	6	6	6	7	7	7	8	8	8	대운 순행
1	1	1	1		10	9	9	9	8	8	8	7	7	7	6	6	6	5	5	5	4	4	4	3	3	3	2	2	2	대운 역행
											10																		9	양력 월
12	11	10	9	8	7	6	5	4	3	2	1	30	29	28	27	26	25	24	23	22	21	20	19	18	17	16	15	14	13	양력 일
壬寅	辛丑	庚子	己亥	戊戌	丁酉	丙申	乙未	甲午	癸巳	壬辰	辛卯	庚寅	己丑	戊子	丁亥	丙戌	乙酉	甲申	癸未	壬午	辛巳	庚辰	己卯	戊寅	丁丑	丙子	乙亥	甲戌	癸酉	일진
수	화	월	일	酉正	금	목	수	화	월	일	토	금	목	수	화	월	일	토	午正	목	수	화	월	일	토	금	목	수	화	절기시각

9月小(庚戌) 한로

				입동10															상강											절기
	29	28	27	**26**	25	24	23	22	21	20	19	18	17	16	15	14	13	12	**11**	10	9	8	7	6	5	4	3	2	1	음력
	9	9	10		1	1	1	1	2	2	2	3	3	3	4	4	4	5	5	5	6	6	6	7	7	7	8	8	8	대운 순행
	1	1	1		10	9	9	9	8	8	8	7	7	7	6	6	6	5	5	5	4	4	4	3	3	3	2	2	2	대운 역행
										11																			10	양력 월
	10	9	8	7	6	5	4	3	2	1	31	30	29	28	27	26	25	24	23	22	21	20	19	18	17	16	15	14	13	양력 일
	辛未	庚午	己巳	戊辰	丁卯	丙寅	乙丑	甲子	癸亥	壬戌	辛酉	庚申	己未	戊午	丁巳	丙辰	乙卯	甲寅	癸丑	壬子	辛亥	庚戌	己酉	戊申	丁未	丙午	乙巳	甲辰	癸卯	일진
	목	수	화	亥初	일	토	금	목	수	화	월	일	토	금	목	수	화	월	亥初	토	금	목	수	화	월	일	토	금	목	절기시각

10月大(辛亥) 입동

			대설11															소설												절기
30	29	28	**27**	26	25	24	23	22	21	20	19	18	17	16	15	14	13	**12**	11	10	9	8	7	6	5	4	3	2	1	음력
9	9	10		1	1	1	1	2	2	2	3	3	3	4	4	4	5	5	5	6	6	6	7	7	7	8	8	8	9	대운 순행
1	1	1		10	9	9	9	8	8	8	7	7	7	6	6	6	5	5	5	4	4	4	3	3	3	2	2	2	1	대운 역행
									12																				11	양력 월
10	9	8	7	6	5	4	3	2	1	30	29	28	27	26	25	24	23	22	21	20	19	18	17	16	15	14	13	12	11	양력 일
辛丑	庚子	己亥	戊戌	丁酉	丙申	乙未	甲午	癸巳	壬辰	辛卯	庚寅	己丑	戊子	丁亥	丙戌	乙酉	甲申	癸未	壬午	辛巳	庚辰	己卯	戊寅	丁丑	丙子	乙亥	甲戌	癸酉	壬申	일진
토	금	목	未正	화	월	일	토	금	목	수	화	월	일	토	금	목	수	戌初	월	일	토	금	목	수	화	월	일	토	금	절기시각

11月小(壬子) 대설

			소한12															동지												절기
	29	28	**27**	26	25	24	23	22	21	20	19	18	17	16	15	14	13	**12**	11	10	9	8	7	6	5	4	3	2	1	음력
	9	9		1	1	1	1	2	2	2	3	3	3	4	4	4	5	5	5	6	6	6	7	7	7	8	8	8	9	대운 순행
	1	1		10	9	9	9	8	8	8	7	7	7	6	6	6	5	5	5	4	4	4	3	3	3	2	2	2	1	대운 역행
								1																					12	양력 월
	8	7	6	5	4	3	2	1	31	30	29	28	27	26	25	24	23	22	21	20	19	18	17	16	15	14	13	12	11	양력 일
	庚午	己巳	戊辰	丁卯	丙寅	乙丑	甲子	癸亥	壬戌	辛酉	庚申	己未	戊午	丁巳	丙辰	乙卯	甲寅	癸丑	壬子	辛亥	庚戌	己酉	戊申	丁未	丙午	乙巳	甲辰	癸卯	壬寅	일진
	일	토	丑初	목	수	화	월	일	토	금	목	수	화	월	일	토	금	辰正	수	화	월	일	토	금	목	수	화	월	일	절기시각

12月小(癸丑) 소한

			입춘1															대한												절기
	29	28	**27**	26	25	24	23	22	21	20	19	18	17	16	15	14	13	**12**	11	10	9	8	7	6	5	4	3	2	1	음력
	9	10		1	1	1	1	2	2	2	3	3	3	4	4	4	5	5	5	6	6	6	7	7	7	8	8	8	9	대운 순행
	1	1		9	9	9	8	8	8	7	7	7	6	6	6	5	5	5	4	4	4	3	3	3	2	2	2	1	1	대운 역행
						2																							1	양력 월
	6	5	4	3	2	1	31	30	29	28	27	26	25	24	23	22	21	20	19	18	17	16	15	14	13	12	11	10	9	양력 일
	己亥	戊戌	丁酉	丙申	乙未	甲午	癸巳	壬辰	辛卯	庚寅	己丑	戊子	丁亥	丙戌	乙酉	甲申	癸未	壬午	辛巳	庚辰	己卯	戊寅	丁丑	丙子	乙亥	甲戌	癸酉	壬申	辛未	일진
	월	일	未初	금	목	수	화	월	일	토	금	목	수	화	월	일	토	酉正	목	수	화	월	일	토	금	목	수	화	월	절기시각

• 인수용신인 여자, 친정 갔다오면 화 풀린다.

서기 1978년
단기 4311년

戊午年

상문 : 申 대장군 : 東
조객 : 辰 삼 재 : 亥卯未
삼살 : 北

1月大(甲寅) 입춘

		경칩2															우수													절기
30	29	28	27	26	25	24	23	22	21	20	19	18	17	16	15	14	13	12	11	10	9	8	7	6	5	4	3	2	1	음력
9	10		1	1	1	1	2	2	2	3	3	3	4	4	4	5	5	5	6	6	6	7	7	7	8	8	8	9	9	대운 순행
1	1		10	9	9	9	8	8	8	7	7	7	6	6	6	5	5	5	4	4	4	3	3	3	2	2	2	1	1	대운 역행
							3																						2	양력 월
8	7	6	5	4	3	2	1	28	27	26	25	24	23	22	21	20	19	18	17	16	15	14	13	12	11	10	9	8	7	양력 일
己巳	戊辰	丁卯	丙寅	乙丑	甲子	癸亥	壬戌	辛酉	庚申	己未	戊午	丁巳	丙辰	乙卯	甲寅	癸丑	壬子	辛亥	庚戌	己酉	戊申	丁未	丙午	乙巳	甲辰	癸卯	壬寅	辛丑	庚子	일진
수	화	辰初	일	토	금	목	수	화	월	일	토	금	목	수	화	월	巳初	토	금	목	수	화	월	일	토	금	목	수	화	절기시각

2月大(乙卯) 경칩

		청명3															춘분													절기
30	29	28	27	26	25	24	23	22	21	20	19	18	17	16	15	14	13	12	11	10	9	8	7	6	5	4	3	2	1	음력
10	10		1	1	1	1	2	2	2	3	3	3	4	4	4	5	5	5	6	6	6	7	7	7	8	8	8	9	9	대운 순행
1	1		10	9	9	9	8	8	8	7	7	7	6	6	6	5	5	5	4	4	4	3	3	3	2	2	2	1	1	대운 역행
						4																							3	양력 월
7	6	5	4	3	2	1	31	30	29	28	27	26	25	24	23	22	21	20	19	18	17	16	15	14	13	12	11	10	9	양력 일
己亥	戊戌	丁酉	丙申	乙未	甲午	癸巳	壬辰	辛卯	庚寅	己丑	戊子	丁亥	丙戌	乙酉	甲申	癸未	壬午	辛巳	庚辰	己卯	戊寅	丁丑	丙子	乙亥	甲戌	癸酉	壬申	辛未	庚午	일진
금	목	午正	화	월	일	토	금	목	수	화	월	일	토	금	목	수	辰正	월	일	토	금	목	수	화	월	일	토	금	목	절기시각

3月小(丙辰) 청명

	입하4																곡우													절기
	29	28	27	26	25	24	23	22	21	20	19	18	17	16	15	14	13	12	11	10	9	8	7	6	5	4	3	2	1	음력
		1	1	1	1	2	2	2	3	3	3	4	4	4	5	5	5	6	6	6	7	7	7	8	8	8	9	9	9	대운 순행
		10	10	9	9	9	8	8	8	7	7	7	6	6	6	5	5	5	4	4	4	3	3	3	2	2	2	1	1	대운 역행
						5																							4	양력 월
	6	5	4	3	2	1	30	29	28	27	26	25	24	23	22	21	20	19	18	17	16	15	14	13	12	11	10	9	8	양력 일
	戊辰	丁卯	丙寅	乙丑	甲子	癸亥	壬戌	辛酉	庚申	己未	戊午	丁巳	丙辰	乙卯	甲寅	癸丑	壬子	辛亥	庚戌	己酉	戊申	丁未	丙午	乙巳	甲辰	癸卯	壬寅	辛丑	庚子	일진
	卯初	금	목	수	화	월	일	토	금	목	수	화	월	일	토	금	戌初	수	화	월	일	토	금	목	수	화	월	일	토	절기시각

4月大(丁巳) 입하

															소만															절기
30	29	28	27	26	25	24	23	22	21	20	19	18	17	16	15	14	13	12	11	10	9	8	7	6	5	4	3	2	1	음력
1	1	1	1	2	2	2	3	3	3	4	4	4	5	5	5	6	6	6	7	7	7	8	8	8	9	9	9	10	10	대운 순행
10	10	9	9	9	8	8	8	7	7	7	6	6	6	5	5	5	4	4	4	3	3	3	2	2	2	1	1	1	1	대운 역행
				6																									5	양력 월
5	4	3	2	1	31	30	29	28	27	26	25	24	23	22	21	20	19	18	17	16	15	14	13	12	11	10	9	8	7	양력 일
戊戌	丁酉	丙申	乙未	甲午	癸巳	壬辰	辛卯	庚寅	己丑	戊子	丁亥	丙戌	乙酉	甲申	癸未	壬午	辛巳	庚辰	己卯	戊寅	丁丑	丙子	乙亥	甲戌	癸酉	壬申	辛未	庚午	己巳	일진
월	일	토	금	목	수	화	월	일	토	금	목	수	화	월	酉正	토	금	목	수	화	월	일	토	금	목	수	화	월	일	절기시각

5月小(戊午) 망종

													하지																망종5	절기
	29	28	27	26	25	24	23	22	21	20	19	18	17	16	15	14	13	12	11	10	9	8	7	6	5	4	3	2	1	음력
	1	1	2	2	2	3	3	3	4	4	4	5	5	5	6	6	6	7	7	7	8	8	8	9	9	9	10	10		대운 순행
	9	9	9	8	8	8	7	7	7	6	6	6	5	5	5	4	4	4	3	3	3	2	2	2	1	1	1	1		대운 역행
				7																									6	양력 월
	4	3	2	1	30	29	28	27	26	25	24	23	22	21	20	19	18	17	16	15	14	13	12	11	10	9	8	7	6	양력 일
	丁卯	丙寅	乙丑	甲子	癸亥	壬戌	辛酉	庚申	己未	戊午	丁巳	丙辰	乙卯	甲寅	癸丑	壬子	辛亥	庚戌	己酉	戊申	丁未	丙午	乙巳	甲辰	癸卯	壬寅	辛丑	庚子	己亥	일진
	화	월	일	토	금	목	수	화	월	일	토	금	丑正	수	화	월	일	토	금	목	수	화	월	일	토	금	목	수	巳正	절기시각

6月大(己未) 소서

											대서																소서6			절기
30	29	28	27	26	25	24	23	22	21	20	19	18	17	16	15	14	13	12	11	10	9	8	7	6	5	4	3	2	1	음력
2	2	2	3	3	3	4	4	4	5	5	5	6	6	6	7	7	7	8	8	8	9	9	9	10	10	10		1	1	대운 순행
9	9	8	8	8	7	7	7	6	6	6	5	5	5	4	4	4	3	3	3	2	2	2	1	1	1	1		10	10	대운 역행
		8																											7	양력 월
3	2	1	31	30	29	28	27	26	25	24	23	22	21	20	19	18	17	16	15	14	13	12	11	10	9	8	7	6	5	양력 일
丁酉	丙申	乙未	甲午	癸巳	壬辰	辛卯	庚寅	己丑	戊子	丁亥	丙戌	乙酉	甲申	癸未	壬午	辛巳	庚辰	己卯	戊寅	丁丑	丙子	乙亥	甲戌	癸酉	壬申	辛未	庚午	己巳	戊辰	일진
목	수	화	월	일	토	금	목	수	화	월	未初	토	금	목	수	화	월	일	토	금	목	수	화	월	일	토	戌正	목	수	절기시각

• 오래살던 집에서 지하실을 파든가 하면 큰 재난이 따른다.

7月大(庚申) 입추

										처서															입추7					절기	
30	29	28	27	26	25	24	23	22	21	**20**	19	18	17	16	15	14	13	12	11	10	9	8	7	6	**5**	4	3	2	1	음력	
2	2	3	3	3	4	4	4	5	5	5	6	6	6	7	7	7	8	8	8	9	9	9	10	10		1	1	1	1	순행	대운
8	8	8	7	7	7	6	6	6	5	5	5	4	4	4	3	3	3	2	2	2	1	1	1	1		10	10	10	9	역행	
	9																												8	월	양력
2	1	31	30	29	28	27	26	25	24	23	22	21	20	19	18	17	16	15	14	13	12	11	10	9	8	7	6	5	4	일	
丁卯	丙寅	乙丑	甲子	癸亥	壬戌	辛酉	庚申	己未	戊午	丁巳	丙辰	乙卯	甲寅	癸丑	壬子	辛亥	庚戌	己酉	戊申	丁未	丙午	乙巳	甲辰	癸卯	壬寅	辛丑	庚子	己亥	戊戌	일진	
토	금	목	수	화	월	일	토	금	목	戌正	화	월	일	토	금	목	수	화	월	일	토	금	목	수	卯正	월	일	토	금	절기시각	

8月小(辛酉) 백로

									추분															백로8						절기	
	29	28	27	26	25	24	23	22	**21**	20	19	18	17	16	15	14	13	12	11	10	9	8	7	**6**	5	4	3	2	1	음력	
	3	3	3	4	4	4	5	5	5	6	6	6	7	7	7	8	8	8	9	9	9	10	10		1	1	1	1	2	순행	대운
	8	7	7	7	6	6	6	5	5	5	4	4	4	3	3	3	2	2	2	1	1	1	1		10	10	9	9	9	역행	
	10																												9	월	양력
	1	30	29	28	27	26	25	24	23	22	21	20	19	18	17	16	15	14	13	12	11	10	9	8	7	6	5	4	3	일	
	丙申	乙未	甲午	癸巳	壬辰	辛卯	庚寅	己丑	戊子	丁亥	丙戌	乙酉	甲申	癸未	壬午	辛巳	庚辰	己卯	戊寅	丁丑	丙子	乙亥	甲戌	癸酉	壬申	辛未	庚午	己巳	戊辰	일진	
	일	토	금	목	수	화	월	일	酉正	금	목	수	화	월	일	토	금	목	수	화	월	일	토	巳初	목	수	화	월	일	절기시각	

9月大(壬戌) 한로

							상강															한로9								절기	
30	29	28	27	26	25	24	**23**	22	21	20	19	18	17	16	15	14	13	12	11	10	9	**8**	7	6	5	4	3	2	1	음력	
3	3	3	4	4	4	5	5	5	6	6	6	7	7	7	8	8	8	9	9	9	10		1	1	1	1	2	2	2	순행	대운
7	7	7	6	6	6	5	5	5	4	4	4	3	3	3	2	2	2	1	1	1	1		10	10	9	9	9	8	8	역행	
																													10	월	양력
31	30	29	28	27	26	25	24	23	22	21	20	19	18	17	16	15	14	13	12	11	10	9	8	7	6	5	4	3	2	일	
丙寅	乙丑	甲子	癸亥	壬戌	辛酉	庚申	己未	戊午	丁巳	丙辰	乙卯	甲寅	癸丑	壬子	辛亥	庚戌	己酉	戊申	丁未	丙午	乙巳	甲辰	癸卯	壬寅	辛丑	庚子	己亥	戊戌	丁酉	일진	
화	월	일	토	금	목	수	寅初	월	일	토	금	목	수	화	월	일	토	금	목	수	화	子正	일	토	금	목	수	화	월	절기시각	

10月小(癸亥) 입동

							소설															입동10								절기	
	29	28	27	26	25	24	**23**	22	21	20	19	18	17	16	15	14	13	12	11	10	9	**8**	7	6	5	4	3	2	1	음력	
	3	3	3	4	4	4	5	5	5	6	6	6	7	7	7	8	8	8	9	9	9		1	1	1	1	2	2	2	순행	대운
	7	7	6	6	6	5	5	5	4	4	4	3	3	3	2	2	2	1	1	1	1		10	9	9	9	8	8	8	역행	
																													11	월	양력
	29	28	27	26	25	24	23	22	21	20	19	18	17	16	15	14	13	12	11	10	9	8	7	6	5	4	3	2	1	일	
	乙未	甲午	癸巳	壬辰	辛卯	庚寅	己丑	戊子	丁亥	丙戌	乙酉	甲申	癸未	壬午	辛巳	庚辰	己卯	戊寅	丁丑	丙子	乙亥	甲戌	癸酉	壬申	辛未	庚午	己巳	戊辰	丁卯	일진	
	수	화	월	일	토	금	子正	수	화	월	일	토	금	목	수	화	월	일	토	금	목	寅初	화	월	일	토	금	목	수	절기시각	

11月大(甲子) 대설

							동지															대설11								절기	
30	29	28	27	26	25	24	**23**	22	21	20	19	18	17	16	15	14	13	12	11	10	9	**8**	7	6	5	4	3	2	1	음력	
3	3	3	4	4	4	5	5	5	6	6	6	7	7	7	8	8	8	9	9	9	10		1	1	1	1	2	2	2	순행	대운
7	7	7	6	6	6	5	5	5	4	4	4	3	3	3	2	2	2	1	1	1	1		9	9	9	8	8	8	7	역행	
																												12	11	월	양력
29	28	27	26	25	24	23	22	21	20	19	18	17	16	15	14	13	12	11	10	9	8	7	6	5	4	3	2	1	30	일	
乙丑	甲子	癸亥	壬戌	辛酉	庚申	己未	戊午	丁巳	丙辰	乙卯	甲寅	癸丑	壬子	辛亥	庚戌	己酉	戊申	丁未	丙午	乙巳	甲辰	癸卯	壬寅	辛丑	庚子	己亥	戊戌	丁酉	丙申	일진	
금	목	수	화	월	일	토	未正	목	수	화	월	일	토	금	목	수	화	월	일	토	금	戌正	수	화	월	일	토	금	목	절기시각	

12月小(乙丑) 소한

							대한															소한12								절기	
	29	28	27	26	25	24	**23**	22	21	20	19	18	17	16	15	14	13	12	11	10	9	**8**	7	6	5	4	3	2	1	음력	
	3	3	3	4	4	4	5	5	5	6	6	6	7	7	7	8	8	8	9	9	9		1	1	1	1	2	2	2	순행	대운
	7	7	6	6	6	5	5	5	4	4	4	3	3	3	2	2	2	1	1	1	1		10	9	9	9	8	8	8	역행	
																											1		12	월	양력
	27	26	25	24	23	22	21	20	19	18	17	16	15	14	13	12	11	10	9	8	7	6	5	4	3	2	1	31	30	일	
	甲午	癸巳	壬辰	辛卯	庚寅	己丑	戊子	丁亥	丙戌	乙酉	甲申	癸未	壬午	辛巳	庚辰	己卯	戊寅	丁丑	丙子	乙亥	甲戌	癸酉	壬申	辛未	庚午	己巳	戊辰	丁卯	丙寅	일진	
	토	금	목	수	화	월	子正	토	금	목	수	화	월	일	토	금	목	수	화	월	일	辰初	금	목	수	화	월	일	토	절기시각	

• 여자 사주에 官이 약하고 水가 많으면 남편은 익사할 위험이 많다.

서기 1979년
단기 4312년

己未年

상문 : 酉 대장군 : 東
조객 : 巳 삼 재 : 亥卯未
삼살 : 酉

제4공화국 : 10·26 사태 박정희 서거, 최규하 대통령 권한대행

1月大(丙寅) 입춘

							우수															입춘1								절기	
30	29	28	27	26	25	24	**23**	22	21	20	19	18	17	16	15	14	13	12	11	10	9	**8**	7	6	5	4	3	2	1	음력	
3	3	3	4	4	4	5	5	5	6	6	6	7	7	7	8	8	8	9	9	9	10		1	1	1	1	2	2	2	순행	대
7	7	7	6	6	6	5	5	5	4	4	4	3	3	3	2	2	2	1	1	1	1		9	9	9	8	8	8	7	역행	운
																									2				1	월	양
26	25	24	23	22	21	20	19	18	17	16	15	14	13	12	11	10	9	8	7	6	5	4	3	2	1	31	30	29	28	일	력
甲子	癸亥	壬戌	辛酉	庚申	己未	戊午	丁巳	丙辰	乙卯	甲寅	癸丑	壬子	辛亥	庚戌	己酉	戊申	丁未	丙午	乙巳	甲辰	癸卯	壬寅	辛丑	庚子	己亥	戊戌	丁酉	丙申	乙未	일진	
월	일	토	금	목	수	화	未正	일	토	금	목	수	화	월	일	토	금	목	수	화	월	戌初	토	금	목	수	화	월	일	절기시각	

2月小(丁卯) 경칩

							춘분															경칩2								절기	
	29	28	27	26	25	24	**23**	22	21	20	19	18	17	16	15	14	13	12	11	10	9	**8**	7	6	5	4	3	2	1	음력	
	3	3	4	4	4	5	5	5	6	6	6	7	7	7	8	8	8	9	9	9	10		1	1	1	1	2	2	2	순행	대
	7	7	6	6	6	5	5	5	4	4	4	3	3	3	2	2	2	1	1	1	1		10	9	9	9	8	8	8	역행	운
																											3		2	월	양
	27	26	25	24	23	22	21	20	19	18	17	16	15	14	13	12	11	10	9	8	7	6	5	4	3	2	1	28	27	일	력
	癸巳	壬辰	辛卯	庚寅	己丑	戊子	丁亥	丙戌	乙酉	甲申	癸未	壬午	辛巳	庚辰	己卯	戊寅	丁丑	丙子	乙亥	甲戌	癸酉	壬申	辛未	庚午	己巳	戊辰	丁卯	丙寅	乙丑	일진	
	화	월	일	토	금	목	未正	화	월	일	토	금	목	수	화	월	일	토	금	목	수	未初	월	일	토	금	목	수	화	절기시각	

3月小(戊辰) 청명

					곡우																청명3									절기	
	29	28	27	26	**25**	24	23	22	21	20	19	18	17	16	15	14	13	12	11	10	**9**	8	7	6	5	4	3	2	1	음력	
	4	4	4	5	5	5	6	6	6	7	7	7	8	8	8	9	9	9	10	10		1	1	1	1	2	2	2	3	순행	대
	7	6	6	6	5	5	5	4	4	4	3	3	3	2	2	2	1	1	1	1		10	9	9	9	8	8	8	7	역행	운
																									4				3	월	양
	25	24	23	22	21	20	19	18	17	16	15	14	13	12	11	10	9	8	7	6	5	4	3	2	1	31	30	29	28	일	력
	壬戌	辛酉	庚申	己未	戊午	丁巳	丙辰	乙卯	甲寅	癸丑	壬子	辛亥	庚戌	己酉	戊申	丁未	丙午	乙巳	甲辰	癸卯	壬寅	辛丑	庚子	己亥	戊戌	丁酉	丙申	乙未	甲午	일진	
	수	화	월	일	丑初	금	목	수	화	월	일	토	금	목	수	화	월	일	토	금	酉正	수	화	월	일	토	금	목	수	절기시각	

4月大(己巳) 입하

			소만																입하4											절기	
30	29	28	**27**	26	25	24	23	22	21	20	19	18	17	16	15	14	13	12	**11**	10	9	8	7	6	5	4	3	2	1	음력	
4	4	5	5	5	6	6	6	7	7	7	8	8	8	9	9	9	10	10		1	1	1	1	2	2	2	3	3	3	순행	대
6	6	6	5	5	5	4	4	4	3	3	3	2	2	2	1	1	1	1		10	10	9	9	9	8	8	8	7	7	역행	운
																								5					4	월	양
25	24	23	22	21	20	19	18	17	16	15	14	13	12	11	10	9	8	7	6	5	4	3	2	1	30	29	28	27	26	일	력
壬辰	辛卯	庚寅	己丑	戊子	丁亥	丙戌	乙酉	甲申	癸未	壬午	辛巳	庚辰	己卯	戊寅	丁丑	丙子	乙亥	甲戌	癸酉	壬申	辛未	庚午	己巳	戊辰	丁卯	丙寅	乙丑	甲子	癸亥	일진	
금	목	수	子正	월	일	토	금	목	수	화	월	일	토	금	목	수	화	월	午初	토	금	목	수	화	월	일	토	금	목	절기시각	

5月小(庚午) 망종

		하지																망종5												절기	
	29	**28**	27	26	25	24	23	22	21	20	19	18	17	16	15	14	13	**12**	11	10	9	8	7	6	5	4	3	2	1	음력	
	5	5	6	6	6	7	7	7	8	8	8	9	9	9	10	10	10		1	1	1	1	2	2	2	3	3	3	4	순행	대
	6	5	5	5	4	4	4	3	3	3	2	2	2	1	1	1	1		10	10	9	9	9	8	8	8	7	7	7	역행	운
																							6						5	월	양
	23	22	21	20	19	18	17	16	15	14	13	12	11	10	9	8	7	6	5	4	3	2	1	31	30	29	28	27	26	일	력
	辛酉	庚申	己未	戊午	丁巳	丙辰	乙卯	甲寅	癸丑	壬子	辛亥	庚戌	己酉	戊申	丁未	丙午	乙巳	甲辰	癸卯	壬寅	辛丑	庚子	己亥	戊戌	丁酉	丙申	乙未	甲午	癸巳	일진	
	토	辰正	목	수	화	월	일	토	금	목	수	화	월	일	토	금	목	申初	화	월	일	토	금	목	수	화	월	일	토	절기시각	

6月大(辛未) 소서

대서															소서6															절기	
30	29	28	27	26	25	24	23	22	21	20	19	18	17	16	**15**	14	13	12	11	10	9	8	7	6	5	4	3	2	1	음력	
5	6	6	6	7	7	7	8	8	8	9	9	9	10	10		1	1	1	1	2	2	2	3	3	3	4	4	4	5	순행	대
5	5	4	4	4	3	3	3	2	2	2	1	1	1	1		10	10	10	9	9	9	8	8	8	7	7	7	6	6	역행	운
																						7							6	월	양
23	22	21	20	19	18	17	16	15	14	13	12	11	10	9	8	7	6	5	4	3	2	1	30	29	28	27	26	25	24	일	력
辛卯	庚寅	己丑	戊子	丁亥	丙戌	乙酉	甲申	癸未	壬午	辛巳	庚辰	己卯	戊寅	丁丑	丙子	乙亥	甲戌	癸酉	壬申	辛未	庚午	己巳	戊辰	丁卯	丙寅	乙丑	甲子	癸亥	壬戌	일진	
戌初	일	토	금	목	수	화	월	일	토	금	목	수	화	월	丑正	토	금	목	수	화	월	일	토	금	목	수	화	월	일	절기시각	

• ㄱ자형 아파트가 오목(凹)한 곳에 있으면 술주정꾼이 많다.

														입추7																절기	윤6月大
30	29	28	27	26	25	24	23	22	21	20	19	18	17	16	15	14	13	12	11	10	9	8	7	6	5	4	3	2	1	음력	
6	6	6	7	7	7	8	8	8	9	9	9	10	10		1	1	1	1	2	2	2	3	3	3	4	4	4	5	5	대운 순행	
5	4	4	4	3	3	3	2	2	2	1	1	1	1		10	10	9	9	9	8	8	8	7	7	7	6	6	6	5	대운 역행	
																					8								7	양력 월	
22	21	20	19	18	17	16	15	14	13	12	11	10	9	8	7	6	5	4	3	2	1	31	30	29	28	27	26	25	24	양력 일	
辛酉	庚申	己未	戊午	丁巳	丙辰	乙卯	甲寅	癸丑	壬子	辛亥	庚戌	己酉	戊申	丁未	丙午	乙巳	甲辰	癸卯	壬寅	辛丑	庚子	己亥	戊戌	丁酉	丙申	乙未	甲午	癸巳	壬辰	일진	
수	화	월	일	토	금	목	수	화	월	일	토	금	목	午正	화	월	일	토	금	목	수	화	월	일	토	금	목	수	화	절기시각	

													백로8															처서		절기	7月小(壬申)입추
	29	28	27	26	25	24	23	22	21	20	19	18	17	16	15	14	13	12	11	10	9	8	7	6	5	4	3	2	1	음력	
	6	7	7	7	8	8	8	9	9	9	10	10		1	1	1	1	2	2	2	3	3	3	4	4	4	5	5	5	대운 순행	
	4	4	3	3	3	2	2	2	1	1	1	1		10	10	9	9	9	8	8	8	7	7	7	6	6	6	5	5	대운 역행	
																				9									8	양력 월	
	20	19	18	17	16	15	14	13	12	11	10	9	8	7	6	5	4	3	2	1	31	30	29	28	27	26	25	24	23	양력 일	
	庚寅	己丑	戊子	丁亥	丙戌	乙酉	甲申	癸未	壬午	辛巳	庚辰	己卯	戊寅	丁丑	丙子	乙亥	甲戌	癸酉	壬申	辛未	庚午	己巳	戊辰	丁卯	丙寅	乙丑	甲子	癸亥	壬戌	일진	
	목	수	화	월	일	토	금	목	수	화	월	일	未正	금	목	수	화	월	일	토	금	목	수	화	월	일	토	丑正	목	절기시각	

											한로9															추분				절기	8月大(癸酉)백로
30	29	28	27	26	25	24	23	22	21	20	19	18	17	16	15	14	13	12	11	10	9	8	7	6	5	4	3	2	1	음력	
6	7	7	7	8	8	8	9	9	9	10		1	1	1	1	2	2	2	3	3	3	4	4	4	5	5	5	6	6	대운 순행	
4	3	3	3	2	2	2	1	1	1	1		10	10	9	9	9	8	8	8	7	7	7	6	6	6	5	5	5	4	대운 역행	
																			10										9	양력 월	
20	19	18	17	16	15	14	13	12	11	10	9	8	7	6	5	4	3	2	1	30	29	28	27	26	25	24	23	22	21	양력 일	
庚申	己未	戊午	丁巳	丙辰	乙卯	甲寅	癸丑	壬子	辛亥	庚戌	己酉	戊申	丁未	丙午	乙巳	甲辰	癸卯	壬寅	辛丑	庚子	己亥	戊戌	丁酉	丙申	乙未	甲午	癸巳	壬辰	辛卯	일진	
토	금	목	수	화	월	일	토	금	목	수	卯正	월	일	토	금	목	수	화	월	일	토	금	목	수	화	子正	일	토	금	절기시각	

											입동10															상강				절기	9月大(甲戌)한로
30	29	28	27	26	25	24	23	22	21	20	19	18	17	16	15	14	13	12	11	10	9	8	7	6	5	4	3	2	1	음력	
6	7	7	7	8	8	8	9	9	9	10		1	1	1	1	2	2	2	3	3	3	4	4	4	5	5	5	6	6	대운 순행	
4	3	3	3	2	2	2	1	1	1	1		10	9	9	9	8	8	8	7	7	7	6	6	6	5	5	5	4	4	대운 역행	
																		11											10	양력 월	
19	18	17	16	15	14	13	12	11	10	9	8	7	6	5	4	3	2	1	31	30	29	28	27	26	25	24	23	22	21	양력 일	
庚寅	己丑	戊子	丁亥	丙戌	乙酉	甲申	癸未	壬午	辛巳	庚辰	己卯	戊寅	丁丑	丙子	乙亥	甲戌	癸酉	壬申	辛未	庚午	己巳	戊辰	丁卯	丙寅	乙丑	甲子	癸亥	壬戌	辛酉	일진	
월	일	토	금	목	수	화	월	일	토	금	巳初	수	화	월	일	토	금	목	수	화	월	일	토	금	목	巳初	화	월	일	절기시각	

											대설11															소설				절기	10月小(乙亥)입동
	29	28	27	26	25	24	23	22	21	20	19	18	17	16	15	14	13	12	11	10	9	8	7	6	5	4	3	2	1	음력	
	6	7	7	7	8	8	8	9	9	9		1	1	1	1	2	2	2	3	3	3	4	4	4	5	5	5	6	6	대운 순행	
	3	3	3	2	2	2	1	1	1	1		10	9	9	9	8	8	8	7	7	7	6	6	6	5	5	5	4	4	대운 역행	
																		12											11	양력 월	
	18	17	16	15	14	13	12	11	10	9	8	7	6	5	4	3	2	1	30	29	28	27	26	25	24	23	22	21	20	양력 일	
	己未	戊午	丁巳	丙辰	乙卯	甲寅	癸丑	壬子	辛亥	庚戌	己酉	戊申	丁未	丙午	乙巳	甲辰	癸卯	壬寅	辛丑	庚子	己亥	戊戌	丁酉	丙申	乙未	甲午	癸巳	壬辰	辛卯	일진	
	화	월	일	토	금	목	수	화	월	일	丑正	금	목	수	화	월	일	토	금	목	수	화	월	일	토	卯正	목	수	화	절기시각	

											소한12															동지				절기	11月大(丙子)대설
30	29	28	27	26	25	24	23	22	21	20	19	18	17	16	15	14	13	12	11	10	9	8	7	6	5	4	3	2	1	음력	
6	7	7	7	8	8	8	9	9	9	10		1	1	1	1	2	2	2	3	3	3	4	4	4	5	5	5	6	6	대운 순행	
4	3	3	3	2	2	2	1	1	1	1		9	9	9	8	8	8	7	7	7	6	6	6	5	5	5	4	4	4	대운 역행	
																1													12	양력 월	
17	16	15	14	13	12	11	10	9	8	7	6	5	4	3	2	1	31	30	29	28	27	26	25	24	23	22	21	20	19	양력 일	
己丑	戊子	丁亥	丙戌	乙酉	甲申	癸未	壬午	辛巳	庚辰	己卯	戊寅	丁丑	丙子	乙亥	甲戌	癸酉	壬申	辛未	庚午	己巳	戊辰	丁卯	丙寅	乙丑	甲子	癸亥	壬戌	辛酉	庚申	일진	
목	수	화	월	일	토	금	목	수	화	월	未初	토	금	목	수	화	월	일	토	금	목	수	화	월	일	戌初	금	목	수	절기시각	

											입춘1															대한				절기	12月小(丁丑)소한
	29	28	27	26	25	24	23	22	21	20	19	18	17	16	15	14	13	12	11	10	9	8	7	6	5	4	3	2	1	음력	
	6	7	7	7	8	8	8	9	9	9		1	1	1	1	2	2	2	3	3	3	4	4	4	5	5	5	6	6	대운 순행	
	3	3	3	2	2	2	1	1	1	1		10	9	9	9	8	8	8	7	7	7	6	6	6	5	5	5	4	4	대운 역행	
															2														1	양력 월	
	15	14	13	12	11	10	9	8	7	6	5	4	3	2	1	31	30	29	28	27	26	25	24	23	22	21	20	19	18	양력 일	
	戊午	丁巳	丙辰	乙卯	甲寅	癸丑	壬子	辛亥	庚戌	己酉	戊申	丁未	丙午	乙巳	甲辰	癸卯	壬寅	辛丑	庚子	己亥	戊戌	丁酉	丙申	乙未	甲午	癸巳	壬辰	辛卯	庚寅	일진	
	금	목	수	화	월	일	토	금	목	수	子正	월	일	토	금	목	수	화	월	일	토	금	목	수	화	卯正	일	토	금	절기시각	

• 일지와 식신이 合하고 있으면 장모 모시고 살아본다.

서기 1980년
단기 4313년

庚申年

상문 : 戌　대장군 : 南
조객 : 午　삼　재 : 寅午戌
삼살 : 南

											경칩2															우수				절기	1月大(戊寅) 입춘
30	29	28	27	26	25	24	23	22	21	20	**19**	18	17	16	15	14	13	12	11	10	9	8	7	6	5	**4**	3	2	1	음력	
7	7	7	8	8	8	9	9	9	10	10		1	1	1	1	2	2	2	3	3	3	4	4	4	5	5	5	6	6	대운 순행	
4	3	3	3	2	2	2	1	1	1	1		9	9	9	8	8	8	7	7	7	6	6	6	5	5	5	4	4	4	대운 역행	
															3														2	양력 월	
16	15	14	13	12	11	10	9	8	7	6	5	4	3	2	1	29	28	27	26	25	24	23	22	21	20	19	18	17	16	양력 일	
戊子	丁亥	丙戌	乙酉	甲申	癸未	壬午	辛巳	庚辰	己卯	戊寅	丁丑	丙子	乙亥	甲戌	癸酉	壬申	辛未	庚午	己巳	戊辰	丁卯	丙寅	乙丑	甲子	癸亥	壬戌	辛酉	庚申	己未	일진	
일	토	금	목	수	화	월	일	토	금	목	酉正	화	월	일	토	금	목	수	화	월	일	토	금	목	수	戌正	월	일	토	절기시각	

										청명3																춘분				절기	2月小(己卯) 경칩
	29	28	27	26	25	24	23	22	21	**20**	19	18	17	16	15	14	13	12	11	10	9	8	7	6	5	**4**	3	2	1	음력	
	7	7	8	8	8	9	9	9	10		1	1	1	1	2	2	2	3	3	3	4	4	4	5	5	5	6	6	6	대운 순행	
	3	3	2	2	2	1	1	1	1		10	10	9	9	9	8	8	8	7	7	7	6	6	6	5	5	5	4	4	대운 역행	
														4															3	양력 월	
	14	13	12	11	10	9	8	7	6	5	4	3	2	1	31	30	29	28	27	26	25	24	23	22	21	20	19	18	17	양력 일	
	丁巳	丙辰	乙卯	甲寅	癸丑	壬子	辛亥	庚戌	己酉	戊申	丁未	丙午	乙巳	甲辰	癸卯	壬寅	辛丑	庚子	己亥	戊戌	丁酉	丙申	乙未	甲午	癸巳	壬辰	辛卯	庚寅	己丑	일진	
	월	일	토	금	목	수	화	월	일	子初	금	목	수	화	월	일	토	금	목	수	화	월	일	토	금	戌初	수	화	월	절기시각	

									입하4															곡우						절기	3月小(庚辰) 청명
	29	28	27	26	25	24	23	22	**21**	20	19	18	17	16	15	14	13	12	11	10	9	8	7	**6**	5	4	3	2	1	음력	
	8	8	8	9	9	9	10	10		1	1	1	1	2	2	2	3	3	3	4	4	4	5	5	5	6	6	6	7	대운 순행	
	3	2	2	2	1	1	1	1		10	9	9	9	8	8	8	7	7	7	6	6	6	5	5	5	4	4	4	3	대운 역행	
													5																4	양력 월	
	13	12	11	10	9	8	7	6	5	4	3	2	1	30	29	28	27	26	25	24	23	22	21	20	19	18	17	16	15	양력 일	
	丙戌	乙酉	甲申	癸未	壬午	辛巳	庚辰	己卯	戊寅	丁丑	丙子	乙亥	甲戌	癸酉	壬申	辛未	庚午	己巳	戊辰	丁卯	丙寅	乙丑	甲子	癸亥	壬戌	辛酉	庚申	己未	戊午	일진	
	화	월	일	토	금	목	수	화	酉初	일	토	금	목	수	화	월	일	토	금	목	수	화	월	辰初	토	금	목	수	화	절기시각	

							망종5															소만								절기	4月大(辛巳) 입하
30	29	28	27	26	25	24	**23**	22	21	20	19	18	17	16	15	14	13	12	11	10	9	**8**	7	6	5	4	3	2	1	음력	
8	9	9	9	10	10	10		1	1	1	1	2	2	2	3	3	3	4	4	4	5	5	5	6	6	6	7	7	7	대운 순행	
2	2	2	1	1	1	1		10	10	9	9	9	8	8	8	7	7	7	6	6	6	5	5	5	4	4	4	3	3	대운 역행	
											6																		5	양력 월	
12	11	10	9	8	7	6	5	4	3	2	1	31	30	29	28	27	26	25	24	23	22	21	20	19	18	17	16	15	14	양력 일	
丙辰	乙卯	甲寅	癸丑	壬子	辛亥	庚戌	己酉	戊申	丁未	丙午	乙巳	甲辰	癸卯	壬寅	辛丑	庚子	己亥	戊戌	丁酉	丙申	乙未	甲午	癸巳	壬辰	辛卯	庚寅	己丑	戊子	丁亥	일진	
목	수	화	월	일	토	금	亥初	수	화	월	일	토	금	목	수	화	월	일	토	금	목	卯正	화	월	일	토	금	목	수	절기시각	

					소서6																하지									절기	5月小(壬午) 망종
	29	28	27	26	**25**	24	23	22	21	20	19	18	17	16	15	14	13	12	11	10	**9**	8	7	6	5	4	3	2	1	음력	
	9	9	10	10		1	1	1	1	2	2	2	3	3	3	4	4	4	5	5	5	6	6	6	7	7	7	8	8	대운 순행	
	1	1	1	1		10	10	10	9	9	9	8	8	8	7	7	7	6	6	6	5	5	5	4	4	4	3	3	3	대운 역행	
											7																		6	양력 월	
	11	10	9	8	7	6	5	4	3	2	1	30	29	28	27	26	25	24	23	22	21	20	19	18	17	16	15	14	13	양력 일	
	乙酉	甲申	癸未	壬午	辛巳	庚辰	己卯	戊寅	丁丑	丙子	乙亥	甲戌	癸酉	壬申	辛未	庚午	己巳	戊辰	丁卯	丙寅	乙丑	甲子	癸亥	壬戌	辛酉	庚申	己未	戊午	丁巳	일진	
	금	목	수	화	辰正	일	토	금	목	수	화	월	일	토	금	목	수	화	월	일	未正	금	목	수	화	월	일	토	금	절기시각	

			입추7															대서												절기	6月大(癸未) 소서
30	29	28	**27**	26	25	24	23	22	21	20	19	18	17	16	15	14	13	**12**	11	10	9	8	7	6	5	4	3	2	1	음력	
9	10	10		1	1	1	1	2	2	2	3	3	3	4	4	4	5	5	5	6	6	6	7	7	7	8	8	8	9	대운 순행	
1	1	1		10	10	9	9	9	8	8	8	7	7	7	6	6	6	5	5	5	4	4	4	3	3	3	2	2	2	대운 역행	
									8																				7	양력 월	
10	9	8	7	6	5	4	3	2	1	31	30	29	28	27	26	25	24	23	22	21	20	19	18	17	16	15	14	13	12	양력 일	
乙卯	甲寅	癸丑	壬子	辛亥	庚戌	己酉	戊申	丁未	丙午	乙巳	甲辰	癸卯	壬寅	辛丑	庚子	己亥	戊戌	丁酉	丙申	乙未	甲午	癸巳	壬辰	辛卯	庚寅	己丑	戊子	丁亥	丙戌	일진	
일	토	금	酉初	수	화	월	일	토	금	목	수	화	월	일	토	금	목	丑初	화	월	일	토	금	목	수	화	월	일	토	절기시각	

• 대문이나 창문이 많으면 지출이 많다.

7月小(甲申) 입추

	백로8															처서														절기
	29	28	27	26	25	24	23	22	21	20	19	18	17	16	15	14	13	12	11	10	9	8	7	6	5	4	3	2	1	음력
	10		1	1	1	1	2	2	2	3	3	3	4	4	4	5	5	5	6	6	6	7	7	7	8	8	8	9	9	대운 순행
	1		10	10	9	9	9	8	8	8	7	7	7	6	6	6	5	5	5	4	4	4	3	3	3	2	2	2	1	대운 역행
								9																					8	양력 월
	8	7	6	5	4	3	2	1	31	30	29	28	27	26	25	24	23	22	21	20	19	18	17	16	15	14	13	12	11	양력 일
	甲申	癸未	壬午	辛巳	庚辰	己卯	戊寅	丁丑	丙子	乙亥	甲戌	癸酉	壬申	辛未	庚午	己巳	戊辰	丁卯	丙寅	乙丑	甲子	癸亥	壬戌	辛酉	庚申	己未	戊午	丁巳	丙辰	일진
	월	戊正	토	금	목	수	화	월	일	토	금	목	수	화	월	일	辰正	금	목	수	화	월	일	토	금	목	수	화	월	절기시각

8月大(乙酉) 백로

한로9															추분															절기
30	29	28	27	26	25	24	23	22	21	20	19	18	17	16	15	14	13	12	11	10	9	8	7	6	5	4	3	2	1	음력
	1	1	1	1	2	2	2	3	3	3	4	4	4	5	5	5	6	6	6	7	7	7	8	8	8	9	9	9	10	대운 순행
	10	10	9	9	9	8	8	8	7	7	7	6	6	6	5	5	5	4	4	4	3	3	3	2	2	2	1	1	1	대운 역행
							10																						9	양력 월
8	7	6	5	4	3	2	1	30	29	28	27	26	25	24	23	22	21	20	19	18	17	16	15	14	13	12	11	10	9	양력 일
甲寅	癸丑	壬子	辛亥	庚戌	己酉	戊申	丁未	丙午	乙巳	甲辰	癸卯	壬寅	辛丑	庚子	己亥	戊戌	丁酉	丙申	乙未	甲午	癸巳	壬辰	辛卯	庚寅	己丑	戊子	丁亥	丙戌	乙酉	일진
午正	화	월	일	토	금	목	수	화	월	일	토	금	목	수	卯正	월	일	토	금	목	수	화	월	일	토	금	목	수	화	절기시각

9月大(丙戌) 한로

입동10															상강															절기
30	29	28	27	26	25	24	23	22	21	20	19	18	17	16	15	14	13	12	11	10	9	8	7	6	5	4	3	2	1	음력
	1	1	1	1	2	2	2	3	3	3	4	4	4	5	5	5	6	6	6	7	7	7	8	8	8	9	9	9	10	대운 순행
	10	9	9	9	8	8	8	7	7	7	6	6	6	5	5	5	4	4	4	3	3	3	2	2	2	1	1	1	1	대운 역행
						11																							10	양력 월
7	6	5	4	3	2	1	31	30	29	28	27	26	25	24	23	22	21	20	19	18	17	16	15	14	13	12	11	10	9	양력 일
甲申	癸未	壬午	辛巳	庚辰	己卯	戊寅	丁丑	丙子	乙亥	甲戌	癸酉	壬申	辛未	庚午	己巳	戊辰	丁卯	丙寅	乙丑	甲子	癸亥	壬戌	辛酉	庚申	己未	戊午	丁巳	丙辰	乙卯	일진
申初	목	수	화	월	일	토	금	목	수	화	월	일	토	금	申初	수	화	월	일	토	금	목	수	화	월	일	토	금	목	절기시각

10月小(丁亥) 입동

															소설															절기
	29	28	27	26	25	24	23	22	21	20	19	18	17	16	15	14	13	12	11	10	9	8	7	6	5	4	3	2	1	음력
	1	1	1	1	2	2	2	3	3	3	4	4	4	5	5	5	6	6	6	7	7	7	8	8	8	9	9	9	10	대운 순행
	10	9	9	9	8	8	8	7	7	7	6	6	6	5	5	5	4	4	4	3	3	3	2	2	2	1	1	1	1	대운 역행
						12																							11	양력 월
	6	5	4	3	2	1	30	29	28	27	26	25	24	23	22	21	20	19	18	17	16	15	14	13	12	11	10	9	8	양력 일
	癸丑	壬子	辛亥	庚戌	己酉	戊申	丁未	丙午	乙巳	甲辰	癸卯	壬寅	辛丑	庚子	己亥	戊戌	丁酉	丙申	乙未	甲午	癸巳	壬辰	辛卯	庚寅	己丑	戊子	丁亥	丙戌	乙酉	일진
	토	금	목	수	화	월	일	토	금	목	수	화	월	일	午正	금	목	수	화	월	일	토	금	목	수	화	월	일	토	절기시각

11月大(戊子) 대설

소한12														동지															대설11	절기
30	29	28	27	26	25	24	23	22	21	20	19	18	17	16	15	14	13	12	11	10	9	8	7	6	5	4	3	2	1	음력
	1	1	1	1	2	2	2	3	3	3	4	4	4	5	5	5	6	6	6	7	7	7	8	8	8	9	9	9		대운 순행
	9	9	9	8	8	8	7	7	7	6	6	6	5	5	5	4	4	4	3	3	3	2	2	2	1	1	1	1		대운 역행
				1																									12	양력 월
5	4	3	2	1	31	30	29	28	27	26	25	24	23	22	21	20	19	18	17	16	15	14	13	12	11	10	9	8	7	양력 일
癸未	壬午	辛巳	庚辰	己卯	戊寅	丁丑	丙子	乙亥	甲戌	癸酉	壬申	辛未	庚午	己巳	戊辰	丁卯	丙寅	乙丑	甲子	癸亥	壬戌	辛酉	庚申	己未	戊午	丁巳	丙辰	乙卯	甲寅	일진
戌初	일	토	금	목	수	화	월	일	토	금	목	수	화	丑初	일	토	금	목	수	화	월	일	토	금	목	수	화	월	辰初	절기시각

12月大(己丑) 소한

입춘1															대한															절기
30	29	28	27	26	25	24	23	22	21	20	19	18	17	16	15	14	13	12	11	10	9	8	7	6	5	4	3	2	1	음력
	1	1	1	1	2	2	2	3	3	3	4	4	4	5	5	5	6	6	6	7	7	7	8	8	8	9	9	9	10	대운 순행
	10	9	9	9	8	8	8	7	7	7	6	6	6	5	5	5	4	4	4	3	3	3	2	2	2	1	1	1	1	대운 역행
			2																										1	양력 월
4	3	2	1	31	30	29	28	27	26	25	24	23	22	21	20	19	18	17	16	15	14	13	12	11	10	9	8	7	6	양력 일
癸丑	壬子	辛亥	庚戌	己酉	戊申	丁未	丙午	乙巳	甲辰	癸卯	壬寅	辛丑	庚子	己亥	戊戌	丁酉	丙申	乙未	甲午	癸巳	壬辰	辛卯	庚寅	己丑	戊子	丁亥	丙戌	乙酉	甲申	일진
卯正	화	월	일	토	금	목	수	화	월	일	토	금	목	수	午正	월	일	토	금	목	수	화	월	일	토	금	목	수	화	절기시각

• 일지의 재와 타주의 관이 합하고 있으면 총각이 득자한다.

서기 1981년
단기 4314년

辛酉年

상문 : 亥　대장군 : 南
조객 : 未　삼　재 : 寅午戌
삼살 : 東

버마 아웅산사태 발생

1月小(庚寅) 입춘

															우수															절기	
	29	28	27	26	25	24	23	22	21	20	19	18	17	16	15	14	13	12	11	10	9	8	7	6	5	4	3	2	1	음력	
	1	1	1	1	2	2	2	3	3	3	4	4	4	5	5	5	6	6	6	7	7	7	8	8	8	9	9	9	10	순행	대
	10	9	9	9	8	8	8	7	7	7	6	6	6	5	5	5	4	4	4	3	3	3	2	2	2	1	1	1	1	역행	운
					3																								2	월	양
	5	4	3	2	1	28	27	26	25	24	23	22	21	20	19	18	17	16	15	14	13	12	11	10	9	8	7	6	5	일	력
	壬	辛	庚	己	戊	丁	丙	乙	甲	癸	壬	辛	庚	己	戊	丁	丙	乙	甲	癸	壬	辛	庚	己	戊	丁	丙	乙	甲	일진	
	午	巳	辰	卯	寅	丑	子	亥	戌	酉	申	未	午	巳	辰	卯	寅	丑	子	亥	戌	酉	申	未	午	巳	辰	卯	寅		
	목	수	화	월	일	토	금	목	수	화	월	일	토	금	丑正	수	화	월	일	토	금	목	수	화	월	일	토	금	목	절기시각	

2月大(辛卯) 경칩

														춘분															경칩2	절기	
30	29	28	27	26	25	24	23	22	21	20	19	18	17	16	15	14	13	12	11	10	9	8	7	6	5	4	3	2	1	음력	
1	1	1	1	2	2	2	3	3	3	4	4	4	5	5	5	6	6	6	7	7	7	8	8	8	9	9	9	10		순행	대
10	9	9	9	8	8	8	7	7	7	6	6	6	5	5	5	4	4	4	3	3	3	2	2	2	1	1	1	1		역행	운
			4																										3	월	양
4	3	2	1	31	30	29	28	27	26	25	24	23	22	21	20	19	18	17	16	15	14	13	12	11	10	9	8	7	6	일	력
壬	辛	庚	己	戊	丁	丙	乙	甲	癸	壬	辛	庚	己	戊	丁	丙	乙	甲	癸	壬	辛	庚	己	戊	丁	丙	乙	甲	癸	일진	
子	亥	戌	酉	申	未	午	巳	辰	卯	寅	丑	子	亥	戌	酉	申	未	午	巳	辰	卯	寅	丑	子	亥	戌	酉	申	未		
토	금	목	수	화	월	일	토	금	목	수	화	월	일	丑正	금	목	수	화	월	일	토	금	목	수	화	월	일	토	子正	절기시각	

3月小(壬辰) 청명

														곡우															청명3	절기	
	29	28	27	26	25	24	23	22	21	20	19	18	17	16	15	14	13	12	11	10	9	8	7	6	5	4	3	2	1	음력	
	1	1	1	2	2	2	3	3	3	4	4	4	5	5	5	6	6	6	7	7	7	8	8	8	9	9	9	10		순행	대
	9	9	9	8	8	8	7	7	7	6	6	6	5	5	5	4	4	4	3	3	3	2	2	2	1	1	1	1		역행	운
			5																										4	월	양
	3	2	1	30	29	28	27	26	25	24	23	22	21	20	19	18	17	16	15	14	13	12	11	10	9	8	7	6	5	일	력
	辛	庚	己	戊	丁	丙	乙	甲	癸	壬	辛	庚	己	戊	丁	丙	乙	甲	癸	壬	辛	庚	己	戊	丁	丙	乙	甲	癸	일진	
	巳	辰	卯	寅	丑	子	亥	戌	酉	申	未	午	巳	辰	卯	寅	丑	子	亥	戌	酉	申	未	午	巳	辰	卯	寅	丑		
	일	토	금	목	수	화	월	일	토	금	목	수	화	午正	일	토	금	목	수	화	월	일	토	금	목	수	화	월	卯正	절기시각	

4月小(癸巳) 입하

												소만																입하4		절기	
	29	28	27	26	25	24	23	22	21	20	19	18	17	16	15	14	13	12	11	10	9	8	7	6	5	4	3	2	1	음력	
	2	2	2	3	3	3	4	4	4	5	5	5	6	6	6	7	7	7	8	8	8	9	9	9	10	10	10		1	순행	대
	9	9	8	8	8	7	7	7	6	6	6	5	5	5	4	4	4	3	3	3	2	2	2	1	1	1	1		10	역행	운
	6																												5	월	양
	1	31	30	29	28	27	26	25	24	23	22	21	20	19	18	17	16	15	14	13	12	11	10	9	8	7	6	5	4	일	력
	庚	己	戊	丁	丙	乙	甲	癸	壬	辛	庚	己	戊	丁	丙	乙	甲	癸	壬	辛	庚	己	戊	丁	丙	乙	甲	癸	壬	일진	
	戌	酉	申	未	午	巳	辰	卯	寅	丑	子	亥	戌	酉	申	未	午	巳	辰	卯	寅	丑	子	亥	戌	酉	申	未	午		
	월	일	토	금	목	수	화	월	일	토	금	午正	수	화	월	일	토	금	목	수	화	월	일	토	금	목	수	子初	월	절기시각	

5月大(甲午) 망종

										하지															망종5					절기	
30	29	28	27	26	25	24	23	22	21	20	19	18	17	16	15	14	13	12	11	10	9	8	7	6	5	4	3	2	1	음력	
2	2	3	3	3	4	4	4	5	5	5	6	6	6	7	7	7	8	8	8	9	9	9	10	10		1	1	1	1	순행	대
8	8	8	7	7	7	6	6	6	5	5	5	4	4	4	3	3	3	2	2	2	1	1	1	1		10	10	10	9	역행	운
7																													6	월	양
1	30	29	28	27	26	25	24	23	22	21	20	19	18	17	16	15	14	13	12	11	10	9	8	7	6	5	4	3	2	일	력
庚	己	戊	丁	丙	乙	甲	癸	壬	辛	庚	己	戊	丁	丙	乙	甲	癸	壬	辛	庚	己	戊	丁	丙	乙	甲	癸	壬	辛	일진	
辰	卯	寅	丑	子	亥	戌	酉	申	未	午	巳	辰	卯	寅	丑	子	亥	戌	酉	申	未	午	巳	辰	卯	寅	丑	子	亥		
수	화	월	일	토	금	목	수	화	월	戌正	토	금	목	수	화	월	일	토	금	목	수	화	월	일	寅初	금	목	수	화	절기시각	

6月小(乙未) 소서

								대서																소서6						절기	
	29	28	27	26	25	24	23	22	21	20	19	18	17	16	15	14	13	12	11	10	9	8	7	6	5	4	3	2	1	음력	
	3	3	3	4	4	4	5	5	5	6	6	6	7	7	7	8	8	8	9	9	9	10	10		1	1	1	1	2	순행	대
	8	7	7	7	6	6	6	5	5	5	4	4	4	3	3	3	2	2	2	1	1	1	1		10	10	9	9	9	역행	운
																													7	월	양
	30	29	28	27	26	25	24	23	22	21	20	19	18	17	16	15	14	13	12	11	10	9	8	7	6	5	4	3	2	일	력
	己	戊	丁	丙	乙	甲	癸	壬	辛	庚	己	戊	丁	丙	乙	甲	癸	壬	辛	庚	己	戊	丁	丙	乙	甲	癸	壬	辛	일진	
	酉	申	未	午	巳	辰	卯	寅	丑	子	亥	戌	酉	申	未	午	巳	辰	卯	寅	丑	子	亥	戌	酉	申	未	午	巳		
	목	수	화	월	일	토	금	辰初	수	화	월	일	토	금	목	수	화	월	일	토	금	목	수	未初	월	일	토	금	목	절기시각	

• 서쪽 창문이나 서쪽문을 자주 쓰면 구멍뚫린 지갑과 같다.

						처서																입추7								절기	7月小(丙申) 입추
	29	28	27	26	25	**24**	23	22	21	20	19	18	17	16	15	14	13	12	11	10	9	**8**	7	6	5	4	3	2	1	음력	
	4	4	4	5	5	5	6	6	6	7	7	7	8	8	8	9	9	9	10	10	10		1	1	1	1	2	2	2	대운 순행	
	7	7	6	6	6	5	5	5	4	4	4	3	3	3	2	2	2	1	1	1	1		10	10	9	9	9	8	8	대운 역행	
																												8	7	양력 월	
	28	27	26	25	24	23	22	21	20	19	18	17	16	15	14	13	12	11	10	9	8	7	6	5	4	3	2	1	31	양력 일	
	戊寅	丁丑	丙子	乙亥	甲戌	癸酉	壬申	辛未	庚午	己巳	戊辰	丁卯	丙寅	乙丑	甲子	癸亥	壬戌	辛酉	庚申	己未	戊午	丁巳	丙辰	乙卯	甲寅	癸丑	壬子	辛亥	庚戌	일진	
	금	목	수	화	월	未正	토	금	목	수	화	월	일	토	금	목	수	화	월	일	토	子初	목	수	화	월	일	토	금	절기시각	

				추분															백로8											절기	8月大(丁酉) 백로
30	29	28	27	**26**	25	24	23	22	21	20	19	18	17	16	15	14	13	12	**11**	10	9	8	7	6	5	4	3	2	1	음력	
4	4	4	5	5	5	6	6	6	7	7	7	8	8	8	9	9	9	10		1	1	1	1	2	2	2	3	3	3	대운 순행	
6	6	6	5	5	5	4	4	4	3	3	3	2	2	2	1	1	1	1		10	10	10	9	9	9	8	8	8	7	대운 역행	
																										9			8	양력 월	
27	26	25	24	23	22	21	20	19	18	17	16	15	14	13	12	11	10	9	8	7	6	5	4	3	2	1	31	30	29	양력 일	
戊申	丁未	丙午	乙巳	甲辰	癸卯	壬寅	辛丑	庚子	己亥	戊戌	丁酉	丙申	乙未	甲午	癸巳	壬辰	辛卯	庚寅	己丑	戊子	丁亥	丙戌	乙酉	甲申	癸未	壬午	辛巳	庚辰	己卯	일진	
일	토	금	목	午初	화	월	일	토	금	목	수	화	월	일	토	금	목	수	丑正	월	일	토	금	목	수	화	월	일	토	절기시각	

				상강															한로9											절기	9月大(戊戌) 한로
30	29	28	27	**26**	25	24	23	22	21	20	19	18	17	16	15	14	13	12	**11**	10	9	8	7	6	5	4	3	2	1	음력	
4	4	4	5	5	5	6	6	6	7	7	7	8	8	8	9	9	9	10		1	1	1	1	2	2	2	3	3	3	대운 순행	
6	6	6	5	5	5	4	4	4	3	3	3	2	2	2	1	1	1	1		10	9	9	9	8	8	8	7	7	7	대운 역행	
																										10			9	양력 월	
27	26	25	24	23	22	21	20	19	18	17	16	15	14	13	12	11	10	9	8	7	6	5	4	3	2	1	30	29	28	양력 일	
戊寅	丁丑	丙子	乙亥	甲戌	癸酉	壬申	辛未	庚午	己巳	戊辰	丁卯	丙寅	乙丑	甲子	癸亥	壬戌	辛酉	庚申	己未	戊午	丁巳	丙辰	乙卯	甲寅	癸丑	壬子	辛亥	庚戌	己酉	일진	
화	월	일	토	亥初	목	수	화	월	일	토	금	목	수	화	월	일	토	금	酉正	수	화	월	일	토	금	목	수	화	월	절기시각	

				소설															입동10											절기	10月小(己亥) 입동
	29	28	27	**26**	25	24	23	22	21	20	19	18	17	16	15	14	13	12	**11**	10	9	8	7	6	5	4	3	2	1	음력	
	4	4	5	5	5	6	6	6	7	7	7	8	8	8	9	9	9	10		1	1	1	1	2	2	2	3	3	3	대운 순행	
	6	6	5	5	5	4	4	4	3	3	3	2	2	2	1	1	1	1		10	9	9	9	8	8	8	7	7	7	대운 역행	
																									11				10	양력 월	
	25	24	23	22	21	20	19	18	17	16	15	14	13	12	11	10	9	8	7	6	5	4	3	2	1	31	30	29	28	양력 일	
	丁未	丙午	乙巳	甲辰	癸卯	壬寅	辛丑	庚子	己亥	戊戌	丁酉	丙申	乙未	甲午	癸巳	壬辰	辛卯	庚寅	己丑	戊子	丁亥	丙戌	乙酉	甲申	癸未	壬午	辛巳	庚辰	己卯	일진	
	수	화	월	酉正	토	금	목	수	화	월	일	토	금	목	수	화	월	일	亥初	금	목	수	화	월	일	토	금	목	수	절기시각	

			동지															대설11												절기	11月大(庚子) 대설
30	29	28	**27**	26	25	24	23	22	21	20	19	18	17	16	15	14	13	**12**	11	10	9	8	7	6	5	4	3	2	1	음력	
4	4	5	5	5	6	6	6	7	7	7	8	8	8	9	9	9	10		1	1	1	1	2	2	2	3	3	3	4	대운 순행	
6	6	5	5	5	4	4	4	3	3	3	2	2	2	1	1	1	1		10	9	9	9	8	8	8	7	7	7	6	대운 역행	
																								12					11	양력 월	
25	24	23	22	21	20	19	18	17	16	15	14	13	12	11	10	9	8	7	6	5	4	3	2	1	30	29	28	27	26	양력 일	
丁丑	丙子	乙亥	甲戌	癸酉	壬申	辛未	庚午	己巳	戊辰	丁卯	丙寅	乙丑	甲子	癸亥	壬戌	辛酉	庚申	己未	戊午	丁巳	丙辰	乙卯	甲寅	癸丑	壬子	辛亥	庚戌	己酉	戊申	일진	
금	목	수	辰初	월	일	토	금	목	수	화	월	일	토	금	목	수	화	未初	일	토	금	목	수	화	월	일	토	금	목	절기시각	

				대한														소한12												절기	12月大(辛丑) 소한
30	29	28	27	**26**	25	24	23	22	21	20	19	18	17	16	15	14	13	**12**	11	10	9	8	7	6	5	4	3	2	1	음력	
4	4	4	5	5	5	6	6	6	7	7	7	8	8	8	9	9	9		1	1	1	1	2	2	2	3	3	3	4	대운 순행	
6	6	5	5	5	4	4	4	3	3	3	2	2	2	1	1	1	1		10	9	9	9	8	8	8	7	7	7	6	대운 역행	
																							1						12	양력 월	
24	23	22	21	20	19	18	17	16	15	14	13	12	11	10	9	8	7	6	5	4	3	2	1	31	30	29	28	27	26	양력 일	
丁未	丙午	乙巳	甲辰	癸卯	壬寅	辛丑	庚子	己亥	戊戌	丁酉	丙申	乙未	甲午	癸巳	壬辰	辛卯	庚寅	己丑	戊子	丁亥	丙戌	乙酉	甲申	癸未	壬午	辛巳	庚辰	己卯	戊寅	일진	
일	토	금	목	酉正	화	월	일	토	금	목	수	화	월	일	토	금	목	子初	화	월	일	토	금	목	수	화	월	일	토	절기시각	

• 일지에 식신이나 상관이 있고 관과 합하고 있으면 처녀 몸으로 잉태해 본다.

서기 1982년
단기 4315년

壬戌年

상문 : 子 대장군 : 南
조객 : 申 삼 재 : 寅午戌
삼살 : 北

				우수															입춘1											절기	1月大(壬寅) 입춘
30	29	28	27	**26**	25	24	23	22	21	20	19	18	17	16	15	14	13	12	**11**	10	9	8	7	6	5	4	3	2	1	음력	
4	4	4	5	5	5	6	6	6	7	7	7	8	8	8	9	9	9	10		1	1	1	1	2	2	2	3	3	3	대운 순행	
6	6	6	5	5	5	4	4	4	3	3	3	2	2	2	1	1	1	1		9	9	9	8	8	8	7	7	7	6	대운 역행	
																						2							1	양력 월	
23	22	21	20	19	18	17	16	15	14	13	12	11	10	9	8	7	6	5	4	3	2	1	31	30	29	28	27	26	25	양력 일	
丁丑	丙子	乙亥	甲戌	癸酉	壬申	辛未	庚午	己巳	戊辰	丁卯	丙寅	乙丑	甲子	癸亥	壬戌	辛酉	庚申	己未	戊午	丁巳	丙辰	乙卯	甲寅	癸丑	壬子	辛亥	庚戌	己酉	戊申	일진	
화	월	일	토	辰初	목	수	화	월	일	토	금	목	수	화	월	일	토	금	午正	수	화	월	일	토	금	목	수	화	월	절기시각	

				춘분															경칩2											절기	2月小(癸卯) 경칩
	29	28	27	**26**	25	24	23	22	21	20	19	18	17	16	15	14	13	12	**11**	10	9	8	7	6	5	4	3	2	1	음력	
	4	4	5	5	5	6	6	6	7	7	7	8	8	8	9	9	9	10		1	1	1	1	2	2	2	3	3	3	대운 순행	
	6	6	5	5	5	4	4	4	3	3	3	2	2	2	1	1	1	1		10	9	9	9	8	8	8	7	7	7	대운 역행	
																								3					2	양력 월	
	24	23	22	21	20	19	18	17	16	15	14	13	12	11	10	9	8	7	6	5	4	3	2	1	28	27	26	25	24	양력 일	
	丙午	乙巳	甲辰	癸卯	壬寅	辛丑	庚子	己亥	戊戌	丁酉	丙申	乙未	甲午	癸巳	壬辰	辛卯	庚寅	己丑	戊子	丁亥	丙戌	乙酉	甲申	癸未	壬午	辛巳	庚辰	己卯	戊寅	일진	
	수	화	월	辰初	토	금	목	수	화	월	일	토	금	목	수	화	월	일	丑正	금	목	수	화	월	일	토	금	목	수	절기시각	

			곡우															청명3												절기	3月大(甲辰) 청명
30	29	28	**27**	26	25	24	23	22	21	20	19	18	17	16	15	14	13	**12**	11	10	9	8	7	6	5	4	3	2	1	음력	
4	5	5	5	6	6	6	7	7	7	8	8	8	9	9	9	10	10		1	1	1	1	2	2	2	3	3	3	4	대운 순행	
6	6	5	5	5	4	4	4	3	3	3	2	2	2	1	1	1	1		10	9	9	9	8	8	8	7	7	7	6	대운 역행	
																						4							3	양력 월	
23	22	21	20	19	18	17	16	15	14	13	12	11	10	9	8	7	6	5	4	3	2	1	31	30	29	28	27	26	25	양력 일	
丙子	乙亥	甲戌	癸酉	壬申	辛未	庚午	己巳	戊辰	丁卯	丙寅	乙丑	甲子	癸亥	壬戌	辛酉	庚申	己未	戊午	丁巳	丙辰	乙卯	甲寅	癸丑	壬子	辛亥	庚戌	己酉	戊申	丁未	일진	
금	목	수	酉正	월	일	토	금	목	수	화	월	일	토	금	목	수	화	午初	일	토	금	목	수	화	월	일	토	금	목	절기시각	

		소만															입하4													절기	4月小(乙巳) 입하
	29	**28**	27	26	25	24	23	22	21	20	19	18	17	16	15	14	**13**	12	11	10	9	8	7	6	5	4	3	2	1	음력	
	5	5	6	6	6	7	7	7	8	8	8	9	9	9	10	10		1	1	1	1	2	2	2	3	3	3	4	4	대운 순행	
	5	5	5	4	4	4	3	3	3	2	2	2	1	1	1	1		10	10	9	9	9	8	8	8	7	7	7	6	대운 역행	
																						5							4	양력 월	
	22	21	20	19	18	17	16	15	14	13	12	11	10	9	8	7	6	5	4	3	2	1	30	29	28	27	26	25	24	양력 일	
	乙巳	甲辰	癸卯	壬寅	辛丑	庚子	己亥	戊戌	丁酉	丙申	乙未	甲午	癸巳	壬辰	辛卯	庚寅	己丑	戊子	丁亥	丙戌	乙酉	甲申	癸未	壬午	辛巳	庚辰	己卯	戊寅	丁丑	일진	
	토	酉正	목	수	화	월	일	토	금	목	수	화	월	일	토	금	寅正	수	화	월	일	토	금	목	수	화	월	일	토	절기시각	

															망종5															절기	윤 4月 小
	29	28	27	26	25	24	23	22	21	20	19	18	17	16	**15**	14	13	12	11	10	9	8	7	6	5	4	3	2	1	음력	
	6	6	6	7	7	7	8	8	8	9	9	9	10	10		1	1	1	1	2	2	2	3	3	3	4	4	4	5	대운 순행	
	5	4	4	4	3	3	3	2	2	2	1	1	1	1		10	10	9	9	9	8	8	8	7	7	7	6	6	6	대운 역행	
																				6									5	양력 월	
	20	19	18	17	16	15	14	13	12	11	10	9	8	7	6	5	4	3	2	1	31	30	29	28	27	26	25	24	23	양력 일	
	甲戌	癸酉	壬申	辛未	庚午	己巳	戊辰	丁卯	丙寅	乙丑	甲子	癸亥	壬戌	辛酉	庚申	己未	戊午	丁巳	丙辰	乙卯	甲寅	癸丑	壬子	辛亥	庚戌	己酉	戊申	丁未	丙午	일진	
	일	토	금	목	수	화	월	일	토	금	목	수	화	월	巳初	토	금	목	수	화	월	일	토	금	목	수	화	월	일	절기시각	

													소서6															하지		절기	5月大(丙午) 망종
30	29	28	27	26	25	24	23	22	21	20	19	18	**17**	16	15	14	13	12	11	10	9	8	7	6	5	4	3	**2**	1	음력	
6	7	7	7	8	8	8	9	9	9	10	10	10		1	1	1	1	2	2	2	3	3	3	4	4	4	5	5	5	대운 순행	
4	4	4	3	3	3	2	2	2	1	1	1	1		10	10	9	9	9	8	8	8	7	7	7	6	6	6	5	5	대운 역행	
																			7										6	양력 월	
20	19	18	17	16	15	14	13	12	11	10	9	8	7	6	5	4	3	2	1	30	29	28	27	26	25	24	23	22	21	양력 일	
甲辰	癸卯	壬寅	辛丑	庚子	己亥	戊戌	丁酉	丙申	乙未	甲午	癸巳	壬辰	辛卯	庚寅	己丑	戊子	丁亥	丙戌	乙酉	甲申	癸未	壬午	辛巳	庚辰	己卯	戊寅	丁丑	丙子	乙亥	일진	
화	월	일	토	금	목	수	화	월	일	토	금	목	戌初	화	월	일	토	금	목	수	화	월	일	토	금	목	수	丑正	월	절기시각	

• 자기 집의 남쪽부분에 결함이 있으면 아내는 신경질이 많다.

											입추7																대서			절기		6月小(丁未) 소서
	29	28	27	26	25	24	23	22	21	20	19	18	17	16	15	14	13	12	11	10	9	8	7	6	5	4	3	2	1	음력		
	7	7	8	8	8	9	9	9	10	10		1	1	1	1	2	2	2	3	3	3	4	4	4	5	5	5	6	6	순행	대운	
	3	3	3	2	2	2	1	1	1	1		10	10	10	9	9	9	8	8	8	7	7	7	6	6	6	5	5	5	역행	대운	
																		8											7	월	양력	
	18	17	16	15	14	13	12	11	10	9	8	7	6	5	4	3	2	1	31	30	29	28	27	26	25	24	23	22	21	일	양력	
	癸	壬	辛	庚	己	戊	丁	丙	乙	甲	癸	壬	辛	庚	己	戊	丁	丙	乙	甲	癸	壬	辛	庚	己	戊	丁	丙	乙	일진		
	酉	申	未	午	巳	辰	卯	寅	丑	子	亥	戌	酉	申	未	午	巳	辰	卯	寅	丑	子	亥	戌	酉	申	未	午	巳	일진		
	수	화	월	일	토	금	목	수	화	월	卯初	토	금	목	수	화	월	일	토	금	목	수	화	월	일	토	未初	목	수	절기시각		
										백로8																처서				절기		7月小(戊申) 입추
	29	28	27	26	25	24	23	22	21	20	19	18	17	16	15	14	13	12	11	10	9	8	7	6	5	4	3	2	1	음력		
	8	8	8	9	9	9	10	10		1	1	1	1	2	2	2	3	3	3	4	4	4	5	5	5	6	6	6	7	순행	대운	
	3	2	2	2	1	1	1	1		10	10	9	9	9	8	8	8	7	7	7	6	6	6	5	5	5	4	4	4	역행	대운	
																9													8	월	양력	
	16	15	14	13	12	11	10	9	8	7	6	5	4	3	2	1	31	30	29	28	27	26	25	24	23	22	21	20	19	일	양력	
	壬	辛	庚	己	戊	丁	丙	乙	甲	癸	壬	辛	庚	己	戊	丁	丙	乙	甲	癸	壬	辛	庚	己	戊	丁	丙	乙	甲	일진		
	寅	丑	子	亥	戌	酉	申	未	午	巳	辰	卯	寅	丑	子	亥	戌	酉	申	未	午	巳	辰	卯	寅	丑	子	亥	戌	일진		
	목	수	화	월	일	토	금	목	辰正	화	월	일	토	금	목	수	화	월	일	토	금	목	수	화	戌正	일	토	금	목	절기시각		
								한로9																추분						절기		8月大(己酉) 백로
30	29	28	27	26	25	24	23	22	21	20	19	18	17	16	15	14	13	12	11	10	9	8	7	6	5	4	3	2	1	음력		
8	8	8	9	9	9	10		1	1	1	1	2	2	2	3	3	3	4	4	4	5	5	5	6	6	6	7	7	7	순행	대운	
2	2	2	1	1	1	1		10	10	9	9	9	8	8	8	7	7	7	6	6	6	5	5	5	4	4	4	3	3	역행	대운	
															10														9	월	양력	
16	15	14	13	12	11	10	9	8	7	6	5	4	3	2	1	30	29	28	27	26	25	24	23	22	21	20	19	18	17	일	양력	
壬	辛	庚	己	戊	丁	丙	乙	甲	癸	壬	辛	庚	己	戊	丁	丙	乙	甲	癸	壬	辛	庚	己	戊	丁	丙	乙	甲	癸	일진		
申	未	午	巳	辰	卯	寅	丑	子	亥	戌	酉	申	未	午	巳	辰	卯	寅	丑	子	亥	戌	酉	申	未	午	巳	辰	卯	일진		
토	금	목	수	화	월	일	子正	금	목	수	화	월	일	토	금	목	수	화	월	일	토	금	酉初	수	화	월	일	토	금	절기시각		
							입동10															상강								절기		9月大(庚戌) 한로
30	29	28	27	26	25	24	23	22	21	20	19	18	17	16	15	14	13	12	11	10	9	8	7	6	5	4	3	2	1	음력		
7	8	8	8	9	9	9		1	1	1	1	2	2	2	3	3	3	4	4	4	5	5	5	6	6	6	7	7	7	순행	대운	
2	2	2	1	1	1	1		10	9	9	9	8	8	8	7	7	7	6	6	6	5	5	5	4	4	4	3	3	3	역행	대운	
														11															10	월	양력	
15	14	13	12	11	10	9	8	7	6	5	4	3	2	1	31	30	29	28	27	26	25	24	23	22	21	20	19	18	17	일	양력	
壬	辛	庚	己	戊	丁	丙	乙	甲	癸	壬	辛	庚	己	戊	丁	丙	乙	甲	癸	壬	辛	庚	己	戊	丁	丙	乙	甲	癸	일진		
寅	丑	子	亥	戌	酉	申	未	午	巳	辰	卯	寅	丑	子	亥	戌	酉	申	未	午	巳	辰	卯	寅	丑	子	亥	戌	酉	일진		
월	일	토	금	목	수	화	丑正	일	토	금	목	수	화	월	일	토	금	목	수	화	월	丑正	토	금	목	수	화	월	일	절기시각		
								대설11														소설								절기		10月小(辛亥) 입동
	29	28	27	26	25	24	23	22	21	20	19	18	17	16	15	14	13	12	11	10	9	8	7	6	5	4	3	2	1	음력		
	8	8	8	9	9	9	10		1	1	1	1	2	2	2	3	3	3	4	4	4	5	5	5	6	6	6	7	7	순행	대운	
	2	2	2	1	1	1	1		9	9	9	8	8	8	7	7	7	6	6	6	5	5	5	4	4	4	3	3	3	역행	대운	
														12															11	월	양력	
	14	13	12	11	10	9	8	7	6	5	4	3	2	1	30	29	28	27	26	25	24	23	22	21	20	19	18	17	16	일	양력	
	辛	庚	己	戊	丁	丙	乙	甲	癸	壬	辛	庚	己	戊	丁	丙	乙	甲	癸	壬	辛	庚	己	戊	丁	丙	乙	甲	癸	일진		
	未	午	巳	辰	卯	寅	丑	子	亥	戌	酉	申	未	午	巳	辰	卯	寅	丑	子	亥	戌	酉	申	未	午	巳	辰	卯	일진		
	화	월	일	토	금	목	수	戌初	월	일	토	금	목	수	화	월	일	토	금	목	수	子正	월	일	토	금	목	수	화	절기시각		
							소한12															동지								절기		11月大(壬子) 대설
30	29	28	27	26	25	24	23	22	21	20	19	18	17	16	15	14	13	12	11	10	9	8	7	6	5	4	3	2	1	음력		
7	8	8	8	9	9	9		1	1	1	1	2	2	2	3	3	3	4	4	4	5	5	5	6	6	6	7	7	7	순행	대운	
2	2	2	1	1	1	1		10	9	9	9	8	8	8	7	7	7	6	6	6	5	5	5	4	4	4	3	3	3	역행	대운	
												1																	12	월	양력	
13	12	11	10	9	8	7	6	5	4	3	2	1	31	30	29	28	27	26	25	24	23	22	21	20	19	18	17	16	15	일	양력	
辛	庚	己	戊	丁	丙	乙	甲	癸	壬	辛	庚	己	戊	丁	丙	乙	甲	癸	壬	辛	庚	己	戊	丁	丙	乙	甲	癸	壬	일진		
丑	子	亥	戌	酉	申	未	午	巳	辰	卯	寅	丑	子	亥	戌	酉	申	未	午	巳	辰	卯	寅	丑	子	亥	戌	酉	申	일진		
목	수	화	월	일	토	금	酉正	수	화	월	일	토	금	목	수	화	월	일	토	금	목	未初	화	월	일	토	금	목	수	절기시각		
								입춘1														대한								절기		12月大(癸丑) 소한
30	29	28	27	26	25	24	23	22	21	20	19	18	17	16	15	14	13	12	11	10	9	8	7	6	5	4	3	2	1	음력		
7	8	8	8	9	9	9	10		1	1	1	1	2	2	2	3	3	3	4	4	4	5	5	5	6	6	6	7	7	순행	대운	
3	2	2	2	1	1	1	1		9	9	9	8	8	8	7	7	7	6	6	6	5	5	5	4	4	4	3	3	3	역행	대운	
											2																		1	월	양력	
12	11	10	9	8	7	6	5	4	3	2	1	31	30	29	28	27	26	25	24	23	22	21	20	19	18	17	16	15	14	일	양력	
辛	庚	己	戊	丁	丙	乙	甲	癸	壬	辛	庚	己	戊	丁	丙	乙	甲	癸	壬	辛	庚	己	戊	丁	丙	乙	甲	癸	壬	일진		
未	午	巳	辰	卯	寅	丑	子	亥	戌	酉	申	未	午	巳	辰	卯	寅	丑	子	亥	戌	酉	申	未	午	巳	辰	卯	寅	일진		
토	금	목	수	화	월	일	토	酉初	목	수	화	월	일	토	금	목	수	화	월	일	토	子正	목	수	화	월	일	토	금	절기시각		

• 癸亥日柱는 머리가 총명하다.

서기 1983년
단기 4316년

癸亥年

상문 : 丑 대장군 : 西
조객 : 酉 삼 재 : 巳酉丑
삼살 : 西

								경칩2															우수							절기	1月大(甲寅) 입춘
30	29	28	27	26	25	24	23	22	21	20	19	18	17	16	15	14	13	12	11	10	9	8	7	6	5	4	3	2	1	음력	
7	8	8	8	9	9	9	10		1	1	1	1	2	2	2	3	3	3	4	4	4	5	5	5	6	6	6	7	7	순행 대	
3	2	2	2	1	1	1	1		10	9	9	9	8	8	8	7	7	7	6	6	6	5	5	5	4	4	4	3	3	역행 운	
													3																2	월 양	
14	13	12	11	10	9	8	7	6	5	4	3	2	1	28	27	26	25	24	23	22	21	20	19	18	17	16	15	14	13	일 력	
辛丑	庚子	己亥	戊戌	丁酉	丙申	乙未	甲午	癸巳	壬辰	辛卯	庚寅	己丑	戊子	丁亥	丙戌	乙酉	甲申	癸未	壬午	辛巳	庚辰	己卯	戊寅	丁丑	丙子	乙亥	甲戌	癸酉	壬申	일진	
월	일	토	금	목	수	화	월	午正	토	금	목	수	화	월	일	토	금	목	수	화	월	일	未正	금	목	수	화	월	일	절기시각	

								청명3															춘분							절기	2月小(乙卯) 경칩
	29	28	27	26	25	24	23	22	21	20	19	18	17	16	15	14	13	12	11	10	9	8	7	6	5	4	3	2	1	음력	
	8	8	9	9	9	10	10		1	1	1	1	2	2	2	3	3	3	4	4	4	5	5	5	6	6	6	7	7	순행 대	
	2	2	2	1	1	1	1		10	9	9	9	8	8	8	7	7	7	6	6	6	5	5	5	4	4	4	3	3	역행 운	
												4																	3	월 양	
	12	11	10	9	8	7	6	5	4	3	2	1	31	30	29	28	27	26	25	24	23	22	21	20	19	18	17	16	15	일 력	
	庚午	己巳	戊辰	丁卯	丙寅	乙丑	甲子	癸亥	壬戌	辛酉	庚申	己未	戊午	丁巳	丙辰	乙卯	甲寅	癸丑	壬子	辛亥	庚戌	己酉	戊申	丁未	丙午	乙巳	甲辰	癸卯	壬寅	일진	
	화	월	일	토	금	목	수	酉初	월	일	토	금	목	수	화	월	일	토	금	목	수	화	未初	일	토	금	목	수	화	절기시각	

						입하4															곡우									절기	3月大(丙辰) 청명
30	29	28	27	26	25	24	23	22	21	20	19	18	17	16	15	14	13	12	11	10	9	8	7	6	5	4	3	2	1	음력	
8	9	9	9	10	10		1	1	1	1	2	2	2	3	3	3	4	4	4	5	5	5	6	6	6	7	7	7	8	순행 대	
2	2	1	1	1	1		10	10	9	9	9	8	8	8	7	7	7	6	6	6	5	5	5	4	4	4	3	3	3	역행 운	
											5																		4	월 양	
12	11	10	9	8	7	6	5	4	3	2	1	30	29	28	27	26	25	24	23	22	21	20	19	18	17	16	15	14	13	일 력	
庚子	己亥	戊戌	丁酉	丙申	乙未	甲午	癸巳	壬辰	辛卯	庚寅	己丑	戊子	丁亥	丙戌	乙酉	甲申	癸未	壬午	辛巳	庚辰	己卯	戊寅	丁丑	丙子	乙亥	甲戌	癸酉	壬申	辛未	일진	
목	수	화	월	일	토	巳正	목	수	화	월	일	토	금	목	수	화	월	일	토	금	子正	수	화	월	일	토	금	목	수	절기시각	

					망종5															소만										절기	4月小(丁巳) 입하
	29	28	27	26	25	24	23	22	21	20	19	18	17	16	15	14	13	12	11	10	9	8	7	6	5	4	3	2	1	음력	
	9	10	10	10		1	1	1	1	2	2	2	3	3	3	4	4	4	5	5	5	6	6	6	7	7	7	8	8	순행 대	
	1	1	1	1		10	10	9	9	9	8	8	8	7	7	7	6	6	6	5	5	5	4	4	4	3	3	3	2	역행 운	
										6																			5	월 양	
	10	9	8	7	6	5	4	3	2	1	31	30	29	28	27	26	25	24	23	22	21	20	19	18	17	16	15	14	13	일 력	
	己巳	戊辰	丁卯	丙寅	乙丑	甲子	癸亥	壬戌	辛酉	庚申	己未	戊午	丁巳	丙辰	乙卯	甲寅	癸丑	壬子	辛亥	庚戌	己酉	戊申	丁未	丙午	乙巳	甲辰	癸卯	壬寅	辛丑	일진	
	금	목	수	화	申初	일	토	금	목	수	화	월	일	토	금	목	수	화	월	子初	토	금	목	수	화	월	일	토	금	절기시각	

		소서6																하지												절기	5月小(戊午) 망종
	29	28	27	26	25	24	23	22	21	20	19	18	17	16	15	14	13	12	11	10	9	8	7	6	5	4	3	2	1	음력	
	10		1	1	1	1	2	2	2	3	3	3	4	4	4	5	5	5	6	6	6	7	7	7	8	8	8	9	9	순행 대	
	1		10	10	10	9	9	9	8	8	8	7	7	7	6	6	6	5	5	5	4	4	4	3	3	3	2	2	2	역행 운	
									7																				6	월 양	
	9	8	7	6	5	4	3	2	1	30	29	28	27	26	25	24	23	22	21	20	19	18	17	16	15	14	13	12	11	일 력	
	戊戌	丁酉	丙申	乙未	甲午	癸巳	壬辰	辛卯	庚寅	己丑	戊子	丁亥	丙戌	乙酉	甲申	癸未	壬午	辛巳	庚辰	己卯	戊寅	丁丑	丙子	乙亥	甲戌	癸酉	壬申	辛未	庚午	일진	
	토	丑初	목	수	화	월	일	토	금	목	수	화	월	일	토	금	목	辰初	화	월	일	토	금	목	수	화	월	일	토	절기시각	

입추7																대서														절기	6月大(己未) 소서
30	29	28	27	26	25	24	23	22	21	20	19	18	17	16	15	14	13	12	11	10	9	8	7	6	5	4	3	2	1	음력	
	1	1	1	1	2	2	2	3	3	3	4	4	4	5	5	5	6	6	6	7	7	7	8	8	8	9	9	9	10	순행 대	
	10	10	9	9	9	8	8	8	7	7	7	6	6	6	5	5	5	4	4	4	3	3	3	2	2	2	1	1	1	역행 운	
							8																						7	월 양	
8	7	6	5	4	3	2	1	31	30	29	28	27	26	25	24	23	22	21	20	19	18	17	16	15	14	13	12	11	10	일 력	
戊辰	丁卯	丙寅	乙丑	甲子	癸亥	壬戌	辛酉	庚申	己未	戊午	丁巳	丙辰	乙卯	甲寅	癸丑	壬子	辛亥	庚戌	己酉	戊申	丁未	丙午	乙巳	甲辰	癸卯	壬寅	辛丑	庚子	己亥	일진	
午初	일	토	금	목	수	화	월	일	토	금	목	수	화	월	일	酉正	금	목	수	화	월	일	토	금	목	수	화	월	일	절기시각	

• 말많은 여자는 남자의 출세길을 막는다. 서쪽 창문을 커텐으로 가려라.

7月小(庚申)입추

														처서																절 기
	29	28	27	26	25	24	23	22	21	20	19	18	17	16	15	14	13	12	11	10	9	8	7	6	5	4	3	2	1	음 력
	1	1	1	2	2	2	3	3	3	4	4	4	5	5	5	6	6	6	7	7	7	8	8	8	9	9	9	10	10	대운 순행
	10	9	9	9	8	8	8	7	7	7	6	6	6	5	5	5	4	4	4	3	3	3	2	2	2	1	1	1	1	대운 역행
						9																							8	양력 월
	6	5	4	3	2	1	31	30	29	28	27	26	25	24	23	22	21	20	19	18	17	16	15	14	13	12	11	10	9	양력 일
	丁酉	丙申	乙未	甲午	癸巳	壬辰	辛卯	庚寅	己丑	戊子	丁亥	丙戌	乙酉	甲申	癸未	壬午	辛巳	庚辰	己卯	戊寅	丁丑	丙子	乙亥	甲戌	癸酉	壬申	辛未	庚午	己巳	일 진
	화	월	일	토	금	목	수	화	월	일	토	금	목	丑初	화	월	일	토	금	목	수	화	월	일	토	금	목	수	화	절기시각

8月小(辛酉)백로

													추분															백로8		절 기
	29	28	27	26	25	24	23	22	21	20	19	18	17	16	15	14	13	12	11	10	9	8	7	6	5	4	3	2	1	음 력
	1	2	2	2	3	3	3	4	4	4	5	5	5	6	6	6	7	7	7	8	8	8	9	9	9	10	10		1	대운 순행
	9	9	8	8	8	7	7	7	6	6	6	5	5	5	4	4	4	3	3	3	2	2	2	1	1	1	1		10	대운 역행
					10																								9	양력 월
	5	4	3	2	1	30	29	28	27	26	25	24	23	22	21	20	19	18	17	16	15	14	13	12	11	10	9	8	7	양력 일
	丙寅	乙丑	甲子	癸亥	壬戌	辛酉	庚申	己未	戊午	丁巳	丙辰	乙卯	甲寅	癸丑	壬子	辛亥	庚戌	己酉	戊申	丁未	丙午	乙巳	甲辰	癸卯	壬寅	辛丑	庚子	己亥	戊戌	일 진
	수	화	월	일	토	금	목	수	화	월	일	토	子初	목	수	화	월	일	토	금	목	수	화	월	일	토	금	未正	수	절기시각

9月大(壬戌)한로

											상강															한로9				절 기
30	29	28	27	26	25	24	23	22	21	20	19	18	17	16	15	14	13	12	11	10	9	8	7	6	5	4	3	2	1	음 력
1	2	2	2	3	3	3	4	4	4	5	5	5	6	6	6	7	7	7	8	8	8	9	9	9	10		1	1	1	대운 순행
9	8	8	8	7	7	7	6	6	6	5	5	5	4	4	4	3	3	3	2	2	2	1	1	1	1		10	10	9	대운 역행
			11																										10	양력 월
4	3	2	1	31	30	29	28	27	26	25	24	23	22	21	20	19	18	17	16	15	14	13	12	11	10	9	8	7	6	양력 일
丙申	乙未	甲午	癸巳	壬辰	辛卯	庚寅	己丑	戊子	丁亥	丙戌	乙酉	甲申	癸未	壬午	辛巳	庚辰	己卯	戊寅	丁丑	丙子	乙亥	甲戌	癸酉	壬申	辛未	庚午	己巳	戊辰	丁卯	일 진
금	목	수	화	월	일	토	금	목	수	화	辰正	일	토	금	목	수	화	월	일	토	금	목	수	화	월	卯初	토	금	목	절기시각

10月小(癸亥)입동

											소설															입동10				절 기
	29	28	27	26	25	24	23	22	21	20	19	18	17	16	15	14	13	12	11	10	9	8	7	6	5	4	3	2	1	음 력
	2	2	2	3	3	3	4	4	4	5	5	5	6	6	6	7	7	7	8	8	8	9	9	9	10		1	1	1	대운 순행
	8	8	8	7	7	7	6	6	6	5	5	5	4	4	4	3	3	3	2	2	2	1	1	1	1		10	9	9	대운 역행
			12																										11	양력 월
	3	2	1	30	29	28	27	26	25	24	23	22	21	20	19	18	17	16	15	14	13	12	11	10	9	8	7	6	5	양력 일
	乙丑	甲子	癸亥	壬戌	辛酉	庚申	己未	戊午	丁巳	丙辰	乙卯	甲寅	癸丑	壬子	辛亥	庚戌	己酉	戊申	丁未	丙午	乙巳	甲辰	癸卯	壬寅	辛丑	庚子	己亥	戊戌	丁酉	일 진
	토	금	목	수	화	월	일	토	금	목	卯正	화	월	일	토	금	목	수	화	월	일	토	금	목	수	辰正	월	일	토	절기시각

11月大(甲子)대설

											동지														대설11					절 기
30	29	28	27	26	25	24	23	22	21	20	19	18	17	16	15	14	13	12	11	10	9	8	7	6	5	4	3	2	1	음 력
1	2	2	2	3	3	3	4	4	4	5	5	5	6	6	6	7	7	7	8	8	8	9	9	9		1	1	1	1	대운 순행
8	8	8	7	7	7	6	6	6	5	5	5	4	4	4	3	3	3	2	2	2	1	1	1	1		10	9	9	9	대운 역행
	1																												12	양력 월
2	1	31	30	29	28	27	26	25	24	23	22	21	20	19	18	17	16	15	14	13	12	11	10	9	8	7	6	5	4	양력 일
乙未	甲午	癸巳	壬辰	辛卯	庚寅	己丑	戊子	丁亥	丙戌	乙酉	甲申	癸未	壬午	辛巳	庚辰	己卯	戊寅	丁丑	丙子	乙亥	甲戌	癸酉	壬申	辛未	庚午	己巳	戊辰	丁卯	丙寅	일 진
월	일	토	금	목	수	화	월	일	토	금	戌初	수	화	월	일	토	금	목	수	화	월	일	토	금	丑初	수	화	월	일	절기시각

12月大(乙丑)소한

											대한															소한12				절 기
30	29	28	27	26	25	24	23	22	21	20	19	18	17	16	15	14	13	12	11	10	9	8	7	6	5	4	3	2	1	음 력
1	2	2	2	3	3	3	4	4	4	5	5	5	6	6	6	7	7	7	8	8	8	9	9	9	10		1	1	1	대운 순행
9	8	8	8	7	7	7	6	6	6	5	5	5	4	4	4	3	3	3	2	2	2	1	1	1	1		9	9	9	대운 역행
2																													1	양력 월
1	31	30	29	28	27	26	25	24	23	22	21	20	19	18	17	16	15	14	13	12	11	10	9	8	7	6	5	4	3	양력 일
乙丑	甲子	癸亥	壬戌	辛酉	庚申	己未	戊午	丁巳	丙辰	乙卯	甲寅	癸丑	壬子	辛亥	庚戌	己酉	戊申	丁未	丙午	乙巳	甲辰	癸卯	壬寅	辛丑	庚子	己亥	戊戌	丁酉	丙申	일 진
수	화	월	일	토	금	목	수	화	월	일	卯初	금	목	수	화	월	일	토	금	목	수	화	월	일	토	午正	목	수	화	절기시각

• 사주에 土가 왕하면 大農八字다.

서기 1984년
단기 4317년

甲子年

상문 : 寅　대장군 : 西
조객 : 戊　삼　재 : 巳酉丑
삼살 : 南

												우수														입춘1				절기	1月大(丙寅)입춘
30	29	28	27	26	25	24	23	22	21	20	19	**18**	17	16	15	14	13	12	11	10	9	8	7	6	5	**4**	3	2	1	음력	
1	1	2	2	2	3	3	3	4	4	4	5	5	5	6	6	6	7	7	7	8	8	8	9	9	9		1	1	1	대운 순행	
9	8	8	8	7	7	7	6	6	6	5	5	5	4	4	4	3	3	3	2	2	2	1	1	1	1		10	9	9	대운 역행	
	3																												2	양력 월	
2	1	29	28	27	26	25	24	23	22	21	20	19	18	17	16	15	14	13	12	11	10	9	8	7	6	5	4	3	2	양력 일	
乙未	甲午	癸巳	壬辰	辛卯	庚寅	己丑	戊子	丁亥	丙戌	乙酉	甲申	癸未	壬午	辛巳	庚辰	己卯	戊寅	丁丑	丙子	乙亥	甲戌	癸酉	壬申	辛未	庚午	己巳	戊辰	丁卯	丙寅	일진	
금	목	수	화	월	일	토	금	목	수	화	월	戌正	토	금	목	수	화	월	일	토	금	목	수	화	월	子正	토	금	목	절기시각	

												춘분															경칩2			절기	2月小(丁卯)경칩
	29	28	27	26	25	24	23	22	21	20	19	**18**	17	16	15	14	13	12	11	10	9	8	7	6	5	4	**3**	2	1	음력	
	1	2	2	2	3	3	3	4	4	4	5	5	5	6	6	6	7	7	7	8	8	8	9	9	9	10		1	1	대운 순행	
	9	8	8	8	7	7	7	6	6	6	5	5	5	4	4	4	3	3	3	2	2	2	1	1	1	1		9	9	대운 역행	
																													3	양력 월	
	31	30	29	28	27	26	25	24	23	22	21	20	19	18	17	16	15	14	13	12	11	10	9	8	7	6	5	4	3	양력 일	
	甲子	癸亥	壬戌	辛酉	庚申	己未	戊午	丁巳	丙辰	乙卯	甲寅	癸丑	壬子	辛亥	庚戌	己酉	戊申	丁未	丙午	乙巳	甲辰	癸卯	壬寅	辛丑	庚子	己亥	戊戌	丁酉	丙申	일진	
	토	금	목	수	화	월	일	토	금	목	수	戌初	월	일	토	금	목	수	화	월	일	토	금	목	수	화	酉正	일	토	절기시각	

										곡우																청명3				절기	3月大(戊辰)청명
30	29	28	27	26	25	24	23	22	21	**20**	19	18	17	16	15	14	13	12	11	10	9	8	7	6	5	**4**	3	2	1	음력	
2	2	2	3	3	3	4	4	4	5	5	5	6	6	6	7	7	7	8	8	8	9	9	9	10	10		1	1	1	대운 순행	
9	8	8	8	7	7	7	6	6	6	5	5	5	4	4	4	3	3	3	2	2	2	1	1	1	1		10	9	9	대운 역행	
																													4	양력 월	
30	29	28	27	26	25	24	23	22	21	20	19	18	17	16	15	14	13	12	11	10	9	8	7	6	5	4	3	2	1	양력 일	
甲午	癸巳	壬辰	辛卯	庚寅	己丑	戊子	丁亥	丙戌	乙酉	甲申	癸未	壬午	辛巳	庚辰	己卯	戊寅	丁丑	丙子	乙亥	甲戌	癸酉	壬申	辛未	庚午	己巳	戊辰	丁卯	丙寅	乙丑	일진	
월	일	토	금	목	수	화	월	일	토	卯正	목	수	화	월	일	토	금	목	수	화	월	일	토	금	목	子初	화	월	일	절기시각	

									소만																입하4					절기	4月大(己巳)입하
30	29	28	27	26	25	24	23	22	**21**	20	19	18	17	16	15	14	13	12	11	10	9	8	7	6	**5**	4	3	2	1	음력	
2	2	3	3	3	4	4	4	5	5	5	6	6	6	7	7	7	8	8	8	9	9	9	10	10		1	1	1	1	대운 순행	
8	8	8	7	7	7	6	6	6	5	5	5	4	4	4	3	3	3	2	2	2	1	1	1	1		10	10	9	9	대운 역행	
																													5	양력 월	
30	29	28	27	26	25	24	23	22	21	20	19	18	17	16	15	14	13	12	11	10	9	8	7	6	5	4	3	2	1	양력 일	
甲子	癸亥	壬戌	辛酉	庚申	己未	戊午	丁巳	丙辰	乙卯	甲寅	癸丑	壬子	辛亥	庚戌	己酉	戊申	丁未	丙午	乙巳	甲辰	癸卯	壬寅	辛丑	庚子	己亥	戊戌	丁酉	丙申	乙未	일진	
수	화	월	일	토	금	목	수	화	卯初	일	토	금	목	수	화	월	일	토	금	목	수	화	월	일	申正	금	목	수	화	절기시각	

								하지																망종5						절기	5月小(庚午)망종
	29	28	27	26	25	24	23	**22**	21	20	19	18	17	16	15	14	13	12	11	10	9	8	7	**6**	5	4	3	2	1	음력	
	3	3	4	4	4	5	5	5	6	6	6	7	7	7	8	8	8	9	9	9	10	10	10		1	1	1	1	2	대운 순행	
	8	7	7	7	6	6	6	5	5	5	4	4	4	3	3	3	2	2	2	1	1	1	1		10	10	9	9	9	대운 역행	
																												6	5	양력 월	
	28	27	26	25	24	23	22	21	20	19	18	17	16	15	14	13	12	11	10	9	8	7	6	5	4	3	2	1	31	양력 일	
	癸巳	壬辰	辛卯	庚寅	己丑	戊子	丁亥	丙戌	乙酉	甲申	癸未	壬午	辛巳	庚辰	己卯	戊寅	丁丑	丙子	乙亥	甲戌	癸酉	壬申	辛未	庚午	己巳	戊辰	丁卯	丙寅	乙丑	일진	
	목	수	화	월	일	토	금	未初	수	화	월	일	토	금	목	수	화	월	일	토	금	목	수	戌正	월	일	토	금	목	절기시각	

					대서																소서6									절기	6月小(辛未)소서
	29	28	27	26	**25**	24	23	22	21	20	19	18	17	16	15	14	13	12	11	10	**9**	8	7	6	5	4	3	2	1	음력	
	4	4	4	5	5	5	6	6	6	7	7	7	8	8	8	9	9	9	10	10		1	1	1	1	2	2	2	3	대운 순행	
	7	6	6	6	5	5	5	4	4	4	3	3	3	2	2	2	1	1	1	1		10	10	10	9	9	9	8	8	대운 역행	
																											7		6	양력 월	
	27	26	25	24	23	22	21	20	19	18	17	16	15	14	13	12	11	10	9	8	7	6	5	4	3	2	1	30	29	양력 일	
	壬戌	辛酉	庚申	己未	戊午	丁巳	丙辰	乙卯	甲寅	癸丑	壬子	辛亥	庚戌	己酉	戊申	丁未	丙午	乙巳	甲辰	癸卯	壬寅	辛丑	庚子	己亥	戊戌	丁酉	丙申	乙未	甲午	일진	
	금	목	수	화	子正	일	토	금	목	수	화	월	일	토	금	목	수	화	월	일	辰初	금	목	수	화	월	일	토	금	절기시각	

• 방문을 닫고 다니는 습관을 길러라. 재물이 나가기 쉽다.

7月大(壬申) 입추

			처서																입추7											절기
30	29	28	27	26	25	24	23	22	21	20	19	18	17	16	15	14	13	12	11	10	9	8	7	6	5	4	3	2	1	음력
4	4	5	5	5	6	6	6	7	7	7	8	8	8	9	9	9	10	10		1	1	1	1	2	2	2	3	3	3	대운 순행
6	6	6	5	5	5	4	4	4	3	3	3	2	2	2	1	1	1	1		10	10	9	9	9	8	8	8	7	7	대운 역행
																									8				7	양력 월
26	25	24	23	22	21	20	19	18	17	16	15	14	13	12	11	10	9	8	7	6	5	4	3	2	1	31	30	29	28	양력 일
壬辰	辛卯	庚寅	己丑	戊子	丁亥	丙戌	乙酉	甲申	癸未	壬午	辛巳	庚辰	己卯	戊寅	丁丑	丙子	乙亥	甲戌	癸酉	壬申	辛未	庚午	己巳	戊辰	丁卯	丙寅	乙丑	甲子	癸亥	일진
일	토	금	辰初	수	화	월	일	토	금	목	수	화	월	일	토	금	목	수	酉初	월	일	토	금	목	수	화	월	일	토	절기시각

8月小(癸酉) 백로

		추분																백로8												절기
	29	28	27	26	25	24	23	22	21	20	19	18	17	16	15	14	13	12	11	10	9	8	7	6	5	4	3	2	1	음력
	5	5	5	6	6	6	7	7	7	8	8	8	9	9	9	10	10		1	1	1	1	2	2	2	3	3	3	4	대운 순행
	6	5	5	5	4	4	4	3	3	3	2	2	2	1	1	1	1		10	10	9	9	9	8	8	8	7	7	7	대운 역행
																								9					8	양력 월
	24	23	22	21	20	19	18	17	16	15	14	13	12	11	10	9	8	7	6	5	4	3	2	1	31	30	29	28	27	양력 일
	辛酉	庚申	己未	戊午	丁巳	丙辰	乙卯	甲寅	癸丑	壬子	辛亥	庚戌	己酉	戊申	丁未	丙午	乙巳	甲辰	癸卯	壬寅	辛丑	庚子	己亥	戊戌	丁酉	丙申	乙未	甲午	癸巳	일진
	월	卯初	토	금	목	수	화	월	일	토	금	목	수	화	월	일	토	戌初	목	수	화	월	일	토	금	목	수	화	월	절기시각

9月小(甲戌) 한로

	상강															한로9														절기
	29	28	27	26	25	24	23	22	21	20	19	18	17	16	15	14	13	12	11	10	9	8	7	6	5	4	3	2	1	음력
	5	5	6	6	6	7	7	7	8	8	8	9	9	9	10		1	1	1	1	2	2	2	3	3	3	4	4	4	대운 순행
	5	5	4	4	4	3	3	3	2	2	2	1	1	1	1		10	10	9	9	9	8	8	8	7	7	7	6	6	대운 역행
																							10						9	양력 월
	23	22	21	20	19	18	17	16	15	14	13	12	11	10	9	8	7	6	5	4	3	2	1	30	29	28	27	26	25	양력 일
	庚寅	己丑	戊子	丁亥	丙戌	乙酉	甲申	癸未	壬午	辛巳	庚辰	己卯	戊寅	丁丑	丙子	乙亥	甲戌	癸酉	壬申	辛未	庚午	己巳	戊辰	丁卯	丙寅	乙丑	甲子	癸亥	壬戌	일진
	未初	월	일	토	금	목	수	화	월	일	토	금	목	수	화	午初	일	토	금	목	수	화	월	일	토	금	목	수	화	절기시각

10月大(乙亥) 입동

수설															입동10															절기
30	29	28	27	26	25	24	23	22	21	20	19	18	17	16	15	14	13	12	11	10	9	8	7	6	5	4	3	2	1	음력
5	5	6	6	6	7	7	7	8	8	8	9	9	9	10		1	1	1	1	2	2	2	3	3	3	4	4	4	5	대운 순행
5	5	4	4	4	3	3	3	2	2	2	1	1	1	1		10	9	9	9	8	8	8	7	7	7	6	6	6	5	대운 역행
																					11								10	양력 월
22	21	20	19	18	17	16	15	14	13	12	11	10	9	8	7	6	5	4	3	2	1	31	30	29	28	27	26	25	24	양력 일
庚申	己未	戊午	丁巳	丙辰	乙卯	甲寅	癸丑	壬子	辛亥	庚戌	己酉	戊申	丁未	丙午	乙巳	甲辰	癸卯	壬寅	辛丑	庚子	己亥	戊戌	丁酉	丙申	乙未	甲午	癸巳	壬辰	辛卯	일진
午初	수	화	월	일	토	금	목	수	화	월	일	토	금	목	未正	화	월	일	토	금	목	수	화	월	일	토	금	목	수	절기시각

윤10月小

															대설11															절기
	29	28	27	26	25	24	23	22	21	20	19	18	17	16	15	14	13	12	11	10	9	8	7	6	5	4	3	2	1	음력
	5	5	6	6	6	7	7	7	8	8	8	9	9	9		1	1	1	1	2	2	2	3	3	3	4	4	4	5	대운 순행
	5	4	4	4	3	3	3	2	2	2	1	1	1	1		10	9	9	9	8	8	8	7	7	7	6	6	6	5	대운 역행
																					12								11	양력 월
	21	20	19	18	17	16	15	14	13	12	11	10	9	8	7	6	5	4	3	2	1	30	29	28	27	26	25	24	23	양력 일
	己丑	戊子	丁亥	丙戌	乙酉	甲申	癸未	壬午	辛巳	庚辰	己卯	戊寅	丁丑	丙子	乙亥	甲戌	癸酉	壬申	辛未	庚午	己巳	戊辰	丁卯	丙寅	乙丑	甲子	癸亥	壬戌	辛酉	일진
	금	목	수	화	월	일	토	금	목	수	화	월	일	토	辰初	목	수	화	월	일	토	금	목	수	화	월	일	토	금	절기시각

11月大(丙子) 대설

대한															소한														동지	절기
30	29	28	27	26	25	24	23	22	21	20	19	18	17	16	15	14	13	12	11	10	9	8	7	6	5	4	3	2	1	음력
5	5	6	6	6	7	7	7	8	8	8	9	9	9	10		1	1	1	1	2	2	2	3	3	3	4	4	4	5	대운 순행
5	5	4	4	4	3	3	3	2	2	2	1	1	1	1		9	9	9	8	8	8	7	7	7	6	6	6	5	5	대운 역행
																			1										12	양력 월
20	19	18	17	16	15	14	13	12	11	10	9	8	7	6	5	4	3	2	1	31	30	29	28	27	26	25	24	23	22	양력 일
己未	戊午	丁巳	丙辰	乙卯	甲寅	癸丑	壬子	辛亥	庚戌	己酉	戊申	丁未	丙午	乙巳	甲辰	癸卯	壬寅	辛丑	庚子	己亥	戊戌	丁酉	丙申	乙未	甲午	癸巳	壬辰	辛卯	庚寅	일진
午初	토	금	목	수	화	월	일	토	금	목	수	화	월	일	酉正	금	목	수	화	월	일	토	금	목	수	화	월	일	丑初	절기시각

12月大(丁丑) 소한

우수															입춘1															절기
30	29	28	27	26	25	24	23	22	21	20	19	18	17	16	15	14	13	12	11	10	9	8	7	6	5	4	3	2	1	음력
5	5	6	6	6	7	7	7	8	8	8	9	9	9	10		1	1	1	1	2	2	2	3	3	3	4	4	4	5	대운 순행
5	5	4	4	4	3	3	3	2	2	2	1	1	1	1		10	9	9	9	8	8	8	7	7	7	6	6	6	5	대운 역행
																		2											1	양력 월
19	18	17	16	15	14	13	12	11	10	9	8	7	6	5	4	3	2	1	31	30	29	28	27	26	25	24	23	22	21	양력 일
己丑	戊子	丁亥	丙戌	乙酉	甲申	癸未	壬午	辛巳	庚辰	己卯	戊寅	丁丑	丙子	乙亥	甲戌	癸酉	壬申	辛未	庚午	己巳	戊辰	丁卯	丙寅	乙丑	甲子	癸亥	壬戌	辛酉	庚申	일진
丑初	월	일	토	금	목	수	화	월	일	토	금	목	수	화	卯初	일	토	금	목	수	화	월	일	토	금	목	수	화	월	절기시각

• 사주에 土가 설기를 많이 당하면 小農八字에 불과하다.

서기 1985년
단기 4318년

乙丑年

상문 : 卯 대장군 : 西
조객 : 亥 삼 재 : 巳酉丑
삼살 : 東

1月小(戊寅) 입춘

															경칩2															절기
	29	28	27	26	25	24	23	22	21	20	19	18	17	16	15	14	13	12	11	10	9	8	7	6	5	4	3	2	1	음력
	5	6	6	6	7	7	7	8	8	8	9	9	9	10		1	1	1	1	2	2	2	3	3	3	4	4	4	5	대운 순행
	5	4	4	4	3	3	3	2	2	2	1	1	1	1		10	9	9	9	8	8	8	7	7	7	6	6	6	5	대운 역행
																				3									2	양력 월
	20	19	18	17	16	15	14	13	12	11	10	9	8	7	6	5	4	3	2	1	28	27	26	25	24	23	22	21	20	양력 일
	戊午	丁巳	丙辰	乙卯	甲寅	癸丑	壬子	辛亥	庚戌	己酉	戊申	丁未	丙午	乙巳	甲辰	癸卯	壬寅	辛丑	庚子	己亥	戊戌	丁酉	丙申	乙未	甲午	癸巳	壬辰	辛卯	庚寅	일진
	수	화	월	일	토	금	목	수	화	월	일	토	금	목	子正	화	월	일	토	금	목	수	화	월	일	토	금	목	수	절기시각

2月大(己卯) 경칩

														청명3															춘분	절기
30	29	28	27	26	25	24	23	22	21	20	19	18	17	16	15	14	13	12	11	10	9	8	7	6	5	4	3	2	1	음력
5	6	6	6	7	7	7	8	8	8	9	9	9	10		1	1	1	1	2	2	2	3	3	3	4	4	4	5	5	대운 순행
5	4	4	4	3	3	3	2	2	2	1	1	1	1		10	9	9	9	8	8	8	7	7	7	6	6	6	5	5	대운 역행
																		4											3	양력 월
19	18	17	16	15	14	13	12	11	10	9	8	7	6	5	4	3	2	1	31	30	29	28	27	26	25	24	23	22	21	양력 일
戊子	丁亥	丙戌	乙酉	甲申	癸未	壬午	辛巳	庚辰	己卯	戊寅	丁丑	丙子	乙亥	甲戌	癸酉	壬申	辛未	庚午	己巳	戊辰	丁卯	丙寅	乙丑	甲子	癸亥	壬戌	辛酉	庚申	己未	일진
금	목	수	화	월	일	토	금	목	수	화	월	일	토	寅正	목	수	화	월	일	토	금	목	수	화	월	일	토	금	子正	절기시각

3月大(庚辰) 청명

														입하4															곡우	절기
30	29	28	27	26	25	24	23	22	21	20	19	18	17	16	15	14	13	12	11	10	9	8	7	6	5	4	3	2	1	음력
6	6	7	7	7	8	8	8	9	9	9	10	10	10		1	1	1	1	2	2	2	3	3	3	4	4	4	5	5	대운 순행
5	4	4	4	3	3	3	2	2	2	1	1	1	1		10	9	9	9	8	8	8	7	7	7	6	6	6	5	5	대운 역행
																		5											4	양력 월
19	18	17	16	15	14	13	12	11	10	9	8	7	6	5	4	3	2	1	30	29	28	27	26	25	24	23	22	21	20	양력 일
戊午	丁巳	丙辰	乙卯	甲寅	癸丑	壬子	辛亥	庚戌	己酉	戊申	丁未	丙午	乙巳	甲辰	癸卯	壬寅	辛丑	庚子	己亥	戊戌	丁酉	丙申	乙未	甲午	癸巳	壬辰	辛卯	庚寅	己丑	일진
일	토	금	목	수	화	월	일	토	금	목	수	화	월	亥正	토	금	목	수	화	월	일	토	금	목	수	화	월	일	午正	절기시각

4月小(辛巳) 입하

												망종5																소만		절기
	29	28	27	26	25	24	23	22	21	20	19	18	17	16	15	14	13	12	11	10	9	8	7	6	5	4	3	2	1	음력
	7	7	7	8	8	8	9	9	9	10	10		1	1	1	1	2	2	2	3	3	3	4	4	4	5	5	5	6	대운 순행
	4	3	3	3	2	2	2	1	1	1	1		10	10	10	9	9	9	8	8	8	7	7	7	6	6	6	5	5	대운 역행
																	6												5	양력 월
	17	16	15	14	13	12	11	10	9	8	7	6	5	4	3	2	1	31	30	29	28	27	26	25	24	23	22	21	20	양력 일
	丁亥	丙戌	乙酉	甲申	癸未	壬午	辛巳	庚辰	己卯	戊寅	丁丑	丙子	乙亥	甲戌	癸酉	壬申	辛未	庚午	己巳	戊辰	丁卯	丙寅	乙丑	甲子	癸亥	壬戌	辛酉	庚申	己未	일진
	월	일	토	금	목	수	화	월	일	토	금	丑正	수	화	월	일	토	금	목	수	화	월	일	토	금	목	수	午初	월	절기시각

5月大(壬午) 망종

										소서6															하지					절기
30	29	28	27	26	25	24	23	22	21	20	19	18	17	16	15	14	13	12	11	10	9	8	7	6	5	4	3	2	1	음력
7	7	8	8	8	9	9	9	10	10		1	1	1	1	2	2	2	3	3	3	4	4	4	5	5	5	6	6	6	대운 순행
3	3	3	2	2	2	1	1	1	1		10	10	9	9	9	8	8	8	7	7	7	6	6	6	5	5	5	4	4	대운 역행
																7													6	양력 월
17	16	15	14	13	12	11	10	9	8	7	6	5	4	3	2	1	30	29	28	27	26	25	24	23	22	21	20	19	18	양력 일
丁巳	丙辰	乙卯	甲寅	癸丑	壬子	辛亥	庚戌	己酉	戊申	丁未	丙午	乙巳	甲辰	癸卯	壬寅	辛丑	庚子	己亥	戊戌	丁酉	丙申	乙未	甲午	癸巳	壬辰	辛卯	庚寅	己丑	戊子	일진
수	화	월	일	토	금	목	수	화	월	未初	토	금	목	수	화	월	일	토	금	목	수	화	월	일	토	戌初	목	수	화	절기시각

6月小(癸未) 소서

									입추7															대서						절기
	29	28	27	26	25	24	23	22	21	20	19	18	17	16	15	14	13	12	11	10	9	8	7	6	5	4	3	2	1	음력
	8	8	9	9	9	10	10	10		1	1	1	1	2	2	2	3	3	3	4	4	4	5	5	5	6	6	6	7	대운 순행
	3	2	2	2	1	1	1	1		10	10	9	9	9	8	8	8	7	7	7	6	6	6	5	5	5	4	4	4	대운 역행
															8														7	양력 월
	15	14	13	12	11	10	9	8	7	6	5	4	3	2	1	31	30	29	28	27	26	25	24	23	22	21	20	19	18	양력 일
	丙戌	乙酉	甲申	癸未	壬午	辛巳	庚辰	己卯	戊寅	丁丑	丙子	乙亥	甲戌	癸酉	壬申	辛未	庚午	己巳	戊辰	丁卯	丙寅	乙丑	甲子	癸亥	壬戌	辛酉	庚申	己未	戊午	일진
	목	수	화	월	일	토	금	목	亥正	화	월	일	토	금	목	수	화	월	일	토	금	목	수	卯正	월	일	토	금	목	절기시각

• 방문틀을 밟지 말고 다녀라. 일의 막힘이 많고 재수가 없다.

7月大(甲申)입추

						백로8																처서								절기
30	29	28	27	26	25	24	23	22	21	20	19	18	17	16	15	14	13	12	11	10	9	8	7	6	5	4	3	2	1	음력
8	8	9	9	9	10		1	1	1	1	2	2	2	3	3	3	4	4	4	5	5	5	6	6	6	7	7	7	8	대운 순행
2	2	1	1	1	1		10	10	10	9	9	9	8	8	8	7	7	7	6	6	6	5	5	5	4	4	4	3	3	대운 역행
													9																8	양력 월
14	13	12	11	10	9	8	7	6	5	4	3	2	1	31	30	29	28	27	26	25	24	23	22	21	20	19	18	17	16	양력 일
丙辰	乙卯	甲寅	癸丑	壬子	辛亥	庚戌	己酉	戊申	丁未	丙午	乙巳	甲辰	癸卯	壬寅	辛丑	庚子	己亥	戊戌	丁酉	丙申	乙未	甲午	癸巳	壬辰	辛卯	庚寅	己丑	戊子	丁亥	일진
토	금	목	수	화	월	丑初	토	금	목	수	화	월	일	토	금	목	수	화	월	일	토	未初	목	수	화	월	일	토	금	절기시각

8月小(乙酉)백로

						한로9															추분									절기
	29	28	27	26	25	24	23	22	21	20	19	18	17	16	15	14	13	12	11	10	9	8	7	6	5	4	3	2	1	음력
	8	9	9	9	10		1	1	1	1	2	2	2	3	3	3	4	4	4	5	5	5	6	6	6	7	7	7	8	대운 순행
	2	1	1	1	1		10	9	9	9	8	8	8	7	7	7	6	6	6	5	5	5	4	4	4	3	3	3	2	대운 역행
													10																9	양력 월
	13	12	11	10	9	8	7	6	5	4	3	2	1	30	29	28	27	26	25	24	23	22	21	20	19	18	17	16	15	양력 일
	乙酉	甲申	癸未	壬午	辛巳	庚辰	己卯	戊寅	丁丑	丙子	乙亥	甲戌	癸酉	壬申	辛未	庚午	己巳	戊辰	丁卯	丙寅	乙丑	甲子	癸亥	壬戌	辛酉	庚申	己未	戊午	丁巳	일진
	일	토	금	목	수	卯初	월	일	토	금	목	수	화	월	일	토	금	목	수	화	午正	일	토	금	목	수	화	월	일	절기시각

9月小(丙戌)한로

					입동10															상강										절기
	29	28	27	26	25	24	23	22	21	20	19	18	17	16	15	14	13	12	11	10	9	8	7	6	5	4	3	2	1	음력
	9	9	9	10		1	1	1	1	2	2	2	3	3	3	4	4	4	5	5	5	6	6	6	7	7	7	8	8	대운 순행
	1	1	1	1		10	9	9	9	8	8	8	7	7	7	6	6	6	5	5	5	4	4	4	3	3	3	2	2	대운 역행
											11																		10	양력 월
	11	10	9	8	7	6	5	4	3	2	1	31	30	29	28	27	26	25	24	23	22	21	20	19	18	17	16	15	14	양력 일
	甲寅	癸丑	壬子	辛亥	庚戌	己酉	戊申	丁未	丙午	乙巳	甲辰	癸卯	壬寅	辛丑	庚子	己亥	戊戌	丁酉	丙申	乙未	甲午	癸巳	壬辰	辛卯	庚寅	己丑	戊子	丁亥	丙戌	일진
	월	일	토	금	戌正	수	화	월	일	토	금	목	수	화	월	일	토	금	목	戌正	화	월	일	토	금	목	수	화	월	절기시각

10月大(丁亥)입동

				대설11															소설											절기
30	29	28	27	26	25	24	23	22	21	20	19	18	17	16	15	14	13	12	11	10	9	8	7	6	5	4	3	2	1	음력
9	9	9	10		1	1	1	1	2	2	2	3	3	3	4	4	4	5	5	5	6	6	6	7	7	7	8	8	8	대운 순행
1	1	1	1		10	9	9	9	8	8	8	7	7	7	6	6	6	5	5	5	4	4	4	3	3	3	2	2	2	대운 역행
										12																			11	양력 월
11	10	9	8	7	6	5	4	3	2	1	30	29	28	27	26	25	24	23	22	21	20	19	18	17	16	15	14	13	12	양력 일
甲申	癸未	壬午	辛巳	庚辰	己卯	戊寅	丁丑	丙子	乙亥	甲戌	癸酉	壬申	辛未	庚午	己巳	戊辰	丁卯	丙寅	乙丑	甲子	癸亥	壬戌	辛酉	庚申	己未	戊午	丁巳	丙辰	乙卯	일진
수	화	월	일	未初	금	목	수	화	월	일	토	금	목	수	화	월	일	토	酉初	목	수	화	월	일	토	금	목	수	화	절기시각

11月小(戊子)대설

				소한12															동지											절기
	29	28	27	26	25	24	23	22	21	20	19	18	17	16	15	14	13	12	11	10	9	8	7	6	5	4	3	2	1	음력
	9	9	9		1	1	1	1	2	2	2	3	3	3	4	4	4	5	5	5	6	6	6	7	7	7	8	8	8	대운 순행
	1	1	1		10	9	9	9	8	8	8	7	7	7	6	6	6	5	5	5	4	4	4	3	3	3	2	2	2	대운 역행
									1																				12	양력 월
	9	8	7	6	5	4	3	2	1	31	30	29	28	27	26	25	24	23	22	21	20	19	18	17	16	15	14	13	12	양력 일
	癸丑	壬子	辛亥	庚戌	己酉	戊申	丁未	丙午	乙巳	甲辰	癸卯	壬寅	辛丑	庚子	己亥	戊戌	丁酉	丙申	乙未	甲午	癸巳	壬辰	辛卯	庚寅	己丑	戊子	丁亥	丙戌	乙酉	일진
	목	수	화	子正	일	토	금	목	수	화	월	일	토	금	목	수	화	월	卯正	토	금	목	수	화	월	일	토	금	목	절기시각

12月大(己丑)소한

				입춘1															대한											절기
30	29	28	27	26	25	24	23	22	21	20	19	18	17	16	15	14	13	12	11	10	9	8	7	6	5	4	3	2	1	음력
9	9	9	10		1	1	1	1	2	2	2	3	3	3	4	4	4	5	5	5	6	6	6	7	7	7	8	8	8	대운 순행
1	1	1	1		9	9	9	8	8	8	7	7	7	6	6	6	5	5	5	4	4	4	3	3	3	2	2	2	1	대운 역행
							2																						1	양력 월
8	7	6	5	4	3	2	1	31	30	29	28	27	26	25	24	23	22	21	20	19	18	17	16	15	14	13	12	11	10	양력 일
癸未	壬午	辛巳	庚辰	己卯	戊寅	丁丑	丙子	乙亥	甲戌	癸酉	壬申	辛未	庚午	己巳	戊辰	丁卯	丙寅	乙丑	甲子	癸亥	壬戌	辛酉	庚申	己未	戊午	丁巳	丙辰	乙卯	甲寅	일진
토	금	목	수	午初	월	일	토	금	목	수	화	월	일	토	금	목	수	화	酉初	일	토	금	목	수	화	월	일	토	금	절기시각

• 寅巳申三刑을 잘 갖추고 있으면 판 · 검사 팔자다.

서기 1986년
단기 4319년

丙寅年

상문 : 辰　대장군 : 北
조객 : 子　삼　재 : 申子辰
삼살 : 北

1月小(庚寅) 입춘

			경칩2																우수											절기
	29	28	27	26	25	24	23	22	21	20	19	18	17	16	15	14	13	12	11	10	9	8	7	6	5	4	3	2	1	음력
	9	9	10		1	1	1	1	2	2	2	3	3	3	4	4	4	5	5	5	6	6	6	7	7	7	8	8	8	순행 대운
	1	1	1		10	9	9	9	8	8	8	7	7	7	6	6	6	5	5	5	4	4	4	3	3	3	2	2	2	역행 대운
									3																				2	월 양력
	9	8	7	6	5	4	3	2	1	28	27	26	25	24	23	22	21	20	19	18	17	16	15	14	13	12	11	10	9	일 양력
	壬子	辛亥	庚戌	己酉	戊申	丁未	丙午	乙巳	甲辰	癸卯	壬寅	辛丑	庚子	己亥	戊戌	丁酉	丙申	乙未	甲午	癸巳	壬辰	辛卯	庚寅	己丑	戊子	丁亥	丙戌	乙酉	甲申	일진
	일	토	금	卯初	수	화	월	일	토	금	목	수	화	월	일	토	금	목	辰初	화	월	일	토	금	목	수	화	월	일	절기시각

2月大(辛卯) 경칩

		청명3																춘분												절기
30	29	28	27	26	25	24	23	22	21	20	19	18	17	16	15	14	13	12	11	10	9	8	7	6	5	4	3	2	1	음력
9	10	10		1	1	1	1	2	2	2	3	3	3	4	4	4	5	5	5	6	6	6	7	7	7	8	8	8	9	순행 대운
1	1	1		10	9	9	9	8	8	8	7	7	7	6	6	6	5	5	5	4	4	4	3	3	3	2	2	2	1	역행 대운
							4																						3	월 양력
8	7	6	5	4	3	2	1	31	30	29	28	27	26	25	24	23	22	21	20	19	18	17	16	15	14	13	12	11	10	일 양력
壬午	辛巳	庚辰	己卯	戊寅	丁丑	丙子	乙亥	甲戌	癸酉	壬申	辛未	庚午	己巳	戊辰	丁卯	丙寅	乙丑	甲子	癸亥	壬戌	辛酉	庚申	己未	戊午	丁巳	丙辰	乙卯	甲寅	癸丑	일진
화	월	일	巳正	금	목	수	화	월	일	토	금	목	수	화	월	일	토	卯正	목	수	화	월	일	토	금	목	수	화	월	절기시각

3月大(壬辰) 청명

		입하4																곡우												절기
30	29	28	27	26	25	24	23	22	21	20	19	18	17	16	15	14	13	12	11	10	9	8	7	6	5	4	3	2	1	음력
10	10		1	1	1	1	2	2	2	3	3	3	4	4	4	5	5	5	6	6	6	7	7	7	8	8	8	9	9	순행 대운
1	1		10	10	9	9	9	8	8	8	7	7	7	6	6	6	5	5	5	4	4	4	3	3	3	2	2	2	1	역행 대운
							5																						4	월 양력
8	7	6	5	4	3	2	1	30	29	28	27	26	25	24	23	22	21	20	19	18	17	16	15	14	13	12	11	10	9	일 양력
壬子	辛亥	庚戌	己酉	戊申	丁未	丙午	乙巳	甲辰	癸卯	壬寅	辛丑	庚子	己亥	戊戌	丁酉	丙申	乙未	甲午	癸巳	壬辰	辛卯	庚寅	己丑	戊子	丁亥	丙戌	乙酉	甲申	癸未	일진
목	수	寅正	월	일	토	금	목	수	화	월	일	토	금	목	수	화	월	酉初	토	금	목	수	화	월	일	토	금	목	수	절기시각

4月小(癸巳) 입하

망종5																	소만													절기
	29	28	27	26	25	24	23	22	21	20	19	18	17	16	15	14	13	12	11	10	9	8	7	6	5	4	3	2	1	음력
		1	1	1	1	2	2	2	3	3	3	4	4	4	5	5	5	6	6	6	7	7	7	8	8	8	9	9	9	순행 대운
		10	10	9	9	9	8	8	8	7	7	7	6	6	6	5	5	5	4	4	4	3	3	3	2	2	2	1	1	역행 대운
						6																							5	월 양력
	6	5	4	3	2	1	31	30	29	28	27	26	25	24	23	22	21	20	19	18	17	16	15	14	13	12	11	10	9	일 양력
	辛巳	庚辰	己卯	戊寅	丁丑	丙子	乙亥	甲戌	癸酉	壬申	辛未	庚午	己巳	戊辰	丁卯	丙寅	乙丑	甲子	癸亥	壬戌	辛酉	庚申	己未	戊午	丁巳	丙辰	乙卯	甲寅	癸丑	일진
	辰正	목	수	화	월	일	토	금	목	수	화	월	일	토	금	목	酉初	화	월	일	토	금	목	수	화	월	일	토	금	절기시각

5月大(甲午) 망종

														하지																절기
30	29	28	27	26	25	24	23	22	21	20	19	18	17	16	15	14	13	12	11	10	9	8	7	6	5	4	3	2	1	음력
1	1	1	1	2	2	2	3	3	3	4	4	4	5	5	5	6	6	6	7	7	7	8	8	8	9	9	9	10	10	순행 대운
10	10	9	9	9	8	8	8	7	7	7	6	6	6	5	5	5	4	4	4	3	3	3	2	2	2	1	1	1	1	역행 대운
					7																								6	월 양력
6	5	4	3	2	1	30	29	28	27	26	25	24	23	22	21	20	19	18	17	16	15	14	13	12	11	10	9	8	7	일 양력
辛亥	庚戌	己酉	戊申	丁未	丙午	乙巳	甲辰	癸卯	壬寅	辛丑	庚子	己亥	戊戌	丁酉	丙申	乙未	甲午	癸巳	壬辰	辛卯	庚寅	己丑	戊子	丁亥	丙戌	乙酉	甲申	癸未	壬午	일진
일	토	금	목	수	화	월	일	토	금	목	수	화	월	丑初	토	금	목	수	화	월	일	토	금	목	수	화	월	일	토	절기시각

6月大(乙未) 소서

													대서																소서6	절기
30	29	28	27	26	25	24	23	22	21	20	19	18	17	16	15	14	13	12	11	10	9	8	7	6	5	4	3	2	1	음력
1	1	2	2	2	3	3	3	4	4	4	5	5	5	6	6	6	7	7	7	8	8	8	9	9	9	10	10	10		순행 대운
10	9	9	9	8	8	8	7	7	7	6	6	6	5	5	5	4	4	4	3	3	3	2	2	2	1	1	1	1		역행 대운
				8																									7	월 양력
5	4	3	2	1	31	30	29	28	27	26	25	24	23	22	21	20	19	18	17	16	15	14	13	12	11	10	9	8	7	일 양력
辛巳	庚辰	己卯	戊寅	丁丑	丙子	乙亥	甲戌	癸酉	壬申	辛未	庚午	己巳	戊辰	丁卯	丙寅	乙丑	甲子	癸亥	壬戌	辛酉	庚申	己未	戊午	丁巳	丙辰	乙卯	甲寅	癸丑	壬子	일진
화	월	일	토	금	목	수	화	월	일	토	금	목	午正	화	월	일	토	금	목	수	화	월	일	토	금	목	수	화	酉正	절기시각

• 남자는 호랑이 걸음처럼 뚜벅뚜벅, 여자는 고운 목소리로 훈련시켜라.

												처서															입추7			절기	7月小(丙申) 입추
	29	28	27	26	25	24	23	22	21	20	19	18	17	16	15	14	13	12	11	10	9	8	7	6	5	4	3	2	1	음력	
	2	2	2	3	3	3	4	4	4	5	5	5	6	6	6	7	7	7	8	8	8	9	9	9	10	10		1	1	대운 순행	
	9	8	8	8	7	7	7	6	6	6	5	5	5	4	4	4	3	3	3	2	2	2	1	1	1	1		10	10	대운 역행	
			9																										8	양력 월	
	3	2	1	31	30	29	28	27	26	25	24	23	22	21	20	19	18	17	16	15	14	13	12	11	10	9	8	7	6	양력 일	
	庚戌	己酉	戊申	丁未	丙午	乙巳	甲辰	癸卯	壬寅	辛丑	庚子	己亥	戊戌	丁酉	丙申	乙未	甲午	癸巳	壬辰	辛卯	庚寅	己丑	戊子	丁亥	丙戌	乙酉	甲申	癸未	壬午	일진	
	수	화	월	일	토	금	목	수	화	월	일	戌初	금	목	수	화	월	일	토	금	목	수	화	월	일	토	寅正	목	수	절기시각	

										추분															백로8					절기	8月大(丁酉) 백로
30	29	28	27	26	25	24	23	22	21	20	19	18	17	16	15	14	13	12	11	10	9	8	7	6	5	4	3	2	1	음력	
2	2	2	3	3	3	4	4	4	5	5	5	6	6	6	7	7	7	8	8	8	9	9	9	10		1	1	1	1	대운 순행	
8	8	8	7	7	7	6	6	6	5	5	5	4	4	4	3	3	3	2	2	2	1	1	1	1		10	10	9	9	대운 역행	
		10																											9	양력 월	
3	2	1	30	29	28	27	26	25	24	23	22	21	20	19	18	17	16	15	14	13	12	11	10	9	8	7	6	5	4	양력 일	
庚辰	己卯	戊寅	丁丑	丙子	乙亥	甲戌	癸酉	壬申	辛未	庚午	己巳	戊辰	丁卯	丙寅	乙丑	甲子	癸亥	壬戌	辛酉	庚申	己未	戊午	丁巳	丙辰	乙卯	甲寅	癸丑	壬子	辛亥	일진	
금	목	수	화	월	일	토	금	목	수	申正	월	일	토	금	목	수	화	월	일	토	금	목	수	화	辰初	일	토	금	목	절기시각	

									상강																한로9					절기	9月小(戊戌) 한로
	29	28	27	26	25	24	23	22	21	20	19	18	17	16	15	14	13	12	11	10	9	8	7	6	5	4	3	2	1	음력	
	2	3	3	3	4	4	4	5	5	5	6	6	6	7	7	7	8	8	8	9	9	9	10	10		1	1	1	1	대운 순행	
	8	8	7	7	7	6	6	6	5	5	5	4	4	4	3	3	3	2	2	2	1	1	1	1		10	9	9	9	대운 역행	
	11																												10	양력 월	
	1	31	30	29	28	27	26	25	24	23	22	21	20	19	18	17	16	15	14	13	12	11	10	9	8	7	6	5	4	양력 일	
	己酉	戊申	丁未	丙午	乙巳	甲辰	癸卯	壬寅	辛丑	庚子	己亥	戊戌	丁酉	丙申	乙未	甲午	癸巳	壬辰	辛卯	庚寅	己丑	戊子	丁亥	丙戌	乙酉	甲申	癸未	壬午	辛巳	일진	
	토	금	목	수	화	월	일	토	丑正	목	수	화	월	일	토	금	목	수	화	월	일	토	금	목	子初	화	월	일	토	절기시각	

									소설														입동10							절기	10月大(己亥) 입동
30	29	28	27	26	25	24	23	22	21	20	19	18	17	16	15	14	13	12	11	10	9	8	7	6	5	4	3	2	1	음력	
2	2	3	3	3	4	4	4	5	5	5	6	6	6	7	7	7	8	8	8	9	9	9		1	1	1	1	2	2	대운 순행	
8	7	7	7	6	6	6	5	5	5	4	4	4	3	3	3	2	2	2	1	1	1	1		10	10	9	9	9	8	대운 역행	
12																													11	양력 월	
1	30	29	28	27	26	25	24	23	22	21	20	19	18	17	16	15	14	13	12	11	10	9	8	7	6	5	4	3	2	양력 일	
己卯	戊寅	丁丑	丙子	乙亥	甲戌	癸酉	壬申	辛未	庚午	己巳	戊辰	丁卯	丙寅	乙丑	甲子	癸亥	壬戌	辛酉	庚申	己未	戊午	丁巳	丙辰	乙卯	甲寅	癸丑	壬子	辛亥	庚戌	일진	
월	일	토	금	목	수	화	월	일	子初	금	목	수	화	월	일	토	금	목	수	화	월	일	丑正	금	목	수	화	월	일	절기시각	

									동지															대설11						절기	11月小(庚子) 대설
	29	28	27	26	25	24	23	22	21	20	19	18	17	16	15	14	13	12	11	10	9	8	7	6	5	4	3	2	1	음력	
	2	3	3	3	4	4	4	5	5	5	6	6	6	7	7	7	8	8	8	9	9	9	10		1	1	1	1	2	대운 순행	
	8	7	7	7	6	6	6	5	5	5	4	4	4	3	3	3	2	2	2	1	1	1	1		9	9	9	8	8	대운 역행	
																													12	양력 월	
	30	29	28	27	26	25	24	23	22	21	20	19	18	17	16	15	14	13	12	11	10	9	8	7	6	5	4	3	2	양력 일	
	戊申	丁未	丙午	乙巳	甲辰	癸卯	壬寅	辛丑	庚子	己亥	戊戌	丁酉	丙申	乙未	甲午	癸巳	壬辰	辛卯	庚寅	己丑	戊子	丁亥	丙戌	乙酉	甲申	癸未	壬午	辛巳	庚辰	일진	
	화	월	일	토	금	목	수	화	午正	일	토	금	목	수	화	월	일	토	금	목	수	화	월	酉正	토	금	목	수	화	절기시각	

									대한														소한12							절기	12月小(辛丑) 소한
	29	28	27	26	25	24	23	22	21	20	19	18	17	16	15	14	13	12	11	10	9	8	7	6	5	4	3	2	1	음력	
	2	3	3	3	4	4	4	5	5	5	6	6	6	7	7	7	8	8	8	9	9	9		1	1	1	1	2	2	대운 순행	
	7	7	7	6	6	6	5	5	5	4	4	4	3	3	3	2	2	2	1	1	1	1		10	9	9	9	8	8	대운 역행	
																												1	12	양력 월	
	28	27	26	25	24	23	22	21	20	19	18	17	16	15	14	13	12	11	10	9	8	7	6	5	4	3	2	1	31	양력 일	
	丁丑	丙子	乙亥	甲戌	癸酉	壬申	辛未	庚午	己巳	戊辰	丁卯	丙寅	乙丑	甲子	癸亥	壬戌	辛酉	庚申	己未	戊午	丁巳	丙辰	乙卯	甲寅	癸丑	壬子	辛亥	庚戌	己酉	일진	
	수	화	월	일	토	금	목	수	子初	월	일	토	금	목	수	화	월	일	토	금	목	수	酉正	월	일	토	금	목	수	절기시각	

• 사주에 재가 역마에 해당하면 장사꾼 팔자다.

서기 1987년
단기 4320년

丁卯年

상문 : 巳 대장군 : 北
조객 : 丑 삼 재 : 申子辰
삼살 : 西

(썸머타임 양 5. 10 새벽 3시~양 10. 10 새벽 3시)

1月大(壬寅) 입춘

								우수															입춘1							절기
30	29	28	27	26	25	24	23	22	21	20	19	18	17	16	15	14	13	12	11	10	9	8	7	6	5	4	3	2	1	음력
2	3	3	3	4	4	4	5	5	5	6	6	6	7	7	7	8	8	8	9	9	9	10		1	1	1	1	2	2	대운 순행
8	7	7	7	6	6	6	5	5	5	4	4	4	3	3	3	2	2	2	1	1	1	1		9	9	9	8	8	8	대운 역행
																										2			1	양력 월
27	26	25	24	23	22	21	20	19	18	17	16	15	14	13	12	11	10	9	8	7	6	5	4	3	2	1	31	30	29	양력 일
丁未	丙午	乙巳	甲辰	癸卯	壬寅	辛丑	庚子	己亥	戊戌	丁酉	丙申	乙未	甲午	癸巳	壬辰	辛卯	庚寅	己丑	戊子	丁亥	丙戌	乙酉	甲申	癸未	壬午	辛巳	庚辰	己卯	戊寅	일진
금	목	수	화	월	일	토	금	丑正	수	화	월	일	토	금	목	수	화	월	일	토	금	목	酉初	화	월	일	토	금	목	절기시각

2月小(癸卯) 경칩

								춘분															경칩2							절기
	29	28	27	26	25	24	23	22	21	20	19	18	17	16	15	14	13	12	11	10	9	8	7	6	5	4	3	2	1	음력
	3	3	3	4	4	4	5	5	5	6	6	6	7	7	7	8	8	8	9	9	9	10		1	1	1	1	2	2	대운 순행
	7	7	7	6	6	6	5	5	5	4	4	4	3	3	3	2	2	2	1	1	1	1		10	9	9	9	8	8	대운 역행
																												3	2	양력 월
	28	27	26	25	24	23	22	21	20	19	18	17	16	15	14	13	12	11	10	9	8	7	6	5	4	3	2	1	28	양력 일
	丙子	乙亥	甲戌	癸酉	壬申	辛未	庚午	己巳	戊辰	丁卯	丙寅	乙丑	甲子	癸亥	壬戌	辛酉	庚申	己未	戊午	丁巳	丙辰	乙卯	甲寅	癸丑	壬子	辛亥	庚戌	己酉	戊申	일진
	토	금	목	수	화	월	일	午正	금	목	수	화	월	일	토	금	목	수	화	월	일	토	午初	목	수	화	월	일	토	절기시각

3月大(甲辰) 청명

							곡우															청명3								절기
30	29	28	27	26	25	24	23	22	21	20	19	18	17	16	15	14	13	12	11	10	9	8	7	6	5	4	3	2	1	음력
3	3	4	4	4	5	5	5	6	6	6	7	7	7	8	8	8	9	9	9	10	10		1	1	1	1	2	2	2	대운 순행
7	7	7	6	6	6	5	5	5	4	4	4	3	3	3	2	2	2	1	1	1	1		10	9	9	9	8	8	8	대운 역행
																										4			3	양력 월
27	26	25	24	23	22	21	20	19	18	17	16	15	14	13	12	11	10	9	8	7	6	5	4	3	2	1	31	30	29	양력 일
丙午	乙巳	甲辰	癸卯	壬寅	辛丑	庚子	己亥	戊戌	丁酉	丙申	乙未	甲午	癸巳	壬辰	辛卯	庚寅	己丑	戊子	丁亥	丙戌	乙酉	甲申	癸未	壬午	辛巳	庚辰	己卯	戊寅	丁丑	일진
월	일	토	금	목	수	화	子初	일	토	금	목	수	화	월	일	토	금	목	수	화	월	申正	토	금	목	수	화	월	일	절기시각

4月大(乙巳) 입하

						소만															입하4									절기
30	29	28	27	26	25	24	23	22	21	20	19	18	17	16	15	14	13	12	11	10	9	8	7	6	5	4	3	2	1	음력
3	4	4	4	5	5	5	6	6	6	7	7	7	8	8	8	9	9	9	10	10		1	1	1	1	2	2	2	3	대운 순행
7	7	6	6	6	5	5	5	4	4	4	3	3	3	2	2	2	1	1	1	1		10	10	9	9	9	8	8	8	대운 역행
																										5			4	양력 월
27	26	25	24	23	22	21	20	19	18	17	16	15	14	13	12	11	10	9	8	7	6	5	4	3	2	1	30	29	28	양력 일
丙子	乙亥	甲戌	癸酉	壬申	辛未	庚午	己巳	戊辰	丁卯	丙寅	乙丑	甲子	癸亥	壬戌	辛酉	庚申	己未	戊午	丁巳	丙辰	乙卯	甲寅	癸丑	壬子	辛亥	庚戌	己酉	戊申	丁未	일진
수	화	월	일	토	금	子初	수	화	월	일	토	금	목	수	화	월	일	토	금	목	巳正	화	월	일	토	금	목	수	화	절기시각

5月小(丙午) 망종

				하지																망종5										절기
	29	28	27	26	25	24	23	22	21	20	19	18	17	16	15	14	13	12	11	10	9	8	7	6	5	4	3	2	1	음력
	4	5	5	5	6	6	6	7	7	7	8	8	8	9	9	9	10	10	10		1	1	1	1	2	2	2	3	3	대운 순행
	6	6	6	5	5	5	4	4	4	3	3	3	2	2	2	1	1	1	1		10	10	9	9	9	8	8	8	7	대운 역행
																									6				5	양력 월
	25	24	23	22	21	20	19	18	17	16	15	14	13	12	11	10	9	8	7	6	5	4	3	2	1	31	30	29	28	양력 일
	乙巳	甲辰	癸卯	壬寅	辛丑	庚子	己亥	戊戌	丁酉	丙申	乙未	甲午	癸巳	壬辰	辛卯	庚寅	己丑	戊子	丁亥	丙戌	乙酉	甲申	癸未	壬午	辛巳	庚辰	己卯	戊寅	丁丑	일진
	목	수	화	辰初	일	토	금	목	수	화	월	일	토	금	목	수	화	월	일	未正	금	목	수	화	월	일	토	금	목	절기시각

6月大(丁未) 소서

		대서															소서6													절기
30	29	28	27	26	25	24	23	22	21	20	19	18	17	16	15	14	13	12	11	10	9	8	7	6	5	4	3	2	1	음력
5	5	5	6	6	6	7	7	7	8	8	8	9	9	9	10	10		1	1	1	1	2	2	2	3	3	3	4	4	대운 순행
6	5	5	5	4	4	4	3	3	3	2	2	2	1	1	1	1		10	10	10	9	9	9	8	8	8	7	7	7	대운 역행
																								7					6	양력 월
25	24	23	22	21	20	19	18	17	16	15	14	13	12	11	10	9	8	7	6	5	4	3	2	1	30	29	28	27	26	양력 일
乙亥	甲戌	癸酉	壬申	辛未	庚午	己巳	戊辰	丁卯	丙寅	乙丑	甲子	癸亥	壬戌	辛酉	庚申	己未	戊午	丁巳	丙辰	乙卯	甲寅	癸丑	壬子	辛亥	庚戌	己酉	戊申	丁未	丙午	일진
토	금	酉正	수	화	월	일	토	금	목	수	화	월	일	토	금	목	子正	화	월	일	토	금	목	수	화	월	일	토	금	절기시각

• 얼굴의 하관이 홀쭉한 사람은 집 복이 적고 풍부한 사람은 집 복이 많다.

																입추7													절기	윤6月小
	29	28	27	26	25	24	23	22	21	20	19	18	17	16	15	14	13	12	11	10	9	8	7	6	5	4	3	2	1	음력	
	5	6	6	6	7	7	7	8	8	8	9	9	9	10	10		1	1	1	1	2	2	2	3	3	3	4	4	4	대운 순행	
	5	5	4	4	4	3	3	3	2	2	2	1	1	1	1		10	10	9	9	9	8	8	8	7	7	7	6	6	대운 역행	
																							8						7	양력 월	
	23	22	21	20	19	18	17	16	15	14	13	12	11	10	9	8	7	6	5	4	3	2	1	31	30	29	28	27	26	양력 일	
	甲辰	癸卯	壬寅	辛丑	庚子	己亥	戊戌	丁酉	丙申	乙未	甲午	癸巳	壬辰	辛卯	庚寅	己丑	戊子	丁亥	丙戌	乙酉	甲申	癸未	壬午	辛巳	庚辰	己卯	戊寅	丁丑	丙子	일진	
	일	토	금	목	수	화	월	일	토	금	목	수	화	월	일	巳初	금	목	수	화	월	일	토	금	목	수	화	월	일	절기시각	

														백로8															처서	절기	7月大(戊申) 입추
30	29	28	27	26	25	24	23	22	21	20	19	18	17	16	15	14	13	12	11	10	9	8	7	6	5	4	3	2	1	음력	
6	6	6	7	7	7	8	8	8	9	9	9	10	10		1	1	1	1	2	2	2	3	3	3	4	4	4	5	5	대운 순행	
5	4	4	4	3	3	3	2	2	2	1	1	1	1		10	10	9	9	9	8	8	8	7	7	7	6	6	6	5	대운 역행	
																					9								8	양력 월	
22	21	20	19	18	17	16	15	14	13	12	11	10	9	8	7	6	5	4	3	2	1	31	30	29	28	27	26	25	24	양력 일	
甲戌	癸酉	壬申	辛未	庚午	己巳	戊辰	丁卯	丙寅	乙丑	甲子	癸亥	壬戌	辛酉	庚申	己未	戊午	丁巳	丙辰	乙卯	甲寅	癸丑	壬子	辛亥	庚戌	己酉	戊申	丁未	丙午	乙巳	일진	
화	월	일	토	금	목	수	화	월	일	토	금	목	수	未初	월	일	토	금	목	수	화	월	일	토	금	목	수	화	丑正	절기시각	

													한로9																추분	절기	8月大(己酉) 백로
30	29	28	27	26	25	24	23	22	21	20	19	18	17	16	15	14	13	12	11	10	9	8	7	6	5	4	3	2	1	음력	
6	6	6	7	7	7	8	8	8	9	9	9	10		1	1	1	1	2	2	2	3	3	3	4	4	4	5	5	5	대운 순행	
4	4	4	3	3	3	2	2	2	1	1	1	1		10	10	9	9	9	8	8	8	7	7	7	6	6	6	5	5	대운 역행	
																					10								9	양력 월	
22	21	20	19	18	17	16	15	14	13	12	11	10	9	8	7	6	5	4	3	2	1	30	29	28	27	26	25	24	23	양력 일	
甲辰	癸卯	壬寅	辛丑	庚子	己亥	戊戌	丁酉	丙申	乙未	甲午	癸巳	壬辰	辛卯	庚寅	己丑	戊子	丁亥	丙戌	乙酉	甲申	癸未	壬午	辛巳	庚辰	己卯	戊寅	丁丑	丙子	乙亥	일진	
목	수	화	월	일	토	금	목	수	화	월	일	토	寅正	목	수	화	월	일	토	금	목	수	화	월	일	토	금	목	亥正	절기시각	

													입동10															상강		절기	9月小(庚戌) 한로
	29	28	27	26	25	24	23	22	21	20	19	18	17	16	15	14	13	12	11	10	9	8	7	6	5	4	3	2	1	음력	
	6	6	7	7	7	8	8	8	9	9	9	10		1	1	1	1	2	2	2	3	3	3	4	4	4	5	5	5	대운 순행	
	4	4	3	3	3	2	2	2	1	1	1	1		10	9	9	9	8	8	8	7	7	7	6	6	6	5	5	5	대운 역행	
																				11									10	양력 월	
	20	19	18	17	16	15	14	13	12	11	10	9	8	7	6	5	4	3	2	1	31	30	29	28	27	26	25	24	23	양력 일	
	癸酉	壬申	辛未	庚午	己巳	戊辰	丁卯	丙寅	乙丑	甲子	癸亥	壬戌	辛酉	庚申	己未	戊午	丁巳	丙辰	乙卯	甲寅	癸丑	壬子	辛亥	庚戌	己酉	戊申	丁未	丙午	乙巳	일진	
	금	목	수	화	월	일	토	금	목	수	화	월	辰初	토	금	목	수	화	월	일	토	금	목	수	화	월	일	辰初	금	절기시각	

												대설11															소설			절기	10月大(辛亥) 입동
30	29	28	27	26	25	24	23	22	21	20	19	18	17	16	15	14	13	12	11	10	9	8	7	6	5	4	3	2	1	음력	
6	6	6	7	7	7	8	8	8	9	9	9		1	1	1	1	2	2	2	3	3	3	4	4	4	5	5	5	6	대운 순행	
4	4	3	3	3	2	2	2	1	1	1	1		10	9	9	9	8	8	8	7	7	7	6	6	6	5	5	5	4	대운 역행	
																			12										11	양력 월	
20	19	18	17	16	15	14	13	12	11	10	9	8	7	6	5	4	3	2	1	30	29	28	27	26	25	24	23	22	21	양력 일	
癸卯	壬寅	辛丑	庚子	己亥	戊戌	丁酉	丙申	乙未	甲午	癸巳	壬辰	辛卯	庚寅	己丑	戊子	丁亥	丙戌	乙酉	甲申	癸未	壬午	辛巳	庚辰	己卯	戊寅	丁丑	丙子	乙亥	甲戌	일진	
일	토	금	목	수	화	월	일	토	금	목	수	子正	월	일	토	금	목	수	화	월	일	토	금	목	수	화	酉初	일	토	절기시각	

													소한12															동지		절기	11月小(壬子) 대설
	29	28	27	26	25	24	23	22	21	20	19	18	17	16	15	14	13	12	11	10	9	8	7	6	5	4	3	2	1	음력	
	6	6	6	7	7	7	8	8	8	9	9	9		1	1	1	1	2	2	2	3	3	3	4	4	4	5	5	5	대운 순행	
	4	4	3	3	3	2	2	2	1	1	1	1		9	9	9	8	8	8	7	7	7	6	6	6	5	5	5	4	대운 역행	
																		1											12	양력 월	
	18	17	16	15	14	13	12	11	10	9	8	7	6	5	4	3	2	1	31	30	29	28	27	26	25	24	23	22	21	양력 일	
	壬申	辛未	庚午	己巳	戊辰	丁卯	丙寅	乙丑	甲子	癸亥	壬戌	辛酉	庚申	己未	戊午	丁巳	丙辰	乙卯	甲寅	癸丑	壬子	辛亥	庚戌	己酉	戊申	丁未	丙午	乙巳	甲辰	일진	
	월	일	토	금	목	수	화	월	일	토	금	목	午初	화	월	일	토	금	목	수	화	월	일	토	금	목	수	酉正	월	절기시각	

													입춘1														대한			절기	12月大(癸丑) 소한
30	29	28	27	26	25	24	23	22	21	20	19	18	17	16	15	14	13	12	11	10	9	8	7	6	5	4	3	2	1	음력	
6	6	6	7	7	7	8	8	8	9	9	9	10		1	1	1	1	2	2	2	3	3	3	4	4	4	5	5	5	대운 순행	
4	4	4	3	3	3	2	2	2	1	1	1	1		9	9	9	8	8	8	7	7	7	6	6	6	5	5	5	4	대운 역행	
																2													1	양력 월	
17	16	15	14	13	12	11	10	9	8	7	6	5	4	3	2	1	31	30	29	28	27	26	25	24	23	22	21	20	19	양력 일	
壬寅	辛丑	庚子	己亥	戊戌	丁酉	丙申	乙未	甲午	癸巳	壬辰	辛卯	庚寅	己丑	戊子	丁亥	丙戌	乙酉	甲申	癸未	壬午	辛巳	庚辰	己卯	戊寅	丁丑	丙子	乙亥	甲戌	癸酉	일진	
수	화	월	일	토	금	목	수	화	월	일	토	금	子正	수	화	월	일	토	금	목	수	화	월	일	토	금	卯初	수	화	절기시각	

• 화개살이 공망을 맞으면 승려팔자다.

서기 1988년
단기 4321년

戊辰年

상문 : 午　대장군 : 北
조객 : 寅　삼　재 : 申子辰
삼살 : 南

(썸머타임 양 5. 8 새벽 2시 ~ 양 10. 8 새벽 2시)
제6공화국(노태우대통령 취임, 88세계올림픽대회)

1月小(甲寅) 입춘

													경칩2															우수		절기
	29	28	27	26	25	24	23	22	21	20	19	18	17	16	15	14	13	12	11	10	9	8	7	6	5	4	3	2	1	음력
	6	6	7	7	7	8	8	8	9	9	9	10		1	1	1	1	2	2	2	3	3	3	4	4	4	5	5	5	대운 순행
	4	4	3	3	3	2	2	2	1	1	1	1		10	9	9	9	8	8	8	7	7	7	6	6	6	5	5	5	대운 역행
																	3												2	양력 월
	17	16	15	14	13	12	11	10	9	8	7	6	5	4	3	2	1	29	28	27	26	25	24	23	22	21	20	19	18	양력 일
	辛未	庚午	己巳	戊辰	丁卯	丙寅	乙丑	甲子	癸亥	壬戌	辛酉	庚申	己未	戊午	丁巳	丙辰	乙卯	甲寅	癸丑	壬子	辛亥	庚戌	己酉	戊申	丁未	丙午	乙巳	甲辰	癸卯	일진
	목	수	화	월	일	토	금	목	수	화	월	일	酉初	금	목	수	화	월	일	토	금	목	수	화	월	일	토	戌初	목	절기시각

2月小(乙卯) 경칩

												청명3															춘분			절기
	29	28	27	26	25	24	23	22	21	20	19	18	17	16	15	14	13	12	11	10	9	8	7	6	5	4	3	2	1	음력
	7	7	7	8	8	8	9	9	9	10	10		1	1	1	1	2	2	2	3	3	3	4	4	4	5	5	5	6	대운 순행
	4	3	3	3	2	2	2	1	1	1	1		10	9	9	9	8	8	8	7	7	7	6	6	6	5	5	5	4	대운 역행
															4														3	양력 월
	15	14	13	12	11	10	9	8	7	6	5	4	3	2	1	31	30	29	28	27	26	25	24	23	22	21	20	19	18	양력 일
	庚子	己亥	戊戌	丁酉	丙申	乙未	甲午	癸巳	壬辰	辛卯	庚寅	己丑	戊子	丁亥	丙戌	乙酉	甲申	癸未	壬午	辛巳	庚辰	己卯	戊寅	丁丑	丙子	乙亥	甲戌	癸酉	壬申	일진
	금	목	수	화	월	일	토	금	목	수	화	亥正	일	토	금	목	수	화	월	일	토	금	목	수	화	월	酉正	토	금	절기시각

3月大(丙辰) 청명

										입하4															곡우					절기
30	29	28	27	26	25	24	23	22	21	20	19	18	17	16	15	14	13	12	11	10	9	8	7	6	5	4	3	2	1	음력
7	7	8	8	8	9	9	9	10	10		1	1	1	1	2	2	2	3	3	3	4	4	4	5	5	5	6	6	6	대운 순행
3	3	3	2	2	2	1	1	1	1		10	10	9	9	9	8	8	8	7	7	7	6	6	6	5	5	5	4	4	대운 역행
														5															4	양력 월
15	14	13	12	11	10	9	8	7	6	5	4	3	2	1	30	29	28	27	26	25	24	23	22	21	20	19	18	17	16	양력 일
庚午	己巳	戊辰	丁卯	丙寅	乙丑	甲子	癸亥	壬戌	辛酉	庚申	己未	戊午	丁巳	丙辰	乙卯	甲寅	癸丑	壬子	辛亥	庚戌	己酉	戊申	丁未	丙午	乙巳	甲辰	癸卯	壬寅	辛丑	일진
일	토	금	목	수	화	월	일	토	금	申初	수	화	월	일	토	금	목	수	화	월	일	토	금	목	酉初	화	월	일	토	절기시각

4月小(丁巳) 입하

									망종5															소만						절기
	29	28	27	26	25	24	23	22	21	20	19	18	17	16	15	14	13	12	11	10	9	8	7	6	5	4	3	2	1	음력
	8	8	9	9	9	10	10	10		1	1	1	1	2	2	2	3	3	3	4	4	4	5	5	5	6	6	6	7	대운 순행
	3	2	2	2	1	1	1	1		10	10	9	9	9	8	8	8	7	7	7	6	6	6	5	5	5	4	4	4	대운 역행
													6																5	양력 월
	13	12	11	10	9	8	7	6	5	4	3	2	1	31	30	29	28	27	26	25	24	23	22	21	20	19	18	17	16	양력 일
	己亥	戊戌	丁酉	丙申	乙未	甲午	癸巳	壬辰	辛卯	庚寅	己丑	戊子	丁亥	丙戌	乙酉	甲申	癸未	壬午	辛巳	庚辰	己卯	戊寅	丁丑	丙子	乙亥	甲戌	癸酉	壬申	辛未	일진
	월	일	토	금	목	수	화	월	戌正	토	금	목	수	화	월	일	토	금	목	수	화	월	일	寅正	금	목	수	화	월	절기시각

5月大(戊午) 망종

						소서6																하지								절기
30	29	28	27	26	25	24	23	22	21	20	19	18	17	16	15	14	13	12	11	10	9	8	7	6	5	4	3	2	1	음력
8	9	9	9	10	10		1	1	1	1	2	2	2	3	3	3	4	4	4	5	5	5	6	6	6	7	7	7	8	대운 순행
2	2	1	1	1	1		10	10	10	9	9	9	8	8	8	7	7	7	6	6	6	5	5	5	4	4	4	3	3	대운 역행
												7																	6	양력 월
13	12	11	10	9	8	7	6	5	4	3	2	1	30	29	28	27	26	25	24	23	22	21	20	19	18	17	16	15	14	양력 일
己巳	戊辰	丁卯	丙寅	乙丑	甲子	癸亥	壬戌	辛酉	庚申	己未	戊午	丁巳	丙辰	乙卯	甲寅	癸丑	壬子	辛亥	庚戌	己酉	戊申	丁未	丙午	乙巳	甲辰	癸卯	壬寅	辛丑	庚子	일진
수	화	월	일	토	금	酉正	수	화	월	일	토	금	목	수	화	월	일	토	금	목	수	午正	월	일	토	금	목	수	화	절기시각

6月小(己未) 소서

					입추7																대서									절기
	29	28	27	26	25	24	23	22	21	20	19	18	17	16	15	14	13	12	11	10	9	8	7	6	5	4	3	2	1	음력
	9	9	10	10		1	1	1	1	2	2	2	3	3	3	4	4	4	5	5	5	6	6	6	7	7	7	8	8	대운 순행
	1	1	1	1		10	10	9	9	9	8	8	8	7	7	7	6	6	6	5	5	5	4	4	4	3	3	3	2	대운 역행
											8																		7	양력 월
	11	10	9	8	7	6	5	4	3	2	1	31	30	29	28	27	26	25	24	23	22	21	20	19	18	17	16	15	14	양력 일
	戊戌	丁酉	丙申	乙未	甲午	癸巳	壬辰	辛卯	庚寅	己丑	戊子	丁亥	丙戌	乙酉	甲申	癸未	壬午	辛巳	庚辰	己卯	戊寅	丁丑	丙子	乙亥	甲戌	癸酉	壬申	辛未	庚午	일진
	목	수	화	월	申正	토	금	목	수	화	월	일	토	금	목	수	화	월	일	토	子初	목	수	화	월	일	토	금	목	절기시각

7月大(庚申) 입추

			백로8															처서												절기
30	29	28	27	26	25	24	23	22	21	20	19	18	17	16	15	14	13	12	11	10	9	8	7	6	5	4	3	2	1	음력
9	10	10		1	1	1	1	2	2	2	3	3	3	4	4	4	5	5	5	6	6	6	7	7	7	8	8	8	9	대운 순행
1	1	1		10	10	9	9	9	8	8	8	7	7	7	6	6	6	5	5	5	4	4	4	3	3	3	2	2	2	대운 역행
									9																				8	양력 월
10	9	8	7	6	5	4	3	2	1	31	30	29	28	27	26	25	24	23	22	21	20	19	18	17	16	15	14	13	12	양력 일
戊辰	丁卯	丙寅	乙丑	甲子	癸亥	壬戌	辛酉	庚申	己未	戊午	丁巳	丙辰	乙卯	甲寅	癸丑	壬子	辛亥	庚戌	己酉	戊申	丁未	丙午	乙巳	甲辰	癸卯	壬寅	辛丑	庚子	己亥	일진
토	금	목	戌初	화	월	일	토	금	목	수	화	월	일	토	금	목	수	酉正	월	일	토	금	목	수	화	월	일	토	금	절기시각

8月大(辛酉) 백로

		한로9															추분													절기
30	29	28	27	26	25	24	23	22	21	20	19	18	17	16	15	14	13	12	11	10	9	8	7	6	5	4	3	2	1	음력
9	10		1	1	1	1	2	2	2	3	3	3	4	4	4	5	5	5	6	6	6	7	7	7	8	8	8	9	9	대운 순행
1	1		10	10	9	9	9	8	8	8	7	7	7	6	6	6	5	5	5	4	4	4	3	3	3	2	2	2	1	대운 역행
									10																				9	양력 월
10	9	8	7	6	5	4	3	2	1	30	29	28	27	26	25	24	23	22	21	20	19	18	17	16	15	14	13	12	11	양력 일
戊戌	丁酉	丙申	乙未	甲午	癸巳	壬辰	辛卯	庚寅	己丑	戊子	丁亥	丙戌	乙酉	甲申	癸未	壬午	辛巳	庚辰	己卯	戊寅	丁丑	丙子	乙亥	甲戌	癸酉	壬申	辛未	庚午	己巳	일진
월	일	巳正	금	목	수	화	월	일	토	금	목	수	화	월	일	토	寅正	목	수	화	월	일	토	금	목	수	화	월	일	절기시각

9月小(壬戌) 한로

		입동10															상강													절기
	29	28	27	26	25	24	23	22	21	20	19	18	17	16	15	14	13	12	11	10	9	8	7	6	5	4	3	2	1	음력
	10		1	1	1	1	2	2	2	3	3	3	4	4	4	5	5	5	6	6	6	7	7	7	8	8	8	9	9	대운 순행
	1		10	9	9	9	8	8	8	7	7	7	6	6	6	5	5	5	4	4	4	3	3	3	2	2	2	1	1	대운 역행
								11																					10	양력 월
	8	7	6	5	4	3	2	1	31	30	29	28	27	26	25	24	23	22	21	20	19	18	17	16	15	14	13	12	11	양력 일
	丁卯	丙寅	乙丑	甲子	癸亥	壬戌	辛酉	庚申	己未	戊午	丁巳	丙辰	乙卯	甲寅	癸丑	壬子	辛亥	庚戌	己酉	戊申	丁未	丙午	乙巳	甲辰	癸卯	壬寅	辛丑	庚子	己亥	일진
	화	未初	일	토	금	목	수	화	월	일	토	금	목	수	화	월	未初	토	금	목	수	화	월	일	토	금	목	수	화	절기시각

10月大(癸亥) 입동

	대설11															소설														절기
30	29	28	27	26	25	24	23	22	21	20	19	18	17	16	15	14	13	12	11	10	9	8	7	6	5	4	3	2	1	음력
9		1	1	1	1	2	2	2	3	3	3	4	4	4	5	5	5	6	6	6	7	7	7	8	8	8	9	9	9	대운 순행
1		10	9	9	9	8	8	8	7	7	7	6	6	6	5	5	5	4	4	4	3	3	3	2	2	2	1	1	1	대운 역행
							12																						11	양력 월
8	7	6	5	4	3	2	1	30	29	28	27	26	25	24	23	22	21	20	19	18	17	16	15	14	13	12	11	10	9	양력 일
丁酉	丙申	乙未	甲午	癸巳	壬辰	辛卯	庚寅	己丑	戊子	丁亥	丙戌	乙酉	甲申	癸未	壬午	辛巳	庚辰	己卯	戊寅	丁丑	丙子	乙亥	甲戌	癸酉	壬申	辛未	庚午	己巳	戊辰	일진
목	酉正	화	월	일	토	금	목	수	화	월	일	토	금	목	수	午初	월	일	토	금	목	수	화	월	일	토	금	목	수	절기시각

11月大(甲子) 대설

		소한12														동지														절기
30	29	28	27	26	25	24	23	22	21	20	19	18	17	16	15	14	13	12	11	10	9	8	7	6	5	4	3	2	1	음력
9	10		1	1	1	1	2	2	2	3	3	3	4	4	4	5	5	5	6	6	6	7	7	7	8	8	8	9	9	대운 순행
1	1		9	9	9	8	8	8	7	7	7	6	6	6	5	5	5	4	4	4	3	3	3	2	2	2	1	1	1	대운 역행
						1																							12	양력 월
7	6	5	4	3	2	1	31	30	29	28	27	26	25	24	23	22	21	20	19	18	17	16	15	14	13	12	11	10	9	양력 일
丁卯	丙寅	乙丑	甲子	癸亥	壬戌	辛酉	庚申	己未	戊午	丁巳	丙辰	乙卯	甲寅	癸丑	壬子	辛亥	庚戌	己酉	戊申	丁未	丙午	乙巳	甲辰	癸卯	壬寅	辛丑	庚子	己亥	戊戌	일진
토	금	酉初	수	화	월	일	토	금	목	수	화	월	일	토	금	子正	수	화	월	일	토	금	목	수	화	월	일	토	금	절기시각

12月小(乙丑) 소한

		입춘1															대한													절기
	29	28	27	26	25	24	23	22	21	20	19	18	17	16	15	14	13	12	11	10	9	8	7	6	5	4	3	2	1	음력
	9		1	1	1	1	2	2	2	3	3	3	4	4	4	5	5	5	6	6	6	7	7	7	8	8	8	9	9	대운 순행
	1		10	9	9	9	8	8	8	7	7	7	6	6	6	5	5	5	4	4	4	3	3	3	2	2	2	1	1	대운 역행
					2																								1	양력 월
	5	4	3	2	1	31	30	29	28	27	26	25	24	23	22	21	20	19	18	17	16	15	14	13	12	11	10	9	8	양력 일
	丙申	乙未	甲午	癸巳	壬辰	辛卯	庚寅	己丑	戊子	丁亥	丙戌	乙酉	甲申	癸未	壬午	辛巳	庚辰	己卯	戊寅	丁丑	丙子	乙亥	甲戌	癸酉	壬申	辛未	庚午	己巳	戊辰	일진
	일	酉初	금	목	수	화	월	일	토	금	목	수	화	월	일	토	午初	목	수	화	월	일	토	금	목	수	화	월	일	절기시각

• 화개가 많으면 예술가 팔자다.

서기 1989년 단기 4322년 己巳年

상문 : 未 대장군 : 東
조객 : 卯 삼 재 : 亥卯未
삼살 : 東

1月大(丙寅) 입춘

		경칩2														우수														절기
30	29	28	27	26	25	24	23	22	21	20	19	18	17	16	15	14	13	12	11	10	9	8	7	6	5	4	3	2	1	음력
10	10		1	1	1	1	2	2	2	3	3	3	4	4	4	5	5	5	6	6	6	7	7	7	8	8	8	9	9	대운 순행
1	1		9	9	9	8	8	8	7	7	7	6	6	6	5	5	5	4	4	4	3	3	3	2	2	2	1	1	1	대운 역행
						3																							2	양력 월
7	6	5	4	3	2	1	28	27	26	25	24	23	22	21	20	19	18	17	16	15	14	13	12	11	10	9	8	7	6	양력 일
丙寅	乙丑	甲子	癸亥	壬戌	辛酉	庚申	己未	戊午	丁巳	丙辰	乙卯	甲寅	癸丑	壬子	辛亥	庚戌	己酉	戊申	丁未	丙午	乙巳	甲辰	癸卯	壬寅	辛丑	庚子	己亥	戊戌	丁酉	일진
화	월	子初	토	금	목	수	화	월	일	토	금	목	수	화	월	丑初	토	금	목	수	화	월	일	토	금	목	수	화	월	절기시각

2月小(丁卯) 경칩

	청명3															춘분														절기
	29	28	27	26	25	24	23	22	21	20	19	18	17	16	15	14	13	12	11	10	9	8	7	6	5	4	3	2	1	음력
		1	1	1	1	2	2	2	3	3	3	4	4	4	5	5	5	6	6	6	7	7	7	8	8	8	9	9	9	대운 순행
		10	10	9	9	9	8	8	8	7	7	7	6	6	6	5	5	5	4	4	4	3	3	3	2	2	2	1	1	대운 역행
					4																								3	양력 월
	5	4	3	2	1	31	30	29	28	27	26	25	24	23	22	21	20	19	18	17	16	15	14	13	12	11	10	9	8	양력 일
	乙未	甲午	癸巳	壬辰	辛卯	庚寅	己丑	戊子	丁亥	丙戌	乙酉	甲申	癸未	壬午	辛巳	庚辰	己卯	戊寅	丁丑	丙子	乙亥	甲戌	癸酉	壬申	辛未	庚午	己巳	戊辰	丁卯	일진
	寅正	화	월	일	토	금	목	수	화	월	일	토	금	목	수	子正	월	일	토	금	목	수	화	월	일	토	금	목	수	절기시각

3月小(戊辰) 청명

															곡우															절기
	29	28	27	26	25	24	23	22	21	20	19	18	17	16	15	14	13	12	11	10	9	8	7	6	5	4	3	2	1	음력
	1	1	1	1	2	2	2	3	3	3	4	4	4	5	5	5	6	6	6	7	7	7	8	8	8	9	9	9	10	대운 순행
	10	9	9	9	8	8	8	7	7	7	6	6	6	5	5	5	4	4	4	3	3	3	2	2	2	1	1	1	1	대운 역행
				5																									4	양력 월
	4	3	2	1	30	29	28	27	26	25	24	23	22	21	20	19	18	17	16	15	14	13	12	11	10	9	8	7	6	양력 일
	甲子	癸亥	壬戌	辛酉	庚申	己未	戊午	丁巳	丙辰	乙卯	甲寅	癸丑	壬子	辛亥	庚戌	己酉	戊申	丁未	丙午	乙巳	甲辰	癸卯	壬寅	辛丑	庚子	己亥	戊戌	丁酉	丙申	일진
	목	수	화	월	일	토	금	목	수	화	월	일	토	금	午初	수	화	월	일	토	금	목	수	화	월	일	토	금	목	절기시각

4月大(己巳) 입하

													소만																입하4	절기
30	29	28	27	26	25	24	23	22	21	20	19	18	17	16	15	14	13	12	11	10	9	8	7	6	5	4	3	2	1	음력
1	1	2	2	2	3	3	3	4	4	4	5	5	5	6	6	6	7	7	7	8	8	8	9	9	9	10	10	10		대운 순행
10	9	9	9	8	8	8	7	7	7	6	6	6	5	5	5	4	4	4	3	3	3	2	2	2	1	1	1	1		대운 역행
		6																											5	양력 월
3	2	1	31	30	29	28	27	26	25	24	23	22	21	20	19	18	17	16	15	14	13	12	11	10	9	8	7	6	5	양력 일
甲午	癸巳	壬辰	辛卯	庚寅	己丑	戊子	丁亥	丙戌	乙酉	甲申	癸未	壬午	辛巳	庚辰	己卯	戊寅	丁丑	丙子	乙亥	甲戌	癸酉	壬申	辛未	庚午	己巳	戊辰	丁卯	丙寅	乙丑	일진
토	금	목	수	화	월	일	토	금	목	수	화	월	巳正	토	금	목	수	화	월	일	토	금	목	수	화	월	일	토	亥初	절기시각

5月小(庚午) 망종

												하지													망종5					절기
	29	28	27	26	25	24	23	22	21	20	19	18	17	16	15	14	13	12	11	10	9	8	7	6	5	4	3	2	1	음력
	2	2	2	3	3	3	4	4	4	5	5	5	6	6	6	7	7	7	8	8	8	9	9	9	10	10		1	1	대운 순행
	9	8	8	8	7	7	7	6	6	6	5	5	5	4	4	4	3	3	3	2	2	2	1	1	1	1		10	10	대운 역행
		7																											6	양력 월
	2	1	30	29	28	27	26	25	24	23	22	21	20	19	18	17	16	15	14	13	12	11	10	9	8	7	6	5	4	양력 일
	癸亥	壬戌	辛酉	庚申	己未	戊午	丁巳	丙辰	乙卯	甲寅	癸丑	壬子	辛亥	庚戌	己酉	戊申	丁未	丙午	乙巳	甲辰	癸卯	壬寅	辛丑	庚子	己亥	戊戌	丁酉	丙申	乙未	일진
	일	토	금	목	수	화	월	일	토	금	목	酉正	화	월	일	토	금	목	수	화	월	일	토	금	목	수	丑初	월	일	절기시각

6月大(辛未) 소서

									대서															소서6						절기
30	29	28	27	26	25	24	23	22	21	20	19	18	17	16	15	14	13	12	11	10	9	8	7	6	5	4	3	2	1	음력
2	2	3	3	3	4	4	4	5	5	5	6	6	6	7	7	7	8	8	8	9	9	9	10	10		1	1	1	1	대운 순행
8	8	8	7	7	7	6	6	6	5	5	5	4	4	4	3	3	3	2	2	2	1	1	1	1		10	10	9	9	대운 역행
8																													7	양력 월
1	31	30	29	28	27	26	25	24	23	22	21	20	19	18	17	16	15	14	13	12	11	10	9	8	7	6	5	4	3	양력 일
癸巳	壬辰	辛卯	庚寅	己丑	戊子	丁亥	丙戌	乙酉	甲申	癸未	壬午	辛巳	庚辰	己卯	戊寅	丁丑	丙子	乙亥	甲戌	癸酉	壬申	辛未	庚午	己巳	戊辰	丁卯	丙寅	乙丑	甲子	일진
화	월	일	토	금	목	수	화	월	酉初	토	금	목	수	화	월	일	토	금	목	수	화	월	일	토	午正	목	수	화	월	절기시각

• 머리결이 고운여자는 남편덕이 많다.

								처서																입추7						절기		7月小(壬申) 입추
	29	28	27	26	25	24	23	**22**	21	20	19	18	17	16	15	14	13	12	11	10	9	8	7	**6**	5	4	3	2	1	음력		
	3	3	4	4	4	5	5	5	6	6	6	7	7	7	8	8	8	9	9	9	10	10	10		1	1	1	1	2	순행	대운	
	8	7	7	7	6	6	6	5	5	5	4	4	4	3	3	3	2	2	2	1	1	1	1		10	10	9	9	9	역행	대운	
																													8	월	양력	
	30	29	28	27	26	25	24	23	22	21	20	19	18	17	16	15	14	13	12	11	10	9	8	7	6	5	4	3	2	일	양력	
	壬戌	辛酉	庚申	己未	戊午	丁巳	丙辰	乙卯	甲寅	癸丑	壬子	辛亥	庚戌	己酉	戊申	丁未	丙午	乙巳	甲辰	癸卯	壬寅	辛丑	庚子	己亥	戊戌	丁酉	丙申	乙未	甲午	일진		
	수	화	월	일	토	금	목	午正	화	월	일	토	금	목	수	화	월	일	토	금	목	수	화	亥正	일	토	금	목	수	절기시각		

						추분															백로8									절기		8月大(癸酉) 백로
30	29	28	27	26	25	**24**	23	22	21	20	19	18	17	16	15	14	13	12	11	10	**9**	8	7	6	5	4	3	2	1	음력		
3	3	4	4	4	5	5	5	6	6	6	7	7	7	8	8	8	9	9	9	10		1	1	1	1	2	2	2	3	순행	대운	
7	7	6	6	6	5	5	5	4	4	4	3	3	3	2	2	2	1	1	1	1		10	10	10	9	9	9	8	8	역행	대운	
																												9	8	월	양력	
29	28	27	26	25	24	23	22	21	20	19	18	17	16	15	14	13	12	11	10	9	8	7	6	5	4	3	2	1	31	일	양력	
壬辰	辛卯	庚寅	己丑	戊子	丁亥	丙戌	乙酉	甲申	癸未	壬午	辛巳	庚辰	己卯	戊寅	丁丑	丙子	乙亥	甲戌	癸酉	壬申	辛未	庚午	己巳	戊辰	丁卯	丙寅	乙丑	甲子	癸亥	일진		
금	목	수	화	월	일	巳正	금	목	수	화	월	일	토	금	목	수	화	월	일	토	子正	목	수	화	월	일	토	금	목	절기시각		

						상강															한로9									절기		9月大(甲戌) 한로
30	29	28	27	26	25	**24**	23	22	21	20	19	18	17	16	15	14	13	12	11	10	**9**	8	7	6	5	4	3	2	1	음력		
3	3	4	4	4	5	5	5	6	6	6	7	7	7	8	8	8	9	9	9	10		1	1	1	1	2	2	2	3	순행	대운	
7	7	6	6	6	5	5	5	4	4	4	3	3	3	2	2	2	1	1	1	1		10	9	9	9	8	8	8	7	역행	대운	
																												10	9	월	양력	
29	28	27	26	25	24	23	22	21	20	19	18	17	16	15	14	13	12	11	10	9	8	7	6	5	4	3	2	1	30	일	양력	
壬戌	辛酉	庚申	己未	戊午	丁巳	丙辰	乙卯	甲寅	癸丑	壬子	辛亥	庚戌	己酉	戊申	丁未	丙午	乙巳	甲辰	癸卯	壬寅	辛丑	庚子	己亥	戊戌	丁酉	丙申	乙未	甲午	癸巳	일진		
일	토	금	목	수	화	戌初	일	토	금	목	수	화	월	일	토	금	목	수	화	월	卯正	토	금	목	수	화	월	일	토	절기시각		

						소설															입동10									절기		10月小(乙亥) 입동
	29	28	27	26	25	**24**	23	22	21	20	19	18	17	16	15	14	13	12	11	10	**9**	8	7	6	5	4	3	2	1	음력		
	3	4	4	4	5	5	5	6	6	6	7	7	7	8	8	8	9	9	9	10		1	1	1	1	2	2	2	3	순행	대운	
	7	6	6	6	5	5	5	4	4	4	3	3	3	2	2	2	1	1	1	1		10	9	9	9	8	8	8	7	역행	대운	
																											11		10	월	양력	
	27	26	25	24	23	22	21	20	19	18	17	16	15	14	13	12	11	10	9	8	7	6	5	4	3	2	1	31	30	일	양력	
	辛卯	庚寅	己丑	戊子	丁亥	丙戌	乙酉	甲申	癸未	壬午	辛巳	庚辰	己卯	戊寅	丁丑	丙子	乙亥	甲戌	癸酉	壬申	辛未	庚午	己巳	戊辰	丁卯	丙寅	乙丑	甲子	癸亥	일진		
	월	일	토	금	목	申正	화	월	일	토	금	목	수	화	월	일	토	금	목	수	戌初	월	일	토	금	목	수	화	월	절기시각		

					동지															대설11										절기		11月大(丙子) 대설
30	29	28	27	26	**25**	24	23	22	21	20	19	18	17	16	15	14	13	12	11	**10**	9	8	7	6	5	4	3	2	1	음력		
3	3	4	4	4	5	5	5	6	6	6	7	7	7	8	8	8	9	9	9		1	1	1	1	2	2	2	3	3	순행	대운	
7	6	6	6	5	5	5	4	4	4	3	3	3	2	2	2	1	1	1	1		10	9	9	9	8	8	8	7	7	역행	대운	
																										12			11	월	양력	
27	26	25	24	23	22	21	20	19	18	17	16	15	14	13	12	11	10	9	8	7	6	5	4	3	2	1	30	29	28	일	양력	
辛酉	庚申	己未	戊午	丁巳	丙辰	乙卯	甲寅	癸丑	壬子	辛亥	庚戌	己酉	戊申	丁未	丙午	乙巳	甲辰	癸卯	壬寅	辛丑	庚子	己亥	戊戌	丁酉	丙申	乙未	甲午	癸巳	壬辰	일진		
수	화	월	일	토	卯正	목	수	화	월	일	토	금	목	수	화	월	일	토	금	午正	수	화	월	일	토	금	목	수	화	절기시각		

						대한															소한12									절기		12月大(丁丑) 소한
30	29	28	27	26	25	**24**	23	22	21	20	19	18	17	16	15	14	13	12	11	10	**9**	8	7	6	5	4	3	2	1	음력		
3	3	4	4	4	5	5	5	6	6	6	7	7	7	8	8	8	9	9	9	10		1	1	1	1	2	2	2	3	순행	대운	
7	7	6	6	6	5	5	5	4	4	4	3	3	3	2	2	2	1	1	1	1		9	9	9	8	8	8	7	7	역행	대운	
																									1				12	월	양력	
26	25	24	23	22	21	20	19	18	17	16	15	14	13	12	11	10	9	8	7	6	5	4	3	2	1	31	30	29	28	일	양력	
辛卯	庚寅	己丑	戊子	丁亥	丙戌	乙酉	甲申	癸未	壬午	辛巳	庚辰	己卯	戊寅	丁丑	丙子	乙亥	甲戌	癸酉	壬申	辛未	庚午	己巳	戊辰	丁卯	丙寅	乙丑	甲子	癸亥	壬戌	일진		
금	목	수	화	월	일	申正	금	목	수	화	월	일	토	금	목	수	화	월	일	토	子初	목	수	화	월	일	토	금	목	절기시각		

• 庚日生이 地支에 火가 많으면 치질이 있다.

서기 1990년
단기 4323년

庚午年

상문 : 申　대장군 : 東
조객 : 辰　삼　재 : 亥卯未
삼살 : 北

						우수															입춘1									절기	1月小(戊寅) 입춘
	29	28	27	26	25	24	23	22	21	20	19	18	17	16	15	14	13	12	11	10	9	8	7	6	5	4	3	2	1	음력	
	3	4	4	4	5	5	5	6	6	6	7	7	7	8	8	8	9	9	9	10		1	1	1	1	2	2	2	3	대운 순행	
	7	6	6	6	5	5	5	4	4	4	3	3	3	2	2	2	1	1	1	1		10	9	9	9	8	8	8	7	대운 역행	
																								2					1	양력 월	
	24	23	22	21	20	19	18	17	16	15	14	13	12	11	10	9	8	7	6	5	4	3	2	1	31	30	29	28	27	양력 일	
	庚申	己未	戊午	丁巳	丙辰	乙卯	甲寅	癸丑	壬子	辛亥	庚戌	己酉	戊申	丁未	丙午	乙巳	甲辰	癸卯	壬寅	辛丑	庚子	己亥	戊戌	丁酉	丙申	乙未	甲午	癸巳	壬辰	일진	
	토	금	목	수	화	卯正	일	토	금	목	수	화	월	일	토	금	목	수	화	월	午初	토	금	목	수	화	월	일	토	절기시각	

					춘분															경칩2										절기	2月大(己卯) 경칩
30	29	28	27	26	25	24	23	22	21	20	19	18	17	16	15	14	13	12	11	10	9	8	7	6	5	4	3	2	1	음력	
3	4	4	4	5	5	5	6	6	6	7	7	7	8	8	8	9	9	9	10		1	1	1	1	2	2	2	3	3	대운 순행	
7	6	6	6	5	5	5	4	4	4	3	3	3	2	2	2	1	1	1	1		10	9	9	9	8	8	8	7	7	대운 역행	
																									3				2	양력 월	
26	25	24	23	22	21	20	19	18	17	16	15	14	13	12	11	10	9	8	7	6	5	4	3	2	1	28	27	26	25	양력 일	
庚寅	己丑	戊子	丁亥	丙戌	乙酉	甲申	癸未	壬午	辛巳	庚辰	己卯	戊寅	丁丑	丙子	乙亥	甲戌	癸酉	壬申	辛未	庚午	己巳	戊辰	丁卯	丙寅	乙丑	甲子	癸亥	壬戌	辛酉	일진	
월	일	토	금	목	卯正	화	월	일	토	금	목	수	화	월	일	토	금	목	수	卯初	월	일	토	금	목	수	화	월	일	절기시각	

					곡우															청명3										절기	3月小(庚辰) 청명
	29	28	27	26	25	24	23	22	21	20	19	18	17	16	15	14	13	12	11	10	9	8	7	6	5	4	3	2	1	음력	
	4	4	5	5	5	6	6	6	7	7	7	8	8	8	9	9	9	10	10		1	1	1	1	2	2	2	3	3	대운 순행	
	6	6	6	5	5	5	4	4	4	3	3	3	2	2	2	1	1	1	1		10	9	9	9	8	8	8	7	7	대운 역행	
																								4					3	양력 월	
	24	23	22	21	20	19	18	17	16	15	14	13	12	11	10	9	8	7	6	5	4	3	2	1	31	30	29	28	27	양력 일	
	己未	戊午	丁巳	丙辰	乙卯	甲寅	癸丑	壬子	辛亥	庚戌	己酉	戊申	丁未	丙午	乙巳	甲辰	癸卯	壬寅	辛丑	庚子	己亥	戊戌	丁酉	丙申	乙未	甲午	癸巳	壬辰	辛卯	일진	
	화	월	일	토	酉初	목	수	화	월	일	토	금	목	수	화	월	일	토	금	巳正	수	화	월	일	토	금	목	수	화	절기시각	

			소만															입하4												절기	4月小(辛巳) 입하
	29	28	27	26	25	24	23	22	21	20	19	18	17	16	15	14	13	12	11	10	9	8	7	6	5	4	3	2	1	음력	
	5	5	5	6	6	6	7	7	7	8	8	8	9	9	9	10	10		1	1	1	1	2	2	2	3	3	3	4	대운 순행	
	6	5	5	5	4	4	4	3	3	3	2	2	2	1	1	1	1		10	10	9	9	9	8	8	8	7	7	7	대운 역행	
																							5						4	양력 월	
	23	22	21	20	19	18	17	16	15	14	13	12	11	10	9	8	7	6	5	4	3	2	1	30	29	28	27	26	25	양력 일	
	戊子	丁亥	丙戌	乙酉	甲申	癸未	壬午	辛巳	庚辰	己卯	戊寅	丁丑	丙子	乙亥	甲戌	癸酉	壬申	辛未	庚午	己巳	戊辰	丁卯	丙寅	乙丑	甲子	癸亥	壬戌	辛酉	庚申	일진	
	수	화	申正	일	토	금	목	수	화	월	일	토	금	목	수	화	월	寅初	토	금	목	수	화	월	일	토	금	목	수	절기시각	

하지																망종5														절기	5月大(壬午) 망종
30	29	28	27	26	25	24	23	22	21	20	19	18	17	16	15	14	13	12	11	10	9	8	7	6	5	4	3	2	1	음력	
5	5	6	6	6	7	7	7	8	8	8	9	9	9	10	10		1	1	1	1	2	2	2	3	3	3	4	4	4	대운 순행	
5	5	5	4	4	4	3	3	3	2	2	2	1	1	1	1		10	10	9	9	9	8	8	8	7	7	7	6	6	대운 역행	
																					6								5	양력 월	
22	21	20	19	18	17	16	15	14	13	12	11	10	9	8	7	6	5	4	3	2	1	31	30	29	28	27	26	25	24	양력 일	
戊午	丁巳	丙辰	乙卯	甲寅	癸丑	壬子	辛亥	庚戌	己酉	戊申	丁未	丙午	乙巳	甲辰	癸卯	壬寅	辛丑	庚子	己亥	戊戌	丁酉	丙申	乙未	甲午	癸巳	壬辰	辛卯	庚寅	己丑	일진	
子正	목	수	화	월	일	토	금	목	수	화	월	일	토	금	목	辰初	화	월	일	토	금	목	수	화	월	일	토	금	목	절기시각	

															소서6															절기	윤5月小
	29	28	27	26	25	24	23	22	21	20	19	18	17	16	15	14	13	12	11	10	9	8	7	6	5	4	3	2	1	음력	
	6	6	7	7	7	8	8	8	9	9	9	10	10	10		1	1	1	1	2	2	2	3	3	3	4	4	4	5	대운 순행	
	5	4	4	4	3	3	3	2	2	2	1	1	1	1		10	10	9	9	9	8	8	8	7	7	7	6	6	6	대운 역행	
																					7								6	양력 월	
	21	20	19	18	17	16	15	14	13	12	11	10	9	8	7	6	5	4	3	2	1	30	29	28	27	26	25	24	23	양력 일	
	丁亥	丙戌	乙酉	甲申	癸未	壬午	辛巳	庚辰	己卯	戊寅	丁丑	丙子	乙亥	甲戌	癸酉	壬申	辛未	庚午	己巳	戊辰	丁卯	丙寅	乙丑	甲子	癸亥	壬戌	辛酉	庚申	己未	일진	
	토	금	목	수	화	월	일	토	금	목	수	화	월	일	酉正	금	목	수	화	월	일	토	금	목	수	화	월	일	토	절기시각	

• 도장의 귀가 떨어져 나간 것을 쓰면 손해보는 일에만 쓰이게 된다.

												입추7																대서		절기	6月小(癸未)소서
	29	28	27	26	25	24	23	22	21	20	19	18	17	16	15	14	13	12	11	10	9	8	7	6	5	4	3	2	1	음력	
	7	7	7	8	8	8	9	9	9	10	10		1	1	1	1	2	2	2	3	3	3	4	4	4	5	5	5	6	대운 순행	
	4	3	3	3	2	2	2	1	1	1	1		10	10	10	9	9	9	8	8	8	7	7	7	6	6	6	5	5	대운 역행	
																			8										7	양력 월	
	19	18	17	16	15	14	13	12	11	10	9	8	7	6	5	4	3	2	1	31	30	29	28	27	26	25	24	23	22	양력 일	
	丙辰	乙卯	甲寅	癸丑	壬子	辛亥	庚戌	己酉	戊申	丁未	丙午	乙巳	甲辰	癸卯	壬寅	辛丑	庚子	己亥	戊戌	丁酉	丙申	乙未	甲午	癸巳	壬辰	辛卯	庚寅	己丑	戊子	일진	
	일	토	금	목	수	화	월	일	토	금	목	寅初	화	월	일	토	금	목	수	화	월	일	토	금	목	수	화	午初	일	절기시각	

										백로8																처서				절기	7月大(甲申)입추
30	29	28	27	26	25	24	23	22	21	20	19	18	17	16	15	14	13	12	11	10	9	8	7	6	5	4	3	2	1	음력	
7	7	7	8	8	8	9	9	9	10		1	1	1	1	2	2	2	3	3	3	4	4	4	5	5	5	6	6	6	대운 순행	
3	3	3	2	2	2	1	1	1	1		10	10	9	9	9	8	8	8	7	7	7	6	6	6	5	5	5	4	4	대운 역행	
																	9												8	양력 월	
18	17	16	15	14	13	12	11	10	9	8	7	6	5	4	3	2	1	31	30	29	28	27	26	25	24	23	22	21	20	양력 일	
丙戌	乙酉	甲申	癸未	壬午	辛巳	庚辰	己卯	戊寅	丁丑	丙子	乙亥	甲戌	癸酉	壬申	辛未	庚午	己巳	戊辰	丁卯	丙寅	乙丑	甲子	癸亥	壬戌	辛酉	庚申	己未	戊午	丁巳	일진	
화	월	일	토	금	목	수	화	월	일	卯正	금	목	수	화	월	일	토	금	목	수	화	월	일	토	금	酉正	수	화	월	절기시각	

										한로9															추분					절기	8月大(乙酉)백로
30	29	28	27	26	25	24	23	22	21	20	19	18	17	16	15	14	13	12	11	10	9	8	7	6	5	4	3	2	1	음력	
7	7	8	8	8	9	9	9	10	10		1	1	1	1	2	2	2	3	3	3	4	4	4	5	5	5	6	6	6	대운 순행	
3	3	3	2	2	2	1	1	1	1		10	9	9	9	8	8	8	7	7	7	6	6	6	5	5	5	4	4	4	대운 역행	
																	10												9	양력 월	
18	17	16	15	14	13	12	11	10	9	8	7	6	5	4	3	2	1	30	29	28	27	26	25	24	23	22	21	20	19	양력 일	
丙辰	乙卯	甲寅	癸丑	壬子	辛亥	庚戌	己酉	戊申	丁未	丙午	乙巳	甲辰	癸卯	壬寅	辛丑	庚子	己亥	戊戌	丁酉	丙申	乙未	甲午	癸巳	壬辰	辛卯	庚寅	己丑	戊子	丁亥	일진	
목	수	화	월	일	토	금	목	수	화	亥正	일	토	금	목	수	화	월	일	토	금	목	수	화	월	辰正	토	금	목	수	절기시각	

									입동10															상강						절기	9月小(丙戌)한로
	29	28	27	26	25	24	23	22	21	20	19	18	17	16	15	14	13	12	11	10	9	8	7	6	5	4	3	2	1	음력	
	7	7	8	8	8	9	9	9		1	1	1	1	2	2	2	3	3	3	4	4	4	5	5	5	6	6	6	7	대운 순행	
	3	2	2	2	1	1	1	1		10	10	9	9	9	8	8	8	7	7	7	6	6	6	5	5	5	4	4	4	대운 역행	
																11													10	양력 월	
	16	15	14	13	12	11	10	9	8	7	6	5	4	3	2	1	31	30	29	28	27	26	25	24	23	22	21	20	19	양력 일	
	乙酉	甲申	癸未	壬午	辛巳	庚辰	己卯	戊寅	丁丑	丙子	乙亥	甲戌	癸酉	壬申	辛未	庚午	己巳	戊辰	丁卯	丙寅	乙丑	甲子	癸亥	壬戌	辛酉	庚申	己未	戊午	丁巳	일진	
	금	목	수	화	월	일	토	금	丑初	수	화	월	일	토	금	목	수	화	월	일	토	금	목	丑初	화	월	일	토	금	절기시각	

									대설11															소설						절기	10月大(丁亥)입동
30	29	28	27	26	25	24	23	22	21	20	19	18	17	16	15	14	13	12	11	10	9	8	7	6	5	4	3	2	1	음력	
7	7	8	8	8	9	9	9	10		1	1	1	1	2	2	2	3	3	3	4	4	4	5	5	5	6	6	6	7	대운 순행	
3	3	2	2	2	1	1	1	1		9	9	9	8	8	8	7	7	7	6	6	6	5	5	5	4	4	4	3	3	대운 역행	
															12														11	양력 월	
16	15	14	13	12	11	10	9	8	7	6	5	4	3	2	1	30	29	28	27	26	25	24	23	22	21	20	19	18	17	양력 일	
乙卯	甲寅	癸丑	壬子	辛亥	庚戌	己酉	戊申	丁未	丙午	乙巳	甲辰	癸卯	壬寅	辛丑	庚子	己亥	戊戌	丁酉	丙申	乙未	甲午	癸巳	壬辰	辛卯	庚寅	己丑	戊子	丁亥	丙戌	일진	
일	토	금	목	수	화	월	일	토	酉正	목	수	화	월	일	토	금	목	수	화	월	일	토	금	亥正	수	화	월	일	토	절기시각	

									소한12															동지						절기	11月大(戊子)대설
30	29	28	27	26	25	24	23	22	21	20	19	18	17	16	15	14	13	12	11	10	9	8	7	6	5	4	3	2	1	음력	
7	7	7	8	8	8	9	9	9		1	1	1	1	2	2	2	3	3	3	4	4	4	5	5	5	6	6	6	7	대운 순행	
3	3	2	2	2	1	1	1	1		10	9	9	9	8	8	8	7	7	7	6	6	6	5	5	5	4	4	4	3	대운 역행	
														1															12	양력 월	
15	14	13	12	11	10	9	8	7	6	5	4	3	2	1	31	30	29	28	27	26	25	24	23	22	21	20	19	18	17	양력 일	
乙酉	甲申	癸未	壬午	辛巳	庚辰	己卯	戊寅	丁丑	丙子	乙亥	甲戌	癸酉	壬申	辛未	庚午	己巳	戊辰	丁卯	丙寅	乙丑	甲子	癸亥	壬戌	辛酉	庚申	己未	戊午	丁巳	丙辰	일진	
화	월	일	토	금	목	수	화	월	卯正	토	금	목	수	화	월	일	토	금	목	수	화	월	일	午正	금	목	수	화	월	절기시각	

										입춘1															대한					절기	12月大(己丑)소한
30	29	28	27	26	25	24	23	22	21	20	19	18	17	16	15	14	13	12	11	10	9	8	7	6	5	4	3	2	1	음력	
7	7	7	8	8	8	9	9	9	10		1	1	1	1	2	2	2	3	3	3	4	4	4	5	5	5	6	6	6	대운 순행	
3	3	3	2	2	2	1	1	1	1		9	9	9	8	8	8	7	7	7	6	6	6	5	5	5	4	4	4	3	대운 역행	
													2																1	양력 월	
14	13	12	11	10	9	8	7	6	5	4	3	2	1	31	30	29	28	27	26	25	24	23	22	21	20	19	18	17	16	양력 일	
乙卯	甲寅	癸丑	壬子	辛亥	庚戌	己酉	戊申	丁未	丙午	乙巳	甲辰	癸卯	壬寅	辛丑	庚子	己亥	戊戌	丁酉	丙申	乙未	甲午	癸巳	壬辰	辛卯	庚寅	己丑	戊子	丁亥	丙戌	일진	
목	수	화	월	일	토	금	목	수	화	酉正	일	토	금	목	수	화	월	일	토	금	목	수	화	월	亥正	토	금	목	수	절기시각	

• 辛日生 사주에 財나 官이 많으면 맹장염을 앓아본다.

서기 1991년
단기 4324년

辛未年

상문 : 酉 대장군 : 東
조객 : 巳 삼 재 : 亥卯未
삼살 : 西

지방자치제 부활

										경칩2															우수					절기	1月小(庚寅) 입춘
	29	28	27	26	25	24	23	22	21	**20**	19	18	17	16	15	14	13	12	11	10	9	8	7	6	**5**	4	3	2	1	음력	
	7	7	8	8	8	9	9	9	10		1	1	1	1	2	2	2	3	3	3	4	4	4	5	5	5	6	6	6	대운 순행	
	3	3	2	2	2	1	1	1	1		10	9	9	9	8	8	8	7	7	7	6	6	6	5	5	5	4	4	4	대운 역행	
															3														2	양력 월	
	15	14	13	12	11	10	9	8	7	6	5	4	3	2	1	28	27	26	25	24	23	22	21	20	19	18	17	16	15	양력 일	
	甲申	癸未	壬午	辛巳	庚辰	己卯	戊寅	丁丑	丙子	乙亥	甲戌	癸酉	壬申	辛未	庚午	己巳	戊辰	丁卯	丙寅	乙丑	甲子	癸亥	壬戌	辛酉	庚申	己未	戊午	丁巳	丙辰	일진	
	금	목	수	화	월	일	토	금	목	巳正	화	월	일	토	금	목	수	화	월	일	토	금	목	수	午正	월	일	토	금	절기시각	

									청명3															춘분						절기	2月大(辛卯) 경칩
30	29	28	27	26	25	24	23	22	**21**	20	19	18	17	16	15	14	13	12	11	10	9	8	7	**6**	5	4	3	2	1	음력	
7	8	8	8	9	9	9	10	10		1	1	1	1	2	2	2	3	3	3	4	4	4	5	5	5	6	6	6	7	대운 순행	
3	3	2	2	2	1	1	1	1		10	9	9	9	8	8	8	7	7	7	6	6	6	5	5	5	4	4	4	3	대운 역행	
													4																3	양력 월	
14	13	12	11	10	9	8	7	6	5	4	3	2	1	31	30	29	28	27	26	25	24	23	22	21	20	19	18	17	16	양력 일	
甲寅	癸丑	壬子	辛亥	庚戌	己酉	戊申	丁未	丙午	乙巳	甲辰	癸卯	壬寅	辛丑	庚子	己亥	戊戌	丁酉	丙申	乙未	甲午	癸巳	壬辰	辛卯	庚寅	己丑	戊子	丁亥	丙戌	乙酉	일진	
일	토	금	목	수	화	월	일	토	申初	목	수	화	월	일	토	금	목	수	화	월	일	토	금	午初	수	화	월	일	토	절기시각	

								입하4																곡우						절기	3月小(壬辰) 청명
	29	28	27	26	25	24	23	**22**	21	20	19	18	17	16	15	14	13	12	11	10	9	8	7	**6**	5	4	3	2	1	음력	
	8	8	9	9	9	10	10		1	1	1	1	2	2	2	3	3	3	4	4	4	5	5	5	6	6	6	7	7	대운 순행	
	2	2	2	1	1	1	1		10	10	9	9	9	8	8	8	7	7	7	6	6	6	5	5	5	4	4	4	3	대운 역행	
													5																4	양력 월	
	13	12	11	10	9	8	7	6	5	4	3	2	1	30	29	28	27	26	25	24	23	22	21	20	19	18	17	16	15	양력 일	
	癸未	壬午	辛巳	庚辰	己卯	戊寅	丁丑	丙子	乙亥	甲戌	癸酉	壬申	辛未	庚午	己巳	戊辰	丁卯	丙寅	乙丑	甲子	癸亥	壬戌	辛酉	庚申	己未	戊午	丁巳	丙辰	乙卯	일진	
	월	일	토	금	목	수	화	巳初	일	토	금	목	수	화	월	일	토	금	목	수	화	월	일	亥正	금	목	수	화	월	절기시각	

						망종5																소만								절기	4月小(癸巳) 입하
	29	28	27	26	25	**24**	23	22	21	20	19	18	17	16	15	14	13	12	11	10	9	**8**	7	6	5	4	3	2	1	음력	
	9	9	9	10	10		1	1	1	1	2	2	2	3	3	3	4	4	4	5	5	5	6	6	6	7	7	7	8	대운 순행	
	2	1	1	1	1		10	10	9	9	9	8	8	8	7	7	7	6	6	6	5	5	5	4	4	4	3	3	3	대운 역행	
											6																		5	양력 월	
	11	10	9	8	7	6	5	4	3	2	1	31	30	29	28	27	26	25	24	23	22	21	20	19	18	17	16	15	14	양력 일	
	壬子	辛亥	庚戌	己酉	戊申	丁未	丙午	乙巳	甲辰	癸卯	壬寅	辛丑	庚子	己亥	戊戌	丁酉	丙申	乙未	甲午	癸巳	壬辰	辛卯	庚寅	己丑	戊子	丁亥	丙戌	乙酉	甲申	일진	
	화	월	일	토	금	未初	수	화	월	일	토	금	목	수	화	월	일	토	금	목	수	亥正	월	일	토	금	목	수	화	절기시각	

				소서6															하지											절기	5月大(甲午) 망종
30	29	28	27	**26**	25	24	23	22	21	20	19	18	17	16	15	14	13	12	**11**	10	9	8	7	6	5	4	3	2	1	음력	
9	10	10	10		1	1	1	1	2	2	2	3	3	3	4	4	4	5	5	5	6	6	6	7	7	7	8	8	8	대운 순행	
1	1	1	1		10	10	9	9	9	8	8	8	7	7	7	6	6	6	5	5	5	4	4	4	3	3	3	2	2	대운 역행	
										7																			6	양력 월	
11	10	9	8	7	6	5	4	3	2	1	30	29	28	27	26	25	24	23	22	21	20	19	18	17	16	15	14	13	12	양력 일	
壬午	辛巳	庚辰	己卯	戊寅	丁丑	丙子	乙亥	甲戌	癸酉	壬申	辛未	庚午	己巳	戊辰	丁卯	丙寅	乙丑	甲子	癸亥	壬戌	辛酉	庚申	己未	戊午	丁巳	丙辰	乙卯	甲寅	癸丑	일진	
목	수	화	월	子初	토	금	목	수	화	월	일	토	금	목	수	화	월	일	卯正	금	목	수	화	월	일	토	금	목	수	절기시각	

		입추7																대서												절기	6月小(乙未) 소서
	29	**28**	27	26	25	24	23	22	21	20	19	18	17	16	15	14	13	**12**	11	10	9	8	7	6	5	4	3	2	1	음력	
	10		1	1	1	1	2	2	2	3	3	3	4	4	4	5	5	5	6	6	6	7	7	7	8	8	8	9	9	대운 순행	
	1		10	10	10	9	9	9	8	8	8	7	7	7	6	6	6	5	5	5	4	4	4	3	3	3	2	2	2	대운 역행	
									8																				7	양력 월	
	9	8	7	6	5	4	3	2	1	31	30	29	28	27	26	25	24	23	22	21	20	19	18	17	16	15	14	13	12	양력 일	
	辛亥	庚戌	己酉	戊申	丁未	丙午	乙巳	甲辰	癸卯	壬寅	辛丑	庚子	己亥	戊戌	丁酉	丙申	乙未	甲午	癸巳	壬辰	辛卯	庚寅	己丑	戊子	丁亥	丙戌	乙酉	甲申	癸未	일진	
	금	巳初	수	화	월	일	토	금	목	수	화	월	일	토	금	목	수	酉初	월	일	토	금	목	수	화	월	일	토	금	절기시각	

• 아내의 도장은 남편의 도장보다 작아야 한다.

															처서															절기	7月小(丙申) 입추
	29	28	27	26	25	24	23	22	21	20	19	18	17	16	**15**	14	13	12	11	10	9	8	7	6	5	4	3	2	1	음력	
	1	1	1	1	2	2	2	3	3	3	4	4	4	5	5	5	6	6	6	7	7	7	8	8	8	9	9	9	10	대운 순행	
	10	10	9	9	9	8	8	8	7	7	7	6	6	6	5	5	5	4	4	4	3	3	3	2	2	2	1	1	1	대운 역행	
							9																						8	양력 월	
	7	6	5	4	3	2	1	31	30	29	28	27	26	25	24	23	22	21	20	19	18	17	16	15	14	13	12	11	10	양력 일	
	庚辰	己卯	戊寅	丁丑	丙子	乙亥	甲戌	癸酉	壬申	辛未	庚午	己巳	戊辰	丁卯	丙寅	乙丑	甲子	癸亥	壬戌	辛酉	庚申	己未	戊午	丁巳	丙辰	乙卯	甲寅	癸丑	壬子	일진	
	토	금	목	수	화	월	일	토	금	목	수	화	월	일	子正	금	목	수	화	월	일	토	금	목	수	화	월	일	토	절기시각	

														추분															백로8	절기	8月大(丁酉) 백로
30	29	28	27	26	25	24	23	22	21	20	19	18	17	**16**	15	14	13	12	11	10	9	8	7	6	5	4	3	2	**1**	음력	
1	1	1	2	2	2	3	3	3	4	4	4	5	5	5	6	6	6	7	7	7	8	8	8	9	9	9	10	10		대운 순행	
10	9	9	9	8	8	8	7	7	7	6	6	6	5	5	5	4	4	4	3	3	3	2	2	2	1	1	1	1		대운 역행	
						10																							9	양력 월	
7	6	5	4	3	2	1	30	29	28	27	26	25	24	23	22	21	20	19	18	17	16	15	14	13	12	11	10	9	8	양력 일	
庚戌	己酉	戊申	丁未	丙午	乙巳	甲辰	癸卯	壬寅	辛丑	庚子	己亥	戊戌	丁酉	丙申	乙未	甲午	癸巳	壬辰	辛卯	庚寅	己丑	戊子	丁亥	丙戌	乙酉	甲申	癸未	壬午	辛巳	일진	
월	일	토	금	목	수	화	월	일	토	금	목	수	화	亥初	일	토	금	목	수	화	월	일	토	금	목	수	화	월	午正	절기시각	

													상강															한로9		절기	9月小(戊戌) 한로
	29	28	27	26	25	24	23	22	21	20	19	18	**17**	16	15	14	13	12	11	10	9	8	7	6	5	4	3	**2**	1	음력	
	1	1	2	2	2	3	3	3	4	4	4	5	5	5	6	6	6	7	7	7	8	8	8	9	9	9	10		1	대운 순행	
	9	9	8	8	8	7	7	7	6	6	6	5	5	5	4	4	4	3	3	3	2	2	2	1	1	1	1		10	대운 역행	
					11																								10	양력 월	
	5	4	3	2	1	31	30	29	28	27	26	25	24	23	22	21	20	19	18	17	16	15	14	13	12	11	10	9	8	양력 일	
	己卯	戊寅	丁丑	丙子	乙亥	甲戌	癸酉	壬申	辛未	庚午	己巳	戊辰	丁卯	丙寅	乙丑	甲子	癸亥	壬戌	辛酉	庚申	己未	戊午	丁巳	丙辰	乙卯	甲寅	癸丑	壬子	辛亥	일진	
	화	월	일	토	금	목	수	화	월	일	토	금	申初	수	화	월	일	토	금	목	수	화	월	일	토	금	목	寅正	화	절기시각	

												소설															입동10			절기	10月大(己亥) 입동
30	29	28	27	26	25	24	23	22	21	20	19	**18**	17	16	15	14	13	12	11	10	9	8	7	6	5	4	**3**	2	1	음력	
1	1	1	2	2	2	3	3	3	4	4	4	5	5	5	6	6	6	7	7	7	8	8	8	9	9	9		1	1	대운 순행	
9	9	8	8	8	7	7	7	6	6	6	5	5	5	4	4	4	3	3	3	2	2	2	1	1	1	1		10	9	대운 역행	
				12																									11	양력 월	
5	4	3	2	1	30	29	28	27	26	25	24	23	22	21	20	19	18	17	16	15	14	13	12	11	10	9	8	7	6	양력 일	
己酉	戊申	丁未	丙午	乙巳	甲辰	癸卯	壬寅	辛丑	庚子	己亥	戊戌	丁酉	丙申	乙未	甲午	癸巳	壬辰	辛卯	庚寅	己丑	戊子	丁亥	丙戌	乙酉	甲申	癸未	壬午	辛巳	庚辰	일진	
목	수	화	월	일	토	금	목	수	화	월	일	寅正	금	목	수	화	월	일	토	금	목	수	화	월	일	토	辰初	목	수	절기시각	

													동지															대설11		절기	11月大(庚子) 대설
30	29	28	27	26	25	24	23	22	21	20	19	18	**17**	16	15	14	13	12	11	10	9	8	7	6	5	4	3	**2**	1	음력	
1	1	1	2	2	2	3	3	3	4	4	4	5	5	5	6	6	6	7	7	7	8	8	8	9	9	9	10		1	대운 순행	
9	9	9	8	8	8	7	7	7	6	6	6	5	5	5	4	4	4	3	3	3	2	2	2	1	1	1	1		9	대운 역행	
			1																										12	양력 월	
4	3	2	1	31	30	29	28	27	26	25	24	23	22	21	20	19	18	17	16	15	14	13	12	11	10	9	8	7	6	양력 일	
己卯	戊寅	丁丑	丙子	乙亥	甲戌	癸酉	壬申	辛未	庚午	己巳	戊辰	丁卯	丙寅	乙丑	甲子	癸亥	壬戌	辛酉	庚申	己未	戊午	丁巳	丙辰	乙卯	甲寅	癸丑	壬子	辛亥	庚戌	일진	
토	금	목	수	화	월	일	토	금	목	수	화	월	酉初	토	금	목	수	화	월	일	토	금	목	수	화	월	일	子初	금	절기시각	

													대한															소한12		절기	12月大(辛丑) 소한
30	29	28	27	26	25	24	23	22	21	20	19	18	**17**	16	15	14	13	12	11	10	9	8	7	6	5	4	3	**2**	1	음력	
1	1	1	1	2	2	2	3	3	3	4	4	4	5	5	5	6	6	6	7	7	7	8	8	8	9	9	9		1	대운 순행	
9	9	9	8	8	8	7	7	7	6	6	6	5	5	5	4	4	4	3	3	3	2	2	2	1	1	1	1		10	대운 역행	
		2																											1	양력 월	
3	2	1	31	30	29	28	27	26	25	24	23	22	21	20	19	18	17	16	15	14	13	12	11	10	9	8	7	6	5	양력 일	
己酉	戊申	丁未	丙午	乙巳	甲辰	癸卯	壬寅	辛丑	庚子	己亥	戊戌	丁酉	丙申	乙未	甲午	癸巳	壬辰	辛卯	庚寅	己丑	戊子	丁亥	丙戌	乙酉	甲申	癸未	壬午	辛巳	庚辰	일진	
월	일	토	금	목	수	화	월	일	토	금	목	수	寅正	월	일	토	금	목	수	화	월	일	토	금	목	수	화	午正	일	절기시각	

• 己日生이 사주가 약하고 귀문관살이 있으면 정신질환이 있다.

서기 1992년
단기 4325년

壬申年

상문 : 戌　대장군 : 南
조객 : 午　삼　재 : 寅午戌
삼살 : 南

														우수															입춘1	절기		1月小(壬寅) 입춘
	29	28	27	26	25	24	23	22	21	20	19	18	17	16	15	14	13	12	11	10	9	8	7	6	5	4	3	2	1	음력		
	1	1	1	2	2	2	3	3	3	4	4	4	5	5	5	6	6	6	7	7	7	8	8	8	9	9	9	10		순행	대운	
	9	9	9	8	8	8	7	7	7	6	6	6	5	5	5	4	4	4	3	3	3	2	2	2	1	1	1	1		역행	대운	
			3																										2	월	양력	
	3	2	1	29	28	27	26	25	24	23	22	21	20	19	18	17	16	15	14	13	12	11	10	9	8	7	6	5	4	일	양력	
	戊寅	丁丑	丙子	乙亥	甲戌	癸酉	壬申	辛未	庚午	己巳	戊辰	丁卯	丙寅	乙丑	甲子	癸亥	壬戌	辛酉	庚申	己未	戊午	丁巳	丙辰	乙卯	甲寅	癸丑	壬子	辛亥	庚戌	일진		
	화	월	일	토	금	목	수	화	월	일	토	금	목	酉正	화	월	일	토	금	목	수	화	월	일	토	금	목	수	亥正	절기시각		

													춘분															경칩2		절기		2月大(癸卯) 경칩
30	29	28	27	26	25	24	23	22	21	20	19	18	17	16	15	14	13	12	11	10	9	8	7	6	5	4	3	2	1	음력		
1	1	1	2	2	2	3	3	3	4	4	4	5	5	5	6	6	6	7	7	7	8	8	8	9	9	9	10		1	순행	대운	
9	9	9	8	8	8	7	7	7	6	6	6	5	5	5	4	4	4	3	3	3	2	2	2	1	1	1	1		10	역행	대운	
	4																												3	월	양력	
2	1	31	30	29	28	27	26	25	24	23	22	21	20	19	18	17	16	15	14	13	12	11	10	9	8	7	6	5	4	일	양력	
戊申	丁未	丙午	乙巳	甲辰	癸卯	壬寅	辛丑	庚子	己亥	戊戌	丁酉	丙申	乙未	甲午	癸巳	壬辰	辛卯	庚寅	己丑	戊子	丁亥	丙戌	乙酉	甲申	癸未	壬午	辛巳	庚辰	己卯	일진		
목	수	화	월	일	토	금	목	수	화	월	일	토	酉初	목	수	화	월	일	토	금	목	수	화	월	일	토	금	申正	수	절기시각		

												곡우																청명3		절기		3月大(甲辰) 청명
30	29	28	27	26	25	24	23	22	21	20	19	18	17	16	15	14	13	12	11	10	9	8	7	6	5	4	3	2	1	음력		
1	1	2	2	2	3	3	3	4	4	4	5	5	5	6	6	6	7	7	7	8	8	8	9	9	9	10	10		1	순행	대운	
9	9	9	8	8	8	7	7	7	6	6	6	5	5	5	4	4	4	3	3	3	2	2	2	1	1	1	1		10	역행	대운	
	5																												4	월	양력	
2	1	30	29	28	27	26	25	24	23	22	21	20	19	18	17	16	15	14	13	12	11	10	9	8	7	6	5	4	3	일	양력	
戊寅	丁丑	丙子	乙亥	甲戌	癸酉	壬申	辛未	庚午	己巳	戊辰	丁卯	丙寅	乙丑	甲子	癸亥	壬戌	辛酉	庚申	己未	戊午	丁巳	丙辰	乙卯	甲寅	癸丑	壬子	辛亥	庚戌	己酉	일진		
토	금	목	수	화	월	일	토	금	목	수	화	寅正	일	토	금	목	수	화	월	일	토	금	목	수	화	월	일	亥初	금	절기시각		

											소만																입하4			절기		4月小(乙巳) 입하
	29	28	27	26	25	24	23	22	21	20	19	18	17	16	15	14	13	12	11	10	9	8	7	6	5	4	3	2	1	음력		
	2	2	2	3	3	3	4	4	4	5	5	5	6	6	6	7	7	7	8	8	8	9	9	9	10	10		1	1	순행	대운	
	9	8	8	8	7	7	7	6	6	6	5	5	5	4	4	4	3	3	3	2	2	2	1	1	1	1		10	10	역행	대운	
																													5	월	양력	
	31	30	29	28	27	26	25	24	23	22	21	20	19	18	17	16	15	14	13	12	11	10	9	8	7	6	5	4	3	일	양력	
	丁未	丙午	乙巳	甲辰	癸卯	壬寅	辛丑	庚子	己亥	戊戌	丁酉	丙申	乙未	甲午	癸巳	壬辰	辛卯	庚寅	己丑	戊子	丁亥	丙戌	乙酉	甲申	癸未	壬午	辛巳	庚辰	己卯	일진		
	일	토	금	목	수	화	월	일	토	금	寅正	수	화	월	일	토	금	목	수	화	월	일	토	금	목	수	申初	월	일	절기시각		

									하지																망종5					절기		5月小(丙午) 망종
	29	28	27	26	25	24	23	22	21	20	19	18	17	16	15	14	13	12	11	10	9	8	7	6	5	4	3	2	1	음력		
	3	3	3	4	4	4	5	5	5	6	6	6	7	7	7	8	8	8	9	9	9	10	10	10		1	1	1	1	순행	대운	
	8	8	7	7	7	6	6	6	5	5	5	4	4	4	3	3	3	2	2	2	1	1	1	1		10	10	9	9	역행	대운	
																													6	월	양력	
	29	28	27	26	25	24	23	22	21	20	19	18	17	16	15	14	13	12	11	10	9	8	7	6	5	4	3	2	1	일	양력	
	丙子	乙亥	甲戌	癸酉	壬申	辛未	庚午	己巳	戊辰	丁卯	丙寅	乙丑	甲子	癸亥	壬戌	辛酉	庚申	己未	戊午	丁巳	丙辰	乙卯	甲寅	癸丑	壬子	辛亥	庚戌	己酉	戊申	일진		
	월	일	토	금	목	수	화	월	午正	토	금	목	수	화	월	일	토	금	목	수	화	월	일	토	戌初	목	수	화	월	절기시각		

							대서															소서6								절기		6月大(丁未) 소서
30	29	28	27	26	25	24	23	22	21	20	19	18	17	16	15	14	13	12	11	10	9	8	7	6	5	4	3	2	1	음력		
3	3	4	4	4	5	5	5	6	6	6	7	7	7	8	8	8	9	9	9	10	10		1	1	1	1	2	2	2	순행	대운	
7	7	7	6	6	6	5	5	5	4	4	4	3	3	3	2	2	2	1	1	1	1		10	10	10	9	9	9	8	역행	대운	
																												7	6	월	양력	
29	28	27	26	25	24	23	22	21	20	19	18	17	16	15	14	13	12	11	10	9	8	7	6	5	4	3	2	1	30	일	양력	
丙午	乙巳	甲辰	癸卯	壬寅	辛丑	庚子	己亥	戊戌	丁酉	丙申	乙未	甲午	癸巳	壬辰	辛卯	庚寅	己丑	戊子	丁亥	丙戌	乙酉	甲申	癸未	壬午	辛巳	庚辰	己卯	戊寅	丁丑	일진		
수	화	월	일	토	금	목	子初	화	월	일	토	금	목	수	화	월	일	토	금	목	수	卯初	월	일	토	금	목	수	화	절기시각		

• 집 뒤가 튼튼하면 자식은 출세하여 큰 인물이 된다.

7月小(戊申) 입추

																														절기
		처서																			입추7									절기
	29	28	27	26	**25**	24	23	22	21	20	19	18	17	16	15	14	13	12	11	10	**9**	8	7	6	5	4	3	2	1	음력
	4	4	4	5	5	5	6	6	6	7	7	7	8	8	8	9	9	9	10	10		1	1	1	1	2	2	2	3	대운 순행
	7	6	6	6	5	5	5	4	4	4	3	3	3	2	2	2	1	1	1	1		10	10	9	9	9	8	8	8	대운 역행
																											8		7	양력 월
	27	26	25	24	23	22	21	20	19	18	17	16	15	14	13	12	11	10	9	8	7	6	5	4	3	2	1	31	30	양력 일
	乙亥	甲戌	癸酉	壬申	辛未	庚午	己巳	戊辰	丁卯	丙寅	乙丑	甲子	癸亥	壬戌	辛酉	庚申	己未	戊午	丁巳	丙辰	乙卯	甲寅	癸丑	壬子	辛亥	庚戌	己酉	戊申	丁未	일진
	목	수	화	월	卯正	토	금	목	수	화	월	일	토	금	목	수	화	월	일	토	申初	목	수	화	월	일	토	금	목	절기시각

8月小(己酉) 백로

			추분																백로8											절기
	29	28	**27**	26	25	24	23	22	21	20	19	18	17	16	15	14	13	12	**11**	10	9	8	7	6	5	4	3	2	1	음력
	4	5	5	5	6	6	6	7	7	7	8	8	8	9	9	9	10	10		1	1	1	1	2	2	2	3	3	3	대운 순행
	6	6	5	5	5	4	4	4	3	3	3	2	2	2	1	1	1	1		10	10	9	9	9	8	8	8	7	7	대운 역행
																									9				8	양력 월
	25	24	23	22	21	20	19	18	17	16	15	14	13	12	11	10	9	8	7	6	5	4	3	2	1	31	30	29	28	양력 일
	甲辰	癸卯	壬寅	辛丑	庚子	己亥	戊戌	丁酉	丙申	乙未	甲午	癸巳	壬辰	辛卯	庚寅	己丑	戊子	丁亥	丙戌	乙酉	甲申	癸未	壬午	辛巳	庚辰	己卯	戊寅	丁丑	丙子	일진
	금	목	寅初	화	월	일	토	금	목	수	화	월	일	토	금	목	수	화	酉正	일	토	금	목	수	화	월	일	토	금	절기시각

9月大(庚戌) 한로

		상강															한로9													절기
30	29	**28**	27	26	25	24	23	22	21	20	19	18	17	16	15	14	**13**	12	11	10	9	8	7	6	5	4	3	2	1	음력
4	5	5	5	6	6	6	7	7	7	8	8	8	9	9	9	10		1	1	1	1	2	2	2	3	3	3	4	4	대운 순행
6	5	5	5	4	4	4	3	3	3	2	2	2	1	1	1	1		10	10	9	9	9	8	8	8	7	7	7	6	대운 역행
																								10					9	양력 월
25	24	23	22	21	20	19	18	17	16	15	14	13	12	11	10	9	8	7	6	5	4	3	2	1	30	29	28	27	26	양력 일
甲戌	癸酉	壬申	辛未	庚午	己巳	戊辰	丁卯	丙寅	乙丑	甲子	癸亥	壬戌	辛酉	庚申	己未	戊午	丁巳	丙辰	乙卯	甲寅	癸丑	壬子	辛亥	庚戌	己酉	戊申	丁未	丙午	乙巳	일진
일	토	未初	목	수	화	월	일	토	금	목	수	화	월	일	토	금	巳初	수	화	월	일	토	금	목	수	화	월	일	토	절기시각

10月小(辛亥) 입동

		소설															입동10													절기
	29	**28**	27	26	25	24	23	22	21	20	19	18	17	16	15	14	**13**	12	11	10	9	8	7	6	5	4	3	2	1	음력
	5	5	5	6	6	6	7	7	7	8	8	8	9	9	9	10		1	1	1	1	2	2	2	3	3	3	4	4	대운 순행
	5	5	5	4	4	4	3	3	3	2	2	2	1	1	1	1		10	9	9	9	8	8	8	7	7	7	6	6	대운 역행
																							11						10	양력 월
	23	22	21	20	19	18	17	16	15	14	13	12	11	10	9	8	7	6	5	4	3	2	1	31	30	29	28	27	26	양력 일
	癸卯	壬寅	辛丑	庚子	己亥	戊戌	丁酉	丙申	乙未	甲午	癸巳	壬辰	辛卯	庚寅	己丑	戊子	丁亥	丙戌	乙酉	甲申	癸未	壬午	辛巳	庚辰	己卯	戊寅	丁丑	丙子	乙亥	일진
	월	巳正	토	금	목	수	화	월	일	토	금	목	수	화	월	일	未初	금	목	수	화	월	일	토	금	목	수	화	월	절기시각

11月大(壬子) 대설

		동지														대설11														절기
30	29	**28**	27	26	25	24	23	22	21	20	19	18	17	16	15	**14**	13	12	11	10	9	8	7	6	5	4	3	2	1	음력
4	5	5	5	6	6	6	7	7	7	8	8	8	9	9	9		1	1	1	1	2	2	2	3	3	3	4	4	4	대운 순행
5	5	5	4	4	4	3	3	3	2	2	2	1	1	1	1		10	9	9	9	8	8	8	7	7	7	6	6	6	대운 역행
																						12							11	양력 월
23	22	21	20	19	18	17	16	15	14	13	12	11	10	9	8	7	6	5	4	3	2	1	30	29	28	27	26	25	24	양력 일
癸酉	壬申	辛未	庚午	己巳	戊辰	丁卯	丙寅	乙丑	甲子	癸亥	壬戌	辛酉	庚申	己未	戊午	丁巳	丙辰	乙卯	甲寅	癸丑	壬子	辛亥	庚戌	己酉	戊申	丁未	丙午	乙巳	甲辰	일진
수	화	子初	일	토	금	목	수	화	월	일	토	금	목	수	화	卯初	일	토	금	목	수	화	월	일	토	금	목	수	화	절기시각

12月大(癸丑) 소한

		대한															소한12													절기
30	29	**28**	27	26	25	24	23	22	21	20	19	18	17	16	15	14	**13**	12	11	10	9	8	7	6	5	4	3	2	1	음력
4	5	5	5	6	6	6	7	7	7	8	8	8	9	9	9	10		1	1	1	1	2	2	2	3	3	3	4	4	대운 순행
6	5	5	5	4	4	4	3	3	3	2	2	2	1	1	1	1		9	9	9	8	8	8	7	7	7	6	6	6	대운 역행
																					1								12	양력 월
22	21	20	19	18	17	16	15	14	13	12	11	10	9	8	7	6	5	4	3	2	1	31	30	29	28	27	26	25	24	양력 일
癸卯	壬寅	辛丑	庚子	己亥	戊戌	丁酉	丙申	乙未	甲午	癸巳	壬辰	辛卯	庚寅	己丑	戊子	丁亥	丙戌	乙酉	甲申	癸未	壬午	辛巳	庚辰	己卯	戊寅	丁丑	丙子	乙亥	甲戌	일진
금	목	巳正	화	월	일	토	금	목	수	화	월	일	토	금	목	수	申正	월	일	토	금	목	수	화	월	일	토	금	목	절기시각

• 사주에 丑寅午가 있으면 음독할 염려가 많다.

서기 1993년
단기 4326년

癸酉年

상문 : 亥 대장군 : 南
조객 : 未 삼 재 : 寅午戌
삼살 : 東

김영삼대통령 취임

1月小(甲寅) 입춘

		우수															입춘1													절기
	29	**28**	27	26	25	24	23	22	21	20	19	18	17	16	15	14	**13**	12	11	10	9	8	7	6	5	4	3	2	1	음력
	4	5	5	5	6	6	6	7	7	7	8	8	8	9	9	9		1	1	1	1	2	2	2	3	3	3	4	4	대운 순행
	5	5	5	4	4	4	3	3	3	2	2	2	1	1	1	1		10	9	9	9	8	8	8	7	7	7	6	6	대운 역행
																				2									1	양력 월
	20	19	18	17	16	15	14	13	12	11	10	9	8	7	6	5	4	3	2	1	31	30	29	28	27	26	25	24	23	양력 일
	壬申	辛未	庚午	己巳	戊辰	丁卯	丙寅	乙丑	甲子	癸亥	壬戌	辛酉	庚申	己未	戊午	丁巳	丙辰	乙卯	甲寅	癸丑	壬子	辛亥	庚戌	己酉	戊申	丁未	丙午	乙巳	甲辰	일진
	토	子正	목	수	화	월	일	토	금	목	수	화	월	일	토	금	寅正	수	화	월	일	토	금	목	수	화	월	일	토	절기시각

2月大(乙卯) 경칩

		춘분															경칩2													절기
30	29	**28**	27	26	25	24	23	22	21	20	19	18	17	16	15	14	**13**	12	11	10	9	8	7	6	5	4	3	2	1	음력
5	5	5	6	6	6	7	7	7	8	8	8	9	9	9	10	10		1	1	1	1	2	2	2	3	3	3	4	4	대운 순행
6	5	5	5	4	4	4	3	3	3	2	2	2	1	1	1	1		9	9	9	8	8	8	7	7	7	6	6	6	대운 역행
																					3								2	양력 월
22	21	20	19	18	17	16	15	14	13	12	11	10	9	8	7	6	5	4	3	2	1	28	27	26	25	24	23	22	21	양력 일
壬寅	辛丑	庚子	己亥	戊戌	丁酉	丙申	乙未	甲午	癸巳	壬辰	辛卯	庚寅	己丑	戊子	丁亥	丙戌	乙酉	甲申	癸未	壬午	辛巳	庚辰	己卯	戊寅	丁丑	丙子	乙亥	甲戌	癸酉	일진
월	일	子初	금	목	수	화	월	일	토	금	목	수	화	월	일	토	亥正	목	수	화	월	일	토	금	목	수	화	월	일	절기시각

3月大(丙辰) 청명

	곡우															청명3														절기
30	**29**	28	27	26	25	24	23	22	21	20	19	18	17	16	15	**14**	13	12	11	10	9	8	7	6	5	4	3	2	1	음력
5	5	5	6	6	6	7	7	7	8	8	8	9	9	9	10		1	1	1	1	2	2	2	3	3	3	4	4	4	대운 순행
5	5	5	4	4	4	3	3	3	2	2	2	1	1	1	1		10	10	9	9	9	8	8	8	7	7	7	6	6	대운 역행
																				4									3	양력 월
21	20	19	18	17	16	15	14	13	12	11	10	9	8	7	6	5	4	3	2	1	31	30	29	28	27	26	25	24	23	양력 일
壬申	辛未	庚午	己巳	戊辰	丁卯	丙寅	乙丑	甲子	癸亥	壬戌	辛酉	庚申	己未	戊午	丁巳	丙辰	乙卯	甲寅	癸丑	壬子	辛亥	庚戌	己酉	戊申	丁未	丙午	乙巳	甲辰	癸卯	일진
수	巳正	월	일	토	금	목	수	화	월	일	토	금	목	수	화	寅初	일	토	금	목	수	화	월	일	토	금	목	수	화	절기시각

윤3月小

																입하4														절기
	29	28	27	26	25	24	23	22	21	20	19	18	17	16	15	**14**	13	12	11	10	9	8	7	6	5	4	3	2	1	음력
	6	6	6	7	7	7	8	8	8	9	9	9	10	10	10		1	1	1	1	2	2	2	3	3	3	4	4	4	대운 순행
	5	5	4	4	4	3	3	3	2	2	2	1	1	1	1		10	9	9	9	8	8	8	7	7	7	6	6	6	대운 역행
																				5									4	양력 월
	20	19	18	17	16	15	14	13	12	11	10	9	8	7	6	5	4	3	2	1	30	29	28	27	26	25	24	23	22	양력 일
	辛丑	庚子	己亥	戊戌	丁酉	丙申	乙未	甲午	癸巳	壬辰	辛卯	庚寅	己丑	戊子	丁亥	丙戌	乙酉	甲申	癸未	壬午	辛巳	庚辰	己卯	戊寅	丁丑	丙子	乙亥	甲戌	癸酉	일진
	목	수	화	월	일	토	금	목	수	화	월	일	토	금	목	戌正	화	월	일	토	금	목	수	화	월	일	토	금	목	절기시각

4月大(丁巳) 입하

													망종5																소만	절기
30	29	28	27	26	25	24	23	22	21	20	19	18	**17**	16	15	14	13	12	11	10	9	8	7	6	5	4	3	2	**1**	음력
6	6	7	7	7	8	8	8	9	9	9	10	10		1	1	1	1	2	2	2	3	3	3	4	4	4	5	5	5	대운 순행
4	4	4	3	3	3	2	2	2	1	1	1	1		10	10	10	9	9	9	8	8	8	7	7	7	6	6	6	5	대운 역행
																		6											5	양력 월
19	18	17	16	15	14	13	12	11	10	9	8	7	6	5	4	3	2	1	31	30	29	28	27	26	25	24	23	22	21	양력 일
辛未	庚午	己巳	戊辰	丁卯	丙寅	乙丑	甲子	癸亥	壬戌	辛酉	庚申	己未	戊午	丁巳	丙辰	乙卯	甲寅	癸丑	壬子	辛亥	庚戌	己酉	戊申	丁未	丙午	乙巳	甲辰	癸卯	壬寅	일진
토	금	목	수	화	월	일	토	금	목	수	화	월	丑初	토	금	목	수	화	월	일	토	금	목	수	화	월	일	토	巳初	절기시각

5月小(戊午) 망종

												소서6																하지		절기
	29	28	27	26	25	24	23	22	21	20	19	**18**	17	16	15	14	13	12	11	10	9	8	7	6	5	4	3	**2**	1	음력
	7	7	7	8	8	8	9	9	9	10	10		1	1	1	1	2	2	2	3	3	3	4	4	4	5	5	5	6	대운 순행
	4	3	3	3	2	2	2	1	1	1	1		10	10	9	9	9	8	8	8	7	7	7	6	6	6	5	5	5	대운 역행
																		7											6	양력 월
	18	17	16	15	14	13	12	11	10	9	8	7	6	5	4	3	2	1	30	29	28	27	26	25	24	23	22	21	20	양력 일
	庚子	己亥	戊戌	丁酉	丙申	乙未	甲午	癸巳	壬辰	辛卯	庚寅	己丑	戊子	丁亥	丙戌	乙酉	甲申	癸未	壬午	辛巳	庚辰	己卯	戊寅	丁丑	丙子	乙亥	甲戌	癸酉	壬申	일진
	일	토	금	목	수	화	월	일	토	금	목	午初	화	월	일	토	금	목	수	화	월	일	토	금	목	수	화	酉初	일	절기시각

• 화장실을 더럽게 쓰면 흉한 일이 생기고 깨끗하게 쓰면 길한 일이 생긴다.

										입추7															대서					절기	6月大(己未) 소서
30	29	28	27	26	25	24	23	22	21	20	19	18	17	16	15	14	13	12	11	10	9	8	7	6	5	4	3	2	1	음력	
7	8	8	8	9	9	9	10	10	10		1	1	1	1	2	2	2	3	3	3	4	4	4	5	5	5	6	6	6	대운 순행	
3	3	3	2	2	2	1	1	1	1		10	10	9	9	9	8	8	8	7	7	7	6	6	6	5	5	5	4	4	대운 역행	
																8													7	양력 월	
17	16	15	14	13	12	11	10	9	8	7	6	5	4	3	2	1	31	30	29	28	27	26	25	24	23	22	21	20	19	양력 일	
庚午	己巳	戊辰	丁卯	丙寅	乙丑	甲子	癸亥	壬戌	辛酉	庚申	己未	戊午	丁巳	丙辰	乙卯	甲寅	癸丑	壬子	辛亥	庚戌	己酉	戊申	丁未	丙午	乙巳	甲辰	癸卯	壬寅	辛丑	일진	
화	월	일	토	금	목	수	화	월	일	亥初	금	목	수	화	월	일	토	금	목	수	화	월	일	토	寅正	목	수	화	월	절기시각	

								백로8																처서						절기	7月小(庚申) 입추
	29	28	27	26	25	24	23	22	21	20	19	18	17	16	15	14	13	12	11	10	9	8	7	6	5	4	3	2	1	음력	
	8	8	8	9	9	9	10		1	1	1	1	2	2	2	3	3	3	4	4	4	5	5	5	6	6	6	7	7	대운 순행	
	2	2	2	1	1	1	1		10	10	10	9	9	9	8	8	8	7	7	7	6	6	6	5	5	5	4	4	4	대운 역행	
															9														8	양력 월	
	15	14	13	12	11	10	9	8	7	6	5	4	3	2	1	31	30	29	28	27	26	25	24	23	22	21	20	19	18	양력 일	
	己亥	戊戌	丁酉	丙申	乙未	甲午	癸巳	壬辰	辛卯	庚寅	己丑	戊子	丁亥	丙戌	乙酉	甲申	癸未	壬午	辛巳	庚辰	己卯	戊寅	丁丑	丙子	乙亥	甲戌	癸酉	壬申	辛未	일진	
	수	화	월	일	토	금	목	子正	화	월	일	토	금	목	수	화	월	일	토	금	목	수	화	午初	일	토	금	목	수	절기시각	

							한로9															추분								절기	8月小(辛酉) 백로
	29	28	27	26	25	24	23	22	21	20	19	18	17	16	15	14	13	12	11	10	9	8	7	6	5	4	3	2	1	음력	
	8	8	9	9	9	10		1	1	1	1	2	2	2	3	3	3	4	4	4	5	5	5	6	6	6	7	7	7	대운 순행	
	2	2	1	1	1	1		10	9	9	9	8	8	8	7	7	7	6	6	6	5	5	5	4	4	4	3	3	3	대운 역행	
														10															9	양력 월	
	14	13	12	11	10	9	8	7	6	5	4	3	2	1	30	29	28	27	26	25	24	23	22	21	20	19	18	17	16	양력 일	
	戊辰	丁卯	丙寅	乙丑	甲子	癸亥	壬戌	辛酉	庚申	己未	戊午	丁巳	丙辰	乙卯	甲寅	癸丑	壬子	辛亥	庚戌	己酉	戊申	丁未	丙午	乙巳	甲辰	癸卯	壬寅	辛丑	庚子	일진	
	목	수	화	월	일	토	申初	목	수	화	월	일	토	금	목	수	화	월	일	토	금	巳初	수	화	월	일	토	금	목	절기시각	

						입동10															상강									절기	9月大(壬戌) 한로
30	29	28	27	26	25	24	23	22	21	20	19	18	17	16	15	14	13	12	11	10	9	8	7	6	5	4	3	2	1	음력	
8	8	9	9	9	10		1	1	1	1	2	2	2	3	3	3	4	4	4	5	5	5	6	6	6	7	7	7	8	대운 순행	
2	2	1	1	1	1		10	9	9	9	8	8	8	7	7	7	6	6	6	5	5	5	4	4	4	3	3	3	2	대운 역행	
												11																	10	양력 월	
13	12	11	10	9	8	7	6	5	4	3	2	1	31	30	29	28	27	26	25	24	23	22	21	20	19	18	17	16	15	양력 일	
戊戌	丁酉	丙申	乙未	甲午	癸巳	壬辰	辛卯	庚寅	己丑	戊子	丁亥	丙戌	乙酉	甲申	癸未	壬午	辛巳	庚辰	己卯	戊寅	丁丑	丙子	乙亥	甲戌	癸酉	壬申	辛未	庚午	己巳	일진	
토	금	목	수	화	월	酉正	토	금	목	수	화	월	일	토	금	목	수	화	월	일	酉正	금	목	수	화	월	일	토	금	절기시각	

						대설11															소설									절기	10月小(癸亥) 입동
	29	28	27	26	25	24	23	22	21	20	19	18	17	16	15	14	13	12	11	10	9	8	7	6	5	4	3	2	1	음력	
	8	8	9	9	9		1	1	1	1	2	2	2	3	3	3	4	4	4	5	5	5	6	6	6	7	7	7	8	대운 순행	
	2	1	1	1	1		10	9	9	9	8	8	8	7	7	7	6	6	6	5	5	5	4	4	4	3	3	3	2	대운 역행	
												12																	11	양력 월	
	12	11	10	9	8	7	6	5	4	3	2	1	30	29	28	27	26	25	24	23	22	21	20	19	18	17	16	15	14	양력 일	
	丁卯	丙寅	乙丑	甲子	癸亥	壬戌	辛酉	庚申	己未	戊午	丁巳	丙辰	乙卯	甲寅	癸丑	壬子	辛亥	庚戌	己酉	戊申	丁未	丙午	乙巳	甲辰	癸卯	壬寅	辛丑	庚子	己亥	일진	
	일	토	금	목	수	午初	월	일	토	금	목	수	화	월	일	토	금	목	수	화	申正	일	토	금	목	수	화	월	일	절기시각	

						소한12														동지										절기	11月大(甲子) 대설
30	29	28	27	26	25	24	23	22	21	20	19	18	17	16	15	14	13	12	11	10	9	8	7	6	5	4	3	2	1	음력	
8	8	9	9	9	10		1	1	1	1	2	2	2	3	3	3	4	4	4	5	5	5	6	6	6	7	7	7	8	대운 순행	
2	2	1	1	1	1		9	9	9	8	8	8	7	7	7	6	6	6	5	5	5	4	4	4	3	3	3	2	2	대운 역행	
										1																			12	양력 월	
11	10	9	8	7	6	5	4	3	2	1	31	30	29	28	27	26	25	24	23	22	21	20	19	18	17	16	15	14	13	양력 일	
丁酉	丙申	乙未	甲午	癸巳	壬辰	辛卯	庚寅	己丑	戊子	丁亥	丙戌	乙酉	甲申	癸未	壬午	辛巳	庚辰	己卯	戊寅	丁丑	丙子	乙亥	甲戌	癸酉	壬申	辛未	庚午	己巳	戊辰	일진	
화	월	일	토	금	목	亥正	화	월	일	토	금	목	수	화	월	일	토	금	목	卯初	화	월	일	토	금	목	수	화	월	절기시각	

						입춘1															대한									절기	12月小(乙丑) 소한
	29	28	27	26	25	24	23	22	21	20	19	18	17	16	15	14	13	12	11	10	9	8	7	6	5	4	3	2	1	음력	
	8	9	9	9	10		1	1	1	1	2	2	2	3	3	3	4	4	4	5	5	5	6	6	6	7	7	7	8	대운 순행	
	2	1	1	1	1		10	9	9	9	8	8	8	7	7	7	6	6	6	5	5	5	4	4	4	3	3	3	2	대운 역행	
									2																				1	양력 월	
	9	8	7	6	5	4	3	2	1	31	30	29	28	27	26	25	24	23	22	21	20	19	18	17	16	15	14	13	12	양력 일	
	丙寅	乙丑	甲子	癸亥	壬戌	辛酉	庚申	己未	戊午	丁巳	丙辰	乙卯	甲寅	癸丑	壬子	辛亥	庚戌	己酉	戊申	丁未	丙午	乙巳	甲辰	癸卯	壬寅	辛丑	庚子	己亥	戊戌	일진	
	수	화	월	일	토	巳正	목	수	화	월	일	토	금	목	수	화	월	일	토	금	申正	수	화	월	일	토	금	목	수	절기시각	

• 년지와 일지가 충 또는 공망 맞으면 조상을 몰라보는 불효자식이다.

서기 1994년
단기 4327년

甲戌年

상문 : 子　대장군 : 南
조객 : 申　삼　재 : 寅午戌
삼살 : 北

김일성 사망(7.8)

1月大(丙寅) 입춘

					경칩2															우수										절기
30	29	28	27	26	**25**	24	23	22	21	20	19	18	17	16	15	14	13	12	11	**10**	9	8	7	6	5	4	3	2	1	음력
8	9	9	9	10		1	1	1	1	2	2	2	3	3	3	4	4	4	5	5	5	6	6	6	7	7	7	8	8	대운 순행
2	1	1	1	1		10	9	9	9	8	8	8	7	7	7	6	6	6	5	5	5	4	4	4	3	3	3	2	2	대운 역행
										3																			2	양력 월
11	10	9	8	7	6	5	4	3	2	1	28	27	26	25	24	23	22	21	20	19	18	17	16	15	14	13	12	11	10	양력 일
丙申	乙未	甲午	癸巳	壬辰	辛卯	庚寅	己丑	戊子	丁亥	丙戌	乙酉	甲申	癸未	壬午	辛巳	庚辰	己卯	戊寅	丁丑	丙子	乙亥	甲戌	癸酉	壬申	辛未	庚午	己巳	戊辰	丁卯	일진
금	목	수	화	월	寅正	토	금	목	수	화	월	일	토	금	목	수	화	월	일	卯正	금	목	수	화	월	일	토	금	목	절기시각

2月大(丁卯) 경칩

					청명3															춘분										절기
30	29	28	27	26	**25**	24	23	22	21	20	19	18	17	16	15	14	13	12	11	**10**	9	8	7	6	5	4	3	2	1	음력
9	9	9	10	10		1	1	1	1	2	2	2	3	3	3	4	4	4	5	5	5	6	6	6	7	7	7	8	8	대운 순행
2	1	1	1	1		10	9	9	9	8	8	8	7	7	7	6	6	6	5	5	5	4	4	4	3	3	3	2	2	대운 역행
									4																				3	양력 월
10	9	8	7	6	5	4	3	2	1	31	30	29	28	27	26	25	24	23	22	21	20	19	18	17	16	15	14	13	12	양력 일
丙寅	乙丑	甲子	癸亥	壬戌	辛酉	庚申	己未	戊午	丁巳	丙辰	乙卯	甲寅	癸丑	壬子	辛亥	庚戌	己酉	戊申	丁未	丙午	乙巳	甲辰	癸卯	壬寅	辛丑	庚子	己亥	戊戌	丁酉	일진
일	토	금	목	수	巳初	월	일	토	금	목	수	화	월	일	토	금	목	수	화	卯初	일	토	금	목	수	화	월	일	토	절기시각

3月大(戊辰) 청명

				입하4																곡우										절기
30	29	28	27	**26**	25	24	23	22	21	20	19	18	17	16	15	14	13	12	11	**10**	9	8	7	6	5	4	3	2	1	음력
9	9	10	10		1	1	1	1	2	2	2	3	3	3	4	4	4	5	5	5	6	6	6	7	7	7	8	8	8	대운 순행
1	1	1	1		10	10	9	9	9	8	8	8	7	7	7	6	6	6	5	5	5	4	4	4	3	3	3	2	2	대운 역행
									5																				4	양력 월
10	9	8	7	6	5	4	3	2	1	30	29	28	27	26	25	24	23	22	21	20	19	18	17	16	15	14	13	12	11	양력 일
丙申	乙未	甲午	癸巳	壬辰	辛卯	庚寅	己丑	戊子	丁亥	丙戌	乙酉	甲申	癸未	壬午	辛巳	庚辰	己卯	戊寅	丁丑	丙子	乙亥	甲戌	癸酉	壬申	辛未	庚午	己巳	戊辰	丁卯	일진
화	월	일	토	丑正	목	수	화	월	일	토	금	목	수	화	월	일	토	금	목	申正	화	월	일	토	금	목	수	화	월	절기시각

4月小(己巳) 입하

			망종5																소만											절기
	29	28	**27**	26	25	24	23	22	21	20	19	18	17	16	15	14	13	12	**11**	10	9	8	7	6	5	4	3	2	1	음력
	10	10		1	1	1	1	2	2	2	3	3	3	4	4	4	5	5	5	6	6	6	7	7	7	8	8	8	9	대운 순행
	1	1		10	10	9	9	9	8	8	8	7	7	7	6	6	6	5	5	5	4	4	4	3	3	3	2	2	2	대운 역행
								6																					5	양력 월
	8	7	6	5	4	3	2	1	31	30	29	28	27	26	25	24	23	22	21	20	19	18	17	16	15	14	13	12	11	양력 일
	乙丑	甲子	癸亥	壬戌	辛酉	庚申	己未	戊午	丁巳	丙辰	乙卯	甲寅	癸丑	壬子	辛亥	庚戌	己酉	戊申	丁未	丙午	乙巳	甲辰	癸卯	壬寅	辛丑	庚子	己亥	戊戌	丁酉	일진
	수	화	卯正	일	토	금	목	수	화	월	일	토	금	목	수	화	월	일	申初	금	목	수	화	월	일	토	금	목	수	절기시각

5月大(庚午) 망종

	소서6																하지													절기
30	**29**	28	27	26	25	24	23	22	21	20	19	18	17	16	15	14	**13**	12	11	10	9	8	7	6	5	4	3	2	1	음력
10		1	1	1	1	2	2	2	3	3	3	4	4	4	5	5	5	6	6	6	7	7	7	8	8	8	9	9	9	대운 순행
1		10	10	9	9	9	8	8	8	7	7	7	6	6	6	5	5	5	4	4	4	3	3	3	2	2	2	1	1	대운 역행
							7																						6	양력 월
8	7	6	5	4	3	2	1	30	29	28	27	26	25	24	23	22	21	20	19	18	17	16	15	14	13	12	11	10	9	양력 일
乙未	甲午	癸巳	壬辰	辛卯	庚寅	己丑	戊子	丁亥	丙戌	乙酉	甲申	癸未	壬午	辛巳	庚辰	己卯	戊寅	丁丑	丙子	乙亥	甲戌	癸酉	壬申	辛未	庚午	己巳	戊辰	丁卯	丙寅	일진
금	酉初	수	화	월	일	토	금	목	수	화	월	일	토	금	목	수	子初	월	일	토	금	목	수	화	월	일	토	금	목	절기시각

6月小(辛未) 소서

															대서															절기
	29	28	27	26	25	24	23	22	21	20	19	18	17	16	**15**	14	13	12	11	10	9	8	7	6	5	4	3	2	1	음력
	1	1	1	2	2	2	3	3	3	4	4	4	5	5	5	6	6	6	7	7	7	8	8	8	9	9	9	10	10	대운 순행
	10	10	9	9	9	8	8	8	7	7	7	6	6	6	5	5	5	4	4	4	3	3	3	2	2	2	1	1	1	대운 역행
						8																							7	양력 월
	6	5	4	3	2	1	31	30	29	28	27	26	25	24	23	22	21	20	19	18	17	16	15	14	13	12	11	10	9	양력 일
	甲子	癸亥	壬戌	辛酉	庚申	己未	戊午	丁巳	丙辰	乙卯	甲寅	癸丑	壬子	辛亥	庚戌	己酉	戊申	丁未	丙午	乙巳	甲辰	癸卯	壬寅	辛丑	庚子	己亥	戊戌	丁酉	丙申	일진
	토	금	목	수	화	월	일	토	금	목	수	화	월	일	巳正	금	목	수	화	월	일	토	금	목	수	화	월	일	토	절기시각

• 己未, 戊辰, 丙午, 甲寅日에 결혼하면 부부싸움이 많다.

7月大(壬申) 입추

													처서																입추7		절기
30	29	28	27	26	25	24	23	22	21	20	19	18	**17**	16	15	14	13	12	11	10	9	8	7	6	5	4	3	**2**	1	음력
1	1	2	2	2	3	3	3	4	4	4	5	5	5	6	6	6	7	7	7	8	8	8	9	9	9	10	10		1	대운 순행
9	9	9	8	8	8	7	7	7	6	6	6	5	5	5	4	4	4	3	3	3	2	2	2	1	1	1	1		10	대운 역행
				9																									8	양력 월
5	4	3	2	1	31	30	29	28	27	26	25	24	23	22	21	20	19	18	17	16	15	14	13	12	11	10	9	8	7	양력 일
甲午	癸巳	壬辰	辛卯	庚寅	己丑	戊子	丁亥	丙戌	乙酉	甲申	癸未	壬午	辛巳	庚辰	己卯	戊寅	丁丑	丙子	乙亥	甲戌	癸酉	壬申	辛未	庚午	己巳	戊辰	丁卯	丙寅	乙丑	일진
월	일	토	금	목	수	화	월	일	토	금	목	수	酉初	월	일	토	금	목	수	화	월	일	토	금	목	수	화	寅初	일	절기시각

8月小(癸酉) 백로

												추분															백로8			절기
	29	28	27	26	25	24	23	22	21	20	19	**18**	17	16	15	14	13	12	11	10	9	8	7	6	5	4	**3**	2	1	음력
	1	2	2	2	3	3	3	4	4	4	5	5	5	6	6	6	7	7	7	8	8	8	9	9	9	10		1	1	대운 순행
	9	8	8	8	7	7	7	6	6	6	5	5	5	4	4	4	3	3	3	2	2	2	1	1	1	1		10	10	대운 역행
				10																									9	양력 월
	4	3	2	1	30	29	28	27	26	25	24	23	22	21	20	19	18	17	16	15	14	13	12	11	10	9	8	7	6	양력 일
	癸亥	壬戌	辛酉	庚申	己未	戊午	丁巳	丙辰	乙卯	甲寅	癸丑	壬子	辛亥	庚戌	己酉	戊申	丁未	丙午	乙巳	甲辰	癸卯	壬寅	辛丑	庚子	己亥	戊戌	丁酉	丙申	乙未	일진
	화	월	일	토	금	목	수	화	월	일	토	申初	목	수	화	월	일	토	금	목	수	화	월	일	토	금	卯初	수	화	절기시각

9月小(甲戌) 한로

										상강																한로9				절기
	29	28	27	26	25	24	23	22	21	**20**	19	18	17	16	15	14	13	12	11	10	9	8	7	6	5	**4**	3	2	1	음력
	2	2	3	3	3	4	4	4	5	5	5	6	6	6	7	7	7	8	8	8	9	9	9	10	10		1	1	1	대운 순행
	8	8	8	7	7	7	6	6	6	5	5	5	4	4	4	3	3	3	2	2	2	1	1	1	1		10	9	9	대운 역행
		11																											10	양력 월
	2	1	31	30	29	28	27	26	25	24	23	22	21	20	19	18	17	16	15	14	13	12	11	10	9	8	7	6	5	양력 일
	壬辰	辛卯	庚寅	己丑	戊子	丁亥	丙戌	乙酉	甲申	癸未	壬午	辛巳	庚辰	己卯	戊寅	丁丑	丙子	乙亥	甲戌	癸酉	壬申	辛未	庚午	己巳	戊辰	丁卯	丙寅	乙丑	甲子	일진
	수	화	월	일	토	금	목	수	화	子正	일	토	금	목	수	화	월	일	토	금	목	수	화	월	일	亥初	금	목	수	절기시각

10月大(乙亥) 입동

										소설														입동10						절기
30	29	28	27	26	25	24	23	22	21	**20**	19	18	17	16	15	14	13	12	11	10	9	8	7	**6**	5	4	3	2	1	음력
2	2	2	3	3	3	4	4	4	5	5	5	6	6	6	7	7	7	8	8	8	9	9	9		1	1	1	1	2	대운 순행
8	8	7	7	7	6	6	6	5	5	5	4	4	4	3	3	3	2	2	2	1	1	1	1		10	10	9	9	9	대운 역행
	12																												11	양력 월
2	1	30	29	28	27	26	25	24	23	22	21	20	19	18	17	16	15	14	13	12	11	10	9	8	7	6	5	4	3	양력 일
壬戌	辛酉	庚申	己未	戊午	丁巳	丙辰	乙卯	甲寅	癸丑	壬子	辛亥	庚戌	己酉	戊申	丁未	丙午	乙巳	甲辰	癸卯	壬寅	辛丑	庚子	己亥	戊戌	丁酉	丙申	乙未	甲午	癸巳	일진
금	목	수	화	월	일	토	금	목	수	亥正	월	일	토	금	목	수	화	월	일	토	금	목	수	子正	월	일	토	금	목	절기시각

11月小(丙子) 대설

										동지															대설11					절기
	29	28	27	26	25	24	23	22	21	**20**	19	18	17	16	15	14	13	12	11	10	9	8	7	6	**5**	4	3	2	1	음력
	2	2	3	3	3	4	4	4	5	5	5	6	6	6	7	7	7	8	8	8	9	9	9	10		1	1	1	1	대운 순행
	8	8	7	7	7	6	6	6	5	5	5	4	4	4	3	3	3	2	2	2	1	1	1	1		9	9	9	8	대운 역행
																													12	양력 월
	31	30	29	28	27	26	25	24	23	22	21	20	19	18	17	16	15	14	13	12	11	10	9	8	7	6	5	4	3	양력 일
	辛卯	庚寅	己丑	戊子	丁亥	丙戌	乙酉	甲申	癸未	壬午	辛巳	庚辰	己卯	戊寅	丁丑	丙子	乙亥	甲戌	癸酉	壬申	辛未	庚午	己巳	戊辰	丁卯	丙寅	乙丑	甲子	癸亥	일진
	토	금	목	수	화	월	일	토	금	午初	수	화	월	일	토	금	목	수	화	월	일	토	금	목	酉初	화	월	일	토	절기시각

12月大(丁丑) 소한

										대한														소한12						절기
30	29	28	27	26	25	24	23	22	21	**20**	19	18	17	16	15	14	13	12	11	10	9	8	7	**6**	5	4	3	2	1	음력
2	2	2	3	3	3	4	4	4	5	5	5	6	6	6	7	7	7	8	8	8	9	9	9		1	1	1	1	2	대운 순행
8	8	7	7	7	6	6	6	5	5	5	4	4	4	3	3	3	2	2	2	1	1	1	1		10	9	9	9	8	대운 역행
																													1	양력 월
30	29	28	27	26	25	24	23	22	21	20	19	18	17	16	15	14	13	12	11	10	9	8	7	6	5	4	3	2	1	양력 일
辛酉	庚申	己未	戊午	丁巳	丙辰	乙卯	甲寅	癸丑	壬子	辛亥	庚戌	己酉	戊申	丁未	丙午	乙巳	甲辰	癸卯	壬寅	辛丑	庚子	己亥	戊戌	丁酉	丙申	乙未	甲午	癸巳	壬辰	일진
월	일	토	금	목	수	화	월	일	토	亥初	목	수	화	월	일	토	금	목	수	화	월	일	토	寅正	목	수	화	월	일	절기시각

• 일간이 년간, 일지가 년지를 극해도 조상을 몰라보는 불효자식이다.

서기 1995년
단기 4328년

乙亥年

상문 : 丑　대장군 : 西
조객 : 酉　삼　재 : 巳酉丑
삼살 : 西

										우수															입춘1					절기	1月小(戊寅) 입춘
	29	28	27	26	25	24	23	22	21	**20**	19	18	17	16	15	14	13	12	11	10	9	8	7	6	**5**	4	3	2	1	음력	
	2	2	3	3	3	4	4	4	5	5	5	6	6	6	7	7	7	8	8	8	9	9	9	10		1	1	1	1	대운 순행	
	8	8	7	7	7	6	6	6	5	5	5	4	4	4	3	3	3	2	2	2	1	1	1	1		9	9	9	8	대운 역행	
																												2	1	양력 월	
	28	27	26	25	24	23	22	21	20	19	18	17	16	15	14	13	12	11	10	9	8	7	6	5	4	3	2	1	31	양력 일	
	庚寅	己丑	戊子	丁亥	丙戌	乙酉	甲申	癸未	壬午	辛巳	庚辰	己卯	戊寅	丁丑	丙子	乙亥	甲戌	癸酉	壬申	辛未	庚午	己巳	戊辰	丁卯	丙寅	乙丑	甲子	癸亥	壬戌	일진	
	화	월	일	토	금	목	수	화	월	午正	토	금	목	수	화	월	일	토	금	목	수	화	월	일	寅正	금	목	수	화	절기시각	

									춘분															경칩2						절기	2月大(己卯) 경칩
30	29	28	27	26	25	24	23	22	**21**	20	19	18	17	16	15	14	13	12	11	10	9	8	7	**6**	5	4	3	2	1	음력	
2	2	3	3	3	4	4	4	5	5	5	6	6	6	7	7	7	8	8	8	9	9	9	10		1	1	1	1	2	대운 순행	
8	8	7	7	7	6	6	6	5	5	5	4	4	4	3	3	3	2	2	2	1	1	1	1		10	9	9	9	8	대운 역행	
																													3	양력 월	
30	29	28	27	26	25	24	23	22	21	20	19	18	17	16	15	14	13	12	11	10	9	8	7	6	5	4	3	2	1	양력 일	
庚申	己未	戊午	丁巳	丙辰	乙卯	甲寅	癸丑	壬子	辛亥	庚戌	己酉	戊申	丁未	丙午	乙巳	甲辰	癸卯	壬寅	辛丑	庚子	己亥	戊戌	丁酉	丙申	乙未	甲午	癸巳	壬辰	辛卯	일진	
목	수	화	월	일	토	금	목	수	午初	월	일	토	금	목	수	화	월	일	토	금	목	수	화	巳正	일	토	금	목	수	절기시각	

									곡우															청명3						절기	3月大(庚辰) 청명
30	29	28	27	26	25	24	23	22	**21**	20	19	18	17	16	15	14	13	12	11	10	9	8	7	**6**	5	4	3	2	1	음력	
2	3	3	3	4	4	4	5	5	5	6	6	6	7	7	7	8	8	8	9	9	9	10	10		1	1	1	1	2	대운 순행	
8	8	7	7	7	6	6	6	5	5	5	4	4	4	3	3	3	2	2	2	1	1	1	1		10	9	9	9	8	대운 역행	
																												4	3	양력 월	
29	28	27	26	25	24	23	22	21	20	19	18	17	16	15	14	13	12	11	10	9	8	7	6	5	4	3	2	1	31	양력 일	
庚寅	己丑	戊子	丁亥	丙戌	乙酉	甲申	癸未	壬午	辛巳	庚辰	己卯	戊寅	丁丑	丙子	乙亥	甲戌	癸酉	壬申	辛未	庚午	己巳	戊辰	丁卯	丙寅	乙丑	甲子	癸亥	壬戌	辛酉	일진	
토	금	목	수	화	월	일	토	금	亥正	수	화	월	일	토	금	목	수	화	월	일	토	금	목	申初	화	월	일	토	금	절기시각	

								소만															입하4							절기	4月小(辛巳) 입하
	29	28	27	26	25	24	23	**22**	21	20	19	18	17	16	15	14	13	12	11	10	9	8	**7**	6	5	4	3	2	1	음력	
	3	3	4	4	4	5	5	5	6	6	6	7	7	7	8	8	8	9	9	9	10	10		1	1	1	1	2	2	대운 순행	
	7	7	7	6	6	6	5	5	5	4	4	4	3	3	3	2	2	2	1	1	1	1		10	10	9	9	9	8	대운 역행	
																												5	4	양력 월	
	28	27	26	25	24	23	22	21	20	19	18	17	16	15	14	13	12	11	10	9	8	7	6	5	4	3	2	1	30	양력 일	
	己未	戊午	丁巳	丙辰	乙卯	甲寅	癸丑	壬子	辛亥	庚戌	己酉	戊申	丁未	丙午	乙巳	甲辰	癸卯	壬寅	辛丑	庚子	己亥	戊戌	丁酉	丙申	乙未	甲午	癸巳	壬辰	辛卯	일진	
	일	토	금	목	수	화	월	亥初	토	금	목	수	화	월	일	토	금	목	수	화	월	일	辰正	금	목	수	화	월	일	절기시각	

					하지																망종5									절기	5月大(壬午) 망종
30	29	28	27	26	**25**	24	23	22	21	20	19	18	17	16	15	14	13	12	11	10	**9**	8	7	6	5	4	3	2	1	음력	
3	4	4	4	5	5	5	6	6	6	7	7	7	8	8	8	9	9	9	10	10		1	1	1	1	2	2	2	3	대운 순행	
7	7	6	6	6	5	5	5	4	4	4	3	3	3	2	2	2	1	1	1	1		10	10	9	9	9	8	8	8	대운 역행	
																										6			5	양력 월	
27	26	25	24	23	22	21	20	19	18	17	16	15	14	13	12	11	10	9	8	7	6	5	4	3	2	1	31	30	29	양력 일	
己丑	戊子	丁亥	丙戌	乙酉	甲申	癸未	壬午	辛巳	庚辰	己卯	戊寅	丁丑	丙子	乙亥	甲戌	癸酉	壬申	辛未	庚午	己巳	戊辰	丁卯	丙寅	乙丑	甲子	癸亥	壬戌	辛酉	庚申	일진	
화	월	일	토	금	卯初	수	화	월	일	토	금	목	수	화	월	일	토	금	목	수	午正	월	일	토	금	목	수	화	월	절기시각	

					대서																소서6									절기	6月大(癸未) 소서
30	29	28	27	**26**	25	24	23	22	21	20	19	18	17	16	15	14	13	12	11	**10**	9	8	7	6	5	4	3	2	1	음력	
4	4	5	5	5	6	6	6	7	7	7	8	8	8	9	9	9	10	10	10		1	1	1	1	2	2	2	3	3	대운 순행	
7	6	6	6	5	5	5	4	4	4	3	3	3	2	2	2	1	1	1	1		10	10	9	9	9	8	8	8	7	대운 역행	
																										7			6	양력 월	
27	26	25	24	23	22	21	20	19	18	17	16	15	14	13	12	11	10	9	8	7	6	5	4	3	2	1	30	29	28	양력 일	
己未	戊午	丁巳	丙辰	乙卯	甲寅	癸丑	壬子	辛亥	庚戌	己酉	戊申	丁未	丙午	乙巳	甲辰	癸卯	壬寅	辛丑	庚子	己亥	戊戌	丁酉	丙申	乙未	甲午	癸巳	壬辰	辛卯	庚寅	일진	
목	수	화	월	申正	토	금	목	수	화	월	일	토	금	목	수	화	월	일	토	子初	목	수	화	월	일	토	금	목	수	절기시각	

7月小(甲申) 입추

			처서															입추7												절기	
	29	28	**27**	26	25	24	23	22	21	20	19	18	17	16	15	14	13	**12**	11	10	9	8	7	6	5	4	3	2	1	음력	
	5	5	5	6	6	6	7	7	7	8	8	8	9	9	9	10	10		1	1	1	1	2	2	2	3	3	3	4	순행	대
	6	5	5	5	4	4	4	3	3	3	2	2	2	1	1	1	1		10	10	10	9	9	9	8	8	8	7	7	역행	운
																									8				7	월	양
	25	24	23	22	21	20	19	18	17	16	15	14	13	12	11	10	9	8	7	6	5	4	3	2	1	31	30	29	28	일	력
	戊子	丁亥	丙戌	乙酉	甲申	癸未	壬午	辛巳	庚辰	己卯	戊寅	丁丑	丙子	乙亥	甲戌	癸酉	壬申	辛未	庚午	己巳	戊辰	丁卯	丙寅	乙丑	甲子	癸亥	壬戌	辛酉	庚申	일진	
	금	목	子初	화	월	일	토	금	목	수	화	월	일	토	금	목	수	辰正	월	일	토	금	목	수	화	월	일	토	금	절기시각	

8月大(乙酉) 백로

	추분															백로8														절기	
30	**29**	28	27	26	25	24	23	22	21	20	19	18	17	16	15	**14**	13	12	11	10	9	8	7	6	5	4	3	2	1	음력	
5	5	6	6	6	7	7	7	8	8	8	9	9	9	10	10		1	1	1	1	2	2	2	3	3	3	4	4	4	순행	대
5	5	5	4	4	4	3	3	3	2	2	2	1	1	1	1		10	10	9	9	9	8	8	8	7	7	7	6	6	역행	운
																							9						8	월	양
24	23	22	21	20	19	18	17	16	15	14	13	12	11	10	9	8	7	6	5	4	3	2	1	31	30	29	28	27	26	일	력
戊午	丁巳	丙辰	乙卯	甲寅	癸丑	壬子	辛亥	庚戌	己酉	戊申	丁未	丙午	乙巳	甲辰	癸卯	壬寅	辛丑	庚子	己亥	戊戌	丁酉	丙申	乙未	甲午	癸巳	壬辰	辛卯	庚寅	己丑	일진	
일	亥初	금	목	수	화	월	일	토	금	목	수	화	월	일	토	午初	목	수	화	월	일	토	금	목	수	화	월	일	토	절기시각	

윤 8 月小

															한로9															절기	
	29	28	27	26	25	24	23	22	21	20	19	18	17	16	**15**	14	13	12	11	10	9	8	7	6	5	4	3	2	1	음력	
	5	6	6	6	7	7	7	8	8	8	9	9	9	10		1	1	1	1	2	2	2	3	3	3	4	4	4	5	순행	대
	5	4	4	4	3	3	3	2	2	2	1	1	1	1		10	10	9	9	9	8	8	8	7	7	7	6	6	6	역행	운
																							10						9	월	양
	23	22	21	20	19	18	17	16	15	14	13	12	11	10	9	8	7	6	5	4	3	2	1	30	29	28	27	26	25	일	력
	丁亥	丙戌	乙酉	甲申	癸未	壬午	辛巳	庚辰	己卯	戊寅	丁丑	丙子	乙亥	甲戌	癸酉	壬申	辛未	庚午	己巳	戊辰	丁卯	丙寅	乙丑	甲子	癸亥	壬戌	辛酉	庚申	己未	일진	
	월	일	토	금	목	수	화	월	일	토	금	목	수	화	寅初	일	토	금	목	수	화	월	일	토	금	목	수	화	월	절기시각	

9月大(丙戌) 한로

														입동10															상강	절기	
30	29	28	27	26	25	24	23	22	21	20	19	18	17	**16**	15	14	13	12	11	10	9	8	7	6	5	4	3	2	**1**	음력	
5	5	6	6	6	7	7	7	8	8	8	9	9	9		1	1	1	1	2	2	2	3	3	3	4	4	4	5	5	순행	대
5	4	4	4	3	3	3	2	2	2	1	1	1	1		10	9	9	9	8	8	8	7	7	7	6	6	6	5	5	역행	운
																					11								10	월	양
22	21	20	19	18	17	16	15	14	13	12	11	10	9	8	7	6	5	4	3	2	1	31	30	29	28	27	26	25	24	일	력
丁巳	丙辰	乙卯	甲寅	癸丑	壬子	辛亥	庚戌	己酉	戊申	丁未	丙午	乙巳	甲辰	癸卯	壬寅	辛丑	庚子	己亥	戊戌	丁酉	丙申	乙未	甲午	癸巳	壬辰	辛卯	庚寅	己丑	戊子	일진	
수	화	월	일	토	금	목	수	화	월	일	토	금	목	卯正	화	월	일	토	금	목	수	화	월	일	토	금	목	수	卯正	절기시각	

10月小(丁亥) 입동

															대설11														소설	절기	
	29	28	27	26	25	24	23	22	21	20	19	18	17	16	**15**	14	13	12	11	10	9	8	7	6	5	4	3	2	**1**	음력	
	5	6	6	6	7	7	7	8	8	8	9	9	9	10		1	1	1	1	2	2	2	3	3	3	4	4	4	5	순행	대
	5	4	4	4	3	3	3	2	2	2	1	1	1	1		9	9	9	8	8	8	7	7	7	6	6	6	5	5	역행	운
																					12								11	월	양
	21	20	19	18	17	16	15	14	13	12	11	10	9	8	7	6	5	4	3	2	1	30	29	28	27	26	25	24	23	일	력
	丙戌	乙酉	甲申	癸未	壬午	辛巳	庚辰	己卯	戊寅	丁丑	丙子	乙亥	甲戌	癸酉	壬申	辛未	庚午	己巳	戊辰	丁卯	丙寅	乙丑	甲子	癸亥	壬戌	辛酉	庚申	己未	戊午	일진	
	목	수	화	월	일	토	금	목	수	화	월	일	토	금	子初	수	화	월	일	토	금	목	수	화	월	일	토	금	寅初	절기시각	

11月小(戊子) 대설

														소한12															동지	절기	
	29	28	27	26	25	24	23	22	21	20	19	18	17	**16**	15	14	13	12	11	10	9	8	7	6	5	4	3	2	**1**	음력	
	5	6	6	6	7	7	7	8	8	8	9	9	9		1	1	1	1	2	2	2	3	3	3	4	4	4	5	5	순행	대
	4	4	4	3	3	3	2	2	2	1	1	1	1		10	9	9	9	8	8	8	7	7	7	6	6	6	5	5	역행	운
																			1										12	월	양
	19	18	17	16	15	14	13	12	11	10	9	8	7	6	5	4	3	2	1	31	30	29	28	27	26	25	24	23	22	일	력
	乙卯	甲寅	癸丑	壬子	辛亥	庚戌	己酉	戊申	丁未	丙午	乙巳	甲辰	癸卯	壬寅	辛丑	庚子	己亥	戊戌	丁酉	丙申	乙未	甲午	癸巳	壬辰	辛卯	庚寅	己丑	戊子	丁亥	일진	
	금	목	수	화	월	일	토	금	목	수	화	월	일	巳正	금	목	수	화	월	일	토	금	목	수	화	월	일	토	酉初	절기시각	

12月大(己丑) 소한

														입춘1														대한		절기	
30	29	28	27	26	25	24	23	22	21	20	19	18	17	**16**	15	14	13	12	11	10	9	8	7	6	5	4	3	**2**	1	음력	
5	6	6	6	7	7	7	8	8	8	9	9	9	10		1	1	1	1	2	2	2	3	3	3	4	4	4	5	5	순행	대
5	4	4	4	3	3	3	2	2	2	1	1	1	1		9	9	9	8	8	8	7	7	7	6	6	6	5	5	5	역행	운
																	2												1	월	양
18	17	16	15	14	13	12	11	10	9	8	7	6	5	4	3	2	1	31	30	29	28	27	26	25	24	23	22	21	20	일	력
乙酉	甲申	癸未	壬午	辛巳	庚辰	己卯	戊寅	丁丑	丙子	乙亥	甲戌	癸酉	壬申	辛未	庚午	己巳	戊辰	丁卯	丙寅	乙丑	甲子	癸亥	壬戌	辛酉	庚申	己未	戊午	丁巳	丙辰	일진	
일	토	금	목	수	화	월	일	토	금	목	수	화	월	亥正	토	금	목	수	화	월	일	토	금	목	수	화	월	寅初	토	절기시각	

• 인수가 관과 합되고 일지와 합된 사람은 어머니가 재취로 들어왔다.

서기 1996년
단기 4329년

丙子年

상문 : 寅　대장군 : 西
조객 : 戌　삼　재 : 巳酉丑
삼살 : 南

															경칩2															우수	절기	1月小(庚寅) 입춘
	29	28	27	26	25	24	23	22	21	20	19	18	17	**16**	15	14	13	12	11	10	9	8	7	6	5	4	3	2	**1**	음력	
	6	6	6	7	7	7	8	8	8	9	9	9	10		1	1	1	1	2	2	2	3	3	3	4	4	4	5	5	순행 대운	
	4	4	4	3	3	3	2	2	2	1	1	1	1		10	9	9	9	8	8	8	7	7	7	6	6	6	5	5	역행 대운	
																	3												2	월 양력	
	18	17	16	15	14	13	12	11	10	9	8	7	6	5	4	3	2	1	29	28	27	26	25	24	23	22	21	20	19	일 양력	
	甲寅	癸丑	壬子	辛亥	庚戌	己酉	戊申	丁未	丙午	乙巳	甲辰	癸卯	壬寅	辛丑	庚子	己亥	戊戌	丁酉	丙申	乙未	甲午	癸巳	壬辰	辛卯	庚寅	己丑	戊子	丁亥	丙戌	일진	
	월	일	토	금	목	수	화	월	일	토	금	목	수	申正	월	일	토	금	목	수	화	월	일	토	금	목	수	화	酉初	절기시각	

													청명3															춘분		절기	2月大(辛卯) 경칩
30	29	28	27	26	25	24	23	22	21	20	19	18	**17**	16	15	14	13	12	11	10	9	8	7	6	5	4	3	**2**	1	음력	
6	6	7	7	7	8	8	8	9	9	9	10	10		1	1	1	1	2	2	2	3	3	3	4	4	4	5	5	5	순행 대운	
4	4	4	3	3	3	2	2	2	1	1	1	1		10	9	9	9	8	8	8	7	7	7	6	6	6	5	5	5	역행 대운	
																4													3	월 양력	
17	16	15	14	13	12	11	10	9	8	7	6	5	4	3	2	1	31	30	29	28	27	26	25	24	23	22	21	20	19	일 양력	
甲申	癸未	壬午	辛巳	庚辰	己卯	戊寅	丁丑	丙子	乙亥	甲戌	癸酉	壬申	辛未	庚午	己巳	戊辰	丁卯	丙寅	乙丑	甲子	癸亥	壬戌	辛酉	庚申	己未	戊午	丁巳	丙辰	乙卯	일진	
수	화	월	일	토	금	목	수	화	월	일	토	금	戌正	수	화	월	일	토	금	목	수	화	월	일	토	금	목	申正	화	절기시각	

												입하4															곡우			절기	3月小(壬辰) 청명
	29	28	27	26	25	24	23	22	21	20	19	**18**	17	16	15	14	13	12	11	10	9	8	7	6	5	4	**3**	2	1	음력	
	7	7	7	8	8	8	9	9	9	10	10		1	1	1	1	2	2	2	3	3	3	4	4	4	5	5	5	6	순행 대운	
	4	3	3	3	2	2	2	1	1	1	1		10	10	9	9	9	8	8	8	7	7	7	6	6	6	5	5	5	역행 대운	
																5													4	월 양력	
	16	15	14	13	12	11	10	9	8	7	6	5	4	3	2	1	30	29	28	27	26	25	24	23	22	21	20	19	18	일 양력	
	癸丑	壬子	辛亥	庚戌	己酉	戊申	丁未	丙午	乙巳	甲辰	癸卯	壬寅	辛丑	庚子	己亥	戊戌	丁酉	丙申	乙未	甲午	癸巳	壬辰	辛卯	庚寅	己丑	戊子	丁亥	丙戌	乙酉	일진	
	목	수	화	월	일	토	금	목	수	화	월	未正	토	금	목	수	화	월	일	토	금	목	수	화	월	일	寅正	금	목	절기시각	

										망종5															소만					절기	4月大(癸巳) 입하
30	29	28	27	26	25	24	23	22	21	**20**	19	18	17	16	15	14	13	12	11	10	9	8	7	6	**5**	4	3	2	1	음력	
7	8	8	8	9	9	9	10	10	10		1	1	1	1	2	2	2	3	3	3	4	4	4	5	5	5	6	6	6	순행 대운	
3	3	3	2	2	2	1	1	1	1		10	10	9	9	9	8	8	8	7	7	7	6	6	6	5	5	5	4	4	역행 대운	
														6															5	월 양력	
15	14	13	12	11	10	9	8	7	6	5	4	3	2	1	31	30	29	28	27	26	25	24	23	22	21	20	19	18	17	일 양력	
癸未	壬午	辛巳	庚辰	己卯	戊寅	丁丑	丙子	乙亥	甲戌	癸酉	壬申	辛未	庚午	己巳	戊辰	丁卯	丙寅	乙丑	甲子	癸亥	壬戌	辛酉	庚申	己未	戊午	丁巳	丙辰	乙卯	甲寅	일진	
토	금	목	수	화	월	일	토	금	목	酉正	화	월	일	토	금	목	수	화	월	일	토	금	목	수	寅初	월	일	토	금	절기시각	

							소서6																	하지						절기	5月大(甲午) 망종
30	29	28	27	26	25	24	23	**22**	21	20	19	18	17	16	15	14	13	12	11	10	9	8	7	**6**	5	4	3	2	1	음력	
8	8	8	9	9	9	10	10		1	1	1	1	2	2	2	3	3	3	4	4	4	5	5	5	6	6	6	7	7	순행 대운	
3	2	2	2	1	1	1	1		10	10	10	9	9	9	8	8	8	7	7	7	6	6	6	5	5	5	4	4	4	역행 대운	
														7															6	월 양력	
15	14	13	12	11	10	9	8	7	6	5	4	3	2	1	30	29	28	27	26	25	24	23	22	21	20	19	18	17	16	일 양력	
癸丑	壬子	辛亥	庚戌	己酉	戊申	丁未	丙午	乙巳	甲辰	癸卯	壬寅	辛丑	庚子	己亥	戊戌	丁酉	丙申	乙未	甲午	癸巳	壬辰	辛卯	庚寅	己丑	戊子	丁亥	丙戌	乙酉	甲申	일진	
월	일	토	금	목	수	화	월	寅正	토	금	목	수	화	월	일	토	금	목	수	화	월	일	토	午初	목	수	화	월	일	절기시각	

							입추7																대서							절기	6月小(乙未) 소서
	29	28	27	26	25	24	**23**	22	21	20	19	18	17	16	15	14	13	12	11	10	9	8	**7**	6	5	4	3	2	1	음력	
	8	9	9	9	10	10		1	1	1	1	2	2	2	3	3	3	4	4	4	5	5	5	6	6	6	7	7	7	순행 대운	
	2	2	1	1	1	1		10	10	9	9	9	8	8	8	7	7	7	6	6	6	5	5	5	4	4	4	3	3	역행 대운	
													8																7	월 양력	
	13	12	11	10	9	8	7	6	5	4	3	2	1	31	30	29	28	27	26	25	24	23	22	21	20	19	18	17	16	일 양력	
	壬午	辛巳	庚辰	己卯	戊寅	丁丑	丙子	乙亥	甲戌	癸酉	壬申	辛未	庚午	己巳	戊辰	丁卯	丙寅	乙丑	甲子	癸亥	壬戌	辛酉	庚申	己未	戊午	丁巳	丙辰	乙卯	甲寅	일진	
	화	월	일	토	금	목	未正	화	월	일	토	금	목	수	화	월	일	토	금	목	수	화	亥正	일	토	금	목	수	화	절기시각	

• 사무실의 책상이 중앙에 있으면 이석율이 높고 정서가 불안하다.

					백로8															처서										절기	7月大(丙申)입추
30	29	28	27	26	**25**	24	23	22	21	20	19	18	17	16	15	14	13	12	11	**10**	9	8	7	6	5	4	3	2	1	음력	
9	9	9	10	10		1	1	1	1	2	2	2	3	3	3	4	4	4	5	5	5	6	6	6	7	7	7	8	8	대운 순행	
2	1	1	1	1		10	10	9	9	9	8	8	8	7	7	7	6	6	6	5	5	5	4	4	4	3	3	3	2	대운 역행	
											9																		8	양력 월	
12	11	10	9	8	7	6	5	4	3	2	1	31	30	29	28	27	26	25	24	23	22	21	20	19	18	17	16	15	14	양력 일	
壬子	辛亥	庚戌	己酉	戊申	丁未	丙午	乙巳	甲辰	癸卯	壬寅	辛丑	庚子	己亥	戊戌	丁酉	丙申	乙未	甲午	癸巳	壬辰	辛卯	庚寅	己丑	戊子	丁亥	丙戌	乙酉	甲申	癸未	일진	
목	수	화	월	일	酉初	금	목	수	화	월	일	토	금	목	수	화	월	일	토	卯初	목	수	화	월	일	토	금	목	수	절기시각	

				한로9															추분											절기	8月小(丁酉)백로
	29	28	27	**26**	25	24	23	22	21	20	19	18	17	16	15	14	13	12	**11**	10	9	8	7	6	5	4	3	2	1	음력	
	9	9	10		1	1	1	1	2	2	2	3	3	3	4	4	4	5	5	5	6	6	6	7	7	7	8	8	8	대운 순행	
	1	1	1		10	10	9	9	9	8	8	8	7	7	7	6	6	6	5	5	5	4	4	4	3	3	3	2	2	대운 역행	
											10																		9	양력 월	
	11	10	9	8	7	6	5	4	3	2	1	30	29	28	27	26	25	24	23	22	21	20	19	18	17	16	15	14	13	양력 일	
	辛巳	庚辰	己卯	戊寅	丁丑	丙子	乙亥	甲戌	癸酉	壬申	辛未	庚午	己巳	戊辰	丁卯	丙寅	乙丑	甲子	癸亥	壬戌	辛酉	庚申	己未	戊午	丁巳	丙辰	乙卯	甲寅	癸丑	일진	
	금	목	수	巳初	월	일	토	금	목	수	화	월	일	토	금	목	수	화	丑正	일	토	금	목	수	화	월	일	토	금	절기시각	

			입동10															상강												절기	9月大(戊戌)한로
30	29	28	**27**	26	25	24	23	22	21	20	19	18	17	16	15	14	13	**12**	11	10	9	8	7	6	5	4	3	2	1	음력	
9	9	10		1	1	1	1	2	2	2	3	3	3	4	4	4	5	5	5	6	6	6	7	7	7	8	8	8	9	대운 순행	
1	1	1		10	9	9	9	8	8	8	7	7	7	6	6	6	5	5	5	4	4	4	3	3	3	2	2	2	1	대운 역행	
									11																				10	양력 월	
10	9	8	7	6	5	4	3	2	1	31	30	29	28	27	26	25	24	23	22	21	20	19	18	17	16	15	14	13	12	양력 일	
辛亥	庚戌	己酉	戊申	丁未	丙午	乙巳	甲辰	癸卯	壬寅	辛丑	庚子	己亥	戊戌	丁酉	丙申	乙未	甲午	癸巳	壬辰	辛卯	庚寅	己丑	戊子	丁亥	丙戌	乙酉	甲申	癸未	壬午	일진	
일	토	금	午正	수	화	월	일	토	금	목	수	화	월	일	토	금	목	午正	화	월	일	토	금	목	수	화	월	일	토	절기시각	

			대설11															소설												절기	10月大(己亥)입동
30	29	28	**27**	26	25	24	23	22	21	20	19	18	17	16	15	14	13	**12**	11	10	9	8	7	6	5	4	3	2	1	음력	
9	9	9		1	1	1	1	2	2	2	3	3	3	4	4	4	5	5	5	6	6	6	7	7	7	8	8	8	9	대운 순행	
1	1	1		10	9	9	9	8	8	8	7	7	7	6	6	6	5	5	5	4	4	4	3	3	3	2	2	2	1	대운 역행	
									12																				11	양력 월	
10	9	8	7	6	5	4	3	2	1	30	29	28	27	26	25	24	23	22	21	20	19	18	17	16	15	14	13	12	11	양력 일	
辛巳	庚辰	己卯	戊寅	丁丑	丙子	乙亥	甲戌	癸酉	壬申	辛未	庚午	己巳	戊辰	丁卯	丙寅	乙丑	甲子	癸亥	壬戌	辛酉	庚申	己未	戊午	丁巳	丙辰	乙卯	甲寅	癸丑	壬子	일진	
화	월	일	卯初	금	목	수	화	월	일	토	금	목	수	화	월	일	토	巳初	목	수	화	월	일	토	금	목	수	화	월	절기시각	

				소한12															동지											절기	11月小(庚子)대설
	29	28	27	**26**	25	24	23	22	21	20	19	18	17	16	15	14	13	12	**11**	10	9	8	7	6	5	4	3	2	1	음력	
	9	9	10		1	1	1	1	2	2	2	3	3	3	4	4	4	5	5	5	6	6	6	7	7	7	8	8	8	대운 순행	
	1	1	1		9	9	9	8	8	8	7	7	7	6	6	6	5	5	5	4	4	4	3	3	3	2	2	2	1	대운 역행	
								1																					12	양력 월	
	8	7	6	5	4	3	2	1	31	30	29	28	27	26	25	24	23	22	21	20	19	18	17	16	15	14	13	12	11	양력 일	
	庚戌	己酉	戊申	丁未	丙午	乙巳	甲辰	癸卯	壬寅	辛丑	庚子	己亥	戊戌	丁酉	丙申	乙未	甲午	癸巳	壬辰	辛卯	庚寅	己丑	戊子	丁亥	丙戌	乙酉	甲申	癸未	壬午	일진	
	수	화	월	申正	토	금	목	수	화	월	일	토	금	목	수	화	월	일	子初	금	목	수	화	월	일	토	금	목	수	절기시각	

			입춘1															대한												절기	12月大(辛丑)소한
30	29	28	**27**	26	25	24	23	22	21	20	19	18	17	16	15	14	13	**12**	11	10	9	8	7	6	5	4	3	2	1	음력	
9	9	9		1	1	1	1	2	2	2	3	3	3	4	4	4	5	5	5	6	6	6	7	7	7	8	8	8	9	대운 순행	
1	1	1		10	9	9	9	8	8	8	7	7	7	6	6	6	5	5	5	4	4	4	3	3	3	2	2	2	1	대운 역행	
						2																							1	양력 월	
7	6	5	4	3	2	1	31	30	29	28	27	26	25	24	23	22	21	20	19	18	17	16	15	14	13	12	11	10	9	양력 일	
庚辰	己卯	戊寅	丁丑	丙子	乙亥	甲戌	癸酉	壬申	辛未	庚午	己巳	戊辰	丁卯	丙寅	乙丑	甲子	癸亥	壬戌	辛酉	庚申	己未	戊午	丁巳	丙辰	乙卯	甲寅	癸丑	壬子	辛亥	일진	
금	목	수	寅初	월	일	토	금	목	수	화	월	일	토	금	목	수	화	巳初	일	토	금	목	수	화	월	일	토	금	목	절기시각	

• 월지가 寅이나 망신살이 되어도 그의 어머니는 재취 팔자다.

서기 1997년
단기 4330년

丁丑年

상문 : 卯　대장군 : 西
조객 : 亥　삼　재 : 巳酉丑
삼살 : 東

1月小(壬寅) 입춘

				경칩2															우수											절기
	29	28	27	**26**	25	24	23	22	21	20	19	18	17	16	15	14	13	12	**11**	10	9	8	7	6	5	4	3	2	1	음력
	9	10	10		1	1	1	1	2	2	2	3	3	3	4	4	4	5	5	5	6	6	6	7	7	7	8	8	8	대운 순행
	1	1	1		9	9	9	8	8	8	7	7	7	6	6	6	5	5	5	4	4	4	3	3	3	2	2	2	1	대운 역행
								3																					2	양력 월
	8	7	6	5	4	3	2	1	28	27	26	25	24	23	22	21	20	19	18	17	16	15	14	13	12	11	10	9	8	양력 일
	己酉	戊申	丁未	丙午	乙巳	甲辰	癸卯	壬寅	辛丑	庚子	己亥	戊戌	丁酉	丙申	乙未	甲午	癸巳	壬辰	辛卯	庚寅	己丑	戊子	丁亥	丙戌	乙酉	甲申	癸未	壬午	辛巳	일진
	토	금	목	亥初	화	월	일	토	금	목	수	화	월	일	토	금	목	수	子初	월	일	토	금	목	수	화	월	일	토	절기시각

2月小(癸卯) 경칩

		청명3																춘분												절기
	29	**28**	27	26	25	24	23	22	21	20	19	18	17	16	15	14	13	**12**	11	10	9	8	7	6	5	4	3	2	1	음력
	10		1	1	1	1	2	2	2	3	3	3	4	4	4	5	5	5	6	6	6	7	7	7	8	8	8	9	9	대운 순행
	1		10	10	9	9	9	8	8	8	7	7	7	6	6	6	5	5	5	4	4	4	3	3	3	2	2	2	1	대운 역행
						4																							3	양력 월
	6	5	4	3	2	1	31	30	29	28	27	26	25	24	23	22	21	20	19	18	17	16	15	14	13	12	11	10	9	양력 일
	戊寅	丁丑	丙子	乙亥	甲戌	癸酉	壬申	辛未	庚午	己巳	戊辰	丁卯	丙寅	乙丑	甲子	癸亥	壬戌	辛酉	庚申	己未	戊午	丁巳	丙辰	乙卯	甲寅	癸丑	壬子	辛亥	庚戌	일진
	일	丑正	금	목	수	화	월	일	토	금	목	수	화	월	일	토	금	亥正	수	화	월	일	토	금	목	수	화	월	일	절기시각

3月大(甲辰) 청명

	입하4															곡우														절기
30	**29**	28	27	26	25	24	23	22	21	20	19	18	17	16	15	**14**	13	12	11	10	9	8	7	6	5	4	3	2	1	음력
10		1	1	1	1	2	2	2	3	3	3	4	4	4	5	5	5	6	6	6	7	7	7	8	8	8	9	9	9	대운 순행
1		10	9	9	9	8	8	8	7	7	7	6	6	6	5	5	5	4	4	4	3	3	3	2	2	2	1	1	1	대운 역행
					5																								4	양력 월
6	5	4	3	2	1	30	29	28	27	26	25	24	23	22	21	20	19	18	17	16	15	14	13	12	11	10	9	8	7	양력 일
戊申	丁未	丙午	乙巳	甲辰	癸卯	壬寅	辛丑	庚子	己亥	戊戌	丁酉	丙申	乙未	甲午	癸巳	壬辰	辛卯	庚寅	己丑	戊子	丁亥	丙戌	乙酉	甲申	癸未	壬午	辛巳	庚辰	己卯	일진
화	戌正	일	토	금	목	수	화	월	일	토	금	목	수	화	월	巳初	토	금	목	수	화	월	일	토	금	목	수	화	월	절기시각

4月小(乙巳) 입하

															소만															절기
	29	28	27	26	25	24	23	22	21	20	19	18	17	16	**15**	14	13	12	11	10	9	8	7	6	5	4	3	2	1	음력
	1	1	1	2	2	2	3	3	3	4	4	4	5	5	5	6	6	6	7	7	7	8	8	8	9	9	9	10	10	대운 순행
	10	10	9	9	9	8	8	8	7	7	7	6	6	6	5	5	5	4	4	4	3	3	3	2	2	2	1	1	1	대운 역행
				6																									5	양력 월
	4	3	2	1	31	30	29	28	27	26	25	24	23	22	21	20	19	18	17	16	15	14	13	12	11	10	9	8	7	양력 일
	丁丑	丙子	乙亥	甲戌	癸酉	壬申	辛未	庚午	己巳	戊辰	丁卯	丙寅	乙丑	甲子	癸亥	壬戌	辛酉	庚申	己未	戊午	丁巳	丙辰	乙卯	甲寅	癸丑	壬子	辛亥	庚戌	己酉	일진
	수	화	월	일	토	금	목	수	화	월	일	토	금	목	巳初	화	월	일	토	금	목	수	화	월	일	토	금	목	수	절기시각

5月大(丙午) 망종

													하지															망종5		절기
30	29	28	27	26	25	24	23	22	21	20	19	18	**17**	16	15	14	13	12	11	10	9	8	7	6	5	4	3	**2**	1	음력
1	1	2	2	2	3	3	3	4	4	4	5	5	5	6	6	6	7	7	7	8	8	8	9	9	9	10	10		1	대운 순행
9	9	9	8	8	8	7	7	7	6	6	6	5	5	5	4	4	4	3	3	3	2	2	2	1	1	1	1		10	대운 역행
			7																										6	양력 월
4	3	2	1	30	29	28	27	26	25	24	23	22	21	20	19	18	17	16	15	14	13	12	11	10	9	8	7	6	5	양력 일
丁未	丙午	乙巳	甲辰	癸卯	壬寅	辛丑	庚子	己亥	戊戌	丁酉	丙申	乙未	甲午	癸巳	壬辰	辛卯	庚寅	己丑	戊子	丁亥	丙戌	乙酉	甲申	癸未	壬午	辛巳	庚辰	己卯	戊寅	일진
금	목	수	화	월	일	토	금	목	수	화	월	일	酉初	금	목	수	화	월	일	토	금	목	수	화	월	일	토	子正	목	절기시각

6月小(丁未) 소서

											대서																소서6			절기
	29	28	27	26	25	24	23	22	21	20	**19**	18	17	16	15	14	13	12	11	10	9	8	7	6	5	4	**3**	2	1	음력
	2	2	2	3	3	3	4	4	4	5	5	5	6	6	6	7	7	7	8	8	8	9	9	9	10	10		1	1	대운 순행
	9	8	8	8	7	7	7	6	6	6	5	5	5	4	4	4	3	3	3	2	2	2	1	1	1	1		10	10	대운 역행
		8																											7	양력 월
	2	1	31	30	29	28	27	26	25	24	23	22	21	20	19	18	17	16	15	14	13	12	11	10	9	8	7	6	5	양력 일
	丙子	乙亥	甲戌	癸酉	壬申	辛未	庚午	己巳	戊辰	丁卯	丙寅	乙丑	甲子	癸亥	壬戌	辛酉	庚申	己未	戊午	丁巳	丙辰	乙卯	甲寅	癸丑	壬子	辛亥	庚戌	己酉	戊申	일진
	토	금	목	수	화	월	일	토	금	목	寅正	화	월	일	토	금	목	수	화	월	일	토	금	목	수	화	巳正	일	토	절기시각

• 꿈에 뱀을 보면 횡재하고 남녀간의 결합이 성사된다.

7月大(戊申) 입추

									처서																입추7					절기
30	29	28	27	26	25	24	23	22	21	20	19	18	17	16	15	14	13	12	11	10	9	8	7	6	5	4	3	2	1	음력
2	2	3	3	3	4	4	4	5	5	5	6	6	6	7	7	7	8	8	8	9	9	9	10	10		1	1	1	1	대운 순행
8	8	8	7	7	7	6	6	6	5	5	5	4	4	4	3	3	3	2	2	2	1	1	1	1		10	10	9	9	대운 역행
9																													8	양력 월
1	31	30	29	28	27	26	25	24	23	22	21	20	19	18	17	16	15	14	13	12	11	10	9	8	7	6	5	4	3	양력 일
丙午	乙巳	甲辰	癸卯	壬寅	辛丑	庚子	己亥	戊戌	丁酉	丙申	乙未	甲午	癸巳	壬辰	辛卯	庚寅	己丑	戊子	丁亥	丙戌	乙酉	甲申	癸未	壬午	辛巳	庚辰	己卯	戊寅	丁丑	일진
월	일	토	금	목	수	화	월	일	午初	금	목	수	화	월	일	토	금	목	수	화	월	일	토	금	戌正	수	화	월	일	절기시각

8月大(己酉) 백로

								추분																백로8						절기
30	29	28	27	26	25	24	23	22	21	20	19	18	17	16	15	14	13	12	11	10	9	8	7	6	5	4	3	2	1	음력
2	3	3	3	4	4	4	5	5	5	6	6	6	7	7	7	8	8	8	9	9	9	10	10		1	1	1	1	2	대운 순행
8	8	7	7	7	6	6	6	5	5	5	4	4	4	3	3	3	2	2	2	1	1	1	1		10	10	9	9	9	대운 역행
10																													9	양력 월
1	30	29	28	27	26	25	24	23	22	21	20	19	18	17	16	15	14	13	12	11	10	9	8	7	6	5	4	3	2	양력 일
丙子	乙亥	甲戌	癸酉	壬申	辛未	庚午	己巳	戊辰	丁卯	丙寅	乙丑	甲子	癸亥	壬戌	辛酉	庚申	己未	戊午	丁巳	丙辰	乙卯	甲寅	癸丑	壬子	辛亥	庚戌	己酉	戊申	丁未	일진
수	화	월	일	토	금	목	수	辰正	월	일	토	금	목	수	화	월	일	토	금	목	수	화	월	子初	토	금	목	수	화	절기시각

9月小(庚戌) 한로

								상강															한로9							절기
	29	28	27	26	25	24	23	22	21	20	19	18	17	16	15	14	13	12	11	10	9	8	7	6	5	4	3	2	1	음력
	3	3	3	4	4	4	5	5	5	6	6	6	7	7	7	8	8	8	9	9	9	10		1	1	1	1	2	2	대운 순행
	7	7	7	6	6	6	5	5	5	4	4	4	3	3	3	2	2	2	1	1	1	1		10	10	9	9	9	8	대운 역행
																													10	양력 월
	30	29	28	27	26	25	24	23	22	21	20	19	18	17	16	15	14	13	12	11	10	9	8	7	6	5	4	3	2	양력 일
	乙巳	甲辰	癸卯	壬寅	辛丑	庚子	己亥	戊戌	丁酉	丙申	乙未	甲午	癸巳	壬辰	辛卯	庚寅	己丑	戊子	丁亥	丙戌	乙酉	甲申	癸未	壬午	辛巳	庚辰	己卯	戊寅	丁丑	일진
	목	수	화	월	일	토	금	酉正	수	화	월	일	토	금	목	수	화	월	일	토	금	목	申初	화	월	일	토	금	목	절기시각

10月大(辛亥) 입동

							소설															입동10								절기
30	29	28	27	26	25	24	23	22	21	20	19	18	17	16	15	14	13	12	11	10	9	8	7	6	5	4	3	2	1	음력
3	3	3	4	4	4	5	5	5	6	6	6	7	7	7	8	8	8	9	9	9	10		1	1	1	1	2	2	2	대운 순행
7	7	7	6	6	6	5	5	5	4	4	4	3	3	3	2	2	2	1	1	1	1		10	9	9	9	8	8	8	대운 역행
																												11	10	양력 월
29	28	27	26	25	24	23	22	21	20	19	18	17	16	15	14	13	12	11	10	9	8	7	6	5	4	3	2	1	31	양력 일
乙亥	甲戌	癸酉	壬申	辛未	庚午	己巳	戊辰	丁卯	丙寅	乙丑	甲子	癸亥	壬戌	辛酉	庚申	己未	戊午	丁巳	丙辰	乙卯	甲寅	癸丑	壬子	辛亥	庚戌	己酉	戊申	丁未	丙午	일진
토	금	목	수	화	월	일	申初	금	목	수	화	월	일	토	금	목	수	화	월	일	토	酉正	목	수	화	월	일	토	금	절기시각

11月大(壬子) 대설

							동지															대설11								절기
30	29	28	27	26	25	24	23	22	21	20	19	18	17	16	15	14	13	12	11	10	9	8	7	6	5	4	3	2	1	음력
2	3	3	3	4	4	4	5	5	5	6	6	6	7	7	7	8	8	8	9	9	9		1	1	1	1	2	2	2	대운 순행
7	7	7	6	6	6	5	5	5	4	4	4	3	3	3	2	2	2	1	1	1	1		10	9	9	9	8	8	8	대운 역행
																												12	11	양력 월
29	28	27	26	25	24	23	22	21	20	19	18	17	16	15	14	13	12	11	10	9	8	7	6	5	4	3	2	1	30	양력 일
乙巳	甲辰	癸卯	壬寅	辛丑	庚子	己亥	戊戌	丁酉	丙申	乙未	甲午	癸巳	壬辰	辛卯	庚寅	己丑	戊子	丁亥	丙戌	乙酉	甲申	癸未	壬午	辛巳	庚辰	己卯	戊寅	丁丑	丙子	일진
월	일	토	금	목	수	화	寅正	일	토	금	목	수	화	월	일	토	금	목	수	화	월	巳正	토	금	목	수	화	월	일	절기시각

12月小(癸丑) 소한

								대한															소한12							절기
	29	28	27	26	25	24	23	22	21	20	19	18	17	16	15	14	13	12	11	10	9	8	7	6	5	4	3	2	1	음력
	3	3	3	4	4	4	5	5	5	6	6	6	7	7	7	8	8	8	9	9	9	10		1	1	1	1	2	2	대운 순행
	7	7	7	6	6	6	5	5	5	4	4	4	3	3	3	2	2	2	1	1	1	1		9	9	9	8	8	8	대운 역행
																											1		12	양력 월
	27	26	25	24	23	22	21	20	19	18	17	16	15	14	13	12	11	10	9	8	7	6	5	4	3	2	1	31	30	양력 일
	甲戌	癸酉	壬申	辛未	庚午	己巳	戊辰	丁卯	丙寅	乙丑	甲子	癸亥	壬戌	辛酉	庚申	己未	戊午	丁巳	丙辰	乙卯	甲寅	癸丑	壬子	辛亥	庚戌	己酉	戊申	丁未	丙午	일진
	화	월	일	토	금	목	수	申初	월	일	토	금	목	수	화	월	일	토	금	목	수	화	亥正	일	토	금	목	수	화	절기시각

• 편관이 기신인데 편관운을 만나면 강간을 당해본다.

서기 1998년
단기 4331년

戊寅年

상문 : 辰　대장군 : 北
조객 : 子　삼　재 : 申子辰
삼살 : 北

김대중대통령 취임

1月大(甲寅) 입춘

							우수																입춘1								절기
30	29	28	27	26	25	24	23	22	21	20	19	18	17	16	15	14	13	12	11	10	9	8	7	6	5	4	3	2	1	음력
3	3	3	4	4	4	5	5	5	6	6	6	7	7	7	8	8	8	9	9	9	10		1	1	1	1	2	2	2	대운 순행
7	7	7	6	6	6	5	5	5	4	4	4	3	3	3	2	2	2	1	1	1	1		10	9	9	9	8	8	8	대운 역행
																									2				1	양력 월
26	25	24	23	22	21	20	19	18	17	16	15	14	13	12	11	10	9	8	7	6	5	4	3	2	1	31	30	29	28	양력 일
甲辰	癸卯	壬寅	辛丑	庚子	己亥	戊戌	丁酉	丙申	乙未	甲午	癸巳	壬辰	辛卯	庚寅	己丑	戊子	丁亥	丙戌	乙酉	甲申	癸未	壬午	辛巳	庚辰	己卯	戊寅	丁丑	丙子	乙亥	일진
목	수	화	월	일	토	금	卯初	수	화	월	일	토	금	목	수	화	월	일	토	금	목	巳初	화	월	일	토	금	목	수	절기시각

2月小(乙卯) 경칩

							춘분															경칩2								절기
	29	28	27	26	25	24	23	22	21	20	19	18	17	16	15	14	13	12	11	10	9	8	7	6	5	4	3	2	1	음력
	3	3	4	4	4	5	5	5	6	6	6	7	7	7	8	8	8	9	9	9	10		1	1	1	1	2	2	2	대운 순행
	7	7	6	6	6	5	5	5	4	4	4	3	3	3	2	2	2	1	1	1	1		10	9	9	9	8	8	8	대운 역행
																											3		2	양력 월
	27	26	25	24	23	22	21	20	19	18	17	16	15	14	13	12	11	10	9	8	7	6	5	4	3	2	1	28	27	양력 일
	癸酉	壬申	辛未	庚午	己巳	戊辰	丁卯	丙寅	乙丑	甲子	癸亥	壬戌	辛酉	庚申	己未	戊午	丁巳	丙辰	乙卯	甲寅	癸丑	壬子	辛亥	庚戌	己酉	戊申	丁未	丙午	乙巳	일진
	금	목	수	화	월	일	寅正	금	목	수	화	월	일	토	금	목	수	화	월	일	토	寅初	목	수	화	월	일	토	금	절기시각

3月小(丙辰) 청명

						곡우															청명3									절기
	29	28	27	26	25	24	23	22	21	20	19	18	17	16	15	14	13	12	11	10	9	8	7	6	5	4	3	2	1	음력
	4	4	4	5	5	5	6	6	6	7	7	7	8	8	8	9	9	9	10	10		1	1	1	1	2	2	2	3	대운 순행
	7	6	6	6	5	5	5	4	4	4	3	3	3	2	2	2	1	1	1	1		10	9	9	9	8	8	8	7	대운 역행
																									4				3	양력 월
	25	24	23	22	21	20	19	18	17	16	15	14	13	12	11	10	9	8	7	6	5	4	3	2	1	31	30	29	28	양력 일
	壬寅	辛丑	庚子	己亥	戊戌	丁酉	丙申	乙未	甲午	癸巳	壬辰	辛卯	庚寅	己丑	戊子	丁亥	丙戌	乙酉	甲申	癸未	壬午	辛巳	庚辰	己卯	戊寅	丁丑	丙子	乙亥	甲戌	일진
	토	금	목	수	화	申初	일	토	금	목	수	화	월	일	토	금	목	수	화	월	辰正	토	금	목	수	화	월	일	토	절기시각

4月大(丁巳) 입하

				소만															입하4											절기
30	29	28	27	26	25	24	23	22	21	20	19	18	17	16	15	14	13	12	11	10	9	8	7	6	5	4	3	2	1	음력
4	4	5	5	5	6	6	6	7	7	7	8	8	8	9	9	9	10	10		1	1	1	1	2	2	2	3	3	3	대운 순행
6	6	6	5	5	5	4	4	4	3	3	3	2	2	2	1	1	1	1		10	10	9	9	9	8	8	8	7	7	대운 역행
																								5					4	양력 월
25	24	23	22	21	20	19	18	17	16	15	14	13	12	11	10	9	8	7	6	5	4	3	2	1	30	29	28	27	26	양력 일
壬申	辛未	庚午	己巳	戊辰	丁卯	丙寅	乙丑	甲子	癸亥	壬戌	辛酉	庚申	己未	戊午	丁巳	丙辰	乙卯	甲寅	癸丑	壬子	辛亥	庚戌	己酉	戊申	丁未	丙午	乙巳	甲辰	癸卯	일진
월	일	토	금	未正	수	화	월	일	토	금	목	수	화	월	일	토	금	목	丑初	화	월	일	토	금	목	수	화	월	일	절기시각

5月小(戊午) 망종

			하지															망종5												절기
	29	28	27	26	25	24	23	22	21	20	19	18	17	16	15	14	13	12	11	10	9	8	7	6	5	4	3	2	1	음력
	5	5	5	6	6	6	7	7	7	8	8	8	9	9	9	10	10		1	1	1	1	2	2	2	3	3	3	4	대운 순행
	6	5	5	5	4	4	4	3	3	3	2	2	2	1	1	1	1		10	10	9	9	9	8	8	8	7	7	7	대운 역행
																							6						5	양력 월
	23	22	21	20	19	18	17	16	15	14	13	12	11	10	9	8	7	6	5	4	3	2	1	31	30	29	28	27	26	양력 일
	辛丑	庚子	己亥	戊戌	丁酉	丙申	乙未	甲午	癸巳	壬辰	辛卯	庚寅	己丑	戊子	丁亥	丙戌	乙酉	甲申	癸未	壬午	辛巳	庚辰	己卯	戊寅	丁丑	丙子	乙亥	甲戌	癸酉	일진
	화	월	亥正	토	금	목	수	화	월	일	토	금	목	수	화	월	일	卯正	금	목	수	화	월	일	토	금	목	수	화	절기시각

윤 5月小

																소서6														절기
	29	28	27	26	25	24	23	22	21	20	19	18	17	16	15	14	13	12	11	10	9	8	7	6	5	4	3	2	1	음력
	6	6	6	7	7	7	8	8	8	9	9	9	10	10	10		1	1	1	1	2	2	2	3	3	3	4	4	4	대운 순행
	5	5	4	4	4	3	3	3	2	2	2	1	1	1	1		10	10	9	9	9	8	8	8	7	7	7	6	6	대운 역행
																						7							6	양력 월
	22	21	20	19	18	17	16	15	14	13	12	11	10	9	8	7	6	5	4	3	2	1	30	29	28	27	26	25	24	양력 일
	庚午	己巳	戊辰	丁卯	丙寅	乙丑	甲子	癸亥	壬戌	辛酉	庚申	己未	戊午	丁巳	丙辰	乙卯	甲寅	癸丑	壬子	辛亥	庚戌	己酉	戊申	丁未	丙午	乙巳	甲辰	癸卯	壬寅	일진
	수	화	월	일	토	금	목	수	화	월	일	토	금	목	수	辰正	월	일	토	금	목	수	화	월	일	토	금	목	수	절기시각

• 집안에 풀이 많이 난 꿈을 꾸어보면 3일내에 근심걱정이 생긴다.

6月大(己未) 소서

													입추7																대서	절기
30	29	28	27	26	25	24	23	22	21	20	19	18	**17**	16	15	14	13	12	11	10	9	8	7	6	5	4	3	2	**1**	음력
6	6	7	7	7	8	8	8	9	9	9	10	10		1	1	1	1	2	2	2	3	3	3	4	4	4	5	5	5	대운 순행
4	4	4	3	3	3	2	2	2	1	1	1	1		10	10	10	9	9	9	8	8	8	7	7	7	6	6	6	5	대운 역행
																				8									7	양력 월
21	20	19	18	17	16	15	14	13	12	11	10	9	8	7	6	5	4	3	2	1	31	30	29	28	27	26	25	24	23	양력 일
庚子	己亥	戊戌	丁酉	丙申	乙未	甲午	癸巳	壬辰	辛卯	庚寅	己丑	戊子	丁亥	丙戌	乙酉	甲申	癸未	壬午	辛巳	庚辰	己卯	戊寅	丁丑	丙子	乙亥	甲戌	癸酉	壬申	辛未	일진
금	목	수	화	월	일	토	금	목	수	화	월	일	丑正	금	목	수	화	월	일	토	금	목	수	화	월	일	토	금	巳初	절기시각

7月大(庚申) 입추

												백로8																처서		절기
30	29	28	27	26	25	24	23	22	21	20	19	**18**	17	16	15	14	13	12	11	10	9	8	7	6	5	4	3	**2**	1	음력
6	6	7	7	7	8	8	8	9	9	9	10		1	1	1	1	2	2	2	3	3	3	4	4	4	5	5	5	6	대운 순행
4	4	3	3	3	2	2	2	1	1	1	1		10	10	9	9	9	8	8	8	7	7	7	6	6	6	5	5	5	대운 역행
																			9										8	양력 월
20	19	18	17	16	15	14	13	12	11	10	9	8	7	6	5	4	3	2	1	31	30	29	28	27	26	25	24	23	22	양력 일
庚午	己巳	戊辰	丁卯	丙寅	乙丑	甲子	癸亥	壬戌	辛酉	庚申	己未	戊午	丁巳	丙辰	乙卯	甲寅	癸丑	壬子	辛亥	庚戌	己酉	戊申	丁未	丙午	乙巳	甲辰	癸卯	壬寅	辛丑	일진
일	토	금	목	수	화	월	일	토	금	목	수	卯初	월	일	토	금	목	수	화	월	일	토	금	목	수	화	월	申正	토	절기시각

8月小(辛酉) 백로

												한로9															추분			절기
	29	28	27	26	25	24	23	22	21	20	19	**18**	17	16	15	14	13	12	11	10	9	8	7	6	5	4	**3**	2	1	음력
	7	7	7	8	8	8	9	9	9	10	10		1	1	1	1	2	2	2	3	3	3	4	4	4	5	5	5	6	대운 순행
	4	3	3	3	2	2	2	1	1	1	1		10	9	9	9	8	8	8	7	7	7	6	6	6	5	5	5	4	대운 역행
																			10										9	양력 월
	19	18	17	16	15	14	13	12	11	10	9	8	7	6	5	4	3	2	1	30	29	28	27	26	25	24	23	22	21	양력 일
	己亥	戊戌	丁酉	丙申	乙未	甲午	癸巳	壬辰	辛卯	庚寅	己丑	戊子	丁亥	丙戌	乙酉	甲申	癸未	壬午	辛巳	庚辰	己卯	戊寅	丁丑	丙子	乙亥	甲戌	癸酉	壬申	辛未	일진
	월	일	토	금	목	수	화	월	일	토	금	戌正	수	화	월	일	토	금	목	수	화	월	일	토	금	목	未正	화	월	절기시각

9月大(壬戌) 한로

										입동10																상강				절기
30	29	28	27	26	25	24	23	22	21	**20**	19	18	17	16	15	14	13	12	11	10	9	8	7	6	5	**4**	3	2	1	음력
6	7	7	7	8	8	8	9	9	9		1	1	1	1	2	2	2	3	3	3	4	4	4	5	5	5	6	6	6	대운 순행
3	3	3	2	2	2	1	1	1	1		10	10	9	9	9	8	8	8	7	7	7	6	6	6	5	5	5	4	4	대운 역행
																	11												10	양력 월
18	17	16	15	14	13	12	11	10	9	8	7	6	5	4	3	2	1	31	30	29	28	27	26	25	24	23	22	21	20	양력 일
己巳	戊辰	丁卯	丙寅	乙丑	甲子	癸亥	壬戌	辛酉	庚申	己未	戊午	丁巳	丙辰	乙卯	甲寅	癸丑	壬子	辛亥	庚戌	己酉	戊申	丁未	丙午	乙巳	甲辰	癸卯	壬寅	辛丑	庚子	일진
수	화	월	일	토	금	목	수	화	월	子初	토	금	목	수	화	월	일	토	금	목	수	화	월	일	토	子初	목	수	화	절기시각

10月大(癸亥) 입동

											대설11															소설				절기
30	29	28	27	26	25	24	23	22	21	20	**19**	18	17	16	15	14	13	12	11	10	9	8	7	6	5	**4**	3	2	1	음력
6	7	7	7	8	8	8	9	9	9	10		1	1	1	1	2	2	2	3	3	3	4	4	4	5	5	5	6	6	대운 순행
4	3	3	3	2	2	2	1	1	1	1		9	9	9	8	8	8	7	7	7	6	6	6	5	5	5	4	4	4	대운 역행
																	12												11	양력 월
18	17	16	15	14	13	12	11	10	9	8	7	6	5	4	3	2	1	30	29	28	27	26	25	24	23	22	21	20	19	양력 일
己亥	戊戌	丁酉	丙申	乙未	甲午	癸巳	壬辰	辛卯	庚寅	己丑	戊子	丁亥	丙戌	乙酉	甲申	癸未	壬午	辛巳	庚辰	己卯	戊寅	丁丑	丙子	乙亥	甲戌	癸酉	壬申	辛未	庚午	일진
금	목	수	화	월	일	토	금	목	수	화	申正	일	토	금	목	수	화	월	일	토	금	목	수	화	월	亥初	토	금	목	절기시각

11月大(甲子) 대설

											소한12															동지				절기
30	29	28	27	26	25	24	23	22	21	20	**19**	18	17	16	15	14	13	12	11	10	9	8	7	6	5	**4**	3	2	1	음력
6	6	7	7	7	8	8	8	9	9	9		1	1	1	1	2	2	2	3	3	3	4	4	4	5	5	5	6	6	대운 순행
4	3	3	3	2	2	2	1	1	1	1		10	9	9	9	8	8	8	7	7	7	6	6	6	5	5	5	4	4	대운 역행
																1													12	양력 월
17	16	15	14	13	12	11	10	9	8	7	6	5	4	3	2	1	31	30	29	28	27	26	25	24	23	22	21	20	19	양력 일
己巳	戊辰	丁卯	丙寅	乙丑	甲子	癸亥	壬戌	辛酉	庚申	己未	戊午	丁巳	丙辰	乙卯	甲寅	癸丑	壬子	辛亥	庚戌	己酉	戊申	丁未	丙午	乙巳	甲辰	癸卯	壬寅	辛丑	庚子	일진
일	토	금	목	수	화	월	일	토	금	목	寅初	화	월	일	토	금	목	수	화	월	일	토	금	목	수	巳正	월	일	토	절기시각

12月小(乙丑) 소한

												입춘1															대한			절기
	29	28	27	26	25	24	23	22	21	20	19	**18**	17	16	15	14	13	12	11	10	9	8	7	6	5	4	**3**	2	1	음력
	6	7	7	7	8	8	8	9	9	9	10		1	1	1	1	2	2	2	3	3	3	4	4	4	5	5	5	6	대운 순행
	4	3	3	3	2	2	2	1	1	1	1		9	9	9	8	8	8	7	7	7	6	6	6	5	5	5	4	4	대운 역행
															2														1	양력 월
	15	14	13	12	11	10	9	8	7	6	5	4	3	2	1	31	30	29	28	27	26	25	24	23	22	21	20	19	18	양력 일
	戊戌	丁酉	丙申	乙未	甲午	癸巳	壬辰	辛卯	庚寅	己丑	戊子	丁亥	丙戌	乙酉	甲申	癸未	壬午	辛巳	庚辰	己卯	戊寅	丁丑	丙子	乙亥	甲戌	癸酉	壬申	辛未	庚午	일진
	월	일	토	금	목	수	화	월	일	토	금	申初	수	화	월	일	토	금	목	수	화	월	일	토	금	목	亥初	화	월	절기시각

• 편재가 기신인데 편재운을 만나면 사기를 당해 본다.

서기 1999년
단기 4332년

己卯年

상문 : 巳　대장군 : 北
조객 : 丑　삼　재 : 申子辰
삼살 : 西

											경칩2															우수				절기	1月大(丙寅) 입춘
30	29	28	27	26	25	24	23	22	21	20	19	18	17	16	15	14	13	12	11	10	9	8	7	6	5	4	3	2	1	음력	
6	7	7	7	8	8	8	9	9	9	10		1	1	1	1	2	2	2	3	3	3	4	4	4	5	5	5	6	6	대운 순행	
4	3	3	3	2	2	2	1	1	1	1		10	9	9	9	8	8	8	7	7	7	6	6	6	5	5	5	4	4	대운 역행	
																3													2	양력 월	
17	16	15	14	13	12	11	10	9	8	7	6	5	4	3	2	1	28	27	26	25	24	23	22	21	20	19	18	17	16	양력 일	
戊辰	丁卯	丙寅	乙丑	甲子	癸亥	壬戌	辛酉	庚申	己未	戊午	丁巳	丙辰	乙卯	甲寅	癸丑	壬子	辛亥	庚戌	己酉	戊申	丁未	丙午	乙巳	甲辰	癸卯	壬寅	辛丑	庚子	己亥	일진	
수	화	월	일	토	금	목	수	화	월	일	巳初	금	목	수	화	월	일	토	금	목	수	화	월	일	토	午初	목	수	화	절기시각	

											청명3															춘분				절기	2月小(丁卯) 경칩
	29	28	27	26	25	24	23	22	21	20	19	18	17	16	15	14	13	12	11	10	9	8	7	6	5	4	3	2	1	음력	
	7	7	8	8	8	9	9	9	10	10		1	1	1	1	2	2	2	3	3	3	4	4	4	5	5	5	6	6	대운 순행	
	3	3	3	2	2	2	1	1	1	1		10	9	9	9	8	8	8	7	7	7	6	6	6	5	5	5	4	4	대운 역행	
															4														3	양력 월	
	15	14	13	12	11	10	9	8	7	6	5	4	3	2	1	31	30	29	28	27	26	25	24	23	22	21	20	19	18	양력 일	
	丁酉	丙申	乙未	甲午	癸巳	壬辰	辛卯	庚寅	己丑	戊子	丁亥	丙戌	乙酉	甲申	癸未	壬午	辛巳	庚辰	己卯	戊寅	丁丑	丙子	乙亥	甲戌	癸酉	壬申	辛未	庚午	己巳	일진	
	목	수	화	월	일	토	금	목	수	화	未正	일	토	금	목	수	화	월	일	토	금	목	수	화	월	巳正	토	금	목	절기시각	

									입하4																곡우					절기	3月小(戊辰) 청명
	29	28	27	26	25	24	23	22	21	20	19	18	17	16	15	14	13	12	11	10	9	8	7	6	5	4	3	2	1	음력	
	8	8	8	9	9	9	10	10		1	1	1	1	2	2	2	3	3	3	4	4	4	5	5	5	6	6	6	7	대운 순행	
	3	2	2	2	1	1	1	1		10	10	9	9	9	8	8	8	7	7	7	6	6	6	5	5	5	4	4	4	대운 역행	
														5															4	양력 월	
	14	13	12	11	10	9	8	7	6	5	4	3	2	1	30	29	28	27	26	25	24	23	22	21	20	19	18	17	16	양력 일	
	丙寅	乙丑	甲子	癸亥	壬戌	辛酉	庚申	己未	戊午	丁巳	丙辰	乙卯	甲寅	癸丑	壬子	辛亥	庚戌	己酉	戊申	丁未	丙午	乙巳	甲辰	癸卯	壬寅	辛丑	庚子	己亥	戊戌	일진	
	금	토	수	화	월	일	토	금	辰初	수	화	월	일	토	금	목	수	화	월	일	토	금	목	수	亥初	월	일	토	금	절기시각	

							망종5																소만							절기	4月大(己巳) 입하
30	29	28	27	26	25	24	23	22	21	20	19	18	17	16	15	14	13	12	11	10	9	8	7	6	5	4	3	2	1	음력	
8	8	9	9	9	10	10		1	1	1	1	2	2	2	3	3	3	4	4	4	5	5	5	6	6	6	7	7	7	대운 순행	
2	2	2	1	1	1	1		10	10	9	9	9	8	8	8	7	7	7	6	6	6	5	5	5	4	4	4	3	3	대운 역행	
												6																	5	양력 월	
13	12	11	10	9	8	7	6	5	4	3	2	1	31	30	29	28	27	26	25	24	23	22	21	20	19	18	17	16	15	양력 일	
丙申	乙未	甲午	癸巳	壬辰	辛卯	庚寅	己丑	戊子	丁亥	丙戌	乙酉	甲申	癸未	壬午	辛巳	庚辰	己卯	戊寅	丁丑	丙子	乙亥	甲戌	癸酉	壬申	辛未	庚午	己巳	戊辰	丁卯	일진	
일	토	금	목	수	화	월	午初	토	금	목	수	화	월	일	토	금	목	수	화	월	일	토	戌正	목	수	화	월	일	토	절기시각	

						소서6															하지									절기	5月小(庚午) 망종
	29	28	27	26	25	24	23	22	21	20	19	18	17	16	15	14	13	12	11	10	9	8	7	6	5	4	3	2	1	음력	
	9	9	10	10	10		1	1	1	1	2	2	2	3	3	3	4	4	4	5	5	5	6	6	6	7	7	7	8	대운 순행	
	2	1	1	1	1		10	10	9	9	9	8	8	8	7	7	7	6	6	6	5	5	5	4	4	4	3	3	3	대운 역행	
												7																	6	양력 월	
	12	11	10	9	8	7	6	5	4	3	2	1	30	29	28	27	26	25	24	23	22	21	20	19	18	17	16	15	14	양력 일	
	乙丑	甲子	癸亥	壬戌	辛酉	庚申	己未	戊午	丁巳	丙辰	乙卯	甲寅	癸丑	壬子	辛亥	庚戌	己酉	戊申	丁未	丙午	乙巳	甲辰	癸卯	壬寅	辛丑	庚子	己亥	戊戌	丁酉	일진	
	월	일	토	금	목	亥正	화	월	일	토	금	목	수	화	월	일	토	금	목	수	寅正	월	일	토	금	목	수	화	월	절기시각	

			입추7																대서											절기	6月小(辛未) 소서
	29	28	27	26	25	24	23	22	21	20	19	18	17	16	15	14	13	12	11	10	9	8	7	6	5	4	3	2	1	음력	
	10	10		1	1	1	1	2	2	2	3	3	3	4	4	4	5	5	5	6	6	6	7	7	7	8	8	8	9	대운 순행	
	1	1		10	10	10	9	9	9	8	8	8	7	7	7	6	6	6	5	5	5	4	4	4	3	3	3	2	2	대운 역행	
										8																			7	양력 월	
	10	9	8	7	6	5	4	3	2	1	31	30	29	28	27	26	25	24	23	22	21	20	19	18	17	16	15	14	13	양력 일	
	甲午	癸巳	壬辰	辛卯	庚寅	己丑	戊子	丁亥	丙戌	乙酉	甲申	癸未	壬午	辛巳	庚辰	己卯	戊寅	丁丑	丙子	乙亥	甲戌	癸酉	壬申	辛未	庚午	己巳	戊辰	丁卯	丙寅	일진	
	화	월	辰正	토	금	목	수	화	월	일	토	금	목	수	화	월	일	토	申初	목	수	화	월	일	토	금	목	수	화	절기시각	

• 구름이 사방에서 몰려드는 꿈은 일이 번창함을 뜻한다.

7月大(壬申) 입추

백로8																	처서													절기
30	29	28	27	26	25	24	23	22	21	20	19	18	17	16	15	14	13	12	11	10	9	8	7	6	5	4	3	2	1	음력
10		1	1	1	1	2	2	2	3	3	3	4	4	4	5	5	5	6	6	6	7	7	7	8	8	8	9	9	9	대운 순행
1		10	10	9	9	9	8	8	8	7	7	7	6	6	6	5	5	5	4	4	4	3	3	3	2	2	2	1	1	대운 역행
								9																					8	양력 월
9	8	7	6	5	4	3	2	1	31	30	29	28	27	26	25	24	23	22	21	20	19	18	17	16	15	14	13	12	11	양력 일
甲子	癸亥	壬戌	辛酉	庚申	己未	戊午	丁巳	丙辰	乙卯	甲寅	癸丑	壬子	辛亥	庚戌	己酉	戊申	丁未	丙午	乙巳	甲辰	癸卯	壬寅	辛丑	庚子	己亥	戊戌	丁酉	丙申	乙未	일진
목	午初	화	월	일	토	금	목	수	화	월	일	토	금	목	수	화	亥正	일	토	금	목	수	화	월	일	토	금	목	수	절기시각

8月小(癸酉) 백로

																추분														절기
	29	28	27	26	25	24	23	22	21	20	19	18	17	16	15	14	13	12	11	10	9	8	7	6	5	4	3	2	1	음력
	1	1	1	1	2	2	2	3	3	3	4	4	4	5	5	5	6	6	6	7	7	7	8	8	8	9	9	9	10	대운 순행
	10	10	9	9	9	8	8	8	7	7	7	6	6	6	5	5	5	4	4	4	3	3	3	2	2	2	1	1	1	대운 역행
								10																					9	양력 월
	8	7	6	5	4	3	2	1	30	29	28	27	26	25	24	23	22	21	20	19	18	17	16	15	14	13	12	11	10	양력 일
	癸巳	壬辰	辛卯	庚寅	己丑	戊子	丁亥	丙戌	乙酉	甲申	癸未	壬午	辛巳	庚辰	己卯	戊寅	丁丑	丙子	乙亥	甲戌	癸酉	壬申	辛未	庚午	己巳	戊辰	丁卯	丙寅	乙丑	일진
	금	목	수	화	월	일	토	금	목	수	화	월	일	토	금	戌正	수	화	월	일	토	금	목	수	화	월	일	토	금	절기시각

9月大(甲戌) 한로

														상강															한로9	절기
30	29	28	27	26	25	24	23	22	21	20	19	18	17	16	15	14	13	12	11	10	9	8	7	6	5	4	3	2	1	음력
1	1	1	1	2	2	2	3	3	3	4	4	4	5	5	5	6	6	6	7	7	7	8	8	8	9	9	9	10		대운 순행
10	9	9	9	8	8	8	7	7	7	6	6	6	5	5	5	4	4	4	3	3	3	2	2	2	1	1	1	1		대운 역행
						11																							10	양력 월
7	6	5	4	3	2	1	31	30	29	28	27	26	25	24	23	22	21	20	19	18	17	16	15	14	13	12	11	10	9	양력 일
癸亥	壬戌	辛酉	庚申	己未	戊午	丁巳	丙辰	乙卯	甲寅	癸丑	壬子	辛亥	庚戌	己酉	戊申	丁未	丙午	乙巳	甲辰	癸卯	壬寅	辛丑	庚子	己亥	戊戌	丁酉	丙申	乙未	甲午	일진
일	토	금	목	수	화	월	일	토	금	목	수	화	월	卯初	토	금	목	수	화	월	일	토	금	목	수	화	월	일	丑正	절기시각

10月大(乙亥) 입동

대설11														소설															입동10	절기
30	29	28	27	26	25	24	23	22	21	20	19	18	17	16	15	14	13	12	11	10	9	8	7	6	5	4	3	2	1	음력
	1	1	1	1	2	2	2	3	3	3	4	4	4	5	5	5	6	6	6	7	7	7	8	8	8	9	9	9		대운 순행
	9	9	9	8	8	8	7	7	7	6	6	6	5	5	5	4	4	4	3	3	3	2	2	2	1	1	1	1		대운 역행
						12																							11	양력 월
7	6	5	4	3	2	1	30	29	28	27	26	25	24	23	22	21	20	19	18	17	16	15	14	13	12	11	10	9	8	양력 일
癸巳	壬辰	辛卯	庚寅	己丑	戊子	丁亥	丙戌	乙酉	甲申	癸未	壬午	辛巳	庚辰	己卯	戊寅	丁丑	丙子	乙亥	甲戌	癸酉	壬申	辛未	庚午	己巳	戊辰	丁卯	丙寅	乙丑	甲子	일진
亥正	월	일	토	금	목	수	화	월	일	토	금	목	수	寅初	월	일	토	금	목	수	화	월	일	토	금	목	수	화	卯初	절기시각

11月大(丙子) 대설

소한12															동지															절기
30	29	28	27	26	25	24	23	22	21	20	19	18	17	16	15	14	13	12	11	10	9	8	7	6	5	4	3	2	1	음력
	1	1	1	1	2	2	2	3	3	3	4	4	4	5	5	5	6	6	6	7	7	7	8	8	8	9	9	9	10	대운 순행
	10	9	9	9	8	8	8	7	7	7	6	6	6	5	5	5	4	4	4	3	3	3	2	2	2	1	1	1	1	대운 역행
					1																								12	양력 월
6	5	4	3	2	1	31	30	29	28	27	26	25	24	23	22	21	20	19	18	17	16	15	14	13	12	11	10	9	8	양력 일
癸亥	壬戌	辛酉	庚申	己未	戊午	丁巳	丙辰	乙卯	甲寅	癸丑	壬子	辛亥	庚戌	己酉	戊申	丁未	丙午	乙巳	甲辰	癸卯	壬寅	辛丑	庚子	己亥	戊戌	丁酉	丙申	乙未	甲午	일진
巳初	수	화	월	일	토	금	목	수	화	월	일	토	금	목	申正	화	월	일	토	금	목	수	화	월	일	토	금	목	수	절기시각

12月小(丁丑) 소한

	입춘1														대한															절기
	29	28	27	26	25	24	23	22	21	20	19	18	17	16	15	14	13	12	11	10	9	8	7	6	5	4	3	2	1	음력
		1	1	1	1	2	2	2	3	3	3	4	4	4	5	5	5	6	6	6	7	7	7	8	8	8	9	9	9	대운 순행
		9	9	9	8	8	8	7	7	7	6	6	6	5	5	5	4	4	4	3	3	3	2	2	2	1	1	1	1	대운 역행
				2																									1	양력 월
	4	3	2	1	31	30	29	28	27	26	25	24	23	22	21	20	19	18	17	16	15	14	13	12	11	10	9	8	7	양력 일
	壬辰	辛卯	庚寅	己丑	戊子	丁亥	丙戌	乙酉	甲申	癸未	壬午	辛巳	庚辰	己卯	戊寅	丁丑	丙子	乙亥	甲戌	癸酉	壬申	辛未	庚午	己巳	戊辰	丁卯	丙寅	乙丑	甲子	일진
	亥初	목	수	화	월	일	토	금	목	수	화	월	일	토	寅初	목	수	화	월	일	토	금	목	수	화	월	일	토	금	절기시각

• 일지나 시지에 戌이나 亥가 있고 천을 귀인이 되면 머리가 비상하다.

서기 2000년
단기 4333년

庚辰年

상문 : 午　대장군 : 北
조객 : 寅　삼　재 : 申子辰
삼살 : 南

김대중대통령 평양 방문
김대중대통령 노벨평화상 수상(12. 10)

1月大(戊寅) 입춘

경칩2															우수															절기
30	29	28	27	26	25	24	23	22	21	20	19	18	17	16	15	14	13	12	11	10	9	8	7	6	5	4	3	2	1	음력
	1	1	1	1	2	2	2	3	3	3	4	4	4	5	5	5	6	6	6	7	7	7	8	8	8	9	9	9	10	대운 순행
	10	9	9	9	8	8	8	7	7	7	6	6	6	5	5	5	4	4	4	3	3	3	2	2	2	1	1	1	1	대운 역행
				3																									2	양력 월
5	4	3	2	1	29	28	27	26	25	24	23	22	21	20	19	18	17	16	15	14	13	12	11	10	9	8	7	6	5	양력 일
壬戌	辛酉	庚申	己未	戊午	丁巳	丙辰	乙卯	甲寅	癸丑	壬子	辛亥	庚戌	己酉	戊申	丁未	丙午	乙巳	甲辰	癸卯	壬寅	辛丑	庚子	己亥	戊戌	丁酉	丙申	乙未	甲午	癸巳	일진
申初	토	금	목	수	화	월	일	토	금	목	수	화	월	일	酉初	금	목	수	화	월	일	토	금	목	수	화	월	일	토	절기시각

2月大(己卯) 경칩

청명3															춘분															절기
30	29	28	27	26	25	24	23	22	21	20	19	18	17	16	15	14	13	12	11	10	9	8	7	6	5	4	3	2	1	음력
	1	1	1	1	2	2	2	3	3	3	4	4	4	5	5	5	6	6	6	7	7	7	8	8	8	9	9	9	10	대운 순행
	10	9	9	9	8	8	8	7	7	7	6	6	6	5	5	5	4	4	4	3	3	3	2	2	2	1	1	1	1	대운 역행
			4																										3	양력 월
4	3	2	1	31	30	29	28	27	26	25	24	23	22	21	20	19	18	17	16	15	14	13	12	11	10	9	8	7	6	양력 일
壬辰	辛卯	庚寅	己丑	戊子	丁亥	丙戌	乙酉	甲申	癸未	壬午	辛巳	庚辰	己卯	戊寅	丁丑	丙子	乙亥	甲戌	癸酉	壬申	辛未	庚午	己巳	戊辰	丁卯	丙寅	乙丑	甲子	癸亥	일진
戌正	월	일	토	금	목	수	화	월	일	토	금	목	수	화	申正	일	토	금	목	수	화	월	일	토	금	목	수	화	월	절기시각

3月小(庚辰) 청명

														곡우																절기
	29	28	27	26	25	24	23	22	21	20	19	18	17	16	15	14	13	12	11	10	9	8	7	6	5	4	3	2	1	음력
	1	1	1	2	2	2	3	3	3	4	4	4	5	5	5	6	6	6	7	7	7	8	8	8	9	9	9	10	10	대운 순행
	10	9	9	9	8	8	8	7	7	7	6	6	6	5	5	5	4	4	4	3	3	3	2	2	2	1	1	1	1	대운 역행
			5																										4	양력 월
	3	2	1	30	29	28	27	26	25	24	23	22	21	20	19	18	17	16	15	14	13	12	11	10	9	8	7	6	5	양력 일
	辛酉	庚申	己未	戊午	丁巳	丙辰	乙卯	甲寅	癸丑	壬子	辛亥	庚戌	己酉	戊申	丁未	丙午	乙巳	甲辰	癸卯	壬寅	辛丑	庚子	己亥	戊戌	丁酉	丙申	乙未	甲午	癸巳	일진
	수	화	월	일	토	금	목	수	화	월	일	토	금	寅初	수	화	월	일	토	금	목	수	화	월	일	토	금	목	수	절기시각

4月小(辛巳) 입하

											소만																입하4		절기
29	28	27	26	25	24	23	22	21	20	19	18	17	16	15	14	13	12	11	10	9	8	7	6	5	4	3	2	1	음력
1	2	2	2	3	3	3	4	4	4	5	5	5	6	6	6	7	7	7	8	8	8	9	9	9	10	10		1	대운 순행
9	9	8	8	8	7	7	7	6	6	6	5	5	5	4	4	4	3	3	3	2	2	2	1	1	1	1		10	대운 역행
6																												5	양력 월
1	31	30	29	28	27	26	25	24	23	22	21	20	19	18	17	16	15	14	13	12	11	10	9	8	7	6	5	4	양력 일
庚寅	己丑	戊子	丁亥	丙戌	乙酉	甲申	癸未	壬午	辛巳	庚辰	己卯	戊寅	丁丑	丙子	乙亥	甲戌	癸酉	壬申	辛未	庚午	己巳	戊辰	丁卯	丙寅	乙丑	甲子	癸亥	壬戌	일진
목	수	화	월	일	토	금	목	수	화	월	丑正	토	금	목	수	화	월	일	토	금	목	수	화	월	일	토	未初	목	절기시각

5月大(壬午) 망종

										하지																망종5				절기
30	29	28	27	26	25	24	23	22	21	20	19	18	17	16	15	14	13	12	11	10	9	8	7	6	5	4	3	2	1	음력
2	2	3	3	3	4	4	4	5	5	5	6	6	6	7	7	7	8	8	8	9	9	9	10	10	10		1	1	1	대운 순행
9	8	8	8	7	7	7	6	6	6	5	5	5	4	4	4	3	3	3	2	2	2	1	1	1	1		10	10	9	대운 역행
7																													6	양력 월
1	30	29	28	27	26	25	24	23	22	21	20	19	18	17	16	15	14	13	12	11	10	9	8	7	6	5	4	3	2	양력 일
庚申	己未	戊午	丁巳	丙辰	乙卯	甲寅	癸丑	壬子	辛亥	庚戌	己酉	戊申	丁未	丙午	乙巳	甲辰	癸卯	壬寅	辛丑	庚子	己亥	戊戌	丁酉	丙申	乙未	甲午	癸巳	壬辰	辛卯	일진
토	금	목	수	화	월	일	토	금	목	巳正	화	월	일	토	금	목	수	화	월	일	토	금	목	수	화	酉初	일	토	금	절기시각

6月小(癸未) 소서

								대서															소서6						절기
29	28	27	26	25	24	23	22	21	20	19	18	17	16	15	14	13	12	11	10	9	8	7	6	5	4	3	2	1	음력
3	3	3	4	4	4	5	5	5	6	6	6	7	7	7	8	8	8	9	9	9	10	10		1	1	1	1	2	대운 순행
8	7	7	7	6	6	6	5	5	5	4	4	4	3	3	3	2	2	2	1	1	1	1		10	10	10	9	9	대운 역행
																												7	양력 월
30	29	28	27	26	25	24	23	22	21	20	19	18	17	16	15	14	13	12	11	10	9	8	7	6	5	4	3	2	양력 일
己丑	戊子	丁亥	丙戌	乙酉	甲申	癸未	壬午	辛巳	庚辰	己卯	戊寅	丁丑	丙子	乙亥	甲戌	癸酉	壬申	辛未	庚午	己巳	戊辰	丁卯	丙寅	乙丑	甲子	癸亥	壬戌	辛酉	일진
일	토	금	목	수	화	월	일	亥初	금	목	수	화	월	일	토	금	목	수	화	월	일	토	寅正	목	수	화	월	일	절기시각

• 집안으로 돼지가 들어오는 꿈은 재산이 크게 늘어난다는 징조다.

7月小(甲申) 입추

							처서																입추7							절기
	29	28	27	26	25	**24**	23	22	21	20	19	18	17	16	15	14	13	12	11	10	9	**8**	7	6	5	4	3	2	1	음력
	3	4	4	4	5	5	5	6	6	6	7	7	7	8	8	8	9	9	9	10	10		1	1	1	1	2	2	2	대운 순행
	7	7	6	6	6	5	5	5	4	4	4	3	3	3	2	2	2	1	1	1	1		10	10	9	9	9	8	8	대운 역행
																												8	7	양력 월
	28	27	26	25	24	23	22	21	20	19	18	17	16	15	14	13	12	11	10	9	8	7	6	5	4	3	2	1	31	양력 일
	戊午	丁巳	丙辰	乙卯	甲寅	癸丑	壬子	辛亥	庚戌	己酉	戊申	丁未	丙午	乙巳	甲辰	癸卯	壬寅	辛丑	庚子	己亥	戊戌	丁酉	丙申	乙未	甲午	癸巳	壬辰	辛卯	庚寅	일진
	월	일	토	금	목	寅正	화	월	일	토	금	목	수	화	월	일	토	금	목	수	화	丑初	일	토	금	목	수	화	월	절기시각

8月大(乙酉) 백로

				추분																백로8										절기
30	29	28	27	**26**	25	24	23	22	21	20	19	18	17	16	15	14	13	12	11	**10**	9	8	7	6	5	4	3	2	1	음력
4	4	4	5	5	5	6	6	6	7	7	7	8	8	8	9	9	9	10	10		1	1	1	1	2	2	2	3	3	대운 순행
7	6	6	6	5	5	5	4	4	4	3	3	3	2	2	2	1	1	1	1		10	10	9	9	9	8	8	8	7	대운 역행
																										9			8	양력 월
27	26	25	24	23	22	21	20	19	18	17	16	15	14	13	12	11	10	9	8	7	6	5	4	3	2	1	31	30	29	양력 일
戊子	丁亥	丙戌	乙酉	甲申	癸未	壬午	辛巳	庚辰	己卯	戊寅	丁丑	丙子	乙亥	甲戌	癸酉	壬申	辛未	庚午	己巳	戊辰	丁卯	丙寅	乙丑	甲子	癸亥	壬戌	辛酉	庚申	己未	일진
수	화	월	일	丑正	금	목	수	화	월	일	토	금	목	수	화	월	일	토	금	申正	수	화	월	일	토	금	목	수	화	절기시각

9月小(丙戌) 한로

				상강															한로9											절기
	29	28	27	**26**	25	24	23	22	21	20	19	18	17	16	15	14	13	12	**11**	10	9	8	7	6	5	4	3	2	1	음력
	4	4	5	5	5	6	6	6	7	7	7	8	8	8	9	9	9	10		1	1	1	1	2	2	2	3	3	3	대운 순행
	6	6	5	5	5	4	4	4	3	3	3	2	2	2	1	1	1	1		10	10	9	9	9	8	8	8	7	7	대운 역행
																										10			9	양력 월
	26	25	24	23	22	21	20	19	18	17	16	15	14	13	12	11	10	9	8	7	6	5	4	3	2	1	30	29	28	양력 일
	丁巳	丙辰	乙卯	甲寅	癸丑	壬子	辛亥	庚戌	己酉	戊申	丁未	丙午	乙巳	甲辰	癸卯	壬寅	辛丑	庚子	己亥	戊戌	丁酉	丙申	乙未	甲午	癸巳	壬辰	辛卯	庚寅	己丑	일진
	목	수	화	午初	일	토	금	목	수	화	월	일	토	금	목	수	화	월	辰正	토	금	목	수	화	월	일	토	금	목	절기시각

10月大(丁亥) 입동

			소설															입동10												절기
30	29	28	**27**	26	25	24	23	22	21	20	19	18	17	16	15	14	13	**12**	11	10	9	8	7	6	5	4	3	2	1	음력
4	4	5	5	5	6	6	6	7	7	7	8	8	8	9	9	9	10		1	1	1	1	2	2	2	3	3	3	4	대운 순행
6	6	5	5	5	4	4	4	3	3	3	2	2	2	1	1	1	1		10	9	9	9	8	8	8	7	7	7	6	대운 역행
																								11					10	양력 월
25	24	23	22	21	20	19	18	17	16	15	14	13	12	11	10	9	8	7	6	5	4	3	2	1	31	30	29	28	27	양력 일
丁亥	丙戌	乙酉	甲申	癸未	壬午	辛巳	庚辰	己卯	戊寅	丁丑	丙子	乙亥	甲戌	癸酉	壬申	辛未	庚午	己巳	戊辰	丁卯	丙寅	乙丑	甲子	癸亥	壬戌	辛酉	庚申	己未	戊午	일진
토	금	목	巳初	화	월	일	토	금	목	수	화	월	일	토	금	목	수	午初	월	일	토	금	목	수	화	월	일	토	금	절기시각

11月大(戊子) 대설

				동지														대설11												절기
30	29	28	27	**26**	25	24	23	22	21	20	19	18	17	16	15	14	13	**12**	11	10	9	8	7	6	5	4	3	2	1	음력
4	4	4	5	5	5	6	6	6	7	7	7	8	8	8	9	9	9		1	1	1	1	2	2	2	3	3	3	4	대운 순행
6	6	5	5	5	4	4	4	3	3	3	2	2	2	1	1	1	1		10	9	9	9	8	8	8	7	7	7	6	대운 역행
																								12					11	양력 월
25	24	23	22	21	20	19	18	17	16	15	14	13	12	11	10	9	8	7	6	5	4	3	2	1	30	29	28	27	26	양력 일
丁巳	丙辰	乙卯	甲寅	癸丑	壬子	辛亥	庚戌	己酉	戊申	丁未	丙午	乙巳	甲辰	癸卯	壬寅	辛丑	庚子	己亥	戊戌	丁酉	丙申	乙未	甲午	癸巳	壬辰	辛卯	庚寅	己丑	戊子	일진
월	일	토	금	亥正	수	화	월	일	토	금	목	수	화	월	일	토	금	寅正	수	화	월	일	토	금	목	수	화	월	일	절기시각

12月小(己丑) 소한

				대한															소한12											절기
	29	28	27	**26**	25	24	23	22	21	20	19	18	17	16	15	14	13	12	**11**	10	9	8	7	6	5	4	3	2	1	음력
	4	4	5	5	5	6	6	6	7	7	7	8	8	8	9	9	9	10		1	1	1	1	2	2	2	3	3	3	대운 순행
	6	6	5	5	5	4	4	4	3	3	3	2	2	2	1	1	1	1		9	9	9	8	8	8	7	7	7	6	대운 역행
																							1						12	양력 월
	23	22	21	20	19	18	17	16	15	14	13	12	11	10	9	8	7	6	5	4	3	2	1	31	30	29	28	27	26	양력 일
	丙戌	乙酉	甲申	癸未	壬午	辛巳	庚辰	己卯	戊寅	丁丑	丙子	乙亥	甲戌	癸酉	壬申	辛未	庚午	己巳	戊辰	丁卯	丙寅	乙丑	甲子	癸亥	壬戌	辛酉	庚申	己未	戊午	일진
	화	월	일	辰正	금	목	수	화	월	일	토	금	목	수	화	월	일	토	申初	목	수	화	월	일	토	금	목	수	화	절기시각

• 辛日生 사주에 己卯, 己亥가 있으면 부자팔자다.

서기 2001년
단기 4334년

辛巳年

상문 : 未　대장군 : 東
조객 : 卯　삼　재 : 亥卯未
삼살 : 東

절기				우수														입춘1													1月大(庚寅) 입춘
음력	30	29	28	27	26	25	24	23	22	21	20	19	18	17	16	15	14	13	12	11	10	9	8	7	6	5	4	3	2	1	
대운 순행	4	4	4	5	5	5	6	6	6	7	7	7	8	8	8	9	9	9		1	1	1	1	2	2	2	3	3	3	4	
대운 역행	6	6	5	5	5	4	4	4	3	3	3	2	2	2	1	1	1	1		10	9	9	9	8	8	8	7	7	7	6	
양력 월																						2								1	
양력 일	22	21	20	19	18	17	16	15	14	13	12	11	10	9	8	7	6	5	4	3	2	1	31	30	29	28	27	26	25	24	
일진	丙辰	乙卯	甲寅	癸丑	壬子	辛亥	庚戌	己酉	戊申	丁未	丙午	乙巳	甲辰	癸卯	壬寅	辛丑	庚子	己亥	戊戌	丁酉	丙申	乙未	甲午	癸巳	壬辰	辛卯	庚寅	己丑	戊子	丁亥	
절기시각	목	수	화	월	子初	토	금	목	수	화	월	일	토	금	목	수	화	월	寅初	토	금	목	수	화	월	일	토	금	목	수	

절기					춘분															경칩2											2月大(辛卯) 경칩
음력	30	29	28	27	26	25	24	23	22	21	20	19	18	17	16	15	14	13	12	11	10	9	8	7	6	5	4	3	2	1	
대운 순행	4	4	5	5	5	6	6	6	7	7	7	8	8	8	9	9	9	10	10		1	1	1	1	2	2	2	3	3	3	
대운 역행	6	6	6	5	5	5	4	4	4	3	3	3	2	2	2	1	1	1	1		9	9	9	8	8	8	7	7	7	6	
양력 월																								3						2	
양력 일	24	23	22	21	20	19	18	17	16	15	14	13	12	11	10	9	8	7	6	5	4	3	2	1	28	27	26	25	24	23	
일진	丙戌	乙酉	甲申	癸未	壬午	辛巳	庚辰	己卯	戊寅	丁丑	丙子	乙亥	甲戌	癸酉	壬申	辛未	庚午	己巳	戊辰	丁卯	丙寅	乙丑	甲子	癸亥	壬戌	辛酉	庚申	己未	戊午	丁巳	
절기시각	토	금	목	수	亥正	월	일	토	금	목	수	화	월	일	토	금	목	수	화	亥初	일	토	금	목	수	화	월	일	토	금	

절기				곡우															청명3												3月大(壬辰) 청명
음력	30	29	28	27	26	25	24	23	22	21	20	19	18	17	16	15	14	13	12	11	10	9	8	7	6	5	4	3	2	1	
대운 순행	4	4	5	5	5	6	6	6	7	7	7	8	8	8	9	9	9	10		1	1	1	1	2	2	2	3	3	3	4	
대운 역행	6	6	5	5	5	4	4	4	3	3	3	2	2	2	1	1	1	1		10	10	9	9	9	8	8	8	7	7	7	
양력 월																							4							3	
양력 일	23	22	21	20	19	18	17	16	15	14	13	12	11	10	9	8	7	6	5	4	3	2	1	31	30	29	28	27	26	25	
일진	丙辰	乙卯	甲寅	癸丑	壬子	辛亥	庚戌	己酉	戊申	丁未	丙午	乙巳	甲辰	癸卯	壬寅	辛丑	庚子	己亥	戊戌	丁酉	丙申	乙未	甲午	癸巳	壬辰	辛卯	庚寅	己丑	戊子	丁亥	
절기시각	월	일	토	巳初	목	수	화	월	일	토	금	목	수	화	월	일	토	금	丑初	수	화	월	일	토	금	목	수	화	월	일	

절기			소만																입하4												4月小(癸巳) 입하
음력		29	28	27	26	25	24	23	22	21	20	19	18	17	16	15	14	13	12	11	10	9	8	7	6	5	4	3	2	1	
대운 순행		5	5	5	6	6	6	7	7	7	8	8	8	9	9	9	10	10		1	1	1	1	2	2	2	3	3	3	4	
대운 역행		6	5	5	5	4	4	4	3	3	3	2	2	2	1	1	1	1		10	9	9	9	8	8	8	7	7	7	6	
양력 월																							5							4	
양력 일		22	21	20	19	18	17	16	15	14	13	12	11	10	9	8	7	6	5	4	3	2	1	30	29	28	27	26	25	24	
일진		乙酉	甲申	癸未	壬午	辛巳	庚辰	己卯	戊寅	丁丑	丙子	乙亥	甲戌	癸酉	壬申	辛未	庚午	己巳	戊辰	丁卯	丙寅	乙丑	甲子	癸亥	壬戌	辛酉	庚申	己未	戊午	丁巳	
절기시각		화	辰正	일	토	금	목	수	화	월	일	토	금	목	수	화	월	일	戌初	금	목	수	화	월	일	토	금	목	수	화	

절기																	망종5														윤4月小
음력		29	28	27	26	25	24	23	22	21	20	19	18	17	16	15	14	13	12	11	10	9	8	7	6	5	4	3	2	1	
대운 순행		6	6	6	7	7	7	8	8	8	9	9	9	10	10	10		1	1	1	1	2	2	2	3	3	3	4	4	4	
대운 역행		5	5	4	4	4	3	3	3	2	2	2	1	1	1	1		10	10	9	9	9	8	8	8	7	7	7	6	6	
양력 월																					6									5	
양력 일		20	19	18	17	16	15	14	13	12	11	10	9	8	7	6	5	4	3	2	1	31	30	29	28	27	26	25	24	23	
일진		甲寅	癸丑	壬子	辛亥	庚戌	己酉	戊申	丁未	丙午	乙巳	甲辰	癸卯	壬寅	辛丑	庚子	己亥	戊戌	丁酉	丙申	乙未	甲午	癸巳	壬辰	辛卯	庚寅	己丑	戊子	丁亥	丙戌	
절기시각		수	화	월	일	토	금	목	수	화	월	일	토	금	목	수	子初	월	일	토	금	목	수	화	월	일	토	금	목	수	

절기														소서6																하지	5月大(甲午) 망종
음력	30	29	28	27	26	25	24	23	22	21	20	19	18	17	16	15	14	13	12	11	10	9	8	7	6	5	4	3	2	1	
대운 순행	6	6	7	7	7	8	8	8	9	9	9	10	10		1	1	1	1	2	2	2	3	3	3	4	4	4	5	5	5	
대운 역행	4	4	4	3	3	3	2	2	2	1	1	1	1		10	10	10	9	9	9	8	8	8	7	7	7	6	6	6	5	
양력 월																				7										6	
양력 일	20	19	18	17	16	15	14	13	12	11	10	9	8	7	6	5	4	3	2	1	30	29	28	27	26	25	24	23	22	21	
일진	甲申	癸未	壬午	辛巳	庚辰	己卯	戊寅	丁丑	丙子	乙亥	甲戌	癸酉	壬申	辛未	庚午	己巳	戊辰	丁卯	丙寅	乙丑	甲子	癸亥	壬戌	辛酉	庚申	己未	戊午	丁巳	丙辰	乙卯	
절기시각	금	목	수	화	월	일	토	금	목	수	화	월	일	戌初	금	목	수	화	월	일	토	금	목	수	화	월	일	토	금	申正	

• 총을 보고 활을 보면 먼곳을 간다는 예시다.

												입추7															대서			절기	6月小(乙未) 소서
	29	28	27	26	25	24	23	22	21	20	19	**18**	17	16	15	14	13	12	11	10	9	8	7	6	5	4	**3**	2	1	음력	
	7	7	7	8	8	8	9	9	9	10	10		1	1	1	1	2	2	2	3	3	3	4	4	4	5	5	5	6	순행 대운	
	4	3	3	3	2	2	2	1	1	1	1		10	10	9	9	9	8	8	8	7	7	7	6	6	6	5	5	5	역행 대운	
																		8											7	월 양력	
	18	17	16	15	14	13	12	11	10	9	8	7	6	5	4	3	2	1	31	30	29	28	27	26	25	24	23	22	21	일 양력	
	癸丑	壬子	辛亥	庚戌	己酉	戊申	丁未	丙午	乙巳	甲辰	癸卯	壬寅	辛丑	庚子	己亥	戊戌	丁酉	丙申	乙未	甲午	癸巳	壬辰	辛卯	庚寅	己丑	戊子	丁亥	丙戌	乙酉	일진	
	토	금	목	수	화	월	일	토	금	목	수	戌初	월	일	토	금	목	수	화	월	일	토	금	목	수	화	寅初	일	토	절기시각	

										백로8															처서					절기	7月小(丙申) 입추
	29	28	27	26	25	24	23	22	21	**20**	19	18	17	16	15	14	13	12	11	10	9	8	7	6	**5**	4	3	2	1	음력	
	7	8	8	8	9	9	9	10	10		1	1	1	1	2	2	2	3	3	3	4	4	4	5	5	5	6	6	6	순행 대운	
	3	3	2	2	2	1	1	1	1		10	10	9	9	9	8	8	8	7	7	7	6	6	6	5	5	5	4	4	역행 대운	
																9													8	월 양력	
	16	15	14	13	12	11	10	9	8	7	6	5	4	3	2	1	31	30	29	28	27	26	25	24	23	22	21	20	19	일 양력	
	壬午	辛巳	庚辰	己卯	戊寅	丁丑	丙子	乙亥	甲戌	癸酉	壬申	辛未	庚午	己巳	戊辰	丁卯	丙寅	乙丑	甲子	癸亥	壬戌	辛酉	庚申	己未	戊午	丁巳	丙辰	乙卯	甲寅	일진	
	일	토	금	목	수	화	월	일	토	亥正	목	수	화	월	일	토	금	목	수	화	월	일	토	금	巳正	수	화	월	일	절기시각	

								한로9																추분						절기	8月大(丁酉) 백로
30	29	28	27	26	25	24	23	**22**	21	20	19	18	17	16	15	14	13	12	11	10	9	8	**7**	6	5	4	3	2	1	음력	
7	8	8	8	9	9	9	10		1	1	1	1	2	2	2	3	3	3	4	4	4	5	5	5	6	6	6	7	7	순행 대운	
3	2	2	2	1	1	1	1		10	10	9	9	9	8	8	8	7	7	7	6	6	6	5	5	5	4	4	4	3	역행 대운	
															10														9	월 양력	
16	15	14	13	12	11	10	9	8	7	6	5	4	3	2	1	30	29	28	27	26	25	24	23	22	21	20	19	18	17	일 양력	
壬子	辛亥	庚戌	己酉	戊申	丁未	丙午	乙巳	甲辰	癸卯	壬寅	辛丑	庚子	己亥	戊戌	丁酉	丙申	乙未	甲午	癸巳	壬辰	辛卯	庚寅	己丑	戊子	丁亥	丙戌	乙酉	甲申	癸未	일진	
화	월	일	토	금	목	수	화	未正	일	토	금	목	수	화	월	일	토	금	목	수	화	월	辰正	토	금	목	수	화	월	절기시각	

								입동10																상강						절기	9月小(戊戌) 한로
	29	28	27	26	25	24	23	**22**	21	20	19	18	17	16	15	14	13	12	11	10	9	8	**7**	6	5	4	3	2	1	음력	
	8	8	8	9	9	9	10		1	1	1	1	2	2	2	3	3	3	4	4	4	5	5	5	6	6	6	7	7	순행 대운	
	2	2	2	1	1	1	1		10	9	9	9	8	8	8	7	7	7	6	6	6	5	5	5	4	4	4	3	3	역행 대운	
														11															10	월 양력	
	14	13	12	11	10	9	8	7	6	5	4	3	2	1	31	30	29	28	27	26	25	24	23	22	21	20	19	18	17	일 양력	
	辛巳	庚辰	己卯	戊寅	丁丑	丙子	乙亥	甲戌	癸酉	壬申	辛未	庚午	己巳	戊辰	丁卯	丙寅	乙丑	甲子	癸亥	壬戌	辛酉	庚申	己未	戊午	丁巳	丙辰	乙卯	甲寅	癸丑	일진	
	수	화	월	일	토	금	목	酉初	화	월	일	토	금	목	수	화	월	일	토	금	목	수	酉初	월	일	토	금	목	수	절기시각	

							대설11															소설								절기	10月大(己亥) 입동
30	29	28	27	26	25	24	**23**	22	21	20	19	18	17	16	15	14	13	12	11	10	9	**8**	7	6	5	4	3	2	1	음력	
7	8	8	8	9	9	9		1	1	1	1	2	2	2	3	3	3	4	4	4	5	5	5	6	6	6	7	7	7	순행 대운	
2	2	2	1	1	1	1		10	9	9	9	8	8	8	7	7	7	6	6	6	5	5	5	4	4	4	3	3	3	역행 대운	
													12																11	월 양력	
14	13	12	11	10	9	8	7	6	5	4	3	2	1	30	29	28	27	26	25	24	23	22	21	20	19	18	17	16	15	일 양력	
辛亥	庚戌	己酉	戊申	丁未	丙午	乙巳	甲辰	癸卯	壬寅	辛丑	庚子	己亥	戊戌	丁酉	丙申	乙未	甲午	癸巳	壬辰	辛卯	庚寅	己丑	戊子	丁亥	丙戌	乙酉	甲申	癸未	壬午	일진	
금	목	수	화	월	일	토	巳正	목	수	화	월	일	토	금	목	수	화	월	일	토	금	未正	수	화	월	일	토	금	목	절기시각	

								소한12														동지								절기	11月小(庚子) 대설
	29	28	27	26	25	24	23	**22**	21	20	19	18	17	16	15	14	13	12	11	10	9	**8**	7	6	5	4	3	2	1	음력	
	8	8	8	9	9	9	10		1	1	1	1	2	2	2	3	3	3	4	4	4	5	5	5	6	6	6	7	7	순행 대운	
	2	2	2	1	1	1	1		9	9	9	8	8	8	7	7	7	6	6	6	5	5	5	4	4	4	3	3	3	역행 대운	
												1																	12	월 양력	
	12	11	10	9	8	7	6	5	4	3	2	1	31	30	29	28	27	26	25	24	23	22	21	20	19	18	17	16	15	일 양력	
	庚辰	己卯	戊寅	丁丑	丙子	乙亥	甲戌	癸酉	壬申	辛未	庚午	己巳	戊辰	丁卯	丙寅	乙丑	甲子	癸亥	壬戌	辛酉	庚申	己未	戊午	丁巳	丙辰	乙卯	甲寅	癸丑	壬子	일진	
	토	금	목	수	화	월	일	亥初	금	목	수	화	월	일	토	금	목	수	화	월	일	寅正	금	목	수	화	월	일	토	절기시각	

							입춘1															대한								절기	12月大(辛丑) 소한
30	29	28	27	26	25	24	**23**	22	21	20	19	18	17	16	15	14	13	12	11	10	9	**8**	7	6	5	4	3	2	1	음력	
8	8	8	9	9	9	10		1	1	1	1	2	2	2	3	3	3	4	4	4	5	5	5	6	6	6	7	7	7	순행 대운	
2	2	2	1	1	1	1		10	9	9	9	8	8	8	7	7	7	6	6	6	5	5	5	4	4	4	3	3	3	역행 대운	
										2																			1	월 양력	
11	10	9	8	7	6	5	4	3	2	1	31	30	29	28	27	26	25	24	23	22	21	20	19	18	17	16	15	14	13	일 양력	
庚戌	己酉	戊申	丁未	丙午	乙巳	甲辰	癸卯	壬寅	辛丑	庚子	己亥	戊戌	丁酉	丙申	乙未	甲午	癸巳	壬辰	辛卯	庚寅	己丑	戊子	丁亥	丙戌	乙酉	甲申	癸未	壬午	辛巳	일진	
월	일	토	금	목	수	화	巳初	일	토	금	목	수	화	월	일	토	금	목	수	화	월	未正	토	금	목	수	화	월	일	절기시각	

• 壬日生 사주에 庚午, 庚戌이 있으면 부자팔자다.

서기 2002년
단기 4335년

壬午年

상문 : 申　대장군 : 東
조객 : 辰　삼　재 : 亥卯未
삼살 : 北

한일월드컵 4강

1月大(壬寅) 입춘

							경칩2															우수								절기	
30	29	28	27	26	25	24	23	22	21	20	19	18	17	16	15	14	13	12	11	10	9	8	7	6	5	4	3	2	1	음력	
8	8	8	9	9	9	10		1	1	1	1	2	2	2	3	3	3	4	4	4	5	5	5	6	6	6	7	7	7	순행	대운
2	2	2	1	1	1	1		10	9	9	9	8	8	8	7	7	7	6	6	6	5	5	5	4	4	4	3	3	3	역행	대운
												3																	2	월	양력
13	12	11	10	9	8	7	6	5	4	3	2	1	28	27	26	25	24	23	22	21	20	19	18	17	16	15	14	13	12	일	양력
庚辰	己卯	戊寅	丁丑	丙子	乙亥	甲戌	癸酉	壬申	辛未	庚午	己巳	戊辰	丁卯	丙寅	乙丑	甲子	癸亥	壬戌	辛酉	庚申	己未	戊午	丁巳	丙辰	乙卯	甲寅	癸丑	壬子	辛亥	일진	
수	화	월	일	토	금	목	亥正	화	월	일	토	금	목	수	화	월	일	토	금	목	수	寅正	월	일	토	금	목	수	화	절기시각	

2月大(癸卯) 경칩

							청명3															춘분								절기	
30	29	28	27	26	25	24	23	22	21	20	19	18	17	16	15	14	13	12	11	10	9	8	7	6	5	4	3	2	1	음력	
8	8	9	9	9	10	10		1	1	1	1	2	2	2	3	3	3	4	4	4	5	5	5	6	6	6	7	7	7	순행	대운
2	2	2	1	1	1	1		10	9	9	9	8	8	8	7	7	7	6	6	6	5	5	5	4	4	4	3	3	3	역행	대운
											4																		3	월	양력
12	11	10	9	8	7	6	5	4	3	2	1	31	30	29	28	27	26	25	24	23	22	21	20	19	18	17	16	15	14	일	양력
庚戌	己酉	戊申	丁未	丙午	乙巳	甲辰	癸卯	壬寅	辛丑	庚子	己亥	戊戌	丁酉	丙申	乙未	甲午	癸巳	壬辰	辛卯	庚寅	己丑	戊子	丁亥	丙戌	乙酉	甲申	癸未	壬午	辛巳	일진	
금	목	수	화	월	일	토	辰初	목	수	화	월	일	토	금	목	수	화	월	일	토	금	寅初	수	화	월	일	토	금	목	절기시각	

3月小(甲辰) 청명

						입하4																곡우								절기	
	29	28	27	26	25	24	23	22	21	20	19	18	17	16	15	14	13	12	11	10	9	8	7	6	5	4	3	2	1	음력	
	9	9	9	10	10		1	1	1	1	2	2	2	3	3	3	4	4	4	5	5	5	6	6	6	7	7	7	8	순행	대운
	2	1	1	1	1		10	10	9	9	9	8	8	8	7	7	7	6	6	6	5	5	5	4	4	4	3	3	3	역행	대운
											5																		4	월	양력
	11	10	9	8	7	6	5	4	3	2	1	30	29	28	27	26	25	24	23	22	21	20	19	18	17	16	15	14	13	일	양력
	己卯	戊寅	丁丑	丙子	乙亥	甲戌	癸酉	壬申	辛未	庚午	己巳	戊辰	丁卯	丙寅	乙丑	甲子	癸亥	壬戌	辛酉	庚申	己未	戊午	丁巳	丙辰	乙卯	甲寅	癸丑	壬子	辛亥	일진	
	토	금	목	수	화	丑正	일	토	금	목	수	화	월	일	토	금	목	수	화	월	일	未正	금	목	수	화	월	일	토	절기시각	

4月大(乙巳) 입하

				망종5																소만										절기	
30	29	28	27	26	25	24	23	22	21	20	19	18	17	16	15	14	13	12	11	10	9	8	7	6	5	4	3	2	1	음력	
9	9	10	10		1	1	1	1	2	2	2	3	3	3	4	4	4	5	5	5	6	6	6	7	7	7	8	8	8	순행	대운
1	1	1	1		10	10	9	9	9	8	8	8	7	7	7	6	6	6	5	5	5	4	4	4	3	3	3	2	2	역행	대운
									6																				5	월	양력
10	9	8	7	6	5	4	3	2	1	31	30	29	28	27	26	25	24	23	22	21	20	19	18	17	16	15	14	13	12	일	양력
己酉	戊申	丁未	丙午	乙巳	甲辰	癸卯	壬寅	辛丑	庚子	己亥	戊戌	丁酉	丙申	乙未	甲午	癸巳	壬辰	辛卯	庚寅	己丑	戊子	丁亥	丙戌	乙酉	甲申	癸未	壬午	辛巳	庚辰	일진	
월	일	토	금	卯初	수	화	월	일	토	금	목	수	화	월	일	토	금	목	수	未正	월	일	토	금	목	수	화	월	일	절기시각	

5月小(丙午) 망종

			소서6																하지											절기	
	29	28	27	26	25	24	23	22	21	20	19	18	17	16	15	14	13	12	11	10	9	8	7	6	5	4	3	2	1	음력	
	10	10		1	1	1	1	2	2	2	3	3	3	4	4	4	5	5	5	6	6	6	7	7	7	8	8	8	9	순행	대운
	1	1		10	10	9	9	9	8	8	8	7	7	7	6	6	6	5	5	5	4	4	4	3	3	3	2	2	2	역행	대운
									7																				6	월	양력
	9	8	7	6	5	4	3	2	1	30	29	28	27	26	25	24	23	22	21	20	19	18	17	16	15	14	13	12	11	일	양력
	戊寅	丁丑	丙子	乙亥	甲戌	癸酉	壬申	辛未	庚午	己巳	戊辰	丁卯	丙寅	乙丑	甲子	癸亥	壬戌	辛酉	庚申	己未	戊午	丁巳	丙辰	乙卯	甲寅	癸丑	壬子	辛亥	庚戌	일진	
	화	월	申初	토	금	목	수	화	월	일	토	금	목	수	화	월	일	토	亥正	목	수	화	월	일	토	금	목	수	화	절기시각	

6月大(丁未) 소서

입추7																대서														절기	
30	29	28	27	26	25	24	23	22	21	20	19	18	17	16	15	14	13	12	11	10	9	8	7	6	5	4	3	2	1	음력	
	1	1	1	1	2	2	2	3	3	3	4	4	4	5	5	5	6	6	6	7	7	7	8	8	8	9	9	9	10	순행	대운
	10	10	10	9	9	9	8	8	8	7	7	7	6	6	6	5	5	5	4	4	4	3	3	3	2	2	2	1	1	역행	대운
							8																						7	월	양력
8	7	6	5	4	3	2	1	31	30	29	28	27	26	25	24	23	22	21	20	19	18	17	16	15	14	13	12	11	10	일	양력
戊申	丁未	丙午	乙巳	甲辰	癸卯	壬寅	辛丑	庚子	己亥	戊戌	丁酉	丙申	乙未	甲午	癸巳	壬辰	辛卯	庚寅	己丑	戊子	丁亥	丙戌	乙酉	甲申	癸未	壬午	辛巳	庚辰	己卯	일진	
丑初	수	화	월	일	토	금	목	수	화	월	일	토	금	목	수	巳初	월	일	토	금	목	수	화	월	일	토	금	목	수	절기시각	

• 꿈에 꽃을 보면 여행을 삼가하라. 흉한 일이 기다리고 있다.

															처서															절기	7月小(戊申)입추
	29	28	27	26	25	24	23	22	21	20	19	18	17	16	**15**	14	13	12	11	10	9	8	7	6	5	4	3	2	1	음력	
	1	1	1	2	2	2	3	3	3	4	4	4	5	5	5	6	6	6	7	7	7	8	8	8	9	9	9	10	10	대운 순행	
	10	9	9	9	8	8	8	7	7	7	6	6	6	5	5	5	4	4	4	3	3	3	2	2	2	1	1	1	1	대운 역행	
						9																							8	양력 월	
	6	5	4	3	2	1	31	30	29	28	27	26	25	24	23	22	21	20	19	18	17	16	15	14	13	12	11	10	9	양력 일	
	丁丑	丙子	乙亥	甲戌	癸酉	壬申	辛未	庚午	己巳	戊辰	丁卯	丙寅	乙丑	甲子	癸亥	壬戌	辛酉	庚申	己未	戊午	丁巳	丙辰	乙卯	甲寅	癸丑	壬子	辛亥	庚戌	己酉	일진	
	금	목	수	화	월	일	토	금	목	수	화	월	일	토	申正	목	수	화	월	일	토	금	목	수	화	월	일	토	금	절기시각	

													추분															백로8		절기	8月小(己酉)백로
	29	28	27	26	25	24	23	22	21	20	19	18	**17**	16	15	14	13	12	11	10	9	8	7	6	5	4	3	**2**	1	음력	
	1	1	2	2	2	3	3	3	4	4	4	5	5	5	6	6	6	7	7	7	8	8	8	9	9	9	10		1	대운 순행	
	9	9	8	8	8	7	7	7	6	6	6	5	5	5	4	4	4	3	3	3	2	2	2	1	1	1	1		10	대운 역행	
					10																								9	양력 월	
	5	4	3	2	1	30	29	28	27	26	25	24	23	22	21	20	19	18	17	16	15	14	13	12	11	10	9	8	7	양력 일	
	丙午	乙巳	甲辰	癸卯	壬寅	辛丑	庚子	己亥	戊戌	丁酉	丙申	乙未	甲午	癸巳	壬辰	辛卯	庚寅	己丑	戊子	丁亥	丙戌	乙酉	甲申	癸未	壬午	辛巳	庚辰	己卯	戊寅	일진	
	토	금	목	수	화	월	일	토	금	목	수	화	未初	일	토	금	목	수	화	월	일	토	금	목	수	화	월	寅正	토	절기시각	

												상강															한로9			절기	9月大(庚戌)한로
30	29	28	27	26	25	24	23	22	21	20	19	**18**	17	16	15	14	13	12	11	10	9	8	7	6	5	4	**3**	2	1	음력	
1	1	2	2	2	3	3	3	4	4	4	5	5	5	6	6	6	7	7	7	8	8	8	9	9	9	10		1	1	대운 순행	
9	9	8	8	8	7	7	7	6	6	6	5	5	5	4	4	4	3	3	3	2	2	2	1	1	1	1		10	9	대운 역행	
			11																										10	양력 월	
4	3	2	1	31	30	29	28	27	26	25	24	23	22	21	20	19	18	17	16	15	14	13	12	11	10	9	8	7	6	양력 일	
丙子	乙亥	甲戌	癸酉	壬申	辛未	庚午	己巳	戊辰	丁卯	丙寅	乙丑	甲子	癸亥	壬戌	辛酉	庚申	己未	戊午	丁巳	丙辰	乙卯	甲寅	癸丑	壬子	辛亥	庚戌	己酉	戊申	丁未	일진	
월	일	토	금	목	수	화	월	일	토	금	목	子初	화	월	일	토	금	목	수	화	월	일	토	금	목	수	戌正	월	일	절기시각	

												소설															입동10			절기	10月小(辛亥)입동
	29	28	27	26	25	24	23	22	21	20	19	**18**	17	16	15	14	13	12	11	10	9	8	7	6	5	4	**3**	2	1	음력	
	1	2	2	2	3	3	3	4	4	4	5	5	5	6	6	6	7	7	7	8	8	8	9	9	9	10		1	1	대운 순행	
	9	8	8	8	7	7	7	6	6	6	5	5	5	4	4	4	3	3	3	2	2	2	1	1	1	1		10	9	대운 역행	
			12																										11	양력 월	
	3	2	1	30	29	28	27	26	25	24	23	22	21	20	19	18	17	16	15	14	13	12	11	10	9	8	7	6	5	양력 일	
	乙巳	甲辰	癸卯	壬寅	辛丑	庚子	己亥	戊戌	丁酉	丙申	乙未	甲午	癸巳	壬辰	辛卯	庚寅	己丑	戊子	丁亥	丙戌	乙酉	甲申	癸未	壬午	辛巳	庚辰	己卯	戊寅	丁丑	일진	
	화	월	일	토	금	목	수	화	월	일	토	戌正	목	수	화	월	일	토	금	목	수	화	월	일	토	금	子初	수	화	절기시각	

											동지															대설11				절기	11月大(壬子)대설
30	29	28	27	26	25	24	23	22	21	20	**19**	18	17	16	15	14	13	12	11	10	9	8	7	6	5	**4**	3	2	1	음력	
1	2	2	2	3	3	3	4	4	4	5	5	5	6	6	6	7	7	7	8	8	8	9	9	9	10		1	1	1	대운 순행	
9	8	8	8	7	7	7	6	6	6	5	5	5	4	4	4	3	3	3	2	2	2	1	1	1	1		10	9	9	대운 역행	
	1																												12	양력 월	
2	1	31	30	29	28	27	26	25	24	23	22	21	20	19	18	17	16	15	14	13	12	11	10	9	8	7	6	5	4	양력 일	
乙亥	甲戌	癸酉	壬申	辛未	庚午	己巳	戊辰	丁卯	丙寅	乙丑	甲子	癸亥	壬戌	辛酉	庚申	己未	戊午	丁巳	丙辰	乙卯	甲寅	癸丑	壬子	辛亥	庚戌	己酉	戊申	丁未	丙午	일진	
목	수	화	월	일	토	금	목	수	화	월	巳初	토	금	목	수	화	월	일	토	금	목	수	화	월	일	申正	금	목	수	절기시각	

												대한														소한12				절기	12月小(癸丑)소한
	29	28	27	26	25	24	23	22	21	20	19	**18**	17	16	15	14	13	12	11	10	9	8	7	6	5	**4**	3	2	1	음력	
	1	2	2	2	3	3	3	4	4	4	5	5	5	6	6	6	7	7	7	8	8	8	9	9	9		1	1	1	대운 순행	
	8	8	8	7	7	7	6	6	6	5	5	5	4	4	4	3	3	3	2	2	2	1	1	1	1		10	9	9	대운 역행	
																													1	양력 월	
	31	30	29	28	27	26	25	24	23	22	21	20	19	18	17	16	15	14	13	12	11	10	9	8	7	6	5	4	3	양력 일	
	甲辰	癸卯	壬寅	辛丑	庚子	己亥	戊戌	丁酉	丙申	乙未	甲午	癸巳	壬辰	辛卯	庚寅	己丑	戊子	丁亥	丙戌	乙酉	甲申	癸未	壬午	辛巳	庚辰	己卯	戊寅	丁丑	丙子	일진	
	금	목	수	화	월	일	토	금	목	수	화	戌正	일	토	금	목	수	화	월	일	토	금	목	수	화	寅初	일	토	금	절기시각	

• 癸日生 사주에 辛巳, 辛未가 있으면 부자팔자다.

서기 2003년
단기 4336년

癸未年

상문 : 酉 대장군 : 東
조객 : 巳 삼 재 : 亥卯未
삼살 : 西

노무현대통령 취임

1月大(甲寅) 입춘

											우수															입춘1				절기
30	29	28	27	26	25	24	23	22	21	20	19	18	17	16	15	14	13	12	11	10	9	8	7	6	5	4	3	2	1	음력
1	2	2	2	3	3	3	4	4	4	5	5	5	6	6	6	7	7	7	8	8	8	9	9	9	10		1	1	1	대운 순행
9	8	8	8	7	7	7	6	6	6	5	5	5	4	4	4	3	3	3	2	2	2	1	1	1	1		9	9	9	대운 역행
	3																												2	양력 월
2	1	28	27	26	25	24	23	22	21	20	19	18	17	16	15	14	13	12	11	10	9	8	7	6	5	4	3	2	1	양력 일
甲戌	癸酉	壬申	辛未	庚午	己巳	戊辰	丁卯	丙寅	乙丑	甲子	癸亥	壬戌	辛酉	庚申	己未	戊午	丁巳	丙辰	乙卯	甲寅	癸丑	壬子	辛亥	庚戌	己酉	戊申	丁未	丙午	乙巳	일진
일	토	금	목	수	화	월	일	토	금	목	巳正	화	월	일	토	금	목	수	화	월	일	토	금	목	수	未正	월	일	토	절기시각

2月大(乙卯) 경칩

											춘분															경칩2				절기
30	29	28	27	26	25	24	23	22	21	20	19	18	17	16	15	14	13	12	11	10	9	8	7	6	5	4	3	2	1	음력
1	2	2	2	3	3	3	4	4	4	5	5	5	6	6	6	7	7	7	8	8	8	9	9	9	10		1	1	1	대운 순행
9	8	8	8	7	7	7	6	6	6	5	5	5	4	4	4	3	3	3	2	2	2	1	1	1	1		10	9	9	대운 역행
4																													3	양력 월
1	31	30	29	28	27	26	25	24	23	22	21	20	19	18	17	16	15	14	13	12	11	10	9	8	7	6	5	4	3	양력 일
甲辰	癸卯	壬寅	辛丑	庚子	己亥	戊戌	丁酉	丙申	乙未	甲午	癸巳	壬辰	辛卯	庚寅	己丑	戊子	丁亥	丙戌	乙酉	甲申	癸未	壬午	辛巳	庚辰	己卯	戊寅	丁丑	丙子	乙亥	일진
화	월	일	토	금	목	수	화	월	일	토	戌正	목	수	화	월	일	토	금	목	수	화	월	일	토	금	辰正	수	화	월	절기시각

3月小(丙辰) 청명

											곡우															청명3				절기
	29	28	27	26	25	24	23	22	21	20	19	18	17	16	15	14	13	12	11	10	9	8	7	6	5	4	3	2	1	음력
	2	2	3	3	3	4	4	4	5	5	5	6	6	6	7	7	7	8	8	8	9	9	9	10	10		1	1	1	대운 순행
	8	8	8	7	7	7	6	6	6	5	5	5	4	4	4	3	3	3	2	2	2	1	1	1	1		10	9	9	대운 역행
																													4	양력 월
	30	29	28	27	26	25	24	23	22	21	20	19	18	17	16	15	14	13	12	11	10	9	8	7	6	5	4	3	2	양력 일
	癸酉	壬申	辛未	庚午	己巳	戊辰	丁卯	丙寅	乙丑	甲子	癸亥	壬戌	辛酉	庚申	己未	戊午	丁巳	丙辰	乙卯	甲寅	癸丑	壬子	辛亥	庚戌	己酉	戊申	丁未	丙午	乙巳	일진
	수	화	월	일	토	금	목	수	화	월	戌正	토	금	목	수	화	월	일	토	금	목	수	화	월	일	未正	금	목	수	절기시각

4月大(丁巳) 입하

									소만															입하4						절기
30	29	28	27	26	25	24	23	22	21	20	19	18	17	16	15	14	13	12	11	10	9	8	7	6	5	4	3	2	1	음력
2	3	3	3	4	4	4	5	5	5	6	6	6	7	7	7	8	8	8	9	9	9	10	10		1	1	1	1	2	대운 순행
8	8	7	7	7	6	6	6	5	5	5	4	4	4	3	3	3	2	2	2	1	1	1	1		10	10	9	9	9	대운 역행
																													5	양력 월
30	29	28	27	26	25	24	23	22	21	20	19	18	17	16	15	14	13	12	11	10	9	8	7	6	5	4	3	2	1	양력 일
癸卯	壬寅	辛丑	庚子	己亥	戊戌	丁酉	丙申	乙未	甲午	癸巳	壬辰	辛卯	庚寅	己丑	戊子	丁亥	丙戌	乙酉	甲申	癸未	壬午	辛巳	庚辰	己卯	戊寅	丁丑	丙子	乙亥	甲戌	일진
금	목	수	화	월	일	토	금	목	戌初	화	월	일	토	금	목	수	화	월	일	토	금	목	수	戌正	월	일	토	금	목	절기시각

5月大(戊午) 망종

							하지																망종5							절기
30	29	28	27	26	25	24	23	22	21	20	19	18	17	16	15	14	13	12	11	10	9	8	7	6	5	4	3	2	1	음력
3	3	3	4	4	4	5	5	5	6	6	6	7	7	7	8	8	8	9	9	9	10	10		1	1	1	1	2	2	대운 순행
8	7	7	7	6	6	6	5	5	5	4	4	4	3	3	3	2	2	2	1	1	1	1		10	10	9	9	9	8	대운 역행
																												6	5	양력 월
29	28	27	26	25	24	23	22	21	20	19	18	17	16	15	14	13	12	11	10	9	8	7	6	5	4	3	2	1	31	양력 일
癸酉	壬申	辛未	庚午	己巳	戊辰	丁卯	丙寅	乙丑	甲子	癸亥	壬戌	辛酉	庚申	己未	戊午	丁巳	丙辰	乙卯	甲寅	癸丑	壬子	辛亥	庚戌	己酉	戊申	丁未	丙午	乙巳	甲辰	일진
일	토	금	목	수	화	월	寅初	토	금	목	수	화	월	일	토	금	목	수	화	월	일	토	午初	목	수	화	월	일	토	절기시각

6月小(己未) 소서

						대서																소서6								절기
	29	28	27	26	25	24	23	22	21	20	19	18	17	16	15	14	13	12	11	10	9	8	7	6	5	4	3	2	1	음력
	4	4	4	5	5	5	6	6	6	7	7	7	8	8	8	9	9	9	10	10	10		1	1	1	1	2	2	2	대운 순행
	7	7	6	6	6	5	5	5	4	4	4	3	3	3	2	2	2	1	1	1	1		10	10	9	9	9	8	8	대운 역행
																												7	6	양력 월
	28	27	26	25	24	23	22	21	20	19	18	17	16	15	14	13	12	11	10	9	8	7	6	5	4	3	2	1	30	양력 일
	壬寅	辛丑	庚子	己亥	戊戌	丁酉	丙申	乙未	甲午	癸巳	壬辰	辛卯	庚寅	己丑	戊子	丁亥	丙戌	乙酉	甲申	癸未	壬午	辛巳	庚辰	己卯	戊寅	丁丑	丙子	乙亥	甲戌	일진
	월	일	토	금	목	未正	화	월	일	토	금	목	수	화	월	일	토	금	목	수	화	亥初	일	토	금	목	수	화	월	절기시각

• 장기, 바둑두는 꿈을 꾸면 시비 · 쟁투가 생긴다.

7月大(庚申)입추

				처서															입추7											절기
30	29	28	27	**26**	25	24	23	22	21	20	19	18	17	16	15	14	13	12	**11**	10	9	8	7	6	5	4	3	2	1	음력
4	4	5	5	5	6	6	6	7	7	7	8	8	8	9	9	9	10	10		1	1	1	1	2	2	2	3	3	3	대운 순행
6	6	6	5	5	5	4	4	4	3	3	3	2	2	2	1	1	1	1		10	10	10	9	9	9	8	8	8	7	대운 역행
																										8			7	양력 월
27	26	25	24	23	22	21	20	19	18	17	16	15	14	13	12	11	10	9	8	7	6	5	4	3	2	1	31	30	29	양력 일
壬申	辛未	庚午	己巳	戊辰	丁卯	丙寅	乙丑	甲子	癸亥	壬戌	辛酉	庚申	己未	戊午	丁巳	丙辰	乙卯	甲寅	癸丑	壬子	辛亥	庚戌	己酉	戊申	丁未	丙午	乙巳	甲辰	癸卯	일진
수	화	월	일	亥初	금	목	수	화	월	일	토	금	목	수	화	월	일	토	辰初	목	수	화	월	일	토	금	목	수	화	절기시각

8月小(辛酉)백로

			추분															백로8												절기
	29	28	**27**	26	25	24	23	22	21	20	19	18	17	16	15	14	13	**12**	11	10	9	8	7	6	5	4	3	2	1	음력
	5	5	5	6	6	6	7	7	7	8	8	8	9	9	9	10	10		1	1	1	1	2	2	2	3	3	3	4	대운 순행
	6	5	5	5	4	4	4	3	3	3	2	2	2	1	1	1	1		10	10	9	9	9	8	8	8	7	7	7	대운 역행
																									9				8	양력 월
	25	24	23	22	21	20	19	18	17	16	15	14	13	12	11	10	9	8	7	6	5	4	3	2	1	31	30	29	28	양력 일
	辛丑	庚子	己亥	戊戌	丁酉	丙申	乙未	甲午	癸巳	壬辰	辛卯	庚寅	己丑	戊子	丁亥	丙戌	乙酉	甲申	癸未	壬午	辛巳	庚辰	己卯	戊寅	丁丑	丙子	乙亥	甲戌	癸酉	일진
	목	수	戌正	월	일	토	금	목	수	화	월	일	토	금	목	수	화	巳正	일	토	금	목	수	화	월	일	토	금	목	절기시각

9月小(壬戌)한로

	상강															한로9														절기
	29	28	27	26	25	24	23	22	21	20	19	18	17	16	15	**14**	13	12	11	10	9	8	7	6	5	4	3	2	1	음력
	5	5	6	6	6	7	7	7	8	8	8	9	9	9	10		1	1	1	1	2	2	2	3	3	3	4	4	4	대운 순행
	5	5	4	4	4	3	3	3	2	2	2	1	1	1	1		10	10	9	9	9	8	8	8	7	7	7	6	6	대운 역행
																								10					9	양력 월
	24	23	22	21	20	19	18	17	16	15	14	13	12	11	10	9	8	7	6	5	4	3	2	1	30	29	28	27	26	양력 일
	庚午	己巳	戊辰	丁卯	丙寅	乙丑	甲子	癸亥	壬戌	辛酉	庚申	己未	戊午	丁巳	丙辰	乙卯	甲寅	癸丑	壬子	辛亥	庚戌	己酉	戊申	丁未	丙午	乙巳	甲辰	癸卯	壬寅	일진
	寅正	목	수	화	월	일	토	금	목	수	화	월	일	토	금	丑初	수	화	월	일	토	금	목	수	화	월	일	토	금	절기시각

10月大(癸亥)입동

소설															입동10															절기
30	29	28	27	26	25	24	23	22	21	20	19	18	17	16	**15**	14	13	12	11	10	9	8	7	6	5	4	3	2	1	음력
5	5	5	6	6	6	7	7	7	8	8	8	9	9	9		1	1	1	1	2	2	2	3	3	3	4	4	4	5	대운 순행
5	5	4	4	4	3	3	3	2	2	2	1	1	1	1		10	9	9	9	8	8	8	7	7	7	6	6	6	5	대운 역행
																						11							10	양력 월
23	22	21	20	19	18	17	16	15	14	13	12	11	10	9	8	7	6	5	4	3	2	1	31	30	29	28	27	26	25	양력 일
庚子	己亥	戊戌	丁酉	丙申	乙未	甲午	癸巳	壬辰	辛卯	庚寅	己丑	戊子	丁亥	丙戌	乙酉	甲申	癸未	壬午	辛巳	庚辰	己卯	戊寅	丁丑	丙子	乙亥	甲戌	癸酉	壬申	辛未	일진
丑正	토	금	목	수	화	월	일	토	금	목	수	화	월	일	卯初	금	목	수	화	월	일	토	금	목	수	화	월	일	토	절기시각

11月小(甲子)대설

	동지															대설11														절기
	29	28	27	26	25	24	23	22	21	20	19	18	17	16	15	**14**	13	12	11	10	9	8	7	6	5	4	3	2	1	음력
	5	5	6	6	6	7	7	7	8	8	8	9	9	9	10		1	1	1	1	2	2	2	3	3	3	4	4	4	대운 순행
	5	5	4	4	4	3	3	3	2	2	2	1	1	1	1		9	9	9	8	8	8	7	7	7	6	6	6	5	대운 역행
																							12						11	양력 월
	22	21	20	19	18	17	16	15	14	13	12	11	10	9	8	7	6	5	4	3	2	1	30	29	28	27	26	25	24	양력 일
	己巳	戊辰	丁卯	丙寅	乙丑	甲子	癸亥	壬戌	辛酉	庚申	己未	戊午	丁巳	丙辰	乙卯	甲寅	癸丑	壬子	辛亥	庚戌	己酉	戊申	丁未	丙午	乙巳	甲辰	癸卯	壬寅	辛丑	일진
	申初	일	토	금	목	수	화	월	일	토	금	목	수	화	월	亥初	토	금	목	수	화	월	일	토	금	목	수	화	월	절기시각

12月大(乙丑)소한

대한															소한12															절기
30	29	28	27	26	25	24	23	22	21	20	19	18	17	16	**15**	14	13	12	11	10	9	8	7	6	5	4	3	2	1	음력
5	5	5	6	6	6	7	7	7	8	8	8	9	9	9		1	1	1	1	2	2	2	3	3	3	4	4	4	5	대운 순행
5	5	4	4	4	3	3	3	2	2	2	1	1	1	1		10	9	9	9	8	8	8	7	7	7	6	6	6	5	대운 역행
																				1									12	양력 월
21	20	19	18	17	16	15	14	13	12	11	10	9	8	7	6	5	4	3	2	1	31	30	29	28	27	26	25	24	23	양력 일
己亥	戊戌	丁酉	丙申	乙未	甲午	癸巳	壬辰	辛卯	庚寅	己丑	戊子	丁亥	丙戌	乙酉	甲申	癸未	壬午	辛巳	庚辰	己卯	戊寅	丁丑	丙子	乙亥	甲戌	癸酉	壬申	辛未	庚午	일진
丑正	화	월	일	토	금	목	수	화	월	일	토	금	목	수	巳初	월	일	토	금	목	수	화	월	일	토	금	목	수	화	절기시각

서기 2004년
단기 4337년

甲申年

상문 : 戌 대장군 : 南
조객 : 午 삼 재 : 寅午戌
삼살 : 南

노무현대통령 탄핵

	우수															입춘1														절기	1月小(丙寅) 입춘
	29	28	27	26	25	24	23	22	21	20	19	18	17	16	15	14	13	12	11	10	9	8	7	6	5	4	3	2	1	음력	
	5	5	6	6	6	7	7	7	8	8	8	9	9	9	10		1	1	1	1	2	2	2	3	3	3	4	4	4	대운 순행	
	5	5	4	4	4	3	3	3	2	2	2	1	1	1	1		9	9	9	8	8	8	7	7	7	6	6	6	5	대운 역행	
																			2										1	양력 월	
	19	18	17	16	15	14	13	12	11	10	9	8	7	6	5	4	3	2	1	31	30	29	28	27	26	25	24	23	22	양력 일	
	戊辰	丁卯	丙寅	乙丑	甲子	癸亥	壬戌	辛酉	庚申	己未	戊午	丁巳	丙辰	乙卯	甲寅	癸丑	壬子	辛亥	庚戌	己酉	戊申	丁未	丙午	乙巳	甲辰	癸卯	壬寅	辛丑	庚子	일진	
	申正	수	화	월	일	토	금	목	수	화	월	일	토	금	목	戌正	화	월	일	토	금	목	수	화	월	일	토	금	목	절기시각	

춘분															경칩2															절기	2月大(丁卯) 경칩
30	29	28	27	26	25	24	23	22	21	20	19	18	17	16	15	14	13	12	11	10	9	8	7	6	5	4	3	2	1	음력	
5	5	6	6	6	7	7	7	8	8	8	9	9	9	10		1	1	1	1	2	2	2	3	3	3	4	4	4	5	대운 순행	
5	5	4	4	4	3	3	3	2	2	2	1	1	1	1		10	9	9	9	8	8	8	7	7	7	6	6	6	5	대운 역행	
																			3										2	양력 월	
20	19	18	17	16	15	14	13	12	11	10	9	8	7	6	5	4	3	2	1	29	28	27	26	25	24	23	22	21	20	양력 일	
戊戌	丁酉	丙申	乙未	甲午	癸巳	壬辰	辛卯	庚寅	己丑	戊子	丁亥	丙戌	乙酉	甲申	癸未	壬午	辛巳	庚辰	己卯	戊寅	丁丑	丙子	乙亥	甲戌	癸酉	壬申	辛未	庚午	己巳	일진	
申初	금	목	수	화	월	일	토	금	목	수	화	월	일	토	未正	목	수	화	월	일	토	금	목	수	화	월	일	토	금	절기시각	

															청명3															절기	윤2月小
	29	28	27	26	25	24	23	22	21	20	19	18	17	16	15	14	13	12	11	10	9	8	7	6	5	4	3	2	1	음력	
	6	6	6	7	7	7	8	8	8	9	9	9	10	10		1	1	1	1	2	2	2	3	3	3	4	4	4	5	대운 순행	
	5	4	4	4	3	3	3	2	2	2	1	1	1	1		10	9	9	9	8	8	8	7	7	7	6	6	6	5	대운 역행	
																		4											3	양력 월	
	18	17	16	15	14	13	12	11	10	9	8	7	6	5	4	3	2	1	31	30	29	28	27	26	25	24	23	22	21	양력 일	
	丁卯	丙寅	乙丑	甲子	癸亥	壬戌	辛酉	庚申	己未	戊午	丁巳	丙辰	乙卯	甲寅	癸丑	壬子	辛亥	庚戌	己酉	戊申	丁未	丙午	乙巳	甲辰	癸卯	壬寅	辛丑	庚子	己亥	일진	
	일	토	금	목	수	화	월	일	토	금	목	수	화	월	戌初	토	금	목	수	화	월	일	토	금	목	수	화	월	일	절기시각	

													입하4															곡우		절기	3月大(戊辰) 청명
30	29	28	27	26	25	24	23	22	21	20	19	18	17	16	15	14	13	12	11	10	9	8	7	6	5	4	3	2	1	음력	
6	6	7	7	7	8	8	8	9	9	9	10	10		1	1	1	1	2	2	2	3	3	3	4	4	4	5	5	5	대운 순행	
4	4	4	3	3	3	2	2	2	1	1	1	1		10	10	9	9	9	8	8	8	7	7	7	6	6	6	5	5	대운 역행	
																	5												4	양력 월	
18	17	16	15	14	13	12	11	10	9	8	7	6	5	4	3	2	1	30	29	28	27	26	25	24	23	22	21	20	19	양력 일	
丁酉	丙申	乙未	甲午	癸巳	壬辰	辛卯	庚寅	己丑	戊子	丁亥	丙戌	乙酉	甲申	癸未	壬午	辛巳	庚辰	己卯	戊寅	丁丑	丙子	乙亥	甲戌	癸酉	壬申	辛未	庚午	己巳	戊辰	일진	
화	월	일	토	금	목	수	화	월	일	토	금	목	午初	화	월	일	토	금	목	수	화	월	일	토	금	목	수	丑正	월	절기시각	

												망종5															소만			절기	4月大(己巳) 입하
30	29	28	27	26	25	24	23	22	21	20	19	18	17	16	15	14	13	12	11	10	9	8	7	6	5	4	3	2	1	음력	
7	7	7	8	8	8	9	9	9	10	10	10		1	1	1	1	2	2	2	3	3	3	4	4	4	5	5	5	6	대운 순행	
4	4	3	3	3	2	2	2	1	1	1	1		10	10	9	9	9	8	8	8	7	7	7	6	6	6	5	5	5	대운 역행	
																6													5	양력 월	
17	16	15	14	13	12	11	10	9	8	7	6	5	4	3	2	1	31	30	29	28	27	26	25	24	23	22	21	20	19	양력 일	
丁卯	丙寅	乙丑	甲子	癸亥	壬戌	辛酉	庚申	己未	戊午	丁巳	丙辰	乙卯	甲寅	癸丑	壬子	辛亥	庚戌	己酉	戊申	丁未	丙午	乙巳	甲辰	癸卯	壬寅	辛丑	庚子	己亥	戊戌	일진	
목	수	화	월	일	토	금	목	수	화	월	일	卯正	금	목	수	화	월	일	토	금	목	수	화	월	일	토	丑初	목	수	절기시각	

										소서6																하지				절기	5月小(庚午) 망종
	29	28	27	26	25	24	23	22	21	20	19	18	17	16	15	14	13	12	11	10	9	8	7	6	5	4	3	2	1	음력	
	7	8	8	8	9	9	9	10	10		1	1	1	1	2	2	2	3	3	3	4	4	4	5	5	5	6	6	6	대운 순행	
	3	3	2	2	2	1	1	1	1		10	10	10	9	9	9	8	8	8	7	7	7	6	6	6	5	5	5	4	대운 역행	
																7													6	양력 월	
	16	15	14	13	12	11	10	9	8	7	6	5	4	3	2	1	30	29	28	27	26	25	24	23	22	21	20	19	18	양력 일	
	丙申	乙未	甲午	癸巳	壬辰	辛卯	庚寅	己丑	戊子	丁亥	丙戌	乙酉	甲申	癸未	壬午	辛巳	庚辰	己卯	戊寅	丁丑	丙子	乙亥	甲戌	癸酉	壬申	辛未	庚午	己巳	戊辰	일진	
	금	목	수	화	월	일	토	금	목	寅初	화	월	일	토	금	목	수	화	월	일	토	금	목	수	화	巳初	일	토	금	절기시각	

• 물고기가 떼지어 있는 것을 보면 입신 출세한다.

6月大(辛未)소서

								입추7																대서						절기	
30	29	28	27	26	25	24	23	**22**	21	20	19	18	17	16	15	14	13	12	11	10	9	8	7	**6**	5	4	3	2	1	음력	
8	8	8	9	9	9	10	10		1	1	1	1	2	2	2	3	3	3	4	4	4	5	5	5	6	6	6	7	7	순행	대운
3	2	2	2	1	1	1	1		10	10	9	9	9	8	8	8	7	7	7	6	6	6	5	5	5	4	4	4	3	역행	대운
														8															7	월	양력
15	14	13	12	11	10	9	8	7	6	5	4	3	2	1	31	30	29	28	27	26	25	24	23	22	21	20	19	18	17	일	양력
丙寅	乙丑	甲子	癸亥	壬戌	辛酉	庚申	己未	戊午	丁巳	丙辰	乙卯	甲寅	癸丑	壬子	辛亥	庚戌	己酉	戊申	丁未	丙午	乙巳	甲辰	癸卯	壬寅	辛丑	庚子	己亥	戊戌	丁酉	일진	
일	토	금	목	수	화	월	일	未初	금	목	수	화	월	일	토	금	목	수	화	월	일	토	금	戌正	수	화	월	일	토	절기시각	

7月小(壬申)입추

							백로8															처서								절기	
	29	28	27	26	25	24	**23**	22	21	20	19	18	17	16	15	14	13	12	11	10	9	**8**	7	6	5	4	3	2	1	음력	
	8	9	9	9	10	10		1	1	1	1	2	2	2	3	3	3	4	4	4	5	5	5	6	6	6	7	7	7	순행	대운
	2	2	1	1	1	1		10	10	9	9	9	8	8	8	7	7	7	6	6	6	5	5	5	4	4	4	3	3	역행	대운
													9																8	월	양력
	13	12	11	10	9	8	7	6	5	4	3	2	1	31	30	29	28	27	26	25	24	23	22	21	20	19	18	17	16	일	양력
	乙未	甲午	癸巳	壬辰	辛卯	庚寅	己丑	戊子	丁亥	丙戌	乙酉	甲申	癸未	壬午	辛巳	庚辰	己卯	戊寅	丁丑	丙子	乙亥	甲戌	癸酉	壬申	辛未	庚午	己巳	戊辰	丁卯	일진	
	월	일	토	금	목	수	申正	월	일	토	금	목	수	화	월	일	토	금	목	수	화	寅初	일	토	금	목	수	화	월	절기시각	

8月大(癸酉)백로

					한로9															추분										절기	
30	29	28	27	26	**25**	24	23	22	21	20	19	18	17	16	15	14	13	12	11	**10**	9	8	7	6	5	4	3	2	1	음력	
8	9	9	9	10		1	1	1	1	2	2	2	3	3	3	4	4	4	5	5	5	6	6	6	7	7	7	8	8	순행	대운
2	1	1	1	1		10	10	9	9	9	8	8	8	7	7	7	6	6	6	5	5	5	4	4	4	3	3	3	2	역행	대운
												10																	9	월	양력
13	12	11	10	9	8	7	6	5	4	3	2	1	30	29	28	27	26	25	24	23	22	21	20	19	18	17	16	15	14	일	양력
乙丑	甲子	癸亥	壬戌	辛酉	庚申	己未	戊午	丁巳	丙辰	乙卯	甲寅	癸丑	壬子	辛亥	庚戌	己酉	戊申	丁未	丙午	乙巳	甲辰	癸卯	壬寅	辛丑	庚子	己亥	戊戌	丁酉	丙申	일진	
수	화	월	일	토	辰初	목	수	화	월	일	토	금	목	수	화	월	일	토	금	丑初	수	화	월	일	토	금	목	수	화	절기시각	

9月小(甲戌)한로

					입동10															상강										절기	
	29	28	27	26	**25**	24	23	22	21	20	19	18	17	16	15	14	13	12	11	**10**	9	8	7	6	5	4	3	2	1	음력	
	9	9	9	10		1	1	1	1	2	2	2	3	3	3	4	4	4	5	5	5	6	6	6	7	7	7	8	8	순행	대운
	1	1	1	1		10	9	9	9	8	8	8	7	7	7	6	6	6	5	5	5	4	4	4	3	3	3	2	2	역행	대운
											11																		10	월	양력
	11	10	9	8	7	6	5	4	3	2	1	31	30	29	28	27	26	25	24	23	22	21	20	19	18	17	16	15	14	일	양력
	甲午	癸巳	壬辰	辛卯	庚寅	己丑	戊子	丁亥	丙戌	乙酉	甲申	癸未	壬午	辛巳	庚辰	己卯	戊寅	丁丑	丙子	乙亥	甲戌	癸酉	壬申	辛未	庚午	己巳	戊辰	丁卯	丙寅	일진	
	목	수	화	월	巳正	토	금	목	수	화	월	일	토	금	목	수	화	월	일	巳正	금	목	수	화	월	일	토	금	목	절기시각	

10月大(乙亥)입동

				대설11															소설											절기	
30	29	28	27	**26**	25	24	23	22	21	20	19	18	17	16	15	14	13	12	**11**	10	9	8	7	6	5	4	3	2	1	음력	
8	9	9	9		1	1	1	1	2	2	2	3	3	3	4	4	4	5	5	5	6	6	6	7	7	7	8	8	8	순행	대운
1	1	1	1		10	9	9	9	8	8	8	7	7	7	6	6	6	5	5	5	4	4	4	3	3	3	2	2	2	역행	대운
										12																			11	월	양력
11	10	9	8	7	6	5	4	3	2	1	30	29	28	27	26	25	24	23	22	21	20	19	18	17	16	15	14	13	12	일	양력
甲子	癸亥	壬戌	辛酉	庚申	己未	戊午	丁巳	丙辰	乙卯	甲寅	癸丑	壬子	辛亥	庚戌	己酉	戊申	丁未	丙午	乙巳	甲辰	癸卯	壬寅	辛丑	庚子	己亥	戊戌	丁酉	丙申	乙未	일진	
토	금	목	수	寅初	월	일	토	금	목	수	화	월	일	토	금	목	수	화	辰正	일	토	금	목	수	화	월	일	토	금	절기시각	

11月小(丙子)대설

					소한12															동지										절기	
	29	28	27	26	**25**	24	23	22	21	20	19	18	17	16	15	14	13	12	11	**10**	9	8	7	6	5	4	3	2	1	음력	
	9	9	9	10		1	1	1	1	2	2	2	3	3	3	4	4	4	5	5	5	6	6	6	7	7	7	8	8	순행	대운
	1	1	1	1		9	9	9	8	8	8	7	7	7	6	6	6	5	5	5	4	4	4	3	3	3	2	2	2	역행	대운
									1																				12	월	양력
	9	8	7	6	5	4	3	2	1	31	30	29	28	27	26	25	24	23	22	21	20	19	18	17	16	15	14	13	12	일	양력
	癸巳	壬辰	辛卯	庚寅	己丑	戊子	丁亥	丙戌	乙酉	甲申	癸未	壬午	辛巳	庚辰	己卯	戊寅	丁丑	丙子	乙亥	甲戌	癸酉	壬申	辛未	庚午	己巳	戊辰	丁卯	丙寅	乙丑	일진	
	일	토	금	목	未正	화	월	일	토	금	목	수	화	월	일	토	금	목	수	亥初	월	일	토	금	목	수	화	월	일	절기시각	

12月大(丁丑)소한

				입춘1															대한											절기	
30	29	28	27	**26**	25	24	23	22	21	20	19	18	17	16	15	14	13	12	**11**	10	9	8	7	6	5	4	3	2	1	음력	
8	9	9	9		1	1	1	1	2	2	2	3	3	3	4	4	4	5	5	5	6	6	6	7	7	7	8	8	8	순행	대운
1	1	1	1		10	9	9	9	8	8	8	7	7	7	6	6	6	5	5	5	4	4	4	3	3	3	2	2	2	역행	대운
							2																						1	월	양력
8	7	6	5	4	3	2	1	31	30	29	28	27	26	25	24	23	22	21	20	19	18	17	16	15	14	13	12	11	10	일	양력
癸亥	壬戌	辛酉	庚申	己未	戊午	丁巳	丙辰	乙卯	甲寅	癸丑	壬子	辛亥	庚戌	己酉	戊申	丁未	丙午	乙巳	甲辰	癸卯	壬寅	辛丑	庚子	己亥	戊戌	丁酉	丙申	乙未	甲午	일진	
화	월	일	토	丑正	목	수	화	월	일	토	금	목	수	화	월	일	토	금	辰正	수	화	월	일	토	금	목	수	화	월	절기시각	

• 乙日生 사주에 癸丑, 癸未가 있으면 부자팔자다.

서기 2005년
단기 4338년

乙酉年

상문 : 亥　대장군 : 南
조객 : 未　삼　재 : 寅午戌
삼살 : 東

1月小(戊寅) 입춘

					경칩2															우수										절기	
	29	28	27	26	25	24	23	22	21	20	19	18	17	16	15	14	13	12	11	10	9	8	7	6	5	4	3	2	1	음력	
	9	9	10	10		1	1	1	1	2	2	2	3	3	3	4	4	4	5	5	5	6	6	6	7	7	7	8	8	순행	대
	1	1	1	1		9	9	9	8	8	8	7	7	7	6	6	6	5	5	5	4	4	4	3	3	3	2	2	2	역행	운
									3																				2	월	양
	9	8	7	6	5	4	3	2	1	28	27	26	25	24	23	22	21	20	19	18	17	16	15	14	13	12	11	10	9	일	력
	壬辰	辛卯	庚寅	己丑	戊子	丁亥	丙戌	乙酉	甲申	癸未	壬午	辛巳	庚辰	己卯	戊寅	丁丑	丙子	乙亥	甲戌	癸酉	壬申	辛未	庚午	己巳	戊辰	丁卯	丙寅	乙丑	甲子	일진	
	수	화	월	일	戌正	금	목	수	화	월	일	토	금	목	수	화	월	일	토	亥正	목	수	화	월	일	토	금	목	수	절기시각	

2月大(己卯) 경칩

			청명3																춘분											절기	
30	29	28	27	26	25	24	23	22	21	20	19	18	17	16	15	14	13	12	11	10	9	8	7	6	5	4	3	2	1	음력	
9	9	10		1	1	1	1	2	2	2	3	3	3	4	4	4	5	5	5	6	6	6	7	7	7	8	8	8	9	순행	대
1	1	1		10	10	9	9	9	8	8	8	7	7	7	6	6	6	5	5	5	4	4	4	3	3	3	2	2	2	역행	운
							4																						3	월	양
8	7	6	5	4	3	2	1	31	30	29	28	27	26	25	24	23	22	21	20	19	18	17	16	15	14	13	12	11	10	일	력
壬戌	辛酉	庚申	己未	戊午	丁巳	丙辰	乙卯	甲寅	癸丑	壬子	辛亥	庚戌	己酉	戊申	丁未	丙午	乙巳	甲辰	癸卯	壬寅	辛丑	庚子	己亥	戊戌	丁酉	丙申	乙未	甲午	癸巳	일진	
금	목	수	丑初	월	일	토	금	목	수	화	월	일	토	금	목	수	화	월	亥初	토	금	목	수	화	월	일	토	금	목	절기시각	

3月小(庚辰) 청명

			입하4															곡우												절기	
	29	28	27	26	25	24	23	22	21	20	19	18	17	16	15	14	13	12	11	10	9	8	7	6	5	4	3	2	1	음력	
	10	10		1	1	1	1	2	2	2	3	3	3	4	4	4	5	5	5	6	6	6	7	7	7	8	8	8	9	순행	대
	1	1		10	9	9	9	8	8	8	7	7	7	6	6	6	5	5	5	4	4	4	3	3	3	2	2	2	1	역행	운
							5																						4	월	양
	7	6	5	4	3	2	1	30	29	28	27	26	25	24	23	22	21	20	19	18	17	16	15	14	13	12	11	10	9	일	력
	辛卯	庚寅	己丑	戊子	丁亥	丙戌	乙酉	甲申	癸未	壬午	辛巳	庚辰	己卯	戊寅	丁丑	丙子	乙亥	甲戌	癸酉	壬申	辛未	庚午	己巳	戊辰	丁卯	丙寅	乙丑	甲子	癸亥	일진	
	토	금	酉正	수	화	월	일	토	금	목	수	화	월	일	토	금	목	辰正	화	월	일	토	금	목	수	화	월	일	토	절기시각	

4月大(辛巳) 입하

	망종5															소만														절기	
30	29	28	27	26	25	24	23	22	21	20	19	18	17	16	15	14	13	12	11	10	9	8	7	6	5	4	3	2	1	음력	
10		1	1	1	1	2	2	2	3	3	3	4	4	4	5	5	5	6	6	6	7	7	7	8	8	8	9	9	9	순행	대
1		10	10	9	9	9	8	8	8	7	7	7	6	6	6	5	5	5	4	4	4	3	3	3	2	2	2	1	1	역행	운
					6																								5	월	양
6	5	4	3	2	1	31	30	29	28	27	26	25	24	23	22	21	20	19	18	17	16	15	14	13	12	11	10	9	8	일	력
辛酉	庚申	己未	戊午	丁巳	丙辰	乙卯	甲寅	癸丑	壬子	辛亥	庚戌	己酉	戊申	丁未	丙午	乙巳	甲辰	癸卯	壬寅	辛丑	庚子	己亥	戊戌	丁酉	丙申	乙未	甲午	癸巳	壬辰	일진	
월	丑正	토	금	목	수	화	월	일	토	금	목	수	화	월	일	辰初	금	목	수	화	월	일	토	금	목	수	화	월	일	절기시각	

5月小(壬午) 망종

															하지															절기	
	29	28	27	26	25	24	23	22	21	20	19	18	17	16	15	14	13	12	11	10	9	8	7	6	5	4	3	2	1	음력	
	1	1	1	2	2	2	3	3	3	4	4	4	5	5	5	6	6	6	7	7	7	8	8	8	9	9	9	10	10	순행	대
	10	10	9	9	9	8	8	8	7	7	7	6	6	6	5	5	5	4	4	4	3	3	3	2	2	2	1	1	1	역행	운
					7																								6	월	양
	5	4	3	2	1	30	29	28	27	26	25	24	23	22	21	20	19	18	17	16	15	14	13	12	11	10	9	8	7	일	력
	庚寅	己丑	戊子	丁亥	丙戌	乙酉	甲申	癸未	壬午	辛巳	庚辰	己卯	戊寅	丁丑	丙子	乙亥	甲戌	癸酉	壬申	辛未	庚午	己巳	戊辰	丁卯	丙寅	乙丑	甲子	癸亥	壬戌	일진	
	화	월	일	토	금	목	수	화	월	일	토	금	목	수	申初	월	일	토	금	목	수	화	월	일	토	금	목	수	화	절기시각	

6月大(癸未) 소서

												대서																소서6		절기	
30	29	28	27	26	25	24	23	22	21	20	19	18	17	16	15	14	13	12	11	10	9	8	7	6	5	4	3	2	1	음력	
1	1	2	2	2	3	3	3	4	4	4	5	5	5	6	6	6	7	7	7	8	8	8	9	9	9	10	10		1	순행	대
9	9	9	8	8	8	7	7	7	6	6	6	5	5	5	4	4	4	3	3	3	2	2	2	1	1	1	1		10	역행	운
			8																										7	월	양
4	3	2	1	31	30	29	28	27	26	25	24	23	22	21	20	19	18	17	16	15	14	13	12	11	10	9	8	7	6	일	력
庚申	己未	戊午	丁巳	丙辰	乙卯	甲寅	癸丑	壬子	辛亥	庚戌	己酉	戊申	丁未	丙午	乙巳	甲辰	癸卯	壬寅	辛丑	庚子	己亥	戊戌	丁酉	丙申	乙未	甲午	癸巳	壬辰	辛卯	일진	
목	수	화	월	일	토	금	목	수	화	월	일	丑正	금	목	수	화	월	일	토	금	목	수	화	월	일	토	금	巳初	수	절기시각	

• 씨뿌리는 꿈은 개운되고 일이 성사된다.

7月大(甲申) 입추

											처서																입추7			절기	
30	29	28	27	26	25	24	23	22	21	20	19	18	17	16	15	14	13	12	11	10	9	8	7	6	5	4	3	2	1	음력	
1	2	2	2	3	3	3	4	4	4	5	5	5	6	6	6	7	7	7	8	8	8	9	9	9	10	10		1	1	순행	대운
9	9	8	8	8	7	7	7	6	6	6	5	5	5	4	4	4	3	3	3	2	2	2	1	1	1	1		10	10	역행	
		9																											8	월	양력
3	2	1	31	30	29	28	27	26	25	24	23	22	21	20	19	18	17	16	15	14	13	12	11	10	9	8	7	6	5	일	
庚寅	己丑	戊子	丁亥	丙戌	乙酉	甲申	癸未	壬午	辛巳	庚辰	己卯	戊寅	丁丑	丙子	乙亥	甲戌	癸酉	壬申	辛未	庚午	己巳	戊辰	丁卯	丙寅	乙丑	甲子	癸亥	壬戌	辛酉	일진	
토	금	목	수	화	월	일	토	금	목	수	巳初	월	일	토	금	목	수	화	월	일	토	금	목	수	화	월	酉正	토	금	절기시각	

8月小(乙酉) 백로

										추분																백로8				절기	
	29	28	27	26	25	24	23	22	21	20	19	18	17	16	15	14	13	12	11	10	9	8	7	6	5	4	3	2	1	음력	
	2	2	3	3	3	4	4	4	5	5	5	6	6	6	7	7	7	8	8	8	9	9	9	10	10		1	1	1	순행	대운
	8	8	8	7	7	7	6	6	6	5	5	5	4	4	4	3	3	3	2	2	2	1	1	1	1		10	10	9	역행	
		10																											9	월	양력
	2	1	30	29	28	27	26	25	24	23	22	21	20	19	18	17	16	15	14	13	12	11	10	9	8	7	6	5	4	일	
	己未	戊午	丁巳	丙辰	乙卯	甲寅	癸丑	壬子	辛亥	庚戌	己酉	戊申	丁未	丙午	乙巳	甲辰	癸卯	壬寅	辛丑	庚子	己亥	戊戌	丁酉	丙申	乙未	甲午	癸巳	壬辰	辛卯	일진	
	일	토	금	목	수	화	월	일	토	辰初	목	수	화	월	일	토	금	목	수	화	월	일	토	금	목	亥初	화	월	일	절기시각	

9月大(丙戌) 한로

									상강															한로9						절기	
30	29	28	27	26	25	24	23	22	21	20	19	18	17	16	15	14	13	12	11	10	9	8	7	6	5	4	3	2	1	음력	
2	2	3	3	3	4	4	4	5	5	5	6	6	6	7	7	7	8	8	8	9	9	9	10		1	1	1	1	2	순행	대운
8	8	7	7	7	6	6	6	5	5	5	4	4	4	3	3	3	2	2	2	1	1	1	1		10	10	9	9	9	역행	
11																													10	월	양력
1	31	30	29	28	27	26	25	24	23	22	21	20	19	18	17	16	15	14	13	12	11	10	9	8	7	6	5	4	3	일	
己丑	戊子	丁亥	丙戌	乙酉	甲申	癸未	壬午	辛巳	庚辰	己卯	戊寅	丁丑	丙子	乙亥	甲戌	癸酉	壬申	辛未	庚午	己巳	戊辰	丁卯	丙寅	乙丑	甲子	癸亥	壬戌	辛酉	庚申	일진	
화	월	일	토	금	목	수	화	월	申正	토	금	목	수	화	월	일	토	금	목	수	화	월	일	未初	금	목	수	화	월	절기시각	

10月大(丁亥) 입동

									소설															입동10						절기	
30	29	28	27	26	25	24	23	22	21	20	19	18	17	16	15	14	13	12	11	10	9	8	7	6	5	4	3	2	1	음력	
2	2	3	3	3	4	4	4	5	5	5	6	6	6	7	7	7	8	8	8	9	9	9	10		1	1	1	1	2	순행	대운
8	8	7	7	7	6	6	6	5	5	5	4	4	4	3	3	3	2	2	2	1	1	1	1		10	9	9	9	8	역행	
12																													11	월	양력
1	30	29	28	27	26	25	24	23	22	21	20	19	18	17	16	15	14	13	12	11	10	9	8	7	6	5	4	3	2	일	
己未	戊午	丁巳	丙辰	乙卯	甲寅	癸丑	壬子	辛亥	庚戌	己酉	戊申	丁未	丙午	乙巳	甲辰	癸卯	壬寅	辛丑	庚子	己亥	戊戌	丁酉	丙申	乙未	甲午	癸巳	壬辰	辛卯	庚寅	일진	
목	수	화	월	일	토	금	목	수	未正	월	일	토	금	목	수	화	월	일	토	금	목	수	화	申正	일	토	금	목	수	절기시각	

11月小(戊子) 대설

									동지															대설11						절기	
	29	28	27	26	25	24	23	22	21	20	19	18	17	16	15	14	13	12	11	10	9	8	7	6	5	4	3	2	1	음력	
	2	2	3	3	3	4	4	4	5	5	5	6	6	6	7	7	7	8	8	8	9	9	9		1	1	1	1	2	순행	대운
	8	7	7	7	6	6	6	5	5	5	4	4	4	3	3	3	2	2	2	1	1	1	1		10	9	9	9	8	역행	
																													12	월	양력
	30	29	28	27	26	25	24	23	22	21	20	19	18	17	16	15	14	13	12	11	10	9	8	7	6	5	4	3	2	일	
	戊子	丁亥	丙戌	乙酉	甲申	癸未	壬午	辛巳	庚辰	己卯	戊寅	丁丑	丙子	乙亥	甲戌	癸酉	壬申	辛未	庚午	己巳	戊辰	丁卯	丙寅	乙丑	甲子	癸亥	壬戌	辛酉	庚申	일진	
	금	목	수	화	월	일	토	금	寅初	수	화	월	일	토	금	목	수	화	월	일	토	금	목	巳初	화	월	일	토	금	절기시각	

12月小(己丑) 소한

									대한															소한12						절기	
	29	28	27	26	25	24	23	22	21	20	19	18	17	16	15	14	13	12	11	10	9	8	7	6	5	4	3	2	1	음력	
	2	3	3	3	4	4	4	5	5	5	6	6	6	7	7	7	8	8	8	9	9	9	10		1	1	1	1	2	순행	대운
	8	7	7	7	6	6	6	5	5	5	4	4	4	3	3	3	2	2	2	1	1	1	1		9	9	9	8	8	역행	
																												1	12	월	양력
	28	27	26	25	24	23	22	21	20	19	18	17	16	15	14	13	12	11	10	9	8	7	6	5	4	3	2	1	31	일	
	丁巳	丙辰	乙卯	甲寅	癸丑	壬子	辛亥	庚戌	己酉	戊申	丁未	丙午	乙巳	甲辰	癸卯	壬寅	辛丑	庚子	己亥	戊戌	丁酉	丙申	乙未	甲午	癸巳	壬辰	辛卯	庚寅	己丑	일진	
	토	금	목	수	화	월	일	토	未正	목	수	화	월	일	토	금	목	수	화	월	일	토	금	戌正	수	화	월	일	토	절기시각	

• 丙日生 사주에 甲申이 있는 사람은 부자 팔자다.

서기 2006년
단기 4339년

丙戌年

상문 : 子　대장군 : 南
조객 : 申　삼　재 : 寅午戌
삼살 : 北

1月大(庚寅) 입춘

								우수															입춘1							절기
30	29	28	27	26	25	24	23	22	21	20	19	18	17	16	15	14	13	12	11	10	9	8	7	6	5	4	3	2	1	음력
2	3	3	3	4	4	4	5	5	5	6	6	6	7	7	7	8	8	8	9	9	9	10		1	1	1	1	2	2	대운 순행
8	7	7	7	6	6	6	5	5	5	4	4	4	3	3	3	2	2	2	1	1	1	1		10	9	9	9	8	8	대운 역행
																										2			1	양력 월
27	26	25	24	23	22	21	20	19	18	17	16	15	14	13	12	11	10	9	8	7	6	5	4	3	2	1	31	30	29	양력 일
丁亥	丙戌	乙酉	甲申	癸未	壬午	辛巳	庚辰	己卯	戊寅	丁丑	丙子	乙亥	甲戌	癸酉	壬申	辛未	庚午	己巳	戊辰	丁卯	丙寅	乙丑	甲子	癸亥	壬戌	辛酉	庚申	己未	戊午	일진
월	일	토	금	목	수	화	월	寅正	토	금	목	수	화	월	일	토	금	목	수	화	월	일	辰正	금	목	수	화	월	일	절기시각

2月小(辛卯) 경칩

								춘분															경칩2							절기
	29	28	27	26	25	24	23	22	21	20	19	18	17	16	15	14	13	12	11	10	9	8	7	6	5	4	3	2	1	음력
	3	3	3	4	4	4	5	5	5	6	6	6	7	7	7	8	8	8	9	9	9	10		1	1	1	1	2	2	대운 순행
	7	7	7	6	6	6	5	5	5	4	4	4	3	3	3	2	2	2	1	1	1	1		10	9	9	9	8	8	대운 역행
																												3	2	양력 월
	28	27	26	25	24	23	22	21	20	19	18	17	16	15	14	13	12	11	10	9	8	7	6	5	4	3	2	1	28	양력 일
	丙辰	乙卯	甲寅	癸丑	壬子	辛亥	庚戌	己酉	戊申	丁未	丙午	乙巳	甲辰	癸卯	壬寅	辛丑	庚子	己亥	戊戌	丁酉	丙申	乙未	甲午	癸巳	壬辰	辛卯	庚寅	己丑	戊子	일진
	화	월	일	토	금	목	수	寅初	월	일	토	금	목	수	화	월	일	토	금	목	수	화	丑正	일	토	금	목	수	화	절기시각

3月大(壬辰) 청명

							곡우															청명3								절기
30	29	28	27	26	25	24	23	22	21	20	19	18	17	16	15	14	13	12	11	10	9	8	7	6	5	4	3	2	1	음력
3	3	4	4	4	5	5	5	6	6	6	7	7	7	8	8	8	9	9	9	10	10		1	1	1	1	2	2	2	대운 순행
7	7	7	6	6	6	5	5	5	4	4	4	3	3	3	2	2	2	1	1	1	1		10	9	9	9	8	8	8	대운 역행
																										4			3	양력 월
27	26	25	24	23	22	21	20	19	18	17	16	15	14	13	12	11	10	9	8	7	6	5	4	3	2	1	31	30	29	양력 일
丙戌	乙酉	甲申	癸未	壬午	辛巳	庚辰	己卯	戊寅	丁丑	丙子	乙亥	甲戌	癸酉	壬申	辛未	庚午	己巳	戊辰	丁卯	丙寅	乙丑	甲子	癸亥	壬戌	辛酉	庚申	己未	戊午	丁巳	일진
목	수	화	월	일	토	금	未正	수	화	월	일	토	금	목	수	화	월	일	토	금	목	辰初	화	월	일	토	금	목	수	절기시각

4月小(癸巳) 입하

						소만															입하4									절기
	29	28	27	26	25	24	23	22	21	20	19	18	17	16	15	14	13	12	11	10	9	8	7	6	5	4	3	2	1	음력
	4	4	4	5	5	5	6	6	6	7	7	7	8	8	8	9	9	9	10	10		1	1	1	1	2	2	2	3	대운 순행
	7	6	6	6	5	5	5	4	4	4	3	3	3	2	2	2	1	1	1	1		10	10	9	9	9	8	8	8	대운 역행
																										5			4	양력 월
	26	25	24	23	22	21	20	19	18	17	16	15	14	13	12	11	10	9	8	7	6	5	4	3	2	1	30	29	28	양력 일
	乙卯	甲寅	癸丑	壬子	辛亥	庚戌	己酉	戊申	丁未	丙午	乙巳	甲辰	癸卯	壬寅	辛丑	庚子	己亥	戊戌	丁酉	丙申	乙未	甲午	癸巳	壬辰	辛卯	庚寅	己丑	戊子	丁亥	일진
	금	목	수	화	월	未初	토	금	목	수	화	월	일	토	금	목	수	화	월	일	子正	금	목	수	화	월	일	토	금	절기시각

5月大(甲午) 망종

				하지															망종5											절기
30	29	28	27	26	25	24	23	22	21	20	19	18	17	16	15	14	13	12	11	10	9	8	7	6	5	4	3	2	1	음력
4	4	5	5	5	6	6	6	7	7	7	8	8	8	9	9	9	10	10		1	1	1	1	2	2	2	3	3	3	대운 순행
6	6	6	5	5	5	4	4	4	3	3	3	2	2	2	1	1	1	1		10	10	9	9	9	8	8	8	7	7	대운 역행
																								6					5	양력 월
25	24	23	22	21	20	19	18	17	16	15	14	13	12	11	10	9	8	7	6	5	4	3	2	1	31	30	29	28	27	양력 일
乙酉	甲申	癸未	壬午	辛巳	庚辰	己卯	戊寅	丁丑	丙子	乙亥	甲戌	癸酉	壬申	辛未	庚午	己巳	戊辰	丁卯	丙寅	乙丑	甲子	癸亥	壬戌	辛酉	庚申	己未	戊午	丁巳	丙辰	일진
일	토	금	목	亥初	화	월	일	토	금	목	수	화	월	일	토	금	목	수	寅正	월	일	토	금	목	수	화	월	일	토	절기시각

6月小(乙未) 소서

		대서																	소서6											절기
	29	28	27	26	25	24	23	22	21	20	19	18	17	16	15	14	13	12	11	10	9	8	7	6	5	4	3	2	1	음력
	5	5	6	6	6	7	7	7	8	8	8	9	9	9	10	10	10		1	1	1	1	2	2	2	3	3	3	4	대운 순행
	6	5	5	5	4	4	4	3	3	3	2	2	2	1	1	1	1		10	10	9	9	9	8	8	8	7	7	7	대운 역행
																								7					6	양력 월
	24	23	22	21	20	19	18	17	16	15	14	13	12	11	10	9	8	7	6	5	4	3	2	1	30	29	28	27	26	양력 일
	甲寅	癸丑	壬子	辛亥	庚戌	己酉	戊申	丁未	丙午	乙巳	甲辰	癸卯	壬寅	辛丑	庚子	己亥	戊戌	丁酉	丙申	乙未	甲午	癸巳	壬辰	辛卯	庚寅	己丑	戊子	丁亥	丙戌	일진
	월	辰正	토	금	목	수	화	월	일	토	금	목	수	화	월	일	토	未正	목	수	화	월	일	토	금	목	수	화	월	절기시각

• 바닷물이 만조가 된 것을 보면 지도자가 될 징조다.

처서															입추7															절기	7月大(丙申)입추
30	29	28	27	26	25	24	23	22	21	20	19	18	17	16	**15**	14	13	12	11	10	9	8	7	6	5	4	3	2	1	음력	
5	6	6	6	7	7	7	8	8	8	9	9	9	10	10		1	1	1	1	2	2	2	3	3	3	4	4	4	5	대운 순행	
5	5	4	4	4	3	3	3	2	2	2	1	1	1	1		10	10	10	9	9	9	8	8	8	7	7	7	6	6	대운 역행	
																						8							7	양력 월	
23	22	21	20	19	18	17	16	15	14	13	12	11	10	9	8	7	6	5	4	3	2	1	31	30	29	28	27	26	25	양력 일	
甲申	癸未	壬午	辛巳	庚辰	己卯	戊寅	丁丑	丙子	乙亥	甲戌	癸酉	壬申	辛未	庚午	己巳	戊辰	丁卯	丙寅	乙丑	甲子	癸亥	壬戌	辛酉	庚申	己未	戊午	丁巳	丙辰	乙卯	일진	
申初	화	월	일	토	금	목	수	화	월	일	토	금	목	수	子正	월	일	토	금	목	수	화	월	일	토	금	목	수	화	절기시각	

														백로8																절기	윤7月小
	29	28	27	26	25	24	23	22	21	20	19	18	17	**16**	15	14	13	12	11	10	9	8	7	6	5	4	3	2	1	음력	
	6	6	6	7	7	7	8	8	8	9	9	9	10		1	1	1	1	2	2	2	3	3	3	4	4	4	5	5	대운 순행	
	4	4	4	3	3	3	2	2	2	1	1	1	1		10	10	9	9	9	8	8	8	7	7	7	6	6	6	5	대운 역행	
																					9								8	양력 월	
	21	20	19	18	17	16	15	14	13	12	11	10	9	8	7	6	5	4	3	2	1	31	30	29	28	27	26	25	24	양력 일	
	癸丑	壬子	辛亥	庚戌	己酉	戊申	丁未	丙午	乙巳	甲辰	癸卯	壬寅	辛丑	庚子	己亥	戊戌	丁酉	丙申	乙未	甲午	癸巳	壬辰	辛卯	庚寅	己丑	戊子	丁亥	丙戌	乙酉	일진	
	목	수	화	월	일	토	금	목	수	화	월	일	토	寅初	목	수	화	월	일	토	금	목	수	화	월	일	토	금	목	절기시각	

													한로9															추분		절기	8月大(丁酉)백로
30	29	28	27	26	25	24	23	22	21	20	19	18	**17**	16	15	14	13	12	11	10	9	8	7	6	5	4	3	**2**	1	음력	
6	6	6	7	7	7	8	8	8	9	9	9	10		1	1	1	1	2	2	2	3	3	3	4	4	4	5	5	5	대운 순행	
4	4	4	3	3	3	2	2	2	1	1	1	1		10	9	9	9	8	8	8	7	7	7	6	6	6	5	5	5	대운 역행	
																				10									9	양력 월	
21	20	19	18	17	16	15	14	13	12	11	10	9	8	7	6	5	4	3	2	1	30	29	28	27	26	25	24	23	22	양력 일	
癸未	壬午	辛巳	庚辰	己卯	戊寅	丁丑	丙子	乙亥	甲戌	癸酉	壬申	辛未	庚午	己巳	戊辰	丁卯	丙寅	乙丑	甲子	癸亥	壬戌	辛酉	庚申	己未	戊午	丁巳	丙辰	乙卯	甲寅	일진	
토	금	목	수	화	월	일	토	금	목	수	화	월	戌初	토	금	목	수	화	월	일	토	금	목	수	화	월	일	未初	금	절기시각	

													입동10															상강		절기	9月大(戊戌)한로
30	29	28	27	26	25	24	23	22	21	20	19	18	**17**	16	15	14	13	12	11	10	9	8	7	6	5	4	3	**2**	1	음력	
6	6	6	7	7	7	8	8	8	9	9	9	10		1	1	1	1	2	2	2	3	3	3	4	4	4	5	5	5	대운 순행	
4	4	4	3	3	3	2	2	2	1	1	1	1		10	9	9	9	8	8	8	7	7	7	6	6	6	5	5	5	대운 역행	
																			11										10	양력 월	
20	19	18	17	16	15	14	13	12	11	10	9	8	7	6	5	4	3	2	1	31	30	29	28	27	26	25	24	23	22	양력 일	
癸丑	壬子	辛亥	庚戌	己酉	戊申	丁未	丙午	乙巳	甲辰	癸卯	壬寅	辛丑	庚子	己亥	戊戌	丁酉	丙申	乙未	甲午	癸巳	壬辰	辛卯	庚寅	己丑	戊子	丁亥	丙戌	乙酉	甲申	일진	
월	일	토	금	목	수	화	월	일	토	금	목	수	亥正	월	일	토	금	목	수	화	월	일	토	금	목	수	화	亥正	일	절기시각	

													대설11															소설		절기	10月小(己亥)입동
	29	28	27	26	25	24	23	22	21	20	19	18	**17**	16	15	14	13	12	11	10	9	8	7	6	5	4	3	**2**	1	음력	
	6	6	7	7	7	8	8	8	9	9	9	10		1	1	1	1	2	2	2	3	3	3	4	4	4	5	5	5	대운 순행	
	4	4	3	3	3	2	2	2	1	1	1	1		10	9	9	9	8	8	8	7	7	7	6	6	6	5	5	5	대운 역행	
																			12										11	양력 월	
	19	18	17	16	15	14	13	12	11	10	9	8	7	6	5	4	3	2	1	30	29	28	27	26	25	24	23	22	21	양력 일	
	壬午	辛巳	庚辰	己卯	戊寅	丁丑	丙子	乙亥	甲戌	癸酉	壬申	辛未	庚午	己巳	戊辰	丁卯	丙寅	乙丑	甲子	癸亥	壬戌	辛酉	庚申	己未	戊午	丁巳	丙辰	乙卯	甲寅	일진	
	화	월	일	토	금	목	수	화	월	일	토	금	申初	수	화	월	일	토	금	목	수	화	월	일	토	금	목	戌初	화	절기시각	

												소한12															동지			절기	11月大(庚子)대설
30	29	28	27	26	25	24	23	22	21	20	19	**18**	17	16	15	14	13	12	11	10	9	8	7	6	5	4	**3**	2	1	음력	
6	6	6	7	7	7	8	8	8	9	9	9		1	1	1	1	2	2	2	3	3	3	4	4	4	5	5	5	6	대운 순행	
4	4	3	3	3	2	2	2	1	1	1	1		10	9	9	9	8	8	8	7	7	7	6	6	6	5	5	5	4	대운 역행	
																	1												12	양력 월	
18	17	16	15	14	13	12	11	10	9	8	7	6	5	4	3	2	1	31	30	29	28	27	26	25	24	23	22	21	20	양력 일	
壬子	辛亥	庚戌	己酉	戊申	丁未	丙午	乙巳	甲辰	癸卯	壬寅	辛丑	庚子	己亥	戊戌	丁酉	丙申	乙未	甲午	癸巳	壬辰	辛卯	庚寅	己丑	戊子	丁亥	丙戌	乙酉	甲申	癸未	일진	
목	수	화	월	일	토	금	목	수	화	월	일	丑正	금	목	수	화	월	일	토	금	목	수	화	월	일	토	巳初	목	수	절기시각	

													입춘1															대한		절기	12月大(辛丑)소한
30	29	28	27	26	25	24	23	22	21	20	19	18	**17**	16	15	14	13	12	11	10	9	8	7	6	5	4	3	**2**	1	음력	
6	6	6	7	7	7	8	8	8	9	9	9	10		1	1	1	1	2	2	2	3	3	3	4	4	4	5	5	5	대운 순행	
4	4	4	3	3	3	2	2	2	1	1	1	1		9	9	9	8	8	8	7	7	7	6	6	6	5	5	5	4	대운 역행	
																2													1	양력 월	
17	16	15	14	13	12	11	10	9	8	7	6	5	4	3	2	1	31	30	29	28	27	26	25	24	23	22	21	20	19	양력 일	
壬午	辛巳	庚辰	己卯	戊寅	丁丑	丙子	乙亥	甲戌	癸酉	壬申	辛未	庚午	己巳	戊辰	丁卯	丙寅	乙丑	甲子	癸亥	壬戌	辛酉	庚申	己未	戊午	丁巳	丙辰	乙卯	甲寅	癸丑	일진	
토	금	목	수	화	월	일	토	금	목	수	화	월	未正	토	금	목	수	화	월	일	토	금	목	수	화	월	일	戌初	금	절기시각	

• 丁日生 사주에 乙巳, 乙酉가 있으면 부자팔자다.

서기 2007년
단기 4340년

丁亥年

상문:丑 대장군:西
조객:酉 삼 재:巳酉丑
삼살:西

노무현대통령 방북

1月小(壬寅) 입춘

													경칩2															우수		절기
	29	28	27	26	25	24	23	22	21	20	19	18	**17**	16	15	14	13	12	11	10	9	8	7	6	5	4	3	**2**	1	음력
	6	6	7	7	7	8	8	8	9	9	9	10		1	1	1	1	2	2	2	3	3	3	4	4	4	5	5	5	대운 순행
	4	4	3	3	3	2	2	2	1	1	1	1		10	9	9	9	8	8	8	7	7	7	6	6	6	5	5	5	대운 역행
																		3											2	양력 월
	18	17	16	15	14	13	12	11	10	9	8	7	6	5	4	3	2	1	28	27	26	25	24	23	22	21	20	19	18	양력 일
	辛亥	庚戌	己酉	戊申	丁未	丙午	乙巳	甲辰	癸卯	壬寅	辛丑	庚子	己亥	戊戌	丁酉	丙申	乙未	甲午	癸巳	壬辰	辛卯	庚寅	己丑	戊子	丁亥	丙戌	乙酉	甲申	癸未	일진
	일	토	금	목	수	화	월	일	토	금	목	수	辰正	월	일	토	금	목	수	화	월	일	토	금	목	수	화	巳初	일	절기시각

2月小(癸卯) 경칩

												청명3															춘분			절기
	29	28	27	26	25	24	23	22	21	20	19	**18**	17	16	15	14	13	12	11	10	9	8	7	6	5	4	**3**	2	1	음력
	7	7	7	8	8	8	9	9	9	10	10		1	1	1	1	2	2	2	3	3	3	4	4	4	5	5	5	6	대운 순행
	4	3	3	3	2	2	2	1	1	1	1		10	9	9	9	8	8	8	7	7	7	6	6	6	5	5	5	4	대운 역행
																4													3	양력 월
	16	15	14	13	12	11	10	9	8	7	6	5	4	3	2	1	31	30	29	28	27	26	25	24	23	22	21	20	19	양력 일
	庚辰	己卯	戊寅	丁丑	丙子	乙亥	甲戌	癸酉	壬申	辛未	庚午	己巳	戊辰	丁卯	丙寅	乙丑	甲子	癸亥	壬戌	辛酉	庚申	己未	戊午	丁巳	丙辰	乙卯	甲寅	癸丑	壬子	일진
	월	일	토	금	목	수	화	월	일	토	금	午正	수	화	월	일	토	금	목	수	화	월	일	토	금	목	辰正	화	월	절기시각

3月大(甲辰) 청명

										입하4																곡우				절기
30	29	28	27	26	25	24	23	22	21	**20**	19	18	17	16	15	14	13	12	11	10	9	8	7	6	5	**4**	3	2	1	음력
7	7	8	8	8	9	9	9	10	10		1	1	1	1	2	2	2	3	3	3	4	4	4	5	5	5	6	6	6	대운 순행
3	3	3	2	2	2	1	1	1	1		10	10	9	9	9	8	8	8	7	7	7	6	6	6	5	5	5	4	4	대운 역행
															5														4	양력 월
16	15	14	13	12	11	10	9	8	7	6	5	4	3	2	1	30	29	28	27	26	25	24	23	22	21	20	19	18	17	양력 일
庚戌	己酉	戊申	丁未	丙午	乙巳	甲辰	癸卯	壬寅	辛丑	庚子	己亥	戊戌	丁酉	丙申	乙未	甲午	癸巳	壬辰	辛卯	庚寅	己丑	戊子	丁亥	丙戌	乙酉	甲申	癸未	壬午	辛巳	일진
수	화	월	일	토	금	목	수	화	월	卯正	토	금	목	수	화	월	일	토	금	목	수	화	월	일	토	戌初	목	수	화	절기시각

4月小(乙巳) 입하

									망종5																소만					절기
	29	28	27	26	25	24	23	22	**21**	20	19	18	17	16	15	14	13	12	11	10	9	8	7	6	**5**	4	3	2	1	음력
	8	8	8	9	9	9	10	10		1	1	1	1	2	2	2	3	3	3	4	4	4	5	5	5	6	6	6	7	대운 순행
	3	2	2	2	1	1	1	1		10	10	9	9	9	8	8	8	7	7	7	6	6	6	5	5	5	4	4	4	대운 역행
														6															5	양력 월
	14	13	12	11	10	9	8	7	6	5	4	3	2	1	31	30	29	28	27	26	25	24	23	22	21	20	19	18	17	양력 일
	己卯	戊寅	丁丑	丙子	乙亥	甲戌	癸酉	壬申	辛未	庚午	己巳	戊辰	丁卯	丙寅	乙丑	甲子	癸亥	壬戌	辛酉	庚申	己未	戊午	丁巳	丙辰	乙卯	甲寅	癸丑	壬子	辛亥	일진
	목	수	화	월	일	토	금	목	巳正	화	월	일	토	금	목	수	화	월	일	토	금	목	수	화	戌初	일	토	금	목	절기시각

5月小(丙午) 망종

								소서6															하지							절기
	29	28	27	26	25	24	**23**	22	21	20	19	18	17	16	15	14	13	12	11	10	9	**8**	7	6	5	4	3	2	1	음력
	9	9	9	10	10	10		1	1	1	1	2	2	2	3	3	3	4	4	4	5	5	5	6	6	6	7	7	7	대운 순행
	2	2	1	1	1	1		10	10	9	9	9	8	8	8	7	7	7	6	6	6	5	5	5	4	4	4	3	3	대운 역행
													7																6	양력 월
	13	12	11	10	9	8	7	6	5	4	3	2	1	30	29	28	27	26	25	24	23	22	21	20	19	18	17	16	15	양력 일
	戊申	丁未	丙午	乙巳	甲辰	癸卯	壬寅	辛丑	庚子	己亥	戊戌	丁酉	丙申	乙未	甲午	癸巳	壬辰	辛卯	庚寅	己丑	戊子	丁亥	丙戌	乙酉	甲申	癸未	壬午	辛巳	庚辰	일진
	금	목	수	화	월	일	戌正	금	목	수	화	월	일	토	금	목	수	화	월	일	토	寅初	목	수	화	월	일	토	금	절기시각

6月大(丁未) 소서

				입추7																대서										절기
30	29	28	27	**26**	25	24	23	22	21	20	19	18	17	16	15	14	13	12	11	**10**	9	8	7	6	5	4	3	2	1	음력
9	9	10	10		1	1	1	1	2	2	2	3	3	3	4	4	4	5	5	5	6	6	6	7	7	7	8	8	8	대운 순행
1	1	1	1		10	10	10	9	9	9	8	8	8	7	7	7	6	6	6	5	5	5	4	4	4	3	3	3	2	대운 역행
											8																		7	양력 월
12	11	10	9	8	7	6	5	4	3	2	1	31	30	29	28	27	26	25	24	23	22	21	20	19	18	17	16	15	14	양력 일
戊寅	丁丑	丙子	乙亥	甲戌	癸酉	壬申	辛未	庚午	己巳	戊辰	丁卯	丙寅	乙丑	甲子	癸亥	壬戌	辛酉	庚申	己未	戊午	丁巳	丙辰	乙卯	甲寅	癸丑	壬子	辛亥	庚戌	己酉	일진
일	토	금	목	卯正	화	월	일	토	금	목	수	화	월	일	토	금	목	수	화	未正	일	토	금	목	수	화	월	일	토	절기시각

• 몸에 상처받고 피흘리는 것을 보면 부귀하게 된다.

		백로8																	처서											절기	7月小(戊申) 입추
	29	28	27	26	25	24	23	22	21	20	19	18	17	16	15	14	13	12	11	10	9	8	7	6	5	4	3	2	1	음력	
	10	10		1	1	1	1	2	2	2	3	3	3	4	4	4	5	5	5	6	6	6	7	7	7	8	8	8	9	대운 순행	
	1	1		10	10	9	9	9	8	8	8	7	7	7	6	6	6	5	5	5	4	4	4	3	3	3	2	2	2	대운 역행	
										9																			8	양력 월	
	10	9	8	7	6	5	4	3	2	1	31	30	29	28	27	26	25	24	23	22	21	20	19	18	17	16	15	14	13	양력 일	
	丁未	丙午	乙巳	甲辰	癸卯	壬寅	辛丑	庚子	己亥	戊戌	丁酉	丙申	乙未	甲午	癸巳	壬辰	辛卯	庚寅	己丑	戊子	丁亥	丙戌	乙酉	甲申	癸未	壬午	辛巳	庚辰	己卯	일진	
	월	일	巳初	금	목	수	화	월	일	토	금	목	수	화	월	일	토	금	亥初	수	화	월	일	토	금	목	수	화	월	절기시각	

	한로9																추분													절기	8月大(己酉) 백로
30	29	28	27	26	25	24	23	22	21	20	19	18	17	16	15	14	13	12	11	10	9	8	7	6	5	4	3	2	1	음력	
10		1	1	1	1	2	2	2	3	3	3	4	4	4	5	5	5	6	6	6	7	7	7	8	8	8	9	9	9	대운 순행	
1		10	10	9	9	9	8	8	8	7	7	7	6	6	6	5	5	5	4	4	4	3	3	3	2	2	2	1	1	대운 역행	
									10																				9	양력 월	
10	9	8	7	6	5	4	3	2	1	30	29	28	27	26	25	24	23	22	21	20	19	18	17	16	15	14	13	12	11	양력 일	
丁丑	丙子	乙亥	甲戌	癸酉	壬申	辛未	庚午	己巳	戊辰	丁卯	丙寅	乙丑	甲子	癸亥	壬戌	辛酉	庚申	己未	戊午	丁巳	丙辰	乙卯	甲寅	癸丑	壬子	辛亥	庚戌	己酉	戊申	일진	
수	丑正	월	일	토	금	목	수	화	월	일	토	금	목	수	화	월	酉正	토	금	목	수	화	월	일	토	금	목	수	화	절기시각	

	입동10															상강														절기	9月大(庚戌) 한로
30	29	28	27	26	25	24	23	22	21	20	19	18	17	16	15	14	13	12	11	10	9	8	7	6	5	4	3	2	1	음력	
9		1	1	1	1	2	2	2	3	3	3	4	4	4	5	5	5	6	6	6	7	7	7	8	8	8	9	9	9	대운 순행	
1		10	9	9	9	8	8	8	7	7	7	6	6	6	5	5	5	4	4	4	3	3	3	2	2	2	1	1	1	대운 역행	
								11																					10	양력 월	
9	8	7	6	5	4	3	2	1	31	30	29	28	27	26	25	24	23	22	21	20	19	18	17	16	15	14	13	12	11	양력 일	
丁未	丙午	乙巳	甲辰	癸卯	壬寅	辛丑	庚子	己亥	戊戌	丁酉	丙申	乙未	甲午	癸巳	壬辰	辛卯	庚寅	己丑	戊子	丁亥	丙戌	乙酉	甲申	癸未	壬午	辛巳	庚辰	己卯	戊寅	일진	
금	寅正	수	화	월	일	토	금	목	수	화	월	일	토	금	목	丑初	화	월	일	토	금	목	수	화	월	일	토	금	목	절기시각	

		대설11														소설														절기	10月大(辛亥) 입동
30	29	28	27	26	25	24	23	22	21	20	19	18	17	16	15	14	13	12	11	10	9	8	7	6	5	4	3	2	1	음력	
9	10		1	1	1	1	2	2	2	3	3	3	4	4	4	5	5	5	6	6	6	7	7	7	8	8	8	9	9	대운 순행	
1	1		9	9	9	8	8	8	7	7	7	6	6	6	5	5	5	4	4	4	3	3	3	2	2	2	1	1	1	대운 역행	
								12																					11	양력 월	
9	8	7	6	5	4	3	2	1	30	29	28	27	26	25	24	23	22	21	20	19	18	17	16	15	14	13	12	11	10	양력 일	
丁丑	丙子	乙亥	甲戌	癸酉	壬申	辛未	庚午	己巳	戊辰	丁卯	丙寅	乙丑	甲子	癸亥	壬戌	辛酉	庚申	己未	戊午	丁巳	丙辰	乙卯	甲寅	癸丑	壬子	辛亥	庚戌	己酉	戊申	일진	
일	토	亥初	목	수	화	월	일	토	금	목	수	화	월	일	토	丑初	목	수	화	월	일	토	금	목	수	화	월	일	토	절기시각	

		소한12															동지													절기	11月小(壬子) 대설
	29	28	27	26	25	24	23	22	21	20	19	18	17	16	15	14	13	12	11	10	9	8	7	6	5	4	3	2	1	음력	
	9		1	1	1	1	2	2	2	3	3	3	4	4	4	5	5	5	6	6	6	7	7	7	8	8	8	9	9	대운 순행	
	1		10	9	9	9	8	8	8	7	7	7	6	6	6	5	5	5	4	4	4	3	3	3	2	2	2	1	1	대운 역행	
							1																						12	양력 월	
	7	6	5	4	3	2	1	31	30	29	28	27	26	25	24	23	22	21	20	19	18	17	16	15	14	13	12	11	10	양력 일	
	丙午	乙巳	甲辰	癸卯	壬寅	辛丑	庚子	己亥	戊戌	丁酉	丙申	乙未	甲午	癸巳	壬辰	辛卯	庚寅	己丑	戊子	丁亥	丙戌	乙酉	甲申	癸未	壬午	辛巳	庚辰	己卯	戊寅	일진	
	월	辰初	토	금	목	수	화	월	일	토	금	목	수	화	월	일	申初	금	목	수	화	월	일	토	금	목	수	화	월	절기시각	

		입춘1														대한														절기	12月大(癸丑) 소한
30	29	28	27	26	25	24	23	22	21	20	19	18	17	16	15	14	13	12	11	10	9	8	7	6	5	4	3	2	1	음력	
9	10		1	1	1	1	2	2	2	3	3	3	4	4	4	5	5	5	6	6	6	7	7	7	8	8	8	9	9	대운 순행	
1	1		9	9	9	8	8	8	7	7	7	6	6	6	5	5	5	4	4	4	3	3	3	2	2	2	1	1	1	대운 역행	
					2																								1	양력 월	
6	5	4	3	2	1	31	30	29	28	27	26	25	24	23	22	21	20	19	18	17	16	15	14	13	12	11	10	9	8	양력 일	
丙子	乙亥	甲戌	癸酉	壬申	辛未	庚午	己巳	戊辰	丁卯	丙寅	乙丑	甲子	癸亥	壬戌	辛酉	庚申	己未	戊午	丁巳	丙辰	乙卯	甲寅	癸丑	壬子	辛亥	庚戌	己酉	戊申	丁未	일진	
수	화	戌初	일	토	금	목	수	화	월	일	토	금	목	수	화	丑初	일	토	금	목	수	화	월	일	토	금	목	수	화	절기시각	

• 戊日生 사주에 丙子, 丙辰, 丙申이 있는 사람은 부자팔자다.

서기 2008년
단기 4341년

戊子年

상문 : 寅　대장군 : 西
조객 : 戌　삼　재 : 巳酉丑
삼살 : 南

이명박대통령 취임
숭례문 화재(2. 8)

		경칩2															우수													절기	1月大(甲寅) 입춘
30	29	28	27	26	25	24	23	22	21	20	19	18	17	16	15	14	13	12	11	10	9	8	7	6	5	4	3	2	1	음력	
9	10		1	1	1	1	2	2	2	3	3	3	4	4	4	5	5	5	6	6	6	7	7	7	8	8	8	9	9	대운 순행	
1	1		10	9	9	9	8	8	8	7	7	7	6	6	6	5	5	5	4	4	4	3	3	3	2	2	2	1	1	대운 역행	
						3																							2	양력 월	
7	6	5	4	3	2	1	29	28	27	26	25	24	23	22	21	20	19	18	17	16	15	14	13	12	11	10	9	8	7	양력 일	
丙午	乙巳	甲辰	癸卯	壬寅	辛丑	庚子	己亥	戊戌	丁酉	丙申	乙未	甲午	癸巳	壬辰	辛卯	庚寅	己丑	戊子	丁亥	丙戌	乙酉	甲申	癸未	壬午	辛巳	庚辰	己卯	戊寅	丁丑	일진	
금	목	未初	화	월	일	토	금	목	수	화	월	일	토	금	목	수	申初	월	일	토	금	목	수	화	월	일	토	금	목	절기시각	

		청명3															춘분													절기	2月小(乙卯) 경칩
	29	28	27	26	25	24	23	22	21	20	19	18	17	16	15	14	13	12	11	10	9	8	7	6	5	4	3	2	1	음력	
	10		1	1	1	1	2	2	2	3	3	3	4	4	4	5	5	5	6	6	6	7	7	7	8	8	8	9	9	대운 순행	
	1		10	9	9	9	8	8	8	7	7	7	6	6	6	5	5	5	4	4	4	3	3	3	2	2	2	1	1	대운 역행	
					4																								3	양력 월	
	5	4	3	2	1	31	30	29	28	27	26	25	24	23	22	21	20	19	18	17	16	15	14	13	12	11	10	9	8	양력 일	
	乙亥	甲戌	癸酉	壬申	辛未	庚午	己巳	戊辰	丁卯	丙寅	乙丑	甲子	癸亥	壬戌	辛酉	庚申	己未	戊午	丁巳	丙辰	乙卯	甲寅	癸丑	壬子	辛亥	庚戌	己酉	戊申	丁未	일진	
	토	酉正	목	수	화	월	일	토	금	목	수	화	월	일	토	금	未正	수	화	월	일	토	금	목	수	화	월	일	토	절기시각	

															곡우															절기	3月小(丙辰) 청명
	29	28	27	26	25	24	23	22	21	20	19	18	17	16	15	14	13	12	11	10	9	8	7	6	5	4	3	2	1	음력	
	1	1	1	1	2	2	2	3	3	3	4	4	4	5	5	5	6	6	6	7	7	7	8	8	8	9	9	9	10	대운 순행	
	10	10	9	9	9	8	8	8	7	7	7	6	6	6	5	5	5	4	4	4	3	3	3	2	2	2	1	1	1	대운 역행	
				5																									4	양력 월	
	4	3	2	1	30	29	28	27	26	25	24	23	22	21	20	19	18	17	16	15	14	13	12	11	10	9	8	7	6	양력 일	
	甲辰	癸卯	壬寅	辛丑	庚子	己亥	戊戌	丁酉	丙申	乙未	甲午	癸巳	壬辰	辛卯	庚寅	己丑	戊子	丁亥	丙戌	乙酉	甲申	癸未	壬午	辛巳	庚辰	己卯	戊寅	丁丑	丙子	일진	
	일	토	금	목	수	화	월	일	토	금	목	수	화	월	丑初	토	금	목	수	화	월	일	토	금	목	수	화	월	일	절기시각	

													소만																입하4	절기	4月大(丁巳) 입하
30	29	28	27	26	25	24	23	22	21	20	19	18	17	16	15	14	13	12	11	10	9	8	7	6	5	4	3	2	1	음력	
1	1	1	2	2	2	3	3	3	4	4	4	5	5	5	6	6	6	7	7	7	8	8	8	9	9	9	10	10		대운 순행	
10	9	9	9	8	8	8	7	7	7	6	6	6	5	5	5	4	4	4	3	3	3	2	2	2	1	1	1	1		대운 역행	
		6																											5	양력 월	
3	2	1	31	30	29	28	27	26	25	24	23	22	21	20	19	18	17	16	15	14	13	12	11	10	9	8	7	6	5	양력 일	
甲戌	癸酉	壬申	辛未	庚午	己巳	戊辰	丁卯	丙寅	乙丑	甲子	癸亥	壬戌	辛酉	庚申	己未	戊午	丁巳	丙辰	乙卯	甲寅	癸丑	壬子	辛亥	庚戌	己酉	戊申	丁未	丙午	乙巳	일진	
화	월	일	토	금	목	수	화	월	일	토	금	목	子正	화	월	일	토	금	목	수	화	월	일	토	금	목	수	화	午初	절기시각	

													하지															망종5		절기	5月小(戊午) 망종
	29	28	27	26	25	24	23	22	21	20	19	18	17	16	15	14	13	12	11	10	9	8	7	6	5	4	3	2	1	음력	
	2	2	2	3	3	3	4	4	4	5	5	5	6	6	6	7	7	7	8	8	8	9	9	9	10	10	10		1	대운 순행	
	9	9	8	8	8	7	7	7	6	6	6	5	5	5	4	4	4	3	3	3	2	2	2	1	1	1	1		10	대운 역행	
		7																											6	양력 월	
	2	1	30	29	28	27	26	25	24	23	22	21	20	19	18	17	16	15	14	13	12	11	10	9	8	7	6	5	4	양력 일	
	癸卯	壬寅	辛丑	庚子	己亥	戊戌	丁酉	丙申	乙未	甲午	癸巳	壬辰	辛卯	庚寅	己丑	戊子	丁亥	丙戌	乙酉	甲申	癸未	壬午	辛巳	庚辰	己卯	戊寅	丁丑	丙子	乙亥	일진	
	수	화	월	일	토	금	목	수	화	월	일	辰正	금	목	수	화	월	일	토	금	목	수	화	월	일	토	금	申正	수	절기시각	

											대서														소서6					절기	6月小(己未) 소서
	29	28	27	26	25	24	23	22	21	20	19	18	17	16	15	14	13	12	11	10	9	8	7	6	5	4	3	2	1	음력	
	2	3	3	3	4	4	4	5	5	5	6	6	6	7	7	7	8	8	8	9	9	9	10	10		1	1	1	1	대운 순행	
	8	8	7	7	7	6	6	6	5	5	5	4	4	4	3	3	3	2	2	2	1	1	1	1		10	10	10	9	대운 역행	
																													7	양력 월	
	31	30	29	28	27	26	25	24	23	22	21	20	19	18	17	16	15	14	13	12	11	10	9	8	7	6	5	4	3	양력 일	
	壬申	辛未	庚午	己巳	戊辰	丁卯	丙寅	乙丑	甲子	癸亥	壬戌	辛酉	庚申	己未	戊午	丁巳	丙辰	乙卯	甲寅	癸丑	壬子	辛亥	庚戌	己酉	戊申	丁未	丙午	乙巳	甲辰	일진	
	목	수	화	월	일	토	금	목	수	戌初	월	일	토	금	목	수	화	월	일	토	금	목	수	화	丑正	일	토	금	목	절기시각	

• 내가 성공했다고 크게 자만해 보이면 반대로 악운이 온다는 징조다.

							처서															입추7								절기	7月大(庚申)입추
30	29	28	27	26	25	24	**23**	22	21	20	19	18	17	16	15	14	13	12	11	10	9	8	**7**	6	5	4	3	2	1	음력	
3	3	3	4	4	4	5	5	5	6	6	6	7	7	7	8	8	8	9	9	9	10	10		1	1	1	1	2	2	대운 순행	
8	7	7	7	6	6	6	5	5	5	4	4	4	3	3	3	2	2	2	1	1	1	1		10	10	9	9	9	8	대운 역행	
																													8	양력 월	
30	29	28	27	26	25	24	23	22	21	20	19	18	17	16	15	14	13	12	11	10	9	8	7	6	5	4	3	2	1	양력 일	
壬寅	辛丑	庚子	己亥	戊戌	丁酉	丙申	乙未	甲午	癸巳	壬辰	辛卯	庚寅	己丑	戊子	丁亥	丙戌	乙酉	甲申	癸未	壬午	辛巳	庚辰	己卯	戊寅	丁丑	丙子	乙亥	甲戌	癸酉	일진	
토	금	목	수	화	월	일	丑正	금	목	수	화	월	일	토	금	목	수	화	월	일	토	금	午正	수	화	월	일	토	금	절기시각	

						추분																백로8								절기	8月小(辛酉)백로
	29	28	27	26	25	**24**	23	22	21	20	19	18	17	16	15	14	13	12	11	10	9	**8**	7	6	5	4	3	2	1	음력	
	3	4	4	4	5	5	5	6	6	6	7	7	7	8	8	8	9	9	9	10	10		1	1	1	1	2	2	2	대운 순행	
	7	7	6	6	6	5	5	5	4	4	4	3	3	3	2	2	2	1	1	1	1		10	10	9	9	9	8	8	대운 역행	
																												9	8	양력 월	
	28	27	26	25	24	23	22	21	20	19	18	17	16	15	14	13	12	11	10	9	8	7	6	5	4	3	2	1	31	양력 일	
	辛未	庚午	己巳	戊辰	丁卯	丙寅	乙丑	甲子	癸亥	壬戌	辛酉	庚申	己未	戊午	丁巳	丙辰	乙卯	甲寅	癸丑	壬子	辛亥	庚戌	己酉	戊申	丁未	丙午	乙巳	甲辰	癸卯	일진	
	일	토	금	목	수	子正	월	일	토	금	목	수	화	월	일	토	금	목	수	화	월	申初	토	금	목	수	화	월	일	절기시각	

					상강															한로9										절기	9月大(壬戌)한로
30	29	28	27	26	**25**	24	23	22	21	20	19	18	17	16	15	14	13	12	11	**10**	9	8	7	6	5	4	3	2	1	음력	
3	4	4	4	5	5	5	6	6	6	7	7	7	8	8	8	9	9	9	10		1	1	1	1	2	2	2	3	3	대운 순행	
7	6	6	6	5	5	5	4	4	4	3	3	3	2	2	2	1	1	1	1		10	10	9	9	9	8	8	8	7	대운 역행	
																											10		9	양력 월	
28	27	26	25	24	23	22	21	20	19	18	17	16	15	14	13	12	11	10	9	8	7	6	5	4	3	2	1	30	29	양력 일	
辛丑	庚子	己亥	戊戌	丁酉	丙申	乙未	甲午	癸巳	壬辰	辛卯	庚寅	己丑	戊子	丁亥	丙戌	乙酉	甲申	癸未	壬午	辛巳	庚辰	己卯	戊寅	丁丑	丙子	乙亥	甲戌	癸酉	壬申	일진	
화	월	일	토	금	巳正	수	화	월	일	토	금	목	수	화	월	일	토	금	목	卯正	화	월	일	토	금	목	수	화	월	절기시각	

					소설															입동10										절기	10月大(癸亥)입동
30	29	28	27	26	**25**	24	23	22	21	20	19	18	17	16	15	14	13	12	11	**10**	9	8	7	6	5	4	3	2	1	음력	
3	4	4	4	5	5	5	6	6	6	7	7	7	8	8	8	9	9	9	10		1	1	1	1	2	2	2	3	3	대운 순행	
7	6	6	6	5	5	5	4	4	4	3	3	3	2	2	2	1	1	1	1		10	9	9	9	8	8	8	7	7	대운 역행	
																										11			10	양력 월	
27	26	25	24	23	22	21	20	19	18	17	16	15	14	13	12	11	10	9	8	7	6	5	4	3	2	1	31	30	29	양력 일	
辛未	庚午	己巳	戊辰	丁卯	丙寅	乙丑	甲子	癸亥	壬戌	辛酉	庚申	己未	戊午	丁巳	丙辰	乙卯	甲寅	癸丑	壬子	辛亥	庚戌	己酉	戊申	丁未	丙午	乙巳	甲辰	癸卯	壬寅	일진	
목	수	화	월	일	辰初	금	목	수	화	월	일	토	금	목	수	화	월	일	토	巳正	목	수	화	월	일	토	금	목	수	절기시각	

						동지														대설11										절기	11月小(甲子)대설
	29	28	27	26	25	**24**	23	22	21	20	19	18	17	16	15	14	13	12	11	**10**	9	8	7	6	5	4	3	2	1	음력	
	3	4	4	4	5	5	5	6	6	6	7	7	7	8	8	8	9	9	9		1	1	1	1	2	2	2	3	3	대운 순행	
	6	6	6	5	5	5	4	4	4	3	3	3	2	2	2	1	1	1	1		10	9	9	9	8	8	8	7	7	대운 역행	
																										12			11	양력 월	
	26	25	24	23	22	21	20	19	18	17	16	15	14	13	12	11	10	9	8	7	6	5	4	3	2	1	30	29	28	양력 일	
	庚子	己亥	戊戌	丁酉	丙申	乙未	甲午	癸巳	壬辰	辛卯	庚寅	己丑	戊子	丁亥	丙戌	乙酉	甲申	癸未	壬午	辛巳	庚辰	己卯	戊寅	丁丑	丙子	乙亥	甲戌	癸酉	壬申	일진	
	금	목	수	화	월	戌正	토	금	목	수	화	월	일	토	금	목	수	화	월	寅初	토	금	목	수	화	월	일	토	금	절기시각	

					대한															소한12										절기	12月大(乙丑)소한
30	29	28	27	26	**25**	24	23	22	21	20	19	18	17	16	15	14	13	12	11	**10**	9	8	7	6	5	4	3	2	1	음력	
3	4	4	4	5	5	5	6	6	6	7	7	7	8	8	8	9	9	9	10		1	1	1	1	2	2	2	3	3	대운 순행	
7	6	6	6	5	5	5	4	4	4	3	3	3	2	2	2	1	1	1	1		9	9	9	8	8	8	7	7	7	대운 역행	
																								1					12	양력 월	
25	24	23	22	21	20	19	18	17	16	15	14	13	12	11	10	9	8	7	6	5	4	3	2	1	31	30	29	28	27	양력 일	
庚午	己巳	戊辰	丁卯	丙寅	乙丑	甲子	癸亥	壬戌	辛酉	庚申	己未	戊午	丁巳	丙辰	乙卯	甲寅	癸丑	壬子	辛亥	庚戌	己酉	戊申	丁未	丙午	乙巳	甲辰	癸卯	壬寅	辛丑	일진	
일	토	금	목	수	辰初	월	일	토	금	목	수	화	월	일	토	금	목	수	화	未正	일	토	금	목	수	화	월	일	토	절기시각	

• 己日生 사주에 丁亥가 있는 사람은 부자팔자다.

서기 2009년
단기 4342년

己丑年

상문 : 卯 대장군 : 西
조객 : 亥 삼 재 : 巳酉丑
삼살 : 東

노무현대통령 서거(5. 23)
김대중대통령 서거(8. 18)

1月大(丙寅) 입춘

						우수														입춘1										절 기	
30	29	28	27	26	25	**24**	23	22	21	20	19	18	17	16	15	14	13	12	11	**10**	9	8	7	6	5	4	3	2	1	음 력	
3	3	4	4	4	5	5	5	6	6	6	7	7	7	8	8	8	9	9	9		1	1	1	1	2	2	2	3	3	순행	대
7	6	6	6	5	5	5	4	4	4	3	3	3	2	2	2	1	1	1	1		10	9	9	9	8	8	8	7	7	역행	운
																							2						1	월	양
24	23	22	21	20	19	18	17	16	15	14	13	12	11	10	9	8	7	6	5	4	3	2	1	31	30	29	28	27	26	일	력
庚	己	戊	丁	丙	乙	甲	癸	壬	辛	庚	己	戊	丁	丙	乙	甲	癸	壬	辛	庚	己	戊	丁	丙	乙	甲	癸	壬	辛	일 진	
子	亥	戌	酉	申	未	午	巳	辰	卯	寅	丑	子	亥	戌	酉	申	未	午	巳	辰	卯	寅	丑	子	亥	戌	酉	申	未		
화	월	일	토	금	목	亥初	화	월	일	토	금	목	수	화	월	일	토	금	목	丑初	화	월	일	토	금	목	수	화	월	절기시각	

2月大(丁卯) 경칩

						춘분															경칩2									절 기	
30	29	28	27	26	25	**24**	23	22	21	20	19	18	17	16	15	14	13	12	11	10	**9**	8	7	6	5	4	3	2	1	음 력	
3	4	4	4	5	5	5	6	6	6	7	7	7	8	8	8	9	9	9	10	10		1	1	1	1	2	2	2	3	순행	대
7	7	6	6	6	5	5	5	4	4	4	3	3	3	2	2	2	1	1	1	1		9	9	9	8	8	8	7	7	역행	운
																									3				2	월	양
26	25	24	23	22	21	20	19	18	17	16	15	14	13	12	11	10	9	8	7	6	5	4	3	2	1	28	27	26	25	일	력
庚	己	戊	丁	丙	乙	甲	癸	壬	辛	庚	己	戊	丁	丙	乙	甲	癸	壬	辛	庚	己	戊	丁	丙	乙	甲	癸	壬	辛	일 진	
午	巳	辰	卯	寅	丑	子	亥	戌	酉	申	未	午	巳	辰	卯	寅	丑	子	亥	戌	酉	申	未	午	巳	辰	卯	寅	丑		
목	수	화	월	일	토	戌正	목	수	화	월	일	토	금	목	수	화	월	일	토	금	戌初	수	화	월	일	토	금	목	수	절기시각	

3月小(戊辰) 청명

					곡우															청명3										절 기	
	29	28	27	26	**25**	24	23	22	21	20	19	18	17	16	15	14	13	12	11	**10**	9	8	7	6	5	4	3	2	1	음 력	
	4	4	4	5	5	5	6	6	6	7	7	7	8	8	8	9	9	9	10		1	1	1	1	2	2	2	3	3	순행	대
	6	6	6	5	5	5	4	4	4	3	3	3	2	2	2	1	1	1	1		10	10	9	9	9	8	8	8	7	역행	운
																								4					3	월	양
	24	23	22	21	20	19	18	17	16	15	14	13	12	11	10	9	8	7	6	5	4	3	2	1	31	30	29	28	27	일	력
	己	戊	丁	丙	乙	甲	癸	壬	辛	庚	己	戊	丁	丙	乙	甲	癸	壬	辛	庚	己	戊	丁	丙	乙	甲	癸	壬	辛	일 진	
	亥	戌	酉	申	未	午	巳	辰	卯	寅	丑	子	亥	戌	酉	申	未	午	巳	辰	卯	寅	丑	子	亥	戌	酉	申	未		
	금	목	수	화	辰初	일	토	금	목	수	화	월	일	토	금	목	수	화	월	子正	토	금	목	수	화	월	일	토	금	절기시각	

4月小(己巳) 입하

			소만																입하4											절 기	
	29	28	**27**	26	25	24	23	22	21	20	19	18	17	16	15	14	13	12	**11**	10	9	8	7	6	5	4	3	2	1	음 력	
	4	5	5	5	6	6	6	7	7	7	8	8	8	9	9	9	10	10		1	1	1	1	2	2	2	3	3	3	순행	대
	6	6	5	5	5	4	4	4	3	3	3	2	2	2	1	1	1	1		10	9	9	9	8	8	8	7	7	7	역행	운
																							5						4	월	양
	23	22	21	20	19	18	17	16	15	14	13	12	11	10	9	8	7	6	5	4	3	2	1	30	29	28	27	26	25	일	력
	戊	丁	丙	乙	甲	癸	壬	辛	庚	己	戊	丁	丙	乙	甲	癸	壬	辛	庚	己	戊	丁	丙	乙	甲	癸	壬	辛	庚	일 진	
	辰	卯	寅	丑	子	亥	戌	酉	申	未	午	巳	辰	卯	寅	丑	子	亥	戌	酉	申	未	午	巳	辰	卯	寅	丑	子		
	토	금	卯正	수	화	월	일	토	금	목	수	화	월	일	토	금	목	수	酉初	월	일	토	금	목	수	화	월	일	토	절기시각	

5月大(庚午) 망종

	하지																망종5													절 기	
30	**29**	28	27	26	25	24	23	22	21	20	19	18	17	16	15	14	**13**	12	11	10	9	8	7	6	5	4	3	2	1	음 력	
5	5	6	6	6	7	7	7	8	8	8	9	9	9	10	10	10		1	1	1	1	2	2	2	3	3	3	4	4	순행	대
6	5	5	5	4	4	4	3	3	3	2	2	2	1	1	1	1		10	10	9	9	9	8	8	8	7	7	7	6	역행	운
																					6								5	월	양
22	21	20	19	18	17	16	15	14	13	12	11	10	9	8	7	6	5	4	3	2	1	31	30	29	28	27	26	25	24	일	력
戊	丁	丙	乙	甲	癸	壬	辛	庚	己	戊	丁	丙	乙	甲	癸	壬	辛	庚	己	戊	丁	丙	乙	甲	癸	壬	辛	庚	己	일 진	
戌	酉	申	未	午	巳	辰	卯	寅	丑	子	亥	戌	酉	申	未	午	巳	辰	卯	寅	丑	子	亥	戌	酉	申	未	午	巳		
월	未正	토	금	목	수	화	월	일	토	금	목	수	화	월	일	토	亥初	목	수	화	월	일	토	금	목	수	화	월	일	절기시각	

윤5月小

															소서6															절 기	
	29	28	27	26	25	24	23	22	21	20	19	18	17	16	**15**	14	13	12	11	10	9	8	7	6	5	4	3	2	1	음 력	
	6	6	6	7	7	7	8	8	8	9	9	9	10	10		1	1	1	1	2	2	2	3	3	3	4	4	4	5	순행	대
	5	4	4	4	3	3	3	2	2	2	1	1	1	1		10	10	10	9	9	9	8	8	8	7	7	7	6	6	역행	운
																					7								6	월	양
	21	20	19	18	17	16	15	14	13	12	11	10	9	8	7	6	5	4	3	2	1	30	29	28	27	26	25	24	23	일	력
	丁	丙	乙	甲	癸	壬	辛	庚	己	戊	丁	丙	乙	甲	癸	壬	辛	庚	己	戊	丁	丙	乙	甲	癸	壬	辛	庚	己	일 진	
	卯	寅	丑	子	亥	戌	酉	申	未	午	巳	辰	卯	寅	丑	子	亥	戌	酉	申	未	午	巳	辰	卯	寅	丑	子	亥		
	화	월	일	토	금	목	수	화	월	일	토	금	목	수	辰正	월	일	토	금	목	수	화	월	일	토	금	목	수	화	절기시각	

• 꿈에 동물한테 물려보면 백발백중 일이 성사된다.

6月小(辛未)소서

												입추7																대서		절기
	29	28	27	26	25	24	23	22	21	20	19	18	17	16	15	14	13	12	11	10	9	8	7	6	5	4	3	2	1	음력
	6	7	7	7	8	8	8	9	9	9	10	10		1	1	1	1	2	2	2	3	3	3	4	4	4	5	5	5	순행 대운
	4	4	3	3	3	2	2	2	1	1	1	1		10	10	9	9	9	8	8	8	7	7	7	6	6	6	5	5	역행 대운
																			8										7	월 양력
	19	18	17	16	15	14	13	12	11	10	9	8	7	6	5	4	3	2	1	31	30	29	28	27	26	25	24	23	22	일 양력
	丙申	乙未	甲午	癸巳	壬辰	辛卯	庚寅	己丑	戊子	丁亥	丙戌	乙酉	甲申	癸未	壬午	辛巳	庚辰	己卯	戊寅	丁丑	丙子	乙亥	甲戌	癸酉	壬申	辛未	庚午	己巳	戊辰	일진
	수	화	월	일	토	금	목	수	화	월	일	토	酉正	목	수	화	월	일	토	금	목	수	화	월	일	토	금	丑初	수	절기시각

7月大(壬申)입추

											백로8															처서				절기
30	29	28	27	26	25	24	23	22	21	20	19	18	17	16	15	14	13	12	11	10	9	8	7	6	5	4	3	2	1	음력
7	7	7	8	8	8	9	9	9	10	10		1	1	1	1	2	2	2	3	3	3	4	4	4	5	5	5	6	6	순행 대운
4	3	3	3	2	2	2	1	1	1	1		10	10	9	9	9	8	8	8	7	7	7	6	6	6	5	5	5	4	역행 대운
																	9												8	월 양력
18	17	16	15	14	13	12	11	10	9	8	7	6	5	4	3	2	1	31	30	29	28	27	26	25	24	23	22	21	20	일 양력
丙寅	乙丑	甲子	癸亥	壬戌	辛酉	庚申	己未	戊午	丁巳	丙辰	乙卯	甲寅	癸丑	壬子	辛亥	庚戌	己酉	戊申	丁未	丙午	乙巳	甲辰	癸卯	壬寅	辛丑	庚子	己亥	戊戌	丁酉	일진
금	목	수	화	월	일	토	금	목	수	화	亥初	일	토	금	목	수	화	월	일	토	금	목	수	화	월	辰正	토	금	목	절기시각

8月小(癸酉)백로

										한로9															추분					절기
	29	28	27	26	25	24	23	22	21	20	19	18	17	16	15	14	13	12	11	10	9	8	7	6	5	4	3	2	1	음력
	7	7	8	8	8	9	9	9	10		1	1	1	1	2	2	2	3	3	3	4	4	4	5	5	5	6	6	6	순행 대운
	3	3	2	2	2	1	1	1	1		10	10	9	9	9	8	8	8	7	7	7	6	6	6	5	5	5	4	4	역행 대운
																	10												9	월 양력
	17	16	15	14	13	12	11	10	9	8	7	6	5	4	3	2	1	30	29	28	27	26	25	24	23	22	21	20	19	일 양력
	乙未	甲午	癸巳	壬辰	辛卯	庚寅	己丑	戊子	丁亥	丙戌	乙酉	甲申	癸未	壬午	辛巳	庚辰	己卯	戊寅	丁丑	丙子	乙亥	甲戌	癸酉	壬申	辛未	庚午	己巳	戊辰	丁卯	일진
	토	금	목	수	화	월	일	토	금	午正	수	화	월	일	토	금	목	수	화	월	일	토	금	목	卯正	화	월	일	토	절기시각

9月大(甲戌)한로

									입동10															상강						절기
30	29	28	27	26	25	24	23	22	21	20	19	18	17	16	15	14	13	12	11	10	9	8	7	6	5	4	3	2	1	음력
7	7	8	8	8	9	9	9	10		1	1	1	1	2	2	2	3	3	3	4	4	4	5	5	5	6	6	6	7	순행 대운
3	3	2	2	2	1	1	1	1		10	9	9	9	8	8	8	7	7	7	6	6	6	5	5	5	4	4	4	3	역행 대운
															11														10	월 양력
16	15	14	13	12	11	10	9	8	7	6	5	4	3	2	1	31	30	29	28	27	26	25	24	23	22	21	20	19	18	일 양력
乙丑	甲子	癸亥	壬戌	辛酉	庚申	己未	戊午	丁巳	丙辰	乙卯	甲寅	癸丑	壬子	辛亥	庚戌	己酉	戊申	丁未	丙午	乙巳	甲辰	癸卯	壬寅	辛丑	庚子	己亥	戊戌	丁酉	丙申	일진
월	일	토	금	목	수	화	월	일	申初	금	목	수	화	월	일	토	금	목	수	화	월	일	토	申初	목	수	화	월	일	절기시각

10月小(乙亥)입동

									대설11															소설						절기
	29	28	27	26	25	24	23	22	21	20	19	18	17	16	15	14	13	12	11	10	9	8	7	6	5	4	3	2	1	음력
	7	7	8	8	8	9	9	9		1	1	1	1	2	2	2	3	3	3	4	4	4	5	5	5	6	6	6	7	순행 대운
	3	2	2	2	1	1	1	1		10	9	9	9	8	8	8	7	7	7	6	6	6	5	5	5	4	4	4	3	역행 대운
															12														11	월 양력
	15	14	13	12	11	10	9	8	7	6	5	4	3	2	1	30	29	28	27	26	25	24	23	22	21	20	19	18	17	일 양력
	甲午	癸巳	壬辰	辛卯	庚寅	己丑	戊子	丁亥	丙戌	乙酉	甲申	癸未	壬午	辛巳	庚辰	己卯	戊寅	丁丑	丙子	乙亥	甲戌	癸酉	壬申	辛未	庚午	己巳	戊辰	丁卯	丙寅	일진
	화	월	일	토	금	목	수	화	辰正	일	토	금	목	수	화	월	일	토	금	목	수	화	월	未初	토	금	목	수	화	절기시각

11月大(丙子)대설

									소한12														동지							절기
30	29	28	27	26	25	24	23	22	21	20	19	18	17	16	15	14	13	12	11	10	9	8	7	6	5	4	3	2	1	음력
7	7	8	8	8	9	9	9	10		1	1	1	1	2	2	2	3	3	3	4	4	4	5	5	5	6	6	6	7	순행 대운
3	3	2	2	2	1	1	1	1		9	9	9	8	8	8	7	7	7	6	6	6	5	5	5	4	4	4	3	3	역행 대운
													1																12	월 양력
14	13	12	11	10	9	8	7	6	5	4	3	2	1	31	30	29	28	27	26	25	24	23	22	21	20	19	18	17	16	일 양력
甲子	癸亥	壬戌	辛酉	庚申	己未	戊午	丁巳	丙辰	乙卯	甲寅	癸丑	壬子	辛亥	庚戌	己酉	戊申	丁未	丙午	乙巳	甲辰	癸卯	壬寅	辛丑	庚子	己亥	戊戌	丁酉	丙申	乙未	일진
목	수	화	월	일	토	금	목	수	戌正	월	일	토	금	목	수	화	월	일	토	금	목	수	丑正	월	일	토	금	목	수	절기시각

12月大(丁丑)소한

									입춘1															대한						절기
30	29	28	27	26	25	24	23	22	21	20	19	18	17	16	15	14	13	12	11	10	9	8	7	6	5	4	3	2	1	음력
7	7	8	8	8	9	9	9	10		1	1	1	1	2	2	2	3	3	3	4	4	4	5	5	5	6	6	6	7	순행 대운
3	3	2	2	2	1	1	1	1		10	9	9	9	8	8	8	7	7	7	6	6	6	5	5	5	4	4	4	3	역행 대운
												2																	1	월 양력
13	12	11	10	9	8	7	6	5	4	3	2	1	31	30	29	28	27	26	25	24	23	22	21	20	19	18	17	16	15	일 양력
甲午	癸巳	壬辰	辛卯	庚寅	己丑	戊子	丁亥	丙戌	乙酉	甲申	癸未	壬午	辛巳	庚辰	己卯	戊寅	丁丑	丙子	乙亥	甲戌	癸酉	壬申	辛未	庚午	己巳	戊辰	丁卯	丙寅	乙丑	일진
토	금	목	수	화	월	일	토	금	辰初	수	화	월	일	토	금	목	수	화	월	일	토	금	목	未初	화	월	일	토	금	절기시각

• 庚日生 사주에 戊寅, 戊辰이 있는 사람은 부자팔자다.

서기 2010년
단기 4343년

庚寅年

상문 : 辰 대장군 : 北
조객 : 子 삼 재 : 申子辰
삼살 : 北

천안함 피격(3. 26)

1月大(戊寅) 입춘

									경칩2															우수						절 기	
30	29	28	27	26	25	24	23	22	**21**	20	19	18	17	16	15	14	13	12	11	10	9	8	7	**6**	5	4	3	2	1	음 력	
7	7	8	8	8	9	9	9	10		1	1	1	1	2	2	2	3	3	3	4	4	4	5	5	5	6	6	6	7	순행	대
3	3	2	2	2	1	1	1	1		10	9	9	9	8	8	8	7	7	7	6	6	6	5	5	5	4	4	4	3	역행	운
														3															2	월	양
15	14	13	12	11	10	9	8	7	6	5	4	3	2	1	28	27	26	25	24	23	22	21	20	19	18	17	16	15	14	일	력
甲子	癸亥	壬戌	辛酉	庚申	己未	戊午	丁巳	丙辰	乙卯	甲寅	癸丑	壬子	辛亥	庚戌	己酉	戊申	丁未	丙午	乙巳	甲辰	癸卯	壬寅	辛丑	庚子	己亥	戊戌	丁酉	丙申	乙未	일 진	
월	일	토	금	목	수	화	월	일	丑初	금	목	수	화	월	일	토	금	목	수	화	월	일	토	寅初	목	수	화	월	일	절기시각	

2月小(己卯) 경칩

									청명3															춘분						절 기	
	29	28	27	26	25	24	23	22	**21**	20	19	18	17	16	15	14	13	12	11	10	9	8	7	**6**	5	4	3	2	1	음 력	
	7	8	8	8	9	9	9	10		1	1	1	1	2	2	2	3	3	3	4	4	4	5	5	5	6	6	6	7	순행	대
	3	2	2	2	1	1	1	1		10	9	9	9	8	8	8	7	7	7	6	6	6	5	5	5	4	4	4	3	역행	운
													4																3	월	양
	13	12	11	10	9	8	7	6	5	4	3	2	1	31	30	29	28	27	26	25	24	23	22	21	20	19	18	17	16	일	력
	癸巳	壬辰	辛卯	庚寅	己丑	戊子	丁亥	丙戌	乙酉	甲申	癸未	壬午	辛巳	庚辰	己卯	戊寅	丁丑	丙子	乙亥	甲戌	癸酉	壬申	辛未	庚午	己巳	戊辰	丁卯	丙寅	乙丑	일 진	
	화	월	일	토	금	목	수	화	卯正	일	토	금	목	수	화	월	일	토	금	목	수	화	월	丑正	토	금	목	수	화	절기시각	

3月大(庚辰) 청명

								입하4															곡우							절 기	
30	29	28	27	26	25	24	23	**22**	21	20	19	18	17	16	15	14	13	12	11	10	9	8	**7**	6	5	4	3	2	1	음 력	
8	8	9	9	9	10	10	10		1	1	1	1	2	2	2	3	3	3	4	4	4	5	5	5	6	6	6	7	7	순행	대
3	2	2	2	1	1	1	1		10	9	9	9	8	8	8	7	7	7	6	6	6	5	5	5	4	4	4	3	3	역행	운
												5																	4	월	양
13	12	11	10	9	8	7	6	5	4	3	2	1	30	29	28	27	26	25	24	23	22	21	20	19	18	17	16	15	14	일	력
癸亥	壬戌	辛酉	庚申	己未	戊午	丁巳	丙辰	乙卯	甲寅	癸丑	壬子	辛亥	庚戌	己酉	戊申	丁未	丙午	乙巳	甲辰	癸卯	壬寅	辛丑	庚子	己亥	戊戌	丁酉	丙申	乙未	甲午	일 진	
목	수	화	월	일	토	금	목	子初	화	월	일	토	금	목	수	화	월	일	토	금	목	수	未初	월	일	토	금	목	수	절기시각	

4月小(辛巳) 입하

						망종5																소만								절 기	
	29	28	27	26	25	**24**	23	22	21	20	19	18	17	16	15	14	13	12	11	10	9	**8**	7	6	5	4	3	2	1	음 력	
	9	9	9	10	10		1	1	1	1	2	2	2	3	3	3	4	4	4	5	5	5	6	6	6	7	7	7	8	순행	대
	2	1	1	1	1		10	10	10	9	9	9	8	8	8	7	7	7	6	6	6	5	5	5	4	4	4	3	3	역행	운
											6																		5	월	양
	11	10	9	8	7	6	5	4	3	2	1	31	30	29	28	27	26	25	24	23	22	21	20	19	18	17	16	15	14	일	력
	壬辰	辛卯	庚寅	己丑	戊子	丁亥	丙戌	乙酉	甲申	癸未	壬午	辛巳	庚辰	己卯	戊寅	丁丑	丙子	乙亥	甲戌	癸酉	壬申	辛未	庚午	己巳	戊辰	丁卯	丙寅	乙丑	甲子	일 진	
	금	목	수	화	월	寅初	토	금	목	수	화	월	일	토	금	목	수	화	월	일	토	午正	목	수	화	월	일	토	금	절기시각	

5月大(壬午) 망종

				소서6																하지										절 기	
30	29	28	27	**26**	25	24	23	22	21	20	19	18	17	16	15	14	13	12	11	**10**	9	8	7	6	5	4	3	2	1	음 력	
9	9	10	10		1	1	1	1	2	2	2	3	3	3	4	4	4	5	5	5	6	6	6	7	7	7	8	8	8	순행	대
1	1	1	1		10	10	9	9	9	8	8	8	7	7	7	6	6	6	5	5	5	4	4	4	3	3	3	2	2	역행	운
										7																			6	월	양
11	10	9	8	7	6	5	4	3	2	1	30	29	28	27	26	25	24	23	22	21	20	19	18	17	16	15	14	13	12	일	력
壬戌	辛酉	庚申	己未	戊午	丁巳	丙辰	乙卯	甲寅	癸丑	壬子	辛亥	庚戌	己酉	戊申	丁未	丙午	乙巳	甲辰	癸卯	壬寅	辛丑	庚子	己亥	戊戌	丁酉	丙申	乙未	甲午	癸巳	일 진	
일	토	금	목	未正	화	월	일	토	금	목	수	화	월	일	토	금	목	수	화	戌正	일	토	금	목	수	화	월	일	토	절기시각	

6月小(癸未) 소서

			입추7															대서												절 기	
	29	28	**27**	26	25	24	23	22	21	20	19	18	17	16	15	14	13	**12**	11	10	9	8	7	6	5	4	3	2	1	음 력	
	10	10		1	1	1	1	2	2	2	3	3	3	4	4	4	5	5	5	6	6	6	7	7	7	8	8	8	9	순행	대
	1	1		10	10	9	9	9	8	8	8	7	7	7	6	6	6	5	5	5	4	4	4	3	3	3	2	2	2	역행	운
									8																				7	월	양
	9	8	7	6	5	4	3	2	1	31	30	29	28	27	26	25	24	23	22	21	20	19	18	17	16	15	14	13	12	일	력
	辛卯	庚寅	己丑	戊子	丁亥	丙戌	乙酉	甲申	癸未	壬午	辛巳	庚辰	己卯	戊寅	丁丑	丙子	乙亥	甲戌	癸酉	壬申	辛未	庚午	己巳	戊辰	丁卯	丙寅	乙丑	甲子	癸亥	일 진	
	월	일	子初	금	목	수	화	월	일	토	금	목	수	화	월	일	토	辰初	목	수	화	월	일	토	금	목	수	화	월	절기시각	

• 집 대문이 무너지는 꿈은 아랫사람이 가출한다.

7月小(甲申) 입추

																처서														절기
	29	28	27	26	25	24	23	22	21	20	19	18	17	16	15	**14**	13	12	11	10	9	8	7	6	5	4	3	2	1	음력
	1	1	1	1	2	2	2	3	3	3	4	4	4	5	5	5	6	6	6	7	7	7	8	8	8	9	9	9	10	대운 순행
	10	10	10	9	9	9	8	8	8	7	7	7	6	6	6	5	5	5	4	4	4	3	3	3	2	2	2	1	1	대운 역행
							9																						8	양력 월
	7	6	5	4	3	2	1	31	30	29	28	27	26	25	24	23	22	21	20	19	18	17	16	15	14	13	12	11	10	양력 일
	庚申	己未	戊午	丁巳	丙辰	乙卯	甲寅	癸丑	壬子	辛亥	庚戌	己酉	戊申	丁未	丙午	乙巳	甲辰	癸卯	壬寅	辛丑	庚子	己亥	戊戌	丁酉	丙申	乙未	甲午	癸巳	壬辰	일진
	화	월	일	토	금	목	수	화	월	일	토	금	목	수	화	未正	일	토	금	목	수	화	월	일	토	금	목	수	화	절기시각

8月大(乙酉) 백로

														추분															백로8	절기
30	29	28	27	26	25	24	23	22	21	20	19	18	17	**16**	15	14	13	12	11	10	9	8	7	6	5	4	3	2	**1**	음력
1	1	1	1	2	2	2	3	3	3	4	4	4	5	5	5	6	6	6	7	7	7	8	8	8	9	9	9	10		대운 순행
10	9	9	9	8	8	8	7	7	7	6	6	6	5	5	5	4	4	4	3	3	3	2	2	2	1	1	1	1		대운 역행
						10																							9	양력 월
7	6	5	4	3	2	1	30	29	28	27	26	25	24	23	22	21	20	19	18	17	16	15	14	13	12	11	10	9	8	양력 일
庚寅	己丑	戊子	丁亥	丙戌	乙酉	甲申	癸未	壬午	辛巳	庚辰	己卯	戊寅	丁丑	丙子	乙亥	甲戌	癸酉	壬申	辛未	庚午	己巳	戊辰	丁卯	丙寅	乙丑	甲子	癸亥	壬戌	辛酉	일진
목	수	화	월	일	토	금	목	수	화	월	일	토	금	午正	수	화	월	일	토	금	목	수	화	월	일	토	금	목	丑正	절기시각

9月小(丙戌) 한로

														상강															한로9	절기
	29	28	27	26	25	24	23	22	21	20	19	18	17	**16**	15	14	13	12	11	10	9	8	7	6	5	4	3	2	**1**	음력
	1	1	1	2	2	2	3	3	3	4	4	4	5	5	5	6	6	6	7	7	7	8	8	8	9	9	9	10		대운 순행
	9	9	9	8	8	8	7	7	7	6	6	6	5	5	5	4	4	4	3	3	3	2	2	2	1	1	1	1		대운 역행
					11																								10	양력 월
	5	4	3	2	1	31	30	29	28	27	26	25	24	23	22	21	20	19	18	17	16	15	14	13	12	11	10	9	8	양력 일
	己未	戊午	丁巳	丙辰	乙卯	甲寅	癸丑	壬子	辛亥	庚戌	己酉	戊申	丁未	丙午	乙巳	甲辰	癸卯	壬寅	辛丑	庚子	己亥	戊戌	丁酉	丙申	乙未	甲午	癸巳	壬辰	辛卯	일진
	금	목	수	화	월	일	토	금	목	수	화	월	일	亥初	금	목	수	화	월	일	토	금	목	수	화	월	일	토	酉正	절기시각

10月大(丁亥) 입동

													소설															입동10		절기
30	29	28	27	26	25	24	23	22	21	20	19	18	**17**	16	15	14	13	12	11	10	9	8	7	6	5	4	3	**2**	1	음력
1	1	1	2	2	2	3	3	3	4	4	4	5	5	5	6	6	6	7	7	7	8	8	8	9	9	9	10		1	대운 순행
9	9	9	8	8	8	7	7	7	6	6	6	5	5	5	4	4	4	3	3	3	2	2	2	1	1	1	1		10	대운 역행
				12																									11	양력 월
5	4	3	2	1	30	29	28	27	26	25	24	23	22	21	20	19	18	17	16	15	14	13	12	11	10	9	8	7	6	양력 일
己丑	戊子	丁亥	丙戌	乙酉	甲申	癸未	壬午	辛巳	庚辰	己卯	戊寅	丁丑	丙子	乙亥	甲戌	癸酉	壬申	辛未	庚午	己巳	戊辰	丁卯	丙寅	乙丑	甲子	癸亥	壬戌	辛酉	庚申	일진
일	토	금	목	수	화	월	일	토	금	목	수	화	戌初	일	토	금	목	수	화	월	일	토	금	목	수	화	월	亥初	토	절기시각

11月小(戊子) 대설

													동지															대설11		절기
	29	28	27	26	25	24	23	22	21	20	19	18	**17**	16	15	14	13	12	11	10	9	8	7	6	5	4	3	**2**	1	음력
	1	1	2	2	2	3	3	3	4	4	4	5	5	5	6	6	6	7	7	7	8	8	8	9	9	9	10		1	대운 순행
	9	9	8	8	8	7	7	7	6	6	6	5	5	5	4	4	4	3	3	3	2	2	2	1	1	1	1		10	대운 역행
			1																										12	양력 월
	3	2	1	31	30	29	28	27	26	25	24	23	22	21	20	19	18	17	16	15	14	13	12	11	10	9	8	7	6	양력 일
	戊午	丁巳	丙辰	乙卯	甲寅	癸丑	壬子	辛亥	庚戌	己酉	戊申	丁未	丙午	乙巳	甲辰	癸卯	壬寅	辛丑	庚子	己亥	戊戌	丁酉	丙申	乙未	甲午	癸巳	壬辰	辛卯	庚寅	일진
	월	일	토	금	목	수	화	월	일	토	금	목	辰正	화	월	일	토	금	목	수	화	월	일	토	금	목	수	未正	월	절기시각

12月大(己丑) 소한

													대한														소한12			절기
30	29	28	27	26	25	24	23	22	21	20	19	18	**17**	16	15	14	13	12	11	10	9	8	7	6	5	4	**3**	2	1	음력
1	1	1	2	2	2	3	3	3	4	4	4	5	5	5	6	6	6	7	7	7	8	8	8	9	9	9		1	1	대운 순행
9	9	8	8	8	7	7	7	6	6	6	5	5	5	4	4	4	3	3	3	2	2	2	1	1	1	1		10	9	대운 역행
	2																												1	양력 월
2	1	31	30	29	28	27	26	25	24	23	22	21	20	19	18	17	16	15	14	13	12	11	10	9	8	7	6	5	4	양력 일
戊子	丁亥	丙戌	乙酉	甲申	癸未	壬午	辛巳	庚辰	己卯	戊寅	丁丑	丙子	乙亥	甲戌	癸酉	壬申	辛未	庚午	己巳	戊辰	丁卯	丙寅	乙丑	甲子	癸亥	壬戌	辛酉	庚申	己未	일진
수	화	월	일	토	금	목	수	화	월	일	토	금	戌初	수	화	월	일	토	금	목	수	화	월	일	토	금	丑初	수	화	절기시각

• 정재보다 편재가 강한 사람은 공처가 팔자다.

서기 2011년
단기 4344년

辛卯年

상문 : 巳　대장군 : 北
조객 : 丑　삼　재 : 申子辰
삼살 : 西

1月大(庚寅) 입춘

													우수															입춘1		절기
30	29	28	27	26	25	24	23	22	21	20	19	18	17	16	15	14	13	12	11	10	9	8	7	6	5	4	3	2	1	음력
1	1	1	2	2	2	3	3	3	4	4	4	5	5	5	6	6	6	7	7	7	8	8	8	9	9	9	10		1	대운 순행
9	9	9	8	8	8	7	7	7	6	6	6	5	5	5	4	4	4	3	3	3	2	2	2	1	1	1	1		9	대운 역행
			3																										2	양력 월
4	3	2	1	28	27	26	25	24	23	22	21	20	19	18	17	16	15	14	13	12	11	10	9	8	7	6	5	4	3	양력 일
戊午	丁巳	丙辰	乙卯	甲寅	癸丑	壬子	辛亥	庚戌	己酉	戊申	丁未	丙午	乙巳	甲辰	癸卯	壬寅	辛丑	庚子	己亥	戊戌	丁酉	丙申	乙未	甲午	癸巳	壬辰	辛卯	庚寅	己丑	일진
금	목	수	화	월	일	토	금	목	수	화	월	일	巳初	금	목	수	화	월	일	토	금	목	수	화	월	일	토	未初	목	절기시각

2月小(辛卯) 경칩

													춘분															경칩2		절기
	29	28	27	26	25	24	23	22	21	20	19	18	17	16	15	14	13	12	11	10	9	8	7	6	5	4	3	2	1	음력
	1	1	2	2	2	3	3	3	4	4	4	5	5	5	6	6	6	7	7	7	8	8	8	9	9	9	10		1	대운 순행
	9	9	8	8	8	7	7	7	6	6	6	5	5	5	4	4	4	3	3	3	2	2	2	1	1	1	1		10	대운 역행
		4																											3	양력 월
	2	1	31	30	29	28	27	26	25	24	23	22	21	20	19	18	17	16	15	14	13	12	11	10	9	8	7	6	5	양력 일
	丁亥	丙戌	乙酉	甲申	癸未	壬午	辛巳	庚辰	己卯	戊寅	丁丑	丙子	乙亥	甲戌	癸酉	壬申	辛未	庚午	己巳	戊辰	丁卯	丙寅	乙丑	甲子	癸亥	壬戌	辛酉	庚申	己未	일진
	토	금	목	수	화	월	일	토	금	목	수	화	辰正	일	토	금	목	수	화	월	일	토	금	목	수	화	월	辰初	토	절기시각

3月大(壬辰) 청명

												곡우															청명3			절기
30	29	28	27	26	25	24	23	22	21	20	19	18	17	16	15	14	13	12	11	10	9	8	7	6	5	4	3	2	1	음력
1	2	2	2	3	3	3	4	4	4	5	5	5	6	6	6	7	7	7	8	8	8	9	9	9	10	10		1	1	대운 순행
9	9	8	8	8	7	7	7	6	6	6	5	5	5	4	4	4	3	3	3	2	2	2	1	1	1	1		10	9	대운 역행
	5																												4	양력 월
2	1	30	29	28	27	26	25	24	23	22	21	20	19	18	17	16	15	14	13	12	11	10	9	8	7	6	5	4	3	양력 일
丁巳	丙辰	乙卯	甲寅	癸丑	壬子	辛亥	庚戌	己酉	戊申	丁未	丙午	乙巳	甲辰	癸卯	壬寅	辛丑	庚子	己亥	戊戌	丁酉	丙申	乙未	甲午	癸巳	壬辰	辛卯	庚寅	己丑	戊子	일진
월	일	토	금	목	수	화	월	일	토	금	목	戌初	화	월	일	토	금	목	수	화	월	일	토	금	목	수	午正	월	일	절기시각

4月大(癸巳) 입하

											소만															입하4				절기
30	29	28	27	26	25	24	23	22	21	20	19	18	17	16	15	14	13	12	11	10	9	8	7	6	5	4	3	2	1	음력
2	2	2	3	3	3	4	4	4	5	5	5	6	6	6	7	7	7	8	8	8	9	9	9	10	10		1	1	1	대운 순행
9	8	8	8	7	7	7	6	6	6	5	5	5	4	4	4	3	3	3	2	2	2	1	1	1	1		10	10	9	대운 역행
6																													5	양력 월
1	31	30	29	28	27	26	25	24	23	22	21	20	19	18	17	16	15	14	13	12	11	10	9	8	7	6	5	4	3	양력 일
丁亥	丙戌	乙酉	甲申	癸未	壬午	辛巳	庚辰	己卯	戊寅	丁丑	丙子	乙亥	甲戌	癸酉	壬申	辛未	庚午	己巳	戊辰	丁卯	丙寅	乙丑	甲子	癸亥	壬戌	辛酉	庚申	己未	戊午	일진
수	화	월	일	토	금	목	수	화	월	일	酉正	금	목	수	화	월	일	토	금	목	수	화	월	일	토	卯初	목	수	화	절기시각

5月小(甲午) 망종

									하지																망종5					절기
	29	28	27	26	25	24	23	22	21	20	19	18	17	16	15	14	13	12	11	10	9	8	7	6	5	4	3	2	1	음력
	2	3	3	3	4	4	4	5	5	5	6	6	6	7	7	7	8	8	8	9	9	9	10	10		1	1	1	1	대운 순행
	8	8	7	7	7	6	6	6	5	5	5	4	4	4	3	3	3	2	2	2	1	1	1	1		10	10	9	9	대운 역행
																													6	양력 월
	30	29	28	27	26	25	24	23	22	21	20	19	18	17	16	15	14	13	12	11	10	9	8	7	6	5	4	3	2	양력 일
	丙辰	乙卯	甲寅	癸丑	壬子	辛亥	庚戌	己酉	戊申	丁未	丙午	乙巳	甲辰	癸卯	壬寅	辛丑	庚子	己亥	戊戌	丁酉	丙申	乙未	甲午	癸巳	壬辰	辛卯	庚寅	己丑	戊子	일진
	목	수	화	월	일	토	금	목	丑正	화	월	일	토	금	목	수	화	월	일	토	금	목	수	화	巳初	일	토	금	목	절기시각

6月大(乙未) 소서

							대서																소서6							절기
30	29	28	27	26	25	24	23	22	21	20	19	18	17	16	15	14	13	12	11	10	9	8	7	6	5	4	3	2	1	음력
3	3	4	4	4	5	5	5	6	6	6	7	7	7	8	8	8	9	9	9	10	10	10		1	1	1	1	2	2	대운 순행
8	7	7	7	6	6	6	5	5	5	4	4	4	3	3	3	2	2	2	1	1	1	1		10	10	9	9	9	8	대운 역행
																													7	양력 월
30	29	28	27	26	25	24	23	22	21	20	19	18	17	16	15	14	13	12	11	10	9	8	7	6	5	4	3	2	1	양력 일
丙戌	乙酉	甲申	癸未	壬午	辛巳	庚辰	己卯	戊寅	丁丑	丙子	乙亥	甲戌	癸酉	壬申	辛未	庚午	己巳	戊辰	丁卯	丙寅	乙丑	甲子	癸亥	壬戌	辛酉	庚申	己未	戊午	丁巳	일진
토	금	목	수	화	월	일	未初	금	목	수	화	월	일	토	금	목	수	화	월	일	토	금	戌初	수	화	월	일	토	금	절기시각

• 꿈에 고통이 심하면 시비쟁투가 생긴다.

7月小(丙申) 입추

						처서															입추7									절기	
	29	28	27	26	25	**24**	23	22	21	20	19	18	17	16	15	14	13	12	11	10	**9**	8	7	6	5	4	3	2	1	음력	
	4	4	4	5	5	5	6	6	6	7	7	7	8	8	8	9	9	9	10	10		1	1	1	1	2	2	2	3	순행	대운
	7	6	6	6	5	5	5	4	4	4	3	3	3	2	2	2	1	1	1	1		10	10	10	9	9	9	8	8	역행	
																												8	7	월	양력
	28	27	26	25	24	23	22	21	20	19	18	17	16	15	14	13	12	11	10	9	8	7	6	5	4	3	2	1	31	일	
	乙卯	甲寅	癸丑	壬子	辛亥	庚戌	己酉	戊申	丁未	丙午	乙巳	甲辰	癸卯	壬寅	辛丑	庚子	己亥	戊戌	丁酉	丙申	乙未	甲午	癸巳	壬辰	辛卯	庚寅	己丑	戊子	丁亥	일진	
	일	토	금	목	수	戌正	월	일	토	금	목	수	화	월	일	토	금	목	수	화	卯初	일	토	금	목	수	화	월	일	절기시각	

8月小(丁酉) 백로

				추분															백로8											절기	
	29	28	27	**26**	25	24	23	22	21	20	19	18	17	16	15	14	13	12	**11**	10	9	8	7	6	5	4	3	2	1	음력	
	4	5	5	5	6	6	6	7	7	7	8	8	8	9	9	9	10	10		1	1	1	1	2	2	2	3	3	3	순행	대운
	6	6	5	5	5	4	4	4	3	3	3	2	2	2	1	1	1	1		10	10	9	9	9	8	8	8	7	7	역행	
																										9			8	월	양력
	26	25	24	23	22	21	20	19	18	17	16	15	14	13	12	11	10	9	8	7	6	5	4	3	2	1	31	30	29	일	
	甲申	癸未	壬午	辛巳	庚辰	己卯	戊寅	丁丑	丙子	乙亥	甲戌	癸酉	壬申	辛未	庚午	己巳	戊辰	丁卯	丙寅	乙丑	甲子	癸亥	壬戌	辛酉	庚申	己未	戊午	丁巳	丙辰	일진	
	월	일	토	酉正	목	수	화	월	일	토	금	목	수	화	월	일	토	금	辰正	수	화	월	일	토	금	목	수	화	월	절기시각	

9月大(戊戌) 한로

		상강															한로9													절기	
30	29	**28**	27	26	25	24	23	22	21	20	19	18	17	16	15	14	**13**	12	11	10	9	8	7	6	5	4	3	2	1	음력	
4	5	5	5	6	6	6	7	7	7	8	8	8	9	9	9	10		1	1	1	1	2	2	2	3	3	3	4	4	순행	대운
6	5	5	5	4	4	4	3	3	3	2	2	2	1	1	1	1		10	10	9	9	9	8	8	8	7	7	7	6	역행	
																									10				9	월	양력
26	25	24	23	22	21	20	19	18	17	16	15	14	13	12	11	10	9	8	7	6	5	4	3	2	1	30	29	28	27	일	
甲寅	癸丑	壬子	辛亥	庚戌	己酉	戊申	丁未	丙午	乙巳	甲辰	癸卯	壬寅	辛丑	庚子	己亥	戊戌	丁酉	丙申	乙未	甲午	癸巳	壬辰	辛卯	庚寅	己丑	戊子	丁亥	丙戌	乙酉	일진	
수	화	寅初	일	토	금	목	수	화	월	일	토	금	목	수	화	월	子正	토	금	목	수	화	월	일	토	금	목	수	화	절기시각	

10月小(己亥) 입동

		소설															입동10													절기	
	29	**28**	27	26	25	24	23	22	21	20	19	18	17	16	15	14	**13**	12	11	10	9	8	7	6	5	4	3	2	1	음력	
	4	5	5	5	6	6	6	7	7	7	8	8	8	9	9	9		1	1	1	1	2	2	2	3	3	3	4	4	순행	대운
	5	5	5	4	4	4	3	3	3	2	2	2	1	1	1	1		10	9	9	9	8	8	8	7	7	7	6	6	역행	
																								11					10	월	양력
	24	23	22	21	20	19	18	17	16	15	14	13	12	11	10	9	8	7	6	5	4	3	2	1	31	30	29	28	27	일	
	癸未	壬午	辛巳	庚辰	己卯	戊寅	丁丑	丙子	乙亥	甲戌	癸酉	壬申	辛未	庚午	己巳	戊辰	丁卯	丙寅	乙丑	甲子	癸亥	壬戌	辛酉	庚申	己未	戊午	丁巳	丙辰	乙卯	일진	
	목	丑初	화	월	일	토	금	목	수	화	월	일	토	금	목	수	寅初	월	일	토	금	목	수	화	월	일	토	금	목	절기시각	

11月大(庚子) 대설

		동지															대설11													절기	
30	29	**28**	27	26	25	24	23	22	21	20	19	18	17	16	15	14	**13**	12	11	10	9	8	7	6	5	4	3	2	1	음력	
4	5	5	5	6	6	6	7	7	7	8	8	8	9	9	9	10		1	1	1	1	2	2	2	3	3	3	4	4	순행	대운
6	5	5	5	4	4	4	3	3	3	2	2	2	1	1	1	1		9	9	9	8	8	8	7	7	7	6	6	6	역행	
																							12						11	월	양력
24	23	22	21	20	19	18	17	16	15	14	13	12	11	10	9	8	7	6	5	4	3	2	1	30	29	28	27	26	25	일	
癸丑	壬子	辛亥	庚戌	己酉	戊申	丁未	丙午	乙巳	甲辰	癸卯	壬寅	辛丑	庚子	己亥	戊戌	丁酉	丙申	乙未	甲午	癸巳	壬辰	辛卯	庚寅	己丑	戊子	丁亥	丙戌	乙酉	甲申	일진	
토	금	未正	수	화	월	일	토	금	목	수	화	월	일	토	금	목	戌正	화	월	일	토	금	목	수	화	월	일	토	금	절기시각	

12月小(辛丑) 소한

		대한															소한12													절기	
	29	**28**	27	26	25	24	23	22	21	20	19	18	17	16	15	14	**13**	12	11	10	9	8	7	6	5	4	3	2	1	음력	
	4	5	5	5	6	6	6	7	7	7	8	8	8	9	9	9		1	1	1	1	2	2	2	3	3	3	4	4	순행	대운
	5	5	5	4	4	4	3	3	3	2	2	2	1	1	1	1		10	9	9	9	8	8	8	7	7	7	6	6	역행	
																						1							12	월	양력
	22	21	20	19	18	17	16	15	14	13	12	11	10	9	8	7	6	5	4	3	2	1	31	30	29	28	27	26	25	일	
	壬午	辛巳	庚辰	己卯	戊寅	丁丑	丙子	乙亥	甲戌	癸酉	壬申	辛未	庚午	己巳	戊辰	丁卯	丙寅	乙丑	甲子	癸亥	壬戌	辛酉	庚申	己未	戊午	丁巳	丙辰	乙卯	甲寅	일진	
	일	丑初	금	목	수	화	월	일	토	금	목	수	화	월	일	토	辰初	목	수	화	월	일	토	금	목	수	화	월	일	절기시각	

서기 2012년
단기 4345년

壬辰年

상문 : 午　대장군 : 北
조객 : 寅　삼　재 : 申子辰
삼살 : 南

		우수															입춘1													절기	1月大(壬寅) 입춘
30	29	**28**	27	26	25	24	23	22	21	20	19	18	17	16	15	14	**13**	12	11	10	9	8	7	6	5	4	3	2	1	음력	
4	5	5	5	6	6	6	7	7	7	8	8	8	9	9	9	10		1	1	1	1	2	2	2	3	3	3	4	4	대운 순행	
6	5	5	5	4	4	4	3	3	3	2	2	2	1	1	1	1		9	9	9	8	8	8	7	7	7	6	6	6	대운 역행	
																				2									1	양력 월	
21	20	19	18	17	16	15	14	13	12	11	10	9	8	7	6	5	4	3	2	1	31	30	29	28	27	26	25	24	23	양력 일	
壬子	辛亥	庚戌	己酉	戊申	丁未	丙午	乙巳	甲辰	癸卯	壬寅	辛丑	庚子	己亥	戊戌	丁酉	丙申	乙未	甲午	癸巳	壬辰	辛卯	庚寅	己丑	戊子	丁亥	丙戌	乙酉	甲申	癸未	일진	
화	월	申初	토	금	목	수	화	월	일	토	금	목	수	화	월	일	戌初	금	목	수	화	월	일	토	금	목	수	화	월	절기시각	

		춘분															경칩2													절기	2月小(癸卯) 경칩
	29	**28**	27	26	25	24	23	22	21	20	19	18	17	16	15	14	**13**	12	11	10	9	8	7	6	5	4	3	2	1	음력	
	5	5	5	6	6	6	7	7	7	8	8	8	9	9	9	10		1	1	1	1	2	2	2	3	3	3	4	4	대운 순행	
	5	5	5	4	4	4	3	3	3	2	2	2	1	1	1	1		10	9	9	9	8	8	8	7	7	7	6	6	대운 역행	
																					3								2	양력 월	
	21	20	19	18	17	16	15	14	13	12	11	10	9	8	7	6	5	4	3	2	1	29	28	27	26	25	24	23	22	양력 일	
	辛巳	庚辰	己卯	戊寅	丁丑	丙子	乙亥	甲戌	癸酉	壬申	辛未	庚午	己巳	戊辰	丁卯	丙寅	乙丑	甲子	癸亥	壬戌	辛酉	庚申	己未	戊午	丁巳	丙辰	乙卯	甲寅	癸丑	일진	
	수	未初	월	일	토	금	목	수	화	월	일	토	금	목	수	화	未初	일	토	금	목	수	화	월	일	토	금	목	수	절기시각	

곡우																청명3														절기	3月大(甲辰) 청명
30	29	28	27	26	25	24	23	22	21	20	19	18	17	16	15	**14**	13	12	11	10	9	8	7	6	5	4	3	2	1	음력	
5	5	6	6	6	7	7	7	8	8	8	9	9	9	10	10		1	1	1	1	2	2	2	3	3	3	4	4	4	대운 순행	
5	5	5	4	4	4	3	3	3	2	2	2	1	1	1	1		10	9	9	9	8	8	8	7	7	7	6	6	6	대운 역행	
																			4										3	양력 월	
20	19	18	17	16	15	14	13	12	11	10	9	8	7	6	5	4	3	2	1	31	30	29	28	27	26	25	24	23	22	양력 일	
辛亥	庚戌	己酉	戊申	丁未	丙午	乙巳	甲辰	癸卯	壬寅	辛丑	庚子	己亥	戊戌	丁酉	丙申	乙未	甲午	癸巳	壬辰	辛卯	庚寅	己丑	戊子	丁亥	丙戌	乙酉	甲申	癸未	壬午	일진	
子初	목	수	화	월	일	토	금	목	수	화	월	일	토	금	목	酉初	화	월	일	토	금	목	수	화	월	일	토	금	목	절기시각	

															입하4															절기	윤 3月大
30	29	28	27	26	25	24	23	22	21	20	19	18	17	16	**15**	14	13	12	11	10	9	8	7	6	5	4	3	2	1	음력	
5	6	6	6	7	7	7	8	8	8	9	9	9	10	10		1	1	1	1	2	2	2	3	3	3	4	4	4	5	대운 순행	
5	5	4	4	4	3	3	3	2	2	2	1	1	1	1		10	10	9	9	9	8	8	8	7	7	7	6	6	6	대운 역행	
																			5										4	양력 월	
20	19	18	17	16	15	14	13	12	11	10	9	8	7	6	5	4	3	2	1	30	29	28	27	26	25	24	23	22	21	양력 일	
辛巳	庚辰	己卯	戊寅	丁丑	丙子	乙亥	甲戌	癸酉	壬申	辛未	庚午	己巳	戊辰	丁卯	丙寅	乙丑	甲子	癸亥	壬戌	辛酉	庚申	己未	戊午	丁巳	丙辰	乙卯	甲寅	癸丑	壬子	일진	
일	토	금	목	수	화	월	일	토	금	목	수	화	월	일	午初	금	목	수	화	월	일	토	금	목	수	화	월	일	토	절기시각	

														망종5															소만	절기	4月大(乙巳) 입하
30	29	28	27	26	25	24	23	22	21	20	19	18	17	**16**	15	14	13	12	11	10	9	8	7	6	5	4	3	2	**1**	음력	
6	6	7	7	7	8	8	8	9	9	9	10	10	10		1	1	1	1	2	2	2	3	3	3	4	4	4	5	5	대운 순행	
5	4	4	4	3	3	3	2	2	2	1	1	1	1		10	10	9	9	9	8	8	8	7	7	7	6	6	6	5	대운 역행	
																		6											5	양력 월	
19	18	17	16	15	14	13	12	11	10	9	8	7	6	5	4	3	2	1	31	30	29	28	27	26	25	24	23	22	21	양력 일	
辛亥	庚戌	己酉	戊申	丁未	丙午	乙巳	甲辰	癸卯	壬寅	辛丑	庚子	己亥	戊戌	丁酉	丙申	乙未	甲午	癸巳	壬辰	辛卯	庚寅	己丑	戊子	丁亥	丙戌	乙酉	甲申	癸未	壬午	일진	
화	월	일	토	금	목	수	화	월	일	토	금	목	수	申初	월	일	토	금	목	수	화	월	일	토	금	목	수	화	子正	절기시각	

												소서6																하지		절기	5月小(丙午) 망종
	29	28	27	26	25	24	23	22	21	20	19	**18**	17	16	15	14	13	12	11	10	9	8	7	6	5	4	3	**2**	1	음력	
	7	7	7	8	8	8	9	9	9	10	10		1	1	1	1	2	2	2	3	3	3	4	4	4	5	5	5	6	대운 순행	
	4	3	3	3	2	2	2	1	1	1	1		10	10	10	9	9	9	8	8	8	7	7	7	6	6	6	5	5	대운 역행	
																		7											6	양력 월	
	18	17	16	15	14	13	12	11	10	9	8	7	6	5	4	3	2	1	30	29	28	27	26	25	24	23	22	21	20	양력 일	
	庚辰	己卯	戊寅	丁丑	丙子	乙亥	甲戌	癸酉	壬申	辛未	庚午	己巳	戊辰	丁卯	丙寅	乙丑	甲子	癸亥	壬戌	辛酉	庚申	己未	戊午	丁巳	丙辰	乙卯	甲寅	癸丑	壬子	일진	
	수	화	월	일	토	금	목	수	화	월	일	丑初	금	목	수	화	월	일	토	금	목	수	화	월	일	토	금	辰正	수	절기시각	

• 꿈에 푸른 옷을 입어보면 경사있다.

6月大(丁未) 소서

										입추7																대서				절기	
30	29	28	27	26	25	24	23	22	21	20	19	18	17	16	15	14	13	12	11	10	9	8	7	6	5	4	3	2	1	음력	
7	7	8	8	8	9	9	9	10	10		1	1	1	1	2	2	2	3	3	3	4	4	4	5	5	5	6	6	6	순행	대운
3	3	3	2	2	2	1	1	1	1		10	10	9	9	9	8	8	8	7	7	7	6	6	6	5	5	5	4	4	역행	
																8													7	월	양력
17	16	15	14	13	12	11	10	9	8	7	6	5	4	3	2	1	31	30	29	28	27	26	25	24	23	22	21	20	19	일	
庚戌	己酉	戊申	丁未	丙午	乙巳	甲辰	癸卯	壬寅	辛丑	庚子	己亥	戊戌	丁酉	丙申	乙未	甲午	癸巳	壬辰	辛卯	庚寅	己丑	戊子	丁亥	丙戌	乙酉	甲申	癸未	壬午	辛巳	일진	
금	목	수	화	월	일	토	금	목	수	午初	월	일	토	금	목	수	화	월	일	토	금	목	수	화	월	戌初	토	금	목	절기시각	

7月小(戊申) 입추

									백로8															처서						절기	
	29	28	27	26	25	24	23	22	21	20	19	18	17	16	15	14	13	12	11	10	9	8	7	6	5	4	3	2	1	음력	
	8	8	8	9	9	9	10	10		1	1	1	1	2	2	2	3	3	3	4	4	4	5	5	5	6	6	6	7	순행	대운
	3	2	2	2	1	1	1	1		10	10	9	9	9	8	8	8	7	7	7	6	6	6	5	5	5	4	4	4	역행	
															9														8	월	양력
	15	14	13	12	11	10	9	8	7	6	5	4	3	2	1	31	30	29	28	27	26	25	24	23	22	21	20	19	18	일	
	己卯	戊寅	丁丑	丙子	乙亥	甲戌	癸酉	壬申	辛未	庚午	己巳	戊辰	丁卯	丙寅	乙丑	甲子	癸亥	壬戌	辛酉	庚申	己未	戊午	丁巳	丙辰	乙卯	甲寅	癸丑	壬子	辛亥	일진	
	토	금	목	수	화	월	일	토	未正	목	수	화	월	일	토	금	목	수	화	월	일	토	금	丑正	수	화	월	일	토	절기시각	

8月小(己酉) 백로

							한로9																추분							절기	
	29	28	27	26	25	24	23	22	21	20	19	18	17	16	15	14	13	12	11	10	9	8	7	6	5	4	3	2	1	음력	
	8	8	9	9	9	10		1	1	1	1	2	2	2	3	3	3	4	4	4	5	5	5	6	6	6	7	7	7	순행	대운
	2	2	1	1	1	1		10	10	9	9	9	8	8	8	7	7	7	6	6	6	5	5	5	4	4	4	3	3	역행	
														10															9	월	양력
	14	13	12	11	10	9	8	7	6	5	4	3	2	1	30	29	28	27	26	25	24	23	22	21	20	19	18	17	16	일	
	戊申	丁未	丙午	乙巳	甲辰	癸卯	壬寅	辛丑	庚子	己亥	戊戌	丁酉	丙申	乙未	甲午	癸巳	壬辰	辛卯	庚寅	己丑	戊子	丁亥	丙戌	乙酉	甲申	癸未	壬午	辛巳	庚辰	일진	
	일	토	금	목	수	화	卯正	일	토	금	목	수	화	월	일	토	금	목	수	화	월	일	子初	금	목	수	화	월	일	절기시각	

9月大(庚戌) 한로

						입동10															상강									절기	
30	29	28	27	26	25	24	23	22	21	20	19	18	17	16	15	14	13	12	11	10	9	8	7	6	5	4	3	2	1	음력	
8	8	9	9	9	10		1	1	1	1	2	2	2	3	3	3	4	4	4	5	5	5	6	6	6	7	7	7	8	순행	대운
2	2	1	1	1	1		10	9	9	9	8	8	8	7	7	7	6	6	6	5	5	5	4	4	4	3	3	3	2	역행	
												11																	10	월	양력
13	12	11	10	9	8	7	6	5	4	3	2	1	31	30	29	28	27	26	25	24	23	22	21	20	19	18	17	16	15	일	
戊寅	丁丑	丙子	乙亥	甲戌	癸酉	壬申	辛未	庚午	己巳	戊辰	丁卯	丙寅	乙丑	甲子	癸亥	壬戌	辛酉	庚申	己未	戊午	丁巳	丙辰	乙卯	甲寅	癸丑	壬子	辛亥	庚戌	己酉	일진	
화	월	일	토	금	목	巳初	화	월	일	토	금	목	수	화	월	일	토	금	목	수	巳初	월	일	토	금	목	수	화	월	절기시각	

10月小(辛亥) 입동

						대설11															소설									절기	
	29	28	27	26	25	24	23	22	21	20	19	18	17	16	15	14	13	12	11	10	9	8	7	6	5	4	3	2	1	음력	
	8	8	9	9	9		1	1	1	1	2	2	2	3	3	3	4	4	4	5	5	5	6	6	6	7	7	7	8	순행	대운
	2	1	1	1	1		10	9	9	9	8	8	8	7	7	7	6	6	6	5	5	5	4	4	4	3	3	3	2	역행	
												12																	11	월	양력
	12	11	10	9	8	7	6	5	4	3	2	1	30	29	28	27	26	25	24	23	22	21	20	19	18	17	16	15	14	일	
	丁未	丙午	乙巳	甲辰	癸卯	壬寅	辛丑	庚子	己亥	戊戌	丁酉	丙申	乙未	甲午	癸巳	壬辰	辛卯	庚寅	己丑	戊子	丁亥	丙戌	乙酉	甲申	癸未	壬午	辛巳	庚辰	己卯	일진	
	수	화	월	일	토	丑正	목	수	화	월	일	토	금	목	수	화	월	일	토	금	卯正	수	화	월	일	토	금	목	수	절기시각	

11月大(壬子) 대설

						소한12															동지									절기	
30	29	28	27	26	25	24	23	22	21	20	19	18	17	16	15	14	13	12	11	10	9	8	7	6	5	4	3	2	1	음력	
8	8	9	9	9	10		1	1	1	1	2	2	2	3	3	3	4	4	4	5	5	5	6	6	6	7	7	7	8	순행	대운
2	2	1	1	1	1		9	9	9	8	8	8	7	7	7	6	6	6	5	5	5	4	4	4	3	3	3	2	2	역행	
										1																			12	월	양력
11	10	9	8	7	6	5	4	3	2	1	31	30	29	28	27	26	25	24	23	22	21	20	19	18	17	16	15	14	13	일	
丁丑	丙子	乙亥	甲戌	癸酉	壬申	辛未	庚午	己巳	戊辰	丁卯	丙寅	乙丑	甲子	癸亥	壬戌	辛酉	庚申	己未	戊午	丁巳	丙辰	乙卯	甲寅	癸丑	壬子	辛亥	庚戌	己酉	戊申	일진	
금	목	수	화	월	일	未初	금	목	수	화	월	일	토	금	목	수	화	월	일	토	戌正	목	수	화	월	일	토	금	목	절기시각	

12月小(癸丑) 소한

						입춘1															대한									절기	
	29	28	27	26	25	24	23	22	21	20	19	18	17	16	15	14	13	12	11	10	9	8	7	6	5	4	3	2	1	음력	
	8	8	9	9	9		1	1	1	1	2	2	2	3	3	3	4	4	4	5	5	5	6	6	6	7	7	7	8	순행	대운
	2	1	1	1	1		10	9	9	9	8	8	8	7	7	7	6	6	6	5	5	5	4	4	4	3	3	3	2	역행	
									2																				1	월	양력
	9	8	7	6	5	4	3	2	1	31	30	29	28	27	26	25	24	23	22	21	20	19	18	17	16	15	14	13	12	일	
	丙午	乙巳	甲辰	癸卯	壬寅	辛丑	庚子	己亥	戊戌	丁酉	丙申	乙未	甲午	癸巳	壬辰	辛卯	庚寅	己丑	戊子	丁亥	丙戌	乙酉	甲申	癸未	壬午	辛巳	庚辰	己卯	戊寅	일진	
	토	금	목	수	화	丑初	일	토	금	목	수	화	월	일	토	금	목	수	화	월	卯正	토	금	목	수	화	월	일	토	절기시각	

• 남자 사주에 재가 역마에 해당하고 형충을 맞으면 아내가 가출도 해 본다.

서기 2013년
단기 4346년

癸巳年

상문 : 未 대장군 : 東
조객 : 卯 삼 재 : 亥卯未
삼살 : 東

1月大(甲寅) 입춘

						경칩2															우수									절기
30	29	28	27	26	25	24	23	22	21	20	19	18	17	16	15	14	13	12	11	10	9	8	7	6	5	4	3	2	1	음력
8	9	9	9	10	10		1	1	1	1	2	2	2	3	3	3	4	4	4	5	5	5	6	6	6	7	7	7	8	순행 대운
2	2	1	1	1	1		9	9	9	8	8	8	7	7	7	6	6	6	5	5	5	4	4	4	3	3	3	2	2	역행 대운
										3																			2	월 양력
11	10	9	8	7	6	5	4	3	2	1	28	27	26	25	24	23	22	21	20	19	18	17	16	15	14	13	12	11	10	일 양력
丙子	乙亥	甲戌	癸酉	壬申	辛未	庚午	己巳	戊辰	丁卯	丙寅	乙丑	甲子	癸亥	壬戌	辛酉	庚申	己未	戊午	丁巳	丙辰	乙卯	甲寅	癸丑	壬子	辛亥	庚戌	己酉	戊申	丁未	일진
월	일	토	금	목	수	酉正	월	일	토	금	목	수	화	월	일	토	금	목	수	화	戌初	일	토	금	목	수	화	월	일	절기시각

2月小(乙卯) 경칩

					청명3																춘분									절기
	29	28	27	26	25	24	23	22	21	20	19	18	17	16	15	14	13	12	11	10	9	8	7	6	5	4	3	2	1	음력
	9	9	9	10		1	1	1	1	2	2	2	3	3	3	4	4	4	5	5	5	6	6	6	7	7	7	8	8	순행 대운
	1	1	1	1		10	10	9	9	9	8	8	8	7	7	7	6	6	6	5	5	5	4	4	4	3	3	3	2	역행 대운
									4																				3	월 양력
	9	8	7	6	5	4	3	2	1	31	30	29	28	27	26	25	24	23	22	21	20	19	18	17	16	15	14	13	12	일 양력
	乙巳	甲辰	癸卯	壬寅	辛丑	庚子	己亥	戊戌	丁酉	丙申	乙未	甲午	癸巳	壬辰	辛卯	庚寅	己丑	戊子	丁亥	丙戌	乙酉	甲申	癸未	壬午	辛巳	庚辰	己卯	戊寅	丁丑	일진
	화	월	일	토	子初	목	수	화	월	일	토	금	목	수	화	월	일	토	금	목	戌初	화	월	일	토	금	목	수	화	절기시각

3月大(丙辰) 청명

				입하4															곡우											절기
30	29	28	27	26	25	24	23	22	21	20	19	18	17	16	15	14	13	12	11	10	9	8	7	6	5	4	3	2	1	음력
9	9	10	10		1	1	1	1	2	2	2	3	3	3	4	4	4	5	5	5	6	6	6	7	7	7	8	8	8	순행 대운
1	1	1	1		10	9	9	9	8	8	8	7	7	7	6	6	6	5	5	5	4	4	4	3	3	3	2	2	2	역행 대운
								5																					4	월 양력
9	8	7	6	5	4	3	2	1	30	29	28	27	26	25	24	23	22	21	20	19	18	17	16	15	14	13	12	11	10	일 양력
乙亥	甲戌	癸酉	壬申	辛未	庚午	己巳	戊辰	丁卯	丙寅	乙丑	甲子	癸亥	壬戌	辛酉	庚申	己未	戊午	丁巳	丙辰	乙卯	甲寅	癸丑	壬子	辛亥	庚戌	己酉	戊申	丁未	丙午	일진
목	수	화	월	申正	토	금	목	수	화	월	일	토	금	목	수	화	월	일	卯正	금	목	수	화	월	일	토	금	목	수	절기시각

4月大(丁巳) 입하

			망종5															소만												절기
30	29	28	27	26	25	24	23	22	21	20	19	18	17	16	15	14	13	12	11	10	9	8	7	6	5	4	3	2	1	음력
10	10	10		1	1	1	1	2	2	2	3	3	3	4	4	4	5	5	5	6	6	6	7	7	7	8	8	8	9	순행 대운
1	1	1		10	10	9	9	9	8	8	8	7	7	7	6	6	6	5	5	5	4	4	4	3	3	3	2	2	2	역행 대운
							6																						5	월 양력
8	7	6	5	4	3	2	1	31	30	29	28	27	26	25	24	23	22	21	20	19	18	17	16	15	14	13	12	11	10	일 양력
乙巳	甲辰	癸卯	壬寅	辛丑	庚子	己亥	戊戌	丁酉	丙申	乙未	甲午	癸巳	壬辰	辛卯	庚寅	己丑	戊子	丁亥	丙戌	乙酉	甲申	癸未	壬午	辛巳	庚辰	己卯	戊寅	丁丑	丙子	일진
토	금	목	亥初	화	월	일	토	금	목	수	화	월	일	토	금	목	수	卯初	월	일	토	금	목	수	화	월	일	토	금	절기시각

5月小(戊午) 망종

	소서6																하지													절기
	29	28	27	26	25	24	23	22	21	20	19	18	17	16	15	14	13	12	11	10	9	8	7	6	5	4	3	2	1	음력
		1	1	1	1	2	2	2	3	3	3	4	4	4	5	5	5	6	6	6	7	7	7	8	8	8	9	9	9	순행 대운
		10	10	10	9	9	9	8	8	8	7	7	7	6	6	6	5	5	5	4	4	4	3	3	3	2	2	2	1	역행 대운
							7																						6	월 양력
	7	6	5	4	3	2	1	30	29	28	27	26	25	24	23	22	21	20	19	18	17	16	15	14	13	12	11	10	9	일 양력
	甲戌	癸酉	壬申	辛未	庚午	己巳	戊辰	丁卯	丙寅	乙丑	甲子	癸亥	壬戌	辛酉	庚申	己未	戊午	丁巳	丙辰	乙卯	甲寅	癸丑	壬子	辛亥	庚戌	己酉	戊申	丁未	丙午	일진
	辰初	토	금	목	수	화	월	일	토	금	목	수	화	월	일	토	未初	목	수	화	월	일	토	금	목	수	화	월	일	절기시각

6月大(己未) 소서

														대서																절기
30	29	28	27	26	25	24	23	22	21	20	19	18	17	16	15	14	13	12	11	10	9	8	7	6	5	4	3	2	1	음력
1	1	1	1	2	2	2	3	3	3	4	4	4	5	5	5	6	6	6	7	7	7	8	8	8	9	9	9	10	10	순행 대운
10	10	9	9	9	8	8	8	7	7	7	6	6	6	5	5	5	4	4	4	3	3	3	2	2	2	1	1	1	1	역행 대운
					8																								7	월 양력
6	5	4	3	2	1	31	30	29	28	27	26	25	24	23	22	21	20	19	18	17	16	15	14	13	12	11	10	9	8	일 양력
甲辰	癸卯	壬寅	辛丑	庚子	己亥	戊戌	丁酉	丙申	乙未	甲午	癸巳	壬辰	辛卯	庚寅	己丑	戊子	丁亥	丙戌	乙酉	甲申	癸未	壬午	辛巳	庚辰	己卯	戊寅	丁丑	丙子	乙亥	일진
화	월	일	토	금	목	수	화	월	일	토	금	목	수	子正	월	일	토	금	목	수	화	월	일	토	금	목	수	화	월	절기시각

• 꿈에 거울을 주으면 착한 아내를 얻는다.

7月小(庚申) 입추

													처서																입추7	절기
	29	28	27	26	25	24	23	22	21	20	19	18	17	16	15	14	13	12	11	10	9	8	7	6	5	4	3	2	1	음력
	1	1	2	2	2	3	3	3	4	4	4	5	5	5	6	6	6	7	7	7	8	8	8	9	9	9	10	10		대운 순행
	9	9	9	8	8	8	7	7	7	6	6	6	5	5	5	4	4	4	3	3	3	2	2	2	1	1	1	1		대운 역행
				9																									8	양력 월
	4	3	2	1	31	30	29	28	27	26	25	24	23	22	21	20	19	18	17	16	15	14	13	12	11	10	9	8	7	양력 일
	癸酉	壬申	辛未	庚午	己巳	戊辰	丁卯	丙寅	乙丑	甲子	癸亥	壬戌	辛酉	庚申	己未	戊午	丁巳	丙辰	乙卯	甲寅	癸丑	壬子	辛亥	庚戌	己酉	戊申	丁未	丙午	乙巳	일진
	수	화	월	일	토	금	목	수	화	월	일	토	辰初	목	수	화	월	일	토	금	목	수	화	월	일	토	금	목	酉初	절기시각

8月大(辛酉) 백로

											추분																백로8			절기
30	29	28	27	26	25	24	23	22	21	20	19	18	17	16	15	14	13	12	11	10	9	8	7	6	5	4	3	2	1	음력
1	2	2	2	3	3	3	4	4	4	5	5	5	6	6	6	7	7	7	8	8	8	9	9	9	10	10		1	1	대운 순행
9	9	8	8	8	7	7	7	6	6	6	5	5	5	4	4	4	3	3	3	2	2	2	1	1	1	1		10	10	대운 역행
			10																										9	양력 월
4	3	2	1	30	29	28	27	26	25	24	23	22	21	20	19	18	17	16	15	14	13	12	11	10	9	8	7	6	5	양력 일
癸卯	壬寅	辛丑	庚子	己亥	戊戌	丁酉	丙申	乙未	甲午	癸巳	壬辰	辛卯	庚寅	己丑	戊子	丁亥	丙戌	乙酉	甲申	癸未	壬午	辛巳	庚辰	己卯	戊寅	丁丑	丙子	乙亥	甲戌	일진
금	목	수	화	월	일	토	금	목	수	화	卯初	일	토	금	목	수	화	월	일	토	금	목	수	화	월	일	戌正	금	목	절기시각

9月小(壬戌) 한로

											상강															한로9				절기
	29	28	27	26	25	24	23	22	21	20	19	18	17	16	15	14	13	12	11	10	9	8	7	6	5	4	3	2	1	음력
	2	2	2	3	3	3	4	4	4	5	5	5	6	6	6	7	7	7	8	8	8	9	9	9	10		1	1	1	대운 순행
	8	8	8	7	7	7	6	6	6	5	5	5	4	4	4	3	3	3	2	2	2	1	1	1	1		10	10	9	대운 역행
		11																											10	양력 월
	2	1	31	30	29	28	27	26	25	24	23	22	21	20	19	18	17	16	15	14	13	12	11	10	9	8	7	6	5	양력 일
	壬申	辛未	庚午	己巳	戊辰	丁卯	丙寅	乙丑	甲子	癸亥	壬戌	辛酉	庚申	己未	戊午	丁巳	丙辰	乙卯	甲寅	癸丑	壬子	辛亥	庚戌	己酉	戊申	丁未	丙午	乙巳	甲辰	일진
	토	금	목	수	화	월	일	토	금	목	申初	화	월	일	토	금	목	수	화	월	일	토	금	목	수	午正	월	일	토	절기시각

10月大(癸亥) 입동

										소설															입동10					절기
30	29	28	27	26	25	24	23	22	21	20	19	18	17	16	15	14	13	12	11	10	9	8	7	6	5	4	3	2	1	음력
2	2	2	3	3	3	4	4	4	5	5	5	6	6	6	7	7	7	8	8	8	9	9	9	10		1	1	1	1	대운 순행
8	8	8	7	7	7	6	6	6	5	5	5	4	4	4	3	3	3	2	2	2	1	1	1	1		10	9	9	9	대운 역행
	12																												11	양력 월
2	1	30	29	28	27	26	25	24	23	22	21	20	19	18	17	16	15	14	13	12	11	10	9	8	7	6	5	4	3	양력 일
壬寅	辛丑	庚子	己亥	戊戌	丁酉	丙申	乙未	甲午	癸巳	壬辰	辛卯	庚寅	己丑	戊子	丁亥	丙戌	乙酉	甲申	癸未	壬午	辛巳	庚辰	己卯	戊寅	丁丑	丙子	乙亥	甲戌	癸酉	일진
월	일	토	금	목	수	화	월	일	토	午正	목	수	화	월	일	토	금	목	수	화	월	일	토	금	申初	수	화	월	일	절기시각

11月小(甲子) 대설

										동지															대설11					절기
	29	28	27	26	25	24	23	22	21	20	19	18	17	16	15	14	13	12	11	10	9	8	7	6	5	4	3	2	1	음력
	2	2	2	3	3	3	4	4	4	5	5	5	6	6	6	7	7	7	8	8	8	9	9	9		1	1	1	1	대운 순행
	8	8	7	7	7	6	6	6	5	5	5	4	4	4	3	3	3	2	2	2	1	1	1	1		10	9	9	9	대운 역행
																													12	양력 월
	31	30	29	28	27	26	25	24	23	22	21	20	19	18	17	16	15	14	13	12	11	10	9	8	7	6	5	4	3	양력 일
	辛未	庚午	己巳	戊辰	丁卯	丙寅	乙丑	甲子	癸亥	壬戌	辛酉	庚申	己未	戊午	丁巳	丙辰	乙卯	甲寅	癸丑	壬子	辛亥	庚戌	己酉	戊申	丁未	丙午	乙巳	甲辰	癸卯	일진
	화	월	일	토	금	목	수	화	월	丑正	토	금	목	수	화	월	일	토	금	목	수	화	월	일	辰正	금	목	수	화	절기시각

12月大(乙丑) 소한

										대한															소한12					절기
30	29	28	27	26	25	24	23	22	21	20	19	18	17	16	15	14	13	12	11	10	9	8	7	6	5	4	3	2	1	음력
2	2	2	3	3	3	4	4	4	5	5	5	6	6	6	7	7	7	8	8	8	9	9	9	10		1	1	1	1	대운 순행
8	8	8	7	7	7	6	6	6	5	5	5	4	4	4	3	3	3	2	2	2	1	1	1	1		9	9	9	8	대운 역행
																													1	양력 월
30	29	28	27	26	25	24	23	22	21	20	19	18	17	16	15	14	13	12	11	10	9	8	7	6	5	4	3	2	1	양력 일
辛丑	庚子	己亥	戊戌	丁酉	丙申	乙未	甲午	癸巳	壬辰	辛卯	庚寅	己丑	戊子	丁亥	丙戌	乙酉	甲申	癸未	壬午	辛巳	庚辰	己卯	戊寅	丁丑	丙子	乙亥	甲戌	癸酉	壬申	일진
목	수	화	월	일	토	금	목	수	화	午正	일	토	금	목	수	화	월	일	토	금	목	수	화	월	戌初	토	금	목	수	절기시각

• 비견, 겁재가 財와 암합되어 있으면 형수 또는 계수와 같이 살아보는 팔자다.

서기 2014년
단기 4347년

甲午年

상문 : 申　대장군 : 東
조객 : 辰　삼　재 : 亥卯未
삼살 : 北

1月小(丙寅) 입춘

										우수															입춘1					절기
	29	28	27	26	25	24	23	22	21	**20**	19	18	17	16	15	14	13	12	11	10	9	8	7	6	**5**	4	3	2	1	음력
	2	2	3	3	3	4	4	4	5	5	5	6	6	6	7	7	7	8	8	8	9	9	9	10		1	1	1	1	대운 순행
	8	8	7	7	7	6	6	6	5	5	5	4	4	4	3	3	3	2	2	2	1	1	1	1		10	9	9	9	대운 역행
																												2	1	양력 월
	28	27	26	25	24	23	22	21	20	19	18	17	16	15	14	13	12	11	10	9	8	7	6	5	4	3	2	1	31	양력 일
	庚午	己巳	戊辰	丁卯	丙寅	乙丑	甲子	癸亥	壬戌	辛酉	庚申	己未	戊午	丁巳	丙辰	乙卯	甲寅	癸丑	壬子	辛亥	庚戌	己酉	戊申	丁未	丙午	乙巳	甲辰	癸卯	壬寅	일진
	금	목	수	화	월	일	토	금	목	丑正	화	월	일	토	금	목	수	화	월	일	토	금	목	수	卯正	월	일	토	금	절기시각

2月大(丁卯) 경칩

									춘분															경칩2						절기
30	29	28	27	26	25	24	23	22	**21**	20	19	18	17	16	15	14	13	12	11	10	9	8	7	**6**	5	4	3	2	1	음력
2	2	3	3	3	4	4	4	5	5	5	6	6	6	7	7	7	8	8	8	9	9	9	10		1	1	1	1	2	대운 순행
8	8	7	7	7	6	6	6	5	5	5	4	4	4	3	3	3	2	2	2	1	1	1	1		10	9	9	9	8	대운 역행
																													3	양력 월
30	29	28	27	26	25	24	23	22	21	20	19	18	17	16	15	14	13	12	11	10	9	8	7	6	5	4	3	2	1	양력 일
庚子	己亥	戊戌	丁酉	丙申	乙未	甲午	癸巳	壬辰	辛卯	庚寅	己丑	戊子	丁亥	丙戌	乙酉	甲申	癸未	壬午	辛巳	庚辰	己卯	戊寅	丁丑	丙子	乙亥	甲戌	癸酉	壬申	辛未	일진
일	토	금	목	수	화	월	일	토	丑初	목	수	화	월	일	토	금	목	수	화	월	일	토	금	子正	수	화	월	일	토	절기시각

3月小(戊辰) 청명

									곡우															청명3						절기
	29	28	27	26	25	24	23	22	**21**	20	19	18	17	16	15	14	13	12	11	10	9	8	7	**6**	5	4	3	2	1	음력
	2	3	3	3	4	4	4	5	5	5	6	6	6	7	7	7	8	8	8	9	9	9	10		1	1	1	1	2	대운 순행
	8	7	7	7	6	6	6	5	5	5	4	4	4	3	3	3	2	2	2	1	1	1	1		10	9	9	9	8	대운 역행
																												4	3	양력 월
	28	27	26	25	24	23	22	21	20	19	18	17	16	15	14	13	12	11	10	9	8	7	6	5	4	3	2	1	31	양력 일
	己巳	戊辰	丁卯	丙寅	乙丑	甲子	癸亥	壬戌	辛酉	庚申	己未	戊午	丁巳	丙辰	乙卯	甲寅	癸丑	壬子	辛亥	庚戌	己酉	戊申	丁未	丙午	乙巳	甲辰	癸卯	壬寅	辛丑	일진
	월	일	토	금	목	수	화	월	午正	토	금	목	수	화	월	일	토	금	목	수	화	월	일	卯初	금	목	수	화	월	절기시각

4月大(己巳) 입하

							소만																입하4							절기
30	29	28	27	26	25	24	**23**	22	21	20	19	18	17	16	15	14	13	12	11	10	9	8	**7**	6	5	4	3	2	1	음력
3	3	4	4	4	5	5	5	6	6	6	7	7	7	8	8	8	9	9	9	10	10	10		1	1	1	1	2	2	대운 순행
8	7	7	7	6	6	6	5	5	5	4	4	4	3	3	3	2	2	2	1	1	1	1		10	9	9	9	8	8	대운 역행
																											5		4	양력 월
28	27	26	25	24	23	22	21	20	19	18	17	16	15	14	13	12	11	10	9	8	7	6	5	4	3	2	1	30	29	양력 일
己亥	戊戌	丁酉	丙申	乙未	甲午	癸巳	壬辰	辛卯	庚寅	己丑	戊子	丁亥	丙戌	乙酉	甲申	癸未	壬午	辛巳	庚辰	己卯	戊寅	丁丑	丙子	乙亥	甲戌	癸酉	壬申	辛未	庚午	일진
수	화	월	일	토	금	목	午初	화	월	일	토	금	목	수	화	월	일	토	금	목	수	화	亥正	일	토	금	목	수	화	절기시각

5月小(庚午) 망종

						하지															망종5									절기
	29	28	27	26	25	**24**	23	22	21	20	19	18	17	16	15	14	13	12	11	10	**9**	8	7	6	5	4	3	2	1	음력
	4	4	4	5	5	5	6	6	6	7	7	7	8	8	8	9	9	9	10	10		1	1	1	1	2	2	2	3	대운 순행
	7	6	6	6	5	5	5	4	4	4	3	3	3	2	2	2	1	1	1	1		10	10	10	9	9	9	8	8	대운 역행
																										6			5	양력 월
	26	25	24	23	22	21	20	19	18	17	16	15	14	13	12	11	10	9	8	7	6	5	4	3	2	1	31	30	29	양력 일
	戊辰	丁卯	丙寅	乙丑	甲子	癸亥	壬戌	辛酉	庚申	己未	戊午	丁巳	丙辰	乙卯	甲寅	癸丑	壬子	辛亥	庚戌	己酉	戊申	丁未	丙午	乙巳	甲辰	癸卯	壬寅	辛丑	庚子	일진
	목	수	화	월	일	戌初	금	목	수	화	월	일	토	금	목	수	화	월	일	토	丑正	목	수	화	월	일	토	금	목	절기시각

6月大(辛未) 소서

			대서																소서6											절기
30	29	28	**27**	26	25	24	23	22	21	20	19	18	17	16	15	14	13	12	**11**	10	9	8	7	6	5	4	3	2	1	음력
4	4	5	5	5	6	6	6	7	7	7	8	8	8	9	9	9	10	10		1	1	1	1	2	2	2	3	3	3	대운 순행
6	6	6	5	5	5	4	4	4	3	3	3	2	2	2	1	1	1	1		10	10	9	9	9	8	8	8	7	7	대운 역행
																									7				6	양력 월
26	25	24	23	22	21	20	19	18	17	16	15	14	13	12	11	10	9	8	7	6	5	4	3	2	1	30	29	28	27	양력 일
戊戌	丁酉	丙申	乙未	甲午	癸巳	壬辰	辛卯	庚寅	己丑	戊子	丁亥	丙戌	乙酉	甲申	癸未	壬午	辛巳	庚辰	己卯	戊寅	丁丑	丙子	乙亥	甲戌	癸酉	壬申	辛未	庚午	己巳	일진
토	금	목	卯正	화	월	일	토	금	목	수	화	월	일	토	금	목	수	화	未初	일	토	금	목	수	화	월	일	토	금	절기시각

• 아침에 해가 뜨는 꿈을 꾸면 예쁜여자와 혼담이 있다.

		처서																입추7												절기	7月小(壬申)입추
	29	28	27	26	25	24	23	22	21	20	19	18	17	16	15	14	13	12	11	10	9	8	7	6	5	4	3	2	1	음력	
	5	5	6	6	6	7	7	7	8	8	8	9	9	9	10	10	10		1	1	1	1	2	2	2	3	3	3	4	대운 순행	
	6	5	5	5	4	4	4	3	3	3	2	2	2	1	1	1	1		10	10	9	9	9	8	8	8	7	7	7	대운 역행	
																								8					7	양력 월	
	24	23	22	21	20	19	18	17	16	15	14	13	12	11	10	9	8	7	6	5	4	3	2	1	31	30	29	28	27	양력 일	
	丁卯	丙寅	乙丑	甲子	癸亥	壬戌	辛酉	庚申	己未	戊午	丁巳	丙辰	乙卯	甲寅	癸丑	壬子	辛亥	庚戌	己酉	戊申	丁未	丙午	乙巳	甲辰	癸卯	壬寅	辛丑	庚子	己亥	일진	
	일	未初	금	목	수	화	월	일	토	금	목	수	화	월	일	토	금	子初	수	화	월	일	토	금	목	수	화	월	일	절기시각	

추분															백로8															절기	8月大(癸酉)백로
30	29	28	27	26	25	24	23	22	21	20	19	18	17	16	15	14	13	12	11	10	9	8	7	6	5	4	3	2	1	음력	
5	5	6	6	6	7	7	7	8	8	8	9	9	9	10		1	1	1	1	2	2	2	3	3	3	4	4	4	5	대운 순행	
5	5	4	4	4	3	3	3	2	2	2	1	1	1	1		10	10	10	9	9	9	8	8	8	7	7	7	6	6	대운 역행	
																						9							8	양력 월	
23	22	21	20	19	18	17	16	15	14	13	12	11	10	9	8	7	6	5	4	3	2	1	31	30	29	28	27	26	25	양력 일	
丁酉	丙申	乙未	甲午	癸巳	壬辰	辛卯	庚寅	己丑	戊子	丁亥	丙戌	乙酉	甲申	癸未	壬午	辛巳	庚辰	己卯	戊寅	丁丑	丙子	乙亥	甲戌	癸酉	壬申	辛未	庚午	己巳	戊辰	일진	
午初	월	일	토	금	목	수	화	월	일	토	금	목	수	화	丑正	일	토	금	목	수	화	월	일	토	금	목	수	화	월	절기시각	

상강															한로9															절기	9月大(甲戌)한로
30	29	28	27	26	25	24	23	22	21	20	19	18	17	16	15	14	13	12	11	10	9	8	7	6	5	4	3	2	1	음력	
5	5	6	6	6	7	7	7	8	8	8	9	9	9	10		1	1	1	1	2	2	2	3	3	3	4	4	4	5	대운 순행	
5	5	4	4	4	3	3	3	2	2	2	1	1	1	1		10	9	9	9	8	8	8	7	7	7	6	6	6	5	대운 역행	
																						10							9	양력 월	
23	22	21	20	19	18	17	16	15	14	13	12	11	10	9	8	7	6	5	4	3	2	1	30	29	28	27	26	25	24	양력 일	
丁卯	丙寅	乙丑	甲子	癸亥	壬戌	辛酉	庚申	己未	戊午	丁巳	丙辰	乙卯	甲寅	癸丑	壬子	辛亥	庚戌	己酉	戊申	丁未	丙午	乙巳	甲辰	癸卯	壬寅	辛丑	庚子	己亥	戊戌	일진	
戌正	수	화	월	일	토	금	목	수	화	월	일	토	금	목	酉初	화	월	일	토	금	목	수	화	월	일	토	금	목	수	절기시각	

															입동10															절기	윤9月小
	29	28	27	26	25	24	23	22	21	20	19	18	17	16	15	14	13	12	11	10	9	8	7	6	5	4	3	2	1	음력	
	5	6	6	6	7	7	7	8	8	8	9	9	9	10		1	1	1	1	2	2	2	3	3	3	4	4	4	5	대운 순행	
	5	4	4	4	3	3	3	2	2	2	1	1	1	1		10	9	9	9	8	8	8	7	7	7	6	6	6	5	대운 역행	
																					11								10	양력 월	
	21	20	19	18	17	16	15	14	13	12	11	10	9	8	7	6	5	4	3	2	1	31	30	29	28	27	26	25	24	양력 일	
	丙申	乙未	甲午	癸巳	壬辰	辛卯	庚寅	己丑	戊子	丁亥	丙戌	乙酉	甲申	癸未	壬午	辛巳	庚辰	己卯	戊寅	丁丑	丙子	乙亥	甲戌	癸酉	壬申	辛未	庚午	己巳	戊辰	일진	
	금	목	수	화	월	일	토	금	목	수	화	월	일	토	亥初	목	수	화	월	일	토	금	목	수	화	월	일	토	금	절기시각	

														대설11															소설	절기	10月大(乙亥)입동
30	29	28	27	26	25	24	23	22	21	20	19	18	17	16	15	14	13	12	11	10	9	8	7	6	5	4	3	2	1	음력	
5	6	6	6	7	7	7	8	8	8	9	9	9	10		1	1	1	1	2	2	2	3	3	3	4	4	4	5	5	대운 순행	
5	4	4	4	3	3	3	2	2	2	1	1	1	1		10	9	9	9	8	8	8	7	7	7	6	6	6	5	5	대운 역행	
																				12									11	양력 월	
21	20	19	18	17	16	15	14	13	12	11	10	9	8	7	6	5	4	3	2	1	30	29	28	27	26	25	24	23	22	양력 일	
丙寅	乙丑	甲子	癸亥	壬戌	辛酉	庚申	己未	戊午	丁巳	丙辰	乙卯	甲寅	癸丑	壬子	辛亥	庚戌	己酉	戊申	丁未	丙午	乙巳	甲辰	癸卯	壬寅	辛丑	庚子	己亥	戊戌	丁酉	일진	
일	토	금	목	수	화	월	일	토	금	목	수	화	월	未初	토	금	목	수	화	월	일	토	금	목	수	화	월	일	酉正	절기시각	

														소한12															동지	절기	11月小(丙子)대설
	29	28	27	26	25	24	23	22	21	20	19	18	17	16	15	14	13	12	11	10	9	8	7	6	5	4	3	2	1	음력	
	5	6	6	6	7	7	7	8	8	8	9	9	9		1	1	1	1	2	2	2	3	3	3	4	4	4	5	5	대운 순행	
	4	4	4	3	3	3	2	2	2	1	1	1	1		10	9	9	9	8	8	8	7	7	7	6	6	6	5	5	대운 역행	
																			1										12	양력 월	
	19	18	17	16	15	14	13	12	11	10	9	8	7	6	5	4	3	2	1	31	30	29	28	27	26	25	24	23	22	양력 일	
	乙未	甲午	癸巳	壬辰	辛卯	庚寅	己丑	戊子	丁亥	丙戌	乙酉	甲申	癸未	壬午	辛巳	庚辰	己卯	戊寅	丁丑	丙子	乙亥	甲戌	癸酉	壬申	辛未	庚午	己巳	戊辰	丁卯	일진	
	월	일	토	금	목	수	화	월	일	토	금	목	수	丑初	월	일	토	금	목	수	화	월	일	토	금	목	수	화	辰初	절기시각	

														입춘1															대한	절기	12月大(丁丑)소한
30	29	28	27	26	25	24	23	22	21	20	19	18	17	16	15	14	13	12	11	10	9	8	7	6	5	4	3	2	1	음력	
5	6	6	6	7	7	7	8	8	8	9	9	9	10		1	1	1	1	2	2	2	3	3	3	4	4	4	5	5	대운 순행	
5	4	4	4	3	3	3	2	2	2	1	1	1	1		9	9	9	8	8	8	7	7	7	6	6	6	5	5	5	대운 역행	
																	2												1	양력 월	
18	17	16	15	14	13	12	11	10	9	8	7	6	5	4	3	2	1	31	30	29	28	27	26	25	24	23	22	21	20	양력 일	
乙丑	甲子	癸亥	壬戌	辛酉	庚申	己未	戊午	丁巳	丙辰	乙卯	甲寅	癸丑	壬子	辛亥	庚戌	己酉	戊申	丁未	丙午	乙巳	甲辰	癸卯	壬寅	辛丑	庚子	己亥	戊戌	丁酉	丙申	일진	
수	화	월	일	토	금	목	수	화	월	일	토	금	목	午正	화	월	일	토	금	목	수	화	월	일	토	금	목	수	酉正	절기시각	

• 일지에 형충을 맞으면 부부싸움이 많다.

서기 2015년
단기 4348년

乙未年

상문 : 酉 대장군 : 東
조객 : 巳 삼 재 : 亥卯未
삼살 : 酉

1月小(戊寅) 입춘

													경칩2															우수	절기
29	28	27	26	25	24	23	22	21	20	19	18	17	16	15	14	13	12	11	10	9	8	7	6	5	4	3	2	1	음력
6	6	6	7	7	7	8	8	8	9	9	9	10		1	1	1	1	2	2	2	3	3	3	4	4	4	5	5	대운 순행
4	4	4	3	3	3	2	2	2	1	1	1	1		10	9	9	9	8	8	8	7	7	7	6	6	6	5	5	대운 역행
																		3										2	양력 월
19	18	17	16	15	14	13	12	11	10	9	8	7	6	5	4	3	2	1	28	27	26	25	24	23	22	21	20	19	양력 일
甲午	癸巳	壬辰	辛卯	庚寅	己丑	戊子	丁亥	丙戌	乙酉	甲申	癸未	壬午	辛巳	庚辰	己卯	戊寅	丁丑	丙子	乙亥	甲戌	癸酉	壬申	辛未	庚午	己巳	戊辰	丁卯	丙寅	일진
목	수	화	월	일	토	금	목	수	화	월	일	토	卯正	목	수	화	월	일	토	금	목	수	화	월	일	토	금	辰正	절기시각

2月大(己卯) 경칩

													청명3															춘분		절기
30	29	28	27	26	25	24	23	22	21	20	19	18	17	16	15	14	13	12	11	10	9	8	7	6	5	4	3	2	1	음력
6	6	7	7	7	8	8	8	9	9	9	10	10		1	1	1	1	2	2	2	3	3	3	4	4	4	5	5	5	대운 순행
4	4	4	3	3	3	2	2	2	1	1	1	1		10	9	9	9	8	8	8	7	7	7	6	6	6	5	5	5	대운 역행
																	4												3	양력 월
18	17	16	15	14	13	12	11	10	9	8	7	6	5	4	3	2	1	31	30	29	28	27	26	25	24	23	22	21	20	양력 일
甲子	癸亥	壬戌	辛酉	庚申	己未	戊午	丁巳	丙辰	乙卯	甲寅	癸丑	壬子	辛亥	庚戌	己酉	戊申	丁未	丙午	乙巳	甲辰	癸卯	壬寅	辛丑	庚子	己亥	戊戌	丁酉	丙申	乙未	일진
토	금	목	수	화	월	일	토	금	목	수	화	월	午初	토	금	목	수	화	월	일	토	금	목	수	화	월	일	辰初	금	절기시각

3月小(庚辰) 청명

											입하4																곡우		절기
29	28	27	26	25	24	23	22	21	20	19	18	17	16	15	14	13	12	11	10	9	8	7	6	5	4	3	2	1	음력
7	7	7	8	8	8	9	9	9	10	10		1	1	1	1	2	2	2	3	3	3	4	4	4	5	5	5	6	대운 순행
4	3	3	3	2	2	2	1	1	1	1		10	10	9	9	9	8	8	8	7	7	7	6	6	6	5	5	5	대운 역행
																5												4	양력 월
17	16	15	14	13	12	11	10	9	8	7	6	5	4	3	2	1	30	29	28	27	26	25	24	23	22	21	20	19	양력 일
癸巳	壬辰	辛卯	庚寅	己丑	戊子	丁亥	丙戌	乙酉	甲申	癸未	壬午	辛巳	庚辰	己卯	戊寅	丁丑	丙子	乙亥	甲戌	癸酉	壬申	辛未	庚午	己巳	戊辰	丁卯	丙寅	乙丑	일진
일	토	금	목	수	화	월	일	토	금	목	寅正	화	월	일	토	금	목	수	화	월	일	토	금	목	수	화	酉正	일	절기시각

4月小(辛巳) 입하

									망종5																소만				절기
29	28	27	26	25	24	23	22	21	20	19	18	17	16	15	14	13	12	11	10	9	8	7	6	5	4	3	2	1	음력
7	8	8	8	9	9	9	10	10		1	1	1	1	2	2	2	3	3	3	4	4	4	5	5	5	6	6	6	대운 순행
3	3	2	2	2	1	1	1	1		10	10	9	9	9	8	8	8	7	7	7	6	6	6	5	5	5	4	4	대운 역행
														6														5	양력 월
15	14	13	12	11	10	9	8	7	6	5	4	3	2	1	31	30	29	28	27	26	25	24	23	22	21	20	19	18	양력 일
壬戌	辛酉	庚申	己未	戊午	丁巳	丙辰	乙卯	甲寅	癸丑	壬子	辛亥	庚戌	己酉	戊申	丁未	丙午	乙巳	甲辰	癸卯	壬寅	辛丑	庚子	己亥	戊戌	丁酉	丙申	乙未	甲午	일진
월	일	토	금	목	수	화	월	일	辰正	금	목	수	화	월	일	토	금	목	수	화	월	일	토	금	酉初	수	화	월	절기시각

5月大(壬午) 망종

								소서6															하지							절기
30	29	28	27	26	25	24	23	22	21	20	19	18	17	16	15	14	13	12	11	10	9	8	7	6	5	4	3	2	1	음력
8	8	9	9	9	10	10	10		1	1	1	1	2	2	2	3	3	3	4	4	4	5	5	5	6	6	6	7	7	대운 순행
3	2	2	2	1	1	1	1		10	10	9	9	9	8	8	8	7	7	7	6	6	6	5	5	5	4	4	4	3	대운 역행
														7															6	양력 월
15	14	13	12	11	10	9	8	7	6	5	4	3	2	1	30	29	28	27	26	25	24	23	22	21	20	19	18	17	16	양력 일
壬辰	辛卯	庚寅	己丑	戊子	丁亥	丙戌	乙酉	甲申	癸未	壬午	辛巳	庚辰	己卯	戊寅	丁丑	丙子	乙亥	甲戌	癸酉	壬申	辛未	庚午	己巳	戊辰	丁卯	丙寅	乙丑	甲子	癸亥	일진
수	화	월	일	토	금	목	수	戌初	월	일	토	금	목	수	화	월	일	토	금	목	수	화	丑初	일	토	금	목	수	화	절기시각

6月小(癸未) 소서

					입추7																대서								절기
29	28	27	26	25	24	23	22	21	20	19	18	17	16	15	14	13	12	11	10	9	8	7	6	5	4	3	2	1	음력
9	9	9	10	10		1	1	1	1	2	2	2	3	3	3	4	4	4	5	5	5	6	6	6	7	7	7	8	대운 순행
2	1	1	1	1		10	10	10	9	9	9	8	8	8	7	7	7	6	6	6	5	5	5	4	4	4	3	3	대운 역행
												8																7	양력 월
13	12	11	10	9	8	7	6	5	4	3	2	1	31	30	29	28	27	26	25	24	23	22	21	20	19	18	17	16	양력 일
辛酉	庚申	己未	戊午	丁巳	丙辰	乙卯	甲寅	癸丑	壬子	辛亥	庚戌	己酉	戊申	丁未	丙午	乙巳	甲辰	癸卯	壬寅	辛丑	庚子	己亥	戊戌	丁酉	丙申	乙未	甲午	癸巳	일진
목	수	화	월	일	寅正	금	목	수	화	월	일	토	금	목	수	화	월	일	토	금	午正	수	화	월	일	토	금	목	절기시각

• 꿈에 참새를 보면 이성간에 말썽이 있으나 끝내는 성사된다.

				백로8																처서										절기	7月大(甲申)입추
30	29	28	27	26	25	24	23	22	21	20	19	18	17	16	15	14	13	12	11	10	9	8	7	6	5	4	3	2	1	음력	
9	9	9	10		1	1	1	1	2	2	2	3	3	3	4	4	4	5	5	5	6	6	6	7	7	7	8	8	8	대운 순행	
1	1	1	1		10	10	9	9	9	8	8	8	7	7	7	6	6	6	5	5	5	4	4	4	3	3	3	2	2	대운 역행	
											9																		8	양력 월	
12	11	10	9	8	7	6	5	4	3	2	1	31	30	29	28	27	26	25	24	23	22	21	20	19	18	17	16	15	14	양력 일	
辛卯	庚寅	己丑	戊子	丁亥	丙戌	乙酉	甲申	癸未	壬午	辛巳	庚辰	己卯	戊寅	丁丑	丙子	乙亥	甲戌	癸酉	壬申	辛未	庚午	己巳	戊辰	丁卯	丙寅	乙丑	甲子	癸亥	壬戌	일진	
토	금	목	수	辰初	월	일	토	금	목	수	화	월	일	토	금	목	수	화	월	戌初	토	금	목	수	화	월	일	토	금	절기시각	

				한로9															추분											절기	8月大(乙酉)백로
30	29	28	27	26	25	24	23	22	21	20	19	18	17	16	15	14	13	12	11	10	9	8	7	6	5	4	3	2	1	음력	
9	9	10	10		1	1	1	1	2	2	2	3	3	3	4	4	4	5	5	5	6	6	6	7	7	7	8	8	8	대운 순행	
1	1	1	1		10	9	9	9	8	8	8	7	7	7	6	6	6	5	5	5	4	4	4	3	3	3	2	2	2	대운 역행	
											10																		9	양력 월	
12	11	10	9	8	7	6	5	4	3	2	1	30	29	28	27	26	25	24	23	22	21	20	19	18	17	16	15	14	13	양력 일	
辛酉	庚申	己未	戊午	丁巳	丙辰	乙卯	甲寅	癸丑	壬子	辛亥	庚戌	己酉	戊申	丁未	丙午	乙巳	甲辰	癸卯	壬寅	辛丑	庚子	己亥	戊戌	丁酉	丙申	乙未	甲午	癸巳	壬辰	일진	
월	일	토	금	子初	수	화	월	일	토	금	목	수	화	월	일	토	금	목	酉初	화	월	일	토	금	목	수	화	월	일	절기시각	

			입동10															상강												절기	9月大(丙戌)한로
30	29	28	27	26	25	24	23	22	21	20	19	18	17	16	15	14	13	12	11	10	9	8	7	6	5	4	3	2	1	음력	
9	9	9		1	1	1	1	2	2	2	3	3	3	4	4	4	5	5	5	6	6	6	7	7	7	8	8	8	9	대운 순행	
1	1	1		10	10	9	9	9	8	8	8	7	7	7	6	6	6	5	5	5	4	4	4	3	3	3	2	2	2	대운 역행	
										11																			10	양력 월	
11	10	9	8	7	6	5	4	3	2	1	31	30	29	28	27	26	25	24	23	22	21	20	19	18	17	16	15	14	13	양력 일	
辛卯	庚寅	己丑	戊子	丁亥	丙戌	乙酉	甲申	癸未	壬午	辛巳	庚辰	己卯	戊寅	丁丑	丙子	乙亥	甲戌	癸酉	壬申	辛未	庚午	己巳	戊辰	丁卯	丙寅	乙丑	甲子	癸亥	壬戌	일진	
수	화	월	丑正	토	금	목	수	화	월	일	토	금	목	수	화	월	일	丑正	금	목	수	화	월	일	토	금	목	수	화	절기시각	

				대설11														소설												절기	10月小(丁亥)입동
	29	28	27	26	25	24	23	22	21	20	19	18	17	16	15	14	13	12	11	10	9	8	7	6	5	4	3	2	1	음력	
	9	9	10		1	1	1	1	2	2	2	3	3	3	4	4	4	5	5	5	6	6	6	7	7	7	8	8	8	대운 순행	
	1	1	1		9	9	9	8	8	8	7	7	7	6	6	6	5	5	5	4	4	4	3	3	3	2	2	2	1	대운 역행	
										12																			11	양력 월	
	10	9	8	7	6	5	4	3	2	1	30	29	28	27	26	25	24	23	22	21	20	19	18	17	16	15	14	13	12	양력 일	
	庚申	己未	戊午	丁巳	丙辰	乙卯	甲寅	癸丑	壬子	辛亥	庚戌	己酉	戊申	丁未	丙午	乙巳	甲辰	癸卯	壬寅	辛丑	庚子	己亥	戊戌	丁酉	丙申	乙未	甲午	癸巳	壬辰	일진	
	목	수	화	戌初	일	토	금	목	수	화	월	일	토	금	목	수	화	子正	일	토	금	목	수	화	월	일	토	금	목	절기시각	

			소한12															동지												절기	11月大(戊子)대설
30	29	28	27	26	25	24	23	22	21	20	19	18	17	16	15	14	13	12	11	10	9	8	7	6	5	4	3	2	1	음력	
9	9	9		1	1	1	1	2	2	2	3	3	3	4	4	4	5	5	5	6	6	6	7	7	7	8	8	8	9	대운 순행	
1	1	1		10	9	9	9	8	8	8	7	7	7	6	6	6	5	5	5	4	4	4	3	3	3	2	2	2	1	대운 역행	
								1																					12	양력 월	
9	8	7	6	5	4	3	2	1	31	30	29	28	27	26	25	24	23	22	21	20	19	18	17	16	15	14	13	12	11	양력 일	
庚寅	己丑	戊子	丁亥	丙戌	乙酉	甲申	癸未	壬午	辛巳	庚辰	己卯	戊寅	丁丑	丙子	乙亥	甲戌	癸酉	壬申	辛未	庚午	己巳	戊辰	丁卯	丙寅	乙丑	甲子	癸亥	壬戌	辛酉	일진	
토	금	목	卯正	화	월	일	토	금	목	수	화	월	일	토	금	목	수	未初	월	일	토	금	목	수	화	월	일	토	금	절기시각	

				입춘1														대한												절기	12月小(己丑)소한
	29	28	27	26	25	24	23	22	21	20	19	18	17	16	15	14	13	12	11	10	9	8	7	6	5	4	3	2	1	음력	
	9	9	10		1	1	1	1	2	2	2	3	3	3	4	4	4	5	5	5	6	6	6	7	7	7	8	8	8	대운 순행	
	1	1	1		9	9	9	8	8	8	7	7	7	6	6	6	5	5	5	4	4	4	3	3	3	2	2	2	1	대운 역행	
							2																						1	양력 월	
	7	6	5	4	3	2	1	31	30	29	28	27	26	25	24	23	22	21	20	19	18	17	16	15	14	13	12	11	10	양력 일	
	己未	戊午	丁巳	丙辰	乙卯	甲寅	癸丑	壬子	辛亥	庚戌	己酉	戊申	丁未	丙午	乙巳	甲辰	癸卯	壬寅	辛丑	庚子	己亥	戊戌	丁酉	丙申	乙未	甲午	癸巳	壬辰	辛卯	일진	
	일	토	금	酉正	수	화	월	일	토	금	목	수	화	월	일	토	금	子正	수	화	월	일	토	금	목	수	화	월	일	절기시각	

• 일지에 원진살이 있으면 부부싸움이 많다.

서기 2016년
단기 4349년

丙申年

상문 : 戌　대장군 : 南
조객 : 午　삼　재 : 寅午戌
삼살 : 南

			경칩2															우수													절 기		1月大(庚寅)입춘
30	29	28	27	26	25	24	23	22	21	20	19	18	17	16	15	14	13	12	11	10	9	8	7	6	5	4	3	2	1	음 력		
9	9	10		1	1	1	1	2	2	2	3	3	3	4	4	4	5	5	5	6	6	6	7	7	7	8	8	8	9	순행	대	
1	1	1		10	9	9	9	8	8	8	7	7	7	6	6	6	5	5	5	4	4	4	3	3	3	2	2	2	1	역행	운	
							3																						2	월	양	
8	7	6	5	4	3	2	1	29	28	27	26	25	24	23	22	21	20	19	18	17	16	15	14	13	12	11	10	9	8	일	력	
己丑	戊子	丁亥	丙戌	乙酉	甲申	癸未	壬午	辛巳	庚辰	己卯	戊寅	丁丑	丙子	乙亥	甲戌	癸酉	壬申	辛未	庚午	己巳	戊辰	丁卯	丙寅	乙丑	甲子	癸亥	壬戌	辛酉	庚申	일 진		
화	월	일	午正	금	목	수	화	월	일	토	금	목	수	화	월	일	토	未正	목	수	화	월	일	토	금	목	수	화	월	절기시각		

			청명3															춘분													절 기		2月小(辛卯)경칩
	29	28	27	26	25	24	23	22	21	20	19	18	17	16	15	14	13	12	11	10	9	8	7	6	5	4	3	2	1	음 력		
	10	10		1	1	1	1	2	2	2	3	3	3	4	4	4	5	5	5	6	6	6	7	7	7	8	8	8	9	순행	대	
	1	1		10	9	9	9	8	8	8	7	7	7	6	6	6	5	5	5	4	4	4	3	3	3	2	2	2	1	역행	운	
							4																						3	월	양	
	6	5	4	3	2	1	31	30	29	28	27	26	25	24	23	22	21	20	19	18	17	16	15	14	13	12	11	10	9	일	력	
	戊午	丁巳	丙辰	乙卯	甲寅	癸丑	壬子	辛亥	庚戌	己酉	戊申	丁未	丙午	乙巳	甲辰	癸卯	壬寅	辛丑	庚子	己亥	戊戌	丁酉	丙申	乙未	甲午	癸巳	壬辰	辛卯	庚寅	일 진		
	수	화	酉初	일	토	금	목	수	화	월	일	토	금	목	수	화	월	未初	토	금	목	수	화	월	일	토	금	목	수	절기시각		

	입하4															곡우														절 기		3月大(壬辰)청명
30	29	28	27	26	25	24	23	22	21	20	19	18	17	16	15	14	13	12	11	10	9	8	7	6	5	4	3	2	1	음 력		
10		1	1	1	1	2	2	2	3	3	3	4	4	4	5	5	5	6	6	6	7	7	7	8	8	8	9	9	9	순행	대	
1		10	10	9	9	9	8	8	8	7	7	7	6	6	6	5	5	5	4	4	4	3	3	3	2	2	2	1	1	역행	운	
					5																								4	월	양	
6	5	4	3	2	1	30	29	28	27	26	25	24	23	22	21	20	19	18	17	16	15	14	13	12	11	10	9	8	7	일	력	
戊子	丁亥	丙戌	乙酉	甲申	癸未	壬午	辛巳	庚辰	己卯	戊寅	丁丑	丙子	乙亥	甲戌	癸酉	壬申	辛未	庚午	己巳	戊辰	丁卯	丙寅	乙丑	甲子	癸亥	壬戌	辛酉	庚申	己未	일 진		
금	巳正	수	화	월	일	토	금	목	수	화	월	일	토	금	목	子正	화	월	일	토	금	목	수	화	월	일	토	금	목	절기시각		

																소만														절 기		4月小(癸巳)입하
	29	28	27	26	25	24	23	22	21	20	19	18	17	16	15	14	13	12	11	10	9	8	7	6	5	4	3	2	1	음 력		
	1	1	1	1	2	2	2	3	3	3	4	4	4	5	5	5	6	6	6	7	7	7	8	8	8	9	9	9	10	순행	대	
	10	10	9	9	9	8	8	8	7	7	7	6	6	6	5	5	5	4	4	4	3	3	3	2	2	2	1	1	1	역행	운	
				6																									5	월	양	
	4	3	2	1	31	30	29	28	27	26	25	24	23	22	21	20	19	18	17	16	15	14	13	12	11	10	9	8	7	일	력	
	丁巳	丙辰	乙卯	甲寅	癸丑	壬子	辛亥	庚戌	己酉	戊申	丁未	丙午	乙巳	甲辰	癸卯	壬寅	辛丑	庚子	己亥	戊戌	丁酉	丙申	乙未	甲午	癸巳	壬辰	辛卯	庚寅	己丑	일 진		
	토	금	목	수	화	월	일	토	금	목	수	화	월	일	토	子初	목	수	화	월	일	토	금	목	수	화	월	일	토	절기시각		

													하지																망종5	절 기		5月小(甲午)망종
	29	28	27	26	25	24	23	22	21	20	19	18	17	16	15	14	13	12	11	10	9	8	7	6	5	4	3	2	1	음 력		
	1	2	2	2	3	3	3	4	4	4	5	5	5	6	6	6	7	7	7	8	8	8	9	9	9	10	10	10		순행	대	
	9	9	9	8	8	8	7	7	7	6	6	6	5	5	5	4	4	4	3	3	3	2	2	2	1	1	1	1		역행	운	
			7																										6	월	양	
	3	2	1	30	29	28	27	26	25	24	23	22	21	20	19	18	17	16	15	14	13	12	11	10	9	8	7	6	5	일	력	
	丙戌	乙酉	甲申	癸未	壬午	辛巳	庚辰	己卯	戊寅	丁丑	丙子	乙亥	甲戌	癸酉	壬申	辛未	庚午	己巳	戊辰	丁卯	丙寅	乙丑	甲子	癸亥	壬戌	辛酉	庚申	己未	戊午	일 진		
	일	토	금	목	수	화	월	일	토	금	목	수	辰初	월	일	토	금	목	수	화	월	일	토	금	목	수	화	월	未正	절기시각		

											대서															소서6				절 기		6月大(乙未)소서
30	29	28	27	26	25	24	23	22	21	20	19	18	17	16	15	14	13	12	11	10	9	8	7	6	5	4	3	2	1	음 력		
2	2	2	3	3	3	4	4	4	5	5	5	6	6	6	7	7	7	8	8	8	9	9	9	10	10		1	1	1	순행	대	
9	8	8	8	7	7	7	6	6	6	5	5	5	4	4	4	3	3	3	2	2	2	1	1	1	1		10	10	10	역행	운	
	8																												7	월	양	
2	1	31	30	29	28	27	26	25	24	23	22	21	20	19	18	17	16	15	14	13	12	11	10	9	8	7	6	5	4	일	력	
丙辰	乙卯	甲寅	癸丑	壬子	辛亥	庚戌	己酉	戊申	丁未	丙午	乙巳	甲辰	癸卯	壬寅	辛丑	庚子	己亥	戊戌	丁酉	丙申	乙未	甲午	癸巳	壬辰	辛卯	庚寅	己丑	戊子	丁亥	일 진		
화	월	일	토	금	목	수	화	월	일	토	酉正	목	수	화	월	일	토	금	목	수	화	월	일	토	금	子正	수	화	월	절기시각		

• 꿈에 커피를 마시면 명예를 얻는다.

7月小(丙申) 입추

									처서																입추7					절기
	29	28	27	26	25	24	23	22	**21**	20	19	18	17	16	15	14	13	12	11	10	9	8	7	6	**5**	4	3	2	1	음력
	2	3	3	3	4	4	4	5	5	5	6	6	6	7	7	7	8	8	8	9	9	9	10	10		1	1	1	1	대운 순행
	8	8	7	7	7	6	6	6	5	5	5	4	4	4	3	3	3	2	2	2	1	1	1	1		10	10	9	9	대운 역행
																													8	양력 월
	31	30	29	28	27	26	25	24	23	22	21	20	19	18	17	16	15	14	13	12	11	10	9	8	7	6	5	4	3	양력 일
	乙酉	甲申	癸未	壬午	辛巳	庚辰	己卯	戊寅	丁丑	丙子	乙亥	甲戌	癸酉	壬申	辛未	庚午	己巳	戊辰	丁卯	丙寅	乙丑	甲子	癸亥	壬戌	辛酉	庚申	己未	戊午	丁巳	일진
	수	화	월	일	토	금	목	수	丑初	월	일	토	금	목	수	화	월	일	토	금	목	수	화	월	巳正	토	금	목	수	절기시각

8月大(丁酉) 백로

								추분															백로8							절기
30	29	28	27	26	25	24	23	**22**	21	20	19	18	17	16	15	14	13	12	11	10	9	8	**7**	6	5	4	3	2	1	음력
3	3	3	4	4	4	5	5	5	6	6	6	7	7	7	8	8	8	9	9	9	10	10		1	1	1	1	2	2	대운 순행
8	7	7	7	6	6	6	5	5	5	4	4	4	3	3	3	2	2	2	1	1	1	1		10	10	9	9	9	8	대운 역행
																													9	양력 월
30	29	28	27	26	25	24	23	22	21	20	19	18	17	16	15	14	13	12	11	10	9	8	7	6	5	4	3	2	1	양력 일
乙卯	甲寅	癸丑	壬子	辛亥	庚戌	己酉	戊申	丁未	丙午	乙巳	甲辰	癸卯	壬寅	辛丑	庚子	己亥	戊戌	丁酉	丙申	乙未	甲午	癸巳	壬辰	辛卯	庚寅	己丑	戊子	丁亥	丙戌	일진
금	목	수	화	월	일	토	금	子初	수	화	월	일	토	금	목	수	화	월	일	토	금	목	未初	화	월	일	토	금	목	절기시각

9月大(戊戌) 한로

							상강															한로9								절기
30	29	28	27	26	25	24	**23**	22	21	20	19	18	17	16	15	14	13	12	11	10	9	**8**	7	6	5	4	3	2	1	음력
3	3	3	4	4	4	5	5	5	6	6	6	7	7	7	8	8	8	9	9	9	10		1	1	1	1	2	2	2	대운 순행
7	7	7	6	6	6	5	5	5	4	4	4	3	3	3	2	2	2	1	1	1	1		10	10	9	9	9	8	8	대운 역행
																													10	양력 월
30	29	28	27	26	25	24	23	22	21	20	19	18	17	16	15	14	13	12	11	10	9	8	7	6	5	4	3	2	1	양력 일
乙酉	甲申	癸未	壬午	辛巳	庚辰	己卯	戊寅	丁丑	丙子	乙亥	甲戌	癸酉	壬申	辛未	庚午	己巳	戊辰	丁卯	丙寅	乙丑	甲子	癸亥	壬戌	辛酉	庚申	己未	戊午	丁巳	丙辰	일진
일	토	금	목	수	화	월	辰正	토	금	목	수	화	월	일	토	금	목	수	화	월	일	卯初	금	목	수	화	월	일	토	절기시각

10月小(己亥) 입동

							소설															입동10								절기
	29	28	27	26	25	24	**23**	22	21	20	19	18	17	16	15	14	13	12	11	10	9	**8**	7	6	5	4	3	2	1	음력
	3	3	4	4	4	5	5	5	6	6	6	7	7	7	8	8	8	9	9	9	10		1	1	1	1	2	2	2	대운 순행
	7	7	6	6	6	5	5	5	4	4	4	3	3	3	2	2	2	1	1	1	1		10	9	9	9	8	8	8	대운 역행
																												11	10	양력 월
	28	27	26	25	24	23	22	21	20	19	18	17	16	15	14	13	12	11	10	9	8	7	6	5	4	3	2	1	31	양력 일
	甲寅	癸丑	壬子	辛亥	庚戌	己酉	戊申	丁未	丙午	乙巳	甲辰	癸卯	壬寅	辛丑	庚子	己亥	戊戌	丁酉	丙申	乙未	甲午	癸巳	壬辰	辛卯	庚寅	己丑	戊子	丁亥	丙戌	일진
	월	일	토	금	목	수	卯正	월	일	토	금	목	수	화	월	일	토	금	목	수	화	辰正	일	토	금	목	수	화	월	절기시각

11月大(庚子) 대설

							동지														대설11									절기
30	29	28	27	26	25	24	**23**	22	21	20	19	18	17	16	15	14	13	12	11	10	**9**	8	7	6	5	4	3	2	1	음력
3	3	3	4	4	4	5	5	5	6	6	6	7	7	7	8	8	8	9	9	9		1	1	1	1	2	2	2	3	대운 순행
7	7	6	6	6	5	5	5	4	4	4	3	3	3	2	2	2	1	1	1	1		10	9	9	9	8	8	8	7	대운 역행
																											12		11	양력 월
28	27	26	25	24	23	22	21	20	19	18	17	16	15	14	13	12	11	10	9	8	7	6	5	4	3	2	1	30	29	양력 일
甲申	癸未	壬午	辛巳	庚辰	己卯	戊寅	丁丑	丙子	乙亥	甲戌	癸酉	壬申	辛未	庚午	己巳	戊辰	丁卯	丙寅	乙丑	甲子	癸亥	壬戌	辛酉	庚申	己未	戊午	丁巳	丙辰	乙卯	일진
수	화	월	일	토	금	목	戌初	화	월	일	토	금	목	수	화	월	일	토	금	목	丑初	화	월	일	토	금	목	수	화	절기시각

12月大(辛丑) 소한

							대한															소한12								절기
30	29	28	27	26	25	24	**23**	22	21	20	19	18	17	16	15	14	13	12	11	10	9	**8**	7	6	5	4	3	2	1	음력
3	3	3	4	4	4	5	5	5	6	6	6	7	7	7	8	8	8	9	9	9	10		1	1	1	1	2	2	2	대운 순행
7	7	7	6	6	6	5	5	5	4	4	4	3	3	3	2	2	2	1	1	1	1		9	9	9	8	8	8	7	대운 역행
																										1			12	양력 월
27	26	25	24	23	22	21	20	19	18	17	16	15	14	13	12	11	10	9	8	7	6	5	4	3	2	1	31	30	29	양력 일
甲寅	癸丑	壬子	辛亥	庚戌	己酉	戊申	丁未	丙午	乙巳	甲辰	癸卯	壬寅	辛丑	庚子	己亥	戊戌	丁酉	丙申	乙未	甲午	癸巳	壬辰	辛卯	庚寅	己丑	戊子	丁亥	丙戌	乙酉	일진
금	목	수	화	월	일	토	卯正	목	수	화	월	일	토	금	목	수	화	월	일	토	금	午正	수	화	월	일	토	금	목	절기시각

• 財가 희신이나 용신이면 처덕이 크다.

서기 2017년
단기 4350년

丁酉年

상문 : 亥　대장군 : 南
조객 : 未　삼　재 : 寅午戌
삼살 : 東

1月小(壬寅)입춘

								우수														입춘1								절 기
	29	28	27	26	25	24	23	**22**	21	20	19	18	17	16	15	14	13	12	11	10	9	**8**	7	6	5	4	3	2	1	음 력
	3	3	3	4	4	4	5	5	5	6	6	6	7	7	7	8	8	8	9	9	9		1	1	1	1	2	2	2	순행 대운
	7	7	6	6	6	5	5	5	4	4	4	3	3	3	2	2	2	1	1	1	1		10	9	9	9	8	8	8	역행 대운
																									2				1	월 양력
	25	24	23	22	21	20	19	18	17	16	15	14	13	12	11	10	9	8	7	6	5	4	3	2	1	31	30	29	28	일 양력
	癸未	壬午	辛巳	庚辰	己卯	戊寅	丁丑	丙子	乙亥	甲戌	癸酉	壬申	辛未	庚午	己巳	戊辰	丁卯	丙寅	乙丑	甲子	癸亥	壬戌	辛酉	庚申	己未	戊午	丁巳	丙辰	乙卯	일 진
	토	금	목	수	화	월	일	戌正	금	목	수	화	월	일	토	금	목	수	화	월	일	子正	금	목	수	화	월	일	토	절기시각

2月大(癸卯)경칩

							춘분															경칩2								절 기
30	29	28	27	26	25	24	**23**	22	21	20	19	18	17	16	15	14	13	12	11	10	9	**8**	7	6	5	4	3	2	1	음 력
3	3	3	4	4	4	5	5	5	6	6	6	7	7	7	8	8	8	9	9	9	10		1	1	1	1	2	2	2	순행 대운
7	7	7	6	6	6	5	5	5	4	4	4	3	3	3	2	2	2	1	1	1	1		9	9	9	8	8	8	7	역행 대운
																										3			2	월 양력
27	26	25	24	23	22	21	20	19	18	17	16	15	14	13	12	11	10	9	8	7	6	5	4	3	2	1	28	27	26	일 양력
癸丑	壬子	辛亥	庚戌	己酉	戊申	丁未	丙午	乙巳	甲辰	癸卯	壬寅	辛丑	庚子	己亥	戊戌	丁酉	丙申	乙未	甲午	癸巳	壬辰	辛卯	庚寅	己丑	戊子	丁亥	丙戌	乙酉	甲申	일 진
월	일	토	금	목	수	화	戌初	일	토	금	목	수	화	월	일	토	금	목	수	화	월	酉正	토	금	목	수	화	월	일	절기시각

3月小(甲辰)청명

						곡우																청명3								절 기
	29	28	27	26	25	**24**	23	22	21	20	19	18	17	16	15	14	13	12	11	10	9	**8**	7	6	5	4	3	2	1	음 력
	3	4	4	4	5	5	5	6	6	6	7	7	7	8	8	8	9	9	9	10	10		1	1	1	1	2	2	2	순행 대운
	7	7	6	6	6	5	5	5	4	4	4	3	3	3	2	2	2	1	1	1	1		10	9	9	9	8	8	8	역행 대운
																									4				3	월 양력
	25	24	23	22	21	20	19	18	17	16	15	14	13	12	11	10	9	8	7	6	5	4	3	2	1	31	30	29	28	일 양력
	壬午	辛巳	庚辰	己卯	戊寅	丁丑	丙子	乙亥	甲戌	癸酉	壬申	辛未	庚午	己巳	戊辰	丁卯	丙寅	乙丑	甲子	癸亥	壬戌	辛酉	庚申	己未	戊午	丁巳	丙辰	乙卯	甲寅	일 진
	화	월	일	토	금	卯正	수	화	월	일	토	금	목	수	화	월	일	토	금	목	수	亥正	월	일	토	금	목	수	화	절기시각

4月大(乙巳)입하

				소만																입하4										절 기
30	29	28	27	**26**	25	24	23	22	21	20	19	18	17	16	15	14	13	12	11	**10**	9	8	7	6	5	4	3	2	1	음 력
4	4	4	5	5	5	6	6	6	7	7	7	8	8	8	9	9	9	10	10		1	1	1	1	2	2	2	3	3	순행 대운
7	6	6	6	5	5	5	4	4	4	3	3	3	2	2	2	1	1	1	1		10	10	9	9	9	8	8	8	7	역행 대운
																								5					4	월 양력
25	24	23	22	21	20	19	18	17	16	15	14	13	12	11	10	9	8	7	6	5	4	3	2	1	30	29	28	27	26	일 양력
壬子	辛亥	庚戌	己酉	戊申	丁未	丙午	乙巳	甲辰	癸卯	壬寅	辛丑	庚子	己亥	戊戌	丁酉	丙申	乙未	甲午	癸巳	壬辰	辛卯	庚寅	己丑	戊子	丁亥	丙戌	乙酉	甲申	癸未	일 진
목	수	화	월	卯初	토	금	목	수	화	월	일	토	금	목	수	화	월	일	토	巳正	목	수	화	월	일	토	금	목	수	절기시각

5月小(丙午)망종

			하지																망종5											절 기
	29	28	**27**	26	25	24	23	22	21	20	19	18	17	16	15	14	13	12	**11**	10	9	8	7	6	5	4	3	2	1	음 력
	5	5	5	6	6	6	7	7	7	8	8	8	9	9	9	10	10	10		1	1	1	1	2	2	2	3	3	3	순행 대운
	6	6	5	5	5	4	4	4	3	3	3	2	2	2	1	1	1	1		10	10	9	9	9	8	8	8	7	7	역행 대운
																							6						5	월 양력
	23	22	21	20	19	18	17	16	15	14	13	12	11	10	9	8	7	6	5	4	3	2	1	31	30	29	28	27	26	일 양력
	辛巳	庚辰	己卯	戊寅	丁丑	丙子	乙亥	甲戌	癸酉	壬申	辛未	庚午	己巳	戊辰	丁卯	丙寅	乙丑	甲子	癸亥	壬戌	辛酉	庚申	己未	戊午	丁巳	丙辰	乙卯	甲寅	癸丑	일 진
	금	목	未初	화	월	일	토	금	목	수	화	월	일	토	금	목	수	화	戌正	일	토	금	목	수	화	월	일	토	금	절기시각

윤5月小

																소서6														절 기
	29	28	27	26	25	24	23	22	21	20	19	18	17	16	15	**14**	13	12	11	10	9	8	7	6	5	4	3	2	1	음 력
	5	6	6	6	7	7	7	8	8	8	9	9	9	10	10		1	1	1	1	2	2	2	3	3	3	4	4	4	순행 대운
	5	5	4	4	4	3	3	3	2	2	2	1	1	1	1		10	10	10	9	9	9	8	8	8	7	7	7	6	역행 대운
																						7							6	월 양력
	22	21	20	19	18	17	16	15	14	13	12	11	10	9	8	7	6	5	4	3	2	1	30	29	28	27	26	25	24	일 양력
	庚戌	己酉	戊申	丁未	丙午	乙巳	甲辰	癸卯	壬寅	辛丑	庚子	己亥	戊戌	丁酉	丙申	乙未	甲午	癸巳	壬辰	辛卯	庚寅	己丑	戊子	丁亥	丙戌	乙酉	甲申	癸未	壬午	일 진
	토	금	목	수	화	월	일	토	금	목	수	화	월	일	토	卯正	목	수	화	월	일	토	금	목	수	화	월	일	토	절기시각

• 저녁때 화장하는 꿈은 일이 성사된다는 징조다.

6月大(丁未)소서

														입추7																대서	절기
30	29	28	27	26	25	24	23	22	21	20	19	18	17	16	15	14	13	12	11	10	9	8	7	6	5	4	3	2	1	음력
6	6	6	7	7	7	8	8	8	9	9	9	10	10		1	1	1	1	2	2	2	3	3	3	4	4	4	5	5	대운 순행
5	4	4	4	3	3	3	2	2	2	1	1	1	1		10	10	9	9	9	8	8	8	7	7	7	6	6	6	5	대운 역행
																				8									7	양력 월
21	20	19	18	17	16	15	14	13	12	11	10	9	8	7	6	5	4	3	2	1	31	30	29	28	27	26	25	24	23	양력 일
庚辰	己卯	戊寅	丁丑	丙子	乙亥	甲戌	癸酉	壬申	辛未	庚午	己巳	戊辰	丁卯	丙寅	乙丑	甲子	癸亥	壬戌	辛酉	庚申	己未	戊午	丁巳	丙辰	乙卯	甲寅	癸丑	壬子	辛亥	일진
월	일	토	금	목	수	화	월	일	토	금	목	수	화	申正	일	토	금	목	수	화	월	일	토	금	목	수	화	월	子正	절기시각

7月小(戊申)입추

													백로8															처서		절기
	29	28	27	26	25	24	23	22	21	20	19	18	17	16	15	14	13	12	11	10	9	8	7	6	5	4	3	2	1	음력
	6	7	7	7	8	8	8	9	9	9	10	10		1	1	1	1	2	2	2	3	3	3	4	4	4	5	5	5	대운 순행
	4	4	3	3	3	2	2	2	1	1	1	1		10	10	9	9	9	8	8	8	7	7	7	6	6	6	5	5	대운 역행
																			9										8	양력 월
	19	18	17	16	15	14	13	12	11	10	9	8	7	6	5	4	3	2	1	31	30	29	28	27	26	25	24	23	22	양력 일
	己酉	戊申	丁未	丙午	乙巳	甲辰	癸卯	壬寅	辛丑	庚子	己亥	戊戌	丁酉	丙申	乙未	甲午	癸巳	壬辰	辛卯	庚寅	己丑	戊子	丁亥	丙戌	乙酉	甲申	癸未	壬午	辛巳	일진
	화	월	일	토	금	목	수	화	월	일	토	금	戌初	수	화	월	일	토	금	목	수	화	월	일	토	금	목	辰初	화	절기시각

8月大(己酉)백로

											한로9															추분				절기
30	29	28	27	26	25	24	23	22	21	20	19	18	17	16	15	14	13	12	11	10	9	8	7	6	5	4	3	2	1	음력
6	7	7	7	8	8	8	9	9	9	10		1	1	1	1	2	2	2	3	3	3	4	4	4	5	5	5	6	6	대운 순행
4	3	3	3	2	2	2	1	1	1	1		10	10	9	9	9	8	8	8	7	7	7	6	6	6	5	5	5	4	대운 역행
																		10											9	양력 월
19	18	17	16	15	14	13	12	11	10	9	8	7	6	5	4	3	2	1	30	29	28	27	26	25	24	23	22	21	20	양력 일
己卯	戊寅	丁丑	丙子	乙亥	甲戌	癸酉	壬申	辛未	庚午	己巳	戊辰	丁卯	丙寅	乙丑	甲子	癸亥	壬戌	辛酉	庚申	己未	戊午	丁巳	丙辰	乙卯	甲寅	癸丑	壬子	辛亥	庚戌	일진
목	수	화	월	일	토	금	목	수	화	월	午初	토	금	목	수	화	월	일	토	금	목	수	화	월	일	寅正	금	목	수	절기시각

9月小(庚戌)한로

											입동10															상강				절기
	29	28	27	26	25	24	23	22	21	20	19	18	17	16	15	14	13	12	11	10	9	8	7	6	5	4	3	2	1	음력
	7	7	7	8	8	8	9	9	9	10		1	1	1	1	2	2	2	3	3	3	4	4	4	5	5	5	6	6	대운 순행
	3	3	3	2	2	2	1	1	1	1		10	9	9	9	8	8	8	7	7	7	6	6	6	5	5	5	4	4	대운 역행
																	11												10	양력 월
	17	16	15	14	13	12	11	10	9	8	7	6	5	4	3	2	1	31	30	29	28	27	26	25	24	23	22	21	20	양력 일
	戊申	丁未	丙午	乙巳	甲辰	癸卯	壬寅	辛丑	庚子	己亥	戊戌	丁酉	丙申	乙未	甲午	癸巳	壬辰	辛卯	庚寅	己丑	戊子	丁亥	丙戌	乙酉	甲申	癸未	壬午	辛巳	庚辰	일진
	금	목	수	화	월	일	토	금	목	수	未正	월	일	토	금	목	수	화	월	일	토	금	목	수	화	未正	일	토	금	절기시각

10月大(辛亥)입동

										대설11															소설					절기
30	29	28	27	26	25	24	23	22	21	20	19	18	17	16	15	14	13	12	11	10	9	8	7	6	5	4	3	2	1	음력
6	7	7	7	8	8	8	9	9	9		1	1	1	1	2	2	2	3	3	3	4	4	4	5	5	5	6	6	6	대운 순행
3	3	3	2	2	2	1	1	1	1		10	9	9	9	8	8	8	7	7	7	6	6	6	5	5	5	4	4	4	대운 역행
																12													11	양력 월
17	16	15	14	13	12	11	10	9	8	7	6	5	4	3	2	1	30	29	28	27	26	25	24	23	22	21	20	19	18	양력 일
戊寅	丁丑	丙子	乙亥	甲戌	癸酉	壬申	辛未	庚午	己巳	戊辰	丁卯	丙寅	乙丑	甲子	癸亥	壬戌	辛酉	庚申	己未	戊午	丁巳	丙辰	乙卯	甲寅	癸丑	壬子	辛亥	庚戌	己酉	일진
일	토	금	목	수	화	월	일	토	금	辰初	수	화	월	일	토	금	목	수	화	월	일	토	금	목	午正	화	월	일	토	절기시각

11月大(壬子)대설

											소한12														동지					절기
30	29	28	27	26	25	24	23	22	21	20	19	18	17	16	15	14	13	12	11	10	9	8	7	6	5	4	3	2	1	음력
6	7	7	7	8	8	8	9	9	9	10		1	1	1	1	2	2	2	3	3	3	4	4	4	5	5	5	6	6	대운 순행
4	3	3	3	2	2	2	1	1	1	1		9	9	9	8	8	8	7	7	7	6	6	6	5	5	5	4	4	4	대운 역행
															1														12	양력 월
16	15	14	13	12	11	10	9	8	7	6	5	4	3	2	1	31	30	29	28	27	26	25	24	23	22	21	20	19	18	양력 일
戊申	丁未	丙午	乙巳	甲辰	癸卯	壬寅	辛丑	庚子	己亥	戊戌	丁酉	丙申	乙未	甲午	癸巳	壬辰	辛卯	庚寅	己丑	戊子	丁亥	丙戌	乙酉	甲申	癸未	壬午	辛巳	庚辰	己卯	일진
화	월	일	토	금	목	수	화	월	일	토	酉正	목	수	화	월	일	토	금	목	수	화	월	일	토	丑初	목	수	화	월	절기시각

12月大(癸丑)소한

											입춘1															대한				절기
30	29	28	27	26	25	24	23	22	21	20	19	18	17	16	15	14	13	12	11	10	9	8	7	6	5	4	3	2	1	음력
6	7	7	7	8	8	8	9	9	9	10		1	1	1	1	2	2	2	3	3	3	4	4	4	5	5	5	6	6	대운 순행
4	3	3	3	2	2	2	1	1	1	1		10	9	9	9	8	8	8	7	7	7	6	6	6	5	5	5	4	4	대운 역행
														2															1	양력 월
15	14	13	12	11	10	9	8	7	6	5	4	3	2	1	31	30	29	28	27	26	25	24	23	22	21	20	19	18	17	양력 일
戊寅	丁丑	丙子	乙亥	甲戌	癸酉	壬申	辛未	庚午	己巳	戊辰	丁卯	丙寅	乙丑	甲子	癸亥	壬戌	辛酉	庚申	己未	戊午	丁巳	丙辰	乙卯	甲寅	癸丑	壬子	辛亥	庚戌	己酉	일진
목	수	화	월	일	토	금	목	수	화	월	卯正	토	금	목	수	화	월	일	토	금	목	수	화	월	일	午初	금	목	수	절기시각

• 財와 건록과 도화살이 있으면 처로 인하여 부자가 된다.

서기 2018년
단기 4351년

戊戌年

상문 : 子 대장군 : 南
조객 : 申 삼 재 : 寅午戌
삼살 : 北

1月小(甲寅)입춘

											경칩2															우수				절기
	29	28	27	26	25	24	23	22	21	20	19	18	17	16	15	14	13	12	11	10	9	8	7	6	5	4	3	2	1	음력
	7	7	7	8	8	8	9	9	9	10		1	1	1	1	2	2	2	3	3	3	4	4	4	5	5	5	6	6	대운 순행
	3	3	3	2	2	2	1	1	1	1		10	9	9	9	8	8	8	7	7	7	6	6	6	5	5	5	4	4	대운 역행
																3													2	양력 월
	16	15	14	13	12	11	10	9	8	7	6	5	4	3	2	1	28	27	26	25	24	23	22	21	20	19	18	17	16	양력 일
	丁未	丙午	乙巳	甲辰	癸卯	壬寅	辛丑	庚子	己亥	戊戌	丁酉	丙申	乙未	甲午	癸巳	壬辰	辛卯	庚寅	己丑	戊子	丁亥	丙戌	乙酉	甲申	癸未	壬午	辛巳	庚辰	己卯	일진
	금	목	수	화	월	일	토	금	목	수	子正	월	일	토	금	목	수	화	월	일	토	금	목	수	화	丑正	일	토	금	절기시각

2月大(乙卯)경칩

										청명3															춘분					절기
30	29	28	27	26	25	24	23	22	21	20	19	18	17	16	15	14	13	12	11	10	9	8	7	6	5	4	3	2	1	음력
7	7	7	8	8	8	9	9	9	10		1	1	1	1	2	2	2	3	3	3	4	4	4	5	5	5	6	6	6	대운 순행
3	3	3	2	2	2	1	1	1	1		10	9	9	9	8	8	8	7	7	7	6	6	6	5	5	5	4	4	4	대운 역행
														4															3	양력 월
15	14	13	12	11	10	9	8	7	6	5	4	3	2	1	31	30	29	28	27	26	25	24	23	22	21	20	19	18	17	양력 일
丁丑	丙子	乙亥	甲戌	癸酉	壬申	辛未	庚午	己巳	戊辰	丁卯	丙寅	乙丑	甲子	癸亥	壬戌	辛酉	庚申	己未	戊午	丁巳	丙辰	乙卯	甲寅	癸丑	壬子	辛亥	庚戌	己酉	戊申	일진
일	토	금	목	수	화	월	일	토	금	寅正	수	화	월	일	토	금	목	수	화	월	일	토	금	목	子正	화	월	일	토	절기시각

3月小(丙辰)청명

										입하4															곡우					절기
	29	28	27	26	25	24	23	22	21	20	19	18	17	16	15	14	13	12	11	10	9	8	7	6	5	4	3	2	1	음력
	8	8	8	9	9	9	10	10	10		1	1	1	1	2	2	2	3	3	3	4	4	4	5	5	5	6	6	6	대운 순행
	3	3	2	2	2	1	1	1	1		10	9	9	9	8	8	8	7	7	7	6	6	6	5	5	5	4	4	4	대운 역행
														5															4	양력 월
	14	13	12	11	10	9	8	7	6	5	4	3	2	1	30	29	28	27	26	25	24	23	22	21	20	19	18	17	16	양력 일
	丙午	乙巳	甲辰	癸卯	壬寅	辛丑	庚子	己亥	戊戌	丁酉	丙申	乙未	甲午	癸巳	壬辰	辛卯	庚寅	己丑	戊子	丁亥	丙戌	乙酉	甲申	癸未	壬午	辛巳	庚辰	己卯	戊寅	일진
	월	일	토	금	목	수	화	월	일	亥初	금	목	수	화	월	일	토	금	목	수	화	월	일	토	午初	목	수	화	월	절기시각

4月大(丁巳)입하

							망종5																소만							절기
30	29	28	27	26	25	24	23	22	21	20	19	18	17	16	15	14	13	12	11	10	9	8	7	6	5	4	3	2	1	음력
8	8	9	9	9	10	10		1	1	1	1	2	2	2	3	3	3	4	4	4	5	5	5	6	6	6	7	7	7	대운 순행
2	2	2	1	1	1	1		10	10	10	9	9	9	8	8	8	7	7	7	6	6	6	5	5	5	4	4	4	3	대운 역행
												6																	5	양력 월
13	12	11	10	9	8	7	6	5	4	3	2	1	31	30	29	28	27	26	25	24	23	22	21	20	19	18	17	16	15	양력 일
丙子	乙亥	甲戌	癸酉	壬申	辛未	庚午	己巳	戊辰	丁卯	丙寅	乙丑	甲子	癸亥	壬戌	辛酉	庚申	己未	戊午	丁巳	丙辰	乙卯	甲寅	癸丑	壬子	辛亥	庚戌	己酉	戊申	丁未	일진
수	화	월	일	토	금	목	丑正	화	월	일	토	금	목	수	화	월	일	토	금	목	수	화	巳正	일	토	금	목	수	화	절기시각

5月小(戊午)망종

						소서6																하지								절기
	29	28	27	26	25	24	23	22	21	20	19	18	17	16	15	14	13	12	11	10	9	8	7	6	5	4	3	2	1	음력
	9	9	9	10	10		1	1	1	1	2	2	2	3	3	3	4	4	4	5	5	5	6	6	6	7	7	7	8	대운 순행
	2	1	1	1	1		10	10	9	9	9	8	8	8	7	7	7	6	6	6	5	5	5	4	4	4	3	3	3	대운 역행
												7																	6	양력 월
	12	11	10	9	8	7	6	5	4	3	2	1	30	29	28	27	26	25	24	23	22	21	20	19	18	17	16	15	14	양력 일
	乙巳	甲辰	癸卯	壬寅	辛丑	庚子	己亥	戊戌	丁酉	丙申	乙未	甲午	癸巳	壬辰	辛卯	庚寅	己丑	戊子	丁亥	丙戌	乙酉	甲申	癸未	壬午	辛巳	庚辰	己卯	戊寅	丁丑	일진
	목	수	화	월	일	午正	금	목	수	화	월	일	토	금	목	수	화	월	일	토	금	酉正	수	화	월	일	토	금	목	절기시각

6月小(己未)소서

					입추7															대서										절기
	29	28	27	26	25	24	23	22	21	20	19	18	17	16	15	14	13	12	11	10	9	8	7	6	5	4	3	2	1	음력
	10	10	10		1	1	1	1	2	2	2	3	3	3	4	4	4	5	5	5	6	6	6	7	7	7	8	8	8	대운 순행
	1	1	1		10	10	9	9	9	8	8	8	7	7	7	6	6	6	5	5	5	4	4	4	3	3	3	2	2	대운 역행
										8																			7	양력 월
	10	9	8	7	6	5	4	3	2	1	31	30	29	28	27	26	25	24	23	22	21	20	19	18	17	16	15	14	13	양력 일
	甲戌	癸酉	壬申	辛未	庚午	己巳	戊辰	丁卯	丙寅	乙丑	甲子	癸亥	壬戌	辛酉	庚申	己未	戊午	丁巳	丙辰	乙卯	甲寅	癸丑	壬子	辛亥	庚戌	己酉	戊申	丁未	丙午	일진
	금	목	수	亥正	월	일	토	금	목	수	화	월	일	토	금	목	수	화	卯正	일	토	금	목	수	화	월	일	토	금	절기시각

• 실감는 꿈을 꾸면 일이 꼬이고 복잡하게 된다.

백로8																	처서													절기	7月大(庚申) 입추
30	**29**	28	27	26	25	24	23	22	21	20	19	18	17	16	15	14	**13**	12	11	10	9	8	7	6	5	4	3	2	1	음력	
10		1	1	1	1	2	2	2	3	3	3	4	4	4	5	5	5	6	6	6	7	7	7	8	8	8	9	9	9	대운 순행	
1		10	10	10	9	9	9	8	8	8	7	7	7	6	6	6	5	5	5	4	4	4	3	3	3	2	2	2	1	대운 역행	
								9																					8	양력 월	
9	8	7	6	5	4	3	2	1	31	30	29	28	27	26	25	24	23	22	21	20	19	18	17	16	15	14	13	12	11	양력 일	
甲辰	癸卯	壬寅	辛丑	庚子	己亥	戊戌	丁酉	丙申	乙未	甲午	癸巳	壬辰	辛卯	庚寅	己丑	戊子	丁亥	丙戌	乙酉	甲申	癸未	壬午	辛巳	庚辰	己卯	戊寅	丁丑	丙子	乙亥	일진	
일	丑初	금	목	수	화	월	일	토	금	목	수	화	월	일	토	금	未初	수	화	월	일	토	금	목	수	화	월	일	토	절기시각	

한로9																추분														절기	8月小(辛酉) 백로
	29	28	27	26	25	24	23	22	21	20	19	18	17	16	15	**14**	13	12	11	10	9	8	7	6	5	4	3	2	1	음력	
		1	1	1	1	2	2	2	3	3	3	4	4	4	5	5	5	6	6	6	7	7	7	8	8	8	9	9	9	대운 순행	
		10	9	9	9	8	8	8	7	7	7	6	6	6	5	5	5	4	4	4	3	3	3	2	2	2	1	1	1	대운 역행	
								10																					9	양력 월	
	8	7	6	5	4	3	2	1	30	29	28	27	26	25	24	23	22	21	20	19	18	17	16	15	14	13	12	11	10	양력 일	
	癸酉	壬申	辛未	庚午	己巳	戊辰	丁卯	丙寅	乙丑	甲子	癸亥	壬戌	辛酉	庚申	己未	戊午	丁巳	丙辰	乙卯	甲寅	癸丑	壬子	辛亥	庚戌	己酉	戊申	丁未	丙午	乙巳	일진	
	酉初	일	토	금	목	수	화	월	일	토	금	목	수	화	월	巳正	토	금	목	수	화	월	일	토	금	목	수	화	월	절기시각	

입동10															상강															절기	9月大(壬戌) 한로
30	29	28	27	26	25	24	23	22	21	20	19	18	17	16	**15**	14	13	12	11	10	9	8	7	6	5	4	3	2	1	음력	
	1	1	1	1	2	2	2	3	3	3	4	4	4	5	5	5	6	6	6	7	7	7	8	8	8	9	9	9	10	대운 순행	
	10	9	9	9	8	8	8	7	7	7	6	6	6	5	5	5	4	4	4	3	3	3	2	2	2	1	1	1	1	대운 역행	
						11																							10	양력 월	
7	6	5	4	3	2	1	31	30	29	28	27	26	25	24	23	22	21	20	19	18	17	16	15	14	13	12	11	10	9	양력 일	
癸卯	壬寅	辛丑	庚子	己亥	戊戌	丁酉	丙申	乙未	甲午	癸巳	壬辰	辛卯	庚寅	己丑	戊子	丁亥	丙戌	乙酉	甲申	癸未	壬午	辛巳	庚辰	己卯	戊寅	丁丑	丙子	乙亥	甲戌	일진	
戌正	화	월	일	토	금	목	수	화	월	일	토	금	목	수	戌正	월	일	토	금	목	수	화	월	일	토	금	목	수	화	절기시각	

															소설															절기	10月小(癸亥) 입동
	29	28	27	26	25	24	23	22	21	20	19	18	17	16	**15**	14	13	12	11	10	9	8	7	6	5	4	3	2	1	음력	
	1	1	1	1	2	2	2	3	3	3	4	4	4	5	5	5	6	6	6	7	7	7	8	8	8	9	9	9	10	대운 순행	
	10	9	9	9	8	8	8	7	7	7	6	6	6	5	5	5	4	4	4	3	3	3	2	2	2	1	1	1	1	대운 역행	
						12																							11	양력 월	
	6	5	4	3	2	1	30	29	28	27	26	25	24	23	22	21	20	19	18	17	16	15	14	13	12	11	10	9	8	양력 일	
	壬申	辛未	庚午	己巳	戊辰	丁卯	丙寅	乙丑	甲子	癸亥	壬戌	辛酉	庚申	己未	戊午	丁巳	丙辰	乙卯	甲寅	癸丑	壬子	辛亥	庚戌	己酉	戊申	丁未	丙午	乙巳	甲辰	일진	
	목	수	화	월	일	토	금	목	수	화	월	일	토	금	酉初	수	화	월	일	토	금	목	수	화	월	일	토	금	목	절기시각	

														동지															대설11	절기	11月大(甲子) 대설
30	29	28	27	26	25	24	23	22	21	20	19	18	17	**16**	15	14	13	12	11	10	9	8	7	6	5	4	3	2	**1**	음력	
1	1	1	1	2	2	2	3	3	3	4	4	4	5	5	5	6	6	6	7	7	7	8	8	8	9	9	9	10		대운 순행	
10	9	9	9	8	8	8	7	7	7	6	6	6	5	5	5	4	4	4	3	3	3	2	2	2	1	1	1	1		대운 역행	
				1																									12	양력 월	
5	4	3	2	1	31	30	29	28	27	26	25	24	23	22	21	20	19	18	17	16	15	14	13	12	11	10	9	8	7	양력 일	
壬寅	辛丑	庚子	己亥	戊戌	丁酉	丙申	乙未	甲午	癸巳	壬辰	辛卯	庚寅	己丑	戊子	丁亥	丙戌	乙酉	甲申	癸未	壬午	辛巳	庚辰	己卯	戊寅	丁丑	丙子	乙亥	甲戌	癸酉	일진	
토	금	목	수	화	월	일	토	금	목	수	화	월	일	辰初	금	목	수	화	월	일	토	금	목	수	화	월	일	토	未初	절기시각	

입춘1															대한														소한12	절기	12月大(乙丑) 소한
30	29	28	27	26	25	24	23	22	21	20	19	18	17	16	**15**	14	13	12	11	10	9	8	7	6	5	4	3	2	**1**	음력	
	1	1	1	1	2	2	2	3	3	3	4	4	4	5	5	5	6	6	6	7	7	7	8	8	8	9	9	9		대운 순행	
	9	9	9	8	8	8	7	7	7	6	6	6	5	5	5	4	4	4	3	3	3	2	2	2	1	1	1	1		대운 역행	
			2																										1	양력 월	
4	3	2	1	31	30	29	28	27	26	25	24	23	22	21	20	19	18	17	16	15	14	13	12	11	10	9	8	7	6	양력 일	
壬申	辛未	庚午	己巳	戊辰	丁卯	丙寅	乙丑	甲子	癸亥	壬戌	辛酉	庚申	己未	戊午	丁巳	丙辰	乙卯	甲寅	癸丑	壬子	辛亥	庚戌	己酉	戊申	丁未	丙午	乙巳	甲辰	癸卯	일진	
午正	일	토	금	목	수	화	월	일	토	금	목	수	화	월	酉初	토	금	목	수	화	월	일	토	금	목	수	화	월	子正	절기시각	

• 官이 왕하면 그의 아내는 뚱뚱하다.

서기 2019년
단기 4352년

己亥年

상문 : 丑 대장군 : 酉
조객 : 酉 삼 재 : 巳酉丑
삼살 : 酉

1月大(丙寅) 입춘

경칩2															우수															절기
30	29	28	27	26	25	24	23	22	21	20	19	18	17	16	15	14	13	12	11	10	9	8	7	6	5	4	3	2	1	음력
	1	1	1	1	2	2	2	3	3	3	4	4	4	5	5	5	6	6	6	7	7	7	8	8	8	9	9	9	10	순행 대운
	10	9	9	9	8	8	8	7	7	7	6	6	6	5	5	5	4	4	4	3	3	3	2	2	2	1	1	1	1	역행 대운
					3																								2	월 양력
6	5	4	3	2	1	28	27	26	25	24	23	22	21	20	19	18	17	16	15	14	13	12	11	10	9	8	7	6	5	일 양력
壬寅	辛丑	庚子	己亥	戊戌	丁酉	丙申	乙未	甲午	癸巳	壬辰	辛卯	庚寅	己丑	戊子	丁亥	丙戌	乙酉	甲申	癸未	壬午	辛巳	庚辰	己卯	戊寅	丁丑	丙子	乙亥	甲戌	癸酉	일진
卯初	화	월	일	토	금	목	수	화	월	일	토	금	목	수	辰初	월	일	토	금	목	수	화	월	일	토	금	목	수	화	절기시각

2月小(丁卯) 경칩

															춘분															절기
	29	28	27	26	25	24	23	22	21	20	19	18	17	16	15	14	13	12	11	10	9	8	7	6	5	4	3	2	1	음력
	1	1	1	1	2	2	2	3	3	3	4	4	4	5	5	5	6	6	6	7	7	7	8	8	8	9	9	9	10	순행 대운
	10	9	9	9	8	8	8	7	7	7	6	6	6	5	5	5	4	4	4	3	3	3	2	2	2	1	1	1	1	역행 대운
				4																									3	월 양력
	4	3	2	1	31	30	29	28	27	26	25	24	23	22	21	20	19	18	17	16	15	14	13	12	11	10	9	8	7	일 양력
	辛未	庚午	己巳	戊辰	丁卯	丙寅	乙丑	甲子	癸亥	壬戌	辛酉	庚申	己未	戊午	丁巳	丙辰	乙卯	甲寅	癸丑	壬子	辛亥	庚戌	己酉	戊申	丁未	丙午	乙巳	甲辰	癸卯	일진
	목	수	화	월	일	토	금	목	수	화	월	일	토	금	卯正	수	화	월	일	토	금	목	수	화	월	일	토	금	목	절기시각

3月大(戊辰) 청명

														곡우															청명3	절기
30	29	28	27	26	25	24	23	22	21	20	19	18	17	16	15	14	13	12	11	10	9	8	7	6	5	4	3	2	1	음력
1	1	1	2	2	2	3	3	3	4	4	4	5	5	5	6	6	6	7	7	7	8	8	8	9	9	9	10	10		순행 대운
10	9	9	9	8	8	8	7	7	7	6	6	6	5	5	5	4	4	4	3	3	3	2	2	2	1	1	1	1		역행 대운
			5																										4	월 양력
4	3	2	1	30	29	28	27	26	25	24	23	22	21	20	19	18	17	16	15	14	13	12	11	10	9	8	7	6	5	일 양력
辛丑	庚子	己亥	戊戌	丁酉	丙申	乙未	甲午	癸巳	壬辰	辛卯	庚寅	己丑	戊子	丁亥	丙戌	乙酉	甲申	癸未	壬午	辛巳	庚辰	己卯	戊寅	丁丑	丙子	乙亥	甲戌	癸酉	壬申	일진
토	금	목	수	화	월	일	토	금	목	수	화	월	일	酉初	금	목	수	화	월	일	토	금	목	수	화	월	일	토	巳正	절기시각

4月小(己巳) 입하

													소만															입하4		절기
	29	28	27	26	25	24	23	22	21	20	19	18	17	16	15	14	13	12	11	10	9	8	7	6	5	4	3	2	1	음력
	1	2	2	2	3	3	3	4	4	4	5	5	5	6	6	6	7	7	7	8	8	8	9	9	9	10	10		1	순행 대운
	9	9	8	8	8	7	7	7	6	6	6	5	5	5	4	4	4	3	3	3	2	2	2	1	1	1	1		10	역행 대운
		6																											5	월 양력
	2	1	31	30	29	28	27	26	25	24	23	22	21	20	19	18	17	16	15	14	13	12	11	10	9	8	7	6	5	일 양력
	庚午	己巳	戊辰	丁卯	丙寅	乙丑	甲子	癸亥	壬戌	辛酉	庚申	己未	戊午	丁巳	丙辰	乙卯	甲寅	癸丑	壬子	辛亥	庚戌	己酉	戊申	丁未	丙午	乙巳	甲辰	癸卯	壬寅	일진
	일	토	금	목	수	화	월	일	토	금	목	수	申正	월	일	토	금	목	수	화	월	일	토	금	목	수	화	寅初	일	절기시각

5月大(庚午) 망종

										하지																망종5				절기
30	29	28	27	26	25	24	23	22	21	20	19	18	17	16	15	14	13	12	11	10	9	8	7	6	5	4	3	2	1	음력
2	2	2	3	3	3	4	4	4	5	5	5	6	6	6	7	7	7	8	8	8	9	9	9	10	10		1	1	1	순행 대운
9	8	8	8	7	7	7	6	6	6	5	5	5	4	4	4	3	3	3	2	2	2	1	1	1	1		10	10	9	역행 대운
	7																												6	월 양력
2	1	30	29	28	27	26	25	24	23	22	21	20	19	18	17	16	15	14	13	12	11	10	9	8	7	6	5	4	3	일 양력
庚子	己亥	戊戌	丁酉	丙申	乙未	甲午	癸巳	壬辰	辛卯	庚寅	己丑	戊子	丁亥	丙戌	乙酉	甲申	癸未	壬午	辛巳	庚辰	己卯	戊寅	丁丑	丙子	乙亥	甲戌	癸酉	壬申	辛未	일진
화	월	일	토	금	목	수	화	월	일	子正	금	목	수	화	월	일	토	금	목	수	화	월	일	토	금	辰初	수	화	월	절기시각

6月小(辛未) 소서

									대서																소서6					절기
	29	28	27	26	25	24	23	22	21	20	19	18	17	16	15	14	13	12	11	10	9	8	7	6	5	4	3	2	1	음력
	3	3	3	4	4	4	5	5	5	6	6	6	7	7	7	8	8	8	9	9	9	10	10	10		1	1	1	1	순행 대운
	8	8	7	7	7	6	6	6	5	5	5	4	4	4	3	3	3	2	2	2	1	1	1	1		10	10	9	9	역행 대운
																													7	월 양력
	31	30	29	28	27	26	25	24	23	22	21	20	19	18	17	16	15	14	13	12	11	10	9	8	7	6	5	4	3	일 양력
	己巳	戊辰	丁卯	丙寅	乙丑	甲子	癸亥	壬戌	辛酉	庚申	己未	戊午	丁巳	丙辰	乙卯	甲寅	癸丑	壬子	辛亥	庚戌	己酉	戊申	丁未	丙午	乙巳	甲辰	癸卯	壬寅	辛丑	일진
	수	화	월	일	토	금	목	수	午初	월	일	토	금	목	수	화	월	일	토	금	목	수	화	월	酉正	토	금	목	수	절기시각

• 칼을 맞아 내몸에 꽂히면 뜻하지 않게 경사가 있다.

							처서															입추7								절기	7月小(壬申) 입추
	29	28	27	26	25	24	23	22	21	20	19	18	17	16	15	14	13	12	11	10	9	8	7	6	5	4	3	2	1	음력	
	3	4	4	4	5	5	5	6	6	6	7	7	7	8	8	8	9	9	9	10	10		1	1	1	1	2	2	2	대운 순행	
	7	7	6	6	6	5	5	5	4	4	4	3	3	3	2	2	2	1	1	1	1		10	10	10	9	9	9	8	대운 역행	
																													8	양력 월	
	29	28	27	26	25	24	23	22	21	20	19	18	17	16	15	14	13	12	11	10	9	8	7	6	5	4	3	2	1	양력 일	
	戊戌	丁酉	丙申	乙未	甲午	癸巳	壬辰	辛卯	庚寅	己丑	戊子	丁亥	丙戌	乙酉	甲申	癸未	壬午	辛巳	庚辰	己卯	戊寅	丁丑	丙子	乙亥	甲戌	癸酉	壬申	辛未	庚午	일진	
	목	수	화	월	일	토	酉正	목	수	화	월	일	토	금	목	수	화	월	일	토	금	寅正	수	화	월	일	토	금	목	절기시각	

					추분															백로8										절기	8月大(癸酉) 백로
30	29	28	27	26	25	24	23	22	21	20	19	18	17	16	15	14	13	12	11	10	9	8	7	6	5	4	3	2	1	음력	
3	4	4	4	5	5	5	6	6	6	7	7	7	8	8	8	9	9	9	10		1	1	1	1	2	2	2	3	3	대운 순행	
7	6	6	6	5	5	5	4	4	4	3	3	3	2	2	2	1	1	1	1		10	10	9	9	9	8	8	8	7	대운 역행	
																											9		8	양력 월	
28	27	26	25	24	23	22	21	20	19	18	17	16	15	14	13	12	11	10	9	8	7	6	5	4	3	2	1	31	30	양력 일	
戊辰	丁卯	丙寅	乙丑	甲子	癸亥	壬戌	辛酉	庚申	己未	戊午	丁巳	丙辰	乙卯	甲寅	癸丑	壬子	辛亥	庚戌	己酉	戊申	丁未	丙午	乙巳	甲辰	癸卯	壬寅	辛丑	庚子	己亥	일진	
토	금	목	수	화	申正	일	토	금	목	수	화	월	일	토	금	목	수	화	월	辰初	토	금	목	수	화	월	일	토	금	절기시각	

				상강																한로9										절기	9月小(甲戌) 한로
	29	28	27	26	25	24	23	22	21	20	19	18	17	16	15	14	13	12	11	10	9	8	7	6	5	4	3	2	1	음력	
	4	4	5	5	5	6	6	6	7	7	7	8	8	8	9	9	9	10	10		1	1	1	1	2	2	2	3	3	대운 순행	
	6	6	6	5	5	5	4	4	4	3	3	3	2	2	2	1	1	1	1		10	9	9	9	8	8	8	7	7	대운 역행	
																											10		9	양력 월	
	27	26	25	24	23	22	21	20	19	18	17	16	15	14	13	12	11	10	9	8	7	6	5	4	3	2	1	30	29	양력 일	
	丁酉	丙申	乙未	甲午	癸巳	壬辰	辛卯	庚寅	己丑	戊子	丁亥	丙戌	乙酉	甲申	癸未	壬午	辛巳	庚辰	己卯	戊寅	丁丑	丙子	乙亥	甲戌	癸酉	壬申	辛未	庚午	己巳	일진	
	일	토	금	丑正	수	화	월	일	토	금	목	수	화	월	일	토	금	목	수	亥正	월	일	토	금	목	수	화	월	일	절기시각	

				소설														입동10												절기	10月大(乙亥) 입동
30	29	28	27	26	25	24	23	22	21	20	19	18	17	16	15	14	13	12	11	10	9	8	7	6	5	4	3	2	1	음력	
4	4	4	5	5	5	6	6	6	7	7	7	8	8	8	9	9	9		1	1	1	1	2	2	2	3	3	3	4	대운 순행	
6	6	5	5	5	4	4	4	3	3	3	2	2	2	1	1	1	1		10	10	9	9	9	8	8	8	7	7	7	대운 역행	
																									11				10	양력 월	
26	25	24	23	22	21	20	19	18	17	16	15	14	13	12	11	10	9	8	7	6	5	4	3	2	1	31	30	29	28	양력 일	
丁卯	丙寅	乙丑	甲子	癸亥	壬戌	辛酉	庚申	己未	戊午	丁巳	丙辰	乙卯	甲寅	癸丑	壬子	辛亥	庚戌	己酉	戊申	丁未	丙午	乙巳	甲辰	癸卯	壬寅	辛丑	庚子	己亥	戊戌	일진	
화	월	일	토	子初	목	수	화	월	일	토	금	목	수	화	월	일	토	丑正	목	수	화	월	일	토	금	목	수	화	월	절기시각	

				동지															대설11											절기	11月小(丙子) 대설
	29	28	27	26	25	24	23	22	21	20	19	18	17	16	15	14	13	12	11	10	9	8	7	6	5	4	3	2	1	음력	
	4	4	5	5	5	6	6	6	7	7	7	8	8	8	9	9	9	10		1	1	1	1	2	2	2	3	3	3	대운 순행	
	6	6	5	5	5	4	4	4	3	3	3	2	2	2	1	1	1	1		9	9	9	8	8	8	7	7	7	6	대운 역행	
																									12				11	양력 월	
	25	24	23	22	21	20	19	18	17	16	15	14	13	12	11	10	9	8	7	6	5	4	3	2	1	30	29	28	27	양력 일	
	丙申	乙未	甲午	癸巳	壬辰	辛卯	庚寅	己丑	戊子	丁亥	丙戌	乙酉	甲申	癸未	壬午	辛巳	庚辰	己卯	戊寅	丁丑	丙子	乙亥	甲戌	癸酉	壬申	辛未	庚午	己巳	戊辰	일진	
	수	화	월	未初	토	금	목	수	화	월	일	토	금	목	수	화	월	일	戌初	금	목	수	화	월	일	토	금	목	수	절기시각	

				대한														소한12												절기	12月大(丁丑) 소한
30	29	28	27	26	25	24	23	22	21	20	19	18	17	16	15	14	13	12	11	10	9	8	7	6	5	4	3	2	1	음력	
4	4	4	5	5	5	6	6	6	7	7	7	8	8	8	9	9	9		1	1	1	1	2	2	2	3	3	3	4	대운 순행	
6	6	5	5	5	4	4	4	3	3	3	2	2	2	1	1	1	1		10	9	9	9	8	8	8	7	7	7	6	대운 역행	
																							1						12	양력 월	
24	23	22	21	20	19	18	17	16	15	14	13	12	11	10	9	8	7	6	5	4	3	2	1	31	30	29	28	27	26	양력 일	
丙寅	乙丑	甲子	癸亥	壬戌	辛酉	庚申	己未	戊午	丁巳	丙辰	乙卯	甲寅	癸丑	壬子	辛亥	庚戌	己酉	戊申	丁未	丙午	乙巳	甲辰	癸卯	壬寅	辛丑	庚子	己亥	戊戌	丁酉	일진	
금	목	수	화	子初	일	토	금	목	수	화	월	일	토	금	목	수	화	卯正	일	토	금	목	수	화	월	일	토	금	목	절기시각	

• 식신, 상관이 왕하면 그의 아내는 뚱뚱하다.

서기 2020년
단기 4353년

庚子年

상문 : 寅　대장군 : 西
조객 : 戌　삼　재 : 巳酉丑
삼살 : 南

				우수															입춘1											절기	1月大(戊寅) 입춘
30	29	28	27	**26**	25	24	23	22	21	20	19	18	17	16	15	14	13	12	**11**	10	9	8	7	6	5	4	3	2	1	음력	
4	4	4	5	5	5	6	6	6	7	7	7	8	8	8	9	9	9	10		1	1	1	1	2	2	2	3	3	3	대운 순행	
6	6	6	5	5	5	4	4	4	3	3	3	2	2	2	1	1	1	1		9	9	9	8	8	8	7	7	7	6	대운 역행	
																						2							1	양력 월	
23	22	21	20	19	18	17	16	15	14	13	12	11	10	9	8	7	6	5	4	3	2	1	31	30	29	28	27	26	25	양력 일	
丙申	乙未	甲午	癸巳	壬辰	辛卯	庚寅	己丑	戊子	丁亥	丙戌	乙酉	甲申	癸未	壬午	辛巳	庚辰	己卯	戊寅	丁丑	丙子	乙亥	甲戌	癸酉	壬申	辛未	庚午	己巳	戊辰	丁卯	일진	
일	토	금	목	未初	화	월	일	토	금	목	수	화	월	일	토	금	목	수	酉初	월	일	토	금	목	수	화	월	일	토	절기시각	

				춘분															경칩2											절기	2月小(己卯) 경칩
	29	28	27	**26**	25	24	23	22	21	20	19	18	17	16	15	14	13	12	**11**	10	9	8	7	6	5	4	3	2	1	음력	
	4	4	5	5	5	6	6	6	7	7	7	8	8	8	9	9	9	10		1	1	1	1	2	2	2	3	3	3	대운 순행	
	6	6	5	5	5	4	4	4	3	3	3	2	2	2	1	1	1	1		10	9	9	9	8	8	8	7	7	7	대운 역행	
																							3						2	양력 월	
	23	22	21	20	19	18	17	16	15	14	13	12	11	10	9	8	7	6	5	4	3	2	1	29	28	27	26	25	24	양력 일	
	乙丑	甲子	癸亥	壬戌	辛酉	庚申	己未	戊午	丁巳	丙辰	乙卯	甲寅	癸丑	壬子	辛亥	庚戌	己酉	戊申	丁未	丙午	乙巳	甲辰	癸卯	壬寅	辛丑	庚子	己亥	戊戌	丁酉	일진	
	월	일	토	午正	목	수	화	월	일	토	금	목	수	화	월	일	토	금	午初	수	화	월	일	토	금	목	수	화	월	절기시각	

			곡우															청명3												절기	3月大(庚辰) 청명
30	29	28	**27**	26	25	24	23	22	21	20	19	18	17	16	15	14	13	**12**	11	10	9	8	7	6	5	4	3	2	1	음력	
4	5	5	5	6	6	6	7	7	7	8	8	8	9	9	9	10	10		1	1	1	1	2	2	2	3	3	3	4	대운 순행	
6	6	5	5	5	4	4	4	3	3	3	2	2	2	1	1	1	1		10	9	9	9	8	8	8	7	7	7	6	대운 역행	
																					4								3	양력 월	
22	21	20	19	18	17	16	15	14	13	12	11	10	9	8	7	6	5	4	3	2	1	31	30	29	28	27	26	25	24	양력 일	
乙未	甲午	癸巳	壬辰	辛卯	庚寅	己丑	戊子	丁亥	丙戌	乙酉	甲申	癸未	壬午	辛巳	庚辰	己卯	戊寅	丁丑	丙子	乙亥	甲戌	癸酉	壬申	辛未	庚午	己巳	戊辰	丁卯	丙寅	일진	
수	화	월	子初	토	금	목	수	화	월	일	토	금	목	수	화	월	일	申正	금	목	수	화	월	일	토	금	목	수	화	절기시각	

		소만															입하4													절기	4月大(辛巳) 입하
30	29	**28**	27	26	25	24	23	22	21	20	19	18	17	16	15	14	**13**	12	11	10	9	8	7	6	5	4	3	2	1	음력	
5	5	5	6	6	6	7	7	7	8	8	8	9	9	9	10	10		1	1	1	1	2	2	2	3	3	3	4	4	대운 순행	
6	5	5	5	4	4	4	3	3	3	2	2	2	1	1	1	1		10	10	9	9	9	8	8	8	7	7	7	6	대운 역행	
																					5								4	양력 월	
22	21	20	19	18	17	16	15	14	13	12	11	10	9	8	7	6	5	4	3	2	1	30	29	28	27	26	25	24	23	양력 일	
乙丑	甲子	癸亥	壬戌	辛酉	庚申	己未	戊午	丁巳	丙辰	乙卯	甲寅	癸丑	壬子	辛亥	庚戌	己酉	戊申	丁未	丙午	乙巳	甲辰	癸卯	壬寅	辛丑	庚子	己亥	戊戌	丁酉	丙申	일진	
금	목	亥正	화	월	일	토	금	목	수	화	월	일	토	금	목	수	巳初	월	일	토	금	목	수	화	월	일	토	금	목	절기시각	

																망종5														절기	윤4月小
	29	28	27	26	25	24	23	22	21	20	19	18	17	16	15	**14**	13	12	11	10	9	8	7	6	5	4	3	2	1	음력	
	6	6	6	7	7	7	8	8	8	9	9	9	10	10	10		1	1	1	1	2	2	2	3	3	3	4	4	4	대운 순행	
	5	5	4	4	4	3	3	3	2	2	2	1	1	1	1		10	10	9	9	9	8	8	8	7	7	7	6	6	대운 역행	
																				6									5	양력 월	
	20	19	18	17	16	15	14	13	12	11	10	9	8	7	6	5	4	3	2	1	31	30	29	28	27	26	25	24	23	양력 일	
	甲午	癸巳	壬辰	辛卯	庚寅	己丑	戊子	丁亥	丙戌	乙酉	甲申	癸未	壬午	辛巳	庚辰	己卯	戊寅	丁丑	丙子	乙亥	甲戌	癸酉	壬申	辛未	庚午	己巳	戊辰	丁卯	丙寅	일진	
	토	금	목	수	화	월	일	토	금	목	수	화	월	일	토	未初	목	수	화	월	일	토	금	목	수	화	월	일	토	절기시각	

													소서6																하지	절기	5月大(壬午) 망종
30	29	28	27	26	25	24	23	22	21	20	19	18	**17**	16	15	14	13	12	11	10	9	8	7	6	5	4	3	2	**1**	음력	
6	6	7	7	7	8	8	8	9	9	9	10	10		1	1	1	1	2	2	2	3	3	3	4	4	4	5	5	5	대운 순행	
4	4	4	3	3	3	2	2	2	1	1	1	1		10	10	10	9	9	9	8	8	8	7	7	7	6	6	6	5	대운 역행	
																			7										6	양력 월	
20	19	18	17	16	15	14	13	12	11	10	9	8	7	6	5	4	3	2	1	30	29	28	27	26	25	24	23	22	21	양력 일	
甲子	癸亥	壬戌	辛酉	庚申	己未	戊午	丁巳	丙辰	乙卯	甲寅	癸丑	壬子	辛亥	庚戌	己酉	戊申	丁未	丙午	乙巳	甲辰	癸卯	壬寅	辛丑	庚子	己亥	戊戌	丁酉	丙申	乙未	일진	
월	일	토	금	목	수	화	월	일	토	금	목	수	子初	월	일	토	금	목	수	화	월	일	토	금	목	수	화	월	卯正	절기시각	

• 꿈에 뱀이 쫓아오는 것을 보면 헤어졌던 사람이 돌아온다.

6月小(癸未) 소서

												입추7																대서		절기
	29	28	27	26	25	24	23	22	21	20	19	18	17	16	15	14	13	12	11	10	9	8	7	6	5	4	3	2	1	음력
	7	7	7	8	8	8	9	9	9	10	10		1	1	1	1	2	2	2	3	3	3	4	4	4	5	5	5	6	순행 대운
	4	3	3	3	2	2	2	1	1	1	1		10	10	9	9	9	8	8	8	7	7	7	6	6	6	5	5	5	역행 대운
																		8											7	월 양력
	18	17	16	15	14	13	12	11	10	9	8	7	6	5	4	3	2	1	31	30	29	28	27	26	25	24	23	22	21	일 양력
	癸巳	壬辰	辛卯	庚寅	己丑	戊子	丁亥	丙戌	乙酉	甲申	癸未	壬午	辛巳	庚辰	己卯	戊寅	丁丑	丙子	乙亥	甲戌	癸酉	壬申	辛未	庚午	己巳	戊辰	丁卯	丙寅	乙丑	일진
	화	월	일	토	금	목	수	화	월	일	토	巳初	목	수	화	월	일	토	금	목	수	화	월	일	토	금	목	酉初	화	절기시각

7月小(甲申) 입추

										백로8															처서					절기
	29	28	27	26	25	24	23	22	21	20	19	18	17	16	15	14	13	12	11	10	9	8	7	6	5	4	3	2	1	음력
	7	8	8	8	9	9	9	10	10		1	1	1	1	2	2	2	3	3	3	4	4	4	5	5	5	6	6	6	순행 대운
	3	3	2	2	2	1	1	1	1		10	10	9	9	9	8	8	8	7	7	7	6	6	6	5	5	5	4	4	역행 대운
																9													8	월 양력
	16	15	14	13	12	11	10	9	8	7	6	5	4	3	2	1	31	30	29	28	27	26	25	24	23	22	21	20	19	일 양력
	壬戌	辛酉	庚申	己未	戊午	丁巳	丙辰	乙卯	甲寅	癸丑	壬子	辛亥	庚戌	己酉	戊申	丁未	丙午	乙巳	甲辰	癸卯	壬寅	辛丑	庚子	己亥	戊戌	丁酉	丙申	乙未	甲午	일진
	수	화	월	일	토	금	목	수	화	午正	일	토	금	목	수	화	월	일	토	금	목	수	화	월	子正	토	금	목	수	절기시각

8月大(乙酉) 백로

									한로9																추분					절기
30	29	28	27	26	25	24	23	22	21	20	19	18	17	16	15	14	13	12	11	10	9	8	7	6	5	4	3	2	1	음력
7	8	8	8	9	9	9	10		1	1	1	1	2	2	2	3	3	3	4	4	4	5	5	5	6	6	6	7	7	순행 대운
3	2	2	2	1	1	1	1		10	10	9	9	9	8	8	8	7	7	7	6	6	6	5	5	5	4	4	4	3	역행 대운
															10														9	월 양력
16	15	14	13	12	11	10	9	8	7	6	5	4	3	2	1	30	29	28	27	26	25	24	23	22	21	20	19	18	17	일 양력
壬辰	辛卯	庚寅	己丑	戊子	丁亥	丙戌	乙酉	甲申	癸未	壬午	辛巳	庚辰	己卯	戊寅	丁丑	丙子	乙亥	甲戌	癸酉	壬申	辛未	庚午	己巳	戊辰	丁卯	丙寅	乙丑	甲子	癸亥	일진
금	목	수	화	월	일	토	금	寅正	수	화	월	일	토	금	목	수	화	월	일	토	금	목	수	亥正	월	일	토	금	목	절기시각

9月小(丙戌) 한로

									입동10															상강						절기
	29	28	27	26	25	24	23	22	21	20	19	18	17	16	15	14	13	12	11	10	9	8	7	6	5	4	3	2	1	음력
	8	8	8	9	9	9	10		1	1	1	1	2	2	2	3	3	3	4	4	4	5	5	5	6	6	6	7	7	순행 대운
	2	2	2	1	1	1	1		10	9	9	9	8	8	8	7	7	7	6	6	6	5	5	5	4	4	4	3	3	역행 대운
														11															10	월 양력
	14	13	12	11	10	9	8	7	6	5	4	3	2	1	31	30	29	28	27	26	25	24	23	22	21	20	19	18	17	일 양력
	辛酉	庚申	己未	戊午	丁巳	丙辰	乙卯	甲寅	癸丑	壬子	辛亥	庚戌	己酉	戊申	丁未	丙午	乙巳	甲辰	癸卯	壬寅	辛丑	庚子	己亥	戊戌	丁酉	丙申	乙未	甲午	癸巳	일진
	토	금	목	수	화	월	일	辰正	금	목	수	화	월	일	토	금	목	수	화	월	일	토	辰初	목	수	화	월	일	토	절기시각

10月大(丁亥) 입동

								대설11															소설							절기
30	29	28	27	26	25	24	23	22	21	20	19	18	17	16	15	14	13	12	11	10	9	8	7	6	5	4	3	2	1	음력
7	8	8	8	9	9	9		1	1	1	1	2	2	2	3	3	3	4	4	4	5	5	5	6	6	6	7	7	7	순행 대운
2	2	2	1	1	1	1		10	9	9	9	8	8	8	7	7	7	6	6	6	5	5	5	4	4	4	3	3	3	역행 대운
													12																11	월 양력
14	13	12	11	10	9	8	7	6	5	4	3	2	1	30	29	28	27	26	25	24	23	22	21	20	19	18	17	16	15	일 양력
辛卯	庚寅	己丑	戊子	丁亥	丙戌	乙酉	甲申	癸未	壬午	辛巳	庚辰	己卯	戊寅	丁丑	丙子	乙亥	甲戌	癸酉	壬申	辛未	庚午	己巳	戊辰	丁卯	丙寅	乙丑	甲子	癸亥	壬戌	일진
월	일	토	금	목	수	화	子正	일	토	금	목	수	화	월	일	토	금	목	수	화	월	卯初	토	금	목	수	화	월	일	절기시각

11月小(戊子) 대설

									소한12															동지						절기
	29	28	27	26	25	24	23	22	21	20	19	18	17	16	15	14	13	12	11	10	9	8	7	6	5	4	3	2	1	음력
	7	8	8	8	9	9	9		1	1	1	1	2	2	2	3	3	3	4	4	4	5	5	5	6	6	6	7	7	순행 대운
	2	2	2	1	1	1	1		9	9	9	8	8	8	7	7	7	6	6	6	5	5	5	4	4	4	3	3	3	역행 대운
												1																	12	월 양력
	12	11	10	9	8	7	6	5	4	3	2	1	31	30	29	28	27	26	25	24	23	22	21	20	19	18	17	16	15	일 양력
	庚申	己未	戊午	丁巳	丙辰	乙卯	甲寅	癸丑	壬子	辛亥	庚戌	己酉	戊申	丁未	丙午	乙巳	甲辰	癸卯	壬寅	辛丑	庚子	己亥	戊戌	丁酉	丙申	乙未	甲午	癸巳	壬辰	일진
	화	월	일	토	금	목	수	午正	월	일	토	금	목	수	화	월	일	토	금	목	수	화	酉正	일	토	금	목	수	화	절기시각

12月大(己丑) 소한

									입춘1														대한							절기
30	29	28	27	26	25	24	23	22	21	20	19	18	17	16	15	14	13	12	11	10	9	8	7	6	5	4	3	2	1	음력
7	8	8	8	9	9	9	10		1	1	1	1	2	2	2	3	3	3	4	4	4	5	5	5	6	6	6	7	7	순행 대운
3	2	2	2	1	1	1	1		9	9	9	8	8	8	7	7	7	6	6	6	5	5	5	4	4	4	3	3	3	역행 대운
										2																			1	월 양력
11	10	9	8	7	6	5	4	3	2	1	31	30	29	28	27	26	25	24	23	22	21	20	19	18	17	16	15	14	13	일 양력
庚寅	己丑	戊子	丁亥	丙戌	乙酉	甲申	癸未	壬午	辛巳	庚辰	己卯	戊寅	丁丑	丙子	乙亥	甲戌	癸酉	壬申	辛未	庚午	己巳	戊辰	丁卯	丙寅	乙丑	甲子	癸亥	壬戌	辛酉	일진
목	수	화	월	일	토	금	목	子初	화	월	일	토	금	목	수	화	월	일	토	금	목	卯初	화	월	일	토	금	목	수	절기시각

• 관이 약하거나 없는 사람은 그의 아내가 훌쭉하다.

서기 2021 년
단기 4354 년

辛丑年

상문 : 卯 대장군 : 西
조객 : 亥 삼 재 : 巳酉丑
삼살 : 東

1月小(庚寅) 입춘

								경칩2															우수							절기
	29	28	27	26	25	24	23	**22**	21	20	19	18	17	16	15	14	13	12	11	10	9	8	**7**	6	5	4	3	2	1	음력
	8	8	8	9	9	9	10		1	1	1	1	2	2	2	3	3	3	4	4	4	5	5	5	6	6	6	7	7	대운 순행
	2	2	2	1	1	1	1		10	9	9	9	8	8	8	7	7	7	6	6	6	5	5	5	4	4	4	3	3	대운 역행
												3																	2	양력 월
	12	11	10	9	8	7	6	5	4	3	2	1	28	27	26	25	24	23	22	21	20	19	18	17	16	15	14	13	12	양력 일
	己未	戊午	丁巳	丙辰	乙卯	甲寅	癸丑	壬子	辛亥	庚戌	己酉	戊申	丁未	丙午	乙巳	甲辰	癸卯	壬寅	辛丑	庚子	己亥	戊戌	丁酉	丙申	乙未	甲午	癸巳	壬辰	辛卯	일진
	금	목	수	화	월	일	토	酉初	목	수	화	월	일	토	금	목	수	화	월	일	토	금	戌初	수	화	월	일	토	금	절기시각

2月大(辛卯) 경칩

							청명3															춘분								절기
30	29	28	27	26	25	24	**23**	22	21	20	19	18	17	16	15	14	13	12	11	10	9	**8**	7	6	5	4	3	2	1	음력
8	8	9	9	9	10	10		1	1	1	1	2	2	2	3	3	3	4	4	4	5	5	5	6	6	6	7	7	7	대운 순행
2	2	2	1	1	1	1		10	9	9	9	8	8	8	7	7	7	6	6	6	5	5	5	4	4	4	3	3	3	대운 역행
										4																			3	양력 월
11	10	9	8	7	6	5	4	3	2	1	31	30	29	28	27	26	25	24	23	22	21	20	19	18	17	16	15	14	13	양력 일
己丑	戊子	丁亥	丙戌	乙酉	甲申	癸未	壬午	辛巳	庚辰	己卯	戊寅	丁丑	丙子	乙亥	甲戌	癸酉	壬申	辛未	庚午	己巳	戊辰	丁卯	丙寅	乙丑	甲子	癸亥	壬戌	辛酉	庚申	일진
일	토	금	목	수	화	월	亥正	토	금	목	수	화	월	일	토	금	목	수	화	월	일	酉正	금	목	수	화	월	일	토	절기시각

3月大(壬辰) 청명

						입하4															곡우									절기
30	29	28	27	26	25	**24**	23	22	21	20	19	18	17	16	15	14	13	12	11	10	**9**	8	7	6	5	4	3	2	1	음력
8	9	9	9	10	10		1	1	1	1	2	2	2	3	3	3	4	4	4	5	5	5	6	6	6	7	7	7	8	대운 순행
2	2	1	1	1	1		10	10	9	9	9	8	8	8	7	7	7	6	6	6	5	5	5	4	4	4	3	3	3	대운 역행
										5																			4	양력 월
11	10	9	8	7	6	5	4	3	2	1	30	29	28	27	26	25	24	23	22	21	20	19	18	17	16	15	14	13	12	양력 일
己未	戊午	丁巳	丙辰	乙卯	甲寅	癸丑	壬子	辛亥	庚戌	己酉	戊申	丁未	丙午	乙巳	甲辰	癸卯	壬寅	辛丑	庚子	己亥	戊戌	丁酉	丙申	乙未	甲午	癸巳	壬辰	辛卯	庚寅	일진
화	월	일	토	금	목	申初	화	월	일	토	금	목	수	화	월	일	토	금	목	수	卯初	월	일	토	금	목	수	화	월	절기시각

4月小(癸巳) 입하

					망종5															소만										절기
	29	28	27	26	**25**	24	23	22	21	20	19	18	17	16	15	14	13	12	11	**10**	9	8	7	6	5	4	3	2	1	음력
	9	10	10	10		1	1	1	1	2	2	2	3	3	3	4	4	4	5	5	5	6	6	6	7	7	7	8	8	대운 순행
	1	1	1	1		10	10	9	9	9	8	8	8	7	7	7	6	6	6	5	5	5	4	4	4	3	3	3	2	대운 역행
									6																				5	양력 월
	9	8	7	6	5	4	3	2	1	31	30	29	28	27	26	25	24	23	22	21	20	19	18	17	16	15	14	13	12	양력 일
	戊子	丁亥	丙戌	乙酉	甲申	癸未	壬午	辛巳	庚辰	己卯	戊寅	丁丑	丙子	乙亥	甲戌	癸酉	壬申	辛未	庚午	己巳	戊辰	丁卯	丙寅	乙丑	甲子	癸亥	壬戌	辛酉	庚申	일진
	수	화	월	일	戌初	금	목	수	화	월	일	토	금	목	수	화	월	일	토	寅正	목	수	화	월	일	토	금	목	수	절기시각

5月大(甲午) 망종

		소서6																하지												절기
30	29	**28**	27	26	25	24	23	22	21	20	19	18	17	16	15	14	13	**12**	11	10	9	8	7	6	5	4	3	2	1	음력
10	10		1	1	1	1	2	2	2	3	3	3	4	4	4	5	5	5	6	6	6	7	7	7	8	8	8	9	9	대운 순행
1	1		10	10	10	9	9	9	8	8	8	7	7	7	6	6	6	5	5	5	4	4	4	3	3	3	2	2	2	대운 역행
								7																					6	양력 월
9	8	7	6	5	4	3	2	1	30	29	28	27	26	25	24	23	22	21	20	19	18	17	16	15	14	13	12	11	10	양력 일
戊午	丁巳	丙辰	乙卯	甲寅	癸丑	壬子	辛亥	庚戌	己酉	戊申	丁未	丙午	乙巳	甲辰	癸卯	壬寅	辛丑	庚子	己亥	戊戌	丁酉	丙申	乙未	甲午	癸巳	壬辰	辛卯	庚寅	己丑	일진
금	목	卯初	화	월	일	토	금	목	수	화	월	일	토	금	목	수	화	午正	일	토	금	목	수	화	월	일	토	금	목	절기시각

6月小(乙未) 소서

	입추7																대서													절기
	29	28	27	26	25	24	23	22	21	20	19	18	17	16	15	14	**13**	12	11	10	9	8	7	6	5	4	3	2	1	음력
		1	1	1	1	2	2	2	3	3	3	4	4	4	5	5	5	6	6	6	7	7	7	8	8	8	9	9	9	대운 순행
		10	10	9	9	9	8	8	8	7	7	7	6	6	6	5	5	5	4	4	4	3	3	3	2	2	2	1	1	대운 역행
							8																						7	양력 월
	7	6	5	4	3	2	1	31	30	29	28	27	26	25	24	23	22	21	20	19	18	17	16	15	14	13	12	11	10	양력 일
	丁亥	丙戌	乙酉	甲申	癸未	壬午	辛巳	庚辰	己卯	戊寅	丁丑	丙子	乙亥	甲戌	癸酉	壬申	辛未	庚午	己巳	戊辰	丁卯	丙寅	乙丑	甲子	癸亥	壬戌	辛酉	庚申	己未	일진
	申初	금	목	수	화	월	일	토	금	목	수	화	월	일	토	금	子初	수	화	월	일	토	금	목	수	화	월	일	토	절기시각

• 달을 품안에 안으면 딸이요, 경사가 있다.

														처서																절기	7月大(丙申) 입추
30	29	28	27	26	25	24	23	22	21	20	19	18	17	**16**	15	14	13	12	11	10	9	8	7	6	5	4	3	2	1	음력	
1	1	1	1	2	2	2	3	3	3	4	4	4	5	5	5	6	6	6	7	7	7	8	8	8	9	9	9	10	10	대운 순행	
10	10	9	9	9	8	8	8	7	7	7	6	6	6	5	5	5	4	4	4	3	3	3	2	2	2	1	1	1	1	대운 역행	
					9																								8	양력 월	
6	5	4	3	2	1	31	30	29	28	27	26	25	24	23	22	21	20	19	18	17	16	15	14	13	12	11	10	9	8	양력 일	
丁巳	丙辰	乙卯	甲寅	癸丑	壬子	辛亥	庚戌	己酉	戊申	丁未	丙午	乙巳	甲辰	癸卯	壬寅	辛丑	庚子	己亥	戊戌	丁酉	丙申	乙未	甲午	癸巳	壬辰	辛卯	庚寅	己丑	戊子	일진	
월	일	토	금	목	수	화	월	일	토	금	목	수	화	卯正	일	토	금	목	수	화	월	일	토	금	목	수	화	월	일	절기시각	

													추분																백로8	절기	8月小(丁酉) 백로
	29	28	27	26	25	24	23	22	21	20	19	18	**17**	16	15	14	13	12	11	10	9	8	7	6	5	4	3	2	**1**	음력	
	1	1	2	2	2	3	3	3	4	4	4	5	5	5	6	6	6	7	7	7	8	8	8	9	9	9	10	10		대운 순행	
	9	9	9	8	8	8	7	7	7	6	6	6	5	5	5	4	4	4	3	3	3	2	2	2	1	1	1	1		대운 역행	
					10																								9	양력 월	
	5	4	3	2	1	30	29	28	27	26	25	24	23	22	21	20	19	18	17	16	15	14	13	12	11	10	9	8	7	양력 일	
	丙戌	乙酉	甲申	癸未	壬午	辛巳	庚辰	己卯	戊寅	丁丑	丙子	乙亥	甲戌	癸酉	壬申	辛未	庚午	己巳	戊辰	丁卯	丙寅	乙丑	甲子	癸亥	壬戌	辛酉	庚申	己未	戊午	일진	
	화	월	일	토	금	목	수	화	월	일	토	금	寅正	수	화	월	일	토	금	목	수	화	월	일	토	금	목	수	酉正	절기시각	

												상강															한로9			절기	9月大(戊戌) 한로
30	29	28	27	26	25	24	23	22	21	20	19	**18**	17	16	15	14	13	12	11	10	9	8	7	6	5	4	**3**	2	1	음력	
1	1	2	2	2	3	3	3	4	4	4	5	5	5	6	6	6	7	7	7	8	8	8	9	9	9	10		1	1	대운 순행	
9	9	8	8	8	7	7	7	6	6	6	5	5	5	4	4	4	3	3	3	2	2	2	1	1	1	1		10	10	대운 역행	
			11																										10	양력 월	
4	3	2	1	31	30	29	28	27	26	25	24	23	22	21	20	19	18	17	16	15	14	13	12	11	10	9	8	7	6	양력 일	
丙辰	乙卯	甲寅	癸丑	壬子	辛亥	庚戌	己酉	戊申	丁未	丙午	乙巳	甲辰	癸卯	壬寅	辛丑	庚子	己亥	戊戌	丁酉	丙申	乙未	甲午	癸巳	壬辰	辛卯	庚寅	己丑	戊子	丁亥	일진	
목	수	화	월	일	토	금	목	수	화	월	일	未初	금	목	수	화	월	일	토	금	목	수	화	월	일	토	巳正	목	수	절기시각	

												소설															입동10			절기	10月小(己亥) 입동
	29	28	27	26	25	24	23	22	21	20	19	**18**	17	16	15	14	13	12	11	10	9	8	7	6	5	4	**3**	2	1	음력	
	1	2	2	2	3	3	3	4	4	4	5	5	5	6	6	6	7	7	7	8	8	8	9	9	9	10		1	1	대운 순행	
	9	8	8	8	7	7	7	6	6	6	5	5	5	4	4	4	3	3	3	2	2	2	1	1	1	1		10	9	대운 역행	
			12																										11	양력 월	
	3	2	1	30	29	28	27	26	25	24	23	22	21	20	19	18	17	16	15	14	13	12	11	10	9	8	7	6	5	양력 일	
	乙酉	甲申	癸未	壬午	辛巳	庚辰	己卯	戊寅	丁丑	丙子	乙亥	甲戌	癸酉	壬申	辛未	庚午	己巳	戊辰	丁卯	丙寅	乙丑	甲子	癸亥	壬戌	辛酉	庚申	己未	戊午	丁巳	일진	
	금	목	수	화	월	일	토	금	목	수	화	午初	일	토	금	목	수	화	월	일	토	금	목	수	화	월	未初	토	금	절기시각	

											동지															대설11				절기	11月大(庚子) 대설
30	29	28	27	26	25	24	23	22	21	20	**19**	18	17	16	15	14	13	12	11	10	9	8	7	6	5	**4**	3	2	1	음력	
1	1	2	2	2	3	3	3	4	4	4	5	5	5	6	6	6	7	7	7	8	8	8	9	9	9		1	1	1	대운 순행	
9	8	8	8	7	7	7	6	6	6	5	5	5	4	4	4	3	3	3	2	2	2	1	1	1	1		10	9	9	대운 역행	
	1																												12	양력 월	
2	1	31	30	29	28	27	26	25	24	23	22	21	20	19	18	17	16	15	14	13	12	11	10	9	8	7	6	5	4	양력 일	
乙卯	甲寅	癸丑	壬子	辛亥	庚戌	己酉	戊申	丁未	丙午	乙巳	甲辰	癸卯	壬寅	辛丑	庚子	己亥	戊戌	丁酉	丙申	乙未	甲午	癸巳	壬辰	辛卯	庚寅	己丑	戊子	丁亥	丙戌	일진	
일	토	금	목	수	화	월	일	토	금	목	子正	화	월	일	토	금	목	수	화	월	일	토	금	목	수	卯正	월	일	토	절기시각	

												대한															소한12			절기	12月小(辛丑) 소한
	29	28	27	26	25	24	23	22	21	20	19	**18**	17	16	15	14	13	12	11	10	9	8	7	6	5	4	**3**	2	1	음력	
	1	2	2	2	3	3	3	4	4	4	5	5	5	6	6	6	7	7	7	8	8	8	9	9	9	10		1	1	대운 순행	
	9	8	8	8	7	7	7	6	6	6	5	5	5	4	4	4	3	3	3	2	2	2	1	1	1	1		9	9	대운 역행	
																													1	양력 월	
	31	30	29	28	27	26	25	24	23	22	21	20	19	18	17	16	15	14	13	12	11	10	9	8	7	6	5	4	3	양력 일	
	甲申	癸未	壬午	辛巳	庚辰	己卯	戊寅	丁丑	丙子	乙亥	甲戌	癸酉	壬申	辛未	庚午	己巳	戊辰	丁卯	丙寅	乙丑	甲子	癸亥	壬戌	辛酉	庚申	己未	戊午	丁巳	丙辰	일진	
	월	일	토	금	목	수	화	월	일	토	금	午初	수	화	월	일	토	금	목	수	화	월	일	토	금	목	酉初	화	월	절기시각	

• 재가 약한 사람은 그의 아내가 홀쭉하다.

서기 2022년
단기 4355년

壬寅年

상문 : 辰　대장군 : 北
조객 : 子　삼　재 : 申子辰
삼살 : 北

											우수															입춘1				절기		1月大(壬寅)입춘
30	29	28	27	26	25	24	23	22	21	20	19	18	17	16	15	14	13	12	11	10	9	8	7	6	5	4	3	2	1	음력		
1	1	2	2	2	3	3	3	4	4	4	5	5	5	6	6	6	7	7	7	8	8	8	9	9	9		1	1	1	순행	대	
9	8	8	8	7	7	7	6	6	6	5	5	5	4	4	4	3	3	3	2	2	2	1	1	1	1		10	9	9	역행	운	
	3																												2	월	양	
2	1	28	27	26	25	24	23	22	21	20	19	18	17	16	15	14	13	12	11	10	9	8	7	6	5	4	3	2	1	일	력	
甲寅	癸丑	壬子	辛亥	庚戌	己酉	戊申	丁未	丙午	乙巳	甲辰	癸卯	壬寅	辛丑	庚子	己亥	戊戌	丁酉	丙申	乙未	甲午	癸巳	壬辰	辛卯	庚寅	己丑	戊子	丁亥	丙戌	乙酉	일진		
수	화	월	일	토	금	목	수	화	월	일	丑初	금	목	수	화	월	일	토	금	목	수	화	월	일	토	卯初	목	수	화	절기시각		
											춘분																경칩2			절기		2月小(癸卯)경칩
	29	28	27	26	25	24	23	22	21	20	19	18	17	16	15	14	13	12	11	10	9	8	7	6	5	4	3	2	1	음력		
	2	2	2	3	3	3	4	4	4	5	5	5	6	6	6	7	7	7	8	8	8	9	9	9	10	10		1	1	순행	대	
	9	8	8	8	7	7	7	6	6	6	5	5	5	4	4	4	3	3	3	2	2	2	1	1	1	1		9	9	역행	운	
																													3	월	양	
	31	30	29	28	27	26	25	24	23	22	21	20	19	18	17	16	15	14	13	12	11	10	9	8	7	6	5	4	3	일	력	
	癸未	壬午	辛巳	庚辰	己卯	戊寅	丁丑	丙子	乙亥	甲戌	癸酉	壬申	辛未	庚午	己巳	戊辰	丁卯	丙寅	乙丑	甲子	癸亥	壬戌	辛酉	庚申	己未	戊午	丁巳	丙辰	乙卯	일진		
	목	수	화	월	일	토	금	목	수	화	子正	일	토	금	목	수	화	월	일	토	금	목	수	화	월	일	子初	금	목	절기시각		
										곡우															청명3					절기		3月大(甲辰)청명
30	29	28	27	26	25	24	23	22	21	20	19	18	17	16	15	14	13	12	11	10	9	8	7	6	5	4	3	2	1	음력		
2	2	2	3	3	3	4	4	4	5	5	5	6	6	6	7	7	7	8	8	8	9	9	9	10		1	1	1	1	순행	대	
8	8	8	7	7	7	6	6	6	5	5	5	4	4	4	3	3	3	2	2	2	1	1	1	1		10	10	9	9	역행	운	
																													4	월	양	
30	29	28	27	26	25	24	23	22	21	20	19	18	17	16	15	14	13	12	11	10	9	8	7	6	5	4	3	2	1	일	력	
癸丑	壬子	辛亥	庚戌	己酉	戊申	丁未	丙午	乙巳	甲辰	癸卯	壬寅	辛丑	庚子	己亥	戊戌	丁酉	丙申	乙未	甲午	癸巳	壬辰	辛卯	庚寅	己丑	戊子	丁亥	丙戌	乙酉	甲申	일진		
토	금	목	수	화	월	일	토	금	목	午初	화	월	일	토	금	목	수	화	월	일	토	금	목	수	寅正	월	일	토	금	절기시각		
									소만																입하4					절기		4月小(乙巳)입하
	29	28	27	26	25	24	23	22	21	20	19	18	17	16	15	14	13	12	11	10	9	8	7	6	5	4	3	2	1	음력		
	3	3	3	4	4	4	5	5	5	6	6	6	7	7	7	8	8	8	9	9	9	10	10	10		1	1	1	1	순행	대	
	8	8	7	7	7	6	6	6	5	5	5	4	4	4	3	3	3	2	2	2	1	1	1	1		10	9	9	9	역행	운	
																													5	월	양	
	29	28	27	26	25	24	23	22	21	20	19	18	17	16	15	14	13	12	11	10	9	8	7	6	5	4	3	2	1	일	력	
	壬午	辛巳	庚辰	己卯	戊寅	丁丑	丙子	乙亥	甲戌	癸酉	壬申	辛未	庚午	己巳	戊辰	丁卯	丙寅	乙丑	甲子	癸亥	壬戌	辛酉	庚申	己未	戊午	丁巳	丙辰	乙卯	甲寅	일진		
	일	토	금	목	수	화	월	일	巳正	금	목	수	화	월	일	토	금	목	수	화	월	일	토	금	亥初	수	화	월	일	절기시각		
							하지															망종5								절기		5月大(丙午)망종
30	29	28	27	26	25	24	23	22	21	20	19	18	17	16	15	14	13	12	11	10	9	8	7	6	5	4	3	2	1	음력		
3	3	4	4	4	5	5	5	6	6	6	7	7	7	8	8	8	9	9	9	10	10		1	1	1	1	2	2	2	순행	대	
7	7	7	6	6	6	5	5	5	4	4	4	3	3	3	2	2	2	1	1	1	1		10	10	10	9	9	9	8	역행	운	
																											6		5	월	양	
28	27	26	25	24	23	22	21	20	19	18	17	16	15	14	13	12	11	10	9	8	7	6	5	4	3	2	1	31	30	일	력	
壬子	辛亥	庚戌	己酉	戊申	丁未	丙午	乙巳	甲辰	癸卯	壬寅	辛丑	庚子	己亥	戊戌	丁酉	丙申	乙未	甲午	癸巳	壬辰	辛卯	庚寅	己丑	戊子	丁亥	丙戌	乙酉	甲申	癸未	일진		
화	월	일	토	금	목	수	酉正	월	일	토	금	목	수	화	월	일	토	금	목	수	화	丑初	일	토	금	목	수	화	월	절기시각		
					대서																소서6									절기		6月大(丁未)소서
30	29	28	27	26	25	24	23	22	21	20	19	18	17	16	15	14	13	12	11	10	9	8	7	6	5	4	3	2	1	음력		
3	4	4	4	5	5	5	6	6	6	7	7	7	8	8	8	9	9	9	10	10		1	1	1	1	2	2	2	3	순행	대	
7	7	6	6	6	5	5	5	4	4	4	3	3	3	2	2	2	1	1	1	1		10	10	9	9	9	8	8	8	역행	운	
																											7		6	월	양	
28	27	26	25	24	23	22	21	20	19	18	17	16	15	14	13	12	11	10	9	8	7	6	5	4	3	2	1	30	29	일	력	
壬午	辛巳	庚辰	己卯	戊寅	丁丑	丙子	乙亥	甲戌	癸酉	壬申	辛未	庚午	己巳	戊辰	丁卯	丙寅	乙丑	甲子	癸亥	壬戌	辛酉	庚申	己未	戊午	丁巳	丙辰	乙卯	甲寅	癸丑	일진		
목	수	화	월	일	卯初	금	목	수	화	월	일	토	금	목	수	화	월	일	토	금	午初	수	화	월	일	토	금	목	수	절기시각		

• 배를 타고 술을 마셔보면 귀한 손님이 찾아온다.

7月小(戊申) 입추

				처서																입추7										절기	
	29	28	27	26	25	24	23	22	21	20	19	18	17	16	15	14	13	12	11	10	9	8	7	6	5	4	3	2	1	음력	
	4	5	5	5	6	6	6	7	7	7	8	8	8	9	9	9	10	10	10		1	1	1	1	2	2	2	3	3	순행	대운
	6	6	6	5	5	5	4	4	4	3	3	3	2	2	2	1	1	1	1		10	10	9	9	9	8	8	8	7	역행	
																										8			7	월	양력
	26	25	24	23	22	21	20	19	18	17	16	15	14	13	12	11	10	9	8	7	6	5	4	3	2	1	31	30	29	일	
	辛亥	庚戌	己酉	戊申	丁未	丙午	乙巳	甲辰	癸卯	壬寅	辛丑	庚子	己亥	戊戌	丁酉	丙申	乙未	甲午	癸巳	壬辰	辛卯	庚寅	己丑	戊子	丁亥	丙戌	乙酉	甲申	癸未	일진	
	금	목	수	午正	월	일	토	금	목	수	화	월	일	토	금	목	수	화	월	亥初	토	금	목	수	화	월	일	토	금	절기시각	

8月大(己酉) 백로

		추분															백로8													절기	
30	29	28	27	26	25	24	23	22	21	20	19	18	17	16	15	14	13	12	11	10	9	8	7	6	5	4	3	2	1	음력	
4	5	5	5	6	6	6	7	7	7	8	8	8	9	9	9	10		1	1	1	1	2	2	2	3	3	3	4	4	순행	대운
6	5	5	5	4	4	4	3	3	3	2	2	2	1	1	1	1		10	10	10	9	9	9	8	8	8	7	7	7	역행	
																								9					8	월	양력
25	24	23	22	21	20	19	18	17	16	15	14	13	12	11	10	9	8	7	6	5	4	3	2	1	31	30	29	28	27	일	
辛巳	庚辰	己卯	戊寅	丁丑	丙子	乙亥	甲戌	癸酉	壬申	辛未	庚午	己巳	戊辰	丁卯	丙寅	乙丑	甲子	癸亥	壬戌	辛酉	庚申	己未	戊午	丁巳	丙辰	乙卯	甲寅	癸丑	壬子	일진	
일	토	巳正	목	수	화	월	일	토	금	목	수	화	월	일	토	금	子正	수	화	월	일	토	금	목	수	화	월	일	토	절기시각	

9月小(庚戌) 한로

		상강															한로9													절기	
	29	28	27	26	25	24	23	22	21	20	19	18	17	16	15	14	13	12	11	10	9	8	7	6	5	4	3	2	1	음력	
	5	5	5	6	6	6	7	7	7	8	8	8	9	9	9	10		1	1	1	1	2	2	2	3	3	3	4	4	순행	대운
	5	5	5	4	4	4	3	3	3	2	2	2	1	1	1	1		10	9	9	9	8	8	8	7	7	7	6	6	역행	
																								10					9	월	양력
	24	23	22	21	20	19	18	17	16	15	14	13	12	11	10	9	8	7	6	5	4	3	2	1	30	29	28	27	26	일	
	庚戌	己酉	戊申	丁未	丙午	乙巳	甲辰	癸卯	壬寅	辛丑	庚子	己亥	戊戌	丁酉	丙申	乙未	甲午	癸巳	壬辰	辛卯	庚寅	己丑	戊子	丁亥	丙戌	乙酉	甲申	癸未	壬午	일진	
	월	戌初	토	금	목	수	화	월	일	토	금	목	수	화	월	일	申正	금	목	수	화	월	일	토	금	목	수	화	월	절기시각	

10月大(辛亥) 입동

	소설															입동10														절기	
30	29	28	27	26	25	24	23	22	21	20	19	18	17	16	15	14	13	12	11	10	9	8	7	6	5	4	3	2	1	음력	
5	5	5	6	6	6	7	7	7	8	8	8	9	9	9	10		1	1	1	1	2	2	2	3	3	3	4	4	4	순행	대운
5	5	5	4	4	4	3	3	3	2	2	2	1	1	1	1		10	9	9	9	8	8	8	7	7	7	6	6	6	역행	
																						11							10	월	양력
23	22	21	20	19	18	17	16	15	14	13	12	11	10	9	8	7	6	5	4	3	2	1	31	30	29	28	27	26	25	일	
庚辰	己卯	戊寅	丁丑	丙子	乙亥	甲戌	癸酉	壬申	辛未	庚午	己巳	戊辰	丁卯	丙寅	乙丑	甲子	癸亥	壬戌	辛酉	庚申	己未	戊午	丁巳	丙辰	乙卯	甲寅	癸丑	壬子	辛亥	일진	
수	酉初	월	일	토	금	목	수	화	월	일	토	금	목	수	화	戌初	일	토	금	목	수	화	월	일	토	금	목	수	화	절기시각	

11月小(壬子) 대설

	동지															대설11														절기	
	29	28	27	26	25	24	23	22	21	20	19	18	17	16	15	14	13	12	11	10	9	8	7	6	5	4	3	2	1	음력	
	5	5	6	6	6	7	7	7	8	8	8	9	9	9	10		1	1	1	1	2	2	2	3	3	3	4	4	4	순행	대운
	5	5	4	4	4	3	3	3	2	2	2	1	1	1	1		10	9	9	9	8	8	8	7	7	7	6	6	6	역행	
																						12							11	월	양력
	22	21	20	19	18	17	16	15	14	13	12	11	10	9	8	7	6	5	4	3	2	1	30	29	28	27	26	25	24	일	
	己酉	戊申	丁未	丙午	乙巳	甲辰	癸卯	壬寅	辛丑	庚子	己亥	戊戌	丁酉	丙申	乙未	甲午	癸巳	壬辰	辛卯	庚寅	己丑	戊子	丁亥	丙戌	乙酉	甲申	癸未	壬午	辛巳	일진	
	卯正	수	화	월	일	토	금	목	수	화	월	일	토	금	목	午正	화	월	일	토	금	목	수	화	월	일	토	금	목	절기시각	

12月大(癸丑) 소한

	대한														소한12															절기	
30	29	28	27	26	25	24	23	22	21	20	19	18	17	16	15	14	13	12	11	10	9	8	7	6	5	4	3	2	1	음력	
5	5	5	6	6	6	7	7	7	8	8	8	9	9	9		1	1	1	1	2	2	2	3	3	3	4	4	4	5	순행	대운
5	5	4	4	4	3	3	3	2	2	2	1	1	1	1		10	9	9	9	8	8	8	7	7	7	6	6	6	5	역행	
																				1									12	월	양력
21	20	19	18	17	16	15	14	13	12	11	10	9	8	7	6	5	4	3	2	1	31	30	29	28	27	26	25	24	23	일	
己卯	戊寅	丁丑	丙子	乙亥	甲戌	癸酉	壬申	辛未	庚午	己巳	戊辰	丁卯	丙寅	乙丑	甲子	癸亥	壬戌	辛酉	庚申	己未	戊午	丁巳	丙辰	乙卯	甲寅	癸丑	壬子	辛亥	庚戌	일진	
토	酉初	목	수	화	월	일	토	금	목	수	화	월	일	토	子初	목	수	화	월	일	토	금	목	수	화	월	일	토	금	절기시각	

• 사주에 도화, 목욕살이 있으면 색정을 밝히는 사람이다.

서기 2023년
단기 4356년

癸卯年

상문 : 巳 대장군 : 北
조객 : 丑 삼 재 : 申子辰
삼살 : 西

1月小(甲寅) 입춘

	우수															입춘1														절기
	29	28	27	26	25	24	23	22	21	20	19	18	17	16	15	14	13	12	11	10	9	8	7	6	5	4	3	2	1	음력
	5	5	6	6	6	7	7	7	8	8	8	9	9	9	10		1	1	1	1	2	2	2	3	3	3	4	4	4	대운 순행
	5	5	4	4	4	3	3	3	2	2	2	1	1	1	1		9	9	9	8	8	8	7	7	7	6	6	6	5	대운 역행
																			2										1	양력 월
	19	18	17	16	15	14	13	12	11	10	9	8	7	6	5	4	3	2	1	31	30	29	28	27	26	25	24	23	22	양력 일
	戊申	丁未	丙午	乙巳	甲辰	癸卯	壬寅	辛丑	庚子	己亥	戊戌	丁酉	丙申	乙未	甲午	癸巳	壬辰	辛卯	庚寅	己丑	戊子	丁亥	丙戌	乙酉	甲申	癸未	壬午	辛巳	庚辰	일진
	辰初	토	금	목	수	화	월	일	토	금	목	수	화	월	일	午初	금	목	수	화	월	일	토	금	목	수	화	월	일	절기시각

2月大(乙卯) 경칩

춘분															경칩2															절기
30	29	28	27	26	25	24	23	22	21	20	19	18	17	16	15	14	13	12	11	10	9	8	7	6	5	4	3	2	1	음력
5	5	6	6	6	7	7	7	8	8	8	9	9	9	10		1	1	1	1	2	2	2	3	3	3	4	4	4	5	대운 순행
5	5	4	4	4	3	3	3	2	2	2	1	1	1	1		10	9	9	9	8	8	8	7	7	7	6	6	6	5	대운 역행
																				3									2	양력 월
21	20	19	18	17	16	15	14	13	12	11	10	9	8	7	6	5	4	3	2	1	28	27	26	25	24	23	22	21	20	양력 일
戊寅	丁丑	丙子	乙亥	甲戌	癸酉	壬申	辛未	庚午	己巳	戊辰	丁卯	丙寅	乙丑	甲子	癸亥	壬戌	辛酉	庚申	己未	戊午	丁巳	丙辰	乙卯	甲寅	癸丑	壬子	辛亥	庚戌	己酉	일진
卯初	월	일	토	금	목	수	화	월	일	토	금	목	수	화	卯初	일	토	금	목	수	화	월	일	토	금	목	수	화	월	절기시각

윤2月小

															청명3															절기
	29	28	27	26	25	24	23	22	21	20	19	18	17	16	15	14	13	12	11	10	9	8	7	6	5	4	3	2	1	음력
	6	6	6	7	7	7	8	8	8	9	9	9	10	10		1	1	1	1	2	2	2	3	3	3	4	4	4	5	대운 순행
	5	4	4	4	3	3	3	2	2	2	1	1	1	1		10	9	9	9	8	8	8	7	7	7	6	6	6	5	대운 역행
																			4										3	양력 월
	19	18	17	16	15	14	13	12	11	10	9	8	7	6	5	4	3	2	1	31	30	29	28	27	26	25	24	23	22	양력 일
	丁未	丙午	乙巳	甲辰	癸卯	壬寅	辛丑	庚子	己亥	戊戌	丁酉	丙申	乙未	甲午	癸巳	壬辰	辛卯	庚寅	己丑	戊子	丁亥	丙戌	乙酉	甲申	癸未	壬午	辛巳	庚辰	己卯	일진
	수	화	월	일	토	금	목	수	화	월	일	토	금	목	巳初	화	월	일	토	금	목	수	화	월	일	토	금	목	수	절기시각

3月大(丙辰) 청명

													입하4																곡우	절기
30	29	28	27	26	25	24	23	22	21	20	19	18	17	16	15	14	13	12	11	10	9	8	7	6	5	4	3	2	1	음력
6	6	7	7	7	8	8	8	9	9	9	10	10		1	1	1	1	2	2	2	3	3	3	4	4	4	5	5	5	대운 순행
4	4	4	3	3	3	2	2	2	1	1	1	1		10	10	9	9	9	8	8	8	7	7	7	6	6	6	5	5	대운 역행
																		5											4	양력 월
19	18	17	16	15	14	13	12	11	10	9	8	7	6	5	4	3	2	1	30	29	28	27	26	25	24	23	22	21	20	양력 일
丁丑	丙子	乙亥	甲戌	癸酉	壬申	辛未	庚午	己巳	戊辰	丁卯	丙寅	乙丑	甲子	癸亥	壬戌	辛酉	庚申	己未	戊午	丁巳	丙辰	乙卯	甲寅	癸丑	壬子	辛亥	庚戌	己酉	戊申	일진
금	목	수	화	월	일	토	금	목	수	화	월	일	寅初	금	목	수	화	월	일	토	금	목	수	화	월	일	토	금	申正	절기시각

4月小(丁巳) 입하

												망종5																소만		절기
	29	28	27	26	25	24	23	22	21	20	19	18	17	16	15	14	13	12	11	10	9	8	7	6	5	4	3	2	1	음력
	7	7	7	8	8	8	9	9	9	10	10		1	1	1	1	2	2	2	3	3	3	4	4	4	5	5	5	6	대운 순행
	4	3	3	3	2	2	2	1	1	1	1		10	10	9	9	9	8	8	8	7	7	7	6	6	6	5	5	5	대운 역행
																	6												5	양력 월
	17	16	15	14	13	12	11	10	9	8	7	6	5	4	3	2	1	31	30	29	28	27	26	25	24	23	22	21	20	양력 일
	丙午	乙巳	甲辰	癸卯	壬寅	辛丑	庚子	己亥	戊戌	丁酉	丙申	乙未	甲午	癸巳	壬辰	辛卯	庚寅	己丑	戊子	丁亥	丙戌	乙酉	甲申	癸未	壬午	辛巳	庚辰	己卯	戊寅	일진
	토	금	목	수	화	월	일	토	금	목	수	辰初	월	일	토	금	목	수	화	월	일	토	금	목	수	화	월	申初	토	절기시각

5月大(戊午) 망종

										소서6																하지				절기
30	29	28	27	26	25	24	23	22	21	20	19	18	17	16	15	14	13	12	11	10	9	8	7	6	5	4	3	2	1	음력
7	8	8	8	9	9	9	10	10	10		1	1	1	1	2	2	2	3	3	3	4	4	4	5	5	5	6	6	6	대운 순행
3	3	3	2	2	2	1	1	1	1		10	10	9	9	9	8	8	8	7	7	7	6	6	6	5	5	5	4	4	대운 역행
																7													6	양력 월
17	16	15	14	13	12	11	10	9	8	7	6	5	4	3	2	1	30	29	28	27	26	25	24	23	22	21	20	19	18	양력 일
丙子	乙亥	甲戌	癸酉	壬申	辛未	庚午	己巳	戊辰	丁卯	丙寅	乙丑	甲子	癸亥	壬戌	辛酉	庚申	己未	戊午	丁巳	丙辰	乙卯	甲寅	癸丑	壬子	辛亥	庚戌	己酉	戊申	丁未	일진
월	일	토	금	목	수	화	월	일	토	酉初	목	수	화	월	일	토	금	목	수	화	월	일	토	금	목	子初	화	월	일	절기시각

• 꿈에 우물을 보면 소식이 온다.

6月小(己未) 소서

								입추7																대서						절기
	29	28	27	26	25	24	23	**22**	21	20	19	18	17	16	15	14	13	12	11	10	9	8	7	**6**	5	4	3	2	1	음력
	8	8	9	9	9	10	10		1	1	1	1	2	2	2	3	3	3	4	4	4	5	5	5	6	6	6	7	7	대운 순행
	2	2	2	1	1	1	1		10	10	10	9	9	9	8	8	8	7	7	7	6	6	6	5	5	5	4	4	4	대운 역행
															8														7	양력 월
	15	14	13	12	11	10	9	8	7	6	5	4	3	2	1	31	30	29	28	27	26	25	24	23	22	21	20	19	18	양력 일
	乙巳	甲辰	癸卯	壬寅	辛丑	庚子	己亥	戊戌	丁酉	丙申	乙未	甲午	癸巳	壬辰	辛卯	庚寅	己丑	戊子	丁亥	丙戌	乙酉	甲申	癸未	壬午	辛巳	庚辰	己卯	戊寅	丁丑	일진
	화	월	일	토	금	목	수	寅初	월	일	토	금	목	수	화	월	일	토	금	목	수	화	월	巳正	토	금	목	수	화	절기시각

7月大(庚申) 입추

						백로8																처서								절기
30	29	28	27	26	25	**24**	23	22	21	20	19	18	17	16	15	14	13	12	11	10	9	**8**	7	6	5	4	3	2	1	음력
8	8	9	9	9	10		1	1	1	1	2	2	2	3	3	3	4	4	4	5	5	5	6	6	6	7	7	7	8	대운 순행
2	2	1	1	1	1		10	10	9	9	9	8	8	8	7	7	7	6	6	6	5	5	5	4	4	4	3	3	3	대운 역행
													9																8	양력 월
14	13	12	11	10	9	8	7	6	5	4	3	2	1	31	30	29	28	27	26	25	24	23	22	21	20	19	18	17	16	양력 일
乙亥	甲戌	癸酉	壬申	辛未	庚午	己巳	戊辰	丁卯	丙寅	乙丑	甲子	癸亥	壬戌	辛酉	庚申	己未	戊午	丁巳	丙辰	乙卯	甲寅	癸丑	壬子	辛亥	庚戌	己酉	戊申	丁未	丙午	일진
목	수	화	월	일	토	卯正	목	수	화	월	일	토	금	목	수	화	월	일	토	금	목	酉正	화	월	일	토	금	목	수	절기시각

8月大(辛酉) 백로

						한로9															추분									절기
30	29	28	27	26	25	**24**	23	22	21	20	19	18	17	16	15	14	13	12	11	10	**9**	8	7	6	5	4	3	2	1	음력
8	9	9	9	10	10		1	1	1	1	2	2	2	3	3	3	4	4	4	5	5	5	6	6	6	7	7	7	8	대운 순행
2	2	1	1	1	1		10	9	9	9	8	8	8	7	7	7	6	6	6	5	5	5	4	4	4	3	3	3	2	대운 역행
													10																9	양력 월
14	13	12	11	10	9	8	7	6	5	4	3	2	1	30	29	28	27	26	25	24	23	22	21	20	19	18	17	16	15	양력 일
乙巳	甲辰	癸卯	壬寅	辛丑	庚子	己亥	戊戌	丁酉	丙申	乙未	甲午	癸巳	壬辰	辛卯	庚寅	己丑	戊子	丁亥	丙戌	乙酉	甲申	癸未	壬午	辛巳	庚辰	己卯	戊寅	丁丑	丙子	일진
토	금	목	수	화	월	亥正	토	금	목	수	화	월	일	토	금	목	수	화	월	일	申初	금	목	수	화	월	일	토	금	절기시각

9月小(壬戌) 한로

					입동10															상강										절기
	29	28	27	26	**25**	24	23	22	21	20	19	18	17	16	15	14	13	12	11	**10**	9	8	7	6	5	4	3	2	1	음력
	8	9	9	9		1	1	1	1	2	2	2	3	3	3	4	4	4	5	5	5	6	6	6	7	7	7	8	8	대운 순행
	1	1	1	1		10	10	9	9	9	8	8	8	7	7	7	6	6	6	5	5	5	4	4	4	3	3	3	2	대운 역행
												11																	10	양력 월
	12	11	10	9	8	7	6	5	4	3	2	1	31	30	29	28	27	26	25	24	23	22	21	20	19	18	17	16	15	양력 일
	甲戌	癸酉	壬申	辛未	庚午	己巳	戊辰	丁卯	丙寅	乙丑	甲子	癸亥	壬戌	辛酉	庚申	己未	戊午	丁巳	丙辰	乙卯	甲寅	癸丑	壬子	辛亥	庚戌	己酉	戊申	丁未	丙午	일진
	일	토	금	목	丑初	화	월	일	토	금	목	수	화	월	일	토	금	목	수	丑初	월	일	토	금	목	수	화	월	일	절기시각

10月大(癸亥) 입동

					대설11															소설										절기
30	29	28	27	26	**25**	24	23	22	21	20	19	18	17	16	15	14	13	12	11	**10**	9	8	7	6	5	4	3	2	1	음력
8	9	9	9	10		1	1	1	1	2	2	2	3	3	3	4	4	4	5	5	5	6	6	6	7	7	7	8	8	대운 순행
2	1	1	1	1		9	9	9	8	8	8	7	7	7	6	6	6	5	5	5	4	4	4	3	3	3	2	2	2	대운 역행
											12																		11	양력 월
12	11	10	9	8	7	6	5	4	3	2	1	30	29	28	27	26	25	24	23	22	21	20	19	18	17	16	15	14	13	양력 일
甲辰	癸卯	壬寅	辛丑	庚子	己亥	戊戌	丁酉	丙申	乙未	甲午	癸巳	壬辰	辛卯	庚寅	己丑	戊子	丁亥	丙戌	乙酉	甲申	癸未	壬午	辛巳	庚辰	己卯	戊寅	丁丑	丙子	乙亥	일진
화	월	일	토	금	酉正	수	화	월	일	토	금	목	수	화	월	일	토	금	목	亥正	화	월	일	토	금	목	수	화	월	절기시각

11月小(甲子) 대설

					소한12															동지										절기
	29	28	27	26	**25**	24	23	22	21	20	19	18	17	16	15	14	13	12	11	**10**	9	8	7	6	5	4	3	2	1	음력
	8	9	9	9		1	1	1	1	2	2	2	3	3	3	4	4	4	5	5	5	6	6	6	7	7	7	8	8	대운 순행
	1	1	1	1		10	9	9	9	8	8	8	7	7	7	6	6	6	5	5	5	4	4	4	3	3	3	2	2	대운 역행
										1																			12	양력 월
	10	9	8	7	6	5	4	3	2	1	31	30	29	28	27	26	25	24	23	22	21	20	19	18	17	16	15	14	13	양력 일
	癸酉	壬申	辛未	庚午	己巳	戊辰	丁卯	丙寅	乙丑	甲子	癸亥	壬戌	辛酉	庚申	己未	戊午	丁巳	丙辰	乙卯	甲寅	癸丑	壬子	辛亥	庚戌	己酉	戊申	丁未	丙午	乙巳	일진
	수	화	월	일	卯初	금	목	수	화	월	일	토	금	목	수	화	월	일	토	午正	목	수	화	월	일	토	금	목	수	절기시각

12月大(乙丑) 소한

					입춘1															대한										절기
30	29	28	27	26	**25**	24	23	22	21	20	19	18	17	16	15	14	13	12	11	**10**	9	8	7	6	5	4	3	2	1	음력
8	9	9	9	10		1	1	1	1	2	2	2	3	3	3	4	4	4	5	5	5	6	6	6	7	7	7	8	8	대운 순행
2	1	1	1	1		9	9	9	8	8	8	7	7	7	6	6	6	5	5	5	4	4	4	3	3	3	2	2	2	대운 역행
								2																					1	양력 월
9	8	7	6	5	4	3	2	1	31	30	29	28	27	26	25	24	23	22	21	20	19	18	17	16	15	14	13	12	11	양력 일
癸卯	壬寅	辛丑	庚子	己亥	戊戌	丁酉	丙申	乙未	甲午	癸巳	壬辰	辛卯	庚寅	己丑	戊子	丁亥	丙戌	乙酉	甲申	癸未	壬午	辛巳	庚辰	己卯	戊寅	丁丑	丙子	乙亥	甲戌	일진
금	목	수	화	월	酉初	토	금	목	수	화	월	일	토	금	목	수	화	월	일	亥正	금	목	수	화	월	일	토	금	목	절기시각

• 신왕사주에 재와 합이 많은 사람은 바람둥이 팔자다.

서기 2024년
단기 4357년

甲辰年

상문 : 午　대장군 : 北
조객 : 寅　삼　재 : 申子辰
삼살 : 南

1月小(丙寅) 입춘

				경칩2															우수										절기
29	28	27	26	**25**	24	23	22	21	20	19	18	17	16	15	14	13	12	11	**10**	9	8	7	6	5	4	3	2	1	음력
9	9	9	10		1	1	1	1	2	2	2	3	3	3	4	4	4	5	5	5	6	6	6	7	7	7	8	8	대운 순행
1	1	1	1		10	9	9	9	8	8	8	7	7	7	6	6	6	5	5	5	4	4	4	3	3	3	2	2	대운 역행
								3																				2	양력 월
9	8	7	6	5	4	3	2	1	29	28	27	26	25	24	23	22	21	20	19	18	17	16	15	14	13	12	11	10	양력 일
壬申	辛未	庚午	己巳	戊辰	丁卯	丙寅	乙丑	甲子	癸亥	壬戌	辛酉	庚申	己未	戊午	丁巳	丙辰	乙卯	甲寅	癸丑	壬子	辛亥	庚戌	己酉	戊申	丁未	丙午	乙巳	甲辰	일진
토	금	목	수	午初	월	일	토	금	목	수	화	월	일	토	금	목	수	화	午正	일	토	금	목	수	화	월	일	토	절기시각

2月大(丁卯) 경칩

				청명3															춘분											절기
30	29	28	27	**26**	25	24	23	22	21	20	19	18	17	16	15	14	13	12	**11**	10	9	8	7	6	5	4	3	2	1	음력
9	9	10	10		1	1	1	1	2	2	2	3	3	3	4	4	4	5	5	5	6	6	6	7	7	7	8	8	8	대운 순행
1	1	1	1		10	9	9	9	8	8	8	7	7	7	6	6	6	5	5	5	4	4	4	3	3	3	2	2	2	대운 역행
							4																						3	양력 월
8	7	6	5	4	3	2	1	31	30	29	28	27	26	25	24	23	22	21	20	19	18	17	16	15	14	13	12	11	10	양력 일
壬寅	辛丑	庚子	己亥	戊戌	丁酉	丙申	乙未	甲午	癸巳	壬辰	辛卯	庚寅	己丑	戊子	丁亥	丙戌	乙酉	甲申	癸未	壬午	辛巳	庚辰	己卯	戊寅	丁丑	丙子	乙亥	甲戌	癸酉	일진
월	일	토	금	申初	수	화	월	일	토	금	목	수	화	월	일	토	금	목	午初	화	월	일	토	금	목	수	화	월	일	절기시각

3月小(戊辰) 청명

		입하4																곡우											절기
29	28	**27**	26	25	24	23	22	21	20	19	18	17	16	15	14	13	12	**11**	10	9	8	7	6	5	4	3	2	1	음력
10	10		1	1	1	1	2	2	2	3	3	3	4	4	4	5	5	5	6	6	6	7	7	7	8	8	8	9	대운 순행
1	1		10	10	9	9	9	8	8	8	7	7	7	6	6	6	5	5	5	4	4	4	3	3	3	2	2	2	대운 역행
						5																						4	양력 월
7	6	5	4	3	2	1	30	29	28	27	26	25	24	23	22	21	20	19	18	17	16	15	14	13	12	11	10	9	양력 일
辛未	庚午	己巳	戊辰	丁卯	丙寅	乙丑	甲子	癸亥	壬戌	辛酉	庚申	己未	戊午	丁巳	丙辰	乙卯	甲寅	癸丑	壬子	辛亥	庚戌	己酉	戊申	丁未	丙午	乙巳	甲辰	癸卯	일진
화	월	辰正	토	금	목	수	화	월	일	토	금	목	수	화	월	일	토	亥正	목	수	화	월	일	토	금	목	수	화	절기시각

4月小(己巳) 입하

망종5																소만													절기
29	28	27	26	25	24	23	22	21	20	19	18	17	16	15	14	**13**	12	11	10	9	8	7	6	5	4	3	2	1	음력
	1	1	1	1	2	2	2	3	3	3	4	4	4	5	5	5	6	6	6	7	7	7	8	8	8	9	9	9	대운 순행
	10	10	9	9	9	8	8	8	7	7	7	6	6	6	5	5	5	4	4	4	3	3	3	2	2	2	1	1	대운 역행
				6																								5	양력 월
5	4	3	2	1	31	30	29	28	27	26	25	24	23	22	21	20	19	18	17	16	15	14	13	12	11	10	9	8	양력 일
庚子	己亥	戊戌	丁酉	丙申	乙未	甲午	癸巳	壬辰	辛卯	庚寅	己丑	戊子	丁亥	丙戌	乙酉	甲申	癸未	壬午	辛巳	庚辰	己卯	戊寅	丁丑	丙子	乙亥	甲戌	癸酉	壬申	일진
午正	화	월	일	토	금	목	수	화	월	일	토	금	목	수	화	亥初	일	토	금	목	수	화	월	일	토	금	목	수	절기시각

5月大(庚午) 망종

														하지																절기
30	29	28	27	26	25	24	23	22	21	20	19	18	17	**16**	15	14	13	12	11	10	9	8	7	6	5	4	3	2	1	음력
1	1	1	1	2	2	2	3	3	3	4	4	4	5	5	5	6	6	6	7	7	7	8	8	8	9	9	9	10	10	대운 순행
10	10	9	9	9	8	8	8	7	7	7	6	6	6	5	5	5	4	4	4	3	3	3	2	2	2	1	1	1	1	대운 역행
				7																									6	양력 월
5	4	3	2	1	30	29	28	27	26	25	24	23	22	21	20	19	18	17	16	15	14	13	12	11	10	9	8	7	6	양력 일
庚午	己巳	戊辰	丁卯	丙寅	乙丑	甲子	癸亥	壬戌	辛酉	庚申	己未	戊午	丁巳	丙辰	乙卯	甲寅	癸丑	壬子	辛亥	庚戌	己酉	戊申	丁未	丙午	乙巳	甲辰	癸卯	壬寅	辛丑	일진
금	목	수	화	월	일	토	금	목	수	화	월	일	토	卯初	목	수	화	월	일	토	금	목	수	화	월	일	토	금	목	절기시각

6月小(辛未) 소서

												대서																소서6	절기
29	28	27	26	25	24	23	22	21	20	19	18	**17**	16	15	14	13	12	11	10	9	8	7	6	5	4	3	2	**1**	음력
1	2	2	2	3	3	3	4	4	4	5	5	5	6	6	6	7	7	7	8	8	8	9	9	9	10	10	10		대운 순행
9	9	9	8	8	8	7	7	7	6	6	6	5	5	5	4	4	4	3	3	3	2	2	2	1	1	1	1		대운 역행
		8																										7	양력 월
3	2	1	31	30	29	28	27	26	25	24	23	22	21	20	19	18	17	16	15	14	13	12	11	10	9	8	7	6	양력 일
己亥	戊戌	丁酉	丙申	乙未	甲午	癸巳	壬辰	辛卯	庚寅	己丑	戊子	丁亥	丙戌	乙酉	甲申	癸未	壬午	辛巳	庚辰	己卯	戊寅	丁丑	丙子	乙亥	甲戌	癸酉	壬申	辛未	일진
토	금	목	수	화	월	일	토	금	목	수	화	申正	일	토	금	목	수	화	월	일	토	금	목	수	화	월	일	子初	절기시각

• 구슬을 손에 쥐면 임신했다는 징조다.

7月大(壬申)입추

											처서															입추7				절기
30	29	28	27	26	25	24	23	22	21	20	19	18	17	16	15	14	13	12	11	10	9	8	7	6	5	4	3	2	1	음력
2	2	2	3	3	3	4	4	4	5	5	5	6	6	6	7	7	7	8	8	8	9	9	9	10	10		1	1	1	대운 순행
9	8	8	8	7	7	7	6	6	6	5	5	5	4	4	4	3	3	3	2	2	2	1	1	1	1		10	10	10	대운 역행
	9																												8	양력 월
2	1	31	30	29	28	27	26	25	24	23	22	21	20	19	18	17	16	15	14	13	12	11	10	9	8	7	6	5	4	양력 일
己巳	戊辰	丁卯	丙寅	乙丑	甲子	癸亥	壬戌	辛酉	庚申	己未	戊午	丁巳	丙辰	乙卯	甲寅	癸丑	壬子	辛亥	庚戌	己酉	戊申	丁未	丙午	乙巳	甲辰	癸卯	壬寅	辛丑	庚子	일진
월	일	토	금	목	수	화	월	일	토	금	子初	수	화	월	일	토	금	목	수	화	월	일	토	금	목	巳初	화	월	일	절기시각

8月大(癸酉)백로

										추분															백로8					절기
30	29	28	27	26	25	24	23	22	21	20	19	18	17	16	15	14	13	12	11	10	9	8	7	6	5	4	3	2	1	음력
2	2	3	3	3	4	4	4	5	5	5	6	6	6	7	7	7	8	8	8	9	9	9	10	10		1	1	1	1	대운 순행
8	8	8	7	7	7	6	6	6	5	5	5	4	4	4	3	3	3	2	2	2	1	1	1	1		10	10	9	9	대운 역행
	10																												9	양력 월
2	1	30	29	28	27	26	25	24	23	22	21	20	19	18	17	16	15	14	13	12	11	10	9	8	7	6	5	4	3	양력 일
己亥	戊戌	丁酉	丙申	乙未	甲午	癸巳	壬辰	辛卯	庚寅	己丑	戊子	丁亥	丙戌	乙酉	甲申	癸未	壬午	辛巳	庚辰	己卯	戊寅	丁丑	丙子	乙亥	甲戌	癸酉	壬申	辛未	庚午	일진
수	화	월	일	토	금	목	수	화	월	亥初	토	금	목	수	화	월	일	토	금	목	수	화	월	일	午正	금	목	수	화	절기시각

9月小(甲戌)한로

									상강															한로9						절기
	29	28	27	26	25	24	23	22	21	20	19	18	17	16	15	14	13	12	11	10	9	8	7	6	5	4	3	2	1	음력
	2	3	3	3	4	4	4	5	5	5	6	6	6	7	7	7	8	8	8	9	9	9	10		1	1	1	1	2	대운 순행
	8	7	7	7	6	6	6	5	5	5	4	4	4	3	3	3	2	2	2	1	1	1	1		10	10	9	9	9	대운 역행
																													10	양력 월
	31	30	29	28	27	26	25	24	23	22	21	20	19	18	17	16	15	14	13	12	11	10	9	8	7	6	5	4	3	양력 일
	戊辰	丁卯	丙寅	乙丑	甲子	癸亥	壬戌	辛酉	庚申	己未	戊午	丁巳	丙辰	乙卯	甲寅	癸丑	壬子	辛亥	庚戌	己酉	戊申	丁未	丙午	乙巳	甲辰	癸卯	壬寅	辛丑	庚子	일진
	목	수	화	월	일	토	금	목	辰初	화	월	일	토	금	목	수	화	월	일	토	금	목	수	寅初	월	일	토	금	목	절기시각

10月大(乙亥)입동

								소설															입동10							절기
30	29	28	27	26	25	24	23	22	21	20	19	18	17	16	15	14	13	12	11	10	9	8	7	6	5	4	3	2	1	음력
2	3	3	3	4	4	4	5	5	5	6	6	6	7	7	7	8	8	8	9	9	9	10		1	1	1	1	2	2	대운 순행
8	7	7	7	6	6	6	5	5	5	4	4	4	3	3	3	2	2	2	1	1	1	1		10	9	9	9	8	8	대운 역행
																													11	양력 월
30	29	28	27	26	25	24	23	22	21	20	19	18	17	16	15	14	13	12	11	10	9	8	7	6	5	4	3	2	1	양력 일
戊戌	丁酉	丙申	乙未	甲午	癸巳	壬辰	辛卯	庚寅	己丑	戊子	丁亥	丙戌	乙酉	甲申	癸未	壬午	辛巳	庚辰	己卯	戊寅	丁丑	丙子	乙亥	甲戌	癸酉	壬申	辛未	庚午	己巳	일진
토	금	목	수	화	월	일	토	寅正	목	수	화	월	일	토	금	목	수	화	월	일	토	금	辰初	수	화	월	일	토	금	절기시각

11月大(丙子)대설

									동지														대설11							절기
30	29	28	27	26	25	24	23	22	21	20	19	18	17	16	15	14	13	12	11	10	9	8	7	6	5	4	3	2	1	음력
2	2	3	3	3	4	4	4	5	5	5	6	6	6	7	7	7	8	8	8	9	9	9		1	1	1	1	2	2	대운 순행
8	7	7	7	6	6	6	5	5	5	4	4	4	3	3	3	2	2	2	1	1	1	1		10	9	9	9	8	8	대운 역행
																													12	양력 월
30	29	28	27	26	25	24	23	22	21	20	19	18	17	16	15	14	13	12	11	10	9	8	7	6	5	4	3	2	1	양력 일
戊辰	丁卯	丙寅	乙丑	甲子	癸亥	壬戌	辛酉	庚申	己未	戊午	丁巳	丙辰	乙卯	甲寅	癸丑	壬子	辛亥	庚戌	己酉	戊申	丁未	丙午	乙巳	甲辰	癸卯	壬寅	辛丑	庚子	己亥	일진
월	일	토	금	목	수	화	월	일	酉正	금	목	수	화	월	일	토	금	목	수	화	월	일	子正	금	목	수	화	월	일	절기시각

12月小(丁丑)소한

									대한															소한12						절기
	29	28	27	26	25	24	23	22	21	20	19	18	17	16	15	14	13	12	11	10	9	8	7	6	5	4	3	2	1	음력
	2	2	3	3	3	4	4	4	5	5	5	6	6	6	7	7	7	8	8	8	9	9	9		1	1	1	1	2	대운 순행
	8	7	7	7	6	6	6	5	5	5	4	4	4	3	3	3	2	2	2	1	1	1	1		9	9	9	8	8	대운 역행
																												1	12	양력 월
	28	27	26	25	24	23	22	21	20	19	18	17	16	15	14	13	12	11	10	9	8	7	6	5	4	3	2	1	31	양력 일
	丁酉	丙申	乙未	甲午	癸巳	壬辰	辛卯	庚寅	己丑	戊子	丁亥	丙戌	乙酉	甲申	癸未	壬午	辛巳	庚辰	己卯	戊寅	丁丑	丙子	乙亥	甲戌	癸酉	壬申	辛未	庚午	己巳	일진
	화	월	일	토	금	목	수	화	寅正	일	토	금	목	수	화	월	일	토	금	목	수	화	월	午正	토	금	목	수	화	절기시각

• 일지와 타주의 재가 합된 사람은 사통을 즐긴다.

서기 2025년
단기 4358년

乙巳年

상문 : 未　대장군 : 東
조객 : 卯　삼　재 : 亥卯未
삼살 : 東

									우수															입춘1						절기	1月大(戊寅) 입춘
30	29	28	27	26	25	24	23	22	21	20	19	18	17	16	15	14	13	12	11	10	9	8	7	6	5	4	3	2	1	음력	
2	2	3	3	3	4	4	4	5	5	5	6	6	6	7	7	7	8	8	8	9	9	9	10		1	1	1	1	2	대운 순행	
8	8	7	7	7	6	6	6	5	5	5	4	4	4	3	3	3	2	2	2	1	1	1	1		9	9	9	8	8	대운 역행	
																										2			1	양력 월	
27	26	25	24	23	22	21	20	19	18	17	16	15	14	13	12	11	10	9	8	7	6	5	4	3	2	1	31	30	29	양력 일	
丁卯	丙寅	乙丑	甲子	癸亥	壬戌	辛酉	庚申	己未	戊午	丁巳	丙辰	乙卯	甲寅	癸丑	壬子	辛亥	庚戌	己酉	戊申	丁未	丙午	乙巳	甲辰	癸卯	壬寅	辛丑	庚子	己亥	戊戌	일진	
목	수	화	월	일	토	금	목	수	酉正	월	일	토	금	목	수	화	월	일	토	금	목	수	화	亥正	일	토	금	목	수	절기시각	

									춘분															경칩2						절기	2月小(己卯) 경칩
	29	28	27	26	25	24	23	22	21	20	19	18	17	16	15	14	13	12	11	10	9	8	7	6	5	4	3	2	1	음력	
	2	3	3	3	4	4	4	5	5	5	6	6	6	7	7	7	8	8	8	9	9	9	10		1	1	1	1	2	대운 순행	
	8	7	7	7	6	6	6	5	5	5	4	4	4	3	3	3	2	2	2	1	1	1	1		10	9	9	9	8	대운 역행	
																												3	2	양력 월	
	28	27	26	25	24	23	22	21	20	19	18	17	16	15	14	13	12	11	10	9	8	7	6	5	4	3	2	1	28	양력 일	
	丙申	乙未	甲午	癸巳	壬辰	辛卯	庚寅	己丑	戊子	丁亥	丙戌	乙酉	甲申	癸未	壬午	辛巳	庚辰	己卯	戊寅	丁丑	丙子	乙亥	甲戌	癸酉	壬申	辛未	庚午	己巳	戊辰	일진	
	금	목	수	화	월	일	토	금	酉初	수	화	월	일	토	금	목	수	화	월	일	토	금	목	申正	화	월	일	토	금	절기시각	

							곡우																청명3							절기	3月大(庚辰) 청명
30	29	28	27	26	25	24	23	22	21	20	19	18	17	16	15	14	13	12	11	10	9	8	7	6	5	4	3	2	1	음력	
3	3	3	4	4	4	5	5	5	6	6	6	7	7	7	8	8	8	9	9	9	10	10		1	1	1	1	2	2	대운 순행	
8	7	7	7	6	6	6	5	5	5	4	4	4	3	3	3	2	2	2	1	1	1	1		10	9	9	9	8	8	대운 역행	
																										4			3	양력 월	
27	26	25	24	23	22	21	20	19	18	17	16	15	14	13	12	11	10	9	8	7	6	5	4	3	2	1	31	30	29	양력 일	
丙寅	乙丑	甲子	癸亥	壬戌	辛酉	庚申	己未	戊午	丁巳	丙辰	乙卯	甲寅	癸丑	壬子	辛亥	庚戌	己酉	戊申	丁未	丙午	乙巳	甲辰	癸卯	壬寅	辛丑	庚子	己亥	戊戌	丁酉	일진	
일	토	금	목	수	화	월	寅正	토	금	목	수	화	월	일	토	금	목	수	화	월	일	토	亥初	목	수	화	월	일	토	절기시각	

						소만																입하4								절기	4月小(辛巳) 입하
	29	28	27	26	25	24	23	22	21	20	19	18	17	16	15	14	13	12	11	10	9	8	7	6	5	4	3	2	1	음력	
	3	4	4	4	5	5	5	6	6	6	7	7	7	8	8	8	9	9	9	10	10		1	1	1	1	2	2	2	대운 순행	
	7	7	6	6	6	5	5	5	4	4	4	3	3	3	2	2	2	1	1	1	1		10	10	9	9	9	8	8	대운 역행	
																										5			4	양력 월	
	26	25	24	23	22	21	20	19	18	17	16	15	14	13	12	11	10	9	8	7	6	5	4	3	2	1	30	29	28	양력 일	
	乙未	甲午	癸巳	壬辰	辛卯	庚寅	己丑	戊子	丁亥	丙戌	乙酉	甲申	癸未	壬午	辛巳	庚辰	己卯	戊寅	丁丑	丙子	乙亥	甲戌	癸酉	壬申	辛未	庚午	己巳	戊辰	丁卯	일진	
	월	일	토	금	목	수	화	월	일	토	금	목	수	화	월	일	토	금	목	수	화	未正	일	토	금	목	수	화	월	절기시각	

				하지																망종5										절기	5月小(壬午) 망종
	29	28	27	26	25	24	23	22	21	20	19	18	17	16	15	14	13	12	11	10	9	8	7	6	5	4	3	2	1	음력	
	4	5	5	5	6	6	6	7	7	7	8	8	8	9	9	9	10	10	10		1	1	1	1	2	2	2	3	3	대운 순행	
	6	6	6	5	5	5	4	4	4	3	3	3	2	2	2	1	1	1	1		10	10	9	9	9	8	8	8	7	대운 역행	
																								6					5	양력 월	
	24	23	22	21	20	19	18	17	16	15	14	13	12	11	10	9	8	7	6	5	4	3	2	1	31	30	29	28	27	양력 일	
	甲子	癸亥	壬戌	辛酉	庚申	己未	戊午	丁巳	丙辰	乙卯	甲寅	癸丑	壬子	辛亥	庚戌	己酉	戊申	丁未	丙午	乙巳	甲辰	癸卯	壬寅	辛丑	庚子	己亥	戊戌	丁酉	丙申	일진	
	화	월	일	午初	금	목	수	화	월	일	토	금	목	수	화	월	일	토	금	酉正	수	화	월	일	토	금	목	수	화	절기시각	

		대서															소서6													절기	6月大(癸未) 소서
30	29	28	27	26	25	24	23	22	21	20	19	18	17	16	15	14	13	12	11	10	9	8	7	6	5	4	3	2	1	음력	
5	5	5	6	6	6	7	7	7	8	8	8	9	9	9	10	10		1	1	1	1	2	2	2	3	3	3	4	4	대운 순행	
6	5	5	5	4	4	4	3	3	3	2	2	2	1	1	1	1		10	10	10	9	9	9	8	8	8	7	7	7	대운 역행	
																							7						6	양력 월	
24	23	22	21	20	19	18	17	16	15	14	13	12	11	10	9	8	7	6	5	4	3	2	1	30	29	28	27	26	25	양력 일	
甲午	癸巳	壬辰	辛卯	庚寅	己丑	戊子	丁亥	丙戌	乙酉	甲申	癸未	壬午	辛巳	庚辰	己卯	戊寅	丁丑	丙子	乙亥	甲戌	癸酉	壬申	辛未	庚午	己巳	戊辰	丁卯	丙寅	乙丑	일진	
목	수	亥正	월	일	토	금	목	수	화	월	일	토	금	목	수	화	寅正	일	토	금	목	수	화	월	일	토	금	목	수	절기시각	

• 꿈에 별이 떨어지는 것을 보면 애정관계가 불길하다.

																입추7														절기		윤6月小
	29	28	27	26	25	24	23	22	21	20	19	18	17	16	15	14	13	12	11	10	9	8	7	6	5	4	3	2	1	음력		
	5	6	6	6	7	7	7	8	8	8	9	9	9	10	10		1	1	1	1	2	2	2	3	3	3	4	4	4	순행	대	
	5	5	4	4	4	3	3	3	2	2	2	1	1	1	1		10	10	9	9	9	8	8	8	7	7	7	6	6	역행	운	
																						8							7	월	양	
	22	21	20	19	18	17	16	15	14	13	12	11	10	9	8	7	6	5	4	3	2	1	31	30	29	28	27	26	25	일	력	
	癸	壬	辛	庚	己	戊	丁	丙	乙	甲	癸	壬	辛	庚	己	戊	丁	丙	乙	甲	癸	壬	辛	庚	己	戊	丁	丙	乙	일진		
	亥	戌	酉	申	未	午	巳	辰	卯	寅	丑	子	亥	戌	酉	申	未	午	巳	辰	卯	寅	丑	子	亥	戌	酉	申	未			
	금	목	수	화	월	일	토	금	목	수	화	월	일	토	금	未正	수	화	월	일	토	금	목	수	화	월	일	토	금	절기시각		

														백로8															처서	절기		7月大(甲申)입추
30	29	28	27	26	25	24	23	22	21	20	19	18	17	16	15	14	13	12	11	10	9	8	7	6	5	4	3	2	1	음력		
6	6	6	7	7	7	8	8	8	9	9	9	10	10		1	1	1	1	2	2	2	3	3	3	4	4	4	5	5	순행	대	
5	4	4	4	3	3	3	2	2	2	1	1	1	1		10	10	9	9	9	8	8	8	7	7	7	6	6	6	5	역행	운	
																				9									8	월	양	
21	20	19	18	17	16	15	14	13	12	11	10	9	8	7	6	5	4	3	2	1	31	30	29	28	27	26	25	24	23	일	력	
癸	壬	辛	庚	己	戊	丁	丙	乙	甲	癸	壬	辛	庚	己	戊	丁	丙	乙	甲	癸	壬	辛	庚	己	戊	丁	丙	乙	甲	일진		
巳	辰	卯	寅	丑	子	亥	戌	酉	申	未	午	巳	辰	卯	寅	丑	子	亥	戌	酉	申	未	午	巳	辰	卯	寅	丑	子			
일	토	금	목	수	화	월	일	토	금	목	수	화	월	酉初	토	금	목	수	화	월	일	토	금	목	수	화	월	일	卯初	절기시각		

													한로9															추분		절기		8月小(乙酉)백로
	29	28	27	26	25	24	23	22	21	20	19	18	17	16	15	14	13	12	11	10	9	8	7	6	5	4	3	2	1	음력		
	6	6	7	7	7	8	8	8	9	9	9	10		1	1	1	1	2	2	2	3	3	3	4	4	4	5	5	5	순행	대	
	4	4	3	3	3	2	2	2	1	1	1	1		10	10	9	9	9	8	8	8	7	7	7	6	6	6	5	5	역행	운	
																				10									9	월	양	
	20	19	18	17	16	15	14	13	12	11	10	9	8	7	6	5	4	3	2	1	30	29	28	27	26	25	24	23	22	일	력	
	壬	辛	庚	己	戊	丁	丙	乙	甲	癸	壬	辛	庚	己	戊	丁	丙	乙	甲	癸	壬	辛	庚	己	戊	丁	丙	乙	甲	일진		
	戌	酉	申	未	午	巳	辰	卯	寅	丑	子	亥	戌	酉	申	未	午	巳	辰	卯	寅	丑	子	亥	戌	酉	申	未	午			
	월	일	토	금	목	수	화	월	일	토	금	목	巳初	화	월	일	토	금	목	수	화	월	일	토	금	목	수	寅初	월	절기시각		

												입동10															상강			절기		9月大(丙戌)한로
30	29	28	27	26	25	24	23	22	21	20	19	18	17	16	15	14	13	12	11	10	9	8	7	6	5	4	3	2	1	음력		
6	6	7	7	7	8	8	8	9	9	9	10		1	1	1	1	2	2	2	3	3	3	4	4	4	5	5	5	6	순행	대	
4	4	3	3	3	2	2	2	1	1	1	1		10	9	9	9	8	8	8	7	7	7	6	6	6	5	5	5	4	역행	운	
																		11											10	월	양	
19	18	17	16	15	14	13	12	11	10	9	8	7	6	5	4	3	2	1	31	30	29	28	27	26	25	24	23	22	21	일	력	
壬	辛	庚	己	戊	丁	丙	乙	甲	癸	壬	辛	庚	己	戊	丁	丙	乙	甲	癸	壬	辛	庚	己	戊	丁	丙	乙	甲	癸	일진		
辰	卯	寅	丑	子	亥	戌	酉	申	未	午	巳	辰	卯	寅	丑	子	亥	戌	酉	申	未	午	巳	辰	卯	寅	丑	子	亥			
수	화	월	일	토	금	목	수	화	월	일	토	未初	목	수	화	월	일	토	금	목	수	화	월	일	토	금	午正	수	화	절기시각		

												대설11															소설			절기		10月大(丁亥)입동
30	29	28	27	26	25	24	23	22	21	20	19	18	17	16	15	14	13	12	11	10	9	8	7	6	5	4	3	2	1	음력		
6	6	6	7	7	7	8	8	8	9	9	9		1	1	1	1	2	2	2	3	3	3	4	4	4	5	5	5	6	순행	대	
4	4	3	3	3	2	2	2	1	1	1	1		10	9	9	9	8	8	8	7	7	7	6	6	6	5	5	5	4	역행	운	
																		12											11	월	양	
19	18	17	16	15	14	13	12	11	10	9	8	7	6	5	4	3	2	1	30	29	28	27	26	25	24	23	22	21	20	일	력	
壬	辛	庚	己	戊	丁	丙	乙	甲	癸	壬	辛	庚	己	戊	丁	丙	乙	甲	癸	壬	辛	庚	己	戊	丁	丙	乙	甲	癸	일진		
戌	酉	申	未	午	巳	辰	卯	寅	丑	子	亥	戌	酉	申	未	午	巳	辰	卯	寅	丑	子	亥	戌	酉	申	未	午	巳			
금	목	수	화	월	일	토	금	목	수	화	월	卯正	토	금	목	수	화	월	일	토	금	목	수	화	월	일	巳正	금	목	절기시각		

													소한12														동지			절기		11月大(戊子)대설
30	29	28	27	26	25	24	23	22	21	20	19	18	17	16	15	14	13	12	11	10	9	8	7	6	5	4	3	2	1	음력		
6	6	6	7	7	7	8	8	8	9	9	9	10		1	1	1	1	2	2	2	3	3	3	4	4	4	5	5	5	순행	대	
4	4	4	3	3	3	2	2	2	1	1	1	1		9	9	9	8	8	8	7	7	7	6	6	6	5	5	5	4	역행	운	
																	1												12	월	양	
18	17	16	15	14	13	12	11	10	9	8	7	6	5	4	3	2	1	31	30	29	28	27	26	25	24	23	22	21	20	일	력	
壬	辛	庚	己	戊	丁	丙	乙	甲	癸	壬	辛	庚	己	戊	丁	丙	乙	甲	癸	壬	辛	庚	己	戊	丁	丙	乙	甲	癸	일진		
辰	卯	寅	丑	子	亥	戌	酉	申	未	午	巳	辰	卯	寅	丑	子	亥	戌	酉	申	未	午	巳	辰	卯	寅	丑	子	亥			
일	토	금	목	수	화	월	일	토	금	목	수	화	酉初	일	토	금	목	수	화	월	일	토	금	목	수	화	子初	일	토	절기시각		

													입춘1															대한		절기		12月小(己丑)소한
	29	28	27	26	25	24	23	22	21	20	19	18	17	16	15	14	13	12	11	10	9	8	7	6	5	4	3	2	1	음력		
	6	6	6	7	7	7	8	8	8	9	9	9		1	1	1	1	2	2	2	3	3	3	4	4	4	5	5	5	순행	대	
	4	4	3	3	3	2	2	2	1	1	1	1		10	9	9	9	8	8	8	7	7	7	6	6	6	5	5	5	역행	운	
																2													1	월	양	
	16	15	14	13	12	11	10	9	8	7	6	5	4	3	2	1	31	30	29	28	27	26	25	24	23	22	21	20	19	일	력	
	辛	庚	己	戊	丁	丙	乙	甲	癸	壬	辛	庚	己	戊	丁	丙	乙	甲	癸	壬	辛	庚	己	戊	丁	丙	乙	甲	癸	일진		
	酉	申	未	午	巳	辰	卯	寅	丑	子	亥	戌	酉	申	未	午	巳	辰	卯	寅	丑	子	亥	戌	酉	申	未	午	巳			
	월	일	토	금	목	수	화	월	일	토	금	목	寅正	화	월	일	토	금	목	수	화	월	일	토	금	목	수	巳正	월	절기시각		

• 남자 사주에 子午卯酉가 있고 이것 중 어느 것 하나가 財에 해당되면 어린여자를 좋아한다.

서기 2026년
단기 4359년

丙午年

상문 : 申 대장군 : 東
조객 : 辰 삼 재 : 亥卯未
삼살 : 北

1月大(庚寅) 입춘

30	29	28	27	26	25	24	23	22	21	20	19	18	17	16	15	14	13	12	11	10	9	8	7	6	5	4	3	2	1	구분
													경칩2														우수			절기
30	29	28	27	26	25	24	23	22	21	20	19	18	■17■	16	15	14	13	12	11	10	9	8	7	6	5	4	■3■	2	1	음력
6	6	7	7	7	8	8	8	9	9	9	10	10		1	1	1	1	2	2	2	3	3	3	4	4	4	5	5	5	대운 순행
4	4	4	3	3	3	2	2	2	1	1	1	1		9	9	9	8	8	8	7	7	7	6	6	6	5	5	5	4	대운 역행
																	3												2	양력 월
18	17	16	15	14	13	12	11	10	9	8	7	6	5	4	3	2	1	28	27	26	25	24	23	22	21	20	19	18	17	양력 일
辛卯	庚寅	己丑	戊子	丁亥	丙戌	乙酉	甲申	癸未	壬午	辛巳	庚辰	己卯	戊寅	丁丑	丙子	乙亥	甲戌	癸酉	壬申	辛未	庚午	己巳	戊辰	丁卯	丙寅	乙丑	甲子	癸亥	壬戌	일진
수	화	월	일	토	금	목	수	화	월	일	토	금	亥正	수	화	월	일	토	금	목	수	화	월	일	토	금	子正	수	화	절기시각

2月小(辛卯) 경칩

29	28	27	26	25	24	23	22	21	20	19	18	17	16	15	14	13	12	11	10	9	8	7	6	5	4	3	2	1	구분
											청명3																춘분		절기
29	28	27	26	25	24	23	22	21	20	19	■18■	17	16	15	14	13	12	11	10	9	8	7	6	5	4	3	■2■	1	음력
6	7	7	7	8	8	8	9	9	9	10		1	1	1	1	2	2	2	3	3	3	4	4	4	5	5	5	6	대운 순행
4	3	3	3	2	2	2	1	1	1	1		10	10	9	9	9	8	8	8	7	7	7	6	6	6	5	5	5	대운 역행
															4													3	양력 월
16	15	14	13	12	11	10	9	8	7	6	5	4	3	2	1	31	30	29	28	27	26	25	24	23	22	21	20	19	양력 일
庚申	己未	戊午	丁巳	丙辰	乙卯	甲寅	癸丑	壬子	辛亥	庚戌	己酉	戊申	丁未	丙午	乙巳	甲辰	癸卯	壬寅	辛丑	庚子	己亥	戊戌	丁酉	丙申	乙未	甲午	癸巳	壬辰	일진
목	수	화	월	일	토	금	목	수	화	월	寅初	토	금	목	수	화	월	일	토	금	목	수	화	월	일	토	子初	목	절기시각

3月大(壬辰) 청명

30	29	28	27	26	25	24	23	22	21	20	19	18	17	16	15	14	13	12	11	10	9	8	7	6	5	4	3	2	1	구분
											입하4															곡우				절기
30	29	28	27	26	25	24	23	22	21	20	■19■	18	17	16	15	14	13	12	11	10	9	8	7	6	5	■4■	3	2	1	음력
7	7	8	8	8	9	9	9	10	10	10		1	1	1	1	2	2	2	3	3	3	4	4	4	5	5	5	6	6	대운 순행
4	3	3	3	2	2	2	1	1	1	1		10	9	9	9	8	8	8	7	7	7	6	6	6	5	5	5	4	4	대운 역행
															5														4	양력 월
16	15	14	13	12	11	10	9	8	7	6	5	4	3	2	1	30	29	28	27	26	25	24	23	22	21	20	19	18	17	양력 일
庚寅	己丑	戊子	丁亥	丙戌	乙酉	甲申	癸未	壬午	辛巳	庚辰	己卯	戊寅	丁丑	丙子	乙亥	甲戌	癸酉	壬申	辛未	庚午	己巳	戊辰	丁卯	丙寅	乙丑	甲子	癸亥	壬戌	辛酉	일진
토	금	목	수	화	월	일	토	금	목	수	戌正	월	일	토	금	목	수	화	월	일	토	금	목	수	화	巳正	일	토	금	절기시각

4月小(癸巳) 입하

29	28	27	26	25	24	23	22	21	20	19	18	17	16	15	14	13	12	11	10	9	8	7	6	5	4	3	2	1	구분
								망종5																소만					절기
29	28	27	26	25	24	23	22	■21■	20	19	18	17	16	15	14	13	12	11	10	9	8	7	6	■5■	4	3	2	1	음력
8	8	8	9	9	9	10	10		1	1	1	1	2	2	2	3	3	3	4	4	4	5	5	5	6	6	6	7	대운 순행
3	2	2	2	1	1	1	1		10	10	10	9	9	9	8	8	8	7	7	7	6	6	6	5	5	5	4	4	대운 역행
													6															5	양력 월
14	13	12	11	10	9	8	7	6	5	4	3	2	1	31	30	29	28	27	26	25	24	23	22	21	20	19	18	17	양력 일
己未	戊午	丁巳	丙辰	乙卯	甲寅	癸丑	壬子	辛亥	庚戌	己酉	戊申	丁未	丙午	乙巳	甲辰	癸卯	壬寅	辛丑	庚子	己亥	戊戌	丁酉	丙申	乙未	甲午	癸巳	壬辰	辛卯	일진
일	토	금	목	수	화	월	일	子正	금	목	수	화	월	일	토	금	목	수	화	월	일	토	금	巳初	수	화	월	일	절기시각

5月小(甲午) 망종

29	28	27	26	25	24	23	22	21	20	19	18	17	16	15	14	13	12	11	10	9	8	7	6	5	4	3	2	1	구분
						소서6																하지							절기
29	28	27	26	25	24	■23■	22	21	20	19	18	17	16	15	14	13	12	11	10	9	8	■7■	6	5	4	3	2	1	음력
8	9	9	9	10	10		1	1	1	1	2	2	2	3	3	3	4	4	4	5	5	5	6	6	6	7	7	7	대운 순행
2	2	1	1	1	1		10	10	9	9	9	8	8	8	7	7	7	6	6	6	5	5	5	4	4	4	3	3	대운 역행
												7																6	양력 월
13	12	11	10	9	8	7	6	5	4	3	2	1	30	29	28	27	26	25	24	23	22	21	20	19	18	17	16	15	양력 일
戊子	丁亥	丙戌	乙酉	甲申	癸未	壬午	辛巳	庚辰	己卯	戊寅	丁丑	丙子	乙亥	甲戌	癸酉	壬申	辛未	庚午	己巳	戊辰	丁卯	丙寅	乙丑	甲子	癸亥	壬戌	辛酉	庚申	일진
월	일	토	금	목	수	巳正	월	일	토	금	목	수	화	월	일	토	금	목	수	화	월	酉初	토	금	목	수	화	월	절기시각

6月大(乙未) 소서

30	29	28	27	26	25	24	23	22	21	20	19	18	17	16	15	14	13	12	11	10	9	8	7	6	5	4	3	2	1	구분
					입추7															대서										절기
30	29	28	27	26	■25■	24	23	22	21	20	19	18	17	16	15	14	13	12	11	■10■	9	8	7	6	5	4	3	2	1	음력
9	9	9	10	10		1	1	1	1	2	2	2	3	3	3	4	4	4	5	5	5	6	6	6	7	7	7	8	8	대운 순행
2	1	1	1	1		10	10	9	9	9	8	8	8	7	7	7	6	6	6	5	5	5	4	4	4	3	3	3	2	대운 역행
											8																		7	양력 월
12	11	10	9	8	7	6	5	4	3	2	1	31	30	29	28	27	26	25	24	23	22	21	20	19	18	17	16	15	14	양력 일
戊午	丁巳	丙辰	乙卯	甲寅	癸丑	壬子	辛亥	庚戌	己酉	戊申	丁未	丙午	乙巳	甲辰	癸卯	壬寅	辛丑	庚子	己亥	戊戌	丁酉	丙申	乙未	甲午	癸巳	壬辰	辛卯	庚寅	己丑	일진
수	화	월	일	토	戌正	목	수	화	월	일	토	금	목	수	화	월	일	토	금	寅正	수	화	월	일	토	금	목	수	화	절기시각

• 토끼꿈은 길하나 여자는 나쁘다.

				백로8															처서											절기	7月小(丙申) 입추
	29	28	27	26	25	24	23	22	21	20	19	18	17	16	15	14	13	12	11	10	9	8	7	6	5	4	3	2	1	음력	
	9	10	10		1	1	1	1	2	2	2	3	3	3	4	4	4	5	5	5	6	6	6	7	7	7	8	8	8	대운 순행	
	1	1	1		10	10	9	9	9	8	8	8	7	7	7	6	6	6	5	5	5	4	4	4	3	3	3	2	2	대운 역행	
										9																			8	양력 월	
	10	9	8	7	6	5	4	3	2	1	31	30	29	28	27	26	25	24	23	22	21	20	19	18	17	16	15	14	13	양력 일	
	丁亥	丙戌	乙酉	甲申	癸未	壬午	辛巳	庚辰	己卯	戊寅	丁丑	丙子	乙亥	甲戌	癸酉	壬申	辛未	庚午	己巳	戊辰	丁卯	丙寅	乙丑	甲子	癸亥	壬戌	辛酉	庚申	己未	일진	
	목	수	화	子初	일	토	금	목	수	화	월	일	토	금	목	수	화	월	午初	토	금	목	수	화	월	일	토	금	목	절기시각	

		한로9															추분													절기	8月大(丁酉) 백로
30	29	28	27	26	25	24	23	22	21	20	19	18	17	16	15	14	13	12	11	10	9	8	7	6	5	4	3	2	1	음력	
9	10		1	1	1	1	2	2	2	3	3	3	4	4	4	5	5	5	6	6	6	7	7	7	8	8	8	9	9	대운 순행	
1	1		10	10	9	9	9	8	8	8	7	7	7	6	6	6	5	5	5	4	4	4	3	3	3	2	2	2	1	대운 역행	
									10																				9	양력 월	
10	9	8	7	6	5	4	3	2	1	30	29	28	27	26	25	24	23	22	21	20	19	18	17	16	15	14	13	12	11	양력 일	
丁巳	丙辰	乙卯	甲寅	癸丑	壬子	辛亥	庚戌	己酉	戊申	丁未	丙午	乙巳	甲辰	癸卯	壬寅	辛丑	庚子	己亥	戊戌	丁酉	丙申	乙未	甲午	癸巳	壬辰	辛卯	庚寅	己丑	戊子	일진	
토	금	申初	수	화	월	일	토	금	목	수	화	월	일	토	금	목	巳初	화	월	일	토	금	목	수	화	월	일	토	금	절기시각	

		입동10															상강													절기	9月小(戊戌) 한로
	29	28	27	26	25	24	23	22	21	20	19	18	17	16	15	14	13	12	11	10	9	8	7	6	5	4	3	2	1	음력	
	10		1	1	1	1	2	2	2	3	3	3	4	4	4	5	5	5	6	6	6	7	7	7	8	8	8	9	9	대운 순행	
	1		10	9	9	9	8	8	8	7	7	7	6	6	6	5	5	5	4	4	4	3	3	3	2	2	2	1	1	대운 역행	
								11																					10	양력 월	
	8	7	6	5	4	3	2	1	31	30	29	28	27	26	25	24	23	22	21	20	19	18	17	16	15	14	13	12	11	양력 일	
	丙戌	乙酉	甲申	癸未	壬午	辛巳	庚辰	己卯	戊寅	丁丑	丙子	乙亥	甲戌	癸酉	壬申	辛未	庚午	己巳	戊辰	丁卯	丙寅	乙丑	甲子	癸亥	壬戌	辛酉	庚申	己未	戊午	일진	
	일	寅正	금	목	수	화	월	일	토	금	목	수	화	월	일	토	酉正	목	수	화	월	일	토	금	목	수	화	월	일	절기시각	

	대설11															소설														절기	10月大(己亥) 입동
30	29	28	27	26	25	24	23	22	21	20	19	18	17	16	15	14	13	12	11	10	9	8	7	6	5	4	3	2	1	음력	
9		1	1	1	1	2	2	2	3	3	3	4	4	4	5	5	5	6	6	6	7	7	7	8	8	8	9	9	9	대운 순행	
1		10	9	9	9	8	8	8	7	7	7	6	6	6	5	5	5	4	4	4	3	3	3	2	2	2	1	1	1	대운 역행	
							12																						11	양력 월	
8	7	6	5	4	3	2	1	30	29	28	27	26	25	24	23	22	21	20	19	18	17	16	15	14	13	12	11	10	9	양력 일	
丙辰	乙卯	甲寅	癸丑	壬子	辛亥	庚戌	己酉	戊申	丁未	丙午	乙巳	甲辰	癸卯	壬寅	辛丑	庚子	己亥	戊戌	丁酉	丙申	乙未	甲午	癸巳	壬辰	辛卯	庚寅	己丑	戊子	丁亥	일진	
화	午初	일	토	금	목	수	화	월	일	토	금	목	수	화	월	申正	토	금	목	수	화	월	일	토	금	목	수	화	월	절기시각	

		소한12														동지														절기	11月大(庚子) 대설
30	29	28	27	26	25	24	23	22	21	20	19	18	17	16	15	14	13	12	11	10	9	8	7	6	5	4	3	2	1	음력	
9	10		1	1	1	1	2	2	2	3	3	3	4	4	4	5	5	5	6	6	6	7	7	7	8	8	8	9	9	대운 순행	
1	1		9	9	9	8	8	8	7	7	7	6	6	6	5	5	5	4	4	4	3	3	3	2	2	2	1	1	1	대운 역행	
						1																							12	양력 월	
7	6	5	4	3	2	1	31	30	29	28	27	26	25	24	23	22	21	20	19	18	17	16	15	14	13	12	11	10	9	양력 일	
丙戌	乙酉	甲申	癸未	壬午	辛巳	庚辰	己卯	戊寅	丁丑	丙子	乙亥	甲戌	癸酉	壬申	辛未	庚午	己巳	戊辰	丁卯	丙寅	乙丑	甲子	癸亥	壬戌	辛酉	庚申	己未	戊午	丁巳	일진	
목	수	子初	월	일	토	금	목	수	화	월	일	토	금	목	수	卯初	월	일	토	금	목	수	화	월	일	토	금	목	수	절기시각	

		입춘1															대한													절기	12月大(辛丑) 소한
30	29	28	27	26	25	24	23	22	21	20	19	18	17	16	15	14	13	12	11	10	9	8	7	6	5	4	3	2	1	음력	
9	10		1	1	1	1	2	2	2	3	3	3	4	4	4	5	5	5	6	6	6	7	7	7	8	8	8	9	9	대운 순행	
1	1		10	9	9	9	8	8	8	7	7	7	6	6	6	5	5	5	4	4	4	3	3	3	2	2	2	1	1	대운 역행	
					2																								1	양력 월	
6	5	4	3	2	1	31	30	29	28	27	26	25	24	23	22	21	20	19	18	17	16	15	14	13	12	11	10	9	8	양력 일	
丙辰	乙卯	甲寅	癸丑	壬子	辛亥	庚戌	己酉	戊申	丁未	丙午	乙巳	甲辰	癸卯	壬寅	辛丑	庚子	己亥	戊戌	丁酉	丙申	乙未	甲午	癸巳	壬辰	辛卯	庚寅	己丑	戊子	丁亥	일진	
토	금	巳正	수	화	월	일	토	금	목	수	화	월	일	토	금	목	申正	화	월	일	토	금	목	수	화	월	일	토	금	절기시각	

• 土日生으로 신왕팔자는 어린여자를 좋아한다.

서기 2027년
단기 4360년

丁未年

상문 : 酉 대장군 : 東
조객 : 巳 삼 재 : 亥卯未
삼살 : 西

		경칩2															우수													절기	1月小(壬寅) 입춘
	29	**28**	27	26	25	24	23	22	21	20	19	18	17	16	15	14	**13**	12	11	10	9	8	7	6	5	4	3	2	1	음력	
	10		1	1	1	1	2	2	2	3	3	3	4	4	4	5	5	5	6	6	6	7	7	7	8	8	8	9	9	순행 대운	
	1		10	9	9	9	8	8	8	7	7	7	6	6	6	5	5	5	4	4	4	3	3	3	2	2	2	1	1	역행 대운	
							3																						2	월 양력	
	7	6	5	4	3	2	1	28	27	26	25	24	23	22	21	20	19	18	17	16	15	14	13	12	11	10	9	8	7	일 양력	
	乙酉	甲申	癸未	壬午	辛巳	庚辰	己卯	戊寅	丁丑	丙子	乙亥	甲戌	癸酉	壬申	辛未	庚午	己巳	戊辰	丁卯	丙寅	乙丑	甲子	癸亥	壬戌	辛酉	庚申	己未	戊午	丁巳	일진	
	일	寅正	금	목	수	화	월	일	토	금	목	수	화	월	일	토	卯正	목	수	화	월	일	토	금	목	수	화	월	일	절기시각	

	청명3																춘분													절기	2月大(癸卯) 경칩
30	**29**	28	27	26	25	24	23	22	21	20	19	18	17	16	15	**14**	13	12	11	10	9	8	7	6	5	4	3	2	1	음력	
10		1	1	1	1	2	2	2	3	3	3	4	4	4	5	5	5	6	6	6	7	7	7	8	8	8	9	9	9	순행 대운	
1		10	9	9	9	8	8	8	7	7	7	6	6	6	5	5	5	4	4	4	3	3	3	2	2	2	1	1	1	역행 대운	
					4																								3	월 양력	
6	5	4	3	2	1	31	30	29	28	27	26	25	24	23	22	21	20	19	18	17	16	15	14	13	12	11	10	9	8	일 양력	
乙卯	甲寅	癸丑	壬子	辛亥	庚戌	己酉	戊申	丁未	丙午	乙巳	甲辰	癸卯	壬寅	辛丑	庚子	己亥	戊戌	丁酉	丙申	乙未	甲午	癸巳	壬辰	辛卯	庚寅	己丑	戊子	丁亥	丙戌	일진	
화	巳初	일	토	금	목	수	화	월	일	토	금	목	수	화	월	卯初	토	금	목	수	화	월	일	토	금	목	수	화	월	절기시각	

																곡우														절기	3月小(甲辰) 청명
	29	28	27	26	25	24	23	22	21	20	19	18	17	16	15	**14**	13	12	11	10	9	8	7	6	5	4	3	2	1	음력	
	1	1	1	1	2	2	2	3	3	3	4	4	4	5	5	5	6	6	6	7	7	7	8	8	8	9	9	9	10	순행 대운	
	10	10	9	9	9	8	8	8	7	7	7	6	6	6	5	5	5	4	4	4	3	3	3	2	2	2	1	1	1	역행 대운	
					5																								4	월 양력	
	5	4	3	2	1	30	29	28	27	26	25	24	23	22	21	20	19	18	17	16	15	14	13	12	11	10	9	8	7	일 양력	
	甲申	癸未	壬午	辛巳	庚辰	己卯	戊寅	丁丑	丙子	乙亥	甲戌	癸酉	壬申	辛未	庚午	己巳	戊辰	丁卯	丙寅	乙丑	甲子	癸亥	壬戌	辛酉	庚申	己未	戊午	丁巳	丙辰	일진	
	수	화	월	일	토	금	목	수	화	월	일	토	금	목	수	申正	월	일	토	금	목	수	화	월	일	토	금	목	수	절기시각	

														소만														입하4		절기	4月大(乙巳) 입하
30	29	28	27	26	25	24	23	22	21	20	19	18	17	**16**	15	14	13	12	11	10	9	8	7	6	5	4	3	2	**1**	음력	
1	1	1	2	2	2	3	3	3	4	4	4	5	5	5	6	6	6	7	7	7	8	8	8	9	9	9	10	10		순행 대운	
10	9	9	9	8	8	8	7	7	7	6	6	6	5	5	5	4	4	4	3	3	3	2	2	2	1	1	1	1		역행 대운	
			6																										5	월 양력	
4	3	2	1	31	30	29	28	27	26	25	24	23	22	21	20	19	18	17	16	15	14	13	12	11	10	9	8	7	6	일 양력	
甲寅	癸丑	壬子	辛亥	庚戌	己酉	戊申	丁未	丙午	乙巳	甲辰	癸卯	壬寅	辛丑	庚子	己亥	戊戌	丁酉	丙申	乙未	甲午	癸巳	壬辰	辛卯	庚寅	己丑	戊子	丁亥	丙戌	乙酉	일진	
금	목	수	화	월	일	토	금	목	수	화	월	일	토	寅初	목	수	화	월	일	토	금	목	수	화	월	일	토	금	丑正	절기시각	

													하지															망종5		절기	5月小(丙午) 망종
	29	28	27	26	25	24	23	22	21	20	19	18	**17**	16	15	14	13	12	11	10	9	8	7	6	5	4	3	**2**	1	음력	
	1	2	2	2	3	3	3	4	4	4	5	5	5	6	6	6	7	7	7	8	8	8	9	9	9	10	10		1	순행 대운	
	9	9	8	8	8	7	7	7	6	6	6	5	5	5	4	4	4	3	3	3	2	2	2	1	1	1	1		10	역행 대운	
			7																										6	월 양력	
	3	2	1	30	29	28	27	26	25	24	23	22	21	20	19	18	17	16	15	14	13	12	11	10	9	8	7	6	5	일 양력	
	癸未	壬午	辛巳	庚辰	己卯	戊寅	丁丑	丙子	乙亥	甲戌	癸酉	壬申	辛未	庚午	己巳	戊辰	丁卯	丙寅	乙丑	甲子	癸亥	壬戌	辛酉	庚申	己未	戊午	丁巳	丙辰	乙卯	일진	
	토	금	목	수	화	월	일	토	금	목	수	화	子初	일	토	금	목	수	화	월	일	토	금	목	수	화	월	卯正	토	절기시각	

										대서																소서6				절기	6月小(丁未) 소서
	29	28	27	26	25	24	23	22	21	**20**	19	18	17	16	15	14	13	12	11	10	9	8	7	6	5	**4**	3	2	1	음력	
	2	3	3	3	4	4	4	5	5	5	6	6	6	7	7	7	8	8	8	9	9	9	10	10	10		1	1	1	순행 대운	
	8	8	8	7	7	7	6	6	6	5	5	5	4	4	4	3	3	3	2	2	2	1	1	1	1		10	10	9	역행 대운	
	8																												7	월 양력	
	1	31	30	29	28	27	26	25	24	23	22	21	20	19	18	17	16	15	14	13	12	11	10	9	8	7	6	5	4	일 양력	
	壬子	辛亥	庚戌	己酉	戊申	丁未	丙午	乙巳	甲辰	癸卯	壬寅	辛丑	庚子	己亥	戊戌	丁酉	丙申	乙未	甲午	癸巳	壬辰	辛卯	庚寅	己丑	戊子	丁亥	丙戌	乙酉	甲申	일진	
	일	토	금	목	수	화	월	일	토	巳正	목	수	화	월	일	토	금	목	수	화	월	일	토	금	목	申正	화	월	일	절기시각	

• 꿈에 물건을 들고 산에 오르면 훌륭한 자식을 낳는다.

								처서															입추7							절기		7月大(戊申) 입추
30	29	28	27	26	25	24	23	**22**	21	20	19	18	17	16	15	14	13	12	11	10	9	8	**7**	6	5	4	3	2	1	음력		
3	3	3	4	4	4	5	5	5	6	6	6	7	7	7	8	8	8	9	9	9	10	10		1	1	1	1	2	2	순행	대운	
8	7	7	7	6	6	6	5	5	5	4	4	4	3	3	3	2	2	2	1	1	1	1		10	10	10	9	9	9	역행	대운	
																													8	월	양력	
31	30	29	28	27	26	25	24	23	22	21	20	19	18	17	16	15	14	13	12	11	10	9	8	7	6	5	4	3	2	일	양력	
壬午	辛巳	庚辰	己卯	戊寅	丁丑	丙子	乙亥	甲戌	癸酉	壬申	辛未	庚午	己巳	戊辰	丁卯	丙寅	乙丑	甲子	癸亥	壬戌	辛酉	庚申	己未	戊午	丁巳	丙辰	乙卯	甲寅	癸丑	일진		
화	월	일	토	금	목	수	화	酉初	일	토	금	목	수	화	월	일	토	금	목	수	화	월	丑正	토	금	목	수	화	월	절기시각		

							추분															백로8								절기		8月小(己酉) 백로
	29	28	27	26	25	24	**23**	22	21	20	19	18	17	16	15	14	13	12	11	10	9	**8**	7	6	5	4	3	2	1	음력		
	3	3	4	4	4	5	5	5	6	6	6	7	7	7	8	8	8	9	9	9	10		1	1	1	1	2	2	2	순행	대운	
	7	7	6	6	6	5	5	5	4	4	4	3	3	3	2	2	2	1	1	1	1		10	10	9	9	9	8	8	역행	대운	
																													9	월	양력	
	29	28	27	26	25	24	23	22	21	20	19	18	17	16	15	14	13	12	11	10	9	8	7	6	5	4	3	2	1	일	양력	
	辛亥	庚戌	己酉	戊申	丁未	丙午	乙巳	甲辰	癸卯	壬寅	辛丑	庚子	己亥	戊戌	丁酉	丙申	乙未	甲午	癸巳	壬辰	辛卯	庚寅	己丑	戊子	丁亥	丙戌	乙酉	甲申	癸未	일진		
	수	화	월	일	토	금	申初	수	화	월	일	토	금	목	수	화	월	일	토	금	목	卯初	화	월	일	토	금	목	수	절기시각		

					상강																한로9									절기		9月小(庚戌) 한로
	29	28	27	26	**25**	24	23	22	21	20	19	18	17	16	15	14	13	12	11	10	**9**	8	7	6	5	4	3	2	1	음력		
	4	4	4	5	5	5	6	6	6	7	7	7	8	8	8	9	9	9	10	10		1	1	1	1	2	2	2	3	순행	대운	
	7	6	6	6	5	5	5	4	4	4	3	3	3	2	2	2	1	1	1	1		10	9	9	9	8	8	8	7	역행	대운	
																												10	9	월	양력	
	28	27	26	25	24	23	22	21	20	19	18	17	16	15	14	13	12	11	10	9	8	7	6	5	4	3	2	1	30	일	양력	
	庚辰	己卯	戊寅	丁丑	丙子	乙亥	甲戌	癸酉	壬申	辛未	庚午	己巳	戊辰	丁卯	丙寅	乙丑	甲子	癸亥	壬戌	辛酉	庚申	己未	戊午	丁巳	丙辰	乙卯	甲寅	癸丑	壬子	일진		
	목	수	화	월	子正	토	금	목	수	화	월	일	토	금	목	수	화	월	일	토	亥初	목	수	화	월	일	토	금	목	절기시각		

					소설														입동10											절기		10月大(辛亥) 입동
30	29	28	27	26	**25**	24	23	22	21	20	19	18	17	16	15	14	13	12	**11**	10	9	8	7	6	5	4	3	2	1	음력		
3	4	4	4	5	5	5	6	6	6	7	7	7	8	8	8	9	9	9		1	1	1	1	2	2	2	3	3	3	순행	대운	
6	6	6	5	5	5	4	4	4	3	3	3	2	2	2	1	1	1	1		10	10	9	9	9	8	8	8	7	7	역행	대운	
																										11			10	월	양력	
27	26	25	24	23	22	21	20	19	18	17	16	15	14	13	12	11	10	9	8	7	6	5	4	3	2	1	31	30	29	일	양력	
庚戌	己酉	戊申	丁未	丙午	乙巳	甲辰	癸卯	壬寅	辛丑	庚子	己亥	戊戌	丁酉	丙申	乙未	甲午	癸巳	壬辰	辛卯	庚寅	己丑	戊子	丁亥	丙戌	乙酉	甲申	癸未	壬午	辛巳	일진		
토	금	목	수	화	亥正	일	토	금	목	수	화	월	일	토	금	목	수	화	子正	일	토	금	목	수	화	월	일	토	금	절기시각		

					동지															대설11										절기		11月大(壬子) 대설
30	29	28	27	26	**25**	24	23	22	21	20	19	18	17	16	15	14	13	12	11	**10**	9	8	7	6	5	4	3	2	1	음력		
3	4	4	4	5	5	5	6	6	6	7	7	7	8	8	8	9	9	9	10		1	1	1	1	2	2	2	3	3	순행	대운	
7	6	6	6	5	5	5	4	4	4	3	3	3	2	2	2	1	1	1	1		9	9	9	8	8	8	7	7	7	역행	대운	
																										12			11	월	양력	
27	26	25	24	23	22	21	20	19	18	17	16	15	14	13	12	11	10	9	8	7	6	5	4	3	2	1	30	29	28	일	양력	
庚辰	己卯	戊寅	丁丑	丙子	乙亥	甲戌	癸酉	壬申	辛未	庚午	己巳	戊辰	丁卯	丙寅	乙丑	甲子	癸亥	壬戌	辛酉	庚申	己未	戊午	丁巳	丙辰	乙卯	甲寅	癸丑	壬子	辛亥	일진		
월	일	토	금	목	午初	화	월	일	토	금	목	수	화	월	일	토	금	목	수	酉初	월	일	토	금	목	수	화	월	일	절기시각		

						대한														소한12										절기		12月大(癸丑) 소한
30	29	28	27	26	25	**24**	23	22	21	20	19	18	17	16	15	14	13	12	11	**10**	9	8	7	6	5	4	3	2	1	음력		
3	3	4	4	4	5	5	5	6	6	6	7	7	7	8	8	8	9	9	9		1	1	1	1	2	2	2	3	3	순행	대운	
7	6	6	6	5	5	5	4	4	4	3	3	3	2	2	2	1	1	1	1		10	9	9	9	8	8	8	7	7	역행	대운	
																									1				12	월	양력	
26	25	24	23	22	21	20	19	18	17	16	15	14	13	12	11	10	9	8	7	6	5	4	3	2	1	31	30	29	28	일	양력	
庚戌	己酉	戊申	丁未	丙午	乙巳	甲辰	癸卯	壬寅	辛丑	庚子	己亥	戊戌	丁酉	丙申	乙未	甲午	癸巳	壬辰	辛卯	庚寅	己丑	戊子	丁亥	丙戌	乙酉	甲申	癸未	壬午	辛巳	일진		
수	화	월	일	토	금	亥正	수	화	월	일	토	금	목	수	화	월	일	토	금	寅正	수	화	월	일	토	금	목	수	화	절기시각		

• 인수와 재가 형살을 맞으면 어린여자를 좋아한다.

서기 2028년
단기 4361년

戊申年

상문 : 戌　대장군 : 南
조객 : 午　삼　재 : 寅午戌
삼살 : 南

						우수															입춘1									절기	1月小(甲寅)입춘
	29	28	27	26	25	24	23	22	21	20	19	18	17	16	15	14	13	12	11	10	9	8	7	6	5	4	3	2	1	음력	
	3	4	4	4	5	5	5	6	6	6	7	7	7	8	8	8	9	9	9	10		1	1	1	1	2	2	2	3	대운 순행	
	7	6	6	6	5	5	5	4	4	4	3	3	3	2	2	2	1	1	1	1		9	9	9	8	8	8	7	7	대운 역행	
																								2					1	양력 월	
	24	23	22	21	20	19	18	17	16	15	14	13	12	11	10	9	8	7	6	5	4	3	2	1	31	30	29	28	27	양력 일	
	己卯	戊寅	丁丑	丙子	乙亥	甲戌	癸酉	壬申	辛未	庚午	己巳	戊辰	丁卯	丙寅	乙丑	甲子	癸亥	壬戌	辛酉	庚申	己未	戊午	丁巳	丙辰	乙卯	甲寅	癸丑	壬子	辛亥	일진	
	목	수	화	월	일	午正	금	목	수	화	월	일	토	금	목	수	화	월	일	토	申正	목	수	화	월	일	토	금	목	절기시각	

					춘분															경칩2										절기	2月大(乙卯)경칩
30	29	28	27	26	25	24	23	22	21	20	19	18	17	16	15	14	13	12	11	10	9	8	7	6	5	4	3	2	1	음력	
3	4	4	4	5	5	5	6	6	6	7	7	7	8	8	8	9	9	9	10		1	1	1	1	2	2	2	3	3	대운 순행	
7	6	6	6	5	5	5	4	4	4	3	3	3	2	2	2	1	1	1	1		10	9	9	9	8	8	8	7	7	대운 역행	
																								3					2	양력 월	
25	24	23	22	21	20	19	18	17	16	15	14	13	12	11	10	9	8	7	6	5	4	3	2	1	29	28	27	26	25	양력 일	
己酉	戊申	丁未	丙午	乙巳	甲辰	癸卯	壬寅	辛丑	庚子	己亥	戊戌	丁酉	丙申	乙未	甲午	癸巳	壬辰	辛卯	庚寅	己丑	戊子	丁亥	丙戌	乙酉	甲申	癸未	壬午	辛巳	庚辰	일진	
토	금	목	수	화	午初	일	토	금	목	수	화	월	일	토	금	목	수	화	월	巳正	토	금	목	수	화	월	일	토	금	절기시각	

					곡우															청명3										절기	3月大(丙辰)청명
30	29	28	27	26	25	24	23	22	21	20	19	18	17	16	15	14	13	12	11	10	9	8	7	6	5	4	3	2	1	음력	
4	4	4	5	5	5	6	6	6	7	7	7	8	8	8	9	9	9	10	10		1	1	1	1	2	2	2	3	3	대운 순행	
7	6	6	6	5	5	5	4	4	4	3	3	3	2	2	2	1	1	1	1		10	9	9	9	8	8	8	7	7	대운 역행	
																							4						3	양력 월	
24	23	22	21	20	19	18	17	16	15	14	13	12	11	10	9	8	7	6	5	4	3	2	1	31	30	29	28	27	26	양력 일	
己卯	戊寅	丁丑	丙子	乙亥	甲戌	癸酉	壬申	辛未	庚午	己巳	戊辰	丁卯	丙寅	乙丑	甲子	癸亥	壬戌	辛酉	庚申	己未	戊午	丁巳	丙辰	乙卯	甲寅	癸丑	壬子	辛亥	庚戌	일진	
월	일	토	금	목	亥初	화	월	일	토	금	목	수	화	월	일	토	금	목	수	未正	월	일	토	금	목	수	화	월	일	절기시각	

				소만															입하4											절기	4月小(丁巳)입하
	29	28	27	26	25	24	23	22	21	20	19	18	17	16	15	14	13	12	11	10	9	8	7	6	5	4	3	2	1	음력	
	4	5	5	5	6	6	6	7	7	7	8	8	8	9	9	9	10	10		1	1	1	1	2	2	2	3	3	3	대운 순행	
	6	6	5	5	5	4	4	4	3	3	3	2	2	2	1	1	1	1		10	10	9	9	9	8	8	8	7	7	대운 역행	
																							5						4	양력 월	
	23	22	21	20	19	18	17	16	15	14	13	12	11	10	9	8	7	6	5	4	3	2	1	30	29	28	27	26	25	양력 일	
	戊申	丁未	丙午	乙巳	甲辰	癸卯	壬寅	辛丑	庚子	己亥	戊戌	丁酉	丙申	乙未	甲午	癸巳	壬辰	辛卯	庚寅	己丑	戊子	丁亥	丙戌	乙酉	甲申	癸未	壬午	辛巳	庚辰	일진	
	화	월	일	戌初	금	목	수	화	월	일	토	금	목	수	화	월	일	토	辰正	목	수	화	월	일	토	금	목	수	화	절기시각	

	하지																망종5													절기	5月大(戊午)망종
30	29	28	27	26	25	24	23	22	21	20	19	18	17	16	15	14	13	12	11	10	9	8	7	6	5	4	3	2	1	음력	
5	5	5	6	6	6	7	7	7	8	8	8	9	9	9	10	10		1	1	1	1	2	2	2	3	3	3	4	4	대운 순행	
6	5	5	5	4	4	4	3	3	3	2	2	2	1	1	1	1		10	10	9	9	9	8	8	8	7	7	7	6	대운 역행	
																					6								5	양력 월	
22	21	20	19	18	17	16	15	14	13	12	11	10	9	8	7	6	5	4	3	2	1	31	30	29	28	27	26	25	24	양력 일	
戊寅	丁丑	丙子	乙亥	甲戌	癸酉	壬申	辛未	庚午	己巳	戊辰	丁卯	丙寅	乙丑	甲子	癸亥	壬戌	辛酉	庚申	己未	戊午	丁巳	丙辰	乙卯	甲寅	癸丑	壬子	辛亥	庚戌	己酉	일진	
목	寅正	화	월	일	토	금	목	수	화	월	일	토	금	목	수	화	午正	일	토	금	목	수	화	월	일	토	금	목	수	절기시각	

																소서6														절기	윤5月小
	29	28	27	26	25	24	23	22	21	20	19	18	17	16	15	14	13	12	11	10	9	8	7	6	5	4	3	2	1	음력	
	6	6	6	7	7	7	8	8	8	9	9	9	10	10	10		1	1	1	1	2	2	2	3	3	3	4	4	4	대운 순행	
	5	5	4	4	4	3	3	3	2	2	2	1	1	1	1		10	10	9	9	9	8	8	8	7	7	7	6	6	대운 역행	
																					7								6	양력 월	
	21	20	19	18	17	16	15	14	13	12	11	10	9	8	7	6	5	4	3	2	1	30	29	28	27	26	25	24	23	양력 일	
	丁未	丙午	乙巳	甲辰	癸卯	壬寅	辛丑	庚子	己亥	戊戌	丁酉	丙申	乙未	甲午	癸巳	壬辰	辛卯	庚寅	己丑	戊子	丁亥	丙戌	乙酉	甲申	癸未	壬午	辛巳	庚辰	己卯	일진	
	금	목	수	화	월	일	토	금	목	수	화	월	일	토	금	亥正	수	화	월	일	토	금	목	수	화	월	일	토	금	절기시각	

• 용이 우물속으로 들어가는 꿈을 꾸면 큰 벼슬은 하지만 감옥에 간다.

6月小(己未) 소서

													입추7																대서	절기
	29	28	27	26	25	24	23	22	21	20	19	18	17	16	15	14	13	12	11	10	9	8	7	6	5	4	3	2	1	음력
	6	7	7	7	8	8	8	9	9	9	10	10		1	1	1	1	2	2	2	3	3	3	4	4	4	5	5	5	대운 순행
	4	4	3	3	3	2	2	2	1	1	1	1		10	10	10	9	9	9	8	8	8	7	7	7	6	6	6	5	대운 역행
																			8										7	양력 월
	19	18	17	16	15	14	13	12	11	10	9	8	7	6	5	4	3	2	1	31	30	29	28	27	26	25	24	23	22	양력 일
	丙子	乙亥	甲戌	癸酉	壬申	辛未	庚午	己巳	戊辰	丁卯	丙寅	乙丑	甲子	癸亥	壬戌	辛酉	庚申	己未	戊午	丁巳	丙辰	乙卯	甲寅	癸丑	壬子	辛亥	庚戌	己酉	戊申	일진
	토	금	목	수	화	월	일	토	금	목	수	화	辰正	일	토	금	목	수	화	월	일	토	금	목	수	화	월	일	申初	절기시각

7月大(庚申) 입추

											백로8																처서			절기
30	29	28	27	26	25	24	23	22	21	20	19	18	17	16	15	14	13	12	11	10	9	8	7	6	5	4	3	2	1	음력
7	7	7	8	8	8	9	9	9	10	10		1	1	1	1	2	2	2	3	3	3	4	4	4	5	5	5	6	6	대운 순행
4	3	3	3	2	2	2	1	1	1	1		10	10	9	9	9	8	8	8	7	7	7	6	6	6	5	5	5	4	대운 역행
																	9												8	양력 월
18	17	16	15	14	13	12	11	10	9	8	7	6	5	4	3	2	1	31	30	29	28	27	26	25	24	23	22	21	20	양력 일
丙午	乙巳	甲辰	癸卯	壬寅	辛丑	庚子	己亥	戊戌	丁酉	丙申	乙未	甲午	癸巳	壬辰	辛卯	庚寅	己丑	戊子	丁亥	丙戌	乙酉	甲申	癸未	壬午	辛巳	庚辰	己卯	戊寅	丁丑	일진
월	일	토	금	목	수	화	월	일	토	금	午初	수	화	월	일	토	금	목	수	화	월	일	토	금	목	수	子初	월	일	절기시각

8月小(辛酉) 백로

										한로9																추분				절기
	29	28	27	26	25	24	23	22	21	20	19	18	17	16	15	14	13	12	11	10	9	8	7	6	5	4	3	2	1	음력
	7	7	8	8	8	9	9	9	10		1	1	1	1	2	2	2	3	3	3	4	4	4	5	5	5	6	6	6	대운 순행
	3	3	2	2	2	1	1	1	1		10	10	9	9	9	8	8	8	7	7	7	6	6	6	5	5	5	4	4	대운 역행
																	10												9	양력 월
	17	16	15	14	13	12	11	10	9	8	7	6	5	4	3	2	1	30	29	28	27	26	25	24	23	22	21	20	19	양력 일
	乙亥	甲戌	癸酉	壬申	辛未	庚午	己巳	戊辰	丁卯	丙寅	乙丑	甲子	癸亥	壬戌	辛酉	庚申	己未	戊午	丁巳	丙辰	乙卯	甲寅	癸丑	壬子	辛亥	庚戌	己酉	戊申	丁未	일진
	화	월	일	토	금	목	수	화	월	寅初	토	금	목	수	화	월	일	토	금	목	수	화	월	일	토	戌正	목	수	화	절기시각

9月小(壬戌) 한로

									입동10															상강						절기
	29	28	27	26	25	24	23	22	21	20	19	18	17	16	15	14	13	12	11	10	9	8	7	6	5	4	3	2	1	음력
	7	7	8	8	8	9	9	9		1	1	1	1	2	2	2	3	3	3	4	4	4	5	5	5	6	6	6	7	대운 순행
	3	2	2	2	1	1	1	1		10	9	9	9	8	8	8	7	7	7	6	6	6	5	5	5	4	4	4	3	대운 역행
															11														10	양력 월
	15	14	13	12	11	10	9	8	7	6	5	4	3	2	1	31	30	29	28	27	26	25	24	23	22	21	20	19	18	양력 일
	甲辰	癸卯	壬寅	辛丑	庚子	己亥	戊戌	丁酉	丙申	乙未	甲午	癸巳	壬辰	辛卯	庚寅	己丑	戊子	丁亥	丙戌	乙酉	甲申	癸未	壬午	辛巳	庚辰	己卯	戊寅	丁丑	丙子	일진
	수	화	월	일	토	금	목	수	卯正	월	일	토	금	목	수	화	월	일	토	금	목	수	화	巳正	일	토	금	목	수	절기시각

10月大(癸亥) 입동

									대설11														소설							절기
30	29	28	27	26	25	24	23	22	21	20	19	18	17	16	15	14	13	12	11	10	9	8	7	6	5	4	3	2	1	음력
7	7	8	8	8	9	9	9	10		1	1	1	1	2	2	2	3	3	3	4	4	4	5	5	5	6	6	6	7	대운 순행
3	3	2	2	2	1	1	1	1		9	9	9	8	8	8	7	7	7	6	6	6	5	5	5	4	4	4	3	3	대운 역행
														12															11	양력 월
15	14	13	12	11	10	9	8	7	6	5	4	3	2	1	30	29	28	27	26	25	24	23	22	21	20	19	18	17	16	양력 일
甲戌	癸酉	壬申	辛未	庚午	己巳	戊辰	丁卯	丙寅	乙丑	甲子	癸亥	壬戌	辛酉	庚申	己未	戊午	丁巳	丙辰	乙卯	甲寅	癸丑	壬子	辛亥	庚戌	己酉	戊申	丁未	丙午	乙巳	일진
금	목	수	화	월	일	토	금	목	子初	화	월	일	토	금	목	수	화	월	일	토	금	목	寅正	화	월	일	토	금	목	절기시각

11月大(甲子) 대설

									소한12															동지						절기
30	29	28	27	26	25	24	23	22	21	20	19	18	17	16	15	14	13	12	11	10	9	8	7	6	5	4	3	2	1	음력
7	7	7	8	8	8	9	9	9		1	1	1	1	2	2	2	3	3	3	4	4	4	5	5	5	6	6	6	7	대운 순행
3	3	2	2	2	1	1	1	1		10	9	9	9	8	8	8	7	7	7	6	6	6	5	5	5	4	4	4	3	대운 역행
													1																12	양력 월
14	13	12	11	10	9	8	7	6	5	4	3	2	1	31	30	29	28	27	26	25	24	23	22	21	20	19	18	17	16	양력 일
甲辰	癸卯	壬寅	辛丑	庚子	己亥	戊戌	丁酉	丙申	乙未	甲午	癸巳	壬辰	辛卯	庚寅	己丑	戊子	丁亥	丙戌	乙酉	甲申	癸未	壬午	辛巳	庚辰	己卯	戊寅	丁丑	丙子	乙亥	일진
일	토	금	목	수	화	월	일	토	巳正	목	수	화	월	일	토	금	목	수	화	월	일	토	금	酉初	수	화	월	일	토	절기시각

12月小(乙丑) 소한

										입춘1														대한						절기
	29	28	27	26	25	24	23	22	21	20	19	18	17	16	15	14	13	12	11	10	9	8	7	6	5	4	3	2	1	음력
	7	7	8	8	8	9	9	9	10		1	1	1	1	2	2	2	3	3	3	4	4	4	5	5	5	6	6	6	대운 순행
	3	3	2	2	2	1	1	1	1		9	9	9	8	8	8	7	7	7	6	6	6	5	5	5	4	4	4	3	대운 역행
												2																	1	양력 월
	12	11	10	9	8	7	6	5	4	3	2	1	31	30	29	28	27	26	25	24	23	22	21	20	19	18	17	16	15	양력 일
	癸酉	壬申	辛未	庚午	己巳	戊辰	丁卯	丙寅	乙丑	甲子	癸亥	壬戌	辛酉	庚申	己未	戊午	丁巳	丙辰	乙卯	甲寅	癸丑	壬子	辛亥	庚戌	己酉	戊申	丁未	丙午	乙巳	일진
	월	일	토	금	목	수	화	월	일	亥正	금	목	수	화	월	일	토	금	목	수	화	월	일	寅正	금	목	수	화	월	절기시각

• 재가 식신 또는 상관과 합된 사람은 처가집을 도와준다.

서기 2029년
단기 4362년

己酉年

상문 : 亥 대장군 : 南
조객 : 未 삼 재 : 寅午戌
삼살 : 東

									경칩2															우수						절기	1月大(丙寅) 입춘
30	29	28	27	26	25	24	23	22	**21**	20	19	18	17	16	15	14	13	12	11	10	9	8	7	**6**	5	4	3	2	1	음력	
7	7	8	8	8	9	9	9	10		1	1	1	1	2	2	2	3	3	3	4	4	4	5	5	5	6	6	6	7	대운 순행	
3	3	2	2	2	1	1	1	1		10	9	9	9	8	8	8	7	7	7	6	6	6	5	5	5	4	4	4	3	대운 역행	
													3																2	양력 월	
14	13	12	11	10	9	8	7	6	5	4	3	2	1	28	27	26	25	24	23	22	21	20	19	18	17	16	15	14	13	양력 일	
癸卯	壬寅	辛丑	庚子	己亥	戊戌	丁酉	丙申	乙未	甲午	癸巳	壬辰	辛卯	庚寅	己丑	戊子	丁亥	丙戌	乙酉	甲申	癸未	壬午	辛巳	庚辰	己卯	戊寅	丁丑	丙子	乙亥	甲戌	일진	
수	화	월	일	토	금	목	수	화	申正	일	토	금	목	수	화	월	일	토	금	목	수	화	월	酉正	토	금	목	수	화	절기시각	

									청명3															춘분						절기	2月大(丁卯) 경칩
30	29	28	27	26	25	24	23	22	**21**	20	19	18	17	16	15	14	13	12	11	10	9	8	7	**6**	5	4	3	2	1	음력	
7	8	8	8	9	9	9	10	10		1	1	1	1	2	2	2	3	3	3	4	4	4	5	5	5	6	6	6	7	대운 순행	
3	3	2	2	2	1	1	1	1		10	9	9	9	8	8	8	7	7	7	6	6	6	5	5	5	4	4	4	3	대운 역행	
												4																	3	양력 월	
13	12	11	10	9	8	7	6	5	4	3	2	1	31	30	29	28	27	26	25	24	23	22	21	20	19	18	17	16	15	양력 일	
癸酉	壬申	辛未	庚午	己巳	戊辰	丁卯	丙寅	乙丑	甲子	癸亥	壬戌	辛酉	庚申	己未	戊午	丁巳	丙辰	乙卯	甲寅	癸丑	壬子	辛亥	庚戌	己酉	戊申	丁未	丙午	乙巳	甲辰	일진	
금	목	수	화	월	일	토	금	목	戌正	화	월	일	토	금	목	수	화	월	일	토	금	목	수	申正	월	일	토	금	목	절기시각	

								입하4															곡우							절기	3月小(戊辰) 청명
	29	28	27	26	25	24	23	**22**	21	20	19	18	17	16	15	14	13	12	11	10	9	8	**7**	6	5	4	3	2	1	음력	
	8	8	9	9	9	10	10		1	1	1	1	2	2	2	3	3	3	4	4	4	5	5	5	6	6	6	7	7	대운 순행	
	2	2	2	1	1	1	1		10	10	9	9	9	8	8	8	7	7	7	6	6	6	5	5	5	4	4	4	3	대운 역행	
												5																	4	양력 월	
	12	11	10	9	8	7	6	5	4	3	2	1	30	29	28	27	26	25	24	23	22	21	20	19	18	17	16	15	14	양력 일	
	壬寅	辛丑	庚子	己亥	戊戌	丁酉	丙申	乙未	甲午	癸巳	壬辰	辛卯	庚寅	己丑	戊子	丁亥	丙戌	乙酉	甲申	癸未	壬午	辛巳	庚辰	己卯	戊寅	丁丑	丙子	乙亥	甲戌	일진	
	토	금	목	수	화	월	일	未初	금	목	수	화	월	일	토	금	목	수	화	월	일	토	寅初	목	수	화	월	일	토	절기시각	

						망종5															소만									절기	4月大(己巳) 입하
30	29	28	27	26	25	**24**	23	22	21	20	19	18	17	16	15	14	13	12	11	10	**9**	8	7	6	5	4	3	2	1	음력	
9	9	9	10	10	10		1	1	1	1	2	2	2	3	3	3	4	4	4	5	5	5	6	6	6	7	7	7	8	대운 순행	
2	2	1	1	1	1		10	10	9	9	9	8	8	8	7	7	7	6	6	6	5	5	5	4	4	4	3	3	3	대운 역행	
										6																			5	양력 월	
11	10	9	8	7	6	5	4	3	2	1	31	30	29	28	27	26	25	24	23	22	21	20	19	18	17	16	15	14	13	양력 일	
壬申	辛未	庚午	己巳	戊辰	丁卯	丙寅	乙丑	甲子	癸亥	壬戌	辛酉	庚申	己未	戊午	丁巳	丙辰	乙卯	甲寅	癸丑	壬子	辛亥	庚戌	己酉	戊申	丁未	丙午	乙巳	甲辰	癸卯	일진	
월	일	토	금	목	수	酉初	월	일	토	금	목	수	화	월	일	토	금	목	수	화	丑正	일	토	금	목	수	화	월	일	절기시각	

				소서6																하지										절기	5月大(庚午) 망종
30	29	28	27	**26**	25	24	23	22	21	20	19	18	17	16	15	14	13	12	11	**10**	9	8	7	6	5	4	3	2	1	음력	
9	9	10	10		1	1	1	1	2	2	2	3	3	3	4	4	4	5	5	5	6	6	6	7	7	7	8	8	8	대운 순행	
1	1	1	1		10	10	10	9	9	9	8	8	8	7	7	7	6	6	6	5	5	5	4	4	4	3	3	3	2	대운 역행	
										7																			6	양력 월	
11	10	9	8	7	6	5	4	3	2	1	30	29	28	27	26	25	24	23	22	21	20	19	18	17	16	15	14	13	12	양력 일	
壬寅	辛丑	庚子	己亥	戊戌	丁酉	丙申	乙未	甲午	癸巳	壬辰	辛卯	庚寅	己丑	戊子	丁亥	丙戌	乙酉	甲申	癸未	壬午	辛巳	庚辰	己卯	戊寅	丁丑	丙子	乙亥	甲戌	癸酉	일진	
수	화	월	일	寅正	금	목	수	화	월	일	토	금	목	수	화	월	일	토	금	巳正	수	화	월	일	토	금	목	수	화	절기시각	

			입추7																대서											절기	6月小(辛未) 소서
	29	28	**27**	26	25	24	23	22	21	20	19	18	17	16	15	14	13	12	**11**	10	9	8	7	6	5	4	3	2	1	음력	
	10	10		1	1	1	1	2	2	2	3	3	3	4	4	4	5	5	5	6	6	6	7	7	7	8	8	8	9	대운 순행	
	1	1		10	10	9	9	9	8	8	8	7	7	7	6	6	6	5	5	5	4	4	4	3	3	3	2	2	2	대운 역행	
									8																				7	양력 월	
	9	8	7	6	5	4	3	2	1	31	30	29	28	27	26	25	24	23	22	21	20	19	18	17	16	15	14	13	12	양력 일	
	辛未	庚午	己巳	戊辰	丁卯	丙寅	乙丑	甲子	癸亥	壬戌	辛酉	庚申	己未	戊午	丁巳	丙辰	乙卯	甲寅	癸丑	壬子	辛亥	庚戌	己酉	戊申	丁未	丙午	乙巳	甲辰	癸卯	일진	
	목	수	未正	월	일	토	금	목	수	화	월	일	토	금	목	수	화	월	亥初	토	금	목	수	화	월	일	토	금	목	절기시각	

• 꿈에 용이 대나무 위로 올라가는 것을 보면 큰 인물이 된다는 징조다.

백로8															처서															절기	7月小(壬申) 입추
	29	28	27	26	25	24	23	22	21	20	19	18	17	16	15	14	13	12	11	10	9	8	7	6	5	4	3	2	1	음력	
		1	1	1	1	2	2	2	3	3	3	4	4	4	5	5	5	6	6	6	7	7	7	8	8	8	9	9	9	대운 순행	
		10	10	9	9	9	8	8	8	7	7	7	6	6	6	5	5	5	4	4	4	3	3	3	2	2	2	1	1	대운 역행	
							9																						8	양력 월	
	7	6	5	4	3	2	1	31	30	29	28	27	26	25	24	23	22	21	20	19	18	17	16	15	14	13	12	11	10	양력 일	
	庚子	己亥	戊戌	丁酉	丙申	乙未	甲午	癸巳	壬辰	辛卯	庚寅	己丑	戊子	丁亥	丙戌	乙酉	甲申	癸未	壬午	辛巳	庚辰	己卯	戊寅	丁丑	丙子	乙亥	甲戌	癸酉	壬申	일진	
	酉初	목	수	화	월	일	토	금	목	수	화	월	일	토	금	寅正	수	화	월	일	토	금	목	수	화	월	일	토	금	절기시각	

														추분																절기	8月大(癸酉) 백로
30	29	28	27	26	25	24	23	22	21	20	19	18	17	16	15	14	13	12	11	10	9	8	7	6	5	4	3	2	1	음력	
1	1	1	1	2	2	2	3	3	3	4	4	4	5	5	5	6	6	6	7	7	7	8	8	8	9	9	9	10	10	대운 순행	
10	10	9	9	9	8	8	8	7	7	7	6	6	6	5	5	5	4	4	4	3	3	3	2	2	2	1	1	1	1	대운 역행	
						10																							9	양력 월	
7	6	5	4	3	2	1	30	29	28	27	26	25	24	23	22	21	20	19	18	17	16	15	14	13	12	11	10	9	8	양력 일	
庚午	己巳	戊辰	丁卯	丙寅	乙丑	甲子	癸亥	壬戌	辛酉	庚申	己未	戊午	丁巳	丙辰	乙卯	甲寅	癸丑	壬子	辛亥	庚戌	己酉	戊申	丁未	丙午	乙巳	甲辰	癸卯	壬寅	辛丑	일진	
일	토	금	목	수	화	월	일	토	금	목	수	화	월	丑正	토	금	목	수	화	월	일	토	금	목	수	화	월	일	토	절기시각	

														상강															한로9	절기	9月小(甲戌) 한로
	29	28	27	26	25	24	23	22	21	20	19	18	17	16	15	14	13	12	11	10	9	8	7	6	5	4	3	2	1	음력	
	1	1	1	2	2	2	3	3	3	4	4	4	5	5	5	6	6	6	7	7	7	8	8	8	9	9	9	10		대운 순행	
	9	9	9	8	8	8	7	7	7	6	6	6	5	5	5	4	4	4	3	3	3	2	2	2	1	1	1	1		대운 역행	
					11																								10	양력 월	
	5	4	3	2	1	31	30	29	28	27	26	25	24	23	22	21	20	19	18	17	16	15	14	13	12	11	10	9	8	양력 일	
	己亥	戊戌	丁酉	丙申	乙未	甲午	癸巳	壬辰	辛卯	庚寅	己丑	戊子	丁亥	丙戌	乙酉	甲申	癸未	壬午	辛巳	庚辰	己卯	戊寅	丁丑	丙子	乙亥	甲戌	癸酉	壬申	辛未	일진	
	월	일	토	금	목	수	화	월	일	토	금	목	수	午正	월	일	토	금	목	수	화	월	일	토	금	목	수	화	巳初	절기시각	

													소설															입동10		절기	10月小(乙亥) 입동
	29	28	27	26	25	24	23	22	21	20	19	18	17	16	15	14	13	12	11	10	9	8	7	6	5	4	3	2	1	음력	
	1	1	2	2	2	3	3	3	4	4	4	5	5	5	6	6	6	7	7	7	8	8	8	9	9	9	10		1	대운 순행	
	9	9	8	8	8	7	7	7	6	6	6	5	5	5	4	4	4	3	3	3	2	2	2	1	1	1	1		10	대운 역행	
				12																									11	양력 월	
	4	3	2	1	30	29	28	27	26	25	24	23	22	21	20	19	18	17	16	15	14	13	12	11	10	9	8	7	6	양력 일	
	戊辰	丁卯	丙寅	乙丑	甲子	癸亥	壬戌	辛酉	庚申	己未	戊午	丁巳	丙辰	乙卯	甲寅	癸丑	壬子	辛亥	庚戌	己酉	戊申	丁未	丙午	乙巳	甲辰	癸卯	壬寅	辛丑	庚子	일진	
	화	월	일	토	금	목	수	화	월	일	토	금	巳初	수	화	월	일	토	금	목	수	화	월	일	토	금	목	午正	화	절기시각	

													동지														대설11			절기	11月大(丙子) 대설
30	29	28	27	26	25	24	23	22	21	20	19	18	17	16	15	14	13	12	11	10	9	8	7	6	5	4	3	2	1	음력	
1	1	1	2	2	2	3	3	3	4	4	4	5	5	5	6	6	6	7	7	7	8	8	8	9	9	9		1	1	대운 순행	
9	9	8	8	8	7	7	7	6	6	6	5	5	5	4	4	4	3	3	3	2	2	2	1	1	1	1		10	9	대운 역행	
		1																											12	양력 월	
3	2	1	31	30	29	28	27	26	25	24	23	22	21	20	19	18	17	16	15	14	13	12	11	10	9	8	7	6	5	양력 일	
戊戌	丁酉	丙申	乙未	甲午	癸巳	壬辰	辛卯	庚寅	己丑	戊子	丁亥	丙戌	乙酉	甲申	癸未	壬午	辛巳	庚辰	己卯	戊寅	丁丑	丙子	乙亥	甲戌	癸酉	壬申	辛未	庚午	己巳	일진	
목	수	화	월	일	토	금	목	수	화	월	일	토	子初	목	수	화	월	일	토	금	목	수	화	월	일	토	卯初	목	수	절기시각	

													대한															소한12		절기	12月大(丁丑) 소한
30	29	28	27	26	25	24	23	22	21	20	19	18	17	16	15	14	13	12	11	10	9	8	7	6	5	4	3	2	1	음력	
1	1	1	2	2	2	3	3	3	4	4	4	5	5	5	6	6	6	7	7	7	8	8	8	9	9	9	10		1	대운 순행	
9	9	9	8	8	8	7	7	7	6	6	6	5	5	5	4	4	4	3	3	3	2	2	2	1	1	1	1		9	대운 역행	
	2																												1	양력 월	
2	1	31	30	29	28	27	26	25	24	23	22	21	20	19	18	17	16	15	14	13	12	11	10	9	8	7	6	5	4	양력 일	
戊辰	丁卯	丙寅	乙丑	甲子	癸亥	壬戌	辛酉	庚申	己未	戊午	丁巳	丙辰	乙卯	甲寅	癸丑	壬子	辛亥	庚戌	己酉	戊申	丁未	丙午	乙巳	甲辰	癸卯	壬寅	辛丑	庚子	己亥	일진	
토	금	목	수	화	월	일	토	금	목	수	화	월	巳初	토	금	목	수	화	월	일	토	금	목	수	화	월	일	申正	금	절기시각	

• 일주나 시주에 인수와 도화가 같이 있으면 처가집을 도와 줄 팔자다.

서기 2030년
단기 4363년

庚戌年

상문 : 子　대장군 : 南
조객 : 申　삼　재 : 寅午戌
삼살 : 北

														우수														입춘1		절 기		1月小(戊寅)입춘
	29	28	27	26	25	24	23	22	21	20	19	18	17	16	15	14	13	12	11	10	9	8	7	6	5	4	3	2	1	음 력		
	1	1	1	2	2	2	3	3	3	4	4	4	5	5	5	6	6	6	7	7	7	8	8	8	9	9	9		1	순행	대	
	9	9	8	8	8	7	7	7	6	6	6	5	5	5	4	4	4	3	3	3	2	2	2	1	1	1	1		10	역행	운	
			3																										2	월	양	
	3	2	1	28	27	26	25	24	23	22	21	20	19	18	17	16	15	14	13	12	11	10	9	8	7	6	5	4	3	일	력	
	丁	丙	乙	甲	癸	壬	辛	庚	己	戊	丁	丙	乙	甲	癸	壬	辛	庚	己	戊	丁	丙	乙	甲	癸	壬	辛	庚	己	일 진		
	酉	申	未	午	巳	辰	卯	寅	丑	子	亥	戌	酉	申	未	午	巳	辰	卯	寅	丑	子	亥	戌	酉	申	未	午	巳			
	일	토	금	목	수	화	월	일	토	금	목	수	화	子初	일	토	금	목	수	화	월	일	토	금	목	수	화	寅正	일	절기시각		

													춘분															경칩2		절 기		2月大(己卯)경칩
30	29	28	27	26	25	24	23	22	21	20	19	18	17	16	15	14	13	12	11	10	9	8	7	6	5	4	3	2	1	음 력		
1	1	2	2	2	3	3	3	4	4	4	5	5	5	6	6	6	7	7	7	8	8	8	9	9	9	10	10		1	순행	대	
9	9	9	8	8	8	7	7	7	6	6	6	5	5	5	4	4	4	3	3	3	2	2	2	1	1	1	1		9	역행	운	
	4																												3	월	양	
2	1	31	30	29	28	27	26	25	24	23	22	21	20	19	18	17	16	15	14	13	12	11	10	9	8	7	6	5	4	일	력	
丁	丙	乙	甲	癸	壬	辛	庚	己	戊	丁	丙	乙	甲	癸	壬	辛	庚	己	戊	丁	丙	乙	甲	癸	壬	辛	庚	己	戊	일 진		
卯	寅	丑	子	亥	戌	酉	申	未	午	巳	辰	卯	寅	丑	子	亥	戌	酉	申	未	午	巳	辰	卯	寅	丑	子	亥	戌			
화	월	일	토	금	목	수	화	월	일	토	금	목	亥正	화	월	일	토	금	목	수	화	월	일	토	금	목	수	亥初	월	절기시각		

												곡우															청명3			절 기		3月小(庚辰)청명
	29	28	27	26	25	24	23	22	21	20	19	18	17	16	15	14	13	12	11	10	9	8	7	6	5	4	3	2	1	음 력		
	1	2	2	2	3	3	3	4	4	4	5	5	5	6	6	6	7	7	7	8	8	8	9	9	9	10		1	1	순행	대	
	9	8	8	8	7	7	7	6	6	6	5	5	5	4	4	4	3	3	3	2	2	2	1	1	1	1		10	10	역행	운	
	5																												4	월	양	
	1	30	29	28	27	26	25	24	23	22	21	20	19	18	17	16	15	14	13	12	11	10	9	8	7	6	5	4	3	일	력	
	丙	乙	甲	癸	壬	辛	庚	己	戊	丁	丙	乙	甲	癸	壬	辛	庚	己	戊	丁	丙	乙	甲	癸	壬	辛	庚	己	戊	일 진		
	申	未	午	巳	辰	卯	寅	丑	子	亥	戌	酉	申	未	午	巳	辰	卯	寅	丑	子	亥	戌	酉	申	未	午	巳	辰			
	수	화	월	일	토	금	목	수	화	월	일	巳初	금	목	수	화	월	일	토	금	목	수	화	월	일	토	丑正	목	수	절기시각		

										소만																입하4				절 기		4月大(辛巳)입하
30	29	28	27	26	25	24	23	22	21	20	19	18	17	16	15	14	13	12	11	10	9	8	7	6	5	4	3	2	1	음 력		
2	2	2	3	3	3	4	4	4	5	5	5	6	6	6	7	7	7	8	8	8	9	9	9	10	10		1	1	1	순행	대	
9	8	8	8	7	7	7	6	6	6	5	5	5	4	4	4	3	3	3	2	2	2	1	1	1	1		10	9	9	역행	운	
																													5	월	양	
31	30	29	28	27	26	25	24	23	22	21	20	19	18	17	16	15	14	13	12	11	10	9	8	7	6	5	4	3	2	일	력	
丙	乙	甲	癸	壬	辛	庚	己	戊	丁	丙	乙	甲	癸	壬	辛	庚	己	戊	丁	丙	乙	甲	癸	壬	辛	庚	己	戊	丁	일 진		
寅	丑	子	亥	戌	酉	申	未	午	巳	辰	卯	寅	丑	子	亥	戌	酉	申	未	午	巳	辰	卯	寅	丑	子	亥	戌	酉			
금	목	수	화	월	일	토	금	목	수	辰正	월	일	토	금	목	수	화	월	일	토	금	목	수	화	월	戌初	토	금	목	절기시각		

									하지																망종5					절 기		5月大(壬午)망종
30	29	28	27	26	25	24	23	22	21	20	19	18	17	16	15	14	13	12	11	10	9	8	7	6	5	4	3	2	1	음 력		
2	3	3	3	4	4	4	5	5	5	6	6	6	7	7	7	8	8	8	9	9	9	10	10	10		1	1	1	1	순행	대	
8	8	8	7	7	7	6	6	6	5	5	5	4	4	4	3	3	3	2	2	2	1	1	1	1		10	10	9	9	역행	운	
																													6	월	양	
30	29	28	27	26	25	24	23	22	21	20	19	18	17	16	15	14	13	12	11	10	9	8	7	6	5	4	3	2	1	일	력	
丙	乙	甲	癸	壬	辛	庚	己	戊	丁	丙	乙	甲	癸	壬	辛	庚	己	戊	丁	丙	乙	甲	癸	壬	辛	庚	己	戊	丁	일 진		
申	未	午	巳	辰	卯	寅	丑	子	亥	戌	酉	申	未	午	巳	辰	卯	寅	丑	子	亥	戌	酉	申	未	午	巳	辰	卯			
일	토	금	목	수	화	월	일	토	申正	목	수	화	월	일	토	금	목	수	화	월	일	토	금	목	子初	화	월	일	토	절기시각		

							대서																소서6							절 기		6月小(癸未)소서
	29	28	27	26	25	24	23	22	21	20	19	18	17	16	15	14	13	12	11	10	9	8	7	6	5	4	3	2	1	음 력		
	3	3	4	4	4	5	5	5	6	6	6	7	7	7	8	8	8	9	9	9	10	10		1	1	1	1	2	2	순행	대	
	7	7	7	6	6	6	5	5	5	4	4	4	3	3	3	2	2	2	1	1	1	1		10	10	10	9	9	9	역행	운	
																													7	월	양	
	29	28	27	26	25	24	23	22	21	20	19	18	17	16	15	14	13	12	11	10	9	8	7	6	5	4	3	2	1	일	력	
	乙	甲	癸	壬	辛	庚	己	戊	丁	丙	乙	甲	癸	壬	辛	庚	己	戊	丁	丙	乙	甲	癸	壬	辛	庚	己	戊	丁	일 진		
	丑	子	亥	戌	酉	申	未	午	巳	辰	卯	寅	丑	子	亥	戌	酉	申	未	午	巳	辰	卯	寅	丑	子	亥	戌	酉			
	월	일	토	금	목	수	寅初	월	일	토	금	목	수	화	월	일	토	금	목	수	화	월	巳初	토	금	목	수	화	월	절기시각		

• 꿈에 용이 대문안으로 들어오면 큰일을 맡게 되고 태몽이면 나라의 기둥이 될 감이다.

7月大(甲申) 입추

					처서																입추7									절기
30	29	28	27	26	**25**	24	23	22	21	20	19	18	17	16	15	14	13	12	11	10	**9**	8	7	6	5	4	3	2	1	음력
3	4	4	4	5	5	5	6	6	6	7	7	7	8	8	8	9	9	9	10	10		1	1	1	1	2	2	2	3	대운 순행
7	7	6	6	6	5	5	5	4	4	4	3	3	3	2	2	2	1	1	1	1		10	10	9	9	9	8	8	8	대운 역행
																											8		7	양력 월
28	27	26	25	24	23	22	21	20	19	18	17	16	15	14	13	12	11	10	9	8	7	6	5	4	3	2	1	31	30	양력 일
乙未	甲午	癸巳	壬辰	辛卯	庚寅	己丑	戊子	丁亥	丙戌	乙酉	甲申	癸未	壬午	辛巳	庚辰	己卯	戊寅	丁丑	丙子	乙亥	甲戌	癸酉	壬申	辛未	庚午	己巳	戊辰	丁卯	丙寅	일진
수	화	월	일	토	巳正	목	수	화	월	일	토	금	목	수	화	월	일	토	금	목	戌初	화	월	일	토	금	목	수	화	절기시각

8月小(乙酉) 백로

				추분																백로8										절기
	29	28	27	**26**	25	24	23	22	21	20	19	18	17	16	15	14	13	12	11	**10**	9	8	7	6	5	4	3	2	1	음력
	4	4	5	5	5	6	6	6	7	7	7	8	8	8	9	9	9	10	10		1	1	1	1	2	2	2	3	3	대운 순행
	6	6	6	5	5	5	4	4	4	3	3	3	2	2	2	1	1	1	1		10	10	9	9	9	8	8	8	7	대운 역행
																										9			8	양력 월
	26	25	24	23	22	21	20	19	18	17	16	15	14	13	12	11	10	9	8	7	6	5	4	3	2	1	31	30	29	양력 일
	甲子	癸亥	壬戌	辛酉	庚申	己未	戊午	丁巳	丙辰	乙卯	甲寅	癸丑	壬子	辛亥	庚戌	己酉	戊申	丁未	丙午	乙巳	甲辰	癸卯	壬寅	辛丑	庚子	己亥	戊戌	丁酉	丙申	일진
	목	수	화	辰正	일	토	금	목	수	화	월	일	토	금	목	수	화	월	일	子初	금	목	수	화	월	일	토	금	목	절기시각

9月大(丙戌) 한로

			상강															한로9												절기
30	29	28	**27**	26	25	24	23	22	21	20	19	18	17	16	15	14	13	**12**	11	10	9	8	7	6	5	4	3	2	1	음력
4	4	5	5	5	6	6	6	7	7	7	8	8	8	9	9	9	10		1	1	1	1	2	2	2	3	3	3	4	대운 순행
6	6	5	5	5	4	4	4	3	3	3	2	2	2	1	1	1	1		10	10	9	9	9	8	8	8	7	7	7	대운 역행
																									10				9	양력 월
26	25	24	23	22	21	20	19	18	17	16	15	14	13	12	11	10	9	8	7	6	5	4	3	2	1	30	29	28	27	양력 일
甲午	癸巳	壬辰	辛卯	庚寅	己丑	戊子	丁亥	丙戌	乙酉	甲申	癸未	壬午	辛巳	庚辰	己卯	戊寅	丁丑	丙子	乙亥	甲戌	癸酉	壬申	辛未	庚午	己巳	戊辰	丁卯	丙寅	乙丑	일진
토	금	목	酉正	화	월	일	토	금	목	수	화	월	일	토	금	목	수	未正	월	일	토	금	목	수	화	월	일	토	금	절기시각

10月小(丁亥) 입동

			소설															입동10												절기
	29	28	**27**	26	25	24	23	22	21	20	19	18	17	16	15	14	13	**12**	11	10	9	8	7	6	5	4	3	2	1	음력
	4	5	5	5	6	6	6	7	7	7	8	8	8	9	9	9	10		1	1	1	1	2	2	2	3	3	3	4	대운 순행
	6	5	5	5	4	4	4	3	3	3	2	2	2	1	1	1	1		10	9	9	9	8	8	8	7	7	7	6	대운 역행
																								11					10	양력 월
	24	23	22	21	20	19	18	17	16	15	14	13	12	11	10	9	8	7	6	5	4	3	2	1	31	30	29	28	27	양력 일
	癸亥	壬戌	辛酉	庚申	己未	戊午	丁巳	丙辰	乙卯	甲寅	癸丑	壬子	辛亥	庚戌	己酉	戊申	丁未	丙午	乙巳	甲辰	癸卯	壬寅	辛丑	庚子	己亥	戊戌	丁酉	丙申	乙未	일진
	일	토	申初	목	수	화	월	일	토	금	목	수	화	월	일	토	금	酉正	수	화	월	일	토	금	목	수	화	월	일	절기시각

11月大(戊子) 대설

		동지															대설11													절기
30	29	**28**	27	26	25	24	23	22	21	20	19	18	17	16	15	14	**13**	12	11	10	9	8	7	6	5	4	3	2	1	음력
4	4	5	5	5	6	6	6	7	7	7	8	8	8	9	9	9		1	1	1	1	2	2	2	3	3	3	4	4	대운 순행
6	5	5	5	4	4	4	3	3	3	2	2	2	1	1	1	1		10	9	9	9	8	8	8	7	7	7	6	6	대운 역행
																							12						11	양력 월
24	23	22	21	20	19	18	17	16	15	14	13	12	11	10	9	8	7	6	5	4	3	2	1	30	29	28	27	26	25	양력 일
癸巳	壬辰	辛卯	庚寅	己丑	戊子	丁亥	丙戌	乙酉	甲申	癸未	壬午	辛巳	庚辰	己卯	戊寅	丁丑	丙子	乙亥	甲戌	癸酉	壬申	辛未	庚午	己巳	戊辰	丁卯	丙寅	乙丑	甲子	일진
화	월	卯初	토	금	목	수	화	월	일	토	금	목	수	화	월	일	午初	금	목	수	화	월	일	토	금	목	수	화	월	절기시각

12月小(己丑) 소한

			대한															소한12												절기
	29	28	**27**	26	25	24	23	22	21	20	19	18	17	16	15	14	13	**12**	11	10	9	8	7	6	5	4	3	2	1	음력
	4	5	5	5	6	6	6	7	7	7	8	8	8	9	9	9	10		1	1	1	1	2	2	2	3	3	3	4	대운 순행
	6	5	5	5	4	4	4	3	3	3	2	2	2	1	1	1	1		9	9	9	8	8	8	7	7	7	6	6	대운 역행
																						1							12	양력 월
	22	21	20	19	18	17	16	15	14	13	12	11	10	9	8	7	6	5	4	3	2	1	31	30	29	28	27	26	25	양력 일
	壬戌	辛酉	庚申	己未	戊午	丁巳	丙辰	乙卯	甲寅	癸丑	壬子	辛亥	庚戌	己酉	戊申	丁未	丙午	乙巳	甲辰	癸卯	壬寅	辛丑	庚子	己亥	戊戌	丁酉	丙申	乙未	甲午	일진
	수	화	申初	일	토	금	목	수	화	월	일	토	금	목	수	화	월	亥正	토	금	목	수	화	월	일	토	금	목	수	절기시각

• 재가 약한데 식신상관을 돕는 것이 없으면 처가집이 패가한다.

서기 2031년
단기 4364년

辛亥年

상문 : 丑　대장군 : 西
조객 : 酉　삼　재 : 巳酉丑
삼살 : 西

		우수															입춘1													절기	1月大(庚寅) 입춘
30	29	28	27	26	25	24	23	22	21	20	19	18	17	16	15	14	13	12	11	10	9	8	7	6	5	4	3	2	1	음력	
4	5	5	5	6	6	6	7	7	7	8	8	8	9	9	9	10		1	1	1	1	2	2	2	3	3	3	4	4	대운 순행	
6	5	5	5	4	4	4	3	3	3	2	2	2	1	1	1	1		10	9	9	9	8	8	8	7	7	7	6	6	대운 역행	
																				2									1	양력 월	
21	20	19	18	17	16	15	14	13	12	11	10	9	8	7	6	5	4	3	2	1	31	30	29	28	27	26	25	24	23	양력 일	
壬辰	辛卯	庚寅	己丑	戊子	丁亥	丙戌	乙酉	甲申	癸未	壬午	辛巳	庚辰	己卯	戊寅	丁丑	丙子	乙亥	甲戌	癸酉	壬申	辛未	庚午	己巳	戊辰	丁卯	丙寅	乙丑	甲子	癸亥	일진	
금	목	卯初	화	월	일	토	금	목	수	화	월	일	토	금	목	수	巳初	월	일	토	금	목	수	화	월	일	토	금	목	절기시각	

		춘분															경칩2													절기	2月小(辛卯) 경칩
	29	28	27	26	25	24	23	22	21	20	19	18	17	16	15	14	13	12	11	10	9	8	7	6	5	4	3	2	1	음력	
	5	5	5	6	6	6	7	7	7	8	8	8	9	9	9	10		1	1	1	1	2	2	2	3	3	3	4	4	대운 순행	
	5	5	5	4	4	4	3	3	3	2	2	2	1	1	1	1		10	9	9	9	8	8	8	7	7	7	6	6	대운 역행	
																						3							2	양력 월	
	22	21	20	19	18	17	16	15	14	13	12	11	10	9	8	7	6	5	4	3	2	1	28	27	26	25	24	23	22	양력 일	
	辛酉	庚申	己未	戊午	丁巳	丙辰	乙卯	甲寅	癸丑	壬子	辛亥	庚戌	己酉	戊申	丁未	丙午	乙巳	甲辰	癸卯	壬寅	辛丑	庚子	己亥	戊戌	丁酉	丙申	乙未	甲午	癸巳	일진	
	토	寅正	목	수	화	월	일	토	금	목	수	화	월	일	토	금	寅初	수	화	월	일	토	금	목	수	화	월	일	토	절기시각	

	곡우															청명3														절기	3月大(壬辰) 청명
30	29	28	27	26	25	24	23	22	21	20	19	18	17	16	15	14	13	12	11	10	9	8	7	6	5	4	3	2	1	음력	
5	5	6	6	6	7	7	7	8	8	8	9	9	9	10	10		1	1	1	1	2	2	2	3	3	3	4	4	4	대운 순행	
5	5	5	4	4	4	3	3	3	2	2	2	1	1	1	1		10	9	9	9	8	8	8	7	7	7	6	6	6	대운 역행	
																				4									3	양력 월	
21	20	19	18	17	16	15	14	13	12	11	10	9	8	7	6	5	4	3	2	1	31	30	29	28	27	26	25	24	23	양력 일	
辛卯	庚寅	己丑	戊子	丁亥	丙戌	乙酉	甲申	癸未	壬午	辛巳	庚辰	己卯	戊寅	丁丑	丙子	乙亥	甲戌	癸酉	壬申	辛未	庚午	己巳	戊辰	丁卯	丙寅	乙丑	甲子	癸亥	壬戌	일진	
월	申初	토	금	목	수	화	월	일	토	금	목	수	화	월	일	辰正	금	목	수	화	월	일	토	금	목	수	화	월	일	절기시각	

															입하4															절기	윤3月小
	29	28	27	26	25	24	23	22	21	20	19	18	17	16	15	14	13	12	11	10	9	8	7	6	5	4	3	2	1	음력	
	6	6	6	7	7	7	8	8	8	9	9	9	10	10		1	1	1	1	2	2	2	3	3	3	4	4	4	5	대운 순행	
	5	4	4	4	3	3	3	2	2	2	1	1	1	1		10	10	9	9	9	8	8	8	7	7	7	6	6	6	대운 역행	
																				5									4	양력 월	
	20	19	18	17	16	15	14	13	12	11	10	9	8	7	6	5	4	3	2	1	30	29	28	27	26	25	24	23	22	양력 일	
	庚申	己未	戊午	丁巳	丙辰	乙卯	甲寅	癸丑	壬子	辛亥	庚戌	己酉	戊申	丁未	丙午	乙巳	甲辰	癸卯	壬寅	辛丑	庚子	己亥	戊戌	丁酉	丙申	乙未	甲午	癸巳	壬辰	일진	
	화	월	일	토	금	목	수	화	월	일	토	금	목	수	丑初	월	일	토	금	목	수	화	월	일	토	금	목	수	화	절기시각	

													망종5																소만	절기	4月大(癸巳) 입하
30	29	28	27	26	25	24	23	22	21	20	19	18	17	16	15	14	13	12	11	10	9	8	7	6	5	4	3	2	1	음력	
6	6	7	7	7	8	8	8	9	9	9	10	10		1	1	1	1	2	2	2	3	3	3	4	4	4	5	5	5	대운 순행	
4	4	4	3	3	3	2	2	2	1	1	1	1		10	10	9	9	9	8	8	8	7	7	7	6	6	6	5	5	대운 역행	
																		6											5	양력 월	
19	18	17	16	15	14	13	12	11	10	9	8	7	6	5	4	3	2	1	31	30	29	28	27	26	25	24	23	22	21	양력 일	
庚寅	己丑	戊子	丁亥	丙戌	乙酉	甲申	癸未	壬午	辛巳	庚辰	己卯	戊寅	丁丑	丙子	乙亥	甲戌	癸酉	壬申	辛未	庚午	己巳	戊辰	丁卯	丙寅	乙丑	甲子	癸亥	壬戌	辛酉	일진	
목	수	화	월	일	토	금	목	수	화	월	일	토	卯初	목	수	화	월	일	토	금	목	수	화	월	일	토	금	목	未正	절기시각	

												소서6																하지		절기	5月小(甲午) 망종
	29	28	27	26	25	24	23	22	21	20	19	18	17	16	15	14	13	12	11	10	9	8	7	6	5	4	3	2	1	음력	
	7	7	8	8	8	9	9	9	10	10	10		1	1	1	1	2	2	2	3	3	3	4	4	4	5	5	5	6	대운 순행	
	4	3	3	3	2	2	2	1	1	1	1		10	10	9	9	9	8	8	8	7	7	7	6	6	6	5	5	5	대운 역행	
																		7											6	양력 월	
	18	17	16	15	14	13	12	11	10	9	8	7	6	5	4	3	2	1	30	29	28	27	26	25	24	23	22	21	20	양력 일	
	己未	戊午	丁巳	丙辰	乙卯	甲寅	癸丑	壬子	辛亥	庚戌	己酉	戊申	丁未	丙午	乙巳	甲辰	癸卯	壬寅	辛丑	庚子	己亥	戊戌	丁酉	丙申	乙未	甲午	癸巳	壬辰	辛卯	일진	
	금	목	수	화	월	일	토	금	목	수	화	申初	일	토	금	목	수	화	월	일	토	금	목	수	화	월	일	亥初	금	절기시각	

6月大(乙未) 소서

									입추7																대서					절기
30	29	28	27	26	25	24	23	22	21	20	19	18	17	16	15	14	13	12	11	10	9	8	7	6	5	4	3	2	1	음력
7	8	8	8	9	9	9	10	10		1	1	1	1	2	2	2	3	3	3	4	4	4	5	5	5	6	6	6	7	대운 순행
3	3	2	2	2	1	1	1	1		10	10	10	9	9	9	8	8	8	7	7	7	6	6	6	5	5	5	4	4	대운 역행
																8													7	양력 월
17	16	15	14	13	12	11	10	9	8	7	6	5	4	3	2	1	31	30	29	28	27	26	25	24	23	22	21	20	19	양력 일
己丑	戊子	丁亥	丙戌	乙酉	甲申	癸未	壬午	辛巳	庚辰	己卯	戊寅	丁丑	丙子	乙亥	甲戌	癸酉	壬申	辛未	庚午	己巳	戊辰	丁卯	丙寅	乙丑	甲子	癸亥	壬戌	辛酉	庚申	일진
일	토	금	목	수	화	월	일	토	丑初	목	수	화	월	일	토	금	목	수	화	월	일	토	금	목	巳初	화	월	일	토	절기시각

7月大(丙申) 입추

								백로8																처서						절기
30	29	28	27	26	25	24	23	22	21	20	19	18	17	16	15	14	13	12	11	10	9	8	7	6	5	4	3	2	1	음력
7	8	8	8	9	9	9	10		1	1	1	1	2	2	2	3	3	3	4	4	4	5	5	5	6	6	6	7	7	대운 순행
3	2	2	2	1	1	1	1		10	10	9	9	9	8	8	8	7	7	7	6	6	6	5	5	5	4	4	4	3	대운 역행
															9														8	양력 월
16	15	14	13	12	11	10	9	8	7	6	5	4	3	2	1	31	30	29	28	27	26	25	24	23	22	21	20	19	18	양력 일
己未	戊午	丁巳	丙辰	乙卯	甲寅	癸丑	壬子	辛亥	庚戌	己酉	戊申	丁未	丙午	乙巳	甲辰	癸卯	壬寅	辛丑	庚子	己亥	戊戌	丁酉	丙申	乙未	甲午	癸巳	壬辰	辛卯	庚寅	일진
화	월	일	토	금	목	수	화	寅正	일	토	금	목	수	화	월	일	토	금	목	수	화	월	일	申正	금	목	수	화	월	절기시각

8月小(丁酉) 백로

								한로9															추분							절기
	29	28	27	26	25	24	23	22	21	20	19	18	17	16	15	14	13	12	11	10	9	8	7	6	5	4	3	2	1	음력
	8	8	9	9	9	10	10		1	1	1	1	2	2	2	3	3	3	4	4	4	5	5	5	6	6	6	7	7	대운 순행
	2	2	2	1	1	1	1		10	9	9	9	8	8	8	7	7	7	6	6	6	5	5	5	4	4	4	3	3	대운 역행
															10														9	양력 월
	15	14	13	12	11	10	9	8	7	6	5	4	3	2	1	30	29	28	27	26	25	24	23	22	21	20	19	18	17	양력 일
	戊子	丁亥	丙戌	乙酉	甲申	癸未	壬午	辛巳	庚辰	己卯	戊寅	丁丑	丙子	乙亥	甲戌	癸酉	壬申	辛未	庚午	己巳	戊辰	丁卯	丙寅	乙丑	甲子	癸亥	壬戌	辛酉	庚申	일진
	수	화	월	일	토	금	목	戌正	화	월	일	토	금	목	수	화	월	일	토	금	목	수	未正	월	일	토	금	목	수	절기시각

9月大(戊戌) 한로

						입동10																상강								절기
30	29	28	27	26	25	24	23	22	21	20	19	18	17	16	15	14	13	12	11	10	9	8	7	6	5	4	3	2	1	음력
8	8	8	9	9	9		1	1	1	1	2	2	2	3	3	3	4	4	4	5	5	5	6	6	6	7	7	7	8	대운 순행
2	2	1	1	1	1		10	10	9	9	9	8	8	8	7	7	7	6	6	6	5	5	5	4	4	4	3	3	3	대운 역행
													11																10	양력 월
14	13	12	11	10	9	8	7	6	5	4	3	2	1	31	30	29	28	27	26	25	24	23	22	21	20	19	18	17	16	양력 일
戊午	丁巳	丙辰	乙卯	甲寅	癸丑	壬子	辛亥	庚戌	己酉	戊申	丁未	丙午	乙巳	甲辰	癸卯	壬寅	辛丑	庚子	己亥	戊戌	丁酉	丙申	乙未	甲午	癸巳	壬辰	辛卯	庚寅	己丑	일진
금	목	수	화	월	일	子正	금	목	수	화	월	일	토	금	목	수	화	월	일	토	금	子初	수	화	월	일	토	금	목	절기시각

10月小(己亥) 입동

							대설11															소설								절기
	29	28	27	26	25	24	23	22	21	20	19	18	17	16	15	14	13	12	11	10	9	8	7	6	5	4	3	2	1	음력
	8	8	9	9	9	10		1	1	1	1	2	2	2	3	3	3	4	4	4	5	5	5	6	6	6	7	7	7	대운 순행
	2	2	1	1	1	1		9	9	9	8	8	8	7	7	7	6	6	6	5	5	5	4	4	4	3	3	3	2	대운 역행
													12																11	양력 월
	13	12	11	10	9	8	7	6	5	4	3	2	1	30	29	28	27	26	25	24	23	22	21	20	19	18	17	16	15	양력 일
	丁亥	丙戌	乙酉	甲申	癸未	壬午	辛巳	庚辰	己卯	戊寅	丁丑	丙子	乙亥	甲戌	癸酉	壬申	辛未	庚午	己巳	戊辰	丁卯	丙寅	乙丑	甲子	癸亥	壬戌	辛酉	庚申	己未	일진
	토	금	목	수	화	월	申正	토	금	목	수	화	월	일	토	금	목	수	화	월	일	亥初	금	목	수	화	월	일	토	절기시각

11月大(庚子) 대설

						소한12															동지									절기
30	29	28	27	26	25	24	23	22	21	20	19	18	17	16	15	14	13	12	11	10	9	8	7	6	5	4	3	2	1	음력
8	8	8	9	9	9		1	1	1	1	2	2	2	3	3	3	4	4	4	5	5	5	6	6	6	7	7	7	8	대운 순행
2	2	1	1	1	1		10	9	9	9	8	8	8	7	7	7	6	6	6	5	5	5	4	4	4	3	3	3	2	대운 역행
											1																		12	양력 월
12	11	10	9	8	7	6	5	4	3	2	1	31	30	29	28	27	26	25	24	23	22	21	20	19	18	17	16	15	14	양력 일
丁巳	丙辰	乙卯	甲寅	癸丑	壬子	辛亥	庚戌	己酉	戊申	丁未	丙午	乙巳	甲辰	癸卯	壬寅	辛丑	庚子	己亥	戊戌	丁酉	丙申	乙未	甲午	癸巳	壬辰	辛卯	庚寅	己丑	戊子	일진
월	일	토	금	목	수	寅正	월	일	토	금	목	수	화	월	일	토	금	목	수	화	巳正	일	토	금	목	수	화	월	일	절기시각

12月小(辛丑) 소한

							입춘1															대한								절기
	29	28	27	26	25	24	23	22	21	20	19	18	17	16	15	14	13	12	11	10	9	8	7	6	5	4	3	2	1	음력
	8	8	9	9	9	10		1	1	1	1	2	2	2	3	3	3	4	4	4	5	5	5	6	6	6	7	7	7	대운 순행
	2	2	1	1	1	1		9	9	9	8	8	8	7	7	7	6	6	6	5	5	5	4	4	4	3	3	3	2	대운 역행
										2																			1	양력 월
	10	9	8	7	6	5	4	3	2	1	31	30	29	28	27	26	25	24	23	22	21	20	19	18	17	16	15	14	13	양력 일
	丙戌	乙酉	甲申	癸未	壬午	辛巳	庚辰	己卯	戊寅	丁丑	丙子	乙亥	甲戌	癸酉	壬申	辛未	庚午	己巳	戊辰	丁卯	丙寅	乙丑	甲子	癸亥	壬戌	辛酉	庚申	己未	戊午	일진
	화	월	일	토	금	목	申初	화	월	일	토	금	목	수	화	월	일	토	금	목	수	亥初	월	일	토	금	목	수	화	절기시각

• 인수가 형충을 맞으면 그릇을 잘 깨뜨린다.

서기 2032년
단기 4365년

壬子年

상문 : 寅　대장군 : 西
조객 : 戌　삼　재 : 巳酉丑
삼살 : 南

1月大(壬寅) 입춘

						경칩2															우수									절기
30	29	28	27	26	25	24	23	22	21	20	19	18	17	16	15	14	13	12	11	10	9	8	7	6	5	4	3	2	1	음력
8	8	9	9	9	10		1	1	1	1	2	2	2	3	3	3	4	4	4	5	5	5	6	6	6	7	7	7	8	대운 순행
2	2	1	1	1	1		10	9	9	9	8	8	8	7	7	7	6	6	6	5	5	5	4	4	4	3	3	3	2	대운 역행
										3																			2	양력 월
11	10	9	8	7	6	5	4	3	2	1	29	28	27	26	25	24	23	22	21	20	19	18	17	16	15	14	13	12	11	양력 일
丙辰	乙卯	甲寅	癸丑	壬子	辛亥	庚戌	己酉	戊申	丁未	丙午	乙巳	甲辰	癸卯	壬寅	辛丑	庚子	己亥	戊戌	丁酉	丙申	乙未	甲午	癸巳	壬辰	辛卯	庚寅	己丑	戊子	丁亥	일진
목	수	화	월	일	토	巳初	목	수	화	월	일	토	금	목	수	화	월	일	토	금	午初	수	화	월	일	토	금	목	수	절기시각

2月小(癸卯) 경칩

						청명3															춘분									절기
	29	28	27	26	25	24	23	22	21	20	19	18	17	16	15	14	13	12	11	10	9	8	7	6	5	4	3	2	1	음력
	9	9	9	10	10		1	1	1	1	2	2	2	3	3	3	4	4	4	5	5	5	6	6	6	7	7	7	8	대운 순행
	2	1	1	1	1		10	9	9	9	8	8	8	7	7	7	6	6	6	5	5	5	4	4	4	3	3	3	2	대운 역행
									4																				3	양력 월
	9	8	7	6	5	4	3	2	1	31	30	29	28	27	26	25	24	23	22	21	20	19	18	17	16	15	14	13	12	양력 일
	乙酉	甲申	癸未	壬午	辛巳	庚辰	己卯	戊寅	丁丑	丙子	乙亥	甲戌	癸酉	壬申	辛未	庚午	己巳	戊辰	丁卯	丙寅	乙丑	甲子	癸亥	壬戌	辛酉	庚申	己未	戊午	丁巳	일진
	금	목	수	화	월	未正	토	금	목	수	화	월	일	토	금	목	수	화	월	일	巳正	금	목	수	화	월	일	토	금	절기시각

3月小(甲辰) 청명

				입하4																곡우										절기
	29	28	27	26	25	24	23	22	21	20	19	18	17	16	15	14	13	12	11	10	9	8	7	6	5	4	3	2	1	음력
	9	10	10		1	1	1	1	2	2	2	3	3	3	4	4	4	5	5	5	6	6	6	7	7	7	8	8	8	대운 순행
	1	1	1		10	10	9	9	9	8	8	8	7	7	7	6	6	6	5	5	5	4	4	4	3	3	3	2	2	대운 역행
								5																					4	양력 월
	8	7	6	5	4	3	2	1	30	29	28	27	26	25	24	23	22	21	20	19	18	17	16	15	14	13	12	11	10	양력 일
	甲寅	癸丑	壬子	辛亥	庚戌	己酉	戊申	丁未	丙午	乙巳	甲辰	癸卯	壬寅	辛丑	庚子	己亥	戊戌	丁酉	丙申	乙未	甲午	癸巳	壬辰	辛卯	庚寅	己丑	戊子	丁亥	丙戌	일진
	토	금	목	辰初	화	월	일	토	금	목	수	화	월	일	토	금	목	수	화	亥初	일	토	금	목	수	화	월	일	토	절기시각

4月大(乙巳) 입하

		망종5																소만												절기
30	29	28	27	26	25	24	23	22	21	20	19	18	17	16	15	14	13	12	11	10	9	8	7	6	5	4	3	2	1	음력
10	10		1	1	1	1	2	2	2	3	3	3	4	4	4	5	5	5	6	6	6	7	7	7	8	8	8	9	9	대운 순행
1	1		10	10	9	9	9	8	8	8	7	7	7	6	6	6	5	5	5	4	4	4	3	3	3	2	2	2	1	대운 역행
						6																							5	양력 월
7	6	5	4	3	2	1	31	30	29	28	27	26	25	24	23	22	21	20	19	18	17	16	15	14	13	12	11	10	9	양력 일
甲申	癸未	壬午	辛巳	庚辰	己卯	戊寅	丁丑	丙子	乙亥	甲戌	癸酉	壬申	辛未	庚午	己巳	戊辰	丁卯	丙寅	乙丑	甲子	癸亥	壬戌	辛酉	庚申	己未	戊午	丁巳	丙辰	乙卯	일진
월	일	午初	금	목	수	화	월	일	토	금	목	수	화	월	일	토	금	戌正	수	화	월	일	토	금	목	수	화	월	일	절기시각

5月小(丙午) 망종

	소서6															하지														절기
	29	28	27	26	25	24	23	22	21	20	19	18	17	16	15	14	13	12	11	10	9	8	7	6	5	4	3	2	1	음력
		1	1	1	1	2	2	2	3	3	3	4	4	4	5	5	5	6	6	6	7	7	7	8	8	8	9	9	9	대운 순행
		10	10	9	9	9	8	8	8	7	7	7	6	6	6	5	5	5	4	4	4	3	3	3	2	2	2	1	1	대운 역행
						7																							6	양력 월
	6	5	4	3	2	1	30	29	28	27	26	25	24	23	22	21	20	19	18	17	16	15	14	13	12	11	10	9	8	양력 일
	癸丑	壬子	辛亥	庚戌	己酉	戊申	丁未	丙午	乙巳	甲辰	癸卯	壬寅	辛丑	庚子	己亥	戊戌	丁酉	丙申	乙未	甲午	癸巳	壬辰	辛卯	庚寅	己丑	戊子	丁亥	丙戌	乙酉	일진
	亥初	월	일	토	금	목	수	화	월	일	토	금	목	수	화	寅正	일	토	금	목	수	화	월	일	토	금	목	수	화	절기시각

6月大(丁未) 소서

														대서																절기
30	29	28	27	26	25	24	23	22	21	20	19	18	17	16	15	14	13	12	11	10	9	8	7	6	5	4	3	2	1	음력
1	1	1	2	2	2	3	3	3	4	4	4	5	5	5	6	6	6	7	7	7	8	8	8	9	9	9	10	10	10	대운 순행
10	10	9	9	9	8	8	8	7	7	7	6	6	6	5	5	5	4	4	4	3	3	3	2	2	2	1	1	1	1	대운 역행
				8																									7	양력 월
5	4	3	2	1	31	30	29	28	27	26	25	24	23	22	21	20	19	18	17	16	15	14	13	12	11	10	9	8	7	양력 일
癸未	壬午	辛巳	庚辰	己卯	戊寅	丁丑	丙子	乙亥	甲戌	癸酉	壬申	辛未	庚午	己巳	戊辰	丁卯	丙寅	乙丑	甲子	癸亥	壬戌	辛酉	庚申	己未	戊午	丁巳	丙辰	乙卯	甲寅	일진
목	수	화	월	일	토	금	목	수	화	월	일	토	금	申初	수	화	월	일	토	금	목	수	화	월	일	토	금	목	수	절기시각

• 꿈에 아기를 보면 근심 걱정이 있다.

7月大(戊申) 입추

													처서															입추7		절 기
30	29	28	27	26	25	24	23	22	21	20	19	18	17	16	15	14	13	12	11	10	9	8	7	6	5	4	3	2	1	음 력
1	1	2	2	2	3	3	3	4	4	4	5	5	5	6	6	6	7	7	7	8	8	8	9	9	9	10	10		1	대운 순행
9	9	9	8	8	8	7	7	7	6	6	6	5	5	5	4	4	4	3	3	3	2	2	2	1	1	1	1		10	대운 역행
			9																										8	양력 월
4	3	2	1	31	30	29	28	27	26	25	24	23	22	21	20	19	18	17	16	15	14	13	12	11	10	9	8	7	6	양력 일
癸丑	壬子	辛亥	庚戌	己酉	戊申	丁未	丙午	乙巳	甲辰	癸卯	壬寅	辛丑	庚子	己亥	戊戌	丁酉	丙申	乙未	甲午	癸巳	壬辰	辛卯	庚寅	己丑	戊子	丁亥	丙戌	乙酉	甲申	일 진
토	금	목	수	화	월	일	토	금	목	수	화	월	亥正	토	금	목	수	화	월	일	토	금	목	수	화	월	일	辰初	금	절기시각

8月小(己酉) 백로

												추분															백로8			절 기
	29	28	27	26	25	24	23	22	21	20	19	18	17	16	15	14	13	12	11	10	9	8	7	6	5	4	3	2	1	음 력
	2	2	2	3	3	3	4	4	4	5	5	5	6	6	6	7	7	7	8	8	8	9	9	9	10	10		1	1	대운 순행
	9	8	8	8	7	7	7	6	6	6	5	5	5	4	4	4	3	3	3	2	2	2	1	1	1	1		10	10	대운 역행
			10																										9	양력 월
	3	2	1	30	29	28	27	26	25	24	23	22	21	20	19	18	17	16	15	14	13	12	11	10	9	8	7	6	5	양력 일
	壬午	辛巳	庚辰	己卯	戊寅	丁丑	丙子	乙亥	甲戌	癸酉	壬申	辛未	庚午	己巳	戊辰	丁卯	丙寅	乙丑	甲子	癸亥	壬戌	辛酉	庚申	己未	戊午	丁巳	丙辰	乙卯	甲寅	일 진
	일	토	금	목	수	화	월	일	토	금	목	戌正	화	월	일	토	금	목	수	화	월	일	토	금	목	수	巳正	월	일	절기시각

9月大(庚戌) 한로

										상강															한로9					절 기
30	29	28	27	26	25	24	23	22	21	20	19	18	17	16	15	14	13	12	11	10	9	8	7	6	5	4	3	2	1	음 력
2	2	2	3	3	3	4	4	4	5	5	5	6	6	6	7	7	7	8	8	8	9	9	9	10		1	1	1	1	대운 순행
8	8	8	7	7	7	6	6	6	5	5	5	4	4	4	3	3	3	2	2	2	1	1	1	1		10	10	9	9	대운 역행
	11																												10	양력 월
2	1	31	30	29	28	27	26	25	24	23	22	21	20	19	18	17	16	15	14	13	12	11	10	9	8	7	6	5	4	양력 일
壬子	辛亥	庚戌	己酉	戊申	丁未	丙午	乙巳	甲辰	癸卯	壬寅	辛丑	庚子	己亥	戊戌	丁酉	丙申	乙未	甲午	癸巳	壬辰	辛卯	庚寅	己丑	戊子	丁亥	丙戌	乙酉	甲申	癸未	일 진
화	월	일	토	금	목	수	화	월	일	卯初	금	목	수	화	월	일	토	금	목	수	화	월	일	토	丑正	목	수	화	월	절기시각

10月大(辛亥) 입동

										소설															입동10					절 기
30	29	28	27	26	25	24	23	22	21	20	19	18	17	16	15	14	13	12	11	10	9	8	7	6	5	4	3	2	1	음 력
1	2	2	2	3	3	3	4	4	4	5	5	5	6	6	6	7	7	7	8	8	8	9	9	9		1	1	1	1	대운 순행
8	8	8	7	7	7	6	6	6	5	5	5	4	4	4	3	3	3	2	2	2	1	1	1	1		10	9	9	9	대운 역행
	12																												11	양력 월
2	1	30	29	28	27	26	25	24	23	22	21	20	19	18	17	16	15	14	13	12	11	10	9	8	7	6	5	4	3	양력 일
壬午	辛巳	庚辰	己卯	戊寅	丁丑	丙子	乙亥	甲戌	癸酉	壬申	辛未	庚午	己巳	戊辰	丁卯	丙寅	乙丑	甲子	癸亥	壬戌	辛酉	庚申	己未	戊午	丁巳	丙辰	乙卯	甲寅	癸丑	일 진
목	수	화	월	일	토	금	목	수	화	寅初	일	토	금	목	수	화	월	일	토	금	목	수	화	월	卯初	토	금	목	수	절기시각

11月小(壬子) 대설

											동지															대설11				절 기
	29	28	27	26	25	24	23	22	21	20	19	18	17	16	15	14	13	12	11	10	9	8	7	6	5	4	3	2	1	음 력
	2	2	2	3	3	3	4	4	4	5	5	5	6	6	6	7	7	7	8	8	8	9	9	9	10		1	1	1	대운 순행
	8	8	8	7	7	7	6	6	6	5	5	5	4	4	4	3	3	3	2	2	2	1	1	1	1		9	9	9	대운 역행
																													12	양력 월
	31	30	29	28	27	26	25	24	23	22	21	20	19	18	17	16	15	14	13	12	11	10	9	8	7	6	5	4	3	양력 일
	辛亥	庚戌	己酉	戊申	丁未	丙午	乙巳	甲辰	癸卯	壬寅	辛丑	庚子	己亥	戊戌	丁酉	丙申	乙未	甲午	癸巳	壬辰	辛卯	庚寅	己丑	戊子	丁亥	丙戌	乙酉	甲申	癸未	일 진
	금	목	수	화	월	일	토	금	목	수	申正	월	일	토	금	목	수	화	월	일	토	금	목	수	화	亥正	일	토	금	절기시각

12月大(癸丑) 소한

										대한															소한12					절 기
30	29	28	27	26	25	24	23	22	21	20	19	18	17	16	15	14	13	12	11	10	9	8	7	6	5	4	3	2	1	음 력
1	2	2	2	3	3	3	4	4	4	5	5	5	6	6	6	7	7	7	8	8	8	9	9	9		1	1	1	1	대운 순행
8	8	8	7	7	7	6	6	6	5	5	5	4	4	4	3	3	3	2	2	2	1	1	1	1		10	9	9	9	대운 역행
																													1	양력 월
30	29	28	27	26	25	24	23	22	21	20	19	18	17	16	15	14	13	12	11	10	9	8	7	6	5	4	3	2	1	양력 일
辛巳	庚辰	己卯	戊寅	丁丑	丙子	乙亥	甲戌	癸酉	壬申	辛未	庚午	己巳	戊辰	丁卯	丙寅	乙丑	甲子	癸亥	壬戌	辛酉	庚申	己未	戊午	丁巳	丙辰	乙卯	甲寅	癸丑	壬子	일 진
일	토	금	목	수	화	월	일	토	금	寅初	수	화	월	일	토	금	목	수	화	월	일	토	금	목	巳正	화	월	일	토	절기시각

• 상관과 정관이 있고 재가 없으면 여자는 아기를 갖고부터 남편을 미워한다.

서기 2033년
단기 4366년

癸丑年

상문 : 卯 대장군 : 西
조객 : 亥 삼 재 : 巳酉丑
삼살 : 東

											우수															입춘1				절기	1月小(甲寅) 입춘
	29	28	27	26	25	24	23	22	21	20	**19**	18	17	16	15	14	13	12	11	10	9	8	7	6	5	**4**	3	2	1	음력	
	2	2	2	3	3	3	4	4	4	5	5	5	6	6	6	7	7	7	8	8	8	9	9	9	10		1	1	1	대운 순행	
	8	8	8	7	7	7	6	6	6	5	5	5	4	4	4	3	3	3	2	2	2	1	1	1	1		9	9	9	대운 역행	
																												2	1	양력 월	
	28	27	26	25	24	23	22	21	20	19	18	17	16	15	14	13	12	11	10	9	8	7	6	5	4	3	2	1	31	양력 일	
	庚戌	己酉	戊申	丁未	丙午	乙巳	甲辰	癸卯	壬寅	辛丑	庚子	己亥	戊戌	丁酉	丙申	乙未	甲午	癸巳	壬辰	辛卯	庚寅	己丑	戊子	丁亥	丙戌	乙酉	甲申	癸未	壬午	일진	
	월	일	토	금	목	수	화	월	일	토	酉初	목	수	화	월	일	토	금	목	수	화	월	일	토	금	亥初	수	화	월	절기시각	

										춘분															경칩2					절기	2月大(乙卯) 경칩
30	29	28	27	26	25	24	23	22	21	**20**	19	18	17	16	15	14	13	12	11	10	9	8	7	6	**5**	4	3	2	1	음력	
2	2	2	3	3	3	4	4	4	5	5	5	6	6	6	7	7	7	8	8	8	9	9	9	10		1	1	1	1	대운 순행	
8	8	8	7	7	7	6	6	6	5	5	5	4	4	4	3	3	3	2	2	2	1	1	1	1		10	9	9	9	대운 역행	
																													3	양력 월	
30	29	28	27	26	25	24	23	22	21	20	19	18	17	16	15	14	13	12	11	10	9	8	7	6	5	4	3	2	1	양력 일	
庚辰	己卯	戊寅	丁丑	丙子	乙亥	甲戌	癸酉	壬申	辛未	庚午	己巳	戊辰	丁卯	丙寅	乙丑	甲子	癸亥	壬戌	辛酉	庚申	己未	戊午	丁巳	丙辰	乙卯	甲寅	癸丑	壬子	辛亥	일진	
수	화	월	일	토	금	목	수	화	월	申正	토	금	목	수	화	월	일	토	금	목	수	화	월	일	申初	금	목	수	화	절기시각	

									곡우																청명3					절기	3月小(丙辰) 청명
	29	28	27	26	25	24	23	22	**21**	20	19	18	17	16	15	14	13	12	11	10	9	8	7	6	**5**	4	3	2	1	음력	
	2	3	3	3	4	4	4	5	5	5	6	6	6	7	7	7	8	8	8	9	9	9	10	10		1	1	1	1	대운 순행	
	8	8	7	7	7	6	6	6	5	5	5	4	4	4	3	3	3	2	2	2	1	1	1	1		10	9	9	9	대운 역행	
																												4	3	양력 월	
	28	27	26	25	24	23	22	21	20	19	18	17	16	15	14	13	12	11	10	9	8	7	6	5	4	3	2	1	31	양력 일	
	己酉	戊申	丁未	丙午	乙巳	甲辰	癸卯	壬寅	辛丑	庚子	己亥	戊戌	丁酉	丙申	乙未	甲午	癸巳	壬辰	辛卯	庚寅	己丑	戊子	丁亥	丙戌	乙酉	甲申	癸未	壬午	辛巳	일진	
	목	수	화	월	일	토	금	목	丑正	화	월	일	토	금	목	수	화	월	일	토	금	목	수	화	戌初	일	토	금	목	절기시각	

							소만																입하4							절기	4月小(丁巳) 입하
	29	28	27	26	25	24	**23**	22	21	20	19	18	17	16	15	14	13	12	11	10	9	8	**7**	6	5	4	3	2	1	음력	
	3	3	4	4	4	5	5	5	6	6	6	7	7	7	8	8	8	9	9	9	10	10		1	1	1	1	2	2	대운 순행	
	7	7	7	6	6	6	5	5	5	4	4	4	3	3	3	2	2	2	1	1	1	1		10	10	9	9	9	8	대운 역행	
																											5		4	양력 월	
	27	26	25	24	23	22	21	20	19	18	17	16	15	14	13	12	11	10	9	8	7	6	5	4	3	2	1	30	29	양력 일	
	戊寅	丁丑	丙子	乙亥	甲戌	癸酉	壬申	辛未	庚午	己巳	戊辰	丁卯	丙寅	乙丑	甲子	癸亥	壬戌	辛酉	庚申	己未	戊午	丁巳	丙辰	乙卯	甲寅	癸丑	壬子	辛亥	庚戌	일진	
	금	목	수	화	월	일	丑初	금	목	수	화	월	일	토	금	목	수	화	월	일	토	금	未初	수	화	월	일	토	금	절기시각	

					하지																망종5									절기	5月大(戊午) 망종
30	29	28	27	26	**25**	24	23	22	21	20	19	18	17	16	15	14	13	12	11	10	**9**	8	7	6	5	4	3	2	1	음력	
4	4	4	5	5	5	6	6	6	7	7	7	8	8	8	9	9	9	10	10	10		1	1	1	1	2	2	2	3	대운 순행	
7	7	6	6	6	5	5	5	4	4	4	3	3	3	2	2	2	1	1	1	1		10	10	9	9	9	8	8	8	대운 역행	
																									6				5	양력 월	
26	25	24	23	22	21	20	19	18	17	16	15	14	13	12	11	10	9	8	7	6	5	4	3	2	1	31	30	29	28	양력 일	
戊申	丁未	丙午	乙巳	甲辰	癸卯	壬寅	辛丑	庚子	己亥	戊戌	丁酉	丙申	乙未	甲午	癸巳	壬辰	辛卯	庚寅	己丑	戊子	丁亥	丙戌	乙酉	甲申	癸未	壬午	辛巳	庚辰	己卯	일진	
일	토	금	목	수	巳初	월	일	토	금	목	수	화	월	일	토	금	목	수	화	월	酉初	토	금	목	수	화	월	일	토	절기시각	

				대서															소서6											절기	6月小(己未) 소서
	29	28	27	**26**	25	24	23	22	21	20	19	18	17	16	15	14	13	12	**11**	10	9	8	7	6	5	4	3	2	1	음력	
	4	5	5	5	6	6	6	7	7	7	8	8	8	9	9	9	10	10		1	1	1	1	2	2	2	3	3	3	대운 순행	
	6	6	5	5	5	4	4	4	3	3	3	2	2	2	1	1	1	1		10	10	10	9	9	9	8	8	8	7	대운 역행	
																									7				6	양력 월	
	25	24	23	22	21	20	19	18	17	16	15	14	13	12	11	10	9	8	7	6	5	4	3	2	1	30	29	28	27	양력 일	
	丁丑	丙子	乙亥	甲戌	癸酉	壬申	辛未	庚午	己巳	戊辰	丁卯	丙寅	乙丑	甲子	癸亥	壬戌	辛酉	庚申	己未	戊午	丁巳	丙辰	乙卯	甲寅	癸丑	壬子	辛亥	庚戌	己酉	일진	
	월	일	토	戌正	목	수	화	월	일	토	금	목	수	화	월	일	토	금	寅初	수	화	월	일	토	금	목	수	화	월	절기시각	

• 꿈에 우물이 넘쳐 보이면 가정불화가 있다.

7月大(庚申) 입추

	처서															입추7														절기
30	29	28	27	26	25	24	23	22	21	20	19	18	17	16	15	14	13	12	11	10	9	8	7	6	5	4	3	2	1	음력
5	5	5	6	6	6	7	7	7	8	8	8	9	9	9	10	10		1	1	1	1	2	2	2	3	3	3	4	4	대운 순행
6	5	5	5	4	4	4	3	3	3	2	2	2	1	1	1	1		10	10	9	9	9	8	8	8	7	7	7	6	대운 역행
																							8						7	양력 월
24	23	22	21	20	19	18	17	16	15	14	13	12	11	10	9	8	7	6	5	4	3	2	1	31	30	29	28	27	26	양력 일
丁未	丙午	乙巳	甲辰	癸卯	壬寅	辛丑	庚子	己亥	戊戌	丁酉	丙申	乙未	甲午	癸巳	壬辰	辛卯	庚寅	己丑	戊子	丁亥	丙戌	乙酉	甲申	癸未	壬午	辛巳	庚辰	己卯	戊寅	일진
수	寅正	월	일	토	금	목	수	화	월	일	토	금	목	수	화	월	未初	토	금	목	수	화	월	일	토	금	목	수	화	절기시각

8月小(辛酉) 백로

																백로8														절기
	29	28	27	26	25	24	23	22	21	20	19	18	17	16	15	14	13	12	11	10	9	8	7	6	5	4	3	2	1	음력
	5	6	6	6	7	7	7	8	8	8	9	9	9	10	10		1	1	1	1	2	2	2	3	3	3	4	4	4	대운 순행
	5	5	4	4	4	3	3	3	2	2	2	1	1	1	1		10	10	9	9	9	8	8	8	7	7	7	6	6	대운 역행
																						9							8	양력 월
	22	21	20	19	18	17	16	15	14	13	12	11	10	9	8	7	6	5	4	3	2	1	31	30	29	28	27	26	25	양력 일
	丙子	乙亥	甲戌	癸酉	壬申	辛未	庚午	己巳	戊辰	丁卯	丙寅	乙丑	甲子	癸亥	壬戌	辛酉	庚申	己未	戊午	丁巳	丙辰	乙卯	甲寅	癸丑	壬子	辛亥	庚戌	己酉	戊申	일진
	목	수	화	월	일	토	금	목	수	화	월	일	토	금	목	申正	화	월	일	토	금	목	수	화	월	일	토	금	목	절기시각

9月大(壬戌) 한로

														한로9															추분	절기
30	29	28	27	26	25	24	23	22	21	20	19	18	17	16	15	14	13	12	11	10	9	8	7	6	5	4	3	2	1	음력
5	6	6	6	7	7	7	8	8	8	9	9	9	10		1	1	1	1	2	2	2	3	3	3	4	4	4	5	5	대운 순행
5	4	4	4	3	3	3	2	2	2	1	1	1	1		10	10	9	9	9	8	8	8	7	7	7	6	6	6	5	대운 역행
																					10								9	양력 월
22	21	20	19	18	17	16	15	14	13	12	11	10	9	8	7	6	5	4	3	2	1	30	29	28	27	26	25	24	23	양력 일
丙午	乙巳	甲辰	癸卯	壬寅	辛丑	庚子	己亥	戊戌	丁酉	丙申	乙未	甲午	癸巳	壬辰	辛卯	庚寅	己丑	戊子	丁亥	丙戌	乙酉	甲申	癸未	壬午	辛巳	庚辰	己卯	戊寅	丁丑	일진
토	금	목	수	화	월	일	토	금	목	수	화	월	일	辰正	금	목	수	화	월	일	토	금	목	수	화	월	일	토	丑初	절기시각

10月大(癸亥) 입동

														입동10															상강	절기
30	29	28	27	26	25	24	23	22	21	20	19	18	17	16	15	14	13	12	11	10	9	8	7	6	5	4	3	2	1	음력
5	6	6	6	7	7	7	8	8	8	9	9	9	10		1	1	1	1	2	2	2	3	3	3	4	4	4	5	5	대운 순행
5	4	4	4	3	3	3	2	2	2	1	1	1	1		10	9	9	9	8	8	8	7	7	7	6	6	6	5	5	대운 역행
																					11								10	양력 월
21	20	19	18	17	16	15	14	13	12	11	10	9	8	7	6	5	4	3	2	1	31	30	29	28	27	26	25	24	23	양력 일
丙子	乙亥	甲戌	癸酉	壬申	辛未	庚午	己巳	戊辰	丁卯	丙寅	乙丑	甲子	癸亥	壬戌	辛酉	庚申	己未	戊午	丁巳	丙辰	乙卯	甲寅	癸丑	壬子	辛亥	庚戌	己酉	戊申	丁未	일진
월	일	토	금	목	수	화	월	일	토	금	목	수	화	午初	일	토	금	목	수	화	월	일	토	금	목	수	화	월	午初	절기시각

11月大(甲子) 대설

동지														대설11															소설	절기
30	29	28	27	26	25	24	23	22	21	20	19	18	17	16	15	14	13	12	11	10	9	8	7	6	5	4	3	2	1	음력
5	5	6	6	6	7	7	7	8	8	8	9	9	9		1	1	1	1	2	2	2	3	3	3	4	4	4	5	5	대운 순행
5	4	4	4	3	3	3	2	2	2	1	1	1	1		10	9	9	9	8	8	8	7	7	7	6	6	6	5	5	대운 역행
																					12								11	양력 월
21	20	19	18	17	16	15	14	13	12	11	10	9	8	7	6	5	4	3	2	1	30	29	28	27	26	25	24	23	22	양력 일
丙午	乙巳	甲辰	癸卯	壬寅	辛丑	庚子	己亥	戊戌	丁酉	丙申	乙未	甲午	癸巳	壬辰	辛卯	庚寅	己丑	戊子	丁亥	丙戌	乙酉	甲申	癸未	壬午	辛巳	庚辰	己卯	戊寅	丁丑	일진
亥正	화	월	일	토	금	목	수	화	월	일	토	금	목	寅正	화	월	일	토	금	목	수	화	월	일	토	금	목	수	巳初	절기시각

윤11月小

															소한12															절기
	29	28	27	26	25	24	23	22	21	20	19	18	17	16	15	14	13	12	11	10	9	8	7	6	5	4	3	2	1	음력
	5	6	6	6	7	7	7	8	8	8	9	9	9	10		1	1	1	1	2	2	2	3	3	3	4	4	4	5	대운 순행
	5	4	4	4	3	3	3	2	2	2	1	1	1	1		9	9	9	8	8	8	7	7	7	6	6	6	5	5	대운 역행
																			1										12	양력 월
	19	18	17	16	15	14	13	12	11	10	9	8	7	6	5	4	3	2	1	31	30	29	28	27	26	25	24	23	22	양력 일
	乙亥	甲戌	癸酉	壬申	辛未	庚午	己巳	戊辰	丁卯	丙寅	乙丑	甲子	癸亥	壬戌	辛酉	庚申	己未	戊午	丁巳	丙辰	乙卯	甲寅	癸丑	壬子	辛亥	庚戌	己酉	戊申	丁未	일진
	목	수	화	월	일	토	금	목	수	화	월	일	토	금	申初	수	화	월	일	토	금	목	수	화	월	일	토	금	목	절기시각

12月大(乙丑) 소한

우수														입춘1															대한	절기
30	29	28	27	26	25	24	23	22	21	20	19	18	17	16	15	14	13	12	11	10	9	8	7	6	5	4	3	2	1	음력
5	5	6	6	6	7	7	7	8	8	8	9	9	9		1	1	1	1	2	2	2	3	3	3	4	4	4	5	5	대운 순행
5	4	4	4	3	3	3	2	2	2	1	1	1	1		10	9	9	9	8	8	8	7	7	7	6	6	6	5	5	대운 역행
																	2												1	양력 월
18	17	16	15	14	13	12	11	10	9	8	7	6	5	4	3	2	1	31	30	29	28	27	26	25	24	23	22	21	20	양력 일
乙巳	甲辰	癸卯	壬寅	辛丑	庚子	己亥	戊戌	丁酉	丙申	乙未	甲午	癸巳	壬辰	辛卯	庚寅	己丑	戊子	丁亥	丙戌	乙酉	甲申	癸未	壬午	辛巳	庚辰	己卯	戊寅	丁丑	丙子	일진
子初	금	목	수	화	월	일	토	금	목	수	화	월	일	寅初	금	목	수	화	월	일	토	금	목	수	화	월	일	토	巳初	절기시각

• 火日에 낳고 水가 있는데 財가 형충되면 그의 남편은 주정뱅이다.

서기 2034년
단기 4367년

甲寅年

상문 : 辰 대장군 : 北
조객 : 子 삼 재 : 申子辰
삼살 : 北

															경칩2															절기	1月小(丙寅) 입춘
	29	28	27	26	25	24	23	22	21	20	19	18	17	16	15	14	13	12	11	10	9	8	7	6	5	4	3	2	1	음력	
	6	6	6	7	7	7	8	8	8	9	9	9	10	10		1	1	1	1	2	2	2	3	3	3	4	4	4	5	대운 순행	
	5	4	4	4	3	3	3	2	2	2	1	1	1	1		9	9	9	8	8	8	7	7	7	6	6	6	5	5	대운 역행	
																			3										2	양력 월	
	19	18	17	16	15	14	13	12	11	10	9	8	7	6	5	4	3	2	1	28	27	26	25	24	23	22	21	20	19	양력 일	
	甲戌	癸酉	壬申	辛未	庚午	己巳	戊辰	丁卯	丙寅	乙丑	甲子	癸亥	壬戌	辛酉	庚申	己未	戊午	丁巳	丙辰	乙卯	甲寅	癸丑	壬子	辛亥	庚戌	己酉	戊申	丁未	丙午	일진	
	일	토	금	목	수	화	월	일	토	금	목	수	화	월	亥初	토	금	목	수	화	월	일	토	금	목	수	화	월	일	절기시각	

													청명3																춘분	절기	2月大(丁卯) 경칩
30	29	28	27	26	25	24	23	22	21	20	19	18	17	16	15	14	13	12	11	10	9	8	7	6	5	4	3	2	1	음력	
6	6	6	7	7	7	8	8	8	9	9	9	10		1	1	1	1	2	2	2	3	3	3	4	4	4	5	5	5	대운 순행	
4	4	4	3	3	3	2	2	2	1	1	1	1		10	10	9	9	9	8	8	8	7	7	7	6	6	6	5	5	대운 역행	
																	4												3	양력 월	
18	17	16	15	14	13	12	11	10	9	8	7	6	5	4	3	2	1	31	30	29	28	27	26	25	24	23	22	21	20	양력 일	
甲辰	癸卯	壬寅	辛丑	庚子	己亥	戊戌	丁酉	丙申	乙未	甲午	癸巳	壬辰	辛卯	庚寅	己丑	戊子	丁亥	丙戌	乙酉	甲申	癸未	壬午	辛巳	庚辰	己卯	戊寅	丁丑	丙子	乙亥	일진	
화	월	일	토	금	목	수	화	월	일	토	금	목	丑初	화	월	일	토	금	목	수	화	월	일	토	금	목	수	화	亥初	절기시각	

													입하4															곡우		절기	3月小(戊辰) 청명
	29	28	27	26	25	24	23	22	21	20	19	18	17	16	15	14	13	12	11	10	9	8	7	6	5	4	3	2	1	음력	
	6	7	7	7	8	8	8	9	9	9	10	10		1	1	1	1	2	2	2	3	3	3	4	4	4	5	5	5	대운 순행	
	4	4	3	3	3	2	2	2	1	1	1	1		10	9	9	9	8	8	8	7	7	7	6	6	6	5	5	5	대운 역행	
																	5												4	양력 월	
	17	16	15	14	13	12	11	10	9	8	7	6	5	4	3	2	1	30	29	28	27	26	25	24	23	22	21	20	19	양력 일	
	癸酉	壬申	辛未	庚午	己巳	戊辰	丁卯	丙寅	乙丑	甲子	癸亥	壬戌	辛酉	庚申	己未	戊午	丁巳	丙辰	乙卯	甲寅	癸丑	壬子	辛亥	庚戌	己酉	戊申	丁未	丙午	乙巳	일진	
	수	화	월	일	토	금	목	수	화	월	일	토	酉初	목	수	화	월	일	토	금	목	수	화	월	일	토	금	辰正	수	절기시각	

											망종5															소만				절기	4月小(己巳) 입하
	29	28	27	26	25	24	23	22	21	20	19	18	17	16	15	14	13	12	11	10	9	8	7	6	5	4	3	2	1	음력	
	7	8	8	8	9	9	9	10	10	10		1	1	1	1	2	2	2	3	3	3	4	4	4	5	5	5	6	6	대운 순행	
	3	3	3	2	2	2	1	1	1	1		10	10	9	9	9	8	8	8	7	7	7	6	6	6	5	5	5	4	대운 역행	
															6														5	양력 월	
	15	14	13	12	11	10	9	8	7	6	5	4	3	2	1	31	30	29	28	27	26	25	24	23	22	21	20	19	18	양력 일	
	壬寅	辛丑	庚子	己亥	戊戌	丁酉	丙申	乙未	甲午	癸巳	壬辰	辛卯	庚寅	己丑	戊子	丁亥	丙戌	乙酉	甲申	癸未	壬午	辛巳	庚辰	己卯	戊寅	丁丑	丙子	乙亥	甲戌	일진	
	목	수	화	월	일	토	금	목	수	화	亥正	일	토	금	목	수	화	월	일	토	금	목	수	화	월	辰初	토	금	목	절기시각	

								소서6																하지						절기	5月大(庚午) 망종
30	29	28	27	26	25	24	23	22	21	20	19	18	17	16	15	14	13	12	11	10	9	8	7	6	5	4	3	2	1	음력	
8	8	8	9	9	9	10	10		1	1	1	1	2	2	2	3	3	3	4	4	4	5	5	5	6	6	6	7	7	대운 순행	
3	2	2	2	1	1	1	1		10	10	10	9	9	9	8	8	8	7	7	7	6	6	6	5	5	5	4	4	4	대운 역행	
														7															6	양력 월	
15	14	13	12	11	10	9	8	7	6	5	4	3	2	1	30	29	28	27	26	25	24	23	22	21	20	19	18	17	16	양력 일	
壬申	辛未	庚午	己巳	戊辰	丁卯	丙寅	乙丑	甲子	癸亥	壬戌	辛酉	庚申	己未	戊午	丁巳	丙辰	乙卯	甲寅	癸丑	壬子	辛亥	庚戌	己酉	戊申	丁未	丙午	乙巳	甲辰	癸卯	일진	
토	금	목	수	화	월	일	토	巳初	목	수	화	월	일	토	금	목	수	화	월	일	토	금	목	申初	화	월	일	토	금	절기시각	

							입추7															대서								절기	6月小(辛未) 소서
	29	28	27	26	25	24	23	22	21	20	19	18	17	16	15	14	13	12	11	10	9	8	7	6	5	4	3	2	1	음력	
	8	9	9	9	10	10		1	1	1	1	2	2	2	3	3	3	4	4	4	5	5	5	6	6	6	7	7	7	대운 순행	
	2	2	1	1	1	1		10	10	9	9	9	8	8	8	7	7	7	6	6	6	5	5	5	4	4	4	3	3	대운 역행	
												8																	7	양력 월	
	13	12	11	10	9	8	7	6	5	4	3	2	1	31	30	29	28	27	26	25	24	23	22	21	20	19	18	17	16	양력 일	
	辛丑	庚子	己亥	戊戌	丁酉	丙申	乙未	甲午	癸巳	壬辰	辛卯	庚寅	己丑	戊子	丁亥	丙戌	乙酉	甲申	癸未	壬午	辛巳	庚辰	己卯	戊寅	丁丑	丙子	乙亥	甲戌	癸酉	일진	
	일	토	금	목	수	화	戌初	일	토	금	목	수	화	월	일	토	금	목	수	화	월	丑正	토	금	목	수	화	월	일	절기시각	

• 꿈에 물에 빠져보면 송사가 있다.

7月大(壬申)입추

					백로8															처서										절기
30	29	28	27	26	**25**	24	23	22	21	20	19	18	17	16	15	14	13	12	11	**10**	9	8	7	6	5	4	3	2	1	음력
9	9	9	10	10		1	1	1	1	2	2	2	3	3	3	4	4	4	5	5	5	6	6	6	7	7	7	8	8	대운 순행
2	1	1	1	1		10	10	9	9	9	8	8	8	7	7	7	6	6	6	5	5	5	4	4	4	3	3	3	2	대운 역행
											9																		8	양력 월
12	11	10	9	8	7	6	5	4	3	2	1	31	30	29	28	27	26	25	24	23	22	21	20	19	18	17	16	15	14	양력 일
辛未	庚午	己巳	戊辰	丁卯	丙寅	乙丑	甲子	癸亥	壬戌	辛酉	庚申	己未	戊午	丁巳	丙辰	乙卯	甲寅	癸丑	壬子	辛亥	庚戌	己酉	戊申	丁未	丙午	乙巳	甲辰	癸卯	壬寅	일진
화	월	일	토	금	亥初	수	화	월	일	토	금	목	수	화	월	일	토	금	목	巳初	화	월	일	토	금	목	수	화	월	절기시각

8月小(癸酉)백로

				한로9															추분											절기
	29	28	27	**26**	25	24	23	22	21	20	19	18	17	16	15	14	13	12	**11**	10	9	8	7	6	5	4	3	2	1	음력
	9	9	10		1	1	1	1	2	2	2	3	3	3	4	4	4	5	5	5	6	6	6	7	7	7	8	8	8	대운 순행
	1	1	1		10	10	9	9	9	8	8	8	7	7	7	6	6	6	5	5	5	4	4	4	3	3	3	2	2	대운 역행
											10																		9	양력 월
	11	10	9	8	7	6	5	4	3	2	1	30	29	28	27	26	25	24	23	22	21	20	19	18	17	16	15	14	13	양력 일
	庚子	己亥	戊戌	丁酉	丙申	乙未	甲午	癸巳	壬辰	辛卯	庚寅	己丑	戊子	丁亥	丙戌	乙酉	甲申	癸未	壬午	辛巳	庚辰	己卯	戊寅	丁丑	丙子	乙亥	甲戌	癸酉	壬申	일진
	수	화	월	未正	토	금	목	수	화	월	일	토	금	목	수	화	월	일	辰初	금	목	수	화	월	일	토	금	목	수	절기시각

9月大(甲戌)한로

			입동10															상강												절기
30	29	28	**27**	26	25	24	23	22	21	20	19	18	17	16	15	14	13	**12**	11	10	9	8	7	6	5	4	3	2	1	음력
9	9	10		1	1	1	1	2	2	2	3	3	3	4	4	4	5	5	5	6	6	6	7	7	7	8	8	8	9	대운 순행
1	1	1		10	9	9	9	8	8	8	7	7	7	6	6	6	5	5	5	4	4	4	3	3	3	2	2	2	1	대운 역행
									11																				10	양력 월
10	9	8	7	6	5	4	3	2	1	31	30	29	28	27	26	25	24	23	22	21	20	19	18	17	16	15	14	13	12	양력 일
庚午	己巳	戊辰	丁卯	丙寅	乙丑	甲子	癸亥	壬戌	辛酉	庚申	己未	戊午	丁巳	丙辰	乙卯	甲寅	癸丑	壬子	辛亥	庚戌	己酉	戊申	丁未	丙午	乙巳	甲辰	癸卯	壬寅	辛丑	일진
금	목	수	酉初	월	일	토	금	목	수	화	월	일	토	금	목	수	화	酉初	일	토	금	목	수	화	월	일	토	금	목	절기시각

10月大(乙亥)입동

			대설11															소설												절기
30	29	28	**27**	26	25	24	23	22	21	20	19	18	17	16	15	14	13	**12**	11	10	9	8	7	6	5	4	3	2	1	음력
9	9	9		1	1	1	1	2	2	2	3	3	3	4	4	4	5	5	5	6	6	6	7	7	7	8	8	8	9	대운 순행
1	1	1		10	9	9	9	8	8	8	7	7	7	6	6	6	5	5	5	4	4	4	3	3	3	2	2	2	1	대운 역행
									12																				11	양력 월
10	9	8	7	6	5	4	3	2	1	30	29	28	27	26	25	24	23	22	21	20	19	18	17	16	15	14	13	12	11	양력 일
庚子	己亥	戊戌	丁酉	丙申	乙未	甲午	癸巳	壬辰	辛卯	庚寅	己丑	戊子	丁亥	丙戌	乙酉	甲申	癸未	壬午	辛巳	庚辰	己卯	戊寅	丁丑	丙子	乙亥	甲戌	癸酉	壬申	辛未	일진
일	토	금	巳正	수	화	월	일	토	금	목	수	화	월	일	토	금	목	寅初	화	월	일	토	금	목	수	화	월	일	토	절기시각

11月大(丙子)대설

				소한12														동지												절기
30	29	28	27	**26**	25	24	23	22	21	20	19	18	17	16	15	14	13	**12**	11	10	9	8	7	6	5	4	3	2	1	음력
9	9	9	10		1	1	1	1	2	2	2	3	3	3	4	4	4	5	5	5	6	6	6	7	7	7	8	8	8	대운 순행
1	1	1	1		9	9	9	8	8	8	7	7	7	6	6	6	5	5	5	4	4	4	3	3	3	2	2	2	1	대운 역행
								1																					12	양력 월
9	8	7	6	5	4	3	2	1	31	30	29	28	27	26	25	24	23	22	21	20	19	18	17	16	15	14	13	12	11	양력 일
庚午	己巳	戊辰	丁卯	丙寅	乙丑	甲子	癸亥	壬戌	辛酉	庚申	己未	戊午	丁巳	丙辰	乙卯	甲寅	癸丑	壬子	辛亥	庚戌	己酉	戊申	丁未	丙午	乙巳	甲辰	癸卯	壬寅	辛丑	일진
화	월	일	토	亥初	목	수	화	월	일	토	금	목	수	화	월	일	토	寅正	목	수	화	월	일	토	금	목	수	화	월	절기시각

12月小(丁丑)소한

				입춘1															대한											절기
	29	28	27	**26**	25	24	23	22	21	20	19	18	17	16	15	14	13	12	**11**	10	9	8	7	6	5	4	3	2	1	음력
	9	9	10		1	1	1	1	2	2	2	3	3	3	4	4	4	5	5	5	6	6	6	7	7	7	8	8	8	대운 순행
	1	1	1		10	9	9	9	8	8	8	7	7	7	6	6	6	5	5	5	4	4	4	3	3	3	2	2	2	대운 역행
							2																						1	양력 월
	7	6	5	4	3	2	1	31	30	29	28	27	26	25	24	23	22	21	20	19	18	17	16	15	14	13	12	11	10	양력 일
	己亥	戊戌	丁酉	丙申	乙未	甲午	癸巳	壬辰	辛卯	庚寅	己丑	戊子	丁亥	丙戌	乙酉	甲申	癸未	壬午	辛巳	庚辰	己卯	戊寅	丁丑	丙子	乙亥	甲戌	癸酉	壬申	辛未	일진
	수	화	월	巳初	토	금	목	수	화	월	일	토	금	목	수	화	월	일	申初	금	목	수	화	월	일	토	금	목	수	절기시각

• 비견 · 겁재가 많고 식신 · 상관이 없으면 도박꾼이다.

서기 2035년
단기 4368년

乙卯年

상문 : 巳　대장군 : 北
조객 : 丑　삼　재 : 申子辰
삼살 : 西

1月大(戊寅) 입춘

			경칩2															우수												절기	
30	29	28	27	26	25	24	23	22	21	20	19	18	17	16	15	14	13	12	11	10	9	8	7	6	5	4	3	2	1	음력	
9	9	10		1	1	1	1	2	2	2	3	3	3	4	4	4	5	5	5	6	6	6	7	7	7	8	8	8	9	순행	대운
1	1	1		10	9	9	9	8	8	8	7	7	7	6	6	6	5	5	5	4	4	4	3	3	3	2	2	2	1	역행	
								3																					2	월	양력
9	8	7	6	5	4	3	2	1	28	27	26	25	24	23	22	21	20	19	18	17	16	15	14	13	12	11	10	9	8	일	
己巳	戊辰	丁卯	丙寅	乙丑	甲子	癸亥	壬戌	辛酉	庚申	己未	戊午	丁巳	丙辰	乙卯	甲寅	癸丑	壬子	辛亥	庚戌	己酉	戊申	丁未	丙午	乙巳	甲辰	癸卯	壬寅	辛丑	庚子	일진	
금	목	수	寅初	월	일	토	금	목	수	화	월	일	토	금	목	수	화	卯初	일	토	금	목	수	화	월	일	토	금	목	절기시각	

2月小(己卯) 경칩

			청명3															춘분												절기	
	29	28	27	26	25	24	23	22	21	20	19	18	17	16	15	14	13	12	11	10	9	8	7	6	5	4	3	2	1	음력	
	10	10		1	1	1	1	2	2	2	3	3	3	4	4	4	5	5	5	6	6	6	7	7	7	8	8	8	9	순행	대운
	1	1		10	9	9	9	8	8	8	7	7	7	6	6	6	5	5	5	4	4	4	3	3	3	2	2	2	1	역행	
							4																						3	월	양력
	7	6	5	4	3	2	1	31	30	29	28	27	26	25	24	23	22	21	20	19	18	17	16	15	14	13	12	11	10	일	
	戊戌	丁酉	丙申	乙未	甲午	癸巳	壬辰	辛卯	庚寅	己丑	戊子	丁亥	丙戌	乙酉	甲申	癸未	壬午	辛巳	庚辰	己卯	戊寅	丁丑	丙子	乙亥	甲戌	癸酉	壬申	辛未	庚午	일진	
	토	금	辰初	수	화	월	일	토	금	목	수	화	월	일	토	금	목	寅初	화	월	일	토	금	목	수	화	월	일	토	절기시각	

3月大(庚辰) 청명

	입하4																곡우													절기	
30	29	28	27	26	25	24	23	22	21	20	19	18	17	16	15	14	13	12	11	10	9	8	7	6	5	4	3	2	1	음력	
10		1	1	1	1	2	2	2	3	3	3	4	4	4	5	5	5	6	6	6	7	7	7	8	8	8	9	9	9	순행	대운
1		10	10	9	9	9	8	8	8	7	7	7	6	6	6	5	5	5	4	4	4	3	3	3	2	2	2	1	1	역행	
						5																							4	월	양력
7	6	5	4	3	2	1	30	29	28	27	26	25	24	23	22	21	20	19	18	17	16	15	14	13	12	11	10	9	8	일	
戊辰	丁卯	丙寅	乙丑	甲子	癸亥	壬戌	辛酉	庚申	己未	戊午	丁巳	丙辰	乙卯	甲寅	癸丑	壬子	辛亥	庚戌	己酉	戊申	丁未	丙午	乙巳	甲辰	癸卯	壬寅	辛丑	庚子	己亥	일진	
월	子正	토	금	목	수	화	월	일	토	금	목	수	화	월	일	토	未正	목	수	화	월	일	토	금	목	수	화	월	일	절기시각	

4月小(辛巳) 입하

																소만														절기	
	29	28	27	26	25	24	23	22	21	20	19	18	17	16	15	14	13	12	11	10	9	8	7	6	5	4	3	2	1	음력	
	1	1	1	1	2	2	2	3	3	3	4	4	4	5	5	5	6	6	6	7	7	7	8	8	8	9	9	9	10	순행	대운
	10	10	9	9	9	8	8	8	7	7	7	6	6	6	5	5	5	4	4	4	3	3	3	2	2	2	1	1	1	역행	
					6																								5	월	양력
	5	4	3	2	1	31	30	29	28	27	26	25	24	23	22	21	20	19	18	17	16	15	14	13	12	11	10	9	8	일	
	丁酉	丙申	乙未	甲午	癸巳	壬辰	辛卯	庚寅	己丑	戊子	丁亥	丙戌	乙酉	甲申	癸未	壬午	辛巳	庚辰	己卯	戊寅	丁丑	丙子	乙亥	甲戌	癸酉	壬申	辛未	庚午	己巳	일진	
	화	월	일	토	금	목	수	화	월	일	토	금	목	수	화	未初	일	토	금	목	수	화	월	일	토	금	목	수	화	절기시각	

5月小(壬午) 망종

														하지															망종5	절기	
	29	28	27	26	25	24	23	22	21	20	19	18	17	16	15	14	13	12	11	10	9	8	7	6	5	4	3	2	1	음력	
	1	1	2	2	2	3	3	3	4	4	4	5	5	5	6	6	6	7	7	7	8	8	8	9	9	9	10	10		순행	대운
	9	9	9	8	8	8	7	7	7	6	6	6	5	5	5	4	4	4	3	3	3	2	2	2	1	1	1	1		역행	
				7																									6	월	양력
	4	3	2	1	30	29	28	27	26	25	24	23	22	21	20	19	18	17	16	15	14	13	12	11	10	9	8	7	6	일	
	丙寅	乙丑	甲子	癸亥	壬戌	辛酉	庚申	己未	戊午	丁巳	丙辰	乙卯	甲寅	癸丑	壬子	辛亥	庚戌	己酉	戊申	丁未	丙午	乙巳	甲辰	癸卯	壬寅	辛丑	庚子	己亥	戊戌	일진	
	수	화	월	일	토	금	목	수	화	월	일	토	금	亥初	수	화	월	일	토	금	목	수	화	월	일	토	금	목	寅正	절기시각	

6月大(癸未) 소서

											대서																소서6			절기	
30	29	28	27	26	25	24	23	22	21	20	19	18	17	16	15	14	13	12	11	10	9	8	7	6	5	4	3	2	1	음력	
2	2	2	3	3	3	4	4	4	5	5	5	6	6	6	7	7	7	8	8	8	9	9	9	10	10	10		1	1	순행	대운
9	9	8	8	8	7	7	7	6	6	6	5	5	5	4	4	4	3	3	3	2	2	2	1	1	1	1		10	10	역행	
		8																											7	월	양력
3	2	1	31	30	29	28	27	26	25	24	23	22	21	20	19	18	17	16	15	14	13	12	11	10	9	8	7	6	5	일	
丙申	乙未	甲午	癸巳	壬辰	辛卯	庚寅	己丑	戊子	丁亥	丙戌	乙酉	甲申	癸未	壬午	辛巳	庚辰	己卯	戊寅	丁丑	丙子	乙亥	甲戌	癸酉	壬申	辛未	庚午	己巳	戊辰	丁卯	일진	
금	목	수	화	월	일	토	금	목	수	화	辰正	일	토	금	목	수	화	월	일	토	금	목	수	화	월	일	未正	금	목	절기시각	

• 꿈에 술에 몹시 취했다면 송사가 있다.

7月小(甲申) 입추

										처서															입추7					절기
	29	28	27	26	25	24	23	22	21	20	19	18	17	16	15	14	13	12	11	10	9	8	7	6	5	4	3	2	1	음력
	2	3	3	3	4	4	4	5	5	5	6	6	6	7	7	7	8	8	8	9	9	9	10	10		1	1	1	1	대운 순행
	8	8	7	7	7	6	6	6	5	5	5	4	4	4	3	3	3	2	2	2	1	1	1	1		10	10	10	9	대운 역행
	9																												8	양력 월
	1	31	30	29	28	27	26	25	24	23	22	21	20	19	18	17	16	15	14	13	12	11	10	9	8	7	6	5	4	양력 일
	乙丑	甲子	癸亥	壬戌	辛酉	庚申	己未	戊午	丁巳	丙辰	乙卯	甲寅	癸丑	壬子	辛亥	庚戌	己酉	戊申	丁未	丙午	乙巳	甲辰	癸卯	壬寅	辛丑	庚子	己亥	戊戌	丁酉	일진
	토	금	목	수	화	월	일	토	금	申初	수	화	월	일	토	금	목	수	화	월	일	토	금	목	子正	화	월	일	토	절기시각

8月小(乙酉) 백로

								추분															백로8							절기
	29	28	27	26	25	24	23	22	21	20	19	18	17	16	15	14	13	12	11	10	9	8	7	6	5	4	3	2	1	음력
	3	3	3	4	4	4	5	5	5	6	6	6	7	7	7	8	8	8	9	9	9	10		1	1	1	1	2	2	대운 순행
	7	7	7	6	6	6	5	5	5	4	4	4	3	3	3	2	2	2	1	1	1	1		10	10	9	9	9	8	대운 역행
																													9	양력 월
	30	29	28	27	26	25	24	23	22	21	20	19	18	17	16	15	14	13	12	11	10	9	8	7	6	5	4	3	2	양력 일
	甲午	癸巳	壬辰	辛卯	庚寅	己丑	戊子	丁亥	丙戌	乙酉	甲申	癸未	壬午	辛巳	庚辰	己卯	戊寅	丁丑	丙子	乙亥	甲戌	癸酉	壬申	辛未	庚午	己巳	戊辰	丁卯	丙寅	일진
	일	토	금	목	수	화	월	未初	토	금	목	수	화	월	일	토	금	목	수	화	월	일	寅正	금	목	수	화	월	일	절기시각

9月大(丙戌) 한로

							상강															한로9								절기
30	29	28	27	26	25	24	23	22	21	20	19	18	17	16	15	14	13	12	11	10	9	8	7	6	5	4	3	2	1	음력
3	3	3	4	4	4	5	5	5	6	6	6	7	7	7	8	8	8	9	9	9	10		1	1	1	1	2	2	2	대운 순행
7	7	7	6	6	6	5	5	5	4	4	4	3	3	3	2	2	2	1	1	1	1		10	9	9	9	8	8	8	대운 역행
																													10	양력 월
30	29	28	27	26	25	24	23	22	21	20	19	18	17	16	15	14	13	12	11	10	9	8	7	6	5	4	3	2	1	양력 일
甲子	癸亥	壬戌	辛酉	庚申	己未	戊午	丁巳	丙辰	乙卯	甲寅	癸丑	壬子	辛亥	庚戌	己酉	戊申	丁未	丙午	乙巳	甲辰	癸卯	壬寅	辛丑	庚子	己亥	戊戌	丁酉	丙申	乙未	일진
화	월	일	토	금	목	수	子初	월	일	토	금	목	수	화	월	일	토	금	목	수	화	戌初	일	토	금	목	수	화	월	절기시각

10月大(丁亥) 입동

							소설															입동10								절기
30	29	28	27	26	25	24	23	22	21	20	19	18	17	16	15	14	13	12	11	10	9	8	7	6	5	4	3	2	1	음력
3	3	3	4	4	4	5	5	5	6	6	6	7	7	7	8	8	8	9	9	9	10		1	1	1	1	2	2	2	대운 순행
7	7	7	6	6	6	5	5	5	4	4	4	3	3	3	2	2	2	1	1	1	1		10	9	9	9	8	8	8	대운 역행
																												11	10	양력 월
29	28	27	26	25	24	23	22	21	20	19	18	17	16	15	14	13	12	11	10	9	8	7	6	5	4	3	2	1	31	양력 일
甲午	癸巳	壬辰	辛卯	庚寅	己丑	戊子	丁亥	丙戌	乙酉	甲申	癸未	壬午	辛巳	庚辰	己卯	戊寅	丁丑	丙子	乙亥	甲戌	癸酉	壬申	辛未	庚午	己巳	戊辰	丁卯	丙寅	乙丑	일진
목	수	화	월	일	토	금	戌正	수	화	월	일	토	금	목	수	화	월	일	토	금	목	子初	화	월	일	토	금	목	수	절기시각

11月小(戊子) 대설

							동지															대설11								절기
	29	28	27	26	25	24	23	22	21	20	19	18	17	16	15	14	13	12	11	10	9	8	7	6	5	4	3	2	1	음력
	3	3	4	4	4	5	5	5	6	6	6	7	7	7	8	8	8	9	9	9	10		1	1	1	1	2	2	2	대운 순행
	7	7	6	6	6	5	5	5	4	4	4	3	3	3	2	2	2	1	1	1	1		10	9	9	9	8	8	8	대운 역행
																												12	11	양력 월
	28	27	26	25	24	23	22	21	20	19	18	17	16	15	14	13	12	11	10	9	8	7	6	5	4	3	2	1	30	양력 일
	癸亥	壬戌	辛酉	庚申	己未	戊午	丁巳	丙辰	乙卯	甲寅	癸丑	壬子	辛亥	庚戌	己酉	戊申	丁未	丙午	乙巳	甲辰	癸卯	壬寅	辛丑	庚子	己亥	戊戌	丁酉	丙申	乙未	일진
	금	목	수	화	월	일	巳正	금	목	수	화	월	일	토	금	목	수	화	월	일	토	申正	목	수	화	월	일	토	금	절기시각

12月大(己丑) 소한

							대한														소한12									절기
30	29	28	27	26	25	24	23	22	21	20	19	18	17	16	15	14	13	12	11	10	9	8	7	6	5	4	3	2	1	음력
3	3	3	4	4	4	5	5	5	6	6	6	7	7	7	8	8	8	9	9	9		1	1	1	1	2	2	2	3	대운 순행
7	7	6	6	6	5	5	5	4	4	4	3	3	3	2	2	2	1	1	1	1		10	9	9	9	8	8	8	7	대운 역행
																										1			12	양력 월
27	26	25	24	23	22	21	20	19	18	17	16	15	14	13	12	11	10	9	8	7	6	5	4	3	2	1	31	30	29	양력 일
癸巳	壬辰	辛卯	庚寅	己丑	戊子	丁亥	丙戌	乙酉	甲申	癸未	壬午	辛巳	庚辰	己卯	戊寅	丁丑	丙子	乙亥	甲戌	癸酉	壬申	辛未	庚午	己巳	戊辰	丁卯	丙寅	乙丑	甲子	일진
일	토	금	목	수	화	월	戌正	토	금	목	수	화	월	일	토	금	목	수	화	월	寅初	토	금	목	수	화	월	일	토	절기시각

• 인수가 많고 재가 없으면 노름꾼이다.

서기 2036년
단기 4369년

丙辰年

상문 : 午　대장군 : 北
조객 : 寅　삼 재 : 申子辰
삼살 : 南

1月大(庚寅) 입춘

							우수															입춘1								절기
30	29	28	27	26	25	24	23	22	21	20	19	18	17	16	15	14	13	12	11	10	9	8	7	6	5	4	3	2	1	음력
3	3	3	4	4	4	5	5	5	6	6	6	7	7	7	8	8	8	9	9	9	10		1	1	1	1	2	2	2	대운 순행
7	7	7	6	6	6	5	5	5	4	4	4	3	3	3	2	2	2	1	1	1	1		9	9	9	8	8	8	7	대운 역행
																									2				1	양력 월
26	25	24	23	22	21	20	19	18	17	16	15	14	13	12	11	10	9	8	7	6	5	4	3	2	1	31	30	29	28	양력 일
癸亥	壬戌	辛酉	庚申	己未	戊午	丁巳	丙辰	乙卯	甲寅	癸丑	壬子	辛亥	庚戌	己酉	戊申	丁未	丙午	乙巳	甲辰	癸卯	壬寅	辛丑	庚子	己亥	戊戌	丁酉	丙申	乙未	甲午	일진
화	월	일	토	금	목	수	巳正	월	일	토	금	목	수	화	월	일	토	금	목	수	화	申初	일	토	금	목	수	화	월	절기시각

2月大(辛卯) 경칩

							춘분															경칩2								절기
30	29	28	27	26	25	24	23	22	21	20	19	18	17	16	15	14	13	12	11	10	9	8	7	6	5	4	3	2	1	음력
3	3	3	4	4	4	5	5	5	6	6	6	7	7	7	8	8	8	9	9	9	10		1	1	1	1	2	2	2	대운 순행
7	7	7	6	6	6	5	5	5	4	4	4	3	3	3	2	2	2	1	1	1	1		10	9	9	9	8	8	8	대운 역행
																										3			2	양력 월
27	26	25	24	23	22	21	20	19	18	17	16	15	14	13	12	11	10	9	8	7	6	5	4	3	2	1	29	28	27	양력 일
癸巳	壬辰	辛卯	庚寅	己丑	戊子	丁亥	丙戌	乙酉	甲申	癸未	壬午	辛巳	庚辰	己卯	戊寅	丁丑	丙子	乙亥	甲戌	癸酉	壬申	辛未	庚午	己巳	戊辰	丁卯	丙寅	乙丑	甲子	일진
목	수	화	월	일	토	금	목	수	화	월	일	토	금	목	수	화	월	일	토	금	목	수	화	월	일	토	금	목	수	절기시각

3月小(壬辰) 청명

							곡우															청명3								절기
	29	28	27	26	25	24	23	22	21	20	19	18	17	16	15	14	13	12	11	10	9	8	7	6	5	4	3	2	1	음력
	3	4	4	4	5	5	5	6	6	6	7	7	7	8	8	8	9	9	9	10	10		1	1	1	1	2	2	2	대운 순행
	7	7	6	6	6	5	5	5	4	4	4	3	3	3	2	2	2	1	1	1	1		10	9	9	9	8	8	8	대운 역행
																									4				3	양력 월
	25	24	23	22	21	20	19	18	17	16	15	14	13	12	11	10	9	8	7	6	5	4	3	2	1	31	30	29	28	양력 일
	壬戌	辛酉	庚申	己未	戊午	丁巳	丙辰	乙卯	甲寅	癸丑	壬子	辛亥	庚戌	己酉	戊申	丁未	丙午	乙巳	甲辰	癸卯	壬寅	辛丑	庚子	己亥	戊戌	丁酉	丙申	乙未	甲午	일진
	금	목	수	화	월	일	戌正	금	목	수	화	월	일	토	금	목	수	화	월	일	토	未初	목	수	화	월	일	토	금	절기시각

4月大(癸巳) 입하

					소만															입하4										절기
30	29	28	27	26	25	24	23	22	21	20	19	18	17	16	15	14	13	12	11	10	9	8	7	6	5	4	3	2	1	음력
4	4	4	5	5	5	6	6	6	7	7	7	8	8	8	9	9	9	10	10		1	1	1	1	2	2	2	3	3	대운 순행
7	6	6	6	5	5	5	4	4	4	3	3	3	2	2	2	1	1	1	1		10	10	9	9	9	8	8	8	7	대운 역행
																								5					4	양력 월
25	24	23	22	21	20	19	18	17	16	15	14	13	12	11	10	9	8	7	6	5	4	3	2	1	30	29	28	27	26	양력 일
壬辰	辛卯	庚寅	己丑	戊子	丁亥	丙戌	乙酉	甲申	癸未	壬午	辛巳	庚辰	己卯	戊寅	丁丑	丙子	乙亥	甲戌	癸酉	壬申	辛未	庚午	己巳	戊辰	丁卯	丙寅	乙丑	甲子	癸亥	일진
일	토	금	목	수	戌初	월	일	토	금	목	수	화	월	일	토	금	목	수	화	卯正	일	토	금	목	수	화	월	일	토	절기시각

5月小(甲午) 망종

			하지																망종5											절기
	29	28	27	26	25	24	23	22	21	20	19	18	17	16	15	14	13	12	11	10	9	8	7	6	5	4	3	2	1	음력
	4	5	5	5	6	6	6	7	7	7	8	8	8	9	9	9	10	10		1	1	1	1	2	2	2	3	3	3	대운 순행
	6	6	5	5	5	4	4	4	3	3	3	2	2	2	1	1	1	1		10	10	9	9	9	8	8	8	7	7	대운 역행
																							6						5	양력 월
	23	22	21	20	19	18	17	16	15	14	13	12	11	10	9	8	7	6	5	4	3	2	1	31	30	29	28	27	26	양력 일
	辛酉	庚申	己未	戊午	丁巳	丙辰	乙卯	甲寅	癸丑	壬子	辛亥	庚戌	己酉	戊申	丁未	丙午	乙巳	甲辰	癸卯	壬寅	辛丑	庚子	己亥	戊戌	丁酉	丙申	乙未	甲午	癸巳	일진
	월	일	寅初	금	목	수	화	월	일	토	금	목	수	화	월	일	토	금	巳正	수	화	월	일	토	금	목	수	화	월	절기시각

6月小(乙未) 소서

	대서															소서6														절기
	29	28	27	26	25	24	23	22	21	20	19	18	17	16	15	14	13	12	11	10	9	8	7	6	5	4	3	2	1	음력
	5	6	6	6	7	7	7	8	8	8	9	9	9	10	10	10		1	1	1	1	2	2	2	3	3	3	4	4	대운 순행
	5	5	5	4	4	4	3	3	3	2	2	2	1	1	1	1		10	10	9	9	9	8	8	8	7	7	7	6	대운 역행
																						7							6	양력 월
	22	21	20	19	18	17	16	15	14	13	12	11	10	9	8	7	6	5	4	3	2	1	30	29	28	27	26	25	24	양력 일
	庚寅	己丑	戊子	丁亥	丙戌	乙酉	甲申	癸未	壬午	辛巳	庚辰	己卯	戊寅	丁丑	丙子	乙亥	甲戌	癸酉	壬申	辛未	庚午	己巳	戊辰	丁卯	丙寅	乙丑	甲子	癸亥	壬戌	일진
	未正	월	일	토	금	목	수	화	월	일	토	금	목	수	화	월	戌正	토	금	목	수	화	월	일	토	금	목	수	화	절기시각

윤6月大

														입추7																절기
30	29	28	27	26	25	24	23	22	21	20	19	18	17	16	15	14	13	12	11	10	9	8	7	6	5	4	3	2	1	음력
6	6	6	7	7	7	8	8	8	9	9	9	10	10		1	1	1	1	2	2	2	3	3	3	4	4	4	5	5	대운 순행
5	4	4	4	3	3	3	2	2	2	1	1	1	1		10	10	10	9	9	9	8	8	8	7	7	7	6	6	6	대운 역행
																				8									7	양력 월
21	20	19	18	17	16	15	14	13	12	11	10	9	8	7	6	5	4	3	2	1	31	30	29	28	27	26	25	24	23	양력 일
庚申	己未	戊午	丁巳	丙辰	乙卯	甲寅	癸丑	壬子	辛亥	庚戌	己酉	戊申	丁未	丙午	乙巳	甲辰	癸卯	壬寅	辛丑	庚子	己亥	戊戌	丁酉	丙申	乙未	甲午	癸巳	壬辰	辛卯	일진
목	수	화	월	일	토	금	목	수	화	월	일	토	금	卯正	수	화	월	일	토	금	목	수	화	월	일	토	금	목	수	절기시각

7月小(丙申)입추

														백로8															처서	절기
	29	28	27	26	25	24	23	22	21	20	19	18	17	16	15	14	13	12	11	10	9	8	7	6	5	4	3	2	1	음력
	6	7	7	7	8	8	8	9	9	9	10	10		1	1	1	1	2	2	2	3	3	3	4	4	4	5	5	5	대운 순행
	4	4	3	3	3	2	2	2	1	1	1	1		10	10	9	9	9	8	8	8	7	7	7	6	6	6	5	5	대운 역행
																			9										8	양력 월
	19	18	17	16	15	14	13	12	11	10	9	8	7	6	5	4	3	2	1	31	30	29	28	27	26	25	24	23	22	양력 일
	己丑	戊子	丁亥	丙戌	乙酉	甲申	癸未	壬午	辛巳	庚辰	己卯	戊寅	丁丑	丙子	乙亥	甲戌	癸酉	壬申	辛未	庚午	己巳	戊辰	丁卯	丙寅	乙丑	甲子	癸亥	壬戌	辛酉	일진
	금	목	수	화	월	일	토	금	목	수	화	월	巳初	토	금	목	수	화	월	일	토	금	목	수	화	월	일	토	亥初	절기시각

8月小(丁酉)백로

											한로9																추분			절기
	29	28	27	26	25	24	23	22	21	20	19	18	17	16	15	14	13	12	11	10	9	8	7	6	5	4	3	2	1	음력
	7	7	7	8	8	8	9	9	9	10		1	1	1	1	2	2	2	3	3	3	4	4	4	5	5	5	6	6	대운 순행
	3	3	3	2	2	2	1	1	1	1		10	10	9	9	9	8	8	8	7	7	7	6	6	6	5	5	5	4	대운 역행
																		10											9	양력 월
	18	17	16	15	14	13	12	11	10	9	8	7	6	5	4	3	2	1	30	29	28	27	26	25	24	23	22	21	20	양력 일
	戊午	丁巳	丙辰	乙卯	甲寅	癸丑	壬子	辛亥	庚戌	己酉	戊申	丁未	丙午	乙巳	甲辰	癸卯	壬寅	辛丑	庚子	己亥	戊戌	丁酉	丙申	乙未	甲午	癸巳	壬辰	辛卯	庚寅	일진
	토	금	목	수	화	월	일	토	금	목	丑初	화	월	일	토	금	목	수	화	월	일	토	금	목	수	화	戌正	일	토	절기시각

9月大(戊戌)한로

										입동10															상강					절기
30	29	28	27	26	25	24	23	22	21	20	19	18	17	16	15	14	13	12	11	10	9	8	7	6	5	4	3	2	1	음력
6	7	7	7	8	8	8	9	9	9		1	1	1	1	2	2	2	3	3	3	4	4	4	5	5	5	6	6	6	대운 순행
3	3	3	2	2	2	1	1	1	1		10	9	9	9	8	8	8	7	7	7	6	6	6	5	5	5	4	4	4	대운 역행
																11													10	양력 월
17	16	15	14	13	12	11	10	9	8	7	6	5	4	3	2	1	31	30	29	28	27	26	25	24	23	22	21	20	19	양력 일
戊子	丁亥	丙戌	乙酉	甲申	癸未	壬午	辛巳	庚辰	己卯	戊寅	丁丑	丙子	乙亥	甲戌	癸酉	壬申	辛未	庚午	己巳	戊辰	丁卯	丙寅	乙丑	甲子	癸亥	壬戌	辛酉	庚申	己未	일진
월	일	토	금	목	수	화	월	일	토	卯初	목	수	화	월	일	토	금	목	수	화	월	일	토	금	寅正	수	화	월	일	절기시각

10月大(己亥)입동

											대설11														소설					절기
30	29	28	27	26	25	24	23	22	21	20	19	18	17	16	15	14	13	12	11	10	9	8	7	6	5	4	3	2	1	음력
6	7	7	7	8	8	8	9	9	9	10		1	1	1	1	2	2	2	3	3	3	4	4	4	5	5	5	6	6	대운 순행
4	3	3	3	2	2	2	1	1	1	1		9	9	9	8	8	8	7	7	7	6	6	6	5	5	5	4	4	4	대운 역행
																12													11	양력 월
17	16	15	14	13	12	11	10	9	8	7	6	5	4	3	2	1	30	29	28	27	26	25	24	23	22	21	20	19	18	양력 일
戊午	丁巳	丙辰	乙卯	甲寅	癸丑	壬子	辛亥	庚戌	己酉	戊申	丁未	丙午	乙巳	甲辰	癸卯	壬寅	辛丑	庚子	己亥	戊戌	丁酉	丙申	乙未	甲午	癸巳	壬辰	辛卯	庚寅	己丑	일진
수	화	월	일	토	금	목	수	화	월	일	亥正	금	목	수	화	월	일	토	금	목	수	화	월	일	丑正	금	목	수	화	절기시각

11月小(庚子)대설

											소한12															동지				절기
	29	28	27	26	25	24	23	22	21	20	19	18	17	16	15	14	13	12	11	10	9	8	7	6	5	4	3	2	1	음력
	6	7	7	7	8	8	8	9	9	9		1	1	1	1	2	2	2	3	3	3	4	4	4	5	5	5	6	6	대운 순행
	3	3	3	2	2	2	1	1	1	1		10	9	9	9	8	8	8	7	7	7	6	6	6	5	5	5	4	4	대운 역행
															1														12	양력 월
	15	14	13	12	11	10	9	8	7	6	5	4	3	2	1	31	30	29	28	27	26	25	24	23	22	21	20	19	18	양력 일
	丁亥	丙戌	乙酉	甲申	癸未	壬午	辛巳	庚辰	己卯	戊寅	丁丑	丙子	乙亥	甲戌	癸酉	壬申	辛未	庚午	己巳	戊辰	丁卯	丙寅	乙丑	甲子	癸亥	壬戌	辛酉	庚申	己未	일진
	목	수	화	월	일	토	금	목	수	화	巳初	일	토	금	목	수	화	월	일	토	금	목	수	화	월	申正	토	금	목	절기시각

12月大(辛丑)소한

											입춘1														대한					절기
30	29	28	27	26	25	24	23	22	21	20	19	18	17	16	15	14	13	12	11	10	9	8	7	6	5	4	3	2	1	음력
6	7	7	7	8	8	8	9	9	9	10		1	1	1	1	2	2	2	3	3	3	4	4	4	5	5	5	6	6	대운 순행
4	3	3	3	2	2	2	1	1	1	1		9	9	9	8	8	8	7	7	7	6	6	6	5	5	5	4	4	4	대운 역행
													2																1	양력 월
14	13	12	11	10	9	8	7	6	5	4	3	2	1	31	30	29	28	27	26	25	24	23	22	21	20	19	18	17	16	양력 일
丁巳	丙辰	乙卯	甲寅	癸丑	壬子	辛亥	庚戌	己酉	戊申	丁未	丙午	乙巳	甲辰	癸卯	壬寅	辛丑	庚子	己亥	戊戌	丁酉	丙申	乙未	甲午	癸巳	壬辰	辛卯	庚寅	己丑	戊子	일진
토	금	목	수	화	월	일	토	금	목	수	戌正	월	일	토	금	목	수	화	월	일	토	금	목	수	丑正	월	일	토	금	절기시각

• 신약사주에 편관이 강하면 시어머니와 남편이 공모하여 나를 구박한다.

서기 2037년
단기 4370년

丁巳年

상문 : 未　대장군 : 東
조객 : 卯　삼　재 : 亥卯未
삼살 : 東

											경칩2															우수				절기	1月大(壬寅) 입춘
30	29	28	27	26	25	24	23	22	21	20	**19**	18	17	16	15	14	13	12	11	10	9	8	7	6	5	**4**	3	2	1	음력	
6	7	7	7	8	8	8	9	9	9	10		1	1	1	1	2	2	2	3	3	3	4	4	4	5	5	5	6	6	대운 순행	
4	3	3	3	2	2	2	1	1	1	1		10	9	9	9	8	8	8	7	7	7	6	6	6	5	5	5	4	4	대운 역행	
															3														2	양력 월	
16	15	14	13	12	11	10	9	8	7	6	5	4	3	2	1	28	27	26	25	24	23	22	21	20	19	18	17	16	15	양력 일	
丁亥	丙戌	乙酉	甲申	癸未	壬午	辛巳	庚辰	己卯	戊寅	丁丑	丙子	乙亥	甲戌	癸酉	壬申	辛未	庚午	己巳	戊辰	丁卯	丙寅	乙丑	甲子	癸亥	壬戌	辛酉	庚申	己未	戊午	일진	
월	일	토	금	목	수	화	월	일	토	금	未正	수	화	월	일	토	금	목	수	화	월	일	토	금	목	申正	화	월	일	절기시각	

											청명3															춘분				절기	2月大(癸卯) 경칩
30	29	28	27	26	25	24	23	22	21	20	**19**	18	17	16	15	14	13	12	11	10	9	8	7	6	5	**4**	3	2	1	음력	
7	7	7	8	8	8	9	9	9	10	10		1	1	1	1	2	2	2	3	3	3	4	4	4	5	5	5	6	6	대운 순행	
4	3	3	3	2	2	2	1	1	1	1		10	9	9	9	8	8	8	7	7	7	6	6	6	5	5	5	4	4	대운 역행	
														4															3	양력 월	
15	14	13	12	11	10	9	8	7	6	5	4	3	2	1	31	30	29	28	27	26	25	24	23	22	21	20	19	18	17	양력 일	
丁巳	丙辰	乙卯	甲寅	癸丑	壬子	辛亥	庚戌	己酉	戊申	丁未	丙午	乙巳	甲辰	癸卯	壬寅	辛丑	庚子	己亥	戊戌	丁酉	丙申	乙未	甲午	癸巳	壬辰	辛卯	庚寅	己丑	戊子	일진	
수	화	월	일	토	금	목	수	화	월	일	戌初	금	목	수	화	월	일	토	금	목	수	화	월	일	토	申初	목	수	화	절기시각	

											입하4															곡우				절기	3月小(甲辰) 청명
	29	28	27	26	25	24	23	22	21	**20**	19	18	17	16	15	14	13	12	11	10	9	8	7	6	**5**	4	3	2	1	음력	
	7	8	8	8	9	9	9	10	10		1	1	1	1	2	2	2	3	3	3	4	4	4	5	5	5	6	6	6	대운 순행	
	3	3	2	2	2	1	1	1	1		10	10	9	9	9	8	8	8	7	7	7	6	6	6	5	5	5	4	4	대운 역행	
														5															4	양력 월	
	14	13	12	11	10	9	8	7	6	5	4	3	2	1	30	29	28	27	26	25	24	23	22	21	20	19	18	17	16	양력 일	
	丙戌	乙酉	甲申	癸未	壬午	辛巳	庚辰	己卯	戊寅	丁丑	丙子	乙亥	甲戌	癸酉	壬申	辛未	庚午	己巳	戊辰	丁卯	丙寅	乙丑	甲子	癸亥	壬戌	辛酉	庚申	己未	戊午	일진	
	목	수	화	월	일	토	금	목	수	午正	월	일	토	금	목	수	화	월	일	토	금	목	수	화	丑正	일	토	금	목	절기시각	

								망종5															소만							절기	4月大(乙巳) 입하
30	29	28	27	26	25	24	23	**22**	21	20	19	18	17	16	15	14	13	12	11	10	9	8	**7**	6	5	4	3	2	1	음력	
8	8	9	9	9	10	10	10		1	1	1	1	2	2	2	3	3	3	4	4	4	5	5	5	6	6	6	7	7	대운 순행	
3	2	2	2	1	1	1	1		10	10	9	9	9	8	8	8	7	7	7	6	6	6	5	5	5	4	4	4	3	대운 역행	
												6																	5	양력 월	
13	12	11	10	9	8	7	6	5	4	3	2	1	31	30	29	28	27	26	25	24	23	22	21	20	19	18	17	16	15	양력 일	
丙辰	乙卯	甲寅	癸丑	壬子	辛亥	庚戌	己酉	戊申	丁未	丙午	乙巳	甲辰	癸卯	壬寅	辛丑	庚子	己亥	戊戌	丁酉	丙申	乙未	甲午	癸巳	壬辰	辛卯	庚寅	己丑	戊子	丁亥	일진	
토	금	목	수	화	월	일	토	申正	목	수	화	월	일	토	금	목	수	화	월	일	토	금	丑初	수	화	월	일	토	금	절기시각	

						소서6																하지								절기	5月小(丙午) 망종
	29	28	27	26	25	**24**	23	22	21	20	19	18	17	16	15	14	13	12	11	10	9	**8**	7	6	5	4	3	2	1	음력	
	9	9	9	10	10		1	1	1	1	2	2	2	3	3	3	4	4	4	5	5	5	6	6	6	7	7	7	8	대운 순행	
	2	1	1	1	1		10	10	10	9	9	9	8	8	8	7	7	7	6	6	6	5	5	5	4	4	4	3	3	대운 역행	
												7																	6	양력 월	
	12	11	10	9	8	7	6	5	4	3	2	1	30	29	28	27	26	25	24	23	22	21	20	19	18	17	16	15	14	양력 일	
	乙酉	甲申	癸未	壬午	辛巳	庚辰	己卯	戊寅	丁丑	丙子	乙亥	甲戌	癸酉	壬申	辛未	庚午	己巳	戊辰	丁卯	丙寅	乙丑	甲子	癸亥	壬戌	辛酉	庚申	己未	戊午	丁巳	일진	
	일	토	금	목	수	丑正	월	일	토	금	목	수	화	월	일	토	금	목	수	화	월	巳初	토	금	목	수	화	월	일	절기시각	

				입추7																	대서									절기	6月小(丁未) 소서
	29	28	27	**26**	25	24	23	22	21	20	19	18	17	16	15	14	13	12	11	**10**	9	8	7	6	5	4	3	2	1	음력	
	9	10	10		1	1	1	1	2	2	2	3	3	3	4	4	4	5	5	5	6	6	6	7	7	7	8	8	8	대운 순행	
	1	1	1		10	10	9	9	9	8	8	8	7	7	7	6	6	6	5	5	5	4	4	4	3	3	3	2	2	대운 역행	
										8																			7	양력 월	
	10	9	8	7	6	5	4	3	2	1	31	30	29	28	27	26	25	24	23	22	21	20	19	18	17	16	15	14	13	양력 일	
	甲寅	癸丑	壬子	辛亥	庚戌	己酉	戊申	丁未	丙午	乙巳	甲辰	癸卯	壬寅	辛丑	庚子	己亥	戊戌	丁酉	丙申	乙未	甲午	癸巳	壬辰	辛卯	庚寅	己丑	戊子	丁亥	丙戌	일진	
	월	일	토	午正	목	수	화	월	일	토	금	목	수	화	월	일	토	금	목	戌正	화	월	일	토	금	목	수	화	월	절기시각	

• 꿈에 상복을 입어보면 경사가 있다.

		백로8															처서													절기	7月大(戊申)입추
30	29	28	27	26	25	24	23	22	21	20	19	18	17	16	15	14	13	12	11	10	9	8	7	6	5	4	3	2	1	음력	
10	10		1	1	1	1	2	2	2	3	3	3	4	4	4	5	5	5	6	6	6	7	7	7	8	8	8	9	9	대운 순행	
1	1		10	10	9	9	9	8	8	8	7	7	7	6	6	6	5	5	5	4	4	4	3	3	3	2	2	2	1	대운 역행	
								9																					8	양력 월	
9	8	7	6	5	4	3	2	1	31	30	29	28	27	26	25	24	23	22	21	20	19	18	17	16	15	14	13	12	11	양력 일	
甲申	癸未	壬午	辛巳	庚辰	己卯	戊寅	丁丑	丙子	乙亥	甲戌	癸酉	壬申	辛未	庚午	己巳	戊辰	丁卯	丙寅	乙丑	甲子	癸亥	壬戌	辛酉	庚申	己未	戊午	丁巳	丙辰	乙卯	일진	
수	화	申初	일	토	금	목	수	화	월	일	토	금	목	수	화	월	寅初	토	금	목	수	화	월	일	토	금	목	수	화	절기시각	

	한로9															추분														절기	8月小(己酉)백로
	29	28	27	26	25	24	23	22	21	20	19	18	17	16	15	14	13	12	11	10	9	8	7	6	5	4	3	2	1	음력	
		1	1	1	1	2	2	2	3	3	3	4	4	4	5	5	5	6	6	6	7	7	7	8	8	8	9	9	9	대운 순행	
		10	10	9	9	9	8	8	8	7	7	7	6	6	6	5	5	5	4	4	4	3	3	3	2	2	2	1	1	대운 역행	
								10																					9	양력 월	
	8	7	6	5	4	3	2	1	30	29	28	27	26	25	24	23	22	21	20	19	18	17	16	15	14	13	12	11	10	양력 일	
	癸丑	壬子	辛亥	庚戌	己酉	戊申	丁未	丙午	乙巳	甲辰	癸卯	壬寅	辛丑	庚子	己亥	戊戌	丁酉	丙申	乙未	甲午	癸巳	壬辰	辛卯	庚寅	己丑	戊子	丁亥	丙戌	乙酉	일진	
	辰初	수	화	월	일	토	금	목	수	화	월	일	토	금	목	丑初	화	월	일	토	금	목	수	화	월	일	토	금	목	절기시각	

															상강															절기	9月小(庚戌)한로
	29	28	27	26	25	24	23	22	21	20	19	18	17	16	15	14	13	12	11	10	9	8	7	6	5	4	3	2	1	음력	
	1	1	1	1	2	2	2	3	3	3	4	4	4	5	5	5	6	6	6	7	7	7	8	8	8	9	9	9	10	대운 순행	
	10	9	9	9	8	8	8	7	7	7	6	6	6	5	5	5	4	4	4	3	3	3	2	2	2	1	1	1	1	대운 역행	
						11																							10	양력 월	
	6	5	4	3	2	1	31	30	29	28	27	26	25	24	23	22	21	20	19	18	17	16	15	14	13	12	11	10	9	양력 일	
	壬午	辛巳	庚辰	己卯	戊寅	丁丑	丙子	乙亥	甲戌	癸酉	壬申	辛未	庚午	己巳	戊辰	丁卯	丙寅	乙丑	甲子	癸亥	壬戌	辛酉	庚申	己未	戊午	丁巳	丙辰	乙卯	甲寅	일진	
	금	목	수	화	월	일	토	금	목	수	화	월	일	토	巳正	목	수	화	월	일	토	금	목	수	화	월	일	토	금	절기시각	

														소설															입동10	절기	10月大(辛亥)입동
30	29	28	27	26	25	24	23	22	21	20	19	18	17	16	15	14	13	12	11	10	9	8	7	6	5	4	3	2	1	음력	
1	1	1	1	2	2	2	3	3	3	4	4	4	5	5	5	6	6	6	7	7	7	8	8	8	9	9	9	10		대운 순행	
10	9	9	9	8	8	8	7	7	7	6	6	6	5	5	5	4	4	4	3	3	3	2	2	2	1	1	1	1		대운 역행	
					12																								11	양력 월	
6	5	4	3	2	1	30	29	28	27	26	25	24	23	22	21	20	19	18	17	16	15	14	13	12	11	10	9	8	7	양력 일	
壬子	辛亥	庚戌	己酉	戊申	丁未	丙午	乙巳	甲辰	癸卯	壬寅	辛丑	庚子	己亥	戊戌	丁酉	丙申	乙未	甲午	癸巳	壬辰	辛卯	庚寅	己丑	戊子	丁亥	丙戌	乙酉	甲申	癸未	일진	
일	토	금	목	수	화	월	일	토	금	목	수	화	월	辰正	토	금	목	수	화	월	일	토	금	목	수	화	월	일	巳正	절기시각	

															동지														대설11	절기	11月小(壬子)대설
	29	28	27	26	25	24	23	22	21	20	19	18	17	16	15	14	13	12	11	10	9	8	7	6	5	4	3	2	1	음력	
	1	1	1	1	2	2	2	3	3	3	4	4	4	5	5	5	6	6	6	7	7	7	8	8	8	9	9	9		대운 순행	
	9	9	9	8	8	8	7	7	7	6	6	6	5	5	5	4	4	4	3	3	3	2	2	2	1	1	1	1		대운 역행	
				1																									12	양력 월	
	4	3	2	1	31	30	29	28	27	26	25	24	23	22	21	20	19	18	17	16	15	14	13	12	11	10	9	8	7	양력 일	
	辛巳	庚辰	己卯	戊寅	丁丑	丙子	乙亥	甲戌	癸酉	壬申	辛未	庚午	己巳	戊辰	丁卯	丙寅	乙丑	甲子	癸亥	壬戌	辛酉	庚申	己未	戊午	丁巳	丙辰	乙卯	甲寅	癸丑	일진	
	월	일	토	금	목	수	화	월	일	토	금	목	수	화	亥初	일	토	금	목	수	화	월	일	토	금	목	수	화	寅初	절기시각	

														대한															소한12	절기	12月大(癸丑)소한
30	29	28	27	26	25	24	23	22	21	20	19	18	17	16	15	14	13	12	11	10	9	8	7	6	5	4	3	2	1	음력	
1	1	1	1	2	2	2	3	3	3	4	4	4	5	5	5	6	6	6	7	7	7	8	8	8	9	9	9	10		대운 순행	
10	9	9	9	8	8	8	7	7	7	6	6	6	5	5	5	4	4	4	3	3	3	2	2	2	1	1	1	1		대운 역행	
		2																											1	양력 월	
3	2	1	31	30	29	28	27	26	25	24	23	22	21	20	19	18	17	16	15	14	13	12	11	10	9	8	7	6	5	양력 일	
辛亥	庚戌	己酉	戊申	丁未	丙午	乙巳	甲辰	癸卯	壬寅	辛丑	庚子	己亥	戊戌	丁酉	丙申	乙未	甲午	癸巳	壬辰	辛卯	庚寅	己丑	戊子	丁亥	丙戌	乙酉	甲申	癸未	壬午	일진	
수	화	월	일	토	금	목	수	화	월	일	토	금	목	辰初	화	월	일	토	금	목	수	화	월	일	토	금	목	수	酉初	절기시각	

• 사주에 乙이 3개 있으면 예술인 팔자다.

서기 2038년
단기 4371년

戊午年

상문 : 申 대장군 : 東
조객 : 辰 삼 재 : 亥卯未
삼살 : 北

1月大(甲寅) 입춘

경칩2															우수														입춘1	절기
30	29	28	27	26	25	24	23	22	21	20	19	18	17	16	**15**	14	13	12	11	10	9	8	7	6	5	4	3	2	**1**	음력
	1	1	1	1	2	2	2	3	3	3	4	4	4	5	5	5	6	6	6	7	7	7	8	8	8	9	9	9		대운 순행
	9	9	9	8	8	8	7	7	7	6	6	6	5	5	5	4	4	4	3	3	3	2	2	2	1	1	1	1		대운 역행
				3																									2	양력 월
5	4	3	2	1	28	27	26	25	24	23	22	21	20	19	18	17	16	15	14	13	12	11	10	9	8	7	6	5	4	양력 일
辛巳	庚辰	己卯	戊寅	丁丑	丙子	乙亥	甲戌	癸酉	壬申	辛未	庚午	己巳	戊辰	丁卯	丙寅	乙丑	甲子	癸亥	壬戌	辛酉	庚申	己未	戊午	丁巳	丙辰	乙卯	甲寅	癸丑	壬子	일진
戌正	목	수	화	월	일	토	금	목	수	화	월	일	토	금	亥正	수	화	월	일	토	금	목	수	화	월	일	토	금	丑正	절기시각

2月大(乙卯) 경칩

															춘분															절기
30	29	28	27	26	25	24	23	22	21	20	19	18	17	16	**15**	14	13	12	11	10	9	8	7	6	5	4	3	2	1	음력
1	1	1	1	2	2	2	3	3	3	4	4	4	5	5	5	6	6	6	7	7	7	8	8	8	9	9	9	10	10	대운 순행
10	10	9	9	9	8	8	8	7	7	7	6	6	6	5	5	5	4	4	4	3	3	3	2	2	2	1	1	1	1	대운 역행
			4																										3	양력 월
4	3	2	1	31	30	29	28	27	26	25	24	23	22	21	20	19	18	17	16	15	14	13	12	11	10	9	8	7	6	양력 일
辛亥	庚戌	己酉	戊申	丁未	丙午	乙巳	甲辰	癸卯	壬寅	辛丑	庚子	己亥	戊戌	丁酉	丙申	乙未	甲午	癸巳	壬辰	辛卯	庚寅	己丑	戊子	丁亥	丙戌	乙酉	甲申	癸未	壬午	일진
일	토	금	목	수	화	월	일	토	금	목	수	화	월	일	亥初	금	목	수	화	월	일	토	금	목	수	화	월	일	토	절기시각

3月小(丙辰) 청명

														곡우															청명3	절기
	29	28	27	26	25	24	23	22	21	20	19	18	17	**16**	15	14	13	12	11	10	9	8	7	6	5	4	3	2	**1**	음력
	1	1	1	2	2	2	3	3	3	4	4	4	5	5	5	6	6	6	7	7	7	8	8	8	9	9	9	10		대운 순행
	9	9	9	8	8	8	7	7	7	6	6	6	5	5	5	4	4	4	3	3	3	2	2	2	1	1	1	1		대운 역행
			5																										4	양력 월
	3	2	1	30	29	28	27	26	25	24	23	22	21	20	19	18	17	16	15	14	13	12	11	10	9	8	7	6	5	양력 일
	庚辰	己卯	戊寅	丁丑	丙子	乙亥	甲戌	癸酉	壬申	辛未	庚午	己巳	戊辰	丁卯	丙寅	乙丑	甲子	癸亥	壬戌	辛酉	庚申	己未	戊午	丁巳	丙辰	乙卯	甲寅	癸丑	壬子	일진
	월	일	토	금	목	수	화	월	일	토	금	목	수	辰初	월	일	토	금	목	수	화	월	일	토	금	목	수	화	丑初	절기시각

4月大(丁巳) 입하

												소만																입하4		절기
30	29	28	27	26	25	24	23	22	21	20	19	**18**	17	16	15	14	13	12	11	10	9	8	7	6	5	4	3	**2**	1	음력
1	1	2	2	2	3	3	3	4	4	4	5	5	5	6	6	6	7	7	7	8	8	8	9	9	9	10	10		1	대운 순행
9	9	9	8	8	8	7	7	7	6	6	6	5	5	5	4	4	4	3	3	3	2	2	2	1	1	1	1		10	대운 역행
	6																												5	양력 월
2	1	31	30	29	28	27	26	25	24	23	22	21	20	19	18	17	16	15	14	13	12	11	10	9	8	7	6	5	4	양력 일
庚戌	己酉	戊申	丁未	丙午	乙巳	甲辰	癸卯	壬寅	辛丑	庚子	己亥	戊戌	丁酉	丙申	乙未	甲午	癸巳	壬辰	辛卯	庚寅	己丑	戊子	丁亥	丙戌	乙酉	甲申	癸未	壬午	辛巳	일진
수	화	월	일	토	금	목	수	화	월	일	토	卯正	목	수	화	월	일	토	금	목	수	화	월	일	토	금	목	酉正	화	절기시각

5月小(戊午) 망종

											하지																망종5			절기
	29	28	27	26	25	24	23	22	21	20	**19**	18	17	16	15	14	13	12	11	10	9	8	7	6	5	4	**3**	2	1	음력
	2	2	3	3	3	4	4	4	5	5	5	6	6	6	7	7	7	8	8	8	9	9	9	10	10	10		1	1	대운 순행
	9	8	8	8	7	7	7	6	6	6	5	5	5	4	4	4	3	3	3	2	2	2	1	1	1	1		10	10	대운 역행
	7																												6	양력 월
	1	30	29	28	27	26	25	24	23	22	21	20	19	18	17	16	15	14	13	12	11	10	9	8	7	6	5	4	3	양력 일
	己卯	戊寅	丁丑	丙子	乙亥	甲戌	癸酉	壬申	辛未	庚午	己巳	戊辰	丁卯	丙寅	乙丑	甲子	癸亥	壬戌	辛酉	庚申	己未	戊午	丁巳	丙辰	乙卯	甲寅	癸丑	壬子	辛亥	일진
	목	수	화	월	일	토	금	목	수	화	未正	일	토	금	목	수	화	월	일	토	금	목	수	화	월	일	亥正	금	목	절기시각

6月大(己未) 소서

								대서																소서6						절기
30	29	28	27	26	25	24	23	**22**	21	20	19	18	17	16	15	14	13	12	11	10	9	8	7	**6**	5	4	3	2	1	음력
2	3	3	3	4	4	4	5	5	5	6	6	6	7	7	7	8	8	8	9	9	9	10	10		1	1	1	1	2	대운 순행
8	8	7	7	7	6	6	6	5	5	5	4	4	4	3	3	3	2	2	2	1	1	1	1		10	10	10	9	9	대운 역행
																													7	양력 월
31	30	29	28	27	26	25	24	23	22	21	20	19	18	17	16	15	14	13	12	11	10	9	8	7	6	5	4	3	2	양력 일
己酉	戊申	丁未	丙午	乙巳	甲辰	癸卯	壬寅	辛丑	庚子	己亥	戊戌	丁酉	丙申	乙未	甲午	癸巳	壬辰	辛卯	庚寅	己丑	戊子	丁亥	丙戌	乙酉	甲申	癸未	壬午	辛巳	庚辰	일진
토	금	목	수	화	월	일	토	丑初	목	수	화	월	일	토	금	목	수	화	월	일	토	금	목	辰正	화	월	일	토	금	절기시각

• 꿈에 큰 홍수가 난 것을 보면 길한 일이 생긴다.

							처서																입추7							절기	7月小(庚申) 입추
	29	28	27	26	25	24	**23**	22	21	20	19	18	17	16	15	14	13	12	11	10	9	8	**7**	6	5	4	3	2	1	음력	
	3	3	4	4	4	5	5	5	6	6	6	7	7	7	8	8	8	9	9	9	10	10		1	1	1	1	2	2	대운 순행	
	7	7	7	6	6	6	5	5	5	4	4	4	3	3	3	2	2	2	1	1	1	1		10	10	9	9	9	8	대운 역행	
																													8	양력 월	
	29	28	27	26	25	24	23	22	21	20	19	18	17	16	15	14	13	12	11	10	9	8	7	6	5	4	3	2	1	양력 일	
	戊寅	丁丑	丙子	乙亥	甲戌	癸酉	壬申	辛未	庚午	己巳	戊辰	丁卯	丙寅	乙丑	甲子	癸亥	壬戌	辛酉	庚申	己未	戊午	丁巳	丙辰	乙卯	甲寅	癸丑	壬子	辛亥	庚戌	일진	
	일	토	금	목	수	화	巳初	일	토	금	목	수	화	월	일	토	금	목	수	화	월	일	酉正	금	목	수	화	월	일	절기시각	

					추분																백로8									절기	8月大(辛酉) 백로
30	29	28	27	26	**25**	24	23	22	21	20	19	18	17	16	15	14	13	12	11	10	**9**	8	7	6	5	4	3	2	1	음력	
3	4	4	4	5	5	5	6	6	6	7	7	7	8	8	8	9	9	9	10	10		1	1	1	1	2	2	2	3	대운 순행	
7	7	6	6	6	5	5	5	4	4	4	3	3	3	2	2	2	1	1	1	1		10	10	9	9	9	8	8	8	대운 역행	
																											9		8	양력 월	
28	27	26	25	24	23	22	21	20	19	18	17	16	15	14	13	12	11	10	9	8	7	6	5	4	3	2	1	31	30	양력 일	
戊申	丁未	丙午	乙巳	甲辰	癸卯	壬寅	辛丑	庚子	己亥	戊戌	丁酉	丙申	乙未	甲午	癸巳	壬辰	辛卯	庚寅	己丑	戊子	丁亥	丙戌	乙酉	甲申	癸未	壬午	辛巳	庚辰	己卯	일진	
화	월	일	토	금	卯正	수	화	월	일	토	금	목	수	화	월	일	토	금	목	수	亥初	월	일	토	금	목	수	화	월	절기시각	

					상강															한로9										절기	9月小(壬戌) 한로
	29	28	27	26	**25**	24	23	22	21	20	19	18	17	16	15	14	13	12	11	**10**	9	8	7	6	5	4	3	2	1	음력	
	4	4	4	5	5	5	6	6	6	7	7	7	8	8	8	9	9	9	10		1	1	1	1	2	2	2	3	3	대운 순행	
	6	6	6	5	5	5	4	4	4	3	3	3	2	2	2	1	1	1	1		10	10	9	9	9	8	8	8	7	대운 역행	
																											10		9	양력 월	
	27	26	25	24	23	22	21	20	19	18	17	16	15	14	13	12	11	10	9	8	7	6	5	4	3	2	1	30	29	양력 일	
	丁丑	丙子	乙亥	甲戌	癸酉	壬申	辛未	庚午	己巳	戊辰	丁卯	丙寅	乙丑	甲子	癸亥	壬戌	辛酉	庚申	己未	戊午	丁巳	丙辰	乙卯	甲寅	癸丑	壬子	辛亥	庚戌	己酉	일진	
	수	화	월	일	申正	금	목	수	화	월	일	토	금	목	수	화	월	일	토	未初	목	수	화	월	일	토	금	목	수	절기시각	

				소설															입동10											절기	10月小(癸亥) 입동
	29	28	27	**26**	25	24	23	22	21	20	19	18	17	16	15	14	13	12	**11**	10	9	8	7	6	5	4	3	2	1	음력	
	4	4	5	5	5	6	6	6	7	7	7	8	8	8	9	9	9	10		1	1	1	1	2	2	2	3	3	3	대운 순행	
	6	6	5	5	5	4	4	4	3	3	3	2	2	2	1	1	1	1		10	9	9	9	8	8	8	7	7	7	대운 역행	
																									11				10	양력 월	
	25	24	23	22	21	20	19	18	17	16	15	14	13	12	11	10	9	8	7	6	5	4	3	2	1	31	30	29	28	양력 일	
	丙午	乙巳	甲辰	癸卯	壬寅	辛丑	庚子	己亥	戊戌	丁酉	丙申	乙未	甲午	癸巳	壬辰	辛卯	庚寅	己丑	戊子	丁亥	丙戌	乙酉	甲申	癸未	壬午	辛巳	庚辰	己卯	戊寅	일진	
	목	수	화	未正	일	토	금	목	수	화	월	일	토	금	목	수	화	월	申正	토	금	목	수	화	월	일	토	금	목	절기시각	

			동지															대설11												절기	11月大(甲子) 대설
30	29	28	**27**	26	25	24	23	22	21	20	19	18	17	16	15	14	13	**12**	11	10	9	8	7	6	5	4	3	2	1	음력	
4	4	4	5	5	5	6	6	6	7	7	7	8	8	8	9	9	9		1	1	1	1	2	2	2	3	3	3	4	대운 순행	
6	6	5	5	5	4	4	4	3	3	3	2	2	2	1	1	1	1		10	9	9	9	8	8	8	7	7	7	6	대운 역행	
																								12					11	양력 월	
25	24	23	22	21	20	19	18	17	16	15	14	13	12	11	10	9	8	7	6	5	4	3	2	1	30	29	28	27	26	양력 일	
丙子	乙亥	甲戌	癸酉	壬申	辛未	庚午	己巳	戊辰	丁卯	丙寅	乙丑	甲子	癸亥	壬戌	辛酉	庚申	己未	戊午	丁巳	丙辰	乙卯	甲寅	癸丑	壬子	辛亥	庚戌	己酉	戊申	丁未	일진	
토	금	목	寅初	화	월	일	토	금	목	수	화	월	일	토	금	목	수	巳初	월	일	토	금	목	수	화	월	일	토	금	절기시각	

				대한															소한12											절기	12月小(乙丑) 소한
	29	28	27	**26**	25	24	23	22	21	20	19	18	17	16	15	14	13	12	**11**	10	9	8	7	6	5	4	3	2	1	음력	
	4	4	5	5	5	6	6	6	7	7	7	8	8	8	9	9	9	10		1	1	1	1	2	2	2	3	3	3	대운 순행	
	6	6	5	5	5	4	4	4	3	3	3	2	2	2	1	1	1	1		9	9	9	8	8	8	7	7	7	6	대운 역행	
																							1						12	양력 월	
	23	22	21	20	19	18	17	16	15	14	13	12	11	10	9	8	7	6	5	4	3	2	1	31	30	29	28	27	26	양력 일	
	乙巳	甲辰	癸卯	壬寅	辛丑	庚子	己亥	戊戌	丁酉	丙申	乙未	甲午	癸巳	壬辰	辛卯	庚寅	己丑	戊子	丁亥	丙戌	乙酉	甲申	癸未	壬午	辛巳	庚辰	己卯	戊寅	丁丑	일진	
	일	토	금	未正	수	화	월	일	토	금	목	수	화	월	일	토	금	목	戌正	화	월	일	토	금	목	수	화	월	일	절기시각	

• 사주에 乙, 己, 癸가 있으면 수족을 상해보든가 눈병이 있다.

서기 2039년
단기 4372년

己未年

상문 : 酉 대장군 : 東
조객 : 巳 삼 재 : 亥卯未
삼살 : 西

			우수															입춘1												절기	1月大(丙寅) 입춘
30	29	28	**27**	26	25	24	23	22	21	20	19	18	17	16	15	14	13	**12**	11	10	9	8	7	6	5	4	3	2	1	음력	
4	4	5	5	5	6	6	6	7	7	7	8	8	8	9	9	9	10		1	1	1	1	2	2	2	3	3	3	4	순행 대	
6	6	5	5	5	4	4	4	3	3	3	2	2	2	1	1	1	1		10	9	9	9	8	8	8	7	7	7	6	역행 운	
																					2								1	월 양	
22	21	20	19	18	17	16	15	14	13	12	11	10	9	8	7	6	5	4	3	2	1	31	30	29	28	27	26	25	24	일 력	
乙亥	甲戌	癸酉	壬申	辛未	庚午	己巳	戊辰	丁卯	丙寅	乙丑	甲子	癸亥	壬戌	辛酉	庚申	己未	戊午	丁巳	丙辰	乙卯	甲寅	癸丑	壬子	辛亥	庚戌	己酉	戊申	丁未	丙午	일진	
화	월	일	寅正	금	목	수	화	월	일	토	금	목	수	화	월	일	토	辰正	목	수	화	월	일	토	금	목	수	화	월	절기시각	

			춘분															경칩2												절기	2月大(丁卯) 경칩
30	29	28	**27**	26	25	24	23	22	21	20	19	18	17	16	15	14	13	**12**	11	10	9	8	7	6	5	4	3	2	1	음력	
4	4	5	5	5	6	6	6	7	7	7	8	8	8	9	9	9	10		1	1	1	1	2	2	2	3	3	3	4	순행 대	
6	6	5	5	5	4	4	4	3	3	3	2	2	2	1	1	1	1		10	9	9	9	8	8	8	7	7	7	6	역행 운	
																							3						2	월 양	
24	23	22	21	20	19	18	17	16	15	14	13	12	11	10	9	8	7	6	5	4	3	2	1	28	27	26	25	24	23	일 력	
乙巳	甲辰	癸卯	壬寅	辛丑	庚子	己亥	戊戌	丁酉	丙申	乙未	甲午	癸巳	壬辰	辛卯	庚寅	己丑	戊子	丁亥	丙戌	乙酉	甲申	癸未	壬午	辛巳	庚辰	己卯	戊寅	丁丑	丙子	일진	
목	수	화	寅初	일	토	금	목	수	화	월	일	토	금	목	수	화	월	丑正	토	금	목	수	화	월	일	토	금	목	수	절기시각	

			곡우															청명3												절기	3月小(戊辰) 청명
	29	28	**27**	26	25	24	23	22	21	20	19	18	17	16	15	14	13	**12**	11	10	9	8	7	6	5	4	3	2	1	음력	
	5	5	5	6	6	6	7	7	7	8	8	8	9	9	9	10	10		1	1	1	1	2	2	2	3	3	3	4	순행 대	
	6	5	5	5	4	4	4	3	3	3	2	2	2	1	1	1	1		10	9	9	9	8	8	8	7	7	7	6	역행 운	
																						4							3	월 양	
	22	21	20	19	18	17	16	15	14	13	12	11	10	9	8	7	6	5	4	3	2	1	31	30	29	28	27	26	25	일 력	
	甲戌	癸酉	壬申	辛未	庚午	己巳	戊辰	丁卯	丙寅	乙丑	甲子	癸亥	壬戌	辛酉	庚申	己未	戊午	丁巳	丙辰	乙卯	甲寅	癸丑	壬子	辛亥	庚戌	己酉	戊申	丁未	丙午	일진	
	금	목	寅初	화	월	일	토	금	목	수	화	월	일	토	금	목	수	卯正	월	일	토	금	목	수	화	월	일	토	금	절기시각	

	소만															입하4														절기	4月大(己巳) 입하
30	**29**	28	27	26	25	24	23	22	21	20	19	18	17	16	15	**14**	13	12	11	10	9	8	7	6	5	4	3	2	1	음력	
5	5	6	6	6	7	7	7	8	8	8	9	9	9	10	10		1	1	1	1	2	2	2	3	3	3	4	4	4	순행 대	
5	5	5	4	4	4	3	3	3	2	2	2	1	1	1	1		10	10	9	9	9	8	8	8	7	7	7	6	6	역행 운	
																					5								4	월 양	
22	21	20	19	18	17	16	15	14	13	12	11	10	9	8	7	6	5	4	3	2	1	30	29	28	27	26	25	24	23	일 력	
甲辰	癸卯	壬寅	辛丑	庚子	己亥	戊戌	丁酉	丙申	乙未	甲午	癸巳	壬辰	辛卯	庚寅	己丑	戊子	丁亥	丙戌	乙酉	甲申	癸未	壬午	辛巳	庚辰	己卯	戊寅	丁丑	丙子	乙亥	일진	
일	午正	금	목	수	화	월	일	토	금	목	수	화	월	일	토	子初	목	수	화	월	일	토	금	목	수	화	월	일	토	절기시각	

하지															망종5															절기	5月大(庚午) 망종
30	29	28	27	26	25	24	23	22	21	20	19	18	17	16	**15**	14	13	12	11	10	9	8	7	6	5	4	3	2	1	음력	
5	6	6	6	7	7	7	8	8	8	9	9	9	10	10		1	1	1	1	2	2	2	3	3	3	4	4	4	5	순행 대	
5	5	4	4	4	3	3	3	2	2	2	1	1	1	1		10	10	9	9	9	8	8	8	7	7	7	6	6	6	역행 운	
																				6									5	월 양	
21	20	19	18	17	16	15	14	13	12	11	10	9	8	7	6	5	4	3	2	1	31	30	29	28	27	26	25	24	23	일 력	
甲戌	癸酉	壬申	辛未	庚午	己巳	戊辰	丁卯	丙寅	乙丑	甲子	癸亥	壬戌	辛酉	庚申	己未	戊午	丁巳	丙辰	乙卯	甲寅	癸丑	壬子	辛亥	庚戌	己酉	戊申	丁未	丙午	乙巳	일진	
戌正	월	일	토	금	목	수	화	월	일	토	금	목	수	화	寅初	일	토	금	목	수	화	월	일	토	금	목	수	화	월	절기시각	

														소서6																절기	윤 5月 小
	29	28	27	26	25	24	23	22	21	20	19	18	17	**16**	15	14	13	12	11	10	9	8	7	6	5	4	3	2	1	음력	
	6	7	7	7	8	8	8	9	9	9	10	10	10		1	1	1	1	2	2	2	3	3	3	4	4	4	5	5	순행 대	
	4	4	4	3	3	3	2	2	2	1	1	1	1		10	10	9	9	9	8	8	8	7	7	7	6	6	6	5	역행 운	
																				7									6	월 양	
	20	19	18	17	16	15	14	13	12	11	10	9	8	7	6	5	4	3	2	1	30	29	28	27	26	25	24	23	22	일 력	
	癸卯	壬寅	辛丑	庚子	己亥	戊戌	丁酉	丙申	乙未	甲午	癸巳	壬辰	辛卯	庚寅	己丑	戊子	丁亥	丙戌	乙酉	甲申	癸未	壬午	辛巳	庚辰	己卯	戊寅	丁丑	丙子	乙亥	일진	
	수	화	월	일	토	금	목	수	화	월	일	토	금	未正	수	화	월	일	토	금	목	수	화	월	일	토	금	목	수	절기시각	

• 꿈에 샘물을 길어올리면 가출인이 돌아온다.

6月大(辛未) 소서

											입추7																대서			절기
30	29	28	27	26	25	24	23	22	21	20	19	18	17	16	15	14	13	12	11	10	9	8	7	6	5	4	3	2	1	음력
7	7	7	8	8	8	9	9	9	10	10		1	1	1	1	2	2	2	3	3	3	4	4	4	5	5	5	6	6	순행 대운
4	3	3	3	2	2	2	1	1	1	1		10	10	10	9	9	9	8	8	8	7	7	7	6	6	6	5	5	5	역행 대운
																		8											7	월 양력
19	18	17	16	15	14	13	12	11	10	9	8	7	6	5	4	3	2	1	31	30	29	28	27	26	25	24	23	22	21	일 양력
癸酉	壬申	辛未	庚午	己巳	戊辰	丁卯	丙寅	乙丑	甲子	癸亥	壬戌	辛酉	庚申	己未	戊午	丁巳	丙辰	乙卯	甲寅	癸丑	壬子	辛亥	庚戌	己酉	戊申	丁未	丙午	乙巳	甲辰	일진
금	목	수	화	월	일	토	금	목	수	화	子正	일	토	금	목	수	화	월	일	토	금	목	수	화	월	일	辰初	금	목	절기시각

7月小(壬申) 입추

										백로8																처서				절기
	29	28	27	26	25	24	23	22	21	20	19	18	17	16	15	14	13	12	11	10	9	8	7	6	5	4	3	2	1	음력
	7	7	8	8	8	9	9	9	10		1	1	1	1	2	2	2	3	3	3	4	4	4	5	5	5	6	6	6	순행 대운
	3	3	2	2	2	1	1	1	1		10	10	9	9	9	8	8	8	7	7	7	6	6	6	5	5	5	4	4	역행 대운
																	9												8	월 양력
	17	16	15	14	13	12	11	10	9	8	7	6	5	4	3	2	1	31	30	29	28	27	26	25	24	23	22	21	20	일 양력
	壬寅	辛丑	庚子	己亥	戊戌	丁酉	丙申	乙未	甲午	癸巳	壬辰	辛卯	庚寅	己丑	戊子	丁亥	丙戌	乙酉	甲申	癸未	壬午	辛巳	庚辰	己卯	戊寅	丁丑	丙子	乙亥	甲戌	일진
	토	금	목	수	화	월	일	토	금	寅初	수	화	월	일	토	금	목	수	화	월	일	토	금	목	수	未正	월	일	토	절기시각

8月大(癸酉) 백로

									한로9															추분						절기
30	29	28	27	26	25	24	23	22	21	20	19	18	17	16	15	14	13	12	11	10	9	8	7	6	5	4	3	2	1	음력
7	7	8	8	8	9	9	9	10		1	1	1	1	2	2	2	3	3	3	4	4	4	5	5	5	6	6	6	7	순행 대운
3	3	2	2	2	1	1	1	1		10	9	9	9	8	8	8	7	7	7	6	6	6	5	5	5	4	4	4	3	역행 대운
																10													9	월 양력
17	16	15	14	13	12	11	10	9	8	7	6	5	4	3	2	1	30	29	28	27	26	25	24	23	22	21	20	19	18	일 양력
壬申	辛未	庚午	己巳	戊辰	丁卯	丙寅	乙丑	甲子	癸亥	壬戌	辛酉	庚申	己未	戊午	丁巳	丙辰	乙卯	甲寅	癸丑	壬子	辛亥	庚戌	己酉	戊申	丁未	丙午	乙巳	甲辰	癸卯	일진
월	일	토	금	목	수	화	월	일	戌初	금	목	수	화	월	일	토	금	목	수	화	월	일	토	午正	목	수	화	월	일	절기시각

9月小(甲戌) 한로

									입동10															상강						절기
	29	28	27	26	25	24	23	22	21	20	19	18	17	16	15	14	13	12	11	10	9	8	7	6	5	4	3	2	1	음력
	7	8	8	8	9	9	9	10		1	1	1	1	2	2	2	3	3	3	4	4	4	5	5	5	6	6	6	7	순행 대운
	3	2	2	2	1	1	1	1		10	9	9	9	8	8	8	7	7	7	6	6	6	5	5	5	4	4	4	3	역행 대운
															11														10	월 양력
	15	14	13	12	11	10	9	8	7	6	5	4	3	2	1	31	30	29	28	27	26	25	24	23	22	21	20	19	18	일 양력
	辛丑	庚子	己亥	戊戌	丁酉	丙申	乙未	甲午	癸巳	壬辰	辛卯	庚寅	己丑	戊子	丁亥	丙戌	乙酉	甲申	癸未	壬午	辛巳	庚辰	己卯	戊寅	丁丑	丙子	乙亥	甲戌	癸酉	일진
	화	월	일	토	금	목	수	화	亥正	일	토	금	목	수	화	월	일	토	금	목	수	화	월	亥正	토	금	목	수	화	절기시각

10月大(乙亥) 입동

								대설11															소설							절기
30	29	28	27	26	25	24	23	22	21	20	19	18	17	16	15	14	13	12	11	10	9	8	7	6	5	4	3	2	1	음력
7	8	8	8	9	9	9	10		1	1	1	1	2	2	2	3	3	3	4	4	4	5	5	5	6	6	6	7	7	순행 대운
3	2	2	2	1	1	1	1		10	9	9	9	8	8	8	7	7	7	6	6	6	5	5	5	4	4	4	3	3	역행 대운
														12															11	월 양력
15	14	13	12	11	10	9	8	7	6	5	4	3	2	1	30	29	28	27	26	25	24	23	22	21	20	19	18	17	16	일 양력
辛未	庚午	己巳	戊辰	丁卯	丙寅	乙丑	甲子	癸亥	壬戌	辛酉	庚申	己未	戊午	丁巳	丙辰	乙卯	甲寅	癸丑	壬子	辛亥	庚戌	己酉	戊申	丁未	丙午	乙巳	甲辰	癸卯	壬寅	일진
목	수	화	월	일	토	금	목	申初	화	월	일	토	금	목	수	화	월	일	토	금	목	수	戌正	월	일	토	금	목	수	절기시각

11月小(丙子) 대설

								소한12															동지							절기
	29	28	27	26	25	24	23	22	21	20	19	18	17	16	15	14	13	12	11	10	9	8	7	6	5	4	3	2	1	음력
	7	8	8	8	9	9	9		1	1	1	1	2	2	2	3	3	3	4	4	4	5	5	5	6	6	6	7	7	순행 대운
	2	2	2	1	1	1	1		10	9	9	9	8	8	8	7	7	7	6	6	6	5	5	5	4	4	4	3	3	역행 대운
													1																12	월 양력
	13	12	11	10	9	8	7	6	5	4	3	2	1	31	30	29	28	27	26	25	24	23	22	21	20	19	18	17	16	일 양력
	庚子	己亥	戊戌	丁酉	丙申	乙未	甲午	癸巳	壬辰	辛卯	庚寅	己丑	戊子	丁亥	丙戌	乙酉	甲申	癸未	壬午	辛巳	庚辰	己卯	戊寅	丁丑	丙子	乙亥	甲戌	癸酉	壬申	일진
	금	목	수	화	월	일	토	丑正	목	수	화	월	일	토	금	목	수	화	월	일	토	금	巳初	수	화	월	일	토	금	절기시각

12月小(丁丑) 소한

								입춘1															대한							절기
	29	28	27	26	25	24	23	22	21	20	19	18	17	16	15	14	13	12	11	10	9	8	7	6	5	4	3	2	1	음력
	8	8	8	9	9	9	10		1	1	1	1	2	2	2	3	3	3	4	4	4	5	5	5	6	6	6	7	7	순행 대운
	2	2	2	1	1	1	1		9	9	9	8	8	8	7	7	7	6	6	6	5	5	5	4	4	4	3	3	3	역행 대운
											2																		1	월 양력
	11	10	9	8	7	6	5	4	3	2	1	31	30	29	28	27	26	25	24	23	22	21	20	19	18	17	16	15	14	일 양력
	己巳	戊辰	丁卯	丙寅	乙丑	甲子	癸亥	壬戌	辛酉	庚申	己未	戊午	丁巳	丙辰	乙卯	甲寅	癸丑	壬子	辛亥	庚戌	己酉	戊申	丁未	丙午	乙巳	甲辰	癸卯	壬寅	辛丑	일진
	토	금	목	수	화	월	일	未正	금	목	수	화	월	일	토	금	목	수	화	월	일	토	戌正	목	수	화	월	일	토	절기시각

附録篇

Ⅰ. 사주 명리학(四柱命理學) 및 신살 종합해설(神殺綜合解說)

1. 우주의 사상팔괘도(四象八卦圖)

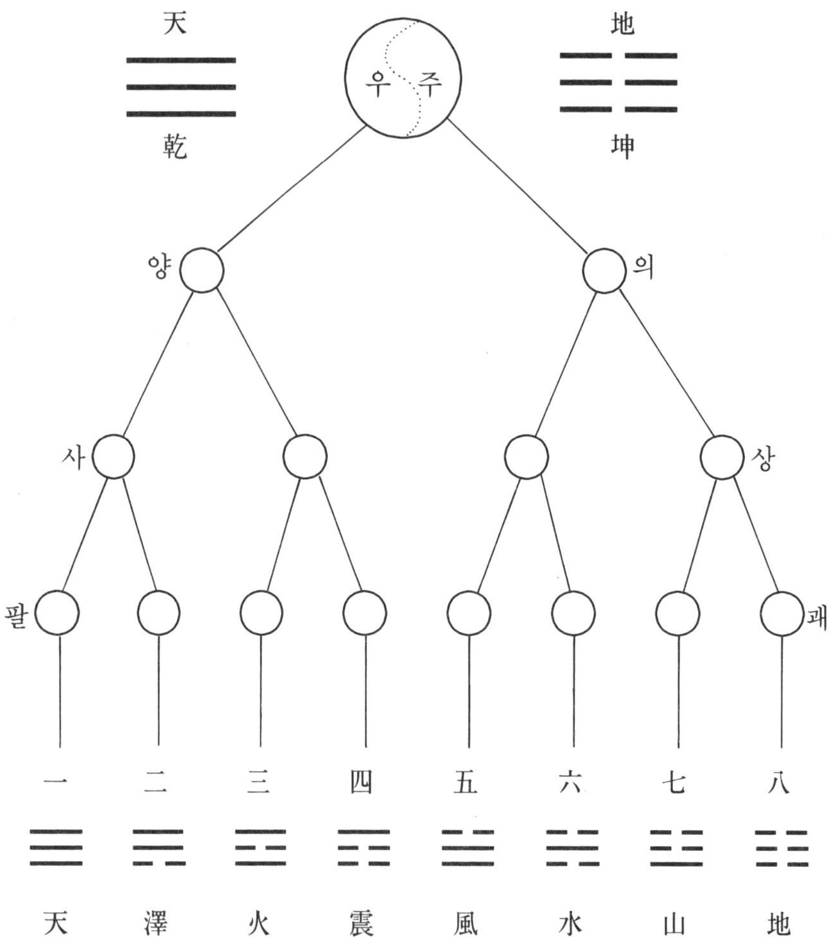

2. 천간지지도(天干地支圖)

1) 천간(天干)

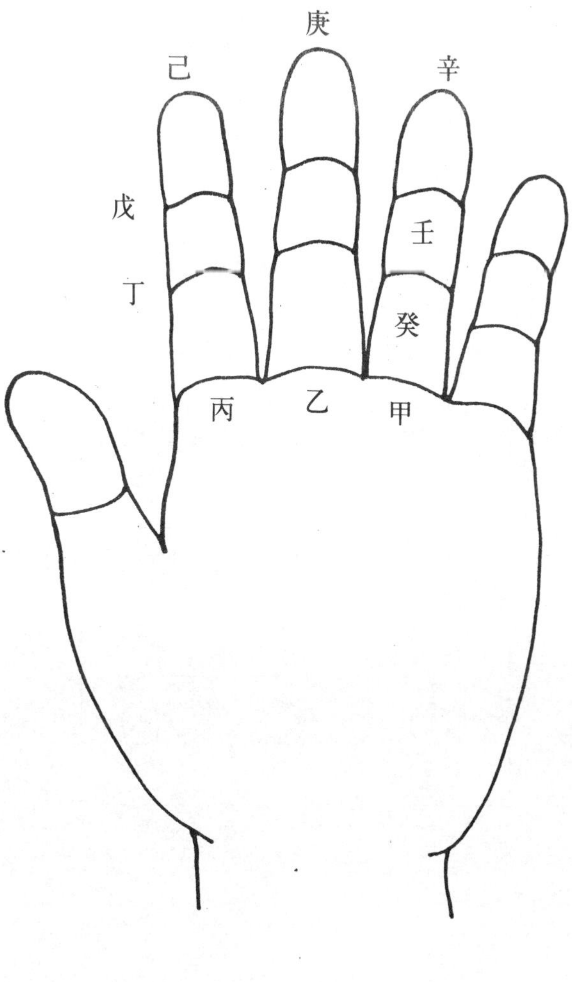

2) 지지(地支)

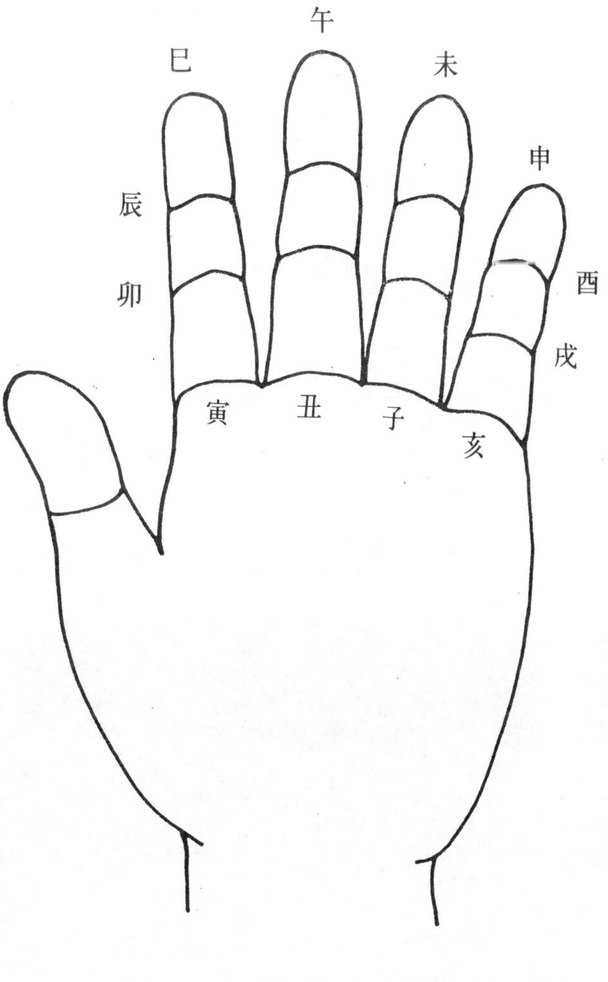

3. 음양오행표(陰陽五行表)

천간(天干)

	木	火	土	金	水
양	甲	丙	戊	庚	壬
음	乙	丁	己	辛	癸

지지(地支)

	木	火	土	金	水
양	寅	午	辰戌	申	子
음	卯	巳	丑未	酉	亥

4. 오행상생표(五行相生表)

※ 서로 돕는 관계

간지	음양 오행	木	火	土	金	水
천간	양	甲	丙	戊	庚	壬
	음	乙	丁	己	辛	癸
지지	양	寅	午	辰戌	申	子
	음	卯	巳	丑未	酉	亥
상생관계		㊍ 生	㊋ 生	㊏ 生 (아래: 生)	㊎ 生	㊌

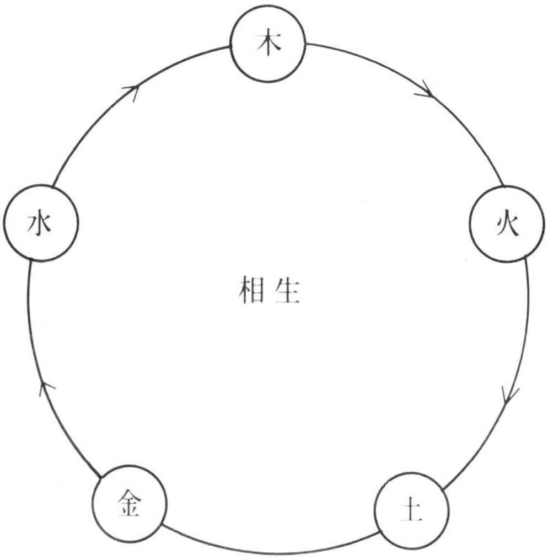

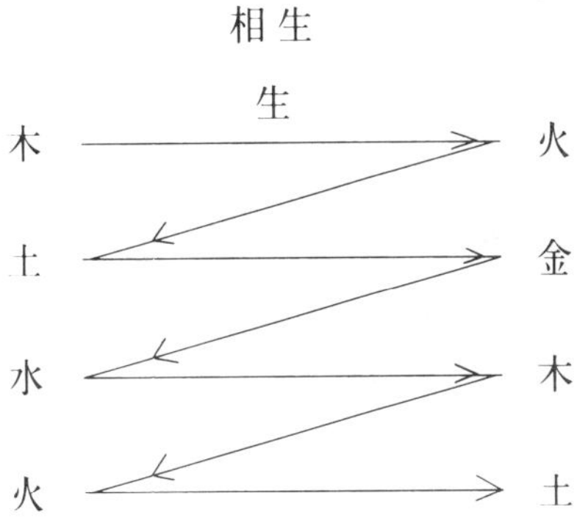

목생화(木生火) : 나무는 불을 살린다.
화생토(火生土) : 불은 흙을 도와준다.
토생금(土生金) : 흙은 쇠를 보호해준다.
금생수(金生水) : 쇠는 물을 낳게 한다.
수생목(水生木) : 물은 나무를 살린다.

5. 오행상극표(五行相剋表)

※ 서로 대립 관계

간지 음양 오행		木	火	土	金	水
천	양	甲	丙	戊	庚	壬
간	음	乙	丁	己	辛	癸
지	양	寅	午	辰戌	申	子
지	음	卯	巳	丑未	酉	亥
상극관계		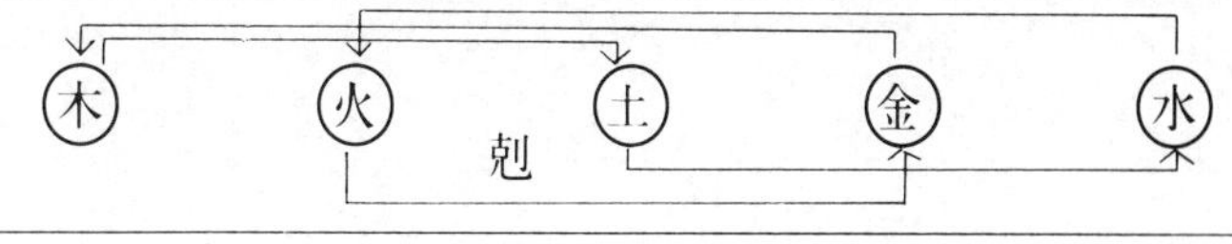				

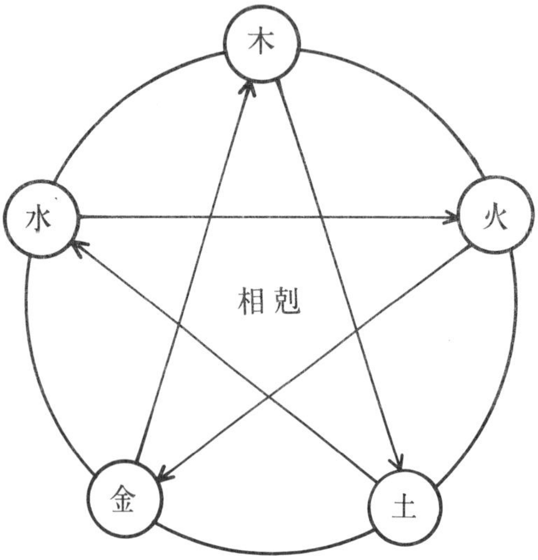

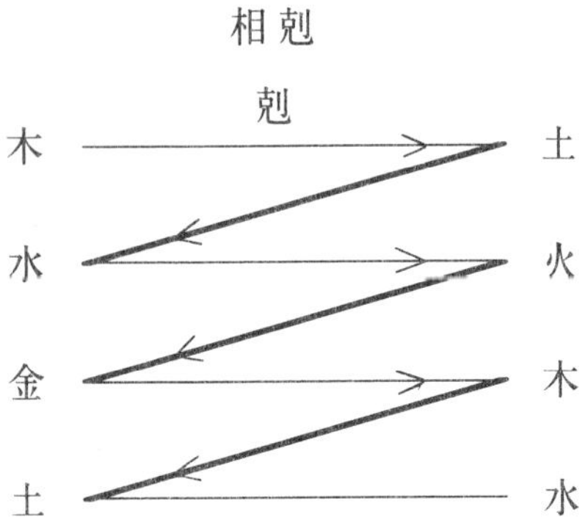

목극토(木剋土) : 나무는 흙을 뚫는다.
토극수(土剋水) : 흙은 물의 흐름을 막는다.
수극화(水剋火) : 물은 불을 끈다.
화극금(火剋金) : 불은 쇠를 녹인다.
금극목(金剋木) : 쇠는 나무를 자른다.

6. 오행의 수(數)

1) 선천수(先天數)

甲己子午	: 9
乙庚丑未	: 8
丙辛寅申	: 7
丁壬卯酉	: 6
戊癸辰戌	: 5
巳亥	: 4

2) 후천수(後天數)

壬子	: 1	丙午	: 7
丁巳	: 2	乙卯	: 8
甲寅	: 3	庚申	: 9
辛酉	: 4	丑未	: 10
戊辰戌	: 5	己	: 百
癸亥	: 6		

7. 육십갑자(六十甲子)와 납음(納音) 및 공망(空亡)

甲子旬		甲戌旬		甲申旬		甲午旬		甲辰旬		甲寅旬	
甲子 乙丑	海中金	甲戌 乙亥	山頭火	甲申 乙酉	泉中水	甲午 乙未	沙中金	甲辰 乙巳	覆燈火	甲寅 乙卯	大溪水
丙寅 丁卯	爐中火	丙子 丁丑	澗下水	丙戌 丁亥	屋上土	丙申 丁酉	山下火	丙午 丁未	天河水	丙辰 丁巳	沙中土
戊辰 己巳	大林木	戊寅 己卯	城頭土	戊子 己丑	霹靂火	戊戌 己亥	平地木	戊申 己酉	大驛土	戊午 己未	天上火
庚午 辛未	路傍土	庚辰 辛巳	白蠟金	庚寅 辛卯	松柏木	庚子 辛丑	壁上土	庚戌 辛亥	釵釧金	庚申 辛酉	石榴木
壬申 癸酉	劍鋒金	壬午 癸未	楊柳木	壬辰 癸巳	長流水	壬寅 癸卯	金箔金	壬子 癸丑	桑柘木	壬戌 癸亥	大海水

旬空	戌亥	申酉	午未	辰巳	寅卯	子丑
納音空亡	水	無	金	水	無	金

8. 합 · 국 · 형 · 충 · 파 · 해(合 · 局 · 刑 · 冲 · 破 · 害)

合	干 合	甲己合土 正中之合	乙庚合金 仁壽之合	丙辛合水 威嚴之合	丁壬合木 仁義之合	戊癸合火 無情之合	
	三 合	巳酉丑 : 金局	亥卯未 : 木局	申子辰 : 水局	寅午戌 : 火局		
	六 合	子 丑 合 土	寅 亥 合 木	卯 戌 合 火	辰 酉 合 金	巳 申 合 水	午未合 合火土
刑冲破害	三 刑	丑戌未(無恩之刑) 寅巳申(持勢之刑) 子卯(無禮之刑)					
	六 刑	寅 巳	巳 申	寅 申	丑 戌	戌 未	丑 未
	自 刑	辰 辰	午 午	酉 酉	亥 亥	子 卯	
	冲	子 午	丑 未	寅 申	卯 酉	辰 戌	巳 亥
	破	子 酉	丑 辰	寅 亥	午 卯	巳 申	戌 未
	害	子 未	丑 午	寅 巳	卯 辰	申 亥	酉 戌

9. 천간합(天干合)

1) 천간합(天干合)

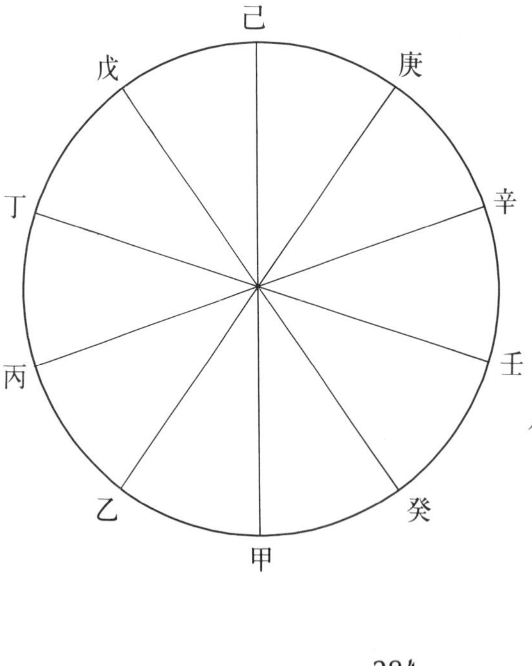

甲己合土
乙庚合金
丙辛合水
丁壬合木
戊癸合火

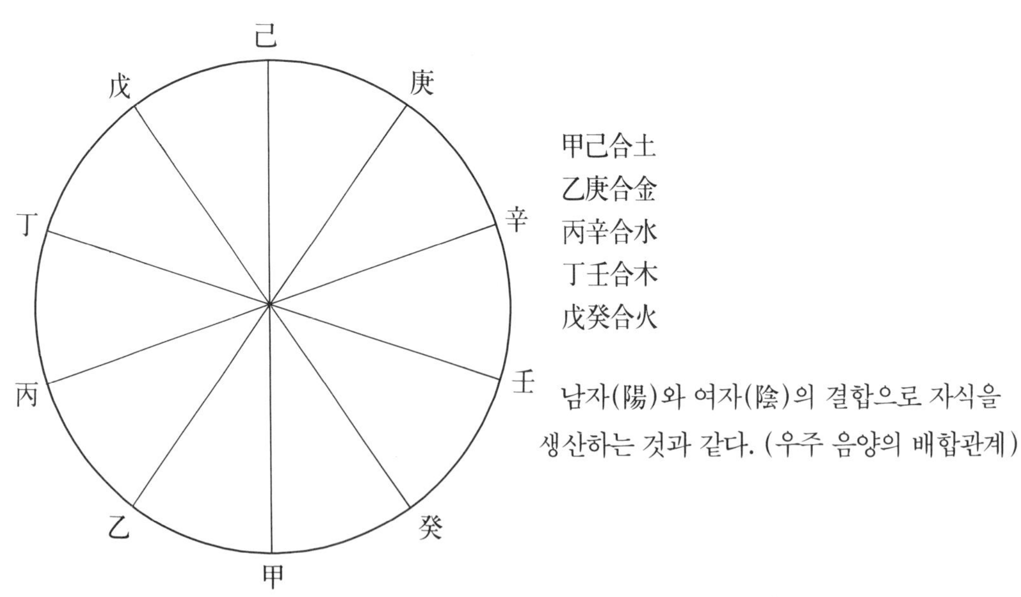

남자(陽)와 여자(陰)의 결합으로 자식을 생산하는 것과 같다. (우주 음양의 배합관계)

2) 천간상충(天干相冲) : 七冲(七殺)

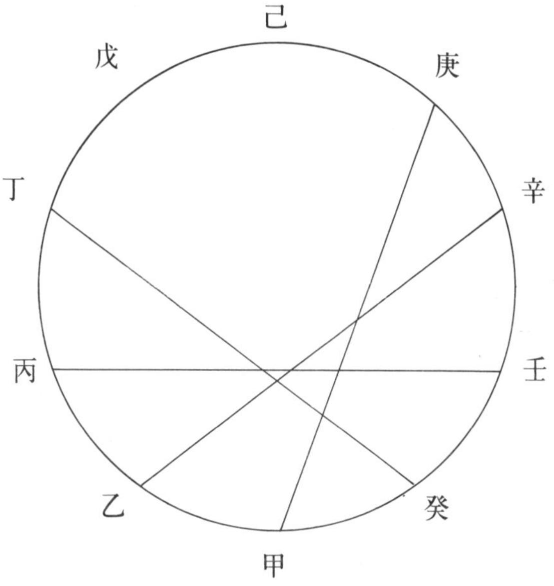

甲庚冲
乙辛冲
丙壬冲
丁癸冲

陽과 陽, 陰과 陰의 7번째 것 끼리 서로 만나 천적(天賊)관계에 있다.
재난, 파재, 변동, 쟁투, 파관, 파직 등을 있게 한다.

10. 지지합(地支合)

1) 육합(六合)

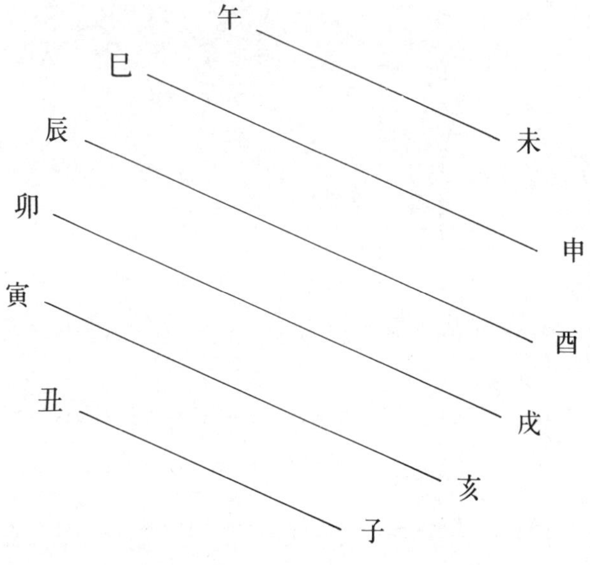

子丑合土
寅亥合木
卯戌合火
辰酉合金
巳申合水
午未合火, 土

이들은 서로 좋아하는 친구들 끼리모여 힘을 합친 것과 같으므로 형(刑), 충(冲), 파(破), 해(害), 공망(空亡)을 당하지 않는다.

2) 삼합(三合)

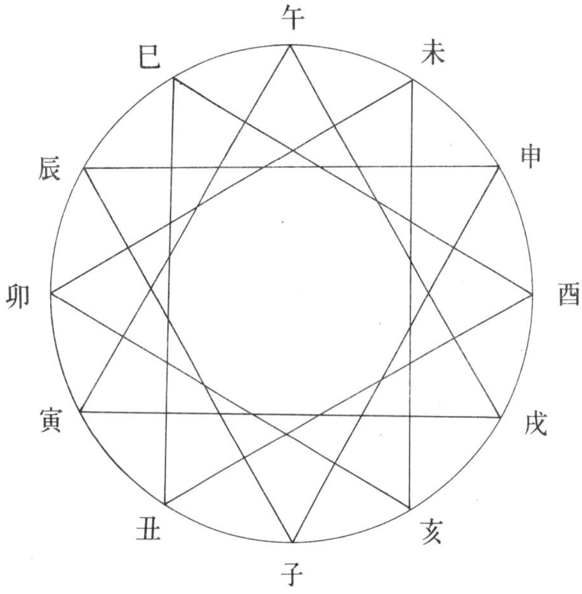

亥卯未 : 木
寅午戌 : 火
巳酉丑 : 金
申子辰 : 水

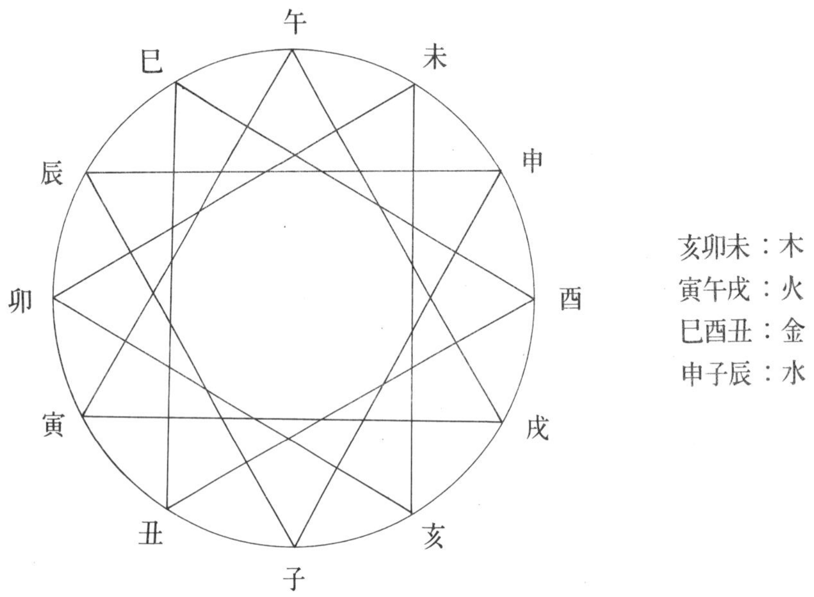

제왕(帝旺 : 子午卯酉)을 중심으로 좌우에 부하를 거느리고 있어 그의 힘이 강해졌다. 형충파해와 공망을 당하지 않는다.

3) 방국합(方局合)

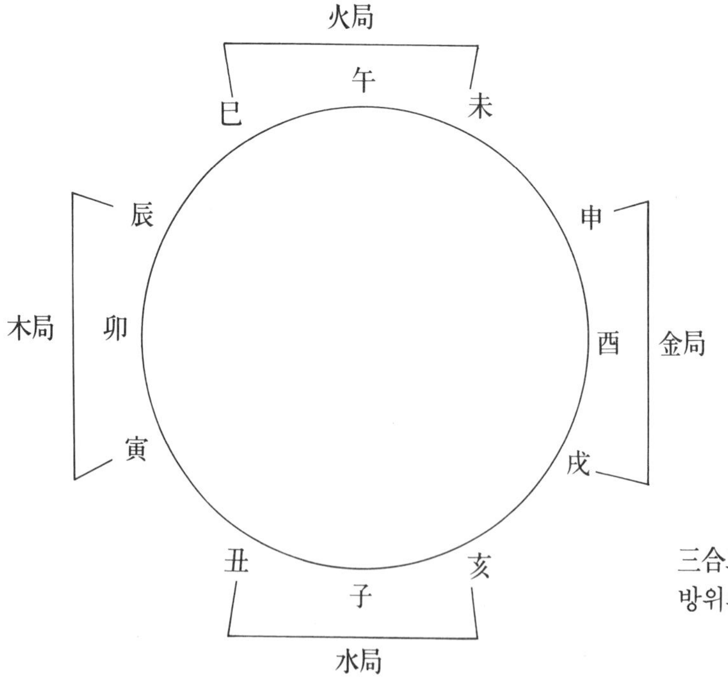

寅卯辰 : 木 : 東 : 春
巳午未 : 火 : 南 : 夏
申酉戌 : 金 : 西 : 秋
亥子丑 : 水 : 北 : 冬

三合보다는 그 작용이 약하며 방위와 계절을 의미한다.

11. 지지상충(地支相冲) : 七冲(七殺)

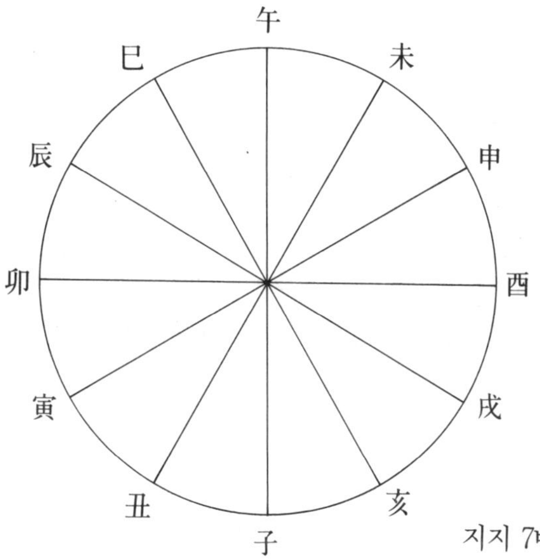

子午冲 : 일신이 불안정 하다.
丑未冲 : 모든 일에 지체가 많다.
寅申冲 : 정에 약하다.
卯酉冲 : 근친자의 배반이 있다.
辰戌冲 : 호색하고 허욕이 강하다.
巳亥冲 : 희생정신이 강하다.

지지 7번째 것 끼리 서로 만나 천적(天賊)관계를 이루고 있어 재난, 파재, 변동, 쟁투, 파관, 파직 등을 있게 한다.

12. 삼형(三刑)

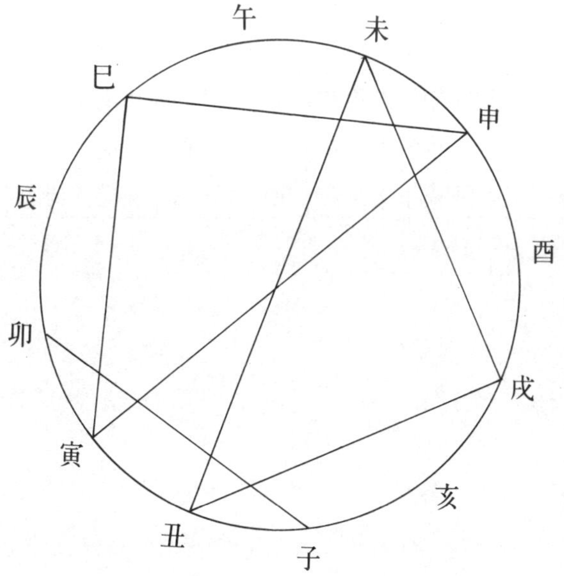

寅巳申 : 세력을 믿고 막강한 힘을 쓰려고 한다.
丑戌未 : 은혜를 배반한다.
子　卯 : 예의 없는 짓을 한다.
辰辰 午午 酉酉 亥亥 : 서로 으르렁 거리며 다툰다.

13. 월시간조견표(月時干早見表)

1) 월간조견표(月干早見表)

절후	입춘	경칩	청명	입하	망종	소서	입추	백로	한로	입동	대설	소한
月 / 年干	1월	2월	3월	4월	5월	6월	7월	8월	9월	10월	11월	12월
甲己年	丙寅	丁卯	戊辰	己巳	庚午	辛未	壬申	癸酉	甲戌	乙亥	丙子	丁丑
乙庚年	戊寅	己卯	庚辰	辛巳	壬午	癸未	甲申	乙酉	丙戌	丁亥	戊子	己丑
丙辛年	庚寅	辛卯	壬辰	癸巳	甲午	乙未	丙申	丁酉	戊戌	己亥	庚子	辛丑
丁壬年	壬寅	癸卯	甲辰	乙巳	丙午	丁未	戊申	己酉	庚戌	辛亥	壬子	癸丑
戊癸年	甲寅	乙卯	丙辰	丁巳	戊午	己未	庚申	辛酉	壬戌	癸亥	甲子	乙丑

2) 시간조견표(時干早見表)

시 / 일간	子	丑	寅	卯	辰	巳	午	未	申	酉	戌	亥
甲己日	甲子	乙丑	丙寅	丁卯	戊辰	己巳	庚午	辛未	壬申	癸酉	甲戌	乙亥
乙庚日	丙子	丁丑	戊寅	己卯	庚辰	辛巳	壬午	癸未	甲申	乙酉	丙戌	丁亥
丙辛日	戊子	乙丑	庚寅	辛卯	壬辰	癸巳	甲午	乙未	丙申	丁酉	戊戌	己亥
丁壬日	庚子	辛丑	壬寅	癸卯	甲辰	乙巳	丙午	丁未	戊申	己酉	庚戌	辛亥
戊癸日	壬子	癸丑	甲寅	乙卯	丙辰	丁巳	戊午	己未	庚申	辛酉	壬戌	癸亥

14. 육신조견표(六神早見表)

1) 천간육신(天干六神)

六神名 日干	비견 比肩	겁재 劫財	식신 食神	상관 傷官	편재 偏財	정재 正財	편관 偏官	정관 正官	편인 偏印	인수 印綬
甲	甲	乙	丙	丁	戊	己	庚	辛	壬	癸
乙	乙	甲	丁	丙	己	戊	辛	庚	癸	壬
丙	丙	丁	戊	己	庚	辛	壬	癸	甲	乙
丁	丁	丙	己	戊	辛	庚	癸	壬	乙	甲
戊	戊	己	庚	辛	壬	癸	甲	乙	丙	丁
己	己	戊	辛	庚	癸	壬	乙	甲	丁	丙
庚	庚	辛	壬	癸	甲	乙	丙	丁	戊	己
辛	辛	庚	癸	壬	乙	甲	丁	丙	己	戊
壬	壬	癸	甲	乙	丙	丁	戊	己	庚	辛
癸	癸	壬	乙	甲	丁	丙	己	戊	辛	庚

※ 일간(日干)을 기준으로 하여 천간(天干)을 대조한다.

2) 지지육신(地支六神)

六神名 日干	비견 比肩	겁재 劫財	식신 食神	상관 傷官	편재 偏財	정재 正財	편관 偏官	정관 正官	편인 偏印	인수 印綬
甲	寅	卯	巳	午	辰戌	丑未	申	酉	亥	子
乙	卯	寅	午	巳	丑未	辰戌	酉	申	子	亥
丙	巳	午	辰戌	丑未	申	酉	亥	子	寅	卯
丁	午	巳	丑未	辰戌	酉	申	子	亥	卯	寅
戊	辰戌	丑未	申	酉	亥	子	寅	卯	巳	午
己	丑未	辰戌	酉	申	子	亥	卯	寅	午	巳
庚	申	酉	亥	子	寅	卯	巳	午	辰戌	丑未
辛	酉	申	子	亥	卯	寅	午	巳	丑未	辰戌
壬	亥	子	寅	卯	巳	午	辰戌	丑未	申	酉
癸	子	亥	卯	寅	午	巳	丑未	辰戌	酉	申

※ 일간(日干)을 기준으로 하여 지지(地支)를 대조한다.

3) 육신별 가족명칭(六神別家族名稱)

남·녀 육 신	남 자 (男 子)	여 자 (女 子)
비 견 (比 肩)	형제, 친구, 조카	형제, 친구, 조카, 이복형제, 남편의 첩
겁 재 (刦 財)	형제, 친구, 조카, 이복형제, 며느리	형제, 친구, 조카, 이복형제, 남편의 첩
식 신 (食 神)	조카, 손자, 장인, 장모	딸, 자식, 손자
상 관 (傷 官)	할머니	아들, 자식, 손자, 할머니
편 재 (偏 財)	아버지, 처첩, 처의 형제	아버지
정 재 (正 財)	본처(아내)	시어머니
편 관 (偏 官)	아들, 자식, 사촌형제	남편(간부), 재가의 남편, 남편의 형제
정 관 (正 官)	딸, 자식, 조카	남편(정부), 며느리
편 인 (偏 印)	어머니, 서모, 계모, 유모, 이모, 할아버지	어머니, 서모, 계모, 유모, 이모, 할아버지
인 수 (印 綬)	어머니, 장인	어머니

15. 지지장간표(地支藏干表)

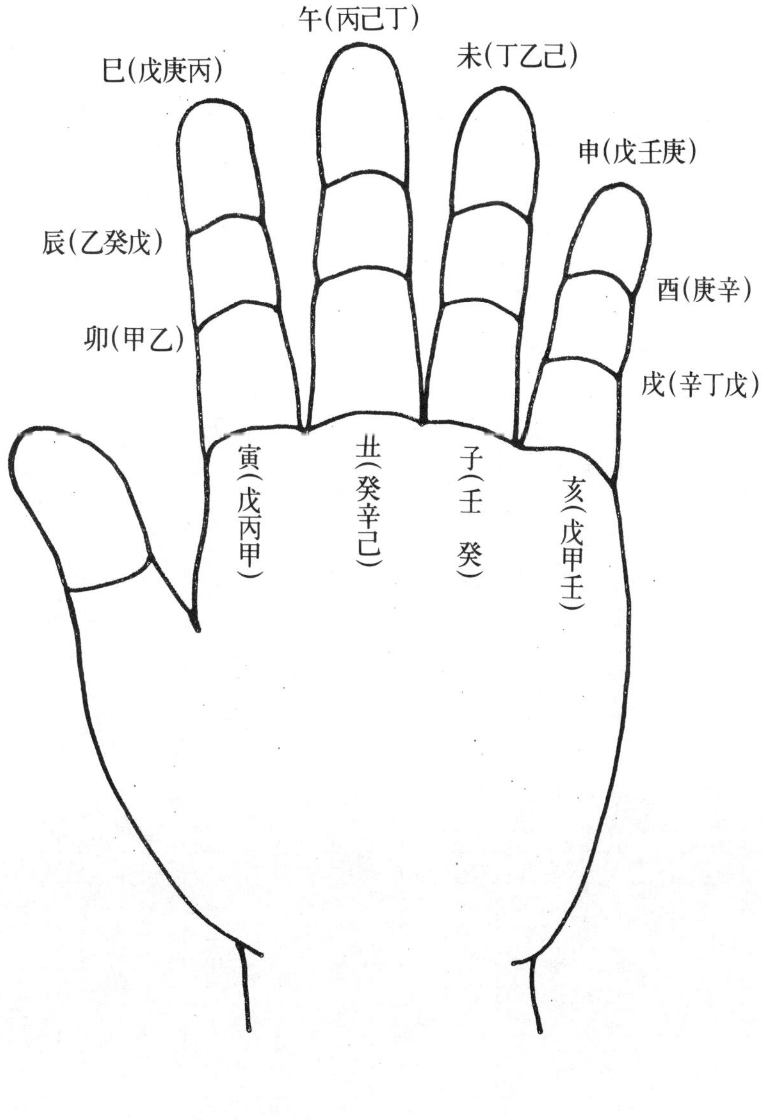

※ 매월일자별(初, 中, 正氣)(절후기준)

12	11	10	9	8	7	6	5	4	3	2	1	출생월
丑	子	亥	戌	酉	申	未	午	巳	辰	卯	寅	月支
癸 辛 己	壬 癸	戊 甲 壬	辛 丁 戊	庚 辛	戊 壬 庚	丁 乙 己	丙 己 丁	戊 庚 丙	乙 癸 戊	甲 乙	戊 丙 甲	初氣 中氣 正氣
癸(9일 3시간)	壬(10일 1시간)	戊(7일 2시간)	辛(9일 3시간)	庚(10일 3시간)	戊(7일 2시간)	丁(9일 3시간)	丙(10일)	戊(7일 2시간)	乙(9일 3시간)	甲(10일 3시간)	戊(7일 2시간)	1 2 3 4 5 6 7 8 9 10 11 12 13 14 15 16 17 18 19 20 21 22 23 24 25 26 27 28 29 30
辛(3일 1시간)		甲(7일 1시간)	丁(3일 1시간)		壬(7일 2시간)	乙(3일 1시간)	己(10일 1시간)	庚(7일 3시간)	癸(3일 1시간)		丙(7일 2시간)	
己(18일 6시간)	癸(20일 2시간)	壬(16일 5시간)	戊(18일 6시간)	辛(20일 6시간)	庚(16일 5시간)	己(11일 2시간)	丁(11일 2시간)	丙(16일 5시간)	戊(18일 6시간)	乙(20일 6시간)	甲(16일 5시간)	
												31

16. 12운성 배정표(十二運星配定表)

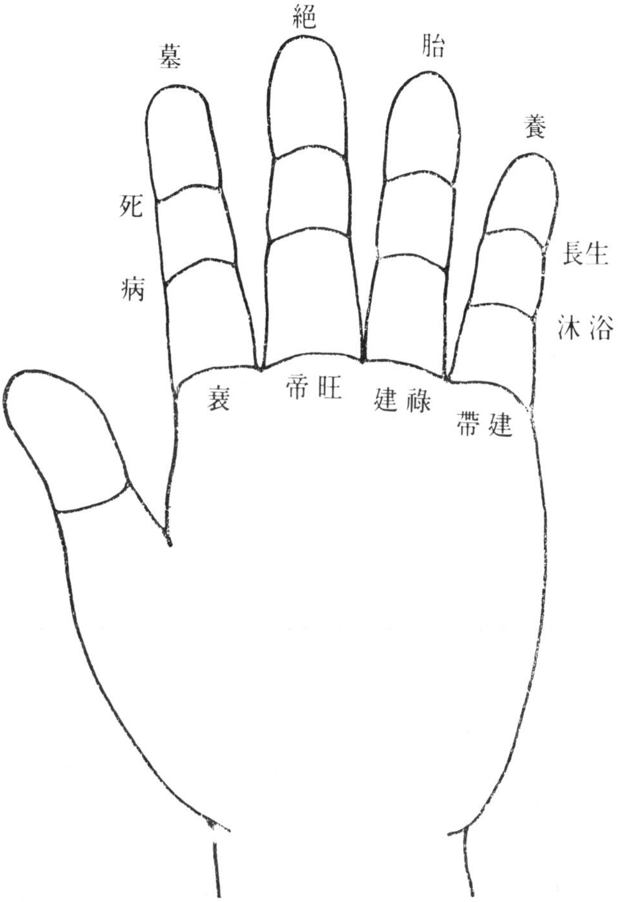

17. 계절의 왕상휴수사법(旺相休囚死法)

계절 / 출생월 / 출생일	봄 : 木	여름 : 火	가을 : 金	겨울 : 水	四季節 : 土
	1, 2, 3	4, 5, 6	7, 8, 9	10, 11, 12	
木(甲乙)	旺 (寅卯)	休 (巳午)	死 (申酉)	相 (亥子)	囚 (辰戌丑未)
火(丙丁)	相 (寅卯)	旺 (巳午)	囚 (申酉)	死 (亥子)	旺 (辰戌丑未)
土(戊己)	死 (寅卯)	相 (巳午)	休 (申酉)	囚 (亥子)	旺 (辰戌丑未)
金(庚辛)	囚 (寅卯)	死 (巳午)	旺 (申酉)	休 (亥子)	相 (辰戌丑未)
水(壬癸)	休 (寅卯)	囚 (巳午)	相 (申酉)	旺 (亥子)	死 (辰戌丑未)

18. 조후용신표(調候用神表)

출생월 / 日干		寅	卯	辰	巳	午	未	申	酉	戌	亥	子	丑
甲	調候用神	丙	庚	庚	癸	癸	癸	庚	庚	庚	庚	丁	丁
	用神補佐	癸	戊丙己丁	壬丁	庚丁	庚丁	庚丁	壬丁	丙丁	壬甲癸丁	戊庚丙	丙庚	丙丁
乙	調候用神	丙	丙	癸	癸	癸	癸	丙	癸	癸	丙	丙	丙
	用神補佐	癸	癸	戊丙		丙	丙	己癸	丁丙	辛	戊		
丙	調候用神	壬	壬	壬	壬	壬	壬	壬	壬	甲	甲	壬	壬
	用神補佐	庚	己	甲	癸庚	庚	庚	戊	癸	壬	庚戊壬	己戊	甲
丁	調候用神	甲	庚	甲	甲	壬	甲	甲	甲	甲	甲	甲	甲
	用神補佐	庚	甲	庚	庚	癸庚	壬庚	丙戊庚	丙戊庚	戊庚	庚	庚	庚
戊	調候用神	丙	丙	甲	甲	壬	癸	丙	丙	甲	甲	丙	丙
	用神補佐	癸甲	癸甲	癸丙	癸丙	丙甲	丙甲	癸甲	癸	癸丙	丙	甲	甲
己	調候用神	丙	甲	丙	癸	癸	癸	丙	丙	甲	丙	丙	丙
	用神補佐	甲庚	癸丙	癸甲	丙	丙	丙	癸	癸	癸丙	戊甲	戊甲	戊甲
庚	調候用神	戊	丁	甲	壬	壬	丁	丁	丁	甲	丁	丁	丙
	用神補佐	甲丁丙壬	甲丙庚	丁壬癸	戊丙丁	癸	甲	甲	丙甲	壬	丙	丙甲	丁甲
辛	調候用神	己	壬	壬	壬	壬	壬	壬	壬	壬	壬	丙	丙
	用神補佐	壬庚	甲	甲	癸甲	癸己	庚甲	戊甲	甲	甲	丙	戊甲壬	壬戊己
壬	調候用神	庚	戊	庚	壬	癸	辛	戊	甲	甲	戊	戊	丙
	用神補佐	戊庚	辛庚	庚	庚辛癸	辛庚	甲	丁	庚	丙	庚丙	丙	丁甲
癸	調候用神	辛	庚	丙	辛	庚	庚	丁	辛	辛	庚	丙	丙
	用神補佐	丙	辛	辛甲		壬辛癸	壬辛辛		丙	壬癸甲	辛戊丁	辛	丁

19. 아들, 딸 태아감별법(胎兒鑑別法)

(여자기준)

나이 / 산월	20	21	22	23	24	25	26	27	28	29	30	31	32	33	34	35	36	37	38	39	40	41	42	43	44	45	46	47	48	49
1	×	○	×	○	○	×	○	×	○	×	○	○	○	×	○	○	○	○	×	○	×	○	×	○	○	×	○	×	○	○
2	×	×	○	○	×	○	×	○	×	○	×	×	×	○	×	○	○	×	○	×	○	○	○	×	○	○	×	○	×	○
3	○	○	○	×	○	×	○	×	○	×	○	○	×	×	○	×	○	○	×	○	×	○	×	×	×	○	○	○	○	○
4	○	×	×	○	○	×	×	○	×	○	×	×	×	○	×	○	×	○	○	×	○	○	○	×	○	×	×	○	×	○
5	○	×	×	○	×	○	×	×	×	○	×	×	×	○	×	×	○	○	○	○	×	×	×	○	○	○	○	○	○	×
6	○	×	○	×	○	×	○	×	×	○	×	×	×	×	×	×	×	×	×	×	○	×	○	×	○	×	×	×	×	○
7	○	×	○	○	○	○	×	○	×	○	×	×	×	×	×	×	×	×	○	×	○	○	×	○	×	○	○	○	○	○
8	○	×	○	×	×	○	○	○	○	○	×	×	×	○	×	○	○	○	×	○	×	○	○	×	○	×	○	×	×	×
9	○	×	○	○	×	○	×	○	○	○	×	×	×	×	×	×	○	○	○	×	○	○	○	○	×	○	×	○	×	×
10	○	×	○	○	×	○	×	○	○	×	×	×	×	×	×	×	×	○	×	○	×	○	○	○	○	○	○	×	○	○
11	○	×	○	○	×	○	×	×	×	×	×	○	○	×	○	×	○	×	○	×	○	×	○	×	×	○	×	○	×	×
12	○	×	○	×	×	○	×	○	○	×	○	○	○	○	×	○	×	○	×	○	×	○	×	○	×	○	○	○	○	○

- 여자 나이로만 본다(남자는 해당 안됨).
- 산월(產月 : 음력)이 ○이면 아들 ×면 딸로 본다.

20. 12신살 및 종합신살(十二神殺綜合神殺)

(1) 12신살(十二神殺) 조견표

12神殺名 / 地支 / 出生年	劫殺	災殺	天殺	地殺	年殺	月殺	亡身	將星	攀鞍	驛馬	六害	華蓋
巳, 酉, 丑	寅	卯	辰	巳	午	未	申	酉	戌	亥	子	丑
亥, 卯, 未	申	酉	戌	亥	子	丑	寅	卯	辰	巳	午	未
申, 子, 辰	巳	午	未	申	酉	戌	亥	子	丑	寅	卯	辰
寅, 午, 戌	亥	子	丑	寅	卯	辰	巳	午	未	申	酉	戌
12운성자리	胞	胎	養	生	沐浴	冠帶	建祿	帝旺	衰	病	死	墓

※ 12신살 보는 법

출생년에서 출생일의 지지를 찾아본다. 예를 들어 亥年生이 申日에 출생하였다면 亥의 출생년에서 申을 보면 겁살에 해당된다. 그러나 위와 같은 방법을 주동하여 시주의 각 지지에 있는 支를 대조하여 신살을 붙이기도 하는데 같은 겁살이라도 월일시에 배정된 곳에 따라 그 작용이 다르다는 것도 참고하여 주기 바란다.

단 겁살, 재살, 천살, 년살, 월살, 망신살, 반안살, 역마살, 육해살이 년지에 있으면 그 작용력이 없고 또 보지도 않는다. 하지만 지살, 장성, 화개는 년에 있는 것을 본다.

그리고 12운성으로도 12신살을 분류하고 육신으로도 분류한다는 것을 참고하여 주기 바란다.

〈예1〉

년 乙亥 → 亥는 지살에 해당하지만 보지 않는다.
월 辛巳 → 巳는 역마에 해당된다.
일 戊申 → 申은 겁살에 해당한다.
시 戊午 → 午는 육해살에 해당한다.

〈예2〉

년 丁酉 → 酉는 장성살에 해당한다.
월 己未 → 未는 월살이 된다.
일 戊子 → 子는 육해살이 된다.
시 丁丑 → 丑은 화개살이 된다.

※ 12신살의 성립요건과 암기법

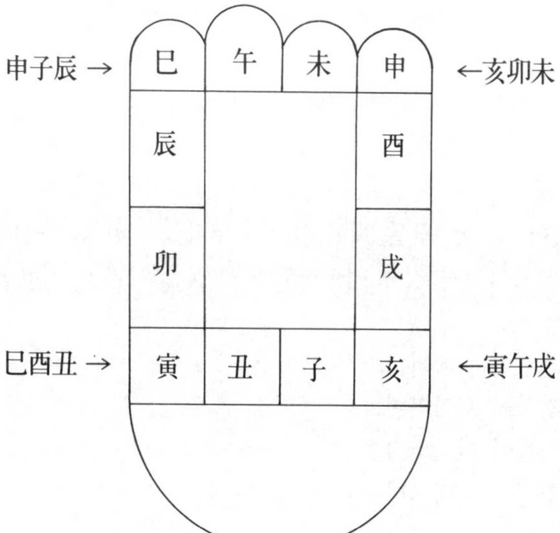

三合 / 년월일 / 12신살	申子辰	亥卯未	寅午戌	巳酉丑	성 립 요 건
겁 살	巳	申	亥	寅	三合끝에 있는 글자의 다음글자
재 살	午	酉	子	卯	三合가운데 글자와 충하는 것
천 살	未	戌	丑	辰	三合첫글자의 바로 앞에 있는 글자
지 살	申	亥	寅	巳	三合의 첫글자가 해당됨
년 살	酉	子	卯	午	三合첫글자의 바로 다음글자
월 살	戌	丑	辰	未	三合끝글자와 충하는 것
망신살	亥	寅	巳	申	三合가운데 글자의 바로 앞글자
장 성	子	卯	午	酉	三合의 가운데 글자가 장성임
반 안	丑	辰	未	戌	三合가운데 글자의 바로 다음글자
역 마	寅	巳	申	亥	三合첫글자와 충하는 것
육 해	卯	午	酉	子	三合끝글자의 바로 앞글자
화 개	辰	未	戌	丑	三合의 끝글자

◎ 도표설명

지지에 있는 12신살을 쉽게 알아내는 방법인데 이방법을 설명하기전에 도표에서 보는 것처럼 신살이 만들어진 원리가 보통으로 만들어진 것이 아니라, 모두 三合의 원리와 四孟, 四正, 四庫의 원리가 배합되어 이렇게 합리적으로 만들어졌다는 것도 함께 이해하여 주시기 바란다.

앞에 있는 도표의 12신살은 순서별로 기록된 것이다.

그러므로 예를들어 출생일의 일지가 申이나 子나 辰이라면 巳에서부터 지지의 순서에 따라 겁살, 재살, 천살, 지살의 순으로 붙여나가는데 이때 사주에 巳가 있으면 겁살, 未가 있으면 천살, 戌이 있으면 월살, 寅이 있으면 역마살이 있다고 본다.

12신살의 맨처음 기준이되는 것은 겁살부터라는 것을 익히고 12신살의 순서를 암기토록 하면 이해가 빠르다.

申子辰은 巳에서 겁살이 시작되고,
亥卯未는 申에서 겁살이 시작되며,
寅午戌은 亥에서 겁살이 시작되고,
巳酉丑은 寅에서 겁살이 시작된다.

※ 신살과 신살의 상충관계

도표에서 보는 바와같이 서로 대립관계에 있는 지지 즉 신살과 신살은 서로 상충하고 있는 관계가 되어 그의 흉극작용 또한 강하다.

겁살 ⟷ 망신살
재살 ⟷ 장성살
천살 ⟷ 반안살
년살 ⟷ 육해살
지살 ⟷ 역마살
월살 ⟷ 화개살

1) 겁살(刦殺)

겁살은 모든 살(殺)중에서도 王中王과 같은 우두머리의 살이되어 그 작용력 또한 강하다.

만약 官星에 겁살이 앉으면 행정관은 수장과 같고 군인은 병권을 휘어잡는 대권을 맡게 된다. 사주에 겁살이 길하게 작용하면 사람이 총명하고 재주가 뛰어나며 대부대귀한 명이다.

그러나 흉하게 작용하면 돌발사고로 비명횡사하는 경우도 있다.

① 겁살은 육신으로 따지면 편관에 해당한다. 사주의 구성이 좋으면 용맹과 무용을 자랑하는 권세가로 출세하며 총명하고 민첩하므로 매사에 적극성을 보일 때 크게 성공한다.

② 그러나 사주의 구성이 나쁘면 내심으로 독기가 있고 혹독잔인하며 고집이 세고 무뚝뚝한 성격에 잔정이 없는 사람이다.

③ 년에서 겁살의 해가 되면 라이벌이 생기고 시비와 구설이 많게되며 하는일 마다 장애가 따른다.

④ 겁살과 원진살 및 공망이 겹치면 도적질하고 싶은 마음이 발동하고 사주에 겁살이 金이나 火에 해당하면 교통사고에 유의하여야 한다.

月 : 월에 겁살이 있으면 성격이 불과같고 행동이 맹호와 같아 무섭게 밀어부치는 기질을 갖고 있다. 일찍 고향을 떠나 곤고한 생활을 하지만 늦게는 기여코 자수성가한다.

日 : 육친이 무덕하고 인덕이 없으며 파란곡절이 많다. 그러나 겁살이 합되고 격식이 좋으면 대부대귀한다.

時 : 시상겁살(時上刦殺)은 영웅살(英雄殺)이라고 하여 존귀하게 본다. 그러나 처나 자식을 극한다.

2) 재살(災殺)

일명 백호살(白虎殺) 또는 수옥살(囚獄殺)이라고도 하는데 장군과 장군의 싸움과 같아 치열하게 다투는 것을 뜻한다. 그러므로 사법기관이나 권력기관에 있으면 그 이름이 높지만 일반인으로써는 감당하기가 어려워 구속납치, 강금, 송사, 교통사고 등 형액이 많다.

月 : 월에 재살이 있으면 로상횡액(路上橫厄)이 있어 교통사고나 강탈을 당해 보기도 한다.

日 : 몸에 잔병이 많고 부부궁이 불길하며 자손과의 연이 희박하다.

時 : 풍파가 많고 구설이 분분하며 심노하고 심상하는 일많다.

3) 천살(天殺)

글자 그대로 하늘에서 내리는 벌이라는 뜻이다. 불의의 천재지변으로 피해를 본다.

月 : 월에 천살이 있으면 항상 건강이 좋지않고 예고없는 일이 많이 발생한다.

日 : 조실부모를 하거나 고향을 일찍 떠나 고생을 하다가 말년에 부유해진다.

時 : 재산은 넉넉하지만 자손의 일이 걱정된다.

4) 지살(地殺)

변화로운 일이 자주발행되므로 이사, 직업변동 등이 심하게 있게 된다.

月 : 월에 지살이 있으면 양자 또는 재가한 어머니의 소생이 많다.

日 : 부부궁이 불실하고 이사를 자주하며 산다.

時 : 시력이 나쁘고 돌아다니기를 좋아하는데 사주의 격이 좋으면 노상에서 횡재하는 경우도 있다.

5) 년살(年殺)

년살을 일명 함지살(咸池殺)이라고도 한다. 이는 도화살과 같이 미색(美色)을 탐하고 색을 탐하며 애정행각을 누비고 다닌다. 특히 여자는 천성이 음란하고 성욕이 강하며 간부(奸夫)를 두기도 하는데 인기있는 직업에 종사하면 오히려 크게 이름을 떨친다.

① 사주의 격식이 좋으면 용모가 뛰어나다.

② 성질이 급하고 질투심이 많으며 말을 헤프게 하는 특성이 있다.

③ 함지살과 원진살이 합되면 도박을 즐긴다.

④ 색정에 강하고 끼가 많으며 변태성욕을 즐긴다.

⑤ 함지살이 생왕하면 염치가 없어 부끄러운 줄을 모르고 돌아다니기를 좋아한다.

月 : 월에 년살이 있으면 육친이 무덕하고 인덕이 없다.

日 : 주색을 밝히며 부부궁이 나빠 생사이별을 면키 어렵다.

時 : 주색과 풍류를 즐기며 살게 된다.

6) 월살(月殺) : 고갈살(枯渴殺)

만물이 고갈되고 싹이 트지 못한다는 살로 옛부터 농촌에서는 이날을 피하여 왔다.

이날에 씨앗을 파종하지 않고 동물을 교미시키지 않으며 병아리를 부화시키지 않는데, 이날 계란을 넣어주면 고른달걀이 된다고 한다.

인간도 예외는 아니다.

이날에 남녀가 교접하면 임신이 잘되지 않고 임신이 되더라도 출생아는 허약하여 잔질이 많고 평생토록 신체가 약하다.

이와 같이 월살은 흉살에 해당하므로 신체불구, 소아마비 또는 교통사고 등에도 상당한 주의를 요한다.

月 : 월에 월살이 있으면 일찍 조실부모하거나 타향살이를 하게 된다.

日 : 잔질이 많고 허약하며 박력이 없다.

時 : 풍파가 많고 자손에게 걱정있다.

7) 망신(亡身)

망신살이 생왕하고 길성과 동주하면 큰소리도 잘치고 농담도 잘하며 권모술수에 능하고 계산도 빠른 사람이다.

그러나 흉살과 동주하면 게으르고 거짓말을 잘하며 송사를 잘 일으키는 사람이기도 하다.

① 망신이 천관에 합되면 군인으로 출세하는 경우가 있다.

② 망신이 합되면 주색으로 패가 한다.

③ 망신이 사주에 1개만 있으면 비밀이 많고 2개면 부부이별, 3개면 불치의 병에 걸린다.

④ 망신이 장성과 동주하면 크게 출세한다.

⑤ 일간이 약하고 망신이 왕하면 풍류객으로 산다.

⑥ 망신살은 관부살(官符殺)이라고도 한다.

⑦ 망신이 흉신작용을 하면 주색과 풍류를 좋아하고 다리(足)를 상해보는 경우가 있다.

⑧ 망신이 財에 해당하면 여자문제로 망신을 당해 보기도 하며 이성문제로 말못할 사정이 있어 내심 고민하는 일이 있게 된다.

⑨ 그러나 길성작용을 하게되면 오히려 성격이 준엄하고 싸움에서 지는 일이 없다.

月 : 월에 망신이 있고 삼형(三刑)이 있으면 감옥에 가본다.

日 : 조혼은 실패하고 만혼하면 면한다.

時 : 자립성공하게 되지만 첩을 거느리거나 여자로 망신당해보는 일 있다.

8) 장성(將星)

장성이 양인과 동주하면 생사권(生死權)을 쥐게되고 관성과 동주하면 정부의 고관이며, 재성과 동주하면 재정관리의 총수가 된다. 특히 일지에 있으면 소신이 뚜렷하고 겁이 없으며 망신과 장성이 동주하면 국가의 동량감이다.

月 : 월에 장성이 있으면 사법관으로 진출하면 생사여탈권을 잡는다.

日 : 처덕이 크고 일신이 부귀영달하도록 발전한다.

時 : 문무를 겸비한 재상과 같이 고귀한 인품을 지키며 여생을 보낸다.

9) 반안(攀鞍)

반안이란 말의 안장을 말하는 것으로 곧 무관을 뜻한다.

月 : 월에 반안이 있으면 인품이 중후하고 존대를 받는다.

日 : 사주에서 천을귀인과 동주하면 일찍 출세한다.

時 : 부와 명예를 모두 거머쥐고 희롱하며 산다.

10) 역마(驛馬)

역마가 合되면 발전이 늦다.

그러나 역마는 활동력이 뛰어나므로 사방팔방돌아다니기를 좋아하고 임기응변의 재주가 뛰어나며 역마가 재성과 같이 있으면 $를 벌어 들이거나 일찍부터 재산을 축적한다.

① 역마는 12운성에서 病에 해당된다.

② 역마가 사주의 구성에서 길성으로 작용하면 임기응변 술이 뛰어나고 재물의 융통력이 출중

하다. 특히 역마가 재성에 해당하면 돈을 빨리 벌어들이고 모으기도 빨리한다.

③ 그러나 흉신작용을 하면 평생안전을 기하기 어려워 이사를 자주하고 직장을 자주 바꾸며 소득없이 바쁘기만 하다.

④ 寅申巳亥의 역마중 寅巳는 비행기, 申은 자동차, 亥는 배로 비유한다.

⑤ 역마가 공망이 되면 병든 말(馬)과 같아 신체에 잔병이 많고 유년기에 토하는 병이 있고 노년기에는 허리가 아파 고생하게 된다.

月 : 월에 역마가 있으면 군자의 상과 같다.

日 : 풍류와 돌아다니는 것을 좋아하므로 가끔 이성문제로 염문을 풍기며 산다.

時 : 정신적으로 안정을 기하기 어려워 불안, 초조 등 안절부절을 못하며 어색한 행동을 하기도 한다.

11) 육해(六害)

글자의 뜻대로 해(害)의 작용이 강하다.

月 : 월에 해가 있으면 성격이 급하고 독하며 강한 말투로 사람을 억압시키는 기질이 있다.

日 : 재력이 떨어지고 막히는 일이 많다.

時 : 소득없는 일로 분주다사하게 보내지만 늦게는 생활의 여유를 찾는다.

12) 화개(華蓋)

만물을 추수하여 창고에 보관시킨것과 같다.

① 화개가 공망을 맞으면 자식두기가 어렵고 종교계로 들어가는 사람이 많다.

② 여자는 미색이 좋으나 색정이 강하여 염문을 풍겨본다.

③ 예술과 학문방면에서 이름을 떨친다.

④ 월에 화개가 있으면 형제와 불화하고 일찍 고향을 떠난다.

⑤ 재주가 뛰어나 팔방미인이다.

(2) 종합신살(綜合神殺)

1) 백호대살(白虎大殺)

甲辰, 乙未, 丙戌, 丁丑, 戊辰, 壬戌, 癸丑

이살은 흉칙한 흉살로 피빛을 보고야 마는 살이다. 육친법에 따라 偏財에 백호가 해당되면 아버지는 흉사한다.

2) 원진살(元愼殺)

子未, 丑午, 寅酉, 卯申, 辰亥, 巳戌

부부나 동업자간에 이 살이 있으면 특별한 이유없이 보기 싫어하고 미워진다.

3) 혈인살(血刃殺)

子戌, 丑酉, 寅申, 卯未, 辰午, 巳巳

몸에 칼을 댄다는 흉살(凶殺)로 수술을 하거나 또는 건강이 좋지 않음을 말하며 불연이면 교통사고 등도 당하니 조심하기 바란다.

4) 백호관살(白虎官殺)

子申, 丑酉, 寅戌, 卯亥, 辰子, 巳丑

본 살은 피빛을 본다는 흉살로 교통사고나 대수술 등이 있게 되며 몸의 흉터나 점이 있으면 모면하는 경우도 있다.

5) 조객살(吊客殺)

子戌, 丑亥, 寅子, 卯丑, 辰寅, 巳卯

집안에 우환이 있거나 재수가 없다는 살이다.

6) 상문살(喪門殺)

子寅, 丑卯, 寅辰, 卯巳, 辰午, 巳未, 午申, 未酉, 申戌, 酉亥, 戌子, 亥丑

집안에 우환이 있거나 재수가 없다는 흉살이다.

7) 괴문관살(鬼門關殺)

寅未, 卯申, 辰亥, 巳戌, 丑午, 子酉

본 살은 정신이상, 신경쇠약 등에 걸려보는 흉살로 日時에 있으면 그 부부는 변태성이 발작되기 쉬우며 남자는 의처증이 있고 여자는 의부증이 있다. 여자의 사주에 남편되는 곳에 본살이 있으면 그 남편은 변태성이거나 또는 정신이상에 걸려본다고 한다.

8) 과살(戈殺)

戊戌

이 살은 몸에 중상을 입게 될 우려가 많은데 특히 日時에 있는 것을 더욱 꺼려하며 몸에는 큰 흉터가 있다.

9) 괴강살(魁罡殺)

庚辰, 壬辰, 戊戌, 庚戌

이 살은 모든 길흉을 극단으로까지 가게하는 작용이 강력한 살이다. 남자사주에 괴강이 많으면 대부귀(大富貴)하고 애국열사(愛國烈士)나 의사(義士)도 되지만 여자 사주에 이 살이 있으면 고집이 세고 과부팔자로서 홀로된 여자가 많은 것도 특징이다. 단 남녀를 막론하고 괴강살이 있으면 사람이 너무 똑똑하다.

10) 역마살(驛馬殺)

日 支	申子辰	寅午戌	巳酉丑	亥卯未
驛 馬	寅	申	亥	巳

11) 천덕귀인(天德貴人)

貴人＼月支	寅	卯	辰	巳	午	未	申	酉	戌	亥	子	丑
天 德	丁	申	壬	辛	亥	甲	癸	寅	丙	乙	己	庚

① 天德貴人을 놓은 者는 先祖의 遺德이 있고 天佑神助의 惠澤이 많아 一生 災殃이 消滅되는 吉星이다.

② 天德貴人이 空亡되면 貴함이 減福된다.

12) 월덕귀인(月德貴人)

貴人＼月支	寅午戌	亥卯未	申子辰	巳酉丑
月 德	丙	甲	壬	庚

① 天月二德者는 先祖의 遺德과 吉神이 加護하니 福德하고 四柱가 中和를 이루면 一生에 橫禍을 만나지 않으며 凶運도 소멸된다.

② 日主나 時上에 二德이 있으면서 刑沖剋破를 당하지 않으면 더욱 吉命이 되고 一生에 걸쳐 刑獄을 犯하지 않음은 勿論 盜難과 諸厄을 당하지 않는 吉神이다.

③ 天月二德이 있고 正財 正官 印綬 食神이 同柱하면 福祿이 厚하다.

④ 女命에 二德이 있는 者는 一生에 產厄之患이 없음은 勿論 性情이 溫順하며 貞操를 生命으로 여겨 貞敬夫人의 氣質이 있다.

13) 天乙貴人(一名天干貴人)

貴人＼日干	甲戊庚	乙 己	丙 丁	壬 癸	辛
天乙 貴人	丑 未	子 申	亥 酉	巳 卯	午 寅

① 天乙貴人이 命中에 있으면 智彗가 있고 사람이 聰明하여 朝廷에 出入한다.

② 이 貴人이 刑沖破害와 空亡이면 福祿이 박약하고 平生多困하며 心勞가 많다.

③ 天乙貴人이 生旺하면 福祿이 厚하고 生涯에 걸쳐 無病하나 만약 死絕病衰者는 福力이 적다.

④ 天乙貴人이 干合 支合 三合者는 最善하니 福祿이 豊厚하고 社會的으로 信用이 있으며 富益富로 財祿이 裕足하고 平常人도 發達이 迅速하며 평생 安平樂道한다.

⑤ 天乙貴人에 劫殺同柱者는 威嚴性이 있고 巧妙하게 謀事를 잘한다.

⑥ 天乙貴人에 建祿이 있는 자는 文章에 能하여 名聲이 天下에 떨친다.

⑦ 天乙貴人에 괴강이 동주하면 義理分明하여 반드시 世人의 尊敬을 받는다.

14) 太極貴人

貴星＼日主	甲	乙	丙	丁	戊	己	庚	辛	壬	癸
太 極	子午	子午	子午	卯酉	辰戌 丑未	辰戌 丑未	寅卯	寅卯	巳卯	巳卯

① 日主를 기준하여 이 太極貴人이 柱中에 있으면 福祿이 많다.
② 이 貴人에 다시 貴格이면 現代官職에 비유하여 道知事級以上의 位置에 있게된다.

15) 天廚貴人

貴人＼日主	甲	乙	丙	丁	戊	己	庚	辛	壬	癸
天 廚	巳	午	巳	午	申	酉	亥	子	寅	卯

이 天廚貴人을 柱中에 놓은 者는 衣祿이 豊富하여 잘 살게 된다.

16) 官貴學館

貴人＼日主	甲	乙	丙	丁	戊	己	庚	辛	壬	癸
官 貴	巳	巳	申	申	亥	亥	寅	寅	申	申

이 貴星이 사주에 있어 官職에 進出하면 昇進이 빨라 진다.

17) 文昌貴人

貴星＼日主	甲	乙	丙	丁	戊	己	庚	辛	壬	癸
文 昌	巳	午	申	酉	申	酉	亥	子	寅	卯

이 文昌貴人을 柱中에 놓은 者는 文藝에 才質이 있다.

18) 文曲貴人

貴人＼日主	甲	乙	丙	丁	戊	己	庚	辛	壬	癸
文 曲	亥	子	寅	卯	寅	卯	巳	午	申	酉

이 貴人을 柱中에 놓으면 死後의 名聲이 높이 評價된다.

19) 學堂貴人

貴星＼日主	甲	乙	丙	丁	戊	己	庚	辛	壬	癸
學 堂	亥	午	寅	酉	寅	酉	巳	子	申	卯

이 學堂貴人을 柱中에 놓으면 學文에 能하고 聽明하여 博士 大學敎授等이 될 수 있는 길성이 다.

20) 金輿

貴人＼日主	甲	乙	丙	丁	戊	己	庚	辛	壬	癸
金 輿	辰	巳	未	申	未	申	戌	亥	丑	寅

사주에 金輿가 있으면 妻의 助力이 많고 또 妻家의 財物惠澤이 많거나 美貌의 妻를 얻게 된다.

21) 進 神

貴星＼生月	寅	卯	辰	巳	午	未	申	酉	戌	亥	子	丑
進 神	甲 子			甲 午			己 卯			己 酉		

① 柱中에 進神이 있으면 每事計劃 하는 일이 잘 成事되는 吉星이다.
② 進神과 咸池가 同柱한 者는 용모가 비록 美麗하나 好色으로 淫亂한 사람이다.

22) 天赦星

貴星＼生月	寅午戌	亥卯未	申子辰	巳酉丑
天 赦	戊 寅	甲 午	戊 申	甲 子

天赦星을 柱中에 놓은 者는 큰 病이나 災難(受刑等) 만나도 곧 治癒되거나 赦免되어 福祿을 얻게 된다는 吉星이다.

23) 皇恩大赦

貴星＼生月	寅	卯	辰	巳	午	未	申	酉	戌	亥	子	丑
皇恩大赦	戌	丑	寅	巳	酉	卯	子	午	亥	辰	申	未

日時中에 皇恩大赦를 놓은 자는 重罪에 處하였다가도 곧 特赦를 받아 放免된다는 吉星이다.

24) 天醫星

貴星＼生月	寅	卯	辰	巳	午	未	申	酉	戌	亥	子	丑
天 醫	丑	寅	卯	辰	巳	午	未	申	酉	戌	亥	子

柱中에 天醫星을 놓은 者는 사람의 人命을 救하여주는 醫師, 宗教家, 看護員, 藥師等의 職業에 從事한다.

25) 羊刃殺

殺名＼日干	甲	乙	丙	丁	戊	己	庚	辛	壬	癸
羊 刃	卯	辰	午	未	午	未	酉	戌	子	丑

羊刃殺이 男命에 重重하면 剋父剋妻하고 女命은 奪夫된다는 凶殺이다.

特히 羊刃은 刑權을 쥔다는 特殊性이 있으나 이 殺이 있으면 性質이 剛烈한데 烈士, 軍人 等에서 많이 볼 수 있으며 이들은 動功으로 必得成名한다.

26) 斷橋關殺

殺 \ 月支	寅	卯	辰	巳	午	未	申	酉	戌	亥	子	丑
斷 橋	寅	卯	申	丑	戌	酉	辰	巳	午	未	亥	子

斷橋關殺이 柱中에 있으면 落傷 手足折骨等이 있어 보는데 刑殺이 加重하면 이것으로 因하여 小兒痲痺 또는 팔다리에 異常이 있다.

27) 急脚殺

殺 \ 月支	寅 卯 辰	巳 午 未	申 酉 戌	亥 子 丑
急 脚	亥 子	卯 未	寅 戌	丑 辰

急脚殺이 있으면 小兒痲痺 또는 落傷, 折骨, 風齒 神經痛等의 疾厄이 있다.

28) 湯火殺

① 湯火殺은 寅午丑日生人이 柱中에서 또 寅午丑字中 어느 한字를 놓은 者가 해당된다.

② 丑日生人이 柱中에서 또다시 午나 戌未字中 어느 한자를 놓은 字가 해당된다.

③ 寅日生人이 柱中에서 巳나 申을 各各보면은 湯火殺로서 어릴때 불이나 인두에 또는 끓는 물에 데여서 凶터가 몸에 있어야 되는데 그렇치 않으면 火災, 탄환(彈丸), 파편부상이나 飮毒하여 본다.

29) 落井關殺

凶殺 \ 生日	甲	乙	丙	丁	戊	己	庚	辛	壬	癸
落井關殺	巳	子	申	戌	卯	巳	子	申	戌	卯

落井關殺 놓으면 우물(井) 인분통 맨홀 江물에 빠져본다는 凶殺인데 凶星이 加勢하면 溺死한다.

30) 陰陽差錯殺

凶星 \ 月干	丙	丁	戊	辛	壬	癸
陰陽差錯	子 午	丑 未	寅 申	卯 酉	辰 戌	巳 亥

① 이 殺은 陽에 屬하는 것을 陽差 陰에 屬하는 者를 陰錯이라고 하는데 이 殺이 日에 있으면 外三寸이 孤獨하며 時에 있으면 妻男이 孤獨하다.

② 女命에 이 殺이 있으면 夫家兄弟가 몰락하거나 夫宮이 不美하여 愁心이 끊이지 않는다.

31) 孤鸞殺(呻吟殺)

甲寅　　乙巳　　丁巳　　戊申　　辛亥日에 出生한 者가 해당된다.

女命에 있으면 男便이 蓄妾하거나 奪夫를 當하여 離別 或은 獨守空房 한다는 殺인데 男便으로 因해서 恒常呻吟 한다고 하여 一名 呻吟殺이라고도 한다.

32) 截路空亡

殺 ＼ 日干	甲 己	乙 庚	丙 辛	丁 壬	戊 癸
截路空亡	申 酉	午 未	辰 巳	寅 卯	子 丑

이 空亡은 日主를 基準하여 時를 보는데 每事難關에 逢着하여 中斷하기 쉽다는 殺이다.

33) 天轉殺

殺 ＼ 月支	寅卯辰	巳午未	申酉戌	亥子丑
天轉殺	乙 卯	丙 午	辛 酉	壬 子

천전살을 놓은자는 一定한 職業에 從事하기가 어렵고 아무리 努力을 하여도 모든 일이 朝成暮破 한다는 殺이다.

34) 地轉殺

殺 ＼ 月支	寅卯辰	巳午未	申酉戌	亥子丑
地轉殺	辛 卯	戊 午	癸 酉	丙 子

매사 朝成暮破하여 努力을 허비하며 평생 一無成事하고 不意의 地變으로 被害를 입어 失敗轉業 되는 일이 많다는 殺이다.

35) 斧劈殺

殺 ＼ 月支	子 午 卯 酉	寅 申 巳 亥	辰 戌 丑 未
日　時	巳日或巳時生	酉日或酉時生	丑日或丑時生

이 斧劈殺은 모-든일이 도끼로(斧) 찍다싶이 破敗하고 財物分散이 많게 된다는 殺이다.

36) 梟神殺

殺名 ＼ 日主	甲	乙	丙	丁	戊	己	庚	辛	壬	癸
梟 神 殺	子	亥	寅	卯	午	巳	戌	丑未	申	酉

이 梟神殺은 偏印으로 構成되는데 어릴때 母親을 離別하거나 前母, 母, 養母가 있게 된다는 殺이다.

37) 紅艶殺

殺 ＼ 日主	甲	乙	丙	丁	戊	己	庚	辛	壬	癸
紅艶殺	午	申	寅	未	辰	辰	戌	酉	子	申

紅艶殺이란 사람이 多情多感하여 사람에게 秋波를 잘 던지며 嬉嬉樂樂하여 外情을 즐기는 사람이다. 特히 女命은 夫宮이 不美하여 衆人의 妻가 되고 富豪의 집에서 出生한 女子라도 脫線하여 妓生이 된다는 살이다.

Ⅱ. 결혼 및 이사택일(移舍擇日)

1. 남녀생기복덕일(男女生氣福德日)

나이 / 일진 구분	男	女	男	女	男	女	男	女	男	女	男	女	男	女	男	女
	2	10	3	9	4	8	5		6	7	7	6	8	5	9	4
	10	18	11	17	12	16	13	15	14	14	15	13	16	12	17	11
	18	26	19	25	20	24	21	23	22	22	23	21	24	20	25	19
	26	34	27	33	28	32	29	31	30	30	31	29	32	28	33	27
	34	42	35	41	36	40	37	39	38	38	39	37	40	36	41	35
	42	50	43	49	44	48	45	47	46	46	47	45	48	44	49	43
	50	58	51	57	52	56	53	55	54	54	55	53	56	52	57	51
	58	66	59	65	60	64	61	63	62	62	63	61	64	60	65	59
	66	74	67	73	68	72	69	71	70	70	71	69	72	68	73	67
	74	82	75	81	76	80	77	79	78	78	79	77	80	76	81	75
	82	90	83	89	84	88	85	87	86	86	87	85	88	84	89	83
생기일	戌	亥	酉		辰	巳	未	申	午		子		卯		丑	寅
천의일	午		卯		丑	寅	子		戌	亥	未	申	酉		辰	巳
절체일	丑	寅	未	申	午		酉		辰	巳	卯		子		戌	亥
유혼일	辰	巳	子		戌	亥	卯		丑	寅	酉		未	申	午	
화해일	子		辰	巳	酉		午		未	申	戌	亥	丑	寅	卯	
복덕일	未	申	丑	寅	卯		戌	亥	子		午		辰	巳	酉	
절명일	卯		午		未	申	辰	巳	酉		丑	寅	戌	亥	子	
귀혼일	酉		戌	亥	子		丑	寅	卯		辰	巳	午		未	申

※ 결혼, 약혼, 개업, 이사, 주택 증·개축, 중요행사일 및 만남의 날, 해외여행 출입일, 중요계약체결일 등에 쓰인다.

생기(生氣) : 새롭게 탄생하고, 출발하는 날이며 하는 일에 활력을 넘치게 한다.
천의(天宜) : 하늘로부터 보호를 받는 날이므로 만사대통 한다.
절체(絕體) : 막힘이 많고, 하는 일마다 실패한다.
유혼(遊魂) : 일만 범사의 일 모두가 결실을 맺지 못하고 심란한 날이다.
화해(禍害) : 재앙과 시비쟁투가 있는 날이다.
복덕(福德) : 만복이 들어오는 날이다.

절명(絕命) : 하던 일이 중단되고 손재하며 사고가 있는 날이다.
귀혼(歸魂) : 악귀의 운에서 벗어나기 시작하는 날이다.

2. 좋은 날과 좋은 시간 보는 법

(결혼날과 시간, 이사일, 장례시간 등에 쓰인다.)

일진 / 시간 / 황흑도명		寅 申	卯 酉	辰 戌	巳 亥	子 午	丑 未
청룡황도(青龍黃道)	吉	子	寅	辰	午	申	戌
금귀황도(金貴黃道)	吉	辰	午	申	戌	子	寅
명당황도(明堂黃道)	吉	丑	卯	巳	未	酉	亥
천덕황도(天德黃道)	吉	巳	未	酉	亥	丑	卯
천형흑도(天刑黑道)	凶	寅	辰	午	申	戌	子
주작흑도(朱雀黑道)	凶	卯	巳	未	酉	亥	丑
백호흑도(白虎黑道)	凶	午	申	戌	子	寅	辰
옥당황도(玉堂黃道)	吉	未	酉	亥	丑	卯	巳
천로흑도(天盧黑道)	凶	申	戌	子	寅	辰	午
현무흑도(玄武黑道)	凶	酉	亥	丑	卯	巳	未
사명황도(司命黃道)	吉	戌	子	寅	辰	午	申
구진흑도(句陣黑道)	凶	亥	丑	卯	巳	未	酉

3. 함(函) 보내는 날(납징정친일(納徵定親日))

출생일	甲	乙	丙	丁	戊	己	辛	壬	癸
좋은 날	甲寅 甲辰	乙丑 乙卯 乙未	丙寅 丙辰 丙午 丙戌	丁卯 丁未 丁巳	戊子 戊寅 戊午 戊戌	己丑 己卯 己未	辛巳	壬子 壬寅 壬辰	癸丑 癸卯 癸巳

4. 결혼에 좋은 나이(여자 기준)

띠 별 / 나 이		쥐, 토끼, 말, 닭	범, 뱀, 원숭이, 돼지	소, 용, 양, 개
上吉	식록이 많다	14, 17, 20 23, 26, 29	13, 16, 19, 22 25, 28, 31	12, 15, 18, 21 24, 27, 30
中	평범하다	15, 18, 21 24, 27, 30	14, 17, 20, 23 27, 29, 32	13, 16, 19, 22 25, 28, 31
下凶	불길하다	16, 19, 22 25, 28, 31	15, 18, 21, 24 27, 30, 33	14, 17, 20, 23 26, 29, 32

5. 결혼날 고르는 법(生病死甲法)

결혼하는 해 / 결혼날 / 구분	쥐	소	범	토끼	용	뱀	말	양	원숭이	닭	개	돼지
좋은 날 (生 甲)	甲子 甲午	甲辰 甲戌	甲寅 甲申	甲子 甲午	甲辰 甲戌	甲寅 甲申	甲子 甲午	甲辰 甲戌	甲寅 甲申	甲子 甲午	甲辰 甲戌	甲寅 甲申
평범한 날 (病 甲)	甲寅 甲申	甲子 甲午	甲辰 甲戌	甲寅 甲申	甲子 甲午	甲辰 甲戌	甲寅 甲申	甲子 甲午	甲辰 甲戌	甲寅 甲申	甲子 甲午	甲辰 甲戌
나쁜 날 (死 甲)	甲辰 甲戌	甲寅 甲申	甲子 甲午	甲辰 甲戌	甲寅 甲申	甲子 甲午	甲辰 甲戌	甲寅 甲申	甲子 甲午	甲辰 甲戌	甲寅 甲申	甲子 甲午

6. 혼인(婚姻) 및 사대백사대길일(四大百事大吉日)

봄(1, 2, 3월) : 戊寅日	가을(7, 8, 9월) : 戊申日
여름(4, 5, 6월) : 甲午日	겨울(10, 11, 12월) : 甲子日

7. 결혼에 나쁜 해와 나쁜 날

1) 십악대패일(十惡大敗日)

甲己年 :	3月 戊戌日 4月 癸亥日 10月 丙申日
乙庚年 :	4月 壬申日 9月 乙巳日
丙辛年 :	3月 辛巳日 9月 庚辰日
丁壬年 :	나쁜 날 없음
戊癸年 :	6月 丑日

2) 결혼에 나쁜 년도별 남녀의 띠

년 / 남·녀	쥐	소	범	토끼	용	뱀	말	양	원숭이	닭	개	돼지
남자의 띠	未	申	酉	戌	亥	子	丑	寅	卯	辰	巳	午
여자의 띠	卯	寅	丑	子	亥	戌	酉	申	未	午	巳	辰

3) 고과살(孤寡殺 : 부부 이별한다) : 여자 기준

여자의 띠	쥐, 소, 돼지	범, 토끼, 용	뱀, 말, 양	원숭이, 닭, 개
나쁜 날	寅 日 戌 日	巳 日 丑 日	申 日 辰 日	亥 日 未 日

4) 상부상처(喪夫喪妻)하는 달과 날

	계 절	나쁜 달	나쁜 날
남 자	겨 울	10, 11, 12 월중	壬子日 癸亥日
여 자	봄	1, 2, 3 월중	丙午日 丁未日

8. 남녀 년령별 이사방향 및 길흉보는 법

나이 구분 / 방향	男	女	男	女	男	女	男	女	男	女	男	女	男	女	男	女	男	女
	8	9	7	8	6	7	5	6	4	5	3	4	2	3	1	2		1
	17	18	16	17	15	16	14	15	13	14	12	13	11	12	10	11	9	10
	26	27	25	26	24	25	23	24	22	23	21	22	20	21	19	20	18	19
	35	36	34	35	33	34	32	33	31	32	30	31	29	30	28	29	27	28
	44	45	43	44	42	43	41	42	40	41	39	40	38	39	37	38	36	37
	53	54	52	53	51	52	50	51	49	50	48	49	47	48	46	47	45	46
	62	63	61	62	60	61	59	60	58	59	57	58	56	57	55	56	54	55
	71	72	70	71	69	70	68	69	67	68	66	67	65	66	64	65	63	64
	80	81	79	80	78	79	77	78	76	77	75	76	74	75	73	74	72	73
	89	90	88	89	87	88	86	87	85	86	84	85	83	84	82	83	81	82
	98	99	97	97	96	97	95	96	94	95	93	94	92	93	91	92	90	91
東南	退食		官印		進鬼		合食		五鬼		甑破		食神		眼損		天祿	
東方	官印		進鬼		合食		五鬼		甑破		食神		眼損		天祿		退食	
西南	進鬼		合食		五鬼		甑破		食神		眼損		天祿		退食		官印	
北方	合食		五鬼		甑破		食神		眼損		天祿		退食		官印		進鬼	
南方	五鬼		甑破		食神		眼損		天祿		退食		官印		進鬼		合食	
東北	甑破		食神		眼損		天祿		退食		官印		進鬼		合食		五鬼	
西方	食神		眼損		天祿		退食		官印		進鬼		合食		五鬼		甑破	
西北	眼損		天祿		退食		官印		進鬼		合食		五鬼		甑破		食神	
中央	天祿		退食		官印		進鬼		合食		五鬼		甑破		食神		眼損	

천록(天祿) : 하늘에서 내려주는 의식주 복록을 받는다.
안손(眼損) : 눈병이 생기고 심하면 앞을 못보는 일도 있다.
식신(食神) : 자손의 경사가 있고 가세가 번창한다.
증파(甑破) : 하는 일마다 실패하며 가세가 기운다.
오귀(五鬼) : 가정에 우환이 있고 근심걱정이 많다.
합식(合食) : 가세가 번창하고 직업을 얻는다.
진귀(進鬼) : 집안에 뒤숭숭한 일만 생긴다.
관인(官印) : 직업운이 좋아지며 부귀공명 한다.

1) 이사(移徙)에 좋은 날

	이사 또는 입주하는 날
좋은 날	甲子 甲戌 乙未 癸丑 乙丑 乙亥 庚子 甲寅 丙寅 丁丑 壬寅 乙卯 丁卯 癸未 癸卯 己未 己巳 甲申 丙午 庚申 庚午 庚辰 丁未 辛未 壬辰 庚戌 辛酉

2) 손(損)있는 날과 방향(太白殺)

손있는 날	손가는 방향
1, 11, 21일	正 東 쪽
2, 12, 22일	東 南 쪽
3, 13, 23일	正 南 쪽
4, 14, 24일	西 南 쪽
5, 15, 25일	正 西 쪽
6, 16, 26일	西 北 쪽
7, 17, 27일	正 北 쪽
8, 18, 28일	北 東 쪽
9, 10, 19일 29, 30일	上天이라 하여 손없는 날 임(좋다)

Ⅲ. 우주천기(宇宙天機)와 한국의 역사

宇宙天機와 韓國의 歷史

上元甲子(1864~1923)					
1914 甲寅	1904 甲辰	1894 甲午 淸日戰爭	1884 甲申	1874 甲戌	1864 甲子 高宗元年
1915 乙卯	1905 乙巳	1895 乙未	1885 乙酉	1875 乙亥	1865 乙丑
1916 丙辰 제1차세계대전	1906 丙午	1896 丙申 제1회세계올림픽	1886 丙戌	1876 丙子	1866 丙寅
1917 丁巳	1907 丁未	1897 丁酉	1887 丁亥	1877 丁丑	1867 丁卯
1918 戊午	1908 戊申	1898 戊戌	1888 戊子	1878 戊寅	1868 戊辰
1919 己未 3·1운동 高宗崩去	1909 己酉	1899 己亥	1889 己丑	1879 己卯	1869 己巳
1920 庚申	1910 庚戌 韓日合邦	1900 庚子	1890 庚寅	1880 庚辰	1870 庚午
1921 辛酉	1911 辛亥	1901 辛丑	1891 辛卯 朝鮮開國	1881 辛巳	1871 辛未 姜甑山誕生
1922 壬戌	1912 壬子	1902 壬寅	1892 壬辰	1882 壬午	1872 壬申
1923 癸亥	1913 癸丑	1903 癸卯	1893 癸巳	1883 癸未	1873 癸酉
中元甲子(1924~1983)					
1974 甲寅	1964 甲辰	1954 甲午	1944 甲申	1934 甲戌	1924 甲子
1975 乙卯	1965 乙巳	1955 乙未	1945 乙酉 일본항복 8·15해방 美軍政	1935 乙亥	1925 乙丑
1976 丙辰	1966 丙午	1956 丙申	1946 丙戌	1936 丙子	1926 丙寅
1977 丁巳	1967 丁未	1957 丁酉	1947 丁亥	1937 丁丑	1927 丁卯
1978 戊午	1968 戊申	1958 戊戌	1948 戊子 대한민국정부수립 제1 共和國 이승만대통령	1938 戊寅	1928 戊辰

1979 己未 제4 共和國 최규하권한대행	1969 己酉	1959 己亥	1949 己丑	1939 己卯 제2차세계대전	1929 己巳
1980 庚申 제5 共和國 전두환대통령	1970 庚戌	1960 庚子 4·19학생혁명 제2 共和國 윤보선대통령	1950 庚寅 6·25사변	1940 庚辰 創氏改名	1930 庚午
1981 辛酉 아웅산사태 발생	1971 辛亥	1961 辛丑 5·16革命 제3 共和國 박정희대통령	1951 辛卯	1941 辛巳 大東亞戰爭 진주만폭격	1931 辛未
1982 壬戌	1972 壬子	1962 壬寅	1952 壬辰	1942 壬午	1932 壬申
1983 癸亥	1973 癸丑	1963 癸卯	1953 癸巳 休戰協定 3·8선 경계설정	1943 癸未	1933 癸酉

下元甲子(1984~2043)					
2034 甲寅	2024 甲辰	2014 甲午	2004 甲申	1994 甲戌	1984 甲子
2035 乙卯	2025 乙巳	2015 乙未	2005 乙酉	1995 乙亥	1985 乙丑
2036 丙辰	2026 丙午	2016 丙申	2006 丙戌	1996 丙子	1986 丙寅
2037 丁巳	2027 丁未	2017 丁酉	2007 丁亥	1997 丁丑	1987 丁卯
2038 戊午	2028 戊申	2018 戊戌	2008 戊子	1998 戊寅	1988 戊辰 제6 共和國 노태우대통령 88서울올림픽
2039 己未	2029 己酉	2019 己亥	2009 己丑	1999 己卯	1989 己巳
2040 庚申	2030 庚戌	2020 庚子	2010 庚寅	2000 庚辰	1990 庚午
2041 辛酉	2031 辛亥	2021 辛丑	2011 辛卯	2001 辛巳	1991 辛未 지방자치제 부활
2042 壬戌	2032 壬子	2022 壬寅	2012 壬辰	2002 壬午	1992 壬申
2043 癸亥	2033 癸丑	2023 癸卯	2013 癸巳	2003 癸未	1993 癸酉 김영삼대통령

삼한출판사의
신비한 동양철학 시리즈

적천수 정설

유백온 선생의 적천수 원본을 정석으로 해설

원래 유백온 선생이 저술한 적천수의 원문은 그렇게 많지가 않으나 후학들이 각각 자신의 주장으로 해설하여 많아졌다. 이 책은 적천수 원문을 보고 30년 역학의 경험을 총동원하여 해설했다. 물론 백퍼센트 정확하다고 주장할 수는 없다. 다만 한국과 일본을 오가면서 실제의 경험담을 함께 실었다. 공부하는 사람들에게는 많은 도움이 될 것이라 믿는다.

신비한 동양철학 82 | 역산 김찬동 편역 | 692면 | 34,000원 | 신국판

궁통보감 정설

궁통보감 원문을 쉽고 자세하게 해설

『궁통보감(窮通寶鑑)』은 5대원서 중에서 가장 이론적이며 사리에 맞는 책이며, 조후(調候)를 중심으로 설명하며 간명한 것이 특징이다. 역학을 공부하는 학도들에게 도움을 주려고 먼저 원문에 음독을 단 다음 해설하였다. 그리고 예문은 서낙오(徐樂吾) 선생이 해설한 것을 그대로 번역하였고, 저자가 상담한 사람들의 사주와 점서에 있는 사주들을 실었다.

신비한 동양철학 83 | 역산 김찬동 편역 | 768면 | 39,000원 | 신국판

연해자평 정설(1·2권)

연해자평의 완결판

연해자평의 저자 서자평은 중국 송대의 대음양 학자로 명리학의 비조일 뿐만 아니라 천문점성에도 밝았다. 이전에는 년(年)을 기준으로 추명했는데 적중률이 낮아 서자평이 일간(日干)을 기준으로 하고, 일지(日支)를 배우자로 보는 이론을 발표하면서 명리학은 크게 발전해 오늘에 이르렀다. 때문에 연해자평은 5대 원서 중에서도 필독하지 않으면 안 되는 책이다.

신비한 동양철학 101 | 김찬동 편역 |1권 559면, 2권 309면 | 1권 33,000원, 2권 20,000원 | 신국판

명리입문

명리학의 정통교본

이 책은 옛부터 있었던 글들이나 너무 여기 저기 산만하게 흩어져 있어 공부하는 사람들에게는 많은 시간과 인내를 필요로 하였다. 그래서 한 군데 묶어 좀더 보기 쉽고 알기 쉽도록 엮은 것이다.

신비한 동양철학 41 | 동하 정지호 저 | 678면 | 29,000원 | 신국판 양장

조화원약 평주

명리학의 정통교본

자평진전, 난강망, 명리정종, 적천수 등과 함께 명리학의 교본에 해당하는 것으로 중국 청나라 때 나온 난강망이라는 책을 서낙오 선생께서 자세하게 설명을 붙인 것이다. 기존의 많은 책들이 오직 격국과 용신을 중심으로 감정하는 것과는 달리 십간십이지와 음양오행을 각각 자연의 이치와 춘하추동의 사계절의 흐름에 대입하여 인간의 길흉화복을 알 수 있게 했다.

신비한 동양철학 35 | 동하 정지호 편역 | 888면 | 46,000원 | 신국판

사주대성

초보에서 완성까지

이 책은 과거 현재 미래를 모두 알 수 있는 비결을 실었다. 그러나 모두 터득한다는 것은 어려울 것이다.역학은 수천 년간 동방의 석학들에 의해 갈고 닦은 철학이요 학문이며, 정신문화로서 영과학적인 상수문화로서 자랑할만한 위대한 학문이다.

신비한 동양철학 33 | 도관 박흥식 저 | 986면 | 46,000원 | 신국판 양장

쉽게 푼 역학(개정판)

쉽게 배워 적용할 수 있는 생활역학서 !

이 책에서는 좀더 많은 사람들이 역학의 근본인 우주의 오묘한 진리와 법칙을 깨달아 보다 나은 삶을 영위하는데 도움이 될 수 있도록 가장 쉬운 언어와 가장 쉬운 방법으로 풀이했다. 역학계의 대가 김봉준 선생의 역작이다.

신비한 동양철학 71 | 백우 김봉준 저 | 568면 | 30,000원 | 신국판

사주명리학 핵심

맥을 잡아야 모든 것이 보인다

이 책은 잡다한 설명을 배제하고 명리학자에게 도움이 될 비법들만을 모아 엮었기 때문에 초심자가 이해하기에는 다소 어려운 부분도 있겠지만 기초를 튼튼히 한 다음 정독한다면 충분히 이해할 것이다. 신살만 늘어놓으며 감정하는 사이비가 되지말기를 바란다.

신비한 동양철학 19 | 도관 박흥식 저 | 502면 | 20,000원 | 신국판

물상활용비법

물상을 활용하여 오행의 흐름을 파악한다

이 책은 물상을 통하여 오행의 흐름을 파악하고 운명을 감정하는 방법을 연구한 책이다. 추명학의 해법을 연구하고 운명을 추리하여 오행에서 분류되는 물질의 운명 줄거리를 물상의 기물로 나들이 하는 활용법을 주제로 했다. 팔자풀이 및 운명해설에 관한 명리감정법의 체계를 세우는데 목적을 두고 초점을 맞추었다.

신비한 동양철학 31 | 해주 이학성 저 | 446면 | 34,000원 | 신국판

신수대전

흉함을 피하고 길함을 부르는 방법

신수는 대부분 주역과 사주추명학에 근거한다. 수많은 학설 중 몇 가지를 보면 사주명리, 자미두수, 관상, 점성학, 구성학, 육효, 토정비결, 매화역수, 대정수, 초씨역림, 황극책수, 하락리수, 범위수, 월영도, 현무발서, 철판신수, 육임신과, 기문둔갑, 태을신수 등이다. 역학에 정통한 고사가 아니면 추단하기 어려우므로 누구나 신수를 볼 수 있도록 몇 가지를 정리했다.

신비한 동양철학 62 | 도관 박흥식 편저 | 528면 | 36,000원 | 신국판 양장

정법사주

운명판단의 첩경을 이루는 책

이 책은 사주추명학을 연구하고자 하는 분들에게 심오한 주역의 이해를 돕고자 하는 의도에서 시작되었다. 음양오행의 상생상극에서부터 육친법과 신살법을 기초로 하여 격국과 용신 그리고 유년판단법을 활용하여 운명판단에 첩경이 될 수 있도록 했고 추리응용과 운명감정의 실례를 하나하나 들어가면서 독학과 강의용 겸용으로 엮었다.

신비한 동양철학 49 | 원각 김구현 저 | 424면 | 26,000원 | 신국판 양장

내가 보고 내가 바꾸는 DIY사주

내가 보고 내가 바꾸는 사주비결

기존의 책들과는 달리 한 사람의 사주를 체계적으로 도표화시켜 한 눈에 파악할 수 있고, DIY라는 책 제목에서 말하듯이 개운하는 방법을 제시한다. 초심자는 물론 전문가도 자신의 이론을 새롭게 재조명해 볼 수 있는 케이스 스터디 북이다.

신비한 동양철학 39 | 석오 전광 저 | 338면 | 16,000원 | 신국판

인터뷰 사주학

쉽고 재미있는 인터뷰 사주학

얼마전만 해도 사주학을 취급하면 미신을 다루는 부류로 취급되었다. 그러나 지금은 하루가 다르게 이 학문을 공부하는 사람들이 폭증하고 있는 것으로 보인다. 젊은 층에서 사주카페니 사주방이니 사주동아리니 하는 것들이 만들어지고 그 모임이 활발하게 움직이고 있다는 점이 그것을 증명해준다. 그뿐 아니라 대학원에는 역학교수들이 점차로 증가하고 있다.

신비한 동양철학 70 | 글갈 정대엽 편저 | 426면 | 16,000원 | 신국판

사주특강

자평진전과 적천수의 재해석

이 책은 『자평진전』과 『적천수』를 근간으로 명리학의 폭넓은 가치를 인식하고, 실전에서 유용한 기반을 다지는데 중점을 두고 썼다. 일찍이 『자평진전』을 교과서로 삼고, 『적천수』로 보완하라는 서낙오의 말에 깊이 공감한다.

신비한 동양철학 68 | 청월 박상의 편저 | 440면 | 25,000원 | 신국판

참역학은 이렇게 쉬운 것이다

음양오행의 이론으로 이루어진 참역학서

수학공식이 아무리 어렵다고 해도 1, 2, 3, 4, 5, 6, 7, 8, 9, 0의 10개의 숫자로 이루어졌듯이 사주도 음양과 오행으로 이루어졌을 뿐이다. 그러니 용신과 격국이라는 무거운 짐을 벗어버리고 음양오행의 법칙과 진리만 정확하게 파악하면 된다. 사주는 음양오행의 변화일 뿐이고 용신과 격국은 사주를 감정하는 한 가지 방법에 지나지 않는다.

신비한 동양철학 24 | 청암 박재현 저 | 328면 | 16,000원 | 신국판

사주에 모든 길이 있다

사주를 알면 운명이 보인다!

사주를 간명하는데 조금이라도 도움이 됐으면 하는 바람에서 이 책을 썼다. 간명의 근간인 오행의 왕쇠강약을 세분하고, 대운과 세운, 세운과 월운의 연관성과, 십신과 여러 살이 미치는 암시와, 십이운성으로 세운을 판단하는 법을 설명했다.

신비한 동양철학 65 | 정담 선사 편저 | 294면 | 26,000원 | 신국판 양장

왕초보 내 사주

초보 입문용 역학서

이 책은 역학을 너무 어렵게 생각하는 초보자들에게 조금이나마 도움을 주고자 쉽게 엮으려고 노력했다. 이 책을 숙지한 후 역학(易學)의 5대 원서인 『적천수(滴天髓)』, 『궁통보감(窮通寶鑑)』, 『명리정종(命理正宗)』, 『연해자평(淵海子平)』, 『삼명통회(三命通會)』에 접근한다면 훨씬 쉽게 터득할 수 있을 것이다. 이 책들은 저자가 이미 편역하여 삼한출판사에서 출간한 것도 있고, 앞으로 모두 갖출 것이니 많이 활용하기 바란다.

신비한 동양철학 84 | 역산 김찬동 편저 | 278면 | 19,000원 | 신국판

명리학연구

체계적인 명확한 이론

이 책은 명리학 연구에 핵심적인 내용만을 모아 하나의 독립된 장을 만들었다. 명리학은 분야가 넓어 공부를 하다보면 주변에 머무르는 경우가 많아, 주요 내용을 잃고 헤매는 경우가 많다. 그러므로 뼈대를 잡는 것이 중요한데, 여기서는 「17장. 명리대요」에 핵심 내용만을 모아 학문의 체계를 잡는데 용이하게 하였다.

신비한 동양철학 59 | 권중주 저 | 562면 | 29,000원 | 신국판 양장

말하는 역학

신수를 묻는 사람 앞에서 술술 말문이 열린다

그토록 어렵다는 사주통변술을 쉽고 흥미롭게 고담과 덕담을 곁들여 사실적으로 생동감 있게 통변했다. 길흉을 어떻게 표현하느냐에 따라 상담자의 정곡을 찔러 핵심을 끌어내 정답을 내리는 것이 통변술이다.역학계의 대가 김봉준 선생의 역작.

신비한 동양철학 11 | 백우 김봉준 저 | 576면 | 26,000원 | 신국판 양장

통변술해법

가닥가닥 풀어내는 역학의 비법

이 책은 역학과 상대에 대해 머리로는 다 알면서도 밖으로 표출되지 않아 어려움을 겪는 사람들을 위한 실습서다. 특히 실명감정과 이론강의로 나누어 역학의 진리를 설명하여 초보자도 쉽게 이해할 수 있다. 역학계의 대가 김봉준 선생의 역서인 「알기쉬운 해설·말하는 역학」이 나온 후 후편을 써달라는 열화같은 요구에 못이겨 내놓은 바로 그 책이다.

신비한 동양철학 21 | 백우 김봉준 저 | 392면 | 26,000원 | 신국판

술술 읽다보면 통달하는 사주학

술술 읽다보면 나도 어느새 도사

당신은 당신 마음대로 모든 일이 이루어지던가. 지금까지 누구의 명령을 받지 않고 내 맘대로 살아왔다고, 운명 따위는 믿지 않는다고, 운명에 매달리지 않는다고 말하는 사람들이 많다. 그러나 우주법칙을 모르기 때문에 하는 소리다.

신비한 동양철학 28 | 조철현 저 | 368면 | 16,000원 | 신국판

사주학

5대 원서의 핵심과 실용

이 책은 사주학을 체계적으로 공부하려는 학도들을 위해서 꼭 알아두어야 할 내용들과 용어들을 수록하는데 중점을 두었다. 이 학문을 공부하려고 많은 사람들이 필자를 찾아왔을 깨 여러 가지 질문을 던져보면 거의 기초지식이 시원치 않음을 보았다. 따라서 용어를 포함한 제반지식을 골고루 습득해야 빠른 시일 내에 소기의 목적을 달성할 수 있을 것이다.

신비한 동양철학 66 | 글갈 정대엽 저 | 778면 | 46,000원 | 신국판 양장

명인재

신기한 사주판단 비법

이 책은 오행보다는 주로 살을 이용하는 비법을 담았다. 시중에 나온 책들을 보면 살에 대해 설명은 많이 하면서도 실제 응용에서는 무시하고 있다. 이것은 살을 알면서도 응용할 줄 모르기 때문이다. 그러나 이 책에서는 살의 활용방법을 완전히 터득해, 어떤 살과 어떤 살이 합하면 어떻게 작용하는지를 자세하게 설명하였다.

신비한 동양철학 43 | 원공선사 저 | 332면 | 19,000원 | 신국판 양장

명리학 | 재미있는 우리사주

사주 세우는 방법부터 용어해설 까지!!

몇 년 전 『사주에 모든 길이 있다』가 나온 후 선배 제현들께서 알찬 내용의 책다운 책을 접했다는 찬사를 받았다. 그러나 사주의 작성법을 설명하지 않아 독자들에게 많은 질타를 받고 뒤늦게 이 책 을 출판하기로 결심했다. 이 책은 한글만 알면 누구나 역학과 가까워질 수 있도록 사주 세우는 방법부터 실제간명, 용어해설에 이르기까지 분야별로 엮었다.

신비한 동양철학 74 | 정담 선사 편저 | 368면 | 19,000원 | 신국판

사주비기

역학으로 보는 역대 대통령들이 나오는 이치!!

이 책에서는 고서의 이론을 근간으로 하여 근대의 사주들을 임상하여, 적중도에 의구심이 가는 이론들은 과감하게 탈피하고 통용될 수 있는 이론만을 수용했다. 따라서 기존 역학서의 아쉬운 부분들을 충족시키며 일반인도 열정만 있으면 누구나 자신의 운명을 감정하고 피흉취길할 수 있는 생활지침서로 활용할 수 있을 것이다.

신비한 동양철학 79 | 청월 박상의 편저 | 456면 | 19,000원 | 신국판

사주학의 활용법

가장 실질적인 역학서

우리가 생소한 지방을 여행할 때 제대로 된 지도가 있다면 편리하고 큰 도움이 되듯이 역학이란 이와같은 인생의 길잡이다. 예측불허의 인생을 살아가는데 올바른 안내자나 그 무엇이 있다면 그 이상 마음 든든하고 큰 재산은 없을 것이다.

신비한 동양철학 17 | 학선 류래웅 저 | 358면 | 15,000원 | 신국판

명리실무

명리학의 총 정리서

명리학(命理學)은 오랜 세월 많은 철인(哲人)들에 의하여 전승 발전되어 왔고, 지금도 수많은 사람이 임상과 연구에 임하고 있으며, 몇몇 대학에 학과도 개설되어 체계적인 교육을 하고 있다. 그러나 아직도 실무에서 활용할 수 있는 책이 부족한 상황이기 때문에 나름대로 현장에서 필요한 이론들을 정리해 보았다. 초학자는 물론 역학계에 종사하는 사람들에게 큰 도움이 될 것이라고 믿는다.

신비한 동양철학 94 | 박흥식 편저 | 920면 | 39,000원 | 신국판

사주 속으로

역학서의 고전들로 입증하며 쉽고 자세하게 푼 책

십 년 동안 역학계에 종사하면서 나름대로는 실전과 이론에서 최선을 다했다고 자부한다. 역학원의 비좁은 공간에서도 항상 후학을 생각하는 마음으로 역학에 대한 배움의 장을 마련하고자 노력한 것도 사실이다. 이 책을 역학으로 이름을 알리고 역학으로 생활하면서 조금이나마 역학계에 이바지할 것이 없을까라는 고민의 산물이라 생각해주기 바란다.

신비한 동양철학 95 | 김상회 편저 | 429면 | 15,000원 | 신국판

사주학의 방정식

알기 쉽게 풀어놓은 가장 실질적인 역서

이 책은 종전의 어려웠던 사주풀이의 응용과 한문을 쉬운 방법으로 터득하는데 목적을 두었고, 역학이 무엇인가를 알리고자 하는데 있다. 세인들은 역학자를 남의 운명이나 풀이하는 점쟁이로 알지만 잘못된 생각이다. 역학은 우주의 근본이며 기의 학문이기 때문에 역학을 이해하지 못하고서는 우리 인생살이 또한 정확하게 해석할 수 없는 고차원의 학문이다.

신비한 동양철학 18 | 김용오 저 | 192면 | 8,000원 | 신국판

오행상극설과 진화론

인간과 인생을 떠난 천리란 있을 수 없다

과학이 현대를 설정하여 설명하고 있으나 원리는 동양철학에도 있기에 그 양면을 밝히고자 노력했다. 우주에서 일어나는 모든 일을 과학으로 설명될 수는 없다. 비과학적이라고 하기보다는 과학이 따라오지 못한다고 설명하는 것이 더 솔직하고 옳은 표현일 것이다. 특히 과학분야에 종사하는 신의사가 저술했다는데 더 큰 화제가 되고 있다.

신비한 동양철학 5 | 김태진 저 | 222면 | 15,000원 | 신국판

스스로 공부하게 하는 방법과 천부적 적성

내 아이를 성공시키고 싶은 부모들에게

자녀를 성공시키고 싶은 마음은 누구나 같겠지만 가난한 집 아이가 좋은 성적을 내기는 매우 어렵고, 원하는 학교에 들어가기도 어렵다. 그러나 실망하기에는 아직 이르다. 내 아이가 훌륭하게 성장해 아름답고 멋진 삶을 살아가는 방법을 소개한다.

신비한 동양철학 85 | 청암 박재현 지음 | 176면 | 14,000원 | 신국판

진짜부적 가짜부적

부적의 실체와 정확한 제작방법

인쇄부적에서 가짜부적에 이르기까지 많게는 몇백만원에 팔리고 있다는 보도를 종종 듣는다. 그러나 부적은 정확한 제작방법에 따라 자신의 용도에 맞게 스스로 만들어 사용하면 훨씬 더 좋은 효과를 얻을 수 있다. 이 책은 중국에서 정통부적을 연구한 국내유일의 동양오술학자가 밝힌 부적의 실체와 정확한 제작방법을 소개하고 있다.

신비한 동양철학 7 | 오상익 저 | 322면 | 20,000원 | 신국판

수명비결

주민등록번호 13자로 숙명의 정체를 밝힌다

우리는 지금 무수히 많은 숫자의 거미줄에 매달려 허우적거리며 살아가고 있다. 1분 ·1초가 생사를 가름하고, 1등·2등이 인생을 좌우하며, 1급·2급이 신분을 구분하는 세상이다. 이 책은 수명리학으로 13자의 주민등록번호로 명예, 재산, 건강, 수명, 애정, 자녀운 등을 미리 읽어본다.

신비한 동양철학 14 | 장충한 저 | 308면 | 15,000원 | 신국판

진짜궁합 가짜궁합

남녀궁합의 새로운 충격

중국에서 연구한 국내유일의 동양오술학자가 우리나라 역술가들의 궁합법이 잘못되었다는 것을 학술적으로 분석·비평하고, 전적과 사례연구를 통하여 궁합의 실체와 타당성을 분석했다. 합리적인 「자미두수궁합법」과 「남녀궁합」 및 출생시간을 몰라 궁합을 못보는 사람들을 위하여 「지문으로 보는 궁합법」 등을 공개하고 있다.

신비한 동양철학 8 | 오상익 저 | 414면 | 15,000원 | 신국판

주역육효 해설방법(상·하)

한 번만 읽으면 주역을 활용할 수 있는 책

이 책은 주역을 해설한 것으로, 될 수 있는 한 여러 가지 사설을 덧붙이지 않고, 주역을 공부하고 활용하는데 필요한 요건만을 기록했다. 따라서 주역의 근원이나 하도낙서, 음양오행에 대해서도 많은 설명을 자제했다. 다만 누구나 이 책을 한 번 읽어서 주역을 이해하고 활용할 수 있도록 하는데 중점을 두었다.

신비한 동양철학 38 | 원공선사 저 | 상 810면·하 798면 | 각 29,000원 | 신국판

쉽게 푼 주역

귀신도 탄복한다는 주역을 쉽고 재미있게 풀어놓은 책

주역이라는 말 한마디면 귀신도 기겁을 하고 놀라 자빠진다는데, 운수와 일진이 문제가 될까. 8×8=64괘라는 주역을 한 괘에 23개씩의 회답으로 해설하여 1472괘의 신비한 해답을 수록했다. 당신이 당면한 문제라면 무엇이든 해결할 수 있는 열쇠가 이 한 권의 책 속에 있다.

신비한 동양철학 10 | 정도명 저 | 284면 | 16,000원 | 신국판

나침반 | 어디로 갈까요

주역의 기본원리를 통달할 수 있는 책

이 책에서는 기본괘와 변화와 기본괘가 어떤 괘로 변했을 경우 일어날 수 있는 내용들을 설명하여 주역의 변화에 대한 이해를 돕는데 주력하였다. 그러나 그런 내용을 구분할 수 있는 방법을 전부 다 설명할 수는 없기에 뒷장에 간단하게설명하였고, 다른 책들과 설명의 차이점도 기록하였으니 참작하여 본다면 조금이나마 도움이 될 것이다.

신비한 동양철학 67 | 원공선사 편저 | 800면 | 39,000원 | 신국판

완성 주역비결 | 주역 토정비결

반쪽으로 전해오는 토정비결을 완전하게 해설

지금 시중에 나와 있는 토정비결에 대한 책들은 옛날부터 내려오는 완전한 비결이 아니라 반쪽의 책이다. 그러나 반쪽이라고 말하는 사람은 없다. 그것은 주역의 원리를 모르기 때문이다. 그래서 늦은 감이 없지 않으나 앞으로 수많은 세월을 생각해서 완전한 해설판을 내놓기로 했다.

신비한 동양철학 92 | 원공선사 편저 | 396면 | 16,000원 | 신국판

육효대전

정확한 해설과 다양한 활용법

동양고전 중에서도 가장 대표적인 것이 주역이다. 주역은 옛사람들이 자연을 거울삼아 생활을 영위해 나가는 처세에 관한 지혜를 무한히 내포하고, 피흉추길하는 얼과 슬기가 함축된 점서인 동시에 수양·과학서요 철학·종교서라고 할 수 있다.

신비한 동양철학 37 | 도관 박흥식 편저 | 608면 | 26,000원 | 신국판

육효점 정론

육효학의 정수

이 책은 주역의 원전소개와 상수역법의 꽃으로 발전한 경방학을 같이 실어 독자들의 호기심을 충족시키는데 중점을 두었습니다. 주역의 원전으로 인화의 처세술을 터득하고, 어떤 사안의 답은 육효법을 탐독하여 찾으시기 바랍니다.

신비한 동양철학 80 | 효명 최인영 편역 | 396면 | 29,000원 | 신국판

육효학 총론

육효학의 핵심만을 정확하고 알기 쉽게 정리

육효는 갑자기 문제가 생겨 난감한 경우에 명쾌한 답을 찾을 수 있는 학문이다. 그러나 시중에 나와 있는 책들이 대부분 원서를 그대로 번역해 놓은 것이라 전문가인 필자가 보기에도 지루하며 어렵다는 느낌이 들었다. 그래서 보다 쉽게 공부할 수 있도록 이 책을 출간하게 되었다.

신비한 동양철학 89 | 김도희 편저 | 174쪽 | 26,000원 | 신국판

기문둔갑 비급대성

기문의 정수

기문둔갑은 천문지리·인사명리·법술병법 등에 영험한 술수로 예로부터 은밀하게 특권층에만 전승되었다. 그러나 아쉽게도 기문을 공부하려는 이들에게 도움이 될만한 책이 거의 없다. 필자는 이 점이 안타까워 천견박식함을 돌아보지 않고 감히 책을 내게 되었다. 한 권에 기문학을 다 표현할 수는 없지만 이 책을 사다리 삼아 저 높은 경지로 올라간다면 제갈공명과 같은 지혜를 발휘할 수 있을 것이다.

신비한 동양철학 86 | 도관 박흥식 편저 | 725면 | 39,000원 | 신국판

기문둔갑옥경

가장 권위있고 우수한 학문

우리나라의 기문역사는 장구하나 상세한 문헌은 전무한 상태라 이 책을 발간하였다. 기문둔갑은 천문지리는 물론 인사명리 등 제반사에 관한 길흉을 판단함에 있어서 가장 우수한 학문이며 병법과 법술방면으로도 특징과 장점이 있다. 초학자는 포국편을 열심히 익혀 설국을 자유자재로 할 수 있도록 하고, 개인의 이익보다는 보국안민에 일조하기 바란다.

신비한 동양철학 32 | 도관 박흥식 저 | 674면 | 39,000원 | 사륙배판

오늘의 토정비결

일년 신수와 죽느냐 사느냐를 알려주는 예언서

역산비결은 일년신수를 보는 역학서이다. 당년의 신수만 본다는 것은 토정비결과 비슷하나 토정비결은 토정 선생께서 사람들에게 용기와 희망을 주기 위함이 목적이어서 다소 허황되고 과장된 부분이 많다. 그러나 역산비결은 재미로 보는 신수가 아니라, 죽느냐 사느냐를 알려주는 예언서이이니 재미로 보는 토정비결과는 차원이 다르다.

신비한 동양철학 72 | 역산 김찬동 편저 | 304면 | 16,000원 | 신국판

國運 | 나라의 운세

역으로 풀어본 우리나라의 운명과 방향

아무리 서구사상의 파고가 높다하기로 오천 년을 한결같이 가꾸며 살아온 백두의 혼이 와르르 무너지는 지경에 왔어도 누구하나 입을 열어 말하는 사람이 없으니 답답하다. 불확실한 내일에 대한 해답을 이 책은 명쾌하게 제시하고 있다.

신비한 동양철학 22 | 백우 김봉준 저 | 290면 | 9,000원 | 신국판

남사고의 마지막 예언

이 책으로 격암유록에 대한 논란이 끝나기 바란다

감히 이 책을 21세기의 성경이라고 말한다. 〈격암유록〉은 섭리가 우리민족에게 준 위대한 복음서이며, 선물이며, 꿈이며, 인류의 희망이다. 이 책에서는 〈격암유록〉이 전하고자 하는 바를 주제별로 정리하여 문답식으로 풀어갔다. 이 책으로 〈격암유록〉에 대한 논란은 끝나기 바란다.

신비한 동양철학 29 | 석정 박순용 저 | 276면 | 16,000원 | 신국판

원토정비결

반쪽으로만 전해오는 토정비결의 완전한 해설판

지금 시중에 나와 있는 토정비결에 대한 책들을 보면 옛날부터 내려오는 완전한 비결이 아니라 반면의 책이다. 그러나 반면이라고 말하는 사람이 없다. 그것은 주역의 원리를 모르기 때문이다. 따라서 늦은 감이 없지 않으나 앞으로의 수많은 세월을 생각하면서 완전한 해설본을 내놓았다.

신비한 동양철학 53 | 원공선사 저 | 396면 | 24,000원 | 신국판 양장

나의 천운 | 운세찾기

몽골정통 토정비결

이 책은 역학계의 대가 김봉준 선생이 몽공토정비결을 우리의 인습과 체질에 맞게 엮은 것이다. 운의 흐름을 알리고자 호운과 쇠운을 강조하고, 현재의 나를 조명하고 판단할 수 있도록 했다. 모쪼록 생활서나 안내서로 활용하기 바란다.

신비한 동양철학 12 | 백우 김봉준 저 | 308면 | 11,000원 | 신국판

역점 | 우리나라 전통 행운찾기

쉽게 쓴 64괘 역점 보는 법

주역이 점치는 책에만 불과했다면 벌써 그 존재가 없어졌을 것이다. 그러나 오랫동안 많은 학자가 연구를 계속해왔고, 그 속에서 자연과학과 형이상학적인 우주론과 인생론을 밝혀, 정치·경제·사회 등 여러 방면에서 인간의 생활에 응용해왔고, 삶의 지침서로써 그 역할을 했다. 이 책은 한 번만 읽으면 누구나 역점가가 될 수 있으니 생활에 도움이 되길 바란다.

신비한 동양철학 57 | 문명상 편저 | 382면 | 26,000원 | 신국판 양장

이렇게 하면 좋은 운이 온다

한 가정에 한 권씩 놓아두고 볼만한 책

좋은 운을 부르는 방법은 방위·색상·수리·년운·월운·날짜·시간·궁합·이름·직업·물건·보석·맛·과일·기운·마을·가축·성격 등을 정확하게 파악하여 자신에게 길한 것은 취하고 흉한 것은 피하면 된다. 이 책의 저자는 신학대학을 졸업하고 역학계에 입문했다는 특별한 이력을 갖고 있기 때문에 더 많은 화제가 되고 있다.

신비한 동양철학 27 | 역산 김찬동 저 | 434면 | 16,000원 | 신국판

운을 잡으세요 | 改運秘法

염력강화로 삶의 문제를 해결한다!

행복과 불행은 누가 주는 것이 아니라 자기 자신이 만든다고 할 수 있다. 한 마디로 말해 의지의 힘, 즉 염력이 운명을 바꾸는 것이다. 이 책에서는 이러한 염력을 강화시켜 삶에서 일어나는 문제를 해결하는 방법을 알려준다. 누구나 가벼운 마음으로 읽고 실천한다면 반드시 목적을 이룰 수 있을 것이다.

신비한 동양철학 76 | 역산 김찬동 편저 | 272면 | 10,000원 | 신국판

복을 부르는방법

나쁜 운을 좋은 운으로 바꾸는 비결

개운하는 방법은 여러 가지가 있으나, 이 책의 비법은 축원문을 독송하는 것이다. 독송이란 소리내 읽는다는 뜻이다. 사람의 말에는 기운이 있는데, 이 기운은 자신에게 돌아온다. 좋은 말을 하면 좋은 기운이 돌아오고, 나쁜 말을 하면 나쁜 기운이 돌아온다. 이 책은 누구나 어디서나 쉽게 비용을 들이지 않고 좋은 운을 부를 수 있는 방법을 실었다.

신비한 동양철학 69 | 역산 김찬동 편저 | 194면 | 11,000원 | 신국판

천직 | 사주팔자로 찾은 나의 직업

천직을 찾으면 역경없이 탄탄하게 성공할 수 있다

잘 되겠지 하는 막연한 생각으로 의욕만 갖고 도전하는 것과 나에게 맞는 직종은 무엇이고 때는 언제인가를 알고 도전하는 것은 근본적으로 다르고, 결과도 다르다. 만일 의욕만으로 팔자에도 없는 사업을 시작했다고 하자, 결과는 불을 보듯 뻔하다. 그러므로 이런 때일수록 침착과 냉정을 찾아 내 그릇부터 알고, 생활에 대처하는 지혜로움을 발휘해야 한다.

신비한 동양철학 34 | 백우 김봉준 저 | 376면 | 19,000원 | 신국판

운세십진법 | 本大路

운명을 알고 대처하는 것은 현대인의 지혜다

타고난 운명은 분명히 있다. 그러니 자신의 운명을 알고 대처한다면 운명을 바꿀 수는 없지만 향상시킬 수는 있다. 이것이 사주학을 알아야 하는 이유다. 이 책에서는 자신이 타고난 숙명과 앞으로 펼쳐질 운명행로를 찾을 수 있도록 운명의 기초를 초연하게 설명했다.

신비한 동양철학 1 | 백우 김봉준 저 | 364면 | 16,000원 | 신국판

성명학 | 바로 이 이름

사주의 운기와 조화를 고려한 이름짓기

사람은 누구나 타고난 운명이 있다. 숙명인 사주팔자는 선천운이고, 성명은 후천운이 되는 것으로 이름을 지을 때는 타고난 운기와의 조화를 고려해야 한다. 따라서 역학에 대한 깊은 이해가 선행함은 지극히 당연하다. 부연하면 작명의 근본은 타고난 사주에 운기를 종합적으로 분석하여 부족한 점을 보강하고 결점을 개선한다는 큰 뜻이 있다고 할 수 있다.

신비한 동양철학 75 | 정담 선사 편저 | 488면 | 24,000원 | 신국판

작명 백과사전

36가지 이름짓는 방법과 선후천 역상법 수록

이름은 나를 대표하는 생명체이므로 몸은 세상을 떠날지라도 영원히 남는다. 성명운의 유도력은 후천적으로 가공 인수되는 후존적 수기로써 조성 운화되는 작용력이 있다. 선천수기의 운기력이 50%이면 후천수기도의 운기력도50%이다. 이와 같이 성명운의 작용은 운로에 불가결한조건일 뿐 아니라, 선천명운의 범위에서 기능을 충분히 할 수 있다.

신비한 동양철학 81 | 임삼업 편저 | 송충석 감수 | 730면 | 36,000원 | 사륙배판

작명해명

누구나 쉽게 활용할 수 있는 체계적인 작명법

일반적인 성명학으로는 알 수 없는 한자이름, 한글이름, 영문이름, 예명, 회사명, 상호, 상품명 등의 작명방법을 여러 사례를 들어 체계적으로 분석하여 누구나 쉽게 배워서 활용할 수 있도록 서술했다.

신비한 동양철학 26 | 도관 박흥식 저 | 518면 | 19,000원 | 신국판

역산성명학

이름은 제2의 자신이다

이름에는 각각 고유의 뜻과 기운이 있어 그 기운이 성격을 만들고 그 성격이 운명을 만든다. 나쁜 이름은 부르면 부를수록 불행을 부르고 좋은 이름은 부르면 부를수록 행복을 부른다. 만일 이름이 거지같다면 아무리 운세를 잘 만나도 밥을 좀더 많이 얻어 먹을 수 있을 뿐이다. 저자는 신학대학을 졸업하고 역학계에 입문한 특별한 이력으로 많은 화제가 된다.

신비한 동양철학 25 | 역산 김찬동 저 | 456면 | 26,000원 | 신국판

작명정론

이름으로 보는 역대 대통령이 나오는 이치

사주팔자가 네 기둥으로 세워진 집이라면 이름은 그 집을 대표하는 문패라고 할 수 있다. 따라서 이름을 지을 때는 사주의 격에 맞추어야 한다. 사주 그릇이 작은 사람이 원대한 뜻의 이름을 쓰면 감당하지 못할 시련을 자초하게 되고 오히려 이름값을 못할 수 있다. 즉 분수에 맞는 이름으로 작명해야 하기 때문에 사주의 올바른 분석이 필요하다.

신비한 동양철학 77 | 청월 박상의 편저 | 430면 | 19,000원 | 신국판

음파메세지 (氣)성명학

새로운 시대에 맞는 새로운 성명학

지금까지의 모든 성명학은 모순의 극치를 이룬다. 그러나 이제 새 시대에 맞는 음파메세지(氣) 성명학이 나왔으니 복을 계속 부르는 이름을 지어 사랑하는 자녀가 행복하고 아름다운 삶을 살아갈 수 있도록 하는데 도움이 되었으면 한다.

신비한 동양철학 51 | 청암 박재현 저 | 626면 | 39,000원 | 신국판 양장

아호연구

여러 가지 작호법과 실제 예 모음

필자는 오래 전부터 작명을 연구했다. 그러나 시중에 나와 있는 책에는 대부분 아호에 관해서는 전혀 언급하지 않았다. 그래서 아호에 관심이 있어도 자료를 구하지 못하는 분들을 위해 이 책을 내게 되었다. 아호를 짓는 것은 그리 대단하거나 복잡하지 않으니 이 책을 처음부터 끝까지 착실히 공부한다면 누구나 좋은 아호를 지어 쓸 수 있을 것이라고 생각한다.

신비한 동양철학 87 | 임삼업 편저 | 308면 | 26,000원 | 신국판

한글이미지 성명학

이름감정서

이 책은 본인의 이름은 물론 사랑하는 가족 그리고 가까운 친척이나 친구들의 이름까지도 좋은지 나쁜지 알아볼 수 있도록 지금까지 나와 있는 모든 성명학을 토대로 하여 썼다. 감언이설이나 협박성 감명에 흔들리지 않고 확실한 이름풀이를 볼 수 있을 것이다. 그리고 아름답고 멋진 삶을 살아갈 수 있는 이름을 짓는 방법도 상세하게 제시하였다.

신비한 동양철학 93 | 청암 박재현 지음 | 287면 | 10,000원 | 신국판

비법 작명기술

복과 성공을 함께 하려면

이 책은 성명의 발음오행이나 이름의 획수를 근간으로 하는 실제 가장 많이 이용하는 기본 작명법을 서술하고, 주역의 괘상으로 풀어 길흉을 판단하는 역상법 5가지와 그 외 중요한 작명법 5가지를 합해 「보배로운 10가지 이름 짓는 방법」을 실었다. 특히 작명비법인 선후천역상법은 성명의 원획에 의존하는 작명법과 달리 정획과 곡획을 사용해 주역 상수학을 대표하는 하락이수를 쓰고, 육효가 들어가 응험률을 높였다.

신비한 동양철학 96 | 임삼업 편저 | 370면 | 30,000원 | 사륙배판

올바른 작명법

소중한 이름, 알고 짓자!

세상 부모들에게 가장 소중한 것이 뭐냐고 물으면 자녀라고 할 것이다. 그런데 왜 평생을 좌우할 이름을 함부로 짓는가. 이름이 얼마나 소중한지, 이름의 오행작용이 일생을 어떻게 좌우하는지 모르기 때문이다.

신비한 동양철학 61 | 이정재 저 | 352면 | 19,000원 | 신국판

호(雅號)책

아호 짓는 방법과 역대 유명인사의 아호, 인명용 한자 수록

필자는 오래 전부터 작명연구에 열중했으나 대부분의 작명책에는 아호에 관해서는 전혀 언급하지 않고, 간혹 거론했어도 몇 줄 정도의 뜻풀이에 불과하거나 일반작명법에 준한다는 암시만 풍기며 끝을 맺었다. 따라서 필자가 참고한 문헌도 적었음을 인정한다. 아호에 관심이 있어도 자료를 구하지 못하는 현실에 착안하여 필자 나름대로 각고 끝에 본서를 펴냈다.

신비한 동양철학 97 | 임삼업 편저 | 390면 | 20,000원 | 신국판

관상오행

한국인의 특성에 맞는 관상법

좋은 관상인 것 같으나 실제로는 나쁘거나 좋은 관상이 아닌데도 잘 사는 사람이 왕왕있어 관상법 연구에 흥미를 잃는 경우가 있다. 이것은 중국의 관상법만을 익히고 우리의 독특한 환경적인 특징을 소홀히 다루었기 때문이다. 이에 우리 한국인에게 알맞는 관상법을 연구하여 누구나 관상을 쉽게 알아보고 해석할 수 있도록 자세하게 풀어놓았다.

신비한 동양철학 20 | 송파 정상기 저 | 284면 | 12,000원 | 신국판

정본 관상과 손금

바로 알고 사람을 사귑시다

이 책은 관상과 손금은 인생을 행복하게 만든다는 관점에서 다루었다. 그야말로 관상과 손금의 혁명이라고 할 수 있다. 여러분도 관상과 손금을 통한 예지력으로 인생의 참주인이 되기 바란다. 용기를 불어넣어 주고 행복을 찾게 하는 것이 참다운 관상과 손금술이다. 이 책이 일상사에 고민하는 분들에게 해결방법을 제시해 줄 것이다.

신비한 동양철학 42 | 지창룡 감수 | 332면 | 16,000원 | 신국판

이런 사원이 좋습니다

사원선발 면접지침

사회가 다양해지면서 인력관리의 전문화와 인력수급이 기업주의 애로사항이 되었다. 필자는 그동안 많은 기업의 사원선발 면접시험에 참여했는데 기업주들이 모두 면접지침에 관한 책이 있으면 좋겠다는 것이다. 그래서 경험한 사례를 참작해 이 책을 내니 좋은 사원을 선발하는데 많은 도움이 될 것이라고 믿는다.

신비한 동양철학 90 | 정도명 지음 | 274면 | 19,000원 | 신국판

핵심 관상과 손금

사람을 볼 줄 아는 안목과 지혜를 알려주는 책

오늘과 내일을 예측할 수 없을만큼 복잡하게 펼쳐지는 현실에서 살아남기 위해서는 사람을 볼줄 아는 안목과 지혜가 필요하다. 시중에 관상학에 대한 책들이 많이 나와있지만 너무 형이상학적이라 전문가도 이해하기 어렵다. 이 책에서는 누구라도 쉽게 보고 이해할 수 있도록 핵심만을 파악해서 설명했다.

신비한 동양철학 54 | 백우 김봉준 저 | 188면 | 14,000원 | 사륙판 양장

완벽 사주와 관상

우리의 삶과 관계 있는 사실적 관계로만 설명한 책

이 책은 우리의 삶과 관계 있는 사실적 관계로만 역을 설명하고, 역에 대한 관심과 흥미를 갖게 하고자 관상학을 추록했다. 여기에 추록된 관상학은 시중에서 흔하게 볼 수 있는 상법이 아니라 생활상법, 즉 삶의 지식과 상식을 드리고자 했다.

신비한 동양철학 55 | 김봉준·유오준 공저 | 530면 | 36,000원 | 신국판 양장

사람을 보는 지혜

관상학의 초보에서 실용까지

현자는 하늘이 준 명을 알고 있기에 부귀에 연연하지 않는다. 사람은 마음을 다스리는 심명이 있다. 마음의 명은 자신만이 소통하는 유일한 우주의 무형의 에너지이기 때문에 잠시도 잊으면 안된다. 관상학은 사람의 상으로 이런 마음을 살피는 학문이니 잘 이해하여 보다 나은 삶을 삶을 영위할 수 있도록 노력해야 한다.

신비한 동양철학 73 | 이부길 편저 | 510면 | 20,000원 | 신국판

한눈에 보는 손금

논리정연하며 바로미터적인 지침서

이 책은 수상학의 연원을 초월해서 동서합일의 이론으로 집필했다. 그야말로 논리정연한 수상학을 정리하였다. 그래서 운명적, 철학적, 동양적, 심리학적인 면을 예증과 방편에 이르기까지 상세하게 기술했다. 이 책은 수상학이라기 보다 바로미터적인 지침서 역할을 해줄 것이다. 독자 여러분의 꾸준한 연구와 더불어 인생성공의 지침서가 될 수 있을 것이다.

신비한 동양철학 52 | 정도명 저 | 432면 | 24,000원 | 신국판 양장

이런 집에 살아야 잘 풀린다

운이 트이는 좋은 집 알아보는 비결

한마디로 운이 트이는 집을 갖고 싶은 것은 모두의 꿈일 것이다. 50평이니 60평이니 하며 평수에 구애받지 않고 가족이 평온하게 생활할 수 있고 나날이 발전할 수 있는 그런 집이 있다면 얼마나 좋을까? 그런 소망에 한 걸음이라도 가까워지려면 막연하게 운만 기대하고 있어서는 안 된다. 좋은 집을 가지려면 그만한 노력이 있어야 한다.

신비한 동양철학 64 | 강현술·박흥식 감수 | 270면 | 16,000원 | 신국판

점포, 이렇게 하면 부자됩니다

부자되는 점포, 보는 방법과 만드는 방법

사업의 성공과 실패는 어떤 사업장에서 어떤 품목으로 어떤 사람들과 거래하느냐에 따라 판가름난다. 그리고 사업을 성공시키려면 반드시 몇 가지 문제를 살펴야 하는데 무작정 사업을 시작하여 실패하는 사람들이 많다. 그래서 이 책에서는 이러한 문제와 방법들을 조목조목 기술하여 누구나 성공하도록 도움을 주는데 주력하였다.

신비한 동양철학 88 | 김도희 편저 | 177면 | 26,000원 | 신국판

쉽게 푼 풍수

현장에서 활용하는 풍수지리법

산도는 매우 광범위하고, 현장에서 알아보기 힘들다. 더구나 지금은 수목이 울창해 소조산 정상에 올라가도 나무에 가려 국세를 파악하는데 애를 먹는다. 따라서 사진을 첨부하니 많은 활용하기 바란다. 물론 결록에 있고 산도가 눈에 익은 것은 혈 사진과 함께 소개하였다. 이 책을 열심히 정독하면서 답산하면 혈을 알아보고 용산도 할 수 있을 것이다.

신비한 동양철학 60 | 전항수·주장관 편저 | 378면 | 26,000원 | 신국판

음택양택

현세의 운·내세의 운

이 책에서는 음양택명당의 조건이나 기타 여러 가지를 설명하여 산 자와 죽은 자의 행복한 집을 만들 수 있도록 했다. 특히 죽은 자의 집인 음택명당은 자리를 옳게 잡으면 꾸준히 생기를 발하여 흥하나, 그렇지 않으면 큰 피해를 당하니 돈보다도 행·불행의 근원인 음양택명당에 관심을 기울여야 한다.

신비한 동양철학 63 | 전항수·주장관 지음 | 392면 | 29,000원 | 신국판

용의 혈 | 풍수지리 실기 100선

실전에서 실감나게 적용하는 풍수의 길잡이

이 책은 풍수지리 문헌인 만두산법서, 명산론, 금랑경 등을 이해하기 쉽도록 주제별로 간추려 설명했으며, 풍수지리학을 쉽게 접근하여 공부하고, 실전에 활용하여 실감나게 적용할 수 있도록 하는데 역점을 두었다.

신비한 동양철학 30 | 호산 윤재우 저 | 534면 | 29,000원 | 신국판

현장 지리풍수

현장감을 살린 지리풍수법

풍수를 업으로 삼는 사람들이 진가를 분별할 줄 모르면서 많은 법을 알았다고 자부하며 뽐낸다. 그리고는 재물에 눈이 어두워 불길한 산을 길하다 하고, 선하지 못한 물)을 선하다 한다. 이는 분수 밖의 것을 바라기 때문이다. 마음가짐을 바로 하고 고대 원전에 공력을 바치면서 산간을 실사하며 적공을 쏟으면 정교롭고 세밀한 경지를 얻을 수 있을 것이다.

신비한 동양철학 48 | 전항수·주관장 편저 | 434면 | 36,000원 | 신국판 양장

찾기 쉬운 명당

실전에서 활용할 수 있는 책

가능하면 쉽게 풀어 실전에 도움이 되도록 했다. 특히 풍수지리에서 방향측정에 필수인 패철 사용과 나경 9층을 각 층별로 설명했다. 그리고 이 책에 수록된 도설, 즉 오성도, 명산도, 명당 형세도 내거수 명당도, 지각형세도, 용의 과협출맥도, 사대혈형 와겸유돌 형세도 등은 국립중앙도서관에 소장된 문헌자료인 만산도단, 만산영도, 이석당 은민산도의 원본을 참조했다.

신비한 동양철학 44 | 호산 윤재우 저 | 386면 | 19,000원 | 신국판 양장

해몽정본

꿈의 모든 것

시중에 꿈해몽에 관한 책은 많지만 막상 내가 꾼 꿈을 해몽을 하려고 하면 어디다 대입시켜야 할지 모르는 경우가 많았을 것이다. 그러나 최대한으로 많은 예를 들었고, 찾기 쉽고 명료하게 만들었기 때문에 해몽을 하는데 어려움이 없을 것이다. 한집에 한권씩 두고 보면서 나쁜 꿈은 예방하고 좋은 꿈을 좋은 일로 연결시킨다면 생활에 많은 도움이 될 것이다.

신비한 동양철학 36 | 청암 박재현 저 | 766면 | 19,000원 | 신국판

해몽 | 해몽법

해몽법을 알기 쉽게 설명한 책

인생은 꿈이 예지한 시간적 한계에서 점점 소멸되어 가는 현존물이기 때문에 반드시 꿈의 뜻을 따라야 한다. 이것은 꿈을 먹고 살아가는 인간 즉 태몽의 끝장면인 죽음을 향해 달려가고 있는 인간이기 때문이다. 꿈은 우리의 삶을 이끌어가는 이정표와도 같기에 똑바로 가도록 노력해야 한다.

신비한 동양철학 50 | 김종일 저 | 552면 | 26,000원 | 신국판 양장

명리용어와 시결음미

명리학의 어려운 용어와 숙어를 쉽게 풀이한 책

명리학을 연구하는 이들은 기초공부가 끝나면 자연스럽게 훌륭하다고 평가하는 고전의 이론을 접하게 된다. 그러나 시결과 용어와 숙어는 어려운 한자로만 되어 있어 대다수가 선뜻 탐독과 음미에 취미를 잃는다. 그래서 누구나 어려움 없이 쉽게 읽고 깊이 있게 음미할 수 있도록 원문에 한글로 발음을 달고 어려운 용어와 숙어에 해석을 달아 이 책을 내게 되었다.

신비한 동양철학 103 | 원각 김구현 편저 |300면 | 25,000원 | 신국판

완벽 만세력

착각하기 쉬운 서머타임 2도 인쇄

시중에 많은 종류의 만세력이 나와있지만 이 책은 단순한 만세력이 아니라 완벽한 만세경전으로 만세력 보는 법 등을 실었기 때문에 처음 대하는 사람이라도 쉽게 볼 수 있도록 편집되었다. 또한 부록편에는 사주명리학, 신살종합해설, 결혼과 이사택일 및 이사방향, 길흉보는 법, 우주천기와 한국의 역사 등을 수록했다.

신비한 동양철학 99 | 백우 김봉준 저 | 316면 | 20,000원 | 사륙배판

저자 **김봉준**

·충남 서산 출생, 서산 서령고등학교 졸업
·도학연구, 서울시 행정개선제안 3회 입상, 지방 행정공무원 근무
·국영기업체 근무, 기업체 정신교육 강사 다수

저서로는 『쉽게 푼 역학(개정판)』, 『운세십진법|本大路』, 『國運|나라의 운세』, 『통변술해법』, 『말하는 역학|알기 쉬운 해설』, 『핵심 관상과 손금』, 『나의 천운 운세찾기|몽골 정통 토정비결』, 『천직|사주팔자로 찾은 나의 직업』, 『완벽 사주와 관상』(공저), 『정본 만세력』, 『正本|완벽 만세력』 등이 있다.

■ **백우역학원 원장**
전 화 : (02) 2275-5607~8
팩시밀리 : (02) 2275-5608

正本 | 완벽 만세력

1판 1쇄 발행일 | 2010년 9월 16일
1판 6쇄 발행일 | 2015년 10월 16일

발행처 | 삼한출판사
발행인 | 김충호
지은이 | 김봉준

신고년월일 | 1975년 10월 18일
신고번호 | 제305-1975-000001호

411-776 경기도 고양시 일산서구 고양대로 724-17호
(304동 2001호)

대표전화 (031) 921-0441
팩시밀리 (031) 925-2647

ISBN 978-89-7460-156-0 03180

책값은 뒤표지에 있습니다.

잘못된 책은 사신 곳에서 바꿔드립니다.